Alberto Blanco-Uribe Quintero

ESTUDIOS SOBRE DERECHO PROCESAL TRIBUTARIO *vivo*

Colección Estudios Jurídicos
Nº 115

Editorial Jurídica Venezolana

Caracas, 2016

ISBN: 978-980-365-365-1
Depósito Legal: DC2016001235

Edición: Editorial Jurídica Venezolana
Avda. Francisco Solano López, Torre Oasis, P.B., Local 4, Sabana Grande,
Apartado 17.598 – Caracas, 1015, Venezuela
Teléfono 762.25.53, 762.38.42. Fax. 763.5239
http://www.editorialjuridicavenezolana.com.ve
Email fejv@cantv.net

Impresión: Lightning Source, An INGRAM Compact company
Distribución: Editorial Jurídica Venezolana International Inc.
Panamá, República de Panamá
Email: editorialjuridicainternational@mail.com

Diagramación: Margarita Páez Pumar

Prólogo

Estudios de Derecho Procesal Tributario *vivo* es la crónica que compila una extensa y minuciosa exploración intelectual llevada a cabo a lo largo de 30 años de actividad académica por su autor Alberto Blanco-Uribe Quintero. El título no es casual, sintetiza en 30 artículos monográficos, sistemáticamente reunidos, sus convicciones intelectuales y vitales con el derecho procesal tributario, haciendo evidente que, el tema es su pasión y su vida.

Pero hay mucho más. Se trata de una obra ***viva***, no porque sea un cuerpo animado, sino porque en ella sopla el espíritu de una ética de la libertad sinceramente vivida por el autor. Una obra en la que se entretejen continuamente problemas de la teoría del Derecho Procesal Tributario, derechos fundamentales, crítica y práctica jurídica, enriquecida por la experiencia intensa y seriamente vivida por el autor en el ejercicio de su actividad profesional como docente y litigante. Fiel a su estilo nos expone el análisis de los fundamentos gnoseológicos y éticos del Derecho Procesal Tributario vigente, pero también de la praxis judicial de nuestro país, huyendo de los vicios típicos de la teoría sin controles empíricos y de la práctica sin principios, y sin perder nunca de vista la multiplicidad de problemas afrontados. Acomete este empeño con gran maestría, haciéndose notoria y notable la coherencia entre los temas en estudios, pero haciendo siempre presente la idea central del "**Derecho Vivo**"[1], esto es, del derecho que efectivamente rige, el que resulta del impacto entre la norma en

[1] La rúbrica **"Derecho Vivo"**, corresponde a Eugen Ehrlich en los Pr incipios Fundamentales de la Sociología del Derecho (***Grundlegunig der Soziologie des Rechts***). Expresa la convicción de que, en todos los hechos del Derecho se manifiesta la idea de que es la realidad social y económica la que, engendra el Derecho, que está constituido por las normas del obrar que rigen el comportamiento, habitual de los hombres. Se trata de poner en entredicho la tesis que considera al fenómeno jurídico como la expresión de la voluntad de una autoridad, desconociendo, la verdadera esencia de aquél.

abstracto y sus condiciones reales de funcionamiento[2], no el que está fría y limitadamente escrito en los textos normativos. Es militante de la visión filosófica del ***iusconstitucioanlismo*** y particularmente del garantismo, que afirma la validez del derecho como corrección conforme a la Constitución[3], en cuanto efectividad de los derechos fundamentales. Nuestro autor, por tanto, no tiene nada que ver con el legalismo, el formalismo o con el procesalismo[4]. Antes bien, procura asegurar la máxima correspondencia entre normatividad y efectividad en la tutela o en la satisfacción de los derechos y del derecho tributario en particular.

Este libro tiene su iniciativa en una constatación personal sobre la amplitud, erudición y utilidad de la obra de Alberto Blanco-Uribe Quintero sobre el Derecho Procesal Tributario[5]. En un exceso de amistad le propuse al autor la edición y publicación en una obra de conjunto que integrara el material de su autoría hasta entonces disponible en forma disperso, para que se convirtiera en una contribución oportuna e inestimable a la bibliografía jurídica nacional, en tiempos en que padecemos una torticera (i) regulación procesal que degrada las posibilidades de defensa de los sujetos pasivos en las situaciones de conflicto judicial con las Administraciones tributarias y un (ii) injustificado robustecimiento de los privilegios y prerrogativas procesales del Fisco en su protagonismo administrativo y judicial, como lo confirma la abyecta e inconstitucional reforma del Código Orgánico Tributario de 2014[6].

---

[2] ***Cfr***. Gustavo Zagrebelsky, ***Derecho dúctil <Ley, derechos y justicia>***, Sexta Edición, Editorial Trotta, Madrid 2005, p. 123.

[3] Luigi Ferrajoli, ***Principia Juris: Teoría del Derecho y de la democracia***, Tomo II, Trotta, Madrid 2011, p. 41; Alejandro Nava Tovar, ***La institucionalización de la razón <la filosofía del derecho de Robert Alexy>***, Anthropos, Madrid 2015.

[4] Esto es, ajeno al modelo paleo positivista en el que la validez de las normas depende únicamente de la conformidad de sus fuentes con las normas sobre su producción. ***Vid.***, Luigi Ferrajoli, ***Garantismo <una discusión sobre derecho y democracia>***, Editorial Trotta, Madrid 2005, también Jose Luis Serrano, ***Validez y vigencia<la aportación garantista a la teoría de la norma jurídica>***, Editorial Trotta, Madrid 1999.

[5] En la oportunidad de preparar una ponencia para las XXXVIII Jornadas Dominguez Escovar sobre ***Los avances jurisprudenciales en el contencioso administrativo venezolano***, en homenaje a la obra académica del Profesor Gonzalo Pérez Luciani, llevadas a cabo del 14 al 16 de marzo de 2013 en Barquisimeto. Ponencia publicada en la obra correspondiente a dichas Jornadas por el Instituto de Estudios Jurídicos Ricardo Hernández Álvarez, Barquisimeto 2013.

[6] Nuestros comentarios en la conferencia dictada el 7 de noviembre de 2015, en las XVIII Jornadas Centenarias del Colegio de Abogados del Estado Carabobo sobre ***Derecho Procesal: Reforma, Realidad y Perspectivas*** en homenaje a la Academia de Ciencias Políticas y Sociales en su Centenario (1915-2015*)*, sobre los ***Aspectos controversiales del contencioso tributario a la luz de la reforma del Código Orgánico Tributario,*** publicado en ***Gaceta Oficial*** Extraordinaria No. 6.152 del 18 de noviembre de 2014.

Alberto Blanco-Uribe Quintero es un jurista de excepción, de estirpe y tradición. Un abogado culto formado seriamente en las prácticas comunicativas del dialogo, de la razón, de la argumentación, abierto a una visión plural y multidisciplinaria de la realidad, esto es, del derecho como razón práctica.

En definitiva, la obra nos permite constatar otra vez mas que, **"...el derecho como disciplina práctica esta necesariamente anclado en la realidad"**[7]. Nuestro autor, **"...tiene por tanto los pies en la tierra [en la realidad] y no la cabeza en las nubes. [Porque] [l]a tierra [la realidad] es el punto de partida del desarrollo del ordenamiento, pero también el punto al que este debe retornar"**[8].

El interés de Alberto Blanco-Uribe Quintero por el Derecho Procesal, podríamos decir, viene predeterminado desde el vientre materno. La experiencia formativa del Derecho Procesal integró parte ineludible del hogar doméstico en cada sobremesa y tertulia familiar. Es hijo de la connotada procesalista Venezolana Dra. Mariolga Quintero Tirado, quien fuera profesora de Derecho Procesal Civil en las Universidades Central de Venezuela y Católica Andrés Bello, y esposa del eminente litigante y profesor de Derecho Procesal Civil, Dr. Miguel Santana Mujica.

Sus padres, sin duda, le sembraron el amor por lo que también ellos denominaban el **"Derecho Vivo"**, esto es, el **"Derecho Efectivo"** y **"Tras la Justicia"** y, consecuencialmente, la vocación hacia el ajedrez judicial, la argumentación jurídica, el debate intelectual sano, ético y de altura, cincelados todos con los mismos principios de rectitud, patriotismo y voluntad para la acción que informaron el hogar que les sirvió de fragua.

Por confesiones personales del autor, sé que su afán de "**luchar por la justicia**" desde el campo del derecho, ha estado presente, incluso, desde antes de estudiar el bachillerato. Al comenzar la carrera de Derecho en la Universidad Central de Venezuela, podría decirse que su plan de vida profesional y académica ya se encontraba trazado. A su formación se agregaron convenientemente la influencia virtuosa que tuvieron en él sus profesores de Derecho Administrativo I y de Derecho Administrativo II, los Dres. Gabriel Ruan Santos y Cecilia Sosa Gómez. La orientación de estos maestros, quizás, aún sin saberlo, lo dirigieron hacia el Derecho Procesal Administrativo. De igual forma fue decisivo el estímulo generado por su profesor de Finanzas Públicas, el Dr. Jaime Parra Pérez. La influencia de todos estos eminentes juristas, a lo largo de sus primeros diez años

[7] ***Cfr***. Gustavo Zagrebelsky, ***Derecho dúctil <Ley, derechos y justicia>***, Sexta Edición, Editorial Trotta, Madrid 2005, p. 121

[8] ***Cfr***. Gustavo Zagrebelsky, ***Derecho dúctil <Ley, derechos y justicia>***, Sexta Edición, Editorial Trotta, Madrid 2005, p. 122

de ejercicio profesional, terminaría por enrumbarlo hacia el Derecho Procesal Tributario.

Sus estudios de postgrado en (i) la Universidad Central de Venezuela en Derecho Administrativo, en (ii) la Universidad Robert Schuman en Francia, en Derecho Constitucional, en Derecho Administrativo, en Derecho Tributario y en Derecho Ambiental, y finalmente en (iii) la Universidad de Castilla-La Mancha en España, en Derechos Humanos y Garantías Constitucionales, le permitieron profundizar más en los dominios de la ciencia procesal, desde la perspectiva tanto de la idea de constitucionalización del proceso, como propiamente del Derecho Procesal Constitucional.

La teoría general del proceso, la teoría general de los derechos humanos, los principios ***pro homine*** y ***pro actione***, y los valores del Estado Constitucional de Derecho, han determinado su pensamiento jurídico, y fundamentado su acción académica, siempre presente en sus Cátedras de Pregrado en Derecho Constitucional y de Postgrado en Derecho Procesal Tributario; e igualmente, en los quehaceres de los que ha formado parte como miembro del Instituto Iberoamericano de Derecho Procesal.

También desde la perspectiva de la producción doctrinaria, ha dedicado su creación intelectual al servicio de la difusión de la idea del "**Derecho Vivo**", habiendo publicado investigaciones en dominios diversos del Derecho Procesal, siempre en el campo de lo que sustantivamente se califica como Derecho Público, particularmente en temas de Derecho Procesal Constitucional, Derecho Procesal Administrativo, Derecho Procesal Ambiental, Derecho Procesal Internacional de los Derechos Humanos, y muy especialmente en lo referente al Derecho Procesal Tributario.

En este sentido, desde muy breves artículos de carácter reflexivo, pasando por artículos en revistas jurídicas y monografías[9], desde la década de

[9] Vale hacer referencia a la gran cantidad de artículos publicados en la revista Ámbito Jurídico, de la editorial Legis: "**La Constitucionalización del Expediente Administrativo**" en Ámbito Jurídico Nro. 33, junio 2000, p. 11., "**Supremacía Constitucional y Artículo 59 del COT**" en Ámbito Jurídico Nro. 37, octubre 2000, p. 2, "**Una 'Justicia' Tributaria Temporal**" en Ámbito Jurídico Nro. 39, diciembre 2000, p. 14, "**Amparo Contra Ordenanza de Vehículos**". en. Ámbito Jurídico Nro. 40, enero 2001, p. 23, "**Apelabilidad del Auto de Admisión Tributario**". Ámbito Jurídico Nro. 43, abril 2001, p. 15, "**Inconstitucionalidad del Principio Solve et Repete**" en Ámbito Jurídico Nro. 44, mayo 2001, p. 3, "**La Tutela Judicial Efectiva Tributaria**" en Ámbito Jurídico Nro. 46, julio 2001, p. 3, "**¿Supresión del Poder de Gracia en el COT?**" en Ámbito Jurídico Nro. 51, diciembre 2001, p. 3, "**Proceso Tributario, Convenimiento y Costas**" en Ámbito Jurídico Nro. 52, enero 2002, p. 3, "**El Acto Excluido en el COT**" en Ámbito Jurídico Nro. 53, febrero 2002, p. 3, "**Irregularidades en el Recurso Jerárquico del COT**" en Ámbito Jurídico Nro. 54, marzo 2002, p. 3, "**Derechos Adjetivos del Contribuyente en la Sede Administrativa**" en Ámbito Jurídico Nro. 55, abril 2002, p. 3, "**El Recurso Subsidiario Sostenido o Perimido (I)**" en Ámbito Jurídico Nro. 58, julio 2002, p. 14, "**El Recurso Subsidiario Sostenido o**

los años 80, ha escrito diversos trabajos en el campo del control concentrado y difuso de la constitucionalidad de los actos con Rango de Ley y en lo relativo a la acción de amparo constitucional; y lo propio puede decirse sobre otros aspectos vinculados a la teoría general de la jurisdicción, al sistema judicialista, a la tutela judicial de los intereses difusos y colectivos, a la legitimación procesal activa, y tantos otros.

Empero, es sin duda el Derecho Procesal Tributario el área procesal o adjetiva dentro de la cual su pensamiento ha encontrado mayor dedicación y extensión en su quehacer como profesor y litigante.

En este orden de ideas, y sin perjuicio de lo que haya podido haber publicado con anterioridad, puede afirmarse que la mayor sistematización de sus ideas se inició con la publicación en 1996 del trabajo **"El Recurso Contencioso Tributario en el Derecho Procesal"**[10]. Esta sistematización se circunscribe al recurso contencioso tributario dentro de los principios de la teoría general del proceso. Fue posteriormente actualizada en 2002, en **"El Recurso Contencioso Tributario 2001 en el Derecho Procesal. Actualizado al COT 2001"**[11]. En el año 2013, se hizo una sistematización para estudiantes en **"El Recurso Contencioso Tributario"**[12]. En el año 2016, desarrollo el mismo tema, esta vez rindiendo honor y desde la perspectiva de las enseñanzas del profesor Gabriel Ruan Santos en ***"El Recurso Contencioso Tributario en la líneas del Prof. Gabriel Ruan Santos"***[13].

En 1997 abordó el principio de libertad probatoria en **"Las pruebas en el procedimiento administrativo tributario"**[14]. De nuevo sobre el tema probatorio, en 2002, trató con mayor profundidad y especificidad el principio de libertad probatoria, en **"El Principio de Libertad Probatorio en el Proceso Tributario"**[15]. Siempre en el campo del derecho

---

Perimido (II)" en Ámbito Jurídico Nro. 60, septiembre 2002, p. 14, "**Jamás es Poca la Precaución del Recurrente"** en Ámbito Jurídico Nro. 61, octubre 2002, p. 5, y "**Pretensión de Condena contra el Fisco**" en Ámbito Jurídico Nro. 63, diciembre 2002, p. 13.

[10] ***Revista de Derecho Tributario*** No. 70, Asociación Venezolana de Derecho Tributario (AVDT), Caracas, enero-febrero-marzo 1996, pp. 89 a 127.

[11] ***Revista de Derecho Tributario*** No. 95, Asociación Venezolana de Derecho Tributario (AVDT), Caracas, abril-mayo-junio 2002, pp. 45 a 99.

[12] ***Manual Venezolano de Derecho Tributario***, Tomo I, Asociación Venezolana de Derecho Tributario (AVDT), Caracas, 2013, pp. 663 a 706.

[13] En ***Liber Amicorum Homenaje a Gabriel Ruan Santos***, Asociación Venezolana de Derecho Tributario (AVDT), Caracas, 2016.

[14] Monografía de la Fundación de Estudios de Derecho Administrativo (FUNEDA), Ediciones FUNEDA, Caracas, 1997.

[15] ***Temas de Derecho Administrativo***, Volumen I, Libro homenaje a Gonzalo Pérez Luciani, Colección libros homenaje Nº 7, Tribunal Supremo de Justicia, Caracas, 2002, pp. 281 a 349.

probatorio, en el año 2009, específicamente analizó el medio probatorio documentado denominado expediente administrativo, en **"Valor probatorio del expediente administrativo, en el proceso tributario"**[16]. La primera de estas obras en el ámbito probatorio fue notoriamente ampliada y profundizada en el año 2014, en el **"Régimen jurídico de las pruebas en el procedimiento administrativo tributario"**[17].

En 1998, desarrolló el tema de los métodos de resolución de conflictos en el campo Administrativo, en concreto, la conciliación, el arbitraje y la transacción, en **"La Conciliación, el Arbitraje y la Transacción como Métodos de Resolución de Conflictos Administrativos"**[18]. En 1999 se ocupó de las bases conceptuales del arbitraje tributario en **"Las Posibilidades Arbitrales en el Ámbito Tributario"**[19]. Continuando con lo atinente a los medios alternativos de solución de conflictos, en el año 2011 se dedicó a denunciar la incorrecta regulación de la transacción tributaria, en **"La muerte prenatal de la transacción judicial y la existencia inmaterial de la transacción extrajudicial en el Código Orgánico Tributario"**[20].

También en 1999 argumentó a favor de la tesis de que el amparo tributario es un amparo constitucional especial y no una acción por abstención o carencia en **"El Amparo Constitucional Tributario"**[21]. Este trabajo fue ampliado y profundizado en el año 2004, en **"El Amparo Constitucional Tributario. Nueva Reflexión a la Luz de la Constitución de 1999, del COT 2001 y la jurisprudencia del Tribunal Supremo de Justicia"**[22].

En el año 2000 desarrolló el tema de los derechos procesales o adjetivos de los contribuyentes, en **"Los Derechos del Contribuyente**

---

[16] ***Temas de Actualidad Tributaria***, Homenaje a Jaime Parra Pérez, Serie Eventos No. 27, Academia de Ciencias Políticas y Sociales y Asociación Venezolana de Derecho Tributario, Caracas, 2009, pp. 175 a 246.

[17] Monografía de la Fundación de Estudios de Derecho Administrativo (FUNEDA), Ediciones FUNEDA, Caracas, 2014.

[18] ***IV Jornadas Internacionales de Derecho Administrativo "Allan Randolph Brewer Carías: La relación jurídico-administrativa y el procedimiento administrativo"***, Fundación de Estudios de Derecho Administrativo (FUNEDA), Caracas, 1998.

[19] ***Revista Venezolana de Estudios de Derecho Procesal*** No. 1, Instituto Venezolano de Estudios de Derecho Procesal (INVEDEPRO), Editorial Livrosca, enero-junio 1999, pp. 217 a 252

[20] ***El Contencioso Administrativo y los Procesos Constitucionales***, Colección Estudios Jurídicos No. 92, Editorial Jurídica Venezolana, Caracas, 2011, pp. 627 a 652.

[21] ***Revista Venezolana de Estudios de Derecho Procesal*** No. 2, Instituto Venezolano de Estudios de Derecho Procesal (INVEDEPRO), Editorial Livrosca, julio-diciembre 1999, pp. 209 a 244.

[22] ***Revista de Derecho Tributario*** No. 103, Asociación Venezolana de Derecho Tributario (AVDT), Caracas, abril, mayo y junio 2004, pp. 7 a 51.

en la Constitución de 1999"[23]. Igualmente, en lo referido al campo de los derechos procesales o adjetivos de los contribuyentes, y en un momento muy preciso del actuar de la administración tributaria, en el año 2004, trató el tema **"Hacia un estatuto del contribuyente durante la fiscalización"**[24].

Del mismo modo, en el año 2014 profundizó y generalizó acerca del estatuto del contribuyente, en **"La necesidad de un estatuto del contribuyente frente al ejercicio de potestad tributaria"**[25].

En el año 2002 tuvo ocasión de disertar sobre la inconstitucionalidad de la eliminación de la medida cautelar "***Ope legis***" de suspensión de efectos por la interposición del recurso contencioso tributario, en **"La eliminación de los efectos suspensivos de los recursos tributarios. Una inconstitucionalidad"**[26].

En el año 2003, influido por circunstancias particulares del ejercicio profesional, investigó acerca de la ampliación del concepto de legitimación activa para la defensa de intereses colectivos en el recurso contencioso tributario, y también sobre el uso repetitivo de la acción de amparo constitucional, frente a las insuficiencias protectoras del recurso contencioso tributario, en **"Amparización y Colectivización del Proceso Tributario"**[27]. En el año 2004 se profundizó lo relativo a la colectivización en **"Las acciones colectivas en el Proceso Tributario"**[28].

En el año 2004 asumió el estudio pormenorizado de las medidas cautelares a favor de la Administración Tributaria, en **"Medidas cautelares para asegurar el cobro de la deuda tributaria"**[29].

---

[23] ***V Jornadas Venezolanas de Derecho Tributario: Aspectos Tributarios en la Constitución de 1999***, Asociación Venezolana de Derecho Tributario (AVDT), Livrosca, Caracas septiembre 2000, pp. 3 a 24.

[24] Ensayos de Derecho Administrativo < Libro Homenaje a Nectario Andrade Labarca>.

[25] ***Administración Tributaria. Conmemoración de los 20 Años del SENIAT. Memorias de las XIII Jornadas Venezolanas de Derecho Tributario,*** Tomo I: Administración Tributaria. Asociación Venezolana de Derecho Tributario (AVDT), Caracas, 2014, pp. 615 a 643.

[26] ***Estudios sobre el Código Orgánico Tributario de 2001***, Asociación Venezolana de Derecho Tributario (AVDT), Livrosca, Caracas, 2002, pp. 659 a 718.

[27] ***Temas de derecho procesal***, Volumen I, Libro Homenaje a Félix Angulo Ariza, Colección libros homenaje N° 10, Fernando Parra Aranguren Editor, Tribunal Supremo de Justicia, Caracas, 2003, pp. 191 a 261.

[28] ***Temas de derecho procesal. XIX Jornadas Iberoamericanas de Derecho Procesal*** y ***V Congreso Venezolano de Derecho Procesal***, Instituto Venezolano de Estudios de Derecho Procesal (INVEDEPRO), Caracas, 2004, pp. 51 a 83

[29] ***Contencioso Tributario Hoy. Jornadas Internacionales***, Tomo II, Fundación Estudios de Derecho Administrativo (FUNEDA) y Asociación Venezolana de Derecho Tributario (AVDT), Caracas, 2004, pp. 13 a 30.

El rol de los jueces tributarios, apreciable a la luz de diversas sentencias resultó objeto de su estudio en el año 2004 en **"Análisis crítico de jurisprudencia tributaria"**[30]; y en los años 2005 y 2006, en **"Los jueces tributarios y el control de constitucionalidad"**[31]; y en el año 2013, en **"No existe una tal <interpretación correctiva>, a cargo de los jueces. Artículo 263 del COT"**[32].

En el año 2007, dedicó sus reflexiones al punto de la responsabilidad de la Administración Tributaria por daños y perjuicios causados al contribuyente y la cuestión de la pretensión procesal indemnizatoria, en **"Costas, Daños y Perjuicios en el proceso tributario"**[33].

En el año 2009, emprendió la línea argumentativa necesaria para demostrar las circunstancias en las cuales es posible alegar, dentro de la teoría de las nulidades de los actos administrativos, simultáneamente, los vicios de ilegalidad de inmotivación y falso supuesto, en **"Inmotivación Y/O Falso Supuesto, en el Proceso Tributario"**[34].

En el año 2012 denunció la violación del principio de igualdad de las partes en el proceso tributario y subsiguiente inconstitucionalidad, en **"Privilegios y Prerrogativas Procesales del Estado en la Justicia Contencioso Tributaria"**[35].

También en el año 2012 emprendió el estudio detallado del juicio ejecutivo tal como estaba previsto en el Código Orgánico Tributario de 2001, en **"Juicio Ejecutivo o enrevesamiento jurídico"**[36].

Finalmente, en el año 2014, argumentó sobre la ilegitimidad y la inconstitucionalidad del binomio Ley Habilitante de 2013 y Decreto con Rango, Valor y Fuerza de Ley del Código Orgánico Tributario de 2014, para

---

[30] ***Revista de Derecho Tributario*** No. 107, Asociación Venezolana de Derecho Tributario (AVDT), Caracas, julio, agosto y septiembre 2004, pp. 7 a 51.

[31] ***Revista de Derecho Tributario*** No. 111, Asociación Venezolana de Derecho Tributario (AVDT), Caracas, julio, agosto y septiembre 2006, pp. 157 a 188.

[32] ***Revista de Derecho Tributario*** No. 137, Asociación Venezolana de Derecho Tributario (AVDT), Caracas, enero, febrero y marzo 2013, pp. 77 a 107.

[33] ***Jornadas Internacionales Cuestiones Actuales de Derecho Tributario (Memorias)***, Fundación Estudios de Derecho Administrativo (FUNEDA), Caracas, 2007, pp. 97 a 129.

[34] ***Libro Homenaje a Tomás Enrique Carrillo Batalla***, Tomo I, Facultad de Ciencias Económicas y Sociales y Facultad de Ciencias Jurídicas y Políticas de la Universidad Central de Venezuela, Caracas, 2009, pp. 129 a 161.

[35] ***Justicia Tributaria***, coautoría con el Prof. Serviliano Abache Carvajal. Colección Estado de Derecho, Serie Primera, Tomo IV, Fundación Estudios de Derecho Administrativo (FUNEDA) y Universidad Metropolitana, Caracas, 2012.

[36] ***30 Años de la Codificación del Derecho Tributario Venezolano. Memorias de las XI Jornadas Venezolanas de Derecho Tributario***. Tomo II: Derecho Procesal Tributario. Asociación Venezolana de Derecho Tributario (AVDT), Caracas, 2012, pp. 203 a 237.

acometer una clara ***desjudicialización*** de lo cautelar y de la ejecución de sentencias, en **"El autobús equivocado... el destino final arbitrario. El Código Orgánico Tributario de 2014"**[37]. De una forma más específica y pormenorizada se trató este tema, en el año 2015, en **"La Desjudicialización del Proceso Tributario"**[38].

Son tiempos de regresión y primitivismo, de hemiplejia moral. El Derecho Procesal Administrativo, incluido el Tributario, no son excepción. Así lo confirman los estudios empíricos y las reflexiones más conspicuas sobre la realidad judicial venezolana[39]. Por eso, frente al genocidio de las instituciones jurídicas de cada día, la trayectoria de excelencia en la obra intelectual y la intachable ejecutoria personal de Alberto Blanco-Uribe Quintero, nos compromete e inspira en la lucha por restaurar la civilidad, el Estado de Derecho y los principios republicanos.

Por lo pronto, Alberto Blanco-Uribe Quintero continúa su compromiso vital para seguir en este rumbo de la reflexión inspirada en la justicia, con fundamento en los artículos 2, 3, 19 y 25 de la Constitución y en el ideal de la lucha por el **"Derecho Vivo".**

Aguafría, 6 de febrero de 2016

Humberto Romero-Muci
Profesor Titular y Jefe de la Catedra de Derecho Financiero
en la Universidad Católica Andres Bello
Individuo de Número de la Academia de Ciencias Politicas
y Sociales de Venezuela (Sillón No. 14)

---

[37] ***Revista de Derecho Público*** No. 140, Editorial Jurídica Venezolana, Caracas, 2015.

[38] ***Libro Homenaje a la Academia de Ciencias Políticas y Sociales En el Centenario de su Fundación 1915-2015***, Academia de Ciencias Políticas y Sociales, Caracas, 2015.

[39] ***Vid.***, Antonio Canova Gonzalez, ***La realidad del contencioso administrativo venezolano <un llamado de atención frente a las desoladoras estadísticas de la Sala Político Administrativa en 2007 y primer semestre de 2008>***, Fundación de Estudios de Derecho Administrativo FUNEDA, Caracas 2009, p. [•]; Allan Brewer-Carias, ***Estado Totalitario y desprecio a la Ley <la desconstitucionalización, desjuridifcación, desjudicialización y desdemocratización de Venezuela>***, Editorial Jurídica Venezolana, Caracas 2014.

Introducción

En cuanto a mi rol como abogado, siempre me he desempeñado en al ámbito del litigio, pero orientado por la filosofía justiciera y solucionadora según la cual "más vale un mal arreglo que un buen pleito". Así, desenvolviéndome en el campo del derecho público y prácticamente en todos los casos como defensor del legitimado activo, vale decir del recurrente, he litigado en asuntos de derecho procesal civil, de derecho procesal administrativo, de derecho procesal ambiental, de derecho procesal constitucional y, muy especialmente, de derecho procesal tributario.

En mi filosofía de vida, siguiendo al maestro procesalista Eduardo Couture, en sus mandamientos del abogado, he amado el derecho y preferido a la justicia, entendiendo democráticamente y en la noción civilizatoria de Estado de Derecho, que es en estrados donde se invoca y obtiene la clamada justicia. He sido entonces un defensor del justiciable, parte en juicio, deseoso de una contienda igualitaria y de un juez probo, digno, imparcial, independiente y justo.

El denominador común de toda mi actuación litigiosa, en cuanto a los enfoques esenciales, ha sido el de alegar y argumentar en defensa de los derechos e intereses de mis patrocinados, pero desde la perspectiva de la teoría general de los derechos humanos, de la visualización del tribunal como garantía de la libertad, de la constitucionalización del proceso, siguiendo en esto último la idea del proceso como herramienta para la consecución de la justicia.

No en balde el artículo 258 de la Constitución de 1999 habla de ese carácter instrumental y teleológico del juicio judicial, circunscrito ello no solamente al campo de los derechos humanos de acceso a la justicia, a la tutela judicial efectiva y de acceso a los medios alternativos de solución de conflictos jurídicos, sino también, y con mayor trascendencia, a la perspectiva de los artículos 2, 3, 19, 20 y 25 de la Constitución, que acuerdan el carácter de valores superiores del ordenamiento jurídico y de la actuación estatal a los derechos humanos, que establecen como fin del Estado el aseguramiento del goce efectivo de los derechos humanos, que hacen girar todo el sistema alrededor de la necesidad imperiosa de velar por el derecho al libre desenvolvimiento de la persona humana, estando en interdependencia todos los derechos humanos, y que sancionan con la nulidad toda actuación estatal lesiva de tales derechos.

En este orden de ideas, mi actividad académica se ha mantenido de una u otra forma orientada a la promoción y protección de la libertad. Mis estudios de postgrado en derecho administrativo en la Universidad Central de Venezuela, en derecho administrativo, derecho tributario, derecho ambiental, derecho internacional y derecho constitucional en la Universidad Robert Schuman, en Francia, y en justicia constitucional, garantías constitucionales y derechos humanos en la Universidad de Castilla-La Mancha, en España, siempre estuvieron orientados, con sus respectivas especificidades, hacia lo procesal como camino libertario.

Y es de esa manera y bajo esa óptica que he motivado mi actividad docente, como profesor de derecho constitucional en el pregrado de la Universidad Central de Venezuela, y como profesor de sistema de derechos humanos, de derecho procesal administrativo, de derecho procesal tributario y de estatuto del contribuyente, en los postgrados de la Universidad Central de Venezuela, de la Universidad Católica Andrés Bello, de la Universidad Metropolitana y de la Universidad de Los Andes, sin perjuicio de mi participación como conferencista en diversos congresos, jornadas, seminarios, coloquios y talleres nacional e internacionalmente.

Finalmente, llegué a publicar varias monografías y artículos en revistas especializadas y en libros homenaje, a objeto de divulgar y someter mi pensar jurídico procesal, a la crítica constructiva doctrinal y jurisprudencial del país, pero siempre partiendo de mi experiencia adquirida en estrados. Es decir, que más que desarrollar concepciones desde una metodología rigurosamente teórica, lo que siempre he perseguido es el análisis en el acontecer cotidiano del enfrentamiento entre el deber ser normativo y la práctica, de modo de retroalimentar los momentos en los cuales el órgano jurisdiccional va de la mano con el ideal justiciero y libertario, o bien denunciar fundadamente las muchas circunstancias en las cuales el operador jurídico, sea el doctrinario, el juez, el legislador y hasta la contraparte, se distancian de los valores, principios y postulados constitucionales, en detrimento de la justicia y de la libertad.

He querido, en consecuencia, encarar el estudio de un derecho normalmente denominado "en movimiento", como lo es el derecho procesal o adjetivo, pero con un enfoque realista, que no ignora los aconteceres sociológicos, psicológicos, ideológicos y hasta éticos, de los operadores jurídicos, a la hora de interpretar y aplicar la norma de derecho, o incluso el "anti derecho", que en doctrina comparada se ha dado a conocer como "derecho vivo", en provecho de una semilla sembrada en mí por mi progenitora, la honorable profesora de derecho procesal y litigante doctora en derecho Mariolga Quintero Tirado, semilla esa que fuera objeto de profunda germinación en diversos espacios, como el de nuestra membrecía en el Instituto Iberoamericano de Derecho Procesal, y particularmente en mi rol como fundador y primer coordinador del Comité Procesal de la Asociación Venezolana de Derecho Tributario.

Muchas veces me propusieron que escribiera un manual de derecho procesal tributario, tarea que me parecía necesaria por la carencia de un semejante instrumento sistematizador en la doctrina venezolana. Empero, siempre rechacé tales honrosas propuestas, por cuanto consideré, desde la perspectiva precisamente del "derecho vivo", que ello me resultaría imposible de satisfacer por cuanto no haría falta uno sino nueve manuales venezolanos de derecho procesal tributario, en vista de que cada uno de los nueve juzgados superiores de lo contencioso tributario con sede en Caracas, y que durante lustros tuvieron competencia nacional, sustanciaban los juicios "a su manera". Por ejemplo, algunos tribunales decían que había que dictar un auto que declara la causa abierta a pruebas, mientras que otros lo consideraban innecesario.

Fuera de lo jocoso, lastimosamente hoy se observa una actuación bastante uniforme por parte de los nueve tribunales caraqueños y de los seis tribunales provinciales, en cuanto concierne a la sustanciación de los juicios, pero no debido ello a un apego irrestricto al mandato constitucional de supremacía de los derechos humanos, sino al acatamiento obediente y cuestionable, en un sistema de derecho civil como el nuestro, de los designios (no siempre contestes con los valores justicieros y libertarios) del "superior jerárquico", perdón, quise decir del juez de alzada, que no es otro que el Tribunal Supremo de Justicia, según los casos, a través de la Sala Político Administrativa o de la Sala Constitucional.

Jamás escribí entonces aquel manual venezolano de derecho procesal tributario, pero en su lugar llegué a publicar una gran cantidad de estudios especializados, durante más de 30 años, cuya lectura llevó a mi amigo y distinguido colega Dr. Humberto Romero-Muci, a proponerme republicar todos esos trabajos en una obra compilatoria, en vista de que de manera dispersa yo habría venido de un modo u otro tratando todas las instituciones del derecho procesal tributario, claro que bajo ese ángulo del "derecho vivo". Este proyecto me pareció de utilidad tanto para los colegas investigadores y litigantes en esta área, como para los estudiantes de pregrado y postgrado.

Mis estudios en materia procesal tributaria fueron sistematizados por el equipo del Dr. Romero-Muci en 5 bloques temáticos, con independencia de las fechas en que fueron publicados, pues como ya lo advertí, los aspectos tratados por mí se fueron dando en función de lo que pudiese estar ocurriendo en ese momento en el país, en estrados, con el derecho y con los derechos humanos. Es de descollar que estos estudios se publican en esta oportunidad, con contenido idéntico a sus apariciones originales, para respetar sus respectivos momentos históricos, y así poder ponderar más útilmente la evolución y la involución (en la mayoría de los casos) de las instituciones procesales tributarias, tras cada cambio normativo.

De esta forma, el bloque 1 "constitucional tributario", contiene los siguientes estudios:

1. "Los derechos del contribuyente en la constitución de 1999", que fuera publicado en el libro de las V Jornadas Venezolanas de Derecho Tributario "Aspectos Tributarios en la Constitución de 1999", Asociación Venezolana de Derecho Tributario, Livrosca, Caracas, septiembre 2000, objeto de presentar sistemáticamente los derechos adjetivos del contribuyente en el nuevo marco constitucional.
2. "Eliminación de los Efectos Suspensivos de los Recursos Tributarios. Una Inconstitucionalidad", que fuera publicado en Estudios sobre el Código Orgánico Tributario de 2001, obra colectiva, coordinador Jesús Sol Gil, Asociación Venezolana de Derecho Tributario, Livrosca, Caracas, 2002, como una denuncia fundamentada en contra de la burla al principio de progresividad de los derechos humanos.
3. "El Amparo Constitucional Tributario. Nueva reflexión, a la luz de la Constitución 1999, del COT 2001 y la Jurisprudencia del Tribunal Supremo de Justicia", que fuera publicado en la Revista de Derecho Tributario, Nro. 103, Asociación Venezolana de Derecho Tributario (A.V.D.T.), Caracas, abril, mayo y junio 2004, de manera de explicar fundadamente la naturaleza jurídica del amparo tributario, como un amparo constitucional especial y no como una acción por abstención o carencia, como lo ha pretendido la jurisprudencia y la mayoría de la doctrina venezolana.
4. "Amparización y Colectivización del Proceso Tributario", que fuera publicado en Temas de derecho procesal, Volumen I, Libro Homenaje a Félix Angulo Ariza, Colección libros homenaje Nº 10, Fernando Parra Aranguren Editor, Tribunal Supremo de Justicia, Caracas, 2003, a objeto de mostrar como la insuficiencia del recurso contencioso tributario encontró salida a través de la acción de amparo constitucional, en aquel momento, del mismo modo en que se comenzaron a presentar acciones colectivas, y no meramente individuales como normalmente han sido, para atacar situaciones que afectan a todos o a determinado grupo de contribuyentes, como ocurrió con la impugnación de providencias que declararon como agentes de retención del IVA a los contribuyentes especiales.

5. "Las Acciones Colectivas en el Proceso Tributario", que fuera publicado en Temas de derecho procesal. XIX Jornadas Iberoamericanas de Derecho Procesal y V Congreso Venezolano de Derecho Procesal, Instituto Venezolano de Estudios de Derecho Procesal (INVEDEPRO), Caracas, 2004, para profundizar en las posibilidades del recurso contencioso tributario, para la tutela de intereses colectivos, como en el caso de las impugnaciones en contra de liquidaciones de contribución de paro forzoso, por parte del Instituto Venezolano de los Seguros Sociales.
6. "Hacia un Estatuto del Contribuyente durante la Fiscalización", que fuera publicado en Ensayos de derecho administrativo, Volumen I, Libro homenaje a Nectario Andrade Labarca, Colección libros homenaje Nº 13, Fernando Parra Aranguren Editor, Tribunal Supremo de Justicia, Caracas, 2004, en virtud de que el derecho procesal administrativo moderno, como el derecho procesal tributario, consideran que todo lo procedimental, incluido allí lo relativo a la sede administrativa, tanto en fase de formación como de impugnación de los actos administrativos, forma parte del derecho procesal, debiendo el contribuyente obtener certeza acerca de todos y cada uno de sus derechos.
7. "Los Jueces Tributarios y el Control de Constitucionalidad", que fuera publicado en "VI Congreso Venezolano de Derecho Procesal. Homenaje al Dr. Humberto J. La Roche", Instituto Venezolano de Estudios de Derecho Procesal (INVEDEPRO) e Instituto Zuliano de Derecho Procesal (INZUDEPRO), Caracas, 2005, para mostrar casuísticamente que los jueces tributarios, en general y al menos para la época, desconocían, ignoraban o buscaban arbitrariamente explicar las razones por las que no ejercían sus poderes desaplicatorios de las normas legales contrarias a la Constitución.
8. "La inconstitucional promulgación del Código Orgánico Tributario de 2001. Del control de constitucionalidad en Venezuela", que fuera publicado en El Derecho Público a los 100 Números de la Revista de Derecho Público 1980-2005, Editorial Jurídica Venezolana, Caracas, 2006, para denunciar la falsa afirmación en la Gaceta Oficial, en donde se indica que ese código fue promulgado el 17 de octubre de 2001, en el Palacio de Miraflores en Caracas, cuando la verdad era que el Presidente de la República y gran parte de los miembros del Consejo de Ministros se encontraban ese día en Viena, Austria, debiendo continuar la sustanciación de los juicios conforme al Código anterior, que no pudo ser válidamente derogado.
9. "De la obligación constitucional de recibir, de la Administración Pública", que fuera publicado en Libro Homenaje al Profesor Alfredo

Arismendi A., Coordinador Carlos Luis Carrillo Artiles, Instituto de Derecho Público, Universidad Central de Venezuela, Ediciones Paredes, Caracas, 2008, en el entendido de que el derecho de petición es uno de los derechos adjetivos del contribuyente, existiendo la obligación del órgano administrativo de recibir, sin excusas y sin perjuicio del despacho subsanador, toda solicitud de cualquier persona.

10. "La Necesidad de un Estatuto del Contribuyente frente al Ejercicio de la Potestad Tributaria", que fuera publicado en Administración Tributaria. Conmemoración de los 20 Años del SENIAT. Memorias de las XIII Jornadas Venezolanas de Derecho Tributario. Tomo I: Administración Tributaria. Asociación Venezolana de Derecho Tributario (AVDT), Caracas, 2014, de modo de descollar en la mente funcionarial su deber de respetar la dignidad de la persona y hacer cumplir los derechos del contribuyente particularmente en los distintos escenarios procedimentales.
11. "El Autobús Equivocado...El Destino Final Arbitrario. El Código Orgánico Tributario de 2014", que fuera publicado en la Revista de Derecho Público Nro. 140, Editorial Jurídica Venezolana, Caracas, octubre-diciembre 2014, para denunciar el uso arbitrario e inconstitucional del mecanismo de la ley habilitante a objeto de regular materia de derechos humanos y tributos, con clara lesión al principio de legalidad tributaria, como integrante de la reserva parlamentaria.
12. "Desjudicialización de la Función Jurisdiccional. Código Orgánico Tributario 2014", que fuera publicado en el Libro Homenaje a la Academia de Ciencias Políticas y Sociales en el Centenario de su Fundación 1915-2015, Tomo III, Academia de Ciencias Políticas y Sociales, Colección Centenario, Caracas 2015, para denunciar las violaciones constitucionales al lesionar los derechos de acceso a la justicia y a la tutela judicial efectiva y los principios de imparcialidad e independencia del juez, en materia cautelar y de ejecución de sentencias, que fueron atribuidas al Poder Ejecutivo.

El bloque 2 "procesal tributario" se integra con los siguientes estudios:

1. "Los Créditos Fiscales y el Nuevo Código de Procedimiento Civil", que fuera publicado en la Revista de Control Fiscal, Nros. 119-120, Contraloría General de la República, Caracas, enero-agosto 1986, tiende a establecer una clara distinción entre la ejecución de créditos fiscales de naturaleza tributaria, a través del juicio ejecutivo del Código Orgánico Tributario, y la ejecución de créditos fiscales otros, por medio del juicio de ejecución del Código de Procedimiento Civil.
2. "El Recurso Contencioso Tributario 2001", que fuera publicado en la Revista de Derecho Tributario, Nro. 95, Asociación Venezolana de

Derecho Tributario, Caracas, abril-mayo-junio 2002, fue una adaptación y ampliación complementaria del estudio "El Recurso Contencioso Tributario en el Derecho Procesal", que fuera publicado en la Revista de Derecho Tributario, Nro. 70, Asociación Venezolana de Derecho Tributario, Caracas, enero-febrero-marzo 1996, con la finalidad de deslastrar de todo resabio sustantivista a la institución del recurso contencioso tributario, de modo de reubicarla como corresponde como una acción en justicia regida por los principios de la teoría general del derecho procesal.

3. "Análisis Crítico de Jurisprudencia Tributaria", que fuera publicado en la Revista de Derecho Tributario, Nro. 107, Asociación Venezolana de Derecho Tributario (A.V.D.T.), Caracas, julio, agosto y septiembre 2004, para poner de relieve algunos aciertos y algunos errores cometidos por los jueces tributarios para entonces y en general, en la interpretación de instituciones procesales.
4. "Medidas Cautelares para Asegurar el Cobro de la Deuda Tributaria", que fuera publicado en "Contencioso Tributario Hoy. Jornadas Internacionales", Tomo II, Fundación Estudios de Derecho Administrativo (FUNEDA) y Asociación Venezolana de Derecho Tributario (A.V.D.T.), Caracas, 2004, en oportunidad de sistematizar el verdadero alcance y significado del ejercicio del poder cautelar por parte del juez, cuando este ha de ser ejercido a requerimiento de la administración tributaria.
5. "Costas, Daños y Perjuicios en el Proceso Tributario", que fuera publicado en Jornadas Internacionales Cuestiones Actuales de Derecho Tributario (Memorias), Fundación Estudios de Derecho Administrativo (FUNEDA), Caracas, 2007, para, por una parte, diferenciar las instituciones de las costas y los daños y perjuicios, y por otra parte, resaltar la naturaleza subjetiva del recurso contencioso tributario, pudiéndose acumular la pretensión indemnizatoria a la pretensión anulatoria.
6. "Inmotivación Y/O Falso Supuesto, en el Proceso Tributario", que fuera publicado en Libro Homenaje a Tomás Enrique Carrillo Batalla, Tomo I, Coordinador Asdrúbal Grillet Correa, Facultad de Ciencias Económicas y Sociales y Facultad de Ciencias Jurídicas y Políticas de la Universidad Central de Venezuela, Caracas, 2009, para desenmascarar la falacia presente en la simplista afirmación jurisprudencial de que no es posible, en términos universalistas, alegar en contra de un acto administrativo los vicios de inmotivación y falso supuesto, cuando ello no es cierto.
7. "Privilegios y Prerrogativas Procesales del Estado en la Justicia Contencioso Tributaria", que fuera publicado en "Justicia Tributaria",

Colección Estado de Derecho, Serie Primera, Tomo IV, Acceso a la Justicia.org, Fundación Estudios de Derecho Administrativo (FUNEDA) y Universidad Metropolitana, Caracas, 2012, de modo de demostrar la inconstitucionalidad de tales prerrogativas, por violar el principio de igualdad, y mostrar los abusos que se han hecho al respecto por parte de la jurisprudencia, particularmente la de la Sala Constitucional del Tribunal Supremo de Justicia.

8. "Juicio Ejecutivo o Enrevesamiento Jurídico", que fuera publicado en 30 Años de la Codificación del Derecho Tributario Venezolano. Memorias de las XI Jornadas Venezolanas de Derecho Tributario. Tomo II: Derecho Procesal Tributario. Asociación Venezolana de Derecho Tributario (AVDT), Caracas, 2012, de modo de poner de relieve la irregularidad presente en el Código Orgánico Tributario de 2001, al prever la posibilidad de que pudiese ejercerse un juicio ejecutivo estando pendiente un recurso contencioso tributario en torno al mismo acto administrativo.
9. "No existe una tal "Interpretación Correctiva", a cargo de los Jueces. Artículo 263 del COT", que fuera publicado en la Revista de Derecho Tributario Nro. 137, Asociación Venezolana de Derecho Tributario (A.V.D.T.), Caracas, enero, febrero y marzo 2013, para denunciar la jurisprudencia de la Sala Político Administrativa del Tribunal Supremo de Justicia que olvida que al juez no le corresponde cambiar la letra de la ley, sino interpretarla conforme con la Constitución o desaplicarla si la estima inconstitucional.
10. "El Recurso Contencioso Tributario", que fuera publicado en el Manual Venezolano de Derecho Tributario, Tomo I, Sol Gil, Jesús, Palacios Márquez, Leonardo y otros, coordinadores, Asociación Venezolana de Derecho Tributario (A.V.D.T.), Caracas, 2013, como una sistematización de esa acción en justicia, especialmente para estudiantes.
11. "El Recurso Contencioso Tributario, en las líneas del Prof. Gabriel Ruan Santos", que habrá de ser publicado en el Libro Homenaje al Dr. Ruan, por colaboración de la Academia de Ciencias Políticas y Sociales y la Asociación Venezolana de Derecho Tributario, en donde establezco un diálogo doctrinario entre mis ideas y las de mi respetado ductor y querido amigo Gabriel.

El bloque 3 "pruebas en el derecho tributario", contentivo de los siguientes estudios:

1. "La Libertad Probatoria en el Proceso Tributario", que fuera publicado en Temas de derecho administrativo, Volumen I, Libro homenaje a Gonzalo Pérez Luciani, Colección libros homenaje N° 7, Fernan-

do Parra Aranguren Editor, Tribunal Supremo de Justicia, Caracas, 2002, de modo de presentar ordenadamente las posibilidades probatorias y los principios fundamentales que rigen la actividad probatoria en estos juicios, pudiéndose trascender más allá de los meros documentos y de las experticias contables.

2. "Valor Probatorio del Expediente Administrativo, en el Proceso Tributario", que fuera publicado en "Temas de Actualidad Tributaria", Homenaje a Jaime Parra Pérez, Coordinadoras Elvira Dupouy e Irene de Valera, Serie Eventos Nro. 27, Academia de Ciencias Políticas y Sociales y Asociación Venezolana de Derecho Tributario, Caracas, 2009, para descollar los principios que regulan a ese trascendental medio probatorio, resaltar los hechos controvertidos que se pueden aclarar con su exhibición, y denunciar su ausencia o su ocultamiento, con complicidad judicial.
3. "Régimen Jurídico de las Pruebas en el Procedimiento Administrativo Tributario", que fuera publicado en Fundación Estudios de Derecho Administrativo (FUNEDA), Caracas, 2014, como una adaptación y ampliación actualizada del estudio "Las Pruebas en el Procedimiento Administrativo Tributario", que fuera publicado en Fundación de Estudios de Derecho Administrativo (FUNEDA), Ediciones FUNEDA, Caracas, 1997, donde se hace una profunda reflexión sobre varias de las instituciones fundamentales del derecho probatorio aplicado al proceso tributario.

El bloque 4 "Resolución alternativa de conflictos en el derecho tributario", integrado por los siguientes estudios:

1. "La Conciliación, el Arbitraje y la Transacción como Métodos de Resolución de Conflictos Administrativos", que fuera publicado en la Revista de la Facultad de Derecho de la Universidad Católica Andrés Bello, Nro. 57, U.C.A.B., 2002, donde se expone la moderna doctrina de la administración concertada, como mecanismo para la consecución de los cometidos estatales de manera más fluida que por la simple ejecutoriedad de los actos administrativos, mediando la voluntad favorable del administrado, en función del principio de eficiencia administrativa.
2. "Posibilidades arbitrales en el ámbito tributario", que fuera publicado en la Revista Venezolana de Estudios de Derecho Procesal, Nro. 1, Instituto Venezolano de Estudios de Derecho Procesal (INVEDEPRO), Editorial Livrosca, enero-junio 1999, en ocasión anterior a la regulación del arbitraje en el Código Orgánico Tributario de 2001, de modo de abrirle un camino a la institución, conceptualmente y mediando el carácter supletorio del Código de Procedimiento Civil.

3. "La Muerte Prenatal de la Transacción Judicial y la Existencia Inmaterial de la Transacción Extrajudicial, en el Código Orgánico Tributario", que fuera publicado en el libro colectivo "El Contencioso Administrativo y los Procesos Constitucionales", Directores Allan R. Brewer-Carías y Víctor Rafael Hernández-Mendible, Colección Estudios Jurídicos Nro. 92, Editorial Jurídica Venezolana, Caracas, 2011, a objeto de denunciar las razones normativas del fracaso de tan importante medio alternativo de solución de conflictos, para ponerle fin al juicio; y la carencia de regulación de la transacción que perseguiría evitar el inicio del juicio, ocultando la realidad cotidiana de las transacciones tributarias lícitas pero no documentadas.

El bloque 5 "penal tributario", donde solo está el estudio:

- "Alcance del Principio de Presunción de Inocencia. Reflexión", que fuera publicado en Temas de Derecho Penal Económico, Homenaje a Alberto Arteaga Sánchez, Obra Colectiva, Compiladora Carmen Luisa Borges, Fondo Editorial de la Asociación Venezolana de Derecho Tributario (A.V.D.T.) y Universidad Central de Venezuela, Caracas, 2006, a fin de generar la necesidad de pensar acerca del contenido esencial de este principio, frente a la actividad probatoria y a los límites de la potestad sancionatoria.

Lo último, aunque no forman parte de este compendio de mi obra en materia de derecho procesal tributario, hasta este momento, por tratarse de pequeños artículos publicados todos en el diario especializado en derecho Ámbito Jurídico, durante los años 2000 a 2002, vale la pena mencionarlos:

1. "La Constitucionalización del Expediente Administrativo" en Nro. 33, junio 2000.
2. "Supremacía Constitucional y Artículo 59 del COT" en Nro. 37, octubre 2000.
3. "Una 'Justicia' Tributaria Temporal" en Nro. 39, diciembre 2000.
4. "Amparo Contra Ordenanza de Vehículos" en Nro. 40, enero 2001.
5. "Apelabilidad del Auto de Admisión Tributario" en Nro. 43, abril 2001.
6. "Inconstitucionalidad del Principio Solve et Repete" en Nro. 44, mayo 2001.
7. "La Tutela Judicial Efectiva Tributaria" en Nro. 46, julio 2001.
8. "¿Supresión del Poder de Gracia en el COT?" en Nro. 51, diciembre 2001.
9. "Proceso Tributario, Convenimiento y Costas" en Nro. 52, enero 2002.
10. "El Acto Excluido en el COT" en Nro. 53, febrero 2002.

11. "Irregularidades en el Recurso Jerárquico del COT" en Nro. 54, marzo 2002.
12. "Derechos Adjetivos del Contribuyente en la Sede Administrativa" en Nro. 55, abril 2002.
13. "El Recurso Subsidiario Sostenido o Perimido (I)" en Nro. 58, julio 2002.
14. "El Recurso Subsidiario Sostenido o Perimido (II)" en Nro. 60, septiembre 2002.
15. "Jamás es Poca la Precaución del Recurrente" en Nro. 61, octubre 2002.
16. "Pretensión de Condena contra el Fisco" en Nro. 63, diciembre 2002.

Como idea concluyente de esta introducción, tengamos que es verdad que estamos obligados a contribuir con las cargas públicas, pero únicamente en la medida que exista una previsión legal al respecto. Es decir, el tributo debe haber sido creado por una ley, por la representación popular (¨no taxation without representation¨), incluyendo todos los elementos de la relación jurídico tributaria: hecho imponible, base imponible, alícuota, etc. Nótese que nos apuntamos con la idea libertaria de reserva parlamentaria, y no la mera y manipulada reserva legal.

Además, para que sea legítimo y justo el reclamo tributario, aparte de su previsión legal, es menester que el contribuyente no sea compelido a pagar el tributo por encima de su capacidad contributiva. Vale decir, que la imposición no debe poner en peligro la sobrevivencia de la persona, ni la integridad de un patrimonio al margen de confiscaciones proscritas.

Entonces, en este orden de ideas, esa natural oposición a la imposición termina jurídicamente garantizada, de modo que la persona afectada disponga de medios de derecho que aseguren la legalidad de toda actuación de la Administración Tributaria, de modo que se tenga la certeza de que lo que se le reclama, y en la cuantía que corresponda, es a lo que realmente se encuentra obligada.

Para ello, la persona tiene a su disposición una serie de acciones y excepciones administrativas y judiciales, para verificar que se hayan cumplido estos principios, pues de lo contrario no existe la obligación de contribuir.

Una de esas acciones judiciales es el Recurso Contencioso Tributario, pero ella es una más dentro de un universo amplio de mecanismos de defensa que han de implementarse, de acuerdo al tipo de quebrantamiento jurídico que se presente, y a cuál sea la pretensión del interesado.

Ejemplos no exhaustivos: Si el afectado se encuentra frente a un acto administrativo de efectos particulares, contentivo de una determinación tributaria y/o de la imposición de una sanción, y estima que de alguna forma se viola el derecho, puede ejercer en su contra el Recurso

Jerárquico, ante la misma Administración Tributaria, o el Recurso Contencioso Tributario, ante los tribunales tributarios, buscando su revocatoria o anulación.

Si el afectado ha hecho una petición a la Administración Tributaria (una licencia de actividades económicas, una solvencia, una consulta, etc.), y ésta no le responde, siendo que ello pueda generarle daños y perjuicios, lo que procede es incoar un Amparo Tributario, ante los tribunales tributarios, con la idea de propiciar la respuesta requerida.

Si el afectado se ve perjudicado por una actuación administrativa que no se ha materializado en un acto administrativo, como podría ser una clausura sin procedimiento previo, asistimos a lo que se conoce como una vía de hecho, frente a lo cual cabría un Amparo Constitucional ante los tribunales tributarios, para obtener el restablecimiento de los derechos violados.

Si el afectado se ve amenazado por una ley creadora de un tributo o por un decreto con rango, valor y fuerza de ley, que irrespetan los principios constitucionales, puede ejercer en su contra una Acción de Inconstitucionalidad ante la Sala Constitucional del Tribunal Supremo de Justicia, para que sea anulada. Y, si la lesión emanara de un reglamento ejecutivo, lesivo de principios constitucionales o legales, se podría ejercer en su contra un Recurso de Inconstitucionalidad ante la Sala Constitucional del Tribunal Supremo de Justicia o un Recurso Contencioso Administrativo ante la Sala Político-Administrativa del Tribunal Supremo de Justicia, en pos de su anulación, dependiendo de los alegatos de impugnación.

Si la actuación administrativa ha causado daños y perjuicios al afectado, éste puede demandar en indemnización a la persona jurídica a la que pertenezca el ente tributario.

Si el afectado es demandado por la Administración Tributaria en Juicio Ejecutivo (conforme corresponde en derecho acorde con la separación de poderes), en cumplimiento de un reclamo tributario que estima contrario a derecho, puede ejercer defensas.

Todo sin perjuicio de los medios alternativos de solución de conflictos, dentro de los cuales el moderno derecho procesal incluye a la sede administrativa, en formación o impugnación del acto administrativo (lo que los sustantivistas llaman derecho administrativo formal).

Estos son simples ejemplos demostrativos de que la contención tributaria no se limita al Recurso Contencioso Tributario, puesto que en un Estado de Derecho y de Justicia debe realmente garantizarse a la persona, el respeto de sus libertades, con arreglo a las circunstancias que se presenten.

Este es el contenido del derecho procesal tributario.

Caracas, abril de 2016.

1

BLOQUE CONSTITUCIONAL TRIBUTARIO

1.1
Los derechos del contribuyente en la Constitución de 1999

I. INTRODUCCIÓN

De conformidad con lo previsto en el artículo 2 de la vigente Constitución de 1999, uno de los denominados "valores superiores del ordenamiento jurídico" de Venezuela, como Estado democrático y social de derecho y de justicia, es decir, uno de sus principios fundamentales republicanos, viene dado por la preeminencia de los derechos humanos.

Lo anterior se encuentra reforzado por la enumeración de los fines esenciales del Estado, a que se contrae el artículo 3, donde se incluye la defensa y el desarrollo de la persona y el respeto a su dignidad y, en general, la garantía del cumplimiento de los derechos[1] reconocidos y consagrados en la Constitución[2], en concordancia con el postulado del artículo 19, según el cual el Estado garantizará a toda persona el goce y ejercicio irrenunciable, indivisible e interdependiente de los derechos humanos, y concatenado ello al dispositivo del artículo 25, que sanciona con la nulidad

---

[1] El artículo 29 consagra la obligación de investigar y sancionar los delitos contra los derechos humanos y la imprescriptibilidad de las acciones para sancionar las violaciones graves de los derechos humanos. El artículo 139 conlleva la responsabilidad individual por violación de la Constitución, en ejercicio del Poder Público. El artículo 30 determina la obligación del Estado de indemnizar integralmente a las víctimas de violaciones de derechos humanos. Y, el artículo 140 indica que habrá responsabilidad patrimonial del Estado, siempre que los daños a los derechos de los particulares sean imputables al funcionamiento de la Administración Pública.

[2] El artículo 22 prevé la cláusula del "numerus apertus" en la materia, al establecer: "La enunciación de los derechos y garantías contenidos en esta Constitución y en los instrumentos internacionales sobre derechos humanos no debe entenderse como negación de otros que, siendo inherentes a la persona, no figuren expresamente en ellos...".

a todo acto dictado en ejercicio del Poder Público que viole o menoscabe los derechos garantizados por la Constitución y la ley, y prevé la responsabilidad civil, penal y administrativa de los funcionarios públicos que lo hayan ordenado o ejecutado.

Además, debe destacarse el trascendente contenido del artículo 7, referido al principio de supremacía de la Constitución, propio de un sistema constitucional rígido racional normativo[3], al disponer que la Constitución es la norma suprema y el fundamento del ordenamiento jurídico, por lo que el artículo 334 señala que, en caso de incompatibilidad entre la Constitución y una ley u otra norma jurídica, los jueces (y los demás funcionarios públicos), de oficio o a petición de parte interesada, aplicarán las disposiciones constitucionales. En esta perspectiva, según el artículo 335, el Tribunal Supremo de Justicia garantizará la supremacía y efectividad de las normas y principios constitucionales.

En este orden de ideas es evidente que, en lo que al sistema jurídico venezolano se refiere, adscribiéndose de ese modo a las más modernas tendencias del derecho constitucional general y comparado, la Constitución es una verdadera norma jurídica, directamente aplicable a los sujetos de derecho, con carácter preferente, capaz de incidir inmediatamente en la esfera jurídica subjetiva de las personas, desde un punto de vista activo y otro pasivo. En el aspecto activo, prevé una serie de derechos fundamentales que no requieren de ley reglamentaria alguna para su goce efectivo[4]. Y, en el ángulo pasivo, impide la interferencia restrictiva o lesiva de esos derechos, tanto la derivada de particulares, como –lo que es más importante a los efectos de este estudio– por parte de los órganos de las distintas ramas del poder público constituido[5].

En definitiva, los derechos humanos fundamentales representan la parte dogmática o principista de la Constitución, que encuentra su origen en el derecho natural ("todo hombre nace libre"), que no puede ser modificada ni siquiera por el poder constituyente originario, salvo para aumentarla o enriquecerla, y que en conjunto se identifica con la connotación amplia de la palabra libertad, en el omnicomprensivo y sintético alcance del dispositivo del artículo 20: "Toda persona tiene derecho al libre desenvolvimiento de su personalidad, sin más limitaciones que las que derivan del derecho de los demás y del orden público y social".

---

[3] Artículo 333: "Esta Constitución no perderá su vigencia si dejare de observarse por acto de fuerza o porque fuere derogada por cualquier otro medio distinto al previsto en ella".

[4] Artículo 22: "...La falta de ley reglamentaria de estos derechos no menoscaba el ejercicio de los mismos".

[5] Artículo 7: "...Todas las personas y los órganos que ejercen el Poder Público están sujetos a esta Constitución".

Ahora bien, claro que la integridad de cuanto precede es igualmente aplicable a toda persona humana, trátese o no de un contribuyente. Empero, ha sido menester introducir al tema con estas ideas, en razón de que, a fin de cuentas, el contribuyente es ante todo una persona humana, trátese obviamente de una persona natural, pero también de una persona jurídica, que no es más que una ficción legal, una forma organizativa de las personas naturales, exponencial de sus legítimas aspiraciones.

No toda persona humana es un contribuyente, pero todo contribuyente es, directa o indirectamente, una persona humana. Así, si todo contribuyente es una persona humana y toda persona humana es titular de derechos humanos fundamentales e irrenunciables, es evidente que todo contribuyente goza y debe poder ejercer tales derechos. Con la ayuda de este silogismo simple se pretende rescatar a la persona humana del contribuyente, de la mera condición sustantiva de obligado o sujeto pasivo de la relación jurídico tributaria, en que se le suele colocar, no únicamente para hacerlo transitar por la más amplia aunque limitada situación de administrado, objeto de actos unilaterales ejecutivos y ejecutorios emanados de la Administración Pública, sino para poner de manifiesto su dimensión de ser humano, cuya tutela de libertad indefectiblemente es y debe ser el norte de la organización estatal, por encima de cualquier otro objetivo, por loable que sea.

En otras palabras, tratándose de la defensa de los derechos del contribuyente, es imperioso concentrarse en el ámbito procesal o adjetivo, luego de haber pasado revista a los derechos sustantivos fundamentales que se le reconocen a la persona humana en general y en su condición particular de contribuyente, para que el principio de supremacía de la Constitución se haga realidad en la concreción del principio de seguridad jurídica previsto en al artículo 299.

Nótese que se destaca la perspectiva ontológica de ser humano, y no la visión política de ciudadano, por dos razones: los derechos políticos, únicos privativos del ciudadano, no tienen pertinencia ni relevancia alguna a los efectos de este estudio; y, se puede ser contribuyente sin ser ciudadano, vale decir, nacional del Estado sujeto activo del tributo, esto sin olvidar que hay contribuyentes personas jurídicas y que los derechos fundamentales lo son del género humano, sin distingos de nacionalidad u otro, en virtud de la Declaración Universal de los Derechos Humanos de 1948, dictada por la Asamblea General de las Naciones Unidas, y de los diversos tratados internacionales en materia de derechos humanos[6].

[6] Artículo 23: "Los tratados, pactos y convenciones relativos a derechos humanos, suscritos y ratificados por Venezuela, tienen jerarquía constitucional y prevalecen en el orden interno, en

II. LOS DERECHOS HUMANOS SUSTANTIVOS DEL CONTRIBUYENTE

A continuación se pasará una breve revista a los distintos derechos humanos sustantivos del contribuyente, según la Constitución de 1999, como fundamento de las garantías y derechos humanos procesales o adjetivos consagrados para su tutela, es decir, para la salvaguarda de la libertad frente a las actuaciones de la Administración Tributaria.

a) El derecho al principio de legalidad tributaria

Tal como lo indica mandatoriamente el artículo 317, "no podrán cobrarse impuestos, tasas ni contribuciones que no estén establecidos en la ley". Incluso, el artículo 133 condiciona expresamente el deber de toda persona de coadyuvar a los gastos públicos mediante el pago de impuestos, tasas y contribuciones, a que estos estén precisamente establecidos en la ley.

b) El derecho a la irretroactividad de la ley

El artículo 24 expresa que ninguna disposición legislativa tendrá efecto retroactivo, excepto cuando imponga menos pena. Por su parte, con notable importancia para la materia penal tributaria, el numeral 6 del artículo 49 dispone que ninguna persona podrá ser sancionada por actos u omisiones que no fueren previstos como delitos, faltas o infracciones, en leyes preexistentes.

Y, para mayor seguridad, el artículo 317 exige siempre una "vacatio legis" para la entrada en vigencia de las leyes tributarias, que evidentemente sólo pueden regir hacia el futuro. Por ello, las leyes tributarias solamente son aplicables a hecho imponibles ocurridos durante sus respectivas vigencias, debiendo recordarse siempre cuándo se estima acontecido el hecho imponible, en los tributos que se causan por períodos de tiempo, como el impuesto sobre la renta (al final del ejercicio).

Sin embargo, cabe advertir que la Disposición Transitoria Quinta, numeral 2, pretende la eliminación de excepciones al principio de irretroactividad de la ley, mediante la reforma del Código Orgánico Tributario, lo cual contradiría y, en consecuencia, sería inaplicable por

---

la medida en que contengan normas sobre su goce y ejercicio más favorables a las establecidas en esta Constitución y en las leyes de la República, y son de aplicación inmediata y directa por los tribunales y demás órganos del Poder Público".

inconstitucional, al citado artículo 24, generando serios problemas de interpretación constitucional.

c) El derecho a la igualdad y el principio de justicia tributaria

Acorde con el artículo 21, "Todas las personas son iguales ante la ley", por lo que no se permitirán discriminaciones que menoscaben los derechos de toda persona (numeral 1), debiendo la ley garantizar las condiciones jurídicas y administrativas necesarias para que la igualdad sea real y efectiva (numeral 2).

Particularmente en el ámbito tributario, el artículo 316 consagra el principio de justicia tributaria, siendo que uno de los componentes esenciales de tal principio viene dado por la exigencia de igualdad frente a la imposición o al impacto fiscal, de los contribuyentes que se encuentren vinculados a la ocurrencia de hechos imponibles similares en condiciones parecidas, de modo que no hayan tratamientos o regímenes diferentes aplicables a ellos[7].

d) El derecho al carácter pecuniario del tributo y el derecho a la integridad personal

Conforme con el artículo 317, no podrán establecerse obligaciones tributarias pagaderas en servicios personales, como una garantía del derecho que tiene toda persona a que se respete su integridad física, psíquica y moral, previsto en el artículo 46, tantas veces vulnerado en la historia universal por los acreedores, destacándose dentro de ellos a los agentes de recaudación tributaria. Recuérdese también la imposibilidad jurídica de compeler al cumplimiento en especie (que no por equivalente) de las obligaciones de hacer, por las mismas razones.

e) El derecho a la libertad económica

El artículo 112 reconoce a todas las personas el derecho a dedicarse libremente a la actividad económica de su preferencia, sin más limitaciones que las previstas en la Constitución y en la ley por razones de interés social.

---

[7] Ruan Santos, Gabriel, "Nueva dimensión del derecho tributario por aplicación directa de la Constitución. Aspectos sustantivos y adjetivos", página 11: "...todos debemos tributar por igual, con un tratamiento igual a los que son iguales, y con un tratamiento desigual a los que son desiguales...".

El empleo arbitrario y jurídicamente cuestionable, por parte de los Municipios, de su facultad de autorizar o no el desarrollo de las actividades comerciales o industriales dentro de sus correspondientes jurisdicciones territoriales, así como la ilícita pretensión de gravar con el impuesto de patente de industria y comercio, tanto el provecho derivado de operaciones pasivas representadas en ingresos financieros, como actividades económicas de naturaleza profesional o civil, han lesionado este derecho humano.

f) El derecho a la propiedad, el derecho a la prohibición de la confiscación y el principio de capacidad económica o contributiva

El artículo 115 garantiza el derecho a la propiedad, de modo que toda persona pueda usar, gozar, disfrutar y disponer de sus bienes, sin perjuicio de las contribuciones, restricciones y obligaciones que fije la ley, con fines de utilidad pública o de interés general. Este derecho, del cual la integridad del patrimonio es una especie, ha sido lesionado, por ejemplo, por Municipios que han pretendido gravar con el impuesto de patente de industria y comercio los ingresos financieros, los provenientes de las enajenaciones de activos fijos y los derivados de actividades profesionales, como el ejercicio de la ingeniería de inspección, que son de naturaleza eminentemente civil.

Por su parte, el artículo 116 prohibe que se decreten o ejecuten confiscaciones de bienes, salvo previa autorización constitucional, siendo que, expresa y específicamente, el artículo 317 dispone que "Ningún tributo puede tener efecto confiscatorio". Obviamente, aquellos Municipios que han establecido como sanción, a título ilustrativo, el pago del cuádruplo del impuesto omitido, incurren en confiscaciones desautorizadas, que además esconden una desviación de poder, utilizadora de la potestad sancionatoria con fines recaudatorios. Si el tributo no puede ser confiscatorio, con mayor razón, en virtud del principio de accesoriedad (el principal determina), sus accesorios como las multas, intereses y recargos, tampoco lo pueden ser.

Y, como uno de los principios tradicionales y fundamentales de la tributación, el artículo 316 consagra el principio de capacidad económica o contributiva, como contenido de la justicia tributaria y atendiendo al principio de progresividad.

Como ejemplo de lo que es una violación del derecho a la propiedad y a la prohibición de la confiscación, como consecuencia del menoscabo del principio de capacidad contributiva, puede citarse la norma de la Ley de Impuesto sobre la Renta que pretende supeditar la deducibilidad del gasto a que se haya practicado la retención o enterado oportunamente lo retenido, la cual afortunadamente ya ha sido desaplicada mediante el control difuso de constitucionalidad, por el Juzgado Superior Cuarto de lo Contencioso Tributario, en sentencia del 18 de noviembre de 1999, caso Menaca.

En efecto, el rechazo de la deducibilidad de un gasto efectiva y no controvertidamente hecho, causado, realizado en el país, normal y necesario para la producción de la renta, se traduce, ineluctablemente, en un gravamen sobre la renta bruta o incluso sobre el egreso, siendo una real confiscación en perjuicio del contribuyente, al gravarlo por encima de su capacidad contributiva.

g) El derecho al "non bis in idem"

El artículo 49, numeral 7, dispone que ninguna persona podrá ser sometida a juicio por los mismos hechos en virtud de los cuales hubiese sido juzgada anteriormente.

Este principio tradicionalmente se ha leído como la imposibilidad genérica para la autoridad en uso de la potestad sancionatoria, de castigar dos o más veces al infractor, por el mismo hecho.

h) El derecho al acatamiento de la división vertical del poder o derecho al respeto de las potestades tributarias

Con esta nomenclatura se hace referencia a la necesidad imperiosa en que están los contribuyentes, por razones de seguridad jurídica, entre otras, de que las autoridades legislativas y administrativas del país, al ejercer sus potestades tributarias creadoras o recaudadoras, no usurpen sus funciones[8], con afectación del principio de separación de los poderes[9]. Es decir, por ejemplo, que la Asamblea Nacional y la Administración Tributaria Nacional no dicten leyes ni actos administrativos tendentes a crear o recaudar, para ese nivel territorial del Poder Público, tributos atribuidos constitucional o legalmente a la potestad tributaria municipal. Ni tampoco que los Concejos Municipales y las Administraciones Tributarias Municipales emanen ordenanzas o actos administrativos dirigidos a crear o recaudar, para el nivel local del Poder Público, tributos que corresponden a la potestad tributaria nacional.

De este modo, siguiendo al artículo 156, compete al poder nacional la creación, organización, recaudación, administración y control de los

[8] Artículo 138: "Toda autoridad usurpada es ineficaz y sus actos son nulos".

[9] Artículo 136: "El Poder Público se distribuye entre el Poder Municipal, el Poder Estadal y el Poder Nacional... Cada una de las ramas del Poder Público tiene sus funciones propias...".

impuestos sobre la renta, las sucesiones, donaciones y demás ramos conexos, el capital, la producción, el valor agregado, los hidrocarburos, las minas, la importación o exportación de bienes y servicios, el consumo de licores, alcoholes y demás especies alcohólicas, o de cigarrillos y demás manufacturas de tabaco, así como la potestad tributaria residual, sobre lo no atribuido constitucional o legalmente a los Estados o a los Municipios (numeral 12).

Por su parte, el artículo 164 se refiere a la competencia del poder estadal para organizar, recaudar, controlar y administrar sus ramos tributarios propios, asignados por ley[10] (numeral 4), en concreto los ramos de papel sellado, timbres y estampillas (numeral 7).

Y, en lo concerniente a la potestad tributaria municipal[11], el artículo 179 menciona por ejemplo los impuestos sobre actividades económicas de industria, comercio, servicios o de índole similar, sobre inmuebles urbanos, vehículos, espectáculos públicos, juegos y apuestas lícitas, propaganda y publicidad comercial (numeral 2); y, el impuesto territorial rural o sobre predios rurales, etc. (numeral 3).

De particular interés, por su novedad y la necesidad de abolir la desproporcionada voracidad fiscal municipal, resulta la competencia del poder nacional para legislar a fin de garantizar la coordinación y armonización de las distintas potestades tributarias, especialmente en la determinación de los tipos impositivos o alícuotas de los tributos estadales y municipales (artículo 156, numeral 13)[12]; y, en la creación y organización de impuestos territoriales o sobre predios rurales y sobre transacciones inmobiliarias, cuya recaudación y control corresponde a los Municipios (artículo 156, numeral 14).

III. LOS DERECHOS PROCESALES DE LOS CONTRIBUYENTES

La parte adjetiva de la dogmática constitucional aparece de suyo trascendente, pues representa la garantía real del goce efectivo de los derechos sustantivos anteriormente enunciados, pero también de los mismos derechos procesales a ser presentados de seguidas, particularmente a través del derecho de amparo. Es decir, de la eficacia cierta de los remedios procesa-

[10] Esta ley de desarrollo de la hacienda pública estadal está anunciada en la Disposición Transitoria Cuarta, numeral 6.

[11] La cual será objeto de la ley de régimen municipal evocada en la Disposición Transitoria Cuarta, numeral 7.

[12] Una primera aproximación viene dada por la reciente Ley Orgánica del Distrito Capital, dictada con arreglo a la Disposición Transitoria Primera.

les, tanto administrativos como judiciales, depende que se esté o no dentro de un verdadero Estado de derecho.

a) El derecho de acceso a la justicia

Según el artículo 26, toda persona tiene derecho de acceso a los órganos de administración de justicia, en condiciones de gratuidad, imparcialidad, idoneidad, transparencia, autonomía, independencia, responsabilidad y equidad y sin dilaciones ni formalismos inútiles, para hacer valer sus derechos e intereses, lograr su tutela efectiva y obtener con prontitud la decisión correspondiente.

Así, a pesar de que la Constitución no contenga alusión explícita alguna al tema del "solve et repete", es evidente que el legislador no podría válidamente restaurarlo, por cuanto la contra-regla "paga para poder reclamar" implica un entrabamiento grave del derecho de acceso a la justicia, que muestra su inconstitucionalidad, como ya lo dejó sentado la jurisprudencia de la Corte Suprema de Justicia en Pleno y en Sala Político Administrativa y de los tribunales de lo contencioso administrativo y tributario.

b) El derecho a la tutela judicial efectiva, el derecho al debido proceso, el derecho a la defensa y el derecho a la participación

El artículo 334, a título de obligación constitucional, exige a todos los jueces que, en el ámbito de sus competencias, aseguren la integridad de la Constitución, donde se debe destacar la parte dogmática o principista y, muy especialmente, el derecho a la tutela judicial efectiva y el derecho al debido proceso.

Siguiendo al artículo 49, el debido proceso se aplicará a todas las actuaciones judiciales y administrativas, por lo que la defensa es un derecho inviolable en todo estado y grado de la investigación y del proceso, teniendo la persona interesada derecho a ser notificada de los cargos por los cuales se le investiga, a acceder a las pruebas y a disponer del tiempo necesario y de los medios adecuados para ejercer su defensa (numeral 1). En concordancia con este derecho y en cuanto concierne a las actuaciones administrativas, conviene destacar el principio de participación, como fundamento de la Administración Pública, contenido en el artículo 141. De hecho, en la actualidad, en derecho constitucional general y comparado se habla del derecho a la participación en los procedimientos administrativos formativos de decisiones susceptibles de afectar la esfera jurídica subjetiva del interesado, que en nuestro medio se ha presentado simplistamente como el principio del contradictorio ("audire alteram partem").

Se trata pues de un postulado fundamental que no debe faltar en la sede administrativa, asistamos a peticiones, denuncias, investigaciones de violaciones de deberes formales[13] o fiscalizaciones o sumarios administrativos en caso de reparos tributarios o imposición de sanciones. Obviamente, la introducción de procedimientos administrativos más expeditos, prevista en la Disposición Transitoria Quinta, numeral 11, por medio de una futura reforma del Código Orgánico Tributario, jamás podría perturbar ni mucho menos eliminar el debido proceso.

Tampoco puede estar ausente el debido proceso de la sede judicial, en casos de acciones de inconstitucionalidad contra leyes tributarias[14], recursos de interpretación de leyes tributarias[15], recursos contencioso administrativos de nulidad contra actos reglamentarios tributarios[16], recursos contencioso tributarios, juicios ejecutivos de créditos fiscales, amparos o demandas contra entes públicos por daños derivados de la actuación de las administraciones tributarias, todas estas acciones judiciales asociadas o no a peticiones de medidas cautelares o de empleo del control difuso de constitucionalidad[17].

Asimismo, toda persona tiene derecho a ser oída en cualquier clase de proceso, con las debidas garantías y dentro del plazo razonable determinado legalmente por un tribunal competente, independiente e imparcial establecido con anterioridad (numeral 3). En este sentido, el Ministerio Público, según lo pauta el artículo 285, debe garantizar en los procesos judiciales –cualquiera de ellos– el respeto a los derechos y garantías constitucionales, así como a los tratados, convenios y acuerdos internacionales suscritos por la República (numeral 1), concretamente la celeridad, la buena marcha y el debido proceso (numeral 2).

---

[13] Se destaca entonces la inconstitucionalidad del parágrafo primero del artículo 149 del Código Orgánico Tributario, al prever la omisión del levantamiento previo del acta fiscal, en los casos de imposición de sanciones por incumplimiento de deberes formales, por cuanto, al no haber fase de descargos ni sumario administrativo, la fase constitutiva del acto administrativo transcurre sin que se permita (o al menos facilite) ni se valore el ejercicio del derecho a la información y de acceso a los documentos administrativos y de su corolario, el derecho a la participación en la formación de la voluntad administrativa.

[14] Competencia del Tribunal Supremo de Justicia, en Sala Constitucional (artículos 266, numeral 1, 334 y 336, numerales 1, 2 y 3).

[15] Competencia del Tribunal Supremo de Justicia, en Sala Político Administrativa (artículo 266, numeral 6).

[16] Competencia del Tribunal Supremo de Justicia, en Sala Político Administrativa (artículo 266, numeral 5).

[17] Artículos 334 de la Constitución y 20 del Código de Procedimiento Civil.

Ahora bien, en referencia especial a la justicia administrativa y visto el singular carácter subjetivo (por no limitarse al control de legalidad sino abarcar preponderantemente la salvaguarda de las esferas jurídicas subjetivas), que la moderna doctrina nacional y comparada ha venido atribuyendo al contencioso administrativo, del cual el contencioso tributario está en relación de género a especie, debe tenerse presente el contenido del artículo 259, que explícitamente confía a los tribunales con competencia en lo contencioso administrativo facultades para anular los actos administrativos generales o individuales contrarios a derecho, para condenar al pago de sumas de dinero y a la reparación de daños y perjuicios originados en responsabilidad de la Administración, y para disponer lo necesario para el restablecimiento de las situaciones jurídicas subjetivas lesionadas por la actividad administrativa, dentro de lo que se incluye por razones obvias el ejercicio oficioso o a petición de parte del poder cautelar general, fines estos que pueden ser todos materia de pretensión procesal por parte de los contribuyentes.

c) El derecho a los medios alternativos de solución de conflictos jurídicos

Aunado al ya comentado derecho a la tutela judicial efectiva, se observa que el artículo 141, como uno de los principios que deben fundamentar a la Administración Pública, y el artículo 311, como justificación de la gestión fiscal, incluyen el principio de eficiencia administrativa, el cual, sin duda está vinculado al logro de los fines administrativos y por tanto a los aspectos sustantivos. No obstante, no debe perderse de vista que este principio de eficiencia ha sido puesto de relieve por los procesalistas administrativistas, con el objeto de explicar el por qué de la procedencia en la materia del derecho público, concretamente del derecho administrativo y del derecho tributario, de los medios alternativos de solución de conflictos jurídicos, particularmente de la transacción y del arbitraje.

d) El derecho de amparo

La acción extraordinaria de amparo está consagrada en el artículo 27, al indicar que toda persona tiene derecho a ser amparada por los tribunales en el goce y ejercicio de los derechos y garantías constitucionales, aún de aquellos inherentes a la persona que no figuren expresamente en la Constitución o en tratados internacionales, debiendo el proceso ser oral, público, breve, gratuito, preferente y no sujeto a formalismos ni dilaciones, y teniendo el juez potestad para restablecer inmediatamente la situación jurídica infringida o la situación que más se asemeje a ella.

Cada vez más, dadas la arbitrariedad que ha venido caracterizando la actuación de las administraciones tributarias, la toma de consciencia de los contribuyentes en cuanto se refiere a la defensa de sus derechos e intereses y también la lentitud con que se presentan las decisiones definitivas en los recursos contencioso tributarios, se ha venido generalizando el empleo de la vía judicial extraordinaria y expedita del amparo.

Se alude tanto del amparo especial regido por el Código Orgánico Tributario, para la tutela del derecho constitucional de petición y oportuna y adecuada respuesta frente a la Administración Tributaria, por ejemplo por inactividad o silencio ante requerimientos de solvencias, de otorgamiento de licencias y permisos, de reconocimiento de créditos fiscales, etc., como al conocido generalmente como amparo constitucional, regulado en la Ley Orgánica de Amparo sobre Derechos y Garantías Constitucionales, para la salvaguarda de todos y cada uno de los demás derechos constitucionales de los contribuyentes, en casos de cierres de establecimientos comerciales, comisos o retenciones ilícitas de mercaderías, intentos de responsabilizar retroactivamente del pago del tributo a terceros, etc.

e) El derecho de amparo internacional

Conforme con el artículo 31, toda persona tiene derecho a dirigir peticiones o quejas ante los órganos internacionales creados para tales fines, con el objeto de solicitar el amparo a sus derechos humanos, debiendo el Estado cumplir las decisiones emanadas de tales órganos, como lo son, por ejemplo, el Comité de Derechos Humanos, del Pacto Internacional de los Derechos Civiles y Políticos, y la Comisión y la Corte Interamericanas de Derechos Humanos, de la Convención Americana de los Derechos Humanos o Pacto de San José de Costa Rica.

f) El derecho a la presunción de inocencia

Para el artículo 49, numeral 2, "Toda persona se presume inocente mientras no se pruebe lo contrario".

En consecuencia, mal puede el legislador, sin menoscabo de este derecho humano fundamental, consagrar presunciones de culpabilidad, admitan o no prueba en contrario, como lo hace el artículo 94 del Código Orgánico Tributario, al presumir la defraudación en ciertos casos. Igualmente, en ausencia de plena prueba sustanciada conforme al principio de investigación de la verdad real, que ilustra al procedimiento administrativo, mal podría esgrimirse el principio de presunción de veracidad o legitimidad de las actas fiscales y demás actos administrativos, condicionadamente establecido en la Ley Orgánica de Procedimientos Administrativos y en el citado Código, en contra del superior principio de presunción de inocencia.

g) El derecho de petición y oportuna y adecuada respuesta

Toda persona tiene el derecho de representar o dirigir peticiones ante cualquier autoridad o funcionario público, sobre los asuntos que sean de su competencia, y de obtener oportuna y adecuada respuesta, es lo pautado por el artículo 51[18]. Este derecho se incluye dentro de los derechos adjetivos, por implicar su ejercicio el inicio de un procedimiento administrativo, con las infaltables garantías del debido proceso.

Desde otro punto de vista, recuérdese que su tutela constituye el objeto de la pretensión, en la acción de amparo tributario.

h) El derecho a la información y el derecho de acceso a los documentos administrativos

El derecho a la información y el derecho de acceso a los documentos administrativos, que por lo demás significan el corolario del derecho a la participación en la toma de decisiones susceptibles de afectar la esfera jurídica subjetiva del interesado, se toman como derecho adjetivos, por cuanto en la mayoría de los casos su ejercicio está vinculado al inicio y al curso de un procedimiento administrativo.

Dentro del espíritu, propósito y razón de los artículos 141 y 311, que consagran el principio de transparencia como fundamento de la Administración Pública y justificación de la gestión fiscal, toda persona tiene el derecho –preceptúa el artículo 28– de acceder a la información y a los datos que sobre sí misma o sobre sus bienes consten en registros oficiales, así como de conocer el uso que se haga de los mismos y su finalidad, y de

[18] Se pone de manifiesto la importancia que podría tener en esta materia de la protección del contribuyente en nuestro país, el ejercicio del derecho de petición ante la Defensoría del Pueblo, conforme a los artículos 280 y 281, numeral 1, que le acuerdan la promoción, defensa y vigilancia de los derechos y garantías establecidos en la Constitución y en los tratados internacionales sobre derechos humanos, debiendo velar por su respeto, investigando de oficio o mediando denuncia de parte interesada.

solicitar ante el tribunal competente la actualización, la rectificación o la destrucción de aquellos, si fuesen erróneos o afectasen ilegítimamente sus derechos. Igualmente, se podrá acceder a los documentos que contengan información de interés para grupos de personas, como lo son los registros, calendarios y demás datos de los denominados "contribuyentes especiales".

En el mismo orden de ideas, el artículo 143 dispone que todos tienen derecho a ser informados oportuna y verazmente por la Administración Pública, sobre el estado de las actuaciones en que estén directamente interesados, y a conocer las resoluciones definitivas que se adopten sobre el particular. Además, tienen acceso a los archivos y registros administrativos, salvo únicamente los casos de seguridad del Estado, investigación criminal y salvaguarda de la intimidad de la vida privada.

De este modo, se ha constitucionalizado plenamente la obligación de que las administraciones públicas lleven expedientes administrativos, garantizándose el acceso a los mismos de todos los interesados, en los términos y modalidades previstos por la Ley Orgánica de Procedimientos Administrativos y el Código Orgánico Tributario, para el aseguramiento del ejercicio eficaz del derecho a la defensa.

IV. CONCLUSIONES

1.- Los derechos humanos fundamentales de los contribuyentes, reconocidos por la Constitución de 1999, en esencia no son distintos ni tampoco más que los consagrados por la Constitución de 1961, pues ella también contenía la cláusula del "numerus apertus".

2.- Empero, se ha experimentado una mayor explicitación de esos derechos humanos y de una serie de principios de organización administrativa que ya estaban en el denominado bloque de constitucionalidad en las fuentes del derecho, gracias a contundentes y preclaros aportes doctrinales y jurisprudenciales, nacionales y comparados, que al estar ahora consagrados en el propio texto racional normativo, revalorizan la seguridad jurídica de la persona humana.

V. RECOMENDACIONES

1.- Al momento de diseñar las estrategias impugnatorias contra los actos legislativos o administrativos de contenido tributario, se deberá considerar plenamente la dogmática constitucional, sea que se paute ejercer una acción de inconstitucionalidad, un recurso contencioso administrativo de nulidad contra actos reglamentarios o un recurso contencioso tributario con control difuso de la constitucionalidad, acompañado o no de pretensiones cautelares.

2.- Frente a la generalizada arbitrariedad administrativa y mientras no se cuente con una justicia ordinaria eficaz y efectiva, en condiciones temporales, será menester acudir sistemáticamente a la vía extraordinaria de la acción de amparo, tanto general como tributario, para la mejor tutela de los derechos constitucionales, que ya ha venido probando su utilidad con la expedita respuesta judicial.

1.2
Eliminación de los efectos suspensivos de los recursos tributarios. Una inconstitucionalidad

"Los derechos humanos son la ética de la democracia porque constituyen esas reglas sin las cuales el juego mismo de la convivencia carece de contenido valorativo e ideal y resulta indigno, inferior a nuestra condición moral común, y no merece por tanto la pena de ser jugado".

Hernando Valencia Villa.

I. INTRODUCCIÓN

I.1 La nueva, aunque decimonónica, regulación

El recientemente promulgado Código Orgánico Tributario[19] contiene, dentro de los aspectos modificatorios del régimen legal adjetivo anterior, dos dispositivos que, en nuestro criterio, son de dudosa y cuestionable conformidad con los postulados básicos de la dogmática constitucional que nos rige[20], particularmente en cuanto concierne al pleno goce del derecho a la tutela judicial efectiva (acceso a la justicia, debido proceso y plena defensa), al imperio del Estado de Justicia y al respeto del derecho a la presunción de inocencia.

---

[19] Gaceta Oficial Nro. 37.305 del 17 de octubre de 2001.

[20] Constitución publicada en la Gaceta Oficial Nro. Extraordinario 5.453 del 24 de marzo de 2000.

Se trata de los artículos 247[21], en su Parágrafo Único, y 263[22], en su encabezamiento y Parágrafos Primero y Tercero, cuyos textos son del siguiente tenor:

> *Artículo 247: "La interposición del recurso (se refiere al recurso jerárquico) suspende los efectos del acto recurrido. Queda a salvo la utilización de las medidas cautelares previstas en este Código.*
> *Parágrafo Único: La suspensión prevista en este artículo no tendrá efecto respecto de las sanciones previstas en este Código o en leyes tributarias, relativas a la clausura de establecimiento, comiso o retención de mercaderías, aparatos, recipientes, vehículos, útiles, instrumentos de producción o materias primas, y suspensión de expendio de especies fiscales y gravadas".*
> *Artículo 263: "La interposición del recurso (alude al recurso contencioso tributario) no suspende los efectos del acto impugnado; sin embargo, a instancia de parte, el Tribunal podrá suspender parcial o totalmente los efectos del acto recurrido, en el caso que su ejecución pudiera causar graves perjuicios al interesado, o si la impugnación se fundamentare en la apariencia de buen derecho. Contra la decisión que acuerde o niegue la suspensión total o parcial de los efectos del acto, procederá recurso de apelación, el cual será oído en el solo efecto devolutivo.*
> *La suspensión parcial de los efectos del acto recurrido no impide a la Administración Tributaria exigir el pago de la porción no suspendida ni objetada.*
> *Parágrafo Primero: En los casos en que no se hubiere solicitado la suspensión de los efectos en vía judicial, estuviere pendiente de decisión por parte del Tribunal o la misma hubiere sido negada, la Administración Tributaria exigirá el pago de las cantidades determinadas, siguiendo el procedimiento previsto en el Capítulo II del Título VI de este Código; pero el remate de los bienes que se hubieren embargado se suspenderá si el acto no estuviere definitivamente firme. Si entre los bienes embargados hubieren cosas corruptibles o perecederas, se procederá conforme a lo previsto en el artículo 538 del Código de Procedimiento Civil.*
> *No obstante, en casos excepcionales, la Administración Tributaria o el recurrente podrán solicitar al Tribunal la sustitución del embargo por otras medidas o garantías.*
> *Parágrafo Segundo: La decisión del Tribunal que acuerde o niegue la suspensión de los efectos en vía judicial no prejuzga el fondo de la controversia.*

[21] En vigencia a los 90 días continuos de su publicación en la Gaceta Oficial, según el artículo 343.

[22] En vigencia a los 360 días continuos de su publicación en la Gaceta Oficial, según el artículo 343.

Parágrafo Tercero: A los efectos de lo previsto en este artículo no se aplicará lo dispuesto en el artículo 547 del Código de Procedimiento Civil".

Como se desprende de la simple lectura de ambos preceptos, el objetivo de la modificación normativa consistió, simplemente, en la eliminación de la medida cautelar "ope legis" de suspensión de los efectos del acto administrativo impugnado, por la mera interposición del recurso jerárquico (en el ámbito sancionatorio no pecuniario) o del recurso contencioso tributario (en cualquier circunstancia), según el caso.

O, en otras palabras, se persiguió la extensión, al derecho procesal tributario, del régimen clásico en la materia, vigente en el derecho procesal administrativo general, consagrado en las Leyes Orgánicas de Procedimientos Administrativos[23] y de la Corte Suprema de Justicia[24], y sin cambios en el anteproyecto de Ley Orgánica de la Jurisdicción Contencioso Administrativa[25].

De este modo, la posibilidad de suspender los efectos del acto administrativo impugnado existiría, únicamente, mediando un acto administrativo (en la sede administrativa y tratándose de una sanción no pecuniaria) o un auto del juez (en la sede judicial), previa solicitud de parte interesada, cuyo contenido fuese, verificadas las exigencias legales[26], el otorgamiento de una condicionada medida cautelar, con ese propósito.

[23] Artículo 87: "La interposición de cualquier recurso no suspenderá la ejecución del acto impugnado, salvo previsión legal en contrario.
El órgano ante el cual se recurra podrá, de oficio o a petición de parte, acordar la suspensión de los efectos del acto recurrido en el caso de que su ejecución pudiera causar grave perjuicio al interesado, o si la impugnación se fundamentare en la nulidad absoluta del acto. En estos casos, el órgano respectivo deberá exigir la constitución previa de la caución que considere suficiente. El funcionario será responsable por la insuficiencia de la caución aceptada".

[24] Artículo 136: "A instancia de parte, la Corte podrá suspender los efectos de un acto administrativo de efectos particulares, cuya nulidad haya sido solicitada, cuando así lo permita la ley o la suspensión sea indispensable para evitar perjuicios irreparables o de difícil reparación por la definitiva, teniendo en cuenta las circunstancias del caso. Al tomar su decisión, la Corte podrá exigir que el solicitante preste caución suficiente para garantizar las resultas del juicio. La falta de impulso procesal adecuado, por el solicitante de la suspensión, podrá dar lugar a la revocatoria de ésta, por contrario imperio".

[25] Preparado por el profesor Freddy J. Orlando S., en el marco del Programa de las Naciones Unidas para el Desarrollo "Apoyo al Fortalecimiento Institucional" (Tribunal Supremo de Justicia, octubre de 2000).

[26] Entre ellas las del Código de Procedimiento Civil.

I.2 Una mirada al acontecer, en la materia, de otros ordenamientos jurídicos

Es de destacar que en el derecho comparado se encuentran ejemplos como el alemán[27], en los que el régimen suspensivo "automático" por la impugnación de los actos administrativos, significativo de una clara exclusión del clásico principio de ejecutividad y ejecutoriedad del acto administrativo, donde se privilegia el acceso a la justicia, está previsto en el derecho procesal administrativo general, siendo la excepción el derecho procesal tributario. Así, el investigador del Instituto Max Planck de Heidelberg, profesor Torsten Stein[28], expresa:

> *"...the suspensory effect of judicial remedies is an essential element of judicial protection and part of the constitutional guarantee of an effective judicial remedy...a general rule that judicial remedies against all administrative acts detrimental to the legal position of the individual concerned have such suspensory effect. In these cases the filing of the petition for review automatically stays the affectiveness of the administrative act...*
> *Even if the suspensory effect of judicial remedies is a constitutional command, it cannot prevail without exceptions...This applies in particular to the levying of all duties and taxes...".*

Es decir, precisamente lo contrario era lo sustituido por el nuevo (aunque ¡no novedoso! en este campo) Código Orgánico Tributario.

Muy diferente, más bien manteniendo la idea clásica de un supuesto principio general de no suspendibilidad inmediata de los recursos judiciales contra los actos administrativos, se nos presenta el derecho belga. Sin embargo, el investigador J. Sarot, profesor de la Universidad Libre de Bruselas[29], evidencia la existencia de importantes excepciones al respecto, que implican el efecto suspensivo inmediato por la simple interposición de los recursos judiciales, particularmente en las controversias sobre el respeto de los derechos individuales (civiles y políticos), dentro de las cuales el autor incluye las vinculadas con la recaudación de los tributos ("collection of taxes"):

---

[27] Vogel, Klaus, "La tutela jurídica frente al poder público en la República Federal de Alemania", y Sommerman, Karl Peter, "La justicia administrativa alemana", citados por Cajarville Peluffo, Juan Pablo, "Suspensión jurisdiccional de los efectos del acto administrativo", páginas 966 y 967.

[28] Citado por Nathaniel L. Nathanson, "The suspensory or non-suspensory effect of judicial remedies, against acts of administrative authorities", páginas 19 y 20.

[29] Citado por Nathaniel L. Nathanson, op. cit., páginas 3 y 4.

> *"...the legal system achieves an equilibrium between the contradictory demands of an administration anxious to recover all taxes owing and a taxpayer anxious to assure the protection of his rights. Legality is assured because forcible execution can be applied only to the extent that the lawfulness of the exaction has been admitted or established by final judgement".*

También, por la misma línea del efecto suspensivo automático en la materia vinculada con la contestación a la imposición, el maestro Giuliani Fonrouge[30] descolla que en Inglaterra se suspende la ejecución si el interesado se opone al reclamo fiscal; y, que en Suiza existe un recurso interruptivo de los efectos de la determinación tributaria.

Igualmente, como lo remarca el mismo Fonrouge y lo subraya el investigador de la Universidad de California, profesor Nathaniel L. Nathanson[31], siguiendo al profesor L. Harold Levinson, de la Universidad de Vanderbilt (Nashville, Tennessee), en los Estados Unidos de América la determinación tributaria es materia de amplia discusión, con efecto suspensivo de la obligación, siendo que los jueces pueden, excepcionalmente, cautelar el pago.

En otros rincones del derecho comparado europeo continental, que tradicionalmente nos han servido de modelo, en cuanto a ciertas instituciones básicas del derecho procesal administrativo general, como ocurre con España y Francia, generalmente ha imperado el criterio decimonónico[32] de ejecutividad y ejecutoriedad inmediata y excepcional suspensión administrativa y judicial de los efectos del acto administrativo impugnado, aunque ello debidamente matizado por la jurisprudencia, en provecho del derecho a la tutela judicial efectiva, facilitando cada vez más su procedencia o previendo supuestos de suspensión "automática" por la interposición de recursos[33].

En este orden de ideas, en cuanto al derecho francés, el profesor Yves Gaudemet[34], de la Universidad de Derecho de París, informa que:

---

[30] "Derecho financiero", página 787.

[31] "The suspensory or non-suspensory effect of judicial remedies, against acts of administrative authorities", páginas 29 y 31: "...stays are generally available within the discretion of the court, but that stays are automatically available in some situations...the federal statutes provide for the automatic stay of the collection of a disputed federal tax by the filing of appropriate administrative proceedings, followed by judicial review in the Tax Court".

[32] Al cual desgraciadamente se adscribe nuestro amigo José Araujo Juárez, "Principios Generales del Derecho Procesal Administrativo", Vadell Hermanos Editores, Valencia-Caracas, 1996, página 381, al hablar de un supuesto "principio de insuspendibilidad" o de "los efectos no suspensivos de los recursos contencioso-administrativos".

[33] Cajarville Peluffo, Juan Pablo, op. cit., páginas 965 a 972.

[34] Citado por Nathaniel L. Nathanson, op. cit., páginas 12, 13 y 14.

> *"...the filing of a petition before an administrative tribunal does not itself suspend the effectiveness of the challenged agency action, but the reviewing tribunal, including the Conseil d'Etat, does have the authority to order suspension in specific cases...*
> *...there are a number of exceptions to the principle of non-suspensive effect of administrative review petitions. These include the following: petitions for review of "états exécutoires" (treasury statements of amounts due to the government in non-tax matters, ...)...".*

Y, frente a la injusta problemática derivada de la tardanza de los tribunales administrativos en resolver los litigios, el profesor Gaudemet[35] afirma que:

> *"This time lag, varying from two to three years to four or five years in the busiest tribunals, coupled with the principle of non-suspensive effect, does little for the public credibility of administrative justice. Even if the petitioner wins on the merits, the victory may come too late to do him any good...only a liberal policy in granting the "sursis" can relieve this unfortunate situation...a relaxation of the requirements for establishing the seriousness of the injury and the difficulty of redressing it".*

España sigue muy de cerca la evolución francesa en la materia, aunque, como se destacará más adelante, avanza más firmemente, bajo la tesis del "favor libertatis", para concluir en que la regla ha de ser el efecto suspensivo automático de los recursos, cuando ellos estén basados en la protección de derechos humanos fundamentales.

Finalmente, para detener esta mirada al derecho comparado, sin perjuicio de las enriquecedoras citas de las experiencias latinoamericanas que se harán más adelante, en pro de la demostración de la generalizada y preferente tesis de la suspensión "automática" de los efectos de los actos administrativos de contenido tributario impugnados, detengámonos un instante en un derecho aparentemente tan lejano a nuestro mensaje filosófico occidental, como es el caso japonés.

En este supuesto, el profesor Eiji Uemura[36], de la Universidad Seikei, en Tokio, nos revela una paralela evolución, en torno a lo que implica la determinación sistemática de cada vez más excepciones al pretendido principio de insuspendibilidad "automática" de los efectos de los actos administrativos impugnados.

En todo caso, la explicación de que en países como España, Francia y Japón por regla, aunque cada vez más atenuada, no haya efecto suspensivo

[35] Página 17.
[36] Citado por Nathaniel L. Nathanson, op. cit.", página 24.

"automático", o que en Alemania tal supuesta regla haya sido radicalmente excluida en lo general, radica en que en esas geografías las personas gozan de un alto nivel de calidad de vida, con gran conciencia jurídica, en donde la contribución con las cargas públicas se revierte en beneficios inmediatos perceptibles fácilmente, por lo que la contestación a la imposición se limita, siendo además que, en caso de pago de lo indebido, el Fisco honra sus compromisos adecuada y oportunamente.

Obviamente, no puede afirmarse lo mismo de Venezuela. No obstante, en una aproximación al mejor desarrollo jurídico, nuestro país se había acercado a países como Bélgica, Estados Unidos de América, Inglaterra y Suiza, donde la aparente regla en comento ha sido específicamente excluida en lo tributario.

En consecuencia, por lo que respecta a la reforma tributaria venezolana, el retroceso[37] es grande cuando no solamente se reitera irrestrictamente el principio de ejecutividad y ejecutoriedad en el ámbito administrativo general, sino que se lo lleva también al campo tributario, donde la regla legal era la suspensión, antes que la ejecución, como acontece en los países verdaderamente amantes de la libertad.

Empero, como quiera que en materia tributaria debe regir el principio de realidad económica, y visto que la nueva regulación normativa, en el fondo, menoscabará la tutela judicial efectiva y sacrificará al inocente (o al culpable, pero antes de establecer definitivamente su culpabilidad), asistimos a una terrible reedición del contra principio "solve et repete", así como a un grave menoscabo del Estado de Justicia y, especialmente del principio de presunción de inocencia, hechos a cuya demostración dedicaremos los siguientes párrafos.

II. INCONSTITUCIONAL REEDICIÓN DEL CONTRA PRINCIPIO "SOLVE ET REPETE"

II.1 La proscripción del contra principio "solve et repete" en nuestra historia jurídica

Con la entrada en vigencia por primera vez del Código Orgánico Tributario, tras la promulgación de su versión del 1 de julio de 1982[38], se

[37] Se demostrará, pues, lo falso de la exposición de motivos del nuevo Código Orgánico Tributario, al expresar, sin citar un solo ejemplo: "se pretende avanzar a la par de legislaciones foráneas en lo relativo a la no suspensión de los efectos de los actos administrativos de contenido tributario".

[38] Gaceta Oficial Extraordinaria Nro. 2.992 del 3 de agosto de 1982.

eliminó de nuestro derecho positivo la obligación de pagar o de alguna forma caucionar, como requisito de admisibilidad de los recursos contra los reclamos o las sanciones fiscales, lo cual era conocido bajo el nombre de "solve et repete" (paga para poder impugnar o reclamar), con el pretensioso carácter de "principio".

Las sucesivas reformas del Código Orgánico Tributario, acontecidas con la promulgación de sus versiones del 11 de septiembre de 1992[39] y del 25 de mayo de 1994[40], no varió esta regulación legal, salvo para ser generalizada, extendiéndosela progresivamente a la tributación municipal y al tema aduanero.

Así, con idéntico texto, los artículos 162 y 178 (1982), 173 y 189 (1992 y 1994), establecían, respectivamente para las sedes administrativa y judicial, lo siguiente:

"La interposición del Recurso suspende la ejecución del acto recurrido...".

En este sentido, no sólo se eliminó tan chocante e ilícito requisito de admisibilidad, por ser contrario al derecho de acceso a la justicia, consagrado respectivamente en los artículos 68[41] de la Constitución de 1961 y 26 de la Constitución de 1999[42], sino que se fue mucho más lejos, con la consagración de una medida cautelar que se producía de pleno derecho ("ope legis"), con la sola interposición del recurso, fuese administrativo o judicial.

En efecto, tal medida cautelar operaba sin necesidad de petición, ni de probanza de los clásicos extremos del "fumus boni iuris" o apariencia de buen derecho y del "periculum in mora", ni de pronunciamiento administrativo o judicial, según los casos, consistente en la suspensión "directa", "automática" e "inmediata" de los efectos del acto administrativo impugnado, como consecuencia de la simple o mera interposición del recurso, representativa, por lo demás, de una poderosa excepción legal (por razones constitucionales, como veremos) al tradicional y clásico principio de ejecutividad y ejecutoriedad del acto administrativo, previsto en el artículo 8 de la Ley Orgánica de Procedimientos Administrativos[43].

---

[39] Gaceta Oficial Extraordinaria Nro. 4.466 del 11 de septiembre de 1992.

[40] Gaceta Oficial Extraordinaria Nro. 4.727 del 27 de mayo de 1994.

[41] "Todos pueden utilizar los órganos de la administración de justicia para la defensa de sus derechos e intereses, en los términos y condiciones establecidos por la ley...".

[42] "Toda persona tiene derecho de acceso a los órganos de administración de justicia para hacer valer sus derechos e intereses, incluso los colectivos o difusos, a la tutela efectiva de los mismos y a obtener con prontitud la decisión correspondiente".

[43] "Los actos administrativos que requieran ser cumplidos mediante actos de ejecución, deberán ser ejecutados por la Administración en el término establecido".

Cabe recordar, en cuanto a la tributación municipal, que siendo el acceso a la justicia una materia de la reserva legal del poder nacional[44], no existiendo autonomía normativa municipal en ese ámbito, la Ley Orgánica de Régimen Municipal[45] dispuso, en su artículo 114, que:

> *"Lo no previsto en esta Ley ni en las Ordenanzas, regirán las disposiciones del Código Orgánico Tributario que le sean aplicables".*

Claro que la redacción de esa norma no es feliz, toda vez que no fue suficientemente explícita, siendo entonces menester entender incluido en su motivación que, no pudiendo las ordenanzas regular los derechos humanos, el acceso a la justicia únicamente podría estar normado, en lo tributario, por el Código Orgánico Tributario. Tanto la doctrina como la jurisprudencia están acordes con constancia en que el contra principio "solve et repete" representa una limitación, no desdeñable, al ejercicio efectivo del derecho constitucional de acceso a la justicia y, en consecuencia, de los derechos constitucionales al debido proceso, a la defensa y a la tutela judicial efectiva, siendo el caso que constitucionalmente las limitaciones a los derechos humanos, debe insistirse, forman parte de la reserva legal del poder nacional.

Incluso, de cuando los tribunales superiores en lo civil y contencioso administrativo eran competentes para conocer de casos de tributación municipal, conocida es la doctrina jurisprudencial de la Corte Primera de lo Contencioso-Administrativo, según la cual:

> *"...a pesar de que el Código Orgánico Tributario, en su Artículo 1, disponga la aplicación de su normativa por vías supletorias a los tributos de los estados y municipios, para la sala esta aplicación extensiva cuando sea procedente, sólo concierne a las disposiciones procedimentales contenidas en dicho texto orgánico pero no en cuanto a los órganos jurisdiccionales legalmente competentes para aplicarlas".*

Por ello, resulta más elocuente la disposición transitoria contenida en el artículo 191 de la misma Ley Orgánica de Régimen Municipal donde, por interpretación a contrario, podemos concluir que no era necesario el pago previo de las planillas de liquidación, ni la presentación de garantía alguna, para la interposición de recursos judiciales, con posterioridad a la entrada en vigencia de dicha Ley Orgánica. Veamos:

---

[44] El artículo 156, numeral 32 de la Constitución reserva al poder nacional la legislación en materia de derechos constitucionales, así como la normativa procesal.

[45] Gaceta Oficial Extraordinaria Nro. 4.409 del 15 de junio de 1989.

"Las garantías constituidas para la interposición de los recursos administrativos, a que se refiere el Artículo anterior (alude a los recursos pendientes de decisión para la fecha de entrada en vigencia de la ley), permanecerán vigentes hasta que estos sean decididos o queden confirmados por el silencio administrativo y se efectúe el pago a que haya lugar conforme a tales decisiones. No obstante, aquellas garantías quedarán extinguidas si el interesado interpone el recurso contencioso, sin perjuicio de las medidas cautelares que se ejecuten conforme al Código Orgánico Tributario" (paréntesis nuestro).

Como se ve, el hecho de que el legislador asegurase la continuidad de las garantías constituidas, en relación con los recursos pendientes de decisión en el momento de entrada en vigencia de la ley, es una situación que, aunque de dogmática constitucional discutible (por desigualdad), nos permite concluir, por interpretación a contrario, en la no necesidad de pagar previamente las planillas de liquidación ni garantizar las resultas de los recursos que se interpusiesen con posterioridad a la entrada en vigencia de la Ley Orgánica de Régimen Municipal de 1989, toda vez que se les acordó carácter suspensivo "directo", "automático" o "inmediato", en los términos del Código Orgánico Tributario de 1982.

Empero, tal voluntad no constituyó un monopolio del legislador nacional, puesto que varios legisladores locales, aunque sin necesidad jurídica de ello, siguieron el ejemplo. A título ilustrativo es bueno destacar que una de las ordenanzas municipales que se dictaron con posterioridad e inmediatamente después de la entrada en vigencia de la Ley Orgánica de Régimen Municipal de 1989, como lo fue la ya reformada varias veces en otros aspectos, Ordenanza sobre Patentes de Industria y Comercio del Municipio Libertador del Distrito Federal (hoy Capital), la cual remitía, en su artículo 80, en todo lo relativo a la clasificación, liquidación del tributo, reparos e inspecciones y fiscalizaciones y sanciones originadas en la obligación tributaria o en cumplimiento de deberes formales relacionados con los tributos, al Código Orgánico Tributario, específicamente en materia de recursos contra los actos de efectos particulares dictados en esas materias. Además, de conformidad con el artículo 81 de la indicada Ordenanza, la interposición de los recursos otros a los previstos en el artículo 79 (tal como es el caso de los contemplados en el comentado artículo 80), suspenden los efectos y la ejecución del acto recurrido.

Otro ejemplo, entre muchos, viene constituido por la Ordenanza General de Procedimientos Tributarios[46] de la Alcaldía del Municipio

[46] Gaceta Municipal Nro. Extraordinario 99-10/93 del 21 de octubre de 1993.

Autónomo Baruta del Estado Miranda, en cuyo artículo 43, relativo al recurso jerárquico, expresa que:

> *"La Interposición del recurso suspende los efectos del acto recurrido".*

La jurisprudencia, por su parte, llegó a pronunciarse en este sentido de forma categórica, uniforme y constante, como puede observarse de la sentencia de la Sala Político-Administrativa de la entonces Corte Suprema de Justicia, de fecha 14 de marzo de 1991, en cuya parte pertinente se lee:

> *"En otras palabras, en lo que respecta, entre otras materias, a los recursos administrativos y a los recursos contenciosos tributarios, en contra de actos municipales tributarios, en lo que la ley citada, y las respectivas ordenanzas no contradigan el Código Orgánico Tributario, rigen las disposiciones de éste, y dentro de ellas, las que atribuyen efectos suspensivos a la interposición de los medios de impugnación de aquellos actos ..."*[47].

Igualmente, en sentencia de la Corte Primera de lo Contencioso-Administrativo, del 31 de agosto de 1987, se estableció que:

> *"...Debe advertir esta corte que si bien es cierto que en el caso de autos se encuentran dados los extremos establecidos en el Artículo 136 de la Ley Orgánica de la Corte Suprema de Justicia para que se proceda a la suspensión de los efectos del acto que ha sido objeto de impugnación, tal norma viene a ser una disposición general frente a la especial que se contiene en el Artículo 178 del Código Orgánico Tributario, la cual resultaría también supletoriamente aplicable a los procedimientos contencioso administrativos en materia tributaria municipal, según lo dispone el Artículo 1 "ejusdem", por lo que la sola interposición del recurso suspendería la ejecución del acto recurrido. Esta circunstancia, evidentemente contraria al principio general de ejecutoriedad de los actos resulta ser una clara excepción que permite no entrar a examinar los extremos a que se refiere el Artículo 136 de la Ley Orgánica de la Corte Suprema de Justicia, por el efecto suspensivo que se contiene en la citada disposición del Código Orgánico Tributario"*[48].

---

[47] Caso: Interauto Vs. Municipio Libertador del Distrito Federal, expediente Nro. 7527, con ponencia del Magistrado Dr. Román José Duque Corredor, en Repertorio Mensual de Jurisprudencia de la Corte Suprema de Justicia del Dr. Oscar Pierre Tapia, Nro. 3, marzo de 1991, páginas 63 a 67.

[48] Caso: Servicios Segvesa, S.A. contra acto dictado por el extinto Distrito Sucre del Estado Miranda, Jurisprudencia de Ramírez & Garay, 3º Trimestre de 1982, Tomo C, páginas 337 y 338.

Evidentemente que una de las exigencias procedimentales municipales por excelencia fue la de pagar previamente las planillas de liquidación o constituir una garantía que asegurase las resultas del recurso, por lo que se entendió, tal como lo establecieron las sentencias reseñadas anteriormente, que estos requisitos procedimentales habían sido derogados por la aplicación directa del Código Orgánico Tributario a la tributación municipal, ordenada por la Ley Orgánica de Régimen Municipal de 1989, y reconocida, en cuanto se contrae a los mecanismos de impugnación, por la jurisprudencia del Máximo Tribunal[49].

Por otro lado, sobre la cuestión aduanera, resulta útil señalar las motivaciones que condujeron a la entonces Corte Suprema de Justicia en Sala Político-Administrativa, en sentencia de fecha 14 de agosto de 1990, con ponencia del ilustre magistrado Dr. Luís Henrique Farías Mata (caso School Venezolana, C.A.), a entender el contra principio "solve et repete" como contrario a las exigencias del artículo 68 de la Constitución de 1961, que consagraba, como ahora lo hace el artículo 49 de la Constitución de 1999, el derecho a la defensa.

El Máximo Tribunal, en uso de sus facultades legales de control difuso de la constitucionalidad de la ley, desaplicó las normas violatorias del derecho a la defensa, en los siguientes términos:

> *"Se revela, en efecto, el principio como una indebida restricción legal al derecho constitucional de la defensa, consagrado en el Artículo 68 de la Carta Magna que, si bien remite al legislador la regulación y concreción de la garantía, no deja en sus manos la esencia de la misma, porque eso sería desnaturalizar la consagración directa por nuestra Ley Fundamental de un conjunto de derechos...".*
> *"...Este Supremo Tribunal, en Sala Político-Administrativa, reconoce expresamente –y así lo declara formalmente– la preferente aplicación del artículo 68 de la Constitución sobre los artículos 137 de la Ley Orgánica de Aduanas y 462 de su Reglamento; textos –legal y reglamentario– que, en cuanto condiciona económicamente el acceso de los particulares al Poder Judicial constituyen una violación flagrante del Derecho a la Defensa, garantizado por la transcrita norma constitucional. En virtud de lo cual, se abstiene la Sala de aplicar los señalados artículos al caso de autos, y así lo declara igualmente".*
> *"...En virtud de que el Código Orgánico Tributario es aplicable a los tributos aduaneros sólo de manera supletoria (Artículo 1 de dicho Código), el presente caso debería ser resuelto según lo dispuesto por el*

[49] Por ejemplo, en la sentencia de la Sala Político-Administrativa de la entonces Corte Suprema de Justicia, del 3 de marzo de 1994, caso: Aco Alquiler, S.A.).

Artículo 136 de la Ley Orgánica de la Corte Suprema de Justicia, tal como lo solicita el representante de la República".
"No obstante, considera la Corte que el Artículo 178 del Código Orgánico Tributario, invocado por el recurrente, tuvo como propósito, precisamente, poner fin al principio solve et repete en el ordenamiento jurídico tributario de nuestro país, –y así nos lo recuerda su exposición de motivos– incluida la materia aduanera. Esa norma sustitutoria parece, en efecto, responder a un criterio más amplio: cuando el particular afectado interpone el recurso correspondiente, la ejecución forzosa de las obligaciones cuyo objeto activo sea la administración, queda suspendida hasta que el acto administrativo que las declara o impone adquiera firmeza; siempre, claro está, que no se lesione con ellos gravemente el interés general".

De esta manera fue, pues, la voluntad del legislador nacional, correctamente interpretada por la jurisprudencia patria, eliminar el contra principio "solve et repete" en el dominio tributario en general, por lo que, de las citas jurisprudenciales que vienen de ser expuestas, debemos indefectiblemente concluir en su inconstitucionalidad.

II.2 Un intento de "resucitación" del contra principio "solve et repete"

Ahora bien, siendo cierto que de la letra del vigente Código Orgánico Tributario sólo se observa la eliminación de la medida cautelar suspensiva "ope legis", sin que en ninguna parte se exija el pago o caucionamiento previo para recurrir, es menester que, a continuación, expliquemos la razón por la que, en nuestro concepto, esta modificación del régimen adjetivo implica, en la realidad, una reedición del inconstitucional contra principio "solve et repete".

Desde esta perspectiva, consideremos que un contribuyente es objeto de un reparo que considera contrario a derecho, por lo que decide recurrirlo.

Ante todo, en su estrategia impugnatoria se plantea si acudir o no a la sede administrativa, toda vez que ello no es obligatorio.

Aclaremos, antes de proseguir, que existen dos escenarios dignos de ser considerados. A saber: el presentado por los primeros proyectos de Código Orgánico Tributario preparados por el Servicio Nacional Integrado de Administración Aduanera y Tributaria (Seniat), en donde al recurso jerárquico no se le atribuía efecto suspensivo "automático"; y, el derivado del Código Orgánico Tributario de 2001, en donde existe en sede administrativa un efecto suspensivo "automático" parcial, dependiendo de si el acto administrativo es de contenido liquidatorio (trátese de tributo, accesorios, intereses moratorios o multa), donde se le reconoce ese efecto al recurso, o de contenido sancionatorio no pecuniario, caso en que se le niega.

Así, iniciando el análisis por la revisión del mencionado primer escenario, de intentar el interesado el recurso jerárquico, habría de solicitar la suspensión de efectos del acto administrativo al jerarca, con una probabilidad, para ser honestos, a juzgar por la experiencia venezolana en materia de suspensión de efectos en sede administrativa (aunado ello al afán recaudatorio[50] y anticontribuyente de estos tiempos), mínima o nula de obtener satisfacción, estando ello agravado por los siguientes hechos fácilmente verificables:

Primero, es evidente que la Administración Pública suele exceder con creces, cuando decide expresamente, los lapsos legales de dictado de la resolución de los asuntos planteados por los administrados.

Segundo, es común que se nieguen las suspensiones en sede administrativa, cuando hay respuesta explícita[51].

Y, tercero, de existir una negativa expresa, es verdad que se podría acudir a la instancia judicial[52] para la revisión del rechazo a su petición de suspensión, pero nada más para tropezarse con un juez, ya en la actualidad, colapsado en su capacidad de respuesta oportuna al ordinario recurso contencioso tributario[53], que ahora habrá de enfrentar también, además de las acciones de amparo constitucional y de amparo tributario, sus nuevas competencias en materias de ejecución de sentencias y juicio ejecutivo, y sus propias consideraciones cuando alguien pida la suspensión de efectos en sede judicial, cosa que podría ser sistemática, sin duda.

Por su parte, el segundo escenario, correspondiente a la norma legal de 2001, contiene dos variantes:

Si el recurso jerárquico se ejerce contra un acto administrativo que imponga sanciones otras que las multas, es decir, sin contenido pecuniario,

[50] La Asociación Venezolana de Derecho Tributario (A.V.D.T.), en sus observaciones dirigidas a la Asamblea Nacional, sobre el Proyecto de Código Orgánico Tributario (hoy vigente), denunció que: "La decisión queda en manos de la Administración que tiene sus propios intereses recaudatorios".

[51] De haber silencio administrativo, entonces tendría que plantearse la procedencia de la acción de amparo constitucional o la de amparo tributario, según la perspectiva que se tenga.

[52] Aunque no por la vía ordinaria del recurso contencioso tributario, en el sistema planteado en aquellos primeros proyectos, pero sí por medio de la in excluible y extraordinaria acción de amparo constitucional.

[53] Hay jueces que incluso retardan al máximo el trámite de notificaciones del recurso y la consignación de las constancias en el expediente, como política regular, sólo para diferir lo más posible la oportunidad de pronunciarse sobre la admisibilidad del recurso y la consiguiente continuación del proceso. Obviamente, debiendo ahora decidir en el mismo auto, lo relativo a la suspensión de efectos, es de esperar que se retrasen más aún los juicios. Se sabe de casos que han pasado más de un año en ese inconstitucional congelamiento.

tales como cierres de establecimientos, comisos y otras, nos tropezamos con que el legislador le negó efecto suspensivo "automático" a esta vía de impugnación y, peor aún, si ello es posible, no previó expresamente la posibilidad de requerir del jerarca la suspensión, con lo que restaría a definir si hay con ello una remisión tácita a la Ley Orgánica de Procedimientos Administrativos, para supletoriamente concluir en la procedencia teórica de una semejante petición; o, si no habría lugar a suspensión de ninguna manera, en esos casos.

Empero, lo realmente trascendente de destacar en este punto es que, tratándose del ejercicio de la potestad sancionatoria, so pena de violar el derecho constitucional a la presunción de inocencia, mal podría procederse a la ejecución de una pena antes de que haya sido debida y definitivamente establecida la culpabilidad del sindicado como autor de una cualquiera infracción tributaria. Este tema será posteriormente tratado con más amplitud, por constituir uno de los aspectos más relevantes, demostrativos de la inconstitucionalidad de la reforma legal en comento.

Y, si el recurso jerárquico se incoa contra un acto administrativo de contenido liquidatorio, si bien es cierto que la normativa bajo estudio le reconoce efecto suspensivo "automático", a su mera interposición[54], lo cual es de suyo plausible, noble y justo, lamentablemente la nueva regulación adjetiva de la sede administrativa podría acarrear, en su aplicación concreta, un fraude a la ley, por burla a tal suspensión "ope legis" o, en el mejor de los casos, por representar tan solo un breve diferimiento de la ejecución liminar.

En efecto, a diferencia de la normativa anterior según la cual, interpuesto el recurso la Administración Tributaria disponía, sin más, de cuatro meses para decidir, tiempo durante el cual los efectos del acto administrativo impugnado permanecían suspendidos de pleno derecho (y en solución de continuidad con el posterior recurso judicial, a pesar del previo e indefinido eventual silencio administrativo), acorde con la previsión del actual artículo 249, la Administración Tributaria habrá de pronunciarse, dentro de los tres días hábiles siguientes al vencimiento del lapso para la interposición del recurso, sobre si lo admite o lo declara inadmisible[55].

Por tanto, grande es la probabilidad de que, pocos días después de ejercido el recurso jerárquico, el interesado sea notificado de un acto administrativo liminar, con fuerza de definitiva, que declare inadmisible el

---

[54] A propuesta de la Asociación Venezolana de Derecho Tributario (A.V.D.T.).

[55] Por ejemplo (artículo 250), por la falta de cualidad o interés del recurrente (numeral 1), por la caducidad del plazo (numeral 2), por la ilegitimidad de quien se presente como apoderado o representante (numeral 3) o por la falta de asistencia o representación de abogado (numeral 4).

recurso y, subsecuentemente, el acto administrativo impugnado recupere totalmente su ejecutividad y ejecutoriedad.

Claro que el afectado podrá ejercer el recurso contencioso tributario contra la resolución que declare la inadmisibilidad del recurso jerárquico, según lo consagra explícitamente el mismo artículo 250. Pero, como sabemos, ese recurso judicial no cuenta con el efecto suspensivo "automático", entrando totalmente el interesado en la riesgosa situación en la que estaría de haber acudido a la sede judicial directamente

Mientras tanto, ¡pareja injusticia!, no estando suspendidos los efectos del acto administrativo en cuestión, la Administración Tributaria está facultada para iniciar, acorde con el principio de ejecutividad y ejecutoriedad, según los casos, bien el juicio ejecutivo correspondiente o la materialización del cierre del establecimiento, el comiso, etc.

Este estado de cosas no varía en lo esencial, en el supuesto en que el contribuyente reparado o sancionado opte por acudir directamente a la vía judicial, en donde, por lo demás, aunque el texto aprobado por la Asamblea Nacional no lo disponga, al contrario de los proyectos precedentes, se le exigirá caucionar las resultas del juicio, para poder lograr la suspensión judicial.

Obviamente, tal caución (o pago, compulsivo o no) ya no sería un requisito de admisibilidad del recurso, por lo que no estaríamos en presencia de lo que técnicamente se conoce como "solve et repete". Pero, en la realidad económica el resultado es el mismo, puesto que el accionante podría no estar en capacidad económica de sostener el juicio, sea que la caución se le pida antes o después de intentar la acción. El contribuyente podría verse compelido a decidirse por tan solo pagar sin más, en lugar de tener que caucionar y afrontar los costos y costas del largo proceso, que por lo demás se cuenta por años indefinidos (de cuatro a doce o más, en promedio, en la primera instancia)[56], con lo que, en definitiva, se le estará coartando su derecho a la tutela judicial efectiva, al dificultarle o impedirle el libre acceso a la justicia, compeliéndolo incluso en muchos casos a desistir.

Esta situación sería completamente antijurídica, de resultar gananacioso el accionante y existir vicios de nulidad absoluta o graves atentados a los derechos fundamentales, en el acto administrativo impugnado, por lesión de la regla "quod ab initium vitiosum est, tractu tempore convalescere non potest"[57].

---

[56] Con el agravante de que, acorde con el Parágrafo Único del artículo 66 del Código Orgánico Tributario: "Los intereses moratorios se causarán aún en el caso que se hubieren suspendido los efectos del acto en vía administrativa o judicial", lo cual es de suyo ilícito, por contrariar el principio general de derecho de la accesoriedad.

[57] Miguel Ángel Caamaño Anido, "Los procedimientos de nulidad y anulabilidad contra actos tributarios", Editorial Tecnos, Madrid, 1997, página 12.

Además, bajo este sistema, de no haberse suspendido los efectos del acto administrativo impugnado (porque no se requirió, porque no ha habido pronunciamiento o porque se hubiere negado la petición), aunque no se llegará al remate de los bienes embargados mientras dure la impugnación, como especie reforzada de garantía de cobro[58], mientras el objeto del recurso no haya adquirido firmeza definitiva, es lo cierto que se generarán graves daños patrimoniales, poniendo igualmente en discusión la posibilidad económica de sostener el proceso: el contribuyente podría equivalentemente verse constreñido a elegir entre pagar sin más, o verse privado por mucho tiempo de la disposición, uso y usufructo de parte importante de sus bienes (del doble del reclamo fiscal más las costas)[59], y responder de los costos y costas del proceso, lo cual no tendría mayor consecuencia, en principio, si el recurrente pierde el juicio.

No obstante, si el contribuyente accionante resulta ganancioso en la definitiva, a más de obtener la condenatoria en costas de la Administración, tendrá luego que pedir la ejecución del fallo[60], comprensiva necesariamente de la orden de reintegro de lo eventualmente pagado indebidamente, más daños y perjuicios, lo cual, vistos los privilegios que al Fisco

---

[58] Bertazza, Humberto J., "Derechos humanos y tributación", Anais das XX Jornadas do Instituto Latinoamedicano de Derecho Tributario, Associaçao Brasilcira de Direito Financeiro, Salvador, Bahía, Brasil, 2000, página 116: "La sustitución del pago previo por una garantía de cumplimiento cuando así se exija parece ser el camino más adecuado para conciliar los intereses en conflicto; claro que, en ese caso la justificación de esa garantía no debería buscarse en el provilegio del Fisco o en el aseguramiento del flujo de recaudación sino en la teoría de las medidas cautelares vinculadas a la verosimilitud del derecho".

[59] Para colmo de males, el cuestionado artículo 263, en su Parágrafo Tercero, prevé la inaplicación en la materia del artículo 547 del Código de Procedimiento Civil, según el cual: "Si después de practicado el embargo transcurrieren más de tres meses sin que el ejecutante impulse la ejecución, quedarán libres los bienes embargados".

Claro que bajo el sistema acogido no se podría ejecutar, sin llegar a una definitiva denegatoria del recurso. Empero, se debería haber condicionado el mantenimiento del embargo al impulso del juicio, mediando la continua diligencia procesal del representante fiscal, pues, para ser honestos, en la mayoría de los casos no se le conoce hasta el acto de informes, salvo que haya debido "pasar por el tribunal un día", para nombrar su experto, en caso de que el recurrente haya promovido una experticia.

Esto, por otro lado, equilibraría la injusta situación de riesgo en que ha sido colocado el recurrente, cuando la objetada jurisprudencia de la Sala Político Administrativa del Tribunal Supremo de Justicia, en la actualidad, admite la perención después de "vistos".

[60] Claro que, preventivamente, el accionante tendría que haber acumulado a la pretensión anulatoria otra de naturaleza indemnizatoria o resarcitoria, haciendo gala de los poderes de plena jurisdicción que al juez de lo contencioso administrativo (del cual el juez de lo contencioso tributario es una especie) reconoce el artículo 259 de la Constitución, pues, de lo contrario, no faltaría quien alegara que tendría que irse, en cuanto al pago indebido, por la vía del procedimiento de repetición de pago, más engorrosa, prevista en los artículos 194 y siguientes del Código Orgánico Tributario.

reconoce la Ley Orgánica de la Hacienda Pública Nacional[61], lo obligará a irse por el procedimiento de cobro de acreencias no prescritas, tradicionalmente consagrado en las Leyes Orgánicas de la Procuraduría General de la República[62] y de Régimen Presupuestario[63], esta última derogada y sustituida, sin cambios en la materia, por la Ley Orgánica de la Administración Financiera del Sector Público[64], procedimiento este de consabida y exacerbada lentitud e ineficiencia.

Afortunadamente, insistimos, el Código previó que la ejecución de los actos administrativos recurridos (no definitivamente firmes), cuyos efectos no hubiesen sido suspendidos, se detiene antes del remate, quedando los bienes embargados depositados a la orden del Fisco, como suerte de garantía final de cumplimiento. Decimos que esto es afortunado, porque de llegarse al remate, el Fisco estaría obteniendo la pretensión "in limine" (anteponiendo la ejecución a la sentencia), con grave lesión al principio de igualdad de las partes en el proceso y, subsecuentemente, perdería interés en el litigio, además de que el ilícito mecanismo podría ser usado con fines inmediatistas meramente recaudatorios, constitutivo ello de una malsana política fiscal.

Pero, tal fortuna amerita ciertas observaciones: 1) se trata entonces de una ejecución que no es tal[65], por lo que en realidad no se satisface el principio de ejecutividad y ejecutoriedad como falsamente lo pretende la exposición de motivos del Código Orgánico Tributario; 2) se somete a un embargo ejecutivo (que en el fondo pareciera ser preventivo) a quien no ha sido condenado judicialmente y en base a un acto administrativo no definitivamente firme, lo que hace dudar que se respete el principio general de

---

[61] Artículo 16: "Los bienes, rentas, derechos o acciones pertenecientes a la Nación, no están sujetos a embargo, secuestro, hipoteca o ninguna otra medida de ejecución preventiva o definitiva. En consecuencia, los jueces que conozcan de ejecuciones contra el Fisco, luego que resuelvan definitivamente que deben llevarse adelante dichas ejecuciones, suspenderán en tal estado los juicios, sin decretar embargo, y notificarán al Ejecutivo Nacional, para que se fijen, por quien corresponda, los términos en que ha de cumplirse lo sentenciado" (Gaceta Oficial Extraordinaria Nro. 1.660 del 21 de junio de 1974).

[62] Artículos 30 y siguientes (Gaceta Oficial Nro. 27.921 del 22 de diciembre de 1965).

[63] Gaceta Oficial Nro. 36.916 del 2 de marzo de 2000.

[64] Artículo 57: "(omissis) Los compromisos originados en sentencia judicial firme con autoridad de cosa juzgada o reconocido administrativamente de conformidad con los procedimientos establecidos en la Ley Orgánica de la Procuraduría General de la República y en el reglamento de esta Ley, así como los derivados de reintegros que deban efectuarse por concepto de tributos recaudados en exceso, se pagarán con cargo al crédito presupuestario que, a tal efecto, se incluirá en el respectivo presupuesto de gastos (omissis)" (Gaceta Oficial Nro. 37.029 del 5 de septiembre de 2000).

[65] Así, la propia exposición de motivos del Código Orgánico Tributario señala que: "se debe significar que la fórmula propuesta no es del todo absoluta, por cuanto en una ejecución judicial forzada (agotada la gestión administrativa de cobro), solo se concluirá el proceso cuando los actos estén definitivamente firmes, es decir cuando la validez del crédito sea indiscutible".

derecho de la buena fe[66], así como sus especies en la materia: el principio "in dubio pro contribuyente"[67] y el derecho a la presunción de inocencia[68]; y, 3) en caso de que el recurrente acabe por ser declarado ganancioso, nos encontraríamos con daños y perjuicios de difícil y complicada reparación, según lo normado por el evocado privilegio de la Ley Orgánica de la Hacienda Pública Nacional.

Es pues un hecho que, desde la perspectiva del análisis económico de la realidad, la nueva pero no novedosa regulación pretende, en el fondo, coartar el acceso a la justicia de quienes sean objeto de reclamos o sanciones fiscales, con lo que se reedita el universalmente proscrito contra principio "solve et repete".

II.3 Violación de la Convención Americana de los Derechos Humanos, al pretenderse la ejecución antes de la cognición

Desde otra perspectiva y a mayor abundamiento, suscribimos plenamente la idea del autor argentino Humberto J. Bertazza[69], para quien la redacción del artículo 8, numeral 1, de la Convención Americana sobre Derechos Humanos (Pacto de San José de Costa Rica)[70], que tiene rango

---

[66] Jesús González Pérez, "El principio general de la buena fe en el derecho administrativo", página 69: "La aplicación del principio de la buena fe permitirá al administrado recobrar la confianza en que la Administración no va a exigirle más de lo que estrictamente sea necesario para la realización de los fines públicos que en cada caso concreto persiga. Y en que no le va a ser exigido en el lugar, <u>en el momento</u> ni en la forma más inadecuada, en atención a sus circunstancias personales y sociales, y a las propias necesidades públicas. Confianza, legítima confianza de que no se le va a imponer una prestación <u>cuando sólo superando dificultades extraordinarias podrá ser cumplida</u>..." (subrayados nuestros).

[67] Heredero de la superación de la clásica y absolutista relación tributaria de poder (supra-subordinación), que postulaba el "in dubio pro fiscum", para ser reemplazada por el moderno e igualitario concepto de relación jurídica tributaria.
Eduardo García de Enterría, "Hacia una nueva justicia administrativa", página 191: "El criterio interpretativo *contra cives,* herencia de una concepción arcaica del derecho público, que presume sujeciones y sometimientos y que concibe los derechos frente a los entes públicos como excepciones señaladísimas, y por eso de interpretación estricta o reductora, está radicalmente proscrita en nuestro ordenamiento".

[68] Sobre lo cual profundizaremos más adelante.

[69] Bertazza, Humberto J., op. cit., página 78.

[70] Cuya ley aprobatoria apareció publicada en la Gaceta Oficial Nro. 31.256 del 14 de junio de 1977. Igualmente el artículo 10 de la Declaración Universal de los Derechos Humanos, del 10 de diciembre de 1948: "Toda persona tiene derecho, en condiciones de plena igualdad, a ser oída públicamente y con justicia por un tribunal independiente e imparcial, para la determinación de sus derechos y obligaciones...".

constitucional tanto en Argentina como en Venezuela[71], que reconoce el derecho de acceso a la justicia afirmando, dentro de las garantías judiciales, que "Toda persona tiene derecho a ser oída, con las debidas garantías y dentro de un plazo razonable por un juez o tribunal competente, independiente o imparcial, establecido con anterioridad por una ley ... para la determinación de sus derechos y obligaciones de orden ... fiscal" (subrayado nuestro)[72], implica que en toda controversia tributaria "debe interpretarse que la acción judicial que se interponga tiene efecto suspensivo de la obligación del pago del tributo en discusión; como consecuencia de ello, los principios de legitimidad y ejecutoriedad del acto administrativo...deben interpretarse sistemáticamente con el artículo 8º punto 1) del Pacto, entendiéndose que la ejecutoriedad en materia fiscal sólo se configura luego de la pertinente discusión de la misma en un proceso con todas las garantías judiciales" (subrayado nuestro)[73].

---

[71] Artículo 23 de la Constitución: "Los tratados, pactos y convenciones relativos a derechos humanos, suscritos y ratificados por Venezuela, tienen jerarquía constitucional y prevalecen en el orden interno, en la medida en que contengan normas sobre su goce y ejercicio más favorables a las establecidas por esta Constitución y la ley de la República, y son de aplicación inmediata y directa por los tribunales y demás órganos del Poder Público".
Sentencia de la Sala Constitucional del Tribunal Supremo de Justicia, del 14 de marzo de 2000, caso: C.A. Electricidad del Centro (Elecentro) y C.A. de Electricidad de Los Andes (Cadela).
Además, no debe desestimarse que la jerarquía de las fuentes del derecho tributario, consagrada en el artículo 2 del propio Código Orgánico Tributario, coloca a los tratados internacionales en el segundo grado (numeral 2), tras la Constitución (numeral 1) y antes de las leyes (numeral 3).

[72] Lo mismo se prevé en el artículo 14, numeral 1 del Pacto Internacional de Derechos Civiles y Políticos (ley aprobatoria publicada en la Gaceta Oficial Extraordinaria Nro. 2.146 del 28 de enero de 1978), referido a "... la determinación de sus derechos u obligaciones de carácter civil", ámbito dentro de lo cual tradicionalmente ha sido incluido lo tributario.

[73] Obviamente, la exposición de motivos del Código Orgánico Tributario no sólo no consideró la aplicabilidad de este tratado internacional, sino que seguramente sus proyectistas ni siquiera imaginaron su pertinencia. En efecto, sus razones fueron las clásicas de todo pensar decimonónico, fundamentado además en una inexistente "regla del carácter no suspensivo de los recursos". Veamos: "Tales modificaciones tienen como objetivos fundamentales, entre otros aspectos asegurar a la Administración Tributaria una recaudación más rápida y efectiva, en este sentido se propone conservar los Principios de Ejecutividad y Ejecutoriedad de los actos emanados de ella, vale decir que la interposición de los recursos no suspende los efectos ejecutivos del acto. Tal propuesta pretende asegurar la sintonía que debe existir entre la validez y legitimidad de los actos tributarios y la regla del carácter no suspensivo de los recursos, por cuanto el sistema actual constituye una derogatoria virtual del principio de ejecutividad de los mismos. El justificado abandono de solve et repete no significa que necesariamente se deben suspender los efectos del acto recurrido sin analizar siquiera, si el contribuyente tiene razones o no para utilizar la vía del recurso, considerando si se están lesionando o no sus intereses legítimos. Como consecuencia de ello, tampoco se evalúan los perjuicios que la inejecución producen al Fisco Nacional y su directa incidencia en la continuidad de los servicios públicos y el peligro potencial de paralizar la actividad administrativa en tanto disminuyen los ingresos por recaudar".

Se orienta, pues, este trascendente criterio doctrinario, sobre la idea de la suspensión "inmediata", por la mera interposición del recurso, **sin necesidad de consagración expresa**[74], por imperativo de este tratado de derechos humanos e, incluso, a pesar de la eventual explícita previsión legal del contra principio "solve et repete" (que por cierto es el caso de varias leyes tributarias en Argentina y también en Paraguay), pues acorde con la Convención, no puede haber ejecución del acto administrativo, "antes de que pase en autoridad de cosa juzgada"[75].

II.4 Menoscabo general del mensaje dogmático fundamental y libertario de la Constitución

Sobre idéntica línea de pensamiento, conclusiva de la ausencia de necesidad de consagración expresa, pero ahora desde el terreno del principio del "favor libertatis", digamos con el maestro español Eduardo García de Enterría[76], procesal administrativista de renombre internacional, que:

> *"...Siempre que se invoquen, con alguna seriedad, derechos fundamentales, la regla es precisamente el carácter suspensivo del recurso y esto tampoco por una razón puramente mecánica, sino porque los derechos fundamentales son el fundamento del orden jurídico, en tanto que la ejecutoriedad de la acción administrativa es un instrumento ordinario, sumamente respetable, de gestión administrativa, pero no es en sí mismo un fundamento del orden"* (subrayado nuestro)[77].

---

[74] Cajarville Peluffo, Juan Pablo, "Suspensión jurisdiccional de los efectos del acto administrativo", página 967, expone que ese es el caso paraguayo, por construcción jurisprudencial del Tribunal de Cuentas, que fija como regla la suspensión "automática", siendo la ejecución excepcional, previa petición fundamentada de la Administración y orden judicial al respecto, incluso en la materia tributaria.

[75] Bertazza, Humberto J., op. cit., página 114.

En el mismo sentido y en cuanto al derecho ecuatoriano, ver: Egas Reyes, "Derechos humanos y tributación", jornadas citadas, página 266. Igualmente, para el derecho brasileño, Maior Borges, José Souto, "Direitos humanos e tributaçao", jornadas citadas, páginas 641 y 642.

[76] "Hacia una nueva justicia administrativa", páginas 47 y 48.

[77] Por todas estas trascendentales razones, de óptica constitucional, no podemos estar de acuerdo con la "solución negociada" de la anteriormente evocada propuesta de la Asociación Venezolana de Derecho Tributario (A.V.D.T.), en sus observaciones a la Asamblea Nacional, al proyecto (hoy vigente) de Código Orgánico Tributario, que pretendía lograr una especie extraña de transacción, dejando la suspensión "automática" para el recurso jerárquico y eliminándola para el recurso contencioso tributario: "Partiendo de estas premisas nos pronunciamos por la *suspensión ope legis,* sólo con respecto al recurso jerárquico; mientras que para el recurso contencioso la solución sería la ejecución de los efectos del acto en la forma que, con algunas modificaciones menores, se establece en el proyecto. Esta solución no causa

La hora ha sonado en Venezuela, de acudir sistemáticamente a la interpretación constitucional directa y a la implementación del moderno concepto de la Constitución como norma de aplicación inmediata, tutora privilegiada de la libertad y del resto del elenco de los derechos humanos fundamentales, para que los tributaristas, a más de sus cifras, planificaciones, asesorías, consultas, auditorías y recomendaciones de carácter sustantivo, contribuyan decididamente, desde la perspectiva procesal, a hacer realidad el derecho al libre desenvolvimiento de la personalidad, comprensivo de la felicidad, la seguridad y la tranquilidad del individuo.

II.5 Una reflexión

Sin duda, asistimos a una suerte de reedición del "solve et repete"[78], intento de aquelarre de resucitación satánica, agravado ello con la estadística

excesivos retardos en la percepción o aseguramiento de los derechos del fisco en los supuestos que el acto administrativo recurrido no cause un grave perjuicio al recurrente o que su recurso tenga apariencia de buen derecho (*fumis boni iuris*), que son dos de las tres causales para la suspensión en el proyecto.
En efecto, el tiempo máximo a esperar no serán los diez, doce o quizás mas años de los procesos actuales, no excederá de los setenta y cinco días que pueda tomar la Administración Tributaria para decidir el recurso jerárquico, más los veinticinco para intentar el recurso, más otros a lo sumo treinta entre su petición al juez y la decisión de éste., a lo sumo cuatro meses. Si la Administración se tarda en decidir no podría imputarle su mora al recurrente, y sería suya la culpa que se demore la suspensión en referencia".
En cambio, suscribimos plenamente el criterio de la Asociación Venezolana de Derecho Financiero (Asovedefi), en sus observaciones a la Asamblea Nacional, al proyecto (hoy vigente) de Código Orgánico Tributario: "Consideramos que sería recomendable mantener la suspensión automática de los efectos del acto recurrido como medio del derecho a la defensa de los contribuyentes. La experiencia indica que la decisión de los recursos, tanto administrativos como judiciales, se prolonga durante varios años.
Surge aquí la necesidad de conciliar los intereses de la Administración Tributaria y los del contribuyente, tomando en cuenta que si bien la Administración tiene como cometido la tutela y satisfacción del interés general, los contribuyentes sufren un mayor daño cuando se les detrae de su patrimonio cuantiosas sumas o se ven obligados a constituir fianzas o garantías, cuyo costo financiero es muy alto, en virtud de que siempre representan un porcentaje del monto afianzado.
La no suspensión de pleno derecho de los efectos del acto violaría principios como el de la igualdad en la relación jurídica tributaria, y la consecuencia de tener que pagar el tributo exigido, constituiría, por otra parte, un regreso a la prerrogativa del "solve et repete", que ha sido pacíficamente declarada como inconstitucional por la jurisprudencia de nuestro Máximo Tribunal, por atentar contra el derecho a la defensa de los particulares".
[78] Arcia, Sebastián, "Derechos humanos y tributación", jornadas citadas, páginas 463 y 464, en cuanto al derecho uruguayo: "Como lo ha dicho con acierto SHAW, la suspensión preceptiva de la ejecución mientras está en trámites el proceso de conocimiento y la no vigencia del

fácilmente verificable, demostrativa de que la mayor parte de los juicios son perdidos por el Fisco (violaciones de procedimiento, ausencia de expediente administrativo, incompetencia, inmotivación y hasta problemas de fondo, tributarios y sancionatorios, como la no consideración de circunstancias eximentes o atenuantes de la responsabilidad penal tributaria).

Para terminar este aspecto, resulta conveniente preguntarse la razón por la que el Fisco nunca hizo uso sistemático, sino muy aislado y excepcional, de la petición de medidas cautelares, de entender seriamente amenazada su expectativa de recaudación, máxime cuando, por otro lado, esa sería la forma seria, idónea y justa de enfrentar al recurrente abusivo y temerario[79].

"solve et repete" son las dos caras de una misma moneda: aquella que asegura el libre acceso a la jurisdicción, pues de nada serviría poder acceder a ella sin necesidad del pago previo del tributo pretendido por la Administración si, cuando está en trámite el proceso jurisdiccional de conocimiento, ésta puede lograr el cobro coactivamente. La suspensión preceptiva del proceso ejecutivo de cobro es, en consecuencia, un requisito esencial de la garantía de la tutela jurisdiccional". Y agrega, página 466: "la promoción del juicio ejecutivo puede implicar –y de hecho muchas veces implica– una forma de coacción al sujeto pasivo para que pague el importe del tributo impugnado, lo cual constituye un "solve et repete" indirecto o de hecho".
En este orden de ideas, el autor uruguayo Montero Traibel, José Pedro, "Observancia de los derechos humanos a través de la tributación", jornadas citadas, página 1123, con base en la Recomendación 16, Literal D, del Tema II "Impugnación de las decisiones administrativas en materia tributaria. Vía administrativa y jurisdiccional", de las VII Jornadas Luso-Hispano-Americanas celebradas en España en 1976, nos recuerda que: "el pago previo no debe requerirse ni para la presentación de los recursos contra una resolución, ni para obtener una decisión sobre la impugnación presentada".
Otro autor uruguayo, Shaw, José Luís, "Tutela jurisdiccional efectiva en materia tributaria", páginas 1216 y 1217, expresa: "La solución de principio sustentada por la doctrina administrativa y vigente en el derecho administrativo es que la Administración pueda proceder a ejecutar sus actos mientras esté pendiente de resolución la juridicidad de los mismos en el proceso de conocimiento, admitiéndose únicamente por vía de excepción la suspensión del acto por parte de la Administración o de los órganos jurisdiccionales, y en forma discrecional, cuando, a pedido de parte, se concluya que la ejecución puede producir perjuicios graves o irreparables al administrado...
Sin embargo, la diferente naturaleza de la actividad de la Administración cuando actúa como sujeto activo de una obligación tributaria de fuente legal, donde dicha actividad es totalmente reglada y por ende está sometida con mayor rigor o intensidad a la tutela jurisdiccional, hace que no se justifique la vigencia de aquella solución para los actos administrativos de determinación tributaria".
Estos serios criterios, aunados a los argumentos y regulaciones comentados en esta investigación, demuestran la falacia de la exposición de motivos del Código Orgánico Tributario, al indicar, paladinamente y sin soporte alguno, que: "la mayoría de los países tanto latinoamericanos como europeos, han fijado pauta en el campo del Derecho Tributario, al prescindir de la suspensión ope legis de los efectos del acto administrativo tributario con ocasión de la interposición de recursos".

[79] Observaciones de la Asociación Venezolana de Derecho Financiero (Asovedefi) al proyecto (hoy vigente) de Código Orgánico Tributario, presentadas a la Asamblea Nacional: "No se causaría perjuicio alguno a la Administración Tributaria con la suspensión automática de los

En nuestro concepto el legislador, que políticamente hoy por hoy no es más que una derivación de la Administración (para detrimento de nuestro Estado de Derecho y la separación de poderes), optó por decirle al contribuyente reparado (con o sin razón), o pagas, hasta coercitivamente, por no haber obtenido una suspensión administrativa o judicial, o garantizas vía embargo (con o sin caución adicional) el pago, visto el déficit fiscal, la ineficacia en el control fiscal, el retardo judicial y la negligencia del Fisco en hacer valer las medidas cautelares (entre ellas paradójicamente el mismo embargo preventivo), desde hace años consagradas por el Código Orgánico Tributario.

He aquí un patente ejemplo de inmoralidad y de desmedro al derecho a la tutela judicial efectiva, y a sus componentes: los derechos de acceso a la justicia, al debido proceso y a la defensa.

III. MENOSCABO AL ESTADO DE JUSTICIA

III.1 Una definición de "Estado de Justicia"

Visto que en el Preámbulo de la Constitución de 1999 se establece que el constituyente actuó "con el fin supremo de refundar la República para establecer una sociedad democrática, participativa y protagónica, multiétnica y pluricultural en un Estado de justicia", en su artículo 2 se expresa textualmente que "Venezuela se constituye en un Estado democrático y social de Derecho y de Justicia, que propugna como valores superiores de su ordenamiento jurídico y de su actuación, la vida, la libertad, la justicia, la igualdad, la solidaridad, la democracia, la responsabilidad social y en general, la preeminencia de los derechos humanos, la ética y el pluralismo político".

Ya el régimen constitucional anterior, acorde con los más clásicos principios del constitucionalismo moderno, con énfasis en la idea de la sujeción del poder al imperio de la ley, consagraba que Venezuela era un Estado de Derecho, asunto suficientemente enriquecido por los aportes doctrinarios sobre el entendimiento de los calificativos de "democrático", "social" y hasta "constitucional", aplicados al sustantivo "Estado de Derecho".

Pero, lo que no tiene precedente en nuestro país, es el concepto de Estado de Justicia, al cual nos hemos adscrito, y cuyo alcance debemos desentrañar, a fin de hacer realidad y reinterpretar, ahora en la dimensión constitucional, el cuarto mandamiento para los abogados, del decálogo del maestro procesalista uruguayo Eduardo Couture, que nos invita como

efectos del acto, ya que existe la posibilidad, en el caso de que exista riesgo en el cobro del tributo, de pedir las medidas cautelares previstas en el Código, respecto de las cuales, hasta la fecha, ha hecho poco uso la Administración, así como la aplicación de intereses moratorios".

profesionales del derecho a luchar por éste, aunque con preferencia por la justicia, en caso de contrariedad entre el uno y la otra:

> *"Tu deber es luchar por el derecho, pero el día en que encuentres en conflicto el derecho y la justicia, lucha por la justicia".*

En este orden de ideas, tratemos de averiguar, ante todo, qué quiso decir el constituyente con Estado de Justicia.

En este sentido, en la exposición de motivos del Texto Fundamental[80] se puede leer que:

> *"Se define la organización jurídico-política que adopta la Nación venezolana como un Estado democrático y social de Derecho y de Justicia. De acuerdo con esto, el Estado propugna el bienestar de los venezolanos, creando las condiciones necesarias para su desarrollo social y espiritual, y procurando la igualdad de oportunidades para que todos los ciudadanos puedan desarrollar libremente su personalidad, dirigir su destino, disfrutar los derechos humanos y buscar su felicidad".*

Se asocia pues la idea de Estado de Justicia, con el bienestar, el desarrollo libre de la personalidad, la igualdad y el goce de los derechos humanos restantes, por parte de los individuos.

Asimismo, también se vincula el instituto en estudio con el logro de una calidad de vida digna[81], por una parte y, por la otra, lo cual resulta de mayor relevancia a nuestros fines, con la gratuidad, la igualdad y la accesibilidad de la justicia[82], la garantía del derecho a la tutela judicial efectiva[83] y la "garantía procesal efectiva"[84] de los derechos humanos.

---

[80] Gaceta Oficial Extraordinaria Nro. 5.453 del 24 de marzo de 2000.

[81] "Estado social y democrático de Derecho comprometido con el progreso integral que los venezolanos aspiran, con el desarrollo humano que permita una calidad de vida digna, aspectos que configuran el concepto de Estado de Justicia".

[82] "Como una de las implicaciones del Estado democrático y social de Derecho y de Justicia en que se constituye a Venezuela por obra de la Constitución, y con el fin de erradicar uno de los principales problemas de la Nación venezolana, en virtud del cual el Poder Judicial se caracterizó por su corrupción, lentitud e ineficacia y, especialmente, por restringir el acceso de la población de escasos recursos a la justicia; la Constitución exige al Estado garantizar una justicia gratuita, accesible, imparcial, idónea, transparente, autónoma, independiente, responsable, equitativa y expedita, sin dilaciones indebidas, sin formalismos o reposiciones inútiles".

[83] "De esta forma se consagra la justicia gratuita como un derecho humano que encuentra su principal fundamento en los derechos a la igualdad y a la tutela judicial efectiva que reconoce la Constitución y que tiene por objeto permitir el libre acceso de toda persona a la justicia, sin discriminación alguna".

[84] "El Estado democrático y social de Derecho y de Justicia consagrado por la Constitución, al implicar fundamentalmente, división de los poderes del Estado, imperio de la Constitución

En consecuencia, la vigencia del Estado de Justicia depende, indefectiblemente, del respeto de los derechos humanos en general, de la actuación ética de los poderes públicos y del libre acceso a la justicia y el goce pleno del derecho a la tutela judicial efectiva.

III.2 Los fundamentos éticos de la noción de justicia

Ahora bien, si escarbamos más aún en los aspectos conceptuales fundamentales, a lo que, por lo demás, nos invita la consideración que sobre la ética hace la propia Constitución, es menester arribar a la tradicional y clásica idea de justicia, de basamento moral[85], que, según el jurisconsulto romano Ulpiano, ha de ser entendida como "la voluntad firme y continuada de dar a cada uno lo suyo" y, acorde con Santo Tomás de Aquino, en la misma línea de pensamiento, como "el hábito por el cual se da, con una voluntad constante y perpetua, su derecho a cada uno". Por su parte, Platón la toma como la virtud de cada quien de hacer lo que le corresponde; y, Aristóteles encuentra su razón de ser en la igualdad, fijando su subclase distributiva, referida al reparto por parte del Estado, entre otras cosas, de las cargas, donde han de destacar las tributarias.

Dentro de este marco conceptual, conviene plantearse la justicia o no de la eliminación del efecto suspensivo "automático" en análisis, para así desentrañar su constitucionalidad o inconstitucionalidad.

III.3 La palmaria injusticia del sistema adoptado

Desde esta perspectiva, nos tropezamos en un primer momento con lo discriminatorio del sistema, lo que redunda en su falta de garantía de la igualdad, pues no todos dispondrán de capacidad económica suficiente para caucionar las resultas de un juicio sencillamente larguísimo (no por los lapsos procesales legales, sino por el retardo judicial), o incluso para remunerar profesionales del derecho con la suficiente preparación como

---

y las leyes como expresión de la soberanía popular, sujeción de todos los poderes públicos a la Constitución y al resto del ordenamiento jurídico, y garantía procesal efectiva, de los derechos humanos y de las libertades públicas, requiere la existencia de unos órganos que, institucionalmente caracterizados por su independencia, tengan la potestad constitucional que les permita ejecutar y aplicar imparcialmente las normas que expresan la voluntad popular, someter a todos los poderes públicos al cumplimiento de la Constitución y las leyes, controlar la legalidad de la actuación administrativa y ofrecer a todas las personas tutela efectiva en el ejercicio de sus derechos e intereses legítimos".

[85] Enciclopedia Jurídica Opus, Tomo V, J-O, Ediciones Libra, Caracas, 1995, página 64.

para saber demostrar el "fumus boni iuris" o apariencia de buen derecho (bastante complejizado hoy en día con la reciente jurisprudencia de la Sala Político Administrativa del Tribunal Supremo de Justicia), por ejemplo, y también acometer simultáneamente el proceso impugnatorio ordinario, el reclamo contra la eventual negativa de acordar la suspensión[86] y el trámite del embargo, con eventuales oposiciones, por tratarse de bienes inembargables u otros motivos válidos.

Sin duda, la medida cautelar "ope legis" de suspensión de efectos, como la teníamos expresamente consagrada anteriormente en esta materia, es un mecanismo idóneo que corrige la desigualdad económica y contribuye con la igualdad jurídica.

Será, en segundo lugar, contrario al deber igualitario de contribuir con las cargas públicas, pues sólo serán compelidos al pago de los tributos quienes sean objeto de un reclamo fiscal formal[87].

Por lo que concierne al acceso a la justicia y a la tutela judicial efectiva, se remite a lo dicho anteriormente, en cuanto a la reedición real y efectiva del contra principio "solve et repete", con lo cual es obvio su menoscabo. Empero, es propicia la ocasión para recordar, en fortalecimiento de nuestra línea argumentativa, la jurisprudencia del Máximo Tribunal de la República, derivada de sentencias en interpretación del artículo 257 de la Constitución, como la Nro. 00402, dictada por la Sala Político Administrativa con ponencia conjunta, el 20 de marzo de 2001 (caso: Marvin Enrique Sierra Velasco), insistiendo en el proceso como herramienta privilegiada de justicia:

> *"Estima esta Sala, como máximo órgano de la Jurisdicción Contencioso-Administrativa, que los valores recogidos en la nueva Carta Constitucional, según los cuales se consagra de manera específica la figura de una justicia garantista que asegure la tutela judicial efectiva de los derechos e intereses, incluso los colectivos o difusos, (artículo 26 eiusdem); la simplificación de trámites, derivado de la concepción del proceso como instrumento fundamental para la realización de la justicia (artículo 257 eiusdem)..."* (subrayado nuestro).

[86] Existe la apelación cuando la negativa es judicial, lo cual significará otro trámite lento, multiplicado por muchos de la misma índole, por ante la Sala Político Administrativa del Tribunal Supremo de Justicia.
Por otro lado, a pesar de que se prevé la inimpugnabilidad de la negativa administrativa (en una suerte por lo demás de resucitación de la inconstitucional doctrina del acto excluido de control jurisdiccional), debe ello ser entendido en alusión a las vías ordinarias, por lo que siempre sería posible, en presencia de lesiones a los derechos constitucionales, ejercer una acción de amparo constitucional.

[87] Recordemos el tremendo impacto negativo que sobre la tributación ejerce la economía informal, incluso auspiciada o al menos no eficientemente combatida por las autoridades.

Así, es imposible también sostener, por parte de los proyectistas del Código Orgánico Tributario, que se persigue la simplificación de trámites, ordenada por el constituyente[88], cuando se ha procedido, contrariamente, a la implementación de fases procesales adicionales, cuantiosas incidencias antes innecesarias y trámites judiciales paralelos.

Desde otro punto de vista, no olvidemos que el concepto de justicia también es específicamente tratado por la Constitución, en el campo tributario, cuando prevé, en su artículo 316, que:

> *"El sistema tributario procurará la justa distribución de las cargas publicas según la capacidad económica del o la contribuyente, atendiendo al principio de progresividad, así como la protección de la economía nacional y la elevación del nivel de vida de la población, y se sustentará para ello en un sistema eficiente para la recaudación de los tributos".*

De esta manera, la tributación no es absoluta, pues está condicionada a que se disponga de la respectiva capacidad económica, en condiciones por lo demás de igualdad[89]. No sería, entonces, justo, que se proceda a la ejecución de un reclamo fiscal, impugnado, que exceda la capacidad económica del afectado, incluso pudiendo con ello poner en peligro su propia subsistencia. Evidentemente, tampoco se estaría propiciando la elevación de su nivel de vida.

Idénticamente, tampoco sería justo que la exigencia de cobro de un tributo no sancionado por ley, en detrimento del principio de legalidad tributaria, o de uno que si lo haya sido pero que viole la prohibición del efecto confiscatorio del tributo, según regula el artículo 317 "eiusdem", condujese a la ejecución del reclamo fiscal impugnado, aunque el proceso se detenga antes del remate, en espera de la definitiva.

Y, finalmente, detengámonos en las visiones filosófico éticas del asunto[90]:

---

[88] Artículo 257: "El proceso constituye un instrumento fundamental para la realización de la justicia. Las leyes procesales establecerán la simplificación, uniformidad y eficacia de los trámites y adoptarán un procedimiento breve, oral y público. No se sacrificará la justicia por la omisión de formalidades no esenciales".

[89] Sobre el principio de justicia en la tributación venezolana, Palacios Márquez, Leonardo, "Derechos Humanos y Tributación", jornadas citadas, páginas 483 y 486 y siguientes.
Sobre los principios de justicia y equidad en la tributación mexicana, Hallivis Pelayo, Manuel, "La seguridad jurídica en el derecho tributario mexicano", jornadas citadas, páginas 1034 a 1036. Y, en la tributación uruguaya, Blanco, Andrés, "Los derechos humanos y los principios jurídicos fundamentales de los tributos: vínculos e implicancias", jornadas citadas, páginas 1086 a 1094.

[90] Para el autor venezolano León Rojas, Andrés Eloy, "Principios constitucionales de la imposición y derechos de los contribuyentes", jornadas citadas, página 1153: "Un verdadero orden

¿Acaso resulta dar a cada uno lo suyo, o a cada quien su derecho, o a cada quien lo que le corresponde, someterlo al escarnio público, haciéndolo víctima de un embargo ejecutivo (en caso de no haber obtenido suspensión de efectos) o de un embargo "seudo ejecutivo" (pues detener el proceso antes del remate es en realidad un embargo preventivo), privarlo del uso, usufructo y disposición de sus bienes, limitar su crédito, poner en peligro su fuente de recursos económicos y entrabar su derecho a la tutela judicial efectiva, por razones de insuficiencia económica, por retardo judicial y otros factores, con independencia de que gane o pierda el proceso, pero peor aún en caso de ser declarado ganancioso, como ocurre en la mayoría de los juicios tributarios del país???

¿Hace el legislador lo que le corresponde cuando, frente al estado de cosas presentado por el déficit fiscal, el retardo judicial, la ineficacia en el control fiscal y el no pedido de medidas cautelares por la representación fiscal, perjudica especialmente a aquellos contribuyentes que, en el universo de los mismos, se vean objeto de un reclamo fiscal, a pesar de no ser los causantes del problema y de haber muchos que ni siquiera están inscritos en los registros de información fiscal?

¿Puede decirse que hay un reparto equitativo o distribución justa de las cargas públicas en semejante situación?

Racionalmente no existe explicación que justifique la vía elegida, como el mecanismo ideal de solución de los problemas expuestos por el proyectista. Por el contrario, sin duda agravarán la actividad del Poder Judicial, sin adelantar ni asegurar al final la recaudación[91], y dificultarán la defensa de los particulares afectados[92].

¿Acaso es esta una manera de coadyuvar al mejoramiento y dignificación de la calidad de vida del individuo y, especialmente, del contribuyente, a su bienestar, al desarrollo libre de su personalidad, al aseguramiento del goce de sus derechos humanos y, particularmente, a su irrestricto acceso, precisamente, a la justicia?

---

jurídico atinente a la igualdad y la justicia, categorías del deber ser jurídico inescindibles, ha de consagrar un tratamiento de igualdad, por lo que esta debe ser entendida en su amplio espectro filosófico y metajurídico".

[91] En sus observaciones al Proyecto de Código Orgánico Tributario (hoy vigente), remitidas a la Asamblea Nacional, la Asociación Venezolana de Derecho Tributario (A.V.D.T.), destacó, por ejemplo, que: "la no suspensión *ope legis*, perjudicará los intereses del fisco en el sentido de que no obstante la pretensión del cobro de intereses moratorios durante los procesos, aspecto en discusión, debe esperar por una decisión definitivamente a su favor para ejercer sus derechos pecuniarios".

[92] Gelsi Bidart, Adolfo, "Algunos conceptos procesales relacionados con el Fisco", página 1023, insiste en que el pago debe ser siempre postergado "para después que se ha realizado la defensa. Preferir la promoción de la Justicia a la recaudación de los tributos fiscales".

Por otro lado, claro que algunos funcionarios tributarios son contribuyentes, aunque por la simplista vía de la pacífica retención en la fuente a los asalariados menores, ¿pero acaso los hay que sean contribuyentes objeto de reclamos fiscales como los aquí evocados? ¿Serían ellos eventuales recurrentes "capitis" disminuidos en su defensa judicial?[93].

Consideramos que éticamente, siendo honestos, las respuestas a estos interrogantes han de ser negativas, lo que nos hace concluir, ineluctablemente, en la injusticia e inmoralidad de la eliminación de la suspensión "ope legis", y por tanto, en su inconstitucionalidad.

El carácter marcadamente iusnaturalista de nuestra Constitución vigente, de inspiración absolutamente moralista, debe superponerse, en virtud por lo demás del propio principio de supremacía consagrado en su artículo 7[94], a una simple norma legal positiva, de móvil cuestionable y discutible, que a más de poder ser anulada mediante el control concentrado, podría ser excluida por todo juez competente, en uso del control difuso de constitucionalidad, poniendo de relieve el carácter normativo directo del Texto Fundamental.

Recordemos nuevamente a Eduardo Couture: lucha por el derecho, pero cuando lo veas contrario a la justicia, prefiere a esta última[95]. En conclusión, dejando de lado, definitivamente, el lastre iuspositivista[96] que llegó a justificar al derecho por si mismo, y con ello, al derecho del nacional socialismo alemán y sus consabidas atrocidades, con la nueva Constitución venezolana debemos afirmar, sin temor, que las normas jurídicas, trascendiendo

---

[93] Y esto, sin entrar al espinoso asunto de si los propios legisladores serían tal tipo de contribuyentes, o peor aún, si se pudiera afirmar si realmente tienen o no la representación política de quienes si lo son, pudiendo poner en peligro la esencia originaria del principio de legalidad tributaria (un nuevo enfoque sobre este principio, en "Amparo contra Ordenanza de Vehículos", en coautoría con la abogada María Antonieta Trezza Mastrangelo, Ámbito Jurídico Nro. 40, Legis, enero 2001, página 23).

[94] "La Constitución es la norma suprema y el fundamento del ordenamiento jurídico. Todas las personas y los órganos que ejercen el Poder Público están sujetos a esta Constitución". Eduardo García Maynez, "Filosofía del derecho", página 46: "Dentro de cada sistema de normas siempre hay una que ocupa una posición preeminente y a la que, por ello mismo, suele darse el calificativo de *fundamental*".

[95] No se debe seguir el triste ejemplo del Inspector Javert, en el clásico de la literatura universal "Los Miserables", del genial Víctor Hugo, en su empecinamiento por aplicar el derecho al convicto Jean Valjean, aunque fuese ello contrario a la justicia, lo cual lo llevó al suicidio.

[96] Silva, Eivany A., "A norma jurídica tributária – Aspectos axiológicos", página 318: "A quase totalidade dos tributaristas enxerga a norma jurídica do ponto de vista kelseniano ou normativista, afastando o exame de qualquer questao de orden valorativa. A apreciaçao por este angulo é mais comoda para o tributarista por parecer que o normativismo é mais adequado a interpretaçao das normas de direito público.
Este comportamento, contudo, afasta o raciocínio do jurista do chamado "ideal de justiça", o qual entendemos ser fundamental na apreciaçao da "norma jurídica tributária".

al ordenamiento jurídico positivo y remontándose a su mensaje dogmático preestatal y iusnaturalista, "sólo son válidas si son justas"[97], es decir, se atañe a "lo justo como valor supremo del derecho"[98].

IV. BURLA AL PRINCIPIO DE PRESUNCIÓN DE INOCENCIA

IV.1 La inocencia, la bondad en el actuar humano, como dogma fundamental

Acorde con lo establecido por el artículo 49, numeral 2 de la Constitución de 1999, dentro del alcance del derecho al debido proceso, aplicable a todas las actuaciones judiciales y administrativas:

> *"Toda persona se presume inocente mientras no se pruebe lo contrario".*

Esta es la consagración explícita e inequívoca del derecho humano fundamental conocido como principio de presunción de inocencia[99], también reconocido por la Convención Americana sobre Derechos Humanos (Pacto de San José de Costa Rica)[100] y por el Pacto Internacional de Derechos Civiles y Políticos[101], que, por tratarse de tratados internacionales en materia de derechos humanos, tienen, como ya se pormenorizó anteriormente, jerarquía normativa constitucional.

Este principio se deriva, a su vez, del principio general de derecho de buena fe, síntesis del pensamiento ético del vivir honestamente ("honeste

[97] Emilio Spósito Contreras, "La responsabilidad de la Administración como demanda de justicia (Bases filosóficas de la responsabilidad de la Administración)", borrador de la investigación de este talentoso joven venezolano, gentilmente prestado para la preparación de estas observaciones.

[98] Eduardo García Maynez, op. cit., páginas 465 y 471: "La validez de las normas jurídicas depende, pues, de que sea posible fundarlas en el juicio de valor que atribuye un predicado axiológico positivo a la conducta cuya realización esas normas exigen, ya de un sujeto, ya de todos los de cierta clase. El problema básico de la teoría de la justicia no consiste en determinar la igualdad o la diferencia de los casos de aplicación de los diversos preceptos, sino en establecer, relativamente a situaciones concretas de la experiencia jurídica, qué consecuencias de derecho tales situaciones deben producir".

[99] Artículo 11.1 de la Declaración Universal de los Derechos Humanos, del 10 de diciembre de 1948: "Toda persona acusada de delito tiene derecho a que se presuma su inocencia mientras no se pruebe su culpabilidad, conforme a la ley y en juicio público en el que se le hayan asegurado las garantías necesarias para su defensa".

[100] Artículo 8, numeral 2: "Toda persona inculpada de delito tiene derecho a que se presuma su inocencia mientras no se establezca legalmente su culpabilidad".

[101] Artículo 14, numeral 2: "Toda persona acusada de un delito tiene derecho a que se presuma su inocencia mientras no se pruebe su culpabilidad conforme a la ley".

vivere")[102], no causar daños a otros ("alterum non laedere") y dar a cada uno lo suyo ("suum cuique tribuere"), preceptos del derecho que constituyen las reglas prácticas de convivencia que sirven de fundamento a los deberes jurídicos, propios del "bonus pater familiae" que todos deberíamos ser[103].

De este modo, el ordenamiento jurídico dogmático constitucional exige que se presuma la inocencia de todos, hasta tanto no haya sido plenamente probada su culpabilidad, previa demostración de la ocurrencia de una infracción de la que se sea responsable, sin eximente ni atenuante posible.

IV.2 La imposibilidad jurídica de condenar (ejecutar) al presumido inocente:

En este orden de ideas, es evidente que, siendo la penalización una consecuencia de la previa determinación de la culpabilidad, lo cual debe constar en una decisión de carácter público, trátese de un acto administrativo o de una sentencia, que se encuentre definitivamente firme, sin lugar por lo demás a duda razonable alguna, mal podría ejecutarse sanción de ninguna índole en contra de quien no haya sido en tales términos encontrado culpable.

Evidentemente, mientras el acto administrativo sancionatorio pueda ser objeto de un recurso, o habiendo sido impugnado aún no haya decisión final del órgano administrativo o judicial, existe la duda razonable de si la culpabilidad quedará o no probada, pues estamos constitucionalmente obligados a presumir la inocencia. Esto es así, sin perjuicio de que se consagre la presunción de legitimidad o veracidad del acto administrativo[104], pues esa presunción, de rango legal, debe ceder en preferencia frente a la presunción de inocencia, de jerarquía constitucional[105].

---

[102] Jesús González Pérez, op. cit., página 75: "La Administración Pública que utiliza una medida de ejecución forzosa que no es la que cabe esperar de la conducta normal, recta y <u>honesta</u>, por su contenido, lugar, <u>tiempo</u> o forma de exigirse, <u>contraviene la buena fe</u>" (subrayados nuestros). Página 110: "Es cierto que todo acto administrativo es "inmediatamente" ejecutivo. Pero esta ejecutividad inherente al mismo no comporta la necesidad ineludible de que sea así, sino que, dadas las circunstancias, puede esperarse de una conducta leal, <u>honesta</u>, que no tendría lugar durante un plazo más o menos largo, en función de circunstancias diversas" (subrayado nuestro), como lo es la duración del juicio y el exacerbado costo involucrado en su sostenimiento, a más de la tratada presunción de inocencia.

[103] Chibly Abouhamad, "Anotaciones y comentarios de derecho romano I", Tomo I, Cuarta Edición, Editorial Jurídica Venezolana, Caracas, 1983, página 21.

[104] Artículo 184 del Código Orgánico Tributario: "...El acta de reparo hará plena fe mientras no se pruebe lo contrario".

[105] Al respecto, ver: Alberto Blanco-Uribe Quintero, "Las pruebas en el procedimiento administrativo tributario", Fundación de Estudios de Derecho Administrativo (Funeda), Caracas, 1997.

Así las cosas, refiriéndonos ahora, exclusivamente, a los actos administrativos emanados de la Administración Tributaria, que impongan sanciones (pecuniarias o de otra naturaleza: órdenes de clausura, comiso, etc.)[106], es decir, que pretendan hacer valer la responsabilidad penal tributaria de un administrado contribuyente o responsable, es patente que, mientras tales actos administrativos no estén definitivamente firmes, por ausencia de impugnación o por falta de la ratificación resultante del control judicial final de legalidad, no sería conforme con la Constitución la ejecución de la pena.

Conviene poner de relieve que esto es de esta forma, por imperativo constitucional, aunque en el fondo la Administración Tributaria esté en lo cierto y haya emitido un acto administrativo sancionatorio totalmente demostrativo de la culpabilidad (pues meras afirmaciones lo harían estar viciado de nulidad absoluta), pues tal culpabilidad derivará, a la final, no del contenido del acto, sino de su incuestionable firmeza.

IV.3 Imperatividad del efecto suspensivo "automático" en materia sancionatoria

En otras palabras, a más de los argumentos expresados anteriormente en esta investigación, en cuanto a la promoción del derecho a la tutela judicial efectiva y a la salvaguarda del Estado de Justicia, también aplicables a estos supuestos, en el dominio sancionatorio es imperativo el efecto suspensivo "automático" por la mera interposición de los recursos, aún **en ausencia de previsión legal especial al respecto**, toda vez que, siendo discutible o estando cuestionada la legalidad de la imposición de pena, mal podría sostenerse la plena prueba de la culpabilidad, estando constitucionalmente obligada la Administración Tributaria a presumir la inocencia.

Y, claro está, no puede ser legítimo, lícito, justo, jurídico ni ético proceder a la ejecución de un inocente, así sea meramente potencial o temporal.

Es por ello que se puede defender la tesis de la abierta inconstitucionalidad, no sólo de las normas sobre eliminación del carácter suspensivo "automático" del ejercicio de los recursos administrativos y judiciales, sino igualmente del artículo 93 del Código Orgánico Tributario, que establece que:

---

[106] Artículo 94 del Código Orgánico Tributario: "Las sanciones aplicables son: 1. Prisión. 2. Multa. 3. Comiso y destrucción de los efectos materiales objeto del ilícito o utilizados para cometerlo. 4. Clausura temporal del establecimiento. 5. Inhabilitación para el ejercicio de oficios y profesiones. 6. Suspensión o revocación del registro y autorización de industrias y expendios de especies gravadas y fiscales".

> *"Las sanciones, salvo las penas privativas de libertad, serán aplicadas por la Administración Tributaria, sin perjuicio de los recursos que contra ellas puedan ejercer los contribuyentes o responsables. Las penas privativas de libertad y la inhabilitación para el ejercicio de oficios y profesiones, sólo podrán ser aplicadas por los órganos judiciales competentes, de acuerdo al procedimiento establecido en la ley procesal penal.*
> *Parágrafo Único: Los órganos judiciales podrán resolver la suspensión condicional de la ejecución de la pena restrictiva de libertad, cuando se trate de infractores no reincidentes, atendiendo a las circunstancias del caso y previo el pago de las cantidades adeudadas al Fisco. La suspensión de la ejecución de la pena quedará sin efecto en caso de reincidencia"* (subrayados nuestros)[107].

Y, también, la del Parágrafo Único del artículo 247 del mismo Código:

> *"La suspensión prevista en este artículo no tendrá efecto respecto de las sanciones previstas en este Código o en leyes tributarias, relativas a la clausura de establecimiento, comiso o retención de mercaderías, aparatos, recipientes, vehículos, útiles, instrumentos de producción o materias primas, y suspensión de expendio de especies fiscales y gravadas".*

Sobre este particular la exposición de motivos del Código Orgánico Tributario señala que:

> *"en innumerables oportunidades, la suspensión ocurre en casos de recursos y acciones absolutamente temerarios, cuya única finalidad es retardar la recuperación de créditos tributarios insolutos, ocasionando un grave perjuicio a la Administración Tributaria. Igual tratamiento se tiene para la imposición de infracciones, las cuales en muchas ocasiones se traducen en ilícitos tributarios graves, los cuales según la norma actualmente vigente también resultan inejecutables".*

No podemos negar la realidad de la primera parte de este discurso, pero, tal como lo precisamos anteriormente, la solución no es el inconstitucional extremo acogido, sino el empleo sistemático del menospreciado, por

[107] Para la Asociación Venezolana de Derecho Tributario (A.V.D.T.), en sus observaciones a la Asamblea Nacional, al proyecto (hoy vigente) de Código Orgánico Tributario: "Se debe partir del escenario de la interrupción del acto administrativo con la interposición de los recursos, por lo cual, recomendamos que la redacción del artículo estipule la posibilidad que el acto administrativo que imponga sanciones pueda ser suspendido por la interposición de los recursos".

el Fisco, sistema de medidas cautelares, como equilibrio de salvaguarda de la dogmática constitucional.

Lo que no puede aceptarse es la segunda parte, puesto que tanto la ocurrencia real de infracciones graves y la identificación plena del culpable, así como la determinación de la presencia de reincidencia, en derecho, y acorde con el principio de presunción de inocencia, no deriva de las afirmaciones de los actos administrativos cuestionados, sino sólo de aquellos definitivamente firmes, en las condiciones ya establecidas.

Los actos administrativos que imponen sanciones, y que no estén firmes, no resultan inejecutables porque exista o no la previsión legal de suspensión "automática" por la interposición de los recursos, lo cual sólo es una arista del asunto, sino, aún en ausencia de normativa al respecto, precisamente por el rigor del principio constitucional de presunción de inocencia, que es la piedra angular del asunto.

Tanto es esto cierto, como verdadero principio general de derecho, que aún en temas gravísimos como el delito de homicidio u otros donde se protegen valores más trascendentes que la tributación, como lo es la vida misma, el reclamo contra los actos públicos condenatorios tiene efecto suspensivo "automático". Así, aparte de que en el artículo 8 del Código Orgánico Procesal Penal[108], se reitera el principio de presunción de inocencia ("Presunción de inocencia. Cualquiera a quien se le impute la comisión de un hecho punible tiene derecho a que se le presuma inocente y a que se le trate como tal, mientras no se establezca su culpabilidad mediante sentencia firme"), en sus artículos 195 y 431, respectivamente, se explica de donde deriva la firmeza de las decisiones y se consagra la medida cautelar "ope legis" en comento:

> *"Decisión firme. Las decisiones judiciales quedarán firmes y ejecutoriadas sin necesidad de declaración alguna, cuando no procedan o se hayan agotado los recursos en su contra".*
> *"Efecto suspensivo. La interposición de un recurso suspenderá la ejecución de la decisión, salvo que expresamente se disponga lo contrario".*

Por su parte, el Código de Procedimiento Civil[109], como normativa adjetiva general de inspiración justiciera, en su artículo 290, acorde con el principio de presunción de inocencia, aplicable aquí a los conflictos jurídicos intersubjetivos, dispone que:

> *"La apelación de la sentencia definitiva se oirá en ambos efectos, salvo disposición especial en contrario".*

[108] Gaceta Oficial Nro. 37.022 del 25 de agosto de 2000.
[109] Gaceta Oficial Extraordinaria Nro. 3.970 del 13 de marzo de 1987.

Claro que tanto la regulación procesal penal, como la procesal civil, contemplan la posibilidad de que las apelaciones tengan sólo efecto devolutivo, mediando disposición legal en ese sentido. Pero, como excepciones, las normas legales que lo establezcan deben interpretarse restrictivamente, en función, además, de valores supremos a ser tutelados, como ocurre con la salvaguarda de los derechos humanos, en materia de amparo[110].

V. CONCLUSIÓN

La definitiva inconstitucionalidad del sistema adoptado

Acorde con la previsión del artículo 2 de la Constitución de 1999, nada está ni puede estar por encima de la protección de los derechos humanos:

> *"Venezuela se constituye en un Estado democrático y social de Derecho y de Justicia, que propugna como valores superiores de su ordenamiento jurídico y de su actuación, la vida, la libertad, la justicia, la igualdad, la solidaridad, la democracia, la responsabilidad social y en general, la preeminencia de los derechos humanos, la ética y el pluralismo político"* (subrayado nuestro).

De allí que el artículo 3 "eiusdem" propugne, dentro de los fines esenciales del Estado, a más del desarrollo de la dignidad de la persona, entre otros, "la garantía del cumplimiento de los principios, derechos y deberes consagrados" en la Constitución, texto fundamental al cual su propio artículo 7 le atribuye la condición de "norma suprema" y "fundamento del ordenamiento jurídico", subordinándole explícitamente toda actuación del Poder Público.

En consecuencia, no pudiendo ser de otra forma, según su artículo 25:

> *"Todo acto dictado en ejercicio del Poder Público que viole o menoscabe los derechos garantizados por esta Constitución y la ley es nulo, y los funcionarios públicos y funcionarias públicas que lo ordenen o ejecuten incurren en responsabilidad penal, civil y administrativa, según los casos, sin que les sirvan de excusa órdenes superiores".*

Y, siguiendo el dispositivo de su artículo 30:

> *"El Estado tendrá la obligación de indemnizar integralmente a las víctimas de violaciones a los derechos humanos que le sean imputables, y a sus derechohabientes, incluido el pago de daños y perjuicios".*

[110] Artículo 35 de la Ley Orgánica de Amparo sobre Derechos y Garantías Constitucionales (Gaceta Oficial Nro. 33.891 del 22 de enero de 1988): "Contra la decisión dictada en primera instancia sobre la solicitud de amparo se oirá apelación en un solo efecto".

Resulta ser, pues, la consagración, promoción, tutela y garantía de ejercicio efectivo de los derechos humanos, vale decir, la protección de la libertad del individuo en su más omnicomprensiva acepción, el objeto fundamental de la Constitución de 1999.

En virtud de ello, es perfectamente comprensible la razón de ser y el alcance conceptual del mandato de su artículo 19:

> *"El Estado garantizará a toda persona, conforme al principio de progresividad y sin discriminación alguna, el goce y ejercicio irrenunciable, indivisible e interdependiente de los derechos humanos. Su respeto y garantía son obligatorios para los órganos del Poder Público de conformidad con la Constitución, los tratados sobre derechos humanos suscritos y ratificados por la República y las leyes que los desarrollen".*

Pero, ¿cuál es el significado jurídico normativo del referido principio constitucional de progresividad de los derechos humanos?

Pues que el terreno conquistado por la libertad, en su avance dialéctico sobre las prerrogativas del poder, aspecto en el que la Constitución juega como fiel de la balanza, no puede ser renunciado. Es decir, que no hay vuelta atrás, al no existir retroceso posible en materia de derechos humanos, so pena de afectar derechos adquiridos, esta vez de carácter esencial o fundamental.

Cuando el legislador, entendido como debe ser, institucionalmente, sin perjuicio de reformas orgánicas o de cambio en las mayorías parlamentarias, ha extendido la esfera de libertades del soberano, dentro del espíritu constitucional, acordando garantías claras de acceso a la justicia, tutela judicial efectiva, debido proceso y presunción de inocencia, con la medida cautelar "ope legis" de marras, mal podría derogarla, estando sólo jurídicamente capacitado para seguir adelante, hacia más y más libertad, en virtud, además, de la vigencia del principio general de derecho "venire contra factum proprium non valet", garantía en la materia del principio de progresividad de los derechos humanos.

VI. RECOMENDACIONES:

Entonces: ¿qué hacer?

Varias son las acciones en justicia que nuestro ordenamiento jurídico ofrece al justiciable, para remediar situaciones de lesión a sus derechos fundamentales como ésta. Veamos:

1) Sin necesidad de esperar a que las normas cuestionadas se apliquen a su caso concreto y, con el ánimo de obtener resultados favorables para todos ("erga omnes"), el justiciable podría incoar la imprescriptible acción de inconstitucionalidad, a fin de propiciar el control concentrado de la constitucionalidad, por parte de la Sala Constitucional del Tribunal Supremo de Justicia[111].

Ello en virtud, por lo demás, de la obligación constitucional (artículo 335), del Tribunal Supremo de Justicia, de garantizar la supremacía y efectividad de las normas y principios constitucionales, como máximo y último intérprete de la Constitución.

Esta acción en justicia podría ser ejercida sin acumulación a ella de una acción de amparo cautelar.

Empero, vista la magnitud menoscabadora de derechos humanos fundamentales presentes en este caso, se considera justificada y procedente la acumulación de la acción de inconstitucionalidad, en los términos del artículo 3 de la Ley Orgánica de Amparo sobre Derechos y Garantías Constitucionales, con la acción de amparo cautelar, que perseguiría la suspensión general de la aplicación de los dispositivos legales impugnados, "in limine". De hecho, este proceder ha sido admitido por el Tribunal Supremo de Justicia, tal como se desprende de la sentencia Nro. 88 del 14 de marzo de 2000 de la Sala Constitucional[112].

2) También sin que se requiera que las normas de marras hayan sido efectivamente concretadas en la esfera jurídica subjetiva del justiciable, éste podría, acorde con el artículo 27 de la Constitución[113], en concordancia con el artículo 3 "eiusdem", ejercer la acción de amparo constitucional autónomo contra norma, a objeto de lograr su definitiva inaplicación interpartes.

---

[111] Artículo 266 de la Constitución: "Son atribuciones del Tribunal Supremo de Justicia: 1. Ejercer la jurisdicción constitucional conforme al Título VIII de esta Constitución".
Artículo 334 de la Constitución: "Corresponde exclusivamente a la Sala Constitucional del Tribunal Supremo de Justicia como jurisdicción constitucional, declarar la nulidad de las leyes y demás actos de los órganos que ejercen el Poder Público dictados en ejecución directa e inmediata de la Constitución o que tengan rango de ley".
Artículo 336 de la Constitución: "Son atribuciones de la Sala Constitucional del Tribunal Supremo de Justicia: 1. Declarar la nulidad total o parcial de las leyes nacionales y demás actos con rango de ley de los cuerpos legislativos nacionales que colidan con esta Constitución".

[112] Con ponencia del Magistrado Héctor Peña Torrelles, caso Ducharme de Venezuela, C.A., contra Ordenanza de Impuesto sobre Patente de Industria y Comercio del Municipio Simón Rodríguez del Estado Anzoátegui.

[113] "Toda persona tiene derecho a ser amparada por los tribunales en el goce y ejercicio de los derechos y garantías constitucionales, aun de aquellos inherentes a la persona que no figuren expresamente en esta Constitución o en los instrumentos internacionales sobre derechos humanos".

Obviamente, estas dos acciones anteriormente mencionadas pueden ser intentadas incluso en el supuesto en que se hayan aplicado al caso concreto del justiciable quien, en ese caso, deberá también impugnar el acto administrativo que le haya sido notificado.

3) Con respecto a la acción de amparo constitucional autónomo contra el acto administrativo del cual el justiciable haya sido notificado, que pudiese ser ejercida conforme al artículo 5 "eiusdem", se entiende que la misma podría proceder sin duda ni limitación en el ámbito sancionatorio, tanto pecuniario como de otra índole, por implicar su ejecución una lesión directa al derecho a la presunción de inocencia.

No obstante, tratándose del aspecto netamente tributario, si bien es cierto que su ejecución sería contraria al derecho de acceso a la justicia, tal como se interpreta de la Convención Americana sobre Derechos Humanos, vislumbrándose la posibilidad del ejercicio de esta acción en justicia, es de suponer que su admisibilidad podría ser objetada, so pretexto de la existencia del (en todo caso insuficiente) recurso contencioso tributario (vía ordinaria), lo cual ameritaría la demostración precisamente de lo inadecuado de la vía ordinaria, para justificar la extraordinaria. Empero, jurídicamente no se la debe excluir de entrada.

4) En razón de lo que precede, podría el justiciable optar por incoar el recurso contencioso tributario acumulado con una acción de amparo cautelar, según lo previsto en el artículo 5 "eiusdem", que causaría la suspensión de efectos (sin caución) liminar del acto administrativo impugnado, sin cortapisas en materia sancionatoria, pero ameritando el comentario del párrafo anterior en torno a lo exclusivamente tributario.

5) Puede igualmente el justiciable irse por la vía del recurso contencioso tributario, pero con petición de pronunciamiento liminar, de control difuso[114] sobre la inconstitucionalidad de las normas pertinentes del Código Orgánico Tributario, para lograr la suspensión de los efectos de las normas legales y, con ello, los del acto administrativo impugnado, sin caución ni embargo.

6) Podría el justiciable hacerle el juego al cuestionado nuevo sistema, ejerciendo el recurso contencioso tributario con petición de pronunciamiento liminar, de suspensión de efectos, debiendo caucionar o ser ejecutado hasta antes del remate o haber sido efectivamente sancionado, según los

---

[114] Artículo 334 de la Constitución: "Todos los jueces o juezas de la República, en el ámbito de sus competencias y conforme a lo previsto en esta Constitución y en la ley, están en la obligación de asegurar la integridad de la Constitución.
En caso de incompatibilidad entre esta Constitución y una ley u otra norma jurídica, se aplicarán las disposiciones constitucionales, correspondiendo a los tribunales en cualquier causa, aún de oficio, decidir lo conducente".

casos, lo cual lo colocaría en situación de desventaja en cuanto a su defensa se refiere, con gravísima lesión de sus derechos fundamentales, por lo que se excluye de recomendación.

7) No debe desestimarse, en caso de obtención de resultados desfavorables por ante las autoridades judiciales nacionales, que sean susceptibles de lesionar derechos fundamentales, la procedencia del amparo internacional[115].

8) Por último, aunque sin exclusión de las alternativas acciones en justicia precedentemente evocadas o en apoyo a su efectividad, visto que la reforma legal en comento pretende derogar principios constitucionales sin legitimación para ello[116], podría el justiciable pedir la actuación de los organismos públicos tutores de la moral pública y de los derechos fundamentales[117].

De este modo, sería procedente acudir a la Defensoría del Pueblo, que tiene a su cargo la promoción, defensa y vigilancia de los derechos y garantías establecidos en la Constitución y los tratados internacionales sobre derechos humanos[118], velando por su efectivo respeto mediante la investigación de oficio o a instancia de parte, las denuncias respectivas[119], a objeto de que a) interponga las acciones de inconstitucionalidad, amparo y las demás acciones o recursos necesarios; b) inste a la Fiscalía General de la República para que intente las acciones o recursos a que hubiere lugar contra los funcionarios públicos responsables de la violación de los derechos humanos; c) solicite al Consejo Moral Republicano que adopte las medidas a que hubiere lugar respecto de los funcionarios públicos responsables por la violación de los derechos humanos; d) presente ante

[115] Artículo 31 de la Constitución: "Toda persona tiene derecho, en los términos establecidos por los tratados, pactos y convenciones sobre derechos humanos ratificados por la República, a dirigir peticiones o quejas ante los órganos internacionales creados para tales fines, con el objeto de solicitar el amparo a sus derechos humanos".

[116] Artículo 333 de la Constitución: "Esta Constitución no perderá su vigencia si dejare de observarse por acto de fuerza o porque fuere derogada por cualquier otro medio distinto al previsto en ella.

En tal eventualidad, todo ciudadano investido o ciudadana investida o no de autoridad, tendrá el deber de colaborar en el restablecimiento de su efectiva vigencia".

[117] Artículo 274 de la Constitución: "Los órganos que ejercen el Poder Ciudadano tienen a su cargo, de conformidad con esta Constitución y la ley, prevenir, investigar y sancionar los hechos que atenten contra la ética pública y la moral administrativa; velar por la buena gestión y la legalidad en el uso del patrimonio público, el cumplimiento y la aplicación del principio de la legalidad en toda la actividad administrativa del Estado, e igualmente, promover la educación como proceso creador de la ciudadanía, así como la solidaridad, la libertad, la democracia, la responsabilidad social y el trabajo"

[118] Artículo 280 de la Constitución.

[119] Artículo 281, numeral 1 de la Constitución.

la Asamblea Nacional un proyecto de ley de reforma del Código Orgánico Tributario para la protección progresiva de los derechos humanos; e) visite e inspeccione las dependencias y establecimientos de los órganos del Estado, a fin de prevenir o proteger los derechos humanos; etc.

De la misma manera, el justiciable podría dirigirse al Ministerio Público[120], para que se garantice en los procesos judiciales el respeto de los derechos y garantías constitucionales, así como de los tratados, convenios y acuerdos internacionales suscritos por la República; y, se asegure la celeridad y buena marcha de la administración de justicia, el juicio previo y el debido proceso.

[120] Artículo 285 de la Constitución.

1.3
El Amparo Constitucional Tributario. Nueva reflexión, a la luz de la Constitución 1999, del COT 2001 y la Jurisprudencia del Tribunal Supremo de Justicia

I. GENERALIDADES. LA NORMATIVA CONSTITUCIONAL E INTERNACIONAL EN DERECHOS HUMANOS

De conformidad con lo previsto en el artículo 27 de la Constitución:

> *"Toda persona tiene derecho a ser amparada por los tribunales en el goce y ejercicio de los derechos y garantías constitucionales".*

A continuación seguida, este dispositivo constitucional se dirige al legislador y al juez para ordenarles que, en todo caso:

> *"El procedimiento de la acción de amparo constitucional será oral, público, breve, gratuito y no sujeto a formalidad, y la autoridad judicial competente tendrá potestad para restablecer inmediatamente la situación jurídica infringida o la situación que más se asemeje a ella. Todo tiempo será hábil y el tribunal lo tramitará con preferencia a cualquier otro asunto".*

Esta es la normativa fundamental, de suprema jerarquía constitucional, que prevé la institución procesal de tutela extraordinaria de los derechos humanos fundamentales (explícitamente constitucionales o meramente inherentes a la persona humana[121]), denominada entre nosotros

---

[121] Artículo 22 de la Constitución: "La enunciación de los derechos y garantías contenidos en esta Constitución y en los instrumentos internacionales sobre derechos humanos no debe

amparo constitucional, comprensiva, obviamente, de amparos constitucionales especiales, como los conocidos como "habeas corpus" y "habeas data"[122], entre otros.

Y consagra, este mismo dispositivo constitucional, las características procesales esenciales de brevedad y eficacia restablecedora inmediata de tal acción judicial, como norma adjetiva dogmática principal, en nuestro país, del derecho procesal de los derechos humanos, parte esencial del derecho procesal constitucional, y en armonía, por lo demás, con las previsiones del derecho internacional de los derechos humanos, representado a nuestros efectos por el artículo 25 de la Convención Americana sobre Derechos Humanos, o Pacto de San José de Costa Rica, cuya Ley Aprobatoria fue publicada en la Gaceta Oficial Nro. 31.256 del 14 de junio de 1977, que expresa:

> *"Artículo 25.- Protección judicial.*
> 1. *Toda persona tiene derecho a un recurso sencillo y rápido o a cualquier otro recurso efectivo ante los jueces o tribunales competentes, que la ampare contra actos que violen sus derechos fundamentales reconocidos por la Constitución, la ley o la presente Convención, aun cuando tal violación sea cometida por personas que actúen en ejercicio de sus funciones oficiales*. (Subrayados del autor).
> 2. *Los Estados Partes se comprometen:*
>   *a) a garantizar que la autoridad competente prevista por el sistema legal del Estado decidirá sobre los derechos de toda persona que interponga tal recurso;*
>   *b) a desarrollar las posibilidades de recurso judicial; y*
>   *c) a garantizar el cumplimiento, por las autoridades competentes, de toda decisión en que se haya estimado procedente el recurso".*

---

entenderse como negación de otros que, siendo inherentes a la persona, no figuren expresamente en ellos. La falta de ley reglamentaria de estos derechos no menoscaba el ejercicio de los mismos".

[122] Continuación del artículo 27 de la Constitución: "La acción de amparo a la libertad o seguridad podrá ser interpuesta por cualquier persona, y el detenido o detenida será puesto bajo la custodia del tribunal de manera inmediata, sin dilación alguna" ("habeas corpus").
Artículo 28 de la Constitución: "Toda persona tiene derecho de acceder a la información y a los datos que sobre sí misma o sobre sus bienes consten en registros oficiales o privados, con las excepciones que establezca la ley, así como de conocer el uso que se haga de los mismos y su finalidad, y a solicitar ante el tribunal competente la actualización, la rectificación o la destrucción de aquellos, si fuesen erróneos o afectasen ilegítimamente sus derechos. Igualmente, podrá acceder a documentos de cualquier naturaleza que contengan información cuyo conocimiento sea de interés para comunidades o grupos de personas" ("habeas data").
Artículo 281 de la Constitución: "Son atribuciones del Defensor o Defensora del Pueblo: 3. Interponer las acciones de inconstitucionalidad, amparo, habeas corpus, habeas data y las demás acciones o recursos necesarios para ejercer las atribuciones señaladas en los ordinales anteriores, cuando fuere procedente de conformidad con la ley".

Así, el amparo constitucional permite la tutela judicial extraordinaria de todos y cada uno de los derechos humanos (inherentes a la persona humana), estén o no expresamente consagrados en la Constitución, pues ella, en su artículo 22, establece la cláusula del "numerus apertus" en la materia[123].

II. LA LEY ORGÁNICA DE AMPARO SOBRE DERECHOS Y GARANTÍAS CONSTITUCIONALES Y/U OTROS TEXTOS LEGALES ESPECIALES

En 1988 se dictó la Ley Orgánica de Amparo sobre Derechos y Garantías Constitucionales, en desarrollo del dispositivo del artículo 49 de la Constitución de 1961 (vigente para ese entonces), que fuera luego sustituido por el comentado artículo 27 de la Constitución de 1999 (actualmente vigente), ameritándose ciertas adaptaciones normativas, en criterio de la Sala Constitucional del Tribunal Supremo de Justicia, a juzgar por algunas de sus principales sentencias en la materia, donde destacan las de fechas 20 de enero de 2000, caso Emery Mata Millán, y 1 de febrero de 2000, caso José Amado Mejía, que reinterpretaron el régimen de las competencias y modificaron el proceso, en ejercicio de atribuciones claramente legislativas (de carácter normativo, general y abstracto), cuya procedencia se puede admitir o no, según los puntos de vista.

Desde la entrada en vigencia de dicha ley, los tribunales amparan a todo agraviado en el goce y ejercicio de los derechos y garantías constitucionales, pero no sólo sobre meras, aunque elaboradas y trascendentes bases pretorianas o jurisprudenciales, como ocurrió con anterioridad, sino con arreglo a lo dispuesto por el legislador. Vale la pena recordar aquí que la regulación de los derechos humanos y su régimen jurídico es de la reserva legal del poder nacional, según lo previsto en el ordinal 32º (antes 24º) del artículo 156 (antes 136) de la Constitución, como salvaguarda de la libertad.

Esta ley orgánica, como se desprende de su normativa expresa, tiene una vocación integradora y universalista en la materia, pues su regulación abarca todos y cada uno de los derechos humanos constitucionales, consagrados explícitamente o reconocidos tácitamente, según se desprende del enunciado de su artículo 1:

---

[123] "La enunciación de los derechos y garantías contenidos en esta Constitución y en los instrumentos internacionales sobre derechos humanos no debe entenderse como negación de otros que, siendo inherentes a la persona, no figuren expresamente en ellos. La falta de ley reglamentaria de estos derechos no menoscaba el ejercicio de los mismos".

"Toda persona natural habitante de la República, o persona jurídica domiciliada en ésta, podrá solicitar ante los tribunales competentes el amparo previsto en el artículo 49[124] *de la Constitución, para el goce y el ejercicio de los derechos y garantías constitucionales, aun de aquellos derechos fundamentales de la persona humana que no figuren expresamente en la Constitución, con el propósito de que se restablezca inmediatamente la situación jurídica infringida o la situación que más se asemeje a ella".*

No obstante, debe admitirse que, si bien esta técnica legislativa de tendencia "codificadora", de orden claramente general, no es errada, ni mucho menos inconstitucional, es lo cierto que no es exigida por el constituyente, quien sólo previó que el amparo, como tema de derechos humanos, se regulase por ley del Poder Legislativo Nacional (se atiende así a la jerarquía normativa del -o de los- acto -s- jurídico -s- de regulación de esta acción judicial, y no a que se rija la materia por una sola o única ley, interpretación esta última que de suyo sería absurda).

Evidentemente, la reserva legal ordenada por el constituyente no hace referencia a que toda la materia del amparo constitucional se desarrolle legislativamente en un solo, único, exclusivo y hasta excluyente texto de ley, sino a que, reiterando, tratándose de materia estrechamente ligada con la libertad de las personas, en el más amplio sentido del término, es de rigor que el amparo constitucional, como institución procesal, sea regulado en textos jurídicos que cuenten con la jerarquía y la forma de la ley, dentro de las fuentes del derecho.

En otras palabras, mediante el empleo de otra técnica legislativa, el legislador habría podido válidamente regular, en diversos textos legales, de carácter especial y atendiendo a la especificidad de cada uno, tantos amparos constitucionales como derechos humanos hayan, claro que siempre respetando los parámetros procesales de inspiración constitucional, sobre la brevedad y, entre otras, la potestad judicial restablecedora inmediata de las situaciones jurídicas infringidas.

De la misma manera, el legislador también habría podido emplear ambas técnicas legislativas, según las necesidades, por ejemplo, dictando una ley general en la materia de amparo constitucional (que sería el derecho común en ese campo jurídico adjetivo fundamental) y también leyes especiales, justificadas por las especificidades de ciertos derechos humanos, a las cuales se aplicarían supletoriamente y salvo disposición especial en contrario, las normas de aquella ley general.

[124] Ahora artículo 27.

Precisamente, esta última técnica legislativa, calificable de mixta, a nuestro criterio, ha sido la usada por el legislador, aunque con estilos diversos.

Veamos: esta citada técnica legislativa mixta se verificó, por un lado, al dictarse una ley general de derecho común en la materia, como lo es la Ley Orgánica de Amparo sobre Derechos y Garantías Constitucionales.

Mientras que, por el otro lado, se consagró un régimen procesal especial para el derecho a la libertad personal, concretamente el amparo constitucional conocido como "habeas corpus", en el mismo texto sí, pero con tratamiento normativo separado (Título V "Del amparo de la libertad y seguridad personales", artículos 38 a 47) en la citada ley orgánica, que bien habría podido ser regulado en otra ley, sin por ello perder su naturaleza de amparo constitucional. De hecho este tratamiento distintivo de este amparo especial es tradicional en la materia, como se desprende de la Disposición Transitoria Quinta de la Constitución de 1961; de la parte final del artículo 27 de la Constitución de 1999[125]; y, del artículo 7, inciso 6 de la citada Convención Americana sobre Derechos Humanos. En consecuencia, nada habría obstaculizado al legislador, en caso de haber decidido que su regulación, idéntica o con variantes, pasase al Código Orgánico Procesal Penal u otro texto normativo con rango de ley, sin por ello perder su naturaleza de acción especial de amparo constitucional.

Y, también, en idéntica perspectiva, se reguló el amparo constitucional al derecho de petición y oportuna y adecuada respuesta, consagrado en el artículo 51 (antes 67) del Texto Fundamental, siempre que fuese frente a la Administración Tributaria, y no ante cualquiera Administración Pública, en el Código Orgánico Tributario, desde 1983, con sus reformas de 1992, 1994 y 2001, cuando se acogió enormemente el Modelo de Código Orgánico Tributario para América Latina, del Proyecto OEA-BID.

III. EL DERECHO DE PETICIÓN Y OPORTUNA Y ADECUADA RESPUESTA. LA ACCIÓN POR ABSTENCIÓN O CARENCIA

1.- El derecho de petición y oportuna y adecuada respuesta en el concierto de los derechos humanos:

La historia de los derechos humanos, lejos de mostrarnos un logro acabado en una enumeración sistematizada y definitiva, nos enseña que

[125] "La acción de amparo a la libertad o seguridad podrá ser interpuesta por cualquier persona, y el detenido o detenida será puesto bajo la custodia del tribunal de manera inmediata, sin dilación alguna" (subrayado mío).

éstos evolucionan en sus definiciones y contenidos, se amplían y complementan constantemente, sin que su unidad se afecte gracias a la interdependencia que los ata, y se enriquecen, más que con la creación, con el descubrimiento de otros, motivado por las nuevas necesidades sociales y las exigencias del principio de progresividad[126].

Así, a la trascendental y ya bicentenaria Declaración de los Derechos del Hombre y del Ciudadano, importantísima e influyente compilación de los derechos individuales (como los derechos a la vida, a la integridad física, a la libertad, a la propiedad, etc.) de carácter civil y político, inicialmente obra de la Revolución Francesa de 1789, se sumaron los derechos colectivos (como los derechos a la educación, a la salud, a la cultura, a la asociación, etc.) de naturaleza social, económica y cultural, originariamente producto de la Revolución Rusa de 1917. En este estadio se clasificaron los derechos humanos, entro otros criterios, en función de que su ejercicio implicase un deber de abstención (los primeros) o, por el contrario, un deber de acción e intervención (los segundos), por parte de los poderes públicos, particularmente el Poder Ejecutivo y, dentro de él, la Administración Pública.

Posteriormente, este conjunto de derechos fue estructurado en la conocida Declaración Universal de Derechos Humanos, adoptada y proclamada por la Asamblea General de la Organización de las Naciones Unidas, el 10 de diciembre de 1948[127], y constituye uno de los pilares fundamentales del sistema de las Naciones Unidas, desde la propia Carta de la Organización de las Naciones Unidas, pasando por diversas declaraciones, convenciones y actos constitutivos de organizaciones internacionales, hasta llegar, entre otros, a los mecanismos de salvaguarda previstos en el Pacto Internacional de Derechos Civiles y Políticos[128] y su Protocolo Facultativo[129], y en el Pacto Internacional de Derechos Económicos, Sociales y Culturales[130], ambos de 1966 y leyes de la República. Todo esto, obviamente, sin olvidar, a nuestros efectos, el remarcable sistema regional concebido por la ya citada Convención Americana sobre Derechos Humanos[131], inspirada en la Declaración Americana de los Derechos y Deberes del Hombre,

---

[126] Artículo 19 de la Constitución: "El Estado garantizará a toda persona, conforme al principio de progresividad y sin discriminación alguna, el goce y ejercicio irrenunciable, indivisible e interdependiente de los derechos humanos".

[127] http://www.unhchr.ch/udhr/lang/spn.htm

[128] http://www.unhchr.ch/spanish/html/menu3/b/a_ccpr_sp.htm - Gaceta Oficial Extraordinaria Nro. 2.146 del 28 de enero de 1978.

[129] http://www.unhchr.ch/spanish/html/menu3/b/a_opt_sp.htm - Igual Gaceta al anterior.

[130] http://www.unhchr.ch/spanish/html/menu3/b/a_cescr_sp.htm - Igual Gaceta al anterior.

[131] http://www.oas.org/SP/PROG/pg29-58.htm - Gaceta Oficial Nro. 31.256 del 14 de junio de 1977.

aprobada en la Novena Conferencia Internacional Americana, en 1948[132]; y, el aporte principista de la muy reciente Carta Andina para la Promoción y Protección de los Derechos Humanos, aprobada por el Consejo Presidencial Andino, el 26 de julio de 2002[133].

Sin embargo, como era de suponerse, dadas las aludidas evolución constante y permanente complementación, interdependencia y progresividad de los derechos humanos, la historia no terminó allí, pues, además de los derechos individuales y de los derechos colectivos, desde hace cierto tiempo se viene hablando y disfrutando de los llamados derechos de los pueblos (algunos los mientan derechos de la tercera, cuarta y hasta quinta generación), cuyos titulares son, simultáneamente, los Estados, las naciones, las comunidades y los individuos, imbuidos dentro del moderno concepto de equidad inter e intrageneracional[134], técnicamente catalogados como derechos de solidaridad, por ser derechos-deberes, que ya son objeto de innumerables textos constitucionales que han sido promulgados desde los años 70, declaraciones y convenciones internacionales. Ellos son, entre otros: el derecho a la paz, el derecho al desarrollo, el derecho a la conservación ambiental y el derecho al patrimonio común de la humanidad.

Todos estos derechos humanos, sin excepción, pues a ello se opondría la característica de interdependencia[135] del sistema de salvaguarda de la libertad y respeto de la dignidad humana, dada su esencia justiciable, son indefectiblemente tutelables por medio de acciones judiciales especialmente concebidas para ese objeto (léase acción de amparo constitucional)[136].

De este modo, uno de los derechos humanos "amparables" (cuya protección o salvaguarda puede ser el objeto autónomo de la pretensión en la acción de amparo constitucional), es el contenido en el artículo 51 de la Carta Magna, enunciado como derecho de petición y oportuna y adecuada respuesta, y explícitamente reconocido de la siguiente manera:

---

[132] http://www.oas.org/SP/PROG/pg19-23.htm

[133] http://www.comunidadandina.org/documentos/actas/cart_DDHH.htm

[134] Se alude a la "teoría de la equidad intergerenacional", ideada por la doctrina norteamericana en la década de los años ochenta, en concreto por la profesora Edith Brown Weiss ("Innovation in international law. In fairness to future generations: international law, common patrimony, and intergenerational equaty").

[135] Artículo 19 de la Constitución: "El Estado garantizará a toda persona, conforme al principio de progresividad y sin discriminación alguna, el goce y ejercicio irrenunciable, indivisible e <u>interdependiente</u> de los derechos humanos. Su respeto y garantía son obligatorios para los órganos del Poder Público de conformidad con la Constitución, los tratados sobre derechos humanos suscritos y ratificados por la República y las leyes que los desarrollen" (subrayado del autor).

[136] Charry, Juan Manuel, "La acción de tutela", página 102.

> *"Toda persona tiene el derecho de representar o dirigir peticiones ante cualquier autoridad, funcionario público o funcionaria pública sobre los asuntos que sean de la competencia de éstos, y a obtener oportuna y adecuada respuesta".*

Se insiste en que este derecho humano, como todos los demás, puede ser objeto de protección de amparo, en forma autónoma, pues todos y cada uno de los derechos humanos poseen el mismo valor dogmático fundamental para el hombre y la sociedad[137]. No obstante, es evidente que muchas veces ese derecho humano estará en la práctica asociado a otro u otros, pues, por razones de interés público y utilidad social o de resguardo de otros derechos humanos frente a los cuales ha de fijarse el correspondiente equilibrio, no es posible gozar, por ejemplo, de la libertad económica y de la propiedad, si antes el interesado no dirige una petición a la Administración Pública, a fin de obtener un permiso o autorización, verificar que se está conforme a la zonificación local, constatar su estado de solvencia tributaria, inscribirse en un registro de contratistas, prever los eventuales daños ambientales, etc.

Pensar que el derecho humano consagrado en el artículo 51 de la Constitución no admite amparo, de forma autónoma o asociado a otros derechos humanos también violados o amenazados de lesión, según los casos, implicaría hacer una desautorizada interpretación restrictiva (y hasta inconstitucional) del artículo 27 del Texto Fundamental, en desmedro de la dignidad humana y de la libertad en sentido amplio[138], con menosprecio del principio de interdependencia que ilustra tanto a nuestro sistema jurídico de los derechos humanos, como a los sistemas jurídicos interamericano y universal de los derechos humanos.

---

[137] Hernández Valle, Rubén, "La tutela de los derechos fundamentales", página 90: "El artículo 29, párrafo segundo de la Ley de la jurisdicción Constitucional autoriza el amparo contra omisiones de los funcionarios públicos. El numeral 32 ibídem, señala que <u>cuando el amparo se refiere al derecho de petición y de obtener pronta resolución</u> establecido en el artículo 27 de la Constitución Política, y no hubiere plazo señalado para resolver, se entenderá que la violación se produce una vez transcurridos diez días hábiles desde la fecha en que fue presentada la solicitud a la oficina administrativa, sin perjuicio de que, en la decisión del recurso, se aprecien las razones que se aduzcan para considerar insuficiente ese plazo, atendidas las circunstancias y la índole del asunto" (subrayado del autor).

[138] De hecho, desde una perspectiva iusnaturalista, propia del mensaje revolucionario francés de que "Todo hombre nace libre e igual", se ha sostenido que la Administración Pública tiene "el deber jurídico de pronunciarse expresamente frente a las peticiones de los particulares", siendo que tal deber "proviene de un principio que trasciende el marco del derecho público escrito, su cumplimiento constituye una obligación del derecho natural", que "comporta coetáneamente un derecho subjetivo del administrado". Creo Bay, Horacio, "Amparo por mora de la Administración Pública", páginas 1, 2 y 6.

2.- Diferencias entre la acción de amparo por mora de la Administración y la acción contencioso administrativa por abstención o carencia. La imposibilidad de confusión

Ahora bien, llegados a este punto, conviene recordar las notables diferencias que nuestra jurisprudencia ha establecido entre la acción de amparo a favor del artículo 67 (ahora 51), por detrimento del derecho de petición y oportuna y adecuada respuesta, y la acción por abstención o carencia, recurso contencioso administrativo especial previsto en la Ley Orgánica de la Corte Suprema de Justicia.

Para ello, usaremos como modelo la sentencia de la Sala Político-Administrativa de la entonces Corte Suprema de Justicia del 14 de agosto de 1991, caso Rosa Adelina González, con ponencia de la Magistrada Cecilia Sosa Gómez, reconocido doctrinariamente como "leading case" en la materia. Veamos:

> *"Esta Sala Político Administrativa ha precisado en diversas oportunidades (sentencia del 28 de febrero de 1985, caso Eusebio Igor Vizcaya Paz, entre otras), los elementos definitorios de la mencionada acción de abstención en los siguientes términos:*
>
> *a) No procede frente a la obligación genérica que tienen los funcionarios de actuar en ejercicio de atribuciones correspondientes al respectivo cargo. Antes bien, <u>debe tratarse de una obligación concreta y precisa inscrita en la norma legal correspondiente</u>, la cual ha de presentarse como un paradigma de contraste que sirva para verificar si la abstención existe, en efecto, del supuesto expresa y especialmente previsto en la norma y, por tanto, si procede o no el respectivo recurso.*
>
> *b) <u>El objeto del recurso no es, ni un acto administrativo, ni la indebida ausencia, por vía general, de éste</u>, ni una ilícita actuación material de la Administración, <u>sino la abstención o negativa del funcionario público a actuar, es decir, a cumplir determinado acto</u> –en el sentido de actuación– <u>del cual el supuesto de hecho se encuentra previsto en una ley específica, pero ante cuya ocurrencia real y concreta la autoridad administrativa se abstuvo de extraer la consecuencia jurídica que el imperativo legal le impone</u>.*
>
> *c) De la propia norma o de la solicitud administrativa presentada por el beneficiario del recurso, e inatendida, debe surgir la evidencia de una actitud omisa por parte de la Administración, en el sentido de mostrarse ella <u>remisa a emitir el acto o realizar la actuación material cuya obligación se encuentre específicamente contenida en una norma concreta</u>. De modo que, de existir el pronunciamiento de la Administración, éste sería impugnable a través del recurso contencioso de nulidad por ilegalidad.*

d) El recurso de abstención culmina en un pronunciamiento de la jurisdicción contencioso administrativa sobre la obligatoriedad para la Administración de producir un determinado acto o de realizar una actuación concreta en vista de un imperativo legal expreso y específico que, según demuestra el recurrente, ella se niega a cumplir.

e) La jurisprudencia ha precisado, que al no existir un procedimiento legalmente establecido para la tramitación del recurso de abstención, el mismo se regirá por las disposiciones procedimentales del recurso contencioso de nulidad por ilegalidad contra actos de efectos particulares, a que se contraen los artículos 121 y siguientes de la Ley Orgánica de la Corte Suprema de Justicia.

Se observa entonces que la referida acción procede frente a obligaciones concretas y específicas de la Administración, desestimándose en los casos en que se alegue el incumplimiento de la obligación genérica de la Administración a dar oportuna respuesta a las peticiones de particulares, frente al derecho también genérico de éstos a obtener oportuna respuesta a las mismas, que constituyen las dos facetas de un mismo principio contemplado en el artículo 67 de la Constitución, esto es, que frente al derecho de emitir solicitudes o peticiones del administrado existe en forma correlativa el deber de pronunciamiento de la Administración.

(omissis)

Ahora bien, la Ley que desarrolló la acción de amparo constitucional, ha establecido lo que en doctrina se conoce como la acción de amparo por mora de la Administración, dirigida a lograr el pronunciamiento de los órganos administrativos a fin de evitar la violación de los derechos constitucionales del particular.

(omissis)

La omisión de la Administración que habilita el ejercicio de la mencionada acción de amparo no es la específica que ha venido exigiendo la jurisprudencia en el caso de la acción de abstención. Es decir, la solicitud de amparo va dirigida a que el juez ordene el pronunciamiento de la Administración sin que le corresponda a éste precisar la forma concreta como debe actuar la Administración" (Subrayados del autor).

En este orden de ideas, siguiendo la definición jurisprudencial en comento, tenemos, indefectiblemente, que el amparo tributario no es ni puede ser una acción por abstención o carencia, pues el juez de lo contencioso tributario, juez contencioso administrativo especial (condición no objetada por administrativistas ni por tributaristas, sino hasta promovida por ambos), al dictar su sentencia de amparo tributario, se limita a ordenar el pronunciamiento de la Administración Tributaria, sin precisar, ni poder hacerlo, la forma concreta como debe actuar la Administración, en este caso Tributaria. Si se trata de una solicitud de solvencia o de una certificación como ente exento de cierta tributación, por ejemplo, y el juez encuentra cumplidos los extremos de demora excesiva, escritos de urgencia del trámite y lesión irreparable por otros medios procesales, dispondrá un plazo a la Administración Tributaria para hacer el pronunciamiento sobre si el contribuyente solicitante está o no solvente o si se encuentra o no exento (ya que no corresponde al juez entrar al fondo del problema para poder declarar directamente solvente o exento o no al interesado), y, acumulativamente, para el caso de que la Administración desacate ese plazo, podrá "sustituir la decisión administrativa" (artículo 304 del Código Orgánico Tributario de 2001), a fin de restablecer la situación jurídica infringida, sea dispensando al peticionante de la necesidad de obtener el respectivo certificado para poder hacer el trámite para el cual lo requiere (solución legislativa anterior, pero siempre aplicable), o mediando otra medida juzgada proporcional y adecuada, sin perjuicio de las facultades de fiscalización y del aseguramiento de los intereses fiscales.

A mayor abundamiento, tenemos que la jurisprudencia también ha agregado otro elemento diferenciador esencial, entre el amparo por mora de la Administración y la acción por abstención o carencia. Se trata del rango constitucional o legal de la norma violada por la omisión administrativa.

Desde esta perspectiva, encontramos la sentencia de la Sala Político-Administrativa de la entonces Corte Suprema de justicia, del 4 de marzo de 1993, caso Myrtho Jean-Mary de Seide, con ponencia del Magistrado Luís Henrique Farías Mata, en la que se precisó que:

> *"Puede observarse que se ha negado la admisión de acciones de amparo constitucional cuando la Administración se haya abstenido de –o negado a– realizar el acto, entendido en el sentido amplio de actuación, que una disposición legal le imponga de manera específica. Esto se explica porque aceptar lo contrario, sería contradecir dos principios fundamentales de la doctrina, los cuales esta Sala, laboriosamente a través de su jurisprudencia, ha ido atribuyendo a la acción de amparo constitucional cuando se ejerza en forma exclusiva; a saber: a) el de la necesaria violación directa e inmediata de la Constitución; y b) el del carácter extraordinario o especial de la acción de amparo:*
>
> *a) En efecto, ha sostenido la Sala en repetidas oportunidades que la procedencia del amparo constitucional el acto, hecho u omisión cuestionados deben infringir directa o inmediatamente una disposición fundamental. Esto no significa, precisó igualmente la Corte, que el derecho o garantía de que se trate no estén desarrollados o regulados en textos normativos de rango inferior, pero sin que sea necesario al juzgador acudir o fundamentarse en ellos para detectar o determinar si la violación constitucional al derecho o garantía efectivamente se ha consumado (sentencia Nº 343 del 10-7-91, caso: Tarjetas Banvenez).*

b) En los casos de abstenciones u omisiones de la Administración puede observarse una distinción entre las normas constitucionales lesionadas cuando aquéllas ocurren ante obligaciones genéricas u obligaciones específicas. En el primer supuesto, cuando un ente público no cumple con la obligación genérica de responder o tramitar un asunto o recurso interpuesto por un particular, se infringe el derecho de éste a obtener oportuna respuesta, consagrado en el artículo 67 de la Constitución; mientras que cuando la inactividad se produce ante una obligación específica que la ley le impone de manera concreta e ineludible, no se viola esa disposición constitucional ni alguna otra directamente...".

Así, la circunstancia de que el derecho de petición y oportuna y adecuada respuesta previsto en el artículo 51 de la Constitución, se encuentre desarrollado, por ejemplo, en los artículos 5 de la Ley Orgánica de Procedimientos Administrativos y 153 del Código Orgánico Tributario, donde se fijan los plazos de respuesta administrativa supletorios, aplicables en caso de que no se haya previsto otro término preferente, bien sea en leyes administrativas o tributarias especiales o incluso en actos reglamentarios, no le resta su carácter de obligación genérica de dar oportuna respuesta sin importar su contenido favorable o denegatorio, pues allí asistimos a lo que se conoce en doctrina como una mera inactividad formal y no material; y, mucho menos su rango o jerarquía constitucional, directamente lesionado por la mora administrativa (general o tributaria) en responder.

El amparo tributario es un amparo especial por mora de la Administración[139], dirigido a lograr el pronunciamiento, general y no específico, de los órganos administrativos tributarios, a fin de evitar la violación de derecho de petición y oportuna y adecuada respuesta consagrado en el artículo 51 de la Constitución y, por ende, la de otros derechos constitucionales del

[139] Creo Bay, Horacio, op. cit., páginas 52 y 53: "El amparo por mora de la Administración es una especial acción de amparo" y "El amparo general es residual y, ante la mora administrativa, el amparo por mora es específico"; página 60: "Especificidad del amparo en materia tributaria y aduanera. Fundado en el mismo razonamiento, el amparo por mora en materia tributaria es, a su vez, específico en relación al amparo por mora".y "la especificidad del amparo por mora no impide la aplicación supletoria de las normas rituales de la ley 16.986 y aún de otras que, sin ser tales, fuesen compatibles con la naturaleza y fines del amparo por mora"; página 151: "así como algunas enfermedades dejaron de existir merced al uso de los antibióticos, desaparezca la mora administrativa por la utilización continuada de este específico amparo"; página 154: "ha sido indispensable regular un amparo por mora especial, como instrumento habitual de combate contra la burocracia"; y, página 155: "el amparo por mora de la Administración Pública adquirirá la precisión de la que hoy carece, liberándose en gran medida del instituto madre –el amparo general– al que debe ahora recurrirse inevitablemente".

particular. No debe entonces confundirse el amparo tributario, especie del amparo por mora de la Administración, con la acción por abstención o carencia[140].

IV. EL AMPARO TRIBUTARIO. EL DERECHO DE PETICIÓN Y OPORTUNA Y ADECUADA RESPUESTA FRENTE A LA ADMINISTRACIÓN TRIBUTARIA

A continuación se transcribe el régimen legal especial de amparo judicial al derecho de petición y oportuna y adecuada respuesta frente a la Administración Tributaria, para su mejor entendimiento. Dicho régimen está consagrado en los artículos 302 al 304 del Código Orgánico Tributario vigente (de 2001), concretamente en el Título VI "De los Procedimientos Judiciales", Capítulo IV "Del Amparo Tributario", disponiendo lo que sigue:

> *Artículo 302: "Procederá la acción de amparo tributario cuando la Administración Tributaria incurra en demoras excesivas en resolver peticiones de los interesados, y ellas causen perjuicios no reparables por los medios establecidos en este Código o en leyes especiales".*
> *Artículo 303: "La acción podrá ser interpuesta por cualquier persona afectada, mediante escrito presentado ante el tribunal competente.*
> *La demanda especificará las gestiones realizadas y el perjuicio que ocasiona la demora. Con ella se presentará copia de los escritos mediante los cuales se ha urgido el trámite".*
> *Artículo 304: "Si la acción apareciere razonablemente fundada, el tribunal requerirá informes sobre la causa de la demora y fijará un término para la respuesta no menor de tres (3) días de despacho ni mayor de cinco (5), contados a partir de la fecha de notificación. Vencido el lapso, el tribunal dictará la decisión que corresponda dentro de los cinco (5) días de despacho siguientes. Ella fijará un término a la Administración Tributaria para que se pronuncie sobre el trámite*

[140] Como lo hace el profesor Fraga Pittaluga, Luís, "La defensa del contribuyente frente a la Administración Tributaria", página 260, y ciertas sentencias incluso del Máximo Tribunal. Tampoco compartimos la idea también expresada por el profesor Fraga, de que el amparo tributario sería un proceso cautelar autónomo (páginas 271 a 273), ya que lo que se obtiene con la sentencia no es la protección anticipada de un derecho, puesto que no se actúa preventivamente, que es lo propio de la cautela. En efecto, el derecho ya está perturbado, por lo que se persigue el restablecimiento pleno del derecho de petición lesionado, como ejecución del fallo, al conseguirse la respuesta, la cual, en caso de ser desfavorable, podrá ser objeto de la vía impugnatoria jerárquica o contenciosa que se elija, pues en el ámbito tributario no es menester agotar la vía administrativa.

> *omitido. Asimismo, el tribunal podrá, cuando el caso así lo amerite, sustituir la decisión administrativa previo afianzamiento del interés fiscal comprometido. Las fianzas serán otorgadas conforme a lo dispuesto en el artículo 72 de este Código.*
> *De la decisión dictada se oirá apelación en el solo efecto devolutivo, dentro de los diez (10) días de despacho siguientes".*

Asimismo, el indicado derecho de petición y oportuna y adecuada respuesta frente a la Administración Tributaria, siguiendo un régimen legal similar al contenido en los artículos 4 y 5 de la Ley Orgánica de Procedimientos Administrativos, está reglamentado en el artículo 153 del Código Orgánico Tributario, así:

> *"La Administración Tributaria está obligada a dictar resolución a toda petición planteada por los interesados, dentro del plazo de treinta (30) días hábiles contados a partir de la fecha de su presentación, salvo disposición de este Código o de leyes y normas en materia tributaria. Vencido el plazo sin que se dicte resolución, los interesados podrán a su solo arbitrio optar por conceptuar que ha habido decisión denegatoria, en cuyo caso quedan facultados para interponer las acciones y recursos que correspondan".*

La doctrina y la jurisprudencia habitualmente han venido denominando a la acción judicial extraordinaria en comento, como amparo tributario (nomenclatura asumida también por el legislador), originariamente para hacer alusión al hecho de que se ejerce contra la Administración Tributaria, cuando ésta viola el derecho constitucional de petición y oportuna y adecuada respuesta, y con basamento legal principal en el Código Orgánico Tributario.

No obstante, algunos han empezado a emplear esa terminología de amparo tributario, para oponerla a la de amparo constitucional, como si fuesen instituciones judiciales procesal y conceptualmente distintas, lo cual en nuestro criterio es completamente errado, como se demostrará en los capítulos que siguen.

V. EL AMPARO TRIBUTARIO ES UN AMPARO CONSTITUCIONAL[141]

En efecto, el paralelismo siguiente es de suyo elocuente:

Nadie duda ni cuestiona que la acción de amparo ejercida de conformidad con el artículo 5 de la Ley Orgánica de Amparo sobre Derechos y

---

[141] Ruán Santos, Gabriel, "El Amparo Tributario en Venezuela", página 90: "El estudio de la "acción de amparo" prevista en el Código Orgánico Tributario debe ser umbilicado con la

Garantías Constitucionales (por omisiones de la Administración Pública, en general –no Tributaria–), para la tutela del derecho genérico de petición y oportuna y adecuada respuesta consagrado en el artículo 51 de la Constitución, en concordancia con el artículo 5 de la Ley Orgánica de Procedimientos Administrativos, en los casos que requieran o no de substanciación, en contra de su violación por la Administración Pública en general –no Tributaria–, constituye, valga la redundancia, una acción de amparo constitucional. De hecho, como ya fue previamente analizado, la doctrina y la jurisprudencia patrias han hilado sobre las diferencias entre el amparo por mora de la Administración y la acción por abstención o carencia, aceptando universalmente que si lo violado es el artículo 51 (antes 67) de la Constitución, obligación genérica de responder, lo que procede es el amparo por mora de la Administración.

Empero, cabe advertir que, en idéntico sentido, la acción de amparo incoada en los términos del artículo 302 del Código Orgánico Tributario, para la salvaguarda del mismo derecho previsto en el citado artículo 51 de la Carta Magna y desarrollado por el artículo 153 del mencionado Código, en los casos que requieran o no de substanciación, pero frente a su menoscabo por la Administración Tributaria, también constituye una acción de amparo constitucional, pues se trata de una institución de raigambre constitucional, debidamente desarrollada por ley, no en la Ley Orgánica de Amparo sobre Derechos y Garantías Constitucionales, pero sí en dicho Código Orgánico Tributario, cumpliendo con la debida reserva legal en la materia, por mandato constitucional.

¿Acaso si la Administración Sanitaria o la Minera o la Ambiental o la Educativa, etc., guardan injustificado y excesivo silencio frente a las peticiones de los administrados, tal como sucede si quien incurre en ese ilícito es la Administración Tributaria, frente a las peticiones de los administrados (contribuyentes, responsables u otros interesados), no se menoscaba el mismo derecho humano de petición y oportuna y adecuada respuesta?[142] ¿Dónde hace distinción alguna el constituyente a ese respecto (identidad de la Administración sindicada de agraviante) en el artículo 51?

---

institución que le ha servido de matriz, es decir, con el amparo constitucional, a fin de poder captar el significado integral de esa acción y extraer de las normas legales que lo regulan el máximo potencial de protección para el ciudadano".

[142] El mismo profesor Fraga Pittaluga, Luís, op. cit., página 275, a pesar de considerar las supuestas diferencias con el amparo constitucional, paradójicamente admite que la acción de amparo "tiene un propósito muy específico: proteger el derecho de petición de los administrados frente a las Administraciones Tributarias. Si este propósito tan concreto es hipertrofiado, la acción será pervertida y su efectividad disminuirá..." (Negrillas del profesor Fraga).

¿Acaso el legislador puede restar el alcance o reducir el ámbito de aplicación de la tutela extraordinaria de amparo, en función de quien sea o pueda ser el agraviante o la víctima, en un determinado derecho humano?

La interpretación jurídica no puede conducir al absurdo de que si hago dos peticiones a la Administración Pública, una a la Sanitaria y otra a la Tributaria, en caso de menoscabo a mi derecho de oportuna y adecuada respuesta por ambas, dispondré de una acción breve e inmediatamente restablecedora en el primer caso, y de una acción "capitis disminuida" en el segundo caso. Dado "A" debe ser "B", y si no es "B" será "C", es la estructura lógica de la norma jurídica, como nos enseñara el jurista Hans Kelsen, dentro del más amplio positivismo y la mayor exégesis que suele caracterizar a nuestras Escuelas de Derecho en Venezuela, lo cual además es imperativo del derecho a la igualdad y del principio de seguridad jurídica.

Ciertamente el amparo tributario no puede ser más que una especie de amparo constitucional por mora de la Administración Tributaria[143], elemento que se deriva de la incongruente jurisprudencia actual objeto de estudio en la presente investigación, la cual, no obstante tratar de convencer al mundo jurídico sobre que el amparo tributario no sería más que una acción de cumplimiento o una acción contencioso administrativa por abstención o carencia, acaba incurriendo en despropósitos como el contenido en la sentencia del 17 de octubre de 2001, dictada por la Sala Constitucional del Tribunal Supremo de Justicia, caso: Rocco Cimino D'Elia y Luigi De Vita Alario, con ponencia del Magistrado Pedro Rafael Rondón Haaz[144].

En efecto, siendo el caso que los interesados habían solicitado una solvencia de impuesto inmobiliario urbano, la cual les fue explícitamente negada mediante resolución que condicionaba su otorgamiento al pago de otro tributo (impuesto de patente de industria y comercio), se asumió que se violó el derecho de petición y oportuna y adecuada respuesta, por no ser adecuado que la negativa de la certificación de solvencia en cuanto a un tributo se justifique en deudas frente a otro tributo.

Lo paradójico en este caso es que de no haber habido respuesta, según la Sala habría procedido un amparo tributario, pero al haberse producido una respuesta inadecuada, sería pertinente un amparo constitucional.

Es decir, que en criterio de la Sala el tipo de acción judicial depende de la conducta de la Administración, y no, como debería ser, de la afectación cierta de un derecho constitucional de contenido preciso, como lo

---

[143] Creo Bay, Horacio, op. cit., página 33, nos refiere en el caso argentino, que el primer antecedente del amparo por mora de la Administración lo fue en el ámbito tributario, con la Ley 15.265 de 1960, que creó el Tribunal Fiscal de la Nación. Así, el marco procesal constitucional tributario, al igual que en Venezuela, se erigió en precursos.

[144] http://www.tsj.gov.ve/decisiones/scon/Octubre/1997-171001-00-1072.htm

es el derecho de petición y oportuna y adecuada respuesta, en este caso: que haya respuesta y que sea oportuna y adecuada, violándose ese derecho tanto si no hay respuesta, como si habiéndola ella es inoportuna y/o inadecuada.

Claro que el amparo tributario, en nuestro criterio, como especie de amparo por mora de la Administración (aquí Tributaria), procede sólo en caso de ausencia absoluta de respuesta, sin más, como ocurre si la omisión es de cualquier Administración Pública. Pero, de haber respuesta, si ella es inoportuna y/o inadecuada, además de antijurídica según los casos, lo que procede, en el ámbito del sistema de justicia constitucional que nos rige[145], es la acción contencioso administrativa (aquí tributaria) ordinaria, para lograr su anulación, salvo que esa vía se revele insuficiente para atender la tutela judicial constitucional pretendida, caso en el cual se podría plantear una acción de amparo constitucional autónomo contra acto administrativo, pues indudablemente ya no estaríamos en el supuesto de ausencia de respuesta, que es el presupuesto fáctico para el amparo por mora de la Administración (Tributaria o no)[146].

"Ergo", sólo hay y puede haber un único remedio extraordinario de tutela judicial del derecho humano de petición y oportuna y adecuada respuesta, que es el amparo, ejercido en aras de la reserva legal, según los casos, acorde con la Ley Orgánica de Amparo sobre Derechos y Garantías Constitucionales, derecho común en la materia, o con el Código Orgánico Tributario, derecho especial en la materia, en referencia a lo tributario.

VI. EL AMPARO CONSTITUCIONAL TRIBUTARIO. FUNDAMENTOS DE SU VERDADERA NATURALEZA JURÍDICA

Ambas acciones judiciales de amparo, tanto la catalogada como amparo constitucional, como la llamada amparo tributario (en virtud de la

[145] Artículo 334 de la Constitución: "Todos los jueces o juezas de la República, en el ámbito de sus competencias y conforme a lo previsto en esta Constitución y en la ley, están en la obligación de asegurar la integridad de la Constitución".

[146] Chavero Gazdik, Rafael, "El nuevo régimen del amparo constitucional en Venezuela", página 381: "...el amparo sólo procedería en el caso de que exista una omisión absoluta de pronunciamiento de la Administración Pública, pues si existe algún acto expreso ya no sería procedente el amparo constitucional, pues la omisión de respuesta en los recursos administrativos se corrige con el efecto del silencio administrativo...".
Creo Bay, Horacio, op. cit. página 64: "Cuando la Administración resuelve en forma arbitraria o decide archivar las actuaciones, existe resolución, la que deberá atacarse por otra vía. En otras palabras, cuando la Administración resuelve inadecuadamente, el instrumento para remediarlo no es el amparo por mora (podría serlo la vía recursiva, el amparo general...)".

terminología identificatoria del respectivo capítulo del Código Orgánico Tributario, que a tantos ha empujado a la confusión, tras el idílico objetivo de encontrar la autonomía de lo tributario frente a lo administrativo, cegados frente a la realidad de que tal separación sólo puede existir en lo material o sustantivo, pero jamás en lo formal, adjetivo o procesal), se siguen a través de un proceso breve, de carácter extraordinario, que persigue el restablecimiento inmediato de un derecho humano constitucional lesionado, y donde el juez competente, en consecuencia, está facultado válidamente para restablecer inmediatamente la situación jurídica infringida, en estos casos, ordenando a la Administración (general o Tributaria a quien se haya hecho la petición) la emisión de la respuesta genérica, sin atención al contenido concreto o específico, favorable o denegatorio, que podrá ser impugnada por la vía ordinaria, administrativa o judicial que corresponda, de ser antijurídica y afectar la esfera jurídica subjetiva del peticionante.

Es decir que, en nuestro caso, el juez constata y declara la existencia del derecho de petición y oportuna y adecuada respuesta, verifica que se encuentre lesionado efectivamente y condena a la Administración, a este respecto, la Tributaria, a una obligación de hacer, cual es la de decidir o responder, en un sentido o en otro, la cuestión que le fuera planteada, siendo que en caso de desacato a la orden judicial, dentro del plazo que ésta haya acordado, el mismo órgano jurisdiccional podrá restablecer directamente el derecho lesionado, sustituyéndose a la acción administrativa, en virtud de una facultad exorbitante del derecho común, pues excepciona el principio de separación de los poderes por mandato de la respectiva ley reglamentaria sí, pero por disposición constitucional, al exigirse que el juez esté dotado de la indispensable potestad restablecedora inmediata.

Sólo el juez constitucional extraordinario de amparo puede sustituirse a la acción administrativa. De hacerlo el juez contencioso ordinario, el Poder Judicial usurparía la función administrativa confiada al Poder Ejecutivo[147]. Claro que el juez contencioso está llamado a "disponer lo necesario para el restablecimiento de las situaciones jurídicas subjetivas lesionadas por la actividad administrativa"[148], pero ello con el límite de no

[147] Artículo 138 de la Constitución: "Toda autoridad usurpada es ineficaz y sus actos son nulos".
[148] Artículo 259 de la Constitución: "La jurisdicción contencioso administrativa corresponde al Tribunal Supremo de Justicia y a los demás tribunales que determine la ley. Los órganos de la jurisdicción contencioso administrativa son competentes para anular los actos administrativos generales o individuales contrarios a derecho, incluso por desviación de poder; condenar al pago de sumas de dinero y a la reparación de daños y perjuicios originados en responsabilidad de la Administración; conocer de reclamos por la prestación de servicios públicos; y disponer lo necesario para el restablecimiento de las situaciones jurídicas subjetivas lesionadas por la actividad administrativa".

sustituirse a la acción administrativa, para salvaguardar la separación de los poderes[149].

1.- Los detractores de la idea del amparo tributario como una especie de amparo por mora de la Administración

Uno de los grandes sostenedores de la idea de que el llamado amparo tributario, no es un amparo constitucional, es el profesor Luís Fraga Pittaluga, para quien "el amparo tributario es una figura autónoma del amparo constitucional, con la cual sólo comparte el nombre y un origen común"[150], destacando las siguientes circunstancias, en su criterio diferenciadoras que a continuación se transcriben, para su posterior análisis:

- "El amparo constitucional tiene por objeto proteger a los justiciables contra los actos, hechos u omisiones que violen o amenacen violar derechos y garantías consagrados en la Constitución; en cambio, el amparo tributario no tiene por objeto proteger contra la violación o amenaza de violación de garantías y derechos constitucionales, sino únicamente compeler a la Administración Tributaria a decidir una petición que ha sido sometida por un administrado a su consideración"[151].
- "El desarrollo legislativo del amparo tributario es anterior al del amparo constitucional; el primero nace con el Código Orgánico Tributario de 1982, mientras que el amparo constitucional, previsto en el artículo 42 (sic) de la Constitución de 1961, se desarrolla sin embargo, pretorianamente, a partir del 20 de octubre de 1983, con el ***leading case*** ANDRES VELAZQUEZ (sentencia de la Sala Político Administrativa de la Corte Suprema de Justicia) y luego adquiere definitiva regulación legal en la Ley Orgánica de Amparo sobre Derechos y Garantías Constitucionales de 1987" (Negrillas y cursiva del profesor Fraga)[152].

[149] Artículo 136 de la Constitución: "El Poder Público se distribuye entre el Poder Municipal, el Poder Estadal y el Poder Nacional. El Poder Público Nacional se divide en Legislativo, Ejecutivo, Judicial, Ciudadano y Electoral.
Cada una de las ramas del Poder Público tiene sus funciones propias, pero los órganos a los que incumbe su ejercicio colaborarán entre sí en la realización de los fines del Estado".
Artículo 137 de la Constitución: "La Constitución y la ley definirán las atribuciones de los órganos que ejercen el Poder Público, a las cuales deben sujetarse las actividades que realicen".
Artículo 138 de la Constitución: "Toda autoridad usurpada es ineficaz y sus actos son nulos".
[150] Fraga Pittaluga, Luís, op. cit., página 262.
[151] Fraga Pittaluga, Luís, op. cit., página 262.
[152] Fraga Pittaluga, Luís, op. cit., página 263.

- "La regulación adjetiva en ambos casos es totalmente distinta, como puede verse de la simple comparación de las disposiciones del Código Orgánico Tributario y de la Ley Orgánica de Amparo sobre Derechos y Garantías Constitucionales"[153].
- "La sentencia en el amparo tributario sólo puede ordenar una conducta positiva por parte de la Administración Tributaria, cuando ésta ha incurrido en una mora excesiva en la resolución de una petición; en cambio la sentencia de amparo constitucional tiene plenos efectos restablecedores, pudiendo ordenar al agraviante conductas positivas o abstenciones"[154]. Y,
- "El amparo constitucional se intenta contra actos, hechos u omisiones de la Administración Pública en general, central y descentralizada, nacional, estadal o municipal y del poder legislativo nacional, estadal y municipal; contra las sentencias y contra los actos, hechos y omisiones de los particulares; mientras que el amparo tributario sólo procede contra las omisiones de respuesta de las Administraciones Tributarias frente a peticiones de los administrados"[155].

En apoyo a su tesis, el profesor Fraga transcribe "in extenso" una sentencia de la Sala Político-Administrativa de la entonces Corte Suprema de Justicia, del 29 de enero de 1997, con ponencia de la Magistrada Hildegard Rondón de Sansó, caso: Plan Alimenticio Nueva Esparta, donde se expresó que "–a pesar de la homonimia existente entre ambas instituciones– se trata de figuras que no pueden ser confundidas" y "que si bien es cierto que el amparo tributario constituye un procedimiento especial y breve (al igual que el amparo constitucional), también debe observarse que no es una verdadera acción de amparo en el sentido constitucional de la palabra ni una especie de aquélla", "toda vez que difiere sustancialmente de éste en cuanto a su fundamento, objeto, procedimiento y naturaleza de sus decisiones".

Esta sentencia pretende cimentarse en que: el agraviante en el amparo tributario es exclusivamente la Administración Tributaria; el hecho dañoso es siempre una inacción (demora) en responder una petición, que debe ser excesiva, teniendo el accionante la carga de probar por escrito que urgió el trámite administrativo; los tribunales competentes son los Juzgados Superiores de lo Contencioso Tributario, con alzada ante la Sala Político-Administrativa de la Corte Suprema de Justicia; y, en el amparo constitucional el juez tiene plenos poderes restablecedores, mientras que en el amparo tributario el juez se limitaría a fijar un término para que la

[153] Fraga Pittaluga, Luís, op. cit., página 263.
[154] Fraga Pittaluga, Luís, op. cit., página 263.
[155] Fraga Pittaluga, Luís, op. cit., página 263.

Administración decida la petición o a dispensar del trámite administrativo al accionante (según la regulación anterior).

De idéntica opinión a la del profesor Fraga es, en consecuencia, la profesora Sansó, ponente de aquel fallo, para quien la acción de amparo tributario sería, "en realidad, una acción específica de abstención o carencia, análoga a las contempladas en la Ley Orgánica de la Corte Suprema de Justicia (artículo 42, ordinal 23º y artículo 182, ordinal 1º)"[156].

Recordemos que, anteriormente, siguiendo lo más granado de la jurisprudencia administrativa patria, se demostró que existen diferencias cruciales y conclusivas entre el amparo por mora de la Administración y la acción por abstención o carencia, siendo que el amparo tributario se presenta, en puridad de conceptos, como una especie de amparo por mora de la Administración, la Tributaria, no pudiendo ni debiendo ser confundida con una acción contencioso administrativa por abstención o carencia, dado que se origina en el desacato administrativo del imperativo genérico de dar respuesta oportuna y adecuada, y no en el incumplimiento de una obligación legal concreta y específica, que determinaría el contenido necesario de la sentencia.

2.- Crítica a la línea de pensamiento de los detractores de la idea del amparo tributario como una especie de amparo por mora de la Administración

Ahora bien, retomemos las circunstancias que, en criterio de la sentencia últimamente mencionada, compartidas y sistematizadas por el profesor Fraga, serían supuestamente diferenciadoras entre una institución procesal (el amparo por mora de la Administración) y la otra (el amparo tributario), para su análisis y despeje, punto por punto:

- "El amparo constitucional tiene por objeto proteger a los justiciables contra los actos, hechos u omisiones que violen o amenacen violar derechos y garantías consagrados en la Constitución; en cambio, el amparo tributario no tiene por objeto proteger contra la violación o amenaza de violación de garantías y derechos constitucionales, sino únicamente compeler a la Administración Tributaria a decidir una petición que ha sido sometida por un administrado a su consideración".

Cabe preguntarse lo siguiente: ¿Si un administrado se dirige con una petición de permiso sanitario por ante el Ministerio de Salud y Desarrollo

[156] Rondón de Sansó, Hildegard, "La acción de amparo contra los poderes públicos", página 49.

Social (Administración Sanitaria), y ésta no le responde oportunamente, acaso no ejercerá un amparo, conforme a la Ley Orgánica de Amparo sobre Derechos y Garantías Constitucionales, por violación al derecho constitucional de petición y oportuna y adecuada respuesta, estando el juez llamado a compeler a la Administración Sanitaria a decidir la petición, so pena de restablecer la situación jurídica subjetiva lesionada? Obviamente, no sería un amparo contra un acto o hecho, pero si lo sería contra una omisión genérica, igual que ocurre cuando tal omisión genérica proviene de la Administración Tributaria. El amparo tributario, como el amparo por mora de la Administración, protege contra la violación del derecho de petición y oportuna y adecuada respuesta (derecho constitucional) y por ello compele a la Administración a decidir la solicitud de que se trate.

A igual vicio, la omisión genérica violatoria del artículo 51 de la Constitución, igual solución, el amparo, general (amparo por mora de la Administración) o especial (amparo tributario, vale decir amparo por mora de la Administración Tributaria).

Los únicos y excepcionales casos en que no procede, por no ameritarlo, el amparo por violación del citado artículo 51, son aquellos en que el legislador prevé el silencio administrativo positivo, como acontece frente a la solicitud de autorización para la ocupación del territorio, conforme con la Ley Orgánica para la Ordenación del Territorio, por ejemplo, porque en esos casos, "ope legis", el administrado tiene una respuesta favorable implícita, que "automáticamente" tutela su esfera jurídica subjetiva, impidiendo la lesión del derecho de petición y oportuna y adecuada respuesta. Véase a este respecto la sentencia de la Corte Primera de lo Contencioso Administrativo del 1 de diciembre de 1994, caso Altos de Curicara, S.A., con ponencia de la Magistrada Teresa García de Cornet:

> *"Por lo que respecta al derecho de petición previsto en el artículo 67 de la Constitución, debe ponerse de relieve lo señalado en el mencionado fallo de fecha 13 de febrero de 1992, de acuerdo al cual, está protegido por el mecanismo del silencio aprobatorio, por el cual al omitir la Administración el otorgamiento de la respectiva constancia debida, en virtud de la procedencia del silencio positivo, desconociendo así los efectos de la norma, lo que se ha lesionado son los derechos antes indicados, es decir, los derechos de propiedad y el ejercicio de la actividad lucrativa de su preferencia, y así se declara".*

Sin embargo, como ocurre como regla en el derecho administrativo general, en el derecho tributario el principio es el del silencio rechazo, o regla del silencio administrativo negativo. Asi, recordemos que el artículo 153 del Código Orgánico Tributario, al respecto expresa:

> *"... Vencido el plazo sin que se dicte resolución, los interesados podrán a su solo arbitrio optar por conceptuar que ha habido decisión denegatoria, en cuyo caso quedan facultados para interponer las acciones y recursos que correspondan".*

– "El desarrollo legislativo del amparo tributario es anterior al del amparo constitucional; el primero nace con el Código Orgánico Tributario de 1982, mientras que el amparo constitucional, previsto en el artículo 42 (sic) de la Constitución de 1961, se desarrolla sin embargo, pretorianamente, a partir del 20 de octubre de 1983, con el leading case ANDRES VELAZQUEZ (sentencia de la Sala Político Administrativa de la Corte Suprema de Justicia) y luego adquiere definitiva regulación legal en la Ley Orgánica de Amparo sobre Derechos y Garantías Constitucionales de 1987".

Aquí se refiere el profesor Fraga al hecho de que el amparo tributario se reguló por primera vez en el Código Orgánico Tributario de 1983 (vigencia), mientras que el amparo constitucional no lo fue hasta 1988 (vigencia), año de publicación de la Ley Orgánica de Amparo sobre Derechos y Garantías Constitucionales.

Este argumento se presenta como intrascendente, puesto que, obviando la circunstancia de que para todo amparo la norma fundamental común era el artículo 49 de la Constitución de 1961, anterior a 1983, es lo cierto que llevar esa línea de pensamiento hasta sus últimas consecuencias implicaría menospreciar nuestra historia forense fundamental, olvidando que el "habeas corpus", cuya naturaleza de amparo nadie cuestiona, fue usado muchísimas veces, incluso de manera sistemática por más de veinte años (de 1961 a 1983), como sustituto procesal en materia de amparo (mucho más incluso que la regulación del propio amparo tributario, que también lo fue a los mismos fines, compartiendo con aquél, de 1983 a 1988), dada la ausencia de la normativa procesal pertinente, y que su vigencia es anterior a 1983, por haber estado primigeniamente contenido en la trascendental Disposición Transitoria Quinta de la misma Constitución de 1961.

A todo evento, el derecho de los derechos humanos nos enseña que las normas constitucionales dogmáticas, sean sustantivas o adjetivas, no pueden ser tenidas como programáticas, sin riesgo de afectar la libertad en sentido amplio. Se trata de la moderna doctrina de la Constitución como norma, superadora de la tesis de la mera Carta Política de buenas intenciones.

Por tanto, aún en ausencia de acción expresa o específica de amparo, el juez estaba obligado a cumplir el mandato del artículo 49 de la Constitución de 1961 ("la falta de ley reglamentaria no..."), por lo que, entre otras figuras procesales, se aplicó el proceso interdictal civil, el "habeas corpus" y luego las normas del propio Código Orgánico Tributario de 1983 (las referidas al amparo tributario), para satisfacer el deber de amparar los derechos humanos afectados, fenómeno éste que arrancó, se insiste, desde 1961, con la propia entrada en vigencia de la Constitución anterior. No despega pues en 1988, veintisiete años después, la tutela extraordinaria de los derechos humanos en Venezuela. El archivo general del Poder Judicial y los anales de nuestra historia forense fundamental atestiguan al respecto, incluso sobre la paradójica utilización del amparo tributario, entre 1983 y 1988, para tutelar todo derecho humano, menos la libertad personal, pues esta contaba con el "habeas corpus".

– "La regulación adjetiva en ambos casos es totalmente distinta, como puede verse de la simple comparación de las disposiciones del Código Orgánico Tributario y de la Ley Orgánica de Amparo sobre Derechos y Garantías Constitucionales".

El artículo 27 de la Constitución sólo exige que la acción de amparo sea breve y restablecedora inmediata del derecho constitucional afectado, dejando en consecuencia libre al legislador de concebir los procesos que considere necesarios, con el único límite de respetar esos extremos.

De esta manera, el artículo 304 del Código Orgánico Tributario dispone que:

> *"Si la acción apareciere razonablemente fundada, el tribunal requerirá informes sobre la causa de la demora y fijará un término para la respuesta no menor de tres (3) días de despacho ni mayor de cinco (5), contados a partir de la fecha de notificación. Vencido el lapso, el tribunal dictará la decisión que corresponda dentro de los cinco (5) días de despacho siguientes. Ella fijará un término a la Administración Tributaria para que se pronuncie sobre el trámite omitido. Asimismo, el tribunal podrá, cuando el caso así lo amerite, sustituir la decisión administrativa previo afianzamiento del interés fiscal comprometido".*

Como puede apreciarse, los extremos de brevedad y efectos restablecedores inmediatos de la sentencia están plenamente satisfechos por el legislador, en esta regulación adjetiva especial, por lo que, a pesar de las diferencias formales, justificadas por la especificidad de la figura, según se ha expresado, no existen ni pueden existir distinciones sustanciales entre dos procesos, el de amparo por mora de la Administración y el de amparo tributario (amparo por mora de la Administración Tributaria), que persiguen lo mismo, proteger el derecho constitucional de petición y oportuna y adecuada respuesta, violado por la Administración Pública, Tributaria o no, acorde a los casos.

En ninguna parte se exige que haya regulaciones adjetivas idénticas. De hecho, el "habeas corpus" tiene una regulación adjetiva distinta y nadie le objeta su condición de amparo constitucional especial del derecho constitucional a la libertad personal.

Así, en sentencia de la Sala Político-Administrativa de la entonces Corte Suprema de Justicia, del 14 de agosto de 1998, caso Joaquín Torres Castillo, con ponencia del Magistrado Alfredo Ducharne Alonzo, se confirmó el criterio del Juzgado Superior Cuarto de lo Contencioso Tributario, que declaró sin lugar la acción de amparo interpuesta por no haber recibido oportuna respuesta de una solicitud de solvencia impositiva, porque se siguió el proceso de la Ley Orgánica de Amparo sobre Derechos y Garantías Constitucionales, cuando correspondía el proceso especial del Código Orgánico Tributario. Se entendió que no se trataba de una cuestión de sustancia sobre la naturaleza de la acción deducida, sino de la existencia de un proceso especial y preferente, cuando el agraviante del derecho de petición y oportuna y adecuada respuesta es la Administración Tributaria.

Conviene en este punto acotar, sobre el proceso a aplicar a la acción de amparo tributario, que hay decisiones judiciales, como la contenida en la sentencia Nro. 00834 de la Sala Político-Administrativa del Tribunal Supremo de Justicia, caso: Inmobiliaria 96, C.A., con ponencia de la Magistrada Yolanda Jaimes Guerrero[157], que exigen que en caso de apelación, se de curso al procedimiento legal de la segunda instancia, previsto en el artículo 162 de la Ley Orgánica de la Corte Suprema de Justicia, por remisión expresa del propio Código Orgánico Tributario.

Ahora bien, en cuanto concierne a otros aspectos de la regulación adjetiva, tenemos que el artículo 302 del Código Orgánico Tributario expresa que:

> *"Procederá la acción de amparo tributario cuando la Administración Tributaria incurra en demoras excesivas en resolver peticiones de los interesados, y ellas causen perjuicios no reparables por los medios establecidos en este Código o en leyes especiales".*

Aquí propiamente no se aprecia distinción procesal, puesto que se presenta a la Administración Pública como legitimada pasiva, por el supuesto de incurrir en mora frente al derecho de petición y oportuna y adecuada respuesta, susceptible de perjudicar al legitimado activo, el administrado peticionante (contribuyente o no), siendo la acción extraordinaria.

El artículo 303 de forma explícita reconoce que el legitimado activo es cualquier persona afectada, quien ejercerá su acción judicial mediante

[157] http://www.tsj.gov.ve/decisiones/spa/Junio/00834-120602-1035.htm

escrito presentado ante el tribunal competente, donde se especificarán las gestiones realizadas y el perjuicio que ocasiona la demora. Tampoco hay diferencias.

Así, las distintas regulaciones deben atender, por un lado, a la inexistencia aquí de la denominada audiencia constitucional, que se suple con el informe que se exige a la Administración, en este caso Tributaria; y, por el otro lado, a la necesidad de presentar con el libelo copia de los escritos mediante los cuales se haya urgido el trámite, cosa que no requiere la Ley Orgánica de Amparo sobre Derechos y Garantías Constitucionales, en cuanto concierne al ejercicio de la acción de amparo por mora de la Administración no Tributaria, lo cual no es determinante. Más bien, pareciera que se ha lesionado el derecho a la defensa de las Administraciones no Tributarias, cuando vemos que, frente a la misma circunstancia, la mora administrativa en responder, si se acciona contra la Administración Sanitaria, por ejemplo, ésta no podrá hacer excluir la acción judicial so pretexto de la ausencia de recordatorios, mientras que la Administración Tributaria encontraría en ello "su tabla de salvación". ¿Acaso no debería aplicarse la regla "dies interpelat pro homine", en vigor para todas las Administraciones no Tributarias, por efecto de los plazos legales establecidos, en lugar de obligar al administrado a "recordarle" a la Administración Tributaria su deber de responder toda representación, en conformidad con el artículo 51 de la Constitución y sus desarrollos por la Ley Orgánica de Procedimientos Administrativos y el Código Orgánico Tributario?

Por otro lado y a mayor abundamiento, tenemos que el hecho de que el recurso contencioso tributario tenga una regulación adjetiva tan diferente, en el Código Orgánico Tributario (por cierto más cercana a la del proceso civil ordinario en el Código de Procedimiento Civil), a la del recurso contencioso administrativo de anulación, contra actos administrativos de efectos particulares, en la Ley Orgánica de la Corte Suprema de Justicia, no ha conducido a nadie, por ilógico, a negarle la condición de recurso contencioso administrativo especial, como tampoco nadie ha negado o contrariado el carácter de juez contencioso administrativo especial, detentado por el juez contencioso tributario.

"La sentencia en el amparo tributario sólo puede ordenar una conducta positiva por parte de la Administración Tributaria, cuando ésta ha incurrido en una mora excesiva en la resolución de una petición; en cambio la sentencia de amparo constitucional tiene plenos efectos restablecedores, pudiendo ordenar al agraviante conductas positivas o abstenciones".

La sentencia en el "habeas corpus", cuya naturaleza de amparo nadie pone en discusión, sólo puede ordenar una conducta positiva, la de liberar al ilegalmente privado de su libertad. Lo propio ocurre con otra suerte de amparo especial, el conocido como "habeas data", donde el juez igual y únicamente puede ordenar en su sentencia una conducta positiva, a la sazón: actualizar, rectificar o destruir los datos personales, si fuesen erróneos o afectasen ilegítimamente los derechos del interesado[158].

Todo depende, en materia de los poderes del juez en el ámbito del amparo, de la identidad y modo de ejercicio del derecho constitucional a tutelar. Así, en el derecho a la educación, se ordenará la inscripción del niño en el colegio (conducta positiva), en el derecho a la salud, se ordenará la atención médica del enfermo (conducta positiva), en el derecho a la vida privada se ordenará el cese de las escuchas telefónicas o de la interceptación de la correspondencia (abstención), en el derecho al trabajo se ordenará el reenganche del trabajador (conducta positiva), en el derecho a la libertad económica se ordenará la reapertura del establecimiento (conducta positiva), etc. Y, en el derecho de petición y oportuna y adecuada respuesta frente a la Administración, Tributaria o no, se ordenará la emisión de la respuesta genérica (conducta positiva), cualquiera sea su contenido, favorable o denegatorio, con plenos efectos restablecedores.

¿Acaso la acción judicial extraordinaria para hacer restablecer inmediatamente el derecho de petición y oportuna y adecuada respuesta frente a la Administración no Tributaria, deja de ser un amparo constitucional por el hecho de que el juez sólo puede ordenar una conducta positiva? Evidentemente no.

De hecho, como sabemos, pues ello fue anteriormente tratado en detalle, existe otra acción judicial que también tiene por fin lograr una sentencia que ordene una conducta positiva, aunque no es una acción de amparo, ni general ni tributario. Se trata de la acción contencioso administrativa por abstención o carencia, perfectamente delimitada en sus contornos con la acción de amparo por violación del derecho de petición o amparo por mora de la Administración. Veamos:

> *"La omisión de la Administración que habilita el ejercicio de la mencionada acción de amparo por mora, es la genérica de pronunciarse y no la específica que ha venido exigiendo la jurisprudencia en el caso de la acción de abstención. Es decir, la solicitud de amparo va dirigida a que el juez ordene el pronunciamiento de la Administración sin que le corresponda a aquél precisar la forma concreta como debe actuar la Administración; simplemente la obliga a actuar a fin de evitar la violación de algún derecho constitucional"* (Subrayados del autor. Sentencia de la Sala Político-Administrativa de la entonces Corte Suprema de Justicia del 11 de julio de 1991, caso José Emisael Durán Díaz, con ponencia de la Magistrada Cecilia Sosa Gómez).

[158] Artículo 28 de la Constitución.

Finalmente, "El amparo constitucional se intenta contra actos, hechos u omisiones de la Administración Pública en general, central y descentralizada, nacional, estadal o municipal y del poder legislativo nacional, estadal y municipal; contra las sentencias y contra los actos, hechos y omisiones de los particulares; mientras que el amparo tributario sólo procede contra las omisiones de respuesta de las Administraciones Tributarias frente a peticiones de los administrados".

Nuevamente se nos sitúa en una circunstancia que no depende de la naturaleza de la acción judicial en comento, sino de la identidad y modo de ejercicio del derecho constitucional de cuya violación o amenaza de lesión se trate. De este modo, la aseveración del profesor Fraga, al afirmar que "el amparo tributario sólo procede contra las omisiones de respuesta de las Administraciones Tributarias", puede perfectamente plantearse en términos genéricos y más realistas u omnicomprensivos, de otra manera: "el amparo en pro del derecho de petición sólo procede contra las omisiones de respuesta de la Administración", evidenciándose una relación de género a especie, dentro de la cual queda subsumido el llamado amparo tributario.

En este sentido, tal como lo hizo la Sala Político-Administrativa de la entonces Corte Suprema de Justicia, en sentencias de fechas 25 de febrero de 1982, caso Laura Cecilia Martínez León, y 29 de abril de 1986, caso Héctor Valverde Aristimuño, la Corte Primera de lo Contencioso Administrativo, en sentencia de fecha 17 de diciembre de 1985 (anterior, por cierto, al dictado en 1988 de la Ley Orgánica de Amparo sobre Derechos y Garantías Constitucionales), caso Asociación Venezolana de Caficultores y otras, con ponencia, paradójicamente, de la misma Magistrada Hildegard Rondón de Sansó, dejó establecido que:

> *"...<u>la no respuesta de la Administración lesiona directamente una garantía constitucional, la contemplada en el artículo 67 relativa al derecho de petición</u>, sin que pueda alegarse que el administrado podía seguir adelante con la interposición de los recursos subsiguientes; ya que sólo a él corresponde la escogencia, por cuanto siendo una facultad libre, poseía esta libertad de decisión. Por el hecho de haber llegado a la conclusión anterior se llega también a la afirmación de que <u>el ciudadano, que no obtiene respuesta de la Administración y sufre por ello la lesión de un derecho constitucionalmente garantizado, en forma presente y directa, está protegido por la norma contenida en el artículo 49 de la Constitución, esto es, por la vía de amparo y puede ocurrir a ella a fin de que se le restablezca en el goce del derecho lesionado, que, en el caso presente, es el derecho de petición</u>, por lo cual podrá exigir que se cumpla el contenido de tal derecho, a saber, que se le confiera la pretensión deducida ante la Administración; que se dicte la declaración que pretende; o bien que se le señalen los motivos por*

los cuales no puede la Administración acceder a ninguna de las actuaciones precedentemente señaladas" (Subrayados del autor).

VII. EL TIRO DE GRACIA. LA APELACIÓN SE OYE EN EL ÚNICO EFECTO DEVOLUTIVO

Los detractores de la idea del amparo tributario como una especie del amparo por mora de la Administración, que aquí han estado representados por los profesores Fraga, en la doctrina, y Sansó, en la jurisprudencia, van juntos hasta un punto en el cual se separan, por desacuerdo sobre un aspecto que de suyo es trascendental para aceptar nuestra tesis. Se trata de la forma en que debe ser oída la apelación en el amparo tributario, si en doble o en único efecto.

La discusión devino del hecho de que el artículo 217 del Código Orgánico Tributario de 1994, al respecto de la apelación, sólo establecía que: "De la decisión dictada se oirá apelación dentro de los diez (10) días continuos", sin referirse a la forma en que tal apelación debía ser oída.

De este modo, el profesor Fraga sostuvo que, por esas pretendidas diferencias por él sistematizadas y por nosotros aquí descartadas, no se podría aplicar el artículo 35 de la Ley Orgánica de Amparo sobre Derechos y Garantías Constitucionales supletoriamente, en cuanto a la apelación sólo en el efecto devolutivo, debiendo ser libre[159].

En cambio, la profesora Sansó, como ponente en la sentencia de la Sala Político-Administrativa de la entonces Corte Suprema de Justicia, del 6 de noviembre de 1997, caso Sucesión Erasto Fernández Betancourt, en nuestro concepto siendo inconsistente con su pensamiento por nosotros ya cuestionado en estas líneas, expresado también como ponente en la ya comentada sentencia del 29 de enero de 1997, caso Plan Alimenticio Nueva Esparta (que pretende ratificar), pues no creemos que en derecho se pueda aspirar a tener lo mejor de dos mundos (el de la acción por abstención y el del amparo por mora de la Administración, a conveniencia), estableció lo que sigue:

> *"En efecto, la Sala ha venido precisando los aspectos fundamentales en los que se diferencian ambas acciones, pero también ha puesto de manifiesto los puntos coincidentes entre una y otra -que van más allá de la simple homonimia-, al señalar como característica común la naturaleza* ***"especial"*** *y* ***"breve"*** *que les es inherente a ambas acciones.*

[159] Fraga Pittaluga, Luís, op. cit., página 270.

Así, cabe referir que el Amparo Tributario está concebido en el Código Orgánico Tributario (artículo 215 y ss.) como un mecanismo legal que procede cuando se constata una demora excesiva de la Administración Tributaria en resolver peticiones de los interesados, y que de ella (de la demora), se causen perjuicios no reparables por los medios procesales establecidos en el mismo Código Orgánico Tributario o en leyes especiales. Este último aspecto resulta trascendente para comprender a cabalidad la esencia misma del Amparo Tributario como una institución orientada a suministrar una protección **"inmediata"** *y* **"efectiva"** *al solicitante que se encuentra en la situación señalada, porque los daños que se pueden causar no serían reparables por otros medios procesales.*

Es con fundamento en estos elementos informadores de la figura del Amparo Tributario que debe examinarse la "aplicabilidad" o no de las disposiciones del Código de Procedimiento Civil relativas a la apelación en ambos efectos, a fin de determinar si resulta coherente con tales caracteres, o se cumple con aquello a que se refiere el artículo 233 (sic) del Código Orgánico Tributario "en cuanto fueren aplicables".

Sobre el particular observa la Sala que admitir la apelación en ambos efectos ("devolutivo" y "suspensivo") en esta materia, sería contrariar la esencia misma del Amparo Tributario por cuanto, con la sola interposición de la apelación la Administración Tributaria lo haría inocuo, sin sentido práctico ni efecto real, toda vez que esa protección "inmediata" y "efectiva" se vería fatalmente truncada.

En consecuencia, observa la Sala que al no ser coherentes ni conciliables las disposiciones del Código de Procedimiento Civil –que prevén como regla la apelación en ambos efectos, con la naturaleza y razón de ser de este mecanismo procesal especial como lo es el Amparo Tributario, dichas normas no resultan aplicables, toda vez que la remisión que hace el artículo 223 del Código Orgánico Tributario a las disposiciones del Código de Procedimiento Civil está supeditada a que las mismas fueran aplicables y así se declara.

Así las cosas, ente la ausencia de procedimiento que se deriva de la inaplicabilidad de las disposiciones del Código de Procedimiento Civil por vía supletoria en esta materia, resulta procedente acudir a lo previsto en el artículo 102 de la Ley Orgánica de la Corte Suprema de Justicia, a los fines de determinar el procedimiento aplicable. En este sentido, debe observarse que se revela conforme a derecho que el Tribunal Superior haya hecho uso de tal previsión legal y haya aplicado los disposiciones de la Ley Orgánica de Amparo sobre Derechos y Garantías Constitucionales, concretamente la disposición contenida en su artículo 35 –que ordena oír en un solo efecto las apelaciones contra sentencias de amparo constitucional–, ya que resulta la fórmula de impugnación más acorde con el Amparo Tributario, en razón de que el Código Orgánico Tributario no prevé la forma en que debe oírse la apelación a la decisión del amparo tributario. El fundamento en uno

> *y otro caso es el mismo, evitar que el ejercicio del derecho de apelación pueda suponer un entrabamiento o desnaturalización de dichos procedimientos.*
> *De lo dicho se colige claramente que las apelaciones de sentencias que recaigan en materia de Amparo Tributario deben oírse en un solo efecto y en consecuencia, resulta forzoso para la Sala concluir que el recurso de hecho interpuesto en autos es improcedente y así se declara"* (Negrillas de la sentencia y subrayado del autor).

Precisamente, persiguiéndose con el amparo tributario la protección del derecho constitucional de petición y oportuna y adecuada respuesta, a través de un proceso breve, donde la sentencia tenga efectos restablecedores inmediatos, como lo exige el artículo 27 de la Constitución, en concordancia con el artículo 304 del Código Orgánico Tributario y el artículo 36 de la Ley Orgánica de Amparo sobre Derechos y Garantías Constitucionales ("La sentencia firme de amparo producirá efectos jurídicos respecto al derecho o garantía objetos del proceso, sin perjuicio de las acciones o recursos que legalmente correspondan a las partes"), la apelación sólo puede ser oída en el efecto devolutivo, sin suspensión alguna del dispositivo del fallo. Lo contrario sería una burla a la exigencia del requerido efecto restablecedor inmediato.

Eso mismo es también consecuencia del carácter breve, ya comentado, que justifica que "todo el tiempo será hábil y el tribunal dará preferencia al trámite de amparo sobre cualquier otro asunto" y que se declare a la acción de amparo, hasta la ejecución de la providencia, "de eminente orden público", según se prevé, respectivamente, en los artículos 13 y 14 de la Ley Orgánica de Amparo sobre Derechos y Garantías Constitucionales.

Ahora bien, volviendo a la manera en que se debe oír la apelación en el amparo tributario, tenemos que coincidimos con la profesora Sansó, en que se debe aplicar el artículo 35 de la Ley Orgánica de Amparo sobre Derechos y Garantías Constitucionales, que dispone que:

> *"Contra la decisión dictada en primera instancia sobre la solicitud de amparo se oirá apelación en un solo efecto".*

Sin embargo, tal como lo evocamos anteriormente, la coincidencia no es total, por cuanto ella parte de que la acción de amparo tributario no es un amparo constitucional, mientras que la contraria es nuestra tesis, como hemos expuesto.

En nuestro concepto, siendo una acción de amparo constitucional especial, se debía acudir primero a las disposiciones especiales del Código Orgánico Tributario de 1994 y, a continuación, de no encontrarse norma expresa al respecto sobre los efectos de la apelación, como era el caso, era menester dirigirse a la remisión que hacía el propio citado Código a sus normas supletorias, en donde el artículo 223 nos enviaba al Código de Procedimiento Civil, "en cuanto sea aplicable".

En este sentido, se observa que el artículo 290 del Código de Procedimiento Civil expresa que:

> *"La apelación de la sentencia definitiva se oirá en ambos efectos, salvo disposición especial en contrario".*

Obviamente, vista la característica de efecto restablecedor inmediato de la que goza por ley la acción de amparo tributario, acorde con el propio Código Orgánico Tributario de 1994, tenemos que, según su artículo 223, la primera parte del dispositivo en comento del Código Adjetivo, donde se consagra el doble efecto de la apelación, no sería aplicable. Pero, sí lo sería la segunda parte, donde se deja a salvo la posibilidad de que haya disposición especial en contrario, que no es otra, dada la naturaleza de amparo constitucional de la acción judicial en estudio, que la contenida en el previamente trascrito artículo 35 de la Ley Orgánica de Amparo sobre Derechos y Garantías Constitucionales, de preferente aplicación. En ausencia de norma expresa en el derecho especial en materia de amparo, se debía dirigir el intérprete al conjunto normativo contentivo del derecho común en ese ámbito jurídico.

Aquí el juego combinado de los artículos 223 del Código Orgánico Tributario de 1994 y 290, segunda parte, del Código de Procedimiento Civil, no era más que el vaso comunicante que conducía a la Ley Orgánica de Amparo sobre Derechos y Garantías Constitucionales.

Por tanto, en nuestro concepto era totalmente inútil e injustificado el tránsito que hizo la sentencia últimamente citada, a través del artículo 102 de la Ley Orgánica de la Corte Suprema de Justicia, texto legal sin duda querido por los administrativistas adjetivos, pero claramente excluido de aplicación a la materia tributaria por el Código Orgánico Tributario de 1994, cuya remisión, se insiste, era al Código de Procedimiento Civil, habiendo sido incluso el juicio contencioso tributario "calcado" sobre el proceso civil ordinario del Código Adjetivo antes de la reforma de 1986 y luego adaptado a ella, en lugar de acoger el recurso contencioso administrativo de nulidad contra actos administrativos de efectos particulares, de la Ley Orgánica de la Corte Suprema de Justicia.

Hoy en día, con el Código Orgánico Tributario de 2001, ya no se plantea esta discusión, pues su artículo 304 expresamente consagra la apelación, en materia de amparo tributario, en el solo efecto devolutivo[160],

[160] "De la decisión dictada se oirá apelación en el solo efecto devolutivo".

confirmándose nuestra tesis de ser una acción de amparo constitucional especial (amparo por mora de la Administración Tributaria), restablecedora inmediata del derecho humano de petición y oportuna y adecuada respuesta.

VIII. DIATRIBAS DE LA JURISPRUDENCIA RECIENTE

1.- El caso Sucesión Carlos Alberto Domínguez Gómez

En la sentencia Nro. 00267 del 24 de febrero de 2000, dictada por la Sala Político-Administrativa del Tribunal Supremo de Justicia, con ponencia del Magistrado José Rafael Tinoco, caso Sucesión Carlos Alberto Domínguez Gómez[161], tratándose de una apelación ejercida por el Fisco Nacional, acorde al artículo 35 de la Ley Orgánica de Amparo sobre Derechos y Garantías Constitucionales, contra una sentencia de amparo tributario emanada del Juzgado Superior Noveno de lo Contencioso Tributario, se declinó la competencia en la Sala Constitucional del Tribunal Supremo de Justicia, por asistirse a la apelación de una sentencia en materia de amparo, pronunciada en primera instancia por un juzgado superior, en virtud de la jurisprudencia reorganizadora de las competencias en amparo constitucional, a que se contrae la sentencia de la Sala Constitucional del Tribunal Supremo de Justicia, del 20 de enero de 2000, caso Emery Mata Millán.

La Sala Político-Administrativa obviamente actuó así, por entender, como corresponde (al menos en su criterio de ese entonces), que el amparo tributario es una especie del género amparo constitucional.

Sin embargo, al conocer del mismo caso la Sala Constitucional, en virtud de la referida declinatoria de competencia, se emitió la sentencia Nro. 00654 del 30 de junio de 2000, con ponencia del Magistrado Jesús Eduardo Cabrera Romero[162] (en la página web del Tribunal Supremo de Justicia aparece erróneamente como caso José Rafael Belisario Rincón), que ratificó la cuestionable doctrina de entender al amparo tributario como algo distinto del amparo constitucional, identificándolo con una pretendida "acción de cumplimiento", sin asidero legal, distinta incluso al recurso contencioso administrativo por abstención o carencia.

Se debe descollar que, a la postre, la Sala Constitucional del Tribunal Supremo de Justicia no habría hecho más que tejer una estratagema del todo discutible (desde la perspectiva jurídico-ética del Estado de Justicia),

[161] http://www.tsj.gov.ve/decisiones/spa/Febrero/00267-240200-13509.htm
[162] http://www.tsj.gov.ve/decisiones/scon/Junio/654-300600-00-0899.htm

para reducir sus responsabilidades en la materia, frente a los justiciables, endosándoselas a la Sala Político-Administrativa del mismo Tribunal.

En efecto, tras tan sólo ratificar explícitamente la jurisprudencia del comentado caso Plan Alimenticio Nueva Esparta, de suyo carente de verdadero sustento desde la perspectiva del derecho procesal de los derechos humanos, como ya se ha destacado, se esbozaron en el fallo nuevos argumentos, igualmente descabellados, como los siguientes:

Que la acción de amparo tributario no perseguiría tutelar derechos constitucionales, sino garantías legales, visto que la relación jurídico tributaria se rige por el principio de legalidad tributaria. Olvida el sentenciador que la relación jurídico administrativa, en general, viene normada por el principio de legalidad en derecho público, consecuencia de la conceptualización de un Estado de Derecho. En efecto, todo el denominado contencioso administrativo está cimentado sobre el indefectible control de conformidad a derecho de la actividad administrativa, que pasa necesariamente por el respeto del principio de legalidad, siendo la función administrativa de rango infra o sublegal.

Además, se pone de relieve su incoherente discurso, cuando se contradice al sostener, por un lado, que no se debe creer "que el amparo tributario se prevé como <u>medio de protección del derecho de petición y de oportuna respuesta</u> que tiene el particular, derecho éste consagrado en el artículo 67 de la Constitución de 1961 y hoy en día en el artículo 51 de la vigente Constitución", no obstante que por el otro lado admite que se trata de un "<u>medio</u> judicial previsto en el Código Orgánico Tributario <u>para proteger al administrado del retardo</u> por parte de la Administración Tributaria <u>de resolver</u> –en el lapso legalmente establecido– <u>las peticiones o solicitudes</u> que éste le formule" (subrayados del autor).

- "Que el amparo tributario es una acción de cumplimiento, pues su finalidad es que la Administración Tributaria cumpla con una obligación que la Ley le ha impuesto, y a través de esta acción se crea en el solicitante una situación jurídica que antes no tenía; mientras que el amparo constitucional es una acción restablecedora, en virtud de que su objetivo es proteger los derechos y garantías constitucionales, de manera que cuando éstos son violados o amenazados de violación dicha acción funciona para impedir un daño o restablecer la situación jurídica infringida, o una similar a ésta. De esta manera es claro que a través del amparo constitucional no se reclama el incumplimiento de alguna obligación, sino la amenaza de lesión o la violación de derechos o garantías constitucionales".

Cuando se ejerce la acción de amparo tributario (amparo por mora de la Administración Tributaria), como cuando se ejerce la acción de amparo constitucional por mora de la Administración (en general), la pretensión (contenido jurídico material de la acción) es la misma: que la Administración –Tributaria o no– cumpla su obligación constitucional de responder las peticiones, en aseguramiento del goce del derecho de petición y oportuna y adecuada respuesta, cualquiera sea la tal respuesta y su contenido, teniendo el juez la potestad restablecedora inmediata de ordenar la emisión de la decisión o incluso sustituirse al actuar administrativo, en los términos que juzgue pertinentes, en aras del derecho a la tutela judicial efectiva, con el horizonte de su creatividad y el límite de la proporcionalidad.

No obstante, sorpresivamente sostiene este fallo que "no toda omisión conlleva la violación de un derecho constitucional". Eso es verdad en líneas generales, pero en esta materia concreta cabe preguntarse en qué caso sería posible que una omisión de respuesta oportuna y adecuada no sería violatoria del derecho constitucional consagrado en el artículo 51 del Texto Fundamental? En nuestro criterio, desde la perspectiva del "in dubio prohomine" o principio del "favor libertatis", no puede darse semejante exabrupto.

- Que ha de asimilarse el amparo tributario a los recursos ordinarios siguientes con que se dispone en caso de silencio administrativo negativo, al facultar la ley a entender que se ha resuelto en forma denegatoria.

Acá parece olvidar el sentenciador que los recursos administrativos y contencioso administrativos por él evocados (reconsideración, jerárquico y vía judicial ordinaria subsiguiente), persiguen el control de legalidad de un acto administrativo, siendo que en el supuesto de omisión que nos ocupa precisamente no habría nada que controlar en ese sentido, pues se asiste a la ausencia de acto alguno, sobre el cual verificar competencia, motivación, procedimiento legal, etc.

Efectivamente, estos casos versan sobre la ausencia total de respuesta, tanto expresa como tácita o presunta, siendo lo que se busca con la acción judicial en cuestión la producción de la ausente decisión y no el control de legalidad de un acto administrativo previo.

Finalmente, en cuanto concierne a este caso concreto, la sentencia Nro. 00555, dictada por la Sala Político-Administrativa el día 3 de abril de 2002, con ponencia de la Magistrada Yolanda Jaimes Guerrero, continuación entonces del caso Sucesión Carlos Alberto Domínguez Gómez[163], no obstante haberse declarado la perención de la instancia, se aprovechó para insistir en la supuesta acción de cumplimiento, pero esta vez asociándola al recurso contencioso administrativo por abstención o carencia, argumentando que:

[163] http://www.tsj.gov.ve/decisiones/spa/Abril/00555-030402-0817.htm

"Bajo la vigencia de la Constitución de 1961 debía entenderse que esta competencia en segunda instancia correspondía a la Sala Político-Administrativa de la Corte Suprema de Justicia, atendiendo a lo dispuesto en el artículo 206 de dicho Texto Fundamental en concordancia con el artículo 42, numeral 18 de la Ley Orgánica de la Corte Suprema de Justicia, por tratarse del control contencioso sobre la la omisión de actuación de la Administración (Tributaria) que afecta la esfera jurídica de un particular y que se verifica en el campo del Derecho Público; control éste que se ejerce en sus determinadas instancias únicamente por la jurisdicción contencioso-administrativa.

Hoy en día, si atendemos al contenido expreso del artículo 336 de la Constitución promulgada en 1999 que prevé las atribuciones de la Sala Constitucional, y específicamente a la interpretación que esta Sala ha efectuado del numeral 10 de dicha disposición, debemos concluir que a esta Sala no le ha sido atribuido el conocimiento de las apelaciones que se ejerzan contra las decisiones dictadas por los Tribunales Superiores Contencioso Tributario en los amparos tributarios ejercidos conforme a los artículos 215 y siguientes del Código Orgánico Tributario".

2.- El caso Industrias Globewire LTD, C.A.

En la misma línea conclusiva, la Sala Constitucional del Tribunal Supremo de Justicia dictó la sentencia Nro. 2124 del 2 de noviembre de 2001, caso: Industrias Globewire LTD, C.A.[164], con ponencia del Magistrado José M. Delgado Ocando, en la cual, tras ratificar los argumentos de la sentencia Nro. 654 del 30 de junio de 2000, caso: Sucesión Carlos Alberto Domínguez Gómez (se le refiere erróneamente en el fallo y en la página web del Tribunal Supremo de Justicia, como caso José Rafael Belisario Rincón)[165], con ponencia del Magistrado Jesús Eduardo Cabrera Romero, según la cual "no le esta atribuido a esta Sala el conocimiento de las apelaciones [o consultas] que se ejerzan contra las decisiones dictadas por los Tribunales Superiores Contencioso Tributario en los amparos tributarios", en un claro vaivén conceptual y rememorando la comentada argumentación de corte cronológico, que olvida o menosprecia nuestra historia forense fundamental, agregó que:

"<u>Dicha acción de amparo</u> denominada por la doctrina "Amparo Tributario", <u>es un medio judicial previsto</u> en el mencionado Código Orgánico

[164] http://www.tsj.gov.ve/decisiones/scon/Noviembre/2124-021101-00-3238.htm

[165] http://www.tsj.gov.ve/decisiones/scon/Junio/654-300600-00-0899.htm

> *para proteger al administrado del retardo por parte de la Administración Tributaria de resolver -en el lapso legalmente establecido– las peticiones o solicitudes que éste le formule, con ocasión de la existencia de una relación jurídico-administrativa en la materia de tributos; figura que está a disposición del administrado desde el 31 de enero de 1983, fecha en la cual entró en vigencia el Código Orgánico Tributario, y a pesar de las reformas del mismo, dicho medio de protección se mantiene en el Código Orgánico Tributario vigente de 1994; mientras que el amparo constitucional es una vía de protección de los derechos y garantías consagrados en la Constitución así como de aquellos inherentes a la persona humana que no figuren en el Texto Fundamental y en los instrumentos internacionales, que tiene como propósito restablecer la situación jurídica infringida o la situación que más se asemeje a ella, y cuya regulación en ley especial data del 27 de septiembre de 1988, esto es, en una fecha posterior al cuerpo normativo que regula de manera especial el amparo tributario, no pudiendo entonces afirmarse que éste es consecuencia del amparo constitucional.*
> *El problema de asimilar uno con el otro, o de creer que uno es una especie de un género, parece surgir cuando se cree que el amparo tributario se prevé como medio de protección del derecho de petición y de oportuna respuesta que tiene el particular, derecho éste consagrado en el artículo 67 de la Constitución de 1961 y hoy en día en el artículo 51 de la vigente Constitución; pues si se parte ya no de la protección de un derecho constitucional sino de la garantía legal que tiene el administrado de que la Administración cumpla con una obligación prevista en la ley, a través de un medio también previsto en un instrumento especial como lo es el Código Orgánico Tributario, la distinción existente entre dichos medios judiciales aparece más evidente"* (subrayados del autor).

Claro que si se parte no de la protección de un derecho constitucional, sino de una garantía legal, como lo pretende el fallo en comento, se debe concluir en la ausencia de acción de amparo constitucional. Pero, la pregunta es: ¿cómo olvidar que se trata de un derecho constitucional, si su consagración en el artículo 51 del Texto Fundamental resalta de la simple lectura, desde la más leve de las interpretaciones literales?

Sin embargo, esta no es la única imprecisión o arbitrariedad en la que incurre este fallo antilibertario, pues tratándose de un caso que subió a la Sala Constitucional en virtud sólo de consulta acorde con la Ley Orgánica de Amparo sobre Derechos y Garantías Constitucionales, toda vez que no hubo apelación, aconteció que se remitió el caso a la Sala Político-Administrativa a los efectos de la consulta, no obstante que se sostiene en esta contestada línea jurisprudencial, que en el amparo tributario, por supuestamente no ser un amparo constitucional, no habría lugar a consulta obligatoria. Esta es una clara incoherencia en la criticada tesis.

3.- Caso Sucesión Arquímides Román

Lamentable es que la jurisprudencia pretenda rechazar con tanto ahínco, el que el amparo tributario sea una especia de amparo por mora de la Administración, mientras que, no obstante, se permita sostener que se persigue con él la satisfacción del derecho de petición y oportuna y adecuada respuesta, como se desprende de la sentencia Nro. 02734 del 20 de noviembre de 2001, dictada por la Sala Político-Administrativa del tribunal supremo de Justicia, caso: Sucesión Arquímides Román, con ponencia del Magistrado Levis Ignacio Zerpa[166]:

> *"No obstante, advierte la Sala, que si bien hasta la presente fecha está justificado el retardo en que ha incurrido la administración tributaria en dar respuesta a la solicitud de la recurrente, lo cual derivó en la declaratoria de improcedencia de la presente acción de amparo tributario; no es menos cierto que ello no la exime del deber que le impone la ley de pronunciarse al respecto, ni sustrae la garantía constitucional inherente a la contribuyente, de obtener oportuna y adecuada respuesta, contenida en el artículo 51 de la Carta Magna, como tampoco su derecho de petición, consagrado en los artículos, 2º de la Ley Orgánica de Procedimientos Administrativos y 9 de la novísima Ley Orgánica de la Administración Pública, publicada en la Gaceta Oficial de la República Bolivariana de Venezuela Nº 37.305, de fecha 17 de octubre de 2001; y en consecuencia le insta a que una vez finalizadas las averiguaciones en proceso, realizadas en virtud de su potestad de investigación, produzca la decisión correspondiente a la mayor brevedad, en aras de garantizar la excelencia de la gestión pública y velar por el efectivo Estado de Derecho y de Justicia"* (subrayado del autor).

4.- Casos Hans Gotteried Ebert Dreger y Sindicato Único de Trabajadores de la Fundación "Teatro Teresa Carreño" (Sutrafunteca)

Ahora bien, a pesar de que la posición inicial de la Sala Político-Administrativa fue del todo libertaria, al asumir que el amparo tributario es una garantía judicial extraordinaria del derecho de petición y oportuna y adecuada respuesta, especie del amparo constitucional, es lo cierto que lamentablemente esa Sala se ha avenido plenamente a esta línea argumentativa de la Sala Constitucional, que extrañamente funge como suerte de su

[166] http://www.tsj.gov.ve/decisiones/spa/Noviembre/02734-201101-01-0759.htm

sede superior de control judicial, tal como se observa de diversas sentencias posteriores, como Nro. 02831 del 27 de noviembre de 2001, con ponencia del Magistrado Hadel Mostafá Paolini, caso: Hans Gotteried Ebert Dreger[167], que, supuestamente por no tratarse de amparo constitucional autónomo, dejan:

> *"a salvo la competencia de esta Sala Político-Administrativa para conocer -en segunda instancia- de las acciones de amparo tributario, interpuestas de conformidad con la normativa dispuesta en los artículos 302 y siguientes del Código Orgánico Tributario, así como de las solicitudes de amparo constitucional interpuestas conjuntamente con los recursos contencioso-administrativos de nulidad de actos o contra las conductas omisivas y de las apelaciones o consultas de sentencias de amparo que se intenten por vía cautelar ante la Corte Primera de lo Contencioso Administrativo con el recurso contencioso administrativo de nulidad, ello, en atención al criterio señalado por la Sala Constitucional en la sentencia antes referida y en la dictada en fecha 14 de marzo de 2000 (Caso: C.A. Electricidad del Centro –ELECENTRO– y C.A. Electricidad de Los Andes –CADELA–). En consecuencia, esta Sala resulta incompetente para conocer el recurso de apelación que cursa en autos. Así se declara".*

Igualmente, conviene observar particularmente la sentencia Nro. 00717 del 23 de mayo de 2002, caso: Sindicato Único de Trabajadores de la Fundación "Teatro Teresa Carreño" (Sutrafunteca), con ponencia del Magistrado Levis Ignacio Zerpa, en la cual se insiste en tan equivocada idea (cuyo único efecto práctico consiste en liberar a la Sala Constitucional de conocer en segunda instancia de los amparos tributarios), como se puede observar, además, por ser meramente ratificatoria de la criticada sentencia Plan Alimenticio Nueva Esparta:

> *"En igual sentido cabe destacar que tales causales han sido instituidas en materia de amparo constitucional, figura por demás distinta de la acción de amparo tributario establecida en el Código Orgánico Tributario; ya en anteriores oportunidades esta Sala se ha pronunciado sobre el particular, señalando que no obstante la homonimia que presentan ambas instituciones se trata de acciones que no pueden ser confundidas. Así, este Alto Tribunal ha sostenido que "...a pesar de su denominación y de que constituye una vía legal especial breve– el "amparo tributario" no es una "especie" del amparo constitucional previsto en el artículo 49 de la Constitución y desarrollado en la Ley*

[167] http://www.tsj.gov.ve/decisiones/spa/Noviembre/02831-271101-01-0562.htm

> *Orgánica de Amparo sobre Derechos y Garantías Constitucionales, toda vez que difiere sustancialmente de éste en cuanto a su fundamento, objeto, procedimiento y naturaleza de sus decisiones" (sentencia de fecha 29 de enero de 1997, caso Plan Alimenticio Nueva Esparta), criterio este ratificado fielmente en posterior oportunidad por la Sala Constitucional, en decisión de fecha 30 de junio de 2000, caso Sucesión de Carlos Alberto Domínguez Gómez.*
> *(omissis)*
> *...En igual sentido, la naturaleza de ambas acciones es distinta, por una parte la naturaleza del amparo tributario es positiva, es decir, ordenar a la Administración Tributaria que realice el trámite o diligencia o eximir al contribuyente del mismo; mientras que la acción de amparo constitucional tiene plenos efectos restablecedores de la situación jurídica infringida.*
> *En este sentido puede concluirse que ambas acciones resultan diferentes en cuanto a su finalidad, objeto, naturaleza y procedimiento, ya que en este punto ambas instituciones encuentran una regulación adjetiva distinta, tal como puede observarse de las disposiciones de la Ley Orgánica de Amparo sobre Derechos y Garantías Constitucionales y del Código Orgánico Tributario; en efecto, si bien ambas constituyen una vía legal especial breve, sus disposiciones reguladoras resultan diferentas y ello, tal como se indicó supra, obedece a la naturaleza y finalidad de ambas acciones".*

Claro que, en caso de lesión al debido proceso y en general a las garantías judiciales, que están previstas en la Convención Americana sobre Derechos Humanos, un justiciable podría llevar el asunto a las instancias internacionales de la Comisión y la Corte Interamericanas de Derechos Humanos. Empero, vista la eficacia restablecedora inmediata y la brevedad de la acción de amparo tributario en la realidad cotidiana, aunque no se la tenga como una especie de amparo constitucional en el plano teórico, comprensiblemente se aleja esa posibilidad.

IX. MENCIÓN APARTE SOBRE EL DESARROLLO LEGISLATIVO DE LOS DERECHOS CONSTITUCIONALES

Uno de los aspectos en los que se ha basado con mayor ímpetu tanto la doctrina como la jurisprudencia de los detractores de la idea del amparo tributario como una especie del amparo por mora de la Administración, viene dado por la ocurrencia de que la acción de amparo tributario tendería a la salvaguarda del cumplimiento de obligaciones de mero rango legal, por parte de la Administración Tributaria, y no de verdaderos derechos constitucionales.

Esta suposición, ya criticada previamente en sus aspectos generales, considera que como el juez tributario, para poder desentrañar si la Administración Tributaria ha o no dejado de responder una petición de forma oportuna, vale decir, ha o no incurrido en una demora excesiva en proveer alguna petición, debe acudir a normas de rango legal o incluso reglamentario, como lo es en el primer caso el mismo artículo 153 del Código Orgánico Tributario, consagratorio del lapso genérico de respuesta (30 días hábiles), lo que se estaría menoscabando, de haberse excedido inútilmente ese lapso, no serían normas de rango constitucional, por lo que no procedería la acción de amparo constitucional.

De allí que se hable de una pretendida acción de cumplimiento, procedente frente a la violación de obligaciones de rango meramente legal, como lo sería en este caso, según esta tesis, el deber de responder dentro del lapso de ley.

Nosotros sostenemos que la fijación de los lapsos de respuesta, a las peticiones de los administrados, es una temática que escapa al ámbito regulatorio constitucional, el cual queda consagrado a la determinación de un derecho fundamental, cual es el de obtener respuesta oportuna (sin retardos excesivos) a las solicitudes que se planteen a la Administración Pública, de modo que la precisión concreta de los lapsos de respuesta sea establecida por el legislador, como en los artículos 5 de la Ley Orgánica de Procedimientos Administrativos y 153 del Código Orgánico Tributario, o incluso por el reglamentador, al momento de configurar los distintos procedimientos administrativos, generales y especiales.

De este modo, no porque el lapso específico de respuesta esté en norma legal, deja el artículo 51 de la Constitución de contener un derecho humano amparable, como lo es el de petición y oportuna y adecuada respuesta. Así funciona para el amparo por mora de la Administración (en general), así ha de funcionar, como se ha dicho hasta la saciedad en estas líneas, cuando la mora es de la Administración Tributaria.

Lo curioso en esta perspectiva del análisis, es que la Sala Constitucional, a pesar de haber aceptado la anterior jurisprudencia de la Sala Político-Administrativa de la entonces Corte Suprema de Justicia, así como la doctrina del profesor Fraga, en el sentido de que el amparo tributario no sería más que una acción de cumplimiento o una acción contencioso administrativa por abstención o carencia, por no perseguir, según ellos, otra cosa que el respeto de un deber de naturaleza o jerarquía simplemente legal, visto que el intérprete se debe remitir a normas de rango legal para verificar si los lapsos se han cumplido o no, lo cual excluiría la índole constitucional de la acción, nos muestra sin embargo casos de figuras claramente representativas de derechos constitucionales, en los cuales, no obstante deberse recurrir a normas legales para precisar si se han respetado o no, jamás se ha excluido por ello la procedencia del amparo constitucional para su tutela judicial.

Se pone de relieve así una auténtica incongruencia argumentativa en nuestra jurisprudencia, tal como se desprende de la sentencia Nro. 951 del 17 de mayo de 2001, dictada por la Sala Constitucional del Tribunal Supremo de Justicia, caso: José Anacleto De Sousa, con ponencia del Magistrado Jesús Eduardo Cabrera Romero[168], en la cual, tratándose de la tutela judicial extraordinaria por vía de amparo del derecho al debido proceso, se sostuvo que:

> *"...esta Sala es del criterio que existen derechos constitucionales cuya violación precisamente puede devenir de violaciones legales. Tal situación sucede, particularmente, cuando se trata de la trasgresión al debido proceso constitucional. La afectación de derechos subjetivos, obviando cualquier proceso o procedimiento, implica una violación al debido proceso. Esta Sala considera, entonces, que el debido proceso es aquel que se encuentra contenido en normativas aplicables para el caso específico, por lo que, en caso de no existir normativa legal que especifique el proceso a seguir para afectar derechos subjetivos, cualquier actuación libre que afecte tales derechos debe considerarse como arbitraria y abusiva. Es por ello que el primer paso, antes de afectar derechos subjetivos, es el plasmar en un texto normativo el proceso o procedimiento claro que permita a aquel, a quien sus derechos se pretende afectar, conocer las razones por las cuales su derecho se está afectando, y así permitir su defensa en términos transparentes y justos.*
>
> *Observa la Sala, que para que exista la garantía constitucional al debido proceso, debe existir una interacción y balance entre dos requerimientos: 1. Por un lado, debe existir la normativa que especifique en forma clara, precisa y transparente las fases del proceso cuyo fin sea afectar derechos subjetivos. 2. Por otro lado, dicha normativa debe permitir la participación de la persona o personas afectadas en el proceso, en forma tal que se les garantice el ejercicio de su derecho a la defensa en forma digna y plena.*
>
> *De conformidad con lo anterior, esta Sala rechaza el criterio del a quo, para desestimar la acción de amparo, consistente en que el accionante para fundamentar la violación al derecho constitucional al debido proceso y al derecho a la defensa se basa, supuestamente, en razones de tipo legal, específicamente en las normas del Código de Procedimiento Civil. En concordancia con lo expuesto anteriormente, es precisamente en el Código de Procedimiento Civil donde se encuentran las normas que garantizan el debido proceso judicial en las materias*

[168] http://www.tsj.gov.ve/decisiones/scon/Mayo/951-170502-01-1268%20.htm

> *reguladas por dicha normativa legal. Por ello, para que exista una violación al debido proceso judicial regulado por el Código de Procedimiento Civil, en términos constitucionales, debe existir, primeramente, una violación a las normas de dicho Código. Es por ello que, en los casos de procesos judiciales regulados por el Código de Procedimiento Civil, la violación constitucional al debido proceso depende directamente de la violación de las normas procedimentales contenidas en dicho Código. En estos términos esta Sala no comparte el criterio del a quo para fundamentar la sentencia apelada, y reforma su fundamentación en los términos que a continuación se indican. Así se declara"* (subrayados del autor).

En este orden de ideas, "mutatis mutandis", así como se debe acudir al Código de Procedimiento Civil, para saber si se ha respetado o no el derecho al debido proceso (que por cierto el derecho de los derechos humanos lo califica de debido proceso legal), para que en caso negativo proceda el amparo constitucional a ese derecho, igualmente se debe acudir a la Ley Orgánica de Procedimientos Administrativos o al Código Orgánico Tributario, según los casos, para poder saber si se han excedido los lapsos de respuesta y, en consecuencia, si cabe la acción de amparo por mora de la Administración (Tributaria o no), para el restablecimiento del derecho de petición y oportuna y adecuada respuesta.

Jocosa pero muy seriamente cabría advertir que, cuando el constituyente expresa en el artículo 22 que: "La falta de ley reglamentaria de estos derechos no menoscaba el ejercicio de los mismos", ha de suponerse que, al contrario, la existencia o vigencia de leyes reglamentarias de estos derechos (los humanos), por razones obvias de sano raciocinio, tampoco menoscabará su ejercicio.

X. COMENTARIO FINAL, SOBRE LAS COSTAS EN EL AMPARO TRIBUTARIO

En infinidad de casos se ha dado que, con ocasión del ejercicio de un amparo tributario, vista la mora administrativa en responder alguna petición, luego de que la Administración Tributaria es puesta a derecho, en lugar de informar al tribunal competente sobre las razones de la omisión, o sobre la ausencia del pretendido retardo, o sobre la inexistencia de la supuesta solicitud, el funcionario administrativo aprovecha para emitir y notificar la respuesta correspondiente (tanto en autos como directamente al administrado justiciable-accionante-quejoso-peticionante), sin importar su contenido favorable o denegatorio, sea que verse el trámite sobre un requerimiento de solvencia, de reconocimiento de nulidad absoluta de un acto administrativo, de acceso al expediente administrativo, de declaratoria de la prescripción extintiva de derechos fiscales, de certificación de la caducidad de un sumario administrativo, etc.

Esto no es cuestionable, pues más bien evidencia que la Administración Tributaria, frente a la evidente mora en responder la petición del caso, se aviene al hecho denunciado y, sin más, procede a dictar y notificar la decisión, sin que sea relevante su contenido, para satisfacer el derecho de petición y oportuna y adecuada respuesta.

Empero, comoquiera que, a la postre, aunque no haya sido en ejecución de una orden judicial en la definitiva, es obvio que tal decisión no es el resultado del cumplimiento voluntario del deber administrativo colateral del derecho de petición y oportuna y adecuada respuesta, sino de la acción en justicia del interesado.

Por tanto, una vez enterado el tribunal sobre este proceder, correspondería en justicia que, visto el allanamiento o convenimiento del agraviante frente a la acción en justicia, se reequilibrara la situación del accionante mediante la condenatoria en costas de la Administración Tributaria, máxime cuando la Ley de Abogados exige la representación o la asistencia de abogado para la actuación judicial, lo cual de suyo es demostrativo de la causación de honorarios a cargo del accionante.

Sin embargo, para sorpresa, lamentable por cierto, de quienes logran las respuestas administrativas, aunque sean tardías, por esta vía "liminar", muchos fallos de los Juzgados Superiores de lo Contencioso Tributario en la materia se limitan a expresar que "no hay materia sobre la cual decidir al haber quedado satisfecha la pretensión de la accionante con la interposición de la acción de amparo tributario" (subrayado del autor)[169], ignorando la temática de las costas, con graves daños y perjuicios patrimoniales al accionante y menoscabo del principio general de derecho según el cual quien cause un daño a otro debe repararlo (artículo 1.185 del Código Civil), y ello, incluso habiendo pedido explícitamente el accionante en su libelo la condenatoria en costas, con lo que también se incurre en "infra petita" y posiblemente en denegación de justicia. Además, en estos casos, visto el allanamiento o convenimiento, es obvio que hay un vencimiento total de la representación fiscal, sin que haya habido motivos racionales para litigar, pues no hubo litigio. Acorde por lo demás, con el artículo 282 del Código de Procedimiento Civil, el que convenga en la demanda pagará las costas "si hubiere dado lugar al procedimiento".

[169] Véase, a título ilustrativo: sentencia Nro. 656 del Juzgado Superior Tercero de lo Contencioso Tributario, del 30 de marzo de 2001, caso: Pharsana de Venezuela, C.A., contra omisión de respuesta del Seniat, en una solicitud de reconocimiento de la nulidad absoluta de planillas de liquidación impositiva.

A la final, se perturba el funcionamiento de la Sala Político-Administrativa del Tribunal Supremo de Justicia, conduciéndolo a que conozca de apelaciones innecesarias, sobre el tema de las costas, si los tribunales competentes actuaran dentro del concepto distributivo del Estado de Justicia.

En palabras del autor Horacio Creo Bay, "Amparo por mora de la Administración Pública":

> *"También puede ocurrir que la Administración se expida en cualquier momento antes de la sentencia, en cuyo caso la cuestión se torna abstracta y, en consecuencia, inoficiosa su consideración, al aplicarse subsidiariamente las pautas emergentes de la ley de amparo. El amparo por mora debe resolverse según el estado de cosas existente al momento de sentenciar"* (página 120).
> *"...jugando los plazos a favor del administrado, la interposición del amparo equivale a la denuncia de la mora. Y porque el dictado del acto por parte de la Administración, acompañado del informe, equivaldría –en un proceso ordinario y salvando las distancias– a un allanamiento"* (página 123).
> *"Así, la jurisprudencia entiende que corresponde la imposición de costas a la accionada –no apartándose del principio general que en materia de costas establece el art. 68 del Código Procesal– en la medida que se haya obligado al actor a litigar en ejercicio de una acción que la ley le reconoce"* (página 123).

XI. CONCLUSIÓN

En consecuencia, si la acción judicial en estudio tiene por finalidad proteger el derecho constitucional de petición y oportuna y adecuada respuesta, por mora de la Administración, aquí Tributaria, y se sigue a través de un proceso extraordinario breve, donde el juez tiene poderes restablecedores inmediatos de la situación jurídica infringida, pudiendo ordenar la emisión de la respuesta genérica (conducta positiva), sin atención a su contenido concreto o específico, y sustituirse a la acción administrativa, siendo la sentencia apelable sólo en el efecto devolutivo, ineluctablemente sólo podemos estar en presencia de una acción de amparo constitucional especial, regida por el artículo 27 de la Constitución y desarrollada, en primer lugar (de forma principal), por el Código Orgánico Tributario y, en segundo lugar (de manera supletoria), por la Ley Orgánica de Amparo sobre Derechos y Garantías Constitucionales.

1.4
Amparización y colectivización del proceso tributario

1. LA JURISDICCIÓN AL SERVICIO DEL SER HUMANO

El análisis sistemático de varias de las disposiciones normativas, de aplicación directa e inmediata[170], de la Constitución de 1999, nos permite descollar sin duda la intención constituyente de propiciar la apertura plena de la jurisdicción, en provecho del ser humano[171], visto éste en forma integral y no sólo como ciudadano, administrado, contribuyente, etc., por lo que hablaremos del justiciable, es decir, del ser humano clamando justicia.

Tal intención promotora del acceso irrestricto a la justicia es posible descubrirla tras la lectura concatenada de diversas normas constitucionales, contenedoras de trascendentes principios jurídicos que encuentran su razón de ser en una clara vocación de vida en libertad y democracia. Veamos:

Ante todo, conviene poner de relieve el principio de supremacía de la Constitución, piedra angular de nuestro sistema jurídico constitucional

---

[170] Ruan Santos, Gabriel, "Nueva dimensión del derecho tributario por aplicación directa de la Constitución. Aspectos sustantivos y adjetivos", en "La Administración Tributaria y los derechos de los contribuyentes", Libro Homenaje a la Memoria de Ilse van der Velde, FUNEDA, Caracas, 1998.
- Octavio, José Andrés, "Las garantías constitucionales ante la presión del conjunto de tributos que recaen sobre el sujeto contribuyente", Revista de Derecho Tributario N° 50, en Temas Tributarios, XXX Aniversario de la Asociación Venezolana de Derecho tributario, Caracas, 1999.

[171] De quien por cierto emana la potestad de administrar justicia (artículo 253).
- Ortíz-Ortíz, Rafael, "La dignidad humana y el desarrollo de la personalidad como premisa axiológica del constitucionalismo venezolano", Revista de la Fundación Procuraduría, N° 14, Caracas, 1996.

racional normativo rígido, que catapulta su parte dogmática o compendio de derechos humanos fundamentales al más alto nivel de la jerarquía de las fuentes del derecho, en los siguientes términos:

> *"La Constitución es la norma suprema y el fundamento del ordenamiento jurídico. Todas las personas y los órganos que ejercen el Poder Público están sujetos a esta Constitución"* (artículo 7);
> *"Toda persona tiene el deber de cumplir y acatar esta Constitución, las leyes y los demás actos que en ejercicio de sus funciones dicten los órganos del Poder Público"* (artículo 131); y,
> *"La Constitución y la ley definirán las atribuciones de los órganos que ejercen el Poder Público, a las cuales deben sujetarse las actividades que realicen"* (artículo 137).

Este trascendental principio de supremacía de la Constitución se halla garantizado por los controles de constitucionalidad de las leyes y demás actos jurídicos de ejecución directa de la Constitución, emanados de cualquiera órgano del poder público, como lo son el control concentrado, a cargo de la Sala Constitucional del Tribunal Supremo de Justicia (artículo 336, numerales 1 al 4), y el control difuso, confiado a todos los jueces de la República, en sus respectivas competencias (artículo 334, en concordancia con el artículo 20 del Código de Procedimiento Civil).

Ahora bien, habiendo destacado ya que la supremacía de la Constitución conlleva la de los derechos humanos[172], no sólo la de los reconocidos expresamente en ella, sino todos los derechos humanos, por razón de la adoptada cláusula del "numerus apertus" en la materia (artículo 22), es interesante recordar que muchos de los derechos humanos están contenidos en tratados internacionales[173] y que al margen de las discusiones monistas y dualistas sobre la posición de estas convenciones en las fuentes del derecho interno, la Constitución les atribuye, sin más, jerarquía constitucional (artículo 23), acompañada de la significación sustantiva de ello y de todas las garantías judiciales llamadas a concretar la realidad del principio de supremacía de la Constitución, en provecho de la dignidad y el bienestar del ser humano.

---

[172] Pérez Campos, Carmen Magaly, "Los derechos humanos. Su definición y vinculación con los planos de la moralidad y de la legalidad", Revista de la Facultad de Ciencias Jurídicas y Políticas, Nro. 83, U.C.V., Caracas, 1992.
- Associaçao Brasileira de Direito Financiero, Anais das XX Jornadas do Instituto Latinoamericano de Derecho Tributario, "Direitos humanos e tributaçao", Salvador, Bahia, Brasil, 2000.

[173] Casás, José Osvaldo, "Familia, Constitución, tratados internacionales sobre derechos humanos y tributos", en Estudios en memoria de Ramón Valdés Costa, Tomo I, Fundación de Cultura Universitaria, Montevideo, 1999.

Así, encontrándonos en el ámbito de los derechos humanos, es menester observar, dentro de los ya evocados principios jurídicos de trascendencia, el principio de preeminencia de los derechos humanos, visto como valor superior del ordenamiento jurídico venezolano y de la actuación del Estado venezolano:

> *"Venezuela se constituye en un Estado democrático y social de Derecho y de Justicia, que propugna como valores superiores de su ordenamiento jurídico y de su actuación, la vida, la libertad, la justicia, la igualdad, la solidaridad, la democracia, la responsabilidad social y en general, la preeminencia de los derechos humanos, la ética y el pluralismo político"* (artículo 2, subrayados del autor).

De esta forma, el impostergable goce de los derechos humanos se configura como uno de los fines del Estado:

> *"El Estado tiene como fines esenciales la defensa y el desarrollo de la persona y el respeto a su dignidad, el ejercicio democrático de la voluntad popular, la construcción de una sociedad justa y amante de la paz, la promoción de la prosperidad y bienestar del pueblo y la garantía del cumplimiento de los principios, derechos y deberes consagrados en esta Constitución"* (artículo 3, subrayados del autor).

Caracterizado ello por el principio de progresividad de los derechos humanos, es decir, de permanente ampliación de la esfera de libertades:

> *"El Estado garantizará a toda persona, conforme al principio de progresividad y sin discriminación alguna, el goce y ejercicio irrenunciable, indivisible e interdependiente de los derechos humanos. Su respeto y garantía son obligatorios para los órganos del Poder Público de conformidad con la Constitución, los tratados sobre derechos humanos suscritos y ratificados por la República y las leyes que los desarrollen"* (artículo 19).

Es tanta la importancia que la Constitución da a su supremacía, que no sólo la refuerza como principio en el campo específico de los derechos humanos, como se desprende de las normas previamente trascritas, sino que también dispone consecuencias jurídicas concretas en cuanto a la nulidad absoluta de las actuaciones estatales y sobre la responsabilidad por daños, en donde se lesionen los derechos humanos, circunstancias ambas cuya materialización convoca indefectiblemente la intervención del Poder Judicial:

> *"Todo acto dictado en ejercicio del Poder Público que viole o menoscabe los derechos garantizados por esta Constitución y la ley es nulo, y los funcionarios públicos y funcionarias públicas que lo ordenen*

> *o ejecuten incurren en responsabilidad penal, civil y administrativa, según los casos, sin que les sirvan de excusa órdenes superiores"* (artículo 25).
> *"El Estado tendrá la obligación de indemnizar integralmente a las víctimas de violaciones a los derechos humanos que le sean imputables, y a sus derechohabientes, incluido el pago de daños y perjuicios"* (artículo 30).

Desde esta perspectiva, interesa destacar ciertos derechos humanos, de expresa consagración constitucional, directamente relacionados con nuestro tema, que son los siguientes:

El derecho de acceso a la justicia, también denominado derecho de acceso al órgano jurisdiccional o derecho a la acción o derecho a accionar en justicia, y el derecho a la tutela judicial efectiva[174], que se encuentran reconocidos en conjunto, tanto en provecho de la defensa de derechos e intereses individuales (heterogéneos u homogéneos), como igualmente de derechos e intereses transindividuales, como lo son los de naturaleza colectiva o difusa, constitucionalizándose de esa manera el fenómeno, cada vez más común, de colectivización en general del proceso, y asociados también al principio de celeridad procesal:

> *"Toda persona tiene derecho de acceso a los órganos de administración de justicia para hacer valer sus derechos e intereses, incluso los colectivos o difusos, a la tutela efectiva de los mismos y a obtener con prontitud la decisión correspondiente"* (artículo 26).

Este principio de celeridad procesal, sin cuyo respeto mal podría hablarse de tutela judicial efectiva, es objeto de mayor tratamiento, así:

> *"El Estado garantizará una justicia gratuita, accesible, imparcial, idónea, transparente, autónoma, independiente, responsable, equitativa*

---

[174] González Pérez, Jesús "El derecho a la tutela jurisdiccional", Editorial Civitas, Madrid, 1984.
- Brewer-Carías, Allan R., "Consideraciones sobre el contencioso administrativo como un derecho constitucional a la tutela judicial frente a la Administración", Revista Derecho Público, Nº 49, 1992.
- Spisso, Roberto, "La tutela judicial efectiva en materia tributaria. Protección del contribuyente ante el estado de sitio fiscal", Depalma, Buenos Aires, 1996.
- Fraga Pittaluga, Luís, "La defensa del contribuyente frente a la Administración Tributaria", FUNEDA, Caracas, 1998.
- Shaw, José Luís, "Tutela jurisdiccional efectiva en materia tributaria", en Estudios en memoria de Ramón Valdés Costa, Tomo II, Fundación de Cultura Universitaria, Montevideo, 1999.
- Blanco-Uribe Quintero, Alberto, "Los derechos del contribuyente en la Constitución de 1999", V Jornadas Venezolanas de Derecho Tributario "Aspectos Tributarios en la Constitución de 1999", Asociación Venezolana de Derecho Tributario, Livrosca, Caracas septiembre 2000.

y expedita, sin dilaciones indebidas, sin formalismos o reposiciones inútiles" (artículo 26, subrayados del autor).

Incluso, como atribución específica del Ministerio Público[175]:

"Garantizar la celeridad y buena marcha de la administración de justicia, el juicio previo y el debido proceso" (artículo 285, numeral 2).

A más de su regulación tradicional en el artículo 10 del Código de Procedimiento Civil:

"La justicia se administrará lo más brevemente posible. En consecuencia, cuando en este Código o en las leyes especiales no se fije término para librar alguna providencia, el Juez deberá hacerlo dentro de los tres días siguientes a aquél en que se haya hecho la solicitud correspondiente" (subrayado del autor).

Por otro lado, nos topamos con otros derechos humanos pertinentes al tema de la justicia, como lo son:

El derecho al debido proceso, sin cuyo goce real también sería ilusoria la tutela judicial efectiva:

"El debido proceso se aplicará a todas las actuaciones judiciales y administrativas y, en consecuencia:

1. La defensa y la asistencia jurídica son derechos inviolables en todo estado y grado de la investigación y del proceso. Toda persona tiene derecho a ser notificada de los cargos por los cuales se le investiga, de acceder a las pruebas y de disponer del tiempo y de los medios adecuados para ejercer su defensa. Serán nulas las pruebas obtenidas mediante violación del debido proceso. Toda persona declarada culpable tiene derecho a recurrir del fallo, con las excepciones establecidas en esta Constitución y la ley" (artículo 49, numeral 1).

Estos derechos de acceso a la justicia, tutela judicial efectiva y debido proceso se encuentran compendiados en el artículo 14, numeral 1 del Pacto

[175] Tanto el Ministerio Público, como la Defensoría del Pueblo, tienen atribuciones generales en el ámbito de sus actuaciones para asegurar el respeto de los derechos humanos, como se ve, respectivamente, de los artículos 285, numeral 1: "Garantizar en los procesos judiciales el respeto de los derechos y garantías constitucionales, así como de los tratados, convenios y acuerdos internacionales suscritos por la República", y 281, numeral 1: "Velar por el efectivo respeto y garantía de los derechos humanos consagrados en esta Constitución y en los tratados, convenios y acuerdos internacionales sobre derechos humanos ratificados por la República, investigando de oficio o a instancia de parte las denuncias que lleguen a su conocimiento.

Internacional de Derechos Civiles y Políticos[176], adoptado y abierto a la firma, ratificación y adhesión por la Asamblea General de la Organización de las Naciones Unidas, en su Resolución N° 2200 A (XXI), de 16 de diciembre de 1966, que es del siguiente tenor:

> *"Todas las personas son iguales ante los tribunales y cortes de justicia. Toda persona tendrá derecho a ser oída públicamente y con las debidas garantías por un tribunal competente, independiente e imparcial, establecido por la ley, en la substanciación de cualquier acusación de carácter penal formulada contra ella o para la determinación de sus derechos u obligaciones de carácter civil".*

Y en el artículo 8, punto 1 de la Convención Americana sobre Derechos Humanos o Pacto de San José de Costa Rica, suscrita en San José de Costa Rica el 22 de noviembre de 1969, en la Conferencia Especializada Interamericana sobre Derechos Humanos[177], así:

> *"Toda persona tiene derecho a ser oída, con las debidas garantías y dentro de un plazo razonable, por un juez o tribunal competente, independiente e imparcial, establecido con anterioridad por la ley, en la sustanciación de cualquier acusación penal formulada contra ella, o para la determinación de sus derechos y obligaciones de orden civil, laboral, fiscal o de cualquier otro carácter".*
> *El derecho a la presunción de inocencia:*
> *"Toda persona se presume inocente mientras no se pruebe lo contrario"* (artículo 49, numeral 2).

También consagrado en el artículo 14, numeral 2 del Pacto Internacional de Derechos Civiles y Políticos:

> *"Toda persona acusada de un delito tiene derecho a que se presuma su inocencia mientras no se pruebe su culpabilidad conforme a la ley".*

Y en el artículo 8, punto 2 de la Convención Americana sobre Derechos Humanos:

> *"Toda persona inculpada de delito tiene derecho a que se presuma su inocencia mientras no se establezca legalmente su culpabilidad".*

Especial atención requiere el derecho a ser amparado frente a las lesiones efectivas o inminentes a los derechos humanos:

---

[176] Gaceta Oficial Extraordinaria N° 2.146 del 28 de enero de 1978.

[177] Gaceta Oficial N° 31.256 del 14 de junio de 1977.

"Toda persona tiene derecho a ser amparada por los tribunales en el goce y ejercicio de los derechos y garantías constitucionales, aun de aquellos inherentes a la persona que no figuren expresamente en esta Constitución o en los instrumentos internacionales sobre derechos humanos.
El procedimiento de la acción de amparo constitucional será oral, público, breve, gratuito y no sujeto a formalidad, y la autoridad judicial competente tendrá potestad para restablecer inmediatamente la situación jurídica infringida o la situación que más se asemeje a ella. Todo tiempo será hábil y el tribunal lo tramitará con preferencia a cualquier otro asunto" (artículo 27).

Y, finalmente, la promoción de Venezuela no sólo como un Estado de Derecho, sino, mejor aún, como un Estado de Justicia[178]:

"Venezuela se constituye en un Estado democrático y social de Derecho y de Justicia, que propugna como valores superiores de su ordenamiento jurídico y de su actuación, la vida, la libertad, la justicia, la igualdad, la solidaridad, la democracia, la responsabilidad social y en general, la preeminencia de los derechos humanos, la ética y el pluralismo político" (artículo 2).

En este orden de ideas, tenemos que un Estado de Justicia es aquel en el cual, entre otros importantes e imprescindibles valores fundamentales, se resalta la justicia misma y la preeminencia de los derechos humanos, donde el justiciable, el que clama justicia, tendrá siempre acceso irrestricto al órgano jurisdiccional, para la defensa de sus intereses individuales o transindividuales, en condiciones de tutela judicial efectiva, debido proceso y promoción progresiva de las libertades, en contra de cualquier acto emanado de todo órgano público, susceptible de perjudicar los derechos humanos, en el camino de "la construcción de una sociedad justa" (artículo 3)[179].

De allí que no pueda haber acto dictado por algún órgano del poder público, sea en ejecución directa o indirecta de la Constitución, que se

[178] - Blanco-Uribe Quintero, Alberto, "Definición de Estado Justicia", Ámbito Jurídico N° 50, Legis, noviembre 2001.
- Morelo, Augusto, "La tutela de los intereses difusos en el derecho argentino", Librería Editora Platense, La Plata, 1999, p. 7: "El foco solar –a los cincuenta años de la Declaración Universal de los Derechos Humanos– de las libertades fundamentales y de las ampliadas y reforzadas garantías, qué duda cabe, lo constituye el que irradia una renovada esperanza en la tutela judicial efectiva y en la consolidación definitiva, en Occidente, del Estado de Derecho en tránsito al Estado de Justicia".

[179] Faúndez Ledesma, Héctor, "El derecho a un juicio justo", Revista de la Facultad de Ciencias Jurídicas y Políticas, N° 80, U.C.V., Caracas, 1991.

encuentre excluido del control de conformidad con el bloque de constitucionalidad, por parte del Poder Judicial, pues es el Juez, en un Estado de Justicia, quien está llamado, en última, definitiva y concluyente instancia, como fiel de la balanza en el equilibrio de los órganos del poder público, y garante de los principios de supremacía de la Constitución y de preeminencia de los derechos humanos, a decir el derecho en cada caso.

Ya la jurisprudencia ha tenido ocasión de pronunciarse sobre el entendimiento del Estado de Justicia[180], comprensivo de un Estado Social y Democrático de Derecho, comprometido con el progreso integral de los venezolanos, el desarrollo humano con miras de propiciar una calidad de vida digna, la justicia como valor superior, la preeminencia de los derechos humanos y el acceso a la justicia para hacer valer todos los derechos y obtener tutela efectiva expedita, a fin de conformar "un Estado justo, del justiciable como elemento protagónico de la democracia" (subrayado de los diversos fallos), siendo el proceso en tales condiciones, la herramienta ideal para su real establecimiento:

> *"El proceso constituye un instrumento fundamental para la realización de la justicia. Las leyes procesales establecerán la simplificación, uniformidad y eficacia de los trámites y adoptarán un procedimiento breve, oral y público. No se sacrificará la justicia por la omisión de formalidades no esenciales"* (artículo 257).

De todo cuanto precede se desprende la evidente intención constituyente de tornar absolutamente pleno, efectivo y expedito el acceso a la jurisdicción, en condiciones irrestrictas de respeto al principio del "favor libertatis", principio de principios, dentro de la ineluctable preeminencia de los derechos humanos, en un Estado de Justicia.

[180] Sentencias de la Sala Político Administrativa del Tribunal Supremo de Justicia, Nº 00697 del 21 de mayo de 2002, caso: Ayari Assing Vargas y otros contra el Colegio de Ingenieros de Venezuela, con ponencia del Magistrado Hadel Mostafá (http://www.tsj.gov.ve/decisiones/spa/Mayo/00697-210502-1057.htm), y Nº 00677 del 8 de mayo de 2003, caso: AB Proyectos e Inspecciones, C.A. contra el I.N.C.E., con ponencia del magistrado Levis Zerpa (http://www.tsj.gov.ve/decisiones/spa/Mayo/00677-080503-2002-1105.htm); y, sentencia de la Sala Constitucional del Tribunal Supremo de Justicia, Nº 2029 del 19 de agosto de 2002, caso: Industria Metalúrgica Ofanto, S.R.L., con ponencia del Magistrado Iván Rincón (http://www.tsj.gov.ve/decisiones/scon/Agosto/2029-190802-2840.htm), especialmente referida esta última a la tutela judicial efectiva y al debido proceso.

2. INTENTO RESTRICTIVO DEL ACCESO A LA JUSTICIA, POR EL PODER LEGISLATIVO, Y ALGUNOS CORRECTIVOS A CARGO DEL PODER JUDICIAL:

No obstante la claridad y elocuencia del discurso constitucional libertario que fuera objeto de la sección anterior, cuyo mensaje dogmático busca favorecer el respeto de los derechos humanos, con especial énfasis en el acceso pleno, efectivo y expedito a la justicia, el Poder Legislativo, obviamente ya no actuando en representación del pueblo soberano (artículos 5 y 62), quien se vio desfavorecido por su actuación, dictó un texto con pretendido rango de ley, abiertamente violatorio del mandato constitucional en cuestión.

En efecto, el Código Orgánico Tributario de 2001[181] (en lo adelante COT) contiene varios dispositivos que están reñidos directamente con la vocación constitucional aperturista de la jurisdicción.

Veamos sólo a título ilustrativo, los siguientes:

2.1. Los acuerdos anticipados sobre precios de transferencia

El artículo 227 del COT pretende excluir del radio de acción del Poder Judicial y, con ello, dejar sin control de conformidad con la Constitución, ciertos actos emanados del poder público, como lo son los acuerdos anticipados sobre precios de transferencia, que no son otra cosa que tipos de actos administrativos bilaterales, derivados de la actuación administrativa convencional o concordada, al indicar que "no serán impugnables por los medios previstos en este Código u otras disposiciones legales".

Por supuesto que estos actos convencionales no son impugnables por los medios previstos en el COT, pues ellos se reducen al ataque jurídico, en sede administrativa o judicial, según los casos, contra actos administrativos unilaterales de efectos particulares, sea por medio del Recurso Jerárquico, del Recurso Contencioso Tributario o de la oposición al Juicio Ejecutivo. No hacía falta entonces que se les excluyese expresamente, sin sentido por lo demás.

---

[181] Cuya vigencia es discutible, pues aparece en la Gaceta Oficial N° 37.305 del 17 de octubre de 2001, como promulgado en el "Palacio de Miraflores, en Caracas, a los diecisiete días del mes de octubre de dos mil uno", por el Presidente de la República, la Vicepresidenta Ejecutiva y los Ministros, cuando es conocido por todos que el Jefe de Estado y varios de los integrantes del Consejo de Ministros estaban, en realidad, en esa fecha, fuera del país, en viaje oficial, no pudiendo cumplirse debidamente la última fase de la formación de la ley, que es la promulgación.

Pero, pretender que no sean impugnables tampoco por medios previstos en leyes especiales es, de suyo, un exabrupto y una inconstitucionalidad, pues tales acuerdos, como actos en los que interviene el poder público, son susceptibles de violar el principio de legalidad en derecho público, o de menoscabar los derechos humanos, siendo el Poder Judicial el árbitro de ello, a iniciativa de parte convencional o de terceros al acuerdo, pues "Todo acto dictado en ejercicio del Poder Público que viole o menoscabe los derechos garantizados por esta Constitución y la ley es nulo" (artículo 25 de la Constitución), y "Toda persona tiene derecho a ser amparada por los tribunales en el goce y ejercicio de los derechos y garantías constitucionales" (artículo 27 de la Constitución).

Así, sin detenernos ahora a analizar la posibilidad o no de que se excluya la aplicación del denominado Recurso Contencioso Administrativo Contractual, regulado por la Ley Orgánica de la Corte Suprema de Justicia, mal podría el Legislador excluir de aplicación la Ley Orgánica de Amparo sobre Derechos y Garantías Constitucionales, en definitiva no por dicho texto legal mismo, sino por mandato del referido artículo 27 de la Constitución, consecuencia inmediata de los principios de supremacía de la Constitución y de preeminencia de los derechos humanos.

Además, es de resaltar que los actos administrativos de efectos particulares, por los cuales, acorde con el artículo 226 del COT, en casos de fraude o falsedad de las informaciones aportadas, o de incumplimiento, la Administración Tributaria puede unilateralmente dejar sin efecto los acuerdos suscritos, son planamente impugnables, por la doctrina del acto separable del contrato, por vía del Recurso Contencioso Tributario o de la Acción de Amparo, según las circunstancias.

2.2. Actos supuestamente no impugnables por el Recurso Contencioso Tributario

El artículo 259, parágrafo segundo, del COT plantea la reducción del alcance protector del Recurso Contencioso Tributario[182], al prever la posibilidad de que hayan actos administrativos de efectos particulares, que afecten la esfera jurídico subjetiva de un administrado, sin que éste los pueda impugnar por esa vía. Dispone la norma en cuestión que:

[182] Blanco-Uribe Quintero, Alberto, "El Recurso Contencioso Tributario 2001", Revista de Derecho Tributario, N° 95, Asociación Venezolana de Derecho Tributario, Caracas, abril-mayo-junio 2002.

"No procederá el recurso previsto en este artículo:

1. *Contra los actos dictados por la autoridad competente en un procedimiento amistoso previsto en un tratado para evitar la doble tributación.*
2. *Contra los actos dictados por autoridades extranjeras que determinen impuestos y sus accesorios, cuya recaudación sea solicitada a la República, de conformidad con lo dispuesto en los respectivos tratados internacionales.*
3. *En los demás casos señalados expresamente en este Código o en las leyes".*

Por lo que respecta al supuesto del numeral 1, pareciera el Legislador querer darle mayor jerarquía al tratado para evitar la doble tributación, que a los presupuestos procesales del COT, lo cual, en materia de derechos humanos, como lo son el acceso a la justicia, la tutela judicial efectiva y el debido proceso, aunado a otros de contenido sustantivo, como la capacidad contributiva y la justicia tributaria, etc., sólo sería posible en caso de disponer un régimen más libertario que el de la propia Constitución.

No hay actos emanados de la autoridad (poder público), reza la Constitución, que estén excluidos del control judicial, en garantía del respeto de los principios de supremacía de la Constitución y de preeminencia de los derechos humanos.

En cuanto al numeral 2, supone el Legislador que los actos de contenido tributario emanados de autoridades extranjeras, cuya recaudación sea pedida a la República, serían directamente ejecutorios en el país, suponemos que por haber sido posible su control de juridicidad en el Estado peticionante, lo cual desconoce todo el régimen jurídico vigente en el país, precisamente para proteger el denominado orden público interno, del cual forma parte la capacidad contributiva y la justicia tributaria, dentro de otros valores trascendentes en el campo de los derechos humanos, cuya salvaguarda compete al Poder Judicial, por medio del exequátur y otros mecanismos legales, por lo que existen tratados internacionales especiales en materia de ejecución de sentencias y decisiones de autoridades extranjeras, que son de preferente aplicación al COT.

Y, sobre el numeral 3, se patentiza la vocación del Legislador, restrictiva de la jurisdicción, al considerar posible una pluralidad de actos administrativos unilaterales de efectos particulares inimpugnables, no sólo por previsión del COT, sino también de otras leyes, suponemos que especiales tributarias, con lo cual, además, se vulnera el carácter de ley marco del COT, en lo adjetivo, dejando inútil su carácter de ley orgánica.

Hay allí una clara remisión a dispositivos como los de los artículos 214 del COT, en materia de intimación:

"La intimación que se efectúe conforme a lo establecido en esta sección no estará sujeta a impugnación por los medios establecidos en este Código".

Y 235 del COT, en el dominio de las consultas:

"No procederá recurso alguno contra las opiniones emitidas por la Administración Tributaria en la interpretación de normas tributarias".

Empero, se observa que estos dispositivos de los artículos 214 y 235 del COT son más ambiciosos que el del parágrafo segundo, numeral 3 del artículo 259 del COT, pues ellos no se limitan a excluir el ejercicio del Recurso Contencioso Tributario en contra de las intimaciones y respuestas a las consultas, sino que, en cuanto a las primeras, las extrae del ámbito de los medios impugnatorios del COT, dejando tácitamente a salvo los previstos en otros textos de ley; y, en torno a las segundas, de forma por demás arbitraria y abusiva, sin especificación alguna, las saca de la posibilidad de atacarlas por cualquier recurso.

Ahora bien, ciertamente, hablando de las intimaciones, se supone que llegados a esa fase del procedimiento administrativo recaudatorio, el administrado (pues podría no ser contribuyente) habría dispuesto de los medios de defensa y de los mecanismos de impugnación, habiéndolos omitido o empleado con resultados infructuosos, pero con respeto del debido proceso. Esa es la razón por la que la norma analizada expresa "La intimación que se efectúe conforme a lo establecido en esta sección". Sin embargo, cuando vemos en la práctica que muchas veces el oficio de intimación es lo primero que el interesado recibe de la Administración Tributaria, sin haber tenido noticia previa de la iniciación del procedimiento administrativo liquidatorio, en el que intervenir y defenderse, en ejercicio de su derecho constitucional a la participación, y mucho menos acceso al expediente administrativo, es obvia la violación del debido proceso y también del derecho constitucional a la información, en un Estado regido por el principio de preeminencia de los derechos humanos, que hace procedente la impugnación, sino de la intimación misma, sí de toda la previa omisión del procedimiento administrativo, siendo la intimación prueba de ello, por ausencia de sus infaltables antecedentes procedimentales.

En estos casos, la intimación sería evidentemente impugnable por vía de Acción de Amparo.

Y, por lo que concierne a las respuestas a las consultas, a más de evocar aquí la jurisprudencia que había puesto fin a la pretensión administrativa de la supuesta inimpugnabilidad de tales respuestas, optando, bajo la vigencia de los Códigos Orgánicos Tributarios de 1982, 1992 y 1994, por la posibilidad de impugnarlas por vía de los Recursos Jerárquico y Contencioso Tributario, dentro de un espíritu de amplitud de acceso a la jurisdicción y de preeminencia de los derechos humanos, aún antes de la llegada de la Constitución de 1999, es importante destacar que su condición de actos en los que interviene el poder público, son susceptibles de violar el principio de legalidad en derecho público, o de menoscabar los derechos humanos, siendo el Poder Judicial, reitero, el árbitro de ello, pues "Todo acto dictado en ejercicio del Poder Público que viole o menoscabe los derechos garantizados por esta Constitución y la ley es nulo" (artículo 25 de la Constitución), y "Toda persona tiene derecho a ser amparada por los tribunales en el goce y ejercicio de los derechos y garantías constitucionales" (artículo 27 de la Constitución).

Recordemos que bajo la vigencia de la Constitución de 1961, la Sala Político Administrativa de la entonces Corte Suprema de Justicia, en sentencias donde destacan ponencias del Magistrado Luís Henrique Farías Mata, ya había sostenido, como demostración de la superación de la doctrina del acto excluido del control judicial[183], que cuando la ley disponía que contra un acto administrativo no podía ejercerse recurso, debía entenderse que se trataba del recurso en sede administrativa, más nunca del recurso judicial, pues el Juez es el garante del Estado de Derecho.

La redacción de la norma en materia de respuestas a las consultas habla de que no podrá ejercerse "recurso alguno", en un intento mezquino de resucitar la doctrina del acto excluido, pero con una letra que podría hacer pensar que se extraerían tanto del recurso en sede administrativa como del recurso judicial, concretamente del Recurso Contencioso Tributario.

En nuestro concepto, si se aceptase en un Estado de Justicia, que es posible excluir el Recurso Contencioso Tributario, por disposición de ley, ello no podría significar la ausencia de control judicial sobre una categoría de actos administrativos, ya que "Todo acto dictado en ejercicio del Poder Público que viole o menoscabe los derechos garantizados por esta Constitución y la ley es nulo" (artículo 25 de la Constitución), siendo que tal control se llevaría a cabo por medio de la Acción de Amparo ("Toda persona tiene derecho a ser amparada por los tribunales en el goce y ejercicio de los derechos y garantías constitucionales", artículo 27 de la Constitución).

Es así como el justiciable debería sonreír frente a la reforma legislativa, pues el Legislador, aunque esa no haya sido su intención, pero sí por mandato constitucional, ha hecho que en lugar de tener que ejercer el Recurso Contencioso Tributario en contra de las respuestas a las consultas que

[183] Blanco-Uribe Quintero, Alberto, "El acto excluido en el COT", Ámbito Jurídico N° 53, Legis, febrero 2002.

puedan afectar sus derechos humanos, clamando por una justicia que no es celera ni expedita, pues la sentencia estadísticamente acontece en promedio cuatro años después de ejercida la acción judicial, siendo su efectividad cuestionable, pueda entonces incoar la Acción de Amparo, para que paradójicamente el mismo Juez de lo Contencioso Tributario le acerque a la justicia añorada, con un fallo dictado alrededor de tres o cuatro meses después de la distribución.

Aunque claro está, siempre sería loable que los Jueces, en ejercicio del control difuso de la constitucionalidad, prefieran la Constitución y particularmente la preeminencia de los derechos humanos, de la cual son garantes, y desapliquen la norma restrictiva del COT, admitiendo libremente los Recursos Contencioso Tributarios contra esta categoría de actos administrativos.

2.3. Inconstitucionalidad del cartel fijado a las puertas del tribunal

El artículo 264 del COT prevé que en caso de interposición subsidiaria del Recurso Contencioso Tributario, o por ante un Juez otro que el de lo Contencioso Tributario, con competencia territorial en el domicilio fiscal del recurrente, o por ante la oficina de la Administración Tributaria de la cual emanó el acto impugnado, el Tribunal de la causa deberá notificar al recurrente para ponerlo a derecho (previo al pronunciamiento sobre la admisibilidad del recurso), en su domicilio o en el lugar donde ejerce su industria o comercio, y que si la notificación de esa forma no es posible, se dejará constancia de ello en el expediente y se fijará un cartel en la puerta del Tribunal.

Es así como, en estos casos de interposición del Recurso Contencioso Tributario (que no podemos recomendar por su peligrosidad[184]), se ha dado el caso de procesos tributarios que llegan a sentencia (de fondo o interlocutorias de inadmisibilidad), alcanzando incluso firmeza, sin que el recurrente se haya siquiera enterado del asunto, porque por esta normativa de ley, con la simple fijación de un cartel a la puerta del Tribunal, se le considere a derecho, cuando en realidad se le está lesionando su derecho al debido proceso, pues ese mecanismo no asegura que el recurrente esté en conocimiento del juicio, para poder litigar con la debida diligencia.

Esta norma de vieja data en el Código Orgánico Tributario, debe ser revisada a la luz de las nuevas concepciones constitucionales, de Estado

[184] Blanco-Uribe Quintero, Alberto, "Jamás es poca la precaución del recurrente", Ámbito Jurídico N° 61, Legis, octubre 2002.

de Justicia y preeminencia de los derechos humanos, de modo de asumir, conforme a la regulación equivalente en materia de citación, del Código de Procedimiento Civil, otros mecanismos sinceramente eficaces, a los fines de poner al interesado en conocimiento del juicio y asegurar su derecho al debido proceso, como lo son la fijación de cartel a la puerta del domicilio procesal, siendo que en los libelos de Recurso Contencioso Tributario se estila indicar domicilio procesal, o en su defecto, la publicación por la prensa nacional, mediando la exclusión de su aplicación, por vía de control difuso de la constitucionalidad, de la previsión de fijación de cartel a la puerta del Tribunal.

En este orden de ideas, la sentencia de la Sala Constitucional del Tribunal Supremo de Justicia, N° 1564 del 18 de diciembre de 2000, caso: Ernesto Jacobo Vallés Díaz, en amparo, con ponencia del Magistrado Jesús Eduardo Cabrera[185], estableció que es posible decretar reposiciones, incluso en estado de ejecución de sentencia, ante la falta de notificación, derivada ella de su omisión o de que haya sido erróneamente realizada, vale decir, que no haya asegurado el conocimiento efectivo del objeto de la notificación, por parte del interesado.

Igualmente, la jurisprudencia de la Sala de Casación Civil del Tribunal Supremo de Justicia, máximo intérprete y guardián de la Constitución y de los preceptos legales del debido proceso, contenidos en el Código de Procedimiento Civil, es ilustrativa de lo aquí argumentado, como se desprende de la sentencia N° 0061 del 22 de junio de 2001, caso: Marysabel Jesús Crespo de Crededio contra Pedro Salvador Crededio Rodríguez, con ponencia del Magistrado Carlos Oberto Vélez[186]. Veamos:

> *"La Constitución consagra el principio del debido proceso como un pilar fundamental para la obtención de la justicia; élla ha sido desarrollada por el Legislador en nuestros códigos y leyes mediante el establecimiento de normas que garantizan los derechos de defensa y el de ser oído, obligando a los órganos jurisdiccionales y administrativos a cumplir con la ejecución de los medios de comunicación procesal, (citación, notificación o intimación) a las partes involucradas en el juicio, cuando el procedimiento así lo requiera, para resguardar la inviolabilidad de los mismos y así evitar su indefensión."*

Ahora bien, entre los medios que garantizan el ejercicio del derecho de defensa en el proceso civil, se encuentra la notificación de las partes, que es un acto comunicacional dirigido a éstas para que comparezcan al

[185] http://www.tsj.gov.ve/decisiones/scon/diciembre/1564-181200-00-1216%20.htm
[186] http://www.tsj.gov.ve/decisiones/scc/Junio/RH-0061-220601-00127.htm

proceso, conozcan lo que ha acontecido en el juicio e integren la relación jurídica procesal conjuntamente con el juez y su contraparte. Dicho acto de comunicación procesal está regulada en el artículo 233 del Código de Procedimiento Civil, y su exigencia reposa en la obligación que tiene el Estado de garantizar a toda persona que se dirige a la jurisdicción, en busca de su tutela jurídica y efectiva ,una justicia transparente e idónea.

De acuerdo pues, con el mencionado artículo 233, la notificación, de las partes procede en los siguientes casos: **a**) Cuando la causa se encuentre paralizada y se proceda a su reanudación; **b**) Para la realización de algún acto del proceso que así lo requiera; y **c**) Cuando la sentencia se dicte fuera del término de diferimiento.

En igual manera señala como mecanismos de notificación, los siguientes:

> ***a)*** *Por medio de la imprenta, con la publicación de un cartel en un diario de los de mayor circulación en la localidad, que indicará expresamente el juez, dando un término que no bajará de diez días;*
> ***b)*** *Mediante boleta remitida por correo certificado con aviso de recibo, al domicilio procesal constituido por la parte que haya de ser notificada, conforme al artículo 174 de este Código y,*
> ***c)*** *Por medio de boleta librada por el Juez y dejada por el Alguacil en el citado domicilio.*

El orden lógico de este tipo de notificación es:

> *1º) Mediante Boleta remitida por correo certificado, con aviso de recibo, entregada en la sede del domicilio procesal.*
> *2º) Mediante Boleta librada por el Juez y dejada por el Alguacil del Tribunal en el citado domicilio procesal, y*
> *3º) Si no hay domicilio se hará la notificación por medio de la imprenta, con la publicación de un cartel en un diario de los de mayor circulación en la localidad, el cual indicará expresamente el Juez.*
> *Quiere la Sala, mediante este orden de prelación, darle vigencia al domicilio procesal, instaurado en el... sistema de nuestro Código actual, además, como se dijo, procurar que el notificado tenga conocimiento cierto y preciso de la actuación que el Tribunal ha ordenado comunicarle...."*
> *La razón del orden sucesivo como han de practicarse las notificaciones, no es ni mas ni menos que darle prelación y vigencia al domicilio procesal. Además, el legislador no hizo referencia a la posibilidad de que el juez ordenara la notificación de la parte en la sede del Tribunal, por cuanto ese no es uno de los medios previstos en el artículo 233 del Código de Procedimiento Civil. Por el contrario, expresamente indicó que si la parte no cumplía con su obligación de constituir su domicilio procesal la notificación se haría mediante cartel publicado por la imprenta.*

Pues bien, la Sala, en base a la anterior consideración, declara que no existe concordancia lógica entre el artículo 233 del Código de Procedimiento Civil, y la parte final del 174 eiusdem. En efecto, este último dispositivo legal establece como domicilio procesal supletorio, la sede del tribunal, para el caso en el cual las partes o sus apoderados no hubiese cumplido con el deber de indicar formalmente en el escrito de la demanda o en el de contestación o en donde se promueven cuestiones preliminatorias, una dirección donde haya de practicarse todas las notificaciones, citaciones o intimaciones que resulten necesarias para el normal desenvolvimiento del juicio, siendo que el artículo 233, ordena la notificación por la imprenta para este mismo supuesto.
Igualmente, la Sala considera que si la parte en el proceso ha cumplido con su obligación de constituir un domicilio procesal, en atención a lo contemplado en el artículo 174 de la Ley Adjetiva Civil, todas las notificaciones que deban ser practicadas en el juicio, y muy especialmente para la reanudación del proceso cuando el fallo es dictado fuera del término, deberán ser realizadas, a) por vía de la publicación de un cartel; y b) en el domicilio procesal mediante boleta remitida por correo certificado con acuse de recibo, o dejada por el Alguacil, sin que sea válida alguna otra alternativa no prevista en el artículo 233 eiusdem, ya que ello en definitiva atenta contra el derecho de la defensa y el debido proceso consagrado en el artículo 49 de la Constitución de 1999 y en el artículo 15 del Código Procedimiento Civil.
Igualmente, la Sala considera oportuno resaltar que la notificación por medio de imprenta, fue expresamente consagrada por el legislador del Código Adjetivo Civil de 1986 en el artículo 233 eiusdem, atendiendo a los resultados del ejercicio forense devenidos en las injusticias que se produjeron con la citación por carteles fijados a las puertas del tribunal para los casos de estar suspendida la causa, bajo la vigencia del Código de Procedimiento Civil de 1916. La notificación por medio de imprenta tiende a garantizar una comunicación mas efectiva, porque se realiza por un medio de comunicación social masivo como es la prensa, que tiene la virtud de llegar con mayor facilidad a la ciudadanía y, por ende, a las partes, brindándoles mayores posibilidades de conocer las actuaciones que ocurrirán en el proceso, lo cual les permite ejercer eficazmente su defensa en el juicio.
...Dado que el mencionado artículo 233, es una norma especial en materia de notificación, en contraste con el citado artículo 174, cuya ubicación en el Capítulo III del Título III del Libro Primero del Código de Procedimiento Civil, que regula los deberes de las partes y de los apoderados, lo convierte en norma general, es criterio de la Sala que la regla aplicable para el caso en el cual no conste en el expediente el domicilio procesal de alguna de las partes, es el artículo 233, en un todo conforme con lo establecido por el artículo 22 eiusdem, el cual dispone que "Las disposiciones y los procedimientos especiales del presente Código se observarán con preferencia a los generales del mismo, en todo cuanto constituya la especialidad;..."

Por otra parte, la notificación en la sede del tribunal no se encuentra establecido en el artículo 233 del Código de Procedimiento Civil, y su uso frecuente en la práctica forense no garantiza eficazmente el ejercicio del derecho de defensa
...Los jueces en materia de notificaciones deberán seguir el siguiente procedimiento:

1) *Ordenar la notificación por boleta remitida por correo con aviso de recibo al domicilio procesal constituido por la parte, o mediante boleta dejada por el Alguacil en ese domicilio.*
2) *Si la parte no constituyó domicilio procesal, entonces el Juez no tendrá otra alternativa que ordenar la notificación por la imprenta, con la publicación de un cartel en un diario de los de mayor circulación de la localidad, concediendo sólo en ese caso un término de diez (10) días de despacho, a contar desde el día siguiente a que conste en autos la consignación del cartel, para que se dé por consumada la notificación, luego de lo cual se reanudará la causa. **No siendo válida la notificación a través de un cartel fijado en la sede del tribunal, pues ello definitivamente coarta el ejercicio del derecho de la defensa.***

...Que si el litigante no señala cual es su domicilio procesal, a la parte contraria le queda el recurso de su notificación por la imprenta y los gastos de esa notificación podrían ser recuperados si en definitiva resulta triunfadora en el proceso. Pues, como ya se estableció, que la redacción del artículo 174 del Código de Procedimiento Civil, colide en forma abierta con la normativa del artículo 233, que por su especialidad en materia de notificaciones debe prevalecer. Y no debe permitirse entonces, la posibilidad la notificación de la parte a través de un cartel fijado en la sede del Tribunal, por las irregularidades que pueden ocurrir.
Cuando el cartel se fija en la sede del Tribunal ante la falta de constitución del domicilio procesal, no se le concede a la parte término alguno para comparecer, sino que tan pronto conste en autos, haber cumplido con las formalidades de fijación, se reanuda el proceso, con lo cual, sin lugar ha dudas, son remotas las posibilidades de que el notificado tenga conocimiento de dicha actuación, por lo que difícilmente ejercerá los recursos pertinentes, sobre todo si la causa ha estado paralizada por largo tiempo.
...Si no se constituyó domicilio procesal, la notificación de la parte deberá ser hecha a través de cartel publicado por la imprenta, en un diario de los de mayor circulación de la localidad que el juez indicará. Todo lo cual permite que la parte tenga mayor conocimiento de las actuaciones realizadas para notificarla. Pero, lo más importante, a criterio de la Sala, es que en el cartel el juez debe conceder a la parte un término no menor de 10 días de despacho para que se consume la notificación, luego de lo cual la causa se reanudará.
... los jueces deben EXHORTAR a las partes a que constituyan su domicilio procesal, dentro de las facultades que les confiere el artículo 14

del Código de Procedimiento Civil. Mas, si la parte no lo hace, la notificación pertinente debe hacerse a través de la imprenta..." (subrayados del autor).

Acorde con esta jurisprudencia pacífica y reiterada de nuestro Tribunal Supremo de Justicia, la notificación por carteles a las puertas del Tribunal de la causa es inválida, por ser contraria al derecho a la defensa y al debido proceso, al no significar realmente una garantía del conocimiento del juicio por parte del "notificado", debiendo preferirse los términos justicieros de la Constitución.

Es por ello que, obviamente, el mandato expreso del artículo 264 del COT, que autoriza a notificar por vía de cartel puesto a las puertas del tribunal, de no haber sido posible la notificación del recurrente, ha de entenderse como inconstitucional, y en consecuencia habrá de ser sistemáticamente desaplicado aún de oficio por los juzgados de instancia, en ejercicio del control difuso de la constitucionalidad, mientras no sea anulado por la Sala Constitucional del Tribunal Supremo de Justicia.

2.4. Inconstitucionalidad de la eliminación del efecto suspensivo inmediato, de la interposición del Recurso Contencioso Tributario

El artículo 263 del COT contiene la reedición del contraprincipio "solve et repete"[187], que si bien no fue consagrado en forma técnica, como un requisito de admisibilidad de la acción judicial, en la realidad práctica representa igualmente un grave atentado contra el derecho de acceso a la justicia, pues limita la posibilidad de gozar de una tutela judicial efectiva y de un debido proceso, por razones discriminatorias de orden económico.

Además, tal régimen de condicionamiento económico de la posibilidad real de sostener el juicio, por el tiempo promedio de cuatro a cinco años que suele durar, en primera instancia, evidencia igualmente otros aspectos de su palmaria inconstitucionalidad[188], al contrariar el Estado de Justicia, precisamente por cerrar el paso del justiciable al órgano jurisdiccional, cercenando su derecho a la tutela judicial efectiva; vulnerar

[187] Blanco-Uribe Quintero, Alberto, "Inconstitucionalidad del principio solve et repete", Ámbito Jurídico N° 44, Legis, mayo 2001.

[188] Blanco-Uribe Quintero, Alberto, "Eliminación de los efectos suspensivos de los recursos tributarios. Una inconstitucionalidad", en Estudios sobre el Código Orgánico Tributario de 2001, obra colectiva, coordinador Jesús Sol Gil, Asociación Venezolana de Derecho Tributario, Livrosca, Caracas, 2002.

el derecho a la presunción de inocencia, cuando se trata de la ejecución liminar de sanciones, antes de que esté definitivamente probada la culpabilidad; y, atentar contra el principio de progresividad de los derechos humanos, acorde con el cual el terreno conquistado por la libertad, en su avance dialéctico sobre las prerrogativas del poder, aspecto en el que la Constitución juega como fiel de la balanza, no puede ser renunciado. Es decir, que no hay vuelta atrás, al no existir retroceso posible en materia de derechos humanos, so pena de afectar derechos adquiridos, esta vez de carácter esencial o fundamental.

Así, cuando el legislador, entendido como debe ser, institucionalmente, sin perjuicio de reformas orgánicas o de cambio en las mayorías parlamentarias, ha extendido la esfera de libertades del soberano, dentro del espíritu constitucional, acordando garantías claras de acceso a la justicia, tutela judicial efectiva, debido proceso y presunción de inocencia, con la medida cautelar "ope legis" de marras, mal podría derogarla, estando sólo jurídicamente capacitado para seguir adelante, hacia más y más libertad, en virtud, además, de la vigencia del principio general de derecho "venire contra factum proprium non valet", garantía en la materia de este principio de progresividad de los derechos humanos.

En este orden de ideas, a pesar de que en algunos casos ciertos justiciables han estado solicitando la suspensión de efectos en los términos del artículo 263 del COT, por razones diversas que unas veces tienen que ver con la defectuosa preparación de los abogados en derecho constitucional sustantivo y procesal y en derecho de los derechos humanos (el derecho constitucional sustantivo se suele ver en los dos primeros años de la carrera, sin jamás volver a él, mientras que el derecho constitucional procesal y el derecho de los derechos humanos acostumbra ser objeto de seminarios optativos aislados), ya otros justiciables han clamado justicia en la materia, y la han obtenido, como puede verse de la sentencia del Juzgado Superior Séptimo de lo Contencioso Tributario, N° 84/2003 del 28 de marzo de 2003, caso: Comercializadora Agropecuaria El Cafeto, C.A. contra Municipio Sucre del Estado Portuguesa[189].

En el caso en cuestión, la justiciable ejerció el Recurso Contencioso Tributario, requiriendo pronunciamiento liminar de control difuso de la constitucionalidad sobre el artículo 263 del COT, y subsiguiente desaplicación al caso concreto, logrando del Tribunal las siguientes consideraciones:

> *"Los derechos humanos pueden definirse como aquellas exigencias que brotan de la propia condición natural de la persona humana y*

[189] Consultada en original, en el expediente judicial N° 2018.

que, por ende, reclaman su reconocimiento, su respeto e incluso su tutela y promoción por parte de todos, pero especialmente de quienes están constituidos en autoridad.

...

La potestad tributaria reconoce en los derechos y garantías constitucionales un límite infranqueable...

...

Si bien la norma bajo examen no exige la caución como requisito de admisibilidad del recurso, la sola condición de "exigir el pago de la porción no suspendida ni objetada", o tramitar la ejecución hasta el acto de remate de bienes embargados, en espera de la sentencia definitivamente firme, vulnera el libre acceso a la justicia y condiciona el derecho a la tutela judicial efectiva, toda vez que el accionante podría no estar en la capacidad económica de sostener el juicio, sea que la caución o la intimación al pago se le exija antes o después de intentar la acción, sin considerar además, que las razones de impugnación del acto podrían resultar favorables en la definitiva.

La exigencia de una caución para mantener la suspensión de los efectos del acto, o evitar el embargo de bienes propiedad del recurrente, estaría más allá del alcance económico del particular, lo cual limita y condiciona su acceso a la vía judicial.

...

...la posibilidad de ejecutar el acto administrativo de carácter tributario, aún pendiente la decisión judicial que resolverá la controversia acerca de su legalidad, violente la garantía constitucional de presunción de inocencia y buena fe, así como el derecho a la defensa...

...El numeral 1 del artículo 8 del Pacto de San José de Costa Rica no solo proscribe el "solve et repete" (entendido como requisito o condición de admisibilidad para la acción judicial), sino que también garantiza una instancia de control judicial previa al pago del reclamo fiscal controvertido, reconociendo expresamente de esta manera un derecho que todos los Estados partes tienen la obligación de respetar y garantizar su libre y pleno ejercicio.

Admitiendo que nuestro ordenamiento jurídico satisface los requerimientos del Pacto de San José de Costa Rica, es indudable que en toda controversia tributaria la acción judicial que se interponga tiene efecto suspensivo de la obligación del pago del tributo en discusión; como consecuencia de ello, los principios de legitimidad y ejecutoriedad del acto administrativo consagrados en nuestra legislación deben interpretarse sistemáticamente con el numeral 1 del artículo 8 del Pacto, entendiéndose que la ejecutoriedad en materia fiscal sólo se configura luego de la pertinente discusión de la misma en un proceso con todas las garantías judiciales".

En virtud de estas consideraciones, acordes con los principios de supremacía de la Constitución y de preeminencia de los derechos humanos el

Tribunal decretó suspendidos los efectos del acto impugnado y ordenó a la autoridad tributaria abstenerse de ejecutarlo.

2.5. Inconstitucionalidad de la eliminación del efecto suspensivo inmediato, de la interposición del Recurso Jerárquico contra sanciones no pecuniarias

El artículo 247, parágrafo único, del COT elimina el efecto suspensivo automático de la mera interposición del Recurso Jerárquico, cuando el acto impugnado consista en la imposición de sanciones no pecuniarias, tales como la clausura de establecimiento, el comiso o retención de mercaderías, aparatos, recipientes, vehículos, útiles, instrumentos de producción o materias primas, o la suspensión de expendio de especies fiscales y gravadas, mientras que acorde con el artículo 263 del COT, el solo ejercicio del Recurso Contencioso Tributario no suspende los efectos del acto impugnado, aunque su contenido sea sancionatorio, trátese de penas pecuniarias o no.

La verdad es que estos dispositivos de ley, al pretender la ejecución liminar de actos sancionatorios, sin esperar a que la ocurrencia de las supuestas infracciones y la debida demostración de la culpabilidad reposen en actos jurídicos definitivamente firmes, sean administrativos o judiciales, menoscaban el derecho a la presunción de inocencia, por lo que los actos administrativos sancionatorios habrán de ser impugnados por la vía judicial, pero no a través del insuficiente Recurso Contencioso Tributario, salvo que los Jueces cumplan "in limine" con el control difuso de la constitucionalidad, dando preferente aplicación al derecho a la presunción de inocencia y al principio de preeminencia de los derechos humanos (lo cual podría pretenderse por medio de una Acción de Amparo Cautelar acumulada a dicho Recurso), sino de la Acción de Amparo Autónomo contra acto administrativo.

2.6. Falta de regulación de la ejecución de sentencias de condena contra el Fisco

Finalmente, para no hacer demasiado largo este recuento de arbitrariedades legislativas, incurridas en violación del Estado de Justicia consagrado en la Constitución de 1999, es patente el menoscabo del derecho a la tutela judicial efectiva, cuando no obstante establecer una innecesaria sección sobre la ejecución de la sentencia (artículos 280 al 288 del COT), pues en sustancia no modifica la normativa antes aplicable prevista en el Código de Procedimiento Civil, la misma es sólo pertinente al caso de resultas favorables al Fisco ("Declarado sin lugar o parcialmente con lugar el recurso ejercido", artículo 280 del COT).

Pero, qué ha de pasar o cómo debe ser ejecutada la sentencia en la cual el recurso sea declarado totalmente con lugar, o por lo que respecta a la parte ganada por el recurrente, si es declarado parcialmente con lugar? Sobre esto no hay una sola línea en el COT.

Algunos podrían pensar que siendo la pretensión anulatoria, la sentencia se ejecuta en si misma, siendo inútil toda previsión sobre su ejecución forzada. Empero, siendo posible acumular una pretensión indemnizatoria o de condena o restitutoria[190], visto el rol de plena jurisdicción del que goza el Juez de lo Contencioso Tributario, en virtud tanto del artículo 259 de la Constitución[191], como de la tímida referencia al respecto contenida en el artículo 327 del COT ("...sentencias indicarán la reparación por los daños que sufran los interesados, siempre que la lesión sea imputable al funcionamiento de la Administración Tributaria"), es evidente que era necesario, además por mandato del principio de igualdad de las partes en el proceso, regular también el supuesto de ejecución forzada de sentencias contra el Fisco perdidoso condenado.

Y, en cuanto a quienes consideran que el procedimiento de cobro de acreencias no prescritas, tradicionalmente previsto por las normas que rigen las finanzas públicas, sería suficiente, se les convoca a admitir su incompatibilidad con el derecho a la tutela judicial efectiva, base del Estado de Justicia, máxime cuando se lo pretende hacer reposar sobre un ya superado en sus connotaciones absolutas y bien redimensionado principio de inembargabilidad de los bienes públicos, cuando hoy en día tal privilegio, como debe ser en justicia, sólo aprovecha a aquellos de los bienes públicos que estén efectivamente incorporados a la prestación de un servicio público, de modo que su retiro comprometiese o afectase realmente la continuidad de tal prestación.

---

[190] Blanco-Uribe Quintero, Alberto, "Pretensión de condena contra el Fisco", Ámbito Jurídico N° 63, Legis, diciembre 2002.

[191] "La jurisdicción contencioso administrativa corresponde al Tribunal Supremo de Justicia y a los demás tribunales que determine la ley. Los órganos de la jurisdicción contencioso administrativa son competentes para anular los actos administrativos generales o individuales contrarios a derecho, incluso por desviación de poder; condenar al pago de sumas de dinero y a la reparación de daños y perjuicios originados en responsabilidad de la Administración; conocer de reclamos por la prestación de servicios públicos; y disponer lo necesario para el restablecimiento de las situaciones jurídicas subjetivas lesionadas por la actividad administrativa" (subrayados del autor).

3. LA CONSECUENCIAL AMPARIZACIÓN[192] DEL PROCESO TRIBUTARIO

La Acción de Amparo, tal como está concebida en el artículo 27 de la Constitución, representa un derecho humano cuyo contenido se concreta en un medio de acción judicial o de acceso a la justicia que persigue que toda persona, el justiciable, sea amparada por el Tribunal en el goce y ejercicio de los derechos y garantías constitucionales, en un proceso breve, informal y preferente, donde la autoridad judicial logra restablecer inmediatamente la situación jurídica infringida o la situación que más se asemeje a ella.

Así, vistas las diversas circunstancias en las cuales, incluso a iniciativa del Legislador, el Recurso Contencioso Tributario, por un lado, se encuentra excluido de aplicación; o, por el otro lado, se revela insuficiente para asegurar una tutela judicial efectiva; el justiciable se ha visto ya o se está viendo progresivamente compelido a ejercer sistemáticamente la Acción de Amparo, para poder disfrutar o aproximarse al goce de lo que la Constitución preceptúa como Estado de Justicia.

Ello, sin entrar a discutir si la Acción de Amparo es una acción judicial extraordinaria, como tradicionalmente se la ha considerado, u ordinaria, hacia donde cada vez más se inclina la doctrina especializada, máxime cuando la Constitución la consagra para proteger los derechos humanos, en el rigor de su preeminencia, en provecho de la efectividad de su goce y sin condicionamientos al previo ejercicio o a la ausencia de vías ordinarias. Y, sin poner tampoco atención a si se la incoa de manera cautelar, acumulada al Recurso Contencioso Tributario, o por vía principal, de forma autónoma.

Asistimos, pues, a la amparización del proceso tributario, "grosso modo" por dos líneas argumentativas, a saber:

3.1. Por efecto de la expresa exclusión legislativa del Recurso Contencioso Tributario o de otros medios de impugnación tildados de "ordinarios"

Tal como fue destacado anteriormente, el COT contiene una serie de supuestos en los que inconstitucionalmente pretende excluir del control

[192] Morelo, Augusto y Stiglitz, Gabriel, "Tutela procesal de derechos personalísimos e intereses colectivos", Librería Editora Platense, La Plata, 1986, p. 182: "Desde la perspectiva de la acción, procedimiento o proceso de amparo, el momento político institucional que transitamos se presenta como óptimo para consolidar definitivamente un Estado de Derecho (en cuyo seno se va gestando, a su vez, el futuro Estado de Justicia), a fin de que aquél vuelva a ser enérgicamente útil".

por parte del Poder Judicial, a una serie de actos administrativos que bien podrían representar amenazas serias de lesión o afectación efectiva de derechos humanos, los cuales, a tenor de las previsiones constitucionales ya revisadas, sobre supremacía de la Constitución, preeminencia de los derechos humanos, nulidad de los actos lesivos a los derechos humanos, responsabilidad por violaciones a los derechos humanos, Estado de Justicia, acceso pleno a la jurisdicción, derecho a la tutela judicial efectiva y Acción de Amparo, estarían llamados a ser objeto, tanto ellos como el comportamiento de las autoridades que los hayan dictado, de la Acción de Amparo.

Se hace referencia, se recuerda, por ejemplo:

3.1.1. Intimación

Al acto contentivo de una intimación que no sea el resultado final de la firmeza de un acto liquidatorio, rendido tras un procedimiento administrativo que haya respetado el debido proceso (artículo 214 del COT). Ciertamente, sería contrario al Estado de Justicia pensar que, en ese caso, el afectado deba esperar el juicio ejecutivo, mediando embargo ejecutivo liminar, con posibilidades bastante reducidas de oposición, cuando la Administración Tributaria estaría sacando provecho de su propia torpeza, en detrimento de la Constitución y los derechos humanos.

3.1.2. Respuestas a las consultas

Al acto contentivo de la respuesta a una consulta, cuya secuela pueda implicar, o en efecto implique, el menoscabo de derechos humanos (recuérdese, a título únicamente ilustrativo, que acorde con el artículo 51 de la Constitución, el derecho de petición no se satisface si la respuesta fue oportuna, si ella no es adecuada, no pudiendo ser adecuado lo que vulnere los derechos humanos) (artículo 235 del COT). Acaso habría que esperar que se produzcan sucesivos actos de ejecución de la doctrina administrativa contenida en el oficio de respuesta, para impugnarlos por separado y en forma autónoma, al no poderse atacar el origen de la antijuridicidad, con lo cual, a más de poder propiciar violaciones en serie de derechos humanos, afectaría la tutela judicial efectiva, pudiendo generarse sentencias contradictorias, tornaría la justicia nada expedita y la haría más lenta, como resultado de la multiplicación innecesaria de causas, con detrimento del principio de celeridad procesal y dispendio de la actividad del Poder Judicial. Y,

3.1.3. Acuerdos anticipados sobre precios de transferencia

A los acuerdos anticipados sobre precios de transferencia, que podrían ser impugnados por terceros afectados en sus derechos humanos, sin perjuicio del régimen común de ataque de los actos unilaterales separables de rescisión de los mismos.

3.2. Por efecto de la insuficiencia del Recurso Contencioso Tributario, para garantizar una tutela judicial efectiva

El Recurso Contencioso Tributario, antes del COT de 2001, era una acción en justicia que resultaba suficiente para asegurar la tutela judicial efectiva, en virtud del efecto suspensivo automático que se le reconocía, como medida cautelar "ope legis", a su mera interposición, y sólo por ello.

Esto se afirma con base a dos hechos fácilmente verificables: primero, que la gran mayoría de los procesos eran ganados por los recurrentes, esencialmente por violaciones del debido proceso, por falta del procedimiento administrativo legalmente establecido, imposibilidad de acceder a los expedientes administrativos (cuando existían y eran llevados correctamente) e inmotivación de las actas preliminares, pero también por circunstancias de fondo, siendo que mientras tanto no podían ser objeto de medidas ejecutivas (las medidas cautelares no se emplearon jamás de manera sistemática y generalizada por los representantes fiscales); y, segundo, que no se podía hablar de una justicia celera ni expedita, pues a más de tomarse los Tribunales en muchos casos más de un año en tan solo notificar (y/o hacer constar en autos las notificaciones) a la Administración Tributaria, al Procurador General de la República y al Contralor General de la República, lo cierto es que en promedio las sentencias de fondo, en primera instancia, no se producían antes de cuatro o cinco años después de ejercida la acción judicial.

Ahora, en donde no hay cautelar "ope legis" de suspensión de efectos, pero continúa la violación del debido proceso en sede administrativa y el retardo judicial campea, no solo para el dictado de la sentencia, sino para las notificaciones, aunque se haya pedido la suspensión por el interesado, sin que el Legislador haya dado plazo al Juez para pronunciarse, pero sí dispuso que se puede embargar al recurrente, incluso si habiéndola pedido el Juez no se ha pronunciado (lo cual de suyo es inmoral e injusto), es obvio que el Recurso Contencioso Tributario no aparece como una garantía real de tutela judicial efectiva, salvo que se le acumule una Acción de Amparo Cautelar o se obtenga el ejercicio del control difuso de constitucionalidad (como en el citado caso de Comercializadora Agropecuaria El Cafeto, C.A.

contra Municipio Sucre del Estado Portuguesa), para al menos evitar la problemática de la aplicación del inconstitucional régimen del artículo 263 del COT.

Y, en otro orden de ideas, distinto al tema de la suspensión liminar de los efectos del acto administrativo impugnado, el Recurso Contencioso Tributario también resulta insuficiente para proveer tutela judicial efectiva, en casos en los cuales, por ejemplo, sea menester una decisión definitiva pronta y restablecedora de derechos humanos lesionados, o cuando más que atacar a un acto administrativo en particular, se trata de poner fin a una actividad antijurídica de la Administración Tributaria, para que no siga dictando actos administrativos lesivos de derechos humanos, ni pueda ejecutar los que haya dictado ya en ese sentido.

A fin de demostrar la amparización del proceso tributario, se ilustrará la argumentación con la presentación de tres casos reales, que no son más que una muestra de un universo mayor y quizás de una tendencia que ha de ser bienvenida, si ella materializa un mayor y mejor respeto de los derechos humanos y del Estado de Justicia.

3.2.1. Negativa de solvencia

La sentencia de la Sala Constitucional del Tribunal Supremo de Justicia, Nº 1997 del 17 de octubre de 2001, caso: Rocco Cimino D'Elia y Luigi De Vita Alario contra Municipio Naguanagua del Estado Carabobo, con ponencia del Magistrado Pedro Rondón Haaz[193], muestra un caso en el cual el justiciable optó por ejercer una Acción de Amparo Autónomo en contra del acto administrativo por el cual la Administración Tributaria Municipal le negó el certificado de solvencia del impuesto inmobiliario urbano, so pretexto de no estar solvente con el impuesto de patente de industria y comercio, impidiéndole de ese modo protocolizar el documento de venta del inmueble respectivo.

En este caso, tratándose de un acto administrativo de efectos particulares, emanado de la Administración Tributaria, teniendo contenido tributario y afectando los derechos del interesado, acorde con los artículos 242 y 259, numeral 1, del COT (y sus equivalentes del COT de 1994, pues aún no salía en Gaceta Oficial el COT de 2001, para la fecha de la interposición), el afectado habría podido incoar el Recurso Contencioso Tributario, incluso con efecto suspensivo automático. Pero, lo que habría logrado con ello es una suspensión automática de efectos sin sentido alguno, pues la

[193] http://www.tsj.gov.ve/decisiones/scon/Octubre/1997-171001-00-1072.htm

impugnación de una negativa de solvencia, con esa cautelar "ope legis" no podía significar que se le tuviere como solvente mientras durase el juicio (unos cuatro o cinco años). Además, hacerle caucionar por vía cautelar el pago del impuesto de patente de industria y comercio, si es que procedía, a más de impertinente al caso, no significaría tutela judicial efectiva, por no racional ni expedita.

Lo que interesaba al justiciable era obtener una orden judicial expedita y definitiva, que de manera efectiva lo tuviese indiscutiblemente como solvente con el impuesto inmobiliario urbano, tras la actividad probatoria respectiva, en beneficio de su derecho a la propiedad, sin que importase para ello que no estuviese solvente con otro tributo, de modo de restablecer su derecho, pudiendo proceder a la respectiva protocolozación, y ello sólo se podía conseguir con una Acción de Amparo Autónomo.

3.2.2. Liquidación de derechos de registro por enajenación de inmuebles

La sentencia del Juzgado Superior Quinto de lo Contencioso Tributario, N° 637 del 31 de mayo de 2002, caso: José Andrés Octavio y Gretta González contra el Registrador de la Oficina Subalterna de Registro del Segundo Circuito del Distrito Sucre del Estado Miranda[194], se refiere a un caso en el cual los justiciables se toparon con un acto administrativo de efectos particulares, consistente en una planilla de liquidación de derechos de registro, por operaciones inmobiliarias, tributo fundamentado en una base legal contenida en la derogada Ley de Registro Público, por lo que su ejecución, de la cual se condicionaba la correspondiente protocolización del documento de venta, violaba el principio de legalidad tributaria, uno de los derechos humanos.

Era tal planilla un acto administrativo de efectos particulares, emanado del Registrador, como Administración Tributaria especial, que liquidaba un tributo, afectando los derechos de los interesados, por lo que con arreglo a los artículos 242 y 259, numeral 1, del COT, se habría podido incoar el Recurso Contencioso Tributario, incluso con efecto suspensivo automático, pues la norma del artículo 263 del COT aún estaba en "vacatio legis" para ese momento. Pero, lo que se habría obtenido con ello era la suspensión automática de efectos del cobro de la planilla, sin sentido alguno, pues la ansiada protocolización habría quedado en veremos mientras durase el juicio (unos cuatro o cinco años).

---

[194] Consultada en original, en el expediente judicial N° 1913.

Claro que hubiese podido pedirse, por vía cautelar innominada, que se permitiese la protocolización liminar, sin perjuicio de caucionar el pago, pero ello, si es que no se tomase tiempo excesivo, perdiéndose la oportunidad negocial y vulnerándose la justicia expedita, a más del costo del mantenimiento por ejemplo de una fianza financiera por cuatro o cinco años, muy probablemente habría sido negado, por estimarse que significaría la consecución de la pretensión total "in limine", perdiéndose interés en el juicio, sencillamente porque esta acción judicial, para casos como el de marras, no está estructurada en términos de asegurar la tutela judicial efectiva.

Lo que pretendían los justiciables era una orden judicial expedita y definitiva, que de manera efectiva les permitiese gozar de su derecho a la propiedad, pudiendo proceder sin más a la consiguiente protocolización, y tal cosa sólo era posible con una Acción de Amparo Autónomo.

3.2.3. Liquidación de la contribución de paro forzoso

La sentencia del Juzgado Superior Séptimo de lo Contencioso Tributario, Nº 503 del 1 de abril de 2003, caso: Sincrudos de Oriente Sincor C.A. contra el Instituto Venezolano de los Seguros Sociales (I.V.S.S.)[195], se contrae a un caso en el cual la justiciable fue notificada de una planilla de liquidación, contentiva de cobros por concepto de la contribución de paro forzoso, del mes de febrero de 2003, siendo que la base legal de tal contribución, contenida en el Decreto con Rango y Fuerza de Ley que Regula el Subsistema de Paro Forzoso y Capacitación Laboral, fue derogada por la Ley Orgánica de Seguridad Social, estando en vigencia sólo hasta enero de 2003, siendo que su ejecución violaría el principio de legalidad tributaria, el derecho a la propiedad y la prohibición de confiscación, unos de los derechos humanos.

Era tal planilla un acto administrativo de efectos particulares, emanado del I.V.S.S., como Administración Tributaria Parafiscal, que liquidaba un tributo, afectando los derechos del la interesada, por lo que con arreglo a los artículos 242 y 259, numeral 1, del COT, se habría podido incoar el Recurso Contencioso Tributario, aunque sin efecto suspensivo automático, pues había concluido la "vacatio legis" del artículo 263 del COT. Pero, lo que se hubiese podido lograr con ello sería la anulación de la planilla (unos cuatro o cinco años), previa su suspensión de efectos con su respectivo costo económico, y lo que es más grave, no se habría podido evitar

[195] Consultada en original, en el expediente judicial Nº 2028.

que se liquidasen las contribuciones de marzo, abril, mayo, etc., con sus respectivas planillas, con multiplicación de recursos, dispendio de actividad del Poder Judicial, riesgo de sentencias contradictorias, paralizaciones sucesivas de las causas precedentes, por efecto de las peticiones de acumulación de autos, para evitar los males anteriores, menoscabo de la celeridad y economía procesales y, a la postre, de la tutela judicial efectiva.

Además, para muchos no está claro que se pueda pedir, por esta vía, y de manera cautelar, que se prohíba al órgano público cumplir con sus atribuciones legales, para que como medida innominada se ordenase al I.V.S.S. dejar de liquidar esa contribución (por unos cuatro o cinco años) mientras dure el juicio.

El Recurso Contencioso Tributario, a pesar de la evolución de la ciencia procesal hacia la garantía de la tutela judicial anticipada, no está diseñado bajo los parámetros del moderno derecho preventivo, sino como un tradicional control de legalidad de actos administrativos aislados, de efectos particulares, aunque haya una cierta y tímida aparición en la materia de la colectivización a la que nos referiremos más adelante.

Lo que pretendía la justiciable, que no accionó contra la planilla, como algunos entienden, sino contra (o también contra) la actuación inconstitucional del I.V.S.S., de la cual la planilla era más un instrumento probatorio que el objeto de la acción judicial, era una orden judicial expedita y definitiva, que de manera efectiva le permitiese gozar de sus derechos a la legalidad tributaria, a la propiedad y a la no confiscación, evitando tener que pagar la planilla ya liquidada y, lo que es más importante aún, prohibiendo al I.V.S.S. continuar liquidando por ese concepto, en los meses subsiguientes ("inminente amenaza de liquidar contribuciones por concepto de Paro Forzoso sin base legal", página 19), mientras continuase la situación legal actual en la materia, y tal cosa sólo era posible con una Acción de Amparo Autónomo.

Así, la sentencia no limitándose a declarar la nulidad de la planilla, ordenó al Presidente del I.V.S.S. abstenerse de cobro de la contribución del mes de febrero de 2003 y meses subsiguientes.

4. LA COLECTIVIZACIÓN DEL PROCESO TRIBUTARIO

A raíz del reconocimiento expreso, en el artículo 26 de la Constitución, del derecho de acceso a la justicia no sólo para la defensa de intereses individuales (heterogéneos u homogéneos), sino también para la defensa de intereses difusos o colectivos, conocidos como transindividuales, el proceso venezolano, en general, ha conocido la institucionalización de la acción colectiva en justicia[196]. No es que con anterioridad a la Constitución de 1999 no se hayan producido acciones de este tipo, como las que resguardaron el derecho a la educación de los estudiantes del Colegio Rondalera, en Caracas, o protegieron el derecho al ambiente de los habitantes de la comunidad de El Playón, en el Estado Mérida, entre muchas otras que son de grata recordación, sino que ahora se las ha consagrado explícitamente en la Constitución, no dejando lugar a la jurisprudencia para que las desconozca o para que disponga en cabeza del Ministerio Público el monopolio de su defensa judicial, como ocurrió en muchos casos previos, incluso por iniciativa de la entonces Corte Suprema de Justicia.

Hoy por hoy, la jurisprudencia de la Sala Constitucional del Tribunal Supremo de Justicia, en algunos casos de manera plausible y en otros de forma lamentable, por restrictiva, ha venido delineando el régimen procesal para la defensa de los intereses difusos o colectivos, de donde cabe ahora analizar dos figuras específicas: la definición de tales intereses y las adhesiones de terceros litisconsortes, a los fines de la extensión de los efectos de los fallos protectores de derechos humanos, con un breve paso intermedio por lo que respecta a la legitimación[197].

4.1. Definición de los intereses transindividuales y su aplicación a ciertos casos procesales tributarios

Comenzando por la definición de estos intereses transindividuales, tenemos que la jurisprudencia, siguiendo la sentencia de la Sala Constitucional del Tribunal Supremo de Justicia, Nº 656 del 30 de junio de 2000, caso: Defensoría del Pueblo contra Comisión Legislativa Nacional (conocido por algunos como caso Dilia Parra Guillén), con ponencia del Magistrado Jesús Eduardo Cabrera[198], los ha definido bajo una perspectiva

[196] Morelo, Augusto, "La tutela de los intereses difusos en el derecho argentino", Librería Editora Platense, La Plata, 1999, p. 38: "Esa idea de lo colectivo (que involucra a grupos, categorías, poblaciones) y complejas situaciones subjetivas polarizadas en objetos (bienes de la vida, diría Chiovenda) indivisibles aunque de uso y aprovechamiento fraccionado (...) se ensancha para dibujar un régimen o sistema de tratamiento jurídici envolvente y similar, de suerte que la expansión grupal, como un surtidor, determina la comunicabilidad horizontal de la tutela a favor de todos aquellos sujetos que, apresados en la conexidad (diríamos vital) de esa situación común, no juegan en solitario. Se repite con rasgos y efectos idénticos o muy semejantes en seriada (muchas veces masiva) reiteración".

[197] Sobre el régimen general de tutela judicial de los intereses difusos y colectivos, ver: Sarmiento Sosa, Carlos, "Comentarios a los derechos colectivos e intereses difusos en Venezuela", ponencia presentada en el Congreso Internacional "Formazione e caratteri del sistema Giuridico Latinoamericano e processo civile", Roma, Italia, mayo de 2002.

[198] http://www.tsj.gov.ve/decisiones/scon/Junio/656-300600-00-1728%20.htm

que podríamos denominar de índole cuantitativa. Así, el derecho o interés sería individual si su afectación sólo incumbe a un individuo aislado y perfectamente identificable de la sociedad. En cambio, y tal es el aporte del fallo, el derecho o interés sería transindividual (aunque el fallo no emplea esa terminología técnica, sino la que se refiere a ellos como intereses indiferenciados), si asistimos a una pluralidad indeterminada de afectados, específicamente en lo que ha de entenderse por "una aceptable calidad de vida (condiciones básicas de existencia)[199]".

En este orden de ideas, si la víctima de la afectación en su calidad de vida es "toda la comunidad o sociedad en sus diversos aspectos", se configura un interés difuso y "surge en cada miembro de esa comunidad un interés en beneficio de él y de los otros componentes de la sociedad en que tal desmejora no suceda, y en que si ya ocurrió sea reparada".

Pero, si la víctima de la afectación en su calidad de vida "se localiza concretamente en un grupo, determinable como tal, aunque no cuantificado o individualizado, como serían los habitantes de una zona del país, afectados por una construcción ilegal que genera problemas de servicios públicos en la zona", aparece un interés colectivo, "focalizado", "referidos a un sector poblacional determinado (aunque no cuantificado) e identificable", como los "grupos profesionales", "grupos de vecinos", "gremios", "habitantes de un área determinada, etc.".

El fallo asume, entonces, una posición que pudiera ser catalogada de cuantitativa, pues clasifica los derechos e intereses tutelables, en individuales, colectivos o difusos, según se vea afectado, respectivamente, un individuo, un grupo diferenciado o la sociedad, pudiendo o no existir un vínculo jurídico entre quien acciona en nombre del colectivo (grupo o sociedad) y los demás integrantes del mismo.

En este punto interesa tomar partido por las definiciones que trae el Anteproyecto de Código Modelo de Procesos Colectivos para Iberoamérica, del Instituto Iberoamericano de Derecho procesal[200], en cuyo artículo 1 se prevén concepciones mucho más precisas y de orden cualitativo, que resultan más apropiadas para facilitar su entendimiento, a más de extender el alcance de la acción colectiva a intereses que si bien son individuales, dado su carácter homogéneo su tutela judicial, para ser efectiva, ha de

[199] El fallo define la calidad de vida como "el producto de la satisfacción progresiva y concreta de los derechos y garantías constitucionales que protegen a la sociedad como ente colectivo, como cuerpo que trata de convivir en paz y armonía, sin estar sometida a manipulaciones o acciones que generen violencia o malestar colectivo".

[200] Elaborado por los profesores Ada Pellegrini Grinover, Kazuo Watanabe y Antonio Gidi, para su presentación en las XVIII Jornadas Iberoamericanas de Derecho Procesal, celebradas en Montevideo, Uruguay, en octubre de 2002.

ser colectiva, sobre lo cual, a pesar de su claro interés en materia procesal constitucional, administrativa y tributaria, que se descollará más adelante, no existe en nuestro conocimiento una línea en la jurisprudencia patria.

De esta manera, el artículo 1 del Anteproyecto citado expresa que:

> *"La acción colectiva será ejercida para la tutela de:*
> *I - intereses o derechos difusos, así entendidos, para efectos de este código, los transindividuales, de naturaleza indivisible, de que sean titulares personas indeterminadas y ligadas por circunstancias de hecho;*
> *II - intereses o derechos colectivos, así entendidos, para efectos de este código, los transindividuales, de naturaleza indivisible de que sea titular un grupo, categoría o clase de personas ligadas entre sí o con la parte contraria por una relación jurídica base;*
> *III - intereses o derechos individuales homogéneos, así entendidos los provenientes de origen común".*

Mientras que el artículo 2 del mismo documento, de especial interés para el desarrollo del punto referido a la colectivización del proceso tributario, dispone que:

> *"Son requisitos de la demanda colectiva:*
> *I – la adecuada representatividad del legitimado;*
> *II – la relevancia social de la tutela colectiva, caracterizada por la naturaleza del bien jurídico, por las características de la lesión o por el elevado número de personas alcanzadas*[201]*.*
> *Par. 1º. Para la tutela de los intereses o derechos individuales homogéneos, además de los requisitos indicados en los n. I y II de este artículo, es también necesaria la demostración del predominio de las cuestiones comunes sobre las individuales y de la utilidad de la tutela colectiva en el caso concreto".*

En consecuencia, los intereses difusos serían aquellos cuyos titulares son personas indeterminadas (que podrían coincidir con la sociedad entera, ser de menor envergadura, como los intereses vinculados con la salvaguarda del patrimonio histórico de un Estado de la Federación, o incluso superarla, como acontece con los intereses ambientales, de vocación internacional o hasta coincidente con la idea de humanidad), ligadas entre si por meras circunstancias de hecho.

---

[201] La sentencia N° 1048 del 31 de agosto de 2000, de la Sala Constitucional del Tribunal Supremo de Justicia, caso: William Ojeda Orozco, en amparo, con ponencia del Magistrado Jesús Eduardo Cabrera (http://www.tsj.gov.ve/decisiones/scon/Agosto/1048- 170800-00-2397%20.htm), indica que es indispensable "Que exista una necesidad de satisfacer intereses sociales o colectivos, antepuestos a los individuales".

Así, el que la vinculación sea esencialmente fáctica, hace que se dificulte concebir acciones colectivas para la defensa de intereses difusos en el ámbito de lo tributario, donde existen típicas relaciones de derecho, como lo es precisamente la relación jurídica tributaria, por lo que no es fácil conseguir precedentes judiciales. Empero, efectivamente pueden suceder acciones judiciales de este tipo, en el campo de lo tributario y según las necesidades, como se desprende de la sentencia de la Sala Constitucional del Tribunal Supremo de Justicia, Nº 1505 del 5 de junio de 2003, caso: Colegio de Médicos del Distrito Metropolitano de Caracas contra la Ley que establece el Impuesto al Valor Agregado (en la parte que grava con una alícuota impositiva del ocho por ciento –8%–, a los servicios médicos-asistenciales, odontológicos, de cirugía y hospitalización prestados por entes privados), con ponencia del Magistrado Antonio García García[202], que declaró con lugar la Acción de Amparo incoada no en nombre de los profesionales de la medicina agremiados allí, sino de todos los venezolanos (individuos potencialmente requeridos de servicios médicos en la sociedad venezolana), y no como contribuyentes sino como repercutidos económicos de tal tributo, en contra de las normas de ley que establecieron el gravamen con este impuesto de los servicios médicos-asistenciales, odontológicos, de cirugía y hospitalización, por encarecerlos al grado de perjudicar el goce real del derecho a la salud.

En esta sentencia, tras declarar con lugar la Acción de Amparo:

> *"SEGUNDO: SE ORDENA LA INAPLICACIÓN de la referida norma para todos los contribuyentes del impuesto al valor agregado por su condición de prestadores o receptores de los servicios médicos-asistenciales, odontológicos, de cirugía y hospitalización de carácter privado, dada la efectiva protección de los derechos e intereses difusos involucrados en el presente caso, y a los efectos de garantizar una efectiva justicia tributaria, SE DECLARA EXENTO del Impuesto al Valor Agregado los servicios médicos-asistenciales, odontológicos, de cirugía y hospitalización, prestados por entes privados, para lo cual igualmente SE INAPLICA el artículo 3 de la mencionada Ley en lo que se refiere a estos servicios.*
> *TERCERO: Se fijan los efectos de la presente decisión pro futuro y, en consecuencia, aquellas personas naturales o jurídicas que hayan estado sujetos al referido hecho imponible y lo hubieren cancelado, no podrán reclamar la repetición del pago al Fisco Nacional o en su defecto a quien les facturó el servicio, hasta el día que tuvo lugar la audiencia pública constitucional de la cual deviene el presente fallo, no obstante que la injuria constitucional declarada se ha evidenciado*

[202] http://www.tsj.gov.ve/decisiones/scon/Junio/1505-050603-03-0124%20.htm

desde la entrada en vigencia de la norma en cuestión, por lo cual no podrá ser cobrado el referido impuesto al valor agregado a quienes no se le haya emitido la respectiva factura de acuerdo a los términos de la ley".

Mientras que, por otro lado, los intereses colectivos serían aquellos cuyos titulares son un grupo o una categoría diferenciada de personas, ligadas entre sí o con la contraparte por relaciones jurídicas concretas.

No se tienen noticias de acciones judiciales colectivas, incoadas para la tutela de intereses colectivos, en el proceso tributario, al menos que hayan sido explícitamente concebidas y tratadas como tales.

Sin embargo, se ha observado el caso de la impugnación judicial, por medio del Recurso Contencioso Administrativo de Anulación, previsto en la Ley Orgánica de la Corte Suprema de Justicia, con Acción de Amparo Cautelar acumulada, acorde con la Ley Orgánica de Amparo sobre Derechos y Garantías Constitucionales, de las Providencias por las cuales el Servicio Nacional Integrado de Administración Aduanera y Tributaria (SENIAT) declaró a los contribuyentes especiales, como agentes de retención del impuesto al valor agregado, y los sometió a cierta normativa en ellas contenida.

Ciertamente, los contribuyentes especiales configuran un grupo diferenciado dentro del universo de los contribuyentes, mucho más aún si se los compara con el conglomerado social, igualmente comprensivo de los no contribuyentes, que está sujeto a una normativa jurídica especial, sobre todo en cuanto concierne a las reglas de control fiscal, a la recaudación y al cumplimiento de deberes formales, que parte de un acto reglamentario definitorio de la institución de contribuyente especial, asociado a un acto administrativo de efectos particulares, de designación como tal de un determinado contribuyente, de todo lo cual emergen situaciones jurídicas individuales entre cada uno de ellos y la Administración Tributaria, y circunstancias fácticas comunes a los integrantes de este grupo diferenciado.

Este grupo diferenciado, con independencia de que las sanciones por incumplimientos concretos se apliquen individualmente, presenta un claro interés colectivo en que se respete el principio de igualdad entre ellos, en que el grupo sea administrado de conformidad a derecho por la Gerencia respectiva, en que el calendario de obligaciones formales se fije de manera equilibrada, en que no se les someta a requerimientos desproporcionados, etc., que es judicialmente tutelable, por medio de acciones colectivas.

En esta perspectiva, se pueden referir algunas sentencias de la Corte Primera de lo Contencioso Administrativo en las que, a pesar de que el individualismo característico de la formación del abogado en nuestras universidades, hizo que las recurrentes no reivindicaran un claro interés colectivo[203], a la hora de accionar en justicia, sino que hasta desarrollaran una tesis sustantivista sobre supuestos actos administrativos generales de efectos particulares, cuando la solución al problema era de tipo adjetivo o procesal, es lo cierto que por efecto de las sucesivas adhesiones de terceros litisconsorciales que pidieron la extensión de los efectos de los mandamientos de amparo cautelar a sus situaciones jurídicas respectivas, se evidenciaron evidentes fenómenos de colectivización del proceso tributario.

Así, la sentencia de la Corte Primera de lo Contencioso Administrativo, Nª 608 del 27 de febrero de 2003, caso: Cervecería Polar Los Cortijos, C.A., con ponencia del Magistrado Juan Carlos Apitz[204], dispuso que:

> *"De todo ello surge que es posible admitir, como en todo proceso, que también en los juicios de nulidad de los actos administrativos de efectos particulares existen un demandante y un demandado. Pero, además, pueden existir otras personas que como también se benefician de la anulación del acto impugnado, tienen el mismo interés en que dicho acto sea impugnado; e igualmente, otras personas, a quienes el acto favorece, tienen interés en que el acto no se extinga, en razón que del mismo se deriva un derecho o un interés en su favor. Estas personas al concurrir al proceso también serán partes principales pero litisconsorciales, activas o pasivas, si comparecen a coadyuvar a la demanda de nulidad o a oponerse a la misma, lo que arrojaría un proceso con pluralidad de partes: demandantes o demandadas. Tales partes principales litisconsorciales tiene la misma legitimación de las partes originales del proceso, por lo que podrían haber incoado la demanda o ser demandados individualmente. De tal manera, que entre las partes principales litisconsorciales y las partes originales del proceso no hay subordinación o dependencia sino ambas partes son autónomas. Cuestión distinta sucede con el interviniente adhesivo simple, quien sólo pretende coadyuvar al triunfo de una de las partes, pues no tiene un derecho propio sino un simple interés, pues la sentencia indirectamente puede afectarle; por lo que no puede demandar sólo o ser demandado independientemente. Por ello, no se convierte en parte sino en coadyuvante, y en consecuencia, tiene una subordinación o dependencia de las partes originales del proceso.*
>
> *Las acentuadas diferencias procesales entre la intervención adhesiva litisconsorcial y la intervención adhesiva simple, pueden resumirse de la siguiente manera: 1) mientras que en la intervención adhesiva litisconsorcial entre las partes principales litisconsorciales y las*

[203] Araujo Juárez, José, "Principios Generales del Derecho Procesal Administrativo", p. 442: "...la noción de interés legítimo, no sólo se refiere a las situaciones jurídicas subjetivas que pueden tener los sujetos de derecho como personas individualizadas, sino también las entidades, representativas de intereses colectivos y difusos...".

[204] Consultada en original, en el expediente judicial N° 02-2535.

> *partes originales del proceso existe una cotitularidad sobre la misma relación deducida en juicio, en la intervención adhesiva simple, el interviniente adhesivo simple depende de una relación deducida por una de las partes; 2) las partes principales litisconsorciales tienen las mismas facultades que las partes originales del proceso, en cambio, el interviniente adhesivo simple tiene limitaciones en sus derechos; y, 3) mientras las partes principales litisconsorciales se ven plenamente afectadas por los efectos de la cosa juzgada (eficacia directa), el interviniente adhesivo simple sólo resulta afectado de modo indirecto (efecto reflejo)".*
>
> *Tomando en cuenta los lineamientos antes expuestos, observa esta Corte que, en el presente caso, una parte de las solicitantes alega haber sido calificadas como contribuyentes especiales por el Servicio Nacional Integrado de Administración Aduanera y Tributaria (SENIAT), en consecuencia se consideran destinatarias de la providencia recurrida en el presente caso; por cuanto -como se ha referido- en ella se designa a todos los contribuyentes especiales del país como agentes de retención del Impuesto al Valor Agregado y, en tal sentido, solicitan se admita su intervención como verdaderas partes en el presente procedimiento.*
>
> *Al respecto, este órgano jurisdiccional considera que las precitadas sociedades mercantiles, son intervinientes litisconsorciales, y en consecuencia, siempre que hayan demostrado ante esta Corte su interés, resulta procedente que se les tenga como parte, ya que están alegando un interés propio en la acción principal y, si bien tuvieron la oportunidad de solicitar la nulidad de la Resolución impugnada autónomamente, sin embargo, no lo hicieron y prefirieron hacerse parte en el recurso de nulidad interpuesto ante esta Corte por CERVECERÍA POLAR LOS CORTIJOS, C.A, contra la Providencia N° SNAT/2002/1419, que comprende la Providencia Administrativa N° SNAT/1455/2002, ambas dictadas por el Servicio Nacional Integrado de Administración Aduanera y Tributaria (SENIAT), en el presente expediente. Ante esta situación, resulta oportuno señalar que, aún cuando se tiene el derecho de comparecer como tal en cualquier estado y grado del juicio, esta intervención se encuentra sometida al principio preclusivo de las oportunidades defensivas (artículos 202, 361 y 380 del Código de Procedimiento Civil y 126 de la Ley Orgánica del Corte Suprema de Justicia), es decir, que se admite la intervención consorcial de las mencionadas personas jurídicas en la presente causa, quedando protegidas por la medida cautelar dictada en este juicio, al ostentar la misma situación jurídica de la recurrente. Así se declara" (subrayados del autor).*

Esta doctrina jurisprudencial es jurídicamente inobjetable desde el punto de vista procesal, pues en materia de intereses difusos y colectivos se configuran litisconsorcios activos, en donde, incluso sin intervención de otros integrantes de la sociedad o del grupo diferenciado, ajenos al accionante, en el juicio, las resultas de los fallos, siempre que favorezcan al actor, extienden los efectos de la cosa juzgada a la sociedad ("erga omnes") o al grupo afectado, según los casos, y sin necesidad de que cada quien pida tal extensión de efectos. Esto es lo propio de las acciones judiciales colectivas.

Empero, habría sido apropiado el empleo de la terminología técnica que en estos casos calificaría a la acción en justicia ejercida, a la sazón un Recurso Contencioso Administrativo de Anulación con Acción de Amparo Cautelar acumulada, como una acción judicial colectiva para la tutela de intereses colectivos. Claro que habría un posible escollo, derivado de consideraciones adjudicables a quienes diseñaron las estrategias impugnatorias respectivas en ese caso y en los similares que le han seguido, referidas a que según la jurisprudencia de la Sala Constitucional del Tribunal Supremo de Justicia, ella tendría el monopolio de la competencia, mientras no se legisle en la materia, para conocer de todas las acciones judiciales en defensa de intereses difusos y colectivos, lo cual parece ser restrictivo del derecho de acceso a la justicia, pues aleja considerablemente al justiciable del órgano jurisdiccional, centralizado en Caracas, siendo que además conoce en única instancia[205].

Ahora bien, la doctrina jurisprudencial del citado caso Cervecería Polar Los Cortijos, C.A. fue ratificada sucesivamente, en las sentencias de la Corte Primera de lo Contencioso Administrativo, N° 2003-1121 del 3 de abril de 2003 y N° 2003-1689 del 28 de mayo de 2003, caso: Barsa Planeta de Venezuela C.A. y Xerox de Venezuela C.A., con ponencias del Magistrado Juan Carlos Apitz[206].

> *Y, en la misma línea, cabe destacar la sentencia de la Sala Político Administrativa del Tribunal Supremo de Justicia, N° 00949 del 25 de junio de 2003, caso: Vicson, S.A., Venezolana de Pulpa y de Papel, S.A.C.A./Venepal S.A.C.A., Pinturas Internacional, C.A. y otras, contra las mismas Providencias del SENIAT que declararon agentes de retención del impuesto al valor agregado a los contribuyentes especiales, con ponencia del Magistrado Levis Ignacio Zerpa[207], en*

[205] Al respecto, ver sentencia citada N° 656 del 30 de junio de 2000, caso: Defensoría del Pueblo contra Comisión Legislativa Nacional (conocido por algunos como caso Dilia Parra Guillén), con ponencia del Magistrado Jesús Eduardo Cabrera (http://www.tsj.gov.ve/decisiones/scon/Junio/656-300600-00-1728%20.htm), y sentencia N° 260 del 20 de febrero de 2002, caso: Centro de Investigación de Formación Ecológica (CINECO) y otros, con ponencia del Magistrado Iván Rincón (http://www.tsj.gov.ve/decisiones/scon/febrero/260-200202-01-1393.htm).

[206] Consultadas en original, en el expediente judicial N° 03-0635.

[207] http://www.tsj.gov.ve/decisiones/spa/Junio/00949-250603-2002-1099.htm

> *Recurso Contencioso Administrativo de Anulación con Acción de Amparo Cautelar y medida cautelar de suspensión de efectos, en donde a más de haber declarado improcedente la Acción de Amparo Cautelar, por no haber demostrado lesión de derechos constitucionales, y enviado al expediente a los fines de estudiar la medida cautelar pedida, admitió el recurso y la incorporación de decenas de terceros litisconsorciales (aunque la sentencia los refiriera como coadyuvantes).*

Así, luego de reconocerse competente para conocer de estas impugnaciones, en detrimento de la competencia asumida en los casos paralelos citados que cursan ante la Corte Primera de lo Contencioso Administrativo:

> *"En consecuencia, siendo esta Sala Político Administrativa la máxima instancia de la jurisdicción contencioso-tributaria y estándole atribuida la competencia para conocer de los recursos administrativos que se ejerzan tanto por razones de inconstitucionalidad como de ilegalidad contra actos administrativos de efectos generales, corresponde a ésta, sin lugar a dudas, la competencia para conocer del presente asunto, conforme a la norma atributiva de competencia residual contenida en el numeral 11 del artículo 42 de la Ley Orgánica de la Corte Suprema de Justicia. Así se decide".*

Se produjo el pronunciamiento que admitió la intervención de los terceros, pero con fundamento en que se trata de actos administrativos reglamentarios, impugnables por cualquiera de sus destinatarios, y no con base en los modernos conceptos procesales de las tercerías litisconsorciales, propias de las acciones judiciales colectivas, como sí lo asumió la Corte Primera de lo Contencioso Administrativo. Veamos:

> *"Ahora bien, tal como fue advertido anteriormente por esta Sala, los actos administrativos cuya nulidad se debate poseen efectos generales, motivo por el cual resulta necesario observar la disposición normativa que rige los procesos de nulidad ejercidos contra actos de efectos generales, contenida en la Ley Orgánica de la Corte Suprema de Justicia, aplicable en concordancia con el artículo 26 del texto constitucional, a los fines de determinar la legitimación activa para incoar dichos juicios; así el referido artículo 26 de la Constitución y el 112 de la citada Ley, preceptúan lo siguiente:*
>
> > *"**Artículo 26:** Toda persona tiene derecho de acceso a los órganos de administración de justicia para hacer valer sus derechos e intereses, incluso los colectivos o difusos, a la tutela efectiva de los mismos y a obtener con prontitud la decisión correspondiente.*
> >
> > *El Estado garantizará una justicia gratuita, accesible, imparcial, idónea, transparente, autónoma, independiente, responsable, equitativa y expedita, sin dilaciones indebidas, sin formalismos o reposiciones inútiles.*

> ***Artículo 112**: Toda persona natural o jurídica plenamente capaz, que sea afectada en sus derechos o intereses por ley, reglamento, ordenanza u otro acto de efectos generales emanado de alguno de los cuerpos deliberantes nacionales, estadales o municipales o del Poder Ejecutivo Nacional, puede demandar la nulidad del mismo, ante la Corte, por razones de inconstitucionalidad o de ilegalidad, salvo lo previsto en las Disposiciones Transitorias de esta Ley".*

De conformidad con las normas supra transcritas, la legitimación para solicitar la nulidad de un acto de efectos generales corresponde a cualquier persona plenamente capaz, sea ésta natural o jurídica, que se considere afectada o lesionada en sus derechos e intereses; en tal sentido, le bastará demostrar a quien ejerza o pretenda ejercer la acción de nulidad por razones de inconstitucionalidad o de ilegalidad contra un acto administrativo de efectos generales, su interés, sea éste directo o indirecto, individual o colectivo, sin tener que comprobar que le asiste un derecho subjetivo o un interés personal, legítimo y directo para impugnar el acto demandado.

Ahora bien, una vez advertida la cualidad que tiene toda persona (natural o jurídica) legalmente capaz, que se vea afectada en sus derechos e intereses de forma directa o indirecta, de solicitar la nulidad de un acto administrativo de efectos generales, debe determinarse la forma en que puede intervenir en un proceso de ésta naturaleza ya instaurado; motivo por el cual resulta de obligada consideración la norma establecida en el artículo 137 de la Ley Orgánica de la Corte Suprema de Justicia, cuyo texto resulta del siguiente tenor:

> *"**Artículo 137:** Sólo podrán hacerse parte en los procedimientos a que se refieren las Secciones Segunda y Tercera de este Capítulo, las personas que reúnan las mismas condiciones exigidas para el accionante o recurrente".*

Conforme a la citada norma, se observa que cualquier persona que ostente la cualidad conferida por el artículo 112 de la Ley Orgánica de la Corte Suprema de justicia, es decir, que posea un simple interés en las resultas de un determinado juicio de nulidad, podrá intervenir en éste. No obstante, vista la pluralidad de formas de intervención de los terceros en juicio, en el presente caso debe precisarse bajo cuál de los supuestos descritos en el artículo 370 del Código de Procedimiento Civil, pueden configurarse las solicitudes de adhesión interpuestas por las sociedades mercantiles contribuyentes previamente identificadas.

En el caso de autos, pudo esta Sala advertir que las solicitudes de adhesión al recurso de nulidad por razones de inconstitucionalidad e ilegalidad ejercido en forma conjunta con amparo cautelar y medida cautelar innominada de suspensión de efectos, interpuesto contra los actos administrativos contenidos en la Providencias SNAT/2002/1454 y SNAT/2002/1455 del 29 de noviembre de 2002, fueron fundamentadas en los ordinales 1° y 3° del artículo 370 supra indicado; no obstante, del análisis de los términos en que fueron planteadas las referidas solicitudes, aprecia fácilmente este Alto Tribunal que la intervención pretendida por los solicitantes no puede subsumirse en los supuestos regulados por el ordinal 1° del aludido artículo 370, visto que el mismo regula la denominada intervención voluntaria y principal de los terceros contra ambas partes de un proceso pendiente y donde se pretende excluir la pretensión del demandante a través de un derecho preferente o concurrir con él en el derecho o intereses alegado con fundamento en el mismo título, situación ésta no planteada en el presente caso. En este sentido, se advierte que la intervención solicitada por las sociedades adherentes al recurso de nulidad y acción de amparo, se presenta conforme a lo dispuesto en el ordinal 3° del señalado artículo 370, en concordancia con la norma del 381 del Código de Procedimiento Civil, es decir, aquella intervención en la cual el tercero alega un interés jurídico actual en sostener las razones de una de las partes, en virtud de los efectos que pudiera extender la cosa juzgada entre las partes intervinientes en el proceso, respecto de las relaciones jurídicas del tercero con el adversario de la parte en cuya victoria se está interesado. Así, habiéndose solicitado la nulidad de un acto de efectos generales, para lo cual resulta legitimado cualquier persona capaz que considere vulnerado sus derechos e intereses, conforme a la norma contenida en el artículo 112 de la Ley Orgánica de la Corte Suprema de Justicia y no configurándose ninguna de las causales de inadmisibilidad a las que hace referencia el artículo 84 eiusdem, resulta forzoso a esta Sala declarar admisible la adhesión al presente juicio de las sociedades mercantiles solicitantes, pues sus requerimiento denotan la existencia de intereses subjetivos vinculados directamente con el interés jurídico objeto de controversia. Así se decide".

4.2. Aspectos breves sobre la legitimación:

Por lo que respecta a la legitimación, digamos brevemente, con la sentencia citada de la Sala Constitucional del Tribunal Supremo de Justicia, del caso Defensoría del Pueblo contra Comisión Legislativa Nacional, que con base en los principios de la democracia participativa, se trata de derechos cívicos que "cualquier miembro de la sociedad, con capacidad para obrar en juicio, puede –en principio– ejercerlos", sea persona natural o jurídica, siempre que la pretensión sea de condena o restablecedora de situaciones, pues si existe el ánimo de lograr indemnizaciones, las que versen sobre daños colectivos sólo podrían ser demandadas por el Ministerio Público o la Defensoría del Pueblo[208], mientras que las que tengan que ver

[208] Cosa que se objeta con apoyo en el derecho comparado, y también por ausencia de norma legal que indique tal monopolio, máxime cuando la vigencia del principio de unidad del tesoro,

con daños particulares podrán ser acumuladas por los justiciables, a la acción judicial colectiva de pretensión preventiva o restablecedora.

En este sentido, a más de la posible actuación judicial de personas naturales, gremios profesionales, sindicatos, cámaras de comerciantes o industriales, asociaciones varias, sociedades civiles o mercantiles, fundaciones, etc., podría prefectamente pensarse en asociaciones de contribuyentes, como existen en otros países, actuando en defensa del respeto del estatuto correspondiente. O, también, en asociaciones de vecinos, integradas por ejemplo por vecinos contribuyentes del impuesto inmobiliario urbano, siendo que el artículo 5, literal n del Decreto N° 1297 del 22 de noviembre de 1990, contentivo del Reglamento Parcial N° 1 de la Ley Orgánica de Régimen Municipal sobre la Participación de la Comunidad, y el artículo 107, numeral 4 de la Ley Orgánica de Ordenación Urbanística, las facultan para intentar en nombre de sus afiliados los recursos contencioso administrativos, judiciales y de cualquier índole, con el fin de hacer respetar la protección de los derechos de los vecinos, en esta materia en algo que esté vinculado con lo tributario.

4.3. Las adhesiones a los fines de la extensión de los efectos de los fallos protectores

Desde otra perspectiva, enfrentando ahora el tema de las adhesiones de terceros litisconsortes, a los fines de la extensión de los efectos de los fallos protectores de derechos humanos, a más de reiterar los comentarios previos hechos en relación con la jurisprudencia de la Corte Primera de lo Contencioso Administrativo, donde como fue expuesto se trataba de tutelar intereses colectivos, conviene observar que la sentencia citada de la Sala Constitucional del Tribunal Supremo de Justicia del caso Defensoría del Pueblo contra Comisión Legislativa Nacional, consagró de manera indubitable la posibilidad de tales adhesiones, incluso a iniciativa del Tribunal y aunque el accionante haya sólo reivindicado un interés individual, siempre que se considere que hay en juego intereses difusos o colectivos, o algún elemento de naturaleza colectiva (como lo son los intereses individuales homogéneos), y no únicamente en materia de Acción de Amparo, como sigue:

> *"Es incomprensible, que una persona en razón de que pertenezca a una determinada profesión o categoría, obtenga por decisión judicial una ventaja, como el uso de placas identificatorias para su vehículo, o la*

en ausencia de norma legal que afecte el ingreso, dejaría sin reparación el interés difuso o colectivo perjudicado.

supresión de un concurso para acceder a un cargo u otra circunstancia semejante; y que las otras personas de la profesión o la categoría que se encuentran en igual situación, tengan que acudir ante los órganos jurisdiccionales mediante acción individual para que se les reconozca el mismo derecho, atentando así contra la economía y celeridad del proceso. Por ello, en esta materia suele hablarse de sentencias de condena abierta, donde los otros que se encuentran en la situación colectiva se adhieren al fallo, sin haber sido partes en el proceso. Este tipo de sentencias no está aún legalmente contemplado en el país, pero como desarrollo de la implantación constitucional de las acciones por derechos e intereses colectivos o difusos, y los efectos hacía la comunidad que sus decisiones tienen, si el juzgador al admitir la demanda individual, considera que ella afecta derechos e intereses difusos, debe ordenar la comparecencia de la Defensoría del Pueblo y de los interesados, así quien demande lo haga en razón de su interés directo y personal, y escuchar sus alegatos al respecto, ya que así como hay otras personas que podrían gozar de los efectos del fallo, es posible que un sector de la sociedad, del género o del grupo, se oponga a los efectos sociales supuestamente beneficiosos que se derivarán del fallo. En el futuro, las bases que tomaría en cuenta el legislador para legislar sobre las indemnizaciones a la colectividad y su reparto, posiblemente surja de estas condenas abiertas.

...

Si alguien demanda, sin fundar su acción en derechos o intereses difusos, pero el juzgador considera que de ellos se trata, deberá citar al proceso a la Defensoría del Pueblo, o a los entes que la ley establezca en particulares materias, y además hacer saber mediante edicto a todos los interesados, si no fueran procesos donde la ley los excluye y otorga la representación a otras personas. Todos estos interesados legítimos podrán, además, intervenir como terceristas, si el juez tomando en cuenta la existencia de derechos o intereses difusos o colectivos, los admite como tales" (subrayados del autor).

Es fundamental precisar, por otro lado, que esta posibilidad de adhesión de terceros litisconsortes no es propia ni exclusiva de las Acciones de Amparo, como algunos han creído, sino de toda acción judicial de naturaleza colectiva, sea o no de Amparo, donde obviamente se pretenda hacer valer intereses transindividuales, sean difusos o colectivos, o intereses individuales homogéneos, precisamente por razones de tutela judicial efectiva y celeridad y economía procesales.

En este orden de ideas, varios han sido los casos en los cuales ha procedido la extensión de efectos de los fallos benefactores, en virtud del ejercicio de acciones judiciales colectivas, como se desprende de la sentencia de la Sala Constitucional del Tribunal Supremo de Justicia, N° 487 del 6 de abril de 2001, caso: Glenda López y otros contra el Instituto Venezolano de los

Seguros Sociales (I.V.S.S.), con ponencia del Magistrado Jesús Eduardo Cabrera[209], donde se:

> *"ACUERDA la extensión de los efectos de la prenombrada decisión del 18 de diciembre de 1997 a todas aquellas personas que reúnan las siguientes condiciones: (i) se encuentren inscritas en el Instituto Venezolano de los Seguros Sociales; (ii) les haya sido diagnosticada la enfermedad del VIH/SIDA; (iii) que cumplan los requisitos legales para obtener los beneficios derivados del sistema de seguridad social, y (iv) que hayan solicitado a las autoridades del prenombrado Instituto la entrega de los medicamentos necesarios para el respectivo tratamiento, así como el de las enfermedades oportunistas, y la cobertura de la realización de los exámenes médicos especializados para el tratamiento de las mismas. En consecuencia, se libra el presente mandamiento de amparo a favor todas las personas que reúnan los anteriores requisitos, y se ORDENA al Instituto Venezolano de los Seguros Sociales cumplir las siguientes prestaciones para con ellas".*

Y, de la sentencia de la Sala Constitucional del Tribunal Supremo de Justicia, N° 2675 del 17 de diciembre de 2001, caso: Haydee Parra Araujo y otros contra el Decreto N° 304 del Presidente de la República y la Resolución N° 739 del Ministro del Interior y Justicia, con ponencia del Magistrado Jesús Eduardo Cabrera[210], donde se dejó sentado que:

> *"En estos casos, se está en presencia de efectos procesales que se extienden a una comunidad en la misma situación jurídica, la cual es diversa de la comunidad de derecho contemplada en el Código Civil, pero existente con relación a las infracciones constitucionales que a todos aquejan y que no puede sostenerse que existe con respecto a unos (los que demandaron y obtuvieron sentencia favorable) y no con respecto a otros, los no demandantes.*
> *Tratándose de derechos subjetivos de las personas, los no demandantes pueden renunciar o no a ellos, pero existe una declaración a favor de todos los que se encontraban en la misma situación jurídica, de la cual se aprovecharan o no, conforme a sus conveniencias y mientras no le caduque su acción, ya que de caducarles ellos no tendrían derecho a la fase ejecutiva de una acción caduca.*
> *En consecuencia, acciones como las de amparo constitucional, si son declaradas con lugar, sus efectos se hacen extensibles a todos los que se encuentran en la misma e idéntica situación así no sean partes en el proceso.*

[209] http://www.tsj.gov.ve/decisiones/scon/Abril/487-060401-00-1343.htm
[210] http://www.tsj.gov.ve/decisiones/scon/Diciembre/2675-171201-01-0725%20.htm

> *Por lo tanto, los Notarios y Registradores que legalmente califican para recibir la jubilación del Fondo de Pensiones de los Notarios y Registradores, que no participaron en esta causa, a quienes no le ha caducado su acción, tienen derecho de adherirse al fallo y solicitar su ejecución, ya que gozan de los efectos del mismo, siempre que acrediten en autos fehacientemente su condición de Notarios o Registradores y el cumplimiento de los requisitos para ser jubilados conforme a las normas mencionadas. De hacerlo le notificará al querellado a fin que exponga lo que crea conveniente, debiéndose abrir una articulación probatoria en base al artículo 607 del Código de Procedimiento Civil si el querellado disintere el derecho del peticionista, el cual de serle negado por el juez de la ejecución, podrá dilucidar el mismo en juicio aparte.*
>
> *La Sala recuerda que el amparo Constitucional no produce cosa juzgada material y que por tanto si los accionantes no obtuvieren un fallo favorable, por falta de pruebas, ello no impide que otros incoen de nuevo la acción y que se les ampare, caso en que el efecto extensivo del fallo beneficiara a los perdidosos.*
>
> *Por todas estas razones, la Sala declara que quienes se encuentran en igual situación que los accionantes, por tener idéntico vínculo jurídico con el agraviante y habérseles violado su situación jurídica, si no les ha caducado la acción de amparo pueden adherirse a este fallo y pedir su cumplimiento en el mismo término señalando para los accionantes".*

Partiendo del análisis de estos importantes precedentes jurisprudenciales, que marcan la pauta a seguir sobre la extensión de los efectos de los fallos dictados frente al ejercicio de acciones judiciales colectivas (aunque el justiciable las haya podido haber planteado en términos individuales, como vimos ocurrió en los casos citados de Cervecería Polar Los Cortijos, C.A. y Barsa Planeta de Venezuela, C.A. y Xerox de Venezuela, C.A.), pues se trata de una temática de carácter procesal, aunque desde el punto de vista sustantivo sean ajenos a la materia tributaria, a continuación se pasará revista a dos casos propios del ámbito tributario, dentro de otros que comienzan a surgir, demostrando que el proceso tributario no está al margen de la colectivización adjetiva.

De este modo, además de los asuntos ya comentados de las justiciables Cervecería Polar Los Cortijos, C.A. y Barsa Planeta de Venezuela, C.A. y Xerox de Venezuela, C.A., en conocimiento de la Corte Primera de lo Contencioso Administrativo y vinculados con las impugnaciones de las Providencias del SENIAT que declararon a los contribuyentes especiales como agentes de retención del impuesto al valor agregado, a los cuales se han adherido literalmente centenares de empresas, en defensa de intereses colectivos del grupo diferenciado de contribuyentes especiales, se pueden referir los siguientes:

En primer lugar, el caso en el cual la justiciable Interbank Seguros, C.A. ejerció un Recurso Contencioso Tributario, con Acción de Amparo Cautelar acumulada y medidas cautelares subsidiarias en contra de un acto administrativo del SENIAT, contentivo de una doctrina interpretativa sobre que las empresas aseguradoras debían soportar el impuesto al valor agregado generado por la prestación de servicios de talleres mecánicos y de servicios médicos-asistenciales, odontológicos, de cirugía y hospitalización, en provecho de los asegurados, doctrina ésta cuya ejecución no afectaba sólo a la accionante, sino a todo el sector asegurador, y de allí el carácter de acción judicial colectiva del recurso interpuesto, para la tutela de intereses colectivos del grupo diferenciado compuesto por las empresas de seguros y la Cámara que las agrupa, como ente exponencial de los intereses de ese grupo, aunque no se lo haya calificado así en el libelo por la recurrente.

Es por ello que, dado el mencionado carácter de acción judicial colectiva, se produjo una tanda inicial de solicitudes de adhesión a la causa, incluso antes de que hubiese pronunciamiento alguno, integrada por las empresas La Occidental de Seguros, C.A., Seguros Guayana, C.A. y Multinacional de Seguros, C.A., confesadas como de un mismo grupo económico, junto a la accionante.

Así, en una primera sentencia del Juzgado Superior Noveno de lo Contencioso Tributario, N° 087/2003 del 26 de marzo de 2003[211], tras haber declarado inadmisible la Acción de Amparo Cautelar (por perseguir la misma finalidad que las medidas cautelares solicitadas), y decretado medida cautelar de orden a las empresas prestadoras de los indicados servicios, de no incluir el tributo en las facturas emitidas a nombre de los asegurados de la accionante, extendió los efectos de la cautelar innominada así acordada a las terceras intervinientes indicadas.

Posteriormente, tal como ocurrió con otras empresas terceras intervinientes litisconsorciales, se dictaron los autos del 25 de abril de 2003 y del 21 de mayo de 2003[212], que admitieron las adhesiones y extendieron los efectos de la medida cautelar dictada, a favor de Seguros La Seguridad, C.A. y de Seguros Caracas de Liberty Mutual, C.A., respectivamente.

Incluso, por auto del 30 de abril de 2003[213], el Tribunal ordenó notificar de la medida cautelar al SENIAT, y a quines podrían eventualmente resultar litisconsortes pasivos, parcial o totalmente, como la Cámara Nacional de Talleres Mecánicos, al Centro Médico Dr. Rafael Guerra Méndez, etc.

Se trata pues de un típico caso de colectivización del proceso tributario, donde el elemento colectivo deriva de un acto administrativo que, si

[211] Consultada en original, en el expediente judicial N° 2004.
[212] Consultados en original, en el expediente judicial N° 2004.
[213] Consultado en original, en el expediente judicial N° 2004.

bien se presenta formalmente como de efectos particulares, contiene una doctrina interpretativa que, de aplicarse, afectaría no sólo al destinatario nominativo del acto, sino a todo el sector asegurador, como grupo diferenciado, con interés colectivo en la impugnación.

En segundo lugar, tenemos el caso en que la justiciable Sincrudos de Oriente Sincor C.A. incoó una Acción de Amparo autónomo contra el Instituto Venezolano de los Seguros Sociales (I.V.S.S.), en virtud de haber sido notificada de una planilla de liquidación, contentiva de cobros por concepto de la contribución de paro forzoso, del mes de febrero de 2003, siendo que la base legal de tal contribución, contenida en el Decreto con Rango y Fuerza de Ley que Regula el Subsistema de Paro Forzoso y Capacitación Laboral, fue derogada por la Ley Orgánica de Seguridad Social, estando en vigencia sólo hasta enero de 2003.

Este caso ya fue reseñado como un ejemplo de amparización del proceso tributario, al analizarse la sentencia del Juzgado Superior Séptimo de lo Contencioso Tributario, Nº 503 del 1 de abril de 2003. Empero, el mismo adoptó las características de una acción judicial colectiva, toda vez que no se trataba de impugnar una planilla aislada, sino de atacar por inconstitucional la pretensión del I.V.S.S. de recaudar, cualquiera fuese el supuesto contribuyente, una contribución sin base legal, en detrimenton del principio de legalidad tributaria.

Es por ello que se produjeron un gran número de adhesiones, por parte de evidentes terceros litisconsorciales, a los fines de lograr la extensión de los efectos del mandamiento de amparo, que obligaba al I.V.S.S. a abstenerse de cobrar por este concepto, en cuanto al mes de febrero de 2003 y meses subsiguientes, en provecho de la justiciable. Claro que en este caso la condición de acción judicial colectiva no derivaba de la tutela de intereses colectivos, pues los patronos afectados por la antijurídica actuación del I.V.S.S. no conforman un grupo diferenciado entre sí, sino de la protección conjunta de intereses individuales homogéneos, siempre por razones de tutela judicial efectiva y economía y celeridad procesales, dado el diáfano predominio de la cuestión colectiva, antes que la individual, para lograr la justicia buscada en forma concluyente.

Sin embargo, en claro detrimento del Estado de Justicia, del principio de preeminencia de los derechos humanos, del principio del "favor libertatis" o "in dubio pro libertad", del derecho de acceso a la justicia, del derecho a la tutela judicial efectiva, del derecho al debido proceso y de los principios de celeridad y economía procesales, el Juzgado Superior Séptimo de lo Contencioso Tributario dictó la sentencia N° 147 del 6 de junio de 2003[214], que declaró inadmisibles dichas adhesiones (todas).

[214] Consultada en original, en el expediente judicial N° 2028.

De esta forma, el fallo negó todas las solicitudes en cuestión, bajo la tesis de que no existiría una relación jurídica, ni tributaria ni de ninguna otra índole, entre los peticionantes y el I.V.S.S., al menos en cuanto concierne a esta contribución, por lo que en su criterio no se podría tener como partes en el juicio a estas empresas terceras, porque, según sostiene, la sentencia de la Sala Constitucional del Tribunal Supremo de Justicia que permite a terceros en la misma situación aprovecharse de los efectos de las decisiones, exigiría indefectiblemente la presencia de una relación jurídica.

El fallo parte del análisis de la sentencia de la Sala Constitucional del Tribunal Supremo de Justicia N° 2675 del 17 de diciembre de 2001, caso: Haydee Parra Araujo y otros contra el Decreto N° 304 del Presidente de la República y la Resolución N° 739 del Ministro del Interior y Justicia (en el caso de registradores y notarios), que cabe decir no es la primera ni la única en la materia, y que fue comentada anteriormente.

Es curioso destacar, sobre este punto, que la sentencia de marras del Juzgado Superior Séptimo de lo Contencioso Tributario alude a la temática de los intereses difusos y colectivos. Efectivamente ello resulta curioso, porque la jurisprudencia de la misma Sala Constitucional, al definir los intereses difusos, ha sostenido que se caracterizan por relaciones de hecho y no jurídicas, como ocurre en doctrina y fuera destacado previamente. Así, no se entiende cómo se llega a rechazar la intervención por no haber relación jurídica, y sin embargo mencionar a los intereses difusos como fundamento de la decisión.

Empero, no se trata el caso de la tutela de intereses difusos, por razones obvias.

Sería en cambio discutible si se asiste a un caso de intereses colectivos, o si más bien se configura algo que sirvió de fundamento de sus intervenciones en los escritos de ciertos solicitantes de adhesión, sin haber sido ello tan solo someramente evocado en la sentencia[215]: intereses individuales homogéneos, sobre lo que viene construyendo la ciencia procesal moderna, habiendo antes nosotros tomado partido por esta tesis, en cuanto concierne a este caso.

En definitiva, no argumentó la sentencia si se trataba de una acción judicial colectiva (por intereses transindividuales o individuales homogéneos), o de una acción judicial meramente individual.

Ahora bien, volviendo a lo anterior, parece la sentencia olvidar que si bien es sostenible que no hay una relación jurídica tributaria en este caso, pues no se da el hecho imponible, por falta de base legal, sí en cambio se da otra relación jurídica, la administrativa, derivada de las planillas de

[215] ¿Acaso se constituiría aquí un supuesto de denegación de justicia?

liquidación, como actos administrativos que son. De lo contrario, de no existir relación jurídica alguna, estaríamos en presencia de vías de hecho de la Administración, por ausencia de acto administrativo, y el régimen de defensa judicial sería otro, muy diferente, al recomendado en la sentencia. Ello, sin olvidar que las planillas en cuestión no se contraen sólo a la contribución de paro forzoso, sino que contienen otros rubros, que sí proceden, y frente a los cuales no se discute la existencia de la relación jurídica tributaria.

Tanto es así que existe relación jurídica, que es un caso similar al de los registradores y notarios, vinculados individual, pero homogéneamente, con la Administración Pública, por relaciones jurídicas derivadas al momento de la acción de amparo, de actos administrativos, que son tales planillas en este caso, actos jurídicos emanados del poder público, en ejercicio (aunque ilícito) de la potestad tributaria.

Empero, no debe perderse de vista que no es la existencia de relaciones jurídicas o situaciones fácticas lo que justifica en justicia la extensión de efectos de un fallo a la sociedad o a un grupo diferenciado, o a los terceros litisconsortes peticionantes, sino la naturaleza colectiva de la acción judicial incoada, en criterio del Tribunal y no dependiendo de la fundamentación del libelo respectivo, dada la relevancia social de la tutela colectiva, por la naturaleza del bien jurídico, por las características de la lesión o por el elevado número de personas alcanzadas, no, se insiste, por el acto administrativo nominativo, que no era más que un documento probatorio, sino por la intención inconstitucional del I.V.S.S. de cobrarle a todos los patronos registrados en su banco de datos, como contribuyentes, un tributo sin base legal.

En otro orden de ideas, es sorprendente que, en lugar de aplicar el principio del "favor libertatis", por mandato de los artículos 2, 3, 7, 19, 25, 26, 27 y 137 de la Constitución, en pro de la tutela judicial efectiva de situaciones individuales homogéneas, la sentencia indique que lo que procedería sería la vía ordinaria individual y no mediante acciones judiciales colectivas, entendida ella por el Recurso Jerárquico y el Recurso Contencioso Tributario, cuyos lapsos de interposición ya estarían caducados; o, la acción de repetición (que obviamente no tendría efecto frente a lo no pagado aún, pero que podría ser liquidado en el futuro), que no sólo tiene doble instancia, sino que luego se enfrenta a un claro problema de ejecución frente al ente público, ya que esas planillas gozan en principio de la cualidad de título ejecutivo.

Situación más grave aún resulta del hecho de que la sentencia parta de la idea de que no procede tampoco la Acción de Amparo (página 35), por ser restitutorios sus efectos. Claro que sus efectos son restitutorios, y precisamente de lo que se trata es de restituir la situación jurídica subjetiva lesionada o amenazada, privando definitivamente de ejecutividad y ejecutoriedad al acto administrativo impugnado, y ordenando al I.V.S.S. cesar en la lesión, prohibiéndole hacia el futuro continuar liquidando sobre bases ilegales.

No se entiende entonces cómo, sin romper con el principio de igualdad y el Estado de Justicia, pueda el fallo de marras considerar admisible la Acción de Amparo ejercida por Sincrudos de Oriente, C.A., y al mismo tiempo estimarla inadmisible de ser incoada por las demás empresas, no obstante su carácter de terceros litisconsorciales, carácter éste último ignorado o no tomado en cuenta en el fallo comentado[216]. Aunque luego (página 39), declare que surge la Acción de Amparo Autónoma (individual) "a favor de los solicitantes", por un supuesto carácter personalísimo del tributo. Lo cierto es que si el tributo tuviese tal pretendido carácter personalísimo, no podría admitirse su pago con subrogación, por parte de terceros, lo cual es perfectamente posible.

Desde otra perspectiva, se descolla que si la sentencia sugiere la posibilidad de la acción de repetición en forma directa, es porque asume la inconstitucionalidad de las planillas respectivas. Entonces, ¿por qué no acordar la extensión de efectos explícitamente, si al parecer se lo hace tácitamente?

Claro que no convendría confiarse en esto, pues si la empresa ha pagado, según la sentencia puede pedir la repetición con fundamento en ella. Pero, si no ha pagado (y no tendría que hacerlo por ser un cobro inconstitucional), aparte de no existir acción de repetición, sobrevendría el juicio ejecutivo, frente al cual, la única defensa realmente eficaz (habrían otras), sería la sentencia de extensión de efectos, injustamente negada.

En definitiva, es lo cierto que acatar la sugerencia de la sentencia citada, ejerciendo las vías ordinarias por ella referidas (Recurso Jerárquico y Recurso Contencioso Tributario, contra las planillas o contra las negativas de reintegro), o simplemente interponer Acciones de Amparo Autónomas e individuales contra las planillas, caso por caso, como lo hizo Sincrudos de Oriente Sincor, C.A., atiborraría de juicios nuevos a unos tribunales ya bastante congestionados, en detrimento de la justicia y por no entender lo que es una acción colectiva por intereses individuales homogéneos. A más de que, con excepción de la Acción de Amparo, las otras vías no serían suficientes para lograr la prohibición de nuevas liquidaciones, para los meses subsiguientes.

---

[216] ¿Acaso se constituiría aquí un supuesto de denegación de justicia?

Es así como el anclaje en conceptos individualistas del derecho, claramente contrarios a los postulados de un Estado de Justicia, socavan la posibilidad de dar tutela judicial efectiva, celera, económica y expedita tanto a intereses colectivos como a intereses individuales homogéneos, por medio de acciones judiciales colectivas, como las aquí estudiadas[217]. Sin embargo, sin saber aún la suerte que depara en el foro a este caso, a la final, es lo cierto que es claramente ilustrativo de lo que es un supuesto de colectivización del proceso tributario, abortado por las circunstancias de ser tan solo los primeros pasos en un mundo nuevo, de justicia colectiva, economía y celeridad procesales, en la construcción del Estado de Justicia.

"El tránsito del proceso individual al colectivo es por demás asombroso y nos brinda, ávido de estudios y comprensión, el arsenal de las técnicas y soluciones que la gente aguarda del moderno derecho procesal para asegurar los bienes colectivos y lograr –al mismo tiempo– la tutela especial que proteja y defienda los singulares derechos afectados.

La defensa de la sociedad, de los intereses y derechos –vitales– caracterizados como difusos, colectivos e individuales homogéneos impone otro modo de pensar y actuar el derecho instrumental facilitador de la protección útil de los mismos"[218].

4.4. Algunos supuestos de interés para su enfoque colectivo

Antes de finalizar esta sección de la colectivización del proceso tributario, cabría poner de relieve algunos supuestos de evidente relevancia de las acciones judiciales colectivas, por estar de por medio intereses colectivos o intereses individuales homogéneos, por la relevancia social de la tutela colectiva, por el elevado número de personas alcanzadas, por el predominio de cuestiones comunes sobre las individuales y por la utilidad de la tutela colectiva en el caso concreto, que bien convendría repensar, a la hora de diseñar las futuras estrategias impugnatorias, como serían los siguientes:

[217] Morelo, Augusto y Stiglitz, Gabriel, "Tutela procesal de derechos personalísimos e intereses colectivos", Librería Editora Platense, La Plata, 1986, p. 155: "La problemática de los intereses difusos (fraccionados o colectivos) se posa actualmente de modo prioritario en la atención del jurista, removiendo muchas concepciones y dilatando o ajustando explicaciones clásicas que se muestran insuficientes para disciplinar, razonablemente, la demanda de tutela o de protección administrativa y judicial, respecto de ricas y complejas cuestiones que anidan con personalidad y cualidad propias en un cuadrante innovador del mundo jurídico".

[218] Morelo, Augusto, "La tutela de los intereses difusos en el derecho argentino", Librería Editora Platense, La Plata, 1999, p. 56.

4.4.1. Pretensión del I.N.C.E. de gravar las utilidades con el aporte del 2%

El Instituto Nacional de Cooperación Educativa (I.N.C.E.), bajo el criterio literalista de que el aporte del 2% grava las remuneraciones de cualquier especie, y la interpretación de que las utilidades son un tipo de remuneración, viene desde hace mucho tiempo formulando reparos a las empresas aportantes, por ese concepto.

Sin embargo, frente a los Recursos Contencioso Tributarios incoados separadamente por las justiciables afectadas, contra sus respectivos reparos, la jurisprudencia tanto de los Juzgados Superiores de lo Contencioso Tributario, como de la Sala Político Administrativa del Tribunal Supremo de Justicia, con pocas excepciones del pasado, han sistemáticamente anulado esos reparos, entiendo que lo que está gravado es lo que podría catalogarse como salario normal, de cuyas características no goza la partida de utilidades.

Ignorando esta situación, y sin que se haya nunca hablado de desacato a la autoridad judicial o a la majestad del Poder Judicial, por las consideraciones tremendamente individualistas que tradicionalmente se han hecho en casos como estos, el I.N.C.E., no obstante perder los juicios, continúa formulando este tipo de reparos, incluso contra empresas aportantes habiendo resultado gananciosas en casos de estos, claro que en cuanto a períodos económicos distintos, y también contra otras empresas aportantes.

Obviamente, esto llena los Tribunales de causas claramente innecesarias, que se multiplican en detrimento de la justicia, bajo parámetros individualistas.

Se asume que la única forma de impedir que el I.N.C.E. continúe actuando al margen de la ley, en estos casos, vulnerando consecuencialmente la expedita administración de la justicia y directamente los principios constitucionales de legalidad tributaria, de capacidad económica y de prohibición de la confiscación, sería bajo un enfoque colectivo de la acción judicial, en defensa de intereses individuales homogéneos.

Ello podría concebirse bajo la figura de quien ejerza un Recurso Contencioso Tributario contra su reparo, y pida al Juez que, tras anular el acto administrativo, restablezca la situación jurídica lesionada o amenazada de afectación, mediante la orden de prohibición de continuar formulando reclamos fiscales por ese concepto. En un supuesto así, el Juez, siguiendo la jurisprudencia analizada previamente en la materia, al ver la presencia, en cuanto al concepto se refiere, de elementos colectivos, ha de convocar a todos los interesados a la causa, o sólo admitir las tercerías litisconsorciales que le planteen los peticionantes de adhesión.

Se debe entender la diferencia entre el interés en lograr la anulación de un reclamo nominativo concreto, por una cantidad determinada, que es un interés individual heterogéneo (sin efecto colectivo), y el interés de todas las empresas aportantes de no ser reparadas por un concepto antijurídico, que es un interés individual pero homogéneo, pudiendo coexistir acumuladamente en un proceso.

Claro que también, según el caso, podría pensarse en actuar por vía de Acción de Amparo, Cautelar o Autónomo, con las mismas consideraciones. Siendo que, en caso de Amparo Autónomo no sería menester esperar que se produzca un reparo, pues la práctica administrativa del I.N.C.E. en la materia es prueba de la amenaza inminente de lesión, por ejemplo del derecho a la propiedad.

4.4.2. Traspaso de pérdidas del ajuste por inflación

Las autoridades del SENIAT han comenzado sistemáticamente a formular reparos a los contribuyentes del impuesto sobre la renta, en el sentido de rechazar el traspaso a ejercicios fiscales subsiguientes, de pérdidas que se hayan generado como consecuencia de la aplicación del régimen del ajuste por inflación, por considerar que se estaría incurriendo en un doble beneficio no autorizado por la ley.

Este es un punto sustantivo sobre el cual existe mucha discusión, tanto entre los abogados como entre los contadores públicos, siendo que existen argumentos para sostener la inconformidad a derecho de estos reclamos fiscales, sin que hayan precedentes judiciales en la materia. De hecho, en este momento estos reparos están a penas contenidos en actas, pues el punto es novedoso.

Lo cierto es que se puede augurar que habrá gran actividad contenciosa sobre este aspecto, y que muy probablemente será encarada en términos tradicionales, a través de Recursos Contencioso Tributarios individuales y aislados, multiplicándose por los tribunales en perjuicio de la justicia y de la economía y celeridad procesales, sin olvidar el menoscabo a la seguridad jurídica, sobre todo la de aquellos contribuyentes que durante los años que duren esos procesos, no sepan si se les reparará o no, en caso de traspasar esas pérdidas, si convendría no hacerlo o si habría de hacerse a pesar de las consecuencias, por entenderlo procedente, etc.

Es en este orden de ideas, entonces, que estando en un caso de evidente connotación colectiva, pues trata de un tema efectiva o potencialmente afectante de todos cuantos hayan traspasado, o aspiren hacerlo, estas pérdidas, a título de intereses individuales homogéneos (como en el caso anterior), podría pensarse en concebir la tutela de estos intereses por medio de acciones judiciales colectivas, por medio del Recurso Contencioso Tributario o de la Acción de Amparo, según los casos, si se confirma el reparo en la Resolución Culminatoria del Sumario Administrativo; o, incluso, dado el carácter netamente preventivo de la materia, por vía de Acción de Amparo, sin necesidad de esperar que acontezca la predecible ratificación sumarial del reparo.

Sobre estas acciones judiciales se ratifica lo comentado en cuanto a las actuaciones del I.N.C.E., en el punto anterior.

4.4.3. No gravabilidad de los profesionales, por el impuesto municipal a las actividades económicas

Tradicionalmente en nuestro país las autoridades municipales han pretendido gravar con el impuesto a las actividades económicas (antes impuesto de patente de industria y comercio), el ejercicio de actividades profesionales, de naturaleza civil, particularmente en cuanto tenía que ver con los servicios de ingeniería.

Así, frente a los diversos reparos, las compañías de ingenieros ejercieron sus Recursos Contencioso Tributarios individuales, obteniendo resultados anulatorios satisfactorios sistemáticamente.

Incluso, también lograron que se anularan los dispositivos de las ordenanzas correspondientes, tras el ejercicio de Acciones de Inconstitucionalidad, para el respectivo control concentrado de constitucionalidad, por ante la entonces Corte Suprema de Justicia en Pleno, con evidentes efectos "erga omnes".

Sin embargo, jamás se concibieron las diversas acciones judiciales incoadas, en términos colectivos.

En la actualidad, toda pretensión municipal al respecto, es decir, de gravar con el ahora llamado impuesto a las actividades económicas, el ejercicio de las actividades profesionales, sean de ingeniería, abogacía, contaduría, etc., implicaría violaciones constitucionales, dentro de los parámetros de la Constitución de 1999, conforme a lo establecido por la jurisprudencia de la Sala Constitucional del Tribunal Supremo de Justicia[219], por lo que sería susceptible de impugnación judicial, por lesión de los intereses transindividuales de naturaleza colectiva, no solo por los individuos aislados integrantes de los grupos diferenciados de profesionales,

[219] Como se desprende del contenido de la sentencia N° 3241 del 12 de diciembre de 2002, caso: Compañía Venezolana de Inspección, C.A. (Covein) contra Ordenanza del Municipio Bolívar del Estado Anzoátegui, con ponencia del Magistrado José Manuel Delgado Ocando (http://www.tsj.gov.ve/decisiones/scon/diciembre/3241-121202-00-0824.htm).

sino también por las autoridades gremiales correspondientes, sea que se interpongan Recursos Contencioso Tributarios contra los reparos, Acciones de Amparo Autónomo como las ya tratadas previamente o Acciones de Inconstitucionalidad.

De hecho, existen Acciones de Inconstitucionalidad actualmente en conocimiento de la Sala Constitucional del Tribunal Supremo de Justicia[220], incoada por diversos profesionales y con adhesiones de abogados, contadores e ingenieros, en contra de la parte pertinente de la Ordenanza de la materia del Municipio Chacao del Estado Miranda, cuyas resultas se aguardan.

Se destaca pues este último ejemplo, como un caso típico de colectivización del proceso tributario.

5. CONCLUSIÓN

En el camino de la construcción de un Estado de Justicia, es menester que repensemos las instituciones adjetivas en general, y particularmente en cuanto concierne al proceso tributario, para hacer realidad el derecho a la tutela judicial efectiva.

En este sentido, dadas las insuficiencias del Recurso Contencioso Tributario, sobre todo en cuanto concierne al desarrollo del efecto preventivo (a futuro) y al resultado restablecedor inmediato de la tutela judicial clamada, para lograr la justicia efectiva, económica, celera y expedita a la que el justiciable tiene derecho, se tiene al ejercicio cada vez más común y sistemático de la Acción de Amparo.

Y, a los mismos fines de prodigar una justicia como la descrita, para la mejor protección de la persona humana y el resguardo de su dignidad, frente a fenómenos masificados de violación de la parte dogmática de la Constitución o del bloque de la legalidad, según los casos, se observa, aquí en el proceso tributario, como en otras áreas del derecho procesal, el surgimiento espontáneo de acciones judiciales colectivas, por vía de Recurso Contencioso Tributario, de Acción de Amparo u otras, para la salvaguarda de intereses transindividuales (difusos o colectivos) y también de intereses individuales homogéneos, en la ruta hacia la consecución, con ánimo de prevención, de la tutela judicial anticipada.

[220] Expedientes judiciales N° 02-2634 y N° 02-2820.

1.5
Acciones Colectivas en el Proceso Tributario

1. LA JURISDICCIÓN AL SERVICIO DEL SER HUMANO

El análisis sistemático de varias de las disposiciones normativas, de aplicación directa e inmediata[221], de la Constitución de 1999, nos permite descollar sin duda la intención constituyente de propiciar la apertura plena de la jurisdicción, en provecho del ser humano[222], visto éste en forma integral y no sólo como ciudadano, administrado, contribuyente, etc., por lo que hablaremos del justiciable, es decir, del ser humano clamando justicia.

Tal intención promotora del acceso irrestricto a la justicia es posible descubrirla tras la lectura concatenada de diversas normas constitucionales, contenedoras de trascendentes principios jurídicos que encuentran su razón de ser en una clara vocación de vida en libertad y democracia. Veamos:

Ante todo, conviene poner de relieve el principio de supremacía de la Constitución, piedra angular de nuestro sistema jurídico constitucional racional normativo rígido, que catapulta su parte dogmática o compendio

---

221 - Ruan Santos, Gabriel, "Nueva dimensión del derecho tributario por aplicación directa de la Constitución. Aspectos sustantivos y adjetivos", en "La Administración Tributaria y los derechos de los contribuyentes", Libro Homenaje a la Memoria de Ilse van der Velde, FUNEDA, Caracas, 1998.
- Octavio, José Andrés, "Las garantías constitucionales ante la presión del conjunto de tributos que recaen sobre el sujeto contribuyente", Revista de Derecho Tributario N° 50, en Temas Tributarios, XXX Aniversario de la Asociación Venezolana de Derecho tributario, Caracas, 1999.

222 - De quien por cierto emana la potestad de administrar justicia (artículo 253).
- Ortíz-Ortíz, Rafael, "La dignidad humana y el desarrollo de la personalidad como premisa axiológica del constitucionalismo venezolano", Revista de la Fundación Procuraduría, N° 14, Caracas, 1996.

de derechos humanos fundamentales al más alto nivel de la jerarquía de las fuentes del derecho, en los siguientes términos:

> *"La Constitución es la norma suprema y el fundamento del ordenamiento jurídico. Todas las personas y los órganos que ejercen el Poder Público están sujetos a esta Constitución"* (artículo 7);
> *"Toda persona tiene el deber de cumplir y acatar esta Constitución, las leyes y los demás actos que en ejercicio de sus funciones dicten los órganos del Poder Público"* (artículo 131); y,
> *"La Constitución y la ley definirán las atribuciones de los órganos que ejercen el Poder Público, a las cuales deben sujetarse las actividades que realicen"* (artículo 137).

Este trascendental principio se halla garantizado por los controles de constitucionalidad de las leyes y demás actos jurídicos de ejecución directa de la Constitución, emanados de cualquiera órgano del poder público, como lo son el control concentrado, a cargo de la Sala Constitucional del Tribunal Supremo de Justicia (artículo 336, numerales 1 al 4), y el control difuso, confiado a todos los jueces de la República, en sus respectivas competencias (artículo 334, en concordancia con el artículo 20 del Código de Procedimiento Civil).

Ademas, conviene destacar que la supremacía de la Constitución conlleva la de los derechos humanos[223], no sólo la de los reconocidos expresamente en ella, sino todos los derechos humanos, por razón de la adoptada cláusula del "numerus apertus" en la materia (artículo 22), es interesante recordar que muchos de los derechos humanos están contenidos en tratados internacionales[224] y que al margen de las discusiones monistas y dualistas sobre la posición de estas convenciones en las fuentes del derecho interno, la Constitución les atribuye, sin más, jerarquía constitucional (artículo 23), acompañada de la significación sustantiva de ello y de todas las garantías judiciales llamadas a concretar la realidad del principio de supremacía de la Constitución, en provecho de la dignidad y el bienestar del ser humano.

Así, encontrándonos en el ámbito de los derechos humanos, es menester observar, dentro de los ya evocados principios jurídicos de

---

[223] - Pérez Campos, Carmen Magaly, "Los derechos humanos. Su definición y vinculación con los planos de la moralidad y de la legalidad", Revista de la Facultad de Ciencias Jurídicas y Políticas, Nro. 83, U.C.V., Caracas, 1992.
- Associaçao Brasileira de Direito Financiero, Anais das XX Jornadas do Instituto Latinoamericano de Derecho Tributario, "Direitos humanos e tributaçao", Salvador, Bahia, Brasil, 2000.

[224] Casás, José Osvaldo, "Familia, Constitución, tratados internacionales sobre derechos humanos y tributos", en Estudios en memoria de Ramón Valdés Costa, Tomo I, Fundación de Cultura Universitaria, Montevideo, 1999.

trascendencia, el principio de preeminencia de los derechos humanos, visto como valor superior del ordenamiento jurídico venezolano y de la actuación del Estado venezolano:

> *"Venezuela se constituye en un Estado democrático y social de Derecho y de Justicia, que propugna como valores superiores de su ordenamiento jurídico y de su actuación, la vida, la libertad, la justicia, la igualdad, la solidaridad, la democracia, la responsabilidad social y en general, la preeminencia de los derechos humanos, la ética y el pluralismo político"* (artículo 2, subrayados del autor).

De esta forma, el impostergable goce de los derechos humanos se configura como uno de los fines del Estado:

> *"El Estado tiene como fines esenciales la defensa y el desarrollo de la persona y el respeto a su dignidad, el ejercicio democrático de la voluntad popular, la construcción de una sociedad justa y amante de la paz, la promoción de la prosperidad y bienestar del pueblo y la garantía del cumplimiento de los principios, derechos y deberes consagrados en esta Constitución"* (artículo 3, subrayados del autor).

Caracterizado ello por el principio de progresividad de los derechos humanos, es decir, de permanente ampliación de la esfera de libertades, en virtud, además, de la vigencia del principio general de derecho "venire contra factum proprium non valet", que lo garantiza:

> *"El Estado garantizará a toda persona, conforme al principio de progresividad y sin discriminación alguna, el goce y ejercicio irrenunciable, indivisible e interdependiente de los derechos humanos. Su respeto y garantía son obligatorios para los órganos del Poder Público de conformidad con la Constitución, los tratados sobre derechos humanos suscritos y ratificados por la República y las leyes que los desarrollen"* (artículo 19).

Es tanta la importancia que la Constitución da a su supremacía, que no sólo la refuerza como principio en el campo específico de los derechos humanos, como se desprende de las normas previamente trascritas, sino que también dispone consecuencias jurídicas concretas en cuanto a la nulidad absoluta de las actuaciones estatales y sobre la responsabilidad por daños, en donde se lesionen los derechos humanos, circunstancias ambas cuya materialización convoca indefectiblemente la intervención del Poder Judicial:

> *"Todo acto dictado en ejercicio del Poder Público que viole o menoscabe los derechos garantizados por esta Constitución y la ley es nulo, y los*

> *funcionarios públicos y funcionarias públicas que lo ordenen o ejecuten incurren en responsabilidad penal, civil y administrativa, según los casos, sin que les sirvan de excusa órdenes superiores"* (artículo 25). *"El Estado tendrá la obligación de indemnizar integralmente a las víctimas de violaciones a los derechos humanos que le sean imputables, y a sus derechohabientes, incluido el pago de daños y perjuicios"* (artículo 30).

Desde esta perspectiva, interesa destacar ciertos derechos humanos, de expresa consagración constitucional, directamente relacionados con nuestro tema, que son los siguientes:

El derecho de acceso a la justicia, también denominado derecho de acceso al órgano jurisdiccional o derecho a la acción o derecho a accionar en justicia, y el derecho a la tutela judicial efectiva[225], que se encuentran reconocidos en conjunto, tanto en provecho de la defensa de derechos e intereses individuales (heterogéneos u homogéneos), como igualmente de derechos e intereses transindividuales, como lo son los de naturaleza colectiva o difusa, constitucionalizándose de esa manera el fenómeno, cada vez más común, de colectivización en general del proceso, y asociados también al principio de celeridad procesal:

> *"Toda persona tiene derecho de acceso a los órganos de administración de justicia para hacer valer sus derechos e intereses, incluso los colectivos o difusos, a la tutela efectiva de los mismos y a obtener con prontitud la decisión correspondiente"* (artículo 26).

Este principio de celeridad procesal, sin cuyo respeto mal podría hablarse de tutela judicial efectiva, es objeto de mayor tratamiento, así:

---

[225] González Pérez, Jesús "El derecho a la tutela jurisdiccional", Editorial Civitas, Madrid, 1984.

- Brewer-Carías, Allan R., "Consideraciones sobre el contencioso administrativo como un derecho constitucional a la tutela judicial frente a la Administración", Revista Derecho Público, Nº 49, 1992.
- Spisso, Roberto, "La tutela judicial efectiva en materia tributaria. Protección del contribuyente ante el estado de sitio fiscal", Depalma, Buenos Aires, 1996.
- Fraga Pittaluga, Luís, "La defensa del contribuyente frente a la Administración Tributaria", FUNEDA, Caracas, 1998.
- Shaw, José Luís, "Tutela jurisdiccional efectiva en materia tributaria", en Estudios en memoria de Ramón Valdés Costa, Tomo II, Fundación de Cultura Universitaria, Montevideo, 1999.
- Blanco-Uribe Quintero, Alberto, "Los derechos del contribuyente en la Constitución de 1999", V Jornadas Venezolanas de Derecho Tributario "Aspectos Tributarios en la Constitución de 1999", Asociación Venezolana de Derecho Tributario, Livrosca, Caracas septiembre 2000.

"El Estado garantizará una justicia gratuita, accesible, imparcial, idónea, transparente, autónoma, independiente, responsable, equitativa y expedita, sin dilaciones indebidas, sin formalismos o reposiciones inútiles" (artículo 26, subrayados del autor).

A más de su regulación tradicional en el artículo 10 del Código de Procedimiento Civil:

"La justicia se administrará lo más brevemente posible. En consecuencia, cuando en este Código o en las leyes especiales no se fije término para librar alguna providencia, el Juez deberá hacerlo dentro de los tres días siguientes a aquél en que se haya hecho la solicitud correspondiente" (subrayado del autor).

Por otro lado, nos topamos con otros derechos humanos pertinentes al tema de la justicia, como lo son:

El derecho al debido proceso, sin cuyo goce real también sería ilusoria la tutela judicial efectiva:

"El debido proceso se aplicará a todas las actuaciones judiciales y administrativas y, en consecuencia:
1. La defensa y la asistencia jurídica son derechos inviolables en todo estado y grado de la investigación y del proceso. Toda persona tiene derecho a ser notificada de los cargos por los cuales se le investiga, de acceder a las pruebas y de disponer del tiempo y de los medios adecuados para ejercer su defensa. Serán nulas las pruebas obtenidas mediante violación del debido proceso. Toda persona declarada culpable tiene derecho a recurrir del fallo, con las excepciones establecidas en esta Constitución y la ley" (artículo 49, numeral 1).

Estos derechos de acceso a la justicia, tutela judicial efectiva y debido proceso se encuentran compendiados en el artículo 14, numeral 1 del Pacto Internacional de Derechos Civiles y Políticos[226], adoptado y abierto a la firma, ratificación y adhesión por la Asamblea General de la Organización de las Naciones Unidas, en su Resolución N° 2200 A (XXI), de 16 de diciembre de 1966, que es del siguiente tenor:

"Todas las personas son iguales ante los tribunales y cortes de justicia. Toda persona tendrá derecho a ser oída públicamente y con las debidas garantías por un tribunal competente, independiente e imparcial, establecido por la ley, en la substanciación de cualquier acusación de

[226] Gaceta Oficial Extraordinaria N° 2.146 del 28 de enero de 1978.

carácter penal formulada contra ella o para la determinación de sus derechos u obligaciones de carácter civil".

Y en el artículo 8, punto 1 de la Convención Americana sobre Derechos Humanos o Pacto de San José de Costa Rica, suscrita en San José de Costa Rica el 22 de noviembre de 1969, en la Conferencia Especializada Interamericana sobre Derechos Humanos[227], así:

"Toda persona tiene derecho a ser oída, con las debidas garantías y dentro de un plazo razonable, por un juez o tribunal competente, independiente e imparcial, establecido con anterioridad por la ley, en la sustanciación de cualquier acusación penal formulada contra ella, o para la determinación de sus derechos y obligaciones de orden civil, laboral, fiscal o de cualquier otro carácter".

Especial atención requiere el derecho a ser amparado frente a las lesiones efectivas o inminentes a los derechos humanos:

"Toda persona tiene derecho a ser amparada por los tribunales en el goce y ejercicio de los derechos y garantías constitucionales, aun de aquellos inherentes a la persona que no figuren expresamente en esta Constitución o en los instrumentos internacionales sobre derechos humanos.
El procedimiento de la acción de amparo constitucional será oral, público, breve, gratuito y no sujeto a formalidad, y la autoridad judicial competente tendrá potestad para restablecer inmediatamente la situación jurídica infringida o la situación que más se asemeje a ella. Todo tiempo será hábil y el tribunal lo tramitará con preferencia a cualquier otro asunto" (artículo 27).

Y, finalmente, la promoción de Venezuela no sólo como un Estado de Derecho, sino, mejor aún, como un Estado de Justicia[228]:

"Venezuela se constituye en un Estado democrático y social de Derecho y de Justicia, que propugna como valores superiores de su ordenamiento

---

[227] Gaceta Oficial N° 31.256 del 14 de junio de 1977.

[228] - Blanco-Uribe Quintero, Alberto, "Definición de Estado Justicia", Ámbito Jurídico N° 50, Legis, noviembre 2001.
- Morelo, Augusto, "La tutela de los intereses difusos en el derecho argentino", Librería Editora Platense, La Plata, 1999, p. 7: "El foco solar –a los cincuenta años de la Declaración Universal de los Derechos Humanos– de las libertades fundamentales y de las ampliadas y reforzadas garantías, qué duda cabe, lo constituye el que irradia una renovada esperanza en la tutela judicial efectiva y en la consolidación definitiva, en Occidente, del Estado de Derecho en tránsito al Estado de Justicia".

jurídico y de su actuación, la vida, la libertad, la justicia, la igualdad, la solidaridad, la democracia, la responsabilidad social y en general, la preeminencia de los derechos humanos, la ética y el pluralismo político" (artículo 2).

En este orden de ideas, tenemos que un Estado de Justicia es aquel en el cual, entre otros importantes e imprescindibles valores fundamentales, se resalta la justicia misma y la preeminencia de los derechos humanos, donde el justiciable, el que clama justicia, tendrá siempre acceso irrestricto al órgano jurisdiccional, para la defensa de sus intereses individuales o transindividuales, en condiciones de tutela judicial efectiva, debido proceso y promoción progresiva de las libertades, en contra de cualquier acto emanado de todo órgano público, susceptible de perjudicar los derechos humanos, en el camino de "la construcción de una sociedad justa" (artículo 3)[229].

De allí que no pueda haber acto dictado por algún órgano del poder público, sea en ejecución directa o indirecta de la Constitución, que se encuentre excluido del control de conformidad con el bloque de constitucionalidad, por parte del Poder Judicial, pues es el Juez, en un Estado de Justicia, quien está llamado, en última, definitiva y concluyente instancia, como fiel de la balanza en el equilibrio de los órganos del poder público, y garante de los principios de supremacía de la Constitución y de preeminencia de los derechos humanos, a decir el derecho en cada caso.

Ya la jurisprudencia ha tenido ocasión de pronunciarse sobre el entendimiento del Estado de Justicia[230], comprensivo de un Estado Social y Democrático de Derecho, comprometido con el progreso integral de los venezolanos, el desarrollo humano con miras de propiciar una calidad de vida digna, la justicia como valor superior, la preeminencia de los derechos humanos y el acceso a la justicia para hacer valer todos los derechos y obtener tutela efectiva expedita, a fin de conformar "un Estado justo, del justiciable como elemento protagónico de la democracia" (subrayado de

---

[229] Faúndez Ledesma, Héctor, "El derecho a un juicio justo", Revista de la Facultad de Ciencias Jurídicas y Políticas, N° 80, U.C.V., Caracas, 1991.

[230] Sentencias de la Sala Político-Administrativa del Tribunal Supremo de Justicia, Nº 00697 del 21 de mayo de 2002, caso: Ayari Assing Vargas y otros contra el Colegio de Ingenieros de Venezuela, con ponencia del Magistrado Hadel Mostafá (http://www.tsj.gov.ve/decisiones/spa/Mayo/00697-210502-1057.htm), y Nº 00677 del 8 de mayo de 2003, caso: AB Proyectos e Inspecciones, C.A. contra el I.N.C.E., con ponencia del magistrado Levis Zerpa (http://www.tsj.gov.ve/decisiones/spa/Mayo/00677-080503-2002-1105.htm); y, sentencia de la Sala Constitucional del Tribunal Supremo de Justicia, Nº 2029 del 19 de agosto de 2002, caso: Industria Metalúrgica Ofanto, S.R.L., con ponencia del Magistrado Iván Rincón (http://www.tsj.gov.ve/decisiones/scon/Agosto/2029-190802-2840.htm), especialmente referida esta última a la tutela judicial efectiva y al debido proceso.

los diversos fallos), siendo el proceso en tales condiciones, la herramienta ideal para su real establecimiento:

> *"El proceso constituye un instrumento fundamental para la realización de la justicia. Las leyes procesales establecerán la simplificación, uniformidad y eficacia de los trámites y adoptarán un procedimiento breve, oral y público. No se sacrificará la justicia por la omisión de formalidades no esenciales"* (artículo 257).

De todo cuanto precede se desprende la evidente intención constituyente de tornar absolutamente pleno, efectivo y expedito el acceso a la jurisdicción, en condiciones irrestrictas de respeto al principio del "favor libertatis", principio de principios, dentro de la ineluctable preeminencia de los derechos humanos, en un Estado de Justicia[231].

2. LAS ACCIONES COLECTIVAS TAMBIÉN ESTAN PRESENTES EN EL PROCESO TRIBUTARIO

A raíz del reconocimiento expreso, en el artículo 26 de la Constitución, del derecho de acceso a la justicia no sólo para la defensa de intereses individuales (heterogéneos u homogéneos), sino también para la defensa de intereses difusos o colectivos, conocidos como transindividuales, el proceso venezolano, en general, ha conocido la institucionalización de la acción colectiva en justicia[232]. No es que con anterioridad a la Constitución de 1999 no se hayan producido acciones de este tipo, como las que resguardaron el derecho a la educación de los estudiantes del Colegio Rondalera, en Caracas, o protegieron el derecho al ambiente de los habitantes de la

[231] Morelo, Augusto y Stiglitz, Gabriel, "Tutela procesal de derechos personalísimos e intereses colectivos", Librería Editora Platense, La Plata, 1986, p. 182: "Desde la perspectiva de la acción, procedimiento o proceso de amparo, el momento político institucional que transitamos se presenta como óptimo para consolidar definitivamente un Estado de Derecho (en cuyo seno se va gestando, a su vez, el futuro Estado de Justicia), a fin de que aquél vuelva a ser enérgicamente útil".

[232] Morelo, Augusto, "La tutela de los intereses difusos en el derecho argentino", Librería Editora Platense, La Plata, 1999, p. 38: "Esa idea de lo colectivo (que involucra a grupos, categorías, poblaciones) y complejas situaciones subjetivas polarizadas en objetos (bienes de la vida, diría Chiovenda) indivisibles aunque de uso y aprovechamiento fraccionado (...) se ensancha para dibujar un régimen o sistema de tratamiento jurídico envolvente y similar, de suerte que la expansión grupal, como un surtidor, determina la comunicabilidad horizontal de la tutela a favor de todos aquellos sujetos que, apresados en la conexidad (diríamos vital) de esa situación común, no juegan en solitario. Se repite con rasgos y efectos idénticos o muy semejantes en seriada (muchas veces masiva) reiteración".

comunidad de El Playón, en el Estado Mérida, entre muchas otras que son de grata recordación, sino que ahora se las ha consagrado explícitamente en la Constitución, no dejando lugar a la jurisprudencia para que las desconozca o para que disponga en cabeza del Ministerio Público el monopolio de su defensa judicial, como ocurrió en muchos casos previos, incluso por iniciativa de la entonces Corte Suprema de Justicia.

Hoy por hoy, la jurisprudencia de la Sala Constitucional del Tribunal Supremo de Justicia, en algunos casos de manera plausible y en otros de forma lamentable, por restrictiva, ha venido delineando el régimen procesal para la defensa de los intereses difusos o colectivos, de donde cabe ahora analizar dos figuras específicas: la definición de tales intereses y las adhesiones de terceros litisconsortes, a los fines de la extensión de los efectos de los fallos protectores de derechos humanos, con un breve paso intermedio por lo que respecta a la legitimación[233].

2.1. Definición de los intereses transindividuales y su aplicación a ciertos casos procesales tributarios

Comenzando por la definición de estos intereses transindividuales, tenemos que la jurisprudencia, siguiendo la sentencia de la Sala Constitucional del Tribunal Supremo de Justicia, Nº 656 del 30 de junio de 2000, caso: Defensoría del Pueblo contra Comisión Legislativa Nacional (conocido por algunos como caso Dilia Parra Guillén), con ponencia del Magistrado Jesús Eduardo Cabrera[234], los ha definido bajo una perspectiva que podríamos denominar de índole cuantitativa.

Así, el derecho o interés sería individual si su afectación sólo incumbe a un individuo aislado y perfectamente identificable de la sociedad. En cambio, y tal es el aporte del fallo, el derecho o interés sería transindividual (aunque el fallo no emplea esa terminología técnica, sino la que se refiere a ellos como intereses indiferenciados), si asistimos a una pluralidad indeterminada de afectados, específicamente en lo que ha de entenderse por "una aceptable calidad de vida (condiciones básicas de existencia)[235]".

---

[233] Sobre el régimen general de tutela judicial de los intereses difusos y colectivos, ver: Sarmiento Sosa, Carlos, "Comentarios a los derechos colectivos e intereses difusos en Venezuela", ponencia presentada en el Congreso Internacional "Formazione e caratteri del sistema Giuridico Latinoamericano e processo civile", Roma, Italia, mayo de 2002.

[234] http://www.tsj.gov.ve/decisiones/scon/Junio/656-300600-00-1728%20.htm

[235] El fallo define la calidad de vida como "el producto de la satisfacción progresiva y concreta de los derechos y garantías constitucionales que protegen a la sociedad como ente colectivo, como cuerpo que trata de convivir en paz y armonía, sin estar sometida a manipulaciones o acciones que generen violencia o malestar colectivo".

En este orden de ideas, si la víctima de la afectación en su calidad de vida es "toda la comunidad o sociedad en sus diversos aspectos", se configura un interés difuso y "surge en cada miembro de esa comunidad un interés en beneficio de él y de los otros componentes de la sociedad en que tal desmejora no suceda, y en que si ya ocurrió sea reparada".

Pero, si la víctima de la afectación en su calidad de vida "se localiza concretamente en un grupo, determinable como tal, aunque no cuantificado o individualizado, como serían los habitantes de una zona del país, afectados por una construcción ilegal que genera problemas de servicios públicos en la zona", aparece un interés colectivo, "focalizado", "referidos a un sector poblacional determinado (aunque no cuantificado) e identificable", como los "grupos profesionales", "grupos de vecinos", "gremios", "habitantes de un área determinada, etc.".

El fallo asume, entonces, una posición que pudiera ser catalogada de cuantitativa, pues clasifica los derechos e intereses tutelables, en individuales, colectivos o difusos, según se vea afectado, respectivamente, un individuo, un grupo diferenciado o la sociedad, pudiendo o no existir un vínculo jurídico entre quien acciona en nombre del colectivo (grupo o sociedad) y los demás integrantes del mismo.

En este punto interesa tomar partido por las definiciones que trae el Anteproyecto de Código Modelo de Procesos Colectivos para Iberoamérica, del Instituto Iberoamericano de Derecho procesal[236], en cuyo artículo 1 se prevén concepciones mucho más precisas y de orden cualitativo, que resultan más apropiadas para facilitar su entendimiento, a más de extender el alcance de la acción colectiva a intereses que si bien son individuales, dado su carácter homogéneo su tutela judicial, para ser efectiva, ha de ser colectiva, sobre lo cual, a pesar de su claro interés en materia procesal constitucional, administrativa y tributaria, que se descollará más adelante, no existe en nuestro conocimiento una línea en la jurisprudencia patria.

De esta manera, el artículo 1 del Anteproyecto citado expresa que:

> *"La acción colectiva será ejercida para la tutela de:*
> *I - intereses o derechos difusos, así entendidos, para efectos de este código, los transindividuales, de naturaleza indivisible, de que sean titulares personas indeterminadas y ligadas por circunstancias de hecho;*
> *II - intereses o derechos colectivos, así entendidos, para efectos de este código, los transindividuales, de naturaleza indivisible de que sea titular un grupo, categoría o clase de personas ligadas entre sí o con la parte contraria por una relación jurídica base;*

[236] Elaborado por los profesores Ada Pellegrini Grinover, Kazuo Watanabe y Antonio Gidi, para su presentación en las XVIII Jornadas Iberoamericanas de Derecho Procesal, celebradas en Montevideo, Uruguay, en octubre de 2002.

III - intereses o derechos individuales homogéneos, así entendidos los provenientes de origen común".
Mientras que el artículo 2 del mismo documento, de especial interés para el desarrollo del punto referido a la colectivización del proceso tributario, dispone que:

> *"Son requisitos de la demanda colectiva:*
> *I – la adecuada representatividad del legitimado;*
> *II – la relevancia social de la tutela colectiva, caracterizada por la naturaleza del bien jurídico, por las características de la lesión o por el elevado número de personas alcanzadas*[237].
> *Par. 1º. Para la tutela de los intereses o derechos individuales homogéneos, además de los requisitos indicados en los n. I y II de este artículo, es también necesaria la demostración del predominio de las cuestiones comunes sobre las individuales y de la utilidad de la tutela colectiva en el caso concreto".*

Sobre este orden de ideas se ha ido orientando la jurisprudencia del pais, cuando en cuanto a los requisitos de la demanda colectiva ha exigido lo siguiente[238]:

> *"Para hacer valer derechos e intereses difusos y colectivos, es necesario que se conjuguen varios factores:*
> *1. Que el que acciona lo haga en base no sólo a su derecho o interés individual, sino en función del derecho o interés común o de incidencia colectiva.*
> *2. Que la razón de la demanda (o del amparo interpuesto) sea la lesión general a la calidad de vida de todos los habitantes del país o de sectores de él, ya que la situación jurídica de todos los componentes de la sociedad o de sus grupos o sectores, ha quedado lesionada al desmejorarse su calidad de vida.*
> *3. Que los bienes lesionados no sean susceptibles de apropiación exclusiva por un sujeto (como lo sería el accionante).*
> *4. Que se trate de un derecho o interés indivisible que comprenda a toda la población del país o a un sector o grupo de ella.*

[237] La sentencia N° 1048 del 31 de agosto de 2000, de la Sala Constitucional del Tribunal Supremo de Justicia, caso: William Ojeda Orozco, en amparo, con ponencia del Magistrado Jesús Eduardo Cabrera (http://www.tsj.gov.ve/decisiones/scon/Agosto/1048-170800-00-2397%20.htm), indica que es indispensable "Que exista una necesidad de satisfacer intereses sociales o colectivos, antepuestos a los individuales".

[238] Sentencia N° 1048 del 31 de agosto de 2000, de la Sala Constitucional del Tribunal Supremo de Justicia, caso: William Ojeda Orozco, en amparo, con ponencia del Magistrado Jesús Eduardo Cabrera (http://www.tsj.gov.ve/decisiones/scon/Agosto/1048-170800-00-2397%20.htm), y sentencia N° 336 del 9 de marzo de 2004, de la Sala Constitucional del Tribunal Supremo de Justicia, caso: Rafael Pachano Arends y otros, en amparo, con ponencia del Magistrado Antonio Garcia Garcia (http://www.tsj.gov.ve/decisiones/scon/Marzo/336-090304-02-1799.htm).

> *5. Que exista un vínculo, así no sea jurídico, entre quien demanda en interés general de la sociedad o de un sector de ella (interés social común), nacido del daño o peligro en que se encuentra la colectividad (como tal). Daño o amenaza que conoce el Juez por máximas de experiencia, así como su posibilidad de acaecimiento.*
> *6. Que exista una necesidad de satisfacer intereses sociales o colectivos, antepuestos a los individuales.*
> *7. Que el obligado, deba una prestación indeterminada, cuya exigencia es general".*

En consecuencia, los intereses difusos serían aquellos cuyos titulares son personas indeterminadas (que podrían coincidir con la sociedad entera, ser de menor envergadura, como los intereses vinculados con la salvaguarda del patrimonio histórico de un Estado de la Federación, o incluso superarla, como acontece con los intereses ambientales, de vocación internacional o hasta coincidente con la idea de humanidad), ligadas entre si por meras circunstancias de hecho.

Así, el que la vinculación sea esencialmente fáctica, hace que se dificulte concebir acciones colectivas para la defensa de intereses difusos en el ámbito de lo tributario, donde existen típicas relaciones de derecho, como lo es precisamente la relación jurídica tributaria, por lo que no es fácil conseguir precedentes judiciales. Empero, efectivamente pueden suceder acciones judiciales de este tipo, en el campo de lo tributario y según las necesidades, como se desprende de la sentencia de la Sala Constitucional del Tribunal Supremo de Justicia, Nº 1505 del 5 de junio de 2003, caso: Colegio de Médicos del Distrito Metropolitano de Caracas contra la anterior Ley que establecia el Impuesto al Valor Agregado (en la parte que gravaba con una alícuota impositiva del ocho por ciento –8%–, a los servicios médicos-asistenciales, odontológicos, de cirugía y hospitalización prestados por entes privados), con ponencia del Magistrado Antonio García García[239], que declaró con lugar la Acción de Amparo incoada no en nombre de los profesionales de la medicina agremiados allí, sino de todos los venezolanos (individuos potencialmente requeridos de servicios médicos en la sociedad venezolana), y no como contribuyentes sino como repercutidos económicos de tal tributo, en contra de las normas de ley que gravaron con este impuesto a los servicios médicos-asistenciales, odontológicos, de cirugía y hospitalización, por encarecerlos al grado de perjudicar el goce real del derecho a la salud.

En esta sentencia, tras declarar con lugar la Acción de Amparo:

[239] http://www.tsj.gov.ve/decisiones/scon/Junio/1505-050603-03-0124%20.htm

"SEGUNDO: SE ORDENA LA INAPLICACIÓN de la referida norma para todos los contribuyentes del impuesto al valor agregado por su condición de prestadores o receptores de los servicios médicos-asistenciales, odontológicos, de cirugía y hospitalización de carácter privado, dada la efectiva protección de los derechos e intereses difusos involucrados en el presente caso, y a los efectos de garantizar una efectiva justicia tributaria, SE DECLARA EXENTO del Impuesto al Valor Agregado los servicios médicos-asistenciales, odontológicos, de cirugía y hospitalización, prestados por entes privados, para lo cual igualmente SE INAPLICA el artículo 3 de la mencionada Ley en lo que se refiere a estos servicios.
TERCERO: Se fijan los efectos de la presente decisión pro futuro y, en consecuencia, aquellas personas naturales o jurídicas que hayan estado sujetos al referido hecho imponible y lo hubieren cancelado, no podrán reclamar la repetición del pago al Fisco Nacional o en su defecto a quien les facturó el servicio, hasta el día que tuvo lugar la audiencia pública constitucional de la cual deviene el presente fallo, no obstante que la injuria constitucional declarada se ha evidenciado desde la entrada en vigencia de la norma en cuestión, por lo cual no podrá ser cobrado el referido impuesto al valor agregado a quienes no se le haya emitido la respectiva factura de acuerdo a los términos de la ley".

Mientras que, por otro lado, los intereses colectivos serían aquellos cuyos titulares son un grupo o una categoría diferenciada de personas, ligadas entre sí o con la contraparte por relaciones jurídicas concretas.

No se tienen noticias de acciones judiciales colectivas, incoadas para la tutela de intereses colectivos, en el proceso tributario, al menos que hayan sido explícitamente concebidas y tratadas como tales.

Sin embargo, se ha observado el caso de la impugnación judicial, por medio del Recurso Contencioso Administrativo de Anulación, previsto en la vieja Ley Orgánica de la Corte Suprema de Justicia (ahora Ley Organica del Tribunal Supremo de Justicia), con Acción de Amparo Cautelar acumulada, acorde con la Ley Orgánica de Amparo sobre Derechos y Garantías Constitucionales, de las Providencias por las cuales el Servicio Nacional Integrado de Administración Aduanera y Tributaria (SENIAT) declaró a los contribuyentes especiales, como agentes de retención del impuesto al valor agregado, y los sometió a cierta normativa en ellas contenida.

Ciertamente, los contribuyentes especiales configuran un grupo diferenciado dentro del universo de los contribuyentes, mucho más aún si se los compara con el conglomerado social, igualmente comprensivo de los no contribuyentes, que está sujeto a una normativa jurídica especial, sobre todo en cuanto concierne a las reglas de control fiscal, a la recaudación y al cumplimiento de deberes formales, que parte de un acto reglamentario definitorio de la institución de contribuyente especial, asociado a un acto administrativo de efectos particulares, de designación como tal de un determinado contribuyente, de todo lo cual emergen situaciones jurídicas individuales entre cada uno de ellos y la Administración Tributaria, y circunstancias fácticas comunes a los integrantes de este grupo diferenciado.

Este grupo diferenciado, con independencia de que las sanciones por incumplimientos concretos se apliquen individualmente, presenta un claro interés colectivo en que se respete el principio de igualdad entre ellos, en que el grupo sea administrado de conformidad a derecho por la Gerencia respectiva, en que el calendario de obligaciones formales se fije de manera equilibrada, en que no se les someta a requerimientos desproporcionados, etc., que es judicialmente tutelable, por medio de acciones colectivas.

En esta perspectiva, se pueden referir algunas sentencias de la substituída Corte Primera de lo Contencioso Administrativo en las que, a pesar de que el individualismo característico de la formación del abogado en nuestras universidades, hizo que las recurrentes no reivindicaran un claro interés colectivo[240], a la hora de accionar en justicia, sino que hasta desarrollaran una tesis sustantivista sobre supuestos actos administrativos generales de efectos particulares, cuando la solución al problema era de tipo adjetivo o procesal, es lo cierto que por efecto de las sucesivas adhesiones de terceros litisconsorciales que pidieron la extensión de los efectos de los mandamientos de amparo cautelar a sus situaciones jurídicas respectivas, se evidenciaron evidentes fenómenos de colectivización del proceso tributario.

Así, la sentencia de la substituida Corte Primera de lo Contencioso Administrativo, Nª 608 del 27 de febrero de 2003, caso: Cervecería Polar Los Cortijos, C.A., con ponencia del Magistrado Juan Carlos Apitz[241], aunque luego revocada por otros motivos por la Sala Político-Administrativa del Tribunal Supremo de Justicia, dispuso que:

> *"De todo ello surge que es posible admitir, como en todo proceso, que también en los juicios de nulidad de los actos administrativos de efectos particulares existen un demandante y un demandado. Pero, además, pueden existir otras personas que como también se benefician de la anulación del acto impugnado, tienen el mismo interés en que dicho acto sea impugnado; e igualmente, otras personas, a quienes el acto favorece, tienen interés en que el acto no se extinga, en razón que del*

[240] Araujo Juárez, José, "Principios Generales del Derecho Procesal Administrativo", p. 442: "...la noción de interés legítimo, no sólo se refiere a las situaciones jurídicas subjetivas que pueden tener los sujetos de derecho como personas individualizadas, sino también las entidades, representativas de intereses colectivos y difusos...".

[241] Consultada en original, en el expediente judicial N° 02-2535.

mismo se deriva un derecho o un interés en su favor. Estas personas al concurrir al proceso también serán partes principales pero litisconsorciales, activas o pasivas, si comparecen a coadyuvar a la demanda de nulidad o a oponerse a la misma, lo que arrojaría un proceso con pluralidad de partes: demandantes o demandadas. Tales partes principales litisconsorciales tiene la misma legitimación de las partes originales del proceso, por lo que podrían haber incoado la demanda o ser demandados individualmente. De tal manera, que entre las partes principales litisconsorciales y las partes originales del proceso no hay subordinación o dependencia sino ambas partes son autónomas. Cuestión distinta sucede con el interviniente adhesivo simple, quien sólo pretende coadyuvar al triunfo de una de las partes, pues no tiene un derecho propio sino un simple interés, pues la sentencia indirectamente puede afectarle; por lo que no puede demandar sólo o ser demandado independientemente. Por ello, no se convierte en parte sino en coadyuvante, y en consecuencia, tiene una subordinación o dependencia de las partes originales del proceso.

Las acentuadas diferencias procesales entre la intervención adhesiva litisconsorcial y la intervención adhesiva simple, pueden resumirse de la siguiente manera: 1) mientras que en la intervención adhesiva litisconsorcial entre las partes principales litisconsorciales y las partes originales del proceso existe una cotitularidad sobre la misma relación deducida en juicio, en la intervención adhesiva simple, el interviniente adhesivo simple depende de una relación deducida por una de las partes; 2) las partes principales litisconsorciales tienen las mismas facultades que las partes originales del proceso, en cambio, el interviniente adhesivo simple tiene limitaciones en sus derechos; y, 3) mientras las partes principales litisconsorciales se ven plenamente afectadas por los efectos de la cosa juzgada (eficacia directa), el interviniente adhesivo simple sólo resulta afectado de modo indirecto (efecto reflejo)".

Tomando en cuenta los lineamientos antes expuestos, observa esta Corte que, en el presente caso, una parte de las solicitantes alega haber sido calificadas como contribuyentes especiales por el Servicio Nacional Integrado de Administración Aduanera y Tributaria (SENIAT), en consecuencia se consideran destinatarias de la providencia recurrida en el presente caso; por cuanto –como se ha referido– en ella se designa a todos los contribuyentes especiales del país como agentes de retención del Impuesto al Valor Agregado y, en tal sentido, solicitan se admita su intervención como verdaderas partes en el presente procedimiento.

Al respecto, este órgano jurisdiccional considera que las precitadas sociedades mercantiles, son intervinientes litisconsorciales, y en consecuencia, siempre que hayan demostrado ante esta Corte su interés, resulta procedente que se les tenga como parte, ya que están alegando un interés propio en la acción principal y, si bien tuvieron la oportunidad de solicitar la nulidad de la Resolución impugnada autónomamente, sin embargo, no lo hicieron y prefirieron hacerse parte en el recurso de nulidad interpuesto ante esta Corte por CERVECERÍA POLAR LOS CORTIJOS, C.A, contra la Providencia N° SNAT/2002/1419, que comprende la Providencia Administrativa N° SNAT/1455/2002, ambas dictadas por el Servicio Nacional Integrado de Administración Aduanera y Tributaria (SENIAT), en el presente expediente. Ante esta situación, resulta oportuno señalar que, aún cuando se tiene el derecho de comparecer como tal en cualquier estado y grado del juicio, esta intervención se encuentra sometida al principio preclusivo de las oportunidades defensivas (artículos 202, 361 y 380 del Código de Procedimiento Civil y 126 de la Ley Orgánica del Corte Suprema de Justicia), es decir, que se admite la intervención consorcial de las mencionadas personas jurídicas en la presente causa, quedando protegidas por la medida cautelar dictada en este juicio, al ostentar la misma situación jurídica de la recurrente. Así se declara" (subrayados del autor).

Esta doctrina jurisprudencial es jurídicamente inobjetable desde el punto de vista procesal, pues en materia de intereses difusos y colectivos se configuran litisconsorcios activos, en donde, incluso sin intervención de otros integrantes de la sociedad o del grupo diferenciado, ajenos al accionante, en el juicio, las resultas de los fallos, siempre que favorezcan al actor, extienden los efectos de la cosa juzgada a la sociedad ("erga omnes") o al grupo afectado, según los casos, y sin necesidad de que cada quien pida tal extensión de efectos. Esto es lo propio de las acciones judiciales colectivas.

Empero, habría sido apropiado el empleo de la terminología técnica que en estos casos calificaría a la acción en justicia ejercida, a la sazón un Recurso Contencioso Administrativo de Anulación con Acción de Amparo Cautelar acumulada, como una acción judicial colectiva para la tutela de intereses colectivos. Claro que habría un posible escollo, derivado de consideraciones adjudicables a quienes diseñaron las estrategias impugnatorias respectivas en ese caso y en los similares que le han seguido, referidas a que según la jurisprudencia de la Sala Constitucional del Tribunal Supremo de Justicia, ella tendría el monopolio de la competencia, mientras no se legisle en la materia, para conocer de todas las acciones judiciales en defensa de intereses difusos y colectivos, lo cual parece ser restrictivo del derecho de acceso a la justicia, pues aleja considerablemente al justiciable del órgano jurisdiccional, centralizado en Caracas, siendo que además conoce en única instancia[242].

[242] Al respecto, ver sentencia citada N° 656 del 30 de junio de 2000, caso: Defensoría del Pueblo contra Comisión Legislativa Nacional (conocido por algunos como caso Dilia Parra Guillén), con ponencia del Magistrado Jesús Eduardo Cabrera (http://www.tsj.gov.ve/

Ahora bien, la doctrina jurisprudencial del citado caso Cervecería Polar Los Cortijos, C.A. fue ratificada sucesivamente, en las sentencias de la substituída Corte Primera de lo Contencioso Administrativo, N° 2003-1121 del 3 de abril de 2003 y N° 2003-1689 del 28 de mayo de 2003, caso: Barsa Planeta de Venezuela C.A. y Xerox de Venezuela C.A., con ponencias del Magistrado Juan Carlos Apitz[243].

Y, en la misma línea, cabe destacar la sentencia de la Sala Político-Administrativa del Tribunal Supremo de Justicia, N° 00949 del 25 de junio de 2003, caso: Vicson, S.A., Venezolana de Pulpa y de Papel, S.A.C.A./Venepal S.A.C.A., Pinturas Internacional, C.A. y otras, contra las mismas Providencias del SENIAT que declararon agentes de retención del impuesto al valor agregado a los contribuyentes especiales, con ponencia del Magistrado Levis Ignacio Zerpa[244], en Recurso Contencioso Administrativo de Anulación con Acción de Amparo Cautelar y medida cautelar de suspensión de efectos, en donde a más de haber declarado improcedente la Acción de Amparo Cautelar, por no haber demostrado lesión de derechos constitucionales, y enviado al expediente a los fines de estudiar la medida cautelar pedida, admitió el recurso y la incorporación de decenas de terceros litisconsorciales (aunque la sentencia los refiriera, con imprecision, como coadyuvantes).

Así, luego de reconocerse competente para conocer de estas impugnaciones, en detrimento de la competencia asumida en los casos paralelos citados que cursaron ante la substituída Corte Primera de lo Contencioso Administrativo:

> *"En consecuencia, siendo esta Sala Político Administrativa la máxima instancia de la jurisdicción contencioso-tributaria y estándole atribuida la competencia para conocer de los recursos administrativos que se ejerzan tanto por razones de inconstitucionalidad como de ilegalidad contra actos administrativos de efectos generales, corresponde a ésta, sin lugar a dudas, la competencia para conocer del presente asunto, conforme a la norma atributiva de competencia residual contenida en el numeral 11 del artículo 42 de la Ley Orgánica de la Corte Suprema de Justicia. Así se decide".*

Se produjo el pronunciamiento que admitió la intervención de los terceros, pero con fundamento en que se trata de actos administrativos

decisiones/scon/Junio/656-300600-00-1728%20.htm), y sentencia N° 260 del 20 de febrero de 2002, caso: Centro de Investigación de Formación Ecológica (CINECO) y otros, con ponencia del Magistrado Iván Rincón (http://www.tsj.gov.ve/decisiones/scon/febrero/260-200202-01-1393.htm).

243 Consultadas en original, en el expediente judicial N° 03-0635.

244 http://www.tsj.gov.ve/decisiones/spa/Junio/00949-250603-2002-1099.htm

reglamentarios, impugnables por cualquiera de sus destinatarios, y no con base en los modernos conceptos procesales de las tercerías litisconsorciales, propias de las acciones judiciales colectivas, como sí lo asumió la substituída Corte Primera de lo Contencioso Administrativo. Veamos:

> *"Ahora bien, tal como fue advertido anteriormente por esta Sala, los actos administrativos cuya nulidad se debate poseen efectos generales, motivo por el cual resulta necesario observar la disposición normativa que rige los procesos de nulidad ejercidos contra actos de efectos generales, contenida en la Ley Orgánica de la Corte Suprema de Justicia, aplicable en concordancia con el artículo 26 del texto constitucional, a los fines de determinar la legitimación activa para incoar dichos juicios; así el referido artículo 26 de la Constitución y el 112 de la citada Ley, preceptúan lo siguiente:*
>
> > *"**Artículo 26:** Toda persona tiene derecho de acceso a los órganos de administración de justicia para hacer valer sus derechos e intereses, incluso los colectivos o difusos, a la tutela efectiva de los mismos y a obtener con prontitud la decisión correspondiente.*
> > *El Estado garantizará una justicia gratuita, accesible, imparcial, idónea, transparente, autónoma, independiente, responsable, equitativa y expedita, sin dilaciones indebidas, sin formalismos o reposiciones inútiles.*
> > ***Artículo 112**: Toda persona natural o jurídica plenamente capaz, que sea afectada en sus derechos o intereses por ley, reglamento, ordenanza u otro acto de efectos generales emanado de alguno de los cuerpos deliberantes nacionales, estadales o municipales o del Poder Ejecutivo Nacional, puede demandar la nulidad del mismo, ante la Corte, por razones de inconstitucionalidad o de ilegalidad, salvo lo previsto en las Disposiciones Transitorias de esta Ley".*
>
> *De conformidad con las normas supra transcritas, la legitimación para solicitar la nulidad de un acto de efectos generales corresponde a cualquier persona plenamente capaz, sea ésta natural o jurídica, que se considere afectada o lesionada en sus derechos e intereses; en tal sentido, le bastará demostrar a quien ejerza o pretenda ejercer la acción de nulidad por razones de inconstitucionalidad o de ilegalidad contra un acto administrativo de efectos generales, su interés, sea éste directo o indirecto, individual o colectivo, sin tener que comprobar que le asiste un derecho subjetivo o un interés personal, legítimo y directo para impugnar el acto demandado.*
> *Ahora bien, una vez advertida la cualidad que tiene toda persona (natural o jurídica) legalmente capaz, que se vea afectada en sus derechos e intereses de forma directa o indirecta, de solicitar la nulidad de un acto administrativo de efectos generales, debe determinarse la forma en que puede intervenir en un proceso de ésta naturaleza ya instaurado; motivo por el cual resulta de obligada consideración la norma establecida en el artículo 137 de la Ley Orgánica de la Corte Suprema de Justicia, cuyo texto resulta del siguiente tenor:*

> *"**Artículo 137:** Sólo podrán hacerse parte en los procedimientos a que se refieren las Secciones Segunda y Tercera de este Capítulo, las personas que reúnan las mismas condiciones exigidas para el accionante o recurrente".*

Conforme a la citada norma, se observa que cualquier persona que ostente la cualidad conferida por el artículo 112 de la Ley Orgánica de la Corte Suprema de justicia, es decir, que posea un simple interés en las resultas de un determinado juicio de nulidad, podrá intervenir en éste. No obstante, vista la pluralidad de formas de intervención de los terceros en juicio, en el presente caso debe precisarse bajo cuál de los supuestos descritos en el artículo 370 del Código de Procedimiento Civil, pueden configurarse las solicitudes de adhesión interpuestas por las sociedades mercantiles contribuyentes previamente identificadas.

En el caso de autos, pudo esta Sala advertir que las solicitudes de adhesión al recurso de nulidad por razones de inconstitucionalidad e ilegalidad ejercido en forma conjunta con amparo cautelar y medida cautelar innominada de suspensión de efectos, interpuesto contra los actos administrativos contenidos en la Providencias SNAT/2002/1454 y SNAT/2002/1455 del 29 de noviembre de 2002, fueron fundamentadas en los ordinales 1° y 3° del artículo 370 supra indicado; no obstante, del análisis de los términos en que fueron planteadas las referidas solicitudes, aprecia fácilmente este Alto Tribunal que la intervención pretendida por los solicitantes no puede subsumirse en los supuestos regulados por el ordinal 1° del aludido artículo 370, visto que el mismo regula la denominada intervención voluntaria y principal de los terceros contra ambas partes de un proceso pendiente y donde se pretende excluir la pretensión del demandante a través de un derecho preferente o concurrir con él en el derecho o intereses alegado con fundamento en el mismo título, situación ésta no planteada en el presente caso.

En este sentido, se advierte que la intervención solicitada por las sociedades adherentes al recurso de nulidad y acción de amparo, se presenta conforme a lo dispuesto en el ordinal 3° del señalado artículo 370, en concordancia con la norma del 381 del Código de Procedimiento Civil, es decir, aquella intervención en la cual el tercero alega un interés jurídico actual en sostener las razones de una de las partes, en virtud de los efectos que pudiera extender la cosa juzgada entre las partes intervinientes en el proceso, respecto de las relaciones jurídicas del tercero con el adversario de la parte en cuya victoria se está interesado. Así, habiéndose solicitado la nulidad de un acto de efectos generales, para lo cual resulta legitimado cualquier persona capaz que considere vulnerado sus derechos e intereses, conforme a la norma contenida en el artículo 112 de la Ley Orgánica de la Corte Suprema de Justicia y no configurándose ninguna de las causales de inadmisibilidad a las que hace referencia el artículo 84 eiusdem, resulta forzoso a esta Sala declarar admisible la adhesión al presente juicio de las sociedades mercantiles solicitantes, pues sus requerimiento denotan la existencia de intereses subjetivos vinculados directamente con el interés jurídico objeto de controversia. Así se decide".

2.2. Aspectos breves sobre la legitimación

Por lo que respecta a la legitimación, digamos brevemente, con la sentencia citada de la Sala Constitucional del Tribunal Supremo de Justicia, del caso Defensoría del Pueblo contra Comisión Legislativa Nacional, que con base en los principios de la democracia participativa, se trata de derechos cívicos que "cualquier miembro de la sociedad, con capacidad para obrar en juicio, puede –en principio– ejercerlos", sea persona natural o jurídica, siempre que la pretensión sea de condena o restablecedora de situaciones, pues si existe el ánimo de lograr indemnizaciones, las que versen sobre daños colectivos sólo podrían ser demandadas por el Ministerio Público o la Defensoría del Pueblo[245], mientras que las que tengan que ver con daños particulares podrán ser acumuladas por los justiciables, a la acción judicial colectiva de pretensión preventiva o restablecedora.

La jurisprudencia ha elaborado, al respecto de la legitimacion activa en materia de tutela judicial de intereses difusos y colectivos, como sigue[246]:

> *"LEGITIMACIÓN PARA INCOAR UNA ACCIÓN POR INTERESES DIFUSOS: no se requiere que se tenga un vínculo establecido previamente con el ofensor, pero sí que se actúe como miembro de la sociedad, o de sus categorías generales (consumidores, usuarios, etc.) y que invoque su derecho o interés compartido con la ciudadanía, porque participa con ella de la situación fáctica lesionada por el incumplimiento o desmejora de los Derechos Fundamentales que atañen a todos, y que genera un derecho subjetivo comunal, que a pesar de ser indivisible, es accionable por cualquiera que se encuentre dentro de la situación infringida. La acción (sea de amparo o específica) para la protección de estos intereses la tiene tanto la Defensoría del Pueblo (siendo este organismo el que podría solicitar una indemnización de ser procedente) dentro de sus atribuciones, como toda persona domiciliada en el país, salvo las excepciones legales.*

[245] Cosa que se objeta con apoyo en el derecho comparado, y también por ausencia de norma legal que indique tal monopolio, máxime cuando la vigencia del principio de unidad del tesoro, en ausencia de norma legal que afecte el ingreso, dejaría sin reparación el interés difuso o colectivo perjudicado.

[246] Sentencia N. 93 del 11 de febrero de 2004, de la Sala Constitucional del Tribunal Supremo de Justicia, con ponencia del Magistrado Jesus Eduardo Cabrera, caso: Asociacion Civil Deudores Hipotecarios en Moneda Extranjera (http://www.tsj.gov.ve/decisiones/scon/Febrero/93-110204-03-2632%20.htm).

> *LEGITIMACIÓN PARA INCOAR UNA ACCIÓN POR INTERESES Y DERECHOS COLECTIVOS: quien incoa la demanda con base a derechos o intereses colectivos, debe hacerlo en su condición de miembro o vinculado al grupo o sector lesionado, y que por ello sufre la lesión conjuntamente con los demás, por lo que por esta vía asume un interés que le es propio y le da derecho de reclamar el cese de la lesión para sí y para los demás, con quienes comparte el derecho o el interés. La acción en protección de los intereses colectivos, además de la Defensoría del Pueblo, la tiene cualquier miembro del grupo o sector que se identifique como componente de esa colectividad específica y actúa en defensa del colectivo, de manera que los derechos colectivos implican, obviamente, la existencia de sujetos colectivos, como las naciones, los pueblos, las sociedades anónimas, los partidos políticos, los sindicatos, las asociaciones, los gremios, pero también minorías étnicas, religiosas o de género que, pese a tener una específica estructura organizacional, social o cultural, pueden no ser personas jurídicas o morales en el sentido reconocido por el derecho positivo, e inclusive simples individuos organizados en procura de preservar el bien común de quienes se encuentran en idéntica situación derivado del disfrute de tales derechos colectivos.*
> *Ahora bien, en materia de indemnizaciones por intereses colectivos, ellas sólo pueden ser pedidas por las personas jurídicas para sus miembros constituidos conforme a derecho, y los particulares para ellos mismos, al patentizar su derecho subjetivo, sin que otras personas puedan beneficiarse de ellas; pero en lo referente a la condena sin indemnización, al restablecimiento de una situación común lesionada, los otros miembros del colectivo pueden aprovecharse de lo judicialmente declarado, si así lo manifestaren.*
> *En ambos casos (derechos o intereses difusos y derechos o intereses colectivos) el número de personas reclamantes no es importante, sino la existencia del derecho o interés invocado".*

En este sentido, a más de la posible actuación judicial de personas naturales, gremios profesionales, sindicatos, cámaras de comerciantes o industriales, asociaciones varias, sociedades civiles o mercantiles, fundaciones, etc., podría prefectamente pensarse en asociaciones de contribuyentes, como existen en otros países, actuando en defensa del respeto del estatuto correspondiente. O, también, en asociaciones de vecinos, integradas por ejemplo por vecinos contribuyentes del impuesto inmobiliario urbano, siendo que el artículo 5, literal n del Decreto N° 1297 del 22 de noviembre de 1990, contentivo del Reglamento Parcial N° 1 de la Ley Orgánica de Régimen Municipal sobre la Participación de la Comunidad, y el artículo 107, numeral 4 de la Ley Orgánica de Ordenación Urbanística, las facultan para intentar en nombre de sus afiliados los recursos contencioso administrativos, judiciales y de cualquier índole, con el fin de hacer respetar la protección de los derechos de los vecinos, en esta materia en algo que esté vinculado con lo tributario.

2.3. Las adhesiones a los fines de la extensión de los efectos de los fallos protectores

Desde otra perspectiva, enfrentando ahora el tema de las adhesiones de terceros litisconsortes, a los fines de la extensión de los efectos de los fallos protectores de derechos humanos, a más de reiterar los comentarios previos hechos en relación con la jurisprudencia de la substituída Corte Primera de lo Contencioso Administrativo, donde como fue expuesto se trataba de tutelar intereses colectivos, conviene observar que la sentencia citada de la Sala Constitucional del Tribunal Supremo de Justicia del caso Defensoría del Pueblo contra Comisión Legislativa Nacional, consagró de manera indubitable la posibilidad de tales adhesiones, incluso a iniciativa del Tribunal y aunque el accionante haya sólo reivindicado un interés individual, siempre que se considere que hay en juego intereses difusos o colectivos, o algún elemento de naturaleza colectiva (como lo son los intereses individuales homogéneos), y no únicamente en materia de Acción de Amparo, como sigue:

> *"Es incomprensible, que una persona en razón de que pertenezca a una determinada profesión o categoría, obtenga por decisión judicial una ventaja, como el uso de placas identificatorias para su vehículo, o la supresión de un concurso para acceder a un cargo u otra circunstancia semejante; y que las otras personas de la profesión o la categoría que se encuentran en igual situación, tengan que acudir ante los órganos jurisdiccionales mediante acción individual para que se les reconozca el mismo derecho, atentando así contra la economía y celeridad del proceso. Por ello, en esta materia suele hablarse de sentencias de condena abierta, donde los otros que se encuentran en la situación colectiva se adhieren al fallo, sin haber sido partes en el proceso. Este tipo de sentencias no está aún legalmente contemplado en el país, pero como desarrollo de la implantación constitucional de las acciones por derechos e intereses colectivos o difusos, y los efectos hacía la comunidad que sus decisiones tienen, si el juzgador al admitir la demanda individual, considera que ella afecta derechos e intereses difusos, debe ordenar la comparecencia de la Defensoría del Pueblo y de los interesados, así quien demande lo haga en razón de su interés directo y personal, y escuchar sus alegatos al respecto, ya que así como hay otras personas que podrían gozar de los efectos del fallo, es posible que un sector de la sociedad, del género o del grupo, se oponga*

> *a los efectos sociales supuestamente beneficiosos que se derivarán del fallo. En el futuro, las bases que tomaría en cuenta el legislador para legislar sobre las indemnizaciones a la colectividad y su reparto, posiblemente surja de estas condenas abiertas.*
>
> ...
>
> *Si alguien demanda, sin fundar su acción en derechos o intereses difusos, pero el juzgador considera que de ellos se trata, deberá citar al proceso a la Defensoría del Pueblo, o a los entes que la ley establezca en particulares materias, y además hacer saber mediante edicto a todos los interesados, si no fueran procesos donde la ley los excluye y otorga la representación a otras personas. Todos estos interesados legítimos podrán, además, intervenir como terceristas, si el juez tomando en cuenta la existencia de derechos o intereses difusos o colectivos, los admite como tales" (subrayados del autor).*

Es fundamental precisar, por otro lado, que esta posibilidad de adhesión de terceros litisconsortes no es propia ni exclusiva de las Acciones de Amparo, como algunos han creído, sino de toda acción judicial de naturaleza colectiva, sea o no de Amparo, donde obviamente se pretenda hacer valer intereses transindividuales, sean difusos o colectivos, o intereses individuales homogéneos, precisamente por razones de tutela judicial efectiva y celeridad y economía procesales.

En este orden de ideas, varios han sido los casos en los cuales ha procedido la extensión de efectos de los fallos benefactores, en virtud del ejercicio de acciones judiciales colectivas, como se desprende de la sentencia de la Sala Constitucional del Tribunal Supremo de Justicia, N° 487 del 6 de abril de 2001, caso: Glenda López y otros contra el Instituto Venezolano de los Seguros Sociales (I.V.S.S.), con ponencia del Magistrado Jesús Eduardo Cabrera[247], donde se:

> *"ACUERDA la extensión de los efectos de la prenombrada decisión del 18 de diciembre de 1997 a todas aquellas personas que reúnan las siguientes condiciones: (i) se encuentren inscritas en el Instituto Venezolano de los Seguros Sociales; (ii) les haya sido diagnosticada la enfermedad del VIH/SIDA; (iii) que cumplan los requisitos legales para obtener los beneficios derivados del sistema de seguridad social, y (iv) que hayan solicitado a las autoridades del prenombrado Instituto la entrega de los medicamentos necesarios para el respectivo tratamiento, así como el de las enfermedades oportunistas, y la cobertura de la realización de los exámenes médicos especializados para el tratamiento de las mismas. En consecuencia, se libra el presente*

[247] http://www.tsj.gov.ve/decisiones/scon/Abril/487-060401-00-1343.htm

mandamiento de amparo a favor todas las personas que reúnan los anteriores requisitos, y se ORDENA al Instituto Venezolano de los Seguros Sociales cumplir las siguientes prestaciones para con ellas".

Y, de la sentencia de la Sala Constitucional del Tribunal Supremo de Justicia, N° 2675 del 17 de diciembre de 2001, caso: Haydee Parra Araujo y otros contra el Decreto N° 304 del Presidente de la República y la Resolución N° 739 del Ministro del Interior y Justicia, con ponencia del Magistrado Jesús Eduardo Cabrera[248], donde se dejó sentado que:

"En estos casos, se está en presencia de efectos procesales que se extienden a una comunidad en la misma situación jurídica, la cual es diversa de la comunidad de derecho contemplada en el Código Civil, pero existente con relación a las infracciones constitucionales que a todos aquejan y que no puede sostenerse que existe con respecto a unos (los que demandaron y obtuvieron sentencia favorable) y no con respecto a otros, los no demandantes.
Tratándose de derechos subjetivos de las personas, los no demandantes pueden renunciar o no a ellos, pero existe una declaración a favor de todos los que se encontraban en la misma situación jurídica, de la cual se aprovecharan o no, conforme a sus conveniencias y mientras no le caduque su acción, ya que de caducarles ellos no tendrían derecho a la fase ejecutiva de una acción caduca.
En consecuencia, acciones como las de amparo constitucional, si son declaradas con lugar, sus efectos se hacen extensibles a todos los que se encuentran en la misma e idéntica situación así no sean partes en el proceso.
Por lo tanto, los Notarios y Registradores que legalmente califican para recibir la jubilación del Fondo de Pensiones de los Notarios y Registradores, que no participaron en esta causa, a quienes no le ha caducado su acción, tienen derecho de adherirse al fallo y solicitar su ejecución, ya que gozan de los efectos del mismo, siempre que acrediten en autos fehacientemente su condición de Notarios o Registradores y el cumplimiento de los requisitos para ser jubilados conforme a las normas mencionadas. De hacerlo le notificará al querellado a fin que exponga lo que crea conveniente, debiéndose abrir una articulación probatoria en base al artículo 607 del Código de Procedimiento Civil si el querellado disintere el derecho del peticionista, el cual de serle negado por el juez de la ejecución, podrá dilucidar el mismo en juicio aparte.
La Sala recuerda que el amparo Constitucional no produce cosa juzgada material y que por tanto si los accionantes no obtuvieren un fallo

[248] http://www.tsj.gov.ve/decisiones/scon/Diciembre/2675-171201-01-0725%20.htm

favorable, por falta de pruebas, ello no impide que otros incoen de nuevo la acción y que se les ampare, caso en que el efecto extensivo del fallo beneficiara a los perdidosos.
Por todas estas razones, la Sala declara que quienes se encuentran en igual situación que los accionantes, por tener idéntico vínculo jurídico con el agraviante y habérseles violado su situación jurídica, si no les ha caducado la acción de amparo pueden adherirse a este fallo y pedir su cumplimiento en el mismo término señalando para los accionantes".

Partiendo del análisis de estos importantes precedentes jurisprudenciales, que marcan la pauta a seguir sobre la extensión de los efectos de los fallos dictados frente al ejercicio de acciones judiciales colectivas (aunque el justiciable las haya podido haber planteado en términos individuales, como vimos ocurrió en los casos citados de Cervecería Polar Los Cortijos, C.A. y Barsa Planeta de Venezuela, C.A. y Xerox de Venezuela, C.A.), pues se trata de una temática de carácter procesal, aunque desde el punto de vista sustantivo sean ajenos a la materia tributaria, a continuación se pasará revista a dos casos propios del ámbito tributario, dentro de otros que comienzan a surgir, demostrando que el proceso tributario no está al margen de la colectivización adjetiva.

De este modo, además de los asuntos ya comentados de las justiciables Cervecería Polar Los Cortijos, C.A. y Barsa Planeta de Venezuela, C.A. y Xerox de Venezuela, C.A., en conocimiento hoy respectivamente, de la Sala Politico-Administrativa del Tribunal Supremo de Justicia y de la actual Corte Primera de lo Contencioso Administrativo y vinculados con las impugnaciones de las Providencias del SENIAT que declararon a los contribuyentes especiales como agentes de retención del impuesto al valor agregado, a los cuales se han adherido literalmente centenares de empresas, en defensa de intereses colectivos del grupo diferenciado de contribuyentes especiales, se pueden referir los siguientes:

2.3.1. El I.V.A. y las aseguradoras

En primer lugar, el caso en el cual la justiciable Interbank Seguros, C.A. ejerció un Recurso Contencioso Tributario, con Acción de Amparo Cautelar acumulada y medidas cautelares subsidiarias en contra de un acto administrativo del SENIAT, contentivo de una doctrina interpretativa sobre que las empresas aseguradoras debían soportar el impuesto al valor agregado generado por la prestación de servicios de talleres mecánicos y de servicios médicos-asistenciales, odontológicos, de cirugía y hospitalización, en provecho de los asegurados, doctrina ésta cuya ejecución no afectaba sólo a la accionante, sino a todo el sector asegurador, y de allí el carácter de acción judicial colectiva del recurso interpuesto, para la tutela de intereses colectivos del grupo diferenciado compuesto por las empresas de seguros y la Cámara que las agrupa, como ente exponencial de los intereses de ese grupo, aunque no se lo haya calificado así en el libelo por la recurrente.

Es por ello que, dado el mencionado carácter de acción judicial colectiva, se produjo una tanda inicial de solicitudes de adhesión a la causa, incluso antes de que hubiese pronunciamiento alguno, integrada por las empresas La Occidental de Seguros, C.A., Seguros Guayana, C.A. y Multinacional de Seguros, C.A., confesadas como de un mismo grupo económico, junto a la accionante.

Así, en una primera sentencia del Juzgado Superior Noveno de lo Contencioso Tributario, N° 087/2003 del 26 de marzo de 2003[249], tras haber declarado inadmisible la Acción de Amparo Cautelar (por perseguir la misma finalidad que las medidas cautelares solicitadas), y decretado medida cautelar de orden a las empresas prestadoras de los indicados servicios, de no incluir el tributo en las facturas emitidas a nombre de los asegurados de la accionante, extendió los efectos de la cautelar innominada así acordada a las terceras intervinientes indicadas.

Posteriormente, tal como ocurrió con otras empresas terceras intervinientes litisconsorciales, se dictaron los autos del 25 de abril de 2003 y del 21 de mayo de 2003[250], que admitieron las adhesiones y extendieron los efectos de la medida cautelar dictada, a favor de Mapfre La Seguridad, C.A. de Seguros (antes Seguros La Seguridad, C.A.) y de Seguros Caracas de Liberty Mutual, C.A., respectivamente.

Incluso, por auto del 30 de abril de 2003[251], el Tribunal ordenó notificar de la medida cautelar al SENIAT, y a quines podrían eventualmente resultar litisconsortes pasivos, parcial o totalmente, como la Cámara Nacional de Talleres Mecánicos, al Centro Médico Dr. Rafael Guerra Méndez, etc.

Se trata pues de un típico caso de colectivización del proceso tributario, donde el elemento colectivo deriva de un acto administrativo que, si bien se presenta formalmente como de efectos particulares, contiene una doctrina interpretativa que, de aplicarse, afectaría no sólo al destinatario nominativo del acto, sino a todo el sector asegurador, como grupo diferenciado, con interés colectivo en la impugnación.

---

[249] Consultada en original, en el expediente judicial N° 2004.
[250] Consultados en original, en el expediente judicial N° 2004.
[251] Consultado en original, en el expediente judicial N° 2004.

2.3.2. Liquidación de la contribución de paro forzoso

En segundo lugar, tenemos la sentencia del Juzgado Superior Séptimo de lo Contencioso Tributario, Nº 503 del 1 de abril de 2003[252], en el caso en que la justiciable Sincrudos de Oriente Sincor C.A. incoó una Acción de Amparo autónomo contra el Instituto Venezolano de los Seguros Sociales (I.V.S.S.), en virtud de haber sido notificada de una planilla de liquidación, contentiva de cobros por concepto de la contribución de paro forzoso, del mes de febrero de 2003, siendo que la base legal de tal contribución, contenida en el Decreto con Rango y Fuerza de Ley que Regula el Subsistema de Paro Forzoso y Capacitación Laboral, fue derogada por la Ley Orgánica de Seguridad Social, estando en vigencia sólo hasta enero de 2003, siendo que su ejecución violaría el principio de legalidad tributaria, el derecho a la propiedad y la prohibición de confiscación, unos de los derechos humanos.

Lo que pretendía la justiciable, que no accionó contra la planilla, como algunos entienden, sino contra (o también contra) la actuación inconstitucional del I.V.S.S., de la cual la planilla era más un instrumento probatorio que el objeto de la acción judicial, era una orden judicial expedita y definitiva, que de manera efectiva le permitiese gozar de sus derechos a la legalidad tributaria, a la propiedad y a la no confiscación, evitando tener que pagar la planilla ya liquidada y, lo que es más importante aún, prohibiendo al I.V.S.S. continuar liquidando por ese concepto, en los meses subsiguientes ("inminente amenaza de liquidar contribuciones por concepto de Paro Forzoso sin base legal", página 19), mientras continuase la situación legal actual en la materia, y tal cosa sólo era posible con una Acción de Amparo Autónomo.

Así, la sentencia no limitándose a declarar la nulidad de la planilla, ordenó al Presidente del I.V.S.S. abstenerse de cobro de la contribución del mes de febrero de 2003 y meses subsiguientes.

Empero, el caso adoptó las características de una acción judicial colectiva, toda vez que no se trataba de impugnar una planilla aislada, sino de atacar por inconstitucional la pretensión del I.V.S.S. de recaudar, cualquiera fuese el supuesto contribuyente, una contribución sin base legal, en detrimento del principio de legalidad tributaria.

Es por ello que se produjeron un gran número de adhesiones, por parte de evidentes terceros litisconsorciales, a los fines de lograr la extensión de los efectos del mandamiento de amparo, que obligaba al I.V.S.S. a abstenerse de cobrar por este concepto, en cuanto al mes de febrero de 2003 y meses subsiguientes, en provecho de la justiciable. Claro que en

[252] Consultada en original, en el expediente judicial Nº 2028.

este caso la condición de acción judicial colectiva no derivaba de la tutela de intereses colectivos, pues los patronos afectados por la antijurídica actuación del I.V.S.S. no conforman un grupo diferenciado entre sí, sino de la protección conjunta de intereses individuales homogéneos, siempre por razones de tutela judicial efectiva y economía y celeridad procesales, dado el diáfano predominio de la cuestión colectiva, antes que la individual, para lograr la justicia buscada en forma concluyente.

Sin embargo, en claro detrimento del Estado de Justicia, del principio de preeminencia de los derechos humanos, del principio del "favor libertatis" o "in dubio pro libertad", del derecho de acceso a la justicia, del derecho a la tutela judicial efectiva, del derecho al debido proceso y de los principios de celeridad y economía procesales, el Juzgado Superior Séptimo de lo Contencioso Tributario dictó la sentencia N° 147 del 6 de junio de 2003[253], que declaró inadmisibles dichas adhesiones (todas).

De esta forma, el fallo negó todas las solicitudes en cuestión, bajo la tesis de que no existiría una relación jurídica, ni tributaria ni de ninguna otra índole, entre los peticionantes y el I.V.S.S., al menos en cuanto concierne a esta contribución, por lo que en su criterio no se podría tener como partes en el juicio a estas empresas terceras, porque, según sostiene, la sentencia de la Sala Constitucional del Tribunal Supremo de Justicia que permite a terceros en la misma situación aprovecharse de los efectos de las decisiones, exigiría indefectiblemente la presencia de una relación jurídica.

El fallo parte del análisis de la sentencia de la Sala Constitucional del Tribunal Supremo de Justicia N° 2675 del 17 de diciembre de 2001, caso: Haydee Parra Araujo y otros contra el Decreto N° 304 del Presidente de la República y la Resolución N° 739 del Ministro del Interior y Justicia (en el caso de registradores y notarios), que cabe decir no es la primera ni la única en la materia, y que fue comentada anteriormente.

Es curioso destacar, sobre este punto, que la sentencia de marras del Juzgado Superior Séptimo de lo Contencioso Tributario alude a la temática de los intereses difusos y colectivos. Efectivamente ello resulta curioso, porque la jurisprudencia de la misma Sala Constitucional, al definir los intereses difusos, ha sostenido que se caracterizan por relaciones de hecho y no jurídicas, como ocurre en doctrina y fuera destacado previamente. Así, no se entiende cómo se llega a rechazar la intervención por no haber relación jurídica, y sin embargo mencionar a los intereses difusos como fundamento de la decisión.

Empero, no se trata el caso de la tutela de intereses difusos, por razones obvias.

---

[253] Consultada en original, en el expediente judicial N° 2028.

Sería en cambio discutible si se asiste a un caso de intereses colectivos, o si más bien se configura algo que sirvió de fundamento de sus intervenciones en los escritos de ciertos solicitantes de adhesión, sin haber sido ello tan solo someramente evocado en la sentencia[254]: intereses individuales homogéneos, sobre lo que viene construyendo la ciencia procesal moderna, habiendo antes nosotros tomado partido por esta tesis, en cuanto concierne a este caso.

En definitiva, no argumentó la sentencia si se trataba de una acción judicial colectiva (por intereses transindividuales o individuales homogéneos), o de una acción judicial meramente individual.

Ahora bien, volviendo a lo anterior, parece la sentencia olvidar que si bien es sostenible que no hay una relación jurídica tributaria en este caso, pues no se da el hecho imponible, por falta de base legal, sí en cambio se da otra relación jurídica, la administrativa, derivada de las planillas de liquidación, como actos administrativos que son. De lo contrario, de no existir relación jurídica alguna, estaríamos en presencia de vías de hecho de la Administración, por ausencia de acto administrativo, y el régimen de defensa judicial sería otro, muy diferente, al recomendado en la sentencia. Ello, sin olvidar que las planillas en cuestión no se contraen sólo a la contribución de paro forzoso, sino que contienen otros rubros, que sí proceden, y frente a los cuales no se discute la existencia de la relación jurídica tributaria.

Tanto es así que existe relación jurídica, que es un caso similar al de los registradores y notarios, vinculados individual, pero homogéneamente, con la Administración Pública, por relaciones jurídicas derivadas al momento de la acción de amparo, de actos administrativos, que son tales planillas en este caso, actos jurídicos emanados del poder público, en ejercicio (aunque ilícito) de la potestad tributaria.

Empero, no debe perderse de vista que no es la existencia de relaciones jurídicas o situaciones fácticas lo que justifica en justicia la extensión de efectos de un fallo a la sociedad o a un grupo diferenciado, o a los terceros litisconsortes peticionantes, sino la naturaleza colectiva de la acción judicial incoada, en criterio del Tribunal y no dependiendo de la fundamentación del libelo respectivo, dada la relevancia social de la tutela colectiva, por la naturaleza del bien jurídico, por las características de la lesión o por el elevado número de personas alcanzadas, no, se insiste, por el acto administrativo nominativo, que no era más que un documento probatorio, sino por la intención inconstitucional del I.V.S.S. de cobrarle a todos los patronos registrados en su banco de datos, como contribuyentes, un tributo sin base legal.

---

[254] ¿Acaso se constituiría aquí un supuesto de denegación de justicia?

En otro orden de ideas, es sorprendente que, en lugar de aplicar el principio del "favor libertatis", por mandato de los artículos 2, 3, 7, 19, 25, 26, 27 y 137 de la Constitución, en pro de la tutela judicial efectiva de situaciones individuales homogéneas, la sentencia indique que lo que procedería sería la vía ordinaria individual y no mediante acciones judiciales colectivas, entendida ella por el Recurso Jerárquico y el Recurso Contencioso Tributario, cuyos lapsos de interposición ya estarían caducados; o, la acción de repetición (que obviamente no tendría efecto frente a lo no pagado aún, pero que podría ser liquidado en el futuro), que no sólo tiene doble instancia, sino que luego se enfrenta a un claro problema de ejecución frente al ente público, ya que esas planillas gozan en principio de la cualidad de título ejecutivo.

Situación más grave aún resulta del hecho de que la sentencia parta de la idea de que no procede tampoco la Acción de Amparo (página 35), por ser restitutorios sus efectos. Claro que sus efectos son restitutorios, y precisamente de lo que se trata es de restituir la situación jurídica subjetiva lesionada o amenazada, privando definitivamente de ejecutividad y ejecutoriedad al acto administrativo impugnado, y ordenando al I.V.S.S. cesar en la lesión, prohibiéndole hacia el futuro continuar liquidando sobre bases ilegales.

No se entiende entonces cómo, sin romper con el principio de igualdad y el Estado de Justicia, pueda el fallo de marras considerar admisible la Acción de Amparo ejercida por Sincrudos de Oriente, C.A., y al mismo tiempo estimarla inadmisible de ser incoada por las demás empresas, no obstante su carácter de terceros litisconsorciales, carácter éste último ignorado o no tomado en cuenta en el fallo comentado[255]. Aunque luego (página 39), declare que surge la Acción de Amparo Autónoma (individual) "a favor de los solicitantes", por un supuesto carácter personalísimo del tributo. Lo cierto es que si el tributo tuviese tal pretendido carácter personalísimo, no podría admitirse su pago con subrogación, por parte de terceros, lo cual es perfectamente posible.

Desde otra perspectiva, se descolla que si la sentencia sugiere la posibilidad de la acción de repetición en forma directa, es porque asume la inconstitucionalidad de las planillas respectivas. Entonces, ¿por qué no acordar la extensión de efectos explícitamente, si al parecer se lo hace tácitamente?

Claro que no convendría confiarse en esto, pues si la empresa ha pagado, según la sentencia puede pedir la repetición con fundamento en ella. Pero, si no ha pagado (y no tendría que hacerlo por ser un cobro inconstitucional), aparte de no existir acción de repetición, sobrevendría el juicio

[255] ¿Acaso se constituiría aquí un supuesto de denegación de justicia?

ejecutivo, frente al cual, la única defensa realmente eficaz (habrían otras), sería la sentencia de extensión de efectos, injustamente negada.

En definitiva, es lo cierto que acatar la sugerencia de la sentencia citada, ejerciendo las vías ordinarias por ella referidas (Recurso Jerárquico y Recurso Contencioso Tributario, contra las planillas o contra las negativas de reintegro), o simplemente interponer Acciones de Amparo Autónomas e individuales contra las planillas, caso por caso, como lo hizo Sincrudos de Oriente Sincor, C.A., atiborraría de juicios nuevos a unos tribunales ya bastante congestionados, en detrimento de la justicia y por no entender lo que es una acción colectiva por intereses individuales homogéneos. A más de que, con excepción de la Acción de Amparo, las otras vías no serían suficientes para lograr la prohibición de nuevas liquidaciones, para los meses subsiguientes.

Es así como el anclaje en conceptos individualistas del derecho, claramente contrarios a los postulados de un Estado de Justicia, socavan la posibilidad de dar tutela judicial efectiva, celera, económica y expedita tanto a intereses colectivos como a intereses individuales homogéneos, por medio de acciones judiciales colectivas, como las aquí estudiadas[256]. Sin embargo, sin saber aún la suerte que depara en el foro a este caso, a la final, es lo cierto que es claramente ilustrativo de lo que es un supuesto de colectivización del proceso tributario, abortado por las circunstancias de ser tan solo los primeros pasos en un mundo nuevo, de justicia colectiva, economía y celeridad procesales, en la construcción del Estado de Justicia.

> *"El tránsito del proceso individual al colectivo es por demás asombroso y nos brinda, ávido de estudios y comprensión, el arsenal de las técnicas y soluciones que la gente aguarda del moderno derecho procesal para asegurar los bienes colectivos y lograr –al mismo tiempo– la tutela especial que proteja y defienda los singulares derechos afectados. La defensa de la sociedad, de los intereses y derechos –vitales– caracterizados como difusos, colectivos e individuales homogéneos impone otro modo de pensar y actuar el derecho instrumental facilitador de la protección útil de los mismos"*[257].

[256] Morelo, Augusto y Stiglitz, Gabriel, "Tutela procesal de derechos personalísimos e intereses colectivos", Librería Editora Platense, La Plata, 1986, p. 155: "La problemática de los intereses difusos (fraccionados o colectivos) se posa actualmente de modo prioritario en la atención del jurista, removiendo muchas concepciones y dilatando o ajustando explicaciones clásicas que se muestran insuficientes para disciplinar, razonablemente, la demanda de tutela o de protección administrativa y judicial, respecto de ricas y complejas cuestiones que anidan con personalidad y cualidad propias en un cuadrante innovador del mundo jurídico".

[257] Morelo, Augusto, "La tutela de los intereses difusos en el derecho argentino", Librería Editora Platense, La Plata, 1999, p. 56.

3. CONCLUSIÓN

En el camino de la construcción de un Estado de Justicia, es menester que repensemos las instituciones adjetivas en general, y particularmente en cuanto concierne al proceso tributario, para hacer realidad el derecho a la tutela judicial efectiva.

En este sentido, a los mismos fines de prodigar una justicia como la descrita, para la mejor protección de la persona humana y el resguardo de su dignidad, frente a fenómenos masificados de violación de la parte dogmática de la Constitución o del bloque de la legalidad, según los casos, se observa, aquí en el proceso tributario, como en otras áreas del derecho procesal, el surgimiento espontáneo de acciones judiciales colectivas, por vía de Recurso Contencioso Tributario, de Acción de Amparo u otras, para la salvaguarda de intereses transindividuales (difusos o colectivos) y también de intereses individuales homogéneos, en la ruta hacia la consecución, con ánimo de prevención, de la tutela judicial anticipada.

1.6
Hacia un Estatuto del Contribuyente durante la Fiscalización

I. INTRODUCCIÓN

El marco constitucional que nos rige hoy en día, especialmente en cuanto concierne a su parte dogmática, es extremadamente insistente a la hora de descollar la trascendencia que representan (o han de significar) los derechos humanos, en el quehacer cotidiano de las relaciones entre la Administración Pública y los particulares.

Es así que, ante todo, el artículo 7 de la Constitución comienza por consagrar el principio de supremacía de la Constitución, como fundamento del ordenamiento jurídico y norma suprema, precepto jurídico de aplicación directa a los sujetos de derecho, con carácter preferente e incidencia inmediata en la esfera jurídica subjetiva de las personas.

De allí que el mismo artículo 7 declare que "Todas las personas y los órganos que ejercen el Poder Público están sujetos a esta Constitución", lo cual debe concatenarse con lo dispuesto en el artículo 137 constitucional, contentivo del principio de legalidad en derecho público: "La Constitución y la ley definirán las atribuciones de los órganos que ejercen el Poder Público, a las cuales deben sujetarse las actividades que realicen", consecuencias indefectibles del reconocimiento hecho por el artículo 2 constitucional, de la República como un Estado democrático y social de derecho y de justicia[258].

A la sazón, los artículos 4 y 8 de la Ley Orgánica de la Administración Pública disponen:

---

[258] En palabras de El Libertador Simón Bolívar, al poder público no le es dado hacer lo asequible, sino lo que le está permitido.

"La Administración Publica se organiza y actúa de conformidad con el principio de legalidad, por el cual la asignación, distribución y ejercicio de sus competencias se sujeta a la Constitución de la República Bolivariana de Venezuela, a las leyes y a los actos administrativos de carácter normativo, dictados formal y previamente conforme a la ley, en garantía y protección de las libertades públicas que consagra el régimen democrático a los particulares".

"Todos los funcionarios y funcionarias de la Administración Pública están en la obligación de cumplir y hacer cumplir la Constitución de la República de Venezuela.

Los funcionarios y funcionarias de la Administración Pública incurren en responsabilidad civil, penal o administrativa, según el caso, por los actos de Poder Público que ordenen o ejecuten y que violen o menoscaben los derechos garantizados por la Constitución de la República Bolivariana de Venezuela y la ley, sin que les sirva de excusa órdenes superiores".

Estas supremacía constitucional y sujeción plena del poder público a la ley, que se encuentran garantizadas en su respeto gracias a la subordinación de los actos de ejecución directa o indirecta de la Constitución a las decisiones que tome el Poder Judicial, en ejercicio de los controles de constitucionalidad (difuso –el artículo 334 constitucional dispone que, en caso de incompatibilidad entre la Constitución y una ley u otra norma jurídica, los jueces aplicarán las disposiciones constitucionales–; y, concentrado el artículo 335 constitucional prevé que el Tribunal Supremo de Justicia garantizará la supremacía y efectividad de las normas y principios constitucionales–), y de legalidad (aspecto confiado a la denominada Jurisdicción Contencioso Administrativa, por el artículo 259 constitucional), adquieren extrema relevancia cuando tienden principalmente a asegurar la prevalencia ineluctable de los derechos humanos, como manifestación inconfundible del principio del "favor libertatis".

Es en este orden de ideas que no conviene perder de vista, en la construcción de un estatuto del contribuyente, lo siguiente:

a) que el artículo 2 constitucional incluye dentro de los "valores superiores del ordenamiento jurídico" (uno de sus principios fundamentales republicanos), la preeminencia de los derechos humanos;
b) que el artículo 3 constitucional, al enumerar los fines esenciales del Estado, refiere explícitamente la garantía del cumplimiento de los derechos reconocidos y consagrados en la Constitución[259];

[259] El artículo 22 prevé la cláusula del "numerus apertus" en la materia, al establecer: "La enunciación de los derechos y garantías contenidos en esta Constitución y en los instrumen-

c) que el artículo 19 constitucional obliga al Estado a garantizar a toda persona el goce y ejercicio irrenunciable, indivisible, interdependiente y progresivo de los derechos humanos;
d) que el artículo 23 constitucional asigna jerarquía constitucional y prevalencia en el orden interno a los tratados, pactos y convenciones relativos a derechos humanos, suscritos y ratificados por Venezuela;
e) que el artículo 25 constitucional sanciona con la nulidad a todo acto dictado en ejercicio del Poder Público que viole o menoscabe los derechos garantizados por la Constitución y la ley, previendo asimismo la responsabilidad civil, penal y administrativa de los funcionarios públicos que lo hayan ordenado o ejecutado;
f) que el artículo 30 constitucional determina la obligación del Estado de indemnizar integralmente a las víctimas de violaciones de derechos humanos;
g) que el artículo 139 constitucional conlleva la responsabilidad individual por violación de la Constitución, en ejercicio del Poder Público; y,
h) que el artículo 140 constitucional indica que habrá responsabilidad patrimonial del Estado, siempre que los daños a los derechos de los particulares sean imputables al funcionamiento de la Administración Pública, lo cual debe verse en conjunto con los artículos 259 constitucional y 327 del Código Orgánico Tributario.

Estos postulados representan el núcleo central de la dogmática constitucional y, por demás, libertaria, que caracteriza, si bien no nuestra actual realidad en las relaciones entre la Administración Pública y los particulares, sí el norte franco al cual debe dirigirse nuestra actuación como operadores jurídicos (docentes, doctrinarios, litigantes, servidores públicos, jueces, etc.), en la noble tarea, debida a nuestros hijos, de contribuir al establecimiento de un verdadero Estado de Derecho y de Justicia, garante de una calidad de vida digna para la persona humana.

Debemos así entender, bajo el epíteto de "Estatuto del Contribuyente", la compilación de todos y cada uno de los derechos que el Constituyente reconoció expresa o tácitamente en provecho de la persona, natural o jurídica (ésta última como mero ente exponencial de las aspiraciones legítimas de aquella), o que la Ley consagró en desarrollo de aquellos, en sus vinculaciones con la Administración Pública, concretamente dentro de la conocida como relación jurídica tributaria.

---

tos internacionales sobre derechos humanos no debe entenderse como negación de otros que, siendo inherentes a la persona, no figuren expresamente en ellos...".

De este modo, tal compilación ha de ser comprensiva de todas las situaciones que puedan darse durante la vigencia de dicha relación jurídica tributaria, en donde el contribuyente pueda verse como peticionante o denunciante, como ejecutor de deberes formales o de obligaciones de fondo, como objeto de un procedimiento de determinación tributaria, de persecución de infracciones o de otra índole, como parte en una impugnación en sedes administrativa o judicial u otra acción o incidencia judicial de diversa naturaleza (acciones de inconstitucionalidad contra leyes tributarias, recursos de interpretación de leyes tributarias, recursos contencioso administrativos de nulidad contra actos reglamentarios tributarios, recursos contencioso tributarios, juicios ejecutivos de créditos fiscales, amparos o demandas contra entes públicos por daños derivados de la actuación de las administraciones tributarias, todas estas acciones judiciales asociadas o no a peticiones de medidas cautelares o de empleo del control difuso de constitucionalidad, etc.), etc.

En ese orden de ideas hice una aproximación inicial, limitada a las normas constitucionales, en mi trabajo intitulado "Los derechos del contribuyente en la Constitución de 1999"[260], en donde dividí el estatuto básico en los derechos humanos sustantivos del contribuyente, por una parte, y los derechos humanos procesales o adjetivos del contribuyente, por la otra.

En cuanto a los derechos humanos sustantivos del contribuyente, sólo según la Constitución de 1999, enumeré el derecho al principio de legalidad tributaria (artículos 317 y 133), el derecho a la irretroactividad de la ley (artículos 24, 49, numeral 6, y 317 –"vacatio legis"–, con incongruente amenaza por la Disposición Transitoria Quinta, numeral 2), el derecho a la igualdad y el principio de justicia tributaria (artículos 21 y 316), el derecho al carácter pecuniario del tributo y el derecho a la integridad personal (artículos 317 y 46), el derecho a la libertad económica (artículo 112), el derecho a la propiedad y el derecho a la prohibición de la confiscación (artículos 115, 116 y 317), el principio de capacidad económica o contributiva (artículo 316), el derecho al "non bis in idem" (artículo 49, numeral 7), el derecho al acatamiento de la división vertical del poder o derecho al respeto de las potestades tributarias (artículos 136, 138, 156, numerales 12, 13 y 14, 164, numerales 4 y 7, 179, numerales 2 y 3, y Disposición Transitoria Cuarta, numerales 6 y 7).

[260] V Jornadas Venezolanas de Derecho Tributario "Aspectos Tributarios en la Constitución de 1999", Asociación Venezolana de Derecho Tributario, Livrosca, Caracas septiembre 2000, pp. 3 a 24.

Y, por lo que respecta a los derechos procesales o adjetivos de los contribuyentes, planteados como garantía real del goce efectivo de los derechos sustantivos anteriormente citados, pero también de los mismos derechos procesales, particularmente a través del derecho de amparo, para la salvaguarda de la libertad frente a las actuaciones de la Administración Tributaria, dentro de un verdadero Estado de derecho, enlisté el derecho de acceso a la justicia (artículo 26), el derecho a la tutela judicial efectiva, el derecho al debido proceso y el derecho a la defensa (artículos 49, numerales 1 y 3, 285, numerales 1 y 2, y 259), el derecho a la participación, como principio fundamento de la Administración Pública (artículo 141), el derecho a los medios alternativos de solución de conflictos jurídicos (artículo 258, junto al principio de eficiencia administrativa a que se contraen los artículos 141, como principio fundamento de la Administración Pública, y 311, como justificación de la gestión fiscal), el derecho de amparo (artículo 27), el derecho de amparo internacional (artículo 31), el derecho a la presunción de inocencia (artículo 49, numeral 2), el derecho de petición y oportuna y adecuada respuesta (artículos 51, 280 y 281, numeral 1), el derecho a la información y el derecho de acceso a los documentos administrativos (artículos 28 y 143, junto al principio de transparencia a que se refieren los artículos 141, como fundamento de la Administración Pública, y 311, como justificación de la gestión fiscal).

Cumplido el recordatorio que antecede, dentro de la construcción del Estatuto del Contribuyente, se propone, en esta ocasión, pasar revista a los derechos del contribuyente exclusivamente durante la fase administrativa de fiscalización, es decir, en desarrollo del procedimiento administrativo especial de determinación tributaria, atendiendo para ello a las previsiones concatenadas de la Constitución y de las siguientes leyes: Código Orgánico Tributario, Ley Orgánica de la Administración Pública, Ley Orgánica de Procedimientos Administrativos y Ley de Simplificación de Trámites Administrativos[261]. Veamos:

II. ESTATUTO DEL CONTRIBUYENTE DURANTE LA FISCALIZACIÓN. GENERALIDADES

Ante todo resulta conveniente aclarar que por fiscalización habremos de entender el legalmente denominado "procedimiento administrativo de fiscalización y determinación", tal como está regulado por los artículos 177 al 199 del Código Orgánico Tributario.

[261] La Ley de la Administración Tributaria aún no ha sido dictada.

En este sentido, la idea central que ha de orientarnos es aquella según la cual la fiscalización es un procedimiento administrativo especial, regido dogmáticamente por la Constitución, los convenios internacionales en materia de derechos humanos y los principios generales de la Ley Orgánica de la Administración Pública, de la Ley Orgánica de Procedimientos Administrativos, de la Ley de Simplificación de Trámites Administrativos y, en particular, por el Código Orgánico Tributario[262].

Así mismo, tal como lo prevé el artículo 177 del Código Orgánico Tributario, es menester recordar que se trata tanto de un procedimiento administrativo tributario como, eventualmente, de un procedimiento administrativo sancionatorio:

> *"Cuando la Administración Tributaria fiscalice el cumplimiento de las obligaciones tributarias, o la procedencia de las devoluciones o recuperaciones otorgadas conforme a lo previsto en la sección octava de este capítulo, o en las leyes y demás normas de carácter tributario, así como cuando proceda a la determinación a que se refieren los artículos 131, 132 y 133 de este Código, y, en su caso, aplique las sanciones correspondientes, se sujetará al procedimiento previsto en esta sección".*

Además, el marco principista que envuelve a todo el procedimiento administrativo de fiscalización y determinación comprende, en forma mandatoria:

a) el respeto al principio de buena fe, de lo que se deriva el derecho al acatamiento del principio de legalidad o a un control fiscal sobre bases legales –sujeto a derecho–[263];

b) la posibilidad de ejercer efectivamente el derecho de petición y de obtención de oportuna y adecuada respuesta, acorde con el artículo 51 constitucional;

c) el deber de asegurar el goce continuo del derecho al debido proceso, en los términos del artículo 49, numeral 1 constitucional; y,

---

[262] Sin perjuicio de las previsiones pertinentes de la futura Ley de la Administración Tributaria (artículo 121 del Código Orgánico Tributario) y otros textos normativos, plena o supletoriamente aplicables, como el Código de Procedimiento Civil (artículo 148 "eiusdem").

[263] Jesús González Pérez, "El principio general de la buena fe en el derecho administrativo".
El artículo 12 de la Ley Orgánica de la Administración Pública sujeta la actividad de la Administración Pública al respeto del principio de buena fe y confianza.
Artículo 8 de la Ley de Simplificación de Trámites Administrativos: "Los planes de simplificación de trámites administrativos que elaboren los organismos sujetos a la aplicación de este Decreto-Ley, deberán realizarse con base en los siguientes principios:
1. La presunción de buena fe del ciudadano".

d) la necesidad de acatar el derecho al respeto del principio "in dubio pro contribuyente", especie del principio "in dubio pro administrado" y consecuencia evidente del principio de buena fe (particularmente mediante la búsqueda de la verdad real[264]); y, del principio de presunción de inocencia (artículo 49, numeral 2 constitucional).

La Administración Tributaria, en la fase de formación del acto administrativo de contenido tributario, sin perjuicio de la actividad probatoria del administrado, tiene la carga de la prueba u "onus probandi"[265], pues, "la posición del contribuyente en el proceso tributario en relación con la prueba, es negativa: su tendencia es la de demostrar que no está obligado fiscalmente o que lo está en forma distinta o en cuantía inferior. El Estado se coloca en situación positiva, y por lo tanto contraria: demostrar que el contribuyente sí está obligado a pagar el impuesto, que lo está en forma diferente o en cuantía superior".

En esta forma, es dado cuestionarse la constitucionalidad del artículo 134 del Código Orgánico Tributario, que pretende sin más presumir la certeza de hechos y omisiones establecidos por administraciones tributarias nacionales o extranjeras, en los ámbitos de la determinación tributaria y de la imposición de sanciones, cuando sería menester primero presumir la inocencia, y asegurarse del cumplimiento irrenunciable e insoslayable de los parámetros del juez natural, del derecho al debido proceso, etc., en virtud de la buena fe y del Estado de Derecho.

Específicamente, resulta indispensable poner de relieve las garantías del debido proceso, las cuales son:

[264] La Administración Pública, por antonomasia inquisitiva, garante del interés público, general o colectivo, a diferencia del Juez Ordinario o de derecho común, tutor de intereses privados, tiene el deber de escudriñar la realidad de los hechos, para encontrar la verdad material y decidir en consecuencia, no pudiendo, como aquel, simplemente atenerse a lo alegado y probado en autos, en acatamiento, en el dominio probatorio, de un gran postulado del derecho administrativo sustancial, el denominado principio de investigación de la verdad real. Así, la Administración Pública, en la fase de formación del acto administrativo (pues en la fase de revisión la comparte con el administrado), sin perjuicio de la actividad probatoria a la cual tiene derecho el administrado, tiene la carga de la prueba u "onus probandi".
Esta afirmación encuentra respaldo en nuestra materia, en la necesidad de hacer reinar al principio de realidad económica, como garantía del principio de capacidad contributiva.

[265] Luís Perezagua Clamagirand, "La Prueba en el Derecho Tributario", p. 105: "...el funcionario encargado...no puede arbitrariamente concretar la medida de la obligación tributaria, y ni siquiera la existencia del hecho imponible sin antes probar la existencia de la misma y sus límites, en primer lugar al propio contribuyente visitado, y en segundo lugar, en caso de disconformidad, al órgano administrativo encargado de la resolución de la situación conflictiva en la fase de gestión tributaria o netamente administrativa...".

1) El derecho a la información y el derecho de acceso a los documentos administrativos

El derecho a la información y el derecho de acceso a los documentos administrativos son el corolario del derecho a la participación en la toma de decisiones susceptibles de afectar la esfera jurídica subjetiva del interesado, estando normalmente su ejercicio vinculado al inicio y al curso de un procedimiento administrativo, como el de fiscalización.

Sólo una persona informada suficientemente y con antelación a la toma de las decisiones administrativas es capaz realmente de defender sus derechos e intereses, como beneficiario de un régimen democrático, que presupone la superación de los secretos y "sumarios" injustificados, para tornar transparente la actuación administrativa, al servicio de los ciudadanos.

Es por ello que la Constitución consagra el principio de transparencia, a un doble título, por lo demás, como fundamento de la Administración Pública y como justificación de la gestión fiscal:

> *Artículo 141: "La Administración Pública está al servicio de los ciudadanos y ciudadanas y se fundamenta en los principios de ... transparencia, ..., con sometimiento pleno a la ley y al derecho".*
> *Artículo 311: "La gestión fiscal estará regida y será ejecutada con base en principios de ... transparencia, ...".*

Este principio de la transparencia encuentra desarrollo en el artículo 12 de la Ley Orgánica de la Administración Pública:

> *"La actividad de la Administración Pública se desarrollará con base en los principios de ... transparencia, ...".*

Y también en el artículo 8 de la Ley de Simplificación de Trámites Administrativos:

> *"Los planes de simplificación de trámites administrativos que elaboren los organismos sujetos a la aplicación de este Decreto-Ley, deberán realizarse con base en los siguientes principios:*
> *2. La simplicidad, transparencia, celeridad y eficacia de la actividad de la Administración Pública".*

Así, garantizada la información, con la mentada transparencia, el derecho humano respectivo queda reconocido constitucionalmente así:

> *Artículo 28: "Toda persona tiene derecho de acceder a la información y a los datos que sobre sí misma o sobre sus bienes consten en*

registros oficiales o privados, con las excepciones que establezca la ley, así como de conocer el uso que se haga de los mismos y su finalidad, y a solicitar ante el tribunal competente la actualización, la rectificación o la destrucción de aquellos, si fuesen erróneos o afectasen ilegítimamente sus derechos. Igualmente, podrá acceder a documentos de cualquier naturaleza que contengan información cuyo conocimiento sea de interés para comunidades o grupos de personas", como lo son los registros, calendarios y demás datos de los denominados "contribuyentes especiales".

Este dispositivo se asume como consagratorio del conocido "habeas data".

Artículo 143: "Los ciudadanos y ciudadanas tienen derecho a ser informados oportuna y verazmente por la Administración Pública, sobre el estado de las actuaciones en que estén directamente interesados, y a conocer las resoluciones definitivas que se adopten sobre el particular. Asimismo, tienen acceso a los archivos y registros administrativos, sin perjuicio de los límites aceptables dentro de una sociedad democrática en materias relativas a seguridad interior y exterior, a investigación criminal y a la intimidad de la vida privada, de conformidad con la ley que regule la materia de clasificación de documentos de contenido confidencial o secreto. No se permitirá censura alguna a los funcionarios públicos o funcionarias públicas que informen sobre asuntos bajo su responsabilidad".

Sólo se exceptúa, pues, lo que suele excepcionarse al respecto dentro de toda sociedad democrática, y a juicio del juez, según los tratados internacionales sobre derechos humanos, a nivel mundial.

Igualmente, la Ley Orgánica de la Administración Pública dedica dos dispositivos importantes al derecho a la información:

Artículo 6: "La Administración Pública desarrollará su actividad y se organizará de manera que los particulares:

1. *Puedan resolver sus asuntos, ser auxiliados en la redacción formal de documentos administrativos, y recibir información de interés general por medios telefónicos, informáticos y telemáticos.*
3. *Puedan acceder fácilmente a información actualizada sobre el esquema de organización de los órganos y entes de la Administración Pública, así como a guías informativas sobre los procedimientos administrativos, servicios y prestaciones que ellos ofrecen".*

Artículo 139: "Todos los órganos y entes de la Administración Pública mantendrán permanentemente actualizadas y a disposición de las personas, en las unidades de información correspondientes, el esquema de su organización y la de los órganos adscritos, así como guías informativas sobre los procedimientos administrativos, servicios y prestaciones aplicables en el ámbito de su competencia y de sus órganos adscritos".

Se puede observar que se ha constitucionalizado plenamente la obligación de que las administraciones públicas y dentro de ellas las tributarias lleven expedientes administrativos, garantizándose el acceso a los mismos de todos los interesados, en los términos y modalidades previstos por las leyes, para el aseguramiento del ejercicio eficaz del derecho al debido proceso:

Artículo 7 de la Ley Orgánica de la Administración Pública: "Los particulares en sus relaciones con la Administración Pública tendrán los siguientes derechos:

1. *Conocer, en cualquier momento, el estado de la tramitación de los procedimientos en los que tengan interés, y obtener copias de documentos contenidos en ellos.*
7. *Acceder a los archivos y registros de la Administración Pública en los términos previstos en la Constitución de la República Bolivariana de Venezuela y la ley".*

Artículo 157 "eiusdem": "El derecho de acceso a los archivos y registros conllevará el de obtener copias simples o certificadas de los mismos, previo pago o cumplimiento de las formalidades que se hallen legalmente establecidas".

Artículo 168 "eiusdem": "Todo aquel que presentare petición o solicitud ante la Administración Pública tendrá derecho a que se le expida, de conformidad con la Constitución de la República Bolivariana de Venezuela y la ley respectiva, copia certificada del expediente o de sus documentos".

Artículo 31 de la Ley Orgánica de Procedimientos Administrativos: "De cada asunto se formará expediente y se mantendrá la unidad de éste y de la decisión respectiva, ...".

Artículo 59 "eiusdem": "Los interesados y sus representantes tienen el derecho de examinar en cualquier estado o grado del procedimiento, leer y copiar cualquier documento contenido en el expediente, así como de pedir certificación del mismo. Se exceptúan los documentos calificados como confidenciales por el superior jerárquico, los cuales serán archivados en cuerpos separados del expediente. La calificación de confidencialidad deberá hacerse mediante acto motivado".

Artículo 151 del Código Orgánico Tributario: "Los interesados, representantes y los abogados asistentes tendrán acceso a los expedientes y podrán consultarlos sin más exigencia que la comprobación de su identidad y legitimación, salvo que se trate de las actuaciones fiscales las cuales tendrán carácter confidencial hasta que se notifique el Acta de Reparo".

Artículo 28 de la Ley de Simplificación de Trámites Administrativos: "Todos los actos a través de los cuales se exprese la Administración

> *Pública por escrito, deberán expedirse en original y un máximo de tres copias, una de las cuales deberá ser enviada para su conservación y consulta al archivo central del organismo, sin perjuicio de las copias que se pudieran solicitar a cargo de los particulares".*

Como puede fácilmente apreciarse, la excepción al derecho de acceso al expediente administrativo, en la materia tributaria, que pretende consagrar el dispositivo previamente trascrito, es abiertamente inconstitucional, pues la previsión del artículo 143 constitucional, únicamente reconoce, con arreglo por lo demás a los tratados internacionales en materia de derechos humanos, las salvedades que pueden ser toleradas dentro de una sociedad democrática, que son y sólo son las vinculadas con la seguridad interior y exterior, la investigación criminal y la intimidad de la vida privada, supuestos ausentes dentro de lo que representa el objeto de un procedimiento de fiscalización. Además, es claro que el procedimiento, en esa fase, podría concluir no con un Acta de Reparo, sino con un Acta de Conformidad, con lo que pareciera que el legislador toma partido, sobre las resultas del procedimiento, lo cual es ilegítimo, o actúa incoherentemente, pues entonces habría o podría haber el acceso inconstitucionalmente denegado.

De este modo, si en esta fase se negare el acceso al expediente, con pretendido fundamento en la salvedad de este dispositivo de ley, perfectamente sería posible ejercer una acción de amparo constitucional en resguardo del derecho a la información, que pase por la desaplicación de la norma citada, en esa parte, en virtud del control difuso de la constitucionalidad de la ley.

Es curioso y lamentable, que frente a una Constitución tan pródiga en llamamientos concretos a la transparencia administrativa, se dicte un Código que burle el derecho a la información, estableciendo limitaciones que exceden a las pautadas constitucionalmente y que, en sana interpretación jurídica, deben ser tenidas en forma restrictiva.

Finalmente, el Código Orgánico Tributario trae una regulación específica sobre el acceso a la información, en su artículo 188, que también contiene restricciones temporales, así como prohibiciones de copiado, que riñen con los postulados constitucionales previamente esbozados:

> *"Parágrafo Primero: Cuando la actuación fiscal haya versado sobre la valoración de las operaciones entre partes vinculadas en materia de precios de transferencia, el contribuyente podrá designar un máximo de dos (2) representantes, dentro de un plazo no mayor de quince (15) días hábiles contados a partir del vencimiento del plazo establecido en el artículo 185 de este Código, con el fin de tener acceso a la información proporcionada u obtenida de terceros independientes, respecto de operaciones comparables. La designación de representantes deberá*

hacerse por escrito y presentarse ante la Administración Tributaria. Los contribuyentes personas naturales podrán tener acceso directo a la información a que se refiere este parágrafo.
Una vez designados los representantes, éstos tendrán acceso a la información proporcionada por terceros desde ese momento y hasta los veinte (20) días hábiles posteriores a la fecha de notificación de la resolución culminatoria del sumario. Los representantes autorizados podrán ser sustituidos una (1) sola vez por el contribuyente, debiendo éste hacer del conocimiento de la Administración Tributaria la revocación y sustitución respectivas, en la misma fecha en que se haga la revocación y sustitución. La Administración Tributaria deberá levantar acta circunstanciada, en la que haga constar la naturaleza y características de la información y documentación consultadas por el contribuyente o por sus representantes designados, por cada ocasión en que esto ocurra. El contribuyente o sus representantes no podrán sustraer o fotocopiar información alguna, debiendo limitarse a la toma de notas y apuntes.
Parágrafo Segundo: El contribuyente y los representantes designados en los términos del parágrafo anterior, serán responsables, hasta por un plazo de cinco (5) años contados a partir de la fecha en que se tuvo acceso a la información, o a partir de la fecha de presentación del escrito de designación, de la divulgación, uso personal o indebido para cualquier propósito, de la información confidencial a la que tuvieron acceso, por cualquier medio. El contribuyente será responsable solidario por los perjuicios que genere la divulgación, uso personal o indebido de la información que hagan sus representantes.
La revocación de la designación del representante o los represententes autorizados para acceder a información confidencial proporcionada por terceros no libera al representante ni al contribuyente de la responsabilidad solidaria en que puedan incurrir por la divulgación, uso personal o indebido que hagan de dicha información".

2) El derecho a la participación

Acorde con el artículo 49 constitucional, el debido proceso se aplicará a todas las actuaciones administrativas, por lo que la defensa es un derecho inviolable en todo estado y grado de la investigación y del proceso, teniendo la persona interesada derecho a ser notificada de los cargos por los cuales se le investiga, a acceder a las pruebas y a disponer del tiempo necesario y de los medios adecuados para ejercer su defensa (numeral 1).

De hecho, en la actualidad, en derecho constitucional general y comparado se habla del derecho a la participación en los procedimientos administrativos formativos de decisiones susceptibles de afectar la esfera jurídica subjetiva del interesado, que en nuestro medio se ha presentado simplistamente como el principio del contradictorio ("audire alteram partem").

Se trata pues de un postulado fundamental que no debe faltar en la sede administrativa, asistamos a peticiones, denuncias, investigaciones de violaciones de deberes formales[266] o fiscalizaciones o sumarios administrativos en caso de reparos tributarios o imposición de sanciones.

De esta forma, la Constitución establece el principio de participación, junto a otros que mejor pueden garantizarse con la intervención del interesado, como los principios de eficacia y eficiencia administrativas, como fundamento de la Administración Pública:

> *Artículo 141: "La Administración Pública está al servicio de los ciudadanos y ciudadanas y se fundamenta en los principios de ... participación, ..., con sometimiento pleno a la ley y al derecho".*

Con el debido apoyo normativo del artículo 1 de la Ley Orgánica de la Administración Pública, aunque excluyendo tal principio de la enumeración a que se contrae el artículo 12 "eiusdem":

> *"La presente Ley tiene por objeto establecer los principios y bases que rigen la organización y el funcionamiento de la Administración Pública; ...; crear mecanismos para promover la participación y el control sobre las políticas y resultados públicos; y establecer las normas básicas sobre los archivos y registros públicos".*

Igualmente, la normativa de rango legal regula aspectos particulares de gran relevancia para ver que se cumpla con el derecho al debido proceso, vía participación efectiva del interesado, al prever el derecho a la recepción del escrito, en el artículo 9 de la Ley Orgánica de la Administración Pública:

> *"Los funcionarios y funcionarias de la Administración Pública tienen la obligación de recibir y atender, sin excepción, las representaciones, peticiones o solicitudes que les formulen los particulares en las*

[266] Se destaca entonces la inconstitucionalidad del parágrafo primero del artículo 149 del Código Orgánico Tributario de 1994 (norma no reeditada por la versión de 2001), al prever la omisión del levantamiento previo del acta fiscal, en los casos de imposición de sanciones por incumplimiento de deberes formales, por cuanto, al no haber fase de descargos ni sumario administrativo, la fase constitutiva del acto administrativo transcurre sin que se permita (o al menos facilite) ni se valore el ejercicio del derecho a la información y de acceso a los documentos administrativos y de su corolario, el derecho a la participación en la formación de la voluntad administrativa.

materias de su competencia ya sea vía fax, telefónica, electrónica, escrita u oral; así como de responder oportuna y adecuadamente tales solicitudes, independientemente del derecho que tienen los particulares de ejercer los recursos administrativos o judiciales correspondientes, de conformidad con la ley.
En caso de que un funcionario público o funcionaria pública se abstenga de recibir las representaciones o peticiones de los particulares o no den adecuada y oportuna respuesta a las mismas, serán sancionados de conformidad con la ley".

Y también la libertad probatoria, conforme al principio de flexibilidad probatoria e imbuido del principio de verdad material y del principio de inmediación:

Artículo 58 de la Ley Orgánica de Procedimientos Administrativos: "Los hechos que se consideren relevantes para la decisión de un procedimiento podrán ser objeto de todos los medios de prueba establecidos en los Códigos Civil, de Procedimiento Civil y de Enjuiciamiento Criminal o en otras leyes".
Artículo 156 del Código Orgánico Tributario: "Podrán invocarse todos los medios de prueba admitidos en derecho, con excepción del juramento y de la confesión de empleados públicos, cuando ella implique prueba confesional de la Administración".

De capital importancia aparece el principio de actuación o impulso de oficio o principio inquisitivo, previsto respectivamente en los artículos 160 del Código Orgánico Tributario y 53 de la Ley Orgánica de Procedimientos Administrativos, normas que imponen el deber del impulso procesal a la Administración Tributaria, en estos términos:

"La Administración Tributaria impulsará de oficio el procedimiento y podrá acordar, en cualquier momento, la práctica de las pruebas que estime necesarias".
"La Administración, de oficio o a instancia del interesado, cumplirá todas las actuaciones necesarias para el mejor conocimiento del asunto que deba decidir, siendo de su responsabilidad impulsar el procedimiento en todos sus trámites".

Este principio también está previsto en relación con la fase de impugnación del acto administrativo, vía recurso jerárquico, en dispositivos perfectamente aplicables a la fase constitutiva del acto administrativo, en el norte de encontrar la verdad real, como los contenidos en los artículos 251 y 252 del Código Orgánico Tributario, así:

"La Administración Tributaria podrá practicar todas las diligencias de investigación que considere necesarias para el esclarecimiento de

los hechos, y llevará los resultados al expediente. Dicha Administración está obligada también a incorporar al expediente los elementos de juicio de que disponga"; y,
"La Administración Tributaria podrá solicitar del propio contribuyente o de su representante, así como de entidades y de particulares, dentro del lapso para decidir, las informaciones adicionales que juzgue necesarias; requerir la exhibición de libros y registros y demás documentos relacionados con la materia objeto del recurso; y exigir la ampliación o complementación de las pruebas presentadas, si así lo estimare necesario".

Por tanto, es dado afirmar, en ejecución del principio de investigación de la verdad real, aunado a lo expresado sobre el principio de actuación de oficio, que los contribuyentes tienen derecho, en el ámbito de su participación, a producir en el expediente administrativo cuanto elemento de juicio disponga, para el mejor esclarecimiento de los hechos, en garantía además del principio de certeza, del principio de objetividad, del principio de imparcialidad[267] y del principio de inmediación, reforzados también por el principio "in dubio pro administrado", que en el dominio del derecho tributario se denomina principio "in dubio pro contribuyente" o "in dubio contra fiscum"[268]: Si hay dudas, si no existe plena prueba de la ocurrencia del hecho imponible y sobre el quantum de la obligación tributaria (salvo los supuestos excepcionales de determinación presuntiva de oficio), la Administración Tributaria no puede afectar los derechos e intereses de los contribuyentes, con una decisión, providencia o acto administrativo que determine tributos, aplique sanciones o atente de otra forma contra tales derechos e intereses.

Existe, pues, como derecho del contribuyente, una presunción de veracidad en su favor, antes del dictado del acto administrativo (el Acta de Reparo), que debe ser desvirtuada por el órgano administrativo, para poder afectar su esfera jurídica subjetiva.

De allí que los artículos 9 y 13 de la Ley de Simplificación de Trámites Administrativos prevea que:

"De acuerdo con la presunción de buena fe, los trámites administrativos deben mejorarse o rediseñarse para lograr el objetivo propuesto

[267] Para Luís Perezagua Clamagirand, "La Prueba en el Derecho Tributario" (p. 112): "...la Administración en general dará un valor equitativo y justo a las pruebas que ante ella se hacen valer, pues no existe ningún interés personal contrapuesto entre la Administración y administrado...".
[268] Para Alejandro Ramírez Cardona, "El Proceso Tributario" (p. 208): "...consecuente con el principio general del derecho tributario del in dubium contra fiscum: la duda debe resolverse en contra del fisco, o, en otros términos, en favor del contribuyente".

> *en la generalidad de los casos y no para cubrir las posibles excepciones al comportamiento normal del ciudadano. En consecuencia, en todas las actuaciones que se realicen ante la Administración Pública, se debe tener como cierta la declaración del administrado, salvo prueba en contrario".*
> *"Los órganos y entes de la Administración Pública se abstendrán de exigir algún tipo de prueba para hechos que no hayan sido controvertidos, pues mientras no se demuestre lo contrario, se presume cierta la información declarada o proporcionada por el ciudadano en su solicitud o reclamación".*

Ahora bien, volviendo sobre el derecho del contribuyente a desplegar actividad probatoria, debe recordarse la regencia del principio del informalismo, como característica propia de todo procedimiento administrativo, que excluye toda posibilidad válida de establecer el mecanismo preclusivo, pues el contribuyente y, por qué no, también la Administración Tributaria se verían imposibilitados de promover y hacer evacuar pruebas o de traer elementos de juicio al expediente administrativo fuera de los lapsos, en ese caso rigurosos, de ley, con grave perjuicio a la vigencia del principio de investigación de la verdad real.

Es así que la finalidad de la fijación de lapsos probatorios en los procedimientos administrativos referidos en el Código Orgánico Tributarios es meramente indicativa, y recordatoria de la necesidad de demostrar los alegatos y afirmaciones, antes de que se produzca el acto administrativo del caso. Consiste en una iniciativa ordenadora u organizadora del procedimiento, como garantía del derecho al debido proceso, que no puede llegar a tenerse como tendencia formalizadora o formalizante del procedimiento administrativo.

Así, Alejandro Ramírez Cardona, refiriéndose al período de pruebas consagrado en la ley que regulaba los procedimientos administrativos por reclamaciones contra la liquidación del Impuesto Sobre La Renta, precisó que "dicho término no es perentorio para el contribuyente, ya que puede pedir, sustentar y presentar pruebas y alegatos hasta el día anterior a aquel en que se reparta el expediente para proyectar el fallo de fondo"[269]. Y, esta idea del informalismo en palabras de Luís Perezagua Clamagirand, queda expresada categóricamente, en términos más graves, así: "...realmente no existe en el procedimiento administrativo una "fase técnica" de prueba... porque, sencillamente, no hay proceso "técnicamente" y la situación conflictiva que se resuelve se hace utilizando el camino administrativo que no

[269] Alejandro Ramírez Cardona, op. cit. (p. 136).

es procesal. Técnicamente –...– habrá que hablar de fase probatoria en un momento ulterior, que es cuando se monta un proceso y este proceso existe cuando hay una Jurisdicción...”[270].

Acorde con las ideas doctrinarias que preceden, cuando una ley administrativa consagra un plazo para pruebas, el mismo constituye una garantía para el administrado y no un límite formal al ejercicio de su derecho a promover y hacer evacuar pruebas. Es una garantía para el contribuyente, por cuanto la Administración Tributaria no puede decidir antes de que ese plazo de pruebas haya concluido. Empero, mientras no haya decidido, si surgen elementos probatorios nuevos, existe el derecho, pero también la obligación, de aportarlos al expediente administrativo:

> *Artículo 28 de la Ley Orgánica de Procedimientos Administrativos: “Los administrados están obligados a facilitar a la Administración Pública la información de que dispongan sobre el asunto de que se trate, cuando ello sea necesario para tomar la decisión correspondiente y les sea solicitada por escrito”.*

Obviamente, esta solicitud escrita puede ser la respuesta obtenida como resultado de haber ejercido el derecho constitucional de petición, debiendo la eventual negativa estar motivada, para su control de legalidad.

En consecuencia, se descolla el carácter no preclusivo o referencial y ordenador de los plazos (excluidos los de decisión), en materia probatoria, a que se contraen los dispositivos siguientes del Código Orgánico Tributario:

> *Artículo 158: “El término de prueba será fijado de acuerdo con la importancia y complejidad de cada caso, y no podrá ser inferior a diez (10) días hábiles”.*
> *Artículo 188: “... se dará por iniciada la instrucción del sumario teniendo el afectado un plazo de veinticinco (25) días hábiles para formular los descargos y promover la totalidad de las pruebas para su defensa”*[271].
> *Artículo 189: “... se abrirá un lapso para que el interesado evacúe las pruebas promovidas, pudiendo la Administración Tributaria evacuar las que considere pertinentes. Dicho lapso será de quince (15) días hábiles, pudiéndose prorrogar por un período igual cuando el anterior no fuere suficiente, y siempre que medien razones que lo justifiquen, las cuales se harán constar en el expediente”.*

---

[270] Luís Perezagua Clamagirand, op. cit. (p. 110).

[271] Cinco (5) meses en materia de precios de transferencia.

III. DERECHO DEL CONTRIBUYENTE ANTES DEL INICIO DEL PROCEDIMIENTO. DERECHO A SER NOTIFICADO DE LA APERTURA DEL PROCEDIMIENTO

Se trata de un procedimiento administrativo que se inicia de oficio, según la previsión del artículo 178 del Código Orgánico Tributario:

> *"Toda fiscalización, a excepción de lo previsto en el artículo 180 de este Código, se iniciará con una providencia de la Administración Tributaria del domicilio del sujeto pasivo, en la que se indicará con toda precisión el contribuyente o responsable, tributos, períodos y, en su caso, los elementos constitutivos de la base imponible a fiscalizar, identificación de los funcionarios actuantes, así como cualquier otra información que permita individualizar las actuaciones fiscales.*
> *La providencia a la que se refiere el encabezamiento de este artículo, deberá notificarse al contribuyente o responsable, y autorizará a los funcionarios de la Administración Tributaria en ella señalados al ejercicio de las facultades de fiscalización previstas en este Código y demás disposiciones de carácter tributario, sin que pueda exigirse el cumplimiento de requisitos adicionales para la validez de su actuación".*

Ha de cumplirse entonces, concatenadamente, con el artículo 48 de la Ley Orgánica de Procedimientos Administrativos, cuando el procedimiento se inicie de oficio:

> *"...la autoridad administrativa competente ... ordenará la apertura del procedimiento y notificará a los particulares cuyos derechos subjetivos o intereses legítimos, personales y directos pudieren resultar afectados ...".*

Esta apertura debe ser notificada mediante una providencia administrativa al efecto, según el artículo 127, numeral 1 del Código Orgánico Tributario:

> *"La Administración Tributaria dispondrá de amplias facultades de fiscalización y determinación para comprobar y exigir el cumplimiento de las obligaciones tributarias, pudiendo especialmente:*
> *1. Practicar fiscalizaciones las cuales se autorizarán a través de providencia administrativa ...".*

Resulta importante en este punto poner de relieve la inconstitucionalidad del artículo 180 del Código Orgánico Tributario, que pretende que se de curso a procedimientos administrativos de fiscalización, sin enterar de ello al contribuyente, antes de que se le notifique el Acta de Reparo, lo cual sin duda cercena su derecho a la información, obstaculizando además su derecho a la participación, sin exclusión en la Constitución, en la fase previa al levantamiento y notificación de tal acta, contentiva de objeciones fiscales que quizás hubiesen podido aclararse o evitarse o modificarse, como resultado del debido proceso con intención preventiva. Ello, porque la exigencia de notificación de la apertura del procedimiento se plantea como garantía de los derechos a la información, a la participación y al debido proceso. En efecto, dispone el referido artículo, lesionando también los principios de transparencia y de eficiencia, que:

> *"La Administración Tributaria podrá practicar fiscalizaciones a las declaraciones presentadas por los contribuyentes o responsables, en sus propias oficinas y con su propia base de datos, mediante el cruce o comparación de los datos en ellas contenidos, con la información suministrada por proveedores o compradores, prestadores o receptores de servicios, y en general por cualquier tercero cuya actividad se relacione con la del contribuyente o responsable sujeto a fiscalización. En tales casos, se levantará acta que cumpla con los requisitos previstos en el artículo 183 de este Código".*

Ahora bien, esta notificación de apertura del procedimiento es exigida como condición de eficacia del procedimiento, en los artículos 161 y 167 del Código Orgánico Tributario:

> *"La notificación es requisito necesario para la eficacia de los actos emanados de la Administración Tributaria, cuando éstos produzcan efectos individuales".*
> *"El incumplimiento de los trámites legales en la realización de las notificaciones tendrá como consecuencia el que las mismas no surtan efecto sino a partir del momento en que se hubiesen realizado debidamente, o en su caso, desde la oportunidad en que el interesado se deba tener por notificado personalmente en forma tácita según lo previsto en el numeral 1 del artículo 162 de este Código".*

También se requiere de ella como condición de la competencia sustancial (o concreta) funcionarial, siguiendo al artículo 178 "in fine" del Código Orgánico Tributario:

> *"La providencia a la que se refiere el encabezamiento de este artículo, deberá notificarse al contribuyente o responsable, y autorizará a los funcionarios de la Administración Tributaria en ella señalados al ejercicio de las facultades de fiscalización previstas en este Código y demás disposiciones de carácter tributario, sin que pueda exigirse el cumplimiento de requisitos adicionales para la validez de su actuación".*

Finalmente, para tal notificación se deben cumplir las reglas del domicilio, contenidas en los artículos 31 a 34 del Código Orgánico Tributario.

IV. DERECHOS DEL CONTRIBUYENTE DURANTE EL PROCEDIMIENTO

1) Derecho a la apertura de expediente administrativo

Según el artículo 179 del Código Orgánico Tributario:

> *"En toda fiscalización, se abrirá expediente en el que se incorporará la documentación que soporte la actuación de la Administración Tributaria. En dicho expediente se harán constar los hechos u omisiones que se hubieren apreciado, y los informes sobre cumplimientos o incumplimientos de normas tributarias o situación patrimonial del fiscalizado".*

Como ya se puntualizó previamente, a este expediente administrativo, en virtud de los derechos constitucionales a la información y a la participación, y del principio de transparencia administrativa, tiene derecho de acceder el interesado y a obtener copia de su contenido, según los artículos 141, 143 y 311 de la Constitución, 7, numeral 7, 157 y 168 de la Ley Orgánica de la Administración Pública, 31 y 59 de la Ley Orgánica de Procedimientos Administrativos y 151 del Código Orgánico Tributario.

De allí que se haya puesto de manifiesto la inconstitucionalidad del artículo 151 "in fine" del Código Orgánico Tributario, que pretende dar confidencialidad a las actuaciones fiscales, hasta la notificación del Acta de Reparo, y su remarcable inconsistencia normativa con el artículo 7, numerales 1 y 7 de la Ley Orgánica de la Administración Pública (que aparece publicada en la misma Gaceta Oficial del 17 de octubre de 2001), garantes del acceso en cualquier tiempo al expediente administrativo, por la declarada transparencia administrativa en la Constitución.

En otro orden de ideas, vista la obligatoriedad del expediente administrativo, surgen las siguientes particularidades:

- Vigencia del principio de escritura, el cual se destaca específicamente por la previsión de:

a. un acta de retención de documentos, en el artículo 127, numeral 7 del Código Orgánico Tributario:

> *"Retener y asegurar los documentos revisados durante la fiscalización, incluidos los registrados en medios magnéticos o similares y tomar las medidas necesarias para su conservación. A tales fines se levantará un acta en la cual se especificarán los documentos retenidos".*

b. un acta de toma de posesión de bienes, en el artículo 127, numeral 14 del Código Orgánico Tributario:

"Tomar posesión de los bienes con los que se suponga fundadamente que se ha cometido ilícito tributario, previo el levantamiento del acta en la cual se especifiquen dichos bienes. Estos serán puestos a disposición del Tribunal competente dentro de los cinco (5) días siguientes, para que proceda a su devolución o dicte la medida cautelar que se le solicite".

c. un acta de retención de contabilidad, en el artículo 128, Parágrafo Único del Código Orgánico Tributario:

"En todo caso, se levantará acta en la que se especificará lo retenido, continuándose el ejercicio de las facultades de fiscalización en las oficinas de la Administración Tributaria. Finalizada la fiscalización o vencido el plazo señalado en el encabezamiento de este Parágrafo, deberá devolverse la documentación incautada, so pena de la responsabilidad patrimonial por los daños y perjuicio que ocasione la demora en la devolución. No obstante, dicho plazo podrá ser prorrogado por un período igual, mediante Resolución firmada por el superior jerárquico del funcionario fiscal actuante.
En el caso que la documentación incautada sea imprescindible para el contribuyente o responsable, este deberá solicitar su devolución a la Administración Tributaria, quien ordenará lo conducente previa certificación de la misma a expensas del contribuyente o responsable".

d. un inventario de documentos y bienes dejados en depósito, en el artículo 181 del Código Orgánico Tributario:

"Durante el desarrollo de las actividades fiscalizadoras los funcionarios autorizados, a fin de asegurar la contabilidad, correspondencia o bienes que no estén registrados en la contabilidad, podrán, indistintamente, sellar, precintar o colocar marcas en dichos documentos, bienes, archivos u oficinas donde se encuentren, así como dejarlos en calidad de depósito, previo inventario levantado al efecto".

e. Igualmente, actas de requerimiento y de recepción de documentos e información, siendo que el contribuyente tiene derecho a que el fiscal actuante le certifique la recepción de cuanto se le haya requerido o, en su defecto, a entregar los recaudos y respuestas escritas directamente ante la dependencia administrativa de que se trate, para obtener copia sellada en señal probatoria, en caso de que aquel no quiera recibir formalmente el documento o legajo que sea:

Artículo 7, numeral 3 de la Ley Orgánica de la Administración Pública: "Los particulares en sus relaciones con la Administración Pública tendrán los siguientes derechos:

> *3. Obtener copia sellada de los documentos que presenten, aportándola junto con los originales, así como a la devolución de éstos, salvo cuando los originales deban obrar en un procedimiento".*
> *Artículo 46 de la Ley Orgánica de Procedimientos Administrativos: "Se dará recibo de todo documento presentado y de sus anexos, con indicación del número de registro que corresponda, lugar, fecha y hora de presentación. Podrá servir de recibo la copia mecanografiada o fotostática del documento que se presente, una vez diligenciada y numerada por los funcionarios del registro".*

Por cierto que, en materia de requerimientos, según el artículo 23 de la Ley de Simplificación de Trámites Administrativos, se plantea un derecho adicional del contribuyente:

> *"No se exigirá la presentación de copias certificadas o fotocopias de documentos que la Administración tenga en su poder, o de los que tenga la posibilidad legal de acceder, en virtud del principio de colaboración que debe imperar entre los órganos de la Administración Pública, en sus relaciones interorgánicas y con las demás ramas del Poder Público. A tal fin, se deberán implementar bases de datos de fácil acceso, tanto para los ciudadanos como para los mismos órganos y entes públicos".*

2. Derecho al ejercicio motivado, racional y proporcionado, por parte de la Administración Tributaria, de sus facultades de fiscalización y determinación

Este derecho se desprende de la correcta interpretación de los principios que rigen todo procedimiento administrativo, en provecho del principio de transparencia y del derecho al debido proceso, donde destaca la motivación y la proporcionalidad, de lo cual no escapan las facultades a que se contraen los artículos 121, 127 y 128 del Código Orgánico Tributario.

3. Derecho a hacerse representar:

Acorde con los artículos 149 y 151 del Código Orgánico Tributario:

> *"La comparecencia ante la Administración Tributaria podrá hacerse personalmente o por medio de representante legal o voluntario. Quien invoque una representación acreditará su personería en la primera actuación.*
> *La revocación de la representación acreditada sólo surtirá efectos frente a la Administración Tributaria, cuando ello se ponga en conocimiento de ésta".*

"Los ... representantes ... tendrán acceso a los expedientes y podrán consultarlos sin más exigencia que la comprobación de su identidad y legitimación...".

Con el artículo 25 de la Ley Orgánica de Procedimientos Administrativos expresa que:

"Cuando no sea expresamente requerida la comparecencia personal, los administrados podrán hacerse representar y, en tal caso, la administración se entenderá con el representante designado".

Y, con el artículo 11 de la Ley de Simplificación de Trámites Administrativos:

"Salvo los casos establecidos expresamente por Ley, no será indispensable la comparecencia personal del interesado para realizar tramitaciones ante la Administración Pública, debiéndose exigir la presentación de carta poder a la persona que actúe en su representación".

4. Derecho a obtener constancia oficial de comparecencia a las citaciones

Prevé el artículo 150 del Código Orgánico Tributario:

"La fecha de comparecencia se anotará en el escrito si lo hubiere, y, en todo caso, se le otorgará en el acto constancia oficial al interesado".

5. Derecho a que toda actuación sea en día y hora hábil

Los artículos 152 y 165 del Código Orgánico Tributario indican que:

"Las actuaciones de la Administración Tributaria y las que se realicen ante ella, deberán practicarse en días y horas hábiles, sin perjuicio de las habilitaciones que autorice la Administración Tributaria de conformidad con las leyes y reglamentos".
"Las notificaciones se practicarán en día y hora hábiles. Si fueren efectuadas en día inhábil, se entenderán practicadas el primer día hábil siguiente".

Sobre este punto convendría denunciar la práctica administrativa, en consecuencia ilegal, de practicar notificaciones e incluso de inmediato proceder a ejecutar clausuras de establecimientos, en horas inhábiles del mediodía o hasta en días de fin de semana, que además de violar este mandato, pueden ocasionar mayores perjuicios, afectando la debida proporcionalidad y alteran el principio de presunción de inocencia.

¿Cómo es posible que no se pueda presentar escritos ni acceder al expediente administrativo a la 1 de la tarde de un lunes, o a cualquier hora de un sábado, pero la Administración Tributaria esté en esos momentos practicando notificaciones y cierres?

6. Libertad probatoria

Ya este punto fue suficientemente tratado en las generalidades, sólo convendría agregar ahora que, con arreglo al artículo 507 del Código de Procedimiento Civil, la evaluación de las pruebas debe hacerse por la sana crítica.

7. Derecho al acatamiento de los principios de informalismo, de actuación de oficio y de investigación de la verdad real

Estos aspectos también fueron analizados en las generalidades.

8. Derecho a obtener copia de documentos situados en archivos u oficinas sellados o precintados

Conforme con el artículo 182 del Código Orgánico Tributario:

> *"En el caso que el contribuyente o responsable fiscalizado requiriese para el cumplimiento de sus actividades algún documento que se encuentre en los archivos u oficinas sellados o precintados por la Administración Tributaria, deberá otorgársele copia del mismo de lo cual se dejará constancia en el expediente".*

9. Derecho a la confidencialidad de la información frente a terceros

Los artículos 126, 129, Parágrafo Único, y 139 del Código Orgánico Tributario establecen:

> *"Las informaciones y documentos que la Administración Tributaria obtenga por cualquier medio, tendrán carácter reservado y solo serán*

comunicadas a la autoridad judicial o a cualquier otra autoridad en los casos que establezcan las leyes. El uso indebido de la información reservada dará lugar a la aplicación de las sanciones respectivas.
Parágrafo Único: Las informaciones relativas a la identidad de los terceros independientes en operaciones comparables y la información de los comparables utilizados para motivar los acuerdos anticipados de precios de transferencia, sólo podrán ser reveladas por la Administración Tributaria a la autoridad judicial que conozca del recurso contencioso tributario interpuesto contra el acto administrativo de determinación que involucre el uso de tal información".
"En los casos en que la fiscalización se desarrolle conforme a lo previsto en el literal a) de este artículo, la Administración Tributaria deberá garantizar el carácter reservado de la información y disponer las medidas necesarias para su conservación".
"Los funcionarios de la Administración Tributaria y las entidades a las que se refieren los numerales 10 y 11 del artículo 121 de este Código, estarán obligados a guardar reserva en lo concerniente a las informaciones y datos suministrados por los contribuyentes, responsables y terceros, así como los obtenidos en uso de sus facultades legales, sin perjuicio de lo establecido en el artículo 126 de este Código".

10. Derecho a la sustitución de las medidas cautelares y a hacer oposición

Regulan los artículos 299 y 300 del Código Orgánico Tributario:

"Las medidas decretadas podrán ser sustituidas, a solicitud del interesado, por garantías que a juicio del Tribunal sean suficientes, y siempre que cumplan las formalidades previstas en el artículo 72 de este Código".
"La parte contra quien obre la medida podrá oponerse a la ejecución de la misma conforme a lo previsto en el artículo 602 del Código de Procedimiento Civil".

11. Derecho al agotamiento de la posibilidad de una determinación sobre base cierta

Tal como se desprende de la redacción del artículo 132 del Código Orgánico Tributario, y se desprende ello del principio constitucional de capacidad contributiva del principio de realidad económica, la determinación sobre base presuntiva es posible, pero sólo excepcionalmente y en casos taxativamente previstos en la ley, de estricta interpretación restrictiva. Veamos:

> *"La Administración Tributaria podrá determinar los tributos sobre base presuntiva, cuando los contribuyentes o responsables:*
> *1. Se opongan u obstaculicen en acceso a los locales, oficinas o lugares donde deban iniciarse o desarrollarse las facultades de fiscalización de manera que imposibiliten el conocimiento cierto de las operaciones.*
> *2. Lleven dos o más sistemas de contabilidad con distinto contenido.*
> *3. No presenten los libros y registros de la contabilidad, la documentación comprobatoria o no proporcionen las informaciones relativas a las operaciones registradas.*
> *4. Ocurra alguna de las siguientes irregularidades:*
> *a) Omisión del registro de operaciones y alteración de ingresos, costos y deducciones.*
> *b) Registro de compras, gastos o servicios que no cuenten con los soportes respectivos.*
> *c) Omisión o alteración en los registros de existencias que deban figurar en los inventarios, o registren dichas existencias a precios distintos de los de costo.*
> *d) No cumplan con las obligaciones sobre valoración de inventarios o no establezcan mecanismos de control de los mismos.*
> *5. Se adviertan otras irregularidades que imposibiliten el conocimiento cierto de las operaciones, las cuales deberán justificarse razonadamente.*
> *Parágrafo Único: Practicada la determinación sobre base presuntiva subsiste la responsabilidad que pudiera corresponder por las diferencias derivadas de una posterior determinación sobre base cierta.*
> *La determinación a que se refiere este artículo no podrá ser impugnada fundándose en hechos que el contribuyente hubiere ocultado a la Administración Tributaria, o no los hubiere exhibido al serle requerido dentro del plazo que al efecto fije la Administración Tributaria".*

12. Derecho a la finalización de la fiscalización, por razones de seguridad jurídica

Con arreglo a lo indicado por el artículo 299 de la Constitución, nos rige el principio de seguridad jurídica. Por tanto, no es válido que las fiscalizaciones se tornen "eternas", pues todo procedimiento administrativo ha de concluir:

a. Sea mediante Acta de Conformidad o de Reparo al efecto, conforme a los artículos 183, 184 y 187 del Código Orgánico Tributario, que debe ser notificada en los mismos términos previamente indicados:

> *"Finalizada la fiscalización se levantará un Acta de Reparo ...".*
> *"El Acta de Reparo que se levante conforme a lo dispuesto en el artículo anterior, se notificará al contribuyente o responsable por alguno de los medios contemplados en este Código...".*

"Si la fiscalización estimase correcta la situación tributaria del contribuyente o responsable, respecto a los tributos, períodos, elementos de la base imponible fiscalizados o conceptos objeto de comprobación, se levantará Acta de Conformidad, la cual podrá extenderse en presencia del interesado o su representante, o enviarse por correo público o privado con acuse de recibo".

b. Sea por ocurrencia de la perención del procedimiento administrativo, conforme con el artículo 60 de la Ley Orgánica de Procedimientos Administrativos, en ausencia de previsión al efecto en el Código Orgánico Tributario:

"La tramitación y resolución de los expedientes no podrá exceder de cuatro (4) meses, salvo que medien causas excepcionales, de cuya existencia se dejará constancia, con indicación de la prórroga que se acuerde.
La prórroga o prórroga que se acuerde no podrán exceder, en su conjunto, de dos (2) meses".

Así, en caso de transcurso de ese término, desde que se notificó la apertura de la fiscalización, sin que se haya producido y hecho conocer el levantamiento del Acta de que se trate, se debe reconocer la perención o fenecimiento del procedimiento en cuestión, en virtud del principio de seguridad jurídica y del principio de transparencia administrativa, cuando el Código citado pretende, como ya se denunció, que en esa etapa es secreta o confidencial la actuación fiscal.

En tal caso, la Administración Tributaria habrá de admitir el fenecimiento e iniciar un nuevo procedimiento de fiscalización, si lo estima menester, pero cumpliendo con los lapsos de ley.

Ahora bien, con respecto a los supuestos de finalización de esa fase de la fiscalización, por efecto de las notificaciones de actas, conviene observar cuanto sigue:

Si se trata de un Acta de Conformidad, de las referidas en el artículo 187 del Código Orgánico Tributario, sorprende ante todo que la ley pretenda que la misma, de no ser levantada en presencia del interesado, podrá enviarse por correo público o privado, con acuse de recibo, cuando lo propio es que sea notificada, como todo acto administrativo, máxime cuando se trataría de un acto administrativo definitivo, en cuanto a lo que fue objeto de la fiscalización.

Asimismo, sería posible que se menoscabe el principio constitucional de seguridad jurídica, por la posibilidad de infinitas fiscalizaciones por pequeñas variaciones que se dejan a una máxima y casi incontrolable discrecionalidad administrativa, en el artículo 187, Parágrafo Único, y 240, numeral 2, del Código Orgánico Tributario:

> *"Las actas que se emitan con fundamento en lo previsto en este artículo o en el artículo 184, no condicionan ni limitan las facultades de fiscalización de la Administración Tributaria respecto de tributos, períodos o elementos de la base imponible no incluidos en la fiscalización, o cuando se trate de hechos, elementos o documentos que de haberse conocido o apreciado hubieren producido un resultado distinto".*

Y con debilitamiento del derecho a la cosa decidida, como vicio de nulidad absoluta, en el artículo 240, numeral 2 del mismo código:

> *"Los actos de la Administración Tributaria serán absolutamente nulos en los siguientes casos:*
> *2. Cuando resuelvan un caso precedentemente decidido con carácter definitivo y que haya creado derechos subjetivos, salvo autorización expresa de la Ley".*

Además, se produce claramente una consecuencial lesión al derecho a la igualdad, consagrado en el artículo 21, numeral 1 de la Constitución, por cuanto que, mientras que el artículo 257 del Código citado contempla una limitación temporal para la revisión de los actos administrativos[272], nada parecido se consideró en el comentado artículo 187, Parágrafo Único, donde pareciera que se colocase como único límite temporal el de la prescripción del tributo.

Y, si se asiste a un Acta de Reparo, se presentan situaciones anómalas como la violación del derecho a la defensa y a la información, por claras intenciones de entorpecer el cumplimiento del deber de motivar el acto administrativo.

Desde esta perspectiva, mientras que los artículos 9 y 18, numeral 5 de la Ley Orgánica de Procedimientos Administrativos consagran, dentro del espíritu de la transparencia, el deber de motivar el acto administrativo de efectos particulares, haciendo "referencia a los hechos y a los fundamentos legales del acto", podemos estar asistiendo a la subsiguiente inconstitucionalidad de la eliminación de los numerales 4 y 5 del artículo 149 del Código Orgánico Tributario de 1994, que preveían como contenido del Acta de Reparo, so pena de nulidad, la "apreciación de las pruebas y de las defensas alegadas" y los "fundamentos de la decisión", y, en el mejor de los casos, su eventual sustitución por el literal d del artículo 183 del Código Orgánico Tributario de 2001, sin sujeción a nulidad por carencia, referido

[272] "El Recurso de Revisión sólo procederá dentro de los tres (3) meses siguientes a la fecha de la sentencia a que se refieren los numerales 2 y 3 del artículo anterior, o de haberse tenido noticia de la existencia de las pruebas a que se refiere el numeral 1 del mismo artículo".

al contenido del Acta de Reparo, con alusión a los "hechos u omisiones constatados y métodos aplicados en la fiscalización".

Igualmente, se puede asumir la inconstitucionalidad de la supuesta "plena fe mientras no se pruebe lo contrario", de la que gozaría el Acta de Reparo, acorde con el artículo 184 "in fine" del Código Orgánico Tributario, al menos en la parte de persecución de infracciones y delitos.

La razón de lo afirmado radica en que si la Constitución obliga a presumir la inocencia, mientras no esté completamente comprobada la culpabilidad, en un acto administrativo o judicial, definitivamente firme, mal puede tenerse como culpable al contribuyente, como se pretende ello derivar de tal presunción de veracidad, en un acto preparatorio. La carga de la prueba de la culpa sigue correspondiendo a la Administración Tributaria durante la fase posterior al Acta de Reparo.

Pasemos ahora a ver los derechos derivados para el contribuyente, tras la notificación del Acta de Reparo, dependiendo de que haya habido o no allanamiento al contenido del reclamo fiscal.

Así, de haber habido allanamiento, surge para el contribuyente el derecho a no ser sancionado más allá del diez por ciento (10%) de la multa aplicable, tal como lo disponen los artículos 186 y 111, Parágrafo Segundo, del Código Orgánico Tributario:

> *"Aceptado el reparo y pagado el tributo omitido, la Administración Tributaria mediante resolución procederá a dejar constancia de ello y liquidará los intereses moratorios, la multa establecida en el parágrafo segundo del artículo 111 de este Código y demás multas a que hubiere lugar conforme a lo previsto en este Código. La resolución que dicte la Administración Tributaria pondrá fin al procedimiento.*
> *En los casos en que el contribuyente o responsable se acoja parcialmente al reparo formulado por la Administración Tributaria, la multa establecida en el parágrafo segundo del artículo 111 de este Código, sólo se aplicará a la parte del tributo que hubiere sido aceptada y pagada, abriéndose el Sumario al que se refiere el artículo 188, sobre la parte no aceptada".*
> *"En los casos previstos en el artículo 186 de este Código, se aplicará la multa en un diez por ciento (10%) del tributo omitido".*

No obstante, se observa la curiosa eliminación del deber de dictar "inmediatamente" la resolución, según previsión del caso similar en el Código Orgánico Tributario de 1994, siendo que, entonces, habrían de haber sido dictadas en un máximo de tres (3) días, por aplicación supletoria del Código de Procedimiento Civil. Sin embargo, se vieron casos de más de un (1) año en esos casos, en detrimento del principio de celeridad procesal y del principio de seguridad jurídica.

Y, de no haber habido allanamiento, surge el derecho a la defensa del contribuyente, que conlleva, i. el derecho a que la Administración Tributaria no emita la Resolución culminatoria del sumario administrativo antes de que transcurra el lapso de quince (15) días hábiles para el allanamiento eventual, según el artículo 185 del Código Orgánico Tributario, más el término de veinticinco (25) días hábiles o cinco (5) meses siguientes (en materia de precios de transferencia), acorde con el artículo 188 "eiusdem", para consignar descargos; y, ii. el derecho a formular descargos y promover pruebas ¡mientras no se haya notificado la resolución culminatoria del sumario administrativo!, de lo cual se patentiza la desigualdad jurídica y la falta de eficiencia y racionalidad resultantes de que se pretenda que el afectado cuente, según los casos, con veinticinco (25) días hábiles o cinco (5) meses para presentar descargos, mientras que a la Administración Tributaria se le acuerdan, respectivamente, uno (1) o dos (2) años, para dictar la resolución culminatoria del sumario administrativo.

V. DERECHOS DEL CONTRIBUYENTE TRAS EL ACTA DE REPARO

Por último, en cuanto a la terminación de la fiscalización, tras el levantamiento del Acta de Reparo, hay que diferenciar:

Si hubo objeciones fiscales de mero derecho, el Acta de Reparo se transforma en un acto administrativo definitivo. Dispone el artículo 188 del Código Orgánico Tributario:

> *"... En caso que las objeciones contra el Acta de Reparo versaren sobre aspectos de mero derecho, no se abrirá el Sumario correspondiente, quedando abierta la vía jerárquica o judicial".*

Se asiste así a un acto administrativo recurrible tanto por la vía jerárquica, como en la sede judicial, que daría derecho a proceder de inmediato con la impugnación. Empero, se abre un amplio campo a la inseguridad jurídica, pues puede ser discutible si efectivamente se está frente a un caso de mero derecho, por ser ese punto el objeto de la controversia.

Además, no se sabe con precisión cuándo comienza a correr el lapso de caducidad para la impugnación, de veinticinco (25) días hábiles, si con la notificación del Acta de Reparo, si al vencer los quince (15) días hábiles para el allanamiento, o si se van a contar a partir del vencimiento del lapso de veinticinco (25) días hábiles para descargos, lo cual genera inseguridad jurídica. Todo esto en el entendido, además, de que procede el recurso directo, en lugar de los descargos, lo cual de suyo, lejos de acelerar el procedimiento, puede más bien retardarlo, no sólo por lo lenta de la vía judicial, sino porque elimina la fase del sumario, que permite ensayar la posibilidad de resolver amigablemente el asunto de que se trate, o llegar a acuerdos o convenimientos de pago, etc.

En otro orden de ideas, si en vista de la ausencia de allanamiento o de que se corresponda el reclamo con aspectos de hecho y no sólo de derecho, se debe pasar a la emisión de la Resolución culminatoria del sumario administrativo, a que se contrae el artículo 191 del Código Orgánico Tributario, se debe destacar que el contribuyente tiene:

a. derecho a que le sea notificada en iguales condiciones que la providencia inicial

b. derecho a la motivación

Artículo 191 del Código Orgánico Tributario: "La resolución deberá contener los siguientes requisitos:
4. Hechos u omisiones constatados y métodos aplicados a la fiscalización.
5. Apreciación de las pruebas y de las defensas alegadas.
6. Fundamentos de la decisión".

c. derecho al respeto del principio de globalidad del acto administrativo

Artículo 89 de la Ley Orgánica de Procedimientos Administrativos: "El órgano administrativo deberá resolver todos los asuntos que se sometan a su consideración dentro del ámbito de su competencia o que surjan con motivo de recurso aunque no hayan sido alegados por los interesados".

d. derecho a la presunción de inocencia

e. derecho a la información sobre los recursos

Artículo 191 del Código Orgánico Tributario: "La resolución deberá contener los siguientes requisitos:
9. Recursos que correspondan contra la resolución".

f. derecho al ejercicio efectivo de vías de impugnación

Artículo 193 del Código Orgánico Tributario: "El afectado podrá interponer contra la resolución culminatoria del Sumario, los recursos administrativos y judiciales que este Código establece".

g. derecho a la no ejecución del acto administrativo antes de su firmeza definitiva

El derecho de acceso a la justicia, tal como está consagrado en el artículo 26 de la Constitución, en concatenación con su consagración en el artículo 8.1 de la Convención Americana sobre Derechos Humanos o Pacto de San José de Costa Rica, presupone que el acceso a la justicia es a los fines de la determinación de la obligación, en estos casos tributaria, por lo que mal se podría válidamente en derecho pasar a la ejecución del reclamo fiscal, antes de que éste haya quedado definitivamente firme, por no haber sido impugnado o por haber sido indiscutible y terminantemente ratificado por acto administrativo o judicial, tras su impugnación. Es por eso que el mismo artículo 263 del Código Orgánico Tributario, que pretende eliminar el efecto suspensivo automático de la interposición del recurso judicial, prevé que la ejecución se detenga antes del remate, mientras el acto recurrido adquiere firmeza.

Obviamente opera igual en la materia sancionatoria, dado el comentado rigor del principio de presunción de inocencia.

h. derecho a la invalidación de pleno derecho del Acta de Reparo en caso de falta de notificación de la resolución Culminatoria del sumario administrativo en el lapso anual o bianual, según los casos

> *Artículo 192 del Código Orgánico Tributario: "La Administración Tributaria dispondrá de un plazo máximo de un (1) año contado a partir del vencimiento del lapso para presentar el escrito de descargos, para dictar la resolución culminatoria de sumario.*
> *Si la Administración Tributaria no notifica válidamente la resolución dentro del lapso previsto para decidir, quedará concluido el Sumario y el Acta invalidada y sin efecto legal alguno.*
> *Parágrafo Tercero: El plazo al que se refiere el encabezamiento de este artículo será de dos (2) años en los casos de fiscalizaciones en materia de precios de transferencia".*

VI. CONCLUSIÓN

En la búsqueda del respeto efectivo del Estado de Derecho, es menester que el poder público, por órgano de la Administración Tributaria Nacional, que por lo demás fue el proyectista del Código Orgánico Tributario de 2001, de el ejemplo a seguir a las demás administraciones públicas, tributarias o no, en cuanto concierna a la revalorización de la persona humana, mediante el aseguramiento, dentro del procedimiento administrativo, aquí de fiscalización, del goce efectivo de sus derechos como contribuyente, quien de lo contrario habrá de acudir a la jurisdicción, incluso de amparo, para que sea el juez quien le devuelva al contribuyente, como justiciable, el disfrute de su dignidad como persona humana.

1.7
Los Jueces Tributarios y el Control de Constitucionalidad

I

La Constitución en su artículo 334 consagra el control difuso, subjetivo o indirecto de la constitucionalidad (tradicionalmente contenido en el artículo 20 del Código de Procedimiento Civil), el disponer que:

> *"Todos los jueces o juezas de la República, en el ámbito de sus competencias y conforme a lo previsto en esta Constitución y en la ley, están en la obligación de asegurar la integridad de la Constitución.*
> *En caso de incompatibilidad entre esta Constitución y una ley u otra norma jurídica, se aplicarán las disposiciones constitucionales, correspondiendo a los tribunales en cualquier causa, aún de oficio, decidir lo conducente".*

Empero, tratándose de los jueces tributarios, parecemos asistir a una de las normas jurídicas mas olvidadas o ignoradas de nuestro derecho, junto a la establecedora del principio de supremacía de la Constitución (artículo 7), la de la sujeción del Poder Público a la Constitución (artículo 137) y la de la nulidad de los actos del Poder Público que violen los derechos humanos (artículo 25), con lo cual se pierde el norte de la idea de Estado de Derecho y de Justicia (artículo 2).

Rara vez los jueces tributarios hacen respetar la supremacía constitucional, como cuando el Juzgado Superior Séptimo de lo Contencioso Tributario, hace un tiempo, en sentencia lastimosamente aislada del caso Agropecuaria El Cafeto, C.A. contra reparo del Municipio Maracaibo del Estado Zulia, del 28 de marzo de 2003 (expediente Nro. 2018), de manera valerosa y justiciera desaplicó el artículos 263 del Código Orgánico Tributario de 2001, que pretende eliminar la medida cautelar "ope legis" de suspensión ("automática") de los efectos del acto administrativo impugnado, por la sola interposición del recurso, por entenderlo contrario a los artículos 26 de la Constitución y 8, punto 1 de la Convención Americana sobre Derechos Humanos (Pacto de San José de Costa Rica), en cuanto al derecho de acceso libre e irrestricto a la justicia:

> *"En conclusión, este juzgador estima procedente la desaplicación por control difuso de la constitucionalidad de la ley, en el presente caso, de la disposición contenida en el artículo 263 del Código Orgánico Tributario por imperio de lo establecido en el segundo aparte del artículo 334 de la Constitución de la República Bolivariana de Venezuela, en concordancia con el artículo 20 del Código de Procedimiento Civil, toda vez que el citado artículo al permitir la ejecución anticipada del acto recurrido, es decir el cobro del tributo cuya existencia, validez, legalidad y veracidad aún es objeto de discusión en sede judicial, condiciona el acceso a la justicia, por cuanto conlleva a exigir a los particulares el pago de los montos recurridos o la constitución de cauciones que resultan excesivamente gravosas, las cuales no admitirán otra interpretación sino aquella que actúa como desestímulo al ejercicio pleno del derecho a la defensa y a la tutela judicial efectiva de los particulares.*
> *Asimismo, mientras el acto administrativo no esté definitivamente firme, por ausencia de impugnación o por falta del control judicial de legalidad o veracidad, su ejecución anticipada, vulnera principalmente normas internacionales en materia de derechos humanos, como ya quedó establecido, y, adicionalmente, violenta principios y garantías constitucionales tales como el derecho a la defensa y la presunción de inocencia y buena fe previsto en los numerales 1 y 2 del artículo 49 de la carta magna; y aunado a lo anterior, lesiona el equilibrio y la relación de igualdad entre las partes que consagra el artículo 21 y conculca la tutela judicial efectiva y el libre acceso no condicionado a la justicia previsto en los artículos 26 y 257 de la carta magna. Así se decide"* (Consultada en original).

Así, con ocasión de la interposición de diversos Recursos Contenciosos Tributarios, en cuyos libelos se ha pedido que, en forma liminar, se desaplique el Código Orgánico Tributario de 2001, por vía de control difuso de la constitucionalidad de la ley, y que el proceso en consecuencia sea sustanciado conforme al Código Orgánico Tributario de 1994, dada su imposible entrada en vigencia, por vicios en la promulgación, dado que el Presidente de la Republica no se encontraba en el país el 17 de octubre de 2001, fecha que se indica como de la supuesta promulgación en Miraflores, los Juzgados Superiores de lo Contencioso Tributario a los cuales han sido distribuidos dichos recursos, en su mayoría, se han limitado a sustanciar los procesos siguiendo la regulación del Código Orgánico Tributario de 2001, ignorando la indicada petición liminar urgente, con clara lesión del derecho de petición y obtención de oportuna y adecuada respuesta, del derecho a la tutela judicial efectiva, del principio de supremacía constitucional y del Estado de Justicia. Ninguno ha sido objeto de la sentencia definitiva.

Únicamente en cuatro de ellos ha habido pronunciamiento liminar al respecto, generándose las mas inimaginables y variadas situaciones judiciales que se comentarán a continuación, con la intención de que sean objeto de reflexión por los abogados, los académicos, los jueces y los magistrados, y juristas en general, en pro de la mejoría de nuestro sistema jurídico.

II

Veamos:

A) En el primer caso, tras el ejercicio del Recurso Contencioso Tributario contra un Oficio del Superintendente Municipal de Administración Tributaria, de la Alcaldía del Municipio Libertador del Distrito Capital, el Juzgado Superior Séptimo de lo Contencioso Tributario, por Auto de fecha 8 de enero de 2004 (expediente Nro. AF-47-U-2003-000006), estimó que el hecho alegado (el citado viaje del Presidente de la República) no era un hecho notorio y, en consecuencia, negó la solicitud de pronunciamiento liminar, tendente a la ejecución del control difuso de la constitucionalidad, mediando la desaplicación del denunciado Código, al caso concreto.

Reza tal Auto:

> *"... del examen de las Actas procesales se observa que la representación judicial del sujeto pasivo de la presente relación Jurídico Tributaria, solicita la desaplicación del Código Orgánico Tributario de 2001, por ser éste inconstitucional ya que según los alegatos hechos la promulgación de dicho Código, se realizó estando el Presidente fuera del país, en este sentido este Tribunal no considera como un hecho notorio lo alegado por dicha representación y en consecuencia niega dicha solicitud"* (Consultado en original).

El Auto en cuestión fue apelado con base, ante todo, en el desconocimiento, por parte del tribunal, de la Sentencia Nº 98 del 15 de marzo de 2000, con ponencia del Magistrado Jesús Eduardo Cabrera Romero, caso Coronel (G.N.) Oscar Silva Hernández, del Tribunal Supremo de Justicia, en Sala Constitucional (http://www.tsj.gov.ve/decisiones/scon/Marzo/98-150300-0146.htm), acerca de lo que se debe entender por "hecho notorio comunicacional", incluso en lo que concierne ilustrativamente con los viajes del Presidente de la República, por carecer de correcta fundamentación, pues erróneamente indica sin más que el hecho denunciado no sería un hecho perfectamente notorio, como comunicacional, para la comunidad residente en nuestro país. Además, se evidencia el falso supuesto presente, al exigirse actividad probatoria dispendiosa, en contra del derecho de acceso a la justicia, sin formalismos inútiles, como lo consagra el artículo 26 de la Constitución.

Expresa la indicada sentencia:

> *"Esta Sala para decidir observa:*
>
> *En el derecho medieval existía el principio "notoria non egent probatione", que exoneraba de prueba al hecho notorio. La conceptualización de qué debe entenderse por dicho hecho, ha sido discutida por diferentes autores, siendo la definición del tratadista italiano Piero Calamandrei, en su obra Definición del Hecho Notorio (Estudios Sobre El Proceso Civil. Editorial Bibliográfica Argentina 1945), tal vez la de mayor aceptación. El maestro Calamandrei lo definía así: "se consideran notorios aquellos hechos del conocimiento de los cuales forma parte de la cultura normal propia de un determinado círculo social en el tiempo en que se produce la decisión". El principio de que lo notorio no requiere prueba fue acogido en el artículo 506 del Código de Procedimiento Civil, así como por el artículo 215 del Código Orgánico Procesal Penal, por lo que se trata de un principio que informa al proceso en general.*
>
> *La necesidad que el hecho notorio formara parte de la cultura de un grupo social, se hacía impretermitible en épocas donde la transmisión del conocimiento sobre los hechos tenía una difusión lenta, sin uniformidad con respecto a la sociedad que los recibía, y tal requisito sigue vigente con relación a los hechos pasados o a los hechos que pierden vigencia para la colectividad, a pesar que en un momento determinado eran conocidos como trascendentales por la mayoría de la población. Dichos hechos no se podrán proyectar hacia el futuro, para adquirir allí relevancia probatoria, si no se incorporan a la cultura y por ello la Casación Civil de la extinta Corte Suprema de Justicia en fallo de 21 de julio de 1993, acotó que la sola publicación por algún medio de comunicación social, sin la certeza de que el hecho fuere "conocido y sabido por el común de la gente en una época determinada", no convertía al hecho en notorio, concepto que comparte esta Sala, ya que la noticia aislada no se incorpora a la cultura.*
>
> *Ceñidos a la definición de Calamandrei, puede decirse que la concepción clásica del hecho notorio, requiere, por la necesidad de la incorporación del hecho a la cultura, que el, por su importancia, se integre a la memoria colectiva, con lo que adquiere connotación de referencia en el hablar cotidiano, o forma parte de los refranes, o de los ejemplos o recuerdos, de lo que se conversa en un círculo*

social. Por ello son hechos notorios sucesos como el desastre de Tacoa, la caída de un sector del puente sobre el lago de Maracaibo, los eventos de octubre de 1945, la segunda guerra mundial, etc.

Pero el mundo actual, con el auge de la comunicación escrita mediante periódicos, o por vías audiovisuales, ha generado la presencia de otro hecho, cual es el hecho publicitado, el cual en principio no se puede afirmar si es cierto o no, pero que adquiere difusión pública uniforme por los medios de comunicación social, por lo que muy bien podría llamársele el hecho comunicacional y puede tenerse como una categoría entre los hechos notorios, ya que forma parte de la cultura de un grupo o círculo social en una época o momento determinado, después del cual pierde trascendencia y su recuerdo solo se guarda en bibliotecas o instituciones parecidas, pero que para la fecha del fallo formaba parte del saber mayoritario de un círculo o grupo social, o a el podía accederse.

Así, los medios de comunicación social escritos, radiales o audiovisuales, publicitan un hecho como cierto, como sucedido, y esa situación de certeza se consolida cuando el hecho no es desmentido a pesar que ocupa un espacio reiterado en los medios de comunicación social.

***De esta manera, el colectivo se entera** de conflictos armados, **de los viajes del Presidente de la República**, de los nombramientos que hace el Congreso, de la existencia de crímenes y otros delitos, de la existencia de juicios, etc.*

Estas noticias publicitadas por los medios (por varios) de manera uniforme, podrían ser falsas, pero mientras no se desmientan y se repitan como ciertas, para el que se entera de ellas son hechos verdaderos sucedidos, así su recuerdo no se haya dilatado en el tiempo.

Se trata de un efecto de la comunicación masiva, que en forma transitoria y puntual hace del conocimiento general un hecho que durante cierto espacio de tiempo, a veces breve, permite a los componentes de la sociedad referirse a él y comentar el suceso, o tomar conciencia de un mensaje, como sucede con la propaganda o publicidad masiva.

Que un identificado grupo de béisbol es el campeón de Venezuela, es un hecho que se presenta como cierto por la comunicación social, y que se consolida como tal, cuando la mayoría de los medios siguen reseñando las andanzas y compromisos de ese equipo.

***De un hecho comunicacional de este tipo, no puede escapar un juez que en la vida actual, incluso como parte de los hechos que debe adquirir para engrosar su conocimiento sobre su entorno social, lee periódicos, oye radio o ve televisión**. Es esta difusión comunicacional una de las fuentes de la "sensación o escándalo público" que toma en cuenta el artículo 59 del Código Orgánico Procesal Penal, como presupuesto de la radicación.*

Pensar que este hecho del cual toma conciencia no sólo el juez, sino un gran sector del colectivo, es de igual entidad que los otros hechos litigiosos, es una irrealidad. *Tan irreal es, que la doctrina enseña que es un requisito de validez del reconocimiento de individuos en rueda de personas, el que las fotografías de los posibles reconocidos no deben haber recibido publicidad previa al acto de reconocimiento.*

El hecho publicitado o comunicacional no es un hecho notorio en el sentido clásico, ya que puede no incorporarse como permanente a la cultura del grupo social, sin embargo su publicidad lo hace conocido como cierto en un momento dado por un gran sector del conglomerado, incluyendo al juez*; y desde este ángulo se puede afirmar que forma parte durante épocas, de la cultura, así luego desaparezca, ya que su importancia o transcendencia era relativa, tenía importancia solo en un espacio y tiempo limitado y a veces breve.*

Este concepto moderno del hecho notorio diverge del hecho público. Este último parte de diversos criterios conceptuales. Unos consideran que atiende a una ficción legal de conocimiento, desligado de una difusión suficiente. Un ejemplo es el hecho que goza de los efectos del registro público, o de la publicación en periódicos oficiales; otra vertiente para conceptualizarlo, lo señala como el que tiene lugar en sitios públicos, criterio también ajeno a su difusión; y una última es, que el hecho público es aquel que surge de actos del poder público.

El hecho comunicacional, fuente de este tipo particular de hecho notorio que se ha delineado, es tan utilizable por el juez como el hecho cuyo saber adquiere por su oficio en el ejercicio de sus funciones, y no privadamente como particular, lo que constituye la notoriedad judicial y que está referido a lo que sucede en el tribunal a su cargo*, como existencia y manejo de la tablilla que anuncia el despacho; o lo relativo al calendario judicial, a los cuales se refiere el juzgador sin que consten en autos copias de los mismos; notoriedad judicial que incluye el conocimiento por el juez de la existencia de otros juicios que cursan en su tribunal, así como el de los fallos dictados en ellos.*

¿Puede el juez fijar al hecho comunicacional, como un hecho probado, sin que conste en autos elementos que lo verifiquen? Si se interpreta estrictamente el artículo 12 del Código de Procedimiento Civil, el cual es un principio general, el juez sólo puede sentenciar en base a lo probado en autos, con excepción del hecho notorio. Tiene así vigencia el vetusto principio que lo que no está en el expediente no está en el mundo. Pero si observamos las sentencias, encontramos que ellas contienen un cúmulo de hechos que no están probados en autos, pero que son parte del conocimiento del juez como ente social, sin que puedan tildarse muchos de ellos ni siquiera como hechos notorios. Así, los jueces se refieren a fenómenos

naturales transitorios, a hechos que están patentes en las ciudades (existencia de calles, edificios, etc.), a sentencias de otros tribunales que se citan como jurisprudencia, a obras de derecho o de otras ciencias o artes, al escándalo público que genera un caso, a la hora de los actos, sin que existan en autos pruebas de ellos.
Si esto es posible con esos hechos, que casi se confunden con el saber privado del juez, con mucha mayor razón será posible que el sentenciador disponga como ciertos y los fije en autos, a los hechos comunicacionales que se publicitan hacia todo el colectivo y que en un momento dado se hacen notorios (así sea transitoriamente) para ese colectivo.
Esta realidad lleva a esta Sala a considerar que el hecho comunicacional, como un tipo de notoriedad, puede ser fijado como cierto por el juez sin necesidad que conste en autos, ya que la publicidad que él ha recibido permite, tanto al juez como a los miembros de la sociedad, conocer su existencia, lo que significa que el sentenciador realmente no está haciendo uso de su saber privado; y pudiendo los miembros del colectivo, tener en un momento determinado, igual conocimiento de la existencia del hecho, porque negar su uso procesal.
El hecho comunicacional puede ser acreditado por el juez o por las partes con los instrumentos contentivos de lo publicado, o por grabaciones o videos, por ejemplo, de las emisiones radiofónicas o de las audiovisuales, que demuestren la difusión del hecho, su uniformidad en los distintos medios y su consolidación; es decir, lo que constituye la noticia.
Pero el juez, conocedor de dicho hecho, también puede fijarlo en base a su saber personal, el cual, debido a la difusión, debe ser también conocido por el juez de la alzada, o puede tener acceso a él en caso que no lo conociera o dudase. ***Tal conocimiento debe darse por cierto, ya que solo personas totalmente desaprensivos en un grupo social hacia el cual se dirige el hecho, podrían ignorarlo; y un juez no puede ser de esta categoría de personas.***
Planteado así la realidad de tal hecho y sus efectos, concatenado con la justicia responsable y sin formalismos inútiles que el artículo 26 de la Constitución de la República Bolivariana de Venezuela contempla; aunado a que el proceso constituye un instrumento fundamental para la realización de la justicia, tal como lo establece el artículo 257 de la vigente Constitución, y que el Estado venezolano es de derecho y de justicia, como lo expresa el artículo 2 ejusdem, en aras a esa justicia expedita e idónea que señala el artículo 26 de la Constitución de la República Bolivariana de Venezuela, a pesar de que el hecho comunicacional y su incorporación a los autos de oficio por el juez, no está prevenido expresamente en la ley, ante su realidad y el tratamiento que se viene dando en los fallos a otros

hechos, incluso de menos difusión, ***esta Sala considera que para desarrollar un proceso justo, idóneo y sin formalismos inútiles, el sentenciador puede dar como ciertos los hechos comunicacionales con los caracteres que luego se indican, y por ello puede fijar como cierto, los hechos que de una manera uniforme fueron objeto de difusión por los medios de comunicación, considerándolos una categoría de hechos notorios, de corta duración.***

Los medios de comunicación se proyectan hacia una sociedad de masas, que recibe conocimientos por diversos medios: prensa, radio, audiovisuales, redes informáticas, que uniforman el saber colectivo sobre los hechos que se presentan como ciertamente acaecidos (eventos), donde las imágenes que se transmiten o se publican someten con su mensaje a la masa a la cual pertenece el juez y las partes. Siendo así, ***¿para qué exigir pruebas sobre esos hechos comunicados, si todos –así sean falsos– creen que al menos ocurrieran verazmente?*** *Con aceptar que el juez como parte de ese conocimiento colectivo, así este sea transitorio y temporal, fije en un fallo un hecho, no se ocasiona para nadie ningún daño, porque si el juez inventare el hecho, la alzada y hasta la casación, al no conocerlo, lo eliminarían del mundo de los hechos ciertos, necesarios para poder sentenciar, y para ello bastaría la consciencia del sentenciador de la alzada de no conocer el hecho como cierto, ni poder tomar cuenta de él por no saber dónde buscarlo.*

El ejercicio del periodismo se hace efectivo mediante la comunicación de la noticia, que informa sobre el suceso nacional o internacional que se considera debe conocer el público. El área de la noticia es extensa: eventos naturales, humanos, sociales, culturales, judiciales, etc., son reseñados y trasmitidos al colectivo. En los medios de comunicación, la noticia destaca ya que es uno de los fines primordiales del medio, y el periodismo se ejerce de esta manera, siendo el informante, el periódico o el noticiero; es decir, la empresa de comunicaciones.

La noticia, entendida como suceso reseñado, contrasta con otros contenidos de los medios, tales como artículos de opinión, entrevistas, remitidos, propaganda comercial, comunicaciones públicas, y avisos o llamados que ordena la ley se hagan mediante la prensa impresa y que muy bien pudieran ser parte de la comunicación radial o audiovisual, aunque la ley no los contemple.

Del contenido de los medios de comunicación masivos, hay una serie de hechos cuya captación es limitada, no sólo por la forma como se expresan, sino porque no son destacados por todos o por la mayor parte de los medios de una localidad. Estos contenidos a pesar de ser difundidos, no tienen la característica de ingresar a la cultura del grupo así sea en forma temporal. Mientras que hay otros, que por estar extensamente difundidos y presentados de manera tal que son de fácil aprehensión por cualquiera, pasan de inmedia-

to, aunque puntual y transitoriamente, a ser parte del conocimiento del grupo, destacándose entre ellos aquellos que aparecen como información comunicacional veraz, y no como opiniones, testimonios, anuncios, cuya autoría y veracidad no consta. De este residuo se tiene certeza de que fueron difundidos, más no de su veracidad; pero el hecho del cual se hace responsable el medio de comunicación y que varios medios lo presentan como sucedido efectivamente, resulta captado por el colectivo como un hecho veraz.

El hecho comunicacional es preferentemente la noticia de sucesos, pero de él pueden formar parte, como realidades, la publicidad masiva.

***Si las publicaciones que la ley ordene se hagan por la prensa, como carteles de citación, edictos, balances, etc., producen efectos jurídicos y se tienen por conocidos por todos, no hay razón para considerar que el resto de lo que se comunica como noticia importante no goce del conocimiento común**, aunque hay que distinguir del material publicitado de aquel que la ley ordena se publique y que por mandato legal se hace, para que la ficción de conocimiento abarque al colectivo, del resto de lo informado. De ese resto, existe la información de sucesos que es el meollo de la noticia, y que debe separarse del resto del contenido de lo difundido, como la publicidad, artículos de opinión, etc., que forman un sector del periodismo o de la comunicación diferente a la información de eventos, los cuales –como tales– deben interesar a la colectividad y le dan a la función periodística (en cualquiera de sus expresiones) el carácter de servicio público. Ello no quiere decir que la publicidad comercial, no llegue a surtir los mismos efectos que el nuevo difundido en cuanto a su conocimiento, ni que las ruedas de prensa reseñadas por diversos medios, no adquieran la dimensión de suceso de actualidad; pero en lo comunicado por los medios masivos, hay que distinguir aquellos que forman la noticia y que llaman la atención por su forma de presentarlos o exponerlos, de aquellos que no conforman el meollo del mensaje, como avisos, carteles, etc., que no son destacados por el medio de comunicación social y que no son del interés colectivo como eventos ocurridos.*

Desde este ángulo, las informaciones sobre sucesos y eventos que en forma unánime y en el mismo sentido hacen los medios de comunicación social de alta circulación o captación, son aprehendidos por toda la colectividad, que así sabe, por ejemplo, que se interrumpió una vía, se produjo un accidente aéreo, se dictó una decisión judicial en un caso publicitado, etc. Esta noticia tiene mucho mayor impacto que el cartel de citación, o la información que legalmente debe publicarse, que con su difusión por la prensa adquiere la ficción de ser conocida por la colectividad, sin tener el poder de captación que tiene la noticia destacada del suceso, a veces potenciada con gráficas, letras de mayor tamaño y otros elementos para su aprehensión visual (o conozca, según los casos), faltando además en los hechos puntuales (carteles, etc.), la mayoría de las veces, la publicación coetánea por varios medios.

Por la vía de la información periodística, el colectivo adquiere conocimiento, al menos en lo esencial, de determinados hechos y al todo el mundo conocer el hecho o tener acceso a tal conocimiento, no se hace necesario con respecto al proceso, mantener la prohibición del artículo 12 del Código de Procedimiento Civil, principio general del derecho (que no se puede sentenciar sino de acuerdo a lo probado en autos). Tal principio persigue que el juez no haga uso de su saber personal sobre el caso, ya que de hacerlo surgiría una incompatibilidad psicológica entre la función de juez y la de testigo, tal como lo decía el Maestro Calamandrei en la página 195 de la obra antes citada; además de coartarle a las partes el control de la prueba, ya que ellas no podrán ejercer el principio de control de hechos que solo conoce el juez y los vierte al proceso, minimizando así el derecho de defensa que consagra el artículo 49 de la vigente Constitución.

Pero con los hechos publicitados la situación es distinta, todos conocen o pueden conocer de ellos lo mismo, y mal puede hablarse que se trata de un conocimiento personal del juez incontrolable para las partes. Es por ello que la prohibición del artículo 12 Código de Procedimiento Civil, con su sentido protector de las partes, no opera ante este tipo de hecho, producto de los tiempos actuales y del desarrollo de la comunicación.

Es cierto que el hecho comunicacional, como cualquier otro hecho, puede ser falso, pero dicho hecho tiene características que lo individualizan y crean una sensación de veracidad que debe ser tomada en cuenta por el sentenciador. Esos caracteres confluyentes son: 1) Se trata de un hecho, no de una opinión o un testimonio, si no de un evento reseñado por el medio como noticia; 2) Su difusión es simultánea por varios medios de comunicación social escritos, audiovisuales, o radiales, lo cual puede venir acompañado de imágenes; 3) Es necesario que el hecho no resulte sujeto a rectificaciones, a dudas sobre su existencia, a presunciones sobre la falsedad del mismo, que surjan de los mismos medios que lo comunican, o de otros y, es lo que esta Sala ha llamado antes la consolidación del hecho, lo cual ocurre en un tiempo prudencialmente calculado por el juez, a raíz de su comunicación; y 4) Que los hechos sean contemporáneos para la fecha del juicio o de la sentencia que los tomará en cuenta.

El que el hecho sea falso, como ya se dijo, es una posibilidad mínima, pero que siempre puede ser opuesto y constatado en la misma instancia, si es la parte quien pretende valerse de él, o en la alzada si proviene del juez; y hasta puede ser confrontado dentro del recurso de Casación, mediante el artículo 312 del Código de Procedimiento Civil.

> *Resulta un despilfarro probatorio y un ritualismo excesivo, contrario a las previsiones de una justicia idónea, responsable, sin dilaciones indebidas y sin formalismos, que consagra el artículo 26 de la vigente Constitución, que se deba probar formalmente en un juicio, por ejemplo, que la Línea Aeropostal Venezolana es una línea aérea; que fulano es el Gobernador de un Estad; o que existen bebidas gaseosas ligeras, o que el equipo Magallanes es un equipo de béisbol; o que José Luis Rodríguez es un cantante; o Rudy Rodríguez una actriz; o que una persona fue asesinada, y que su presunto victimario resultó absuelto; se trata de conocimientos de igual entidad que el difundido por la prensa en el sentido que un día y hora determinado hubo una gran congestión de transito en una avenida, o se cayó un puente en ella, etc.*
>
> *En este tipo de hecho, que no proviene de publicaciones o medios que merecen autenticidad, como lo serían las pruebas documentales, cuyas tarifas legales de valoración están establecidas en los artículos 1359, 1360 y 1363 del Código Civil, y que tampoco se encuentran incorporados en forma estable a la memoria colectiva, no existe presunción alguna de veracidad y por ello queda a criterio del Juez valorarlos exigiendo o no la prueba, si las partes son quienes los alegan, lo que puede ocurrir en cualquier estado o grado del proceso, ya que el hecho puede tener lugar en cualquier tiempo.*
>
> ***No existe en las leyes procesales una oportunidad para que las partes consulten a los jueces sobre su conocimiento del hecho notorio clásico, o del notorio comunicacional, lo que carga a las partes, sobre todo con respecto a estos últimos, a probarlos mediante las publicaciones o copias de los audiovisuales, si es que dudan que el juez no los conozca.** A tenor del artículo 432 del Código de Procedimiento Civil los actos que la ley ordena se publique en periódicos son considerados fidedignos, lo que involucra que el periódico que los contiene también los son, salvo prueba en contrario. Ahora bien, si el ejemplar de la prensa se reputa, sin más, que emana del editor en esos casos, y que dicho ejemplar representa la edición de ese día, igual valor probatorio debe tener el periódico como tal en lo que al resto de su contenido expresa.*
>
> *Pero para el juez, conocedor del hecho, de oficio puede acogerlo y fijarlo en el fallo, siempre que reúna las condiciones que permiten al hecho comunicacional considerarse notorio".* (Negrillas y subrayados del autor).

En otro orden de ideas, el Auto apelado, siendo coherente con su pensamiento errado de que no se estaba en presencia de un hecho notorio, debió entonces, so pena de lesionar el derecho al debido proceso, el derecho a la tutela judicial efectiva y el derecho a la defensa de la recurrente, y para no incurrir en el vicio de absolver la instancia, toda vez que estimó necesaria cierta actividad probatoria, proceder con la apertura de una articulación probatoria, para traer a los autos una compilación de información fechada de los referidos viajes del ciudadano Presidente de la República, al momento en que se suponía que estaría despachando desde la sede del Poder Ejecutivo Nacional, sesionando en Consejo de Ministros, sobre la jamás ocurrida promulgación del Código Orgánico Tributario de 2001.

De este modo, se solicitó de la Sala Político-Administrativa del Tribunal Supremo de Justicia, que revocara ese Auto, ordenándose la desaplicación del Código Orgánico Tributario de 2001, al caso concreto, en ejercicio del control difuso de constitucionalidad.

Empero, sorpresivamente, la Sala Político-Administrativa del Tribunal Supremo de Justicia, con ponencia del Magistrado Levis Ignacio Zerpa (Expediente N° 2004-0357), dictó la sentencia Nro. 02589 del 8 de diciembre de 2004, caso Seguros Mercantil, C.A. (http://www.tsj.gov.ve/decisiones/spa/Diciembre/02589-081204-2004-0357.htm), que declaró sin lugar la apelación, sin pronunciarse siquiera someramente sobre el tema del hecho notorio, que fue precisamente el objeto de la apelación.

En cambio, la discutible sentencia parte de la cuestionable idea de que el control difuso de la constitucionalidad solamente es ejercitable cuando la inconstitucionalidad denunciada afecta el contenido normativo del texto de ley, y nunca si ella alude al proceso legislativo, para lo cual, supuestamente, estaría reservado el control concentrado de la constitucionalidad.

Expresa la sentencia en comentario que:

> *"Vistos los términos en que fue dictado el auto objeto de la presente apelación, así como los argumentos esgrimidos en su contra por los representantes de la sociedad mercantil contribuyente, observa la Sala que la presente controversia queda circunscrita a decidir respecto de la solicitud previa de desaplicación del Código Orgánico Tributario de 2001, al juicio contencioso tributario incoado por la contribuyente de autos.*
>
> *Así las cosas, pudo observar esta Sala que tal pedimento de desaplicación del Código Orgánico Tributario de 2001 al caso de autos, fue formulado por la contribuyente como punto previo en su escrito del recurso contencioso tributario, siendo posteriormente ratificado mediante escrito presentado el 26 de noviembre de 2003; asimismo, para proveer sobre tal solicitud, el Tribunal a quo se pronunció por auto separado del 08 enero de 2004.*
>
> *En igual sentido, pudo advertir esta alzada que la sociedad mercantil contribuyente al fundamentar su solicitud de desaplicación del aludido Código Orgánico Tributario de 2001, debido a que la promulgación de éste resultaba, a su decir, materialmente imposible en atención a la ausencia en el país del ciudadano Presidente de la República en el lugar y la fecha indicadas en la Gaceta Oficial, consideró que*

dicho instrumento normativo no estaba válidamente promulgado, por lo que no podría estar vigente "no siendo más que una Ley sancionada por la Asamblea Nacional, estando vigente el Código Orgánico Tributario de 1994". En efecto, entiende la Sala que con tal solicitud la contribuyente lo que pretende es la aplicación a la controversia de fondo de las disposiciones contenidas en el Código de 1994.

Ahora bien, vista y analizada como fue la referida solicitud de desaplicación del Código Orgánico Tributario de 2001 al caso de autos, de conformidad con lo previsto en los artículos 334 de la Constitución de la República Bolivariana de Venezuela y 20 del Código de Procedimiento Civil, observa la Sala que los fundamentos de la misma se circunscribieron tal como se indicó precedentemente, a invocar la inconstitucionalidad del proceso legislativo conforme al cual fue dictado el citado instrumento normativo, toda vez que éste supuestamente fue incumplido en sus etapas finales, vale decir, en las relativas a su promulgación y consiguiente publicación en Gaceta Oficial, visto que, según indica el representante judicial de la contribuyente, para la fecha en que el Presidente de la República le dio el "Cúmplase" y se publicó el texto del mismo en la Gaceta Oficial, el Alto Mandatario Nacional no se encontraba en el país, siendo tal hecho público, notorio y no sujeto a pruebas ante el juzgador de instancia.

Ahora bien, nuestro sistema de control jurisdiccional de la constitucionalidad y legalidad, está orientado para preservar la supremacía y estricta observancia de las disposiciones constitucionales respecto de las legales que pudieran amenazar el texto constitucional; en tal sentido, conforme a dicho mecanismo de control, todos los jueces de la República, cualquiera sea su competencia, están investidos, en el ámbito de sus funciones, del deber de velar por la integridad de nuestra Carta Magna. Así, dicho sistema de control, puede ser ejercido de dos maneras a tenor de lo previsto en el artículo 334 de la Constitución de la República Bolivariana de Venezuela, bien a través del denominado control concentrado o por medio del llamado control difuso, este último también previsto en el artículo 20 del Código de Procedimiento Civil; disposiciones normativas éstas que resultan del siguiente tenor:

> ***"Artículo 334**: Todos los jueces o juezas de la República, en el ámbito de sus competencias y conforme a lo previsto en esta Constitución y en la ley, están en la obligación de asegurar la integridad de esta Constitución.*
>
> ***En caso de incompatibilidad entre esta Constitución y una ley u otra norma jurídica, se aplicarán las disposiciones constitucionales, correspondiendo a los tribunales en cualquier causa, aún de oficio, decidir lo conducente.***
>
> ***Corresponde exclusivamente a la Sala Constitucional del Tribunal Supremo de Justicia como jurisdicción constitucional, declarar la nulidad de las leyes y demás actos de***

los órganos que ejercen el Poder Público dictados en ejecución directa e inmediata de la Constitución o que tengan rango de ley, cuando colidan con aquella. *" (Destacado de la Sala).*

"Artículo 20.- *Cuando la ley vigente, cuya aplicación se pida, colidiere con alguna disposición constitucional, los jueces aplicaran ésta con preferencia."*

El denominado control difuso, radica en la posibilidad que tiene todo juez de causa en los asuntos sometidos a su consideración, de señalar que una norma jurídica de cualquier categoría, bien legal o sub legal, es incompatible con el texto constitucional, procediendo dicho juzgador, bien de oficio o a instancia de parte, a desaplicar y dejar sin efecto legal la señalada norma en el caso concreto, tutelando así la disposición constitucional que resultaba vulnerada. De igual forma, debe destacarse que esta desaplicación ocurre respecto a la causa en particular o caso concreto que esté conociendo el sentenciador, mas no así con efectos generales, por cuanto ello entrañaría otro tipo de pronunciamiento que escaparía del ámbito competencial de dicho juzgador.

Por el contrario, el control concentrado o control por vía de acción ejercido a través de la máxima jurisdicción constitucional (conformada por Sala Constitucional, en algunos casos por la Sala Político Administrativa del Tribunal Supremo de Justicia y por los demás Tribunales de la Jurisdicción Contencioso Administrativa), supone la declaratoria de inconstitucionalidad de una ley o disposición de rango sub legal, vista su colisión con el texto fundamental, con efectos generales, es decir, erga omnes, distinta de la situación que se configura al desaplicar una normativa en una controversia determinada a través del control difuso, caso en el cual, como se señaló supra, la norma sólo deja de tener aplicación para el caso en concreto por colidir con la Constitución.

Ahora bien, circunscribiéndonos al caso de autos, observa este Supremo Tribunal que del análisis de los términos en que fue propuesta la mencionada solicitud de desaplicación, se desprende que el pronunciamiento que pretende obtener la contribuyente del a quo, supone de éste un análisis del proceso legislativo de formación de las leyes, a la luz de las previsiones constitucionales que regulan dicho proceso de formación y que escapa del conocimiento del juez vía control difuso, y que obedece a un pronunciamiento propio del que se verifica mediante el ejercicio de un recurso de nulidad por inconstitucionalidad, respecto del cual carece de competencia el mencionado Tribunal Superior Séptimo de lo Contencioso Tributario. En efecto, en el caso de autos la presunta lesión constitucional denunciada por el apoderado de la contribuyente, no encuentra fundamento en una violación o trasgresión de las normas sustantivas contenidas en el mencionado instrumento regulador respecto de los

preceptos constitucionales, sino en cuanto a lo referente al señalado incumplimiento del proceso legislativo de formación del mismo.
Derivado de lo anterior, estima esta Sala que el pedimento previo de desaplicación del Código Orgánico Tributario de 2001, formulado por el apoderado de la contribuyente, no era susceptible de ser decidido mediante la vía del control difuso, sino mediante el ejercicio de un recurso autónomo de nulidad por inconstitucionalidad en el que se determinase, tal como lo denuncia la contribuyente, si la ausencia en el país del ciudadano Presidente de la República constituía o no un hecho notorio, público y comunicacional, y que como derivado de tal ausencia, no pudo verificarse materialmente el procedimiento de formación de las leyes previsto en el texto constitucional. Por tales motivos, esta alzada debe ratificar la decisión dictada el 08 de enero de 2004, por el Tribunal Superior Séptimo de lo Contencioso Tributario de la Circunscripción Judicial del Área Metropolitana de Caracas y concluir en la improcedencia de la mencionada solicitud de desaplicación al caso de autos del Código Orgánico Tributario de 2001. ***Así se decide"*** (negrillas del fallo y subrayados del autor).

Falsamente asevera esta sentencia que está ratificando al Auto apelado, pues mal puede ser ratificado (reiterado, reproducido o confirmado) un pronunciamiento que declara no ser un hecho notorio la ausencia del Jefe de Estado del territorio nacional, con una decisión que nada dice al respecto, pero que pretende restar alcance al control difuso de la constitucionalidad de la ley, en desmedro del principio de supremacía de la Constitución, del derecho a la tutela judicial efectiva, del derecho al debido proceso y del Estado de Derecho y de Justicia.

Nadie puede ser obligado a ejercer una acción de inconstitucionalidad ante la Sala Constitucional del Tribunal Supremo de Justicia, si cuenta con la posibilidad de invocar la cuestión de constitucionalidad en la causa de su caso concreto, ante el tribunal de instancia. Los jueces han de velar por la preferente aplicación de la Constitución, tanto en lo que respecta a las normas de fondo, como en cuanto concierne a las normas de procedimiento o de forma (la inconstitucionalidad puede ser material o formal).

Una Ley dictada por la Asamblea Nacional, cumpliendo el proceso legislativo puede ser inconstitucional, por violar un principio de fondo como la prohibición de la confiscación. Igualmente, una "Ley" perfectamente compatible con los principios constitucionales de fondo, puede ser inconstitucional por emanar del Poder Ciudadano. En ambos casos la Constitución concibe dos controles de constitucionalidad, concentrado (objetivo, abstracto y directo) o difuso (subjetivo, concreto e indirecto), a ser requeridos a instancia del interesado, según le convenga, teniendo efectos "erga omnes" el primero, e "interpartes" el segundo.

Cabe entonces preguntarse si la Sala Político-Administrativa del Tribunal Supremo de Justicia pretende que si el Presidente de la Republica dicta un supuesto decreto con rango y fuerza de ley, sin previa ley habilitante al efecto, el afectado tendría que verse aplicar semejante antijuridicidad, sin poder defenderse por medio del control difuso, so pretexto de sólo poder atacarlo por vía de control concentrado, por adolecer de un vicio formal??? El juez de instancia, por otra parte, a pesar de saber de la inexistencia de ley habilitante y de estar obligado a asegurar la supremacía constitucional, tendría que aplicar el tal supuesto decreto con rango o fuerza de ley, a pesar del principio "iura novit curia"???

Cómo puede la Sala Político-Administrativa del Tribunal Supremo de Justicia, en un Estado de Derecho y de Justicia, pretender que los jueces, no obstante serles patente el menoscabo del proceso legislativo por parte del Legislador o del Ejecutivo, y a pesar del principio de supremacía de la Constitución, que la hace obligatoria a todo órgano público, se hagan de la vista gorda y apliquen la supuesta ley, so pretexto de que la única forma de corregir el tema, es mediante el control concentrado??? Con este criterio cualquier ente público podría dictar pretendidas leyes, sin cumplir los procedimientos institucionales, sin que los jueces pudieren hacer nada mas que ejecutarlas, en la espera de que alguien ejerza la acción de inconstitucionalidad y sus resultas.

Lo cierto es que frente a esta sentencia, no quedó otra alternativa que pedir su revisión extraordinaria a la Sala Constitucional del Tribunal Supremo de Justicia, como última esperanza de consecución de justicia.

De tal forma que el Juzgado Superior Séptimo de lo Contencioso Tributario tenía competencia para conocer de la solicitud de desaplicación por vía de control difuso, de la integralidad del viciado en su promulgación Código Orgánico Tributario de 2001, como se solicitó a la Sala Político-Administrativa del Tribunal Supremo de Justicia, no pudiendo ella hacer una interpretación grosera, restrictiva del alcance justo de la norma constitucional consagratoria del control difuso, en armonía con el principio de supremacía constitucional, por lo que se pidió la anulación de la sentencia por Revisión Extraordinaria ante la Sala Constitucional del Tribunal Supremo de Justicia, por tratarse de una sentencia definitivamente firme de una incidencia de apelación, en la cual injustamente se negó la posibilidad judicial de aplicar el control difuso de la constitucionalidad de la ley, bajo una interpretación grotesca que le resta alcance al derecho de acceso a la justicia, al derecho a la tutela judicial efectiva y al principio de supremacía constitucional.

No obstante, la Sala Constitucional del Tribunal Supremo de Justicia, en fecha 22 de febrero de 2005, dictó la sentencia Nro. 53, con ponencia del Magistrado Luís Velásquez Alvaray, caso Seguros Mercantil, C.A.

(http://www.tsj.gov.ve/decisiones/scon/Febrero/53-220205-05-0171.htm), donde se limitó a expresar su auto conferida "soberanía" para decidir qué casos revisa y cuáles no, indicando inmotivadamente que optaba por no revisar este caso, dejando en suspenso tan trascendental punto para una democracia y un Estado de Derecho y de Justicia.

B) En el segundo y tercer casos, luego del ejercicio de Recursos Contencioso Tributarios, por un lado, contra un Oficio del Superintendente Municipal de Administración Tributaria, de la Alcaldía del Municipio Libertador del Distrito Capital, y, por el otro lado, contra un reparo por concepto de impuesto inmobiliario urbano formulado por la Alcaldía del Municipio Baruta del Estado Miranda, el Juzgado Superior Octavo de lo Contencioso Tributario, por Autos respectivamente de fechas 18 de septiembre de 2003 (AF48-U-000187) y 21 de febrero de 2005 (expediente Nro. Ap41-U-2005-224), se declaró incompetente para conocer "in limine litis" del punto previo tendente a la ejecución del control difuso de la constitucionalidad, mediando la desaplicación del denunciado Código, al caso concreto, afirmando extrañamente que:

> *"Declarar la inconstitucionalidad de las leyes, en ejercicio del denominado control concentrado, corresponde por disposición constitucional, en forma exclusiva, a la Sala Constitucional del Tribunal Supremo de Justicia, por así establecido en el artículo 236, númeral 1, de la Constitución de la República Bolivariana de Venezuela, en concordancia con el artículo 334, segundo aparte ejusdem.*
> *Corresponde a todos los jueces de la República en el ámbito de su competencia, ejercer el denominado control difuso de la constitucionalidad de las leyes, por así disponerlo el artículo 334, primer aparte ejusdem.*
> *En el caso de autos, observa el Tribunal que el pedimento no se circunscribe a la desaplicación casuística de una disposición legal incompatible con la Constitución, sino de la desaplicación total de la ley por un presunto vicio en su promulgación.*
> *La desaplicación total del Código Orgánico Tributario de 2001 al caso de autos, por el presunto vicio señalado, tendría como consecuencia, en criterio de este Tribunal, una confusión entre la desaplicación casuística de una ley por Juez incompetente y así se declara"* (Consultados en original).

Frente a estos pronunciamientos, en el segundo caso el tribunal remitió la totalidad del expediente (no obstante su clara competencia para conocer del fondo del recurso) a la Sala Constitucional del Tribunal Supremo de Justicia, y, en el tercer caso solamente lo relativo a la petición liminar de control difuso (y continuando la sustanciación del proceso en atención a la cuestionada normativa legal adjetiva impugnada), ante lo cual los recurrentes consignaron sendos escritos de oposición, con fundamento en los siguientes argumentos:

La pretensión de la recurrente fue la desaplicación total o integral del Código Orgánico Tributario sancionado por la Asamblea Nacional en septiembre de 2001, y pretendidamente promulgado el 17 de octubre de 2001, publicado en la Gaceta Oficial Nro. 37.305 de esa última fecha, por las razones anteriormente expresadas, lo cual es lo propio de un control difuso de constitucionalidad.

Sobre la evidente competencia de todo juez, para ejercer el control difuso, concreto, indirecto o subjetivo de la constitucionalidad, la Sala Constitucional del Tribunal Supremo de Justicia ha sostenido:

> *"Finalmente, aprecia esta Sala que el Juzgado Segundo Superior de lo Contencioso Tributario de la Circunscripción Judicial del Distrito Federal y Estado Miranda, hoy Área Metropolitana de Caracas, desaplicó, en el caso de autos, la Ordenanza sobre el Régimen de Contingencia a la cual deberán someterse los contribuyentes a quienes se les determinen impuestos complementarios por reparos fiscales, que sancionó el Concejo del Municipio Rosario de Perijá, a través del control difuso de la constitucionalidad –artículo 20 del Código de Procedimiento Civil–, por considerarla violatoria de los derechos a la defensa y a la libertad económica que establecieron los artículos 68 y 96 de la Constitución derogada, análisis que esta Sala estima ajustado a derecho, por cuanto cualquier Juez tiene la facultad de la desaplicación de aquella disposición que colida con la Constitución, porque ésta es la norma suprema"* (Subrayado del autor) (Sentencia de la Sala Constitucional del Tribunal Supremo de Justicia, con ponencia del Magistrado Pedro Rondón Haaz, caso: Compañía Occidental de Hidrocarburos, Inc., del 19 de junio de 2002 (http://www.tsj.gov.ve/decisiones/scon/Junio/1328-190602-00-1345%20.htm).

Ahora bien, se puede observar de los bien intencionados argumentos del Juzgado Superior Octavo de lo Contencioso Tributario, para declarar su propia incompetencia, una confusión entre la desaplicación casuística, concreta y subjetiva de una ley y la declaratoria abstracta y objetiva de nulidad "erga omnes" de esa misma ley.

En efecto, lo que distingue una petición de ejercicio del control concentrado, abstracto, directo u objetivo de constitucionalidad, de una referida al control difuso, concreto, indirecto o subjetivo de la constitucionalidad, aparte del tema de la competencia judicial, que en lo primero está monopolísticamente confiado a la Sala Constitucional del Tribunal Supremo de Justicia, sin duda, y en lo segundo se atribuye por igual a todos los jueces de la República, dentro del ámbito de los casos que están llamados a conocer, sin discrepancia alguna, no es si el requerimiento se refiere a uno o más artículos o dispositivos o a un texto legal completo o a más de uno, sino la pretensión procesal involucrada en el actuar del justiciable.

Así, si lo que se pide es la anulación abstracta, con efectos "erga omnes", del o de los dispositivos legales o texto completo de leyes, se trata de una acción de inconstitucionalidad, que pone en movimiento el control concentrado, abstracto, directo u objetivo de la constitucionalidad, siendo ello del conocimiento privativo de la Sala Constitucional del Tribunal Supremo de Justicia, como jurisdicción constitucional.

Pero, si lo que se clama es por la simple desaplicación en concreto, a un caso particular, en un Recurso Contencioso Tributario, de uno o más dispositivos legales o, como en este caso, de un texto de ley total, por adolecer de un vicio de inconstitucionalidad (formal o material) que lo afecta integralmente, se asiste al planteamiento de una cuestión de inconstitucionalidad, incidental, cuya competencia corresponde sólo al tribunal de la causa, como integrante del sistema de justicia, en ejercicio de la justicia constitucional.

De este modo, se puede ver que el Juzgado Superior Octavo de lo Contencioso Tributario tiene efectivamente y por mandato expreso del artículo 334, primer aparte de la Constitución, competencia para conocer y decidir "in limine" del punto de marras, por tratarse de una petición de ejercicio del control difuso, concreto, indirecto o subjetivo de constitucionalidad, tendente no a la anulación, como mal lo interpretó el juez de la causa, sino a la desaplicación a este único y específico caso, el de estos recurrentes, de la totalidad del Código Orgánico Tributario de 2001.

Estos argumentos fueron plenamente aceptados por la Sala Constitucional del Tribunal Supremo de Justicia, al dictar las Sentencias Nros. 3878 del 7 de diciembre de 2005, con ponencia del Magistrado Luís Velázquez Alvaray, caso Gustavo Quintero Tirado (http://www.tsj.gov.ve/decisiones/scon/Diciembre/3878-071205-%2005-0848.htm), y 4581 del 12 de diciembre de 2005, con ponencia del Magistrado Marcos Tulio Dugarte Padrón, caso Adriática de Seguros, C.A. (http://www.tsj.gov.ve/decisiones/scon/Diciembre/4581-131205-03-2713%20.htm), con los siguientes razonamientos:

> *"Observa la Sala, que tal y como lo afirmó el recurrente, tanto en el recurso contencioso tributario ejercido conjuntamente con amparo cautelar, como en el escrito de oposición a la declinatoria de competencia, que efectivamente, el juez del Tribunal Superior Octavo de lo Contencioso Tributario de la referida Circunscripción Judicial incurrió en un error de interpretación de lo pretendido por la parte actora, toda vez, que lo solicitado por éste no es la declaratoria de nulidad del Código*

Orgánico Tributario de 2001, sino la desaplicación de una de sus normas por control difuso de la constitucionalidad, facultad que tienen atribuida todos los jueces del país de conformidad con el artículo 334 de la Constitución de la República Bolivariana de Venezuela, en desaplicar una norma o un conjunto de normas de una ley que considere incompatible con la Constitución.

En este sentido, la desaplicación de la norma por control difuso como facultad atribuida a los jueces que deriva o es inherente a la autonomía de sus funciones, debe estar dirigida a asegurar la integridad de la Constitución. Ello no impide, que la Sala Constitucional revise dicha decisión, en razón de la incidencia que la misma pueda tener en el ordenamiento jurídico. De allí que, siguiendo la doctrina de esta Sala, por tal motivo el Tribunal o Sala desaplicante deberán remitir a esta Sala Constitucional copia de la decisión, a la cual anexarán copia de los autos, con el fin de someterlo a la revisión correspondiente, todo en obsequio de la seguridad jurídica y de la coherencia que debe caracterizar al ordenamiento jurídico en su conjunto. (Vid. Sentencia del 19 de octubre de 2000, caso: Ascander Contreras).

De allí que en el caso de autos, la Sala considera que la desaplicación por control difuso solicitada, no lleva implícita la nulidad de la ley, pues, dicho recurso además de diferir en su esencia con el control difuso, busca dejar sin validez con efectos ***erga omnes*** *una norma que resulta ilegal dentro del ordenamiento jurídico y en cuya cúspide se encuentra la Constitución, y para lo cual sólo es competente esta Sala Constitucional. Pero en el caso de autos, lo que se solicita es la desaplicación por control difuso de las normas del Código Orgánico Tributario de 2001, lo cual es atinente al conocimiento del juez de la causa, el cual resulta competente y, así se declara".*

"En tal sentido, estima conveniente esta Sala, hacer referencia al control difuso de la Constitución, el cual puede ser ejercido por todos los jueces de la República cuando consideren que una norma colide con el Texto Fundamental, en un caso concreto.

...omissis...

Ahora bien, en el presente caso, el Juzgado Superior Octavo de lo Contencioso Tributario de la Circunscripción Judicial del Área Metropolitana de Caracas, declinó en esta Sala la competencia para conocer del recurso planteado por la accionante, en lo relativo a la desaplicación del Código referido supra, siendo que, el que tiene la competencia para conocer del asunto de autos, es el juzgado que remitió el expediente, de acuerdo a los criterios antes referidos.

Por los motivos expuestos, esta Sala Constitucional declara competente al Juzgado Superior Octavo de lo Contencioso Tributario de la Circunscripción Judicial del Área Metropolitana de Caracas, para conocer y decidir el recurso interpuesto por la accionante. Así mismo, el mencionado juzgado deberá pronunciarse acerca de, si procede o no, la desaplicación del texto legal, vista la obligación constitucional que tienen todos los jueces de la República de ejercer el control difuso (artículo 334 del Texto Fundamental). Así se decide".

C) En el cuarto caso, luego del ejercicio del Recurso Contencioso Tributario contra un reparo formulado por el Instituto Nacional de Cooperación Educativa (I.N.C.E.), el Juzgado Superior Sexto de lo Contencioso Tributario, por Auto de fecha 22 de octubre de 2004 (expediente Nro. AF46-X-2003-000003), declaró "inadmisible" por "impertinente", la prueba de informes "civiles" promovida por la recurrente, consistente en oficiar al Ministerio de Relaciones Exteriores, Despacho del Ministro, para que con vista en sus archivos informe a este Juzgado dónde se encontraba el ciudadano Presidente de la República Bolivariana de Venezuela en fecha 17 de octubre de 2001, para demostrar la imposible e inconstitucional entrada en vigencia del Código Orgánico Tributario de 2001.

El referido Auto indica:

"Este Órgano Jurisdiccional observa que dicha prueba en su contenido es impertinente, es por ello que declara inadmisible la presente prueba" (Consultado en original).

El Auto apelado incurre, aparentemente, en la falsa idea de que no resultaría pertinente a la causa actividad probatoria alguna tendente a demostrar la vigencia o no de la ley procesal aplicable, para la sustanciación de dicha causa, lo cual de suyo descolla como violatorio del derecho al debido proceso, del derecho a la tutela judicial efectiva y del derecho a la defensa de la recurrente.

Por tanto, se solicitó de la Sala Político-Administrativa del Tribunal Supremo de Justicia, que revocara ese Auto, ordenándose la desaplicación del Código Orgánico Tributario de 2001, al caso concreto, en ejercicio del control difuso de constitucionalidad.

Sin embargo, la Sala Político-Administrativa del Tribunal Supremo de Justicia dictó la Sentencia Nro. 195 del 2 de febrero de 2006, con ponencia de la Magistrado Yolanda Jaimes Guerrero (Expediente N° 2004-3195), caso Pharsana de Venezuela, C.A. (http://www.tsj.gov.ve/decisiones/spa/Febrero/00195-020206-2004-3195.htm), que declaró sin lugar la apelación, con pretendido fundamento en la cuestionable idea de que la probanza de la ley procesal aplicable al caso seria impertinente a la causa:

"Así, en el caso concreto se interpuso el recurso contencioso tributario conjuntamente con acción de amparo constitucional contra la ***Resolución Culminatoria del Sumario N° 2159 de fecha 12 de mayo de 2003****, dictada por el Gerente General de Finanzas del Instituto Nacional de Cooperación Educativa (INCE), mediante la cual se*

formularon reparos por Bs. 39.718.628,00, por concepto de aportes del 2%; por Bs. 329.744,00, por concepto de aportes del ½ %; se liquidaron intereses de mora por Bs. 2.989.216,00; y se impuso sanción de multa por Bs. 49.392.889,00.
Derivado de lo anterior, los hechos controvertidos en el caso bajo examen quedan circunscritos a determinar la procedencia o improcedencia de los reparos formulados a cargo de la empresa aportante y sus accesorios, de ahí que las pruebas que se promuevan en el curso del proceso, deben por tanto apuntalar a la comprobación de tales hechos, no así a los hechos que no tienen vinculación directa con el tema a decidir.
En efecto, en el caso bajo análisis, pese a que en su escrito recursivo el mencionado abogado alegó, como punto de previo pronunciamiento, la imposible e inconstitucional entrada en vigencia del Código Orgánico Tributario de 2001, motivo por el cual solicitó fuese desaplicado en el presente caso, no es éste el objeto del recurso contencioso tributario interpuesto, sino más bien la nulidad de la Resolución Culminatoria del Sumario N° 2159 de fecha 12 de mayo de 2003, y en dicho contexto el aludido pedimento tiende a dilucidar la vigencia y aplicación a la controversia de una ley.
Con fundamento en los razonamientos que anteceden, estima esta Sala que no existe una relación lógica entre el hecho a probar y la cuestión discutida en el juicio, a los fines de determinar la nulidad de la Resolución impugnada, resultando dicha prueba impertinente.
Por tales motivos, esta alzada debe confirmar la decisión dictada el 22 de octubre de 2004, por el Tribunal Superior Sexto de lo Contencioso Tributario de la Circunscripción Judicial del Área Metropolitana de Caracas, y concluir en la inadmisibilidad de la aludida prueba de informes promovida por los apoderados judiciales de la sociedad mercantil PHARSANA DE VENEZUELA, C.A. Así se decide".

III

Ahora bien, de la lectura de sentencias del Tribunal Supremo de Justicia, en Sala Constitucional, se desprende la clara existencia como corresponde, del control difuso de la constitucionalidad de la ley, como deber de todo juez, como sigue:

"Al respecto, observa esta Sala Constitucional que el precepto cuya aplicación se solicitó, dispone:
"Artículo 20.- Cuando la ley vigente, cuya aplicación se pida, colidiere con alguna disposición constitucional, los Jueces aplicarán ésta con preferencia."
La transcrita norma legal contiene lo que la doctrina y jurisprudencia han denominado el control difuso de la constitucionalidad, de acuerdo

con el cual el juez, aún de oficio, puede desaplicar una norma legal vigente cuya aplicación se haya solicitado, si considera que su contenido colide con una norma constitucional. Tal potestad, establecida en las Disposiciones Fundamentales del Código de Procedimiento Civil, está atribuida a todos y cada uno de los funcionarios que ejercen la magistratura en toda la República, indistintamente del grado, nivel o jerarquía del Tribunal a su cargo, y así ha sido entendido pacífica y reiteradamente desde la consagración de tal instituto en el ordenamiento jurídico venezolano, es decir, que la potestad contenida en el inserto precepto legal puede y debe ser instrumentada por cualquier juez cuando ello resultare necesario.

En el presente caso, se observa, que habiendo sido solicitado del Juzgado Superior Quinto de lo Contencioso Tributario de la Circunscripción Judicial del Área Metropolitana de Caracas, un pronunciamiento acerca de la desaplicación de una norma legal, contenida en el Código Orgánico Tributario, dicho Juzgado estaba obligado a determinar si efectivamente la aplicación de la misma al caso sometido a su conocimiento, resultaba o no, violatoria de los derechos y garantías constitucionales invocados como violados con su aplicación, por lo que no debió el Juez a quo expresar, con una fórmula que revela una evidente ignorancia del Derecho, que no poseía facultades para declarar la inconstitucionalidad de la norma cuyo empleo en el caso bajo examen se estaba cuestionando.

Así, se observa que el primer aparte del artículo 334 constitucional, establece:

"...omississ...

En caso de incompatibilidad entre esta Constitución y una ley u otra norma jurídica, se aplicarán las disposiciones constitucionales, correspondiendo a los tribunales en cualquier causa, aún de oficio, decidir lo conducente."

De tal manera que, considera esta Sala Constitucional que, no sólo constituía una obligación legal de la referida Juez Superior Quinto de lo Contencioso Tributario, el pronunciarse y posteriormente desaplicar, de ser procedente, la norma cuya desaplicación le fue solicitada, sino que además se trataba de un imperativo que le imponía de manera directa una disposición constitucional.

Por lo que, en virtud de lo expresado y en ejercicio de la tuición constitucional que ejerce esta Sala, la misma considera procedente la nulidad de la sentencia impugnada, proferida por el Juzgado Superior Quinto de lo Contencioso Tributario y se ordena al mencionado Juzgado Superior que dicte nueva sentencia en la que se pronuncie acerca de lo solicitado por el actor, y así se declara" (Sentencia de la Sala Constitucional del Tribunal Supremo de Justicia, del 2 de abril de 2001, con ponencia del Magistrado Antonio J. García García, Caso: Industrias Lucky Plas, C.A. (http://www.tsj.gov.ve/decisiones/sc/abril/620-020501-01-0106.htm).

No obstante, en otros fallos se puede ver que la Sala Constitucional del Tribunal Supremo de Justicia se erige en verdugo del control difuso, al limitarlo al máximo, por no decir excluirlo de la discrecionalidad del juez, prevista constitucionalmente, como se deriva del caso en que la Corte Primera de lo Contencioso Administrativo empleó de oficio el control difuso de la constitucionalidad, para desaplicar al caso concreto la obligación de agotar la vía administrativa, por asumirla como una formalidad no esencial contraria al derecho a la tutela judicial efectiva, y por su parte la Sala Constitucional del Tribunal Supremo de Justicia, en sentencia Nro. 833 del 25 de mayo de 2001, con ponencia del Magistrado Jesús Eduardo Cabrera Romero, caso Instituto Autónomo Policía Municipal de Chacao (http://www.tsj.gov.ve/decisiones/scon/Mayo/833-250501-00-2106%20.htm), "restableció" ese requisito de admisibilidad de la acción judicial contencioso administrativa, y fijó límites al ejercicio del control difuso de la constitucionalidad, que implican la muerte o, al menos, la agonía, de la institución, sobre la base de asumirse ilegítimamente, ya no como el máximo, sino como el único intérprete de la Constitución.

Así, parte la Sala Constitucional del Tribunal Supremo de Justicia de que la desaplicación de una norma, por colidir con la Constitución, debe fundamentarse en una confrontación "clara y precisa", preguntándose si en ejercicio de este control un juez puede interpretar los principios constitucionales.

Para responder el interrogante, la indicada Sala afirma que:

> *"Fuera de la Sala Constitucional, debido a las facultades que le otorga el artículo 335 de la Constitución vigente, con su carácter de máximo y último intérprete de la Constitución y unificador de su interpretación y aplicación, no pueden los jueces desaplicar o inaplicar normas, fundándose en principios constitucionales o interpretaciones motu proprio que de ellas hagan, ya que el artículo 334 comentado no expresa que según los principios constitucionales, se adelante tal control difuso. Esta es función de los jueces que ejercen el control concentrado, con una modalidad para el derecho venezolano, cual es que sólo la interpretación constitucional que jurisdiccionalmente haga esta Sala, es vinculante para cualquier juez".*

Como se ve, dicha Sala considera estar ejecutando el artículo 335 constitucional, que reconoce al Tribunal Supremo de Justicia el rol de garante de la supremacía y efectividad de las normas y principios constitucionales, como "máximo y último" intérprete de la Constitución, velando por su uniforme interpretación y aplicación; y que atribuye a las interpretaciones de la referida Sala Constitucional en la materia, el carácter vinculante para las otras Salas y demás tribunales.

Sin embargo, lamentablemente la Sala Constitucional del Tribunal Supremo de Justicia perdió el norte conceptual de la institución, y olvidó o menospreció el papel del juez como creador de derecho, al asimilar lo "máximo y último" a lo "único".

Entender que un juez sólo puede ejercer el control difuso, cuando la norma contentiva del principio constitucional, cuya supremacía se busca tutelar, haya sido previamente interpretada por la Sala Constitucional del Tribunal Supremo de Justicia, significa matar o herir de muerte a la institución del control difuso, cuando es el juez quien, en su cercanía al individuo justiciable y dentro de las situaciones cotidianas de éste, tendrá que administrar justicia, innovando en derecho frente a las nuevas situaciones y asegurando el imperio de la Constitución, obviamente sujeto a la supervisión final de aquella trascendente Sala.

Además, olvida precisamente esa Sala que el artículo 336 constitucional, numeral 10, dentro de sus atribuciones, incluye la revisión de las sentencias de amparo constitucional y de control de constitucionalidad de normas, dictadas por los tribunales, siendo que es en esa función "a posteriori", tal como lo hizo en el caso analizado, que se fijarán por ella las interpretaciones "máximas y últimas" (y no "únicas") de la Constitución, destinadas a regir hacia el futuro y de forma vinculante.

Afortunadamente, la Sala Político-Administrativa del Tribunal Supremo de Justicia, a pesar de sus cuestionables decisiones precedentemente comentadas, en otros fallos ha admitido plenamente la procedencia conceptual, como corresponde, del control difuso de la constitucionalidad de la ley, responsabilidad de todo juez, tal como se observa en su fallo Nro. 00043 del 15 de enero de 2003, con ponencia del Magistrado Levis Ignacio Zerpa, caso Tarjetas Banvenez, S.A. (http://www.tsj.gov.ve/decisiones/spa/Enero/00043-150103-2002-0006.htm):

> *"...todos los jueces de la República son sujetos del deber-potestad de velar por la integridad y estricto cumplimiento de la Carta Magna, a través del denominado control difuso de la constitucional, según el cual pueden estos desaplicar, una vez advertida la colisión entre la normativa denunciada y las disposiciones constitucionales, la primera de éstas y hacer valer las últimas con preferencia. Negar la posibilidad a los jueces venezolanos de ejercer el control difuso consagrado en el artículo 334 constitucionalidad y en el artículo 20 del Código de Procedimiento Civil, sería hacer nugatoria la prevalencia de la Constitución sobre cualquier otra norma que atente contra la misma; en este sentido debe recordarse que conforme al artículo 7 del propio texto constitucional, ésta resulta: "... la norma suprema y el fundamento del ordenamiento jurídico. Todas las personas y los órganos que ejercen el Poder Público están sujetos a esta Constitución". En*

> *consecuencia debe concluir esta alzada que el alegato esgrimido por la representación fiscal, según el cual sólo podrían los jueces tributarios desaplicar normas cuyo contenido sea tributario, resulta totalmente improcedente. Así se decide".*

IV

Empero, a pesar de tantos vaivenes jurisprudenciales, al parecer, aunque sea tímidamente y se manifieste en temas quizás no tan delicados desde la perspectiva política -como es menester reconocer acontece con la denunciada irregularidad en la promulgación del Código Orgánico Tributario de 2001–, específicamente en materias de una clara importancia jurídica, como veremos, el principio de supremacía constitucional logra ocupar el sitial que le corresponde, frente a los desmanes del legislador, y por obra del juzgador.

Ello ha ocurrido, en provecho de nuestro Estado de Derecho y de Justicia, en varias sentencias emanadas de Juzgados Superiores de lo Contencioso Tributario y de la Sala Político-Administrativa del Tribunal Supremo de Justicia (segunda instancia tributaria), de las cuales, a título meramente ilustrativo, se pueden comentar las siguientes:

En primer lugar, cabe destacar fallos dictados en campos que posiblemente en la actualidad no tengan la trascendencia de sus momentos históricos, en razón de cambios normativos sucesivos, pero que sin duda evidencian la vigencia del planteamiento conceptual de la supremacía constitucional y su garantía judicial.

Entre ellos, tenemos las sentencias Nros. 040/2003 del 14 de febrero de 2003, 049/2003 del 21 de febrero de 2003 y 064/2003 del 7 de marzo de 2003, dictadas por el Juzgado Superior Noveno de lo Contencioso Tributario, casos Envejecimiento La Florida, C.A. (expediente Nro 896), Fabrica de Aparatos de Aire Acondicionado, C.A. (FAACA) (expediente Nro. 1249) y Bolívar Banco Universal, C.A. (expediente Nro. 1531), –consultadas en original–, en las cuales se desaplicó, por vía de control difuso de la constitucionalidad, el parágrafo sexto de los sucesivos artículos 39 y 78 de las Leyes de Impuesto sobre la Renta aplicables "ratione temporis", por ser contrario al principio constitucional de capacidad contributiva, consagrado en el artículo 316 de la Constitución, con el razonamiento que sigue, extraído de los fallos primero y segundo:

> *"Ahora bien, desde el mismo momento en que se desconoce un gasto o costo por incumplimiento de deber formal, por supuesto normal, necesario y efectivamente gastado se están desconociendo principios constitucionales como lo es el derecho a la defensa y específicamente*

a la posibilidad de establecer por cualquier medio probatorio el gasto generado para la obtención de la verdadera renta, de este modo el incumplimiento de un deber formal, no debería tener relación con la deducibilidad del gasto, porque a la luz de la verdad la renta real es la que se obtiene de restar a la renta bruta los costos y gastos y por otro lado en caso de incumplimiento existen los mecanismos para la protección del sujeto activo a través de las sanciones.

Lo anterior no es más que el reconocimiento de los derechos constitucionales de la tutela judicial efectiva, de la defensa en donde se incluye la posibilidad de probar por cualquier medio, por lo que no le queda a este sentenciador otra alternativa que aplicar el Artículo 334 de la Constitución de la República Bolivariana de Venezuela y el Artículo 20 del Código de Procedimiento Civil.

Sin embargo se debe aclarar, que se le permitió a la recurrente ejercer su derecho de acceso a la justicia, su derecho a probar y por supuesto el de la defensa, pero se le violentó el derecho a tomar en cuenta su capacidad contributiva, toda vez que no permitirle a la recurrente deducir sus costos y gastos violenta el Artículo 316 de la Constitución de la República Bolivariana de Venezuela (antiguo 223 según la Constitución de 1961).

Es por ello que este Tribunal considera inconstitucional la aplicación de normas que contradigan principios que deben regir el sistema tributario y un exceso ante la existencia de sanciones para el caso específico, el desconocimiento de la deducibilidad no sólo incrementa la renta neta, sino que desconoce la verdadera capacidad de pago conforme con la ley. La Ley de Impuesto sobre la Renta presenta un sistema que encuentra su base en el texto Constitucional y no entenderlo así es atentatorio de los preceptos supremos del Estado, la falta de reconocimiento de ese gasto es negar la existencia de un pago realizado por otros medios, lo cual es contrario al sistema de derecho".

"DESAPLICA con base al control difuso de la Constitución de la República Bolivariana de Venezuela el Parágrafo Sexto del Artículo 78 de la Ley de Impuesto sobre la Renta aplicable, por colidir con el Artículo 316 de la Constitución, no siendo procedente el desconocimiento del gasto por pago de retenciones extemporáneas o retenciones no efectuadas".

Igualmente, en cuanto concierne a la pretendida gravabilidad de las actividades económicas de las entidades de ahorro y préstamo, con el antes impuesto municipal de patente de industria y comercio, conviene citar la sentencia Nro. 045/2003 del 19 de febrero de 2003, del Juzgado Superior Noveno de lo Contencioso Tributario, caso La Primera Entidad de Ahorro y Préstamo de Caracas (expediente Nro. 1115), en la cual no obstante que hubiese podido decidirse la desaplicación integral de la Ordenanza de Patente sobre Industria y Comercio del Municipio Baruta del Estado Miranda, vigente para la época, el juzgador optó por desaplicar dispositivos específicos, de este modo:

> *"Con relación a la solicitud de inconstitucionalidad no es competente este Tribunal para decretarla, sin embargo, en uso de las facultades permitidas por el Artículo 20 del Código de Procedimiento Civil, puede este sentenciador desaplicar disposiciones que colidan con la Constitución, y solicitado como consta del escrito recursorio, este Tribunal pasa a analizar si el Artículo 3 de la Ordenanza sobre Patente de Industria y Comercio colide con el máximo instrumento político aplicable para la época...*
> *...omissis...*
> *Como se observa del Artículo constitucional, no puede el Municipio gravar ninguna de las actividades de naturaleza civil, por más ánimo de lucro que persigan toda vez que la actividad gravable, tal y como se señaló en líneas anteriores, es la que proviene de determinados actos comerciales o industriales, siendo así lo que verdaderamente colide con la Constitución es la aplicación del Artículo 3 de la Ordenanza conjuntamente con la clasificación 81021 del clasificador de actividades económicas que considera como actividades lucrativas mercantiles o de índole similar a las de "Asociaciones de Ahorro y Préstamo".*
> *En virtud de lo expresado anteriormente, las entidades de ahorro y préstamo no realizan actos de comercio ni actividad industrial lucrativa, se basan en un sistema mutual que reparte dividendos a sus asociados, por lo que mal podría estar dentro del clasificador como una actividad gravable, cuya alícuota se aplica por mandato del Artículo 3 de la Ordenanza, en consecuencia al sólo poder gravarse las actividades comerciales e industriales este sentenciador en protección de la constitucionalidad desaplica el Artículo 3 de la Ordenanza de Patente sobre Industria y Comercio del Municipio Baruta vigente para la época y la clasificación 81021 del Clasificador de Actividades Económicas de esa misma Ordenanza para el presente caso, por colidir con el Artículo 31 de la Constitución de 1961, mientras la recurrente mantenga su naturaleza mutualista. Así se declara"* (Consultada en original).

Finalmente, la sentencia S/Nro. del 27 de mayo de 2002, dictada por el Juzgado Superior Noveno de lo Contencioso Tributario, caso Materiales Industriales y Eléctricos, C.A. (MINELCA) (expediente Nro. 1210), ordena la desaplicación por inconstitucional del instituto de la reiteración, tal como consagrado en el artículo 75 del Código Orgánico Tributario de 1994, al establecer:

> *"De esta forma se infiere, que la aplicación de un agravante que tiene por resultado el incremento de la pena en base a la presunción de culpabilidad, violenta el texto constitucional, al no existir una decisión definitivamente firme en sede judicial o en sede administrativa que ratifique la culpabilidad del infractor.*
> *Para que opere un agravante debe existir una decisión definitivamente firme que confirme la aplicabilidad de la sanción, por haberse*

> *ejercido los recursos sin éxito o por no haberse ejercido ninguno de ellos, por ello, la Administración no puede incrementar la multa sin que al contribuyente se le permite su defensa a través de los recursos, sólo de esta forma se sabrá si ha cometido una misma infracción.*
> *En base a esta defensa es que se puede conocer si quien esta sometido al régimen punitivo era culpable o inocente, para luego aplicarle los agravantes a que hubiere lugar.*
> *En base a lo anterior de conformidad con los Artículos 334 de la Constitución de la República Bolivariana de Venezuela y 20 del Código de Procedimiento Civil, este Tribunal considera inaplicable en el presente caso la reiteración por ser contrario a la Constitución de la República Bolivariana de Venezuela"* (Consultada en original).

Y, en segundo lugar, con plena actualidad en su interés práctico y teórico, pueden ser citadas las sentencias siguientes:

La sentencia del 12 de junio de 2002, del Juzgado Superior Quinto de lo Contencioso Tributario, caso Servicios Halliburton de Venezuela, C.A., que representa un elocuente límite frente a la voracidad fiscal desplegada por diversos municipios del país, con la creación de la figura del denominado "contribuyente transeúnte", claramente violatoria del principio constitucional de igualdad ante la ley:

> *"El tribunal aplicando la facultad establecida en el artículo 20 del Código Procesal Civil, considera inconstitucional la diferencia existente entre la alícuota aplicada a los contribuyentes considerados como transeúntes (5%) y la alícuota aplicada a los contribuyente considerados residentes (2,5%), por cuanto ambos contribuyentes realizan exactamente la misma actividad económica y se encuentran en una misma situación de iuris y de facto, con respecto al hecho generador de la obligación tributaria, y por lo tanto deben merecer un mismo tratamiento fiscal, sin mayor diferencia que la capacidad económica puntual de cada uno de ellos.*
> *En este sentido, por medio del control difuso constitucional se declara la existencia de una discriminación por demás injusta que adicionalmente atenta contra el principio de la justicia distributiva de las cargas públicas, al imponer cargas desiguales, tomando en consideración criterios arbitrarios.*
> *Tal discriminación, violenta el derecho al libre ejercicio de actividades económicas lícitas, así como la igualdad ante la Ley, por no establecerse un régimen único para contribuyentes que aun siendo considerados diferentes por la ordenanza en cuestión, se encuentran en situación similar o análoga".*

La sentencia Nro. 135/2004 del 17 de noviembre de 2004, del Juzgado Superior Noveno de lo Contencioso Tributario, caso Shell Venezuela

Productos, C.A. (expediente Nro. AF49-U-2003-000095), que desaplicó la previsión del artículo 94 del Código Orgánico Tributario de 2001 que pretende el cálculo de las multas al valor de la unidad tributaria para el momento de la imposición de la sanción, y no al que tenía para el momento de la comisión de la infracción, por entenderlo violatorio de la prohibición de la retroactividad de la ley:

> *"Por lo tanto, no sería imputable al contribuyente o al sancionado sea en calidad de contribuyente o responsable, la inactividad de la Administración Tributaria, en sus facultades de control del impuesto y demás obligaciones de hacer, ya que, por la negligencia de la Administración Tributaria se estaría aumentando la pena, sin que esto sea imputable al presunto infractor, siendo en base a este razonamiento aplicable la Unidad Tributaria que se encontraba vigente para el momento de la comisión de la infracción.*
> *Además, este criterio es favorable al infractor de conformidad con la Constitución de la República Bolivariana de Venezuela y el Código Orgánico Tributario, en sus artículos 49 y 8 respectivamente, y en consecuencia este sentenciador procede, para el presente caso, de conformidad con el Artículo 20 del Código de Procedimiento Civil y 334 de la Constitución de la República Bolivariana de Venezuela a desaplicar el tantas veces mencionado Parágrafo Primero del Artículo 94 del Código Orgánico Tributario, por contrariar el texto constitucional. Así se declara"* (Consultada en original).

Y, la sentencia Nro. 00310 del 14 de febrero de 2006, dictada por la Sala Politico-Administrativa del Tribunal Supremo de Justicia, con ponencia del Magistrado Levis Ignacio Zerpa, caso Tres y Medio Eventos, C.A. (http://www.tsj.gov.ve/decisiones/spa/Febrero/00310-150206-2004-0180-1.htm), en la cual, en atención al principio "proactione":

> ***"SE DESAPLICA**, por control difuso de la constitucionalidad y en los términos expuestos en el presente fallo, la prohibición de recurribilidad contenida en el artículo 46 del Código Orgánico Tributario vigente".*

Toda vez que:

> *"...partiendo de esa perspectiva garantista, podemos puntualizar al menos tres presupuestos condicionantes, a saber: i) la competencia del órgano jurisdiccional; ii) la gratuidad de la justicia; y iii) la admisión de toda clase de pretensión.*
> *Este último aspecto, consiste, como se decía anteriormente, en que las causales de inadmisibilidad de las acciones judiciales deben estar previstas taxativamente en las normas adjetivas y su interpretación y*

alcance deben ser considerados con especial carácter restrictivo. De ello se desprende, que ante cualquier supuesto que no se encuentre previsto en la norma, la obligación del órgano es favorecer el acceso a la justicia y con ello la tutela judicial efectiva.
Por consiguiente, aun esas prohibiciones de ley de admitir determinadas pretensiones judiciales, no pueden ser establecidas por el Legislador de manera arbitraria; por el contrario, justifican su existencia en la sanidad de los procesos judiciales y no como mecanismo de evasión del control jurisdiccional del resto de los poderes públicos. Así, pese a restringir los derechos fundamentales al libre acceso a la justicia y a la tutela judicial efectiva, la armonización e interpretación de esta clase de normas, en contraste con los principios propugnados en la Carta Magna, incide de manera directa en la efectividad de estos derechos, y en tal virtud no basta la simple vigencia de la norma, cuando sea antagónica al ordenamiento constitucional.
Bajo tales premisas, advierte la Sala que admitir la irrevisabilidad absoluta de los actos similares al recurrido en autos, en los términos en que fue consagrado efectivamente por el Legislador de 2001 en el artículo 46 del Código Orgánico Tributario vigente, sería a todas luces violatorio de los derechos fundamentales de libre acceso a la justicia y de tutela judicial efectiva, en el mismo modo en que ha sido reseñado precedentemente. Por tanto, no podía el a quo más que admitir el presente recurso a través del ejercicio del control difuso de la constitucionalidad previsto en el artículo 20 del Código de Procedimiento Civil, y no como en efecto lo hizo, obviando el derecho aplicable al supuesto de autos.
En consecuencia, resulta forzoso para esta Sala desaplicar por control difuso de la constitucionalidad la expresa prohibición de recurribilidad de los actos de la Administración Tributaria mediante los cuales se negaron las solicitudes de rebajas o demás facilidades en el pago de deudas no vencidas, dispuesta en el prenombrado artículo 46 del Código Orgánico Tributario vigente. ***Así se decide".***

Trascendente es este criterio, cuando observamos que son varios los dispositivos del Código Orgánico Tributario de 2001, a parte del desaplicado en ese caso, en donde se ha pretendido excluir el acceso a la justicia, frente a actos como los que responden consultas, etc.

V

En conclusión, a pesar de los vaivenes al respecto de la Sala Constitucional del Tribunal Supremo de Justicia, y de lo lesivo a la tutela judicial efectiva de muchas de las opiniones de la Sala Político-Administrativa del mismo Máximo Tribunal, sobre el alcance del control difuso de la constitucionalidad de la ley, aunado ello a la reticencia generalizada en los jueces tributarios para ejercer la desaplicación de la ley al caso concreto como garantía de la supremacía de la Constitución, es deber del ciudadano, como justiciable, seguir luchando, creyendo en la justicia, para hacer realidad el desideratum Constitucional, de un Estado de Derecho y de Justicia.

El Derecho Público a los 100 Números de la Revista de Derecho Público 1980-2005, Editorial Jurídica Venezolana, Caracas, 2006, pp. 1.031 a 1.051.

1.8
La inconstitucional promulgación del Código Orgánico Tributario de 2001. Del control de constitucionalidad en Venezuela

I.- DEL PROCESO DE FORMACIÓN DE LA LEY O PROCESO LEGISLATIVO

El proceso legislativo es el conjunto de actos encaminados a la creación del acto jurídico conocido como la Ley, que como se sabe se encuentra definida en sentido formal, por el Artículo 202 de la Constitución de la República, de la siguiente manera:

> *"La ley es el acto sancionado por la Asamblea Nacional como cuerpo legislador".*

De este modo, conforme con la regulación constitucional del proceso legislativo, se puede afirmar que son siete las etapas por las que tiene que pasar todo proyecto de Ley, para transformarse en una Ley, a saber: a) iniciativa, b) discusión, c) aprobación, d) sanción, e) promulgación, f) publicación y g) entrada vigencia.

Acorde con lo dispuesto en el Artículo 204 de la Constitución de la República, iniciar el proceso legislativo para la formación de leyes en general, es decir, preparar un proyecto de Ley y presentarlo al Poder Legislativo, corresponde, en primer lugar, al Poder Ejecutivo Nacional, por órgano del Presidente de la República (numeral 1), en acatamiento al principio de colaboración de los poderes (Artículo 136 del Texto Fundamental); y, luego, propiamente al Poder Legislativo, como función propia, a través de la Comisión Delegada y de las distintas comisiones permanentes (numeral 2), y de los diputados a la Asamblea Nacional, en número no menor de tres (numeral 3). En ciertos casos específicos, se reconoce esta facultad a otros funcionarios u organismos públicos, como el Tribunal Supremo de Justicia, el Poder Ciudadano, el Poder Electoral y el Consejo Legislativo Estadal (numerales 4, 5, 6 y 7), e incluso al pueblo directamente (numeral 6).

Esta es la primera fase del proceso legislativo y se le denomina *iniciativa*, en la cual se somete a consideración del Poder Legislativo, un proyecto de Ley.

La segunda fase comienza con la presentación del proyecto de Ley a la Asamblea Nacional. A partir de ese momento, dicho órgano lo revisa, debiendo someterlo a dos (2) discusiones en oportunidades distintas, teniendo facultades para aprobarlos, con o sin modificaciones, o rechazarlos. A esta segunda etapa se le llama *discusión* y está prevista en los artículos 207 a 211 de la Constitución de la República.

La *aprobación* es la tercera etapa, siempre y cuando la Asamblea Nacional haya realizado las dos (2) discusiones correspondientes, con resultado favorable, hayan habido o no modificaciones. Se trata, pues, del acto por el cual la Asamblea Nacional acepta el proyecto de Ley, de forma total o parcial, según el artículo 213 de la Constitución de la República.

La *sanción* es la cuarta fase, una vez que el proyecto de Ley es aprobado y dotado de su redacción definitiva, estando a cargo de la Directiva de la Asamblea Nacional, como mandato del artículo 213 de la Constitución de la República.

A partir de este momento el proceso legislativo queda, en principio, exclusivamente a cargo del Poder Ejecutivo Nacional, en virtud de aplicación concreta del mencionado principio de colaboración de los poderes.

Así, la quinta etapa es la *promulgación*. En ella, el Poder Ejecutivo, encargado como está de la función estatal ejecutiva, correspondiéndole por ello ejecutar o hacer cumplir las leyes de la República, procediendo por órgano del Presidente de la República, en Consejo de Ministros, previa deliberación colectiva y de no encontrar objeciones de naturaleza de mérito o conveniencia a los altos intereses del Estado, o de índole jurídica por razones de inconstitucionalidad, que le facultan a vetar la ley sancionada, la suscribe a continuación de las firmas de la Directiva de la Asamblea Nacional, en la sede del Gobierno Nacional, colocando el respectivo "cúmplase", o "ejecútese", o "cuídese de su cumplimiento" o cualquier otro formulismo de estilo.

Se trata de la aplicación del régimen de promulgación de la Ley, consagrado claramente en el Artículo 214 de la Constitución de la República:

> *"El Presidente o Presidenta de la República promulgará la ley dentro de los diez días siguientes a aquél en que la haya recibido. Dentro de*

> *ese lapso podrá, con acuerdo del Consejo de Ministros, solicitar a la Asamblea Nacional, mediante exposición razonada, que modifique alguna de las disposiciones de la ley o levante la sanción a toda la ley o parte de ella.*
> *La Asamblea Nacional decidirá acerca de los aspectos planteados por el Presidente o Presidenta de la República, por mayoría absoluta de los diputados y diputadas presentes y le remitirá la ley para la promulgación.*
> *El Presidente o Presidenta de la República debe proceder a promulgar la ley dentro de los cinco días siguientes a su recibo, sin poder formular nuevas observaciones.*
> *Cuando el Presidente o Presidenta de la República considere que la ley o alguno de sus artículos es inconstitucional solicitarán el pronunciamiento de la Sala Constitucional del Tribunal Supremo de Justicia, en el lapso de diez días que tiene para promulgar la misma. El Tribunal Supremo de Justicia decidirá en el término de quince días contados desde el recibo de la comunicación del Presidente o Presidenta de la República. Si el Tribunal negare la inconstitucionalidad invocada o no decidiere en el lapso anterior, el Presidente o Presidenta de la República promulgará la ley dentro de los cinco días siguientes a la decisión del Tribunal o al vencimiento de dicho lapso"* (subrayado del autor).

Una vez suscrita la Ley, de la forma indicada en la norma previamente trascrita, para satisfacer las exigencias de la seguridad jurídica y el principio según el cual la Ley se presume conocida por todos desde su publicación, viene, precisamente, la sexta fase, denominada *publicación*, que ocurre en la Gaceta Oficial de la República, por medio de la Imprenta Nacional, a fin de dar a conocer la Ley a quienes deben cumplirla: los gobernados y también los agentes de los gobernantes.

La Ley queda completada (promulgada), a tenor del Artículo 215 de la Constitución de la República, al publicarse con el correspondiente "cúmplase", en la Gaceta Oficial de la República. De este modo, la última parte de la *promulgación* y la *publicación*, acaban por manifestarse públicamente en forma simultánea.

Como fase final del proceso legislativo, la séptima y última, se halla la llamada *entrada en vigencia*. En nuestro país la ley entra en vigencia al momento de publicarse en la Gaceta Oficial de la República, salvo que se haya dispuesto una "vacatio legis" en su propio texto.

Ahora bien, hecho este breve análisis descriptivo acerca del proceso de formación de la Ley en nuestro sistema jurídico constitucional, se deben hacer algunas consideraciones particularmente sobre el tema de la promulgación.

II.- PARTICULARIDADES SOBRE LA PROMULGACIÓN DE LA LEY, COMO ATRIBUTO DEL PRESIDENTE DE LA REPÚBLICA, EN CONSEJO DE MINISTROS

Como bien es conocido, el Presidente de la República, dentro del proceso legislativo ordinario previamente descrito, y sin las vicisitudes relativas al veto, previstas constitucionalmente, es quien está llamado a promulgar la Ley que, tras su sanción respectiva, expide la Asamblea Nacional.

En efecto, de conformidad con el dispositivo del Artículo 213 de la Constitución de la República:

> *"Una vez sancionada la ley, se extenderá por duplicado con la redacción final que haya resultado de las discusiones. Ambos ejemplares serán firmados por el Presidente o Presidenta, los dos Vicepresidentes o Vicepresidentas y el Secretario o Secretaria de la Asamblea Nacional, con la fecha de su aprobación definitiva. Uno de los ejemplares de la ley será enviado por el Presidente o Presidenta de la Asamblea Nacional al Presidente o Presidenta de la República a los fines de su promulgación"* (subrayado del autor).

Ello es así, toda vez que el Presidente de la República es el funcionario a quien compete, como Jefe del Estado, Jefe del Gobierno y cabeza de la Administración Pública (Artículos 226 y 236, numerales 2 y 20 de la Constitución de la República), ejecutar y cuidar de la ejecución de la Ley, velando por su exacta observancia.

Ahora bien, esta facultad constitucional, la de promulgar la Ley, ha de ser ejercida por el Presidente de la República si, claro está, pero necesariamente en Consejo de Ministros[273].

No otra cosa puede concluirse de la lectura del Artículo 214 de la Constitución de la República:

> *"El Presidente o Presidenta de la República promulgará la ley dentro de los diez días siguientes a aquél en que la haya recibido. Dentro de ese lapso podrá, con acuerdo del Consejo de Ministros, solicitar a la Asamblea Nacional, mediante exposición razonada, que modifique alguna de las disposiciones de la ley o levante la sanción a toda la ley o parte de ella"* (subrayados del autor).

Cabe destacar que, también con arreglo a lo dispuesto por el artículo 236, numeral 24 y párrafos finales, de la Constitución de la República, en

[273] Véase al respecto la opinión del abogado Celis O. Guevara W., "Promulgación a distancia", publicada en el periódico "Ámbito Jurídico", Año IV, N° 52, enero 2002, página 16.

concordancia con las normas previamente trascritas, la promulgación de las leyes es una atribución que corresponde al Presidente de la República pero que, en atención a la trascendencia de la creación normativa de rango directamente infra constitucional, y sus efectos, requiere ser en su ejercicio evaluada colectivamente por el Alto Gobierno, para considerar las implicaciones políticas y jurídicas del caso, en función de los trascendentes intereses del Estado, por lo que indefectiblemente ha de ser cumplida en Consejo de Ministros, vale decir, con participación del Vicepresidente Ejecutivo, los Ministros, el Procurador General de la República y posibles invitados especiales.

Ya la Sala Constitucional del Tribunal Supremo de Justicia se ha pronunciado indubitablemente sobre que la promulgación de la Ley compete al Presidente de la República, sí, pero no solo, sino necesariamente en Consejo de Ministros, en diversos fallos, como el contenido en la sentencia Nro. 251 del 20 de febrero de 2003. con ponencia del Magistrado José Manuel Delgado Ocando, caso: Enrique Ochoa Antich y otros - http://www.tsj.gov.ve/decisiones/scon/Febrero/251-200203-02-2866.htm-), estableciendo que:

> *"De igual forma, se observa que con posterioridad a la solicitud planteada por el Presidente de la República a la Asamblea Nacional, esta Sala Constitucional en sentencia nº 2817/2002 del 18 de noviembre -que declaró inadmisible la aclaratoria de la sentencia nº del 7 del mismo mes, que resolvió sin lugar la solicitud de inconstitucionalidad del artículo 1; Capítulo VI del Título II y de la Disposición Transitoria Séptima de la Ley Orgánica del Poder Electoral, incoada por el ciudadano Presidente de la República de conformidad con el artículo 214 de la Constitución– se pronunció con respecto a la adecuada comprensión del artículo 214 del Texto Fundamental en los términos siguientes:*
>
> > *"A los fines de la inteligencia correcta del artículo 214 constitucional, la Sala aclara que dicha norma contiene dos supuestos excluyentes el uno del otro.*
> >
> > *El primero es que dentro de los diez días siguientes a aquél cuando el Presidente de la República recibió la ley de la Asamblea Nacional, con el fin de promulgarla, previo acuerdo del Consejo de Ministros, la devuelva a la Asamblea, a fin de que modifique alguna disposición de la ley, o levante la sanción a toda la ley o parte de ella. Tal petición será acompañada de una exposición motivada que contenga la razón de las modificaciones, las cuales pueden tener base constitucional o legal.*
> >
> > *La Asamblea Nacional decidirá acerca de los aspectos planteados y remitirá la ley al Presidente para su promulgación, conforme a lo decidido"* (subrayado del autor).

III.- LA FALTA REAL DE PROMULGACIÓN DEL CÓDIGO ORGÁNICO TRIBUTARIO DE 2001:

Partiendo de este análisis general sobre el proceso legislativo, y teniendo claro que es al Presidente de la República, actuando en Consejo de Ministros, a quien compete promulgar la Ley, obrando, claro está, en la sede del Poder Ejecutivo o Gobierno Nacional, que está en la capital de la República, en Caracas, y concretamente en el Palacio de Miraflores, se tiene que, en el caso particular del Código Orgánico Tributario de 2001, acorde con la letra expresa de la Gaceta Oficial de la República N° 37.305 del 17 de octubre de 2001, esta ley habría sido promulgada, supuestamente, en el Palacio de Miraflores, sede del Gobierno Nacional, en Caracas, Venezuela, ese citado día 17 de octubre de 2001, con las respectivas firmas del Presidente de la República, del Vicepresidente Ejecutivo y de los Ministros, integrantes todos del Consejo de Ministros.

Es decir, que se pretende que la imaginaria promulgación habría ocurrido en ese lugar de la ciudad capital, sede del Poder Ejecutivo Nacional, y en esa fecha del 17 de octubre de 2001.

Empero, de acuerdo a las publicaciones de los periódicos de mayor circulación del país, para esa fecha el Presidente de la República y algunos de sus Ministros, no se encontraban en el país, pues estaban de gira oficial en el exterior de la República, lo que constituye un hecho notorio. Los demás Ministros y la Vicepresidenta Ejecutiva si estaban en Venezuela.

No obstante, si alguien se encontrase en un proceso judicial en el cual se le pretendiese aplicar el Código Orgánico Tributario de 2001, estaría habilitado en derecho para pedir al tribunal, como garante de la constitucionalidad de los actos del Poder Público y en salvaguarda de la supremacía constitucional (Artículo 7 de la Constitución de la República), su desaplicación al caso concreto, por vía de control difuso de la constitucionalidad (Artículo 334 de la Constitución de la República), pudiendo perfectamente coadyuvar con la determinación de la verdad mediante la promoción de la prueba de informes, para que el tribunal requiriese información al respecto, por ejemplo, de la Comisión de Política Exterior de la Asamblea Nacional, organismo que constitucionalmente debió aprobar la salida del territorio nacional del Jefe del Estado, así como el itinerario, duración y objeto; de la Imprenta Nacional, organismo encargado de la publicación en la Gaceta Oficial de la República del acuerdo o acto parlamentario sin forma de ley que autorizó el viaje; del Ministerio de Relaciones Exteriores, que debe llevar el record de la relaciones diplomáticas del Estado; de los diarios de mayor circulación en el país, como El Universal y El Nacional, con vista de sus ediciones publicadas durante esas fechas; e, incluso, entre otros, de los organismos competentes sobre el movimiento migratorio del ciudadano Jefe de Estado y de quienes lo acompañaron, siendo Ministros.

Se puede evidenciar como es un hecho notorio que el Presidente de la República no se encontraba en el país, para la fecha de la pretendida promulgación del Código Orgánico Tributario de 2001, en Caracas, debido a que él realizaba una gira por Europa, África y Asia, la cual comenzó el 6 de octubre de 2001 y finalizó el 26 de octubre de 2001, visitando así varios países tales como Argelia, Bélgica, Portugal, Austria, Francia, Italia, Gran Bretaña, Rusia, Malasia, entre otros y, por consecuencia inmediata, no podía dar el "Cúmplase" en el Palacio de Miraflores, en Caracas, Venezuela, en esa fecha, previa consideración del Consejo de Ministros, además.

Ahora bien, es el caso que el Tribunal Supremo de Justicia, en Sala Constitucional, ya ha tenido ocasión de dejar sentada doctrina acerca de lo que se debe entender por "hecho notorio comunicacional", incluso en lo que concierne ilustrativamente con los viajes del Presidente de la República, por ejemplo según la Sentencia N° 98 del 15 de marzo de 2000, con ponencia del Magistrado Jesús Eduardo Cabrera Romero, caso Coronel (G.N.) Oscar Silva Hernández (http://www.tsj.gov.ve/decisiones/scon/Marzo/98-150300-0146.htm), estableciendo lo que sigue:

> *"Esta Sala para decidir observa:*
>
> *...(omissis)...*
>
> *Ceñidos a la definición de Calamandrei, puede decirse que la concepción clásica del hecho notorio, requiere, por la necesidad de la incorporación del hecho a la cultura, que el, por su importancia, se integre a la memoria colectiva, con lo que adquiere connotación de referencia en el hablar cotidiano, o forma parte de los refranes, o de los ejemplos o recuerdos, de lo que se conversa en un círculo social. Por ello son hechos notorios sucesos como el desastre de Tacoa, la caída de un sector del puente sobre el lago de Maracaibo, los eventos de octubre de 1945, la segunda guerra mundial, etc.*
>
> *Pero el mundo actual, con el auge de la comunicación escrita mediante periódicos, o por vías audiovisuales, ha generado la presencia de otro hecho, cual es el hecho publicitado, el cual en principio no se puede afirmar si es cierto o no, pero que adquiere difusión pública uniforme por los medios de comunicación social, por lo que muy bien podría llamársele el hecho comunicacional y puede tenerse como una categoría entre los hechos notorios, ya que forma parte de la cultura de un grupo o círculo social en una época o momento determinado, después del cual pierde trascendencia y su recuerdo solo se guarda en bibliotecas o instituciones parecidas, pero que para la fecha del fallo formaba parte del saber mayoritario de un círculo o grupo social, o a el podía accederse.*
>
> *Así, los medios de comunicación social escritos, radiales o audiovisuales, publicitan un hecho como cierto, como sucedido, y esa*

situación de certeza se consolida cuando el hecho no es desmentido a pesar que ocupa un espacio reiterado en los medios de comunicación social.

De esta manera, el colectivo se entera *de conflictos armados,* ***de los viajes del Presidente de la República****, de los nombramientos que hace el Congreso, de la existencia de crímenes y otros delitos, de la existencia de juicios, etc.*

...(omissis)...

De un hecho comunicacional de este tipo, no puede escapar un juez que en la vida actual, incluso como parte de los hechos que debe adquirir para engrosar su conocimiento sobre su entorno social, lee periódicos, oye radio o ve televisión*. Es esta difusión comunicacional una de las fuentes de la "sensación o escándalo público" que toma en cuenta el artículo 59 del Código Orgánico Procesal Penal, como presupuesto de la radicación.*

Pensar que este hecho del cual toma conciencia no sólo el juez, sino un gran sector del colectivo, es de igual entidad que los otros hechos litigiosos, es una irrealidad. *Tan irreal es, que la doctrina enseña que es un requisito de validez del reconocimiento de individuos en rueda de personas, el que las fotografías de los posibles reconocidos no deben haber recibido publicidad previa al acto de reconocimiento.*

El hecho publicitado o comunicacional no es un hecho notorio en el sentido clásico, ya que puede no incorporarse como permanente a la cultura del grupo social, sin embargo su publicidad lo hace conocido como cierto en un momento dado por un gran sector del conglomerado, incluyendo al juez*; y desde este ángulo se puede afirmar que forma parte durante épocas, de la cultura, así luego desaparezca, ya que su importancia o transcendencia era relativa, tenía importancia solo en un espacio y tiempo limitado y a veces breve.*

...(omissis)...

¿Puede el juez fijar al hecho comunicacional, como un hecho probado, sin que conste en autos elementos que lo verifiquen? Si se interpreta estrictamente el artículo 12 del Código de Procedimiento Civil, el cual es un principio general, el juez sólo puede sentenciar en base a lo probado en autos, con excepción del hecho notorio. Tiene así vigencia el vetusto principio que lo que no está en el expediente no está en el mundo. Pero si observamos las sentencias, encontramos que ellas contienen un cúmulo de hechos que no están probados en autos, pero que son parte del conocimiento del juez como ente social, sin que puedan tildarse muchos de ellos ni siquiera como hechos notorios. Así, los jueces se refieren a fenómenos naturales transitorios, a hechos que están patentes en las ciudades (existencia de calles, edificios, etc.), a sentencias de otros tribunales que se citan como jurisprudencia, a obras de derecho o de otras

ciencias o artes, al escándalo público que genera un caso, a la hora de los actos, sin que existan en autos pruebas de ellos.

Si esto es posible con esos hechos, que casi se confunden con el saber privado del juez, con mucha mayor razón será posible que el sentenciador disponga como ciertos y los fije en autos, a los hechos comunicacionales que se publicitan hacia todo el colectivo y que en un momento dado se hacen notorios (así sea transitoriamente) para ese colectivo.

Esta realidad lleva a esta Sala a considerar que el hecho comunicacional, como un tipo de notoriedad, puede ser fijado como cierto por el juez sin necesidad que conste en autos, ya que la publicidad que él ha recibido permite, tanto al juez como a los miembros de la sociedad, conocer su existencia, lo que significa que el sentenciador realmente no está haciendo uso de su saber privado; y pudiendo los miembros del colectivo, tener en un momento determinado, igual conocimiento de la existencia del hecho, porque negar su uso procesal.

El hecho comunicacional puede ser acreditado por el juez o por las partes con los instrumentos contentivos de lo publicado, o por grabaciones o videos, por ejemplo, de las emisiones radiofónicas o de las audiovisuales, que demuestren la difusión del hecho, su uniformidad en los distintos medios y su consolidación; es decir, lo que constituye la noticia.

Pero el juez, conocedor de dicho hecho, también puede fijarlo en base a su saber personal, el cual, debido a la difusión, debe ser también conocido por el juez de la alzada, o puede tener acceso a él en caso que no lo conociera o dudase. ***Tal conocimiento debe darse por cierto, ya que solo personas totalmente desaprensivos en un grupo social hacia el cual se dirige el hecho, podrían ignorarlo; y un juez no puede ser de esta categoría de personas.***

Planteado así la realidad de tal hecho y sus efectos, concatenado con la justicia responsable y sin formalismos inútiles que el artículo 26 de la Constitución de la República Bolivariana de Venezuela contempla; aunado a que el proceso constituye un instrumento fundamental para la realización de la justicia, tal como lo establece el artículo 257 de la vigente Constitución, y que el Estado venezolano es de derecho y de justicia, como lo expresa el artículo 2 ejusdem, en aras a esa justicia expedita e idónea que señala el artículo 26 de la Constitución de la República Bolivariana de Venezuela, a pesar de que el hecho comunicacional y su incorporación a los autos de oficio por el juez, no está prevenido expresamente en la ley, ante su realidad y el tratamiento que se viene dando en los fallos a otros hechos, incluso de menos difusión, ***esta Sala considera que para desarrollar un proceso justo, idóneo y sin formalismos inútiles, el sentenciador puede dar como ciertos los***

hechos comunicacionales con los caracteres que luego se indican, y por ello puede fijar como cierto, los hechos que de una manera uniforme fueron objeto de difusión por los medios de comunicación, considerándolos una categoría de hechos notorios, de corta duración.
...(omissis)...
Pero con los hechos publicitados la situación es distinta, todos conocen o pueden conocer de ellos lo mismo, y mal puede hablarse que se trata de un conocimiento personal del juez incontrolable para las partes. Es por ello que la prohibición del artículo 12 Código de Procedimiento Civil, con su sentido protector de las partes, no opera ante este tipo de hecho, producto de los tiempos actuales y del desarrollo de la comunicación.
Es cierto que el hecho comunicacional, como cualquier otro hecho, puede ser falso, pero dicho hecho tiene características que lo individualizan y crean una sensación de veracidad que debe ser tomada en cuenta por el sentenciador. Esos caracteres confluyentes son: 1) Se trata de un hecho, no de una opinión o un testimonio, si no de un evento reseñado por el medio como noticia; 2) Su difusión es simultánea por varios medios de comunicación social escritos, audiovisuales, o radiales, lo cual puede venir acompañado de imágenes; 3) Es necesario que el hecho no resulte sujeto a rectificaciones, a dudas sobre su existencia, a presunciones sobre la falsedad del mismo, que surjan de los mismos medios que lo comunican, o de otros y, es lo que esta Sala ha llamado antes la consolidación del hecho, lo cual ocurre en un tiempo prudencialmente calculado por el juez, a raíz de su comunicación; y 4) Que los hechos sean contemporáneos para la fecha del juicio o de la sentencia que los tomará en cuenta.
...(omissis)...
No existe en las leyes procesales una oportunidad para que las partes consulten a los jueces sobre su conocimiento del hecho notorio clásico, o del notorio comunicacional, lo que carga a las partes, sobre todo con respecto a estos últimos, a probarlos mediante las publicaciones o copias de los audiovisuales, si es que dudan que el juez no los conozca. *A tenor del artículo 432 del Código de Procedimiento Civil los actos que la ley ordena se publique en periódicos son considerados fidedignos, lo que involucra que el periódico que los contiene también los son, salvo prueba en contrario. Ahora bien, si el ejemplar de la prensa se reputa, sin más, que emana del editor en esos casos, y que dicho ejemplar representa la edición de ese día, igual valor probatorio debe tener el periódico como tal en lo que al resto de su contenido expresa.*
Pero para el juez, conocedor del hecho, de oficio puede acogerlo y fijarlo en el fallo, siempre que reúna las condiciones que permiten

> *al hecho comunicacional considerarse notorio"* (negrillas y subrayados del autor).

En efecto, el día 17 de octubre de 2001 el Presidente de la República estaba físicamente en el extranjero, específicamente en la ciudad de Viena, capital de Austria, en Europa, según su agenda publicada en prensa, lo cual puede ser constatado también en los archivos de la Hemeroteca Nacional, donde constan, entre muchos otros, los reportajes siguientes publicados en el periódico El Nacional, a saber: *"Se ausentará por 20 días del país a última hora el Presidente decidió viajar a Argelia"*, por Hernán Lugo Galicia, el 4 de octubre de 2001, cuerpo "D", página 2; *"Hugo Chávez inicia hoy gira Europea"*, por Gioconda Soto, del 7 de octubre de 2001, cuerpo "A", página 10; "El presidente Chávez en Francia", por Hiran Gaviria, el 8 de octubre de 2001, cuerpo "A", página 8; *"En Argelia cambió su agenda de viaje: El presidente anunció que visitará Arabia Saudita, Libia e Iran"*, el 14 de octubre de 2001, cuerpo "D", página 3; *"Asamblea Nacional autorizó cambios de la gira presidencial"*, por Miroslaba Suárez, el 17 de octubre de 2001; *"Chávez pidió a la OPEP respetar cuotas"*, el 18 de octubre de 2001, cuerpo "D", página 1.

De igual forma el periódico El Nacional, en su página web, realizó una edición especial con los grandes temas del año 2001, desglosándolo en los 12 meses del año, y uno de los temas más controversiales fue, precisamente, el viaje del Presidente Hugo Chávez por algunos países de Europa, África y Asia, que se encuentra reseñado casualmente en el mes de octubre de aquel año 2001, intitulado *"Otro viajecito"*.

De manera que surge una interrogante: ¿Cómo una Ley puede ser promulgada y firmada en el Palacio de Miraflores, en Caracas, el 17 de octubre de 2001, y el Presidente de la República y algunos Ministros encontrarse no sólo en lugar distinto a la sede del Poder Ejecutivo Nacional, sino incluso fuera del territorio nacional, estando en el país el Vicepresidente Ejecutivo y otros miembros natos del Consejo de Ministros?

Finalmente, es igualmente sorprendente que en la misma Gaceta Oficial de la República, del 17 de octubre de 2001, aparezcan también promulgadas en esa fecha la Ley Orgánica de la Administración Pública y la Ley ratificatoria de una convención internacional, además de aparecer dictado en idéntica fecha el Decreto en Consejo de Ministros que acorde con el Artículo 236, numeral 20 de la Constitución de la República, organiza al Gobierno y a la Administración Pública, pues fija *"el número, organización y competencia de los ministerios y otros organismos de la Administración Pública Nacional, así como también la organización y funcionamiento del Consejo de Ministros"*.

Lo curioso, dejando de lado la imposible constitución del Consejo de Ministros en Caracas en esa fecha, por la razón ya explicada, no es solamente que tan trascendentes actos jurídicos hayan sido supuestamente promulgados o dictados aquel día 17 de octubre de 2001, lo cual, de suyo, resultaría igualmente imposible, si se entiende que el Consejo de Ministros habría de analizar en detalle sus contenidos y descartar el veto presidencial, lo que supone orden del día, deliberación, votación y asiento en acta seguido de las firmas, con o sin votos salvados, sino que también hayan sido todos publicados juntos, en la Gaceta Oficial de la República Nro. 37.305, del mismo día 17 de octubre de 2001, puesta a la venta del público desde la mañana de aquel sarcásticamente tan extraordinariamente fructífero día del 17 de octubre de 2001, de tan solo veinticuatro horas de duración, como cualquier otro del calendario.

Razones espaciales y temporales se conjugan, pues, para evidenciar la imposible promulgación del Código Orgánico Tributario sancionado por la Asamblea Nacional, el 13 de septiembre de 2001.

IV.- LA EXPERIENCIA JURISPRUDENCIAL SOBRE EL CASO CONCRETO

El autor de estas líneas ha tenido ocasión de plantear varias veces la situación aquí denunciada, al Poder Judicial, con ocasión de la interposición de diversos Recursos Contenciosos Tributarios, en cuyos libelos se ha pedido que, en forma liminar, se desaplique el Código Orgánico Tributario de 2001, por vía de control difuso de la constitucionalidad de la ley, y que el proceso en consecuencia sea sustanciado conforme al Código Orgánico Tributario de 1994.

Sin embargo, los Juzgados Superiores de lo Contencioso Tributario a los cuales han sido distribuidos dichos recursos, en su mayoría, se han limitado a sustanciar los procesos siguiendo la regulación del Código Orgánico Tributario de 2001, ignorando la indicada petición liminar urgente, con clara lesión del derecho de petición y obtención de oportuna y adecuada respuesta, del derecho a la tutela judicial efectiva, del principio de supremacía constitucional y del Estado de Justicia. Ninguno ha sido objeto de la sentencia definitiva.

Únicamente en dos de ellos hubo pronunciamiento liminar al respecto, generándose las inimaginables situaciones judiciales que se comentarán a continuación, con la intención de que sean objeto de reflexión por los abogados, los académicos, los jueces y los magistrados, en pro de la mejoría de nuestro sistema jurídico. Veamos:

A) En el primer caso, tras el ejercicio del Recurso Contencioso Tributario contra un Oficio del Superintendente Municipal de Administración Tributaria, de la Alcaldía del Municipio Libertador del Distrito Capital, el Juzgado Superior Séptimo de lo Contencioso Tributario, por Auto de fecha 8 de enero de 2004, estimó que el hecho alegado (el citado viaje del Presidente de la República) no era un hecho notorio y, en consecuencia, negó la solicitud de pronunciamiento liminar, tendente a la ejecución del control difuso de la constitucionalidad, mediando la desaplicación del denunciado Código, al caso concreto.

Reza tal Auto:

> ***"... del examen de las Actas procesales se observa que la representación judicial del sujeto pasivo de la presente relación Jurídico Tributaria, solicita la desaplicación del Código Orgánico Tributario de 2001, por ser éste inconstitucional ya que según los alegatos hechos la promulgación de dicho Código, se realizó estando el Presidente fuera del país, en este sentido este Tribunal no considera como un hecho notorio lo alegado por dicha representación y en consecuencia niega dicha solicitud."***

El Auto en cuestión fue apelado con base, ante todo, en el desconocimiento, por parte del tribunal, de la anteriormente comentada y trascrita sentencia del Tribunal Supremo de Justicia, en Sala Constitucional, acerca de lo que se debe entender por "hecho notorio comunicacional", incluso en lo que concierne ilustrativamente con los viajes del Presidente de la República, por carecer de correcta fundamentación, pues erróneamente indica sin más que el hecho denunciado no sería un hecho perfectamente notorio, como comunicacional, para la comunidad residente en nuestro país. Además, se evidencia el falso supuesto presente, al exigirse actividad probatoria dispendiosa, en contra del derecho de acceso a la justicia, sin formalismos inútiles, como lo consagra el artículo 26 de la Constitución.

En otro orden de ideas, el Auto apelado, siendo coherente con su pensamiento errado de que no se estaba en presencia de un hecho notorio, debió entonces, so pena de lesionar el derecho al debido proceso, el derecho a la tutela judicial efectiva y el derecho a la defensa de la recurrente, y para no incurrir en el vicio de absolver la instancia, toda vez que estimó necesaria cierta actividad probatoria, proceder con la apertura de una articulación probatoria, para traer a los autos una compilación de información fechada de los referidos viajes del ciudadano Presidente de la República, al momento en que se suponía que estaría despachando desde la sede del Poder Ejecutivo Nacional, sesionando en Consejo de Ministros, sobre la jamás ocurrida promulgación del Código Orgánico Tributario de 2001.

De este modo, se solicitó de la Sala Político-Administrativa del Tribunal Supremo de Justicia, que revocara ese Auto, ordenándose la desaplicación del Código Orgánico Tributario de 2001, al caso concreto, en ejercicio del control difuso de constitucionalidad.

Empero, sorpresivamente, la Sala Político-Administrativa del Tribunal Supremo de Justicia, con ponencia del Magistrado Levis Ignacio Zerpa (Expediente N° 2004-0357), dictó la sentencia Nro. 02589 del 8 de diciembre de 2004 (http://www.tsj.gov.ve/decisiones/spa/Diciembre/02589-081204-2004-0357.htm), que declaró sin lugar la apelación, sin pronunciarse siquiera someramente sobre el tema del hecho notorio, que fue precisamente el objeto de la apelación.

En cambio, la discutible sentencia parte de la cuestionable idea de que el control difuso de la constitucionalidad solamente es ejercible cuando la inconstitucionalidad denunciada afecta el contenido normativo del texto de ley, y nunca si ella alude al proceso legislativo, para lo cual, supuestamente, estaría reservado el control concentrado de la constitucionalidad.

Expresa la sentencia en comentario que:

> *"Vistos los términos en que fue dictado el auto objeto de la presente apelación, así como los argumentos esgrimidos en su contra por los representantes de la sociedad mercantil contribuyente, observa la Sala que la presente controversia queda circunscrita a decidir respecto de la solicitud previa de desaplicación del Código Orgánico Tributario de 2001, al juicio contencioso tributario incoado por la contribuyente de autos.*
>
> *Así las cosas, pudo observar esta Sala que tal pedimento de desaplicación del Código Orgánico Tributario de 2001 al caso de autos, fue formulado por la contribuyente como punto previo en su escrito del recurso contencioso tributario, siendo posteriormente ratificado mediante escrito presentado el 26 de noviembre de 2003; asimismo, para proveer sobre tal solicitud, el Tribunal a quo se pronunció por auto separado del 08 enero de 2004.*
>
> *En igual sentido, pudo advertir esta alzada que la sociedad mercantil contribuyente al fundamentar su solicitud de desaplicación del aludido Código Orgánico Tributario de 2001, debido a que la promulgación de éste resultaba, a su decir, materialmente imposible en atención a la ausencia en el país del ciudadano Presidente de la República en el lugar y la fecha indicadas en la Gaceta Oficial, consideró que dicho instrumento normativo no estaba válidamente promulgado, por lo que no podría estar vigente "no siendo más que una Ley sancionada por la Asamblea Nacional, estando vigente el Código Orgánico Tributario de 1994". En efecto, entiende la Sala que con tal solicitud la contribuyente lo que pretende es la aplicación a la controversia de fondo de las disposiciones contenidas en el Código de 1994.*

Ahora bien, vista y analizada como fue la referida solicitud de desaplicación del Código Orgánico Tributario de 2001 al caso de autos, de conformidad con lo previsto en los artículos 334 de la Constitución de la República Bolivariana de Venezuela y 20 del Código de Procedimiento Civil, observa la Sala que los fundamentos de la misma se circunscribieron tal como se indicó precedentemente, a invocar la inconstitucionalidad del proceso legislativo conforme al cual fue dictado el citado instrumento normativo, toda vez que éste supuestamente fue incumplido en sus etapas finales, vale decir, en las relativas a su promulgación y consiguiente publicación en Gaceta Oficial, visto que, según indica el representante judicial de la contribuyente, para la fecha en que el Presidente de la República le dio el "Cúmplase" y se publicó el texto del mismo en la Gaceta Oficial, el Alto Mandatario Nacional no se encontraba en el país, siendo tal hecho público, notorio y no sujeto a pruebas ante el juzgador de instancia.

Ahora bien, nuestro sistema de control jurisdiccional de la constitucionalidad y legalidad, está orientado para preservar la supremacía y estricta observancia de las disposiciones constitucionales respecto de las legales que pudieran amenazar el texto constitucional; en tal sentido, conforme a dicho mecanismo de control, todos los jueces de la República, cualquiera sea su competencia, están investidos, en el ámbito de sus funciones, del deber de velar por la integridad de nuestra Carta Magna. Así, dicho sistema de control, puede ser ejercido de dos maneras a tenor de lo previsto en el artículo 334 de la Constitución de la República Bolivariana de Venezuela, bien a través del denominado control concentrado o por medio del llamado control difuso, este último también previsto en el artículo 20 del Código de Procedimiento Civil; disposiciones normativas éstas que resultan del siguiente tenor:

> ***"Artículo 334**: Todos los jueces o juezas de la República, en el ámbito de sus competencias y conforme a lo previsto en esta Constitución y en la ley, están en la obligación de asegurar la integridad de esta Constitución.*
> ***En caso de incompatibilidad entre esta Constitución y una ley u otra norma jurídica, se aplicarán las disposiciones constitucionales, correspondiendo a los tribunales en cualquier causa, aún de oficio, decidir lo conducente.***
> ***Corresponde exclusivamente a la Sala Constitucional del Tribunal Supremo de Justicia como jurisdicción constitucional, declarar la nulidad de las leyes y demás actos de los órganos que ejercen el Poder Público dictados en ejecución directa e inmediata de la Constitución o que tengan rango de ley, cuando colidan con aquella."*** (Destacado de la Sala).

*"**Artículo 20.**- Cuando la ley vigente, cuya aplicación se pida, colidiere con alguna disposición constitucional, los jueces aplicaran ésta con preferencia."*

El denominado control difuso, radica en la posibilidad que tiene todo juez de causa en los asuntos sometidos a su consideración, de señalar que una norma jurídica de cualquier categoría, bien legal o sub legal, es incompatible con el texto constitucional, procediendo dicho juzgador, bien de oficio o a instancia de parte, a desaplicar y dejar sin efecto legal la señalada norma en el caso concreto, tutelando así la disposición constitucional que resultaba vulnerada. De igual forma, debe destacarse que esta desaplicación ocurre respecto a la causa en particular o caso concreto que esté conociendo el sentenciador, mas no así con efectos generales, por cuanto ello entrañaría otro tipo de pronunciamiento que escaparía del ámbito competencial de dicho juzgador.

Por el contrario, el control concentrado o control por vía de acción ejercido a través de la máxima jurisdicción constitucional (conformada por Sala Constitucional, en algunos casos por la Sala Político Administrativa del Tribunal Supremo de Justicia y por los demás Tribunales de la Jurisdicción Contencioso Administrativa), supone la declaratoria de inconstitucionalidad de una ley o disposición de rango sub legal, vista su colisión con el texto fundamental, con efectos generales, es decir, erga omnes, distinta de la situación que se configura al desaplicar una normativa en una controversia determinada a través del control difuso, caso en el cual, como se señaló supra, la norma sólo deja de tener aplicación para el caso en concreto por colidir con la Constitución.

Ahora bien, circunscribiéndonos al caso de autos, observa este Supremo Tribunal que del análisis de los términos en que fue propuesta la mencionada solicitud de desaplicación, se desprende que el pronunciamiento que pretende obtener la contribuyente del a quo, supone de éste un análisis del proceso legislativo de formación de las leyes, a la luz de las previsiones constitucionales que regulan dicho proceso de formación y que escapa del conocimiento del juez vía control difuso, y que obedece a un pronunciamiento propio del que se verifica mediante el ejercicio de un recurso de nulidad por inconstitucionalidad, respecto del cual carece de competencia el mencionado Tribunal Superior Séptimo de lo Contencioso Tributario. En efecto, en el caso de autos la presunta lesión constitucional denunciada por el apoderado de la contribuyente, no encuentra fundamento en una violación o trasgresión de las normas sustantivas contenidas en el mencionado instrumento regulador respecto de los preceptos constitucionales, sino en cuanto a lo referente al señalado incumplimiento del proceso legislativo de formación del mismo.

Derivado de lo anterior, estima esta Sala que el pedimento previo de desaplicación del Código Orgánico Tributario de 2001, formulado por el apoderado de la contribuyente, no era susceptible de ser decidido mediante la vía del control difuso, sino mediante el ejercicio de un recurso autónomo de nulidad por inconstitucionalidad en el que se determinase, tal como lo denuncia la contribuyente, si la ausencia en el país del ciudadano Presidente de la República constituía o no un hecho notorio, público y comunicacional, y que como derivado de tal ausencia, no pudo verificarse materialmente el procedimiento de formación de las leyes previsto en el texto constitucional. Por tales motivos, esta alzada debe ratificar la decisión dictada el 08 de enero de 2004, por el Tribunal Superior Séptimo de lo Contencioso Tributario de la Circunscripción Judicial del Área Metropolitana de Caracas y concluir en la improcedencia de la mencionada solicitud de desaplicación al caso de autos del Código Orgánico Tributario de 2001. ***Así se decide"*** *(negrillas del fallo y subrayados del autor).*

Falsamente asevera esta sentencia que está ratificando al Auto apelado, pues mal puede ser ratificado (reiterado, reproducido) un pronunciamiento que declara no ser un hecho notorio la ausencia del Jefe de Estado del territorio nacional, con una decisión que nada dice al respecto, pero que pretende restar alcance al control difuso de la constitucionalidad de la ley, en desmedro del principio de supremacía de la Constitución, del derecho a la tutela judicial efectiva, del derecho al debido proceso y del Estado de Derecho y de Justicia.

Nadie puede ser obligado a ejercer una acción de inconstitucionalidad ante la Sala Constitucional del Tribunal Supremo de Justicia, si cuenta con la posibilidad de invocar la cuestión de constitucionalidad en la causa de su caso concreto, ante el tribunal de instancia. Los jueces han de velar por la preferente aplicación de la Constitución, tanto en lo que respecta a las normas de fondo, como en cuanto concierne a las normas de procedimiento o de forma.

Una Ley dictada por la Asamblea Nacional, cumpliendo el proceso legislativo puede ser inconstitucional, por violar un principio de fondo como la prohibición de la confiscación. Igualmente, una "Ley" perfectamente compatible con los principios constitucionales de fondo, puede ser inconstitucional por emanar del Poder Ciudadano. En ambos casos la Constitución concibe dos controles de constitucionalidad, concentrado o difuso, a ser requeridos a instancia del interesado, según le convenga.

Cabe entonces preguntarse si la Sala Político-Administrativa del Tribunal Supremo de Justicia pretende que si el Presidente de la Republica dicta un supuesto decreto ley, sin previa ley habilitante al efecto, el afectado tendría que verse aplicar semejante antijuridicidad, sin poder defenderse por medio del control difuso, so pretexto de sólo poder atacarlo por vía de control concentrado??? El juez de instancia, por otra parte, a pesar de saber de la inexistencia de ley habilitante y de estar obligado a asegurar la supremacía constitucional, tendría que aplicar el tal supuesto decreto ley???

Lo cierto es que frente a esta sentencia, no quedó otra alternativa que pedir su revision a la Sala Constitucional del Tribunal Supremo de Justicia, como última esperanza de consecución de justicia.

De este modo, con base en los Artículos 7, 26, 49, numerales 1, 3 y 4, 266, numeral 1, 334 y 335 de la Constitución, se solicitó la Revisión Extraordinaria prevista en el numeral 10 del Artículo 336 de la Constitución, de esa sentencia, por tratarse de una sentencia definitivamente firme de una incidencia de apelación, en la cual injustamente se negó la posibilidad judicial de aplicar el control difuso de la constitucionalidad de la ley, bajo una interpretación grotesca que le resta alcance al derecho de acceso a la justicia, al derecho a la tutela judicial efectiva, y al principio de supremacía constitucional.

Como bien sabemos, uno de los grandes problemas que afronta el constitucionalismo contemporáneo es la defensa de la Constitución. La transformación, tan importante en nuestro ámbito sociopolítico, que tuvo lugar en pleno siglo veinte entre el constitucionalismo nominal donde la Constitución no traducía otra cosa que un mero desideratum de principios y voluntades- y el normativo aquel que entendía la Norma Fundamental como ley y, por lo tanto, debía efectiva y completamente aplicarse como tal– fue sin duda uno de los grandes pasos de la humanidad en su búsqueda hacia formas democráticas de legitimidad del poder.

No obstante, la creación del Estado constitucional pasaba por conceder algún tipo de solución a la gran pregunta que se han formulado una y otra vez los constitucionalistas: cómo garantizar la efectividad de la Constitución, en particular respecto a la adecuación del resto del ordenamiento jurídico a sus preceptos. En el mundo anglosajón se optó –así había tenido lugar tradicionalmente– por lo que se denominó control difuso de la constitucionalidad, donde la decisión sobre la adecuación de las normas no constitucionales a la Constitución queda en manos de los jueces ordinarios, que van de esta manera tejiendo el significado de la madeja constitucional.

Los sistemas europeos, a diferencia de lo anterior, optaron por un sistema de control concentrado de la constitucionalidad. El debate entre Schmitt, a favor de dejar en manos del Ejecutivo la interpretación de la Constitución, y Kelsen, que propugnó la creación de un Tribunal "ad hoc" para llevar a cabo esta función, concluyó en la victoria de los postulados kelsenianos, que por otra parte encajaban bien en la estructura de jerarquía normativa, con la Norma Fundamental en su cima, sobre la que este autor había asentado gran parte de su teoría jurídica. Algunas cuestiones que planteaba la creación de dicho Tribunal constitucional fueron resolviéndose durante su concreción en los textos constitucionales, como su legitimidad democrática de origen, su funcionamiento o la naturaleza de su función.

Cabe señalar que, el nombre de control difuso lo usó Carl Schmitt en los años 30, y luego Piero Calamandrei en los 50 lo fundamentó más ampliamente. Fue aplicado al sistema norteamericano, es decir, al sistema llamado americano, en el cual se daba esa opción, en principio, a todos los jueces o, en todo caso, a los jueces más representativos como cabeceras de corte, de distrito, o de Estado. Era una facultad que se daba a un número indefinido de jueces para ejercer un tipo de control. Pero se daba en forma incidental, a raíz de un proceso, en un caso concreto, cuando había actores en el proceso, y cuando había consecuencias inmediatas. Esa es la naturaleza del llamado control difuso, que lamentablemente no ha sido bien entendido. Este sistema de control es lo que califica, digamos, al sistema llamado americano, pero también se da en ciertas circunstancias en el llamado modelo europeo, cuando el reclamo, la queja, o el recurso, está formulado por un particular, dentro de un caso concreto. En efecto, no es privativo del modelo americano, lo que pasa es que es característico del sistema americano, pero también se puede dar en el sistema concentrado, pero dentro de sus propios límites.

Sin embargo, el problema es si en una acción de inconstitucionalidad, puede realmente ejercitarse o usarse, el control difuso. El control a través de una acción de inconstitucionalidad como lo tienen muchos países más es un control abstracto, es una especie de juicio de puro derecho, y lo que se busca es una suerte de análisis teórico, abstracto, entre una norma superior y una inferior, que aparentemente colisionan.

Con relación al control concentrado, se puede decir que es una modalidad típicamente europea, que nació para evitar problemas y roces con el Parlamento, vale decir, nace el control abstracto como acción para evitar roces con el Parlamento y evitar problemas al Poder Judicial. Existen antecedentes en América Latina específicamente en Venezuela y Colombia, aunque es un modelo perfeccionado en Europa y vinculado fundamentalmente con los Tribunales Constitucionales europeos.

De hecho, Venezuela se circunscribe dentro de lo que se ha dado en llamar un sistema mixto de control de la constitucionalidad, en el cual coexisten tanto el control concentrado, directo u objetivo, a cargo de la Sala Constitucional, como el control difuso, indirecto o subjetivo, confiado a todo tribunal, ambos de naturaleza "a posteriori", por corresponder a leyes ya entradas en vigencia, y con previsión también del denominado control concentrado "a priori", antes de que la ley sea promulgada, cualquiera sea la razón, formal o material, de la inconstitucionalidad alegada frente al texto de ley cuestionado.

Es así que en sentencias del Tribunal Supremo de Justicia, en Sala Constitucional, se ha establecido que:

> *"Al respecto, observa esta Sala Constitucional que el precepto cuya aplicación se solicitó, dispone:*
> ***"Artículo 20.- Cuando la ley vigente, cuya aplicación se pida, colidiere con alguna disposición constitucional, los Jueces aplicarán ésta con preferencia."***
> *La transcrita norma legal contiene lo que la doctrina y jurisprudencia han denominado el control difuso de la constitucionalidad, de acuerdo con el cual el juez, aún de oficio, puede desaplicar una norma legal vigente cuya aplicación se haya solicitado, si considera que su contenido colide con una norma constitucional. Tal potestad, establecida en las Disposiciones Fundamentales del Código de Procedimiento Civil, está atribuida a todos y cada uno de los funcionarios que ejercen la magistratura en toda la República, indistintamente del grado, nivel o jerarquía del Tribunal a su cargo, y así ha sido entendido pacífica y reiteradamente desde la consagración de tal instituto en el ordenamiento jurídico venezolano, es decir, que la potestad contenida en el inserto precepto legal puede y debe ser instrumentada por cualquier juez cuando ello resultare necesario.*
> *En el presente caso, se observa, que habiendo sido solicitado del Juzgado Superior Quinto de lo Contencioso Tributario de la Circunscripción Judicial del Área Metropolitana de Caracas, un pronunciamiento acerca de la desaplicación de una norma legal, contenida en el Código Orgánico Tributario, dicho Juzgado estaba obligado a determinar si efectivamente la aplicación de la misma al caso sometido a su conocimiento, resultaba o no, violatoria de los derechos y garantías constitucionales invocados como violados con su aplicación, por lo que no debió el Juez a quo expresar, con una fórmula que revela una evidente ignorancia del Derecho, que no poseía facultades para declarar la inconstitucionalidad de la norma cuyo empleo en el caso bajo examen se estaba cuestionando.*
> *Así, se observa que el primer aparte del artículo 334 constitucional, establece:*
> ***"...omississ...***
> ***En caso de incompatibilidad entre esta Constitución y una ley u otra norma jurídica, se aplicarán las disposiciones constitucionales, correspondiendo a los tribunales en cualquier causa, aún de oficio, decidir lo conducente."***
> *De tal manera que, considera esta Sala Constitucional que, no sólo constituía una obligación legal de la referida Juez Superior Quinto de lo Contencioso Tributario, el pronunciarse y posteriormente desaplicar, de ser procedente, la norma cuya desaplicación le fue solicitada, sino que además se trataba de un imperativo que le imponía de manera directa una disposición constitucional.*

> *Por lo que, en virtud de lo expresado y en ejercicio de la tuición constitucional que ejerce esta Sala, la misma considera procedente la nulidad de la sentencia impugnada, proferida por el Juzgado Superior Quinto de lo Contencioso Tributario y se ordena al mencionado Juzgado Superior que dicte nueva sentencia en la que se pronuncie acerca de lo solicitado por el actor, y así se declara" (Sentencia de la Sala Constitucional del Tribunal Supremo de Justicia, del 2 de abril de 2001, con ponencia del Magistrado Antonio J. García García, Caso: Industrias Lucky Plas, C.A.* (http://www.tsj.gov.ve/decisiones/sc/abril/ 620-020501-01-0106.htm).

También se ha manifestado el Tribunal Supremo de Justicia, sobre la diferencia entre el control difuso y el control concentrado. Veamos:

> *"Debe esta Sala, con miras a unificar la interpretación sobre el artículo 334 de la vigente Constitución, y con carácter vinculante, señalar en qué consiste el control difuso, y en qué consiste el control concentrado de la Constitución.*
> *El artículo 334 de la Constitución, reza:*
> *Artículo 334. "Todos los jueces o juezas de la República, en el ámbito de sus competencias y conforme a lo previsto en esta Constitución y en la ley, están en la obligación de asegurar la integridad de esta Constitución.*
> *En caso de incompatibilidad entre esta Constitución y una ley u otra norma jurídica, se aplicarán las disposiciones constitucionales, correspondiendo a los tribunales en cualquier causa, aún de oficio, decidir lo conducente.*
> *Corresponde exclusivamente a la Sala Constitucional del Tribunal Supremo de Justicia como jurisdicción constitucional, declarar la nulidad de las leyes y demás actos de los órganos que ejercen el Poder Público dictados en ejecución directa e inmediata de la Constitución o que tengan rango de ley, cuando colidan con aquella".*
> *Consecuencia de dicha norma es que corresponde a todos los jueces (incluso los de la jurisdicción alternativa) asegurar la integridad de la Constitución, lo cual adelantan mediante el llamado control difuso. Dicho control se ejerce cuando en una causa de cualquier clase que está conociendo el juez, éste reconoce que una norma jurídica de cualquier categoría (legal, sublegal), que es incompatible con la Constitución. Caso en que el juez del proceso, actuando a instancia de parte o de oficio, la desaplica (la suspende) para el caso concreto que está conociendo, dejando sin efecto la norma en dicha causa (y sólo en relación a ella), haciendo prevalecer la norma constitucional que la contraría. Por lo tanto, el juez que ejerce el control difuso, no anula la norma inconstitucional, haciendo una declaratoria de carácter general o particular en ese sentido, sino que se limita a desaplicarla en el caso concreto en el que consideró que los artículos de la ley invocada, o hasta la propia ley, coliden con la Constitución.*

La declaratoria general de inconstitucionalidad de una o un conjunto de normas jurídicas (leyes), corresponde con exclusividad a la Sala Constitucional del Tribunal Supremo de Justicia, quien, ante la colisión, declara, con carácter ***erga omnes****, la nulidad de la ley o de la norma inconstitucional. Dicha declaratoria es diferente a la desaplicación de la norma, tratándose de una decisión de nulidad que surte efectos generales (no para un proceso determinado) y contra todo el mundo. Mientras que los Tribunales de la República, incluyendo las Salas del Tribunal Supremo de Justicia diferentes a la Constitucional, pueden ejercer sólo el control difuso. Las Salas Constitucional y Político Administrativa pueden ejercer el control difuso en una causa concreta que ante ella se ventile, y el control concentrado mediante el juicio de nulidad por inconstitucionalidad, cuyo conocimiento a ellas corresponde. La máxima jurisdicción constitucional se refiere al control concentrado, el cual es un control por vía de acción, que lo ejerce la Sala Constitucional, conforme al artículo 336 constitucional y, en ciertos casos, la Sala Político Administrativa.*

Conforme al artículo 334 aludido, el control difuso sólo lo efectúa el juez sobre normas (lo que a juicio de esta Sala incluye las contractuales) y no sobre actos de los órganos que ejercen el poder público, así ellos se dicten en ejecución directa e inmediata de la Constitución.

No debe confundirse el control difuso, destinado a desaplicar normas jurídicas, con el poder que tiene cualquier juez como garante de la integridad de la Constitución, de anular los actos procesales que atenten contra ella o sus principios, ya que en estos casos, el juzgador cumple con la obligación de aplicar la ley, cuya base es la Constitución.

Distinta es la situación del juez que desaplica una norma porque ella colide con la Constitución, caso en que la confrontación entre ambos dispositivos (el constitucional y el legal) debe ser clara y precisa.

Esto último, conlleva a la pregunta ¿si en ejercicio del control difuso un juez puede interpretar los principios constitucionales, y en base a ellos, suspender la aplicación de una norma?

Fuera de la Sala Constitucional, debido a las facultades que le otorga el artículo 335 de la Constitución vigente, con su carácter de máximo y último intérprete de la Constitución y unificador de su interpretación y aplicación, no pueden los jueces desaplicar o inaplicar normas, fundándose en principios constitucionales o interpretaciones ***motu proprio*** *que de ellas hagan, ya que el artículo 334 comentado no expresa que según los principios constitucionales, se adelante tal control difuso. Esta es función de los jueces que ejercen el control concentrado, con una modalidad para el derecho venezolano, cual es que sólo la interpretación constitucional que jurisdiccionalmente haga esta Sala, es vinculante para cualquier juez, así esté autorizado para realizar control concentrado.*

Ahora bien, el juez al aplicar el derecho adjetivo, debe hacerlo ceñido a la Constitución, adaptándose en sus actuaciones a lo constitucional, y por ello sin que se trate de un control difuso, sino de aplicación de la ley, puede anular los actos procesales que contraríen a la Constitución, y sus principios. Este actuar amoldado a la Constitución es parte de su obligación de asegurar la integridad constitucional y, dentro de la misma, el juez debe rechazar en su actividad todo lo que choque con la Constitución.

Conforme a lo expuesto, la defensa y protección de los derechos fundamentales corresponde a todos los jueces, los que los ejercen desde diversas perspectivas: mediante el control difuso y, otros, mediante el control concentrado; pero todo este control corresponde exclusivamente a actos netamente jurisdiccionales, sin que otros órganos del Poder Público, ni siquiera en la materia llamada cuasi-jurisdiccional, puedan llevarlo a cabo. El artículo 334 constitucional es determinante al respecto.

A diferencia de otros países (donde existen tribunales constitucionales) en Venezuela, –siendo parte del Poder Judicial– se encuentra la Sala Constitucional del Tribunal Supremo de Justicia, a la cual corresponde la jurisdicción constitucional, pero tal jurisdicción no tiene una cobertura total en el control concentrado.

El artículo 334 de la Constitución, crea la jurisdicción constitucional, la cual corresponde a la Sala Constitucional.

La jurisdicción constitucional tiene encomendado el control concentrado de la Constitución. Ese control concentrado, que corresponde con ***exclusividad*** *a la Sala Constitucional conforme al artículo 334 antes citado, otorga competencia a esta Sala para declarar la nulidad de:*

1) Leyes;

2) Actos de los órganos que ejercen el Poder Público, dictados en ejecución directa e inmediata de la Constitución;

3) Actos de los órganos que ejercen el Poder Público que tengan rango de ley.

El artículo 336 ***eiusdem****, aclara la enumeración del artículo 334 en su tercer parágrafo, y considera leyes:*

1) Las nacionales emanadas de la Asamblea Nacional (numeral 1);

2) Actos con rango de ley, emanados de la Asamblea Nacional (numeral 2);

3) Constituciones Estadales (numeral 2);

4) Leyes Estadales (numeral 2);

5) Ordenanzas Municipales (numeral 2);

6) Actos con rango de ley dictados por el Ejecutivo Nacional (numeral 3).

De este último tipo de actos, los decretos leyes dictados por el Ejecutivo (artículo 336, numeral 10), producto de leyes habilitantes, son actos con rango de ley, y como leyes son de igual naturaleza que la normativa dictada por la Sala Plena de este Tribunal Supremo de Justicia en el ejercicio del artículo 267 constitucional.

Planteado así la interpretación de los artículos 334, 335 y 336 de la Constitución, ¿en materia de control concentrado de la Constitución tiene alguna competencia la Sala Político Administrativa?.

Con base en que el artículo 335 constitucional otorga al Tribunal Supremo de Justicia la garantía, supremacía y efectividad de las normas y principios constitucionales, se ha argüido que las Salas del Tribunal Supremo de Justicia ejercen tal garantía, pero de la letra del artículo y de lo que, en teoría, corresponde a la jurisdicción constitucional, lo que se evidencia es que es a la Sala Constitucional a quien se refiere el artículo 335 y no a las otras Salas del Tribunal Supremo de Justicia, ya que dicha norma establece que el Tribunal Supremo de Justicia es el máximo y último intérprete de la Constitución, y a continuación establece: "Las interpretaciones que establezca la Sala Constitucional sobre el contenido y alcance de las normas y principios constitucionales son vinculantes para las otras Salas del Tribunal Supremo de Justicia y demás tribunales de la República".

Por lo tanto, el artículo 335 no está otorgando a ninguna Sala distinta a la Constitucional, ningún tipo de control concentrado, sino sólo el control difuso, ya que si no ¿cómo entender que siendo el Tribunal Supremo el máximo y último intérprete de la Constitución, sea la Sala Constitucional la que establece interpretaciones vinculantes para las otras Salas?.

Sin embargo, el artículo 266 de la Constitución, en su numeral 5, atribuye a la Sala Político Administrativa de este Tribunal Supremo: "Declarar la nulidad total o parcial de los reglamentos y demás actos administrativos generales o individuales del Ejecutivo Nacional, cuando sea procedente".

Se da así, al reglamento, naturaleza de acto administrativo y, como tal, se le coloca en el mismo plano de las resoluciones ministeriales, que son los demás actos a que se refiere el artículo transcrito; a pesar que el numeral 5 del artículo 266 citado, no se refiere a la nulidad por inconstitucional. La Sala Político Administrativa ha venido sosteniendo que –fundada además en la Ley Orgánica de la Corte Suprema de Justicia–, es competente para conocer de tales nulidades, compartiendo con la Sala Constitucional el control concentrado. ¿Realmente es así?.

A juicio de esta Sala, y aunque el numeral 5 de la mencionada norma constitucional no lo establezca expresamente, al Reglamento –como acto administrativo– le dio, el constituyente, una connotación distinta a los "actos con rango de ley" que dicta el Ejecutivo Nacional que, en consecuencia, son otros, como los decretos leyes que, previa autorización por una ley habilitante, puede dictar el Ejecutivo (artículo 236, numeral 8 de la Constitución), por lo que la jurisdicción constitucional para el control concentrado está compartida en Venezuela entre la Sala Constitucional y la Sala Político Administrativa; pues, esta última también conoce de la inconstitucionalidad de los actos de los órganos estadales en ejercicio del poder público que no respondan a la aplicación directa e inmediata de la Constitución. Sin embargo, la estructura constitucional conduce a que la jurisdicción constitucional, ejercida por la Sala Político Administrativa, esté supeditada en cuanto a las interpretaciones constitucionales, a las emitidas –con efecto vinculante– por la Sala Constitucional.

El control concentrado de la Sala Constitucional, no consiste en el conocimiento de la constitucionalidad de toda norma pública (normas generales) y de todos los actos del poder público, ya que la Sala Político Administrativa ejerce un control mediato de la inconstitucionalidad, motivo por el cual el artículo 336 de la vigente Constitución, se refiere con respecto a la competencia de la Sala Constitucional, a actos de los órganos estadales en ejecución directa e inmediata de la Constitución.

Como expresa Pablo Pérez Tremps en su obra "Tribunal Constitucional y Poder Judicial" (Centro de Estudios Constitucionales, pp. 116) "determinar qué violación es mediata y cuál inmediata no es tarea sencilla, ya que hay manifestaciones jurídicas inmediatamente subordinadas a la Constitución distinta de las leyes, por contener la Carta Fundamental normas materiales dirigidos a todos los poderes públicos y no solo normas para la creación de normas. La constitucionalidad no está en la actualidad referida sólo a las leyes, sino a todas las actuaciones de los Poderes Públicos" y, en consecuencia, a los actos de los jueces y tribunales, como apunta Pérez Tremps (ob. Cit. Pp. 118). Dada esa amplitud, todos lo conflictos derivados de la aplicación de la norma constitucional no pueden ser atribuidos al conocimiento de la jurisdicción constitucional ***stricto sensu*** *(Tribunales Constitucionales, en Venezuela, Sala Constitucional), y por ello, al existir categorías jurídicas, que a veces rompen la relación de subordinación inmediata entre Constitución, leyes, reglamentos, actos en ejecución inmediata o mediata del Texto Fundamental, tienen a su vez que existir categorías en la jurisdicción, respecto al control concentrado de la Carta Fundamental.*

Siendo la Constitución la cúspide del ordenamiento jurídico, tanto en lo formal como en lo material, no puede prescindirse de ella en la aplicación e interpretación de todo el ordenamiento, por lo que todos los jueces, y no sólo los de la jurisdicción constitucional, están en el deber de mantener su integridad, y de allí, surge el control difuso, así como las extensiones señaladas del control concentrado" (subrayado del autor) (Sentencia de la Sala Constitucional del Tribunal Supremo de Justicia, con ponencia del Magistrado Jesús Eduardo Cabrera Romero, caso: Instituto Autónomo Policía Municipal de Chacao, del 25 de mayo de 2001 (http://www.tsj.gov.ve/decisiones/sc/mayo/250501-00-2106.htm).

Ahora bien, vistos los antecedentes jurisprudenciales citados y de igual forma los argumentos de la Sala Político-Administrativa del Tribunal

Supremo de Justicia, se puede observar una confusión entre la desaplicación casuística de una ley y la declaratoria de nulidad de esa misma ley por un Juez incompetente.

Las leyes no pueden entrar en vigencia y generar efectos si no han sido creadas siguiendo estrictamente el procedimiento para su formación, constitucionalmente previsto. De dictarse y publicarse una ley (o seudo ley) en tales condiciones, los ciudadanos, en resguardo del pacto social y en justificación de la renuncia hecha a parcelas de su libertad, a favor del bien común, sólo disponen de los mecanismos de control de la constitucionalidad, que tienden a hacer realidad el principio de supremacía de la Constitución, trátese de que la misma haya sido violada en aspectos formales o materiales, eso poco importa. Cualquier juez, presumido conocedor del derecho, ha de estar familiarizado con el proceso legislativo, precisamente, entre otras cosas, para estar seguro de cuales son las leyes vigentes y aplicables en la República, por haber sido dictadas conforme a la Constitución, en lo formal y en lo material. Además, todo juez sabe por sus máximas de experiencia que no se puede estar en dos sitios a la vez, y que si se esta en un sitio y se declara estar en otro, en el mismo momento, se incurre en una falsedad, impropia o inadecuada en el actuar de quienes ejercen el poder público.

El hecho notorio comunicacional evidencia la ausencia del territorio nacional del Jefe de Estado, el 17 de octubre de 2001, la simple lectura de la Gaceta Oficial del día revela la falsa declaración de su presencia en Miraflores, todo lo cual pone de bulto el incumplimiento de la promulgación real del Código en cuestión, y el principio de supremacía de la Constitución exige de su guardador, el juez, el Poder Judicial, que por la vía difusa o concentrada, según haya elegido el interesado, en su derecho, cuando no de oficio de forma difusa, que sea preferida la Constitución, y, en este caso, desaplicado al juicio en concreto, sin pretensiones "erga omnes", cosa que eventualmente pudiera interesar al Defensor del Pueblo, pero que en este caso se limita a salvaguardar legítima y lícitamente los derechos subjetivos de la recurrente.

Cómo puede la Sala Político-Administrativa, en un Estado de Derecho y de Justicia, pretender que los jueces, no obstante serles patente el menoscabo del proceso legislativo por parte del Legislador o del Ejecutivo, y a pesar del principio de supremacía de la Constitución, que la hace obligatoria a todo órgano público, se hagan de la vista gorda y apliquen la supuesta ley, so pretexto de que la única forma de corregir el tema, es mediante el control concentrado??? Con este criterio cualquier ente público podría dictar pretendidas leyes, sin cumplir los procedimientos institucionales, sin que los jueces pudieren hacer nada mas que ejecutarlas, en la espera de que alguien ejerza la acción de inconstitucionalidad y sus resultas.

De tal forma que el Juzgado Superior Séptimo de lo Contencioso Tributario tenía competencia para conocer de la solicitud de desaplicación por vía de control difuso, de la integralidad del viciado en su promulgación Código Orgánico Tributario de 2001, como se solicitó a la Sala Político-Administrativa, no pudiendo ella hacer una interpretación grosera, restrictiva del alcance justo de la norma constitucional consagratoria del control difuso, en armonía con el principio de supremacía constitucional, por lo que se pidió la anulación de la sentencia por Revisión Extraordinaria.

No obstante todo lo anterior, la Sala Constitucional del Tribunal Supremo de Justicia, en fecha 22 de febrero de 2005 dictó la sentencia Nro. 53, con ponencia del Magistrado Luís Velásquez Alvaray (http://www.tsj.gov.ve/decisiones/scon/Febrero/53-220205-05-0171.htm), donde se limitó a expresar su auto conferida soberanía para decidir qué casos revisa y cuáles no, indicando inmotivadamente que optaba por no revisar este caso, dejando en suspenso tan trascendental punto para una democracia y un Estado de Derecho y de Justicia.

B) Y, en el segundo caso, luego del ejercicio del Recurso Contencioso Tributario contra un Oficio del Superintendente Municipal de Administración Tributaria, de la Alcaldía del Municipio Libertador del Distrito Capital, el Juzgado Superior Octavo de lo Contencioso Tributario, por Auto de fecha 18 de septiembre de 2003, se declaró incompetente para conocer "in limine litis" del punto previo tendente a la ejecución del control difuso de la constitucionalidad, mediando la desaplicación del denunciado Código, al caso concreto, afirmando extrañamente que:

> *"Declarar la inconstitucionalidad de las leyes, en ejercicio del denominado control concentrado, corresponde por disposición constitucional, en forma exclusiva, a la Sala Constitucional del Tribunal Supremo de Justicia, por así establecido en el artículo 236, númeral 1, de la Constitución de la República Bolivariana de Venezuela, en concordancia con el artículo 334, segundo aparte ejusdem.*
> *Corresponde a todos los jueces de la República en el ámbito de su competencia, ejercer el denominado control difuso de la constitucionalidad de las leyes, por así disponerlo el artículo 334, primer aparte ejusdem.*
> *En el caso de autos, observa el Tribunal que el pedimento no se circunscribe a la desaplicación casuística de una disposición legal incompatible con la Constitución, sino de la desaplicación total de la ley por un presunto vicio en su promulgación.*
> *La desaplicación total del Código Orgánico Tributario de 2001 al caso de autos, por el presunto vicio señalado, tendría como consecuencia, en criterio de este Tribunal, una confusión entre la desaplicación casuística de una ley por Juez incompetente y así se declara".*

Frente a este pronunciamiento, el tribunal remitió la totalidad del expediente (no obstante su clara competencia para conocer del recurso) a la Sala Constitucional del Tribunal Supremo de Justicia, ante la cual la recurrente consignó un escrito de oposición, con fundamento en los siguientes argumentos:

La pretensión de la recurrente fue la desaplicación total o integral del Código Orgánico Tributario sancionado por la Asamblea Nacional en septiembre de 2001, y pretendidamente promulgado el 17 de octubre de 2001, publicado en la Gaceta Oficial Nro. 37.305 de esa última fecha, por las razones anteriormente expresadas, lo cual es lo propio de un control difuso de constitucionalidad.

Sobre la evidente competencia de todo juez, para ejercer el control difuso, indirecto o subjetivo de la constitucionalidad, la Sala Constitucional ha sostenido:

> *"Finalmente, aprecia esta Sala que el Juzgado Segundo Superior de lo Contencioso Tributario de la Circunscripción Judicial del Distrito Federal y Estado Miranda, hoy Área Metropolitana de Caracas, desaplicó, en el caso de autos, la Ordenanza sobre el Régimen de Contingencia a la cual deberán someterse los contribuyentes a quienes se les determinen impuestos complementarios por reparos fiscales, que sancionó el Concejo del Municipio Rosario de Perijá, a través del control difuso de la constitucionalidad –artículo 20 del Código de Procedimiento Civil–, por considerarla violatoria de los derechos a la defensa y a la libertad económica que establecieron los artículos 68 y 96 de la Constitución derogada, análisis que esta Sala estima ajustado a derecho, por cuanto cualquier Juez tiene la facultad de la desaplicación de aquella disposición que colida con la Constitución, porque ésta es la norma suprema"* (Subrayado del autor) (Sentencia de la Sala Constitucional del Tribunal Supremo de Justicia, con ponencia del Magistrado Pedro Rondón Haaz, caso: Compañía Occidental de Hidrocarburos, Inc., del 19 de junio de 2002 (http://www.tsj.gov.ve/decisiones/scon/Junio/1328-190602-00-1345%20.htm).

Ahora bien, se puede observar de los bien intencionados argumentos del Juzgado Superior Octavo de lo Contencioso Tributario, para declarar su propia incompetencia, una confusión entre la desaplicación casuística, concreta y subjetiva de una ley y la declaratoria abstracta y objetiva de nulidad "erga omnes" de esa misma ley.

En efecto, lo que distingue una petición de ejercicio del control concentrado, directo u objetivo de constitucionalidad de una referida al control difuso, indirecto o subjetivo de la constitucionalidad, aparte del tema de la competencia judicial, que en lo primero está monopolísticamente confiado a la Sala Constitucional, sin duda, y en lo segundo se atribuye por igual a todos los jueces de la República, dentro del ámbito de los casos que están llamados a conocer, sin discrepancia alguna, no es si el requerimiento se refiere a uno o más artículos o dispositivos o a un texto legal completo o a más de uno, sino la pretensión procesal involucrada en el actuar del justiciable.

Así, si lo que se pide es la anulación abstracta, con efectos "erga omnes", del o de los dispositivos legales o texto completo de leyes, se trata de una acción de inconstitucionalidad, que pone en movimiento el control concentrado, directo u objetivo de la constitucionalidad, siendo ello del conocimiento privativo de la Sala Constitucional.

Pero, si lo que se clama es por la simple desaplicación en concreto, a un caso particular, en un Recurso Contencioso Tributario, de uno o más dispositivos legales o, como en este caso, de un texto de ley total, por adolecer de un vicio de inconstitucionalidad que lo afecta integralmente, se asiste al planteamiento de una cuestión de inconstitucionalidad, incidental, cuya competencia corresponde sólo al tribunal de la causa.

De este modo, se puede ver que el Juzgado Superior Octavo de lo Contencioso Tributario tiene efectivamente y por mandato expreso del artículo 334, primer aparte de la Constitución, competencia para conocer y decidir "in limine" del punto de marras, por tratarse de una petición de ejercicio del control difuso, indirecto o subjetivo de constitucionalidad, tendente no a la anulación, como mal lo interpretó el juez de la causa, sino a la desaplicación a este único y específico caso, el de la recurrente, de la totalidad del Código Orgánico Tributario de 2001.

Empero, aun no ha habido pronunciamiento de la Sala Constitucional del Tribunal Supremo de Justicia.

En consecuencia, no obstante tener ya cerca de dos años este tema de la inconstitucional promulgación del Código Orgánico Tributario de 2001 planteado ante el Poder Judicial, siendo su causa un hecho notorio comunicacional que ya va para cuatro años, continuamos asistiendo a un vacío frente al clamor de justicia, en donde los jueces y magistrados, por otra parte, siguen sin mas aplicando el denunciado Código, con burla de la seguridad jurídica, de la tutela judicial efectiva, del principio "iura novit curia", del principio de supremacía constitucional y del Estado de Derecho y de Justicia.

V.- CONCLUSIÓN

En nuestro criterio, al no haber sido posible llevar a cabo en términos constitucionales la promulgación del Código Orgánico Tributario, sancionado por la Asamblea Nacional el 13 de septiembre de 2001, en el lugar y fecha expuestos en la referida Gaceta Oficial de la República del 17 de octubre de 2001 (que por ende contiene datos falsos), ha de encontrarse todavía vigente el Código Orgánico Tributario del 25 de mayo de 1994, debido a que formal y constitucionalmente nunca hubo tal promulgación de ley.

Las leyes solo pueden ser derogadas por otras leyes, reza el Artículo 218 de la Constitución de la República. siendo obvio que esas otras leyes, para ser tales, deben haber cumplido con el iter constitucional de formación, en un Estado de Derecho. "Lex dura lex".

Por todo lo anteriormente expuesto, y a pesar de lo inefectivo e injusto que ha sido acudir al Poder Judicial en espera de asegurar el respeto constitucional, es lo cierto que el Código Orgánico Tributario de 2001, so pena de desacatar letra expresa de la Constitución y afectar el principio de seguridad jurídica, no se encuentra válidamente promulgado y, por lo tanto, tampoco puede estar vigente, no siendo más que una ley sancionada por la Asamblea Nacional, estando vigente el Código Orgánico Tributario de 1994.

En Libro Homenaje al Profesor Alfredo Arismendi A., Coordinador Carlos Luis Carrillo Artiles, Instituto de Derecho Público, Universidad Central de Venezuela, Ediciones Paredes, Caracas, 2008, pp. 87 a 107.

1.9
De la obligación constitucional de recibir, de la Administración Pública

I. INTRODUCCIÓN

El que la propia Constitución de la República y un número por demás innecesario de leyes y otros actos con rango de ley, normas con mera vigencia formal, consagren que, en Venezuela, todos tienen derecho a dirigir peticiones y representaciones a los órganos de la Administración Pública, los cuales, siguiendo las reglas del debido proceso y en el ámbito de sus competencias legales, deben recibirlas, hacerlas subsanar (según los casos) y responderlas adecuada y, sobre todo, oportunamente, no significa que tengan vigencia real, pues desafortunadamente la cotidianeidad en las relaciones procesales entre la Administración Pública y los administrados pone de bulto que los funcionarios públicos, en gran cantidad y en una notable frecuencia de casos, a parte de que no responden oportunamente, lo cual de por si es grave, ni siquiera reciben las peticiones o las rechazan, sin control de legalidad posible, por falta o dificultad de prueba, de manera oral, en detrimento de la institución del "despacho subsanador" o "despacho saneador", incluso por el supuesto incumplimiento de requisitos o exigencias formales que, o bien no tienen base legal o reglamentaria, o bien si la tienen, pero las normas legales prohíben que se las exija en determinadas circunstancias.

Esta lamentable situación cuestiona fuertemente que pueda afirmarse, en Venezuela, que de verdad la Administración Pública se encuentra al servicio de los administrados, vale decir de la sociedad o de la colectividad en general, y que, por tanto, se subordine a los principios constitucionales de legalidad, de transparencia, de proporcionalidad, de participación, de celeridad, de eficacia y eficiencia, de buena fe y de responsabilidad[274]; y, lo que es aun peor, que Venezuela sea *"un Estado democrático y social de Derecho y de Justicia, que propugna como valores superiores de su ordenamiento jurídico y de su actuación, ..., la igualdad, ..., la democracia, ... y en general, la preeminencia de los derechos humanos, la ética ..."*[275]; que el Estado tenga *"como fines esenciales la defensa y el desarrollo de la persona y el respeto a su dignidad, ..., la promoción de la prosperidad y bienestar del pueblo y la garantía del cumplimiento de los principios, derechos y deberes consagrados en esta Constitución"*[276]; que la Constitución sea *"la norma suprema y el fundamento del ordenamiento jurídico. Todas las personas y los órganos que ejercen el Poder Público están sujetos a esta Constitución"*[277]; y, que el Estado garantice *"a toda persona, conforme al principio de progresividad y sin discriminación alguna, el goce y ejercicio irrenunciable, indivisible e interdependiente de los derechos humanos. Su respeto y garantía son obligatorios para los órganos del Poder Público de conformidad con la Constitución, los tratados sobre derechos humanos suscritos y ratificados por la República y las leyes que los desarrollen"*[278].

En definitiva, la actual y por décadas reiterada práctica administrativa de negarse a recibir, o ilegal e informalmente condicionar la recepción de las peticiones, solicitudes, representaciones, consultas, descargos, probanzas, recursos, etc., que les son dirigidos por los administrados, a mas de resultar contraria a la moral y ética republicana, es gravemente violatoria de los derechos humanos y su marco dogmático principista, y acaba por erigirse en un insalvable obstáculo para la verdadera democratización de la Administración Pública, sobre lo que hay que reflexionar[279], simplemente para desempolvar dos viejos adagios: "Lex dura Lex" y "dadle a cada

---

[274] Artículo 141 de la Constitución.
RONDON DE SANSO, Hildegard. *La Actividad Administrativa y el Régimen de Sanciones Administrativas en el Derecho Venezolano.* II Jornadas sobre Derecho Administrativo. Las Formas de la Actividad Administrativa. Fundación Estudios de Derecho Administrativo (FUNEDA). Colegio de Abogados del Estado Carabobo. Caracas, 2005. Pág. 72: Los califica de "principios de buena administración.

[275] Artículo 2 de la Constitución.

[276] Artículo 3 de la Constitución.

[277] Artículo 7 de la Constitución.

[278] Artículo 19 de la Constitución.

[279] GONZALEZ PEREZ, Jesús. *La Ética en la Administración Pública.* Editorial Civitas. Madrid 2000. Pág. 51: *"La desigualdad es la norma. Desde el momento mismo en que el administrado se pone en contacto con la Administración Pública y se encuentra con la ventanilla. Sorprende el escaso interés de la doctrina por esta institución, que constituye el primer obstáculo a franquear –y no el menor– para tomar contacto con la Administración Pública y obtener una decisión. Y para ciertos sectores de la opinión pública, la Administración no es otra cosa que un conjunto de ventanillas en las que se hace cola".*

quien lo que en justicia le corresponda", como columnas vertebrales de la convivencia pacifica y el desarrollo digno y libre de la persona, como fines esenciales de la institución estatal.

II. DOS DERECHOS ESENCIALES: DE PETICIÓN Y OBTENCIÓN DE OPORTUNA Y ADECUADA RESPUESTA, Y AL DEBIDO PROCESO

Dos de los derechos esenciales de la persona humana, consagrados o recogidos no solamente en la Constitución de la República, sino también en otros textos normativos de idéntica jerarquía jurídica[280], como lo son la Convención Americana sobre Derechos Humanos o Pacto de San José de Costa Rica[281], y el Pacto Internacional de los Derechos Civiles y Políticos[282], lo son, sin duda, los denominados derechos de petición y de obtención de oportuna y adecuada respuesta, y al debido proceso.

En este sentido, la Constitución, la Convención y el Pacto mencionados disponen, en sus artículos 49 (numeral 1) y 51, de la primera, 8.1, de la segunda, y 14.1 del tercero, lo siguiente:

> *"El debido proceso se aplicará a todas las actuaciones judiciales y administrativas y, en consecuencia:*
>
> 1. *La defensa y la asistencia jurídica son derechos inviolables en todo estado y grado de la investigación y del proceso...".*
>
> *"Toda persona tiene el derecho de representar o dirigir peticiones ante cualquier autoridad, funcionario público o funcionaria pública sobre los asuntos que sean de la competencia de éstos, y a obtener oportuna y adecuada respuesta. Quienes violen este derecho serán sancionados conforme a la ley, pudiendo ser destituidos del cargo respectivo".*
>
> *"Toda persona tiene derecho a ser oída, con las debidas garantías y dentro de un plazo razonable, por un juez o tribunal competente, independiente e imparcial, establecido con anterioridad por la ley, en la sustanciación de cualquier acusación penal formulada contra ella, o para la determinación de sus derechos y obligaciones de orden civil, laboral, fiscal o de cualquier otro carácter".*

---

[280] *Artículo 23 de la Constitución: "Los tratados, pactos y convenciones relativos a derechos humanos, suscritos y ratificados por Venezuela, tienen jerarquía constitucional y prevalecen en el orden interno, en la medida en que contengan normas sobre su goce y ejercicio más favorables a las establecidas por esta Constitución y la ley de la República, y son de aplicación inmediata y directa por los tribunales y demás órganos del Poder Público".*

[281] Gaceta Oficial Nro. 31.256 del 14 de junio de 1977.

[282] Gaceta Oficial Extraordinaria Nro. 2.146 del 28 de enero de 1978.

"Todas las personas son iguales ante los tribunales y cortes de justicia. Toda persona tendrá derecho a ser oída públicamente y con las debidas garantías por un tribunal competente, independiente e imparcial, establecido por la ley, en la substanciación de cualquier acusación de carácter penal formulada contra ella o para la determinación de sus derechos u obligaciones de carácter civil...".

Esta obligación de atender prestamente, y de absolver en su momento y en resguardo de los principios de buena y fe y confianza legítima, previsto en el artículo 12 de la Ley Orgánica de la Administración Pública[283], y de proporcionalidad, estatuido en el artículos 12 de la Ley Orgánica de Procedimientos Administrativos[284], cuanta petición, pedimento, solicitud, requerimiento, consulta, descargo, probanza, recurso, y similares, pueda cualquier persona, natural o jurídica, de derecho público o de derecho privado, dirigir, dentro del ámbito de su competencia, ante cualquier dependencia, órgano o funcionario de la Administración Pública, y todo ello siempre dentro del mas estricto espíritu del debido proceso, tiene su fundamento, principalmente, en la idea constitucional de que la Administración Pública, bajo el concepto de Estado-Comunidad, no es otra cosa que una estructura organizativa instrumental, exclusivamente estatuida con la finalidad de satisfacer, claro que el interés general, pero también y no en menor medida, cuanto interés privado o individual se presente requerido de una autorización o de una aclaratoria, decisión, certificación o constancia, que se vuelve herramienta para el logro del bien común.

De esta forma, obviamente no sería posible, a título meramente ilustrativo, garantizar el adecuado expendio de alimentos y medicamentos, la instalación de nuevos establecimientos o centros educativos o de salud, ni tampoco la calidad de las aguas y de la atmósfera, con el objeto de salvaguardar el interés general involucrado en la necesidad de asegurar el disfrute de los derechos humanos a la salud[285], a

---

[283] Gaceta Oficial Nro. 37.305 del 17 de octubre de 2001.
"La actividad de la Administración Pública se desarrollará con base en los principios de economía, celeridad, simplicidad administrativa, eficacia, objetividad, imparcialidad, honestidad, transparencia, buena fe y confianza. Asimismo, se efectuará dentro de parámetros de racionalidad técnica y jurídica".

[284] Gaceta Oficial Extraordinaria Nro. 2.818 del 1 de julio de 1981.
"Aun cuando una disposición legal o reglamentaria deje alguna medida o providencia a juicio de la autoridad competente, dicha medida o providencia deberá mantener la debida proporcionalidad y adecuación con el supuesto de hecho y con los fines de la norma, y cumplir los trámites, requisitos y formalidades necesarios para su validez y eficacia".

[285] Artículo 83 de la Constitución: *"La salud es un derecho social fundamental, obligación del Estado, que lo garantizará como parte del derecho a la vida. El Estado promoverá y desarrollará políticas orientadas a elevar la calidad de vida, el bienestar colectivo y el acceso a los servicios. Todas las personas tienen derecho a la protección de la salud, así como el deber*

la educación[286], a la alimentación[287] y a la protección de un ambiente sano y ecológicamente equilibrado[288], sin del mismo modo haber, previamente, satisfecho el goce pleno de los intereses privados o individuales de quienes, mediando sus derechos humanos a la propiedad[289]

de participar activamente en su promoción y defensa, y el de cumplir con las medidas sanitarias y de saneamiento que establezca la ley, de conformidad con los tratados y convenios internacionales suscritos y ratificados por la República".

[286] Artículo 102 de la Constitución: *"La educación es un derecho humano y un deber social fundamental, es democrática, gratuita y obligatoria. El Estado la asumirá como función indeclinable y de máximo interés en todos sus niveles y modalidades, y como instrumento del conocimiento científico, humanístico y tecnológico al servicio de la sociedad. La educación es un servicio público y está fundamentado en el respeto a todas las corrientes del pensamiento, con la finalidad de desarrollar el potencial creativo de cada ser humano y el pleno ejercicio de su personalidad en una sociedad democrática basada en la valoración ética del trabajo y en la participación activa, consciente y solidaria en los procesos de transformación social consustanciados con los valores de la identidad nacional, y con una visión latinoamericana y universal. El Estado, con la participación de las familias y la sociedad, promoverá el proceso de educación ciudadana de acuerdo con los principios contenidos de esta Constitución y en la ley".*

[287] Artículo 305 de la Constitución: *"El Estado promoverá la agricultura sustentable como base estratégica del desarrollo rural integral, y en consecuencia garantiza la seguridad alimentaria de la población; entendida como la disponibilidad suficiente y estable de alimentos en el ámbito nacional y el acceso oportuno y permanente a éstos por parte del público consumidor. La seguridad alimentaria deberá alcanzarse desarrollando y privilegiando la producción agropecuaria interna, entendiéndose como tal la proveniente de las actividades agrícola, pecuaria, pesquera y acuícola. La producción de alimentos es de interés nacional y fundamental al desarrollo económico y social de la Nación. A tales fines, el Estado dictará las medidas de orden financiera, comercial, transferencia tecnológica, tenencia de la tierra, infraestructura, capacitación de mano de obra y otras que fueran necesarias para alcanzar niveles estratégicos de autoabastecimiento. Además, promoverá las acciones en el marco de la economía nacional e internacional para compensar las desventajas propias de la actividad agrícola".*

[288] Artículo 127 de la Constitución: *"Es un derecho y un deber de cada generación proteger y mantener el ambiente en beneficio de sí misma y del mundo futuro. Toda persona tiene derecho individual y colectivamente a disfrutar de una vida y de un ambiente seguro, sano y ecológicamente equilibrado. El Estado protegerá el ambiente, la diversidad biológica, genética, los procesos ecológicos, los parques nacionales y monumentos naturales y demás áreas de especial importancia ecológica. El genoma de los seres vivos no podrá ser patentado, y la ley que se refiera a los principios bioéticos regulará la materia.*

Es una obligación fundamental del Estado, con la activa participación de la sociedad, garantizar que la población se desenvuelva en un ambiente libre de contaminación, en donde el aire, el agua, los suelos, las costas, el clima, la capa de ozono, las especies vivas, sean especialmente protegidos, de conformidad con la ley".

[289] Artículo 115 de la Constitución: *"Se garantiza el derecho de propiedad. Toda persona tiene derecho al uso, goce, disfrute y disposición de sus bienes. La propiedad estará sometida a las contribuciones, restricciones y obligaciones que establezca la ley con fines de utilidad pública o de interés general. Sólo por causa de utilidad pública o interés social, mediante sentencia firme y pago oportuno de justa indemnización, podrá ser declarada la expropiación de cualquier clase de bienes".*

y a la libertad económica[290], han solicitado la emisión de las respectivas autorizaciones, aprobaciones, permisos o licencias.

III. FUNDAMENTOS NORMATIVOS DE LOS DERECHOS DE PETICIÓN Y OBTENCIÓN DE OPORTUNA Y ADECUADA RESPUESTA, Y AL DEBIDO PROCESO

En este orden de ideas, encontramos los llamados fundamentos normativos de los derechos de petición y obtención de oportuna y adecuada respuesta, y al debido proceso, dentro de los cuales es menester descollar el que presupone que la Administración Pública se halla al servicio[291] de los ciudadanos y ciudadanas, y subordinada, entre otros, a los principios de participación (derecho a participar concretado acá en la posibilidad de dirigir peticiones y representaciones, y en defenderse, alegar, contra argumentar y probar), celeridad (respuesta oportuna), eficacia y eficiencia (respuesta pronta y adecuada), y responsabilidad (que puede ser civil, penal, administrativa y disciplinaria, y hasta moral o ética).

A la sazón, el artículo 141 de la Constitución de la República prevé que:

> *"La Administración Pública está al servicio de los ciudadanos y ciudadanas y se fundamenta en los principios de honestidad, participación, celeridad, eficacia, eficiencia, transparencia, rendición de cuentas y responsabilidad en el ejercicio de la función pública, con sometimiento pleno a la ley y al derecho".*

[290] Artículo 112 de la Constitución: *"Todos pueden dedicarse libremente a la actividad lucrativa de su preferencia, sin más limitaciones que las previstas en esta Constitución y las que establezcan las leyes por razones de desarrollo humano, seguridad, sanidad, protección del ambiente u otras de interés social..."*.

[291] ROJAS, Manuel. *La Ética en la Administración Pública y el Código de Conducta de los Servidores Públicos*. Fundación Estudios de Derecho Administrativo (FUNEDA), Caracas, 2006. Pág. 61: *"... el servidor público deberá estar permanentemente consciente que su trabajo está regido por el interés de ser útil a quien demande un servicio..."*.
CARDENAS PERDOMO, Orlando. *El Derecho de Acceso a los Archivos y Registros Administrativos y el Régimen de los Secretos de Estado. Situación en España y Venezuela*. Colección Estudios Jurídicos Nro. 81. Editorial Jurídica Venezolana. Fundación Estudios de Derecho Administrativo (FUNEDA), Caracas 2006. Pág. 51: *"El Estado social acoge los mejores resultados del Estado liberal: la democratización del poder y la sujeción del Estado al Derecho, pero a la vez dota al Estado de contenido económico y social, a fin de acortar la distancia entre éste y la sociedad, y establece una nueva relación en donde el Estado se convierte en un instrumento efectivo y servicial de aquella ... El modelo administrativo se convierte en el de la Administración-servicio o prestacional, en el que las ideas de servicialidad y eficacia son fundamentales ... la concepción del Estado al servicio de la sociedad ..."*.

Ahora bien, esta terminología empleada por el texto constitucional, de "ciudadanos y ciudadanas", exige una precisión, toda vez que no se la está usando en sentido técnico, ni mucho menos.

En efecto, cuando el constituyente eligió la utilización de tal terminología, no lo hizo con el objetivo de reservar la vigencia de tales principios esenciales únicamente en provecho de aquellos sujetos de derecho que fuesen titulares de los derechos políticos, acorde con los artículos 39[292], 62[293] y 64[294] de la propia Constitución, que exigen, entre otros aspectos relevantes, la condición de persona natural, la nacionalidad venezolana y la plena capacidad civil. Muy por el contrario, como "contraparte" de la Administración Pública, en el ámbito de la relación jurídica sustantiva o procesal administrativa, nos topamos con lo que la doctrina del derecho administrativo cataloga de "administrados", los cuales pueden ser personas naturales (nacionales o extranjeras, residentes o no, mayores o menos de edad, titulares o no de derechos políticos, capaces o no en derecho, vale decir, técnicamente, ciudadanos o no), o personas jurídicas (de derecho público o de derecho privado, civiles o mercantiles, nacionales o extranjeras, domiciliadas o no, jamás catalogables de ciudadanas, por carecer siempre de derechos políticos), que pueden incluso ser o no ser contribuyentes.

De lo anterior, resulta mas adecuada la terminología de "particulares", empleada por el legislador, en la Ley Orgánica de la Administración Pública, en cuyo artículo 5, en desarrollo del precepto constitucional en comentarios, expresa:

> *"La Administración Pública está al servicio de los particulares y en su actuación dará preferencia a la atención de los requerimientos de la población y a la satisfacción de sus necesidades".*

Usada igualmente por el Decreto Nro. 368 del 5 de octubre de 1999 con Rango y Fuerza de Ley de Simplificación de Tramites Administrativos[295], especialmente en su artículo 35:

---

[292] *"Los venezolanos y venezolanas que no estén sujetos o sujetas a inhabilitación política ni a interdicción civil, y en las condiciones de edad previstas en esta Constitución, ejercen la ciudadanía y, en consecuencia, son titulares de derechos y deberes políticos de acuerdo con esta Constitución".*

[293] *"Todos los ciudadanos y ciudadanas tienen el derecho de participar libremente en los asuntos públicos, directamente o por medio de sus representantes elegidos o elegidas".*

[294] *"Son electores o electoras todos los venezolanos y venezolanas que hayan cumplido dieciocho años de edad y que no estén sujetos a interdicción civil o inhabilitación política. El voto para las elecciones municipales y parroquiales y estadales se hará extensivo a los extranjeros o extranjeras que hayan cumplido dieciocho años de edad, con más de diez años de residencia en el país, con las limitaciones establecidas en esta Constitución y en la ley, y que no estén sujetos a interdicción civil o inhabilitación política".*

[295] Gaceta Oficial Extraordinaria Nro. 5.393 del 22 de octubre de 1999.

> *"La actividad de los órganos y entes de la Administración Pública debe estar dirigida a servir eficientemente a los particulares, mediante la plena satisfacción de las necesidades colectivas. En tal sentido, el funcionario público es, ante todo, un servidor público".*

Como en varias de sus disposiciones normativas, como lo son, entre otros, sus artículos 3[296], 4 (aunque evoca también la de "ciudadanos")[297], 21[298], 27[299], 28[300], 33 (aunque evoca también la de "ciudadanos")[301], 34[302] y 39[303].

Desde hace años en la Ley Orgánica de Procedimientos Administrativos, donde destaca su artículo 5:

> *"A falta de disposición expresa toda petición, representación o solicitud de naturaleza administrativa dirigida por los particulares a los órganos de la administración pública ...".*

---

[296] *"A los efectos de este Decreto-Ley, se entiende por trámites administrativos las diligencias, actuaciones o gestiones que realizan los particulares ante los órganos y entes de la Administración Pública para la resolución de un asunto determinado".*

[297] *"La simplificación de los trámites administrativos tiene por objeto racionalizar las tramitaciones que realizan los particulares ante la Administración Pública; mejorar su eficacia, pertinencia y utilidad, a fin de lograr mayor celeridad y funcionalidad en las mismas; reducir los gastos operativos; obtener ahorros presupuestarios; cubrir insuficiencias de carácter fiscal y mejorar las relaciones de la Administración Pública con los ciudadanos".*

[298] *"El diseño de los trámites administrativos debe realizarse de manera que los mismos sean claros, sencillos, ágiles, racionales, pertinentes, útiles y de fácil entendimiento para los particulares, a fin de mejorar las relaciones de éstos con la Administración, haciendo eficaz y eficiente la actividad de la misma".*

[299] *"Los particulares podrán presentar la información solicitada por la Administración Pública en formularios oficiales, copia fotostática de éstos o mediante cualquier documento que respete integralmente el contenido y la estructura exigidos en dichos formatos".*

[300] *"Todos los actos a través de los cuales se exprese la Administración Pública por escrito, deberán expedirse en original y un máximo de tres copias, una de las cuales deberá ser enviada para su conservación y consulta al archivo central del organismo, sin perjuicio de las copias que se pudieran solicitar a cargo de los particulares".*

[301] *"Con el objeto de facilitar el pago de las obligaciones de los particulares a los órganos y entes de la Administración, se deberá incentivar al máximo la utilización del sistema financiero, sin que ello signifique pérdida del control sobre el trámite por parte de la Administración. A tales fines, los órganos y entes de la Administración Pública deberán abrir cuentas únicas nacionales en los bancos y demás instituciones financieras autorizadas de conformidad con la Ley General de Bancos y otras Instituciones Financieras, con el objeto de que los ciudadanos depositen el importe de sus obligaciones en cualquier sucursal del país. En este caso, el pago se entenderá efectuado en la fecha en que se realice el depósito respectivo".*

[302] *"...Para tal efecto, se deberán difundir amplia y profusamente las tarifas vigentes que permitan a los particulares efectuar la liquidación y pago de tales obligaciones".*

[303] *"Los funcionarios públicos tienen la obligación de atender las consultas telefónicas que formulen los particulares sobre información general acerca de los asuntos de su competencia, así como las que realicen los interesados para conocer el estado de sus tramitaciones. A tal efecto, cada organismo implementará un servicio de información telefónico que satisfaga las necesidades del ciudadano, haciendo empleo racional de los recursos humanos, presupuestarios y tecnológicos de que disponga actualmente".*

Adicionado a otros dispositivos, como sus artículos 41[304], 48[305], 78[306] y 83[307].
En los artículos 143[08] y 252[309] del Código Orgánico Tributario[310].
Y hasta en la propia Constitución de la República, como se desprende de sus artículos 103[311], 113[312], 135[313], 140[314], 223[315] y 285[316].

Aunque, como es evidente, si bien la palabra "particular" es de mucho mayor alcance conceptual que la palabra "ciudadano", por lo ya expresado previamente, resulta una máxima de experiencia que su uso cotidiano (por el hombre de la calle) es comúnmente asociado a la idea de persona natural o, en el mejor de los casos, a la de personas naturales y personas jurídicas de

---

304 *"Los términos o plazos establecidos en esta y en otras leyes relativas a la materia objeto de la presente, obligan por igual, y sin necesidad de apremio, tanto a las autoridades y funcionarios competentes para el despacho de los asuntos, como a los particulares interesados en los mismos".*

305 *"... la autoridad administrativa competente o una autoridad administrativa superior ordenará la apertura del procedimiento y notificará a los particulares cuyos derechos subjetivos o intereses legítimos, personales y directos pudieren resultar afectados, concediéndoles un plazo de diez (10) días para que expongan sus pruebas y aleguen sus razones".*

306 *"Ningún órgano de la administración podrá realizar actos materiales que menoscaben o perturben el ejercicio de los derechos de los particulares, sin que previamente haya sido dictada la decisión que sirva de fundamento a tales actos".*

307 *"La administración podrá en cualquier momento, de oficio o a solicitud de particulares, reconocer la nulidad absoluta de los actos dictados por ella".*

308 *"Los convenios referentes a la aplicación de las normas tributarias celebrados entre particulares no son oponibles al Fisco, salvo en los casos autorizados por la ley".*

309 *"La Administración Tributaria podrá solicitar del propio contribuyente o de su representante, así como de entidades y de particulares, dentro del lapso para decidir, las informaciones adicionales que juzgue necesarias, requerir la exhibición de libros y registros y demás documentos relacionados con la materia objeto del recurso y exigir la ampliación o complementación de las pruebas presentadas, si así lo estimare necesario".*

310 Gaceta Oficial Nro. 37.305 del 17 de octubre de 2001.

311 *"Las contribuciones de los particulares a proyectos y programas educativos públicos a nivel medio y universitario serán reconocidas como desgravámenes al impuesto sobre la renta según la ley respectiva".*

312 *"... Se declaran contrarios a los principios fundamentales de esta Constitución cualquier acto, actividad, conducta o acuerdo de los y las particulares que tengan por objeto el establecimiento de un monopolio o que conduzcan, por sus efectos reales e independientemente de la voluntad de aquellos, a su existencia, cualquiera que fuere la forma que adoptare en la realidad".*

313 *"Las obligaciones que correspondan al Estado, conforme a esta Constitución y a la ley, en cumplimiento de los fines del bienestar social general, no excluyen las que, en virtud de la solidaridad y responsabilidad social y asistencia humanitaria, correspondan a los particulares según su capacidad".*

314 *"El Estado responderá patrimonialmente por los daños que sufran los particulares en cualquiera de sus bienes y derechos, siempre que la lesión sea imputable al funcionamiento de la Administración Pública".*

315 *"... Esta obligación comprende también a los particulares; quedando a salvo los derechos y garantías que esta Constitución consagra".*

316 *"Estas atribuciones no menoscaban el ejercicio de los derechos y acciones que corresponden a los o las particulares o a otros funcionarios o funcionarias de acuerdo con esta Constitución y la ley".*

derecho privado, dejando por fuera a otros sujetos de derecho, que pueden ser parte de una relación jurídica administrativa o estar involucrados incluso como iniciadores, en un procedimiento administrativo, sea constitutivo o impugnatorio, como lo son las personas jurídicas de derecho público.

En consecuencia, mejor que "particulares", y en extremo mejor que "ciudadanos y ciudadanas", la terminología correcta es la de "administrados", de gran aceptación doctrinal y jurisprudencial en nuestro país.

Acertadamente, pues, el dispositivo del artículo 6 de la Ley Orgánica de Procedimientos Administrativos la toma en su redacción, al establecer:

> *"Cuando la administración haya incurrido en mora o retardo en el cumplimiento de las obligaciones contraídas con los administrados y ello acarreare daño patrimonial, el funcionario o funcionarios a quienes competa la tramitación del asunto, además de las sanciones previstas en esta ley, será responsable civilmente por el daño ocasionado a la administración".*

Junto a otros, como los contenidos en los artículos 11[317], 24[318], 25[319], 28[320], 29[321], 43[322], 44[323] y 70[324].

---

317 *"Los criterios establecidos por los distintos órganos de la administración pública podrán ser modificados, pero la nueva interpretación no podrá aplicarse a situaciones anteriores, salvo que fuere más favorable a los administrados. En todo caso, la modificación de los criterios no dará derecho a la revisión de los actos definitivamente firmes".*

318 *"Por lo que se refiere a sus relaciones con la Administración Pública, las condiciones relativas a la capacidad jurídica de los administrados serán las establecidas con carácter general en el Código Civil, salvo disposición expresa de la ley".*

319 *"Cuando no sea expresamente requerida su comparecencia personal, los administrados podrán hacerse representar y, en tal caso, la administración se entenderá con el representante designado".*

320 *"Los administrados están obligados a facilitar a la Administración Pública la información de que dispongan sobre el asunto de que se trate, cuando ello sea necesario para tomar la decisión correspondiente y les sea solicitada por escrito".*

321 *"Los administrados estarán obligados a comparecer a las oficinas públicas cuando sean requeridos, previa notificación hecha por los funcionarios competentes para la tramitación de los asuntos en los cuales aquellos tengan interés".*

322 *"Se entenderá que los administrados han actuado en tiempo hábil cuando los documentos correspondientes fueren remitidos por correo al órgano competente de la administración con anterioridad al vencimiento de los términos y plazos y siempre que haya constancia de la fecha en que se hizo la remisión".*

323 *"En los Ministerios, organismos y demás dependencias públicas se llevará un registro de presentación de documentos en el cual se dejará constancia de todos los escritos, peticiones y recursos que se presenten por los administrados, así como de las comunicaciones que puedan dirigir otras autoridades".*

324 *"Las acciones provenientes de los actos administrativos creadores de obligaciones a cargo de los administrados, prescribirán en el término de cinco (5) años, salvo que en leyes especiales se establezcan plazos diferentes".*

En el solitario (al respecto) artículo 242[325] del Código Orgánico Tributario.

E, incluso, la misma Constitución de la República, en su aislado artículo 281, numeral 2[326].

Esta terminología de "administrados" es comprensiva también de la de "contribuyentes", presente, entre muchos otros dispositivos legales, en los artículos 16[327], 22[328], 23[329], 34[330] y 194[331] del Código Orgánico Tributario.

En definitiva, los administrados han de ser servidos por los funcionarios públicos, siendo que este principio de vocación de servicio encuentra regulación específica en el artículo 9 del vigente decreto reglamentario denominado Código de Conducta de los Servidores Públicos[332], con énfasis en la diligente, esmerada, dispuesta, receptiva, cortés, pronta y oportuna respuesta que se debe dar a toda solicitud o petición del administrado:

> *"La vocación de servicio excluye conductas, motivaciones e intereses que no sean los institucionales y se patentiza en acciones de entrega diligente a las tareas asignadas. Implica disposición para dar oportuna y esmerada atención a los requerimientos y trabajos encomendados,*

[325] *"Los actos de la Administración Tributaria de efectos particulares, que determinen tributos, apliquen sanciones o afecten en cualquier forma los derechos de los administrados, podrán ser impugnados por quien tenga interés legítimo, personal y directo mediante la interposición del recurso jerárquico regulado en este Capítulo".*

[326] *"Son atribuciones del Defensor o Defensora del Pueblo: ... 2. Velar por el correcto funcionamiento de los servicios públicos, amparar y proteger los derechos e intereses legítimos, colectivos y difusos de las personas, contra las arbitrariedades, desviaciones de poder y errores cometidos en la prestación de los mismos, interponiendo cuando fuere procedente las acciones necesarias para exigir al Estado el resarcimiento a los administrados de los daños y perjuicios que les sean ocasionado con motivo del funcionamiento de los servicios públicos".*

[327] *"Al calificar los actos o situaciones que configuren los hechos imponibles, la Administración Tributaria, conforme al procedimiento de fiscalización y determinación previsto en este Código, podrá desconocer la constitución de sociedades, la celebración de contratos y, en general, la adopción de formas y procedimientos jurídicos, cuando éstos sean manifiestamente inapropiados a la realidad económica perseguida por los contribuyentes y ello se traduzca en una disminución de la cuantía de las obligaciones tributarias".*

[328] *"Son contribuyentes los sujetos pasivos respecto de los cuales se verifica el hecho imponible".*

[329] *"Los contribuyentes están obligados al pago de los tributos y al cumplimiento de los deberes formales impuestos por este Código o por normas tributarias".*

[330] *"La Administración Tributaria y los contribuyentes o responsables, podrán convenir adicionalmente la definición de un domicilio electrónico, entendiéndose como tal a un mecanismo tecnológico seguro que sirva de buzón de envío de actos administrativos".*

[331] *"Los contribuyentes o los responsables podrán solicitar la restitución de lo pagado indebidamente por tributos, intereses, sanciones y recargos, siempre que no estén prescritos".*

[332] Gaceta Oficial Nro. 36.496 del 15 de julio de 1998.

apertura y receptividad para encausar cortésmente las peticiones, demandas, quejas y reclamos del público, así como el contestarlos pronta y oportunamente".

Por cierto, el artículo 11 "eiusdem" caracteriza el principio de eficacia administrativa, entre otros extremos, por la actuación administrativa *"en el menor tiempo posible".*

IV. LOS TÉRMINOS LEGALES DE DECISIÓN, QUE MODELAN LA OPORTUNIDAD DE LAS RESPUESTAS. LA OBLIGACIÓN LEGAL DE RECIBIR Y LA RESPONSABILIDAD POR NO HACERLO O DILATARSE EN RESPONDER

Empero, volviendo a los fundamentos normativos de los derechos constitucionales de petición y de obtención de oportuna y adecuada respuesta, y al debido proceso, conviene tener presente el contenido de dispositivos legales que, en aquellos casos que no requieren de sustanciación, establecen el término máximo de duración del procedimiento administrativo iniciado a instancia de parte interesada (que no de oficio por la Administración Pública), para la emisión de la respuesta, como los son los artículos 5 de la Ley Orgánica de Procedimientos Administrativos y 153 del Código Orgánico Tributario:

> *"A falta de disposición expresa toda petición, representación o solicitud de naturaleza administrativa dirigida por los particulares a los órganos de la administración pública y que no requiera substanciación, deberá ser resuelta dentro de los veinte (20) días siguientes a su presentación o a la fecha posterior en la que el interesado hubiere cumplido los requisitos legales exigidos. La administración informará al interesado por escrito, y dentro de los cinco (5) días siguientes a la fecha de la presentación de la solicitud, la omisión o incumplimiento por este de algún requisito".*
>
> *"La Administración Tributaria está obligada a dictar resolución a toda petición planteada por los interesados dentro del plazo de treinta (30) días hábiles contados a partir de la fecha de su presentación...*
>
> *Parágrafo Único: El retardo, omisión, distorsión o incumplimiento de cualquier disposición normativa por parte de los funcionarios o empleados de la Administración Tributaria, dará lugar a la imposición de las sanciones disciplinarias, administrativas y penales que correspondan conforme a las leyes respectivas".*

Como puede verse, en estos dispositivos legales, a más de establecerse dichos términos máximos de duración, se insiste en la eventual responsabilidad civil, penal, administrativa y disciplinaria derivada de su incumplimiento, vale decir, por retardo u omisión, de los funcionarios públicos involucrados en los hechos, reforzado ello con los preceptos de los artículos 4 y 6 de la misma Ley Orgánica de Procedimientos Administrativos y 9 de la Ley Orgánica de la Administración Pública:

> *"En los casos en que un órgano de la administración pública no resolviere un asunto o recurso dentro de los correspondientes lapsos, se considerara que ha resuelto negativamente y el interesado podrá intentar el recurso inmediato siguiente, salvo disposición expresa en contrario. Esta disposición no releva a los órganos administrativos, ni a sus personeros, de las responsabilidades que le sean imputadas por la omisión o la demora.*
> *Parágrafo único: La reiterada negligencia de los responsables de los asuntos o recursos que dé lugar a que estos se consideren resueltos negativamente como se dispone en este artículo, les acarreará amonestación escrita a los efectos de lo dispuesto en la Ley de Carrera Administrativa, sin perjuicio de las sanciones previstas en el artículo 100 de esta ley"* (subrayados del autor).
> *"Cuando la Administración haya incurrido en mora o retardo en el cumplimiento de las obligaciones contraídas con los administrados y ello acarreare daño patrimonial, el funcionario o funcionarios a quienes compete la tramitación del asunto, además de las sanciones previstas en esta Ley, será responsable civilmente por el daño ocasionado a la Administración"* (subrayado del autor).
> *"En caso de que un funcionario público o funcionaria pública se abstenga de recibir las representaciones o peticiones de los particulares o no den adecuada y oportuna respuesta a las mismas, serán sancionados de conformidad con la ley"* (subrayado del autor).

Pero además, y ese sea quizás uno de los aportes mas interesantes de la disposición normativa comentada del artículo 5 de la Ley Orgánica de Procedimientos Administrativos, ella consagra, directa o supletoriamente, según los casos (para lo administrativo general y para lo tributario), la figura del "despacho subsanador" o "despacho saneador", acorde con la cual, en el supuesto de que el funcionario público receptor de la petición, solicitud, requerimiento, consulta, etc., en el momento de la presentación o consignación por parte del administrado interesado, observe o se percate de la ausencia de algún requisito legal o reglamentario[333], lejos de negarse

[333] El artículo 49 de la Ley Orgánica de Procedimientos Administrativos enumera los requisitos esenciales que deben estar presentes en toda solicitud: *"Cuando el procedimiento se inicie por solicitud de persona interesada, en el escrito se deberá hacer constar:*
1. El organismo al cual está dirigido.

a recibir el escrito correspondiente, ha de aceptarlo obligatoriamente, debiendo en lo sucesivo informar al administrado interesado (peticionante) de la omisión o incumplimiento respectivo, por escrito, dentro de los cinco (5) días hábiles siguientes a la presentación, a objeto de que éste subsane, en el plazo que se le acuerde, so pena de perención del procedimiento administrativo iniciado a instancia de parte interesada.

Esta institución de gran relevancia, dentro de la idea de una función de administración democrática, se encuentra también prevista en el artículo 45 "eiusdem", cuando luego de haberse dispuesto en la norma que lo precede, que en todas las dependencias administrativas (ministerios, organismos, etc.) se llevará un registro de presentación de documentos *"en el cual se dejará constancia de todos los escritos, peticiones y recursos que se presenten por los administrados"*, se insiste en que el funcionario receptor no puede negarse a recibir la petición. Veamos:

> *"Los funcionarios del registro que reciban la documentación advertirán a los interesados de las omisiones y de las irregularidades que observen, pero sin que puedan negarse a recibirla"* (subrayado del autor).

No puede pues negarse el funcionario receptor a recibir los escritos que le sean presentados, no obstante que ello arbitraria, ilegal e injustamente acontezca a diario, para vergüenza de nuestras instituciones democráticas, y debe, acorde con el artículo 46 "eiusdem", dar *"recibo de todo documento presentado y de sus anexos, con indicación del número de registro que corresponda, lugar, fecha y hora de presentación. Podrá servir de recibo la copia mecanografiada o fotostática del documento que se presente, una vez diligenciada y numerada por los funcionarios del registro"*.

De allí que en forma por demás insistente o reiterativa, como para tratar de "convencer" al funcionario receptor, lector, primer intérprete y ejecutor de la norma legal, que no puede legalmente negarse a recibir el escrito de petición, pero debe advertir las deficiencias que observe en

---

2. La identificación del interesado, y en su caso, de la persona que actúe como su representante con expresión de los nombres y apellidos, domicilio, nacionalidad, estado civil, profesión y número de la cédula de identidad o pasaporte.
3. La dirección del lugar donde se harán las notificaciones pertinentes.
4. Los hechos, razones y pedimentos correspondientes, expresando con toda claridad la materia objeto de la solicitud.
5. Referencia a los anexos que lo acompañan, si tal es el caso.
6. Cualesquiera otras circunstancias que exijan las normas legales o reglamentarias.
7. La firma de los interesados".

el mismo, por medio del "despacho subsanador" o "despacho saneador", el artículo 50 "eiusdem", prevé que:

> *"Cuando en el escrito o solicitud dirigida a la Administración Pública faltare cualquiera de los requisitos exigidos en el artículo anterior, la autoridad que hubiere de iniciar las actuaciones lo notificará al presentante, comunicándole las omisiones o faltas observadas a fin de que en el plazo de quince (15) días proceda a subsanarlos. Si el interesado presentare oportunamente el escrito o solicitud con las correcciones exigidas, y ésta fuere objetada por la administración debido a nuevos errores u omisiones, el solicitante podrá ejercer el recurso jerárquico contra la segunda decisión o bien corregir nuevamente sus documentos conforme a las indicaciones del funcionario".*

Y, por si todo cuanto precede no fuese suficiente para tener que admitir, indefectiblemente, que por mandato legal, imperativa garantía de los derechos constitucionales de petición y obtención de oportuna y adecuada respuesta, y al debido proceso, se debe recibir toda petición, el artículo 9 de la Ley Orgánica de la Administración Pública deja claramente establecido que:

> *"Los funcionarios y funcionarias de la Administración Pública <u>tienen la obligación de recibir y atender, sin excepción, las representaciones, peticiones o solicitudes que les formulen los particulares</u> en las materias de su competencia ya sea vía fax, telefónica, electrónica, escrita u oral; <u>así como de responder oportuna y adecuadamente tales solicitudes</u>, independientemente del derecho que tienen los particulares de ejercer los recursos administrativos o judiciales correspondientes, de conformidad con la ley"* (subrayados del autor).

No puede, en consecuencia, en derecho, y a ello va destinado el arsenal normativo que ha sido objeto de comentarios en este acápite, el funcionario administrativo receptor, negarse, por ningún concepto o pretendida justificación, a recibir la petición, solicitud, consulta, escrito, descargo, recurso, etc., so pena de comprometer en ello su responsabilidad civil (frente al administrado o incluso frente a la propia Administración Pública, según los casos), penal, administrativa y disciplinaria.

Lo único que puede (y debe) hacer el funcionario receptor, en caso de observar o percatarse del incumplimiento de algún requisito legal o reglamentario, es hacer uso del "despacho subsanador" o "despacho saneador", en el obvio entendido de que no puede tratarse de supuestos o pretendidos requisitos que no se encuentren previstos, en términos generales (para salvaguardar los principios constitucionales de igualdad[334] jurídica y seguridad

[334] Artículo 21 de la Constitución.

jurídica[335]), en textos normativos legales o reglamentarios, debida y previamente publicados en la Gaceta Oficial de la República, Estado o Municipio. Debe pues proscribirse la condenable práctica de colocar, en las oficinas de recepción de documentos de las administraciones públicas (taquillas), avisos o carteles que, por mas suscritos que se encuentren por los jerarcas respectivos de las dependencias administrativas, al contener requisitos adicionados a los exigidos por leyes y reglamentos, para la recepción de documentos, no tienen valor jurídico alguno.

En la misma perspectiva, no debe olvidarse la vigencia (aunque por ahora meramente formal) del Decreto Nro. 368 del 5 de octubre de 1999 con Rango y Fuerza de Ley de Simplificación de Tramites Administrativos, en cuyo artículo 23 se prohíbe que se exija la entrega de copias o recaudos de documentos que, por una u otra razón, ya obren en los archivos administrativos:

> *"No se exigirá la presentación de copias certificadas o fotocopias de documentos que la Administración tenga en su poder, o de los que tenga la posibilidad legal de acceder, en virtud del principio de colaboración que debe imperar entre los órganos de la Administración Pública, en sus relaciones interorgánicas y con las demás ramas del Poder Público. A tal fin, se deberán implementar bases de datos de fácil acceso, tanto para los ciudadanos como para los mismos órganos y entes públicos".*

Pero además, los artículos 12, 15, 16 y 17 "eiusdem" preceptúan que:

> *"Los órganos y entes de la Administración Pública sujetos a la aplicación de este Decreto-Ley, no exigirán a los administrados pruebas distintas o adicionales a aquellas expresamente señaladas por Ley".*
> *"No se podrá exigir el cumplimiento de un requisito cuando éste, de conformidad con la normativa aplicable, debió acreditarse para obtener la culminación de un trámite anterior ya cumplido. En este caso, dicho requisito se tendrá por cumplido para todos los efectos legales".*
> *"No se exigirán comprobantes de pago correspondientes a períodos anteriores como condición para aceptar un nuevo pago a la Administración. En estos casos, dicha aceptación no implica el pago de períodos anteriores que se encuentren insolutos".*
> *"Los órganos y entes sujetos a la aplicación de este Decreto-Ley, no podrán exigir la presentación de solvencias emitidas por los mismos para la realización de trámites que se lleven a cabo en sus dependencias, salvo los casos expresamente previstos en la Ley".*

[335] Artículo 209 de la Constitución.

Incluso, todo esto es de esta forma, aun cuando la petición o solicitud se plantee no por escrito, sino a través de medios electrónicos, facsimilares o telefónicos, o en persona pero por vía oral, por mandato legal, según el mencionado artículo 9 de la Ley Orgánica de la Administración Pública, por lo que igualmente han de ser proscritas las notas o carteles de textos como el siguiente: "No insista, no se da información por teléfono" o similares, que abundan en nuestras taquillas administrativas de recepción de documentos, máxime cuando el dispositivo del artículo 39 del Decreto Nro. 368 del 5 de octubre de 1999 con Rango y Fuerza de Ley de Simplificación de Tramites Administrativos, en forma sensiblemente mandataria ordena que:

> *"Los funcionarios públicos tienen la obligación de atender las consultas telefónicas que formulen los particulares sobre información general acerca de los asuntos de su competencia, así como las que realicen los interesados para conocer el estado de sus tramitaciones. A tal efecto, cada organismo implementará un servicio de información telefónico que satisfaga las necesidades del ciudadano, haciendo empleo racional de los recursos humanos, presupuestarios y tecnológicos de que disponga actualmente".*

Esas prácticas ilegales y, como podemos apreciar, abiertamente inconstitucionales y violatorias de los derechos humanos de marras, han de dejarse en el pasado, no solamente para evitar que los retrógrados funcionarios públicos logren "anclar" a los administrados (a quienes paradójicamente han de servir) en una suerte de "prehistoria tecnológica", sino sobre todo para avanzar hacia la vigencia efectiva de esos principios ya comentados de transparencia, proporcionalidad, legalidad, eficiencia, racionalidad, buena fe, celeridad, etc., ya citados y supuestamente orientadores de nuestra Administración Pública, al servicio de la sociedad y sus componentes.

Deben si olvidarse y hasta despreciarse, por antidemocráticas, y sustituirse por actuaciones de verdadera vocación de servicio público, en total y absoluta sujeción a la ley, y en pro de la justicia, y todo esto, tanto si se trata de la cuestionable y aborrecible mala intención o voluntad de dañar al peticionante, que afortunadamente son casos excepcionales, como si tan solamente se incurre, como ha solido pasar, de un mal entendido "paternalismo" estatal, en donde el funcionario administrativo supone que "ayuda" al administrado, cuando al observar alguna deficiencia en su petición, sea por falta de requisitos legales, reglamentarios u "otros", en lugar de recibir y luego notificar el "despacho subsanador" o "despacho saneador", como manda la ley, no le recibe, le hace observaciones orales y le recomienda volver con "todo" en otra ocasión, pretendidamente "por su bien", como si los administrados no se tratasen de sujetos naturales o jurídicos plenamente capaces en derecho (incluso "bonus pater familiae"), y el funcionario público ejerciese la "patria potestad" o alguna representación legal sobre ellos.

Por si fuera poco, para colmo de males, muchos funcionarios encargados de taquillas administrativas de recepción de documentos, exigen la comparecencia personal de los administrados, ignorando o menospreciando que en derecho ello es únicamente procedente en tramitaciones de carácter personalísimo ("intuito personae"), siendo excepcional, y debiendo motivarse, puesto que la regla legal es la posibilidad de hacerse representar. Por tanto, esos avisos, notas o carteles que en las dependencias administrativas expresan que no se aceptarán cartas poderes, poderes u otros documentos de representación, a mas de ilegales, denotan injustificada desconfianza en el propio servicio público del notariado y de protocolización e inscripción en registros.

Por último, conviene precisar que todos estos extremos, caracteres e instituciones que han sido descritos y comentados, dentro del marco de los procedimientos administrativos que no requieren sustanciación y hayan comenzado a instancia de parte interesada, son igualmente aplicables a aquellos procedimientos que sí requieren sustanciación, hayan empezado de oficio o a instancia de parte interesada, y que suelen estar normativamente mucho mas detallados en sus fases procesales no preclusivas, tal como puede observarse, a título meramente ilustrativo, del llamado procedimiento administrativo ordinario, consagrado en la Ley Orgánica de Procedimientos Administrativos, en cuyos artículos 60 y 61, destinados a fijar el lapso de decisión, se dispone:

> *"La tramitación y resolución de los expedientes no podrá exceder de cuatro (4) meses, salvo que medien causas excepcionales, de cuya existencia se dejará constancia, con indicación de la prórroga que se acuerde.*
> *La prórroga o prórrogas no podrán exceder, en su conjunto, de dos (2) meses".*
> *"El término indicado en el artículo anterior correrá a partir del día siguiente del recibo de la solicitud o instancia del interesado o a la notificación a éste, cuando el procedimiento se hubiera iniciado de oficio".*

Y, del denominado procedimiento administrativo de fiscalización y determinación, consagrado en el Código Orgánico Tributario, el cual, tras regular el tema del derecho al debido proceso en general, establece en su artículo 192, que el mismo ha de terminar con un acto administrativo en un plazo máximo definido:

"La Administración Tributaria dispondrá de un plazo máximo de un (1) año contado a partir del vencimiento del lapso para presentar el escrito de descargos, para dictar la resolución culminatoria de sumario".

Fijando, como garantía del respeto a los derechos constitucionales de petición y obtención de oportuna y adecuada respuesta (para el caso que se haya ejercido el derecho a presentar descargos claro está), y al debido proceso, se sanciona drásticamente el inactuar administrativo, en la misma norma:

"Si la Administración Tributaria no notifica válidamente la resolución dentro del lapso previsto para decidir, quedará concluido el Sumario y el Acta invalidada y sin efecto legal alguno".

Debe entonces ser oportuna la respuesta, por lo que haciendo gala de la motivación de satisfacer el principio de celeridad procesal, el artículo 4 del Decreto Nro. 368 del 5 de octubre de 1999 con Rango y Fuerza de Ley de Simplificación de Tramites Administrativos, insiste ordena:

"La simplificación de los trámites administrativos tiene por objeto racionalizar las tramitaciones que realizan los particulares ante la Administración Pública; mejorar su eficacia, pertinencia y utilidad, a fin de lograr mayor celeridad y funcionalidad en las mismas; reducir los gastos operativos; obtener ahorros presupuestarios; cubrir insuficiencias de carácter fiscal y mejorar las relaciones de la Administración Pública con los ciudadanos" (subrayado del autor).

V. TAMBIÉN ES UN TEMA DE MORAL Y ÉTICA ADMINISTRATIVA

Desde otra perspectiva, este asunto de la no recepción de las solicitudes no es contrario solamente a las normas constitucionales y legales ya estudiadas, ya que igualmente alteran lo que se supone es la edificación en nuestro país de una nueva moral republicana y ética pública[336], cuando en

[336] ROJAS, Manuel. Ob. Cit. Pág. 24: *"Es tan fundamental el principio de la ética pública en la Administración, que la inmoralidad puede llegar a viciar de nulidad absoluta a los actos administrativos. Ciertamente, la falta de probidad en la actividad administrativa se convierte en una causal de nulidad absoluta de los actos, aun cuando la ley no la establezca específicamente".* Con apoyo en GORDILLO, Agustín. *Tratado de Derecho Administrativo.* Tomo III. Fundación Estudios de Derecho Administrativo (FUNEDA), Caracas, 2004. Pág. VIII-18; y, en MARIENHOFF, Miguel. *Tratado de Derecho Administrativo.* Tomo II. Ediciones La Ley. Buenos Aires. Pág. 346.
Pág. 26: *"... la Administración Pública, y los servidores que prestan servicios en ella, se deben a la ética pública, ordenado esto por la propia Constitución de la República Bolivariana de Venezuela, lo cual comporta entre otras cosas, actuar con honestidad, equidad, decoro,*

los fundamentos normativos de los derechos constitucionales de petición y obtención de oportuna y adecuada respuesta, y al debido proceso, nos topamos con el artículo 45 de la Ley Orgánica del Poder Ciudadano[337], en donde se establece lo siguiente:

> *"Se entenderá que atentan contra la ética pública y la moral administrativa, los funcionarios públicos o funcionarias públicas, que cometan hechos contrarios a los principios de honestidad, equidad, decoro, lealtad, vocación de servicio, disciplina, eficacia, responsabilidad, puntualidad y transparencia.*
> *Tales principios rectores de los deberes y conductas de los funcionarios públicos o funcionarias públicas se definirán en los términos siguientes:...*
> *b) La equidad obliga a todo funcionario público a actuar, respecto de las personas que demanden o soliciten su servicio, sin ningún tipo de preferencias y sólo en razón del mérito, legalidad, motivaciones objetivas con base al principio constitucional de la no-discriminación, y sin consideraciones ajenas al fondo del asunto y a la justicia...*[338]
> *e) La vocación de servicio implica que los funcionarios públicos o funcionarias públicas están al servicio de las personas, y en su actuación darán preferencias a los requerimientos de la población y a la satisfacción de sus necesidades, con exclusión de conductas, motivaciones e intereses distintos de los del ente para el cual presten sus servicios....*
> *h) La responsabilidad significa disposición y diligencia en el ejercicio de las competencias, funciones y tareas encomendadas, tomar la iniciativa de ofrecerse a realizarlas, así como la permanente disposición a rendir cuentas y a asumir las consecuencias de la conducta, sin excusas de ninguna naturaleza, cuando se requiera o se juzgue obligante.*
> *i) La puntualidad exige de todo funcionario público o funcionaria pública que los compromisos contraídos y las tareas, encargos y trabajos asignados sean cumplidos eficazmente, dentro de los lapsos establecidos en las normas o los que haya convenido a tal efecto...*[339]" (subrayados del autor).

---

lealtad institucional, vocación de servicio, disciplina, eficacia, responsabilidad, puntualidad, transparencia y pulcritud".

337 Gaceta Oficial Nro. 37.310 del 25 de octubre de 2001.

338 ROJAS, Manuel. Ob. Cit. Pág. 35: *"En los principios generales del derecho de la función pública, se consagra el deber de los funcionarios de tratar con esmerada corrección a los usuarios. Es aquí donde entra en juego la ética del servidor público para con los ciudadanos. Es la obligación intrínseca de la condición de empleado público, el dar el debido trato al ciudadano... ".*

339 ROJAS, Manuel. Ob. Cit. Pág. 36: *"... el debido trato que se le debe al usuario también se refiere al tiempo de éste. El tiempo que es menospreciado por los titulares de la Administración Pública... ".*

En otras palabras, no solamente la omisión en la recepción de las solicitudes y el ignorar la transparente institución del "despacho subsanador" o "despacho saneador", vulnera normas de derecho, sino que también resulta inmoral o antiético, lo cual, aunado a las consecuencias legales civiles, penales, administrativas y disciplinarias ya indicadas, acarrea "responsabilidad moral", en la forma en que ello se plantea en la Constitución y se materializa por el funcionamiento del denominado Poder Ciudadano, en cuya ley reguladora se prevén las posibles respuestas sancionatorias.

VI. GARANTÍAS JUDICIALES

Finalmente, para el caso en que el funcionario receptor, tanto de la Administración Tributaria como de la Administración Pública en general, se niegue de hecho a recibir la petición, solicitud, consulta, etc., podrá ejercerse una acción de amparo constitucional, por tratarse de una actuación omisiva susceptible de afectar no solamente el derecho de petición y obtención de oportuna y adecuada respuesta, sino también cualquier otro derecho humano fundamental directamente conectado con ello, como podría serlo el de dedicarse a la actividad lucrativa de su preferencia, o el de asociación, etc.

Si sucede que se recibe la solicitud, pero a pesar de haberse remediado las carencias legales destacadas en el eventual "despacho subsanador" o "despacho saneador", llegase a producirse un nuevo "despacho subsanador" o "despacho saneador", el administrado puede optar por volver a solucionar las posibles deficiencias en su petición, o instaurar un recurso jerárquico, acorde con el artículo 50 de la Ley Orgánica de Procedimientos Administrativos.

Ahora bien, en el caso en que la solicitud es recibida y no hubo "despacho subsanador" o "despacho saneador", o lo hubo y el mismo fue satisfecho, pero no se produce la respuesta en forma oportuna, si se trata de

---

Pág. 78: *"En nuestra Administración Pública, este principio por lo general, jamás ha sido aplicado, o por lo menos fue olvidado hace mucho tiempo. Y no solo nos referimos a las oficinas que abren tarde sus puertas porque los servidores se encuentran desayunando o descansando del nutrido almuerzo, sino a aquellos casos en que pasan años sin obtener respuesta sobre un asunto del cual se ha solicitado algo".*
Este literal referido a la puntualidad fue tomado del artículo 13 del decreto reglamentario denominado Código de Conducta de los Servidores Públicos.
Pág. 42: *"La ética impone que se atiendan los asuntos con la debida diligencia, evitando demoras y atrasos injustificados. Es indudable que la insuficiencia de medios personales y de materiales adecuados, constituyen las causas principales de la lentitud de la acción administrativa. Pero también lo son la desidia, la pereza y los malos hábitos de quienes la llevan a cabo, dedicando parte del tiempo de oficina a trabajos particulares".*

una Administración Pública no tributaria, siempre habrá la posibilidad de incoar una acción de amparo constitucional, de las doctrinal y jurisprudencialmente llamadas amparos por mora administrativa, cuya sola finalidad será la de obtener judicial y forzosamente que se de la respuesta, cualquiera sea su contenido (denegatorio o favorable), todo conforme con la Ley Orgánica de Amparo sobre Derechos y Garantías Constitucionales y sus modificaciones jurisprudenciales obra de la Sala Constitucional del Tribunal Supremo de Justicia.

En cambio, si la tardanza en responder proviene de una Administración Tributaria, entonces habrá de ser interpuesta una acción de amparo tributario, siguiendo el artículo 302 y siguientes del Código Orgánico Tributario, con la crucial diferencia, en cuanto al amparo por mora aludido, de que el juez podrá incluso sustituirse a la Administración, en la producción de la respuesta. Veamos:

> *"Procederá la acción de amparo tributario cuando la Administración Tributaria incurra en demoras excesivas en resolver peticiones de los interesados y ellas causen perjuicios no reparables por los medios establecidos en este Código o en leyes especiales".*
> *"La acción podrá ser interpuesta por cualquier persona afectada, mediante escrito presentado ante el Tribunal competente".*
> *"La demanda especificará las gestiones realizadas y el perjuicio que ocasiona la demora. Con la demanda se presentará copia de los escritos mediante los cuales se ha urgido el trámite".*
> *"Si la acción apareciere razonablemente fundada el Tribunal requerirá informes sobre la causa de la demora y fijará un término para la respuesta no menor de tres (3) días de despacho ni mayor de cinco (5) contados a partir de la fecha de notificación. Vencido el lapso, el tribunal dictará la decisión que corresponda dentro de los cinco (5) días de despacho siguientes. En ella fijará un término a la Administración Tributaria para que se pronuncie sobre el trámite omitido. Asimismo, el Tribunal podrá, cuando el caso así lo amerite, sustituir la decisión administrativa previo afianzamiento del interés fiscal comprometido. Las fianzas serán otorgadas conforme a lo dispuesto en el artículo 72 de este Código".*
> *"De la decisión dictada se oirá apelación en el solo efecto devolutivo dentro de los diez (10) días de despacho siguientes".*

Obviamente, si se produce la respuesta, cualquiera sea la Administración Pública, y la misma, a mas de ser eventualmente inoportuna, resulta inadecuada a criterio del solicitante, entonces será menester que ocurra, según los casos, a las vías ordinarias de los recursos administrativos o contencioso administrativos o tributarios, y si fuere procedente, a la vía extraordinaria del amparo autónomo contra acto administrativo.

VII. CONCLUSIÓN

Valgan pues estas líneas como un llamado a la reflexión de los funcionarios públicos encargados de la recepción de documentos, de sus superiores jerárquicos, de los jueces y magistrados y operadores jurídicos en general, de modo que algo tan elemental comience a ser objeto del mas exigente cumplimiento, en nuestra carrera irrenunciable y progresiva hacia una Administración Pública verdaderamente democrática y ciertamente al servicio de los administrados.

El servidor público, bajo ningún concepto, puede negarse a recibir, so pena de responsabilidad civil, penal, administrativa, disciplinaria y moral, cualquiera petición, solicitud, consulta, descargo, recurso, etc., que se le haga en el ámbito de sus competencias legales, y con independencia de que el planteamiento sea escrito, oral, facsimilar, electrónico o telefónico.

Terminemos parafraseando el artículo 16 del decreto reglamentario denominado Código de Conducta de los Servidores Públicos, según el cual, *"El servidor público de buena conducta será aquel que durante el ejercicio de sus funciones practique cabal y rigurosamente los principios"* de honestidad[340], equidad, decoro, lealtad, vocación de servicio, disciplina, eficacia, responsabilidad, puntualidad, transparencia y pulcritud.

---

[340] En cuanto a la valoración del principio de honestidad, el artículo 17, literal l, "eiusdem", expresa que *"El servidor público bajo ninguna circunstancia retardará o dificultará a cualquier ciudadano el ejercicio regular de su derecho y menos en forma que pueda causarle daño moral o material"*.

1.10
La necesidad de un Estatuto del Contribuyente o Declaración de los Derechos del Contribuyente frente al ejercicio de la Potestad Tributaria

I. INTRODUCCIÓN

1. Antecedentes

Desde diversos rincones de Europa y de América Latina (no con exclusividad) se viene hablando de la necesidad de establecer algo denominado en forma general como Carta o Estatuto de Contribuyente.

Podría suponerse que ello es así, en razón de la necesidad por muchos sentida de delimitar la claridad las facultades de actuación de las administraciones tributarias, con la finalidad de salvaguardar los derechos de las personas, particularmente en su condición de contribuyente, u obligado tributario a título distinto título.

2. Problema

Frente a la generalización de textos, en la mayoría de los casos, con rango de ley, teniendo por objeto instaurar tales Cartas o Estatutos, bien vale la pena cuestionar, a la luz de su finalidad, por una parte, su necesidad, y por la otra, su eficiencia normativa.

3. Objeto

La realidad normativa presente en el mundo del derecho comparado, cuando no las loas al dictado de esas Cartas y Estatutos, con referencia a lo que es el cotidiano devenir de las relaciones jurídico tributarias, como vinculaciones de derecho, entre iguales, y no de mero poder, amerita precisar si se justifica su existencia.

4. Objetivo

Estas líneas, con arraigo en los principios fundamentales que definen y caracterizan a los derechos humanos, siendo su protección y promoción obligación constitucional del Estado Venezolano, y contando con preeminencia por sobre todo nuestro ordenamiento jurídico, persiguen demostrar la no indispensabilidad de semejantes Cartas y Estatutos, desde la perspectiva garantista jurídica, y poner de relieve su rol tan solo de grata y simple recordación.

Se propicia entonces una reflexión: Es menester reescribir? Es necesario poner en vigencia dispositivos legales cuyos contenidos normativos ya están en vigor, incluso en textos de rango constitucional? Publicar varias veces la misma norma que habla de derechos humanos, en conjuntos regulatorios publicados en diferentes ediciones de la Gaceta Oficial, hace que adquieran eficacia, más allá de su mero valor formal? El problema es jurídico o carencia en la formación ciudadana?

5. Justificación

Siendo el autor de estas ideas un abogado litigante, cuya práctica profesional en buena medida consiste en actuar como defensor judicial de contribuyentes, y también un profesor universitario e investigador jurídico en temas constitucionales, procesales y de derechos humanos, es entendible que nazca motivación en cuanto al estudio estas Cartas y Estatutos, pretendidamente dirigidos a asegurar el respeto del principio de legalidad[341] y del principio de seguridad jurídica[342], como fundamento del Estado Constitucional y Democrático de Derecho[343].

[341] Artículo 141 de la Constitución: *"La Administración Pública está al servicio de los ciudadanos y ciudadanas y se fundamenta en los principios de honestidad, participación, celeridad, eficacia, eficiencia, transparencia, rendición de cuentas y responsabilidad en el ejercicio de la función pública, con sometimiento pleno a la ley y al derecho".*

[342] Artículo 299 de la Constitución: *"El régimen socioeconómico de la República Bolivariana de Venezuela se fundamenta en los principios de justicia social, democratización, eficiencia, libre competencia, protección del ambiente, productividad y solidaridad, a los fines de asegurar el desarrollo humano integral y una existencia digna y provechosa para la colectividad. El Estado conjuntamente con la iniciativa privada promoverá el desarrollo armónico de la economía nacional con el fin de generar fuentes de trabajo, alto valor agregado nacional, elevar el nivel de vida de la población y fortalecer la soberanía económica del país, garantizando la seguridad jurídica, solidez, dinamismo, sustentabilidad, permanencia y equidad del crecimiento de la economía, para garantizar una justa distribución de la riqueza mediante una planificación estratégica democrática participativa y de consulta abierta".*

[343] Artículo 2 de la Constitución: *"Venezuela se constituye en un Estado democrático y social de Derecho y de Justicia, que propugna como valores superiores de su ordenamiento jurídico*

II. DESARROLLO

1. La trascendencia de los derechos humanos, como pilares supremos y preeminentes del ordenamiento jurídico venezolano

Como una demostración práctica de lo que el Profesor Román Duque Corredor ha denominado "La Positivación del derecho natural, en la exposición de motivos de la Constitución de la República se admite explícitamente la adscripción al pensar iusnaturalista, al expresar: "...la Constitución amplia conceptualmente la protección de los derechos humanos con una marcada influencia iusnaturalista, al disponer que la enunciación de los derechos y garantías contenidos en la Constitución y en los instrumentos internacionales sobre derechos humanos no debe entenderse como negación de otros que, siendo inherentes a la persona, no figuren expresamente en ellos...".

Es así como no deben perderse de vista que el ordenamiento jurídico venezolano, demarcada y trascendente inspiración iusnaturalista, se inscribe dentro de los postulados básicos contenidos en la declaración universal de los derechos humanos, aprobada en 1948 por la Asamblea General de la Organización de las Naciones Unidas, donde destaca la idea de que toda persona nace libre e igual. Es decir, que la libertad, con arraigo en la dignidad humana, manifestada bajo la enunciación del derecho al libre desenvolvimiento de la personalidad, lejos de ser el resultado de una concesión o dádiva de parte del estado (léase del poder), deriva de una condición ontológica de la persona, de evidente origen pre-estatal.

Desde esta perspectiva, de identidad claramente libertaria, puede apreciarse el rol trascendente que encuentran los derechos humanos dentro de la parte dogmática de la Constitución, totalmente determinante y limitante de las potestades, funciones, atribuciones y competencias que se reconocen en la parte orgánica de la Constitución, a todos y a cada uno de los entes que integran al Poder Público.

En este contexto, el artículo 2 comienza por definir a Venezuela como un Estado democrático y social de derecho y de justicia, siendo los valores superiores de su ordenamiento jurídico de su actuación la tutela de derechos humanos específicos como la vida, la libertad, la justicia y la igualdad, todo ello enmarcado dentro del principio democrático, de la idea de

y de su actuación, la vida, la libertad, la justicia, la igualdad, la solidaridad, la democracia, la responsabilidad social y en general, la preeminencia de los derechos humanos, la ética y el pluralismo político".

solidaridad y responsabilidad social y, en general, la preeminencia de los derechos humanos.

A continuación seguido el artículo 3 constitucional incluye dentro de los fines esenciales del Estado la defensa y el desarrollo de la persona, el respeto a su dignidad y la garantía del cumplimiento de los principios, derechos y deberes reconocidos y consagrados en la Constitución.

Por su parte, el artículo 19 Constitucional magnifica el deber del Estado de garantizar toda persona, conforme al principio de progresividad y sin discriminación alguna, el goce y ejercicio irrenunciable, indivisible e interdependiente de los derechos humanos, siendo su respeto y garantía obligatorios para los órganos del Poder Público.

De su lado, los artículos 22 y 23 Constitucionales consagran la cláusula del número abierto, de modo de no excluir de la protección ningún derecho inherente a la persona, aunque no figure expresamente en la Constitución y en los instrumentos internacionales sobre derechos humanos, instrumentos estos a los cuales se les otorga jerarquía constitucional y carácter prevalente en el orden interno, cuando contengan normas sobre el goce y ejercicio de los derechos humanos, que sean más favorables a las previstas en la Constitución y en las leyes. Además, se hace explícita mención del carácter directamente aplicable de los dispositivos que sobre derechos humanos contiene la Constitución y los instrumentos internacionales, al declararse que la falta de ley reglamentaria de tales derechos no menoscaba su ejercicio.

Finalmente, la obligación estatal de protección, respeto y promoción de los derechos humanos se encuentra compulsivamente reforzada por imperio particularmente de los artículos 25, 27 y 30 Constitucionales, que prevén la nulidad de los actos violatorios de los derechos humanos dictados por el Poder Público, la responsabilidad penal, civil y administrativa de los funcionarios públicos que los hayan ordenado o ejecutado, el acceso a la acción extraordinaria de amparo constitucional, y la obligación de indemnizar integralmente a las víctimas de violaciones de derechos humanos.

Esta apretada síntesis relativa a los aspectos centrales del régimen constitucional venezolano de preeminencia de los derechos humanos pone claramente en evidencia el rol determinante que ellos tienen, en cuanto se refiere a la fijación de los fines perseguibles por la actuación de los entes públicos, y sus correspondientes limitaciones, todo en provecho del respeto de la dignidad humana. Los derechos humanos son entonces la razón de ser del Poder Público, como garantía de convivencia enriquecedora dentro de una sociedad democrática, y también la frontera infranqueable de hasta pueden llegar en su rehacer cotidiano. Todo esto, en el marco de la norma resumen de los derechos humanos, contenida en el artículo 20 Constitucional:

"Toda persona tiene derecho al libre desenvolvimiento de su personalidad, sin más limitaciones que las derivan del derecho de las demás y del orden público y social".

2. Lo que son o pretenden ser las Cartas o Estatutos del Contribuyente

Tal como se desprende del régimen constitucional de protección, respeto y promoción de los derechos humanos presentado, en sus lineamientos generales, en la sección precedente, tales derechos corresponden ontológicamente a la persona humana, cualquiera sea la situación que cada ser humano pueda vivir o desempeñar. No en balde, uno de los derechos humanos fundamentales es precisamente el de la igualdad, por lo que el artículo 21 Constitucional prevé:

> *"Todas las personas son iguales ante la ley; en consecuencia:*
> *1. No se permitirán discriminaciones fundadas en la raza, el sexo, el credo, la condición social o aquellas que, en general, tengan por objeto o por resultado anular o menoscabar el reconocimiento, goce o ejercicio en condiciones de igualdad, de los derechos y libertades de toda persona"*

En consecuencia, la condición de contribuyente que pueda tener una persona no le significa, ni le puede significar, el goce y ejercicio de derechos humanos y garantías fundamentales distintos de aquellos de los cuales goza o puede ejercer toda otra persona, sea o no contribuyente[344].

Teniendo en cuenta lo que precede, puede apreciarse del estudio del derecho comparado, sobre todo poniendo el ojo en países de América y de Europa, que se ha venido generalizando, de una forma u otra, el uso de expresión "Estatuto del Contribuyente".

En este sentido, puede observarse la existencia en la doctrina de diversas definiciones de lo que ha de entenderse por Estatuto del Contribuyente. Así, mientras que algunos refieren que tal estatuto no sería otra cosa que "el conjunto de normas de rango legal que establecen de forma clara y precisa los derechos y deberes de los contribuyentes", otros

[344] José Ferreiro Lapatza, "El Estatuto del Contribuyente" p. 107: "...la idea de la unidad del ordenamiento...se basa en el reconocimiento y potenciación de la idea de la igualdad de todos ante la ley...tampoco cabe, ..., calificar la situación del ciudadano contribuyente frente al Estado como algo distinto a la situación de sujeción general que caracteriza la situación de todo ciudadano frente a él...".

prefieren referir con ello los "principios constitucionales recogidos por el ordenamiento jurídico que garantizan los derechos de los contribuyentes en cuanto tales"[345], o el "círculo de garantías que protegen al ciudadano contribuyente frente a los abusos del Poder Estatal"[346]. Como puede verse, estos lineamientos definitorios no parecen aludir a un texto en sí, contentivo a título de compendio de todos los derechos del contribuyente, sino al resultado de un trabajo de interpretación sistemática del derecho, que permita ubicar dichos derechos, cualquiera sean los textos de carácter constitucional o legal que los contemplen.

En idéntico orden de ideas se sitúa el autor Enrique Bulit Goñi[347], al concluir que el estatuto del contribuyente comprende: "Esos principios constitucionales de contenido tributario –sean constitucionales tributarios o tributarios constitucionalizados, expresos o implícitos, principios autónomos o enfatizaciones– y la concatenación o urdimbre de todos ellos".

Igualmente, en esta corriente de pensamiento me inscribí al afirmar que por " Estatuto del Contribuyente" debemos entender: "la compilación de todos y cada uno de los derechos que el constituyente reconoció expresa o tácitamente en provecho de la persona, natural o jurídica (esta última como mero ente exponencial de las aspiraciones legítimas de aquella), o que la ley consagró en desarrollo de aquellos, en sus vinculaciones con la administración pública, concretamente dentro de la conocida como relación jurídica tributaria".[348]

Muy diferente es la aproximación que al respecto hacen Gianni Gutiérrez y Alberto Varela[349], al definir el estatuto de contribuyente como "un cuerpo legal que de forma orgánica disponga de normas que fijen en forma clara y comprensible para el común de los ciudadanos los derechos y deberes que en cuanto a contribuyentes les incumben".

En esa misma forma de ver se inscriben Javier Forte Rodríguez, César Pérez Novaro y Gabriel Cáceres[350], con la siguiente definición: "El cuerpo normativo destinado a establecer el equilibrio en la regulación de la relación jurídica tributaria especificando detalladamente los derechos del sujeto pasivo y de sus asesores, que se hayan reconocido expresa o implícitamente

[345] Carolina Zitto y José Gómez Leiza, "algunas cuestiones sobre el estatuto del contribuyente".
[346] José Ferreiro Lapatza, Op. cit., p. 106.
[347] "Disquisiciones en torno del "Estatuto de Derechos y Garantías del Contribuyente" en Europa y en América".
[348] Alberto Blanco-Uribe Quintero, "hacia un estatuto del contribuyente durante la fiscalización", p. 115.
[349] "El contribuyente frente a la inspección fiscal", pp. 211 y 212.
[350] "Estatuto del Contribuyente. Pilares para su formulación: Transparencia, Seguridad Jurídica y Debido Proceso".

en la Constitución y en los tratados internacionales de derechos humanos y demás normas de derecho". Estos autores llegan a considerar "indispensable la aprobación de un estatuto o carta del contribuyente dentro del proceso de modernización del derecho tributario formal en el ámbito tributario en aquellos países que aun no cuentan con este instrumento", y sugieren que debe tener "rango legal".

Un ejemplo concreto de esta visión lo encontramos en el caso español, concretamente con la aprobación de la Ley Uno/1998, del 26 de febrero, de Derechos y Garantías de los Contribuyentes, en cuyo artículo 1, referido al objeto y ámbito y aplicación de esta Ley, refiere en la misma "regula los derechos y garantías básicos de los contribuyentes en sus relaciones con las administraciones tributarias, y será aplicable a todas ellas", siendo que "los derechos que se reflejan en la presente Ley se entienden sin perjuicio de los derechos reconocibles en el resto del ordenamiento"[351]: Para este autor tal ley es "superflua porque gran cantidad de los extremos por ella regulados ya estaban recogidos con carácter general para todos los ciudadanos en la Ley...".

Cualquiera sea la postura que se asuma al respecto, compilación interpretativa de dispositivos aislados y principios jurídicos, o texto legal especial, lo cierto es que lo que se persigue es que el contribuyente, en provecho del principio de seguridad jurídica, tenga acceso rápido y certero al enunciado de los derechos humanos de los que dispone, y que las administraciones tributarias conozcan con exactitud el límite de su actuación en beneficio de la integridad de la dignidad humana del contribuyente.

Insistente con su criterio, de agudo jurista con la dicha de actuar el ámbito de un sistema democrático, José Ferreiro Lapatza[352] afirma que "la petición de certeza y claridad debe ser dirigida al ordenamiento como un todo; y al ordenamiento tributario, o, sise quiere, a las leyes tributarias como parte inescindible de tal ordenamiento".

Dramáticas pero muy realistas palabras emite el citado jurista, en un llamado al cese de la arbitrariedad de las administraciones tributarias, blandiendo la necesidad de un estatuto de contribuyente, pero no visto en tanto que un texto en especial, como quedó expuesto, sino como derivado de la tal interpretación de los principios que en tutela de la dignidad humano consagra en general, como un todo, el ordenamiento jurídico. Así, la realidad frente a la que se esgrime el requerimiento de ese estatuto, es la siguiente: "un ordenamiento jurídico tributario altamente confuso, ayuno

[351] Clemente Checa González, "Principios Generales de la Ley de Derechos y Garantías de los Contribuyentes (artículos 1, 2 y 4)", p. 39.
[352] Op. cit., p. 106.

en su formación de las más elementales enseñanzas de la técnica jurídica, encomendado en su aplicación, básicamente, al contribuyente y en el que la administración tributaria se reserva únicamente del papel de represor. De un represor que goza de todas las facultades interpretativas que generan las normas confusas tanto en su texto como en su fin. De un represor que goza de las más amplias facultades, de ejercicio no pocas veces discrecional, para exigir de los contribuyentes, y aun de los que no lo son, todas las "informaciones" o toda la "colaboración" que considere necesaria; y que puede castigar la negativa, también con amplia libertad, siguiendo el esquema típico del delito de desobediencia. De una administración facultada para dilatar a su antojo los plazos en que ha de dictar sus resoluciones burlando con un mínimo movimiento todos los plazos prescriptivos. De una administración que goza de amplias, y en gran medida discrecionales, facultades sancionadoras. De una administración "tutelada" por tribunales administrativos que pueden dilatar por un largo espacio de tiempo el acceso a los Tribunales de justicia. De unos Tribunales de justicia con graves carencias en la formación especializada necesaria para entender y aplicar un ordenamiento tributario tan confuso que más que como instrumentos de resolución de conflictos puede ser en buena parte entendible como un instrumento de provocación de conflictos sociales".[353]

3. En el ordenamiento jurídico venezolano hay un Estatuto del Contribuyente, sin tenerlo

En cuanto al ordenamiento jurídico venezolano se refiere, tenemos que el régimen jurídico de la libertad y de derechos humanos se encuentra previsto en el bloque de la constitucionalidad, vale decir en la cúspide del sistema jerarquizado de las fuentes del derecho, tanto en el texto mismo de la Constitución de la República, como en los diversos instrumentos internacionales en materia de derechos humanos que han sido ratificados por la República, tales como la declaración universal de los derechos humanos, la declaración americana de derechos humanos, el pacto internacional de los derechos civiles y políticos, el pacto internacional de los derechos económicos, sociales y culturales, la inconstitucionalmente denunciada convención americana sobre los derechos humanos, y decenas de pactos, acuerdos, protocolos y tratados específicos, como los que proscriben tratamientos discriminatorios con base en la raza, el género u otras diferencias, entre otros vinculados a los derechos humanos, aplicables en los ámbitos universal, regional o bilateral.

[353] Op. cit. pp. 108 y 109.

Por otro lado, existen cantidad importante de leyes de desarrollo de derechos humanos, que por mandato constitucional han de revestir, y muchas de ellas así lo cumplen, el carácter orgánico. Incluidas dentro de este importante conjunto, a mas de todas las leyes de desarrollo de derechos humanos, las cuales son aplicables a cualquiera persona humana, tenga o no la condición de contribuyente, se pueden observar textos como los del Decreto con Rango, Valor y Fuerza de Ley Orgánica de la Administración Pública, la Ley Orgánica de Procedimientos Administrativos, la Ley Orgánica del Poder Público Municipal, la Ley Orgánica del Poder Ciudadano, el Decreto con Rango, Valor y Fuerza de Ley de Simplificación de Trámites Administrativos, y muchos otros, tanto en aspectos sustantivos como en ámbitos procesales, dentro de los cuales obviamente destaca el Código Orgánico Tributario.

Todo esto, es decir, la sumatoria sometida a las reglas de interpretación sistemática del derecho, de las normas contenidos en la parte dogmática de la Constitución, contentivas de las características, clasificación y régimen jurídico de los derechos humanos, junto a las regulaciones derivadas de los instrumentos internacionales sobre derechos humanos y de las leyes orgánicas de desarrollo de tales derechos, adicionadas y enriquecidas pro la doctrina humanista especializada y por selectos criterios jurisprudenciales, sin duda representa el estatuto del contribuyente en Venezuela.

Se sigue con la anterior afirmación la idea esbozada del profesor José Ferreiro Lapatza, la cual compartimos, por no entender necesario el dictado de un texto con rango legal que compile, es decir, se limite a reproducir con riesgo de dejar por fuera instituciones importantes, derechos y garantías aplicables a los contribuyentes, como personas humanas que son.

Por tanto, siguiendo la aproximación inicial, circunscrita a los preceptos contenidos en la Constitución, que tuvo ocasión de plantear en mí trabajo intitulado "Los derechos del contribuyente en la Constitución de 1999"[354], sugerimos dividir el estatuto básico de los derechos humanos del contribuyente en derechos humanos sustantivos del contribuyente y derechos humanos procesales o adjetivos del contribuyente.

En este orden de ideas, reproduzco, dentro de los derechos humanos sustantivos del contribuyente, con vista solo de la Constitución, enumeré los siguientes derechos: el derecho al principio de legalidad tributaria (artículos 317 y 133), el derecho a la irretroactividad de la ley (artículos 24, 49, numeral 6, y 317 –vacatio legis–, el derecho a la igualdad y el principio de justicia tributaria (artículos 21 y 316), el derecho al carácter pecuniario

[354] V Jornadas Venezolanas de Derecho Tributario "Aspectos tributarios en la Constitución de 1999", pp. 3 a 24.

del tributo y el derecho a la integridad personal (artículos 317 y 46), el derecho a la libertad económica (artículo 112), el derecho a la propiedad y el derecho a la prohibición de la confiscación (artículos 115, 116 y 317), el principio de capacidad económica o contributiva (artículo 316), el derecho al non bis in idem (artículo 49, numeral 7), el derecho al acatamiento de la división vertical del poder o derecho al respeto de las potestades tributarias (artículos 136, 138, 156, numerales 12, 13 y 14, 164, numerales 34 y 7, 179, numerales 2 y 3, y disposición transitoria cuarta, numerales 6 y 7).

Y, por lo que respecta a los derechos procesales o adjetivos de los contribuyentes, planteados como garantía real del goce efectivo de los derechos sustantivos anteriormente citados, pero también de los mismos derechos procesales, particularmente a través del derecho de amparo, para la salvaguarda de la libertad frente a las actuaciones de la Administración Tributaria, dentro de un verdadero Estado de derecho, enlisté el derecho de acceso a la justicia (artículo 26), el derecho a la tutela judicial efectiva, el derecho al debido proceso y el derecho a la defensa (artículos 49, numerales 1 y 3, 285, numerales 1 y 2, y 259), el derecho a la participación, como principio fundamento de la Administración Pública (artículo 141), el derecho a los medios alternativos de solución de conflictos jurídicos (artículo 258, junto al principio de eficiencia administrativa a que se contraen los artículos 141, como principio fundamento de la Administración Pública, y 311, como justificación de la gestión fiscal), el derecho de amparo (artículo 27), el derecho de amparo internacional (artículo 31), el derecho a la presunción de inocencia (artículo 49, numeral 2), el derecho de petición y oportuna y adecuada respuesta (artículos 51, 280 y 281, numeral 1), el derecho a la información y el derecho de acceso a los documentos administrativos (artículos 28 y 143, junto al principio de transparencia a que se refieren los artículos 141, como fundamento de la Administración Pública, y 311, como justificación de la gestión fiscal).

Ahora bien, completando la idea de estatuto del contribuyente, a más de los preceptos constitucionales, aunando los principios contenidos en las leyes de desarrollo más directamente aplicables a la relación jurídico tributaria, como vinculación de derecho en plano de igualdad entre sus partes, se hace menester entonces tomar en cuenta los postulados especiales que al respecto se contienen en el Código Orgánico Tributario, en la Ley Orgánica de la Administración Pública, en la Ley Orgánica de Procedimientos Administrativos y en la Ley de Simplificación de Trámites Administrativos.

En este orden de ideas, manteniéndonos en la clasificación que divide los derechos humanos del contribuyente en derechos humanos sustantivos y derechos humanos procesales y objetivos, haciendo hincapié en los segundos, dada la dinámica que caracteriza a la relación jurídica tributaria, que nos hace poner el acento sobre los procedimientos administrativos en el seno de los cuales las administraciones tributarias han de desempañar sus atribuciones legales, siempre con apego al debido proceso, podemos hacer la siguiente presentación, que en su momento referimos con exclusividad a la fase de fiscalización[355], dentro del procedimiento administrativo de determinación y fiscalización previsto en el Código Orgánico Tributario, pero que ahora extendemos a cualquiera sea el procedimiento administrativo tributario de que se trate. Veamos:

A. Derecho del Contribuyente antes del inicio del procedimiento:
   - Derecho a ser notificado de la apertura de todo procedimiento iniciado de oficio, conforme a lo previsto en el artículo 48 de la Ley Orgánica de Procedimientos Administrativos y, por ejemplo, en el artículo 178 del Código Orgánico Tributario.
   - Derecho a la recepción de todo escrito petitorio, si se trata de un procedimiento iniciado a instancia de parte interesada, acorde a la previsión del articulo 9 del Decreto con Rango, Valor y Fuerza de Ley Orgánica de la Administración Pública.

B. Derechos del contribuyente durante el procedimiento:
   1) Derecho a la apertura de expediente administrativo, acorde con las disposiciones de los artículos 31 y 59 de la Ley Orgánica de Procedimientos Administrativos y 151 y 179 del Código Orgánico Tributario, y en atención a la vigencia del principio de escritura.
   2) Derecho al ejercicio motivado, racional y proporcionado, por parte de la Administración Tributaria, de sus facultades legales, siguiendo los principios de transparencia y el debido proceso.
   3) Derecho a hacerse representar, siguiendo los artículos 25 de la Ley Orgánica de Procedimientos Administrativos, 11 de la Ley de Simplificación de Trámites Administrativos y 149 y 151 del Código Orgánico Tributario.
   4) Derecho a obtener constancia oficial de comparecencia a las citaciones, según preé el artículo 150 del Código Orgánico Tributario.
   5) Derecho a que toda actuación sea en día y hora hábil, conforme mandan los artículos 152 y 165 del Código Orgánico Tributario.
   6) Libertad probatoria, conforme a los postulados amplios del derecho al debido proceso, comprensivo del derecho a probar y, acorde con el artículo 507 del Código de Procedimiento Civil, la evaluación de las pruebas se haga por la sana crítica.
   7) Derecho al acatamiento de los principios de informalismo, de actuación de oficio y de investigación de la verdad real, todo ello dentro del amplio marco del principio de realidad económica.

[355] Alberto Blanco-Uribe Quintero, "Hacia un estatuto del contribuyente durante la fiscalización" pp. 133 a 153.

8) Derecho a obtener copia de documentos situados en archivos u oficinas sellados o precintados, previsto en el artículo 182 del Código Orgánico Tributario.
9) Derecho a la confidencialidad de la información frente a terceros, consagrado en los artículos 126, 129, Parágrafo Único, y 139 del Código Orgánico Tributario.
10) Derecho a la sustitución de las medidas cautelares y a hacer oposición, conforme a los artículos 299 y 300 del Código Orgánico Tributario.
11) Derecho al agotamiento de la posibilidad de una determinación sobre base cierta, según el artículo 132 del Código Orgánico Tributario.
12) Derecho a la finalización del procedimiento, por razones de seguridad jurídica, con arreglo a lo indicado el artículo 299 de la Constitución.
13) Derecho a la notificación de toda Providencia, Acta o Resolución, sean de mera sustanciación, definitivas o de ejecución, en garantía del principio de transparencia y del derecho a la información.
14) Derecho al respeto del principio de globalidad del acto administrativo, acuñado por el artículo 89 de la Ley Orgánica de Procedimientos Administrativos.
15) Derecho a la presunción de inocencia.
16) Derecho a no ser compelido a declarar en contra de sí mismo.
17) Derecho a ser informado de las vías impugnatorias en contra de las decisiones administrativas.
18) Derecho a la no ejecución de los actos administrativos antes de su firmeza definitiva.
19) Derecho de acceso a la justicia y a la tutela judicial efectiva tributaria.

La enumeración que precede, contentiva de varios de los derechos humanos del contribuyente, como persona humana y en atención al respeto de su dignidad, no puede ser entendida como exhaustiva, y mucho menos como taxativa, no solamente por no responder a un análisis globalmente detallado del ordenamiento jurídico venezolano vigente en su conjunto, sino también porque aún cuando se tratara de semejante análisis, siempre podría ser enriquecida, dada la previsión del principio de progresividad de los derechos humanos, y de la consagración de la citada cláusula del número abierto.

Solo hemos querido demostrar con esta enumeración la exigencia en Venezuela, a lo largo de su ordenamiento jurídico vigente, de lo que se conoce como un estatuto de contribuyente.

En consecuencia, disponemos en el país de un tal estatuto, pero no en el sentido deseado por algunos, de un texto único, con rango de ley, exclusivamente destinado a la enunciación de los derechos humanos del contribuyente, y de los consecuentes deberes de respeto de los mismos por parte de las administraciones tributarias[356].

4. ¿Cambiaría la práctica administrativa arbitraria tan sólo por la emisión formal de un Estatuto del Contribuyente?

Tal como ha quedado previamente establecido, la razón de ser de estas cartas o estatutos del contribuyente radica en la necesidad de hacer ver con claridad, a las administraciones tributarias, los límites de su actuación en resguardo de la dignidad humana, y a los contribuyentes, el extendido de sus derechos humanos y las garantías judiciales y de otra índole de las que disponen para asegurar su respeto, y al restablecimiento en caso de lesión.

Se trata pues de hacer gala del principio de seguridad jurídica.

Sin embargo, no debemos dejar de notar que, con semejantes estatutos, trátese de la versión de compilación de dispositivos y principios indistintamente ubicables a lo largo y ancho del ordenamiento jurídico, o de textos legales especialmente dedicados a enumerar centralizadamente esos dispositivos y principios, nos mantenemos en el campo de la legalidad formal, es decir, que nos tropezamos con normas válidamente vigentes, pero que en muchos casos, como en el nuestro, carecen de eficiencia o efectiva vigencia.

[356] Si hacemos una breve comparación de nuestro listado de derechos humanos del contribuyente con lo que aparecen en la Ley Española 1/1998, del 26 de febrero, de derechos y garantías de los contribuyentes, siguiendo para ello a Manuela Fernández Junquera, " Derechos Generales de los Contribuyentes (artículos 3, 13, 14, 15, 16, 17, 19, 20, 21, 22 y 23)", p. 79, veremos que se trata un poco más o menos de los mismos derechos, que tomados de esa ley, la autora enlista como sigue, derechos reguladores de las relaciones con la administración (derecho a ser informado y asistido por la Administración Tributaria, derecho a ser informado del valor de los inmuebles, derecho a ser informado de la naturaleza y alcance de las actuaciones inspectoras y a su desarrollo en el plazo previsto, derecho a conocer el estado de la tramitación de los procedimientos y derecho a solicitar certificaciones y copias); derechos reguladores de la conducta de la administración (derecho a conocer la identidad de los funcionarios, derecho al trato respetuoso, derecho al carácter reservado de datos, informes y antecedentes); derechos reguladores de los procedimientos (derecho a no aportar documentos ya presentados, derecho a la tramitación menos gravosa, derecho a formular alegaciones y a aportar documentos, obligación de resolver, derecho a conocer el estado de tramitación de los procedimientos); derechos de contenido económico (derecho a la devolución de ingresos indebidos, derecho al reembolso de avales).

En este sentido, se aprecia que las palabras anteriormente transcritas, pronunciadas por el Prof. José Ferreiro Lapatza, en torno a la arbitrariedad que caracteriza a la práctica de las administraciones tributarias, resultan totalmente aplicables a nuestro caso, como si hubiesen sido pensadas y escritas para Venezuela.

1.11 El autobús equivocado... el destino final arbitrario. El Código Orgánico Tributario de 2014

EL AUTOBÚS EQUIVOCADO

Cuando se toma el autobús equivocado, en razón de que no se dirige al destino que en realidad se desea, sea por error o premeditadamente, puede ocurrir, en el primer caso, que se llegue a lugar distinto, o en el segundo caso, que se fuerce al autobús a desviarse, sin importar al autor de ello la suerte de los demás pasajeros.

Eso es lo ocurrido con la reforma del Código Orgánico Tributario de 2014 y las que serán sus resultas (destino forzado), cuando el Gobierno usó para ello la Ley Habilitante (autobús equivocado), sin que tal cosa se encontrara en la ruta trazada (la defensa de la economía y la lucha contra la corrupción administrativa), con clara afectación de los derechos de los contribuyentes (los demás pasajeros).

En efecto, dos fueron los aspectos de acuerdo entre el Poder Legislativo y el Poder Ejecutivo, para explicar o justificar la pretendida necesidad de que el primero habilitase al segundo, para actuar como legislador delegado, o legislador de excepción, en virtud de la insuficiencia del legislador ordinario para acometer esos temas con la debida prontitud y eficiencia, desde la perspectiva de la creación normativa con rango de ley: la defensa de la economía y la lucha contra corrupción administrativa. Esto se desprende de la simple lectura de los numerales 1 y 2 del artículo 1 de la Ley Habilitante[357].

[357] Ley que autoriza al Presidente de la República para dictar Decretos con Rango, Valor y Fuerza de Ley en las materias que se delegan (publicada en la Gaceta Oficial Extraordinaria Nro. 6.112 del 19 de noviembre de 2013).

Ahora bien, sin detenernos a tratar el punto acerca de si lo tributario entra o no dentro del campo de lo económico, lo cual fue objeto de interesantes discusiones, cuando bajo la vigencia de la Constitución de 1961, en 1994 el Presidente de la República de la época, Dr. Rafael Caldera, reformó por Decreto Ley el Código Orgánico Tributario, habiendo sido previamente autorizado por ley que acordaba la posibilidad extraordinaria de habilitar al Jefe del Estado para dictar medidas económicas o financieras, lo cierto es que si bien la Constitución de 1999 no establece límites específicos por materia para la habilitación legislativa, la simple lectura de los literales a) a f) del numeral 2 del artículo 1 de la Ley Habilitante de 2013, en cuanto al tema de la defensa de la economía, no contiene referencia alguna a lo tributario en lo explícito, como tampoco en lo implícito.

Lo mismo puede decirse en cuanto al contenido de los literales a) a h) del numeral 1 de dicho artículo 1, sin perder de vista el hecho cierto e indiscutible de que, además, la tributación y su régimen legal nada tienen que ver con, ni puede ser usado como un instrumento de, la lucha contra la corrupción administrativa.

En otras palabras, y sin olvidar que el principio de legalidad tributaria ("*no taxation without representation*")[358], como materia propia de la reserva legal, o mejor aún, de la libertaria y bien delimitadora reserva parlamentaria, exige el tratamiento de lo tributario no solamente en actos jurídicos con rango de ley, sino particularmente en sentido garantista mediante la ley formal[359], es obvio que el Gobierno tomó el autobús equivocado: la Ley Habilitante de 2013.

El autobús equivocado es la evidencia de la ilegitimidad del actuar gubernamental, que implica la inconstitucionalidad del Decreto Nro. 1.434 del 17 de noviembre de 2014, mediante el cual se dicta el Decreto con Rango, Valor y Fuerza de Ley del Código Orgánico Tributario[360], con base en haber sido dictado en un acto con rango de ley que no es una ley formal, en pretendido uso de una habilitación legislativa que no se extiende materialmente (como además no podía válidamente en derecho hacerlo) a lo tributario. El

---

[358] Este año en su aniversario número 800, desde la Carta de 1215. Uno de los pilares de la civilización y de la democratización del poder.

[359] Artículo 202 constitucional: "*La ley es el acto sancionado por la Asamblea Nacional como cuerpo legislador*".

Disposición Transitoria Quinta: "*En el término no mayor de un año a partir de la entrada en vigencia de esta Constitución, la Asamblea Nacional dictará una reforma del Código Orgánico Tributario...*".

[360] Publicado en la Gaceta Oficial Extraordinaria Nro. 6.152 del 18 de noviembre de 2014 (vaya urgencia habiendo sido dictado un año después de la Ley Habilitante y de manera notoria efectivamente publicado semanas después de su aprobación y anuncio en gaceta).

Gobierno (a cuyas órdenes para colmo se encuentra la Administración Tributaria) actuó sin habilitación legislativa, usurpando la función legislativa, siendo que los artículos 25 y 138 constitucionales sancionan con la nulidad los actos del Poder Público que violan los derechos humanos y sus garantías, o se dicten en usurpación de autoridad.

Se tomó pues este autobús equivocado y se le cambió el rumbo o la ruta, de modo de dirigirlo a un destino diferente (y hasta en dirección contraria como veremos), como lo es la parada de la reforma tributaria, en detrimento de los derechos de los demás pasajeros (los contribuyentes). Conste por cierto que hablamos de esa parada, pero sin conocer a cabalidad la identidad del destino final al cual en realidad se enrumban las autoridades gubernamentales con este proceder, si es que no se trata de la obtención a mansalva de fondos frescos y rápidos, sin entorpecimiento de ello por la aplicación de los principios jurídicos.

Desde esta perspectiva, y sin pretender ser exhaustivo en cuanto al análisis o mención de todos y cada uno de los derechos de los contribuyentes que son afectados con este cuestionable en derecho actuar, no legislativo sino gubernamental, se resalta lo siguiente, sin orden especial alguno, dentro de los aspectos alarmantes del contenido del nuevo articulado. Veamos:

1.- Domicilio Electrónico

La posibilidad de establecer un domicilio electrónico, concebida en el Código de 2001 (artículo 34) como resultado de un acuerdo entre contribuyente y Administración Tributaria, pasa ahora a ser, en el Código de 2014 (artículo 34), el resultado de una decisión unilateral administrativa, encima de carácter obligatorio y, por si fuera poco, preferente, léase entonces excluyente, en cuanto a los domicilios físicos.

Esto reviste trascendental importancia y gran peligrosidad, no solamente por las fallas de accesibilidad que suelen afectar los portales web de los entes tributarios, sino por su estrecha vinculación directa con el goce efectivo del derecho al debido proceso, frente al curso de los lapsos de caducidad para recurrir, por ejemplo.

2.- Prescripción Extintiva

El régimen de la prescripción extintiva fue modificado simplemente para aumentar sus términos de duración. Cada vez más este régimen va perdiendo su especialidad o especificidad, para irse aproximando al régimen general de la prescripción extintiva de las obligaciones personales, contenido en el Código Civil, de diez años de duración.

En efecto, la prescripción cuatrienal prevista en el artículo 55 del Código de 2001, de la acción para verificar, fiscalizar y determinar la obligación tributaria o para imponer sanciones tributarias distintas de la privación de libertad, es llevada a seis años en el artículo 55 del Código de 2014. Lo mismo puede decirse del derecho a la recuperación de montos pagados indebidamente por el contribuyente. Empero, es obvio que lo que se encuentra detrás de esto no es otra cosa que el reconocimiento tácito de la ineficiencia administrativa, con lo que se menoscaba la consagración del principio de eficiencia administrativa en el artículo 141 constitucional.

La prescripción de la acción para exigir el pago de las deudas tributarias y las acciones pecuniarias sigue siendo de seis años, conforme al artículo 59 del Código de 2001 y el artículo 55 del Código de 2014.

Y, por lo que respecta a la prescripción extintiva de la obligación tributaria, en los casos en los cuales el sujeto pasivo no haya cumplido sus deberes formales, presente irregularidades en su contabilidad o no haya podido la Administración Tributaria conocer el hecho imponible, prevista con una duración de seis años en el artículo 56 del Código de 2001, es equiparada a la prescripción de derecho común del Código Civil, es decir, es llevada a diez años de duración, en el artículo 56 del Código de 2014.

No se queda atrás la prescripción de la acción para imponer penas restrictivas de libertad, llevada en su duración de seis a diez años, en los respectivos artículos 57, sin perjuicio de que el Código de 2014, en el mismo dispositivo, equipara a la defraudación tributaria, la falta de enteramiento por agentes de retención y la insolvencia fraudulenta tributaria con los delitos de lesa humanidad y con los delitos contra los derechos humanos, al declarar imprescriptible la acción para imponer las sanciones respectivas.

La pregunta que conviene hacerse tiene que ver con precisar si hay honestidad en este proceder, en el sentido de determinar si, siendo reconocido el incumplimiento del principio de eficiencia administrativa consagrado en el artículo 141 constitucional, en lugar de operarse los ajustes necesarios en el funcionamiento interno de la Administración Pública, simplemente se le da más tiempo de actuación al quehacer administrativo, en perjuicio tanto de la seguridad jurídica como de la posibilidad cierta de lograr la optimización del servicio público.

Lo anterior, sin perder de vista la inexplicable equiparación, en el plano de los valores y principios fundamentales, entre los delitos de lesa humanidad, como las ejecuciones masivas, la tortura, la desaparición forzosa de personas, el genocidio, entre otros, y los delitos contra los derechos humanos en general, con algo tan insignificante, comparativamente hablando, como lo es la defraudación tributaria.

3.- Instigación al Incumplimiento de la Normativa

Reiterando en cuanto se refiere a este punto los aspectos que fueron comentados inicialmente, vinculados con la ilegitimidad de la vía elegida para legislar (toma del autobús equivocado) en la materia tributaria, por violación del principio de legalidad tributaria, asumido constitucionalmente más como reserva parlamentaria, que como simple reserva legal, es lo cierto que toda la argumentación es también aplicable en cuanto concierne a la vulneración del principio de legalidad penal.

El conocido "*nullun crimen, nulla poena, sine lege*", alude igualmente al concepto de ley formal, toda vez que lo que se encuentra en juego, como derecho fundamental del ser humano, es la libertad personal. Este es también un supuesto garantista de reserva parlamentaria.

Es así como, de manera ilegítima, el Poder Ejecutivo creó un nuevo tipo delictivo, en el numeral 4 del artículo 118 del Código de 2014, dentro de los ilícitos tributarios penales, denominado "*La instigación pública al incumplimiento de la normativa tributaria*", desarrollado en el artículo 123 de ese Código, así: "*Quien incite públicamente o efectúe maniobras concertadas tendentes a organizar la negativa colectiva al cumplimiento de las obligaciones tributarias será sancionado con prisión de un (1) año a cinco (5) años*".

Se trata, pues, de un nuevo delito sancionado con pena privativa de libertad, dirigido a castigar un comportamiento de las personas en general, que ha sido instituido no por el legislador ordinario, a través de la ley formal, sino por el Gobierno, a través de un decreto con rango, valor y fuerza de ley, y en ejecución de una ley habilitante que pretende justificarse en la necesidad de defender la economía y luchar contra la corrupción. De qué forma se supone que este tipo delictivo serviría para cumplir los objetivos plasmados por la Ley Habilitante de 2013?

A mayor gravedad, se pretende usurpar las atribuciones constitucionales reconocidas al Poder Ciudadano, por órgano de la Fiscalía General de la República, al establecerse en el artículo 131, numeral 22 del Código de 2014, que la Administración Tributaria podrá ejercer en nombre del Estado la acción penal correspondiente a los ilícitos tributarios penales, sin perjuicio de las competencias atribuidas al Ministerio Público. Una cosa es el principio de colaboración de los poderes, mediante la posibilidad de instar al Ministerio Público a ejercer la acción penal, y otra muy distinta es la facultad de cumplir directamente con esa función.

En todo caso, como quiera que esta opinión académica es objeto de publicación, vale la pena aclarar que el autor de estas líneas, si bien objeta la conformidad a derecho de la reforma normativa bajo análisis, en ningún caso se encuentra incitando a su incumplimiento. Por el contrario, sugiere y aconseja que se le de estricto cumplimiento por parte de los sujetos pasivos tributarios, sin perjuicio de las acciones legales que se puedan intentar contra ella y contra sus actos de ejecución, dentro de un Estado de Derecho, y conforme al ordenamiento jurídico venezolano vigente.

4.- Concejos Comunales

El artículo 131, numeral 21 del Código de 2014 faculta a la Administración Tributaria para designar a los concejos comunales como sus auxiliares, en tareas de contraloría social.

Dejando de lado la circunstancia, aunque incierta, de que los concejos comunales no sean órganos públicos, por lo que no podrían encontrarse dotados de atribuciones o potestades públicas, no hallándose sujetos al principio de legalidad administrativa, es evidente que se dibuja una violación del principio de igualdad y de no discriminación, en detrimento además de la libertad asociativa, por cuanto no se da idéntico tratamiento a otras figuras legales asociativas, incluso de previsión constitucional, como las cooperativas, dentro de los esquemas de la posible participación ciudadana.

Igualmente, siendo que todas las leyes del así llamado "*poder popular*", al referirse a los concejos comunales, les obligan a perseguir estatutariamente el establecimiento del socialismo, en una clara política de ideologización, se patentiza una vulneración de la libertad de pensamiento, y la instrumentalización de la Administración Tributaria al servicio de una parcialidad partidista, dejando de estar al servicio objetivo de los ciudadanos y ciudadanas, como lo exige la Constitución en su artículo 141.

Cabe también recordar que, de conformidad con las mencionadas leyes, esas entidades se circunscriben dentro de una suerte de administración paralela, debiendo registrarse ante la correspondiente comisión presidencial, de la cual obtienen la personalidad jurídica y los fondos de funcionamiento, por lo que evidentemente no son instancias de participación ciudadana, al no revestir el carácter reconocido en derecho internacional, de organizaciones no gubernamentales (ONGs).

5.- No Suspensión de Efectos en la Sede Administrativa

El artículo 257 del Código de 2014 hizo realidad una de las ideas del proyecto del Código de 2001, cual era la de eliminar el carácter suspensivo automático de los efectos del acto administrativo impugnado, por la mera interposición del recurso jerárquico. Como podemos recordar, frente a la reacción contraria en el ámbito de los contribuyentes, el Código de 2001 mantuvo ese carácter suspensivo en su artículo 247, y lo eliminó solamente en la sede judicial[361].

Lo cierto es que este proceder conlleva una actuación regresiva, en cuanto concierne al alcance del derecho al debido proceso en la sede administrativa, logrado desde el Código de 1983, y mantenido en las versiones de 1992, 1994 y 2001, con lo cual se violenta el principio de progresividad de los derechos humanos, contenido en el artículo 19 constitucional.

De nuevo se plantea un comportamiento deshonesto: siendo un hecho notorio la ineficiencia administrativa derivada de la circunstancia de que las administraciones tributarias se toman, en promedio, aproximadamente dos o tres años para pronunciarse acerca de la admisibilidad de los recursos jerárquicos, cuando el Código de 2001 en su artículo 249 establece para ello un término de tres días hábiles siguientes al vencimiento del lapso para su interposición, es lo cierto que lejos de evaluar las causas de ello y hacer los ajustes necesarios, se mantiene el término legalmente establecido, y seguramente continuará la mala práctica administrativa, que de suyo lesiona el derecho al debido proceso y el derecho de petición, pero dando un espaldarazo al comportamiento remiso administrativo, pues las administraciones tributarias no decidirán en los tiempos legales, pero podrán ejecutar los reclamos tributarios recurridos, contenidos en actos administrativos que no se encuentran definitivamente firmes.

Por otro lado, refiere el mismo dispositivo que quien tenga interés podrá solicitar la suspensión, cuando concurra la posibilidad de que la ejecución cause graves perjuicios y la impugnación se fundamente en la apariencia de buen derecho, debiendo la Administración Pública pronunciarse dentro del término para la admisión. Acaso el pronunciamiento sobre la suspensión solicitada se dará antes de los dos o tres años que en la realidad se toma la Administración Tributaria para pronunciarse sobre la admisión de los recursos? Acaso han habido suspensiones de efectos acordadas por la Administración Pública desde 1981, con su previsión en la Ley Orgánica de Procedimientos Administrativos? Honestamente, acaso se dejará de practicar la ejecución por encontrarse pendiente una solicitud de suspensión de efectos? Acaso se combate la corrupción administrativa dándole semejante herramienta al funcionariado público?

Cuál es el marco ético o valorativo de un sistema normativo, en el cual la impugnación administrativa de una sanción, por ejemplo por no

---

[361] Alberto Blanco-Uribe Quintero, "Eliminación de los Efectos Suspensivos de los Recursos Tributarios. Una Inconstitucionalidad", en Estudios sobre el Código Orgánico Tributario de 2001, obra colectiva, coordinador Jesús Sol Gil, Asociación Venezolana de Derecho Tributario, Livrosca, Caracas, 2002.

haber retenido tributo o no colocar el número del Registro de Información Fiscal (RIF) en la facturación, no produce de suyo la suspensión de efectos, mientras que la apelación de una sentencia condenatoria por homicidio, violación o narcotráfico se oye en ambos efectos, es decir, devolutivo y suspensivo? Es más grave o reviste mayor peligrosidad social tener un error en la contabilidad que violar a un niño?

Finalmente, dónde queda la preeminencia de los derechos humanos, prevista en el artículo 2 constitucional, en concordancia con el derecho a la presunción de inocencia, establecido en el numeral 2 del artículo 49 constitucional, cuando la misma norma prohíbe la suspensión de los efectos de las sanciones relativas a la clausura de establecimientos, comiso o retención de mercancías, vehículos, aparatos, recipientes, útiles, instrumentos de producción o materias primas, o de la orden de suspensión de actividades sujetas a autorización administrativa?

6.- No Suspensión de Efectos en la Sede Judicial

En este ámbito no hay cambios en cuanto al régimen establecido en el artículo 263 del Código de 2001 y el artículo 270 del Código de 2014, por lo que respecta a la justificación de la solicitud de suspensión de efectos que el recurrente plantee al juez. Así, se dispone que la suspensión de efectos sea acordada cuando la ejecución del acto pudiera causar graves perjuicios, o la impugnación se fundamentare en la apariencia de buen derecho.

De este modo, la letra de la norma mantuvo en su redacción la utilización de la "o" disyuntiva, en la gramática castellana, presentando la idea de que la solicitud puede basarse, y la suspensión debe acordarse, con justificación en una u otra circunstancia, aisladamente considerada. Fue frente a esto que la jurisprudencia, desde la sentencia dictada por la Sala Político Administrativa del Tribunal Supremo de Justicia, caso Deportes El Marqués, C.A., comenzó a aplicar una pretendida "*interpretación correctiva*"[362], afirmando que el legislador se había equivocado al utilizar la letra "o", debiendo leerse como "y", siendo entonces en ese entender acumulativo y no alternativo el uso de ambas circunstancias justificadoras.

Cabe de esa forma preguntarse si esta insistencia legislativa, en la letra de la norma en el Código de 2014, debe tenerse como la clara voluntad del legislador acerca de que estas circunstancias justificadoras de

[362] Alberto Blanco-Uribe Quintero, "No existe una tal "Interpretación Correctiva", a cargo de los Jueces. Artículo 263 del COT". Revista de Derecho Tributario Nro. 137, Asociación Venezolana de Derecho Tributario (A.V.D.T.), Caracas, enero, febrero y marzo 2013

la suspensión de efectos son aisladamente suficientes, debiendo adaptarse la jurisprudencia a la nueva ley, o si por el contrario se entenderá que el legislador se equivocó nuevamente, debiendo mantenerse la pretendida "*interpretación correctiva*".

Sin embargo, pareciera ser lo honesto inclinarse por la primera opción, fuera de otras líneas argumentativas, por el hecho de que el artículo 257 del Código de 2014, al referirse a la solicitud de suspensión de efectos en la sede administrativa usa la letra "y" (con resultado indiscutiblemente acumulativo) en similar caso, mientras que en el comentado artículo 270 insiste en la letra "o" (con derivación disyuntiva), con lo cual pudiese lógicamente entenderse que el legislador quiso consagrar un régimen más libertario de accesibilidad a la justicia, por lo que respecta a la suspensión de efectos en la sede judicial.

Por otra parte, se destaca la eliminación de la normativa del parágrafo primero de ese artículo 263 del Código de 2001, que preveía la posibilidad de que, en caso de no suspensión de efectos, por falta de solicitud, pendencia del pronunciamiento o denegatoria, la Administración Tributaria exigiría el pago del reclamo fiscal por la vía del juicio ejecutivo, pero sin llegar al remate de los bienes embargados, en tanto sobreviniese la sentencia definitiva del recurso contencioso tributario. Esto ocurrió pues el Código de 2014, como se pormenorizará más adelante, derogó la regulación del mencionado juicio ejecutivo, y lo sustituyó por un procedimiento administrativo llamado cobro ejecutivo.

Sin perjuicio de lo que se comentará más adelante al respecto, es lo cierto que, acorde con esta nueva normativa, de no haber suspensión judicial de los efectos del reclamo tributario, por falta de solicitud, pendencia del pronunciamiento o denegatoria, la Administración Tributaria procederá entonces al cobro ejecutivo, incluso de multas, de reclamos tributarios que no estarán definitivamente firmes, por encontrarse siendo objeto de una impugnación judicial, que bien podría declarar su anulación por contrariedad a derecho.

7.- Medidas Cautelares

Mientras que el artículo 127, numeral 15 del Código de 2001 facultaba a la Administración Tributaria para solicitar las medidas cautelares previstas en ese Código, el artículo 137, numeral 15 del Código de 2014 la faculta para directamente adoptar las medidas cautelares. Del mismo modo, el artículo 141, numeral 6 del Código de 2001 disponía que el resguardo nacional tributario podía actuar como auxiliar de los órganos jurisdiccionales en la práctica de las medidas cautelares, siendo que el artículo 151, numeral

6 del Código de 2014 lo sitúa como auxiliar en ese ámbito de la Administración Tributaria. En iguales términos, la regulación del artículo 190 del Código de 2001, que facultaba a la Administración Tributaria para solicitar las medidas cautelares dentro del marco del procedimiento de fiscalización y determinación, fue cambiada en el artículo 200 del Código de 2014, autorizándose a la Administración Tributaria para adoptar directamente las medidas cautelares.

La reforma normativa evidentemente buscó suplantar al Poder Judicial en lo que concierne al régimen de las medidas cautelares, las cuales pasan de esta forma a ser atribución del Poder Ejecutivo, por órgano de la Administración Tributaria.

En efecto, el procedimiento del todo judicial, se tratara de una incidencia dentro del recurso contencioso tributario, o de un proceso cautelar autónomo, regulado por los artículos 296 al 301 del Código de 2001, fue sustituido por un procedimiento administrativo cautelar, según la normativa contenida en los artículos 303 al 308 del Código de 2014.

Así, se establece que la Administración Tributaria podrá adoptar medidas cautelares tendentes a asegurar el cobro de cantidades por concepto de tributos, accesorios y multas, incluso durante el procedimiento administrativo de fiscalización y determinación, es decir, no estando determinadas las pretendidas deudas, dentro del ámbito de un supuesto poder cautelar administrativo general, al preverse, "*entre otras*", el embargo preventivo de bienes muebles y derechos, la retención (¿?) de bienes muebles, la prohibición de enajenar y gravar bienes inmuebles, la suspensión de devoluciones tributarias o de pagos de otra naturaleza y la suspensión del disfrute de incentivos fiscales, siempre que, a su juicio, exista riesgo para la percepción de los créditos respectivos (artículo 303).

Es pues el presunto (que no cierto) acreedor quien, a su sólo criterio, determinará si hay riesgo para el cobro de una pretendida deuda, incluso de monto desconocido. Y además, su opinión bastará para precisar la duración de las medidas, pudiendo sustituirlas de oficio o ampliarlas (artículo 304); o, sustituirlas por garantías ofrecidas por el afectado, que en su única opinión sean suficientes (artículo 306).

Claro que se prevé que el afectado pueda hacer oposición, dentro del marco de una suerte de incidencia dentro del procedimiento administrativo formativo de la voluntad administrativa o de primer grado, o del procedimiento administrativo impugnatorio o de segundo grado, con o sin suspensión de efectos del acto administrativo impugnado, o hasta de una especie de procedimiento administrativo cautelar autónomo, concebible incluso al margen de la impugnación judicial, con o sin suspensión de efectos del acto administrativo impugnado, obviamente ante la Administración Tributaria que consideró necesaria la medida cautelar, y que es el único árbitro de la situación (artículo 307).

Cabría preguntarse (ingenuamente): la práctica administrativa, en cuanto a los términos contados hasta en años, para pronunciarse sobre cosas como la admisión de los recursos jerárquicos, permitiría a los demás pasajeros del autobús, tener fe (buena?) en que se respetará el lapso para decidir la oposición a las medidas adoptadas, de tres días hábiles (artículo 308)?

Claramente la violación del derecho de petición y del derecho al debido proceso entraría en respectiva interdependencia con la del derecho a la integridad del patrimonio, la del derecho a la libertad económica (si se afectan bienes destinados a la producción de la renta o al ejercicio profesional), y hasta con algo más humanitario, como lo sería la vulneración de la garantía del mínimo necesario para la subsistencia, y hasta el derecho a la protección de la familia. Recuérdense las disposiciones legales que fijan la inembargabilidad de ciertos bienes.

Y, en cuanto a la impugnabilidad de la decisión denegatoria de la oposición a la medida cautelar adoptada, sorprende que la normativa plantee directamente la interposición del recurso contencioso tributario (artículo 308), cuyos fallos se miden igualmente en años, evidentemente sin suspensión de la ejecución de la medida cautelar (por mandato expreso del mismo artículo 308), descartando misteriosamente la posibilidad del ejercicio del recurso jerárquico, que dicho sea de paso tampoco sería expedito en la decisión. No ha lugar entonces el principio de autotutela administrativa.

Se sustrajo al Poder Judicial su facultad constitucional para actuar como tercero imparcial, precisamente en ejercicio de la función estatal jurisdiccional, en el campo del poder cautelar general y especial. El Poder Ejecutivo, sin facultad para ello derivada de la Ley Habilitante de 2013, por escapar a su contenido preciso y por no poder constitucionalmente haber autorizado semejante actuación, pretende que el Poder Legislativo le dio luz verde para privar al Poder Judicial del poder cautelar, que le corresponde constitucionalmente ejercer en protección de los derechos humanos (calidad de vida, protección de la familia, inviolabilidad del hogar doméstico, intimidad, vida privada, patrimonio, etc.), como contenido fundamental de la función jurisdiccional o de la administración de justicia, en su actuación como tercero imparcial, en previsión de abusos o arbitrariedades. Sencillamente se opera una usurpación de autoridad, en detrimento del respeto de la garantía libertaria y democrática por excelencia, como lo es el principio de separación de los poderes.

Más en lo concreto, se lucha contra la corrupción colocando semejante poder en manos funcionariales administrativas, y además sin control inmediato del juez?

8.- Privilegios y Garantías

El Código de 2014, en el nuevo artículo 68, tras reiterar el privilegio general del que gozan los créditos tributarios, sobre todos los bienes del afectado, y su prelación sobre otros créditos, dejó como única excepción los derivados de pensiones alimenticias y de salarios y demás prestaciones laborales y de la seguridad social.

En otras palabras, eliminó la prelación que sobre ellos tenían en la letra del Código de 2001, los créditos garantizados con derecho real, es decir, los hipotecarios y los prendarios.

Sin desconocer la posible explicación de esto, con base en el carácter público del fin perseguido con el cobro, por el interés en la recaudación tributaria, que habría de estar por encima de los intereses particulares de acreedores financieros, incluso de bancos del sector público, cabría preguntarse si en eventuales procesos concursales futuros, qué habría de prevalecer, la prelación del crédito hipotecario por haber sido concedido bajo el Código de 2001, o la prelación del crédito tributario, por asumir que la nueva normativa no se ve afectada en su aplicación por el hecho de que el préstamo hipotecario haya sido concedido antes de su entrada en vigencia.

En todo caso, la situación del solicitante de un crédito hipotecario, ante las diversas administraciones tributarias, será objeto de análisis, dentro de las consideraciones que tomará en cuenta un banco para conceder el préstamo...

9.- Cobro Ejecutivo

La nueva normativa no solamente eliminó el poder cautelar propio de la función jurisdiccional, sino que hurgó más profundamente, llegando a derogar tanto al juicio ejecutivo previsto en los artículos 289 al 295 del Código de 2001, como a la fase judicial de ejecución de sentencia a que se contraían los artículos 280 al 288 del Código de 2001.

En su lugar, en sustitución de ambas instituciones de naturaleza judicial, el Código de 2014, en sus artículos 290 al 302, estableció lo que le dio en llamar Cobro Ejecutivo, que no es más que un procedimiento administrativo especial, iniciado y sustanciado de oficio por la Administración Tributaria, destinado al cobro compulsivo o ejecución forzosa, de los créditos tributarios líquidos y de plazo vencido (exigibles)[363] o de las garantías

[363] Acaso puede hablarse de créditos exigibles cuando los mismos constan en actos administrativos no definitivamente firmes, por encontrarse siendo objeto de impugnación administrativa o judicial?
Alberto Blanco-Uribe Quintero, "Juicio Ejecutivo o Enrevesamiento Jurídico", en 30 Años de la Codificación del Derecho Tributario Venezolano. Memorias de las XI Jornadas Venezolanas

constituidas en su resguardo, adicionados de un recargo del diez por ciento (artículo 290).

Así, iniciado el procedimiento de oficio, tras el vencimiento del plazo para el cumplimiento voluntario, con la intimación del afectado, si éste no paga dentro de los cinco días continuos, se sigue con el embargo ejecutivo (artículo 291). De inmediato, se vienen las fases típicas de un juicio ejecutivo, pero con la grave particularidad, como se ha denunciado, de que este mecanismo de cumplimiento compulsivo se lleva a cabo bajo la conducción de la Administración Tributaria, es decir, del presunto o efectivo acreedor, como juez y parte simultáneamente.

En este sentido, la Administración Tributaria inicia el procedimiento (artículos 290 y 291); define la cuantía de la presunta deuda tributaria (artículos 290 y 291); calcula el doble de esa suma más el recargo (artículo 294); precisa y decide cuáles son los bienes y derechos embargables (artículo 294); puede dictar medida general de prohibición de enajenar y gravar bienes (artículo 294); hace las notificaciones respectivas a los registros y notarías (artículo 294); practica el embargo ejecutivo y embargos sucesivos, de parecerle insuficientes los precedentes (artículos 294 y 302); puede constituirse en depositario o decidir quién lo será (artículo 296); establece el valor de mercado de los bienes embargados (artículo 299); ordena la venta de los bienes embargados que sean corruptibles o perecederos (artículo 297); decide la oposición al embargo que un tercero pretenda hacer con base en ser el tenedor legítimo de la cosa, un acreedor preferente o el propietario de los bienes embargados (artículo 298); ordena el remate y publica el respectivo cartel en su página web (artículos 301 y 302); y, hace las adjudicaciones de los bienes al mejor postor (artículo 302).

Solamente la decisión administrativa, dentro de un recurso jerárquico, o la sentencia interlocutoria, en el marco de un recurso contencioso tributario, de suspensión de los efectos del acto administrativo impugnado, lo cual de suyo resulta casi imposible de obtener, con vista de la práctica administrativa y la de estrados, es susceptible de paralizar el procedimiento de cobro ejecutivo (artículo 292).

Por otro lado, aparece como remarcable el hecho de que la nueva normativa olvide la obligación estatal de promover y respetar los principios y derechos constitucionales, según el artículo 3 constitucional, particularmente en este caso en lo que concierne al principio de seguridad jurídica y al derecho al debido proceso, al quedar excluida tácitamente, pero de manera efectiva, la institución de la perención del procedimiento, como forma

de Derecho Tributario. Tomo II: Derecho Procesal Tributario. Asociación Venezolana de Derecho Tributario (AVDT), Caracas, 2012.

de extinción derivada de la falta de diligencia de la Administración Pública, en la sustanciación de los procedimientos administrativos iniciados de oficio. Esto se afirma con base en la previsión del artículo 300, según el cual: "*La inactividad en la ejecución de los bienes embargados por parte de la Administración Tributaria, no conlleva su liberación ni la culminación del procedimiento de ejecución*". Será que esto garantiza, por lo demás, la integridad del patrimonio del afectado?

Sin perjuicio de todas las denuncias que pudiesen hacerse en cuanto a la evidente disconformidad a derecho de esta nueva normativa, vista su comparación con, por ejemplo, el principio de supremacía de la Constitución, el principio de preeminencia de los derechos humanos y aspectos libertarios concretos como el derecho al debido proceso, con particular énfasis en el principio del juez natural (artículo 49, numeral 4 constitucional), es lo cierto que, por la trascendencia del tema, conviene insistir, como ya se destacó anteriormente, en cuanto a las medidas cautelares, en la violación de pilares fundamentales de todo sistema democrático, como lo es el principio de separación de los poderes.

El principio de separación de los poderes, garantía normativa e institucional libertaria por excelencia, presupone confiar la función estatal jurisdiccional, es decir, la función de administración de justicia a la estructura organizativa de poder público denominada Poder Judicial, y ello particularmente destacado en un Estado, como el venezolano, que desde su fundación inicial en 1811, asumió el llamado sistema judicialista o también sistema de jurisdicción única.

Siendo extraordinariamente sintéticos, podemos afirmar rotundamente que el sistema judicialista, que adjudica el monopolio de la función jurisdiccional al Poder Judicial, única autoridad capaz de tomar decisiones con fuerza de cosa juzgada y en condiciones de imparcialidad, concretamente en el ámbito del control de la legalidad o conformidad a derecho de las actuaciones de las otras ramas del Poder Público y notablemente de la Administración Pública, conlleva ineluctablemente a entender que administrar justicia no implica solamente dictar la sentencia, sino también, con las garantías correspondientes, ejecutar el contenido decisional de la misma, incluso compulsivamente.

En este orden de ideas es común que en los libros de derecho procesal, al tocarse el tema de la identidad de la autoridad competente para ejecutar la sentencia, se concluya con el famoso adagio "*el juez de la cognición es el juez de la ejecución*". Es decir, que en virtud del principio de separación de los poderes, a nadie que piense en derecho se le ocurre que la autoridad de la ejecución pueda ser una que carezca de la condición de juez, pues el Poder Judicial ha de bastarse, en cumplimiento de la función jurisdiccional, tanto para decidir, como para ejecutar lo decidido, obviamente sin desmedro del principio de colaboración de los poderes, en caso de que sea necesario el uso de la fuerza pública, siempre bajo control judicial.

Además, en sano funcionamiento del sistema, no solamente debe ser un juez el encargado de la ejecución, sino que debe tratarse del juez que conoció del pleito y lo decidió, sea que ejecute compulsivamente el fallo directamente por sí mismo, o mediante otro juez también bajo su control.

Y si se requiere que de los principios se descienda a las normas, el artículo 253 constitucional es explícito en el tema, al disponer que: "*Corresponde a los órganos del Poder Judicial conocer de las causas y asuntos de su competencia mediante los procedimientos que determinen las leyes, y ejecutar o hacer ejecutar sus sentencias*".

Completemos la idea recordando que el artículo 26 constitucional coloca más que en relación de interdependencia, en situación de identidad básica o conceptual, los derechos humanos de acceso a la justicia y a la tutela judicial efectiva, siendo que la ejecución de la sentencia, a cargo del juez de la cognición, es parte fundamental del núcleo central o contenido esencial del derecho a la tutela judicial efectiva.

En consecuencia, la nueva normativa viola el principio de separación de los poderes, usurpa la autoridad del Poder Judicial y viola derechos humanos, por lo que resulta constitucionalmente nula, conforme al artículo 25 constitucional.

REFLEXIÓN FINAL

Fuera de las observaciones críticas, desde la perspectiva jurídica, que han sido presentadas a lo largo de estas líneas, conviene hacer una última reflexión, desde la óptica del cuestionamiento ético del comportamiento del Gobierno, en este caso particular, al haber tomado el autobús equivocado y enrumbarlo en dirección distinta, hacia un destino incierto y con afectación de los derechos de los otros pasajeros.

En efecto, sin entrar a considerar la opinión del autor de estas líneas, ni tampoco las de los demás usuarios de la Administración Pública, acerca de si existe o no corrupción en la actuación de los funcionarios públicos, es a todas luces evidente que el Estado, al más alto nivel, considera no solamente que la corrupción existe, sino que se trata de un fenómeno grave y generalizado que debe ser atacado con urgencia.

Esto se concluye a partir de la idea de que el Poder Ejecutivo, de quien depende la Administración Pública y debe controlar y disciplinar su funcionamiento, pide al Poder Legislativo que lo faculte extraordinariamente para legislar con el objetivo de luchar contra la corrupción, de manera tan convincente que el Poder Legislativo concuerda y efectivamente emite una ley habilitante con ese propósito.

Ahora bien, desde el punto de vista ético, o al menos de la seriedad y la honestidad del propio actuar, cómo se explica que quien solicita, y lo consigue, ser autorizado para legislar contra la corrupción, dicta una normativa que exacerba las facultades de actuación unilateral y directa de los funcionarios públicos, sin control inmediato y efectivo del juez, otorgándoles la posibilidad incluso de entrar a los hogares de los contribuyentes[364] y desposeerles y rematar sus bienes, a su libre albedrío???

Un funcionario corrupto podría amedrentar a un contribuyente, induciéndole a hacerle un pago ilícito, bajo la amenaza, en caso contrario, de presentarse días después con el camión para el embargo del doble de cantidad mayor, tras la notificación de un acta de reparo, sincera o no, pues ello sería posible para medidas cautelares, y más perjudicial aún, para medidas ejecutivas.

Si se desconfía de la Administración Pública, porque se presume enferma de corrupción, al grado de que el Poder Legislativo y el Poder Ejecutivo deciden normar de urgencia contra esa corrupción, cómo se justifica moralmente (desde la coherencia y la congruencia argumentativa) que la nueva regulación más bien facilite la propagación de la epidemia?

[364] Caso de contribuyentes personas naturales o gerentes o directores responsables solidarios de contribuyentes personas jurídicas, frente al derecho a la inviolabilidad del domicilio.

1.12
Desjudicialización de la función jurisdiccional. Código Orgánico Tributario 2014

I. INTRODUCCIÓN

1. Antecedentes

El Derecho Procesal Tributario venezolano, específicamente por lo que corresponde a la acción judicial con pretensión anulatoria de los actos administrativos de efectos particulares y con contenido tributario[365], con o sin la acumulación de la pretensión de condena, para la indemnización de daños y perjuicios o el restablecimiento de las situaciones jurídicas subjetivas lesionadas por la actividad administrativa, denominada Recurso Contencioso Tributario, experimentó en una época una trascendental evolución, desde la óptica de la garantía del derecho de acceso a la justicia, de la mano con el derecho al debido proceso, para la operatividad del goce real del derecho a la tutela judicial efectiva, para luego enfrascarse en un franco retroceso, en una marcada involución, obviamente con carácter regresivo, que arrastró consigo tanto al Poder Cautelar General, como al Juicio Ejecutivo, y que hoy por hoy invita a cuestionarse si aún es posible calificar a la relación tributaria como de derecho, entre iguales, o si más acertado y realista resulta admitir su lamentable condición, más dieciochesca[366] que decimonónica, de relación de poder, de suprasubordinación, con "*capitis deminutio*" del contribuyente u otro sujeto pasivo tributario.

---

[365] Que liquiden tributos y accesorios como intereses moratorios, impongan sanciones administrativas por la comisión de infracciones o ilícitos tributarios, o afecten en cualquier forma los derechos de los sujetos pasivos de la relación jurídico tributaria.
[366] Se hace referencia al absolutismo prerevolucionario.

Efectivamente, partiendo tan solo de la regulación procesal contenida en la Ley de Impuesto Sobre la Renta de 1966[367], en cuyo articulado se estableció el régimen legal del para entonces llamado Recurso Contencioso Fiscal, tenemos que una institución limitaba el goce efectivo del derecho de acceso a la justicia, a título de requisito de admisibilidad liminar del recurso, con sus particularidades, como lo fue el temible contraprincipio "*solve et repete*" (artículo 129). Sin embargo, lo más importante, a los fines de la presente investigación, es que en esos tiempos iniciales de la experiencia democrática conducida bajo los principios de la Constitución de 1961[368], ya se reconocía el alcance de la Función Furisdiccional en el plano de la ejecución de las sentencias, siguiendo el principio adagio "*el juez de la ejecución será el juez de la cognición*", al prever esta Ley, en su artículo 138, numeral 3:

> *"Son atribuciones del Juzgado de Sustanciación (del correspondiente Tribunal del Impuesto Sobre la Renta): ... 3. Ejecutar las sentencias definitivamente firmes dictadas por el respectivo tribunal" (paréntesis de la presente investigación).*
> *Claro que ello, para la época, no tenía nada que sorprender, pues como principio propio de la Teoría General del Proceso, el artículo 446 del Código de Procedimiento Civil del 4 de julio de 1916 (en plena dictadura del General Juan Vicente Gómez) ya disponía que:*
> *"El juez a quien toque el conocimiento de la causa en primera instancia, o la sustanciación cuando sea colegiado el tribunal a quien corresponda ese conocimiento, cumplirá la sentencia ejecutoriada o cualquier otro acto que tenga fuerza de tal".*

Crucial fue entonces para el justiciable tributario, es decir, para el legitimado procesal activo para la interposición del recurso judicial del que hablamos, la derogatoria del régimen de admisión mencionado, y su sustitución por el previsto en el Código Orgánico Tributario de 1982[369], contentivo de una verdadera revolución procesal justiciera y libertaria, no por haberle cambiado el nombre al accionar judicial en cuestión, de Recurso Contencioso Fiscal a Recurso Contencioso Tributario, lo cual de por sí es ya una mejor terminología técnica, toda vez que lo tributario se extiende también a lo parafiscal, y ya no se limitó más este proceder a lo vinculado con el Impuesto Sobre la Renta, abarcando toda la tributación nacional no aduanera, sino por haber eliminado como requisito de admisibilidad

[367] Gaceta Oficial Extraordinaria Nro. 1.069 del 23 de diciembre de 1966.
[368] Gaceta Oficial Extraordinaria Nro. 662 del 23 de enero de 1961.
[369] Gaceta Oficial Extraordinaria Nro. 2.992 del 3 de agosto de 1982.

liminar del Recurso Contencioso Tributario, el deber del pago o caucionamiento previo del reclamo tributario (artículo 178), al consagrar la medida cautelar de pleno derecho ("*ope legis*") de suspensión de los efectos del acto administrativo impugnado, por la mera interposición del recurso.

Y, siguiendo el principio adagio "*el juez de la ejecución será el juez de la cognición*", su artículo 215 estableció que:

> *"Será competente para la ejecución de las sentencias definitivas dictadas en el Recurso Contencioso Tributario, el tribunal (a partir de esta normativa el respectivo Juzgado Superior de lo Contencioso Tributario) al que hubiere correspondido el conocimiento de dicho recurso en primera instancia" (paréntesis de la presente investigación).*

Ese principio adagio fue retomado y mejor redactado en el artículo 523 del Código de Procedimiento Civil de 1990[370], al estatuir (como lo sigue haciendo):

> *"La ejecución de la sentencia o de cualquier otro acto que tenga fuerza de tal, corresponderá al Tribunal que haya conocido de la causa en primera instancia".*

Ahora bien, esta circunstancia de amplitud garantista del acceso a la justicia y del aseguramiento de la tutela judicial efectiva, es decir, la eliminación del contraprincipio "*solve et repete*", fue mantenida incólume por el Código Orgánico Tributario de 1992[371] y por el Código Orgánico Tributario de 1994[372], en sus respectivos artículos 189. Además, en sus respectivos artículos 1, esas normativas extendieron el régimen impugnatorio judicial a la tributación estadal y municipal (1992) y a la tributación aduanera (1994). Incluso, a pesar de cuestionablemente contrariar al citado principio adagio "*el juez de la ejecución será el juez de la cognición*", al menos mantuvieron la ejecución de las sentencias en el seno del Poder Judicial, como debe ser en derecho, en sus respectivos artículos 222, pero a cargo no del juez de la cognición, sino de un juez civil[373]:

> *"Serán competentes para la ejecución de las sentencias dictadas en el Recurso Contencioso Tributario, los tribunales de la jurisdicción ordinaria conforme al Código de Procedimiento Civil".*

---

[370] Gaceta Oficial Extraordinaria Nro. 4.209 del 18 de septiembre de 1990.

[371] Gaceta Oficial Extraordinaria Nro. 4.466 del 11 de septiembre de 1992.

[372] Gaceta Oficial Extraordinaria Nro. 4.727 del 27 de mayo de 1994.

[373] Esta sería una desviación, pero no un retroceso, al mantener el tema a cargo de los jueces.

Hasta allí la evolución. Veamos la retrógrada continuación:

El Código Orgánico Tributario de 2001[374] destinó su artículo 263, si no al desempolvamiento técnico del contraprincipio "*solve et repete*", pues no se estableció la obligatoriedad, como requisito de admisibilidad del recurso judicial, de pagar o caucionar el reclamo tributario, a la postre se condujo al mismo resultado, por razones económicas, al eliminarse la medida cautelar de pleno derecho de suspensión automática de los efectos del acto administrativo impugnado, por la mera interposición del recurso, con clara violación del Principio de Progresividad de los Derechos Humanos y del Principio de Presunción de Inocencia, previstos en los artículos 19 y 49, numeral 2 de la Constitución de la República[375], agravado ello con la jurisprudencia que torna casi imposible la obtención de un pronunciamiento judicial de suspensión de efectos, a petición de parte (del recurrente)[376].

No obstante, al menos se retornó a la concretización del principio adagio "*el juez de la ejecución será el juez de la cognición*", al establecerse en su artículo 280 que:

> *"La ejecución de la sentencia corresponderá al Tribunal Contencioso Tributario que haya conocido de la causa en primera instancia, una vez que la sentencia haya quedado definitivamente firme, pasada con autoridad de cosa juzgada".*

Finalmente, el Código Orgánico Tributario de 2014[377], reiterando en su artículo 270, la normativa inmediatamente anterior, en cuanto a que el recurso judicial no genera la suspensión automática de efectos del acto administrativo impugnado por la mera interposición del recurso, elimina también el efecto suspensivo automático por el ejercicio del Recurso Jerárquico (previsto desde 1982), en su artículo 257 y, lo que es más importante a los fines de la presente investigación, priva al juez, es decir al Poder Judicial, de sus atribuciones constitucionales como ejecutor de sus sentencias y de los laudos arbitrales en materia tributaria, instaurándose una suerte de procedimiento administrativo especial, que se ha llamado "*Cobro Ejecutivo*", en

[374] Gaceta Oficial Nro. 37.305 del 17 de octubre de 2001.

[375] BLANCO-URIBE QUINTERO, Alberto, "Eliminación de los Efectos Suspensivos de los Recursos Tributarios. Una Inconstitucionalidad", en *Estudios sobre el Código Orgánico Tributario de 2001*, obra colectiva, coordinador Jesús Sol Gil, Asociación Venezolana de Derecho Tributario, Livrosca, Caracas 2002, pp. 659-718.

[376] BLANCO-URIBE QUINTERO, Alberto, "No existe una tal "Interpretación Correctiva", a cargo de los Jueces. Artículo 263 del COT", *Revista de Derecho Tributario,* Nro. 137, Asociación Venezolana de Derecho Tributario (A.V.D.T.), Caracas, enero, febrero y marzo 2013, pp. 77-107.

[377] Gaceta Oficial Extraordinaria Nro. 6.152 del 18 de noviembre de 2014.

sus artículos 290 al 302, normativa que incluso suplanta íntegramente al Juicio Ejecutivo tributario, sin perjuicio de también cercenarle su Poder Cautelar General.

2. Problema

Con vista de la historia normativa, en nuestra opinión involutiva, evidenciada en el punto anterior, demostrativa de la manera como el Poder Legislativo, con el Código Orgánico Tributario de 2001, por medio de una Asamblea Nacional que, en aquel momento político, habría aprobado cualquier contenido que como proyecto de ley le hubiese enviado el Gobierno Nacional, y luego el propio Poder Ejecutivo, con el Código Orgánico Tributario de 2014, actuando como legislador delegado (habilitado), vienen menoscabando los derechos humanos, específicamente los derechos de acceso a la justicia, al debido proceso y a la tutela judicial efectiva, consagrados en los artículos 26 y 49 de la Constitución de la República, resulta menester replantearse la idea de preeminencia de los derechos humanos, como valor superior del ordenamiento jurídico y de la actuación estatal, tal como la prevé el artículo 2 constitucional[378], a la luz precisamente de lo que resulta ser el contenido esencial de la Función Jurisdiccional.

3. Objeto

La situación normativa que hemos elegido como materia de análisis, vinculada al problema planteado, y obviamente con vista de los antecedentes previamente presentados, me convoca, como jurista, a encarar su revisión crítica, particularmente en lo concerniente a la identificación de la autoridad a la que compete la ejecución de las sentencias y de los laudos arbitrales, y el dictado de medidas cautelares, dentro del marco de la noción de Estado de Derecho, aunada al Principio de Separación de los Poderes, como garantías fundamentales del respeto de los derechos humanos, de modo de observar el tal "*Cobro Ejecutivo*" y el pretendido procedimiento administrativo cautelar, como figuras no solamente en contraste con los más elementales principios del derecho, sino también absolutamente

[378] Artículo 2 de la Constitución: "*Venezuela se constituye en un Estado democrático y social de Derecho y de Justicia, que propugna como valores superiores de su ordenamiento jurídico y de su actuación, la vida, la libertad, la justicia, la igualdad, la solidaridad, la democracia, la responsabilidad social y en general, la preeminencia de los derechos humanos, la ética y el pluralismo político*".

inconformes con los postulados indubitablemente normados por la Constitución de la República, con carácter supremo[379].

4. Objetivo

La presente investigación, con soporte en los valores superiores y en los principios fundamentales que rigen la estructura y organización constitucional del Estado Venezolano, que han de imperar por sobre todo nuestro ordenamiento jurídico, persigue demostrar con argumentos de carácter jurídico, la inconstitucionalidad en la que incurre el Poder Ejecutivo, como legislador delegado (habilitado), al no atenerse a la letra y al espíritu de la Constitución de la República, pretendiéndose facultado para confiscar, a su favor, unas de las más trascendentales atribuciones del Poder Judicial, en ejercicio de la Función Jurisdiccional, como lo es la ejecución de las sentencias judiciales y laudos arbitrales en materia tributaria, el aseguramiento de las resultas de tales sentencias y laudos y del cobro en general de las cantidades pretendidas en el campo tributario (el Poder Cautelar General) y la ejecución forzosa de los actos administrativos de contenido tributario, contentivos de obligaciones pecuniarias, que queden definitivamente firmes en la sede administrativa.

5. Justificación

Resulta obvio, siendo el autor de la presente investigación un abogado litigante, que aparte de su práctica profesional vinculada al tema, como defensor judicial de contribuyentes, desarrolla actividad académica (docente y de investigación) en Derecho Constitucional y en Derecho Procesal Tributario, como profesor universitario y analista doctrinario, que surja interés y gran motivación en despertar alarma acerca de una de las actuaciones estatales potencial y globalmente más perjudiciales para el debido respeto del Principio de Supremacía de la Constitución, como fundamento del Estado Constitucional y Democrático de Derecho.

Se trata pues, de un llamado de atención. Por tanto, se presenta un escrito, que sin menoscabo del correspondiente desarrollo teórico con apoyo académico, con la lectura de las fuentes bibliográficas, es una reflexión desde la óptica racional y la mente libertaria del autor.

[379] Artículo 7 de la Constitución: *"La Constitución es la norma suprema y el fundamento del ordenamiento jurídico. Todas las personas y los órganos que ejercen el Poder Público están sujetos a esta Constitución".*

II. DESARROLLO

1. La Función Jurisdiccional: Hacer realidad el contenido del Derecho a la Tutela Judicial Efectiva

El rompimiento con el "*Ancien Régime*", con ocasión de los trascendentales procesos liberales, racional iusnaturalistas, propios de la ilustración dieciochesca, en América y en Europa, coronados con la Independencia de los Estados Unidos de América (1776) y la Revolución Francesa (1789), cuyos principios esenciales fueron recogidos por la filosofía de nuestro propio acontecer independentista (1810-1811), condujo al denominado Constitucionalismo Moderno, por medio de la aprobación por la soberanía popular de Constituciones libertarias que llenan de contenido a la concepción racional normativa de Constitución, como instrumento de garantía de la libertad.

Así, la idea misma de Constitución no se imagina al margen de dos circunstancias esenciales o fundamentales, como lo son el reconocimiento de los derechos humanos y el Principio de Separación de los Poderes[380], significando éste una garantía normativa e institucional de aquellos.

En este orden de pensamiento, el poder público, como elemento existencial del Estado, a objeto de garantizar la democracia y el respeto de los derechos humanos, se instaura en estructuras organizativas separadas las unas de las otras, en autonomía e independencia recíproca, de modo que

---

380 Artículos I y V de la Declaración del Buen Pueblo de Virginia de 1776: "*Que todos los hombres son por naturaleza igualmente libres e independientes y tienen ciertos derechos innatos, de los que, cuando entran en estado de sociedad, no pueden privar o desposeer a su posteridad por ningún pacto, a saber: el goce de la vida y de la libertad, con los medios de adquirir y poseer la propiedad y de buscar y obtener la felicidad y la seguridad*"; y, "*Que los Poderes Legislativo, Ejecutivo y Judicial del Estado deben estar separados y que los miembros de los dos primeros (poderes) deben ser conscientes de las cargas del pueblo y participar en ellas y abstenerse de imponerle medidas opresivas. Que en periodos determinados se les vuelva a su condición privada, al cuerpo (social) de donde procedían, y sus vacantes se llenen mediante elecciones frecuentes, ciertas y regulares, en las que puedan volver a elegirse o todos o parte de los antiguos miembros (de dichos poderes), según lo dispongan las leyes*". Disponible en: http://biblio.juridicas.unam.mx/libros/6/2698/21.pdf . Acceso: 6 de febrero de 2015.
Artículo 16 de la Declaración de los Derechos del Hombre y del Ciudadano de 1789: "*Toda sociedad en la cual no esté establecida la garantía de los derechos, ni determinada la separación de los poderes, carece de Constitución*". Disponible en: http://www.fmmeducacion.com.ar/Historia/Documentoshist/1789derechos.htm . Acceso: 6 de febrero de 2015.
Estos postulados centrales representan el fundamento del nacimiento de nuestra República, como puede apreciarse en toda la obra BREWER-CARÍAS, Allan, "Las Declaraciones de Derechos del Pueblo y del Hombre de 1811", Colección Estudios Nro. 93, Academia de Ciencias Políticas y Sociales, Caracas 2011.

a esa separación orgánica del poder corresponde una separación funcional del poder. Es decir, que a cada estructura organizativa del poder público la Constitución, como fuente limitadora de la actividad de ese poder, en provecho de la libertad de las personas, confía el ejercicio de una función estatal particular: la estructura legislativa, llamada Poder Legislativo (Parlamento, en nuestro caso la Asamblea Nacional), cumplirá la Función Legislativa; la estructura ejecutiva, denominada Poder Ejecutivo (Gobierno, en nuestro caso el Presidente de la República y colaboradores –Vicepresidente Ejecutivo, Ministros y demás subalternos), cumplirá la Función Ejecutiva (Gubernativa y Administrativa); y, la estructura judicial, nombrada Poder Judicial (en nuestro caso el Tribunal Supremo de Justicia y demás tribunales del país), cumplirá la Función Jurisdiccional.

Esto, en el entendido "*mostesquieuano*" del sistema injerencista de poderes y contrapoderes, y de la atenuación del Principio de Separación de los Poderes, con la previsión del Principio de Colaboración de los Poderes, para el mejor logro de los fines del Estado[381], de manera que siempre el órgano público no pueda hacer sino lo que expresamente le confiera como potestad, atribución o facultad la norma constitucional o legal previa[382].

Desde esta perspectiva, siendo reduccionistas, pero insistentes, sobre un tema que debería ser más que conocido (incluso por estudiantes del primer año de la carrera de Derecho), digamos que toca al Poder Legislativo la Función Estatal Legislativa, entendiendo por ella la de crear las normas conocidas como Ley Formal[383], sin perjuicio de su potestad contralora de la actividad de la Administración Pública, y de su injerencia constitucional en el que hacer gubernamental; al Poder Ejecutivo la Función Estatal Ejecutiva, integrada en lo gubernamental, básicamente, por la definición de las altas políticas estatales y la conducción de las relaciones exteriores, y en lo administrativo por la prestación de los servicios públicos y la satisfacción

[381] Artículo 3 de la Constitución: "*El Estado tiene como fines esenciales la defensa y el desarrollo de la persona y el respeto a su dignidad, el ejercicio democrático de la voluntad popular, la construcción de una sociedad justa y amante de la paz, la promoción de la prosperidad y bienestar del pueblo y la garantía del cumplimiento de los principios, derechos y deberes consagrados en esta Constitución*".

[382] Artículo 136 de la Constitución: "*El Poder Público se distribuye entre el Poder Municipal, el Poder Estadal y el Poder Nacional. El Poder Público Nacional se divide en Legislativo, Ejecutivo, Judicial, Ciudadano y Electoral.*

Cada una de las ramas del Poder Público tiene sus funciones propias, pero los órganos a los que incumbe su ejercicio colaborarán entre sí en la realización de los fines del Estado".

Artículo 137 de la Constitución: "*La Constitución y la ley definirán las atribuciones de los órganos que ejercen el Poder Público, a las cuales deben sujetarse las actividades que realicen*".

[383] Artículo 202 de la Constitución: "*La ley es el acto sancionado por la Asamblea Nacional como cuerpo legislador*".

de las necesidades colectivas; y, al Poder Judicial la Función Estatal Jurisdiccional, juzgar, identificada en líneas generales con la administración de justicia, la resolución de conflictos intersubjetivos o entre el poder público y las personas, mediante la determinación e interpretación de la norma de derecho llamada a solucionar un caso concreto y su correcta aplicación.

Es la Función Jurisdiccional una potestad estatal que, salvo en lo concerniente a la justicia y a la jurisdicción constitucionales, es de carácter sublegal, en la cual el Estado interviene como tercero imparcial, ajeno al conflicto o controversia de derecho planteado, personificado por el juez (diversos jueces y magistrados)[384], cuya decisión final (luego de eventuales apelaciones, casación y otros recursos judiciales posibles –invalidación, amparo, solicitud de revisión–) goza de la autoridad de la cosa juzgada, siendo además el responsable constitucional de la ejecución forzosa de lo decidido, si su sentencia no es voluntariamente acatada[385].

Ahora bien, ciertamente existen países que han acogido sistemas de doble jurisdicción, como es el caso de Francia, en donde por circunstancias históricas de su proceso revolucionario, se optó en su momento por

---

[384] PESCI FELTRI MARTÍNEZ, Mario, "Estudios de Derecho Procesal Civil", Segunda Edición corregida y aumentada, Editorial Jurídica Venezolana, Caracas 2000, p. 63: "*...la función jurisdiccional, una de las maneras de manifestarse la soberanía del Estado, es el objeto del Derecho Procesal...*". P. 67: "*...podemos definir la función jurisdiccional como una función privativa del Estado, regulada por el derecho public, que tiene como finalidad la resolución de controversias jurídicas...*".
ORTIZ-ORTIZ, Rafael, "Teoría General del Proceso", Editorial Frónesis, Caracas 2003, p. 110: "*La jurisdicción es una función-potestad reservada por el Estado (fundamento constitucional), en uso de su soberanía (elemento político) para ejercerla en forma de servicio público (elemento administrativo) por órganos predeterminados e independientes, para la realización concreta de los intereses peticionados de los ciudadanos con carácter de definitivo y con posibilidad de coacción en un proceso judicial (naturaleza procesal)*".

[385] FAIRÉN GUILLÉN, Víctor, "Teoría General del Derecho Procesal", UNAM, México 1992, p. 103: "*Es la potestad de juzgar y ejecutar lo juzgado en todo tipo de procesos, que corresponde exclusivamente a los jueces y tribunales determinados por las leyes*" (subrayado de esta investigación).
PESCI FELTRI MARTÍNEZ, Mario, "Estudios de Derecho Procesal Civil", Segunda Edición corregida y aumentada, Editorial Jurídica Venezolana, Caracas 2000, pp. 98 y 99: "*La ejecución de las sentencias de condena tiene dos vertientes: a) La ejecución directa o en especie que se verifica cuando el órgano jurisdiccional, sustituyendo al deudor reticente, puede realizar una prestación idéntica a la que debía realizar dicho deudor (...); y b) la ejecución por equivalente que se pone en práctica cuando la prestación omitida por el deudor no puede ser realizada de manera idéntica por el Tribunal. En estos casos, es indispensable determinar el daño económico que el incumplimiento de la obligación ha causado al acreedor, estimación que al ser cuantificable y satisfecha mediante un bien subrogable como es el dinero, permite que se ejecuten los bienes del demandado para que con el producto de la venta de los mismos, se satisfaga el interés económico que persigue el demandante al constituirse en acreedor...*" (subrayados de esta investigación).

ese modelo, vigente aún hoy en día, en donde se reserva al Poder Judicial la llamada jurisdicción de derecho común, para la resolución de conflictos jurídicos intersubjetivos, a más de lo penal, y al Poder Ejecutivo la catalogada como jurisdicción administrativa, con órganos autónomos de la Administración Pública Activa, para la resolución de conflictos entre particulares y la Administración Pública, con un Tribunal de Conflictos que decide, en caso de duda, a cuál jurisdicción ha de corresponder el conocimiento de un asunto.

Empero, desde sus inicios, Venezuela asumió el sistema judicialista o sistema de jurisdicción única, que confía el monopolio de la jurisdicción al Poder Judicial. De tal manera, el artículo 253 constitucional, tras recordar el criterio democrático según el cual "*La potestad de administrar justicia emana de los ciudadanos o ciudadanas y se imparte en nombre de la República por autoridad de la ley*", estatuye que: "*Corresponde a los órganos del Poder Judicial conocer de las causas y asuntos de su competencia mediante los procedimientos que determinen las leyes...*".

Y especialmente en cuanto concierne a los órganos competentes para conocer de la resolución de conflictos jurídicos entre la Administración Pública y los particulares, incluidos aquellos que enfrentan a las Administraciones Tributarias con los contribuyentes y demás sujetos obligados, que son englobados por la Constitución bajo la denominación "*Jurisdicción Contencioso Administrativa*", su artículo 259 claramente refiere que forman parte del Poder Judicial: "*La jurisdicción contencioso administrativa corresponde al Tribunal Supremo de Justicia y a los demás tribunales que determine la ley. Los órganos de la jurisdicción contencioso administrativa son competentes para anular los actos administrativos generales o individuales contrarios a derecho, incluso por desviación de poder; condenar al pago de sumas de dinero y a la reparación de daños y perjuicios originados en responsabilidad de la Administración; conocer de reclamos por la prestación de servicios públicos; y disponer lo necesario para el restablecimiento de las situaciones jurídicas subjetivas lesionadas por la actividad administrativa*".

Resultando establecido que la Función Jurisdiccional corresponde al Poder Judicial[386] por mandato constitucional, conviene ahora precisar el alcance o contenido de tal función estatal. En qué consiste juzgar?

[386] Sin perjuicio de la existencia de entidades en el seno de la Administración Pública, reguladas por la ley, que algunos tildan de "*cuasijurisdiccionales*" por tener cierto parecido al que hacer del juez, al actuar como terceros ajenos al conflicto jurídico que se pretende resolver, como ocurre con las inspectorías del trabajo, entre otros entes, pero que en realidad carecen de lo esencial en el tema, por estar fuera del Poder Judicial, al cual se encuentran sometidos en su control de conformidad a derecho, y no contar por tanto sus decisiones con la autoridad de la cosa juzgada.

Conforme con el artículo 2 constitucional[387], Venezuela es un Estado de Derecho, pero no uno cualquiera, sino uno que a más de estar obligado a ceñir irrestrictamente su que hacer a la norma de derecho preexistente[388], de fuente democrática, sin lo cual se entra en lo antijurídico, lo ilegítimo, lo ilícito y lo arbitrario, debe hacerlo dando a cada quien lo que le corresponde (Estado de Justicia) y propugnando la igualdad material de las personas (Estado Social), rigiéndose su ordenamiento jurídico y su actuación por los allí indicados valores superiores, dentro de los cuales, tras descollar a la libertad[389], se cita la preeminencia de los derechos humanos. Semejante proclamación de preeminencia conlleva a que todo el poder público, cualquiera sea su actuación dentro de sus potestades, ha de proceder inspirado por el Principio "*Pro Libertas*", por el Principio "*Pro Homine*", en suma, por el principio del "*Favor Libertatis*".

Manteniéndonos en el campo específico de los derechos humanos, que se reitera son de carácter preeminente por mandato constitucional, por tanto determinante de toda actuación estatal[390], resultando reiterativo el constituyente, quizás no sin razón, cuando insiste en la obligación estatal de respetar los derechos humanos y asegurar su goce efectivo[391], tenemos que en el ámbito del actuar del Poder Judicial, sin perjuicio de estar llamada esa estructura organizativa estatal a ser el garante por antonomasia del respeto en general de todos y cada uno de los derechos humanos, ello ha

---

[387] "*Venezuela se constituye en un Estado democrático y social de Derecho y de Justicia, que propugna como valores superiores de su ordenamiento jurídico y de su actuación, la vida, la libertad, la justicia, la igualdad, la solidaridad, la democracia, la responsabilidad social y en general, la preeminencia de los derechos humanos, la ética y el pluralismo político*".

[388] Artículo 7 de la Constitución: "*La Constitución es la norma suprema y el fundamento del ordenamiento jurídico. Todas las personas y los órganos que ejercen el Poder Público están sujetos a esta Constitución*".

Artículo 137 de la Constitución: "La Constitución y la ley definirán las atribuciones de los órganos que ejercen el Poder Público, a las cuales deben sujetarse las actividades que realicen".

[389] Artículo 20 de la Constitución: "*Toda persona tiene derecho al libre desenvolvimiento de su personalidad, sin más limitaciones que las que derivan del derecho de las demás y del orden público y social*".

[390] Artículo 25 de la Constitución: "*Todo acto dictado en ejercicio del Poder Público que viole o menoscabe los derechos garantizados por esta Constitución y la ley es nulo, y los funcionarios públicos y funcionarias públicas que lo ordenen o ejecuten incurren en responsabilidad penal, civil y administrativa, según los casos, sin que les sirvan de excusa órdenes superiores*".

[391] Artículo 19 de la Constitución: "*El Estado garantizará a toda persona, conforme al principio de progresividad y sin discriminación alguna, el goce y ejercicio irrenunciable, indivisible e interdependiente de los derechos humanos. Su respeto y garantía son obligatorios para los órganos del Poder Público de conformidad con la Constitución, los tratados sobre derechos humanos suscritos y ratificados por la República y las leyes que los desarrollen*".

de hacerlo en cumplimiento de la Función Jurisdiccional, la cual se lleva a cabo por medio de la concreción de tres derechos humanos en especial, como lo son el derecho de acceso a la justicia, el derecho a la tutela judicial efectiva y el derecho al debido proceso.

Esos derechos humanos fundamentales están reconocidos en los artículos 26 y 49 constitucionales, como sigue:

> *"Toda persona tiene derecho de acceso a los órganos de administración de justicia para hacer valer sus derechos e intereses, incluso los colectivos o difusos, a la tutela efectiva de los mismos y a obtener con prontitud la decisión correspondiente.*
> *El Estado garantizará una justicia gratuita, accesible, imparcial, idónea, transparente, autónoma, independiente, responsable, equitativa y expedita, sin dilaciones indebidas, sin formalismos o reposiciones inútiles". Y,*
> *"El debido proceso se aplicará a todas las actuaciones judiciales y administrativas y, en consecuencia:*
> 1. *La defensa y la asistencia jurídica son derechos inviolables en todo estado y grado de la investigación y del proceso. Toda persona tiene derecho a ser notificada de los cargos por los cuales se le investiga, de acceder a las pruebas y de disponer del tiempo y de los medios adecuados para ejercer su defensa. Serán nulas las pruebas obtenidas mediante violación del debido proceso. Toda persona declarada culpable tiene derecho a recurrir del fallo, con las excepciones establecidas en esta Constitución y la ley.*
> 2. *Toda persona se presume inocente mientras no se pruebe lo contrario.*
> 3. *Toda persona tiene derecho a ser oída en cualquier clase de proceso, con las debidas garantías y dentro del plazo razonable determinado legalmente, por un tribunal competente, independiente e imparcial establecido con anterioridad. Quien no hable castellano o no pueda comunicarse de manera verbal, tiene derecho a un intérprete.*
> 4. *Toda persona tiene derecho a ser juzgada por sus jueces naturales en las jurisdicciones ordinarias, o especiales, con las garantías establecidas en esta Constitución y en la ley. Ninguna persona podrá ser sometida a juicio sin conocer la identidad de quien la juzga, ni podrá ser procesada por tribunales de excepción o por comisiones creadas para tal efecto.*
> 5. *Ninguna persona podrá ser obligada a confesarse culpable o declarar contra sí misma, su cónyuge, concubino o concubina, o pariente dentro del cuarto grado de consanguinidad y segundo de afinidad.*
>   *La confesión solamente será válida si fuere hecha sin coacción de ninguna naturaleza.*
> 6. *Ninguna persona podrá ser sancionada por actos u omisiones que no fueren previstos como delitos, faltas o infracciones en leyes preexistentes.*

7. *Ninguna persona podrá ser sometida a juicio por los mismos hechos en virtud de los cuales hubiese sido juzgada anteriormente.*
8. *Toda persona podrá solicitar del Estado el restablecimiento o reparación de la situación jurídica lesionada por error judicial, retardo u omisión injustificados. Queda a salvo el derecho del o de la particular de exigir la responsabilidad personal del magistrado o magistrada, juez o jueza y del Estado, y de actuar contra éstos o éstas".*

Como puede apreciarse de la simple lectura de ambos dispositivos constitucionales, el primero de ellos se circunscribe íntegramente a la actuación del Poder Judicial, en cuanto al derecho de acceso a la justicia, identificado con el Principio "*Pro Actione*", junto a la idea de que las causales de inadmisibilidad de demandas y recursos deben ser extremadamente racionales, proporcionadas, limitadas y justificadas. El derecho de acceder a la justicia es el derecho a accionar y con ello poner en movimiento al órgano jurisdiccional, es decir, al tribunal. La justicia así vista, como la administración de la justicia, es un punto ligado indisolublemente a la condición legal de legitimado procesal activo para dar inicio a un juicio o proceso judicial, con independencia de cual sea la pretensión buscada, que debe estar basada en derecho, y siguiendo las reglas de la competencia (materia, cuantía, territorio). Además, una justicia autónoma e independiente sólo puede ser ofrecida por el Poder Judicial[392].

También por lo que se refiere al derecho a la tutela judicial efectiva, de gran importancia para esta investigación, al destacarse que su propio enunciado evidencia su adscripción a la esfera de actuación del Poder Judicial. Sólo el Poder Judicial puede ofrecer tutela judicial.

Y, en cuanto al otro dispositivo constitucional previamente transcrito, si bien explícitamente aclara la pertinencia del derecho al debido proceso tanto en procesos judiciales como en procedimientos administrativos, como no podía ser de otra forma, desde la perspectiva libertaria, se observa que contiene en sus numerales 3 y 4 dos temas que resultan de total trascendencia a nuestros fines, estando ligados exclusivamente al dominio del Poder Judicial.

---

[392] Artículo 254 de la Constitución: "*Se establece la autonomía funcional, financiera y administrativa del Poder Judicial...*".
Artículo 256 de la Constitución: "*Con la finalidad de garantizar la imparcialidad y la independencia en el ejercicio de sus funciones, los magistrados o magistradas, jueces o juezas, fiscales o fiscalas del Ministerio Público y defensores públicos o defensoras públicas, desde la fecha de su nombramiento y hasta su egreso del cargo respectivo, no podrán, salvo el ejercicio del voto, llevar a cabo activismo político partidista, gremial, sindical o de índole semejante, ni realizar actividades privadas lucrativas incompatibles con su función, ni por sí ni por interpuesta persona, ni ejercer ninguna otra función pública a excepción de actividades educativas*".

En efecto, se establece el derecho a ser oído en cualquier clase de proceso, por un tribunal competente, independiente e imparcial establecido con anterioridad, y el derecho a ser juzgado por los jueces naturales en las jurisdicciones ordinarias, o especiales, con las garantías establecidas en la Constitución y en la ley.

En otras palabras, quien actúe como accionante o como excepcionante en justicia, debe ser oido por un tribunal independiente e imparcial, conducido por sus jueces naturales, con las debidas garantías. Ser oido, quiere decir ser juzgado, y ser juzgado, quiere decir ser revisada su actuación o comportamiento, a la luz del derecho, por un tribunal.

En ese sentido se circunscribe la dogmática internacional, que resulta trascendental, puesto que la Constitución atribuye jerarquía constitucional a los tratados, pactos y convenios internacionales ratificados por la República[393], con valor planetario del "*ius cogens*"[394], como puede apreciarse (dentro del "*soft law*") en la Declaración Universal de los Derechos Humanos[395], y con una redacción no tan buena en la Declaración Americana de los Derechos y Deberes del Hombre[396], y, entre muchos otros textos

---

[393] Artículo 23 de la Constitución: "*Los tratados, pactos y convenciones relativos a derechos humanos, suscritos y ratificados por Venezuela, tienen jerarquía constitucional y prevalecen en el orden interno, en la medida en que contengan normas sobre su goce y ejercicio más favorables a las establecidas por esta Constitución y la ley de la República, y son de aplicación inmediata y directa por los tribunales y demás órganos del Poder Público*".

[394] Entendido en los términos de la Convención de Viena sobre el Derecho de los Tratados, articulo 53: "*TRATADOS QUE ESTEN EN OPOSICION CON UNA NORMA IMPERATIVA DE DERECHO INTERNACIONAL GENERAL ("JUS COGENS"): Es nulo todo tratado que, en el momento de su celebraci6n, est6 en oposici6n con una norma imperativa de derecho internacional general. Para los efectos de la presente Convenci6n, una norma imperativa de derecho internacional general es una norma aceptada y reconocida por la comunidad internacional de Estados en su conjunto como norma que no admite acuerdo en contrario y que s6lo puede ser modificada por una norma ulterior de derecho internacional general que tenga el mismo carácter*". Disponible en: http://www.wipo.int/export/sites/www/wipolex/es/glossary/vienna-convention-es.pdf. Acceso: 6 de febrero de 2015.

[395] Adoptada por la Asamblea General de la Organización de las Naciones Unidas en 1948, en su artículo 10: "*Toda persona tiene derecho, en condiciones de plena igualdad, a ser oída públicamente y con justicia por un tribunal independiente e imparcial, para la determinación de sus derechos y obligaciones o para el examen de cualquier acusación contra ella en materia penal*". Disponible en: http://www.derechoshumanos.net/normativa/normas/1948-DeclaracionUniversal.htm?gclid=CLyirtielsQCFWoV7Aodo2YA-Q . Acceso: 6 de febrero de 2015.

[396] Acogida por la Organización de Estados Americanos, con ocasión de la IX Conferencia Internacional Americana en 1948, en su artículo XVIII: "*Toda persona puede ocurrir a los tribunales para hacer valer sus derechos. Asimismo debe disponer de un procedimiento sencillo y breve por el cual la justicia lo ampare contra actos de la autoridad que violen, en perjuicio suyo, alguno de los derechos fundamentales consagrados constitucionalmente*". Disponible en: http://www.oas.org/es/cidh/mandato/Basicos/declaracion.asp . Acceso: 6 de febrero de 2015.

(dentro del "*hard law*"), en el Pacto Internacional de los Derechos Civiles y Políticos[397].

Y ser juzgado con las garantías establecidas en la Constitución, no es otra cosa que ser sujeto beneficiario de una tutela judicial efectiva.

Ahora bien, y esta es la parte central del tema que nos ocupa, la tutela judicial efectiva no solamente comprende el derecho a que el juez tome en cuenta todo lo alegado y probado por las partes, facilitando la oportunidad procesal para alegar y probar, obrando de manera independiente e imparcial como director del proceso[398], y escudriñador de la verdad[399], asumiendo al proceso o juicio como instrumento de justicia[400], y dictando una sentencia basada en derecho, eventualmente asegurando sus resultas mediante el Poder Cautelar General, sino que le corresponde, una vez que su sentencia quede definitivamente firme y pasada en autoridad de cosa juzgada, si no es cumplida voluntariamente, proceder con su ejecución forzosa[401] (como también la de los laudos arbitrales).

---

[397] Negociado en el seno de la Organización de las Naciones Unidas en 1966, siendo ratificado en Ley publicada en la Gaceta Oficial Extraordinaria Nro. 2.146 del 28 de enero de 1978, cuyo artículo 14 prevé: "*1. Todas las personas son iguales ante los tribunales y cortes de justicia. Toda persona tendrá derecho a ser oída públicamente y con las debidas garantías por un tribunal competente, independiente e imparcial, establecido por la ley, en la substanciación de cualquier acusación de carácter penal formulada contra ella o para la determinación de sus derechos u obligaciones de carácter civil...*". Disponible en: http://www.derechoshumanos.net/normativa/normas/1966-PactoDerechosCivilesyPoliticos.htm?gclid=CNqy-KqjlsQCFUojgQodzVEAew . Acceso: 6 de febrero de 2015.

[398] Artículo 14 del Código de Procedimiento Civil de 1990: "El Juez es el director del proceso y debe impulsarlo de oficio hasta su conclusión a menos que la causa esté en suspenso por algún motivo legal".

[399] Artículo 12 del Código de Procedimiento Civil de 1990: "*Los jueces tendrán por norte de sus actos la verdad, que procurarán conocer en los límites de su oficio. En sus decisiones el Juez debe atenerse a las normas del derecho a menos que la Ley lo faculte para decidir con arreglo a la equidad. Debe atenerse a lo alegado y probado en autos, sin poder sacar elementos de convicción fuera de éstos ni suplir excepciones o argumentos de hecho no alegados ni probados, El Juez puede fundar su decisión en los conocimientos de hecho que se encuentren comprendidos en la experiencia común o máximas de experiencia*".

[400] Artículo 257 de la Constitución: "*El proceso constituye un instrumento fundamental para la realización de la justicia. Las leyes procesales establecerán la simplificación, uniformidad y eficacia de los trámites y adoptarán un procedimiento breve, oral y público. No se sacrificará la justicia por la omisión de formalidades no esenciales*".

[401] PUPPIO, Vicente J., "Teoría General del Proceso", Universidad Católica Andrés Bello (UCAB), Caracas 1998, p. 117: "*De nada serviría todo el conocimiento que el juez adquiere de los hechos para encuadrarlos en la norma y sentenciar, si la decisión no se cumple por el obligado. De manera que la jurisdicción asegura mediante la fuerza, si la parte no cumple, la ejecución de la norma concreta creada por la sentencia. Ésta es la fase de ejecución forzada, y esta etapa forma parte integrante de la jurisdicción*".

MUCI BORJAS, José Antonio, "La Ejecución, según el Derecho Venezolano, de los Fallos dictados por los Jueces Contencioso-Administrativos". Disponible en: http://www.muci-abraham.

La idea de justicia, en la Constitución, vale decir, el contenido de la Función Jurisdiccional del Estado, como asunto del Poder Judicial, va desde el ejercicio de la acción, pasando por todos los trámites y sustanciación del proceso, hasta el dictado y ejecución de la sentencia[402].

---

com/uploads/publicaciones/f9d2e62547ffcbba110baf9c5a92a880df35dd93.pdf. Acceso: 6 de febrero de 2015: "*Como se observa, conforme a la doctrina y la jurisprudencia el derecho a la "tutela judicial" no se agota por el simple hecho de que se le permita al particular libre acceso a los tribunales de justicia. El derecho a la "tutela judicial" no se circunscribe a garantizar una decisión de fondo fundada si concurren los extremos previstos por la norma de Derecho. El derecho consagrado en el Artículo 68 de nuestra Constitución exige, además, el cabal y oportuno cumplimiento de lo decidido por el tribunal y el resarcimiento de los daños, si los hubiere*".

[402] En la jurisprudencia comparada encontramos la Sentencia 61/1984, del 16 de mayo de 1984, dictada por el Tribunal Constitucional español, en la cual se pormenoriza el contenido del derecho a la tutela judicial efectiva: "*1. La tutela de los derechos e intereses legítimos, que consagra el artículo 24 de la Constitución, comprende, como derechos de los ciudadanos los de tener acceso a la jurisdicción, tener un proceso que, discurriendo dentro de un período razonable, permita al litigante defender sus intereses así como el derecho a obtener una decisión jurídicamente fundada o motivada. Además de ello, comprende el derecho a que la Sentencia, que eventualmente haya puesto fin al proceso, se cumpla en sus propios términos, pues sólo de esta manera el derecho al proceso se hace real y efectivo ya que, si fuera de otro modo, el derecho no pasaría de ser una entidad ilusoria. En este sentido, ha de señalarse que a doña Sofía Marqués Delgado y sus litisconsortes, que en su día obtuvieron una Sentencia favorable, no se les puede discutir, ni poner en tela de juicio el derecho a que tal Sentencia obtenga cabal y efectivo cumplimiento. ...4. Como quiera que en el caso presente la Administración Pública ha llevado a cabo las actividades necesarias con el fin de que en los presupuestos del Estado se consignen los correspondientes créditos, con el fin de que la Sentencia pueda ser cumplida y como tampoco aparece una conducta de la Administración que obstaculice los trámites precisos para que el pago se haga y el órgano jurisdiccional, que dictó la Sentencia, lejos de mostrar pasividad, se ha ocupado de que la Sentencia sea cumplida, en el momento actual no puede reconocerse lesión de los derechos de las recurrentes, por lo que su presente recurso de amparo debe ser desestimado...*". http://hj.tribunalconstitucional.es/es-ES/Resolucion/Show/SENTENCIA/1984/61 . Acceso: 6 de febrero de 2015.

Y en la jurisprudencia patria, la Sentencia del Juzgado Primero de Primera Instancia en Lo Civil, Mercantil y del Tránsito de la Circunscripción Judicial del Estado Yaracuy, de fecha 22 de mayo de 2012, permite leer: "*TERCERO: Así las cosas, este juzgador de la revisión de los autos no evidencia que el accionante haya dado cumplimiento a la condena contenida en el fallo supra citado, a objeto de que pueda en consecuencia exigir el cumplimiento de la sentencia por parte del demandado condenado. Y aún cuando la sentencia no puede ser condicionada, verifica este juzgador que la misma contiene condenas recíprocas, que si bien no dependen la una de la otra. Es un principio rector que para exigir el cumplimiento de la obligación debe el peticionante haber cumplido previamente máxime si se trata de un contrato de venta que amerita protocolización.*

Por tal motivo al ser el actor, el primero en comparecer a los efectos de exigir el cumplimiento del demandado, forzosamente este juzgador debe instarlo a que de cumplimiento a la letra de la sentencia, consignando en autos la prueba que demuestra la obligación de pago del precio pendiente en los términos expuestos en la sentencia supra referida a la que fue condenado, o en su defecto, proceder a la consignación de dicha suma de dinero, mediante cheque de gerencia a favor de la parte demandada en el presente procedimiento.

No en balde, explícitamente el segundo párrafo del artículo 253 constitucional preceptúa que:

> "***Corresponde a los órganos del Poder Judicial*** *conocer de las causas y asuntos de su competencia mediante los procedimientos que determinen las leyes, y* ***ejecutar o hacer ejecutar sus sentencias***" (resaltado y subrayado de esta investigación).

En ese orden, la norma del artículo 2 de la Ley Orgánica del Poder Judicial[403] resulta plenamente conforme con la Constitución, pues prevé que "*La jurisdicción es inviolable. El ejercicio de la potestad jurisdiccional de juzgar y hacer ejecutar lo juzgado, corresponde exclusivamente a los tribunales y comprende a todas las personas y materias en el ámbito del territorio nacional, en la forma dispuesta en la Constitución y las leyes. Las decisiones judiciales serán respetadas y cumplidas en los términos que ellas expresen*". No obstante, lo mismo no puede afirmarse de la pretendida excepción (tácitamente derogada) a que se contrae la disposición de su artículo 10: "*Corresponde al Poder Judicial conocer y juzgar, salvo las excepciones expresamente establecidas por la ley, de las causas y asuntos civiles, mercantiles, penales, del trabajo, de menores, militares, políticos, administrativos y fiscales, cualesquiera que sean las personas que intervengan; decidirlos definitivamente y ejecutar o hacer ejecutar las sentencias que dictare*", puesto que se trata de una ley preconstitucional en ese aspecto contraria a letra expresa de la nueva Constitución, que no consagra excepción alguna a la ejecución de las sentencias (y con ella, al aseguramiento del cobro de las pretendidas obligaciones pecuniarias, y la ejecución de los laudos arbitrales), como atributo monopólico del Poder Judicial.

Cualquier otra rama del poder público que pretendiese arrogarse la atribución de ejecutar las sentencias judiciales y laudos arbitrales estaría obrando de forma inconstitucional, por violación de letra expresa del Texto Fundamental (inconstitucionalidad literal), incurriendo en usurpación de funciones o de autoridad[404], y por menoscabo del Principio de Separación de Poderes, del Principio de Supremacía de la Constitución, del derecho a la

---

En consecuencia este juzgador conforme lo establecido en el artículo 524 del Código de Procedimiento Civil, concede diez (10) días a las partes en la presente causa para que den cumplimiento voluntario al mandato contenido en la sentencia dictada por el Juzgado Superior en lo Civil, Mercantil y del Tránsito de la Circunscripción Judicial del Estado Yaracuy de fecha 17 de marzo de 2010, bajo la dirección de la Abg. Thais Elena Font Acuña. Y así se decide". http://yaracuy.tsj.gob.ve/DECISIONES/2012/MAYO/1429-22-12162-.HTML . Acceso: 6 de febrero de 2015.

[403] Gaceta Oficial Extraordinaria Nro. 5.232 del 11 de septiembre de 1998.

[404] Artículo 138 de la Constitución: "*Toda autoridad usurpada es ineficaz y sus actos son nulos*".

tutela judicial efectiva y del valor superior de preeminencia de los derechos humanos (inconstitucionalidad teleológica o material). Y, lo mismo puede decirse en cuanto concierne a la inconstitucionalidad teleológica o material, si se pretende privar al Poder Judicial de su Poder Cautelar General.

Sin embargo, lo anterior no quiere decir que autoridades correspondientes a otras ramas del poder público no puedan intervenir en la ejecución de la sentencia y del laudo arbitral, e incluso en el aseguramiento del cobro de las pretendidas obligaciones pecuniarias, bajo el control y conducción del juez que lo solicite, pues no debe olvidarse la vigencia del Principio de Colaboración de los Poderes. De esta forma, si bien la vigente Constitución carece de una norma como la del artículo 209 de la Constitución de 1961, que establecía que "*Las demás autoridades de la República prestarán a los jueces la colaboración que éstos requieran para el mejor cumplimiento de sus funciones*", es lo cierto que ello no hacía falta (aunque no habría estado de más), no solamente por la consagración constitucional explícita del ya citado y transcrito Principio de Colaboración de Poderes, sino por la vigencia de la norma adjetiva general del Código de Procedimiento Civil de 1990, al prever: en su artículo 21: "*Los Jueces cumplirán y harán cumplir las sentencias, autos y decretos dictados en ejercicio de sus atribuciones legales, haciendo uso de la fuerza pública, si fuere necesario. Para el mejor cumplimiento de sus funciones, las demás autoridades de la República prestarán a los Jueces toda la colaboración que éstos requieran*", y la previsión del artículo 11 de la Ley Orgánica del Poder Judicial: "*Los tribunales para la ejecución de sus sentencias y de todos los actos que decreten o acuerden, pueden requerir de las demás autoridades el concurso de la fuerza pública que de ellas dependa, y, en general, valerse de todos los medios legales coercitivos de que dispongan. Se exceptúa el caso de conflicto de poderes, el cual deberá ser sometido a la decisión de la Corte Suprema de Justicia*".

A mayor abundamiento, no despreciemos el hecho de que la Constitución no incluye a la Administración Pública dentro del Sistema de Justicia, como en cambio sí lo están los medios alternativos de justicia o medios alternativos de solución de controversias jurídicas, como es el caso del arbitraje[405]. Empero, el Derecho Procesal en general ha sido cauto en cuanto a la ejecución de los laudos arbitrales se refiere, pues al no emanar

---

[405] Tercer párrafo del Artículo 253 de la Constitución: "*El sistema de justicia está constituido por el Tribunal Supremo de Justicia, los demás tribunales que determine la ley, el Ministerio Público, la Defensoría Pública, los órganos de investigación penal, los o las auxiliares y funcionarios o funcionarias de justicia, el sistema penitenciario, los medios alternativos de justicia, los ciudadanos que participan en la administración de justicia conforme a la ley y los abogados autorizados para el ejercicio*".

de órganos del poder público, se debe confiar ese proceder forzoso a órganos de ese poder, que no pueden ser sino los tribunales a los cuales habría correspondido sentenciar la causa y ejecutar la decisión[406]. Lo mismo se hace extensivo al tema cautelar, pues estando de por medio la afectación del Principio de Integridad del Patrimonio, como garantía del derecho de propiedad, la intervención que pueda hacer el Estado debe indefectiblemente contar con la dirección o control del Poder Judicial, como garante del respeto de los derechos humanos.

2. La Confiscación de Parte Sustancial de la Función Jurisdiccional

Consideración hecha de los anteriores postulados de organización del poder público, con hincapié en la separación funcional con complemento en la separación orgánica del poder, todo ello constitucionalmente consagrado como principios normativos e institucionales garantistas de la preeminencia de los derechos humanos, como valor constitucional superior del ordenamiento jurídico y de la actuación estatal, no cabe lugar a dudas acerca de que se ha operado una aberrante confiscación de parte sustancial de la Función Jurisdiccional, al cercenarle al Juez Superior de lo Contencioso Tributario, como juez conocedor en primera instancia del Recurso Contencioso Tributario, sus facultades jurídico constitucionales, como juez natural, para ejecutar y hacer ejecutar sus sentencias tras el Recurso Contencioso Tributario; para ejecutar y hacer ejecutar los laudos en caso de arbitraje tributario; para conocer de las controversias derivadas de la ejecución forzosa de los actos administrativos contentivos de obligaciones pecuniarias que hayan quedado definitivamente firmes en la sede administrativa, y ejecutar sus sentencias correspondientes; y, para asegurar las resultas de sus fallos, y el cobro en general de las pretendidas obligaciones pecuniarias de naturaleza tributaria, por medio del Poder Cautelar General.

Esta aquí denunciada confiscación de parte sustancial de la Función Jurisdiccional, en detrimento del rol garante del valor superior del ordenamiento jurídico y de la actuación estatal y principio de preeminencia de los derechos humanos que el constituyente confió monopolísticamente al Poder Judicial, fue concretada en el Decreto Nro. 1.434 del 17 de noviembre

[406] Por ejemplo el artículo 323, parágrafo único del Código Orgánico Tributario de 2001: "*La ejecución del laudo corresponderá a los Tribunales Superiores de lo Contencioso Tributario, de acuerdo con las normas de ejecución de sentencia establecidas en la Sección Quinta del Capítulo I del Título VI del presente Código*".

de 2014, con Rango, Valor y Fuerza de Ley del Código Orgánico Tributario, especialmente en la inconstitucionalmente cuestionable normativa a que se contraen sus artículos 288, 290 a 302, 303 a 308 y parágrafo único del 330.

Todos los dispositivos mencionados se encuentran contenidos en el Título VI, denominado "*De los Procedimientos Judiciales, del Cobro Ejecutivo y de las Medidas Cautelares*", lo cual ya de por sí solo muestra el objetivo del legislador delegado (habilitado), de privar al Poder Judicial de sus facultades constitucionales para ejecutar y asegurar o cautelar la ejecución de sus sentencias dictadas en decisión del Recurso Contencioso Tributario, para ejecutar los laudos arbitrales en materia tributaria, para conocer del Juicio Ejecutivo y ejecutar sus sentencias en ese dominio, y para cautelar las pretendidas obligaciones pecuniarias de naturaleza tributaria, puesto que la regulación anterior, contenida en el Código Orgánico Tributario de 2001, en su Título VI, comprensivo del ámbito judicial, incluía la ejecución de sentencias del Recurso Contencioso Tributario (artículos 280 al 288), las medidas cautelares en proceso judicial autónomo o como incidencia dentro del citado recurso (artículos 296 al 301), el Juicio Ejecutivo (artículos 289 al 295), y la ejecución de los laudos arbitrales (artículo 323, parágrafo único), y su enunciado fue, simplemente, como era lo apropiado en derecho, el de "*De los Procedimientos Judiciales*".

Es decir, el legislador delegado (habilitado) claramente excluyó del campo de acción del Poder Judicial esos aspectos esenciales (razón ontológica) de la Función Jurisdiccional, confiscando a favor del Poder Ejecutivo (la –s– Administración –es– Tributaria –s–) la ejecución forzosa de las sentencias y laudos arbitrales, todo el régimen cautelar, y la ejecución forzosa de los actos administrativos contentivos de reclamos tributarios que hayan quedado definitivamente firmes en la sede administrativa, derogando pura y simplemente al Juicio Ejecutivo.

Ahora bien, sin perjuicio de que el enfoque de esta investigación es de dimensión jurídica, antes de continuar, a título de llamado de atención, hagamos una brevísima mención al aspecto ético, que claramente compromete a la moral republicana en este caso.

En efecto, vimos que no fue el legislador ordinario quien obró de ese modo confiscatorio, por medio de una Ley Formal (lo que igualmente habría sido inconstitucional), sino el legislador delegado (habilitado). Ese legislador de excepción no es otro que el Poder Ejecutivo, de quien depende la Administración Tributaria Nacional –fiscal y parafiscal– (aunque la normativa incide de la misma manera sobre todas las demás administraciones tributarias del país), siendo el Presidente de la República autor de la cuestionada normativa, y al mismo tiempo el Administrador de la Hacienda Pública Nacional, ex artículo 236, numeral 11 constitucional, lo cual lo convierte en la contraparte del recurrente, tanto en los Recursos Contencioso

Tributarios como en los procesos arbitrales tributarios, en el peticionante o ahora decisor unilateral de medidas cautelares contra el obligado tributario, y en el demandante o ahora simple ejecutor de los actos administrativos definitivamente firmes en la sede administrativa, contentivos de pretendidas obligaciones pecuniarias de naturaleza tributaria. Así, cabe cuestionarse: es ético que la contraparte en un juicio asuma la ejecución forzosa de la decisión dictada por el tercero independiente e imparcial? Es ético que el presunto acreedor decida por si solo si hay riesgo en la percepción de la pretendida deuda? Es ético que el presunto acreedor proceda por si solo a la ejecución compulsiva de la pretendida deuda? Es ético que la contraparte asuma su excepcional carácter de legislador para modificar a su favor las reglas del juego procesal?

Volviendo al terreno del derecho, es patente que tal proceder vulnera consecuencialmente el principio de igualdad de las partes en el proceso, y ello rompe con la preeminencia de los derechos humanos. Claro que, por qué dejarían la relación procesal como de derecho, en igualdad, si se dio al traste con la relación tributaria como de derecho, colocando al contribuyente y demás obligados tributarios casi en situación de súbditos y no más de ciudadanos???

Ahora bien, pasemos de inmediato al detalle de lo normado en el Código Orgánico Tributario de 2014, sobre los aspectos particulares que se mostraron como objeto de la presente investigación.

Ante todo, detengámonos en el artículo 288 y en el parágrafo único del artículo 330, del citado Título VI, el primero de ellos ubicado en el Capítulo I "*Del Recurso Contencioso Tributario*", y el segundo de ellos ubicado en el Capítulo VI "*Del Arbitraje Tributario*".

Los citados dispositivos del Código Orgánico Tributario de 2014 son del tenor siguiente:

> *"Vencido el lapso para el cumplimiento voluntario sin que éste se haya producido, la Administración Tributaria ejecutará forzosamente la sentencia conforme al procedimiento de cobro ejecutivo previsto en este Código". Y,*
> *"La ejecución del laudo corresponderá a la Administración Tributaria, de acuerdo con las normas sobre ejecución de sentencia establecidas en el presente Código".*

Mucho más no hay que alegar o argumentar acerca de la inconstitucionalidad palmaria de ambas normas, pues el análisis previo relativo al alcance del contenido de la Función Jurisdiccional, como comprensiva de la ejecución forzosa de las sentencias y laudos arbitrales, derivado de los más elementales conceptos del Derecho Constitucional y de la Teoría General del Proceso, incluso con la idea de constitucionalización del proceso, se haya coronado por precepto constitucional explícito en ese sentido, como lo es el ya citado artículo 253 constitucional:

> *"**Corresponde a los órganos del Poder Judicial** conocer de las causas y asuntos de su competencia mediante los procedimientos que determinen las leyes, y **ejecutar o hacer ejecutar sus sentencias**"* (resaltado y subrayado de esta investigación).

Por lo que respecta ahora a los artículos 290 a 302 del Código Orgánico Tributario de 2014, los mismos se hayan establecidos en el Capítulo II "*Del Cobro Ejecutivo*". Esta es la cuestionable normativa que pretende tomar el lugar que corresponde en Derecho a la ejecución de la sentencia del Recurso Contencioso Tributario declarado total o parcialmente sin lugar, y al Juicio Ejecutivo, ambas instituciones netamente procesales, integrantes de la Función Jurisdiccional, con el siguiente contenido, seguido de los correspondientes comentarios, a la luz de la doctrina jurídica aquí sostenida:

> *Artículo 290: "El cobro ejecutivo de las cantidades líquidas y exigibles, así como la ejecución de las garantías constituidas a favor del sujeto activo, se efectuará conforme al procedimiento establecido en este Capítulo.*
> *La competencia para iniciar e impulsar el mismo y resolver todas sus incidencias, corresponde a la Administración Tributaria.*
> *El procedimiento de cobro ejecutivo no será acumulable a las causas judiciales ni a otros procedimientos de ejecución. Su iniciación o tramitación se suspenderá únicamente en los casos previstos en este Código.*
> *El inicio del procedimiento de cobro ejecutivo previsto en este Código, genera de pleno derecho, el pago de un recargo equivalente al diez por ciento (10%) de las cantidades adeudadas por concepto de tributos, multas e intereses, con inclusión de los intereses moratorios que se generen durante el procedimiento de cobro ejecutivo".*

La fase de ejecución de sentencias, así como el cobro compulsivo de los reclamos tributarios que hayan quedado definitivamente firmes en la sede administrativa, pasan a ser pretendidos "*procedimientos administrativos de ejecución*". En el primer caso, a más de reiterar lo ya denunciado previamente, se observa que se vulnera el principio constitucional de presunción de inocencia[407], cuando el reclamo versa total o parcialmente sobre multas, y las mismas no han quedado definitivamente firmes, en virtud del recurso de apelación, no estando probada la culpabilidad con autoridad

[407] Artículo 49, numeral 2 de la Constitución: "*Toda persona se presume inocente mientras no se pruebe lo contrario*".

de cosa juzgada. Y, en el segundo caso, sólo cabría preguntarse cómo una controversia jurídica, que puede versar acerca de si hubo o no el pago o si operó o no algún otro medio extintivo de la obligación tributaria (prescripción, compensación, etc.), lo cual es claramente jurisdiccional, puede quedar en su decisión a cargo unilateral de una de las partes en el proceso, en este caso, el pretendido acreedor???

> *Artículo 291: "Al día siguiente del vencimiento del plazo legal o judicial para el cumplimiento voluntario, se intimará al deudor a pagar las cantidades debidas y el recargo previsto en el Artículo anterior, dentro de los cinco (5) días continuos siguientes contados a partir de su notificación.*
> *De no realizarse el pago en el referido plazo, la Administración Tributaria dará inicio a las actuaciones dirigidas al embargo de los bienes y derechos del deudor.*
> *La intimación efectuada constituye título ejecutivo para proceder contra los bienes y derechos del deudor o de los responsables solidarios y no estará sujeta a impugnación".*

La normativa califica al afectado por el procedimiento como "*deudor*", cuando en el primer caso pudiera ser que, tras la apelación contra la sentencia, la misma se declare con lugar, revocándose el fallo de primera instancia, por ejemplo, por no haberse dado el hecho imponible, o por no haber habido omisión de ingresos en la declaración tributaria, o por no haber habido infracción alguna, de lo que se patentizaría que no hubo deuda, por lo que tampoco hubo deudor. Se olvida el legislador de excepción que debe respetar el principio general de derecho de la buena fe[408] y el principio constitucional de presunción de inocencia. Y, lo propio cabría decir en el segundo caso, puesto que las resultas del procedimiento, si hubiese imparcialidad e independencia en el órgano decisor, podrían concluir en que la deuda se había extinguido, por lo que tampoco habría habido deudor.

Por otro lado, se faculta a la Administración Tributaria, parte interesada defensora de una pretensión aún no confirmada, a intervenir el patrimonio de la otra parte, unilateralmente y sin control del garante del principio de preeminencia de los derechos humanos, como lo es el Poder Judicial. Y no solamente el patrimonio de la otra parte, sino también el de terceros tenidos como responsables solidarios de obligaciones aún no plenamente demostradas, con el agravante de que si se trata el contribuyente,

---

[408] Considerar "*ab initio*" como "*deudor*" al afectado por este proceso equivale a presumir la existencia de una deuda en mora, es decir, el incumplimiento de la obligación, cuando ese pensar no es más que la pretensión de una de las partes, en este campo la Administración Tributaria.

como de seguro es la situación de los responsables solidarios (gerentes, directores y administradores de personas jurídicas), de personas naturales, se estaría permitiendo que las autoridades ejecutivas ingresaren a sus moradas, sin control judicial, en detrimento del derecho a la inviolabilidad del hogar doméstico[409], el derecho a la protección de la familia[410], y el derecho a la protección de niños, niñas y adolescentes[411], entre otros.

> *Artículo 292: "El procedimiento de cobro ejecutivo se paraliza cuando se suspendan los efectos del acto conforme a lo dispuesto en este Código".*

Ya tuvimos oportunidad de referir en esta investigación la tremenda dificultad que existe en Venezuela, para lograr la suspensión de efectos de los actos administrativos impugnados por orden judicial, a lo cual habría que añadir, más que la dificultad, la real imposibilidad práctica de obtener una suspensión de efectos del acto administrativo impugnado por orden administrativa, no obstante su previsión legal. A ello, únicamente agregaremos que la normativa no acuerda un plazo al juez para pronunciarse al respecto, como tampoco la autoridad administrativa respeta nunca el plazo genérico que tiene para responder peticiones, de treinta (39) días hábiles (como tampoco ningún otro plazo legal para decidir nada). En ese estado de cosas, resulta perfectamente posible que estas ejecuciones (en todo el sentido de la palabra) se lleven a cabo a pesar de la pendencia de solicitudes de suspensión de efectos.

> *Artículo 293: "La Administración Tributaria designará a los funcionarios o funcionarias que practicarán el embargo, los cuales se entenderán autorizados o autorizadas a efectuar todas las diligencias*

[409] Artículo 47 de la Constitución: "*El hogar doméstico, el domicilio, y todo recinto privado de persona son inviolables. No podrán ser allanados, sino mediante orden judicial, para impedir la perpetración de un delito o para cumplir de acuerdo con la ley las decisiones que dicten los tribunales, respetando siempre la dignidad del ser humano*" (subrayados de esta investigación).

[410] Artículo 75 de la Constitución: "*El Estado protegerá a las familias como asociación natural de la sociedad y como el espacio fundamental para el desarrollo integral de las personas...*".

[411] Artículo 78 de la Constitución: "*Los niños, niñas y adolescentes son sujetos plenos de derecho y estarán protegidos por la legislación, órganos y tribunales especializados, los cuales respetarán, garantizarán y desarrollarán los contenidos de esta Constitución, la Convención sobre los Derechos del Niño y demás tratados internacionales que en esta materia haya suscrito y ratificado la República. El Estado, las familias y la sociedad asegurarán, con prioridad absoluta, protección integral, para lo cual se tomará en cuenta su interés superior en las decisiones y acciones que les conciernan. El Estado promoverá su incorporación progresiva a la ciudadanía activa, y un ente rector nacional dirigirá las políticas para la protección integral de los niños, niñas y adolescentes*".

necesarias a tal fin y levantarán las actas en las que se especifiquen los bienes y derechos embargados y el valor que se les asigne el cual no podrá ser inferior al precio de mercado.
En ningún caso se requerirá la notificación de las correspondientes actas, pero el deudor o la persona que se encuentra en el lugar, podrán solicitar se le entregue copia simple de las mismas".

Es decir, el presunto acreedor ordena el embargo de bienes y derechos del presunto deudor, designa a miembros de su personal para llevarlo a cabo, eligiendo o señalando ellos mismos los bienes o derechos afectados, tras decidir cuáles son embargables o no[412], y fijando el pretendido valor de mercado de los mismos, sin intervención del presunto deudor, y sin control de un tercero independiente e imparcial.

Y para colmo de males, semejante irregular, inapropiada y desproporcionada regulación, no obliga a que se notifique en el acto un acta al efecto, con su ejemplar original para los afectados, previendo tan solo que del acta levantada se entregue copia simple a quien esté allí (portero, vigilante, oficinista, cónyuge, hijo, ...), cuando además se sabe que las copias simples no tienen valor probatorio, aunado ello a la conocida dificultad que existe en Venezuela, en general, para acceder a los expedientes administrativos, en perjuicio del principio de transparencia administrativa y del derecho a la información, ex artículos 141, 143 y 28 constitucionales.

---

[412] Justo aparece el régimen general de nuestro Código Civil, cuando confía, como debe ser, este asunto al juez, en su artículo 1.929: "*Las sentencias que hayan de ejecutarse por los Tribunales de la República, se llevarán a efecto sobre los bienes muebles o inmuebles del deudor y sobre sus derechos y acciones que puedan enajenarse o cederse.*
No están sujetos a la ejecución:
1º.- El lecho del deudor, de su cónyuge y de sus hijos.
2º.- La ropa de uso de las mismas personas y los muebles y enseres de que estrictamente necesiten el deudor y su familia.
3º.- Los libros, útiles e instrumentos necesarios para el ejercicio de la profesión, arte u oficio del deudor.
4º.- Los dos tercios del sueldo o pensión de que goce el deudor (el artículo 91 constitucional declara la inembargabilidad de la totalidad del salario, salvo en cuanto a la obligación alimentaria).
5º.- El hogar constituido legalmente.
6º.- Los terrenos o panteones y sus accesorios, en los cementerios".
Lo propio en cuanto al contenido de su artículo 1.930: "*Los bienes, derechos y acciones, sobre los cuales haya de llevarse a cabo la ejecución, no podrán rematarse sino después que haya una sentencia ejecutoriada o un acto equivalente, y que se haya determinado el crédito, cualquiera que sea su naturaleza, en una cantidad de dinero; ni podrá decretarse el embargo preventivo antes de haberse propuesto la demanda sin que haya a lo menos presunción grave de la obligación*".

> *Artículo 294: "Los bienes y derechos embargados por la Administración Tributaria, no podrán exceder del doble de las cantidades adeudadas, incluyendo el recargo.*
> *El embargo procederá contra todos los bienes y derechos del deudor, salvo aquéllos que sean considerados inejecutables de conformidad con la Ley.*
> *De no conocerse bienes o los mismos fueren insuficientes, la Administración Tributaria dictará medida general de prohibición de enajenar y gravar, la cual se mantendrá vigente hasta que se extinga la deuda o se identifiquen bienes suficientes.*
> *La medida será notificada a los registros y notarías, directamente por la Administración Tributaria o a través del organismo a cargo de su coordinación y control, a los fines que éstos impidan la enajenación o gravamen sobre bienes del deudor.*
> *El registrador o registradora o notario o notaria correspondiente, será responsable de los daños y perjuicios que se causen por el incumplimiento de la medida dictada por la Administración Tributaria".*

De nuevo se denuncia que sea el presunto acreedor quien decida la embargabilidad o no de los bienes y derechos afectados, lo cual de suyo no parece compatible con el valor superior de justicia. Y, obviamente, para nada resulta como ponderada, sin perjuicio de su antijuridicidad, la idea de una medida administrativa de prohibición general de enajenar y gravar bienes y derechos del presunto deudor, quien podría eventualmente encontrarse en una situación de apuro familiar, médico, etc., o para cumplir con sus obligaciones laborales para con sus trabajadores, que le exigiera a actuar de emergencia, y se hallaría imposibilitado para ello, en detrimento de sus derechos humanos y sus deberes legales.

> *Artículo 295: "Cuando la deuda tributaria estuviere garantizada se procederá en primer lugar a ejecutar la garantía.*
> *Cuando la garantía sea insuficiente para cubrir la deuda o cuando el obligado lo solicite, la Administración Tributaria podrá optar por el embargo de otros bienes o derechos. En estos casos, la garantía prestada quedará sin efecto en la parte asegurada por el embargo".*
> *Artículo 296: "Ordenado el embargo, la Administración Tributaria se constituirá en depositaria de los bienes o designará como tal al mismo deudor o a personas legalmente autorizadas para tal fin.*
> *De no haber personas legalmente autorizadas en el lugar en que estén situados los bienes o si éstas no pudieren concurrir al sitio del embargo, la Administración Tributaria podrá confiar temporalmente el depósito a personas distintas de las mencionadas en el encabezamiento de este Artículo.*
> *El embargo sobre bienes inmuebles o derechos que recaigan sobre éstos, será notificado por la Administración Tributaria al Registrador o*

> *Registradora del lugar donde esté situado el inmueble, indicando sus linderos y demás circunstancias que lo identifiquen".*
> *Artículo 297: "Si entre lo embargado hubiesen bienes corruptibles o perecederos, la Administración Tributaria ordenará su venta, previa estimación de su valor.*
> *La venta se anunciará en un único cartel que se publicará en un diario de mayor circulación de la localidad. Podrá prescindirse de la publicación del cartel, en los casos en que el temor de la corrupción de los bienes sea de tal naturaleza que haga necesaria dicha omisión.*
> *Los bienes se adjudicarán a quien ofrezca el mayor precio de contado por encima del preciofijado. El producto de la venta debe ser depositado en una institución bancaria y se destinará, a los fines de la ejecución o a su devolución según correspondan".*

En cuanto a estos tres dispositivos, se remite a comentarios anteriores vinculados a lo cuestionable de la actuación unilateral en el tema, por parte de la Administración Tributaria, presunta acreedora.

> *Artículo 298: "El tercero o tercera que alegue ser el tenedor legítimo de la cosa, pretenda ser preferido o afirme que son suyos los bienes embargados, podrá oponerse al embargo, hasta el día siguiente a la publicación del único cartel de remate.*
> *El embargo será suspendido si la cosa se encontrare verdaderamente en su poder y presentare prueba fehaciente de la propiedad de la cosa por un acto jurídico válido.*
> *No se suspenderá el embargo si el deudor o deudora se opusiere a la pretensión del tercero con otra prueba fehaciente. En tal caso la Administración Tributaria abrirá una articulación probatoria de ocho (8) días, debiendo dictar la decisión correspondiente al día siguiente.*
> *Contra la decisión que afecte al tercero podrá ejercerse el Recurso Contencioso Tributario".*

Fuera de lo locuaz que aparece siquiera imaginar que el tercero pueda hacer oposición en tan breve plazo, por no serle sencillo enterarse de la publicación de tal cartel[413], lo cierto es que aquí claramente el legislador de excepción se mete en un tema claramente procesal, desjudicializándolo, colocando a la Administración Tributaria no solamente como juez y parte frente al contribuyente o responsable tributario, sino incluso como juez, obviamente no natural, de los derechos de un tercero ajeno a la relación

[413] A cuál cartel se referirá esta norma, al del artículo 297, que habla de publicación en un diario de mayor circulación de la localidad, pero sólo en cuanto al remate de bienes corruptibles o perecederos, o al del artículo 301, que se refiere a todo tipo de bienes y derechos, pero indica que se hará en la página Web de la Administración Tributaria???

jurídico tributaria, tercero a quien le dice que, si su oposición es denegada, podrá ejercer un Recurso Contencioso Tributario (???). Esto aparece tan fuera de lugar, que debe recordarse que en supuesto semejante, el Código Orgánico Tributario de 2001 preveía que el tercero demandara ante el tribunal a las partes del Juicio Ejecutivo, conforme a las disposiciones del Código de Procedimiento Civil[414].

> *Artículo 299: "Efectuado el embargo, la Administración Tributaria ordenará el remate de los bienes embargados.*
> *A tal efecto, procederá a designar a un funcionario o funcionaria experto, a los fines de que éste efectúe el avalúo de los bienes embargados dentro de un plazo no mayor de quince (15) días hábiles, contados a partir de la fecha de su designación.*
> *El deudor o deudora podrá solicitar un nuevo avalúo, en cuyo caso éste procederá a seleccionar un nuevo experto. Los costos del nuevo avalúo serán soportados por el deudor o deudora.*
> *De existir diferencias entre los avalúos efectuados, deberá utilizarse el que refleje el mayor valor".*

Aparte del hecho ya denunciado de que sea el presunto acreedor quien practique unilateralmente el embargo y ahora proceda al remate, cabe cuestionar eso de que se designará un experto que fije el valor de los bienes embargados, para proceder a su remate. Es que acaso los bienes no deben ser avaluados precisamente con ocasión del embargo, ex artículo 293 "*eiusdem*", para no exceder el límite legal del doble del monto supuestamente adeudado más el recargo.

> *Artículo 300: "La inactividad en la ejecución de los bienes embargados por parte de la Administración Tributaria, no conlleva su liberación, ni la culminación del procedimiento de ejecución".*

Este dispositivo, al dejudicializar el proceso ejecutivo, claramente presupuso que no eran aplicables a la materia las reglas de la perención procesal. Empero, olvidó que los procedimientos administrativos también han de terminar en forma anómala por la inactividad funcionarial, no solamente en virtud de la norma contenida en el artículo 60[415] de la Ley

[414] Artículo 293: "*Cuando un tercero pretenda ser preferido al demandante o que son suyos los bienes embargados, propondrá demanda ante el Tribunal, del cual se pasarán copia a las partes y la controversia se sustanciará según su naturaleza y cuantía, de conformidad con lo dispuesto en el Código de Procedimiento Civil en materia de tercería*".

[415] "*La tramitación y resolución de los expedientes no podrá exceder de cuatro (4) meses, salvo que medien causas excepcionales, de cuya existencia se dejará constancia, con indicación de la prórroga que se acuerde*".

Orgánica de Procedimientos Administrativos[416], cuya aplicabilidad pretende eludir, sino, particularmente, en razón de la supremacía de la que goza el principio de seguridad jurídica, dada su jerarquía constitucional[417], como principio fundamental de nuestro sistema jurídico, y garantía normativa de respeto de los preeminentes derechos humanos.

> *Artículo 301: "Consignados los resultados del avalúo, debe procederse, dentro de los diez (10) días hábiles siguientes, a la publicación de un único cartel de remate en la página Web de la Administración Tributaria. Publicado el aviso, éste deberá incorporarse en el expediente respectivo.*
> *El cartel de remate deberá contener:*
> *1. Identificación del deudor o deudora.*
> *2. Identificación de los bienes objeto del remate.*
> *3. Certificación de gravámenes, cuando se trate de bienes inmuebles.*
> *4. El avalúo de los bienes.*
> *5. Base mínima para la aceptación de posturas, la cual no podrá ser inferior a la mitad del avalúo.*
> *6. Lugar, día y hora del remate".*
> *Artículo 302: "Cumplidas las formalidades establecidas anteriormente, se procederá en el día, lugar y hora señalados, a la venta de los bienes o derechos en pública subasta.*
> *Si efectuado el remate no se cubre el monto adeudado, la Administración Tributaria podrá ordenar embargos complementarios hasta cubrir la totalidad de la deuda.*
> *El bien o derecho se adjudicará al postor que ofrezca la mayor cantidad de contado por encima de la base mínima. El producto de la venta será depositado en una cuenta a nombre de la Oficina Nacional del Tesoro, a los fines de su devolución o cancelación de las acreencias, según corresponda".*

En cuanto a estos dos dispositivos, se remite a comentarios anteriores vinculados a lo cuestionable de la actuación unilateral en el tema, por parte

[416] Gaceta Oficial Extraordinaria Nro. 2.818 del 1 de julio de 1981.

[417] Artículo 299 de la Constitución: "*El régimen socioeconómico de la República Bolivariana de Venezuela se fundamenta en los principios de justicia social, democratización, eficiencia, libre competencia, protección del ambiente, productividad y solidaridad, a los fines de asegurar el desarrollo humano integral y una existencia digna y provechosa para la colectividad. El Estado conjuntamente con la iniciativa privada promoverá el desarrollo armónico de la economía nacional con el fin de generar fuentes de trabajo, alto valor agregado nacional, elevar el nivel de vida de la población y fortalecer la soberanía económica del país, garantizando la seguridad jurídica, solidez, dinamismo, sustentabilidad, permanencia y equidad del crecimiento de la economía, para garantizar una justa distribución de la riqueza mediante una planificación estratégica democrática participativa y de consulta abierta*" (subrayado de esta investigación).

de la Administración Tributaria, presunta acreedora. Y, por otro lado, no debe desdeñarse observar lo sorprendente que resulta toda esta parafernalia de un pretendido procedimiento de corte ejecutivo, cuando a todas luces (fuera de los abusos e inconstitucionalidades de las que adolece), termina siendo un procedimiento meramente cautelar o preventivo, lo cual se deduce del hecho de que la norma en cuestión prevé que la suma obtenida de la subasta pública no será objeto de recaudación, y menos tributaria, pues sencillamente se depositará en una cuenta especial, a la espera de las resultas del juicio contencioso tributario (o de la oposición que pueda hacerse al embargo), de modo de ser efectivamente recaudada si la deuda presunta es confirmada con carácter definitivo, o devuelta a quien corresponda, en caso de que el Recurso Contencioso Tributario sea concluyentemente declarado con lugar o resulte favorable la opocición al embargo, según sea el caso[418].

Finalmente, en lo relativo a la confiscación del Poder Cautelar General, tenemos los artículos 303 a 308 del Código Orgánico Tributario de 2014, insertos dentro del Capítulo III "*De las Medidas Cautelares*", que suprimen el anterior proceso judicial cautelar autónomo, a que se contraían los artículos 296 al 301 del Código Orgánico Tributario de 2001, que ya había dado al traste con la incidencia cautelar dentro del Recurso Contencioso Tributario, como contrapeso de la eliminada suspensión automática de los efectos del acto administrativo impugnado, por la mera interposición del recurso judicial. A continuación se muestra el contenido normativo analizado, con los comentarios que generan, desde la perspectiva de estudio que nos ocupa:

> *Artículo 303: "La Administración Tributaria podrá adoptar medidas cautelares, en los casos en que exista riesgo para la percepción de los créditos por tributos, accesorios y multas, aun cuando se encuentren en proceso de determinación, o no sean exigibles por causa de plazo pendiente.*
> *Las medidas cautelares podrán consistir, entre otras, en:*
> *1. Embargo preventivo de bienes muebles y derechos.*
> *2. Retención de bienes muebles.*
> *3. Prohibición de enajenar y gravar bienes inmuebles.*
> *4. Suspensión de las devoluciones tributarias o de pagos de otra naturaleza que deban realizar entes u órganos públicos a favor de los obligados tributarios.*
> *5. Suspensión del disfrute de incentivos fiscales otorgados".*

---

[418] Ergo, no es que no haya suspensión de efectos con la interposición de los recursos, puesto que el efecto en lo tributario es la recaudación, lo cual no ocurre condicionada su concreción a las resultas de las impugnaciones, sino que en ausencia de pronunciamiento sobre la "suspensión de efectos" solicitada, se puede emplear este procedimiento inconstitucional, por desjudicializante de la función jurisdiccional.

> *Artículo 304: "Las medidas adoptadas tendrán plena vigencia durante todo el tiempo que dure el riesgo en la percepción del crédito y sin perjuicio que la Administración Tributaria acuerde su sustitución o ampliación".*
> *Artículo 305: "Para acordar la medida la Administración Tributaria no prestará caución. No obstante, será responsable de sus resultados".*
> *Artículo 306: "Las medidas adoptadas podrán ser sustituidas, a solicitud del interesado, por garantías que a juicio de la Administración Tributaria sean suficientes".*
> *Artículo 307: "El sujeto pasivo, dentro de los tres (3) días hábiles siguientes a la ejecución de la medida, podrá, ante la misma autoridad que la acordó, oponerse a ella, exponiendo las razones o fundamentos que tuviere y promoviendo, en tal oportunidad, las pruebas que sean conducentes para demostrar sus afirmaciones.*
> *Efectuada la oposición, se entenderá abierta una articulación de ocho (8) días hábiles, a los fines de la evacuación de las pruebas promovidas".*
> *Artículo 308: "La Administración Tributaria dentro de los tres (3) días hábiles siguientes de haber expirado el término probatorio, decidirá la oposición.*
> *Contra la decisión podrá interponerse el Recurso Contencioso Tributario, el cual no suspenderá la ejecución de la medida".*

Se aprecia que el presunto acreedor será el único "juzgador" acerca de la existencia del riesgo que él mismo anuncia, pudiendo elegir "*ad infinitum*" cualquier medida que se le ocurra, que en su único criterio sea asegurativa del cobro que pretende, siendo también quien determina la duración de la vigencia de esas medidas, y su sustitución o ampliación, sin tener que caucionar su proceder.

Además, será el presunto acreedor quien decida la oposición que pueda hacer el afectado, sea el presunto deudor o un tercero (obligado tributario o no), sobre aspectos tales como: justificación del riesgo, proporcionalidad de la medida, suficiencia de la garantía ofrecida, valor asignado al bien embargado, carácter embargable o no del bien respectivo, conducencia del medio probatorio promovido...[419]. En fin, controversias jurídicas que son la razón de ser del Poder Judicial, en ejercicio de la Función Jurisdiccional, como tercero imparcial e independiente, en pro de la consecución de la paz social y del respeto preeminente de los derechos humanos, y garantía del derecho a la tutela judicial efectiva.

---

[419] En estos supuestos obviamente se podrían dar casos de violación de los derechos humanos a la inviolabilidad del hogar doméstico, a la protección de la familia, a la protección de niños, niñas y adolescentes, al mínimo vital de subsistencia, entre otros, como se denunció en el caso del cobro ejecutivo.

Por último, si jamás ha podido la Administración Tributaria cumplir con un plazo legal, como ocurre con la admisión de los recursos jerárquicos, que estando prevista para tres (3) días, se produce en promedio a los dos (2) años, en el caso del Servicio Nacional Integrado de Administración Aduanera y Tributaria (SENIAT), sería cuerdo suponer que aquí sí se pronunciarían sobre la oposición a la medida dentro de esos tres (3) días, o más bien se concretará la medida tomada por años, sin respuesta a la oposición formulada. Y luego, cuando al fin de pronuncien, si la decisión es denegatoria, allí sí prevén involucrar al Poder Judicial, a través del ejercicio del Recurso Contencioso Tributario, uno que irá por su propia vida, ajeno, por no acumulable con el que pueda existir antes o después en contra del acto administrativo contentivo del reclamo tributario, según sean las circunstancias. Ello, en virtud de que no haya identidad de partes, pues el opositor afectado por la medida puede ser un tercero no obligado tributario (el verdadero propietario del bien embargado, por ejemplo), no habiendo tampoco identidad de objeto, ya que se trataría de actos administrativos diversos, y estando el primer Recurso Contencioso Tributario en fase procesal posterior a la etapa probatoria.

Existe pues una clara inconstitucionalidad, al desposeer al Poder Judicial de componentes esenciales de la Función Jurisdiccional, como lo es el tema del aseguramiento de la ejecución de la sentencia, en caso de resultar gananciosa la Administración Tributaria, y lo concerniente al aseguramiento del cobro de las pretendidas deudas tributarias, en suplantación de lo que fue el proceso cautelar autónomo, ambas cosas por intermedio del Poder Cautelar General (Judicial), todo lo cual se desjudicializa absolutamente[420], no obstante que, tratándose de una controversia entre partes,

---

[420] ORTIZ-ORTIZ, Rafael, "El Poder Cautelar General y las Medidas Innominadas. En el Ordenamiento Jurídico Venezolano", Paredes Editores, Caracas 1997, p. 12: El autor alerta acerca de la confusión entre medidas cautelares y medidas administrativas. Hace referencia al Poder Genérico de Prevención que tiene el Estado, y lo diferencia del Poder Cautelar General: "*La confusión existente entre las medidas cautelares y las medidas administrativas, comúnmente llamadas ambas medidas precautelativas, y en lo cual se observa una seria confusión de las funciones administrativa y jurisdiccional... La falta de delimitación precisa de la institución –tanto de las medidas cautelares en general como el de las medidas innominadas en particular- ha ocasionado que medidas administrativas, esto es, verdaderos actos administrativos, sean consideradas bajo la misma noción, cuando en realidad no sólo responde a otra naturaleza, sino que sus efectos procesales son radicalmente distintos, aún cuando tengan la misma finalidad preventiva*". P. 105: "*Las medidas de prevención que pueden tomar los órganos administrativos tienen la naturaleza de verdaderos actos administrativos y, en modo alguno, medidas preventivas o cautelares que forman parte de la típica función jurisdiccional*". P. 207: El Poder Cautelar General es para la tutela de derechos, mientras que las medidas administrativas, dentro del Poder Genérico de Prevención, protegen por ejemplo el interés general.

dentro de un pleito naturalmente llamado juicio, en el espíritu del artículo 257 constitucional, el proceso ha de ser un instrumento para la consecución de la justicia.

III.- CONCLUSIÓN / RECOMENDACIÓN

En conclusión, la inconstitucionalidad aquí denunciada es obvia, literal y teleológica. El Poder Ejecutivo, como legislador de excepción, vulneró el Principio de Separación de los Poderes usurpando la autoridad del Poder Judicial (artículos 136 y 138), al confiscarle parte sustancial de la Función Jurisdiccional (artículo 253); desobedeció su obligación de respetar la Constitución (artículos 7 y 137); desacató su deber general de orientar su actuación conforme a los valores superiores de libertad, justicia y preeminencia de los derechos humanos (artículo 2); pretermitió el fin estatal de respetar la dignidad de la persona y garantizar el cumplimiento de los principios y derechos constitucionales (artículo 3); e, ignoró su deber específico de garantizar el goce y ejercicio de los derechos humanos (artículo 19), con violación particular de los derechos de acceso a la justicia, a la tutela judicial efectiva y al debido proceso (artículos 26 y 49).

Frente a semejante situación, sólo queda la justicia constitucional[421]. Bien podría ejercerse un recurso de inconstitucionalidad, para que la Sala Constitucional del Tribunal Supremo de Justicia, como jurisdicción constitucional, con carácter "*erga omnes*" anulase estos dispositivos del Código Orgánico Tributario de 2014, y restableciese la plenitud de la Función Jurisdicional en lo tributario al Poder Judicial; o bien, si se es víctima del procedimiento de cobro ejecutivo o del procedimiento cautelar, incoar una acción de amparo constitucional (en ausencia de vía judicial ordinaria), para lograr la desaplicación al caso concreto de esas normativas, mediando la ultraatividad (por imposible derogación por regulación inconstitucional) de las reglas pertinentes del Código Orgánico Tributario de 2001. También podría quizás pensarse plantear, en el propio libelo del Recurso Contencioso Tributario que, en caso de ser declarado sin lugar, el juez desaplique por control difuso las normas sobre ejecución de sentencia, y asuma directamente la ejecución forzosa, siguiendo para ello en esa fase, las normas pertinentes del Código de Procedimiento Civil.

Es el momento de la creatividad y de la ingeniería jurídica, en provecho de la vigencia efectiva de la Constitución de la República.

---

[421] Salvo que la representación popular, en el seno de la Asamblea Nacional, derogase este texto, o el Poder Ejecutivo recapacitase e hiciera lo propio, en ambos casos por iniciativa propia o por ser instados por el Poder Ciudadano, particularmente por el Defensor del Pueblo.

2

BLOQUE PROCESAL TRIBUTARIO

2.1
Los créditos fiscales y el nuevo Código de Procedimiento Civil

1.- ¿QUÉ DEBE ENTENDERSE POR CRÉDITO FISCAL?

Por Crédito Fiscal normalmente se entiende todo crédito o acreencia en favor del Fisco Nacional, es decir, de la República como persona jurídica pública independientemente de la razón o motivo que justifica el crédito, pudiendo ser o no por razones tributarias.

Existe otra noción, la del Crédito Tributario, por el cual comprendemos normalmente el crédito que tiene una persona jurídica pública que es sujeto activo de una Relación Jurídico-Tributaria, por la cual es acreedor de tributos. Por tanto se entiende por Crédito Tributario, aquél que está sometido a un régimen de Derecho Público, y en donde el acreedor pudiendo ser o no la República, es beneficiario de impuestos, tasas u otras contribuciones.

En la doctrina y legislación extranjera vemos con suma frecuencia claramente establecida la distinción de que venimos hablando entre Créditos Fiscales y Créditos Tributarios. Sin embargo, en Venezuela en líneas generales se entiende por Crédito Fiscal un sinónimo de Crédito Tributario, por lo cual no se da una interpretación del punto de vista subjetivo, aludiendo qué es lo que debe pagarse (tributos o no), confundiéndose estos términos en un único significado.

De acuerdo a lo previsto en el Artículo 1 de la Ley Orgánica de Hacienda Pública Nacional, "La Hacienda Pública Nacional comprende los bienes, rentas y deudas que formen el activo y el pasivo de la Nación. La Hacienda, considerada como persona jurídica, se denomina Fisco Nacional". De la lectura de esta disposición legal se deduce que para que un crédito sea considerado como fiscal, es decir aquel donde el sujeto activo o acreedor es el Fisco Nacional, debe formar parte de la Hacienda Pública Nacional, como activo. Desde este punto de vista, aparentemente el Legislador ha establecido el criterio subjetivo de la definición de Crédito Fiscal, al establecer que para que el mismo sea considerado como tal, debe formar parte de la Hacienda Pública Nacional, vale decir, el acreedor debe ser el Fisco Nacional, sin importar la relación jurídica que une al deudor con el acreedor.

Sin embargo, si observamos el caso de créditos que han sido inicialmente integrantes de la Hacienda Pública Nacional, por cuanto han sido otorgados por la República, pero que luego son transmitidos a Institutos Autónomos, como el Fondo de Crédito Industrial y el Fondo de Crédito Agropecuario, por medio de una novación subjetiva por cambio de acreedor, los mismos dejan de formar parte de la Hacienda Pública Nacional.

Así, de todo lo expuesto hasta ahora, podemos ver que los Fondos mencionados, como Institutos Autónomos que son de acuerdo a lo establecido en sus leyes de creación, cuentan con créditos que no pueden calificarse como fiscales, ni desde el punto de vista subjetivo por cuanto constituyen personas jurídicas distintas del Fisco Nacional, ni desde el punto de vista objetivo, por cuanto se trata de deudas que tienen por origen créditos nacidos en contratos de Derecho Privado, y no de tributos que se rigen por relaciones jurídicas de Derecho Público. Evidentemente debemos aceptar que los conceptos de Crédito Fiscal y Crédito Tributario no están del todo bien definidos, por lo que siendo consecuentes con una sana interpretación del concepto objetivo de Crédito Fiscal, también entrarían en juego no sólo los Créditos Tributarios sino también los que tengan origen en relaciones jurídicas de distinta naturaleza.

Por otro lado, también es bueno destacar que existen otros tipos de Fisco como son los Fiscos Estadales y los Fiscos Municipales, que también producen Créditos Fiscales tanto desde el punto de vista subjetivo, como desde el ángulo objetivo, pero que no serán considerados en esta oportunidad por razones de espacio.

2.- EL JUICIO EJECUTIVO PREVISTO EN EL CÓDIGO TRIBUTARIO

En el Artículo 190 del Código Orgánico Tributario, se establece que: "Cuando los créditos a favor del Fisco Nacional por concepto de tributos, sanciones, intereses o recargos, no hayan sido pagados al ser determinados y exigibles, se demandarán judicialmente siguiéndose el procedimiento previsto...".

El procedimiento en cuestión se inicia mediante un escrito en el cual se expresa la identificación del representante del Fisco, la identificación del demandado, el carácter con que se le demanda (Contribuyente, Agente de Retención, etc.), el objeto de la demanda y las razones en que se fundamenta, debiendo acompañarse al libelo de la demanda el correspondiente título ejecutivo.

En la misma demanda podrá el representante del Fisco solicitar, y el Tribunal así lo acordará, el embargo de bienes pertenecientes al deudor en cantidad que no exceda del doble del monto de la ejecución más una cantidad suficiente estimada prudencialmente por el Tribunal para responder del pago de intereses y costos. Cuando el representante del Fisco así lo solicite, el Juez designará como depositario de los bienes al Fisco Nacional.

En los casos en que un tercero pretenda ser preferido al demandante, o que son suyos los bienes embargados, propondrá demanda ante el Juez de la causa en primera instancia, la cual se tramitará de acuerdo a la materia de Tercería, de conformidad con el Código de Procedimiento Civil.

En la misma audiencia de admisión de la demanda, se acordará la intimación del deudor para que pague o compruebe haber pagado, apercibido de ejecución en el lapso de 5 audiencias contadas a partir de la intimación.

El deudor puede proponer sus excepciones y el juicio sobre las mismas se seguirá por los trámites del ordinario previsto en el Código de Procedimiento Civil, sin suspender el remate de los bienes embargados. Si en la sexta audiencia después de la intimación el deudor no hubiera acreditado el pago, se ordenará el remate de los bienes embargados el cual se seguirá por los trámites señalados en el Código de Procedimiento Civil, salvo las especialidades previstas, tales como el nombramiento de un solo perito avaluador por parte del Tribunal, quien habrá de presentar sus conclusiones, y pudiendo ser impugnado el avalúo por las partes, en cuyo caso se hará la designación de peritos conforme a las reglas del Código de Procedimiento Civil; una vez consignado el avalúo, se llevará a cabo la publicación de un solo cartel de remate, y se procederá en el día, lugar y hora señalados, a la venta de los bienes en pública subasta.

En caso de que no quede cubierto el Crédito Fiscal y sus accesorios, el representante del Fisco podrá pedir al Tribunal que decrete los embargos complementarios hasta cubrir la totalidad de los mismos.

Por lo que respecta a la competencia para conocer de este procedimiento, el Ejecutivo Nacional, de acuerdo a lo previsto en el Párrafo segundo del Artículo 213 del Código Orgánico Tributario, dictó el Decreto No. 2.242 del 25 de septiembre de 1983, por el cual se atribuyó el conocimiento del juicio ejecutivo en comento, a la Jurisdicción Civil Ordinaria.

Por último, de acuerdo al Artículo 216 ejusdem, en todo lo no previsto en forma específica, y en cuanto sea aplicable, regirán supletoriamente las disposiciones del Código de Procedimiento Civil. Evidentemente, que antes de ir al Juicio Ordinario para buscar la aplicación de las normas supletorias, debe irse en primer término, en razón de la especialidad, a las disposiciones previstas en el Capítulo III, Título II del Libro Cuarto: De los Procedimientos Especiales, el cual se refiere a la Ejecución de los Créditos Fiscales.

3.- LA EJECUCIÓN DE CRÉDITOS FISCALES EN EL CÓDIGO DE PROCEDIMIENTO CIVIL

En los Artículos 653 y siguientes del Código de Procedimiento Civil, se establece el procedimiento para la ejecución de los Créditos Fiscales. Así, se deja salvedad de que fuera de lo dispuesto en el Código Orgánico Tributario, la ejecución de los Créditos Fiscales, se solicitará ante los Tribunales Civiles competentes según la cuantía, de conformidad con las disposiciones que se establecen a continuación:

El procedimiento se iniciará mediante una demanda que irá acompañada de la liquidación del crédito o del instrumento que lo justifique, y si el mismo revierte fuerza ejecutiva, se acordará en el mismo día la intimación del deudor para que pague dentro de los tres días apercibido de ejecución.

A los fines de que el Tribunal acuerde la intimación del demandado, deberá verificar la legalidad del instrumento que justifica la demanda, y si el crédito es líquido y exigible.

Si dentro del cuarto día no se acredita el pago, se procederá como en el caso de ejecución de sentencia.

Dentro de los ocho días siguientes a la intimación, más el término de la distancia, el demandado podrá hacer oposición al procedimiento, por haber efectuado el pago del Crédito Fiscal intimado; por la pendencia de un Recurso Administrativo o Contencioso-Administrativo, en el cual se haya decretado la suspensión de los efectos del acto recurrido; y por la prescripción del Crédito Fiscal demandado.

Hecha la oposición se abrirá la causa a pruebas y el procedimiento continuará por los trámites del juicio ordinario. Y, la oposición suspenderá la ejecución, si el demandado constituye caución o garantías suficientes para responder de las resultas del juicio por la cantidad que fije el Tribunal. Si junto a la oposición del demandado, el mismo alega cuestiones previas tales como la falta de jurisdicción del Juez, la incompetencia, la litispendencia, la ilegitimidad de la persona del actor por carecer de la capacidad necesaria para comparecer en juicio; la ilegitimidad de la persona que se presente como apoderado o representante del actor; la ilegitimidad de la persona como apoderado o representante del actor; la ilegitimidad de la persona citada como representante del demandado; el defecto de forma del libelo, la existencia de una condición o plazo pendiente; etc., se entenderá de pleno derecho abierta también una articulación probatoria de ocho días para promover y evacuar pruebas, y el Tribunal decidirá dentro de los diez días siguientes al vencimiento de la articulación, sin perjuicio de que antes del fallo, la parte pueda subsanar los defectos u omisiones invocadas. La sentencia que se dicta en la articulación no tendrá apelación salvo en el caso de incompetencia declarada con lugar, caso en el cual podrá promoverse la regulación de la competencia.

Cuando haya oposición, la sentencia definitiva que la resuelva será apelable por ante el Superior correspondiente.

En los casos en que la oposición resultare improcedente por demostrarse la pendencia de un Recurso Administrativo o Contencioso-Administrativo, se paralizará el juicio hasta que se dicte la sentencia en el Recurso Contencioso-Administrativo, en el cual se han suspendido los efectos del acto recurrido. En los demás casos en que la oposición resulte procedente, se dará por terminado el procedimiento y se levantará la caución o garantía que se hubiere constituido, y el Tribunal impondrá las costas del procedimiento, conjunta y solidariamente a la entidad demandante y a los funcionarios fiscales que hubieren ordenado la ejecución del crédito desestimado en la sentencia. Las costas por concepto de honorarios profesionales no excederán en ningún caso del 10% del monto de la demanda.

4.- ¿CUÁLES TIPOS DE CRÉDITOS FISCALES SE ENCUENTRAN REGULADOS EN CUANTO A SU EJECUCIÓN EN EL CÓDIGO DE PROCEDIMIENTO CIVIL?

El Artículo 1 del Código Orgánico Tributario, dispone que el mismo es aplicable a los tributos nacionales y las relaciones jurídicas derivadas de ellos, con excepción de los tributos aduaneros, a los cuales sólo se aplicará con carácter supletorio, y también será aplicable a las obligaciones legales de índole pecuniaria establecidas a favor de personas de Derecho Público no estatales, salvo disposiciones especiales en contrario, y por último supletoriamente en cuanto sea aplicable, a los tributos estadales y municipales.

Por tanto, considero que no requiere mayor explicación, el hecho de que el juicio ejecutivo previsto en el Código Orgánico Tributario, es aplicable sólo a los Créditos Fiscales que tengan por origen relaciones Jurídico-Tributarias, entre el sujeto activo-persona de derecho público, acreedor del impuesto, tasa o contribución, y el sujeto pasivo, sea contribuyente o responsable.

Por otro lado, y como ya quedó establecido en el Punto 1 del presente trabajo, en la doctrina encontramos que la noción de Crédito Fiscal, es más amplia que la de Crédito Tributario, por cuanto éstos no son más que un tipo de aquellos, Así, existen créditos provenientes de préstamos otorgados por personas de Derecho Público, incluso por el Fisco Nacional, a los particulares, los cuales son Créditos Fiscales desde el punto de vista subjetivo, más no lo son desde el punto de vista objetivo, por cuanto no provienen de relaciones Jurídico-Tributarias. También, los daños que le hayan sido ocasionados al Fisco Nacional, constituyen un crédito integrante del activo de la Hacienda Pública Nacional, el cual es un Crédito Fiscal, más no lo es Tributario.

Por tanto, no puede establecerse que el Código Orgánico Tributario haya derogado las disposiciones previstas en cuanto a la ejecución de Créditos Fiscales, en el Código de Procedimiento Civil de 1916, así como tampoco puede concluirse, que el Código de Procedimiento Civil de 1986, haya derogado al juicio ejecutivo previsto en el Código Orgánico Tributario de 1982.

Para que exista una derogatoria expresa o tácita de un texto legal por otro posterior en fecha, deben ambos regular el mismo Supuesto de hecho, pero con consecuencias jurídicas distintas. Así, encontramos que mientras el Código Orgánico Tributario se refiere a un tipo especial de Crédito Fiscal, el cual es el Crédito Tributario, el Código de Procedimiento Civil regula la ejecución de los Créditos Fiscales provenientes de cualquier otra fuente con excepción de la materia tributaria.

Por tanto, ambos procedimientos pueden perfectamente coexistir dentro de nuestro Ordenamiento Jurídico Positivo, en razón de que los mismos se aplican a supuestos de Créditos Fiscales diversos, y más que contradecirse, se complementan, contando además para su mayor perfección, con los principios y fases que orientan el procedimiento ordinario del Código de Procedimiento Civil.

Por último, y a manera de inquietud, deseo establecer el siguiente problema: Los Créditos Fiscales que tengan por origen relaciones Jurídico-Tributarias, y cuyos sujetos activos sean los Fiscos Estadales o Municipales. ¿Se regulan en cuanto a su ejecución por el Código Orgánico Tributario o por el Código de Procedimiento Civil?

2.2
El Recurso Contencioso Tributario en el Derecho Procesal. Actualizado al COT 2001

I. INTRODUCCIÓN

Las líneas que siguen tienen por objeto presentar un estudio analítico, descriptivo y comparativo-evolutivo de la vía de impugnación judicial o acción en justicia denominada "Recurso Contencioso Tributario", prevista y regulada según el Código Orgánico Tributario, en cuanto a sus requisitos, características, fines y fases o etapas procesales. Estas líneas enfocan el Recurso Contencioso Tributario como herramienta jurídica fundamental del Derecho Procesal Tributario, definido por el maestro Héctor Villegas ("Curso de Finanzas, Derecho Financiero y Tributario", quinta edición, Ediciones Depalma, Buenos Aires, 1992, página 427), como aquel que: "está constituido por el conjunto de normas que regulan las múltiples controversias que surgen entre el Fisco y los particulares, ya sea en relación a la existencia misma de la obligación, a los pasos que debe seguir el Fisco para ejecutar forzadamente su crédito, a las infracciones que atribuye y a las sanciones que en su consecuencia aplica; e incluso a la relación de los procedimientos (administrativos y jurisdiccionales) que el sujeto pasivo debe emplear para reclamar la restitución de las cantidades indebidamente pagadas al Fisco".

Desde esta perspectiva, el trabajo se ha dividido en la investigación de las instituciones jurídicas de la interposición del Recurso Contencioso Tributario (I), su admisión (II), las medidas cautelares (III), la fase probatoria (IV), la vista y sentencia (V) y la segunda instancia (VI), asumiendo, por un lado, la exégesis legal, comparando los cambios evolutivos en los Códigos Orgánicos Tributarios de 1983, 1992 y 1994, y, por el otro lado, la experiencia adquirida como litigante en la materia (precisamente desde aquel 1983) y, por supuesto, las enseñanzas de la doctrina especializada y de la jurisprudencia. En esa forma se publicó originalmente esta investigación, en la Revista de Derecho Tributario N° 70, correspondiente a los meses de enero, febrero y marzo de 1996, páginas 89 a 127, la cual, en esta oportunidad, se reproduce salvando sus aportes y conclusiones, pero enriqueciéndola con la crítica correspondiente, derivada de la promulgación del Código Orgánico Tributario de 2001.

Es de destacar que, como objetivo fundamental, estas líneas persiguen demostrar, basándose en la vigencia de los Principios Generales del Derecho y especialmente en la aplicación supletoria pero cierta, efectiva y remarcable del Código de Procedimiento Civil, en virtud de la remisión a que se contrae el artículo 332 del Código Orgánico Tributario de 2001 (artículos 223 de los Códigos de 1994 y 1992 y 216 del de 1983), y, en cierta medida teórico-conceptual, de la Ley Orgánica de la Corte Suprema de Justicia, que el Recurso Contencioso Tributario es una especie del Recurso Contencioso Administrativo, cuyo conocimiento ha sido confiado a la llamada Jurisdicción Contencioso Administrativa consagrada en el artículo 259 de la Constitución de la República (antes 206), con todas las consecuencias que de ello se derivan, y que sus principios y orientaciones están circunscritos dentro de la Teoría General del Proceso, integrados al denominado genéricamente Derecho Procesal Tributario, en provecho del ejercicio real del derecho esencial a la tutela judicial efectiva[422].

1. La Interposición del Recurso Contencioso Tributario

1.A) El Objeto del Recurso Contencioso Tributario y Principales Aspectos Conexos

A. El objeto propiamente dicho

Desde un plano filosófico jurídico, "la especificidad del Contencioso-Tributario deriva de su rol esencial en el mantenimiento del equilibrio frágil entre la aceptación y la contestación del impuesto, por la sociedad

[422] Artículo 26 de la Constitución: "Toda persona tiene derecho de acceso a los órganos de administración de justicia para hacer valer sus derechos e intereses, incluso los colectivos o difusos, a la tutela efectiva de los mismos y a obtener con prontitud la decisión correspondiente. El Estado garantizará una justicia gratuita, accesible, imparcial, idónea, transparente, autónoma, independiente, responsable, equitativa y expedita, sin dilaciones indebidas, sin formalismos o reposiciones inútiles".

civil", siendo también una garantía esencial para el contribuyente, pues el control de calidad ejercido por la función contenciosa puede generar un efecto educativo que conduzca a la Administración a corregir y mejorar la excelencia de su funcionamiento" (André Barilari, "Le Contentieux Fiscal", Revue Francaise de Finances Publiques, Nº 17, 1987, pág. 5 y 16).

Ahora bien, en la perspectiva exegética, de conformidad con lo previsto en el artículo 259 del Código Orgánico Tributario de 2001, en lo cual no hubo cambios en relación a los Códigos de 1994 y 1992 (artículos 185 y 174, respectivamente), el Recurso Contencioso Tributario procede contra los mismos actos de efectos particulares que pueden ser objeto de impugnación mediante el Recurso Jerárquico, sin necesidad del previo ejercicio de dicho Recurso administrativo (y, habiéndolo hecho, obviamente en caso de denegatoria tácita); y, contra las resoluciones que denieguen expresamente, total o parcialmente, el intentado Recurso Jerárquico.

Como puede observarse, hay una clara remisión al artículo 242 del Código Orgánico Tributario de 2001 (artículo 164 del Código de 1994). Así, se trata de los actos dictados por la Administración Tributaria (Nacional, Estadal o Municipal), de efectos particulares, que a) determinen tributos, b) apliquen sanciones, o c) afecten en cualquier forma los derechos de los administrados, contribuyentes o no, pero cuyas esferas jurídicas subjetivas hayan sido lesionadas.

Por tanto, el objeto del Recurso Contencioso Tributario es, necesariamente, un acto administrativo de efectos particulares (en esto se diferencia del Código Orgánico Tributario de 1983, en cuyo artículo 153 se permitía el ejercicio del Recurso Jerárquico en contra de actos administrativos de efectos generales, aunque no así el Recurso en sede jurisdiccional), de contenido tributario, que bien puede ser la Resolución Culminatoria del Sumario Administrativo a que se contrae el artículo 191 del Código Orgánico Tributario de 2001, en cuanto a la determinación de tributos o a la imposición de sanciones, pero no exclusivamente, pues, también puede ser objeto de este Recurso cualquier decisión administrativa que afecte la esfera jurídico subjetiva del administrado, contribuyente o no, siempre que sea de efectos particulares y emane de la Administración Tributaria Nacional (general como el Servicio Nacional Integrado de Administración Tributaria y Aduanera-SENIAT, o especial como la Dirección de Registro y Notarías del Ministerio del Interior y Justicia, la Gerencia General de Finanzas del Instituto Nacional de Cooperación Educativa (I.N.C.E.), etc.), Estadal o Municipal, como por ejemplo la decisión que niega a una fundación benéfica el registro como ente exento del Impuesto sobre la Renta o la que rechaza declarar la solvencia en cuanto al impuesto municipal de patente de industria y comercio, actos contra los cuales ya se ha recurrido en sedes administrativa y judicial, conforme a las previsiones del Código Orgánico Tributario.

En este sentido, conviene destacar que el legislador, una vez más, como lo hizo en el artículo 7 de la Ley Orgánica de Procedimientos Administrativos, acogió la definición formal y orgánica del acto administrativo, en este caso, como decisión dictada por la Administración Tributaria o por la Administración Contralora, con carácter de acto administrativo definitivo, es decir que cause estado, al poner fin a un procedimiento formativo de la voluntad administrativa, susceptible de alterar una o varias esferas jurídicas subjetivas.

De esta forma, superando la decimonónica doctrina del acto excluido del control judicial, tradicionalmente ha sido la normativa adjetiva en la materia la recurribilidad de todo acto administrativo, así definido, que pueda afectar los derechos e intereses de un administrado, pues no existe en democracia acto jurídico emanado de los órganos del poder público, que no esté sujeto al control judicial.

De allí que la jurisprudencia, ya clásica en este campo, haya establecido que cuando la ley exprese que contra algún acto de la Administración Pública no habrá Recurso alguno, será menester entender que se excluye al Recurso en sede administrativa, y nunca al Recurso en la sede judicial, que es garantía de los derechos fundamentales de acceso a la justicia, debido proceso y tutela judicial efectiva, de raigambre constitucional.

No obstante, con el ánimo ética y jurídicamente cuestionable de restringir el acceso a la justicia, el Código Orgánico Tributario de 2001 trata de reeditar la doctrina del acto excluido del control judicial, tal como se puede apreciar de las siguientes previsiones:

1) El artículo 214 consagra la inimpugnabilidad por los medios contenidos en el Código, de la intimación de pago de derechos pendientes, notificado el acto administrativo o recibida la autoliquidación con pago incompleto.

   Se entiende que la resolución determinativa sería el acto recurrible, siendo la intimación un acto de mera ejecución. Igualmente, en caso de autoliquidación es lo propio que el contribuyente pague lo que corresponde.

   Pero, si por ejemplo la intimación emana de autoridad incompetente o, peor aún, fue dictada violando un convenio de pago u obviando la extinción de la obligación, ¿acaso el contribuyente debe asistir impávido a su embargo ejecutivo? Claro que hay oportunidad de oponerse, pero no por la excepción de ilegalidad.

2) El artículo 227 va más allá, cuando ordena la inimpugnabilidad por los medios contenidos en el Código *u otras disposiciones legales*, de los acuerdos anticipados sobre precios de transferencia.

Estos acuerdos, "grosso modo", no son más que contratos sujetos a la pureza del consentimiento y a la legalidad del objeto y la causa, cuyo control es la función, en caso de controversia, del contencioso de la responsabilidad, incluso también por vía de tercería.

En todo caso, es menester acotar que la doctrina del acto separable, a los efectos del régimen autónomo de impugnabilidad judicial del mismo, es perfectamente aplicable a las rescisiones unilaterales referidas en el artículo 227.

3) El artículo 235 explícitamente ordena que no procederá Recurso alguno contra las opiniones emitidas por la Administración Tributaria, en la interpretación de normas tributarias.

La "irrecurribilidad de las consultas" es una vieja aspiración de la Administración Tributaria que ahora, como proyectista gozando de mayoría parlamentaria, ha logrado incorporar al texto legal, para burlar la jurisprudencia en la materia y no obstante la conteste doctrina en contrario, queriendo esconder el verdadero carácter de manifestaciones de voluntad administrativa capaces de afectar los intereses personales, legítimos y directos de sus destinatarios.

Ahora bien, desde la perspectiva del estado de derecho, y sobre todo de justicia, indefectiblemente debemos concluir que la imposibilidad constitucional de excluir el control judicial sobre la actividad administrativa, se traduce en que las inimpugnabilidades comentadas, de entenderse procedentes, lo serían sólo relativamente, pues no podrían aludir más que a las vías ordinarias, permaneciendo incólume la acción de amparo autónomo contra acto administrativo, siempre ejercitable en ausencia de aquellas.

B. La legitimación procesal activa

En cuanto a la legitimación procesal activa, sin perder de vista la exigencia de la "legitimatio ad procesum" o capacidad de obrar, específicamente de estar en juicio, consagrada en el artículo 136 del Código de Procedimiento Civil, puede afirmarse que, en lo que respecta a la "legitimatio ad causam", no existe acción popular en el Derecho Procesal Tributario venezolano, como no la hay en el Contencioso Administrativo General. En efecto, conforme al adagio "en ausencia de interés no hay acción", el Código Orgánico Tributario exige que el recurrente tenga interés legítimo en la anulación del acto impugnado, que no es otro que el interés personal, legítimo y directo previsto en los artículos 22 de la ley Orgánica de Procedimientos Administrativos y 121 de la Ley Orgánica de la Corte Suprema de Justicia, para la impugnación de los actos administrativos de efectos particulares, y el interés jurídico actual consagrado en el artículo 16 del Código de Procedimiento Civil.

Recuérdese que esta exigencia del interés legítimo ha sido conceptualizada en nuestra doctrina, primordialmente por el Profesor Allan Randolph Brewer Carías, así como en la jurisprudencia, como una especial situación de hecho o fáctica, en la cual se encuentra un administrado frente a la actividad administrativa, el cual se ve afectado en su esfera jurídica (sentencia de la Sala Político Administrativa de la entonces Corte Suprema de Justicia del 15 de noviembre de 1990, Revista de Derecho Público, N° 44, Editorial Jurídica Venezolana, 1990, páginas 158 a 160). Así, el acto administrativo de efectos particulares y contenido tributario podría ser impugnado, además de por su destinatario (contribuyente o responsable), igualmente, por ejemplo, por el accionista único de la compañía contribuyente objeto de reparo o sanción; por el denunciante de acciones defraudatorias de los derechos del fisco; por el sindicato de trabajadores; por quien se encuentre en idéntica situación y la ilegalidad de la doctrina administrativa sea capaz de afectarle; etc. Es decir, el acto en cuestión puede ser impugnado por "aquél a quien pueda causarse una lesión patrimonial" (Marco Ramírez Murzi, "Esquema del Recurso Contencioso-Tributario, Relacionado con el Código Orgánico Tributario", Revista de Derecho Tributario, N° 44, Asociación Venezolana de Derecho Tributario, 1985, página 4).

Idénticamente, en el Derecho Procesal Tributario comparado, concretamente en el Derecho Español (José Luis Pérez de Ayala y Eusebio González, "Curso de Derecho Tributario", Tomo II, Sexta Edición, Editorial de Derecho Financiero, Editoriales de Derecho Reunidas, Madrid, 1991), se puede observar lo siguiente:

> *"La condición para ser parte se establece por el legislador en atención a que concurren en el sujeto que la ostenta, o legitimado, un interés legítimo, personal y directo, que es afectado por un acto administrativo; y para cuya protección y defensa es obligado conceder al sujeto interesado la legitimación para impugnarlo...".*

La Sentencia del Tribunal Supremo del 5 de julio de 1972 contiene sobre este particular interesantes declaraciones. Tales son: "que las meras expectativas no bastan, ni legitiman para plantear un Recurso" (sentencia del 13 de marzo de 1958); "que interés directo es el derivado de una relación del mismo con el acto o disposición recurridos, que no sea lejana, derivada, ni indirecta (22 de octubre de 1996); con lo que no basta esgrimir un deseo o una aspiración a una actuación administrativa exenta de máculas"; "es directo el interés legitimador si la declaración jurídica pretendida coloca al accionante en condiciones naturales y legales de consecución de un determinado beneficio, sin que simultáneamente quede asegurado que forzosamente lo ha de obtener (22 de noviembre de 1965), pues, este concepto del interés directo (12 de noviembre de 1965) ha de aplicarse un criterio laxo, con el fin de que en situaciones dudosas se evite el cerrar el acceso del administrado a la revisión del acto, hasta el punto de haber estimado como interés legítimo el llamado interés "competitivo", el profesional o de "carrera", y tantos otros, que permiten llegar a la conclusión de que cuando se trata de interés económico no debe negarse a los recurrentes legitimación activa (23 de febrero de 1965)" (página 196).

C. La no necesidad de agotar la vía administrativa

En otro orden de ideas, conviene señalar que el acto impugnado puede ser aquel contra el cual cabe recurrir jerárquicamente, pero sin necesidad del agotamiento previo de la vía administrativa, o también, tanto la denegatoria tácita (por silencio administrativo negativo), como el acto denegatorio expreso, del Recurso Jerárquico intentado.

Hay, pues, para el recurrente, la opción de agotar o no la vía administrativa, a su conveniencia dentro de su estrategia procesal de impugnación, a través del ejercicio del Recurso Jerárquico (otra diferencia con el Derecho Administrativo General es la no necesidad o, mejor aún, la improcedencia de intentar el Recurso de Reconsideración). Y, en caso de utilización de la sede administrativa, se puede recurrir de la denegatoria tácita, en virtud del beneficio procesal, garantía del derecho esencial a peticionar, consagrado en el artículo 51 (antes 67) del Texto Fundamental, denominado "silencio administrativo negativo", previsto en el artículo 4 de la Ley Orgánica de Procedimientos Administrativos, en concordancia con el artículo 153 del Código Orgánico Tributario de 2001 (artículos 171 de los Códigos de 1994 y 1992 y 160 del de 1983), al cabo del plazo (ahora indeterminado y otrora de cuatro -4– meses) que tiene la Administración Tributaria para decidir, así como, obviamente, de la denegatoria expresa, total o parcial. Existe, pues, una opción a considerar por el recurrente en su estrategia de impugnación, donde generalmente la sede administrativa tiende a ser una suerte de instancia de "conciliación" o arreglo extrajudicial, en muchos casos verdadero medio alternativo de solución de conflictos, gracias a la inaplicabilidad a esta materia tributaria, de la prohibición de transigir o convenir consagrada en el artículo 7 de la Ley Orgánica de Hacienda Pública Nacional.

Acoge así, nuestro legislador, la tendencia a eliminar, incluso del Derecho Administrativo General, como ocurre en el Derecho Administrativo

Comparado, en forma absoluta, la necesidad de agotar la vía administrativa (Eduardo García de Enterría, "Hacia una Reconstrucción de la Justicia Administrativa. El problema de los Derechos Reaccionales y la Subjetivización de los Recursos llamados Objetivos", Revista de Derecho Público, Nº 27, Editorial Jurídica Venezolana, 1986, página 24). Esto, dado que casi siempre el empleo de la vía administrativa se traduce, como consecuencia de la arbitraria y errónea interpretación que la Administración Pública ha hecho del Principio de Auto-Tutela Administrativa, en la postergación inútil de la solución del conflicto jurídico, para finalizar obteniendo una confirmación tácita o expresa, tanto así que, como algunos recordarán, el antiguo Recurso de Reconsideración Administrativa, en el campo del Impuesto sobre la Renta, era general y jocosamente llamado "Recurso de Reconfirmación Administrativa".

D El carácter subjetivo del Recurso

En otro orden de ideas, en cuanto se refiere al objeto del Recurso Contencioso Tributario que, como vimos, se trata de una vía de impugnación que pretende presentarse como un "juicio al acto", es decir, como un Recurso "objetivo", en la más tradicional y ortodoxa teoría del supuesto fin de todo Recurso Contencioso-Administrativo de Anulación o Recurso de Nulidad (véase, Marco Ramírez Murzi, obra citada, página 3), conviene tener presente que, sin necesidad de desentrañar la larga y decidida evolución del Contencioso Administrativo General hacia el reconocimiento indudable de su carácter subjetivo (o subjetivable, si se prefiere), derivado de la consagración constitucional (artículo 259 y antes 206 del Texto Fundamental) de los poderes del Juez para la restitución de las situaciones jurídicas subjetivas lesionadas por la actividad o inacción de la Administración Pública y de la diáfana jurisprudencia en ese sentido, el Recurso Contencioso Tributario, como Recurso Contencioso Administrativo Especial, si bien gira en torno a un juicio sobre la legalidad o no de un acto administrativo, es también un fuero apto para lograr la reparación y/o restitución de las esferas subjetivas afectadas.

En esta importantísima perspectiva, partiendo de la idea de que el 259 antes rtículo 206 de la Constitución de la República contiene el derecho esencial a la tutela judicial efectiva, especialmente frente a la Administración Pública, tenemos que la Jurisdicción Contencioso Administrativa, dentro de ella la Jurisdicción Contencioso-Tributaria, "debe verse básicamente como un instrumento judicial destinado a asegurar la protección del administrado frente a la Administración y contra las arbitrariedades de los funcionarios, y no como un instrumento judicial para proteger a la Administración frente a los ciudadanos" (Allan Brewer Carías, "Consideraciones sobre el Contencioso Administrativo como un Derecho Constitucional a la Tutela Judicial frente a la Administración", Revista de Derecho Público, Nº 49, Editorial Jurídica Venezolana, 1992, página 5).

En consecuencia, la necesaria subjetivización del Recurso Contencioso Tributario, como parte del Contencioso-Administrativo, deviene del hecho cierto e incontestable de que en él se ventila, en realidad, más un problema de lesión de derechos subjetivos que un mero control de legalidad. Observemos al respecto las siguientes citas del ilustre Profesor Eduardo García de Enterría (obra citada): "...basta tener alguna experiencia judicial para comprender sin vacilaciones que los recurrentes defienden lo que vívidamente entienden ser sus derechos o, al menos, sus intereses (...) y no la legalidad abstracta" (página 28); "...lo que mueve al recurrente no es un abstracto interés por la legalidad, sino el concretísimo de estimar que la Administración le está perjudicando al obrar fuera de la legalidad y que, por tanto, ese perjuicio debe ser eliminado mediante la eliminación del acto ilegal que le causa. Así se conectan, pues, interés subjetivo y legalidad objetiva" (página 29); "Cuando un ciudadano se ve perjudicado en su ámbito material o moral de intereses por actuaciones administrativas ilegales adquiere, por la conjunción de los dos elementos de perjuicio y de ilegalidad, un derecho subjetivo a la eliminación de esa actuación ilegal, de modo que se defienda y restablezca la integridad de sus intereses" (páginas 31 y 32); y, "El recurrente es, pues, parte en el proceso y no un representante de la Ley; la Administración también es parte procesal genuina en cuanto que destinataria de una pretensión procesal que la afecta y a la que se opone activamente; el Recurso es, pues, subjetivo y no objetivo; lo que se hace valer en el proceso es, pues, un verdadero derecho subjetivo y no un simple interés, más o menos cualificado" (página 32).

Es, pues, el Contencioso Tributario, como especialidad del Contencioso-Administrativo, un juicio de partes, como lo afirman los maestros Héctor Villegas: "...se trata sobre todo de un proceso de partes, y no de un proceso absolutamente oficioso" (obra citada, página 430), y Giuliani Fonrouge: "El contencioso es, fundamentalmente, un proceso de partes y no un proceso absolutamente oficioso, en el sentido de que formaliza una relación procesal que se caracteriza por la igualdad de aquéllas y su subordinación a la autoridad jurisdiccional..." ("Derecho Financiero", Volumen II, Segunda Edición, Ediciones Depalma, Buenos Aires, 1970, página 757) y lo admite también el Profesor Allan Brewer Carías (obra citada, páginas 22 y siguientes). En sentido contrario, Marco Ramírez Murzi (obra citada, página 4).

Por tanto a pesar de que el juego concordado del Código Orgánico Tributario, de la Ley Orgánica de la Procuraduría General de la República y de la Ley Orgánica de la Contraloría General de la República, sólo ordenan al Tribunal notificar del Recurso a la Administración Tributaria, al Procurador General de la República y al Contralor General de la República, respectivamente, y no así proceder al emplazamiento de todo interesado, como lo perpetúa, sin aplicación en esta materia tributaria, el artículo 125 de la Ley Orgánica de la Corte Suprema de Justicia, mediante cartel, es evidente que, siendo la condición de interesado una mera condición fáctica, y ventilándose la tutela de derechos subjetivos, procede en estos juicios, al no prohibirlo explícita ni implícitamente ningún dispositivo especial, la institución procesal de la intervención adhesiva.

E. La intervención adhesiva

En efecto, conforme a lo estatuido en el artículo 370, ordinal 3° del Código de Procedimiento Civil, los terceros podrán intervenir, en forma voluntaria, "cuando el tercero tenga un interés jurídico actual en sostener las razones de alguna de las partes y pretenda ayudarla a vencer en el proceso", es decir, en estos casos, asumiendo la condición de coadyuvantes u opositores al Recurso Contencioso Tributario, empleando el vocabulario significativo del artículo 126 de la Ley Orgánica de la Corte Suprema de Justicia.

Esta intervención adhesiva voluntaria debe realizarse mediante diligencia o escrito, acompañando prueba fehaciente del interés legítimo alegado, en cualquier estado y grado del proceso, aún con ocasión de la interposición de algún Recurso; además, el tercero debe aceptar la causa en el estado en que se encuentre, pero puede ampliar y mejorar la defensa de la parte principal ayudada (el recurrente o la Administración Tributaria), siempre que sus alegatos no se opongan a los de ésta (artículos 379 y 380 del Código de Procedimiento Civil).

En idéntico sentido, es obvio que también podría intervenir, aun sin ser notificado, el Fiscal General de la República y hasta el Defensor del Pueblo, si el orden público se halla en peligro o existe afectación de derechos humanos fundamentales.

1.B) Las Vías de Interposición del Recurso Contencioso Tributario

Tal como puede deducirse del apartado anterior, el Recurso Contencioso Tributario puede ejercerse en vía directa, inmediatamente ante el Juez Superior de lo Contencioso Tributario o ante alguna otra de las oficinas administrativas o judiciales legalmente autorizadas para recibirlo, contra alguno de los actos administrativos de efectos particulares, expreso o tácitos, indicados.

No obstante, acorde con lo dispuesto en el Parágrafo Único del artículo 259 del Código Orgánico Tributario de 2001 (de igual previsión en los Parágrafos Únicos de los artículos 185 de los Códigos de 1994 y 1992 y 174 del de 1983), el Recurso Contencioso Tributario, cuando el recurrente haya optado por interponer el Recurso Jerárquico, también podrá ejercerse en vía subsidiaria, en el mismo escrito del Recurso administrativo, para el caso de que hubiese denegación expresa o tácita del mismo.

En cuanto a las diferencias procedimentales de una u otra vía, remito al lector al apartado I.E.

1.C) Las Formalidades de Interposición del Recurso Contencios Tributario

Según lo pautado por el artículo 260 del Código Orgánico Tributario de 2001 (en este sentido de idéntico texto en los artículos 186 de los Códigos de 1994 y 1992 y 175 del de 1983), el Recurso Contencioso Tributario debe interponerse indefectiblemente e inexcusablemente mediante escrito, en el cual se expresarán las razones de hecho y/o de derecho en que se funda (Sentencia Nº 7 del Juzgado Superior Sexto de lo Contencioso Tributario del 14 de noviembre de 1983, Revista de Derecho Tributario, Nº 46, Asociación Venezolana de Derecho Tributario, 1985, página 25). Esto es una consecuencia evidente del carácter escrito que los artículos 25 ("Los actos del Tribunal y de las partes, se realizarán por escrito"), 187 ("Las partes harán sus solicitudes mediante diligencia escrita... o bien por escrito...") y 188 ("Los actos del Tribunal se realizarán también por escrito...") del Código de Procedimiento Civil imprimen a nuestro proceso, en general.

Según la jurisprudencia, estas razones se refieren "tanto a la interpretación que el interesado haya realizado de los hechos que han conformado las circunstancias que motivaron la actuación de la Administración, como a las normas dentro de las cuales tales hechos han sido subsumidos por la autoridad administrativa" (Sentencia del Juzgado Superior Sexto de lo Contencioso Tributario del 11 de abril de 1995 (caso: Antonio Flores Cortez, expediente Nº 779, Jurisprudencia de los Tribunales de Última Instancia, Tomo 4, Repertorio Mensual de Jurisprudencia del Dr. Oscar Pierre Tapia, Año VI, abril de 1995, páginas 98 a 99).

Por otro lado, tradicionalmente los Códigos anteriores habían previsto que el libelo del Recurso debía ir acompañado del documento, en original o copia certificada, donde apareciese el acto administrativo de efectos particulares y contenido tributario impugnado, salvo la posibilidad legal de identificarlo suficientemente en el texto del escrito del Recurso, por medio de la señalización de los datos de individualización de toda decisión administrativa a que se contraen los artículos 18 de la Ley Orgánica de Procedimientos Administrativos, en general, y 183 y 191 del Código Orgánico Tributario de 2001 (artículos 144 y 149 del Código de 1994, 145 y 149 del Código de 1992 y 135 y 139 del de 1983), en particular.

Empero, el mismo artículo 260 del Código Orgánico Tributario de 2001 varío la redacción, requiriéndose ahora, con exclusividad, "el documento o documentos donde aparezca el acto recurrido, salvo en los casos en que haya operado el silencio administrativo", vale decir, el original del acto impugnado.

Sobre este particular, no sólo se debe precisar que una copia certificada suplantaría perfectamente al original, sino que es menester tener presente que semejante exigencia, de ser interpretada literal y restrictivamente, sería inconstitucional, por menoscabar el libre acceso a la justicia y, con él, violentar la tutela judicial efectiva, no sólo del tercero interesado, que jamás dispondría del original ni tendría que esperar la impugnación para luego poder intervenir, pues es un legitimado activo, en los términos antes expresados, sino del propio destinatario del acto, a quien podría habérsele extraviado tal original, o que en todo caso dispondría de los medios probatorios de la exhibición frente al fisco contraparte o de informes frente a terceros, para demostrar la existencia y contenido del acto administrativo impugnado. Recuérdese que asistimos no sólo a un estado de derecho, sino a uno de justicia (no sería justo que el interesado no pueda impugnar el acto por carecer de su original y no haber podido obtener una copia certificada dentro del plazo para recurrir, pero que luego el fisco pueda demandarlo ejecutivamente con base en el mismo acto).

En todo caso, en la práctica, por razones de seguridad y certeza jurídicas y para el mejor ejercicio del derecho constitucional a la defensa, los litigantes suelen no sólo acompañar el original del acto impugnado o su copia certificada, sino también identificarlo plenamente y hasta transcribirlo completamente en el texto del libelo del Recurso, en un exceso, quizá, de celo profesional.

En el mismo sentido, los artículos 122 y 113 de la Ley Orgánica de la Corte Suprema de Justicia exigen que el Recurso Contencioso Administrativo contra actos administrativos de efectos particulares, del cual el Recurso que nos ocupa es una especie, se presenta por escrito, indicando con precisión el acto impugnado, acompañando un ejemplar o copia del mismo y determinando las disposiciones constitucionales o legales cuya violación se denuncie y las razones de hecho y de derecho en que se funde la acción.

Ahora bien, obviamente, también es aplicable a esta materia la norma contenida en el artículo 340 del Código de Procedimiento Civil, relativa a los requisitos de todo libelo, fundamentalmente en cuanto a la identificación del Tribunal ante el cual se recurre; la identificación plena (conforme a la Ley Orgánica de Identificación, el Código Civil o el Código de Comercio, según se trate de personas naturales o jurídicas) del recurrente y su carácter; la identificación del mandatario con consignación del poder (mandato judicial); la pretensión en este caso anulatoria y, como se verá más adelante, eventualmente indemnizatoria y/o reparadora o restitutiva; las razones de hecho y de derecho; el instrumento fundamental de la demanda (el acto recurrido); y, la señalización del domicilio procesal. Es de destacar que esta remisión al concreto dispositivo del Código Procesal, en insana técnica legislativa, la hace explícitamente el artículo 260 del Código Orgánico Tributario de 2001.

Además, vista la gratuidad de la justicia, garantizada por la Constitución, ya no es menester satisfacer las exigencias de la Ley de Timbre Fiscal, en cuanto a la inutilización otrora obligatoria de especies fiscales, equiparándose así las actuaciones de los particulares a las del Fisco Nacional, Estadal o Municipal, como a las de las autoridades parafiscales.

1.D) El Lapso de Interposición del Recurso Contencioso Tributario

Ante todo, es menester recordar que el lapso de interposición del Recurso Contencioso Tributario, cualquiera sea su duración, es un lapso de caducidad, dado que es ininterrumpible e insuspendible, corre indefectiblemente y su culminación inútil genera la inmediata firmeza y, con ello, asegura la ejecutividad y ejecutoriedad del acto administrativo de que se trate.

Ahora bien, con anterioridad, es decir, durante la vigencia del Código Orgánico Tributario de 1983 (artículo 176), el lapso de caducidad para la interposición del Recurso Contencioso Tributario era de veinte (20) días hábiles que, dejado transcurrir inútilmente, causaba la firmeza del acto administrativo de contenido tributario.

Este lapso de caducidad, desde los inicios de la legislación orgánica tributaria, siempre ha sido entendido como contado por días de despacho del Juzgado Superior Primero de los Contencioso Tributario, de acuerdo a la jurisprudencia de dicho órgano jurisdiccional, el cual es el Tribunal Distribuidor Único, conforme a lo establecido en el artículo 5 del Decreto Nº 1.750 del 16 de diciembre de 1982, doctrina jurisprudencial confirmada y reiterada pacíficamente por la Sala Político-Administrativa de la entonces Corte Suprema de Justicia, por ejemplo, en la Sentencia de fecha 24 de marzo de 1987 (caso: Lagoven, S.A.), en base a la conceptualización de día hábil consagrada en el Código de Procedimiento Civil, como día de despacho, en razón de la naturaleza procesal o judicial de este lapso de caducidad (Marco Ramírez Murzi, obra citada, página 6). La Corte expresó: "... los Recursos contencioso administrativos, del cual el Contencioso Tributario es especie, deben ser interpuestos ante el Tribunal competente para decidirlos, aunque se permite, en algunos casos, como así lo establece el Código Orgánico Tributario, un régimen diferente. De allí se sigue que, en principio, cualquier lapso deba computarse según los días hábiles que hayan transcurrido ante el Tribunal por ante el cual o para ante el cual debe interponerse el Recurso Contencioso Tributario". Este criterio ha sido reiterado y acatado por los Tribunales de Instancia, como puede apreciarse en la Sentencia del Juzgado Superior Segundo de lo Contencioso Tributario del 13 de abril de 1995 (caso: Bancaracas Sociedad de Capitalización, C.A., expediente N° 345, Jurisprudencia de los Tribunales de Última Instancia, Tomo 4, Repertorio Mensual de Jurisprudencia del Dr. Oscar Pierre Tapia, Año VI, abril de 1995, páginas 96 a 98).

En la actualidad, con la reforma del Código Orgánico Tributario de 1992 (artículo 187), ratificada en este aspecto por la Reforma del Código Orgánico Tributario de 1994 (artículo 187) y también por la de 2001 (artículo 261), el lapso de caducidad en cuestión ha sido extendido a veinticinco (25) días hábiles (en la letra de la Ley), que deben ser entendidos igualmente como días de despacho del Tribunal Distribuidor Único, si se emplean los nueve (9) Juzgados Superiores con sede en Caracas y competencia en todo el territorio nacional, o del respectivo Juzgado Superior de acuerdo a las reglas de la competencia territorial (domicilio de la oficina de la Administración Tributaria emisora del acto a impugnar), como los que una vez funcionaron en las ciudades de Maracaibo y Barquisimeto.

Por cierto, es de señalar que no fueron creados los Tribunales previstos en el artículo 224 del Código Orgánico Tributario de 1994, en las ciudades de San Cristóbal, Valencia, Calabozo, Puerto La Cruz, Puerto Ordaz y Porlamar, a pesar del lapso perentorio pero sin consecuencia en caso de incumplimiento, previsto en dicho dispositivo legal: "antes del 31 de julio de 1995". Más prudente o realista el Código Orgánico Tributario de 2001, en su artículo 333, se limitó a prever la creación de Tribunales de estos, "en diferentes ciudades del país", dentro de los seis (6) meses siguientes a la publicación del instrumento legal, pero una vez más sin consecuencia en caso de desacato.

Cabe destacar que el Código Orgánico Tributario de 1994, seguido por el de 2001, uniformó el lapso de caducidad de interposición de los Recursos Jerárquico y Contencioso Tributario, llevándolos ambos a veinticinco (25) días, en razón de que el Código de 1992 había consagrado un lapso de veinte (20) días para el Recurso administrativo y otro de veinticinco (25) días para el Recurso judicial. Ambos lapsos, dado el reseñado carácter opcional del agotamiento de la vía administrativa, inician su curso en paralelo, pero no continúan igual pues el primero consiste en días hábiles de la Administración Tributaria y el segundo en días de despacho del Tribunal competente. Por tanto, es posible que en un día determinado se pueda recurrir judicialmente y no administrativamente, lo cual no deja de ser, hasta cierto punto, chocante. Tal uniformidad, sólo "numérica", ya existía pero en veinte (20) días, en el Código de 1983.

Desde otra perspectiva, recordemos que en el Contencioso-Administrativo General, además de ser obligatorio el agotamiento de la vía administrativa, conforme a los plazos y procedimientos consagrados en la Ley Orgánica de Procedimientos Administrativos o en leyes especiales y ordenanzas municipales, el artículo 134 de la Ley Orgánica de la Corte Suprema de Justicia establece, para la impugnación de los actos administrativos de efectos particulares, en plazo de caducidad para la interposición del Recurso Contencioso-Administrativo considerablemente más largo que el de la materia tributaria. En efecto, en esos casos el recurrente dispone nada menos que de seis (6) meses contados desde la notificación del acto. Quizás un lapso común de dos (2) meses, para todo el contencioso, como en Francia, sería concebible para nosotros, por razones de prudencia y oportunidad.

1.E) El Órgano Receptor para la Interposición del Recurso Contencioso Tributario

Acorde con lo preceptuado por el artículo 188 del Código Orgánico Tributario de 1994, de idéntica teleología en los artículos 188 del Código de 1992 y 177 del de 1983, el Recurso Contencioso Tributario podía interponerse, opcionalmente para el recurrente, directamente ante el Tribunal competente, o a través de la máxima autoridad jerárquica de la Administración Tributaria respectiva, o de cualquiera otra oficina de la Administración Tributaria correspondiente al tributo de que se trate, o por intermedio de un Juez del domicilio fiscal del recurrente.

El artículo 262 del Código Orgánico Tributario de 2001, también opcionalmente para el recurrente, prevé su interposición directamente ante el Tribunal competente, o por intermedio de un Juez del domicilio fiscal del recurrente, o específicamente por ante la oficina administrativa de la cual emanó el acto, restringiendo así las posibilidades.

En todo caso, se establece que cuando el Recurso Contencioso Tributario no hubiere sido interpuesto ante el Tribunal competente, la oficina administrativa (tanto en caso de interposición por vía directa como por vía subsidiaria) o judicial receptora deberá remitirlo a aquél, dentro de los cinco (5) días hábiles siguientes, junto con el respectivo expediente administrativo en el primer caso. En idéntico sentido, el artículo 264, Parágrafo Único del Código Orgánico Tributario de 2001 (artículos 191 de los Códigos de 1994 y 1992 y 180 del de 1983) exige que, cuando el Recurso no haya sido interpuesto ante una oficina administrativa o judicial de las indicadas, el Tribunal competente notifique a la Administración Tributaria y le solicite el expediente administrativo. Aquí puede observarse que, sin perjuicio de la jurisprudencia existente sobre el deber de requerir los antecedentes administrativos, a diferencia de la posibilidad que el artículo 123 de la Ley Orgánica de la Corte Suprema de Justicia acuerda al Juez, en el Contencioso-Administrativo General, para solicitar el expediente administrativo que necesariamente debe ser abierto por mandato del artículo 51 de la Ley Orgánica de Procedimientos Administrativos, en esta materia la remisión es obligatoria por la ley, so pena de desacato, aunque debe acotarse que en caso de desacato a la orden judicial respectiva, el Tribunal podría decidir sin su conocimiento, si los autos bastasen para ello y el recurrente así lo requiriese.

En todo caso, el recurrente puede requerir del Tribunal competente el reclamo del Recurso judicial interpuesto, ante la correspondiente oficina administrativa o judicial, para continuar con el curso del proceso judicial tributario.

Por otro lado, el artículo 264 del Código Orgánico Tributario de 2001 (distinto a lo pautado por los artículos 190 de los Códigos de 1994 y 1992 y 179 del de 1983) prevé que el recurrente estará a derecho desde la interposición del Recurso, si lo hizo ante el Tribunal competente. Caso contrario, el Tribunal deberá notificar al recurrente para ponerlo a derecho, y de no ser ello posible, fijará un cartel a la puerta del Tribunal, dando un término de diez (10) días de despacho, al cabo del cual se lo entenderá a derecho. Como se puede apreciar, en esta materia rige plenamente el precepto contenido en el artículo 26 del Código de Procedimiento Civil, en el sentido de que estando a derecho el recurrente, no será necesario notificarle otro acto procesal, salvo previsión en contrario de la Ley.

Finalmente, es necesario reseñar que, conforme a lo dispuesto en el artículo 329 del Código Orgánico Tributario de 2001 (artículos 220 de los Códigos de 1994 y 1992 y 213 del de 1983), con componentes para conocer en primera instancia de este Recurso los Juzgados Superiores de lo Contencioso Tributario y, en segunda instancia, el Tribunal Supremo de Justicia. No obstante, llama poderosamente la atención el hecho de que los artículos 330 y 221, respectivamente, de los Códigos Orgánicos Tributarios de 2001 y 1994 (sin parangón en los Códigos de 1992 y 1983), consagren que la jurisdicción y competencia de estos Tribunales se ejercerán en forma excluyente de cualquier otro fuero, "por lo que no podrá atribuirse la competencia a otra jurisdicción ni a otros Tribunales de distinta naturaleza", mientras que el Ejecutivo Nacional, sin aparente reacción, ha atribuido competencia en materia Contencioso Tributaria a Tribunales Superiores, al menos, en lo Civil, Mercantil y de lo Contencioso-Administrativo, en el interior de la República. Claramente se viola el privilegio foral querido por el legislador, más que la mera especialización.

1.F) Los Efectos de la Interposición del Recurso Contencioso Tributario

En resguardo y garantía del disfrute pleno, real y efectivo del derecho de acceso a la justicia, del derecho al debido proceso y del derecho a la tutela judicial efectiva, así como, mediatamente, del derecho al patrimonio y a la propiedad privada, sin menoscabo de los derechos o potestades recaudatorias del Fisco Nacional, Estadal o Municipal o de los entes parafiscales, el artículo 189 del Código Orgánico Tributario de 1994, siguiendo la línea marcada por el artículo 173 "eiusdem" en cuanto se refiere al Recurso Jerárquico (artículos 189 y 173 del Código de 1992 y 178 y 162 del de 1983), y también la tendencia en el Derecho Administrativo General Comparado, declaró que la interposición del Recurso suspende la ejecución del acto recurrido.

De este modo, se asistió a la consagración de lo que la doctrina especializada ha calificado de "suspención automática o inmediata", efecto de la mera o simple interposición del Recurso, sin necesidad de probar los extremos a que se refiere, en nuestro Derecho, el artículo 136 de la Ley Orgánica de la Corte Suprema de Justicia, en cuanto a la necesidad de evitar perjuicios irreparables o de difícil reparación por la definitiva, ni de caucionar las resultas del juicio, ni siquiera de mantener un impulso procesal adecuado.

Por supuesto, este dispositivo legal, a fin de asegurar la vigencia del principio de igualdad de las partes en el proceso y la debida actuación imparcial y proporcional del órgano jurisdiccional, según lo ordena el artículo 15 del Código de Procedimiento Civil, dejó a salvo la utilización de medidas cautelares para garantizar los derechos fiscales, decretables incluso por todo el tiempo que dure el proceso y hasta sustituibles, en los términos que serán analizados en el acápite III.

No obstante, con un claro retroceso en referencia a los logros alcanzados desde 1983, en materia de acceso a la justicia tributaria, en nuestro país, y despegándonos así también de la más avanzada corriente comparada, el artículo 263 del Código Orgánico Tributario de 2001 eliminó la cautelar "ope legis" en comento, al disponer que la interposición del Recurso no suspende los efectos del acto recurrido, acogiendo con ello el condicionado régimen de solicitud de suspensión a iniciativa del interesado, de la Ley Orgánica de la Corte Suprema de Justicia.

Empero, es menester descollar que el método de suspensión "automática" o inmediata (por la mera interposición) es la única garantía cierta de exclusión del contra principio "solve et repete". En efecto, la aprobación e implementación de lo proyectado implicaría, en realidad, la obligación de pagar o garantizar la suma reparada, si bien no para recurrir (como requisito de admisibilidad), sí para poder sostener el proceso, so pena de juicio ejecutivo.

Tanto la doctrina como la jurisprudencia están acordes en que el contra principio "solve et repete" representa una limitación grave e injustificada al ejercicio efectivo del derecho constitucional a la defensa, toda vez que lesiona los derechos constitucionales al debido proceso (artículo 49) y a la tutela judicial efectiva (artículo 26), particularmente en su perspectiva de acceso a la justicia o a la jurisdicción y acorde con el principio de economía procesal.

De gran importancia resulta destacar la sentencia de la Sala Político-Administrativa de la entonces Corte Suprema de Justicia, de fecha 14 de agosto de 1990, caso School Venezolana, C.A., en materia aduanera, donde en uso de sus facultades de control difuso de la constitucionalidad de la ley, el máximo Tribunal del país decidió desaplicar las normas violatorias del derecho constitucional a la defensa, en los siguientes términos:

> *"Se revela, en efecto, el principio como una indebida restricción legal al derecho constitucional de la defensa, consagrado en el Artículo 68 de la Carta Magna que, si bien remite al legislador la regulación y concreción de la garantía, no deja en sus manos la esencia de la misma, porque eso sería desnaturalizar la consagración directa por nuestra Ley Fundamental de un conjunto de derechos...".*
> *"...Este Supremo Tribunal, en Sala Político-Administrativa, reconoce expresamente -y así lo declara formalmente- la preferente aplicación del artículo 68 de la Constitución sobre los artículos 137 de la Ley Orgánica de Aduanas y 462 de su Reglamento; textos -legal y reglamentario- que, en cuanto condiciona económicamente el acceso de los particulares al Poder Judicial constituyen una violación flagrante del Derecho a la Defensa, garantizado por la transcrita norma constitucional. En virtud de lo cual, se abstiene la Sala de aplicar los señalados artículos al caso de autos, y así lo declara igualmente".*
> *"...considera la Corte que el Artículo 178 del Código Orgánico Tributario, invocado por el recurrente, tuvo como propósito, precisamente, poner fin al principio solve et repete en el ordenamiento jurídico tributario de nuestro país, -y así nos los recuerda su exposición de motivos- incluida la materia aduanera. Esa norma sustitutoria parece, en efecto, responder a un criterio más amplio: cuando el particular*

afectado interpone el Recurso correspondiente, la ejecución forzosa de las obligaciones cuyo objeto activo sea la administración, queda suspendida hasta que el acto administrativo que las declara o impone adquiera firmeza; siempre, claro está, que no se lesione con ellos gravemente el interés general".

Obviamente, si este criterio se asumió bajo el imperio de la Constitución de 1961, no queda más que reiterarlo y salvaguardarlo en aplicación de la Constitución vigente, la cual es más rica en cuanto a la enumeración expresa y al desarrollo de los derechos constitucionales procesales o adjetivos de los justiciables.

En consecuencia, este intento de reeditar o resucitar el contra principio "solve et repete", simplemente esconde la verdadera motivación de pretender negar las deficiencias de la recaudación, mediante el cobro de cantidades eventualmente no debidas, cuya recuperación no sólo dependería de una justicia lenta, sino de la máxima de experiencia en materia de dificultad o imposibilidad de obtener reintegros fiscales.

De este modo, será menester ejercer acciones de amparo constitucional tanto contra norma, como contra los actos administrativos liquidatorios o sancionatorios, según los casos, para evitar su aplicabilidad o para enervar los embargos ejecutivos, dado que la vía ordinaria del Recurso contencioso tributario acarrearía o podría generar (peligro serio de lesión) menoscabo al derecho a la defensa.

También sería concebible la acumulación del Recurso Contencioso Tributario con la acción de amparo cautelar, acorde al artículo 5 de la Ley Orgánica de Amparo sobre Derechos y Garantías Constitucionales, para lograr expeditamente la suspensión de efectos del acto impugnado, "in limine" y previa desaplicación por inconstitucioanl, del artículo 263 citado, por lesionar el principio de progresividad de los derechos humanos, vulnerar el artículo 8.1 de la Convención Americana sobre Derechos Humanos, en materia de libre acceso a la justicia, burlar el concepto de estado de justicia y, entre otras líneas argumentativas posibles, menoscabar el principio de presunción de inocencia, en cuanto al ámbito sancionatorio.

2. La Admisión del Recurso Contencioso Tributario

2.A) La Oportunidad de Admisión del Recurso Contencioso Tributario y la Eventual Oposición

En cuanto a la oportunidad de admisión del Recurso Contencioso Tributario, el artículo 267 del Código Orgánico Tributario de 2001 (modificatorio, como veremos, de los artículos 192 de los Códigos de

1994 y 1992 y 181 del de 1983), dispone que al quinto día de despacho siguiente a que conste en autos la última de las notificaciones de ley, el Tribunal se pronunciará sobre la admisibilidad del Recurso (lo admitirá o declarará inadmisible).

En los Códigos de 1994 y 1992 la regulación era distinta, pues se trataba de un lapso durante el cual debía producirse tal pronunciamiento ("dentro"), con una duración de diez (10) días continuos siguientes, contados, sin embargo, como días de despacho. Diferente también lo era en el Código de 1983, donde dicho lapso era de apenas tres (3) días de despacho (antes, audiencias). Empero, en la práctica foral la decisión se emitía respectivamente el décimo y el tercer día de despacho siguiente.

Puede entonces observarse que las reformas de 1992 y 1994 extendieron el lapso para la admisión o declaratoria de inadmisibilidad del Recurso, en comparación con el régimen de 1983, para ahora ser sustituido por una oportunidad única fija, a ocurrir necesariamente al quinto día de despacho.

Ahora bien, una real novedad del Código Orgánico Tributario de 2001, contenida en el citado artículo 267, viene dada por el establecimiento explícito de la posibilidad, en provecho de la representación fiscal, de emplear el término o plazo de cinco (5) días de despacho siguientes a que conste en autos la última de las notificaciones de ley, para formular oposición a la admisión del Recurso (este asunto confirma que el Tribunal cuenta con una oportunidad fija para pronunciarse -el quinto día-, pues de tratarse de un lapso, como otrora, el dictado de la decisión antes de ese quinto día podría cercenar a la representación fiscal su posibilidad de oposición).

Obviamente, las razones que justificarían la oposición vendrían dadas por la ocurrencia de las causales de inadmisibilidad que se analizarán más adelante.

Por lo pronto ha de precisarse que, de ocurrir la oposición, se abrirá una articulación probatoria que no excederá de cuatro (4) días de despacho, a efecto de que las partes promuevan y evacuen cuanto estimen pertinente, debiendo el Tribunal dictaminar dentro de un lapso de tres (3) días de despacho subsiguientes.

2.B) La Motivación de la Decisión sobre la Admisión del Recurso Contencioso Tributario

En cuanto a la motivación de esta decisión judicial, es necesario considerar que el Código Orgánico Tributario de 1983 (artículo 181) disponía que el Tribunal admitiría o declararía anadmisible el Recurso "mediante decisión motivada".

Posteriormente, los Códigos de 1992 y 1994 (artículos 192), así como el vigente de 2001 (artículo 267), no dicen nada al respecto, es decir, no hacen alusión expresa alguna acerca de la motivación de tal decisión.

Esto no significa, ni puede querer decir, que ahora y desde 1992, la decisión en estudio no deba ser motivada. Muy por el contrario, los Principios Generales del Derecho Procesal, especialmente el derecho a la defensa, como deber del Juez, desarrollado en el artículo 15 del Código de Procedimiento Civil, se imponen. En efecto, es esencial garantizar el disfrute real y efectivo del derecho constitucional a la defensa del recurrente, particularmente frente a una eventual decisión de inadmisibilidad del Recurso, y también es fundamental facilitar el control que debe ejercer el Tribunal Supremo de Justicia, como Juez superior - de alzada- sobre la legalidad del auto judicial apelado.

Por lo tanto, en virtud de los Principios Generales del Derecho Procesal, sobre todo con base en la previsión del artículo 243, numeral 4, del Código de Procedimiento Civil, que exige la expresión de los motivos de hecho y de derecho de la decisión, en toda sentencia, interlocutoria o definitiva, es evidente que debe ser motivada la decisión en estudio, para proscribir la arbitrariedad y la injusticia. En apoyo de esta tesis se destaca que, además, el mismo texto legal (artículo 266) contempla una serie de causales de inadmisibilidad, en las cuales debe fundamentarse el Juez a la hora de decidir.

En todo caso, la jurisprudencia de la entonces Corte Suprema de Justicia (por ejemplo en la Sentencia del 6 de diciembre de 1984), debidamente reiterada pacíficamente (según lo expresara la distinguida Magistrada Dra. Ilse Van der Velde -que en paz descanse- en Conferencia intitulada “Aportes Jurisprudenciales en la Interpretación del Código Orgánico Tributario”, Curso sobre La Reforma Tributaria en Venezuela, Fundación Procuraduría General de la República, Caracas, Marzo de 1993), ha sostenido que: “...La Corte considera que ha de ser motivada tanto la decisión que admite el Recurso como la que niega su admisión, y así lo advierte al Tribunal Superior para que, en lo sucesivo, exponga los motivos de la decisión que admite o no el Recurso, sin limitarse -como hizo en el caso- a admitir “cuanto ha lugar en derecho”, pero sin dar razones convenientes...”. En este sentido, pareciera apartarse el Máximo Tribunal de la previsión contenida en el artículo 115 de la Ley Orgánica de la Corte Suprema de Justicia, que exige la motivación, aparentemente, sólo para la decisión que declara inadmisible el Recurso Contencioso-Administrativo de Anulación.

2.C) *Las Causales de Inadmisibilidad del Recurso Contencioso Tributario*

En cuanto a las causales de inadmisibilidad del Recurso Contencioso Tributario, se observa que, por primera vez, desde el Código Orgánico Tributario de 1992 (artículo 192) y así también en el de 1994 (artículo 192) y en el vigente de 2001 (artículo 266), el legislador enumera sistemáticamente dichas causales. Pero, en nuestro criterio, esa enumeración no es taxativa, como lo veremos más adelante.

Las causales de inadmisibilidad que presenta el dispositivo legal en comento son tres, a saber:

1. La Caducidad del Plazo para Ejercer el Recurso

Por supuesto, el vencimiento inútil del lapso de interposición del Recurso Contencioso Tributario, que como vimos es ahora de veinticinco (25) días de despacho, sin que se lo haya incoado, en los términos y condiciones expuestos anteriormente, necesariamente conlleva la caducidad del mismo. Esta causal está también prevista en el artículo 84, numeral 3, de la Ley Orgánica de la Corte Suprema de Justicia;

2. La Falta de Cualidad o Interés del Recurrente

Esto implica una remisión tácita al contenido del artículo 242 del Código Orgánico Tributario de 2001 (artículos 164 de los Códigos de 1994 y 1992 y 153 del de 1983), en donde se exige que el recurrente tenga un interés legítimo, personal y directo para lograr la nulidad del acto recurrido, acorde con el principio general contenido en el artículo 16 del Código de Procedimiento Civil, según el cual "a falta de interés no hay acción", según lo ya expuesto. Por tanto, se insiste, no hay acción popular ni en el procedimiento civil ordinario, ni en el Contencioso-Administrativo General contra actos de efectos particulares, ni en el Contencioso Tributario. Esta causal se halla igualmente consagrada en el artículo 124, numeral 1 de la Ley Orgánica de la Corte Suprema de Justicia; y,

3. La Ilegitimidad de la Persona que se Presente como Apoderado o Representante del Recurrente

Como en el artículo 84, numeral 7 de la Ley Orgánica de la Corte Suprema de Justicia, por alguna de las siguientes causas:

a) Por no tener la capacidad necesaria para comparecer en juicio: Aquí tenemos una remisión clara al artículo 166 del Código de Procedimiento Civil y a los artículos 3 y 4 de la Ley de Abogados, según los cuales, para ejercer representaciones en juicio la persona debe ser profesional del Derecho, debe ser abogado;
b) Por no tener la representación que se atribuye, es decir que el supuesto apoderado cumple con el requisito de ser abogado, pero no cuenta con tal poder, o porque el poder no esté otorgado en forma legal: Aquí hay una remisión directa al contenido de los artículos 151 y 152 del Código de Procedimiento Civil, que son los que norman los requisitos para el otorgamiento de los poderes, auténtico o "apud acta", respectivamente; o,
c) Porque el poder sea insuficiente: Nuevamente hay una misión indiscutible al artículo 164 del Código de Procedimiento Civil que señala que, en cuanto a las facultades del apoderado, deberá cumplirse con lo previsto en el Código Civil sobre el mandato, fundamentalmente en el artículo 1.689 del Código Civil, según el cual el mandatario no puede exceder los límites fijados en el mandato.

Por último, en relación a esta causal de ilegitimidad, cabe decir que es una reproducción textual del contenido del numeral 3 del artículo 346 del Código de Procedimiento Civil, ubicado entre las cuestiones previas que pueden ser alegadas en contra de la demanda.

4. Otras Causales

En otro orden de ideas, en cuanto a la referencia hecha anteriormente sobre el hecho de que esta enumeración de causales de inadmisibilidad no es taxativa, sino meramente enunciativa, cabe advertir que dentro del texto mismo del Código Orgánico Tributario de 2001 (como en los precedentes), se observan otras causales tácitas de inadmisibilidad que también pueden justificar válidamente en Derecho que el Juez declare inadmisible un Recurso Contencioso Tributario.

A título simplemente ilustrativo, pueden tomarse en cuenta las siguientes tres (3) causales de inadmisibilidad:

- El defecto formal del Recurso: Como vimos, el artículo 260 del Código Orgánico Tributario de 2001 (artículos 186 de los Códigos de 1994 y 1992 y 175 del de 1983) exige que el Recurso Contencioso Tributario se presente por escrito y fundamentado y que, además, se acompañe o se identifique suficientemente el acto recurrido. Si no se cumplen estos requisitos por supuesto que el Recurso sería inadmisible. Además, este dispositivo, como ya se indicó, debe completarse con el contenido del artículo 340 del Código de Procedimiento Civil, que establece los requisitos formales de todo libelo de demanda. Obviamente, sería inadmisible un Recurso en donde el contribuyente persona jurídica no se identifique como lo exige el Código de Procedimiento Civil, no mencione los fundamentos de la impugnación, no identifique el acto recurrido, no identifique la autoría de la cual emana el mismo, no fundamente y determine su pretensión, etc. Similar previsión está contenida en la primera parte del numeral 5 del artículo 84 de la Ley Orgánica d la Corte Suprema de Justicia.

- Otra causal de inadmisible no contenida en el artículo 266 del Código Orgánico Tributario de 2001 (ni en los precedentes), pero que se desprende del análisis de nuestro régimen procesal, está constituida por la acumulación prohibida, prevista en el artículo 78 del Código de Procedimiento Civil, según el cual: "No podrán acumularse en el mismo libelo pretensiones que se excluyan mutuamente o que sean contrarias entre sí; ni las que por razón de la materia no correspondan al conocimiento del mismo Tribunal; ni aquellas cuyos procedimientos sean incompatibles entre sí", y en el artículo 84, numeral 4 de la Ley Orgánica de la Corte Suprema de Justicia.

La claridad en el entendimiento y alcance de esta institución procesal de la no acumulación de pretensiones, por los factores que la determinen, nos ahorra la necesidad de hacer comentarios al respecto. No obstante, resulta conveniente e interesante plantear que, toda vez que los Juzgados Superiores de lo Contencioso Tributario, como "jurisdicción" especial, integran la llamada Jurisdicción Contencioso Administrativa prevista en el artículo 259 de la Constitución de la República, es el caso que los citados Tribunales son competentes, tratándose, como vimos, de la protección del derecho esencial a la tutela judicial efectiva, además de para anular los actos administrativos de efectos particulares de contenido tributario impugnados, también para condenar a la Administración Pública a la indemnización de daños y perjuicios (dar), para ordenar las medidas necesarias para restablecer las situaciones jurídicas subjetivas lesionadas por la actividad administrativa (hacer o no hacer) y para definir los efectos de sus sentencias en el tiempo.

"Le contentieux fiscal appartient au contentieux administratif" (Jean-Michel Le Berre, "Contentieux Fiscal et Contientieux Administratif Général", Revue Francaise de Finances Publiques, Nº 17, 1987, página 18). En idéntica perspectiva, en el derecho nacional, "El Contencioso Tributario tiene como marco general en nuestro país la disposición contenida en el artículo 206 de la Constitución, la cual sienta las bases y establece el concepto y alcance de la jurisdicción contencioso administrativa" (Gabriel Ruan Santos, "El Contencioso Tributario", Revista de Derecho Público, Nº 21, 1985, página 15).

En este mismo sentido, el artículo 131 de la Ley Orgánica de la Corte Suprema de Justicia, en relación al Contencioso-Administrativo General, dispone que: "en su fallo definitivo la Corte declarará si procede o no la nulidad del acto impugnado y determinará los efectos de su decisión en el tiempo. Igualmente, la Corte podrá de acuerdo con los términos de la respectiva solicitud, condenar al pago de sumas de dinero y a la reparación de daños y perjuicios originados en responsabilidad de la Administración, así como disponer lo necesario para el restablecimiento de las situaciones jurídicas subjetivas lesionadas por la actividad administrativa".

No sabemos de caso alguno ni tenemos noticias sobre la interposición de un Recurso Contencioso Tributario con pretensiones distintas, además de la anulatoria (y la eventual petición de condenatoria en costas de la Administración Pública, conforme al artículo 327 del Código Orgánico Tributario de 2001). Pero el hecho, incierto por demás, de que ningún recurrente haya requerido al Juez de lo Contencioso Tributario el pleno uso de sus poderes constitucionales, como Juez especial de lo Contencioso-Administrativo, no es argumento serio para demostrar la improcedencia de este planteamiento. No obstante, conviene destacar, en nuestro favor, que la jurisprudencia ha dispuesto que: "El Recurso Contencioso Tributario es uno de los medios jurídicos establecidos en la Ley para la impugnación de los actos de la Administración Tributaria, de efectos generales o particulares, que de alguna manera afectan los intereses de los administrados y mediante cuyo ejercicio el particular afectado solicita la restauración de su derecho lesionado, con un pronunciamiento de la autoridad judicial que anule o modifique el acto impugnado" (Sentencia Nº 450 del Juzgado Superior Primero de lo Contencioso Tributario del 12 de mayo de 1995, caso: Sucesión de Michel Neumann Svaton, expediente Nº 821, Jurisprudencia de los Tribunales de Última Instancia, Tomo 5, Repertorio Mensual de Jurisprudencia del Dr. Oscar Pierre Tapia, Año VI, mayo de 1995, páginas 114 a 115).

En nuestro criterio, sería contrario al derecho esencial a la defensa, parte del derecho a la tutela judicial efectiva, y menoscabaría los principios procesales de igualdad y de celeridad, que el recurrente se viese obligado a obtener una sentencia anulatoria, para luego proceder, en otro juicio, a lograr la admisibilidad de la pretensión indemnizatoria o reparadora de su esfera jurídica lesionada, además de inconstitucional por menoscabar el dispositivo del artículo 259 del Texto Fundamental. Además, hoy por hoy, el artículo 327 del Código de 2001 expresa que la sentencia indicará la reparación por los daños y perjuicios que sufran los interesados, siempre que la lesión sea imputable al funcionamiento de la Administración Tributaria y, obviamente, aunque no lo diga, que el recurrente lo haya pedido y haya probado el daño y su cuantía.

En cuanto a la eventual acumulación del Recurso Contencioso Tributario, como especie del Recurso Contencioso Administrativo, con la Acción de Amparo Cautelar, conforme a la previsión del artículo 5 de la Ley Orgánica de Amparo sobre Derechos y Garantías Constitucionales, estimamos que nada en nuestro Ordenamiento Jurídico lo impide, máxime cuando el artículo 263 del Código Orgánico Tributario de 2001 pretende eliminar la cautelar "ope legis" de suspensión de los efectos del acto recurrido, por la mera interposición del Recurso.

- Como tercer y último ejemplo de causal tácita de inadmisibilidad del Recurso Contencioso Tributario, encontramos lo que hemos llamado la anticipación prohibida, para calificarla de alguna forma, consagrada como "cuando exista un Recurso paralelo", por el artículo 124, numeral 3 de la Ley Orgánica de la Corte Suprema de Justicia. Esta causal de inadmisibilidad emerge de la interpretación del artículo 255 del Código Orgánico Tributario de 2001 (artículos 187 de los Códigos de 1994 y 1992 y 176 del de 1983), en el sentido siguiente: si el contribuyente opta por acudir a la sede administrativa, para interponer el Recurso Jerárquico, según este dispositivo legal no podría intentar el Recurso Contencioso Tributario hasta tanto no haya vencido el lapso con que cuenta la Administración Tributaria para decidir el Recurso Jerárquico. Si este lapso no ha concluido, no puede el contribuyente acudir a la sede judicial, eso es lo que hemos llamado una anticipación prohibida.

Además, no deben desestimarse las causales pertinentes, aplicables "mutatis mutandis", contenidas en los numerales 1 (cuando así lo disponga la ley), 2 (si el conocimiento del Recurso compete a otro Tribunal) y 6 (si contiene conceptos ofensivos o irrespetuosos o es de tal modo ininteligible o contradictorio que resulte imposible su tramitación) del artículo 84 de la Ley Orgánica de la Corte Suprema de Justicia. Por cierto, en cuanto a dicho numeral 6, conviene recordar que el artículo 171 del Código de Procedimiento Civil exige a las partes y a sus apoderados abstenerse de emplear en sus diligencias y escritos expresiones o conceptos injuriosos o indecentes.

II.D) La Apelabilidad de la Decisión sobre la Admisión del Recurso Contencioso Tributario

El último punto que queremos abordar, en cuanto a la admisión del Recurso Contencioso Tributario, es el de la apelabilidad de la decisión. ¿Qué decisión es la que es apelable: la que declara inadmisible el Recurso, la que admite el Recurso, o las dos?.

Anteriormente, el artículo 181 del Código Orgánico Tributario de 1983 disponía que "esta decisión", sin decir el contenido de la misma, es decir sin indicar si se refería a la que admitía o a la que declaraba inadmisible el Recurso, era apelable dentro de los diez (10) días hábiles siguientes; y, que la apelación sería oída en ambos efectos, debiendo ser decidida en el término de quince (15) días hábiles.

Distinto fue el régimen establecido en el artículo 192 del Código Orgánico Tributario de 1992, según el cual la admisión del Recurso era inapelable, mientras que la declaración de inadmisibilidad del Recurso era apelable dentro de los diez (10) días continuos siguientes, siendo la apelación oída en ambos efectos y debiendo ser decidida en el término de treinta (30) días continuos.

El sistema adoptado en el artículo 192 del Código Orgánico Tributario de 1994 fue similar al del Código de 1992, a excepción de lo relativo a que se volvió a la indicación "esta decisión" sin especificar su contenido, "será apelable".

Ahora bien, la regulación vigente, consagrada en el Parágrafo Único del artículo 267 del Código Orgánico Tributario de 2001, precisa que "la admisión del Recurso será apelable dentro de los cinco (5) días de despacho siguientes, siempre que la Administración Tributaria hubiere formulado oposición, y será oída en el solo efecto devolutivo. Si el Tribunal resuelve inadmitir el Recurso se oirá apelación en ambos efectos, la cual deberá ser decidida por la alzada en el término de treinta (30) días continuos". Además, se fija el plazo de diez (10) días de despacho siguientes al recibo de los autos por la alzada, para que las partes presenten sus informes.

Al comparar los regímenes legales previstos en los Códigos Orgánicos Tributarios de 1983, 1992, 1994 y 2001, se observa lo siguiente:

- En primer lugar, en cuanto al lapso para apelar, nos encontramos con que en el Código de 1983 era de diez (10) días hábiles y que en los Códigos de 1992 y 1994 era de diez (10) días continuos (por lo cual se lo extendió o se lo dejó igual, según las interpretaciones), para luego ser considerablemente reducido en el Código de 2001, a sólo cinco (5) días de despacho.
- En segundo lugar, cabe preguntarse ¿en cuántos efectos se oía y se oye la apelación? Partiendo de las previsiones de los Códigos de 1983, 1992 y 1994, en cualquier circunstancia la apelación debía oírse en ambos efectos, por mandato legal, no obstante no tratarse la decisión de una sentencia definitiva.

Esta decisión es una sentencia interlocutoria y, por ello, de acuerdo al Código de Procedimiento Civil debería ser apelable solamente en el efecto devolutivo. Así, en nuestro criterio, estábamos en presencia de una disposición legal especial en contrario, de las anunciadas en el artículo 291 del Código de Procedimiento Civil: "la apelación de la sentencia interlocutoria se oirá solamente en el efecto devolutivo, salvo disposición especial en contrario".

Esta decisión era una interlocutoria apelable en ambos efectos (devolutivo y suspensivo).

Empero, la regla vigente del Código de 2001 diáfanamente aclaró el punto, dependiendo del contenido de la decisión: si admite, la apelación se oirá sólo en el efecto devolutivo; pero, si declara la inadmisibilidad del Recurso, será en ambos efectos (aunque resulte extraño, pues en ese caso nada habría que suspender, pues no habría proceso en curso).

- En tercer lugar, en cuanto al lapso de decisión de la apelación, se observa que en el Código de 1983 era de quince (15) días hábiles, entendidos de despacho, mientras que en los de 1992, 1994 y 2001 se extendió a treinta (30) días continuos.
- Finalmente, el punto más importante en relación a la apelabilidad, en nuestro criterio (vista la polémica jurisprudencial causada en el pasado), radica en lo que hemos llamado el objeto de la apelación. ¿Qué es lo que puede ser apelado?

En los Códigos de 1983 y 1994 la disposición pertinente indicaba: "esta decisión será apelable". Esta vaguedad, que implicaba el que no se precisara el contenido de la decisión apelable, hizo vacilar a la jurisprudencia. Así, en algunos casos nuestros Tribunales decidieron que cualquiera de las dos decisiones era apelable, es decir la que admitía el Recurso era apelable por el Fisco, y la que declaraba inadmisible el Recurso era apelable por el recurrente, aplicando el artículo 297 del Código de Procedimiento Civil: "no podrá apelar de ninguna providencia o sentencia la parte a quien en ella se hubiere concedido todo cuanto hubiere pedido; pero, fuera de este caso, tendrán derecho de apelar de la sentencia definitiva, no sólo las partes, sino todo aquel que, por tener interés inmediato en lo que sea objeto o materia del juicio, resulte perjudicado por la decisión, bien porque pueda hacerse ejecutoria contra él mismo, bien porque haga nugatorio su derecho, lo menoscabe o desmejore".

Como ejemplo de ello tenemos la Sentencia de la Sala Político-Aadministrativa de la entonces Corte Suprema de Justicia del 19 de marzo de 1991, en el caso Rafael Tovar, con ponencia del Dr. Alejandro Osorio, donde se declaró que ambas decisiones eran apelables.

Pero, también nos encontramos sentencias que decían que la única decisión apelable era la que de declaraba inadmisible el Recurso, y ¿apelable por quién? Pues, por la persona a la que esta decisión afectaba, que no era otra cosa que el recurrente, por la aplicación del citado artículo 297 del Código de Procedimiento Civil. En este sentido, se observa la sentencia del Juzgado Superior Segundo de lo Contencioso Tributario del 13 de junio de 1990, en el caso Bar Restaurant "El Monumento" contra decisión del Instituto Nacional de Cooperación Educativa (I.N.C.E.), donde se estableció que la decisión que admitía el Recurso no era apelable. Se trató de un caso en el cual se admitió el Recurso y luego el Juez se percató de que el mismo era inadmisible porque era extemporáneo. Como en la mente del Tribunal estaba la idea de que la decisión de admisión no era apelable, no podía hacer otra cosa, para remediar el problema que se presentó, que emplear sus potestades anulatorias, aplicando el artículo 206 ("los Jueces procurarán la estabilidad de los juicios, evitando o corrigiendo las faltas que puedan anular cualquier acto procesal") del Código de Procedimiento Civil, por mandato a contrario del artículo 252 ("después de pronunciada la sentencia definitiva o la interlocutoria sujeta a apelación, no podrá revocarla ni reformarla el Tribunal que la haya pronunciado") del mismo Código Procesal.

Así, toda vez que, en criterio del Tribunal, no se trataba de una decisión apelable, el Juez, procurando la estabilidad del juicio, anuló el auto de admisión.

Como se puede ver, no estaba clara la jurisprudencia, no había una doctrina reiterada y uniforme sobre este particular, pero tenemos entendido que el criterio mayoritario, al menos extraoficial, de los Jueces de la Jurisdicción Contencioso Tributaria, era que la decisión de admisión del Recurso no era apelable por el Fisco, mientras que la decisión de la inadmisibilidad del Recurso sí necesariamente lo era por el recurrente. Esta concepción incluso se vio coronada por fallos confirmatorios de la Sala Político Administrativa de la entonces Corte Suprema de Justicia, como el de fecha 18 de marzo de 1999, caso C.A.N.T.V., con ponencia de la Dra. Hildegard Rondón de Sansó, en el cual se declaró sin lugar el Recurso de hecho ejercido por el Municipio Maracaibo del Estado Zulia, contra la decisión del Juzgado Superior Cuarto de lo Contencioso Tributario que negó la apelación del auto de admisión, con base en la idea de que el Código se referiría sólo a la decisión de inadmisión y que en todo caso no causaría gravamen irreparable por la definitiva. Claro que el fallo en comento no está suficientemente motivado, pues no explica cómo se produciría la pretendida reparación del gravamen. Además, vista la posterior anulación del régimen de actualización monetaria e intereses compensatorios, sólo puede apreciarse la mayor dificultad en la reparación de daños agravados por el curso y excesiva duración de un proceso que pudo ser abortado "in limine".

Con el Código de 1992, esta visión del Juez Tributario fue acogida por el legislador, quien entonces de manera expresa, tajante e indubitable señaló que la admisión era inapelable. Por ser inapelable era entonces anulable de acuerdo a los artículos 256 y 206 del Código de Procedimiento Civil. No era por supuesto revocable por contrario imperio, puesto que no se trataba de un auto de mero trámite.

Por otro lado, el legislador de aquel momento dispuso que la declaratoria de inadmisibilidad del Recurso era apelable. ¿Por quién? Obviamente por quien se sentía afectado por esa decisión, es decir el recurrente, por aplicación del artículo 297 del Código de Procedimiento Civil.

Hubo, por tanto, una equiparación entre la regulación del Código de 1992 y lo que ya venía ocurriendo con la Ley Orgánica de la Corte Suprema de Justicia en el campo del Contencioso-Administrativo General, en donde el auto de admisión es inapelable por virtud del artículo 124 de la Ley Orgánica de la Corte Suprema de Justicia y solamente es apelable el auto que declare inadmisible el Recurso.

Sin embargo, la letra del Código de 1994, en este aspecto, volvió a la del de 1983, por lo que se replanteó una vieja discusión (evidenciada en la citada sentencia del Máximo Tribunal, de 1999), que no debería tener lugar, pues, como vimos, en virtud de los principios generales que orientan nuestro proceso, ambas decisiones, en atención a los derechos esenciales al debido proceso, a la defensa y a la tutela judicial efectiva, y al principio de igualdad de las partes en el proceso, y en ausencia de norma expresa que lo excluya, han de ser apelables (criterio compartido por Marco Ramírez Murzi, obra citada, páginas 8 y 9).

Al respecto, la sentencia de la Sala Político Administrativa del Tribunal Supremo de Justicia, del 4 de julio de 2000 (ratificatoria de la del 22 de junio de 2000), con ponencia del Dr. Carlos Escarrá Malavé, caso Petrozuata, C.A., al declarar con lugar el Recurso de hecho interpuesto por el Fisco Nacional, contra la negativa de apelación del auto de admisión, emanada del Juzgado Superior Sexto de lo Contencioso Tributario, basó su decisión en dos aspectos: la clara voluntad del legislador, al haber abandonado la expresa prohibición de apelar el auto de admisión, del Código de 1992; y, el evidente agravio que podría causar a la Administración, la admisión del Recurso y la consecuente suspensión de efectos del acto impugnado, que supone dejar de percibir una cantidad de dinero determinada, requerida para cubrir sus erogaciones con fines públicos, maximizado por la prolongación en el tiempo del juicio, por eventuales impugnaciones de la definitiva: "Resulta así evidente que el auto de admisión del Recurso contencioso-tributario comporta un grave perjuicio para la Administración, ya que incide directa y negativamente en su patrimonio y en tal virtud, es susceptible de ser impugnado mediante el Recurso ordinario de apelación".

Es por ello que el Código de 2001 finalmente resolvió la diatriba en comento, estableciendo la apelabilidad de ambas decisiones, por la parte perjudicada por su contenido, según los casos, aunque, tratándose del representante fiscal y de la decisión declaratoria de inadmisibilidad del Recurso, la norma vigente condiciona la posibilidad de apelar, a que haya habido oportuna oposición previa a la admisión, lo cual ha de ser visto como un sano estímulo a la diligencia procesal del representante fiscal y como un filtro para asegurar su seriedad argumentativa, en provecho de la celeridad procesal.

3. Las Medidas Cautelares en el Recurso Contencioso Tributario

El Código Orgánico Tributario de 1983 regulaba el punto relativo a la posibilidad de dictar medidas cautelares en el artículo 204, régimen jurídico que fue modificado y pasó al artículo 211, con la reforma del Código Orgánico Tributario de 1992, con idéntico texto en el artículo 211 del Código Orgánico Tributario de 1994, y nuevamente modificado en el artículo 296 del Código Orgánico Tributario de 2001.

Este dispositivo legal expresa que: "cuando exista riesgo para la percepción de los créditos por tributos, accesorios y multas (antes mencionaba tributos, intereses o recargos y, en ciertos casos, multas), aún cuando se encuentren en proceso de determinación (los Códigos de 1992 y 1994 señalaban "determinados o no", mientras que el Código de 1983 expresaba "ya determinados"), o no sean exigibles por causa de plazo pendiente (las regulaciones de 1992 y 1994 indicaban "no exigibles por causa de plazo pendiente o por haberse interpuesto algún Recurso", mientras que la de 1983 no incluía esa "o"), la Administración Tributaria podrá pedir al Tribunal competente para conocer del Recurso Contencioso Tributario que decrete medidas cautelares suficientes, las cuales podrán ser:

1. Embargo preventivo de bienes muebles;
2. Secuestro o retención de bienes muebles;
3. Prohibición de enajenar o gravar bienes inmuebles, y
4. Cualquier otra medida, conforme a las previsiones contenidas en el Parágrafo Primero del artículo 588 del Código de Procedimiento Civil (este numeral 4 no existía en las regulaciones previas)" (comentarios en paréntesis del autor).

Ahora bien, para el mejor análisis y comprensión de esta norma, siguiendo su redacción, nosotros dividimos el asunto, para fines didácticos, en dos supuestos: cuando los créditos fiscales están determinados y cuando tales créditos no están determinados.

1. Los Créditos Fiscales están Determinados

Analicemos el primer caso: cuando se trata de créditos determinados. Este supuesto era el único posible de acuerdo al régimen concebido por el Código Orgánico Tributario de 1983, conjunto normativo que exigía que se tratase de créditos "ya determinados", siendo ahora y desde la reforma del Código de 1992 una de las opciones de procedencia para el dictado de medidas cautelares.

Así, entrando en materia, debe observarse que los requisitos que presentó la normativa contenida en el artículo 211 del Código Orgánico Tributario de 1994 ("determinados" y "no exigibles por causa de plazo pendiente o por haberse interpuesto algún Recurso"), en nuestro criterio, no eran excluyentes sino concurrentes, es decir el crédito debía estar, por un lado, determinado y, por el otro, debía ser no exigible. Pero, no "no exigible" por cualquier motivo, sino "no exigible" solamente por dos razones posibles: por causa de un plazo pendiente o por la interposición de un Recurso Jerárquico o de un Recurso Contencioso Tributario. Eran, insistimos, requisitos concurrentes.

Con el régimen de 2001, el único cambio consiste en que, tratándose de un Recurso Contencioso Tributario, la no exigibilidad devendría no de la mera interposición, sino de un pronunciamiento judicial de suspensión de efectos.

En este orden de ideas, siendo coherentes con nuestro sistema de determinación y liquidación tributaria, tenemos que sólo un crédito determinado puede ser "no exigible" por causa de un plazo pendiente, porque únicamente la denominada Resolución Culminatoria del Sumario Administrativo, prevista en el artículo 191 del Código Orgánico Tributario de 2001 (artículos 149 de los Códigos de 1994 y 1992 y 139 del de 1983), acto de determinación de la obligación tributaria, puede indicar un plazo, en beneficio del contribuyente deudor, para que pague el crédito tributario.

Así mismo, sólo la Resolución Culminatoria del Sumario Administrativo, acto de determinación de la obligación tributaria, es el acto recurrible, suspendible en sus efectos por la mera interposición del Recurso administrativo o por efecto de un pronunciamiento al respecto del Juez, si se trata de un Recurso judicial.

Por tanto, si observamos que en los dos casos opera necesariamente la Resolución Culminatoria del Sumario Administrativo, donde se determina el crédito tributario, es obvio que los requisitos legales son concurrentes: que el crédito esté determinado, por un lado, y que no sea exigible, por el otro lado, sea por causa de plazo pendiente, a favor por supuesto del contribuyente, para el pago del crédito tributario, o porque el contribuyente haya interpuesto un Recurso administrativo, u obtenido una decisión liminar de suspensión, en el ámbito de un Recurso judicial.

En este supuesto, es de destacar que la solicitud puede ser planteada ante la "jurisdicción voluntaria" o ante la "jurisdicción contenciosa".

Cuando se ha dictado la Resolución Culminatoria del Sumario Administrativo, determinando un crédito tributario, disfrute o no el contribuyente de un plazo para el pago, si éste no ha recurrido judicialmente, no ha interpuesto Recurso Contencioso Tributario alguno (y aunque lo haya hecho administrativamente, mediante el Recurso Jerárquico), la Administración Tributaria temerosa de que se burlen sus derechos fiscales, puede perfectamente acudir ante el Juez de lo Contencioso Tributario (remarcamos que fuera del ámbito de un Recurso Contencioso Tributario, es decir, en sede de "jurisdicción graciosa o voluntaria", para utilizar propiamente la terminología procesal), para pedirle que decrete estas medidas cautelares. Así, el artículo 247 del Código Orgánico Tributario de 2001 (artículos 173 de los Códigos de 1994 y 1992 y 162 del de 1983), establece que la interposición del Recurso Jerárquico suspende la ejecución del acto recurrido, dejando a salvo la utilización de las medidas cautelares.

Por supuesto, evidentemente el Juez también puede decretar tales medidas en sede contenciosa, es decir ante la "jurisdicción contenciosa", cuando el contribuyente haya interpuesto el Recurso Contencioso Tributario y la Administración Tributaria tema que se burlen sus derechos fiscales. Obviamente, esta posibilidad es dable únicamente en los casos en que un auto del Tribunal haya suspendido los efectos del acto impugnado, pues de lo contrario, la Administración Tributaria impulsaría el embargo ejecutivo, aunque deteniéndose antes del remate, en los términos del artículo 263 del Código Orgánico Tributario de 2001. De resto, el artículo 301 "eiusdem" se limita a prever la acumulación de autos, cuando haya habido proceso cautelar autónomo (gracioso), y luego se haya interpuesto el Recurso Contencioso Tributario. Evidentemente, si el asunto ocurre a la inversa, el tema cautelar, aunque en cuaderno separado, habrá de hacerse en el mismo expediente contentivo del Recurso judicial. En estos casos, las medidas cautelares pueden decretarse por todo el tiempo que dure el proceso.

En todo caso, estas medidas cautelares siempre serán, de conformidad con el dispositivo legal en comento (artículo 296 del Código Orgánico Tributario de 2001), a favor de la Administración Tributaria. Quien las puede solicitar es la Administración Tributaria, en su propio beneficio, para asegurar el cobro del crédito tributario. En efecto, el Tribunal habrá de acordar la medida solicitada con vista al documento del que conste la existencia del crédito tributario, dentro de los dos (2) días de despacho siguientes (antes se expresaba "el mismo día o a más tardar el día hábil siguiente"), sin conocimiento del deudor, según lo pautan los artículos 297 y 298 del Código Orgánico Tributario de 2001 (artículos 212 y 213 de los Códigos de 1994 y 1992 y 205 y 206 del de 1983).

Pero estas providencias preventivas enumeradas en el Código Orgánico Tributario no son las únicas medidas cautelares que puede dictar el Juez, si estamos en sede contenciosa, pues, no debemos olvidar la aplicabilidad supletoria del artículo 588, Parágrafo Primero del Código de

Procedimiento Civil, en donde se consagra el "Poder Cautelar General", de tal manera que el Juez de lo Contencioso Tributario puede acordar, en beneficio de la Administración Tributaria y previa su solicitud, las tres medidas nominadas tradicionales que enumera el Código orgánico Tributario y también cualquier otra medida cautelar innominada en provecho del Fisco. En la regulación de 2001, como se transcribió previamente, se observa que se agregó un nuevo numeral (4), para indicar explícitamente esta posibilidad, aunque con el error de técnica legislativa de mencionar el artículo del Código Procesal. Además, esto era innecesario por la Teoría General del Proceso y la remisión genérica al Código Procesal.

Así, partiendo de la idea cierta de que el Contencioso Tributario, como el Contencioso-Administrativo General, dejó de ser tan sólo un juicio al acto, para devenir un juicio también subjetivo, y toda vez que el citado artículo 588, Parágrafo Primero del Código de Procedimiento Civil señala que fuera de "las medidas preventivas anteriormente numeradas,..., el Tribunal podrá acordar las providencias cautelares que considere adecuadas, cuando hubiere fundado temor de que una de las partes (no dice cuál, el supuesto es válido para las dos: la Administración Tributaria y el recurrente) pueda causar lesiones graves o de difícil reparación al derecho de la otra (la otra tampoco está identificada)", es obvio que en sede contenciosa, en nuestro criterio, el "Poder cautelar General" es aplicable en beneficio tanto del recurrente como de la Administración Tributaria, debiendo la parte solicitante (sin perjuicio de la actuación judicial oficiosa propia del Contencioso Administrativo) demostrar la existencia del riesgo manifiesto de que quede ilusoria la ejecución del fallo y acompañar un medio de prueba que constituya presunción grave de esta circunstancia y del derecho que se reclama (artículo 585 del Código Procesal).

En estos casos, el Juez, para evitar el daño, podrá autorizar o prohibir la ejecución de determinados actos y adoptar las providencias que tengan por objeto hacer cesar la continuidad de la lesión, con la única limitación del alcance de su propia creatividad y la aplicación del Principio de Proporcionalidad. Según el artículo 297 del Código Orgánico Tributario de 2001 (artículos 121 de los Códigos de 1994 y 1992 y 205 del de 1983), las medidas deberán estar graduadas en proporción al riesgo, cuantía y demás circunstancias del caso.

En otro orden de ideas, en virtud de lo ordenado en el artículo 299 del Código Orgánico Tributario de 2001 (artículos 214 de los Códigos de 1994 y 1992 y 207 del de 1983), el Fisco no tiene que caucionar el decreto de las medidas cautelares, pero será responsable de sus resultados, sin perjuicio de la posibilidad que tiene el interesado de solicitar la sustitución de las medidas decretadas, por garantías suficientes a criterio del Tribunal.

Por último, sobre el punto referido a las medidas innominadas, nos interesa reseñar que ya la jurisdicción Contencioso Administrativa General cuenta con un precedente, bastante reciente, de aplicación de las medidas innominadas, es decir, del "Poder Cautelar General" contenido en el artículo 588, Parágrafo Primero del Código de Procedimiento Civil, en la sentencia del 15 de febrero de 1993. Se trata del famoso caso en el cual, de oficio, la entonces Corte Suprema de Justicia en Sala Político-Administrativa, aplicando el referido artículo del Código de Procedimiento Civil, como medida cautelar innominada, suspendió las elecciones regionales que fueron convocadas, en aquel entonces, en los Estados Sucre y Barinas. Hoy en día los ejemplos abundan.

2. *Los Créditos Fiscales No están Determinados ("cuando se encuentren en proceso de determinación")*

Pasemos ahora al análisis del otro supuesto: cuando los créditos tributarios no están determinados.

Nosotros comprendemos y aceptamos que la voluntad del legislador fue la de permitir que la Administración Tributaria pudiese lograr que el Juez decrete medidas cautelares, aún cuando fuese para asegurar el cobro de un crédito no determinado. Esto lo entendemos porque expresamente lo establece así la disposición legal: "cuando se encuentren en proceso de determinación". Pero, en nuestra opinión, los precedentes normativos del artículo 296 del Código Orgánico Tributario de 2001, para decidirlo coloquialmente, "no daba para eso", pues en su redacción, como lo veremos de seguidas, no permitían que pudiesen decretarse medidas cautelares para asegurar un crédito no determinado.

Sin embargo, nos resulta interesante el siguiente análisis: ¿Cuáles podrían ser, hipotéticamente, los ejemplos que condujeron al legislador a consagrar este escenario? Entre otros posibles casos, estudiaremos los dos siguientes:

- El caso de un contribuyente que es objeto de una fiscalización, se le notifica un Acta Fiscal donde se le formula un Reparo; posteriormente, sin que se haya dictado la Resolución Culminatoria del Sumario Administrativo, es decir, sin que se haya determinado el crédito tributario, el contribuyente inicia una serie de actividades que voluntaria o involuntariamente son susceptibles de conducirlo a la insolvencia, en perjuicio de los derechos del Fisco. La administración tributaria podría entonces pedirle al Juez competente para conocer del Recurso Contencioso Tributario, que decrete medidas cautelares.

- El otro caso sería, por ejemplo, el siguiente: La Administración Tributaria se entera, por vía de la declaración anticipada por enajenación de inmuebles (antes por la notificación de la enajenación de inmuebles) de una venta inmobiliaria que genera un enriquecimiento, por ejemplo de Cuatro Mil Millones de Bolívares y, en este caso, sin que se haya determinado el crédito tributario, al menos el definitivo correspondiente al ejercicio fiscal de que se trate, la Administración Tributaria también podría pedir al indicado Juez, si teme que se dilapide el patrimonio del contribuyente, medidas cautelares para asegurar el cobro de sus derechos fiscales.

No obstante, insistimos, en realidad la redacción de tales precedentes no permitía que pudiesen decretarse medidas cautelares para asegurar créditos no determinados, por los siguientes motivos: Como ya quedó anteriormente establecido y demostrado, estos requisitos de "determinados o no", por un lado, y de "no exigible por causa de plazo pendiente o por la interposición de algún Recurso", por el otro lado, eran concurrentes. No eran alternativos, no era una cosa o la otra, tenían que darse los dos requisitos: debía tratarse de un crédito no determinado (porque es el supuesto que ahora analizamos) y, además, debía no ser exigible por causa de plazo pendiente o por la interposición de algún Recurso.

Cabía, entonces, preguntarse ¿acaso no es la Resolución Culminatoria del Sumario Administrativo, acto que determina el crédito tributario, la oportunidad en la cual se le puede conceder al contribuyente un plazo para el pago del tributo? Así mismo ¿acaso no es la misma Resolución Culminatoria del Sumario Administrativo el acto que podría ser recurrible? ¿Cómo es posible que se reúnan estos dos requisitos tratándose de un crédito no determinado?

En nuestra opinión el legislador debió establecer algo como lo siguiente: "crédito determinado no exigible por causa de plazo pendiente o por la interposición de algún Recurso o no determinado". Así sabríamos que los requisitos en cuestión concurren cuando el crédito está determinado, pero que si no está determinado, al no haber otra condición exigida, procedería la medida cautelar. En conclusión, dada la imposibilidad jurídica de su aplicación, esa pequeña pero importante parte del artículo 211 del Código Orgánico Tributario de 1994 que decía "o no", era letra muerta.

De esta forma, la redacción de la norma vigente, el artículo 296 del Código Orgánico Tributario de 2001, varío para mejor uso gramatical, al señalar: "aún cuando se encuentren en proceso de determinación, o no sean exigibles...", con lo cual se puede fácilmente interpretar que se ha eliminado la concurrencia, siendo lo no exigible para los créditos determinados, nada más.

Empero, cómo garantizar que no se viole el principio de proporcionalidad al decretarse un embargo preventivo, un secuestro o una prohibición de enajenar y gravar, por ejemplo, si no se conoce la cuantía del eventual crédito, precisamente por no estar determinado?

Esto es algo que resta a reflexionar. Mientras tanto, nosotros seguimos pensando en su imposibilidad jurídica.

4. La Fase Probatoria en el Recurso Contencioso Tributario:

4.A) La Posible No Apertura de la Fase Probatoria en el Recurso Contencioso Tributario

Aparece regulado en el artículo 268 del Código Orgánico Tributario de 2001 (artículos 193 de los Códigos de 1994 y 1992 y 182 del de 1983), el supuesto de la no apertura del lapso probatorio, porque así lo solicitaren las partes, por tratarse de una causa de mero derecho o por ser la causa decidible con los elementos probatorios que obren en el expediente. Estos son, por cierto, los supuestos de la decisión de la causa sin pruebas, sin apertura del lapso probatorio, enumerados en los artículos 388 y 389, numerales 1 y 3 del Código de Procedimiento Civil.

Ahora bien, como sabemos, anteriormente, bajo el imperio del Código Orgánico Tributario de 1983 (artículo 184), había en nuestro proceso Contencioso Tributario una fase de relación de la causa que, a partir de la reforma del Código de 1992, ha quedado eliminada, por remisión del artículo 194 del Código Orgánico Tributario de 1992 a las disposiciones del Capitulo I del Título III del Libro Segundo del Código de Procedimiento Civil, en todo lo relativo a la vista y sentencia de la causa. Esta eliminación fue ratificada por la reforma del Código Orgánico Tributario de 1994, cuyo artículo 194, aunque no remite ni menciona al Código de Procedimiento Civil, reguló la vista y sentencia de la causa sin prever relación alguna. Lo mismo acontece en el Código Orgánico Tributario de 2001. De manera que quedó proscrita en nuestro proceso Contencioso Tributario, al igual que en el proceso civil ordinario, la fase de la relación.

Sin embargo, es curioso observar que cuando el legislador reguló, en la fase probatoria, lo relativo a la forma como ha de proceder el Juez en los casos en que no haya lugar a la apertura del lapso probatorio, le ordenó a éste, en el artículo 193 del Código Orgánico Tributario de 1992, fijar oportunidad para el inicio de la relación. Esto debe ser necesariamente calificado como una "inadvertencia" del legislador, puesto que no puede haber inicio de una relación que no existe, dado que la misma, como se señaló, fue eliminada en la reforma. De allí que en tales casos (no apertura del lapso probatorio) también habrá de procederse conforme al Código de Procedimiento Civil, en el sentido de que el Juez deberá fijar la oportunidad para que tenga lugar la presentación de informes. Afortunadamente, este error fue corregido en el artículo 193 del Código Orgánico Tributario de 1994.

Igualmente, en el ámbito del Contencioso-Administrativo General, la Ley Orgánica de la Corte Suprema de Justicia, en su artículo 135, dispone que a solicitud de parte o de oficio, el Tribunal podrá reducir los plazos, incluso los probatorios, en caso de urgencia, y hasta decidir, sin relación ni informes, si el asunto fuere de mero derecho. Empero, como vimos, en el Contencioso Tributario siempre habrá lugar a la oportunidad para la presentación de los informes de las partes.

4.B) La Apertura de la Fase Probatoria del Recurso Contencioso Tributario: los Lapsos, el Procedimiento y la Apelación

¿Cuándo se inicia la fase probatoria? Sobre el punto ha habido cambios en el Código Orgánico Tributario luego de las reformas, puesto que la iniciación del lapso probatorio tenía lugar dentro de los tres (3) días siguientes a la fecha del auto de admisión del Recurso o de la devolución del expediente por parte del Tribunal de alzada que admitió el Recurso, en caso que hubiese habido apelación de la negativa de admisión, oportunidad en la cual el Juez declaraba la causa abierta a pruebas (artículos 182, 193 y 193, respectivamente, de los Códigos Orgánicos Tributarios de 1983, 1992 y 1994). En cambio, conforme al artículo 268 del Código Orgánico Tributario de 2001, el juicio queda abierto a pruebas, sin necesidad de decreto o providencia del Juez, vencido el lapso para apelar de las decisiones sobre la admisibilidad del Recurso, o desde que conste en autos la devolución del expediente del Tribunal de alzada que admitió el Recurso. Como vemos, en este asunto se aleja el Contencioso Tributario del Contencioso-Administrativo General, pues el Código Orgánico Tributario provoca la apertura "automática" de la causa a pruebas, salvo que se solicite lo contrario por las partes, mientras que el artículo 116 de la Ley Orgánica de la Corte Suprema de Justicia exige que el recurrente o algún tercero interviniente solicite expresamente la apertura de la causa a pruebas.

Ahora bien, sobre el particular de la apelación de la negativa de admisión del Recurso hubo cierta polémica (ya sin actualidad), que debió resolver nuestro Máximo Tribunal, porque llegó a pensarse, en un momento dado, que debía dejarse transcurrir íntegramente el lapso de diez (10) días para la apelación de la decisión sobre la admisibilidad del Recurso (solución acogida por el legislador en la normativa vigente), a pesar de que el dispositivo aludía a los tres (3) días siguientes al auto de admisión. De manera que algunos crían que debía transcurrir íntegramente el lapso de diez (10) días para apelar de la admisibilidad y que el término de tres (3) días para abrir la causa a pruebas sólo comenzaba a transcurrir una vez vencido este primer lapso. La entonces Corte Suprema de Justicia decidió que de ninguna manera debía esperarse el transcurso del lapso de apelación, de modo que, para algunos de los Tribunales el término de apertura a prueba, indefectiblemente, tenía lugar dentro de los tres (3) días siguientes a la fecha del auto sobre la admisibilidad del Recurso, sin perjuicio, obviamente, del ya mencionado doble efecto de la apelación de tal auto.

Por supuesto, esta polémica fué retomada ya que la reforma del Código de 1994 volvió sobre la redacción de 1983, en cuanto a la apelabilidad de la decisión sobre la admisibilidad del Recurso. Ella dejó de tener sentido durante la vigencia del Código de 1992, porque tal problema sólo puede presentarse en el caso de que sea apelable la admisión del Recurso. Si en ese entonces no era apelable la admisión del Recurso sino sólo su declaratoria de inadmisibilidad, no había ningún lapso que dejar transcurrir a los efectos de la apelación: el Recurso simplemente estaba admitido y dentro de los tres (3) días siguientes debía tener lugar la apertura del lapso probatorio.

En cuanto a los términos en general, observamos que en materia de lapsos de promoción y evacuación no ha habido ningún cambio a partir de las reformas del Código Orgánico Tributario. Sigue manteniéndose hasta cierto punto lo que llamamos la "especialidad" de nuestro proceso Contencioso Tributario, en cuanto a los lapsos de promoción y evacuación que siguen siendo de diez (10) y veinte (20) días de despacho, respectivamente (artículos 269 y 271 del Código Orgánico Tributario de 2001), distintos a los lapsos de quince (15) y treinta (30) días de despacho previstos en los artículos 396 y 400 del Código de Procedimiento Civil para el Juicio Ordinario y a los cinco (5) y quince (15) días de despacho consagrados en el artículo 127 de la Ley Orgánica de la Corte Suprema de Justicia para el Contencioso-Administrativo General.

Por lo que respecta a los lapsos para decidir sobre la procedencia de los medios probatorios tenemos que, en cuanto al lapso que tiene el Tribunal para pronunciarse sobre la admisibilidad de las pruebas, la situación es idéntica en los Códigos de 1983, 1992 y 1994 y es que nuestro Código Orgánico Tributario no regulaba nada al respecto, no establecía ningún señalamiento respecto a la admisión de las pruebas, a los lapsos para hacerlo y a los demás detalles relacionados con esta materia. En razón de ello, se aplicaban en nuestro proceso Contencioso Tributario las disposiciones del Código de Procedimiento Civil, en cuanto al lapso para la oposición a las pruebas promovidas por la contraparte, que es de tres

(3) días (artículo 397 del Código Procesal), y al lapso de (3) días que tiene el Tribunal para admitir las pruebas o negarlas (artículo 398 del Código Procesal).

De manera que, en cuanto a los lapsos para oponerse a y decidir sobre la admisibilidad o no de las pruebas, podemos afirmar que había una aplicación directa del Código de Procedimiento Civil, por cuanto existía un vacío al respecto en el Código Orgánico Tributario.

Pero era menester estar muy atentos respecto a esta aplicación del Código de Procedimiento Civil en materia de apelación de la admisión o la inadmisión de las pruebas, por lo que siguiente: algunos habían sostenido erróneamente, dada la normativa del entonces, que el lapso para apelar de la admisibilidad o inadmisibilidad de las pruebas debía ser el lapso genérico de cinco (5) días establecido en el artículo 298 del Código de Procedimiento Civil. Esto nos sorprendió porque, si vamos al Código de Procedimiento Civil, se observa que se trata de un lapso genérico ("salvo disposición especial") que, como tal, se aplica, únicamente, salvo disposición especial en contrario. Ahora bien, en el artículo 195 del Código Orgánico Tributario de 1994, que estaba referido tanto a las sentencias definitivas como a las interlocutorias que causaren gravamen irreparable por la definitiva, se estableció un lapso de apelación de ocho (8) días de despacho, que era de diez (10) días continuos en el Código de 1992 (artículo 195) y de diez (10) días de despacho en el Código de 1983 (Artículo 187). De manera que era error sostener que el lapso para apelar de la admisibilidad o inadmisibilidad de las pruebas era el lapso genérico de cinco (5) días previsto en el citado artículo 298 del Código de Procedimiento Civil.

Distinta es la situación actual, a doble título. Primero, porque el artículo 270 del Código Orgánico Tributario de 2001, aunque innecesariamente, previó expresamente los lapsos dichos de tres (3) días de despacho para oponerse a las pruebas promovidas por la contraparte, y de tres (3) días de despacho para el pronunciamiento judicial sobre su admisibilidad. Y, segundo, porque su Parágrafo Único consagró el lapso de apelación del auto sobre la admisibilidad, haya habido o no oposición, en cinco (5) días de despacho, a ser oída sólo en el efecto devolutivo (conforme por lo demás con el artículo 291 del Código de Procedimiento Civil). Quizá lo positivo de esta segunda parte, sea que redunda en seguridad jurídica, frente a la discusión interpretativa ya evocada, existente por la regulación anterior.

En cuanto a los demás detalles relacionados con la apelación de las pruebas, sí deben aplicarse las disposiciones del Código de Procedimiento Civil, por cuanto no hay, ni ha habido, señalamiento específico alguno en nuestro Código Orgánico Tributario. Así, pues, debe ser apelable tanto el auto que admite las pruebas como el auto que las niega. Además, es remarcable destacar otras diferencias entre el Contencioso Tributario y el

Contencioso-Administrativo General, pues, según el artículo 128 de la Ley Orgánica de la Corte Suprema de Justicia, en este último no hay apelación contra el auto de admisión de pruebas y se oye en ambos efectos la apelación contra la negativa de admisión de alguna prueba.

Por último, en cuanto a estos aspectos, conviene resaltar que el Fisco, a pesar de tener derecho a ello, como parte en juicio, rara vez promueve y hace evacuar pruebas en el Contencioso Tributario. En general, salvo su participación en la designación de los peritos en las experticias promovidas por el recurrente, los representantes fiscales se apersonan en los procesos, por primera vez, a la altura de la presentación de los informes. Esto se debe, según pensamos, a una errada y hasta irracional conceptualización de, así como a una ingenua confianza en, la presunción "iuris tantum" de legalidad y veracidad de la que gozan los actos administrativos dictados con las formalidades de ley, que adjudica la carga de la prueba en contrario al recurrente (artículos 135, 145, 144 y 184, respectivamente, de los Códigos de 1983, 1992, 1994 y 2001: "El Acta de Reparo hará plena fe mientras no se pruebe lo contrario").

En nuestra opinión los representantes judiciales fiscales, como todo abogado que debe procurar la mejor defensa de los derechos de su representado, haciendo gala de gran diligencia procesal, deberían, en virtud de los dispositivos pertinentes del Código de Procedimiento Civil, del Código Orgánico Tributario, de la Ley de Abogados, del Código de Ética del Abogado y de la Ley Orgánica de Salvaguarda del Patrimonio Público, intervenir en todo estado y grado del proceso: oponerse a la admisión del Recurso y apelarla, promover pruebas (obviamente, sin que ello pueda consistir en la ocurrencia del vicio de motivación sobrevenida, sancionado por la jurisprudencia), oponerse a la admisión de las pruebas promovidas por el recurrente y apelarla, etc., siempre, obviamente, que ello sea procedente, dentro del espíritu de lealtad y probidad exigido por el artículo 170 del Código de Procedimiento Civil.

4.C) Los Medios Probatorios y la Comisión en el Recurso Contencioso Tributario

Con arreglo a lo dispuesto por el primer aparte del artículo 269 del Código Orgánico Tributario de 2001 (artículos 193 de los Códigos de 1994 y 1992 y 182 del Código de 1983), "serán admisibles todos los medios de prueba, con excepción del juramento y de la confesión de funcionarios públicos cuando ella implique la prueba confesional de la Administración".

Así, el Juez, de oficio o a instancia de parte, en este último caso como efecto de la respectiva promoción probatoria, en su búsqueda de la verdad real, para volverla verdad procesal, puede servirse, como fundamento de su sentencia, no sólo de todos los medios probatorios tradicionales regulados en el Código Civil y desarrollados y ampliados en el Código de Procedimiento Civil, como las testimoniales, las documentales, las presunciones, la experticia, la inspección judicial y, únicamente en cuanto al recurrente, el juramento y la confesión, salvo que aplicadas a funcionarios públicos éstos no acarreen prueba confesional de la Administración Tributaria, sino también, de los novedosos medios probatorios previstos en los artículos 502 al 505 del Código Procesal, como las reproducciones, copias y experimentos, e incluso de todo medio de prueba no prohibido expresamente por la ley, según lo establece el artículo 395 del Código Procesal, todo en virtud del principio de libertad probatoria, con base legal.

Además, por supuesto, de la aplicación directa de otros dispositivos del Código Procesal, relativos a los hechos notorios (artículo 506); a la valoración conforme a las reglas de la sana crítica (artículo 507), puesto que el Juez tiene libre apreciación de las pruebas (Marco Ramírez Murzi, obra citada, página 9); a los indicios (artículo 510); y a las máximas de experiencia (artículo 12).

No obstante, es el caso que la experiencia litigiosa nos ha mostrado que los medios probatorios más empleados por los recurrentes, en esta materia tributaria, suelen ser la experticia contable y las documentales, dentro de estas últimas se destacan el documento fundamental de la demanda (el acto administrativo impugnado), el acta fiscal, el expediente administrativo y, también, la exhibición (artículo 436 del Código Procesal) y la prueba de informes (artículo 433 del Código Procesal).

Cabe recordar y destacar la importancia del expediente administrativo, que obligatoriamente debe ser abierto por la Administración, contentivo de un cuerpo único comprensivo de toda la tramitación correspondiente, incluso de toda comunicación interorgánica, en orden cronológico, por mandato del artículo 51 de la Ley Orgánica de Procedimientos Administrativos, asunto que, hoy por hoy, tiene consagración constitucional en el artículo 143 del Texto Fundamental. La ausencia del expediente administrativo, por no haber sido enviado al Tribunal a pesar de su requerimiento o por no existir, según ha sostenido la jurisprudencia (sentencias aludidas y comentarios del Profesor Allan Brewer Carías, obra citada, páginas 23 y 24), debe ser considerada como falta de prueba de los presupuestos de hecho por parte de la Administración, es decir, como vicio de inmotivación en el acto impugnado, y hace presumir la inexistencia total y absoluta del procedimiento legalmente establecido, vicio de nulidad absoluta, por detrimento del derecho constitucional al debido proceso (a la defensa y al contradictorio), de acuerdo a lo previsto en el artículo 19 *"eiusdem"*.

Ahora bien, volviendo al tema de la libertad probatoria, explícitamente consagrada así en el Código Orgánico Tributario, desde 1983, conviene advertir sobre dispositivos legales contenidos en leyes tributarias especiales, que son claramente violatorios del derecho constitucional al debido proceso, del cual es garantía la libertad probatoria.

Así, la representación judicial del Fisco Nacional suele defender los reparos formulados por la Administración Tributaria, fundamentada en el hecho de que las recurrentes, visto el volumen de papel de difícil traslado y manejo, en lugar de promover como prueba documental de los gastos las facturas que los respaldan, se valen de otros medios probatorios. Esto, pues, en su opinión, las facturas serían el único medio que serviría para probar la realización de un gasto, por lo que los recurrentes habrían de aportar, en la oportunidad procesal correspondiente, las facturas que soportan los gastos cuya deducción se pretenda.

Como puede observarse, la representación fiscal confunde el medio probatorio (prueba documental), con el objeto de la prueba (facturas que soportan los gastos).

De acuerdo al artículo 395 del Código de Procedimiento Civil, son medios de prueba admisibles aquellos que determina el Código Civil, el mismo Código de Procedimiento Civil y otras leyes de la República. Luego, en su único aparte, el citado artículo señala que *"...las partes pueden valerse de cualquier otro medio de prueba no prohibido expresamente por la ley y que consideren conducente a la demostración de sus pretensiones..."*, consagrando de esta manera el principio de libertad probatoria, que se encuentra a su vez expresamente previsto en el Código Orgánico Tributario.

En tal sentido, las partes en el proceso Contencioso Tributario pueden hacer uso de cualquier medio de prueba que consideren idóneo para ilustrar el conocimiento del Juez sobre los hechos que se quieren demostrar, con excepción del juramento y de la confesión de empleados públicos cuando ello implique prueba confesional de la Administración. Son medios probatorios, por ejemplo, la prueba documental, la experticia, la inspección judicial, las testimoniales, etc.

Otra cosa muy diferente es el objeto de la prueba, que ha sido definido en la doctrina como aquello sobre lo cual recae la prueba y que, en este caso, está representado por las facturas o soportes contables que evidencian la realización de ciertos gastos ilegalmente objetados.

La confusión de la representación fiscal con relación a la diferencia entre medios de prueba y objeto de prueba se evidencia, cuando suele citar la Ley de Impuesto sobre la Renta, según la cual *"El costo de los bienes será el que conste en las facturas emanadas directamente del vendedor..."*, y *"...Las anotaciones o asientos que se hagan en dichos libros y registros deberán estar apoyados en los comprobantes correspondientes y sólo de la fe que ellos merezcan surtirá el valor probatorio de aquellos...".*

Con base a lo anterior, la representación fiscal acostumbra sostener que, dado que la ley exige la prueba del gasto mediante las facturas (prueba documental), no se podría sustituir el medio probatorio documental por ningún otro, para demostrar la erogación.

En primer lugar, las normas parcialmente transcritas no establecen **el** medio de prueba de los gastos realizados por los recurrentes. Lo que se exige es que tales facturas existan y, sólo en ese caso, los registros contables apoyados en ellas tendrán valor probatorio, siendo que tal existencia puede probarse con los distintos medios puestos a la disposición por la Ley.

Una cosa es la prueba misma (el objeto) y otra el medio. El medio de la prueba para verificar la realización de un gasto y su cuantía puede ser una inspección judicial, unas testimoniales, una prueba documental (directa o de informes de terceros), una experticia contable o cualquier otro legalmente posible. El objeto de esta prueba, cualquiera sea el medio, tiene que ser las facturas y los libros de contabilidad, siempre que éstos estén sustentados en las primeras.

Y, en segundo lugar, si fuera cierto que las normas citadas establecieran el único medio de prueba de los gastos realizados por los contribuyentes, serían inconstitucionales por obstaculizar el goce del derecho a la tutela judicial efectiva, impidiendo el ejercicio del debido proceso y el derecho a la defensa de los administrados quienes, con base al principio de libertad probatoria, pueden hacer uso de cualquier medio que no se encuentre expresamente prohibido por la ley, conforme además con los principios de capacidad contributiva y realidad económica, que ilustran al derecho tributario sustantivo.

Cabe observar lo mismo, por ejemplo, también en relación con la normativa de la Ley de Impuesto al Valor Agregado, que pretendería hacer de la factura, regularmente emitida, la única prueba del crédito fiscal. Esto, afortunadamente, ha sido puesto en su justo y apropiado lugar, por la jurisprudencia, tal como puede observarse de las sentencias de la Sala Político-Administrativa del Tribunal Supremo de Justicia, del 10 de noviembre de 2001 y del 29 de enero de 2002, casos Hilados Flexilón, C.A. y Aquamarina de La Costa, C.A., respectivamente.

Por lo que respecta a la facultad que se otorga expresamente a los Jueces de lo Contencioso Tributario, a partir de la reforma del Código de 1992, ratificada en 1994 y en 2001, en materia de comisión, facultad ésta que no aparecía expresamente consagrada en el Código de 1983, el artículo 272 del Código Orgánico Tributario de 2001 establece textualmente lo siguiente: "El Tribunal podrá dar comisión para la práctica de cualesquiera diligencias de sustanciación o de ejecución a los que le sean inferiores, aunque residan en el mismo lugar...".

Lo primero que cabe cuestionarse es si acaso nuestros Tribunales Superiores de lo Contencioso Tributario no tenían esta facultad antes de la reforma de 1992, al punto que ameritó su inclusión expresa en el nuevo Código. Por supuesto que los indicados Juzgados tenían la facultad de comisionar, por aplicación supletoria del artículo 234 del Código de Procedimiento Civil ("todo Juez puede dar comisión"), que la establece exactamente en los mismos términos.

Sin embargo, ello nos lleva a preguntarnos ¿qué sentido tiene entonces esta norma? El sentido lo apreciamos si terminamos de leer el contenido de esta norma, en la cual se excluyen expresamente las limitaciones establecidas en el aparte único del artículo 234 del Código de Procedimiento Civil. De manera que la teleología de esta norma radica, precisamente, en el objeto de que no se apliquen a los Jueces de lo Contencioso Tributario, las limitaciones que en materia de comisión establece el citado artículo 234 del Código de Procedimiento Civil.

Tales limitaciones, relativas a las comisiones que otorgan los Tribunales a aquellos que les sean inferiores, están referidas a algunos supuestos como es el caso por ejemplo de las inspecciones judiciales. En virtud del Principio Procesal de la Inmediación, se requiere que ciertas pruebas sean directamente apreciadas por el Juez de la causa, por eso en este caso no es aconsejable, como regla, que el Juez comisione a otro para los efectos de la práctica de estas diligencias. Sin embargo, hay algo interesante y es que el artículo 234 del Código de Procedimiento Civil ha recibido un tratamiento jurisprudencial y doctrinario que parece no haber sido muy difundido. Así, de acuerdo con nuestra jurisprudencia (hay sentencias de la Sala de Casación Civil de la entonces Corte Suprema de Justicia donde se interpreta esta norma) estas limitaciones solamente operan para aquellos Tribunales que residen en la misma localidad del Juzgado de la causa. De acuerdo con la doctrina jurisprudencial, un Tribunal puede comisionar perfectamente a otro, siempre y cuando resida en una localidad distinta pero, si reside en la misma localidad operan las limitaciones.

Pensamos que la inclusión de esta norma en el Código Orgánico Tributario, donde se excluyen esas limitaciones, obedece a la falsa creencia de que los Tribunales de lo Contencioso Tributario no tenían la posibilidad de comisionar a otros Tribunales del interior de la República, para la práctica de esas diligencias, en razón de lo cual se consideraron erróneamente obligados, dichos Tribunales, a evacuar inspecciones judiciales en Maracay, Valencia, Puerto Cabello, etc. No obstante, entendemos que esa creencia es infundada a la luz de la interpretación que esta norma ha recibido por la jurisprudencia y por la propia doctrina, según la cual tales limitaciones sólo operan en el caso que la comisión se vaya a otorgar a un Tribunal de la misma localidad. De manera que bajo la interpretación que había recibido la norma en cuestión un Tribunal de lo Contencioso Tributario, de los que tienen su sede en Caracas y competencia nacional, sólo estaba limitado para comisionar a otros Tribunales de Caracas, pero podía perfectamente comisionar a un Tribunal de otra localidad para practicar estas inspecciones.

El resultado es que se excluyó expresamente tal limitación, de manera que los Tribunales de lo Contencioso Tributario, a diferencia de los demás Juzgados, están libremente facultados para comisionar a sus inferiores, aunque residan en la misma localidad, lo cual, de acuerdo con algunos procesalistas, sí constituye una violación injustificada del recordado Principio de Inmediación.

5. La Vista y Sentencia en el Recurso Contencioso Tributario

5.A) Los Informes de las Partes en el Recurso Contencioso Tributario

Concluida la etapa probatoria, la etapa procesal subsiguiente es la fase de la vista y sentencia de la causa. Esta fase, de acuerdo con el artículo 193 del Código Orgánico Tributario de 1994, comenzaba en el segundo día de despacho, luego de vencido el lapso probatorio (o de decidida la no apertura de la causa a pruebas), oportunidad en la cual, sin relación alguna, se fijaba la oportunidad para la presentación de informes, que debía producirse dentro de los quince (15) días de despacho siguientes. Anteriormente, el Código de 1992, en su artículo 194, se limitaba a indicar que, vencido el lapso probatorio, igualmente sin relación, habría de procederse conforme a las disposiciones del Capitulo I del Titulo III del Libro Segundo del Código de Procedimiento Civil. Ello implicó, como vimos antes, que se eliminó la relación prevista en el artículo 184 del Código de 1983.

Sin variar sustancialmente el sistema, el Código Orgánico Tributario de 2001 (artículo 274) prevé la presentación de informes, al décimo quinto (15°) día de despacho siguiente al vencimiento del lapso probatorio, sin necesidad de providencia al respecto (salvo que haya decisión de no apertura a pruebas).

Sobre este aspecto de las reformas nos adherimos a aquellos que sostienen que la eliminación de la relación es algo realmente positivo. Hay una frase interesante de nuestro maestro procesalista Humberto Cuenca, según la cual la "relación" no era sino un "simulacro de relación". Hemos tenido la oportunidad de obtener la opinión de algunos Jueces que también consideran, en su mayoría, que la eliminación de la relación es algo conveniente. Recuérdese que dicha relación debía ser de quince (15) días de audiencia o días de despacho que, desgraciadamente, en la práctica se convertían en quince (15) notas de diferimiento de la relación, que a su vez tenía lugar cada quince (15) días de despacho, de manera que existieron casos en las cuales la relación llegó a durar un (1) año y más.

Ahora bien, conforme a lo dispuesto por el artículo 512 del Código de Procedimiento Civil, las partes presentarán sus informes por escrito, los cuales se agregarán a los autos pudiendo también ser leídos a petición de parte, cuando lo fije el Tribunal.

A partir de la oportunidad para la presentación de los informes comienzan a transcurrir en paralelo tres lapsos:

El primero de ellos es para formular por escrito las observaciones a los informes presentados por la contraparte, según lo previsto en el artículo 513 del Código de Procedimiento Civil. Esta facultad ya se venía ejerciendo antes de la reforma del Código de 1992, por aplicación supletoria del Código de Procedimiento Civil. Sin embargo, por primera vez se reguló esta materia en el Código Orgánico Tributario de 2001, en cuyo artículo 275 se consagra explícitamente la posibilidad de cada parte de presentar observaciones escritas a los informes de la parte contraria, dentro de los ocho (8) días de despacho siguientes (salvándose así la duda sobrevenida de la terminología del Código Procesal, que califica los días de continuos), pero condicionando el ejercicio de tal derecho a que a su vez se hubiesen consignado los respectivos informes, carga inexistente en el Código Procesal, que pone fin a una vieja discusión sobre la materia (si se podía o no observar si no se había informado), y descolla a su nivel apropiado el principio de igualdad de las partes en el proceso.

El segundo lapso que corre a partir de la oportunidad para la presentación de los informes es el relativo al dictado del auto para mejor proveer, al cual nos referimos en el punto que sigue.

Y, finalmente, a partir de la oportunidad para la presentación de los informes corre el lapso para dictar sentencia, que actualmente es de sesenta (60) días de despacho (conforme a la letra expresa del artículo 277 del Código Orgánico Tributario de 2001, como ya lo establecía el artículo 194 del Código de 1994, y no por remisión al artículo 515 del Código de Procedimiento Civil, como ocurría con el artículo 194 del Código de 1992), y que antes era de treinta (30) días de despacho (según el artículo 186 del Código de 1983).

5. B) El Auto para Mejor Proveer en el Recurso Contencioso Tributario

En el Código Orgánico Tributario de 1983 existía una norma, contenida en su artículo 185, que lamentablemente fue eliminada en las reformas de los Códigos de 1992 y de 1994, así como en la del Código de 2001. Este importantísimo dispositivo establecía un auto para mejor proveer distinto al consagrado en el Código de Procedimiento Civil.

El auto para mejor proveer, propio de la materia tributaria, otrora vigente, era de un contenido sumamente amplio, en cuanto a las facultades legalmente previstas y en cuanto a la oportunidad que tenía el Juez para hacer uso de tales facultades. En ese sentido, establecía la norma que el Juez podía dictar este auto para mejor proveer en cualquier momento después de terminada la relación y antes de dictar sentencia. De manera que había un lapso bastante considerable dentro del cual el Juez de lo Contencioso Tributario podía hacer uso de sus facultades escudriñadoras de la verdad. En cuanto a la entidad "*per se*" de dichas facultades, se observa que el Juez podía ordenar la evacuación de las pruebas promovidas que no hubieren sido evacuadas oportunamente y de otras pruebas que considerare necesarias para el esclarecimiento de los hechos.

Como puede apreciarse, el contenido de esta norma era bastante amplio ya que "las pruebas necesarias para el esclarecimiento de los hechos" pueden ser muchísimas, todas las que la ley no prohiba expresamente. De modo que el Juez tenía un enorme poder de actuación de oficio en materia de auto para mejor proveer.

Ahora bien, es el caso que en las reformas de los Códigos de 1992 y 1994 (artículos 194), ratificada por la del Código de 2001 (artículo 276), que sigue en su fin al artículo 514 del Código de Procedimiento Civil, este dispositivo fue modificado en sentido restrictivo, reduciéndose los poderes del Juez de lo Contencioso Tributario. En la actualidad, el Juez dispone de un lapso perentorio de quince (15) días de despacho, vencido el plazo para presentar los informes y antes de dictar sentencia, para dictar el auto para mejor proveer. Por otra parte, en cuanto al contenido de las diligencias probatorias evacuables de oficio por esta vía, mientras que antes el Juez podía hacer uso de cualquier prueba que estimare necesaria para el mejor esclarecimiento de los hechos, en cambio, a partir de las reformas, el auto para mejor proveer se traduce en unas facultades muy limitadas, incluso de carácter taxativo, a saber: el interrogatorio de los litigantes para esclarecer algún hecho importante que aparezca dudoso u obscuro; la presentación de algún documento de cuya existencia haya algún dato en el proceso y que se juzgue necesario; la inspección judicial para la formación de un croquis, o para que se tenga a la vista un proceso que exista en algún archivo público y se ponga certificación de algunas actas, siempre que en el pleito haya alguna circunstancia de tal proceso y tenga relación el uno con el otro; y, la práctica de una experticia o la ampliación o aclaratoria de la existente en autos.

En relación con este aspecto de las reformas, ha habido cierta inquietud y tenemos conocimiento de que algunos Jueces efectivamente se llegaron a considerar restringidos en este sentido. Entienden que ha habido una derogatoria, con la eliminación de la norma anterior, del principio de los poderes inquisitivos propios de los Jueces de lo Contencioso Tributario, como Jueces de lo Contencioso-Administrativo, en su rol de contralores de la legalidad. Asumen que estas limitaciones pueden ser justificables, hasta cierto punto, en los procesos ordinarios, en materia *"ius privatista"*, pero no en un proceso de lo Contencioso Tributario, de eminente interés público.

Nosotros creemos que sí ha habido, en efecto, una reducción de las facultades del Juez de lo Contencioso Tributario. Sin embargo, la conclusión no debe ser radical, porque si analizamos con detenimiento algunos medios probatorios que se encuentran repartidos en la normativa de nuestro Código de Procedimiento Civil, observaremos que, al menos dos de ellos, que son muy importantes, pueden ser utilizados por el Juez de oficio y en cualquier momento, cuando lo juzgue oportuno.

De manera que si se revisan con detenimiento todas estas normas en conjunto, que regulan los distintos medios de prueba, se debe concluir que si bien ha habido una restricción, la misma no es tan absoluta como aparenta. A título de ejemplo tenemos que en materia de experticia, concretamente en el artículo 451 del Código de Procedimiento Civil, expresamente se permite que el Juez haga uso de dicho medio de prueba sin limitaciones y, en materia de inspección judicial, establecida en el artículo 472 *"ejusdem"*, se permite hacer uso al Juez de este tipo de inspecciones, de oficio, cuando lo juzgue oportuno, por lo que no habría una limitación en el tiempo, ni en el contenido o alcance, para el uso de esta facultad.

Además, conforme con el artículo 401 del Código de Procedimiento Civil el Juez, de oficio, concluido el lapso probatorio y antes del acto de informes, podrá ordenar la práctica de diligencias como el interrogatorio libre de los litigantes, la presentación de instrumentos, la comparecencia de algún testigo promovido o no por las partes, la inspección judicial y la experticia o aclaratoria.

Queda pues en la consciencia del Juez, en su sentido de responsabilidad y en su personal sensación del deber cumplido a cabalidad, el desarrollar o no una actividad probatoria de oficio, cuando lo juzgue pertinente, a lo largo del proceso, pues para ello está suficientemente autorizado por la ley procesal.

5.C) La Sentencia en el Recurso Contencioso Tributario

En cuanto a la oportunidad para el pronunciamiento de la sentencia definitiva, ya indicamos que ésta debe ser dictada dentro de los sesenta (60) días de despacho siguientes a la oportunidad para la presentación de los informes o, en su caso, para el cumplimiento del auto para mejor proveer, plazo que podrá diferirse por una sola vez, por causa grave sobre la cual el Juez hará declaración expresa, por un término que no excederá de treinta (30) días, con arreglo al artículo 277 del Código Orgánico Tributario de 2001, en concordancia con el artículo 251 del Código de Procedimiento Civil.

Sobre la oportunidad de la para el dictado de la sentencia, sólo resulta de especial interés mencionar que, conforme al artículo 265 del Código Orgánico Tributario de 2001, por primera vez se establece que, aunque el fallo pueda pronunciarse fuera del lapso de ley, jamás podrá ocurrir la perención después de vista la causa.

Por lo que respecta al contenido de la sentencia definitiva, además de lo relativo a sus elementos generales, expresados en el artículo 243 del Código de Procedimiento Civil (indicación del Tribunal que la pronuncia y de las partes y sus apoderados; síntesis clara, precisa y lacónica de los términos de la controversia; motivos de hecho y de derecho de la decisión; la decisión y la determinación del objeto sobre el que ésta recaiga), conviene recordar que, en principio, el Juez debe atenerse a la pretensión deducida, sin estatuir "infra petita" ni "ultra petita", en el sentido de que puede anular el acto impugnado, confirmarlo o modificarlo ("Le juge de l'impôt dispose d'un pouvoir identique à celui dont a fait usage l'Administration pour établir l'imposition contestée. Il peut non seulement annuler l'imposition litigiose mais aussi redéfinir lui-même l'obligation du contribuable": Jean-Michel Le Berre, obra citada, página 22) ("...las declaraciones del fallo como resultado de la revisión de la determinación impositiva de la Administración Tributaria, es decir, la determinación realizada por el Juez como producto del examen de los hechos y alegatos": Gabriel Ruan Santos, obra citada, página 23)

Además, como ya se señaló, dado su carácter de Juez de lo Contencioso-Administrativo, puede también, según le haya sido solicitado, condenar a la Administración Tributaria a indemnizar daños y perjuicios y a realizar conductas tendentes al restablecimiento de las situaciones jurídicas subjetivas lesionadas por la actividad administrativa, al pago de costas y, también, establecer los efectos de la decisión en el tiempo.

Hemos dicho anteriormente "en principio" porque, siendo el Juez de lo Contencioso Tributario un contralor de la legalidad de los actos administrativos, entendemos que podría anular el acto impugnado, por razones de orden público, incluso por adolecer de vicios de ilegalidad no alegados por el recurrente o el tercero coadyuvante interviniente. Debemos indicar en este punto, que dado el fin de control de legalidad de este proceso, al recurrente y al tercero coadyuvante interviniente no les precluye su derecho a alegar vicios de ilegalidad con la presentación del Recurso o del escrito de adhesión, respectivamente, pues ellos podrán siempre y en todo momento, antes de la sentencia definitiva, argumentar para demostrar la ilegalidad por vicios de orden público del acto impugnado ("...le contribuable aura les mêmes droits dans l'argumentation de sa défense devant le juge que ceux dont dispose déjà l'Administration. Il aura donc la possibilité de soulever, a tout moment de la procédure, tout moyen de droit nouveau destiné a établir le caractère excessif ou irrégulier des rappels en litige»: André Barilari, «Les Droits du Citoyen face aux Administrations Fiscales ou Douanières», Revue Française de Finances Publiques, N° 17, 1987, página 149).

En este orden de ideas, la jurisprudencia patria ha establecido que: "...una vez definida la litis en cuanto a los hechos que configuran la controversia por medio del reparo formulado por la fiscalización y del Recurso contencioso fiscal interpuesto por el contribuyente, aquélla o éste pueden invocar el derecho aplicable o alegar la ilegalidad o violación de la ley en cualquier estado y grado de la causa, inclusive en alzada. Tales razones de derecho no pueden ser ignoradas en ningún caso por el Juez de lo Contencioso-Administrativo al llegar a su conocimiento, aun cuando no haya sido invocado por la Administración ni por el administrado...» (sentencia de la Sala Político-Administrativa de la entonces Corte Suprema de Justicia del 4 de diciembre de 1979, ratificada por la sentencia N° 342 del Juzgado Superior Segundo de lo Contencioso-Tributario del 6 de abril de 1995 (caso: C.A. Ron Santa Teresa, expediente N° 347, Jurisprudencia de los Tribunales de Última Instancia, Tomo 4, Repertorio Mensual de Jurisprudencia del Dr. Oscar Pierre Tapia, Año VI, abril de 1995, páginas 93 a 96).

En referencia ahora a la apelación de la sentencia definitiva, cabe señalar que ésta debe ser oída en ambos efectos, precisamente por su carácter definitivo, principio que aparece recogido en el artículo 290 del Código de Procedimiento Civil. El lapso para apelar es el de ocho (8) días de despacho, que comentamos anteriormente, previsto en el artículo 278 del Código Orgánico Tributario de 2001. Y para la apelación se seguirá el procedimiento establecido en el Código de Procedimiento Civil (artículo 292 y siguientes).

No obstante, no toda sentencia definitiva es apelable. En efecto, cuando se trata de determinación de tributos o de imposición de sanciones pecuniarias y, obviamente, sólo en esos casos (siendo libre la apelación en los demás), la cuantía del problema en juego constituye una limitación para la apelación. En este sentido, se observa que hubo un aumento, pues antes, según el artículo 187 del Código Orgánico Tributario de 1983, la cuantía mínima para apelar era de más de Veinte Mil Bolívares (Bs. 20.0000,00), mientras que la reforma del Código de 1992 la llevó a más de Doscientos Mil Bolívares (Bs. 200.000,00). Luego, la reforma del Código de 1994 la fijó en más de Cien (100) unidades tributarias para las personas naturales y más de Quinientas (500) unidades tributarias para las personas jurídicas, ello sin cambio en el artículo 278 del Código de 2001. Hoy por hoy la unidad tributaria equivale a Catorce Mil Ochocientos Bolívares (Bs. 14.800,00). Esta es la nueva cuantía para tener acceso a la segunda instancia en el proceso contencioso tributario.

Respecto a este límite cuantitativo para apelar, se debe recordar una polémica que ya ha sido resuelta por nuestro Máximo Tribunal, suscitada por aquella posición según la cual dicha cuantía funcionaba solamente respecto a las sentencias definitivas, pero no respecto a las interlocutorias. De acuerdo con dicho criterio, si la cuantía era menor al límite se podía tener acceso a la alzada, es decir a la segunda instancia, si se trataba de una interlocutoria, pues, solamente operaría la limitación para la sentencia definitiva. Tal criterio nos resulta en desapego tanto a la lógica como a la propia redacción de la norma del Código Orgánico Tributario, en efecto, el Código no distingue: nos habla tanto de las definitivas como de las interlocutorias y establece una cuantía que debe ser aplicada a ambas. Así se pronunció la entonces Corte Suprema de Justicia y pensamos que el asunto ha quedado resuelto.

En torno al lapso para apelar que tiene la Procuraduría General de la República, tenemos que la inclusión de la norma de especialidad en el Código Orgánico Tributario de 1994 constituyó un aporte jurisprudencial importante, pues quedó establecido en la norma lo que tenía muchos años diciendo la entonces Corte Suprema de Justicia y que estaba relacionado con la forma en que debía computarse el lapso de apelación, para los efectos de la Procuraduría. Allí se hizo referencia específicamente al lapso previsto en el artículo 38 de la Ley Orgánica de la Procuraduría General de la República, de modo que el lapso de apelación debía contarse a partir del vencimiento del plazo de ocho (8) días hábiles. Empero, esta normativa fue eliminada del Código Orgánico Tributario de 2001, sin referencia alguna al tema, por lo que, sin perjuicio de que se puedan producir nuevamente las pasadas discrepancias al respecto, se deberá remitir el intérprete a la regulación propia de ese organismo público.

Por último, sobre la ejecución de la sentencia, tenemos que, conforme al artículo 222 del Código Orgánico Tributario de 1994 (artículo 222 del Código de 1992), eran competentes para la ejecución de las sentencias dictadas en el Recurso Contencioso Tributario, los Tribunales de la Jurisdicción Ordinaria, conforme al Código de Procedimiento Civil (según fuesen aplicables: artículos 524 y siguientes del Código Procesal), sin que se admitiese alegar la excepción de ilegalidad. Antes acorde con el artículo 215 del Código de 1983, era competente para la ejecución del fallo, el Tribunal que hubiere conocido en primera instancia del Recurso.

Consideramos que esa norma, contenida en el citado artículo 222, había parcialmente derogado en la materia al conocido Principio de Derecho Procesal, según el cual el Juez de la ejecución de la sentencia debe ser el Juez que tuvo conocimiento de la causa en primera instancia: «El Juez de la Ejecución es el Juez de la Cognición». Así, el artículo 523 del Código de Procedimiento Civil estatuye que: "La ejecución de la sentencia o de cualquier otro acto que tenga fuerza de tal, corresponderá al Tribunal que haya conocido de la causa en primera instancia".

Este principio, que ordena que el Juez de la ejecución sea el Juez de la causa, apareció aquí, en nuestro criterio, desafortunada e infortunadamente derogado, puesto que no hay razón para que el Juez de la causa, que es el Juez de lo Contencioso Tributario, no pueda, y es más, no deba, ser el Juez de la ejecución de su propia sentencia, pudiendo serlo el Juez de lo Contencioso-Administrativo General, y estando facultado también, como todo Juez, para comisionar a sus inferiores.

No obstante, el Código Orgánico Tributario de 2001 no solamente restableció la plena vigencia de este principio general del proceso, en la materia tributaria, al prever en su artículo 280 que «La ejecución de la sentencia corresponderá al Tribunal Contencioso Tributario que haya conocido de la causa en primera instancia, una vez que la sentencia haya quedado definitivamente firme, pasada con autoridad de cosa juzgada», sino que fue mucho más lejos.

En efecto, toda una sección del Código de 2001, de los artículos 280 al 288, está dedicada al tema de la ejecución de la sentencia en el Recurso Contencioso Tributario, aspecto que queda de ese modo meramente complementado, supletoriamente, por la normativa pertinente del Código de Procedimiento Civil, en cuanto sea aplicable.

Sólo resta observar, en sentido crítico, que la regulación de la ejecución de la sentencia ha sido meramente parcial y, por ende, insuficiente, puesto que, acorde con el citado artículo 280 y a pesar de que indica que el Juez decretará la ejecución «a petición de la parte interesada», vale decir la que resulte gananciosa cualquiera que sea, paradójicamente el mecanismo está previsto únicamente para los casos de declaratoria sin lugar, total o parcial del Recurso, es decir, para los supuestos en que resulta total o parcialmente perdidoso el recurrente, habiendo sido condenado a pagar sumas dinerarias (se olvidaron también los supuestos distintos a las recaudaciones pecuniarias, como lo son ciertas sanciones y otros casos donde pueda discutirse por ejemplo la mera situación conceptual de si se es contribuyente o no, etc.).

Claro que, tratándose de un control de la legalidad del actuar administrativo, la pretensión principal del accionante habrá de ser anulatoria, por lo que de obtenerse su reconocimiento, su ejecución es «automática». Empero, siendo posible acumular pretensiones de otro tipo, como las indemnizatorias, las resarcitorias y las restablecedoras, derivado ello no sólo de los poderes reconocidos al Juez de lo contencioso administrativo por la Constitución, sino también incluso de la pobre y asistemática regulación actual (absolutamente ausente de los Códigos previos), como la del artículo 327 del Código Orgánico Tributario de 2001, que exige como contenido de la sentencia la reparación de los daños y perjuicios sufridos por los interesados, por causas imputables al funcionamiento de la Administración Tributaria, es obvio que se dejó un gran vacío normativo en aspectos trascendentes de la ejecución de los fallos, poniendo en entredicho el respeto del derecho constitucional a la tutela judicial efectiva, máxime cuando no queda más que remitirse a mecanismos tradicionales de ya comprobada ineficacia.

6. La Segunda Instancia en el Recurso Contencioso Tributario

En cuanto al procedimiento en segunda instancia, se observa que acorde con lo dispuesto en el artículo 279 del Código Orgánico Tributario de 2001 (artículos 196 de los Códigos de 1994 y 1992 y 189 del de 1983), habrá de seguirse el procedimiento previsto a tal efecto en la ley que rige al Tribunal Supremo de Justicia (por el momento la Ley Orgánica de la Corte Suprema de Justicia), sólo que ahora, desde 1992, no se señala en la norma el artículo específico (162) de la ley en comento, como ocurría con el Código de 1983 (que erróneamente, además, hizo la remisión al artículo 121 de la misma ley), lo cual nos parece una sana técnica legislativa que persigue evitar que en caso de una futura reforma de la Ley Orgánica del Supremo Tribunal, vaya a haber una incoherencia entre dicha Ley y el Código.

Por otro lado, siendo el Tribunal Supremo de Justicia (antes Corte Suprema de Justicia), concretamente en su Sala Político-Administrativa, el Juez de lo Contencioso Tributario de alzada, según lo establecido en el primer aparte del artículo 329 del Código Orgánico Tributario de 2001 (artículos 220 de los Códigos de 1994 y 1992 y 213 del de 1983), además de ser el órgano jurisdiccional cabeza del sistema judicial denominado Jurisdicción Contencioso-Administrativa (General y Especial), por mandato constitucional y desarrollo legal, como hemos visto, consideramos acertado que el legislador, en el Código Orgánico Tributario, haya optado por uniformar o unificar el proceso judicial de segunda instancia.

Ahora bien, no teniendo particularidades específicas esta instancia, en cuanto concierne a eventuales (que sabemos inexistentes) regulaciones propias del Recurso Contencioso Tributario, nos limitaremos a recordar, por la trascendencia de sus posibles consecuencias procesales, la necesidad imperiosa, en que se encuentra el apelante (Fisco o recurrente), por mandato del único aparte del artículo 162 de la Ley Orgánica de la Corte Suprema de Justicia, de formalizar su apelación, mediante la presentación, dentro del plazo de ley, de un escrito que precise las razones de hecho y de derecho que fundamenten su actuación procesal, so pena de entender, como presunción «*iuris et de iure*», que ha desistido de la apelación.

II. CONCLUSIÓN

Para concluir podemos afirmar, siguiendo al maestro Héctor Villegas (obra citada, página 428), en un sentido muy amplio, que "el Derecho Procesal Tributario es Derecho Procesal", por lo que el Recurso Contencioso Tributario, institución adjetiva que desarrolla el derecho a accionar en esta materia, es un instrumento judicial de impugnación de los actos administrativos emanados de la Administración Tributaria, que siendo ilegales hayan afectado la situación jurídica subjetiva de los administrados (sujetos pasivos de la obligación tributaria o no), apto para el restablecimiento de las esferas particulares lesionadas, regido necesariamente por los principios fundamentales de la Teoría General del Proceso, como garantía de la libertad, por medio del disfrute real del derecho a la tutela judicial efectiva.

Así, en nuestro Ordenamiento Jurídico vigente existe el Sistema General de Derecho Procesal, como rama jurídico-pública que regula el cumplimiento y ejercicio de la función jurisdiccional del Estado, confiada preponderante y preferentemente al Poder Judicial, para resolver los conflictos jurídicos en el marco del Estado de Derecho, y más aún del nuevo Estado de Justicia, asegurando la paz y la tranquilidad social. Este Sistema General de Derecho Procesal está compuesto por los Subsistemas Procesales Especiales, Derecho Procesal Constitucional, Derecho Procesal Civil, Derecho Procesal Mercantil, Derecho Procesal Penal o Enjuiciamiento Criminal y, entre otros, por el Subsistema Derecho Procesal Administrativo o Contencioso-Administrativo (constitucionalmente llamado Jurisdicción Contencioso-Administrativa), dentro del cual, a nuestros efectos, se destaca, en una relación de género a especie, el Derecho Procesal Tributario o Contencioso Tributario, una de cuyas herramientas judiciales principales es precisamente el Recurso Contencioso Tributario.

Frente a esta realidad de nuestro Derecho, nutrida por el Derecho Comparado y los trabajos del Instituto Iberoamericano de Derecho Procesal, tenemos que la aplicación del Código de Procedimiento Civil al Proceso Contencioso Tributario es sumamente amplia, aumentándose o reduciéndose en sus distintas fases, conforme a las necesidades de las especificidades propias del Contencioso Tributario, donde el Juez asume la dirección del juicio, gozando, además de libertad de apreciación, aún apartándose de lo alegado por las partes (Héctor Villegas, obra citada, página 430), pues, el órgano jurisdiccional no sólo tutela las situaciones jurídicas subjetivas infringidas, sino que también controla la legalidad de la actividad administrativa.

A pesar de lo anterior, es cierto que la aplicación del Código de Procedimiento Civil siempre será supletoria, lo que implica que sólo se materializará en la medida en que el Código Orgánico Tributario no establezca norma especial en contrario. No obstante, es el caso que lo relevante, más incluso que la aplicación o no del Código Procesal, es que el Recurso Contencioso Tributario está limitado por los principios fundamentales, algunos de los que fueron anteriormente analizados de la Teoría General del Proceso, como garantía del derecho esencial a la tutela judicial efectiva y, en definitiva, de la libertad frente a la arbitrariedad perjudicial de la Administración Pública.

2.3
Análisis crítico de Jurisprudencia Tributaria

1.- CLAUSURA DE ESTABLECIMIENTOS, DEBIDO PROCESO, PRESUNCIÓN DE INOCENCIA Y AMPARO

a) Sentencia del Juzgado Superior Primero de lo Contencioso Tributario, del 15 de enero de 2004, caso Restaurant El Barquero, C.A.

Se trataba de un recurso de nulidad (Recurso Contencioso Tributario) con Acción de Amparo Cautelar, ejercido contra una orden de clausura emanada del Servicio Nacional Integrado de Administración Tributaria y Aduanera (SENIAT).

En esa oportunidad se argumentó que se habían violado los artículos 49[423] y 112[424] de la Constitución, relativos al debido proceso y a la libertad económica.

---

[423] "El debido proceso se aplicará a todas las actuaciones judiciales y administrativas y, en consecuencia: 1. La defensa y la asistencia jurídica son derechos inviolables en todo estado y grado de la investigación y del proceso. Toda persona tiene derecho a ser notificada de los cargos por los cuales se le investiga, de acceder a las pruebas y de disponer del tiempo y de los medios adecuados para ejercer su defensa. Serán nulas las pruebas obtenidas mediante violación del debido proceso. Toda persona declarada culpable tiene derecho a recurrir del fallo, con las excepciones establecidas en esta Constitución y la ley".

[424] "Todas las personas pueden dedicarse libremente a la actividad económica de su preferencia, sin más limitaciones que las previstas en esta Constitución y las que establezcan las leyes, por razones de desarrollo humano, seguridad, sanidad, protección del ambiente u otras de interés social. El Estado promoverá la iniciativa privada, garantizando la creación y justa distribución de la riqueza, así como la producción de bienes y servicios que satisfagan las necesidades de la población, la libertad de trabajo, empresa, comercio, industria, sin perjuicio de su facultad para dictar medidas para planificar, racionalizar y regular la economía e impulsar el desarrollo integral del país".

En su fallo, el tribunal sostuvo que la vía idónea para que el contribuyente reaccionara ante la medida sancionatoria de la Administración Tributaria, era precisamente la de la Acción de Amparo Cautelar, acumulada al Recurso Contencioso Tributario (lo cual es llamado "amparo con nulidad"), visto que el justiciable se enfrentaba a una orden de clausura por cinco (5) días continuos, concretamente desde el 14 hasta el 19 de enero de 2004, y que el recurso tuvo que interponerse fuera de las horas habituales de despacho del tribunal, particularmente a las 3:45 pm, lo cual sólo se pudo hacer por tratarse de un amparo con nulidad.

Además, la acción judicial se ejerció acudiéndose directamente al tribunal que conoció de la causa, obviándose el régimen común de distribución, siendo que el tribunal distribuidor del momento era el Juzgado Superior Segundo de lo Contencioso Tributario. Sostiene el tribunal que si se hubiese empleado el sistema ordinario de la distribución y posterior remisión del expediente al juzgado al cual le correspondería conocer del asunto, seguramente se habría consumido prácticamente la totalidad del tiempo por el cual se había impuesto la medida sancionatoria, de forma tal que posiblemente con la sentencia definitiva no se hubiesen podido restablecer los daños sufridos por la justiciable.

Por otro lado, arguyó el tribunal la procedencia de la Acción de Amparo Cautelar, en virtud de que la Administración Tributaria había irrespetado el debido proceso, al no haber concedido plazo alguno a la contribuyente, para ejercer su derecho a la defensa, frente a los hechos que se le imputaban. Simplemente se le hizo partícipe de la orden de clausura y su pretendida inmediata ejecución.

b) Sentencia del Juzgado Superior Noveno de lo Contencioso Tributario, del 17 de septiembre de 2004, caso Inversiones Garden Place 002, C.A.[425]

Declara el fallo que decidió una Acción de Amparo Constitucional Autónoma, que no es jurídicamente posible ejecutar una decisión sancionatoria, ignorándose el rigor del principio constitucional de la presunción de inocencia, mediante una simple y no definitivamente firme declaración administrativa de culpabilidad, pues ello es contrario al artículo 49, numeral 2[426] de la Constitución,

[425] Coloquialmente conocida como la sentencia del caso del chino.
[426] "Toda persona se presume inocente mientras no se pruebe lo contrario".

En este orden de ideas, el tribunal insiste en que toda medida sancionatoria, para que sea ejecutoria, tiene que constar en un acto definitivamente firme, sea que asistamos a una orden administrativa o a un mandato judicial, para poder pasar, lícitamente en consecuencia, a la ejecución.

Se observa de ese modo que se ha violado el debido proceso, toda vez que todo proceso (administrativo o judicial), sin excepción, incluyendo por tanto el procedimiento administrativo de verificación, debe permitir la posibilidad de que el presunto infractor pueda defenderse, pasando indefectiblemente por las tres etapas de apertura, pruebas y decisión, y ello aunado a la obligación que tiene la Administración Tributaria de traer, al expediente administrativo sustanciado al efecto, las pruebas para fundamentar sus acusaciones.

La Administración Tributaria tiene la carga de la prueba para desvirtuar la presunción de inocencia, cosa que no se observa haya sido cumplida en las actas procesales de marras.

Entonces, cuando la agraviante aplicó la sanción el mismo día en que la impuso, sin sustanciar expediente administrativo alguno, sin pasar por la constitucionalmente obligatoria etapa probatoria, y sin respetar ciertas normas del Código Orgánico Tributario, violó los derechos conexos a que hace referencia la Sala Político-Administrativa del Tribunal Supremo de Justicia, acerca de la presunción de inocencia y el debido proceso.

2.- PRESCINDENCIA DEL PROCEDIMIENTO LEGALMENTE ESTABLECIDO Y RESPONSABILIDAD DEL FUNCIONARIO EMISOR Y DEL ABOGADO DEFENSOR

En la **sentencia del Juzgado Superior Octavo de lo Contencioso Tributario, del 10 de mayo de 2002, caso Manufacturas Jaydan, C.A.**, por la cual se decidió un Recurso Contencioso Tributario, se dejó establecido que, al haber sido dictado el acto administrativo recurrido, prescindiendo del procedimiento de ley, y negando al contribuyente el derecho a formular descargos, se violó el debido proceso, incurriéndose en un vicio de nulidad absoluta del acto administrativo[427].

De este modo, se reitera la jurisprudencia acerca de que el vicio de violación del debido proceso se puede atacar tanto por vía de amparo, cautelar

[427] Artículo 240, numeral 4 del Código Orgánico Tributario: "Los actos de la Administración Tributaria serán absolutamente nulos en los siguientes casos: 4. Cuando hubieren sido dictados por autoridades manifiestamente incompetentes, o con prescindencia total y absoluta del procedimiento legalmente establecido".

o autónomo, como fueron ilustrados anteriormente, como por vía ordinaria, como fue este caso.

Empero, el aporte más importante de esta sentencia, en mi opinión, tiene que ver con otro tema. Veamos:

Habiéndose prescindido del procedimiento administrativo legalmente establecido y, en consecuencia, siendo obvia la violación del debido proceso, en contra de la justiciable, para cualquier observador, incluso para los ojos de los representantes judiciales del Fisco Nacional, el tribunal sostuvo que este caso nunca debió ser defendido en un proceso judicial.

De esta forma, como el tribunal debe procurar el resarcimiento de la contribuyente, cuando menos en el límite de ley, por los gastos en que se le ha hecho incurrir por la conducta inconstitucional de la Administración Tributaria recurrida, al haberla obligado a incoar el proceso que concluye con esta decisión, y además, habiendo sido defendida judicialmente esta causa, sin asidero de ningún tipo, por parte de la representación judicial fiscal, corresponde al tribunal condenar en costas a la Administración Tributaria, particularmente al Servicio Nacional Integrado de Administración Aduanera y Tributaria (SENIAT), en el máximo permitido por la ley, es decir en el diez por ciento (10%) del monto del recurso (en el caso concreto fue por Bs. 19.000.000,00).

Y, por si fuera poco, se ordenó notificar al superior jerárquico de la funcionaria que suscribió el acto administrativo recurrido, a fin de abrir un procedimiento interno, para resarcir a la Republica del perjuicio causado por su conducta, dado que si la República tuvo que pagar costas, eso se debió a la mala práctica de la funcionaria que dicto el acto administrativo con violación del procedimiento.

Evidentemente, desde el punto de vista si se quiere pedagógico, o moralizador o de control de calidad ética y jurídica de la actividad administrativa, por parte del Poder Judicial, la idea es que sentencias como esta generen cambios en el comportamiento del funcionario público, de modo tal que adecue su actuación a los requerimientos de la Constitución y de la Ley, particularmente en cuanto se refiere al respeto del debido proceso.

Igualmente, se ha de incidir así en el comportamiento del abogado representante judicial del Fisco, para quien, como profesional del derecho que es, no debe ser difícil determinar cuando se ha violado el derecho por parte de la Administración Tributaria, para entender que esa no será una causa judicial defendible y, entonces, hacer la recomendación respectiva para la revocatoria del acto en la sede administrativa; o, incluso, si se está en presencia de un recurso judicial interpuesto, diligenciar un eventual convenimiento en el juicio.

3.- COSTAS PROCESALES

Aprovechando que se tocó el tema de condena en costas en el punto anterior, aunque se lo tratará de nuevo mas adelante, observemos mas concretamente la experiencia jurisprudencial en ese ámbito, particularmente frente a los reparos que consuetudinariamente ha venido formulando el Instituto Nacional de Cooperación Educativa (I.N.C.E.), pretendiendo que los contribuyentes patronos paguen el aporte del dos por ciento (2%), incluyendo dentro de la base imponible, las utilidades.

Sabemos que en el pasado hubo sentencias que llegaron a establecer la procedencia de estos reparos. Sin embargo, esos casos totalmente aislados ya han sido superados y, de forma reiterada, pacífica y sistemática hoy en día son muchísimas las sentencias de la Sala Político-Administrativa del Tribunal Supremo de Justicia y de los Juzgados Superiores de lo Contencioso Tributario, en donde se declaran sin lugar estos reparos, porque, dentro de la base imponible del aporte del dos por ciento (2%), únicamente entra el concepto de salario normal, de conformidad con la Legislación Laboral, sin que las utilidades encajen en él.

El I.N.C.E. parte, entonces, de la equivocada idea de que cuando la ley habla de sueldos, salarios y "remuneraciones de cualquier especie", allí entrarían las utilidades. Pero la jurisprudencia ha establecido que lo propio de la base imponible de ese aporte es el salario normal, y las utilidades no responden a ese concepto, por no ser ciertas en su percepción ni en su cuantía.

En nuestro criterio, la arbitrariedad con la que el I.N.C.E. viene desacatando esta uniforme línea jurisprudencial, debería ser castigada, para enmendar ese comportamiento ilícito, con la anulación de los reparos, como viene acertadamente ocurriendo, pero también, en cumplimiento del principio general de derecho de que quien cause un daño a otro debe repararlo, con su condenatoria en costas en justicia, lo cual lamentablemente no viene observándose.

Muchas son las sentencias existentes sobre el particular, pero ilustraremos el punto con las siguientes:

a) Sentencia del Juzgado Superior Segundo de lo Contencioso Tributario, del 15 de febrero de 2004, caso Casep Servicios de Personal, C.A.

No obstante que el fallo declaró con lugar el Recurso Contencioso Tributario, por lo que anuló el reparo, explícitamente indica que exime de costas al I.N.C.E., por cuanto los funcionarios del Instituto habrían "actuado en ejercicio de las funciones que tiene acreditadas por la ley que lo creó, en aplicación e interpretación de sus normas". Conducta que en criterio del tribunal lo exime de pagar costas.

El criterio legal para la condenatoria en costas, en nuestro sistema procesal tributario, es el de haber sido totalmente vencido[428], siendo que no hay opción para el juez. El dispositivo ordena, no sugiere, de hecho emplea el vocablo imperativo "será", y no el alternativo "podrá"[429].

Empero, acorde con el Parágrafo Único del artículo 327 del Código Orgánico Tributario:

> *"El Tribunal podrá eximir del pago de costas, cuando a su juicio la parte perdidosa haya tenido motivos racionales para litigar, en cuyo caso se hará declaración expresa de estos motivos en la sentencia".*

En consecuencia, excepcionalmente, y de forma suficientemente motivada, por ser una desaplicación de la norma respectiva, y para garantizar su apego a derecho y hasta a la equidad, en caso de control por la instancia superior, el tribunal puede no condenar en costas, a quien haya perdido, pero haya tenido motivos racionales para litigar, entendiendo por un actuar racional el que pudiere exigirse del buen padre de familia.

Desde esta perspectiva, salta a la vista que el tildado "actuar en ejercicio de las funciones que tiene acreditadas por la ley", no puede ser tenido como una conducta racional, eximente de la condena en costas, pues, según el principio de legalidad en derecho público, es lo mínimo que puede exigirse a un organismo público, siendo lo propio que estos entes, cuando formulen un reparo, lo hagan dentro del marco de sus funciones legales[430].

Si, no obstante haber actuado dentro de ese marco, la Administración Tributaria resulta equivocada en el fondo, ello lo determinará el tribunal después. Pero, si eso fuera un criterio suficiente para estos fines, entonces no pudiera nunca condenarse en costas o en muy raros casos pudiera condenarse en costas al ente fiscal.

Finalmente, resulta cuestionable sostener que se haya actuado dentro del marco de las atribuciones legales, cuando la actividad administrativa desenvuelta, como en estos casos, lo ha sido en desmedro de la jurisprudencia reinante en el tema.

---

[428] Segundo párrafo del artículo 327 del Código Orgánico Tributario: *"Cuando, a su vez la Administración Tributaria resultare totalmente vencida por sentencia definitivamente firme, será condenada en costas en los términos previstos en este artículo".*

[429] Artículo 23 del Código de Procedimiento Civil: *"Cuando la ley dice: "El Juez o Tribunal puede o podrá", se entiende que lo autoriza para obrar según su prudente arbitrio, consultando lo más equitativo o racional, en obsequio de la justicia y de la imparcialidad".*

[430] Artículo 137 de la Constitución: *"La Constitución y la ley definirán las atribuciones de los órganos que ejercen el Poder Público, a las cuales deben sujetarse las actividades que realicen".*

b) Sentencia del Juzgado Superior Tercero de lo Contencioso Tributario, del 5 de marzo de 2004, caso Comercializadora Snack's, S.R.L.

En este caso, además de haber sido declarado con lugar el Recurso Contencioso Tributario y anulado el reparo, lo cual comportó el vencimiento total del I.N.C.E., el tribunal estimó que el ente parafiscal no tuvo motivos racionales para litigar, lo cual es perfectamente entendible, pues la jurisprudencia es hoy en día concluyente, acerca de la improcedencia de estos reparos, y lo condenó en costas, al pago del diez por ciento (10%) de la cuantía del recurso, es decir, al máximo previsto en la ley[431].

c) Sentencia del Juzgado Superior Quinto de lo Contencioso Tributario, del 29 de noviembre de 2002, caso Sola de Venezuela Industria Óptica, C.A.

El fallo declaró con lugar el Recurso Contencioso Tributario y anuló el reparo, como era de esperar, pero eximió de costas al I.N.C.E., supuestamente por haber tenido, sin mas, motivos racionales para litigar.

Supongamos que por la fecha de esta sentencia, pudiese ser sostenible esa supuesta actuación racional para litigar por parte del I.N.C.E. Sin embargo, luego el tribunal simplemente ha reproducido ese proceder, no obstante el aludido desarrollo jurisprudencial. Veamos.

d) Sentencias del Juzgado Superior Quinto de lo Contencioso Tributario, del 16 de marzo de 2004, casos Industria Nopal, S.A. y Venmar C.A. (Venmarca), respectivamente

Tras declarar con lugar los Recursos Contencioso Tributarios y anular los reparos, el tribunal esta vez resuelve condenar en costas al I.N.C.E., por entender ahora que no tuvo motivos racionales para litigar, por ser su actuación contraria derecho.

---

[431] Artículo 327 del Código Orgánico Tributario: *"Declarado totalmente sin lugar el recurso contencioso, o en los casos en que la Administración Tributaria intente el juicio ejecutivo, el Tribunal procederá en la respectiva sentencia a condenar en costas al contribuyente o responsable, en un monto que no excederá del diez por ciento (10%) de la cuantía del recurso o de la acción que de lugar al juicio ejecutivo, según corresponda. Cuando el asunto no tenga una cuantía determinada, el tribunal fijará prudencialmente las costas.*
Cuando, a su vez la Administración Tributaria resultare totalmente vencida por sentencia definitivamente firme, será condenada en costas en los términos previstos en este artículo...".

El tribunal aquí sostiene que cuando se actúa en contrariedad a derecho, no se puede haber tenido motivos racionales para litigar. Con esta manera de pensar, hay que concluir que cada vez que haya un reparo o cualquier otro tipo de acto administrativo emanado de la Administración Tributaria, que sea anulado justamente por ser constitutivo de una actuación contraria a derecho, no habría habido motivos racionales para litigar, por lo que frente a un vencimiento total, necesariamente tendría que producirse la condenatoria en costas.

e) Sentencias del Juzgado Superior Séptimo de lo Contencioso Tributario, del 31 de julio de 2003, caso Compresores Betico, S.A., del 26 de febrero de 2004, caso Industrias Coramodio, C.A., y del 15 de marzo de 2004, caso Goodyear Productos Industriales, C.A.

Estos fallos declararon con lugar los Recursos Contencioso Tributarios y anularon los reparos respectivos, pero, paradójicamente no hay mención alguna sobre el tema de las costas procesales, con claro menoscabo de la integralidad con la que debe ser satisfecho el derecho a la tutela judicial efectiva[432].

Estas sentencias no se pronuncian acerca de la condenatoria en costas, ni eximen del pago de costas. Simplemente se ignora toda referencia al tema de las costas, con lo cual hay un claro y lamentable alejamiento de lo que es la misión central del Poder Judicial, como administrador de justicia, toda vez que, como se destaco en la sentencia anteriormente comentada del Juzgado Superior Octavo de lo Contencioso Tributario, acerca del vicio de prescindencia del procedimiento, es deber del tribunal procurar, en los términos de ley, el resarcimiento de los daños sufridos por el justiciable, por haber tenido que litigar en virtud de una actuación ilegal por parte de la Administración Tributaria.

Un tribunal que deja de pronunciarse sobre las costas, es un tribunal que se esta apartando de su norte de impartidor de justicia.

En este sentido, aunque fuera del tema de ilustración de los referidos reparos del I.N.C.E., se observa la **sentencia del Juzgado Superior Octavo de lo Contencioso Tributario del 26 de febrero de 2004, caso C.A. Cars**, en la cual se condenó en costas procesales a la Administración Tributaria, en virtud de que únicamente la recurrente promovió y

[432] Artículo 26 de la Constitución: *"Toda persona tiene derecho de acceso a los órganos de administración de justicia para hacer valer sus derechos e intereses, incluso los colectivos o difusos, a la tutela efectiva de los mismos y a obtener con prontitud la decisión correspondiente"*.

produjo pruebas en el juicio, y sólo ella presentó escrito de informes, de lo cual se evidencia la falta de interés por el resultado del juicio, lo que pone de bulto que no tuvo motivos racionales para litigar.

f) Sentencia del Juzgado Superior Noveno de lo Contencioso Tributario, del 7 de marzo de 2003, caso Fiesta, C.A.

En este caso hay mención del tema de las costas, para establecer que no ha lugar a condenatoria alguna, en virtud de que el Recurso Contencioso Tributario fue admitido sólo parcialmente, lo cual es jurídicamente correcto, al no haber habido vencimiento total.

4.- ¿"NO HAY MATERIA SOBRE LA CUAL DECIDIR"?

Son innumerables las sentencias de los Juzgados Superiores de lo Contencioso Tributario, que terminan por decir que "no hay materia sobre la cual decidir", lo cual en nuestro concepto es un exabrupto, porque cómo puede estar semejante expresión en un acto jurídico que se llama sentencia.

La sentencia justamente es la decisión del proceso. Sentenciar es decidir.

No es posible decidir, si no se tiene materia sobre la cual decidir, máxime cuando eso, en si, es sin duda una decisión. Aunque suene agresivo al oído, la realidad es que en estos casos, el tribunal decidió que no tiene materia sobre la cual decidir, o lo que es lo mismo, decidió no decidir, lo cual es un contra sentido desde el punto de vista filosófico y desde el ángulo semántico y gramatical, siendo también cuestionable en ética y en justicia.

Cuando se le plantea un asunto a un juez, como tercero imparcial, que simboliza el ejercicio monopólico de la violencia por parte del Estado, pudiendo actuar en autoridad de cosa juzgada, por no haber podido las partes encontrar una solución amigable a su conflicto de derecho, aquel tiene que decidir el problema, pues si no lo hace, deniega justicia, vale decir, no cumple con su misión jurisdiccional e incurre, por ello, en el ilícito de denegar justicia.

Quizás alguien pudiera decir que eso no es verdad, porque no todo juicio implica, para su terminación, una decisión del juez. Por ejemplo, cuando hay una transacción judicial o cuando hay un desistimiento o un convenimiento.

Sin embargo, es erróneo creer eso, porque esas actuaciones, como mecanismos distintos a la sentencia, como medio de resolución del problema, no tienen validez hasta tanto no son homologadas por el juez y, en esos casos, la "sentencia" viene consistiendo, precisamente, en la homologación o perfeccionamiento judicial de la actuación bilateral transaccional o de las otras dos, el desistimiento o el convenimiento, que son de carácter unilateral.

Lo cierto es que, cuando se traba la litis, y se fue a ella justamente porque las partes no fueron capaces de encontrar una solución amigable al problema, por lo que debieron recurrir al tercero imparcial, que es el juez, y le encomendaron la decisión al Poder Judicial, ya escapa de sus manos la solución del problema en forma unilateral. Pueden propiciarla de forma necesaria más insuficiente, porque se requiere la homologación del juez.

Además, hay que tener claro que hay expresa mención en el Código de Procedimiento Civil, acerca de que el convenimiento acarrea la condenatoria en costas del legitimado pasivo, así como el desistimiento produce lo propio (condenatoria en costas), para el legitimado activo[433]. Y, en el caso de la transacción judicial, pues habrá que verificar qué se trato sobre el tema de las costas, en el documento transaccional que va a ser objeto de la homologación.

Hay pues siempre que pronunciarse, a parte del tema de la homologación, también sobre el aspecto de las costas procesales.

Es decir que en todo momento hay materia sobre la cual decidir.

a) Sentencias del Juzgado Superior Segundo de lo Contencioso Tributario, del 28 de enero de 2004, caso Ondulados de Venezuela, S.A., del 18 de febrero de 2004, caso C.A. El Impulso, y del 23 de marzo de 2004, caso Banco Standard Chartetred

En estas especies ocurrió algo que ha sido muy común. El contribuyente impugnó el reparo en sede administrativa, a través del Recurso Jerárquico, y la Administración Tributaria no respondió en los términos de ley, dándose el supuesto de silencio administrativo reputado negativo, caso en el cual el contribuyente puede permanecer en indefinida espera de la decisión administrativa, o acudir al tribunal dentro del plazo de ley.

---

[433] Artículo 282 del Código de Procedimiento Civil: *"Quien desista de la demanda, o de cualquier recurso que hubiere interpuesto, pagará las costas si no hubiere pacto en contrario. Cuando conviniere en la demanda en el acto de la contestación, pagará las costas si hubiere dado lugar al procedimiento, y si fuere en otra oportunidad, las pagará igualmente, si no hubiere pacto en contrario. Caso de que las partes estén en desacuerdo respecto de la primera parte del párrafo anterior, el Juez abrirá una articulación por ocho días para decidir sobre las costas".*

Luego, habiendo el contribuyente optado por poner en movimiento al órgano jurisdiccional, encontrándose ya el tribunal competente sustanciando la causa, estando incluso notificada la Administración Tributaria de la interposición del Recurso Contencioso Tributario, y en cualquier estado del proceso, resulta que es extemporáneamente decidido aquel Recurso Jerárquico.

Claro que los principios procesales nos enseñan que no puede la Administración Tributaria decidir el Recurso Jerárquico, una vez que el justiciable pasó a la sede judicial, por la sencilla razón, se insiste, de que trabada la litis (concepto netamente procesal), escapa a las partes la posibilidad de resolver en forma unilateral el litigio, la controversia.

Y, desde el punto de vista constitucional, particularmente en cuanto se refiere a la aplicación concreta del principio de separación de los poderes[434], cuando se traba la litis, ya la Administración Pública no tiene jurisdicción sobre el caso. Estaría incurriendo en usurpación de funciones[435] la Administración Tributaria, en caso de decidir el Recurso Jerárquico ya trabada la litis.

Ahora bien, frente a estas circunstancias, dos han sido las situaciones observadas en la práctica forense:

Primero, el caso en el cual la Administración Tributaria decide el Recurso Jerárquico extemporáneamente y en forma desfavorable al recurrente[436]. En tal situación, los recurrentes han interpuesto un Recurso Contencioso Tributario autónomo contra la decisión extemporánea del Recurso Jerárquico, para luego pedir la acumulación con el juicio iniciado por silencio administrativo negativo, en el cual se previno. O, han hecho lo que se llama una acumulación directa e inmediata, simplemente incorporando el acto administrativo que decide extemporáneamente el Recurso Jerárquico al proceso contencioso tributario que esta en curso, extendiendo la impugnación a ese acto administrativo sobrevenido.

---

[434] Artículo 136 de la Constitución: *"El Poder Público se distribuye entre el Poder Municipal, el Poder Estadal y el Poder Nacional. El Poder Público Nacional se divide en Legislativo, Ejecutivo, Judicial, Ciudadano y Electoral.*
Cada una de las ramas del Poder Público tiene sus funciones propias, pero los órganos a los que incumbe su ejercicio colaborarán entre sí en la realización de los fines del Estado".

[435] Artículo 136 de la Constitución: *"Toda autoridad usurpada es ineficaz y sus actos son nulos".*

[436] El párrafo final del artículo 255 del Código Orgánico Tributario de 2001 proscribe expresamente esta posibilidad: *"La Administración Tributaria se abstendrá de emitir resolución denegatoria del recurso jerárquico, cuando vencido el lapso establecido en el artículo 254 de este Código, no hubiere pronunciamiento por parte de ella y el contribuyente hubiere intentado el recurso contencioso tributario en virtud del silencio administrativo".*

Entre los vicios de ilegalidad que se han argüido en tales supuestos, está el de haber actuado la Administración Tributaria fuera del marco de su competencia, toda vez que el asunto ya esta en manos del Poder Judicial, y en consecuencial usurpación de funciones, lo cual es correcto desde el punto de vista jurídico.

Segundo, cuando la decisión extemporánea del Recurso Jerárquico es favorable al recurrente, sucede que lo que han hecho los contribuyentes aparece como cuestionable, puesto que los recurrentes han pedido a los tribunales, en esos casos, que homologue el convenimiento o, sencillamente, que manifieste que no hay materia sobre la cual decidir, supuestamente por haber terminado el proceso, al haberse quedado sin objeto, por haber sido revocado el acto administrativo impugnado.

Desde nuestra manera de ver, si la Administración Tributaria no es competente para decidir el Recurso Jerárquico, por las razones anteriormente indicadas, en forma desfavorable al recurrente, obviamente tampoco lo puede ser para hacerlo en forma favorable. Hay que ser consecuentes con los argumentos. Si se sostiene que la Administración Tributaria no tiene jurisdicción sobre el caso, significa ello que no puede decidirlo en ningún sentido. Aunque, obviamente, podrá actuar procesalmente, como parte, en defensa de sus intereses, durante el juicio respectivo, incluso propendiendo a la materialización de un medio de auto composición procesal o de un medio alternativo de solución de conflictos.

Pero, fuera de lo que ha sido la práctica sobre este particular, en cuanto a la parte adjetiva concretamente se refiere, lo cierto es que cuando la Administración Tributaria, ha actuado de esa forma, es decir revocando el acto administrativo no obstante que ya fue impugnado en la sede judicial, pasa como por ejemplo en el caso mencionado de C.A. El Impulso. En efecto, en ese caso el Juzgado Superior Segundo de lo Contencioso Tributario, frente a la solicitud de que se sirviera declarar que no hay materia sobre la cual decidir, y con base a ello pronunciase la terminación del juicio en curso y ordenase el consiguiente archivo del expediente, el juez sostuvo que la Administración Tributaria había actuado en ejercicio de su potestad de auto-tutela administrativa, al emitir las resoluciones revocatorias y que, en consecuencia, quedó extinguido el objeto de nulidad de ese recurso, y el tribunal consideró no tener materia sobre la cual decidir.

Claro que la Administración Tributaria goza de potestades de auto-tutela administrativa. Pero tales potestades duran en la medida en que ella tenga jurisdicción sobre el caso.

No obstante, incluso teniendo jurisdicción sobre el caso, por encontrarnos en la sede administrativa, de oficio o a instancia de parte interesada, la interpretación literal, como la teleológica, de los dispositivos del Código Orgánico Tributario que disciplinan el ejercicio de la potestad de auto-tutela administrativa, contenidos en los artículos 236 y siguientes, que reproducen sus pares de la Ley Orgánica de Procedimientos Administrativos, nos muestran que en casos de nulidad relativa o anulabilidad la potestad sólo puede ser desplegada si el acto administrativo no originó derechos subjetivos o intereses personales, legítimos y directos[437], sin poder jamás revocar por simples razones de mérito u oportunidad[438]; mientras que en supuestos de nulidad absoluta, únicamente puede procederse en los casos taxativamente previstos[439].

Por tanto, no basta con observar que se dio aplicación a esa potestad, sino que hay que determinar si se lo hizo lícitamente.

Empero, se insiste que cuando se pierde jurisdicción sobre el caso, porque ahora le corresponde su conocimiento excluyente al Poder Judicial, ya la Administración Tributaria no puede ejercer su potestad de auto-tutela administrativa, porque ya, como parte en un juicio, no puede actuar de forma unilateral[440].

Mal podía el tribunal sostener que no tenía materia sobre la cual decidir, máxime cuando efectivamente tomó una decisión. En efecto, decidió que la Administración Tributaria había obrado en ejercicio de su potestad de auto-tutela administrativa, y que en consecuencia había dejado sin objeto el proceso y, por lo tanto, lo declaró terminado. Eso es una decisión.

---

[437] Artículo 237: *"Los actos administrativos que no originen derechos subjetivos o intereses legítimos, personales y directos para un particular podrán ser revocados en cualquier momento, en todo o en parte, por la misma autoridad que los dictó o por el respectivo superior jerárquico".*

[438] Artículo 238: *"No obstante lo previsto en el artículo anterior, la Administración Tributaria no podrá revocar por razones de mérito u oportunidad, actos administrativos que determinen tributos y apliquen sanciones".*

[439] Artículo 239: *"La Administración Tributaria podrá en cualquier momento, de oficio o a solicitud de los interesados, reconocer la nulidad absoluta de los actos dictados por ella".*

Artículo 240: *"Los actos de la Administración Tributaria serán absolutamente nulos en los siguientes casos:*

1. Cuando así esté expresamente determinado por una norma constitucional o legal, o sean violatorios de una disposición constitucional.

2. Cuando resuelvan un caso precedentemente decidido con carácter definitivo y que haya creado derechos subjetivos, salvo autorización expresa de la Ley.

3. Cuando su contenido sea de imposible o ilegal ejecución.

4. Cuando hubieren sido dictados por autoridades manifiestamente incompetentes, o con prescindencia total y absoluta del procedimiento legalmente establecido".

[440] Tan es esto cierto, que conviene recordar que ni siquiera otros tribunales pueden conocer de estos casos, pues a tenor del artículo 330 del Código Orgánico Tributario: *"La jurisdicción y competencia de los Tribunales Superiores de lo Contencioso Tributario se ejercerán en forma excluyente de cualquier otro fuero, por lo que no podrá atribuirse la competencia a otra jurisdicción ni a otros Tribunales de distinta naturaleza".*

Y luego, para colmo, el fallo expresa que se ordena el archivo de la presente causa, en autoridad de cosa juzgada. Pero, ¿cómo que cosa "juzgada", si la sentencia acaba de decir que no hay materia sobre la cual decidir? ¿Cosa juzgada no quiere decir que la cosa se decidió? ¿Cómo puede pasar como cosa juzgada una "decisión" que sostiene que no tiene sobre qué decidir?

Todo esto es un tremendo mal empleo, incluso del idioma.

El fallo concluye sosteniendo que como la Administración Tributaria habría actuado dentro del marco de sus atribuciones legales, se la exonera o exime del pago de las costas procesales.

En otras palabras, el recurrente tuvo que ir a la sede judicial, para interponer un recurso, lo cual conllevó honorarios profesionales de abogado. La Administración Tributaria posteriormente, en forma expresa o tácita, normalmente tácita, admite la procedencia de la pretensión del recurrente, puesto que revoca los actos administrativos impugnados, y aún así se sostiene que es eximible de costas, con clara lesión del principio general de derecho, consagrado en el artículo 1.185 del Código Civil, de que todo aquel que cause un daño a otro debe repararlo.

De esta forma, una persona se ve afectada patrimonialmente en su esfera jurídica subjetiva por la actuación ilícita confesa de parte de quien lo agrede, y ese daño queda sin reparación.

b) Sentencia del Juzgado Superior Tercero de lo Contencioso Tributario, del 30 de enero de 2004, caso Petrolago, C.A.

En este caso se le pidió al tribunal que homologara el convenimiento.

Mientras que en los casos anteriores los recurrentes requirieron que se declarase que no había materia sobre la cual decidir, aquí se fue mas lejos en el tema procesal, al solicitar expresamente el recurrente que la revocatoria del acto impugnado se asimilase a un convenimiento, debiendo ser homologado como tal.

Sin embargo, el tribunal sostuvo que no había materia sobre la cual decidir, declaró terminado el procedimiento y ordenó archivar el expediente, pasando por alto pronunciamiento alguno sobre el tema de las costas.

Si el recurrente solicita del juez que homologue un pretendido convenimiento, y el juez, sin mas, se limita a declarar que no tiene materia sobre la cual decidir, y archiva el expediente, ignorando el derecho de petición del recurrente, es evidente que el pedimento de una parte ha quedado sin respuesta, es decir, sin que haya gozado de tutela judicial efectiva. Aquí podría hablarse de que el juez habría incurrido en denegación de justicia, institución que debe ser acá asumida en los términos en que la Sala Político-Administrativa del Tribunal Supremo de Justicia ha definido lo que ha de ser entendido por Estado de Justicia[441], que es el acceso pleno a la jurisdicción, unido al principio "pro-actione", como se desprende de su sentencia del 20 de marzo de 2001, caso: Marvin Enrique Sierra Velasco, con ponencia conjunta, que destaca al proceso como herramienta privilegiada de justicia:

> *"Estima esta Sala, como máximo órgano de la Jurisdicción Contencioso-Administrativa, que los valores recogidos en la nueva Carta Constitucional, según los cuales se consagra de manera específica la figura de una justicia garantista que asegure la tutela judicial efectiva de los derechos e intereses, incluso los colectivos o difusos, (artículo 26 eiusdem); la simplificación de trámites, derivado de la concepción del proceso como instrumento fundamental para la realización de la justicia (artículo 257 eiusdem)...".*

Por otro lado, ha sostenido la Administración Tributaria en casos similares, que en supuestos como estos no podría técnicamente hablarse de convenimiento. En efecto, han argüido los representantes judiciales fiscales que el convenimiento por parte de la Administración Tributaria, si bien es legalmente posible[442], estaría regido por una serie de formalidades que conllevan la intervención previa autorizatoria de las máximas autoridades jerárquicas de la Administración Tributaria y que, de no haber acontecido ello, y en consecuencia no haber el representante judicial del fisco recibido la orden expresa de convenir, no habría convenimiento.

Yo sostengo que, sin perjuicio de que ese orden de ideas pudiese ser atacado por tenérsele como meros formalismos inútiles[443], lo cierto es que, desde el punto de vista fáctico, vale decir, en cuanto concierne a la realidad de fondo del actuar administrativo, y a la justicia del caso (darle a cada quien lo que le corresponde), hay efectivamente un incuestionable

---

[441] Artículo 2 de la Constitución: *"Venezuela se constituye en un Estado democrático y social de Derecho y de Justicia, que propugna como valores superiores de su ordenamiento jurídico y de su actuación, la vida, la libertad, la justicia, la igualdad, la solidaridad, la democracia, la responsabilidad social y en general, la preeminencia de los derechos humanos, la ética y el pluralismo político".*

[442] Artículo 328 del Código Orgánico Tributario: *"En los procedimientos judiciales consagrados en este Título, el Fisco podrá desistir de cualquier acción o recurso, o convenir en ellos, previa instrucción del Poder Ejecutivo".*

[443] Artículo 26 de la Constitución: *"Toda persona tiene derecho de acceso a los órganos de administración de justicia para hacer valer sus derechos e intereses, incluso los colectivos o difusos, a la tutela efectiva de los mismos y a obtener con prontitud la decisión correspondiente. El Estado garantizará una justicia gratuita, accesible, imparcial, idónea, transparente, autónoma, independiente, responsable, equitativa y expedita, sin dilaciones indebidas, sin formalismos o reposiciones inútiles".*

convenimiento. Puede ser que algunos no lo quieran llamar así, pero obviamente ha habido una clara aceptación, por parte del legitimado pasivo, de la pretensión del legitimado activo, y eso es lo que justamente define en un juicio, acorde con la ciencia procesal, la institución del convenimiento.

c) Sentencia del Juzgado Superior Tercero de lo Contencioso Tributario, del 12 de abril de 2004, caso Delphi Packard Electric Systems Venezuela

En este caso lo que aconteció fue que hubo un desistimiento por parte del recurrente, quien tras haber pagado la suma reclamada, pidió que se declarara terminado el juicio.

Empero, lejos de haberse procedido como correspondía en derecho, homologándose el respectivo desistimiento, el tribunal estableció que no había materia sobre la cual decidir, ordenó el archivo del expediente y, como se ha criticado, omitió total referencia acerca del tema de las costas procesales.

Aquí se asistió claramente a un desistimiento. Si el legitimado activo recurrente hace saber al juez que pagó cuanto le habían reclamado, pidiéndole que declare terminado el juicio, el juez debe reaccionar asumiendo que está en presencia de un desistimiento, homologándolo y condenando en costas al recurrente, como lo manda la ley. En consecuencia, mal puede el juez decir en justicia que no tiene materia sobre la cual decidir.

d) Sentencia del Juzgado Superior Quinto de lo Contencioso Tributario, del 25 de marzo de 2004, caso Otiesca II, C.A.

Se trata de una sentencia muy interesante, pues frente a un reparo formulado por el Municipio San Cristóbal del Estado Táchira, estando en desarrollo el proceso contencioso tributario, el fisco municipal reconoció la nulidad absoluta de los actos administrativos que habían sido recurridos.

En criterio del tribunal, el no haber reconocido esa nulidad absoluta con anterioridad al ejercicio del Recurso Contencioso Tributario, compelió al contribuyente a acudir al órgano jurisdiccional, para reclamar la nulidad de las resoluciones, lo cual le coaccionó, al igual que al propio órgano jurisdiccional, a la utilización de tiempo, dinero y demás recursos necesarios, sin ningún tipo de justificación que fundamentase de alguna manera la decisión.

Entonces, en un loable proceder en justicia, el tribunal consideró que debía ser condenada en costas la Administración Tributara del Municipio

San Cristóbal, actuando en consecuencia y ordenado su condena correspondiente, en el monto del cinco por ciento (5%) de la cuantía de la causa.

Esta es una actuación completamente legítima, que va dentro del orden de ideas que se viene planteando.

e) Sentencia del Juzgado Superior Quinto de lo Contencioso Tributario, del 23 de marzo de 2004, caso Constructora Dycven, C.A.

No obstante lo meritorio de la sentencia que antecede, lo tristemente curioso acá es que el mismo tribunal, en una sentencia de un par de días antes, frente a un caso exactamente igual al anterior, pero en donde la Administración Tributaria implicada no era municipal, sino nacional, vale decir, se trataba del Servicio Nacional Integrado de Administración Aduanera y Tributaria (SENIAT), es lo sorprendente que contrariando sus propios motivos justificadores, terminó por eximirla del pago de costas procesales.

Cabria entonces preguntarse si se administra justicia con criterios de objetividad y justicia, o si por el contrario, todo depende de quien sea alguna de las partes. Ambas Administraciones Tributarias, la municipal y la nacional, en estos casos, reconocieron la nulidad absoluta de los actos administrativos que habían emitido, y los revocaron. Ambas Administraciones Tributarias, en consecuencia, compelieron al recurrente a ir al tribunal y a incurrir en gastos y en inversión de tiempo para la defensa, sin que hubiese menester de ello, vista la clara ilegalidad de esos actos, aceptada respectivamente por las Administraciones Tributarias, pero el tribunal, en un caso condena en costas y en el otro se exime de costas.

Alguien que no sepa de esta materia tendría que preguntarse en cual de los dos casos se administró justicia, pues no pudo ser en ambos, ni en ninguno.

f) Sentencia del Juzgado Superior Noveno de lo Contencioso Tributario, del 25 de marzo de 2004, caso Petrolago, C.A.

Esta es una sentencia extraordinaria, porque frente a todo lo acontecido en los vaivenes jurisprudenciales ya evocados sobre esta temática, el tribunal hace un análisis acerca de la institución del convenimiento, para aceptar la tesis sin duda justiciera de que no puede hablarse de inexistencia de convenimiento, simplemente porque no se hayan llevado a cabo las formalidades legales autorizatorias previas.

No debe ignorarse, en criterio del tribunal, que a pesar de ello hubo un inequívoco pronunciamiento por parte de la Administración Tributaria, reconocedor de la procedencia de la pretensión del legitimado activo recurrente, que para el tribunal es en justicia perfectamente asimilable a un convenimiento, que si bien no se puede catalogar como tal, formalmente hablando, en el fondo equivale a ello, y por tanto el tribunal decidió homologar el pronunciamiento sobre la revocatoria de la providencia impugnada.

Así, el tribunal homologó el pronunciamiento revocatorio, que en este caso, además, emanó del Servicio Nacional Integrado de Administración Aduanera y Tributaria (SENIAT), y condenó en costas a la Administración Tributaria en el cinco por ciento (5%) de lo debatido.

Hay que recordar, aunque sobre esto no se pronunció la sentencia de marras, pero para tratar de enmarcarla más aun dentro del orden jurídico, que nuestra Constitución ordena favorecer los medios alternativos de solución de conflictos[444].

Estos medios alternativos de solución de conflictos suelen ser enumerados, tanto por la doctrina como por la propia letra positiva, no en términos taxativos sino meramente enunciativos, comprensivos, entre otros, de los medios de auto composición procesal. El desistimiento, la transacción, el convenimiento, el arbitraje, la mediación, etc., no son los únicos modos "anormales" de terminación del proceso. En este caso el tribunal consideró que uno de esos modos alternos o irregulares o anormales de terminación del proceso, es el pronunciamiento revocatorio.

No hay menester a continuar con el proceso, cuando ambas partes están contestes en la ilegalidad denunciada. Entonces no tiene sentido continuar con el proceso. Pero tampoco se puede sostener que se pueda terminar el proceso, por una manipulación realizada por una sola de las partes, actuando unilateralmente.

El proceso tiene que terminar con un pronunciamiento judicial. En estos supuestos, ese pronunciamiento judicial es una homologación. Y tal homologación es del modo alterno de terminación del proceso, cualquiera que haya sido, siempre que se lo estime lícito o válido, seguido de la respectiva condenatoria en costas de aquella parte que injustamente propició el proceso.

Veamos interesantes y novedosos párrafos de este fallo:

> *"En el presente caso se pretendía la nulidad de un acto, que con posterioridad a la sustanciación del Recurso Contencioso Tributario, la Administración Tributaria revocó. Tal revocatoria llama la atención*

[444] Artículo 258: *"La ley promoverá el arbitraje, la conciliación, la mediación y cualesquiera otros medios alternativos para la solución de conflictos".*

a este sentenciador, en cuanto a los efectos y naturaleza de la misma, toda vez que si esta situación no constituye un convenimiento en el estricto sentido de la palabra, la Administración ha actuado como si lo hubiese realizado.

Así esta satisfacción extraprocesal de los pedimentos hechos por la recurrente en sede administrativa y en sede judicial, tienen las mismas consecuencias que un verdadero convenimiento en materia civil, pero con la variación de que la Administración debe ceñirse a las normas y procedimientos conforme a la ley.

La posibilidad de condenatoria en costas y el otorgamiento de funciones que ratifican la plena jurisdicción del Juez Contencioso Tributario, conforme al Artículo 327 del Código Orgánico Tributario permite condenar a la Administración Tributaria a la reparación por los daños que sufren los interesados cuando la lesión sea imputable al funcionamiento de la misma, y esto confirma la condición de igualdad que tienen las partes en este proceso, por lo que en este sentido el procedimiento contencioso tributario se asimila a un verdadero debate procesal de carácter patrimonial y como tal debe ser entendido, al verificarse las consecuencias económicas de las decisiones de la Administración o de los jueces con competencia tributaria.

En consecuencia se observa que la Administración, en razón de su errado funcionamiento, motivó a que la recurrente iniciara un procedimiento contencioso y en consecuencia le generó gastos por su defensa, incluso la recurrente pudo esperar a la sentencia definitiva para que se verificara la condenatoria en costas.

Por lo que resulta importante cotejar las similitudes de la figura del convenimiento a los fines de establecer la aplicabilidad del Artículo 282 transcrito. Como se sabe el convenimiento es un acto mediante el cual la parte demandada acepta las pretensiones de la parte contraria y una vez homologado es considerado cosa juzgada, en el mismo sentido la decisión administrativa que anula el acta impugnada es una manifestación de voluntad querida por la Administración en uso de sus atribuciones legales y corresponde a la aceptación de los alegatos de la recurrente, las cuales fueron en forma tardía ya que emanó luego de informes y que a la vez mientras tuvo vida legal dicha acta causó una disminución patrimonial que se patentiza, por lo menos, con la contratación de abogados para la prosecución de un juicio, elementos suficientes para considerar la aplicabilidad del Artículo 282 del Código de Procedimiento Civil, siendo procedente la condenatoria en costas, ya que, conforme al Artículo la Administración Tributaria ha dado lugar al procedimiento y ha convenido en los pedimentos de la recurrente. Así se declara.

...

En razón de lo anteriormente expuesto este Tribunal Superior Noveno de lo Contencioso Tributario administrando justicia en nombre de la República y por autoridad de la Ley, declara:

> ***Primero****: Homologar el pronunciamiento sobre la Revocatoria de la Providencia Administrativa N° GCE/DR/ACDE/02/365, de fecha 14 de noviembre de 2002, dictada por la Gerencia Regional de Tributos Internos de Contribuyentes Especiales de la Región Capital del Servicio Nacional Integrado de Administración Aduanera y Tributaria (SENIAT), la cual determinó improcedentes las solicitudes de compensación del impuesto sobre la renta pagada en exceso contra el Impuesto A Los Activos Empresariales, ...*
> ***Segundo****: Se condena en costas en un 5% de lo debatido a la Administración Tributaria, conforme a los artículos 282 del Código de Procedimiento Civil y 327 del Código Orgánico Tributario, por haber dado lugar al presente procedimiento".*

g) Sentencia Nro. RH-00010 de la Sala de Casación Civil del Tribunal Supremo de Justicia, del 29 de enero de 2004, caso Argenis Rafael Delgado contra Normelis Anayancis Torres Mejías

No obstante que esta investigación se limita a jurisprudencia emanada de los Juzgados Superiores de lo Contencioso Tributario, como tribunales de primera instancia en la materia tributaria, visto que trata realmente en justicia la temática de marras, siendo la Sala de Casación Civil del Tribunal Supremo de Justicia el intérprete natural especializado en el conocimiento de las normas adjetivas del Código de Procedimiento Civil[445], se hace trascendente la consideración de este fallo, que hace alusión a un pronunciamiento por parte del Juzgado Superior en lo Civil, Mercantil, del Tránsito, del Trabajo, de Estabilidad Laboral y de Protección de Niños y Adolescentes de la Circunscripción Judicial del Estado Aragua, que al conocer en apelación, sostuvo que no tenía materia sobre la cual decidir, no habiendo habido condenatoria en costas procesales.

Afirma textualmente esta sentencia que:

> *"...En otro orden de ideas y sin desvirtuar la precedente decisión, la Sala, en ejercicio de la función pedagógica que le corresponde desarrollar, advierte sobre la inadecuada utilización en las sentencias, en la expresión:* ***"no tiene materia sobre la cual decidir"****. En ese sentido, estima que tal dispositivo es contradictorio en si mismo, en razón a que siendo producto de un análisis y conclusión devenida*

[445] Artículo 332 del Código Orgánico Tributario: *"En todo lo no previsto en este Título, y en cuanto sea aplicable, regirán supletoriamente las disposiciones del Código de Procedimiento Civil".*

del ejercicio de la función exhaustiva que corresponde al jurisdicente para tomar su decisión; mal puede hablarse al final de dicho análisis que dentro del contexto de los supuestos estudiados ***no existe en lo absoluto materia para resolver****, y por mala praxis gramatical concluir en una antinomia dispositiva, ajena al contenido y alcance del artículo 19 del Código del Procedimiento Civil, que sanciona la abstención de decidir y que bien pudiera traducirse o interpretarse como una expresión vaga u oscura a la cual se contrae el legislador en el infine del artículo 254 ejusdem, y en una indeterminación de la cosa u objeto de decisión.*
De allí que es necesario desarraigar dicha expresión que bien pudiera ser sustituida para considerar como materia dispositiva, los supuestos entretejidos en las motivaciones y argumentos utilizados para estructurar la sentencia y es que en definitiva limitan un pronunciamiento más allá de las sujeciones contenidas en la sentencia que toca proferir, por una parte y, por la otra, que la lógica jurídica nos enseña que siempre habrá algo sobre lo cual emitir un pronunciamiento o decidir; lo contrario equivales a que los jueces eludan el cumplimiento de sus funciones*, por lo que es de impretermitible necesidad abandonar esta viciosa práctica, dejar de utilizar como dispositivo en los fallos tal expresión, y en cumplimiento de la función pública jurisdiccional del juez o jueza, en el desempeño de la labor que le corresponde desarrollar cuando procede a cumplir con su deber de administrar justicia, debe declarar algún derecho.*
Por lo expuesto, se recomienda a los jueces o juezas de instancia, procurar acoger el presente criterio, para garantizar la ***sindérisis*** *(sic), cuando se proceda a dictar la máxima decisión procesal de la jurisdicción. En consecuencia, se declara que en lo sucesivo y a partir de la publicación de la presente decisión, deberá procederse conforme lo aquí expresado. Así queda establecido"* (negrillas, cursivas y subrayados del fallo).

En definitiva sobre este punto, no hay justicia en una sentencia que termine paradójicamente por decidir, que no tiene materia sobre la cual decidir.

5.- VALOR PROBATORIO DEL EXPEDIENTE ADMINISTRATIVO

Con base en la muy importante **sentencia del Juzgado Superior Octavo de lo Contencioso Tributario, del 31 de marzo de 2004, caso Ramón Eduardo Tello Arraiz**, cabe descollar el valor probatorio que corresponde al expediente administrativo.

El fallo en cuestión afirma que los documentos que están dentro del expediente administrativo conforman una categoría distinta y autónoma de los documentos públicos y de los documentos privados.

Particularmente expresa que:

> *"... los documentos administrativos constituyen una tercera categoría de documentos que por contener una declaración administrativa emanada de un funcionario de la Administración Pública en el ejercicio de sus funciones poseen una presunción de veracidad, legitimidad y autenticidad que es consecuencia del principio de ejecutoriedad y ejecutividad de los actos administrativos.*
>
> *Por consiguiente, los expedientes o documentos administrativos, al no ser documentos públicos ni privados, ..., constituyen una categoría aparte respecto de la cual resultan aplicables las disposiciones generales del Código de Procedimiento Civil en materia probatoria, esto es, que los mismos deben anunciarse la fase de promoción y producirse en la fase de evacuación.*
>
> *Se insiste en el hecho de que el momento en que la Administración recurrida puede promover y consignar en juicio el expediente administrativo, según lo determinó la decisión, ..., de la Sala Político-Administrativa de la extinta Corte Suprema de Justicia, debe ser en la fase de promoción de pruebas y en la de evacuación, respectivamente; esto es, dentro del lapso probatorio.*
>
> *Ello se justifica, además, por el principio de la contradicción de la prueba, el cual implica que la parte contra quien se opone una prueba debe gozar de la oportunidad procesal para conocerla y discutirla; y la oportunidad procesal idónea para ello no es otra que la etapa probatoria. Aunado a ello, se encuentra también el principio de la concentración de la prueba, conforme al cual debe procurarse practicar las pruebas en una misma etapa del proceso, lo que implica el respeto de un necesario equilibrio procesal entre los participantes de un litigio.*
>
> *Por consiguiente, y conforme a los principios expuestos, resultará ineficaz por extemporáneo un documento o expediente administrativo que no sea presentado en la etapa aprobatoria del proceso.*
>
> *Finalmente es digno mencionar que en juicios como el presente, en el que se persigue la nulidad de un reparo fiscal, al tratarse de la revisión de actuaciones administrativas, es la Administración Tributaria la que tiene en su poder la documentación relativa al caso que se juzga. En materia contencioso tributaria se ha admitido la carga efectiva de probar a quienes tienen en sus manos los medios probatorios, aun cuando tenga efecto contra ella misma, asi la regla "actori incumbi probatio" tiene limites en su aplicación dentro de los juicios contencioso tributarios, ya que la ausencia de la documentación administrativa la soporta quien pudo procurarla, es decir, la administración recurrida...".*

Establece que se trata de documentos administrativos que, al no ser documentos públicos, no pueden ser traídos al proceso en cualquier estado y grado de la causa, sino que deben ser promovidos y evacuados en juicio, siguiendo las pautas legales correspondientes, es decir dentro de los lapsos respectivos de promoción y evacuación de pruebas[446].

En este orden de ideas, estando el expediente administrativo en poder de la Administración Tributaria, es ella quien tiene la carga de llevarlo a los autos, pero dentro del lapso probatorio respectivo, so pena de ser desestimado por preclusión.

Desde esta perspectiva, tras un análisis bastante riguroso del tema, en definitiva el fallo condena la práctica de los representantes judiciales del fisco, de consignar el expediente administrativo (cuando lo hacen), con ocasión de la presentación del escrito de informes, o incluso con posterioridad a ello, estando ya en estado de sentencia, violentando el derecho de la otra parte a ejercer el control de la prueba que ha sido promovida en su contra.

Finalmente, nuevamente el Juzgado Superior Octavo de lo Contencioso Tributario, en actuación pedagógica, conmina al abogado apoderado judicial del Fisco Nacional:

> *"a ser más diligente en el ejercicio de sus funciones, ya que la presentación extemporánea por retrasada del expediente administrativo pudiera lesionar los intereses y derechos de su representado en juicio; advirtiéndosele que, de presentarse nuevamente esa situación en cualesquiera de los juicios que cursan ante este Tribunal en los que sea parte el Fisco Nacional y que estén bajo su responsabilidad, se procederá a oficiar al Tribunal Disciplinario del Colegio de Abogados en el cual se encuentre inscrito, a los fines de que se determine la procedencia de las respectivas sanciones disciplinarias".*

6.- EL PRINCIPIO DE EXHAUSTIVIDAD DE LA SENTENCIA

Un punto de gran trascendencia, en cuanto al norte de buscar si existe o no el Estado de Justicia, en la jurisprudencia de los Juzgados Superiores

[446] Artículo 269 del Código Orgánico Tributario: *"Dentro de los primeros diez (10) días de despacho siguientes de la apertura del lapso probatorio las partes podrán promover las pruebas de que quieran valerse...".*
Artículo 271 del Código Orgánico Tributario: *"Admitidas las pruebas o dadas por admitidas, conforme a los artículos precedentes, se abrirá un lapso de veinte (20) días de despacho para la evacuación de las pruebas, pero si hubieren de practicarse algunas mediante comisión dada a otro Tribunal, se hará el cómputo conforme lo prevé el artículo 400 del Código de Procedimiento Civil".*

de lo Contencioso Tributario, tiene que ver con el respeto o no del principio de exhaustividad, a la hora de sentenciar.

En tal sentido, es de remarcar la práctica generalizada que tienen nuestros tribunales tributarios, que frente a un acto administrativo impugnado con fundamento en varios vicios de legalidad, cuando tras el análisis del caso se admite la existencia de uno de esos vicios de ilegalidad, siempre que sea capaz de afectar por si solo la validez del acto recurrido, lo declaran nulo y, a continuación, afirman que, vista esa decisión, ya no hay necesidad de revisar los otros extremos de la impugnación.

Muchos litigantes se contentan con este tipo de decisión, porque asumiendo criterios de pensar meramente coyunturales o de corto plazo, y no estructurales o de largo plazo, consideran que ganaron el proceso, habiendo obtenido la anulación del acto administrativo impugnado, estando entonces justificados sus honorarios y punto.

Empero, bastantes veces se obtiene la declaratoria con lugar de los recursos en los procesos en esta materia, por simples vicios de forma, como la incompetencia funcionarial o la ausencia del procedimiento legalmente establecido, por lo que tal práctica judicial no permite que se llegue al fondo del problema debatido, multiplicándose en definitiva la contención, claro que no el caso concreto, pero si en otros similares, porque el punto queda siempre controvertido, al no conocerse la opinión del tribunal, porque no se llega a producir.

Por ejemplo, si el Instituto Nacional de Cooperación Educativa (I.N.C.E.) hubiese incurrido en vicios de procedimiento o de incompetencia, a la hora de formular los reparos que pretenden que las utilidades forman parte de la base imponible para el cálculo del aporte del dos por ciento (2%), dichos reparos habrían sido anulados por tal razón, y nunca se hubiese llegado a saber, a ciencia cierta, si efectivamente proceden o no, manteniéndose la beligerancia entre Administración Tributaria y contribuyente, sin que el Poder Judicial garantizase la convivencia pacífica y la paz social.

Igualmente, cómo tener seguridad jurídica acerca de si un gasto es normal y necesario para la producción de la renta, cuya deducibilidad me ha sido rechazada por parte del Servicio Nacional Integrado de Administración Aduanera y Tributaria (SENIAT), si el juez de turno se limita a anular el reparo por incompetencia o vicios del procedimiento, sin pronunciarse sobre el fondo, que es lo que lamentablemente pasa generalmente.

Sin embargo, una importantísima decisión, como oasis en el desierto marca la ruta de lo que debería ser, para la verdadera administración de justicia.

Se trata de la **sentencia del Juzgado Superior Tercero de lo Contencioso Tributario, del 5 de marzo de 2004, caso Inelectra**

Comunicaciones, S.A., que no obstante haber anulado el acto administrativo recurrido, por incompetencia, habiendo mediado la previa desaplicación por inconstitucional de la famosa Resolución Nro. 32 del SENIAT, que era la base legal de la actuación del funcionario administrativo en este caso, sostuvo, casi sin precedente, que:

> *"Con ajuste a lo examinado y decidido precedentemente, es obvio que es innecesario entrar a analizar y decidir sobre los otros alegatos traídos a consideración de este Órgano Jurisdiccional por la contribuyente. Sin embargo, para hacer un fallo integral y para no dejar de analizar todos y cada uno de los argumentos que consignó la contribuyente, este Órgano Jurisdiccional pasa de seguidas a examinar los otros alegatos esgrimidos por la contribuyente".*

Por supuesto, no se asiste aquí a una especie de dádiva del tribunal, sino del cumplimiento de un deber, pues como administrador de justicia, conforme con el principio de exhaustividad, es un mandato de ley. Le corresponde, está obligado a considerar todos los extremos de la impugnación. En la sede administrativa no hacerlo se llamaría violación del principio de globalidad del acto administrativo, tal como esta previsto en el artículo 89 de la Ley Orgánica de Procedimientos Administrativos[447]. En la sede judicial se denomina menoscabo del principio de exhaustividad de la sentencia, que la doctrina procesalista especializada ha derivado de los artículos 12, 243, ordinal 5°, 313, ordinal 1°, y 509 del Código de Procedimiento Civil:

> *"Los jueces tendrán por norte de sus actos la verdad, que procurarán conocer en los límites de su oficio. En sus decisiones el Juez debe atenerse a las normas del derecho a menos que la Ley lo faculte para decidir con arreglo a la equidad. Debe atenerse a lo alegado y probado en autos, sin poder sacar elementos de convicción fuera de éstos ni suplir excepciones o argumentos de hecho no alegados ni probados, El Juez puede fundar su decisión en los conocimientos de hecho que se encuentren comprendidos en la experiencia común o máximas de experiencia" (subrayados del autor).*
> *"Toda sentencia debe contener:*
> *...omissis...*
> *5° Decisión expresa, positiva y precisa con arreglo a la pretensión deducida y a las excepciones o defensas opuestas, sin que en ningún caso pueda absolverse de la instancia.*

[447] *"El órgano administrativo deberá resolver todos los asuntos que se sometan a su consideración dentro del ámbito de su competencia o que surjan con motivo del recurso aunque no hayan sido alegados por los interesados".*

> *...omissis..."* (subrayados del autor).
> *"Se declarará con lugar el recurso de casación:*
> *1º Cuando en el proceso se hayan quebrantado u omitido formas sustanciales de los actos que menoscaben el derecho de defensa; o cuando en la sentencia no se hubieren cumplido los requisitos del artículo 243, o cuando adoleciere de los vicios enumerados en el artículo 244; siempre, que contra dichos quebrantamientos u omisiones se hayan agotado todos los recursos, o que la omisión o quebrantamiento lesionen el orden público.*
> *...omissis..."* (subrayado del autor).
> *"Los Jueces deben analizar y juzgar todas cuantas pruebas se hayan producido, aun aquellas que a su juicio no fueren idóneas para ofrecer algún elemento de convicción, expresándose siempre cual sea el criterio del Juez respecto de ellas"* (subrayado del autor).

Desde esta perspectiva, el fallo acepta la presencia de la inmotivación denunciada, asociada a la lesión consecuencial del derecho a la defensa, por apreciarse elementos no presentes en el acta de reparo, pero sobrevenidamente aparecidos en la Resolución culminatoria del sumario administrativo. La sentencia advierte de ese modo a la Administración Tributaria, que cuando el acta de reparo esta inmotivada, no se puede aprovechar la Resolución culminatoria del sumario para expresar los motivos, so pena de incurrir en inmotivación, por motivación sobrevenida, ya que es en el acta de reparo donde deben estar expresados los motivos de la actuación administrativa.

Esta doctrina jurisprudencial tan trascendente, por libertaria y justiciera, no la hubiéramos conocido si el tribunal se hubiese conformado con anular el acto administrativo impugnado por incompetencia y ya.

Pero hay mas, toda vez que luego, el fallo entra a considerar un punto todavía más trascendente, en cuanto al fondo del reparo se refiere, y es que afirma que debe excluirse el rechazo de los créditos fiscales, por ausencia de facturas originales, o por incumplimiento de requisitos formales en las mismas. Recordemos el carácter sistemático con el que la Administración Tributaria formula reparos, para rechazar los créditos fiscales de impuesto al valor agregado (I.V.A.), simplemente por no existir la factura original, o porque la factura existe pero fue emitida con ausencia de requisitos formales.

El tribunal observa que las pruebas promovidas y evacuadas por el contribuyente, no dejan dudas en cuanto a la existencia y cuantía de los créditos fiscales que rechazó la fiscalización, supuestamente por falta de comprobación, simplemente porque no fue exhibido el original de las facturas, o porque haya ausencia de requisitos formales en las facturas exhibidas.

¿Cómo que por falta de comprobación? se cuestiona el juez acá, si se cuenta en autos con experticias contables y otros medios probatorios, que evidencian que se produjeron efectivamente esos créditos fiscales. La comprobación emana de facturas emitidas en cada caso, que en su mayoría han sido certificadas por su emisor, todo lo cual ha sido confirmado vía prueba de informes evacuada y cuyos resultados constan en autos.

Es loable entonces que el tribunal haga gala de la plena aplicación en la materia del principio de libertad probatoria[448].

Pero, volviendo al punto central de estos comentarios, es evidente que no hubiésemos encontrado criterio jurisprudencial sobre este tema si el juez se hubiese conformado con anular por la incompetencia, y decir que no hay menester a tratar la otra temática.

Con ello no se habría administrado justicia, y este crucial elemento de fondo seguiría controvertido para una próxima ocasión. En cambio, con este proceder judicial el SENIAT, por ejemplo, en un caso similar, sabe lo que opinan los tribunales al respecto, que puede haber en virtud del principio de libertad probatoria otra forma de probar la existencia de créditos fiscales o, en su caso, de gastos deducibles, distinta de la exhibición del original de la factura, o de facturas que no carezcan de requisitos formales. En esas circunstancias, a la hora de dictar una Resolución culminatoria del sumario, el funcionario del SENIAT tendría que considerar la jurisprudencia presente sobre el tema, y decidir si asume el riesgo de reparar no obstante eso, buscando otro criterio jurisprudencial, o se conforma al criterio jurisprudencial que conoce, pero al menos ya tiene un norte que lo haga reflexionar sobre la actuación.

De lo contrario, si los reparos hubiesen sido anulados por incompetencia y ya, el funcionario del SENIAT, frente a un nuevo caso no viciado de incompetencia, no tendría la menor idea de lo que podría pasar en el fondo. Seguiríamos en ascuas, no sabríamos cual sería el criterio jurisprudencial de fondo sobre el tema.

Y, el tribunal ahonda más al afirmar que:

> *"coincide con la contribuyente en cuanto a que el rechazo de esos créditos fiscales por la no presentación de facturas originales o por el*

---

[448] Artículo 269 del Código Orgánico Tributario: *"Dentro de los primeros diez (10) días de despacho siguientes de la apertura del lapso probatorio las partes podrán promover las pruebas de que quieran valerse.*
A tal efecto serán admisibles todos los medios de prueba, con excepción del juramento y de la confesión de funcionarios públicos, cuando ella implique la prueba confesional de la Administración. En todo caso, las pruebas promovidas no podrán admitirse cuando sean manifiestamente ilegales o impertinentes".

incumplimiento de requisitos formales de las mismas, es igualmente improcedente, por violar el principio de proporcionalidad de las sanciones y el principio de tributación con base en la capacidad económica del contribuyente".

Es decir, el tribunal fue mucho más lejos en un tema tremendamente de fondo, como lo es que el rechazo de un crédito fiscal carente de factura original, no obstante que se pudo probar su realidad económica por otros medios probatorios, se reputa sanción, siendo ello además arbitrariamente desproporcionado, porque se adiciona a las multas impuestas, y, obviamente, al hacerme tributar más allá de lo que me corresponde, se viola el principio de capacidad contributiva[449].

Para terminar, el justiciero tribunal condena en costas procesales a la Administración Tributaria.

Ahora bien, desgraciadamente no puede decirse que esta sentencia haya sido azarosamente escogida, dentro de varias del estilo, pues lo común es que se decida sin exhaustividad. La verdad es que fue una grata sorpresa encontrar esta sentencia.

Hay casos en los cuales, frente a haber sido anulado el acto administrativo impugnado, por meros motivos formales, sin mayor análisis, se ha dejado de apelar porque se han recibido instrucciones al respecto de los patrocinados. Pero, obviamente que el recurrente formalmente ganancioso estaría legitimado para apelar, en contra de una sentencia que, no obstante haber declarado con lugar el Recurso Contencioso Tributario y haber anulado el acto administrativo impugnado, sencillamente violó el principio de exhaustividad.

El justiciable necesita un pronunciamiento sobre el fondo, para saber cómo debe ser su actuación tributaria en los próximos periodos fiscales. De lo contrario, dada la incertidumbre auspiciada por el tribunal, el contribuyente seguirá de buena fe operando como lo ha venido haciendo y, en consecuencia, el fisco continuará formulando reparos por idénticos conceptos, todo lo cual se ve agravado por el hecho de que la sentencia se toma en promedio, en primera instancia, de cinco (5) a seis (6) años en ser pronunciada, por lo que hay gran riesgo de que surja mucha contención innecesaria, que eventualmente pudiese no haberse producido, si se hubiese conocido el criterio jurisprudencial de fondo, e indudablemente se recarga de trabajo al Poder Judicial, colaborando con el retardo judicial.

---

[449] Artículo 316 de la Constitución: *"El sistema tributario procurará la justa distribución de las cargas publicas según la capacidad económica del o la contribuyente, atendiendo al principio de progresividad, así como la protección de la economía nacional y la elevación del nivel de vida de la población, y se sustentará para ello en un sistema eficiente para la recaudación de los tributos".*

7.- PODER CAUTELAR GENERAL Y RESPONSABILIDAD PATRIMONIAL DE LA ADMINISTRACIÓN PÚBLICA

Con vista de la **sentencia del Juzgado Superior Primero de lo Contencioso Tributario, dictada con asociados el 4 de diciembre de 2003, caso Sociedad de Fabricación y Venta de Automóviles, S.A. (SOFAVEN)**, puede observarse el asomo tímido, pero suficientemente bien fundamentado en una concepción cautelar de avanzada, del empleo justiciero de un poder cautelar general que va mucho mas allá de la tradicional suspensión de efectos del acto administrativo impugnado. Igualmente, se aprecian las primeras apariciones de la responsabilidad patrimonial de la Administración, en la materia tributaria.

En este caso, que versó sobre un Recurso Contencioso Tributario motivado en una petición de reintegro de tributo indebidamente pagado, se pidió el dictado de una medida cautelar, sobre lo que jamás hubo pronunciamiento liminar, pero en la definitiva se estimó que era conveniente dejar sentada cierta doctrina jurisprudencial al respecto.

Así, el recurrente requirió al juez que se dictase una medida cautelar innominada de las del tipo de provisión económica, planteada en términos alternativos del modo siguiente: que se ordenara al fisco reintegrarle en forma efectiva y liminar, el cincuenta por ciento (50%) del monto reclamado; o, que se le permitiese compensar dicho cincuenta por ciento (50%).

El tribunal sostuvo en esa ocasión, del dictado de la definitiva, que es perfectamente posible dictar medidas cautelares de provisión económica como esta.

Y en cuanto al tema de la responsabilidad patrimonial de la Administración Tributaria, es muy relevante observar que en el caso de marras se condenó efectivamente a la Administración Tributaria, a la indemnización de daños y perjuicios causados a la recurrente.

Siempre se ha sostenido que la Jurisdicción Contencioso Tributaria es parte especial de la Jurisdicción Contencioso Administrativa, por lo que se rige sin duda por la norma del artículo 259 de la Constitución:

> *"La jurisdicción contencioso administrativa corresponde al Tribunal Supremo de Justicia y a los demás tribunales que determine la ley. Los órganos de la jurisdicción contencioso administrativa son competentes para anular los actos administrativos generales o individuales contrarios a derecho, incluso por desviación de poder; condenar al pago de sumas de dinero y a la reparación de daños y perjuicios originados en responsabilidad de la Administración; conocer de reclamos por la prestación de servicios públicos; y disponer lo necesario para el restablecimiento de las situaciones jurídicas subjetivas lesionadas por la actividad administrativa".*

En virtud de lo anterior, la Jurisdicción Contencioso Administrativa es competente para anular los actos administrativos, para establecer los efectos de sus decisiones en el tiempo, para restablecer situaciones sujetivas lesionadas por la actividad administrativa y para condenar a la Administración a la indemnización de daños y perjuicios.

Normalmente los tribunales tributarios nunca han condenado a la Administración Tributaria a la indemnización de daños y perjuicios causados al recurrente, pero se considera que eso no lo han hecho, esencialmente, porque no se les ha pedido, y no porque se dude de su poder restablecedor o reparador. Es lógico que el juez nada más deba pronunciarse acerca de lo que es el objeto de la pretensión.

La verdad es que los recurrentes no pedían indemnización de daños y perjuicios, no porque no fuese posible hacerlo, sino porque en la mayor parte de los casos no se ocasionaban, en vista de la suspensión automática de los efectos de los actos administrativos impugnados, por la mera interposición de los recursos administrativos o judiciales.

Claro que, frente a medidas sancionatorias de clausura, que se ejecutaban aunque fuera sólo parcialmente, hasta tanto se ejerciese el recurso interruptivo, que en muchos casos generaron daños y perjuicios cuantiosos, aun así los recurrentes no demandaron la indemnización de los daños y perjuicios junto con los Recursos Contencioso Tributarios, como hubiesen podido haber hecho. Esto podría eventualmente generar un cuestionamiento por parte de los clientes a sus abogados, sobre el por qué no lo hicieron.

Pero, hoy en día esta absolutamente claro, para cualquiera que tuviese duda al respecto, que esa acumulación de pretensiones (anulatoria e indemnizatoria) es posible, porque está la norma del artículo 327 del Código Orgánico Tributario[450], que expresamente dice que forma parte de la sentencia, además de las condenatorias en costas, la indicación de la indemnización de daños y perjuicios ocasionados por falta de funcionamiento de la Administración Tributaria; y, en, este caso, se hizo valer esa responsabilidad, y efectivamente fue condenada la Administración Tributaria a indemnizar los daños por ella producidos.

8.- PARO FORZOSO

No obstante las **sentencias de la Sala Constitucional del Tribunal Supremo de Justicia, del 24 de marzo de 2004, caso Otepi**

[450] *"Asimismo, dichas sentencias indicarán la reparación por los daños que sufran los interesados, siempre que la lesión sea imputable al funcionamiento de la Administración Tributaria".*

Consultores, S.A., y del 30 de agosto de 2004, caso HBO OLE Producciones, C.A., que declararon inadmisibles las Acciones de Amparo Constitucional que se habían ejercido contra la pretensión del Instituto Venezolano de los Seguros Sociales (I.V.S.S.), de cobrar la derogada contribución de paro forzoso, por violación del principio constitucional de legalidad tributaria[451], en razón de entender el tribunal que lo procedente era la vía ordinaria del Recurso Contencioso Tributario, lo cual resulta discutible[452], y la mas reciente **sentencia de la Sala Constitucional del Tribunal Supremo de Justicia, del 2 de marzo de 2005, caso Organización Programa Venezolano de Educación Acción en Derechos Humanos (PROVEA)**, que declaró con lugar la Acción de Inconstitucionalidad por omisión de la Asamblea Nacional, por no haber dictado la ley especial que regule el Régimen Prestacional de Empleo, dictó medida cautelar innominada de suspensión de los efectos del artículo 138 de la Ley Orgánica del Sistema de Seguridad Social y pronunció la ultra actividad del Decreto con Rango y Fuerza de Ley que Regula el Subsistema de Paro Forzoso y Capacitación Laboral, es lo cierto que los Juzgados Superiores de lo Contencioso Tributario llegaron a emitir varios fallos justicieros, en conocimiento de Acciones de Amparo Constitucional en esta materia, con contenidos como los siguientes:

a) Sentencias del Juzgado Superior Sexto de lo Contencioso Tributario, del 16 de enero de 2004, casos Fibranova, C.A. y Marambio González & Asociados

En estos fallos el tribunal, tras haber declarado con lugar las Acciones de Amparo Constitucional, por violación de derechos constitucionales, al pretender el I.V.S.S. liquidar porcentajes correspondientes a los meses de enero, febrero, marzo, abril y mayo de 2003, sin fundamento legal alguno, ordenó al Instituto abstenerse de seguir liquidando a la accionante, las contribuciones de paro forzoso, por carecer de fundamento en la Ley Orgánica del Subsistema de Seguridad Social, ni en ningún otra norma de rango legal.

---

[451] Artículo 317 de la Constitución: *"No podrá cobrarse impuesto, tasa, ni contribución alguna que no estén establecidos en la ley, ni concederse exenciones y rebajas, ni otras formas de incentivos fiscales, sino en los casos previstos por la ley que cree el tributo correspondiente..."*.

[452] Ver: Alberto Blanco-Uribe Quintero, "Amparización y Colectivización del Proceso Tributario", Temas de derecho procesal, Volumen I, Libro Homenaje a Félix Angulo Ariza, Colección libros homenaje Nº 10, Fernando Parra Aranguren Editor, Tribunal Supremo de Justicia, Caracas, 2003, pp. 191 a 261.

b) Sentencia del Juzgado Superior Octavo de lo Contencioso Tributario, del 9 de febrero de 2004, caso Ferretotal Caracas, C.A. y Savake, C.A.

En este trascendente fallo se estableció textualmente:

"PRIMERO: Se ordena al IVSS abstenerse de liquidar o cobrar en lo sucesivo y hasta que exista un marco legal, contribución parafiscal alguna por concepto de la contingencia de paro forzoso a las accionantes en este juicio.
SEGUNDO: Se ordena al IVSS se abstenga de negar certificados de solvencia, en los casos en que las accionantes de este juicio hayan honrado todos sus compromisos con el Instituto distintos a la contribución por la contingencia de paro forzoso.
TERCERO: Se ordena al IVSS emitir las correspondientes tarjetas o su equivalente necesario para que los trabajadores de las accionantes accedan a los servicios que dependen del Seguro Social".

c) Sentencia del Juzgado Superior Noveno de lo Contencioso Tributario, del 24 de marzo de 2004, caso Terranova de Venezuela, C.A.

Sobre la línea anterior, el fallo dispone:

"Primero: CON LUGAR la acción de amparo.
Segundo: ORDENA al IVSS, abstenerse de liquidar o cobrar en lo sucesivo y hasta que exista un marco legal, contribución parafiscal alguna por concepto de la contingencia de Paro Forzoso.
Tercero: ORDENA al IVSS se abstenga de negar certificados de solvencia en los casos en que la accionante haya honrado todos sus compromisos con el Instituto distintos a la contribución por la contingencia de Paro Forzoso.
Cuarto: ORDENA al IVSS emitir las correspondientes tarjetas o su equivalente necesario para que los trabajadores de las accionantes accedan al servicio del Seguro Social".

En el mismo sentido de los fallos de los Juzgados Superiores Octavo y Noveno de lo Contencioso Tributario, cabe evocar la **sentencia del Juzgado Superior Tercero de lo Contencioso Tributario, del 23 de marzo de 2004, caso Oxinova, C.A.**

9.- CONTRIBUYENTE TRANSEÚNTE

Frente a la voracidad fiscal desplegada por diversos municipios del país, y expresada en esta ocasión por la creación de la figura del denominado "contribuyente transeúnte", claramente violatoria del principio constitucional de igualdad ante la ley[453], interesantes fallos se han dictado, como el contenido en la **sentencia del Juzgado Superior Quinto de lo Contencioso Tributario, del 12 de junio de 2002, caso Servicios Halliburton de Venezuela, C.A.:**

> *"El tribunal aplicando la facultad establecida en el artículo 20 del Código Procesal Civil, considera inconstitucional la diferencia existente entre la alícuota aplicada a los contribuyentes considerados como transeúntes (5%) y la alícuota aplicada a los contribuyente considerados residentes (2,5%), por cuanto ambos contribuyentes realizan exactamente la misma actividad económica y se encuentran en una misma situación de iuris y de facto, con respecto al hecho generador de la obligación tributaria, y por lo tanto deben merecer un mismo tratamiento fiscal, sin mayor diferencia que la capacidad económica puntual de cada uno de ellos.*
> *En este sentido, por medio del control difuso constitucional se declara la existencia de una discriminación por demás injusta que adicionalmente atenta contra el principio de la justicia distributiva de las cargas públicas, al imponer cargas desiguales, tomando en consideración criterios arbitrarios.*
> *Tal discriminación, violenta el derecho al libre ejercicio de actividades económicas lícitas, así como la igualdad ante la Ley, por no establecerse un régimen único para contribuyentes que aun siendo considerados diferentes por la ordenanza en cuestión, se encuentran en situación similar o análoga".*

---

[453] Artículo 21 de la Constitución: *"Todas las personas son iguales ante la ley, y en consecuencia:*
1. No se permitirán discriminaciones fundadas en la raza, el sexo, el credo, la condición social o aquellas que, en general, tengan por objeto o por resultado anular o menoscabar el reconocimiento, goce o ejercicio en condiciones de igualdad, de los derechos y libertades de toda persona.
2. La ley garantizará las condiciones jurídicas y administrativas para que la igualdad ante la ley sea real y efectiva; adoptará medidas positivas a favor de personas o grupos que puedan ser discriminados, marginados o vulnerables; protegerá especialmente a aquellas personas que por alguna de las condiciones antes especificadas, se encuentren en circunstancia de debilidad manifiesta y sancionará los abusos o maltratos que contra ellas se cometan.
...".

10.- DEDUCIBILIDAD DE LOS GASTOS O DE LOS COSTOS AÚN EN AUSENCIA DE RETENCIÓN, O DE ENTERAMIENTO EXTEMPORÁNEO

Este es un tema de gran trascendencia y de numerosas apariciones en los reparos formulados por el Servicio Nacional Integrado de Administración Aduanera y Tributaria (SENIAT), que ha desembocado en una de las más interesantes muestras de evolución jurisprudencial, ampliamente comentada por la doctrina especializada, por lo que no amerita introducción alguna.

Sin embargo, recordemos que hay paz y concierto sobre la idea de que el rechazo de la deducibilidad de gastos y costos en estas circunstancias, afecta el principio constitucional de capacidad contributiva, pues donde hay disparidad es en considerar que la retención y el subsiguiente enteramiento oportuno se estime como un requisito adicional para la deducibilidad, o pensar que el no retener o enterar oportunamente sea visto como una infracción sancionable, además de las multas de ley, con esa pérdida de la deducibilidad. En todo caso, por ambas vías interpretativas se pone de manifiesto el Estado de Justicia en este campo de la contención tributaria.

Pasemos así a ilustrar lo dicho, con los importantes fallos que siguen:

a) Sentencia del Juzgado Superior Segundo de lo Contencioso Tributario, del 1 de febrero de 2002, caso Promotora Turística Charaima I, C.A.

Este muy bien fundamentado y original fallo asume que el rechazo de la deducibilidad de los costos, con fundamento en que las retenciones en la fuente de impuesto sobre la renta no se hicieron o fueron enteradas fuera de los plazos legales, constituye una sanción, que al adicionarse a las multas de ley, por ese supuesto, implicaría un menoscabo del principio "non bis in ídem", mediando vulneración de letra expresa del Código Orgánico Tributario en materia sancionatoria, a mas de ocasionar lesión al principio constitucional de capacidad contributiva[454], apartándose de la doctrina jurisprudencial del conocido caso La Cocina, debiendo ser trascrito "in extenso". Veamos:

[454] Artículo 316 de la Constitución: *"El sistema tributario procurará la justa distribución de las cargas publicas según la capacidad económica del o la contribuyente, atendiendo al principio de progresividad, así como la protección de la economía nacional y la elevación del nivel de vida de la población, y se sustentará para ello en un sistema eficiente para la recaudación de los tributos".*

"Según el criterio sostenido por la Administración Tributaria, en las actas de reparos, el rechazo de los costos, previamente imputados a la contribuyente, obedece al hecho de interpretar que al no haberse efectuado la retención del impuesto, en la oportunidad del pago, la contribuyente no cumplió con el requisito de la retención como el medio que condiciona la procedencia de la deducción de los costos. De esa manera la Administración Tributaria acoge la interpretación dada por la Corte Suprema de Justicia, sobre la naturaleza de la norma contenida en el referido articulo 78 ejusdem, en cuanto a la no admisión de la deducción del gasto por falta de retención, (Caso "La Cocina"), en el cual se asienta que dicho carácter no es sancionatorio, sino de incumplimiento de uno de los requisitos para su admisibilidad.

Estima el Tribunal que, apartándose del criterio sostenido en la referida jurisprudencia, para determinar la naturaleza jurídica de una norma, es necesario analizar el conjunto de normas relacionadas a ella, partiendo, en ese caso, del análisis de su propio contenido.

En el caso de la norma contenida en el parágrafo sexto del articulo 78 ejusdem, la misma debe revisarse partiendo del nexo que ella tiene con los elementos que configuran la obligación tributaria principal, a los fines de determinar su materialidad o su carácter sancionatorio.

Interpreta este juzgador que la referida norma es eminentemente de carácter sancionatorio y no un requisito de procedencia de la deducción, al no encontrar ningún nexo material con los elementos que sirven para delimitar la obligación tributaria del sujeto pasivo del impuesto sobre la renta.

En efecto, de la interpretación del encabezamiento del mencionado artículo 78, encuentra el Tribunal que el mismo guarda relación con la obligación tributaria principal al ser el gasto un elemento determinante de la misma y, al mismo tiempo, ser consecuencia de esa obligación principal, por ser un elemento definitorio de ella.

Por su parte, el requisito de procedencia de la deducción, contenido en el parágrafo sexto del mismo articulo, se hace depender de un hecho totalmente ajeno a la obligación tributaria principal, como es que el sujeto pasivo, cumpla con la obligación de retener y enterar el impuesto adeudado por un tercero, éste último obligado al pago del tributo, por el nacimiento de una obligación tributaria distinta al pagador del gasto.

En razón de lo expuesto, considera este juzgador necesario explanar las razones por las cuales se aparta del criterio recogido por la Administración y por la sentencia de la Corte Suprema de Justicia, en el caso "La Cocina", al rechazar la deducción de los costos por ella imputada a los ingresos brutos, también por ella imputados.

En primer lugar, al negar el carácter punitivo de la norma, la comentada sentencia indica que "el contribuyente no está obligado a deducir gastos; lo hace para reducir la base imponible". Esta conclusión es errada o incierta por cuanto la base imponible, conceptualmente apreciada, es un elemento cuantitativo de la obligación tributaria y como

tal aparece determinada objetivamente por la ley, sin que esa base imponible pueda ser objeto de reducciones o ampliaciones por voluntad del contribuyente o de la administración Tributaria, sin perjuicio del derecho que tiene el contribuyente a efectuar las deducciones, si así lo quiere, lo cual no convalida la conclusión a que se llega en la referida sentencia. Obligado o no el contribuyente siempre estará interesado en deducir los gastos y su no admisibilidad, en caso de no hacer la retención es, sin lugar a dudas, un elemento coercitivo. La disminución o incremento de la base imponible por voluntad del contribuyente o del Fisco, constituye una violación al principio constitucional de la legalidad del impuesto, por el hecho de que la base imponible y la tarifa aplicable determinan el quantum de la obligación tributaria.
En ese sentido, cuando la ley de impuesto sobre la Renta, señala (artículo 27) que para obtener el enriquecimiento neto se deducirán de la renta bruta, las deducciones taxativamente señaladas en sus distintos numerales, las cuales salvo disposición en contrario, deberán corresponder a egresos causados no imputables al costo, normales y necesarios, hechos en el país con el objeto de producir el enriquecimiento, considera este juzgador que estamos en presencia de una norma de derecho tributario material, por cuanto se enuncia las deducciones aplicables para el cálculo de la base imponible.
Por su parte, cuando la misma ley señala (parágrafo sexto del articulo 78 ejusdem), que los egresos y gastos objeto de retención a los que se refiere la norma precedente sólo serán admitidos como deducción cuando el pagador de los mismos haya retenido y enterado el impuesto correspondiente, crea la intromisión de una norma de derecho tributario formal, orientada al procedimiento para la liquidación y recaudación del tributo; así como a las medidas que aseguren su pago, en el campo del derecho tributario material, con lo cual, estima este juzgador, se plantea un confusión de conceptos cuya interpretación ha llevado a modificar la base imponible al no permitir la deducibilidad del gasto por falta de retención.
Por otra parte, en el caso de autos, se trata de costos imputados por la actuación fiscal, los cuales en apreciación de este juzgador, afectan la determinación de la renta bruta y no la determinación del enriquecimiento neto. El supuesto de la deducibilidad de los costos se ubica en el contexto del artículo 21 de la ley de impuesto sobre renta, aplicable rationae temporis:

> *"La renta bruta proveniente de la venta de bienes y servicios en general y de cualquier otra actividad económica, se determinará restando de los ingresos brutos computables señalados en el Capitulo I del presente Titulo, los costos de los productos enajenados y de los servicios prestados en el país..."*

De tal manera que al imputarse las cantidades que se están reparando como costo de los ingresos brutos determinados, éste (el costo) por si mismo escapa de las exigencias del requisito de la procedencia de las deducciones, tal como lo confirma el mismo artículo 27 de ley señalada,

cuando expresa que las deducciones, "salvo disposición en contrario, deberán corresponder a egresos causados no imputables al costo". Una interpretación acorde con dicha expresión deja entender que si los egresos causados son imputables al costo, ninguna injerencia para su deducibilidad, como rebaja a efectuarse de los ingresos brutos determinados, tienen los requisitos exigibles para la procedencia de las deducciones, por cuanto éstas últimas (las deducciones) se restan de la renta bruta para obtener el enriquecimiento neto, mientras que el costo se resta de los ingresos brutos para obtener la renta bruta.
En segundo lugar, al referirse a las condiciones de que el gasto debe estar pagado, para que pueda ser posible su admisibilidad, considera este tribunal que tal exigencia constituye un requisito de disponibilidad del gasto y no un requisito de su admisibilidad. En ese orden de ideas, la misma ley de impuesto sobre la renta tiene estructurada formulas de disponibilidad del gasto y por ende del ingreso, en base a los criterios de gastos pagados, gastos causados y gastos devengados, lo cual no debe ser considerado como requisito de admisibilidad del gasto, sino de disponibilidad del mismo.
En tercer lugar, observa el Tribunal que la obligación de retener no es similar, tal como en forma errónea lo estima la administración en la formulación de los reparos, a las otras condiciones necesarias para la deducción de los costos, tales como normalidad, territorialidad, causación y pago. Esas circunstancias son relativas al gasto o costo mismo, a su naturaleza, monto y oportunidad, mientras que la omisión de retener es una obligación del agente de retención que hace el pago, como responsable del tributo y no como contribuyente que incurrió en el gasto.
En ese sentido puede afirmarse que las obligaciones que pesan sobre los agentes de retención no son de naturaleza fiscal, como las que pesan sobre los contribuyentes, sino de naturaleza administrativa, exactamente iguales a las que imponen las leyes a cargo de los funcionarios encargados de la recaudación y custodia de los ingresos públicos.
En cuarto lugar, la pérdida de la deducción no es consecuencia del incumplimiento de un requisito de admisibilidad (tal como lo acoge la administración), sino que ella es consecuencia del incumplimiento de una obligación legal, tipificada como una infracción por el propio Código Orgánico Tributario. Por esa razón, este Tribunal rechaza el criterio de que al no retener el impuesto no se incurre en ninguna infracción por el hecho de que la Ley no obliga a practicar la deducción; por el contrario, considera que si se incurre en una infracción, ya que la Ley obliga a retener el impuesto sobre el gasto pagado; al no hacerlo, se incumple con esa obligación y en consecuencia se incurre en la infracción tipificada en el Código Orgánico Tributario.
En quinto lugar, el criterio de la no admisibilidad de la deducción del gasto por falta de retención, por considerar que la no retención del impuesto constituye el incumplimiento de un requisito para la

procedencia de la deducción del gasto, asentado por la Corte Suprema de Justicia (caso "La Cocina") y acogido por la Administración para rechazar los costos de la recurrente que han sido imputados por la misma actuación fiscal, desconoce la disposición contenida en el Parágrafo Único del Articulo 71 del Código Orgánico Tributario, el cual establece:

> *"Las infracciones tipificadas en las Secciones Tercera y Cuarta del Capitulo II de este Título serán sancionadas conforme a sus disposiciones".*

Una de las infracciones tipificadas en la Sección Tercera, Titulo II, es precisamente la establecida en el articulo 99 del referido Código: "Los agentes de retención o percepción que no retuvieren o percibieren los correspondientes tributos, serán penados con multa...". De tal manera que la omisión de la retención solamente puede ser sancionada con la multa a que se refiere el artículo 99 ejusdem.

Observa este juzgador que en la oportunidad en la cual se produjo la decisión de la Corte Suprema de Justicia, anteriormente mencionada, no se tomó en cuenta la referida disposición. En efecto, en esa oportunidad, en el Código Orgánico Tributario, vigente para esa fecha (05-04-1994), el Parágrafo Único del Artículo 72, aparecía redactado, así: Parágrafo Único: "Las infracciones tipificadas en las Secciones Tercera y Cuarta del Capitulo II de este Título serán sancionadas conforme a sus disposiciones, sin que las leyes especiales puedan establecer aumentos o recargos en los tributos y sus accesorios, pérdida de exenciones, exoneraciones y otros beneficios, en razón de los incumplimientos previstos y sancionados en ellas."

Se evidencia de la transcripción que la reforma legal del Código Orgánico Tributario, de mayo de 1994, tiene el mismo alcance del que estaba en vigencia para el momento de la decisión de la Corte Suprema de Justicia, Caso "La Cocina", es decir, limitar las sanciones por incumplimiento de deberes relativos al pago del tributo, tales como retenciones e incumplimientos de deberes formales, en forma exclusiva a las sanciones o penas establecidas en el Código Orgánico Tributario, no señalándose en el mismo sanción por aumento o recargo de impuestos, ni tampoco autoriza a la ley especial para establecerlos.

Aprecia el Tribunal que cuando se rechaza una deducción por causa de una infracción tipificada y sancionada por el Código Orgánico Tributario, como es la omisión de retener el impuesto sobre la renta, en forma expresa ordenada por la ley especial, legalmente se produce un aumento o recargo del tributo causado, por cuanto hay un incremento de la base imponible, tal como queda demostrado con la formulación de los reparos.

Esos aumentos o recargos en el tributo el Código Orgánico Tributario los señala como sanciones, ya que expresamente prohibe su establecimiento por leyes especiales, y dispone que se debe sancionar esos incumplimientos, de manera excluyente, con las penas que el mismo Código Orgánico establece.

De manera que, aprecia el Tribunal, los aumentos o recargos en el tributo por reparos formulado por rechazo de las deducciones de gastos por falta de retención de impuesto, constituye una violación del Código Orgánico Tributario, pues imponen sanciones que dicho instrumento legal no crea ni autoriza a establecer o a aplicar.
En el sentido de considerar aplicable solamente la sanción establecida en el Código Orgánico Tributario, por incumplimiento de los deberes del Agente de Retención, y no la pérdida de la deducibilidad del gasto, en los casos de omisión de la retención del impuesto, se ha pronunciado el Tribunal Superior Noveno de lo Contencioso Tributario, en sentencia dictada en fecha 13-11-89.
En el caso que nos ocupa, la fiscalización formula los reparos con fundamento al Artículo 39 de la Ley de Impuesto sobre la Renta (1981), de su análisis hallamos que el mismo al tiempo que ratifica la infracción: la no retención sobre remuneraciones, sueldos, salarios, etc. también incluye la sanción: no admisibilidad de la deducción de las sumas pagadas por tales conceptos; en tanto que el artículo 72 del Código Orgánico Tributario define la infracción y en los casos de retención, fija la sanción respectiva en sus Artículos 100 y 101, pero en ningún momento prevé una doble sanción, cual es el rechazo de lo pagado.
En consecuencia, al quedar descartada la aplicación de lo pautado en la primera parte del parágrafo sexto del Artículo 39 de la Ley de Impuesto sobre la Renta (1981), quedan si efecto los reparos provenientes del rechazo efectuado por la fiscalización de los montos pagados por concepto de sueldos y salarios, aún cuando subsista la obligación de retener. Así se declara."
Con la misma orientación, pero, acogiendo el hecho que sí una erogación cumple con las condiciones intrínsecas de todo gasto deducible, que según la ley de Impuesto sobre la Renta, se concretan a la exigencia de que sean normales, necesarios y hechos con el objeto de producir la renta, no puede el Fisco rechazar su deducción por falta de retención, ya que tal situación constituye una violación del principio de la capacidad contributiva constitucionalmente consagrado, se pronunció el Tribunal Cuarto Superior de la Contencioso Tributario, en sentencia de fecha 18-11-99. En dicha oportunidad la sentencia consideró inconstitucional el rechazo de la deducción de un gasto por falta de retención, por cuanto ello constituye una violación del principio de capacidad contributiva establecido en el artículo 223 de la constitución de 1961, con redacción similar en al articulo 316 de la Constitución vigente.
La actuación fiscal en la que se apoya la resolución impugnada, al determinar los ingresos que imputa a la recurrente como formando parte de sus ingresos brutos, a través de las relaciones que denomina "Premios pagados por ganancias obtenidas en máquinas traganíqueles", incluye o imputa como "Costos de venta ...", los mismos montos o cantidades, pero, luego rechaza esos costos por la falta de retención del impuesto en el momento del pago, por lo cual el Tribunal aprecia

que la Administración hace una errónea o defectuosa determinación de la obligación tributaria de la recurrente, por cuanto de ser ciertas las cantidades que imputa como formando parte de los ingresos brutos de la contribuyente, necesariamente tiene que admitirle los costos, también determinados por la misma actuación fiscal.

El pago del premio, al ser efectuado por la recurrente, obligatoriamente genera un costo para dicha contribuyente; costo éste que también goza de la misma presunción de veracidad y legalidad de los ingresos determinados, y que es deducible de dichos ingresos, independientemente que no se haya practicado la retención de impuesto sobre dichos pagos, por cuanto el hecho imponible generador de su obligación tributaria, es distinto al hecho imponible generador de la obligación tributaria originada de los pagos de esos premios o ganancias. Se evidencia de esa forma que los pagos por concepto de premiaciones, imputados a Promotora Charaima I, C.A, no pueden encuadrar dentro de la no deducibilidad del gasto por falta de retención establecido en parágrafo sexto del articulo 78 ejusdem.

Estima el Tribunal que una interpretación literal o gramatical como la que postula la administración tributaria acerca de la norma contenida en el parágrafo sexto del artículo 78 de la Ley de Impuesto sobre la Renta, resulta violatoria del principio de capacidad económica del contribuyente, previsto en el artículo 316 de la Constitución de la República Bolivariana de Venezuela, en los siguientes términos:

> ***"El sistema tributario procurará la justa distribución de las cargas públicas según la capacidad económica del o la contribuyente, atendiendo al principio de progresividad, así como la protección de la economía nacional y la elevación del nivel de vida de la población, y se sustentará para ello en un sistema eficiente para la recaudación de tributos."*** *(Resaltado del Tribunal)*

En este sentido, este juzgador es del criterio que al no existir relación jurídica alguna entre la retención y la renta gravable del agente, el rechazo de la deducción resulta en un impuesto que no ha tenido en cuenta la capacidad contributiva del sujeto pasivo, de modo que a la postre se erige en una arbitraria modificación de la ecuación que sirve para determinar la base de cálculo o de medición del impuesto sobre la renta.

Considera así mismo este juzgador que, acogiendo ese criterio, resulta improcedente el rechazo de los costos que le han sido imputados a la contribuyente, por la circunstancia de no haberse practicado las retenciones, pues ello quebrantaría el principio constitucional de capacidad contributiva y no sería acorde con una interpretación de la ley tributaria, atendiendo al fin económico de la misma, a la luz de la cual ha de ser interpretada la norma contenida en el parágrafo sexto del artículo 78 de la Ley de Impuesto sobre la Renta.

De tal modo que, estima este juzgador, en el caso de autos el contribuyente no pierde el derecho a deducir los costos que le han sido imputados, por hecho de no haber retenido el impuesto en el momento de hacer los pagos de los premiaciones que le han sido igualmente imputados como ingresos brutos, siendo improcedente su rechazo. En consecuencia este juzgador desestima los argumentos expuestos al efecto por la representante del Fisco Nacional. ***Así se declara.***

Ello sin perjuicio de que, en criterio de este Tribunal, la no retención del impuesto en la oportunidad del pago tipifica la sanción pecuniaria prevista en el artículo 99 del Código Orgánico Tributario, debiendo además resarcirse al Fisco Nacional por el perjuicio patrimonial que le sea causado por esa falta de retención.

Por otra ultimo, considera este juzgador que la entrada en vigencia del nuevo Código Orgánico Tributario, publicado en la Gaceta Oficial No. 37.305, de fecha 17-10-2001, en sus artículos 8, 79, señala criterios referentes a la vigencia de las leyes tributarias, indicando que en lo relativo a las leyes que regulen procedimientos y sanciones, entrarán en vigencia desde su promulgación, agregando que en lo relativo a los procedimientos, la nueva ley se aplicará a aquellos iniciados bajo el imperio de leyes anteriores; en cuanto a las sanciones, se aplicará con efecto retroactivo la norma que suprima o establezca sanciones que favorezcan al infractor.

Artículo 8: "Las leyes tributarias fijarán su lapso de entrada en vigencia. Si no lo establecieren, se aplicarán una vez vencidos los sesenta (60) continuos siguientes a su publicación en al Gaceta oficial.

Las normas de procedimiento tributario se aplicarán desde su entrada en vigencia de esta ley, aún en los procesos que se hubieren iniciado bajo el imperio de leyes anteriores.

Ninguna norma en materia tributaria tendrá efecto retroactivo, excepto cuando suprima o establezca sanciones que favorezcan al infractor."

En ese sentido, el artículo 342 del mismo Código Orgánico Tributario, publicado en la Gaceta Oficial 37.305, derogó, entre otras disposiciones legales, la contenida en el parágrafo sexto del articulo 87 de la Ley de Impuesto sobre la Renta, la cual se corresponde con el parágrafo sexto del artículo 78 de la ley de Impuesto sobre la Renta, bajo cuya vigencia se inicio el presente proceso, razón que induce, por aplicación de la precedente disposición contenida en el articulo 8 ejusdem, a acoger el carácter favorecedor de dicha norma, en cuanto a la supresión de la sanción en ella contenida.

Articulo 342.- "Se derogan los parágrafos tercero y sexto del artículo 87 de la Ley de Impuesto sobre la Renta, publicada en la Gaceta oficial No. 5340 Extraordinario de fecha 22 de octubre de 1999. ..."

En razón de todo lo expuesto, el Tribunal acoge el criterio que el rechazo de los costos por incumplimiento de deberes formales transgrede el principio de Capacidad Contributiva contemplado en el Artículo 316 de la Constitución vigente ya que los enriquecimientos netos que grava la ley de Impuesto sobre la Renta son los incrementos de patrimonio que resulten después de restar de los ingresos brutos obtenidos, los

> *costos de los productos enajenados y de los servicios prestados, y las deducciones pertinentes; por lo que habiéndose determinado en actas fiscales que se produjeron ingresos y se incurrió en costos, la exclusión de estos últimos en la determinación del tributo implica un gravamen calculado sobre una capacidad económica que no tiene la recurrente.*
> *Por las razones expresadas, este Tribunal, en ejercicio de la facultad que le otorga el artículo 334, primer aparte, de la Constitución de la República Bolivariana de Venezuela, desaplica al caso de autos, el Artículo 78, parágrafo sexto, de la Ley de Impuesto sobre la Renta vigente rationae temporis, y aplica el artículo 316 constitucional, a los fines de asegurar la integridad de la Constitución.*
> *En consecuencia, los reparos formulados ..., por concepto de Costos no admisibles por falta de retención sobre pagos de premiaciones obtenidas en máquinas traganíqueles, los aprecia el tribunal viciados de ilegalidad al asumir la administración que la falta de retención de impuesto acarrea la no deducibilidad de los costos. Se declara.*
> *Con fundamento en los principios de constitucionalidad de los actos normativos y de la presunción de legalidad del acto administrativo, se considera que el Servicio Nacional Integrado de Administración Tributaria y Aduanera (SENIAT), tiene la obligación de ejercer la función fiscalizadora, dictando los correspondientes reparos contentivos del tributo que considere omitido, así como imponer las sanciones e intereses, en los casos en que fuere procedente, por lo tanto, tal actividad al estar fundada en normas vigentes o que estaban en vigencia, para la fecha de su actuación, motivan la exoneración de las costas. Se Exonera al Fisco Nacional del pago de costas".*

Estos conceptos han sido más reflexionados y mejor argumentados aún, en la **sentencia del mismo Juzgado Superior Segundo de lo Contencioso Tributario, del 16 de diciembre de 2004, caso Geoservices, S.A.**

b) Sentencia del Juzgado Superior Cuarto de lo Contencioso Tributario, del 18 de noviembre de 1999, caso Metalúrgica Nacional, C.A. (MENACA)

Sin despegarse de la doctrina jurisprudencial del caso La Cocina, el tribunal insiste en la necesidad de salvaguardar la vigencia de principio constitucional de capacidad contributiva, al expresar que:

> *"... el Tribunal interpreta que el requisito de retención a los fines de la procedencia de la deducción de partidas que cumplen los requisitos exigidos en el encabezamiento del artículo 39 de la Ley de Impuesto*

> *sobre la Renta infringe lo dispuesto en el artículo 223 de la Constitución conforme al cual "el sistema tributario procurará la justa distribución de las cargas según la capacidad económica del contribuyente".*

c) Sentencia del Juzgado Superior Cuarto de lo Contencioso Tributario, del 11 de agosto de 2002, caso Cementos Caribe, C.A.

A más de reiterar su criterio anterior, en el sentido de que se trata de un requisito inconstitucional, y no de una sanción, el tribunal argumenta que:

> *"Por otra parte, al resultar clara la finalidad perseguida por el Legislador con el rechazo de gastos de los contribuyentes por su omisión de retener los impuestos que los afectan, que no es otra que garantizar la percepción de los impuestos objeto de retención en forma anticipada, resulta también obvia la desproporción entre el medio utilizado y el fin perseguido por el legislador. En este sentido, "la violación de un deber jurídico debe traer aparejada ciertamente una consecuencia negativa, pero no una "imposición" arbitraria".*
>
> *En este sentido, observa el Tribunal, que para perseguir el incumplimiento de la obligación del agente de retención (de retener y enterar), posee la Administración Tributaria medios idóneos: los previstos en los artículos 99 al 102 del Código Orgánico Tributario, que establecen penas pecuniarias severas y, en algunos supuestos, aun penas privativas de la libertad.*
>
> *Por todas las razones antes expuestas, de conformidad con el artículo 20 del Código de Procedimiento Civil, este Tribunal desaplica por inconstitucional, la norma contenida en el artículo 27, Parágrafo Sexto de la Ley de Impuesto Sobre la Renta de 1991 y 78, Parágrafo Sexto, de la Ley de Impuesto sobre la Renta de 1994, a fin de dar recta aplicación al principio constitucional de la capacidad económica del contribuyente y por tanto, declara improcedente el rechazo de deducciones por falta de retención realizado por la Administración Tributaria a través de la Resolución de Sumario Administrativo recurrida.*
>
> *Adicionalmente, considera el Tribunal que el Fisco tuvo motivos racionales para litigar, ya que parte de los reparos recurridos derivan de la aplicación de una norma legal, como es el Parágrafo Sexto de los artículos 27 y 78 de las Leyes de Impuesto Sobre la Renta de 1991 y 1994, cuyo precepto ha sido desaplicado por ser contrario al principio constitucional de capacidad económica del contribuyente, consagrado en el artículo 223 de la Constitución de 1961".*

d) Sentencia del Juzgado Superior Séptimo de lo Contencioso Tributario, del 21 de junio de 2004, caso Corporación Maderteca, C.A.

El tribunal respalda los criterios del Juzgado Superior Cuarto de lo Contencioso Tributario, en la materia, con la siguiente línea argumentativa:

> *"Sobre el tema controvertido en el caso análisis, amplia ha sido la jurisprudencia al respecto y no siempre la misma ha sido constante, así mención aparte merecen dos sentencias que han marcado pauta en la materia; a saber, la dictada en fecha 05-04-93, por la Sala Especial Tributaria de la Sala Político-Administrativa de la extinta Corte Suprema de Justicia, caso: La Cocina, C.A., y la emanada del Tribunal Superior Cuarto de lo Contencioso Tributario No. 654 en fecha 18-11-99, caso: Metalúrgica Nacional, C. A., (MENACA) la cual en esencia mantiene los postulados de aquella, pero con una diferencia sustancial conforme se señalará a continuación, sentencia esta última, que este Tribunal acoge en todas y cada una de sus partes en los mismos términos expuestos en ella.*
>
> *El sujeto pasivo de la obligación tributaria puede serlo en su condición de Contribuyente o de responsable, entre estos últimos el agente de retención, y por ello las obligaciones a cargo de cada uno de ellos no son las mismas. Este Tribunal ha compartido y comparte el criterio de nuestro máximo Tribunal a partir del caso La Cocina, C.A., según la cual la retención de impuesto sobre ciertos montos a fin de hacer procedente la deducción correspondiente es un requisito de admisibilidad de la misma y no una sanción, sostenía la extinta Corte Suprema de Justicia en Sala Político Administrativa, Especial Tributaria que:*
>
>> ***"....la exigencia de la retención como requisito para la deducibilidad del gasto a los efectos de la determinación de la renta en materia de impuesto sobre la renta no tiene carácter punitivo, consecuentemente, no acarrea una sanción...Así el Contribuyente que realiza un gasto, está efectuando un pago, y si no realiza la retención estando obligado a ello será sancionado en su carácter de agente de retención, pero en su condición de Contribuyente con derecho a la deducción del gasto, no le será admitida ésta por cuanto al no haber efectuado la retención sobre tal gasto no cumplió con las condiciones de deducibilidad que exige la Ley.***
>>
>> *El rechazo de la deducción de un gasto por falta de retención no tiene un carácter punitivo, porque no es un castigo o sanción, sino la consecuencia de no haber cumplido con un requisito de admisibilidad de la deducción consagrado en la Ley de Impuesto Sobre la Renta a los efectos de lograr una exacta determinación de la renta sujeta a impuesto. Así mismo, por ejemplo sucede en los casos de*

rechazo de la deducción de un gasto que no fue pagado dentro del ejercicio fiscal y la Ley así lo exigía. Es de observar que, la condición legal de la retención del impuesto sobre la renta, sobre la partida que constituye el gasto que se pretende deducir es una condición potestativa y necesaria que se equipara a requisito necesario para el ejercicio de un derecho; el deducir el gasto.

En consecuencia, la Sala considera que, el rechazo de la deducción por falta de retención, no es una sanción, porque cuando el Contribuyente deduce un gasto sin efectuar la retención del impuesto no infringe ninguna norma tributaria: no hay infracción puesto que la ley no lo obliga a la deducción sino que la somete a una condición que al no cumplirla, la deducción resulta improcedente".

Este Tribunal comparte tal jurisprudencia, pero advierte que el requisito de retención que condiciona la admisibilidad de ciertas deducciones forma parte del sistema de recaudación tendente a reducir la evasión. Mediante el sistema de retención del impuesto en la fuente, el tributo adeudado por el Contribuyente beneficiario de la renta gravable, es detraído por la fuente pagadora de la renta, que de esa forma se hace responsable de su pago al fisco respectivo; así, el Fisco asegura el ingreso de impuestos que en ciertas situaciones podrían no dejar rastros y por ello el sujeto podría sin grandes riesgos, omitirlas en su declaración o no declararlas nunca si se tratara de un Contribuyente no domiciliado a los fines tributarios. El agente de retención es sujeto pasivo de la obligación tributaria, es responsable directo en virtud de la designación legal que le impone esencialmente una obligación de hacer, no es Contribuyente por cuanto respecto de él no se verifica el hecho imponible, y puede, no obstante ser un elemento auxiliar de la Administración Tributaria dejar de efectuar la retención e inclusive cometer errores en el cálculo del Impuesto.

Este Tribunal observa que la Ley de Impuesto Sobre la Renta grava los enriquecimientos, netos y disponibles, obtenidos en dinero o en especie, en razón de actividades económicas realizadas en Venezuela o de bienes situados en el país, y la capacidad económica es vinculante para el legislador por cuanto persigue el financiamiento de las cargas públicas. También observa que el requisito de la retención a los fines de la deducibilidad de ciertas erogaciones fue establecido por el legislador antes de la promulgación del Código Orgánico Tributario (1982), que se ha mantenido con idéntica redacción en todas las Reformas legales.

La Ley de Impuesto Sobre la Renta define los enriquecimientos netos como "los incrementos del patrimonio que resulten después de restar de los ingresos brutos, los costos y deducciones permitidos en esta Ley"; lo que evidencia que en la configuración del impuesto sobre la renta el legislador respeta el principio constitucional de la capacidad económica del Contribuyente , ésta tiene un acento objetivo e influye en cada uno de los elementos integrantes del tributo por tal motivo dispone en el encabezamiento del artículo 27 de la Ley del Impuesto Sobre la Renta de 1994 vigente rationae temporis, que las deducciones, salvo disposición en contrario, deben corresponder a egresos causados no imputables al costo, normales y necesarios, hechos en el país con el objeto de producir el enriquecimiento; la Ley de Impuesto Sobre la Renta no hace responsable al agente de retención de las partidas sujetas al anticipo del impuesto, el Código Orgánico Tributario si establece la responsabilidad, y por ello si los pagos están sujetos a retención y la misma no se practica, el pagador responde solidariamente ante el Fisco si el beneficiario del mismo no cumple la obligación a su cargo una vez nacido el hecho imponible, y también procede la aplicación de una multa.

Ante tal situación, el Tribunal interpreta que el requisito de retención a los fines de la procedencia de la deducción de partidas que cumplen los requisitos exigidos en el encabezamiento del articulo 27 de la Ley de Impuesto Sobre la Renta de 1994, infringe lo dispuesto en el articulo 223 de la Constitución de 1961, ahora articulo 316 de la Constitución de 1999, conforme al cual "el sistema tributario procurará la justa distribución de las cargas según la capacidad económica del Contribuyente ".

Aplicando al caso de autos las consideraciones precedentes se advierte que el rechazo de la suma por falta de retención en el momento del pago de los montos por conceptos de fletes, servicios y comisiones; son improcedentes no porque se trate de una sanción no prevista en el Código Orgánico Tributario, sino porque el requisito de admisibilidad previsto en el parágrafo sexto del articulo 78 de la Ley de Impuesto Sobre la Renta de 1994 y articulo 27 Parágrafo Octavo de la Ley en comento de 1994 transgrede el principio Constitucional de la capacidad contributiva, y por tanto debe desaplicarse de conformidad con lo previsto en el articulo 20 del Código de Procedimiento Civil".

11.- CONCLUSIÓN

Sencillamente, de lo que se trata acá es de buscar, a través del análisis de la jurisprudencia de los tribunales tributarios, si de ella se puede concluir o no si en realidad existe el Estado de Justicia en Venezuela, o, lo que es lo mismo, si el Estado de Justicia emerge o no de la jurisprudencia de los tribunales tributarios del país.

En este orden de ideas, no obstante que hay muchas sentencias positivas, constructivas y hasta aleccionadoras, como algunas de las vistas anteriormente, hay otras que dejan mucho que desear, particularmente aquellas que sostienen que no hay materia sobre la cual decidir, siendo que para ser justos, siguiendo al jurisconsulto Ulpiano, hay que darle a cada quien lo que le corresponde.

Un Estado de Justicia es aquel en donde se accede a la justicia en forma irrestricta, se disfruta de la tutela judicial del tribunal de manera efectiva, y se recibe lo que a cada quien le corresponde.

¿Eso esta pasando para los justiciables, al momento de acudir a clamar justicia frente a los tribunales tributarios en cuestión, puesto ello a la luz del análisis jurisprudencial presentado?

Pareciera que en algunos casos si y en otros no.

Concluyamos entonces, parodiando un cuento del autor Gibrán Kalil Gibrán, de su libro intitulado "El Loco", que se llama "El Perro Sabio".

Narra que un perro iba caminando por allí y de repente ve un poco de gatos conversando, y como no tenía nada que hacer se puso a escuchar que decían, y el gato con aspecto de mayor sabiduría y respeto dijo que había que orar, orar y continuar orando, porque está establecido y se sabe desde siempre que cada vez que se ora, con verdadera fe, caen ratones del cielo. El perro se río de eso y se fue pensando, esos gatos locos, cómo se les ocurre que van a caer ratones del cielo, si mis abuelos siempre supieron, como mis padres y yo, que cada vez que una persona ora lo quc cae del cielo son huesos.

Entonces, en definitiva, que cada quien pida lo crea que le corresponde, a ver si los tribunales tributarios se lo conceden.

2.4
Medidas cautelares para el cobro de los tributos

I. PREVISIÓN NORMATIVA

El Código Orgánico Tributario de 1983 regulaba el punto relativo a la posibilidad de dictar medidas cautelares en el artículo 204, régimen jurídico que fue modificado y pasó al artículo 211, con la reforma del Código Orgánico Tributario de 1992, con idéntico texto en el artículo 211 del Código Orgánico Tributario de 1994, y nuevamente modificado en el artículo 296 del Código Orgánico Tributario dc 2001.

Este último dispositivo legal expresa que:

> *"Cuando exista riesgo para la percepción de los créditos por tributos, accesorios y multas (antes mencionaba tributos, intereses o recargos y, en ciertos casos, multas), aún cuando se encuentren en proceso de determinación (los Códigos de 1992 y 1994 señalaban "determinados o no", mientras que el Código de 1983 expresaba "ya determinados"), o no sean exigibles por causa de plazo pendiente (las regulaciones de 1992 y 1994 indicaban "no exigibles por causa de plazo pendiente o por haberse interpuesto algún Recurso", mientras que la de 1983 no incluía esa "o"), la Administración Tributaria podrá pedir al Tribunal competente para conocer del Recurso Contencioso Tributario que decrete medidas cautelares suficientes, las cuales podrán ser:*
>
> 5. *Embargo preventivo de bienes muebles;*
> 6. *Secuestro o retención de bienes muebles;*
> 7. *Prohibición de enajenar o gravar bienes inmuebles, y*
> 8. *Cualquier otra medida, conforme a las previsiones contenidas en el Parágrafo Primero del artículo 588 del Código de Procedimiento Civil* (este numeral 4 no existía en las regulaciones previas)" (comentarios en paréntesis del autor).

Estas medidas cautelares siempre serán, de conformidad con el dispositivo legal en comento (artículo 296 del Código Orgánico Tributario de

2001), a favor de la Administración Tributaria. El legitimado activo, es decir, quien las puede solicitar es la Administración Tributaria, en su propio beneficio, para asegurar el cobro del crédito tributario.

Pero, como se sabe, no basta la simple solicitud, pues ella ha de estar suficientemente fundamentada en derecho, como lo requiere la normativa aplicable y ha sido desarrollado por la jurisprudencia general, de modo de dejar establecidos y probados:

a) la presunción o apariencia de buen derecho ("fumus boni iuris"), aquí conocida como presunción grave del derecho reclamado, lo cual podría emerger de la exhibición del acto administrativo de determinación tributaria o de imposición de sanción, que dictado en cumplimiento de los extremos legales ha de reputarse conforme a derecho mientras no se demuestre lo contrario;
b) el peligro en la demora ("periculum in mora") de que quede ilusoria la ejecución del fallo definitivo, en vista, por ejemplo, de actuaciones que voluntariamente o no tiendan a desmejorar la situación patrimonial del contribuyente durante la larga duración del juicio; y,
c) la amenaza cierta de daño ("periculum in damni"), de modo que el contribuyente pudiese acabar por ocasionar una lesión grave, irreparable o de difícil reparación al derecho del Fisco.

En efecto, el Tribunal habrá de acordar la medida solicitada con vista al documento del que conste la existencia del crédito tributario, dentro de los dos (2) días de despacho siguientes (antes se expresaba "el mismo día o a más tardar el día hábil siguiente"), sin conocimiento del deudor, según lo pautan los artículos 297 y 298 del Código Orgánico Tributario de 2001 (artículos 212 y 213 de los Códigos de 1994 y 1992 y 205 y 206 del de 1983). La actuación "inaudita parte" es característica de la tutela judicial cautelar, asegurándose la defensa del afectado "a posteriori", vía oposición, pedimento de sustitución u otras.

Además, en virtud de lo ordenado en el artículo 299 del Código Orgánico Tributario de 2001 (artículos 214 de los Códigos de 1994 y 1992 y 207 del de 1983), el Fisco no tiene que caucionar el decreto de las medidas cautelares, pero será responsable de sus resultados, sin perjuicio de la posibilidad que tiene el interesado de solicitar la sustitución de las medidas decretadas, por garantías suficientes a criterio del Tribunal.

Estas medidas cautelares, como todas las de su tipo, se caracterizan por su:

- instrumentalidad, al estar destinadas a servir de aseguramiento a la ejecución del fallo definitivo, cuando se trata de cautela incidental, y/o a la de la pretensión administrativa tributaria, si se asiste a la cautela autónoma;

- provisoriedad, pues su duración se limita a la del juicio principal, cuando se trata de cautela incidental, y/o al tiempo necesario para ejecutar la pretensión administrativa tributaria, si se asiste a la cautela autónoma;
- judicialidad, toda vez que, en virtud del principio jurisdiccional, sólo pueden darse en la sede judicial, sea la cautela incidental o autónoma, y nunca en sede administrativa;
- variabilidad, dada su posibilidad de adaptación frente al cambio de las circunstancias imperantes al momento de ser dictadas; y,
- urgencia, para obtener la garantía del cumplimiento de la obligación tributaria, salvaguardando los derechos fiscales.

Ahora bien, para el mejor análisis y comprensión de esta norma, siguiendo su redacción, conviene dividir el asunto, para fines didácticos, en dos supuestos: cuando los créditos fiscales están determinados y cuando tales créditos no están determinados.

II. LOS CRÉDITOS FISCALES ESTÁN DETERMINADOS:

Analicemos el primer caso: cuando se trata de créditos determinados. Este supuesto era el único posible de acuerdo al régimen concebido por el Código Orgánico Tributario de 1983, conjunto normativo que exigía que se tratase de créditos "ya determinados", siendo ahora y desde la reforma del Código de 1992 una de las opciones de procedencia para el dictado de medidas cautelares, para el aseguramiento de la recaudación tributaria.

Así, entrando en materia, debe observarse que los requisitos que presentó la normativa contenida en el artículo 211 del Código Orgánico Tributario de 1994 ("determinados" y "no exigibles por causa de plazo pendiente o por haberse interpuesto algún Recurso"), en nuestro criterio, no eran excluyentes sino concurrentes, es decir el crédito debía estar, por un lado, determinado y, por el otro, debía ser no exigible. Pero, no "no exigible" por cualquier motivo, sino "no exigible" solamente por dos razones posibles: por causa de un plazo pendiente o por la interposición de un Recurso Jerárquico o de un Recurso Contencioso Tributario, lo cual conllevaba la inmediata suspensión de los efectos de los actos administrativos así impugnados. Eran, insistimos, requisitos concurrentes, necesarios pero insuficientes por si solos.

Con el régimen de 2001, el único cambio consiste en que, tratándose de un Recurso Contencioso Tributario, la no exigibilidad devendría no de la mera interposición, sino de un pronunciamiento judicial "ad hoc" de suspensión de efectos.

En este orden de ideas, siendo coherentes con nuestro sistema de determinación y liquidación tributaria, tenemos que sólo un crédito determinado puede ser "no exigible" por causa de un plazo pendiente, porque únicamente la denominada Resolución Culminatoria del Sumario Administrativo, prevista en el artículo 191 del Código Orgánico Tributario de 2001 (artículos 149 de los Códigos de 1994 y 1992 y 139 del de 1983), acto de determinación de la obligación tributaria, puede indicar un plazo, en beneficio del contribuyente deudor, para que pague el crédito tributario. Obviamente, el Acta de Reparo puede ser objeto de un allanamiento por parte del contribuyente, que propiciaría el pago dentro del lapso legal de quince (15) días hábiles, pero el carácter de crédito determinado, en ese caso, sería el resultado de ese eventual allanamiento y no del acta en sí misma, por su mera notificación. El acta no es un acto administrativo definitivo, que cause estado, salvo su aceptación expresa por el afectado, y aún en ese caso se requiere de una resolución que constate el hecho, para la seguridad jurídica.

Así mismo, sólo la Resolución Culminatoria del Sumario Administrativo, acto de determinación de la obligación tributaria, es el acto recurrible, suspendible en sus efectos por la mera interposición del Recurso Jerárquico, en sede administrativa, o como resultado de un pronunciamiento al respecto del Juez, si se trata de un Recurso Contencioso Tributario, en sede judicial.

Por tanto, si observamos que en los dos casos opera necesariamente la Resolución Culminatoria del Sumario Administrativo, donde se determina el crédito tributario, es obvio que los requisitos legales son concurrentes: que el crédito esté determinado, por un lado, y que no sea exigible, por el otro lado, sea por causa de plazo pendiente, a favor por supuesto del contribuyente, para el pago del crédito tributario, o porque el contribuyente haya interpuesto un Recurso administrativo, u obtenido una decisión liminar de suspensión, en el ámbito de un Recurso judicial.

Lo propio puede decirse si se trata de procedimientos administrativos distintos al de determinación y fiscalización, regulados por el Código Orgánico Tributario, y que conducen al dictado de un acto administrativo final, cuyo contenido determina la obligación tributaria.

III. LOS CRÉDITOS FISCALES NO ESTÁN DETERMINADOS ("*cuando se encuentren en proceso de determinación*"):

Pasemos ahora al análisis del otro supuesto: cuando los créditos tributarios no están determinados.

Nosotros comprendemos y aceptamos que la voluntad del legislador fue la de permitir que la Administración Tributaria pudiese lograr que el Juez decretase medidas cautelares, aún cuando fuese para asegurar el cobro de un crédito no determinado[455]. Esto lo entendemos porque expresamente lo establece así la disposición legal: "*cuando se encuentren en proceso de determinación*".

Pero, en nuestra opinión, los precedentes normativos del artículo 296 del Código Orgánico Tributario de 2001, para decirlo coloquialmente, "no daban para eso", pues en su redacción, como lo veremos de seguidas, no permitían que pudiesen decretarse medidas cautelares para asegurar un crédito no determinado.

Sin embargo, nos resulta interesante el siguiente análisis: ¿Cuáles podrían ser, hipotéticamente, los ejemplos que condujeron al legislador a consagrar este escenario? Entre otros posibles casos, estudiaremos los dos siguientes:

- El caso de un contribuyente que es objeto de una fiscalización, se le notifica un Acta de Reparo; posteriormente, sin que se haya dictado la Resolución Culminatoria del Sumario Administrativo, es decir, sin que se haya determinado el crédito tributario, el contribuyente inicia una serie de actividades que voluntaria o involuntariamente son susceptibles de conducirlo a la insolvencia, en perjuicio de los derechos del Fisco. La Administración Tributaria podría entonces pedirle al Juez competente para conocer del Recurso Contencioso Tributario, que decrete medidas cautelares a su favor.
- El otro caso sería, por ejemplo, el siguiente: La Administración Tributaria se entera, por vía de la declaración anticipada por enajenación de inmuebles (antes por la notificación de la enajenación de inmuebles) de una venta inmobiliaria que genera un enriquecimiento, por ejemplo de Cuatro Mil Millones de Bolívares y, en este caso, sin que se haya determinado el crédito tributario, al menos el definitivo correspondiente al ejercicio fiscal de que se trate, pues aún no se ha dado el hecho imponible, al no haber concluido el ejercicio fiscal, la Administración Tributaria también podría pedir al indicado Juez, si teme que se dilapide el patrimonio del contribuyente, medidas cautelares para asegurar el cobro de sus derechos fiscales.

No obstante, insistimos, en realidad la redacción de tales precedentes normativos no permitía que pudiesen decretarse medidas cautelares para

---

[455] Esto lo compartimos con el autor Luís Fraga Pittaluga, ""Los Recursos Tributarios. El Efecto Suspensivo y las Medidas Cautelares", p. 86, aunque en su respetada opinión si es posible la aplicación concreta de esta normativa.

asegurar créditos no determinados, por los siguientes motivos: Como ya quedó anteriormente establecido y demostrado, estos requisitos de *"determinados o no"*, por un lado, y de *"no exigibles por causa de plazo pendiente o por la interposición de algún Recurso"*, por el otro lado, eran concurrentes. No eran alternativos, no era una cosa o la otra, tenían que darse los dos requisitos: debía tratarse de un crédito no determinado (porque es el supuesto que ahora analizamos) y, además, debía no ser exigible por causa de plazo pendiente o por la interposición de algún Recurso.

Cabía, entonces, preguntarse ¿acaso no es la Resolución Culminatoria del Sumario Administrativo, acto que determina el crédito tributario, la oportunidad en la cual se le puede conceder al contribuyente un plazo para el pago del tributo? Así mismo ¿acaso no es la misma Resolución Culminatoria del Sumario Administrativo el acto que podría ser recurrible? ¿Cómo es posible que se reúnan estos dos requisitos tratándose de un crédito no determinado?

En nuestra opinión el legislador debió establecer algo como lo siguiente: "crédito determinado no exigible por causa de plazo pendiente o por la interposición de algún Recurso o no determinado". Así sabríamos que los requisitos en cuestión concurren cuando el crédito está determinado, pero que si no está determinado, al no haber otra condición exigida, procedería la medida cautelar. En conclusión, dada la imposibilidad jurídica de su aplicación, esa pequeña pero importante parte del artículo 211 del Código Orgánico Tributario de 1994 que decía "o no", era letra muerta.

De esta manera, la redacción de la norma reformada, el artículo 296 del Código Orgánico Tributario de 2001, varió para mejor uso gramatical, al señalar: *"aún cuando se encuentren en proceso de determinación, o no sean exigibles..."*, con lo cual se puede fácilmente interpretar que se ha eliminado la concurrencia, siendo lo no exigible para los créditos determinados, nada más.

Empero, ¿cómo garantizar que no se viole el principio de proporcionalidad al decretarse un embargo preventivo o una prohibición de enajenar y gravar, por ejemplo, si no se conoce la cuantía del eventual crédito, precisamente por no estar determinado?

Esto es algo que resta a reflexionarse. Mientras tanto, nosotros seguimos pensando en su imposibilidad jurídica.

Además, es interesante remarcar que, tras nuestras investigaciones tribunalicias, y salvando el posible margen de error humano, podría afirmarse que no existen precedentes de solicitudes de medidas cautelares frente a créditos no determinados, o sencillamente han sido tan pocos, durante el lapso de más de once años, de 1992 a 2004, que en definitiva, sea por la razón explicada anteriormente o por otra causa, no puede hablarse de una institución jurídica de uso común y de eficacia comprobada[456].

Puede de este modo citarse la sentencia Nº 132/2003 del 27 de agosto de 2003, dictada por el Juzgado Superior Noveno de lo Contencioso Tributario, expediente Nº 2.135 (consultada en original), mediante la cual, a petición del Servicio Nacional Integrado de Administración Aduanera y Tributaria (SENIAT), se acordaron medidas cautelares de embargo preventivo sobre acciones y otros bienes propiedad de la contribuyente Daewoo Motor Venezuela, S.A., para asegurar el cobro del impuesto contenido en un Acta de Reparo, embargo que fue decretado por alrededor de veintiocho millardos de Bolívares (el doble más las costas), para luego ser reducido a sólo cerca de cinco millardos de Bolívares (el doble más las costas), con ocasión de la corrección del reparo hecha en la Resolución Culminatoria del Sumario Administrativo, según sentencia del 19 de enero de 2004, dictada por el mismo tribunal (consultada en original).

Obviamente, este embargo inicial, de una mera expectativa, por casi seis veces más de lo que habría correspondido, podría generar daños y perjuicios de los que tendría que responder la Administración Tributaria, acorde con la regulación legal.

En otro orden de ideas, se destaca que la solicitud de dictado de medidas cautelares puede ser planteada, como algunos dicen, ante la "jurisdicción voluntaria", vale decir, como proceso cautelar autónomo, o ante la "jurisdicción contenciosa", en el marco de un proceso contencioso tributario en curso.

IV. LAS MEDIDAS CAUTELARES COMO PROCESO CAUTELAR AUTÓNOMO

Cuando se ha dictado la Resolución Culminatoria del Sumario Administrativo, determinando un crédito tributario, disfrute o no el contribuyente de un plazo para el pago, si éste no ha recurrido judicialmente, no ha interpuesto Recurso Contencioso Tributario alguno (y aunque lo haya hecho administrativamente, mediante el Recurso Jerárquico), la Administración Tributaria temerosa de que se burlen sus derechos fiscales, puede perfectamente acudir ante el Juez Superior de lo Contencioso Tributario

[456] Se salva el caso de la sentencia del Juzgado Superior Cuarto de lo Contencioso Tributario del 11 de noviembre de 1996, caso: Brudiam, C.A. y Gil Triayre Mombrini, donde se habla de la posibilidad teórica de esta cautela, haciendo distinción entre los conceptos de determinación y liquidación tributarias, citada por Luís Fraga Pittaluga, "Los Recursos Tributarios. El Efecto Suspensivo y las Medidas Cautelares", págs. 84 y 85.

(remarcamos que fuera del ámbito de un Recurso Contencioso Tributario, es decir, como sostienen algunos, en sede de "jurisdicción graciosa o voluntaria", o por vía autónoma o principal, para utilizar propiamente la terminología procesal), para pedirle que decrete estas medidas cautelares. Así, el artículo 247 del Código Orgánico Tributario de 2001 (artículos 173 de los Códigos de 1994 y 1992 y 162 del de 1983), establece que la interposición del Recurso Jerárquico suspende la ejecución del acto recurrido, dejando a salvo la utilización de las medidas cautelares.

Esta posibilidad ha sido empleada, aunque muy tímidamente, durante el lapso de más de veinte años, que va de 1983 a 2004, sin que pueda afirmarse que se haya medido suficientemente la efectividad de la institución.

Por ejemplo, tenemos la sentencia Nº 423 del 22 de octubre de 2001, dictada por el Juzgado Superior Séptimo de lo Contencioso Tributario, expediente Nº 1.716 (consultada en original), en la cual, a iniciativa del Servicio Nacional Integrado de Administración Aduanera y Tributaria (SENIAT), se acordó el embargo preventivo de acciones y otros bienes propiedad de la contribuyente Tiendas Karamba San Fernando, C.A., para garantizar el cobro de expectativas contenidas en Actas de Reparo, dada la cuantía del reclamo fiscal, en comparación con el exiguo capital social, aunado a la presunción de veracidad del acto administrativo, como prueba del "fumus Boni iuris".

Igualmente, tenemos la decisión Nº 165 del Juzgado Superior Primero de lo Contencioso Tributario, del 30 de octubre de 2003, expediente Nº 2.236 (consultada en original), en la cual, a petición del Servicio Nacional Integrado de Administración Aduanera y Tributaria (SENIAT), se dictó medida cautelar de prohibición de enajenar y gravar sobre un bien inmueble propiedad de responsables solidarios, como administradores, de la contribuyente Telefonía Electrónica Teltrónica, C.A., para asegurar el pago de multas por Bs. 5.068.925,00.

V. LAS MEDIDAS CAUTELARES EN EL RECURSO CONTENCIOSO TRIBUTARIO

Por supuesto, evidentemente el Juez también puede decretar tales medidas en sede contenciosa, es decir ante la "jurisdicción contenciosa", cuando el contribuyente haya interpuesto el Recurso Contencioso Tributario y la Administración Tributaria tema que se burlen sus derechos fiscales. Obviamente, esta posibilidad es dable únicamente en los casos en que un auto del Tribunal haya suspendido los efectos del acto impugnado, pues de lo contrario, la Administración Tributaria impulsaría el embargo ejecutivo, aunque deteniéndose antes del remate, en los términos del artículo 263 del Código Orgánico Tributario de 2001. De resto, el artículo 301 "eiusdem" se limita a prever la acumulación de autos, cuando haya habido proceso cautelar autónomo (gracioso), y luego se haya interpuesto el Recurso Contencioso Tributario. Evidentemente, si el asunto ocurre a la inversa, el tema cautelar, aunque en cuaderno separado, habrá de hacerse en el mismo expediente contentivo del Recurso judicial. En estos casos, las medidas cautelares pueden decretarse por todo el tiempo que dure el proceso.

La institución cautelar ha sido mayormente utilizada en jurisdicción contenciosa, durante el período de 1983 a 2004. Empero, han sido igualmente tan pocos los precedentes, que tampoco se puede aceptar que se haya verificado con suficiencia la efectividad de la institución.

Además, al igual que en el ejemplo anteriormente citado, siempre se han tratado de embargos preventivos o de prohibiciones de enajenar y gravar.

VI. TIPOS DE MEDIDAS CAUTELARES POSIBLES

Pero estas providencias preventivas enumeradas en el Código Orgánico Tributario no son las únicas medidas cautelares que puede dictar el Juez, estemos en sede graciosa o en sede contenciosa, pues, no debemos olvidar la aplicabilidad supletoria del artículo 588, Parágrafo Primero del Código de Procedimiento Civil, en donde se consagra el "Poder Cautelar General", de tal manera que el Juez Superior de lo Contencioso Tributario puede acordar, en beneficio de la Administración Tributaria y previa su solicitud, las medidas nominadas tradicionales que enumera el Código Orgánico Tributario y también cualquier otra medida cautelar innominada en provecho del Fisco. En la regulación de 2001, como se transcribió previamente, se observa que se agregó un nuevo numeral (4), para indicar explícitamente esta posibilidad, aunque con el error de técnica legislativa de mencionar el artículo del Código Procesal. Además, esto era innecesario por la Teoría General del Proceso y la remisión genérica al Código Procesal, como normativa supletoria.

Así, partiendo de la idea cierta de que el Contencioso Tributario, como el Contencioso-Administrativo General, dejó de ser tan sólo un juicio al acto, para devenir un juicio también subjetivo, y toda vez que el citado artículo 588, Parágrafo Primero del Código de Procedimiento Civil señala que fuera de "las medidas preventivas anteriormente numeradas,..., el Tribunal podrá acordar las providencias cautelares que considere adecuadas, cuando hubiere fundado temor de que una de las partes (en este caso, y visto el alcance del objeto de estudio de esta ponencia, necesariamente se tiene como legitimado pasivo al contribuyente, recurrente o no) pueda causar lesiones graves o de difícil reparación al derecho de la otra (el legitimado activo es, en este caso y por las mismas razones, la Administración Tributaria)", es obvio que tanto en sede graciosa como contenciosa, en nuestro criterio, el "Poder cautelar General" es aplicable en beneficio de la Administración Tributaria, debiendo ella, como solicitante, demostrar la existencia del riesgo manifiesto de que quede ilusoria la ejecución del fallo y acompañar un medio de prueba que constituya presunción grave de esta circunstancia y del derecho que se reclama (artículo 585 del Código Procesal).

En estos casos el Juez, para evitar el daño, podrá autorizar o prohibir la ejecución de determinados actos y adoptar las providencias que tengan por objeto hacer cesar la continuidad de la lesión, con la única limitación del alcance de su propia creatividad (ilustrada por la del solicitante) y la aplicación del principio de proporcionalidad. Según el artículo 297 del Código Orgánico Tributario de 2001 (artículos 121 de los Códigos de 1994 y 1992 y 205 del de 1983), las medidas cautelares deberán estar graduadas en proporción al riesgo, cuantía y demás circunstancias del caso.

Ahora bien, las medidas cautelares típicas o nominadas, a las que se contrae el artículo 588 del Código de Procedimiento Civil, luego reproducidas por el artículo 296 del Código Orgánico Tributario de 2001, son el embargo de bienes muebles, el secuestro de bienes determinados, que en la terminología del Código Orgánico Tributario se lee como secuestro o retención de bienes muebles, y la prohibición de enajenar y gravar bienes inmuebles.

En cuanto concierne al embargo preventivo de bienes muebles y a la prohibición de enajenar o gravar bienes inmuebles, lo cierto es que no hay nada especial que comentar, pues el régimen general aplicable al proceso civil ordinario, en nada ha de diferir del proceso cautelar tributario, sea en sede graciosa o contenciosa.

Sólo se debe denunciar acá que, estableciendo el artículo 263 del Código Orgánico Tributario de 2001 la posibilidad de que la Administración Tributaria inicie el juicio ejecutivo en contra del contribuyente recurrente, en caso de que haya éste solicitado la suspensión de efectos del acto administrativo impugnado, sin que se le haya respondido, o se la haya negado, o si no la llegó a pedir, pero de forma que una vez cumplido el embargo el procedimiento se detiene antes del remate, en espera de la sentencia definitiva, es lo cierto que tal embargo, en cuanto a su naturaleza jurídica se refiere, lejos de ser un pretendido embargo ejecutivo, que se ejecuta aún pendiente el fallo principal, es ciertamente un auténtico embargo preventivo, donde su materialización en subasta pública depende de las resultas del proceso principal.

En nuestra opinión, sin ninguna justificación para ello, y en desmedro del principio de ejecutividad y ejecutoriedad del acto administrativo, mentado como fundamento de la eliminación de la cautelar "ope legis" de suspensión de efectos por la mera interposición del recurso judicial, en la exposición de motivos del Código Orgánico Tributario de 2001, esta normativa consagró dos embargos preventivos, cautela al fin del fallo principal.

Finalmente y para colmo de males, es evidente la confusión mental del legislador, en temas procesales, como se desprende de la simple lectura del artículo 301 del Código Orgánico Tributario de 2001, en el cual se habla de que las medidas cautelares que hayan sido dictadas de forma autónoma, en caso de que luego se ejerza el recurso contencioso tributario, se acumularán a aquel, para que supuestamente cumplan "plenos efectos ejecutivos". ¿Cómo puede una medida cautelar o preventiva cumplir efectos ejecutivos plenos, si no es como consecuencia de su cambio de naturaleza jurídica, de preventiva a ejecutiva, en virtud del dictado de la sentencia definitiva, favorable al Fisco?

Empero, en lo que toca a la medida de secuestro de bienes muebles, es menester pronunciarnos por su improcedencia en esta materia procesal tributaria, como se argumentará a continuación.

VII. IMPOSIBILIDAD JURÍDICA DEL SECUESTRO EN EL DERECHO PROCESAL TRIBUTARIO

El secuestro, como medida cautelar, consiste en la privación tanto de la posesión, como de la libre disposición de una o varias cosas muebles o inmuebles materia de litigio, para preservarlas, en manos de un tercero, a favor de quien resultare triunfador del proceso. Según nuestra regulación procesal tributaria, sólo podría versar sobre bienes muebles.

De esta forma, en la doctrina se encuentran definiciones como la de Escriche, quien es citado por Podetti, en la cual se afirma que el secuestro es el depósito que se hace de una cosa litigiosa, en manos de un tercero, hasta que se decida a quién pertenece[457].

Se debe tratar, entonces, de un proceso en donde el litigio versa sobre la posesión, tenencia o detentación de una cosa, mueble o inmueble, tildada por ello de cosa litigiosa, para decidir a cuál de las partes ha de corresponder a la final, y por tanto se ha ideado la medida cautelar de secuestro de esa cosa litigiosa, para impedir que quede en manos de una de las partes mientras dura el juicio, en perjuicio de la otra. Por ello, el ordinal 2º del

[457] Jiménez Salas, Simón, "Las Medidas Cautelares en la Legislación Venezolana", pág. 63.

artículo 599 del Código de Procedimiento Civil concede el "secuestro de la cosa litigiosa, cuando sea dudosa su posesión".

Esto nos lleva a la necesidad de estudiar la figura del secuestro, como medida cautelar, a la luz de la tesis tradicional de Roguin[458] sobre los derechos subjetivos, absolutos y relativos o, como también se es llama, reales y personales.

Así, ha de entenderse por derecho absoluto, en cuanto "*iura in re*" o propiamente real, aquél que supone una relación directa con el objeto práctico del derecho, con una cosa determinada; y una relación indirecta e indeterminada con el objeto jurídico o pretensión (obligación universal de respeto).

A su vez, los derechos personales o creditorios suponen una relación inversa: directa y determinada con la pretensión, y por tanto con el sujeto obligado a ella, pero indirecta e indeterminada con el objeto práctico o simple bien. De allí que los artículos 1.863 y 1.864 del Código Civil establezcan que el obligado personalmente está sujeto a cumplir su obligación con todos sus bienes habidos y por haber, y que los bienes del deudor son la prenda común de los acreedores.

Pero, el concepto de derechos personales a su vez puede dividirse en derechos con pretensión sobre cosa determinada y derechos creditorios, con pretensión sobre cosa indeterminada. Existe un derecho personal sobre cosa determinada cuando alguien tiene derecho a que se le entregue un vehículo en concreto; no cualquier vehículo, sino el vehículo perfectamente singularizado por el derecho subjetivo; y, a la inversa, alguien tiene derecho personal sobre cosa indeterminada, cuando la obligación sea de entregar cualquier vehículo, por ejemplo, o cuando la obligación sea de entregar una clase de vehículo (automóvil), etc.,en el sentido técnico jurídico de "cosa fungible" usado por el artículo 640 del Código de Procedimiento Civil.

En los artículos 1.780 a 1.787 del Código Civil aparecen consagradas las normas sustantivas sobre secuestro, dividiéndolo en dos tipos: secuestro convencional y secuestro judicial.

El Código Civil no define los términos del secuestro convencional ni del secuestro judicial; simplemente trae una serie de normas que caracterizan ambos tipos de secuestro, entre las cuales destacan que el secuestro es en principio remunerado, salvo convención en contrario; que el secuestro puede tener por objeto un bien mueble o inmueble; que no puede liberarse del secuestro al depositario antes de la terminación del pleito, sino por consentimiento de todas la partes o por una causa que se juzgue legítima; y, normas variadas sobre los derechos y obligaciones del depositario.

---

[458] Roguin, Ernest, "La règle de droit", Lausana, 1889, tercera parte, págs. 201 ss.

El secuestro convencional es el depósito de una cosa litigiosa hecho por dos o más personas en manos de un tercero, quien se obliga a devolverla después de la terminación del pleito a aquel a quien se le declare debe pertenecer.

El secuestro judicial es el depósito de una cosa litigiosa hecho por orden del juez, a petición de una de las partes en litigio y en contra de la otra parte que la detenta, en manos de un tercero, quien se obliga a devolverla después de la terminación del pleito a aquel a quien se le declare debe pertenecer.

El supuesto derecho subjetivo en base al cual se instaura el juicio en el cual cabe pedir la medida de secuestro, constituye indefectiblemente un derecho real o un derecho personal sobre cosa determinada.

El secuestro de una cosa se concede siempre con fundamento al derecho principal de la relación jurídico-material. Ha de tomarse siempre en cuenta la relación directa y precisa entre el derecho subjetivo controvertido y su objeto.

El decreto de secuestro no se fundamenta en el derecho de la parte solicitante (que no es cierto para ese momento), sino en el dicho de la parte de tener y pretender el reconocimiento de un derecho real o creditorio sobre cosa determinada.

En cambio, el embargo y la prohibición de enajenar y gravar corresponden en todo momento a un derecho creditorio sobre cosa indeterminada, conforme al artículo 1.864 del Código Civil.

De esta forma, siendo que todo derecho real y todo derecho personal sobre cosa concreta, tienen un objeto práctico determinado, como el secuestro es siempre sobre cosa determinada, entonces el secuestro sólo puede fundamentarse en un derecho real o en un derecho creditorio sobre cosa determinada.

La razón de ser de esta medida preventiva estriba en el hecho de que, siendo requisito común a todas ellas la existencia de presunción grave del derecho que se pretende precaver, como lo exige el artículo 585 del Código Procesal, como justificación de la desposesión que sufrirá el sujeto contra quien obra la medida, a requerimiento de uno u otro litigante, para poner la cosa a buen seguro en poder de un secuestratario, la medida ha de perseguir conservar la integridad física de una cosa corporal sobre la cual pretendan derechos "*in rem*" ambas partes.

Desde esta perspectiva, viendo que la relación jurídica tributaria contiene exclusivamente una obligación consistente en un derecho creditorio o personal sobre bienes tan indeterminados o fungibles como lo es el dinero, sin olvidar la prohibición constitucional de satisfacer el tributo con servicios personales (artículo 317), y considerando que el fin de la recaudación es generar el dinero necesario para sufragar los gastos públicos (artículos 133 y 316 de la Constitución), es obvia la improcedencia o imposibilidad jurídica de asegurar el cobro del crédito tributario con la medida cautelar de secuestro, pues no se discute la posesión de una cosa cierta.

Emplear la cosa secuestrada para luego rematarla sería confundir innecesariamente el secuestro con el embargo preventivo, sin que se tratase de entregar la cosa, debidamente mantenida por el tercero, a quien en derecho corresponda su tenencia, según las resultas del juicio.

No obstante lo anterior, encontramos un caso en el cual el Servicio Nacional Integrado de Administración Aduanera y Tributaria (SENIAT) requirió del Juzgado Superior Sexto de lo Contencioso Tributario el dictado de la medida cautelar de secuestro o retención de bienes muebles propiedad de la contribuyente Fascinación, C.A., habiendo el tribunal negado la medida, según decisión del 10 de febrero de 2004 (consultada en original), no por motivos de fondo como los analizados previamente, sino por haber la Administración Tributaria excedido el tiempo durante el cual la ley le autoriza a retener la contabilidad u otros bienes, como facultad de fiscalización, antes de deber pasar el asunto al Poder Judicial, según los casos.

Empero, se observa que hay entre tributaristas y aduaneros la tendencia a confundir el secuestro con la retención, lo cual es imposible, por ser el secuestro lo expresado previamente, mientras que la retención, de ser concebible como medida cautelar, no podría serlo para el cobro de los tributos (que es nuestro tema), sino para asegurar la aplicación de sanciones como el comiso, a los fines de reprimir por ejemplo el contrabando o la burla de la prohibición de importación de ciertos bienes, y eventualmente, también para lograr la destrucción de los bienes que sean perjudiciales para la salud, como carne en mal estado o medicinas vencidas.

VIII. CONCLUSIONES

Ante todo se aprecia la tendencia legislativa hacia la ampliación de las medidas cautelares para el cobro de los tributos, a un triple título, a saber:

1.- La posibilidad de pedir al juez el dictado tanto de las tradicionales medidas cautelares típicas o nominadas, como las medidas cautelares atípicas o innominadas, propias del Poder Cautelar General, ahora con remisión expresa a su consagración en el Código de Procedimiento Civil;

2.- La regulación no sólo de la petición de las medidas cautelares dentro del marco de un proceso contencioso tributario, como una incidencia más, sino también de un verdadero proceso cautelar autónomo o principal, único en su especie en nuestro derecho procesal; y,

3.- La previsión de que se pueda requerir la tutela cautelar para asegurar la recaudación de créditos tributarios determinados, como igualmente de expectativas de derecho contenidas en los denominados créditos tributarios en proceso de determinación.

Sin embargo, cuatro factores claves han incidido en la inutilización del sistema cautelar en estudio, veamos:

a) La problemática denunciada en cuanto a los créditos tributarios en proceso de determinación, que a pesar de haberse mejorado la redacción normativa referida, se enfrenta al deber de cumplir irrestrictamente con el principio de proporcionalidad, sin parámetros claros para ello, y con la posibilidad de que se comprometa seriamente la responsabilidad administrativa;

b) La clara improcedencia del secuestro como medida cautelar típica a en este tipo de procesos judiciales de la materia tributaria, aunada a que la medida de retención no puede tener fines recaudatorios, sino de garantía de la sanción no pecuniaria, o de protección de otros valores como la salud pública;

c) La verdadera naturaleza jurídica preventiva del embargo previsto en el artículo 263 del Código Orgánico Tributario de 2001, que torna irracional que se continúen pidiendo embargos preventivos, claro que en la vía incidental, cuando es obvio lo expedito del inicio del juicio ejecutivo, para que el asunto se detenga justo antes del remate, a la espera de la sentencia definitiva que declare sin lugar el recurso contencioso tributario incoado; y,

d) La ausencia de empleo sistemático de la institución cautelar, por parte de los representantes judiciales de la Administración Tributaria, durante los veinte años de vigencia que tiene, asunto que no podemos aventurarnos a explicar en sus razones, que nos son desconocidas, debiendo limitarnos a constatarlo como un hecho real.

Conviene que la Administración Tributaria reflexiones sobre estos extremos, de modo que se emplee con mayor fortaleza y continuidad la institución cautelar, cuando se cumplan los requerimientos de ley, a juicio del tribunal, tanto por la vía autónoma como la incidental, en resguardo de la proporcionalidad, de modo que pueda en un futuro cercano evaluarse por vez primera la eficacia de una institución que tiene más de veinte años de vigencia en Venezuela.

2.5
Costas y daños y perjuicios en el Proceso Tributario

1.- INTRODUCCIÓN

He tenido el honor de ser invitado por la prestigiosa Fundación de Estudios de Derecho Administrativo (FUNEDA), a participar como conferenciante en las Jornadas Internacionales "Temas Actuales de Derecho Tributario", organizadas por dicha institución y celebradas el 8 y 9 de junio de 2007, en la Isla de Margarita, de modo de presentar mis observaciones acerca de la vigencia real en nuestro acontecer procesal tributario actual, de las figuras jurídicas de la condenatoria en costas y a la indemnización de daños y perjuicios, con ocasión de las resultas de un recurso contencioso tributario, por parte de los Juzgados Superiores de lo Contencioso Tributario y de su alzada, es decir, la Sala Político-Administrativa (o Políticoadministrativa, como reza la Constitución) del Tribunal Supremo de Justicia.

En tal sentido, expongo a continuación mis ideas al respecto, no sin antes advertir que, no obstante que dichas figuras jurídicas encuentran regulación particular en el conjunto normativo legal que rige de manera especial al proceso tributario, cual es el Código Orgánico Tributario, lo cierto es que nuestra práctica forense y nuestra investigación académica nos ponen de evidencia que nuestros órganos jurisdiccionales competentes por la materia no suelen, en la actualidad, en líneas generales, tocar el tema de costas o, si lo hacen, mientras que se observa una clara facilidad para condenar en costas al particular recurrente, se aprecia con rareza que lo hagan en contra de las Administraciones Tributarias (nacionales, municipales, parafiscales, etc.), aunque ellas terminen perdiendo totalmente el juicio. Y, por lo que respecta a la condenatoria a la indemnización de daños y perjuicios, no creemos errar ni exagerar si indicamos que nunca se ha visto tal cosa en el actuar de los mencionados tribunales.

2.- LA CONDENATORIA EN COSTAS

En cuanto a la regulación legal sobre el tema de la condenatoria en costas, tenemos que en el artículo 327 del Código Orgánico Tributario se establece que:

> *"Declarado totalmente sin lugar el recurso contencioso, o en los casos en que la Administración Tributaria intente el juicio ejecutivo, el Tribunal procederá en la respectiva sentencia a condenar en costas al contribuyente o responsable, en un monto que no excederá del diez por ciento (10%) de la cuantía del recurso o de la acción que de lugar al juicio ejecutivo, según corresponda. Cuando el asunto no tenga una cuantía determinada, el tribunal fijará prudencialmente las costas.*
> *Cuando, a su vez la Administración Tributaria resultare totalmente vencida por sentencia definitivamente firme, será condenada en costas en los términos previstos en este artículo. Asimismo, dichas sentencias indicarán la reparación por los daños que sufran los interesados, siempre que la lesión sea imputable al funcionamiento de la Administración Tributaria.*
> *Los intereses son independientes de las costas pero ellos no correrán durante el tiempo en el que el juicio esté paralizado.*
> ***Parágrafo Único:*** *El Tribunal podrá eximir del pago de costas, cuando a su juicio la parte perdidosa haya tenido motivos racionales para litigar, en cuyo caso se hará declaración expresa de estos motivos en la sentencia".*

Es pues, como no podía ser de otra manera en estos casos, un tema trascendente del contenido necesario (léase indispensable, ineludible, indefectible o ineluctable) de la sentencia definitiva proferida en este tipo de proceso judicial, el de que el juez se pronuncie sobre la condenatoria en costas de la parte (sea el recurrente o la Administración Tributaria) que haya resultado totalmente perdidosa, claro que dentro de las consideraciones cuantitativas que la norma consagra.

Se afirma que este aspecto debe necesariamente tocarse en el fallo, puesto que el legislador lo concibe, sin excepciones en estos procesos judiciales, como parte normal del contenido de la sentencia. Ello, dentro del espíritu de considerar tal condenatoria como una sanción (o mejor represalia o consecuencia pecuniaria) para quien haya producido con su actuar litigioso temerario un dispendio de actividad del Poder Judicial, perjudicando a su vez a su contraparte. Se trata, entonces, como manifestación concreta de la justicia, de dar a cada quien lo que le corresponde, reequilibrando las situaciones jurídicas subjetivas o públicas, según los casos, afectadas, en honor al principio según el cual quien cause un daño a otro debe repararlo, esto en el ámbito exclusivo de la relación jurídico procesal.

Empero, se debe tener muy presente que ese pronunciamiento sobre el tema en todo caso debe hacerse por el juez, aunque ello no signifique que siempre haya de concluirse en la condenatoria en costas, toda vez que:

a) Pudiera ser que ninguna de las partes haya resultado totalmente perdidosa, supuesto típico de la admisión parcial del recurso[459]; y,
b) El dispositivo legal permite al juez eximir del pago de costas a la parte que haya resultado totalmente perdidosa, en la medida en que asuma, claro que de forma debidamente razonada, en el texto de la decisión, que dicha parte (perdidosa) tuvo motivos racionales para litigar, entendiendo por un actuar racional el que pudiere exigirse del buen padre de familia.

Además de esta regulación legal, que es la principal sobre el tema, existen en el Código Orgánico Tributario otras menciones sobre las costas procesales, aplicables al recurso contencioso tributario, como lo son las contenidas en los artículos 49 (que prevé la institución de la compensación como medio extintivo de obligaciones recíprocas entre el contribuyente y la Administración Tributaria, hasta concurrencia, por concepto de tributos, intereses, multas y costas procesales); 92 (según el cual los autores, coautores y partícipes responden solidariamente por las costas procesales); y, 281 (que en cuanto a la falta de cumplimiento voluntario de la sentencia y se deba por ello implementar la ejecución forzada contra el recurrente perdidoso, se decretará el embargo ejecutivo sobre bienes suyos, que no exceda del doble del monto de la ejecución más una cantidad suficiente estimada prudencialmente por el Tribunal para responder del pago de intereses y costas del proceso, siendo que si el embargo se realiza sobre dinero, se limitará al monto de la demanda más la estimación de los intereses y costas).

Veamos a continuación un tanto de la jurisprudencia sobre condenatoria en costas, por parte de nuestros Juzgados Superiores de lo Contencioso Tributario, la cual en líneas generales, como se advirtió previamente, no suele pronunciarse sobre el tema de las costas, pues en muchos casos se pasa por alto sin mención alguna, no obstante que se ha podido observar

[459] Es menester advertir en este supuesto que la cuestionable práctica judicial de analizar solamente un aspecto de la impugnación, que conduzca al juez a concluir en la ilegalidad del acto administrativo impugnado, estimando innecesario estudiar los demás alegatos de ilegalidad, no solamente viola el principio de exhaustividad de la sentencia, sino que pone en tela de juicio la conformidad a derecho de una eventual condenatoria en costas en contra de la Administración Tributaria, pues podría ser que otro u otros de los extremos alegados fuesen tenidos como improcedentes por el juez.

que es obligatorio aludirlo, aunque sea para decir que no procede por no haber vencimiento total de ninguna de las partes. Y, en los supuestos de existencia de parte totalmente perdidosa, la práctica de estrados no evidencia que haya una política sistemática de condenatoria en costas en contra del perdidoso total, pues puede apreciarse una inclinación con facilidad a condenar en costas al recurrente totalmente perdidoso, pero con gran dificultad para hacerlo cuando se trata de las Administraciones Tributarias en idéntica condición, siendo el caso que podría decirse que en general se acostumbra no condenar en costas a dichas Administraciones, aunque hayan perdido totalmente, pero no porque se expliquen los motivos racionales eventuales que tuvieron para litigar, sino porque en definitiva no se hace mención alguna del tema, o se le sobrevuela superficialmente. Este asunto por tanto lo estimamos reñido con la idea que nos rige constitucionalmente de Estado de Justicia.

A.- Casos I.N.C.E.

En este orden de ideas, particularmente frente a los reparos que consuetudinariamente vino formulando el Instituto Nacional de Cooperación Educativa (I.N.C.E.), pretendiendo que los contribuyentes patronos pagasen el aporte del dos por ciento (2%), incluyendo dentro de la base imponible, las utilidades, a pesar de que de forma reiterada, pacífica y sistemática son muchísimas las sentencias de la Sala Político-Administrativa del Tribunal Supremo de Justicia y de los Juzgados Superiores de lo Contencioso Tributario, en donde se declaran sin lugar estos reparos (porque dentro de la base imponible del aporte del dos por ciento -2%- únicamente entra el concepto de salario normal, sin que las utilidades encajen en él), se aprecia la incomprensible renuencia general a condenar en costas al citado Instituto, no obstante su pérdida total. Veamos:

a) La sentencia del Juzgado Superior Quinto de lo Contencioso Tributario, del 29 de noviembre de 2002, caso Sola de Venezuela Industria Óptica, C.A. declaró con lugar el recurso contencioso tributario y anuló el reparo, pero eximió de costas al I.N.C.E., supuestamente por haber tenido, sin mas, motivos racionales para litigar.

b) Las sentencias del Juzgado Superior Séptimo de lo Contencioso Tributario, del 31 de julio de 2003, caso Compresores Betico, S.A., del 26 de febrero de 2004, caso Industrias Coramodio, C.A., y del 15 de marzo de 2004, caso Goodyear Productos Industriales, C.A., declararon con lugar los recursos contencioso tributarios y anularon los reparos respectivos, pero, paradójicamente no hay mención alguna sobre el tema de las costas procesales, con claro menoscabo de la integralidad con la que debe ser satisfecho el derecho a la tutela judicial efectiva[460].

Estas sentencias no se pronuncian acerca de la condenatoria en costas, ni eximen del pago de costas. Simplemente se ignora toda referencia al tema de las costas, con lo cual hay un claro y lamentable alejamiento de lo que es la misión central del Poder Judicial, como administrador de justicia, toda vez que es deber del tribunal procurar, en los términos de ley, el resarcimiento de los daños sufridos por el justiciable, por haber tenido que litigar en virtud de una actuación ilegal por parte de la Administración Tributaria.

Un tribunal que deja de pronunciarse sobre las costas, es un tribunal que se esta apartando de su norte de impartidor de justicia.

c) La sentencia del Juzgado Superior Noveno de lo Contencioso Tributario, del 7 de marzo de 2003, caso Fiesta, C.A., tampoco contiene mención alguna al tema de las costas. Sin embargo, en este caso no procedía condenatoria en costas en virtud de que el recurso contencioso tributario fue admitido sólo parcialmente, no habiendo habido vencimiento total. En el orden de ideas expuestas, no obstante, eso debió haberse explicitado.

d) La sentencia del Juzgado Superior Segundo de lo Contencioso Tributario, del 15 de febrero de 2004, caso Casep Servicios de Personal, C.A., a pesar de declarar con lugar el recurso contencioso tributario, por lo que anuló el reparo, explícitamente indica que exime de costas al I.N.C.E., por cuanto los funcionarios del Instituto habrían "actuado en ejercicio de las funciones que tiene acreditadas por la ley que lo creó, en aplicación e interpretación de sus normas", conducta que en criterio del tribunal lo exime de pagar costas.

Salta a la vista que el tildado "actuar en ejercicio de las funciones que tiene acreditadas por la ley", no puede ser tenido como una conducta racional, eximente de la condenatoria en costas, pues, según el principio de legalidad en derecho público, es lo mínimo que puede exigirse a un organismo público, siendo lo propio que estos entes, cuando formulen un reparo, lo hagan dentro del marco de sus funciones legales[461].

Si, no obstante haber actuado dentro de ese marco, la Administración Tributaria resulta equivocada en el fondo, ello lo determinará el tribunal después. Pero, si eso fuera un criterio suficiente para estos fines, entonces

---

[460] Artículo 26 de la Constitución: *"Toda persona tiene derecho de acceso a los órganos de administración de justicia para hacer valer sus derechos e intereses, incluso los colectivos o difusos, a la tutela efectiva de los mismos y a obtener con prontitud la decisión correspondiente".*

[461] Artículo 137 de la Constitución: *"La Constitución y la ley definirán las atribuciones de los órganos que ejercen el Poder Público, a las cuales deben sujetarse las actividades que realicen".*

no pudiera nunca condenarse en costas o en muy raros casos pudiera condenarse en costas a la Administración Tributaria.

Afortunadamente esta tendencia se ha venido corrigiendo, aunque deba decirse que ello ha sido particularmente de esa manera solamente en estos reparos del antedicho concepto, como por ejemplo en:

a) La sentencia del Juzgado Superior Tercero de lo Contencioso Tributario, del 5 de marzo de 2004, caso Comercializadora Snack's, S.R.L., que tras haber declarado con lugar el recurso contencioso tributario y anulado el reparo, lo cual comportó el vencimiento total del I.N.C.E., el tribunal estimó que el ente parafiscal no tuvo motivos racionales para litigar, lo cual es perfectamente entendible, pues la jurisprudencia es hoy en día concluyente, acerca de la improcedencia de estos reparos, y lo condenó en costas, al pago del diez por ciento (10%) de la cuantía del recurso, es decir, al máximo previsto en la ley.

b) Las sentencias del Juzgado Superior Quinto de lo Contencioso Tributario, del 16 de marzo de 2004, casos Industria Nopal, S.A. y Venmar C.A. (Venmarca), respectivamente, habiendo declarado con lugar los recursos contencioso tributarios y anulado los reparos, resuelven condenar en costas al I.N.C.E., por entender que no tuvo motivos racionales para litigar, por ser su actuación contraria derecho.

El tribunal aquí sostiene que cuando se actúa en contrariedad a derecho, no se puede haber tenido motivos racionales para litigar. Con esta manera de pensar, hay que concluir que cada vez que haya un reparo o cualquier otro tipo de acto administrativo emanado de la Administración Tributaria, que sea anulado justamente por ser constitutivo de una actuación contraria a derecho, no habría habido motivos racionales para litigar, por lo que frente a un vencimiento total, necesariamente tendría que producirse la condenatoria en costas.

B.- Casos "No hay materia sobre la cual decidir"

Son innumerables las sentencias de los Juzgados Superiores de lo Contencioso Tributario, que terminan por decir que "no hay materia sobre la cual decidir", lo cual en nuestro concepto es un exabrupto, porque cómo puede estar semejante expresión en un acto jurídico que se llama sentencia.

La sentencia justamente es la decisión del proceso. Sentenciar es decidir.

No es posible decidir, si no se tiene materia sobre la cual decidir, máxime cuando eso, en si, es sin duda una decisión. Aunque suene agresivo al oído, la realidad es que en estos casos, el tribunal decidió que no tiene materia sobre la cual decidir, o lo que es lo mismo, decidió no decidir, lo cual es un contra sentido desde el punto de vista filosófico y desde el ángulo semántico y gramatical, siendo también cuestionable en ética y en justicia.

Cuando se le plantea un asunto a un juez, como tercero imparcial, que simboliza el ejercicio monopólico de la violencia por parte del Estado, pudiendo actuar en autoridad de cosa juzgada, por no haber podido las partes encontrar una solución amigable a su conflicto de derecho, aquel tiene que decidir el problema, pues si no lo hace, deniega justicia, vale decir, no cumple con su misión jurisdiccional e incurre, por ello, en el ilícito de denegar justicia.

Quizás alguien pudiera decir que eso no es verdad, porque no todo juicio implica, para su terminación, una decisión del juez. Por ejemplo, cuando hay una transacción judicial o cuando hay un desistimiento o un convenimiento.

Sin embargo, es erróneo creer eso, porque esas actuaciones, como mecanismos distintos a la sentencia, como medio de resolución del problema, no tienen validez hasta tanto no son homologadas por el juez y, en esos casos, la "sentencia" viene consistiendo, precisamente, en la homologación o perfeccionamiento judicial de la actuación bilateral transaccional o de las otras dos, el desistimiento o el convenimiento, que son de carácter unilateral.

Lo cierto es que, cuando se traba la litis, y se fue a ella justamente porque las partes no fueron capaces de encontrar una solución amigable al problema, por lo que debieron recurrir al tercero imparcial, que es el juez, y le encomendaron la decisión al Poder Judicial, ya escapa de sus manos la solución del problema en forma unilateral. Pueden propiciarla de forma necesaria más insuficiente, porque se requiere la homologación del juez.

Además, hay que tener claro que hay expresa mención en el Código de Procedimiento Civil, acerca de que el convenimiento acarrea la condenatoria en costas del legitimado pasivo, así como el desistimiento produce lo propio (condenatoria en costas), para el legitimado activo[462]. Y, en el caso de la transacción judicial, pues habrá que verificar qué se trato sobre el tema de las costas, en el documento transaccional que va a ser objeto de la homologación.

---

[462] Artículo 282 del Código de Procedimiento Civil: *"Quien desista de la demanda, o de cualquier recurso que hubiere interpuesto, pagará las costas si no hubiere pacto en contrario. Cuando conviniere en la demanda en el acto de la contestación, pagará las costas si hubiere dado lugar al procedimiento, y si fuere en otra oportunidad, las pagará igualmente, si no hubiere pacto en contrario. Caso de que las partes estén en desacuerdo respecto de la primera parte del párrafo anterior, el Juez abrirá una articulación por ocho días para decidir sobre las costas".*

Hay pues siempre que pronunciarse, a parte del tema de la homologación, también sobre el aspecto de las costas procesales. Es decir que en todo momento hay materia sobre la cual decidir.

Veamos algunos fallos al respecto:

a) La sentencia del Juzgado Superior Segundo de lo Contencioso Tributario, del 18 de febrero de 2004, caso C.A. El Impulso, se refiere a aconteceres que han sido muy comunes: El contribuyente impugnó el reparo en sede administrativa, a través del Recurso Jerárquico, y la Administración Tributaria no respondió en los términos de ley, dándose el supuesto de silencio administrativo reputado negativo, caso en el cual el contribuyente puede permanecer en indefinida espera de la decisión administrativa, o acudir al tribunal dentro del plazo de ley.

Luego, habiendo el contribuyente optado por poner en movimiento al órgano jurisdiccional, encontrándose ya el tribunal competente sustanciando la causa, estando incluso notificada la Administración Tributaria de la interposición del recurso contencioso tributario, y en cualquier estado del proceso, resulta que es extemporáneamente decidido aquel Recurso Jerárquico, sea de forma denegatoria (lo cual se haya legalmente prohibido hoy por hoy[463]), o estimatoria (que es el supuesto que nos interesa acá).

Desde esta perspectiva, siendo la decisión extemporánea favorable al recurrente, sucede que lo que han hecho muchos contribuyentes aparece como cuestionable, puesto que los recurrentes han pedido a los tribunales, en esos casos, que manifiesten que no hay materia sobre la cual decidir, supuestamente por haber terminado el proceso, al haberse quedado sin objeto, por haber sido revocado el acto administrativo impugnado. Esto, por mas que se acostumbre, es una aberración judicial, en desmedro del derecho procesal.

Sin embargo, lo cierto es que cuando la Administración Tributaria ha actuado de esa forma, es decir revocando el acto administrativo no obstante que ya fue impugnado en la sede judicial, pasa como en esta sentencia. En efecto, en esos casos el Juzgado Superior Segundo de lo Contencioso Tributario, frente a la solicitud de que se sirviera declarar que no había materia sobre la cual decidir, y con base a ello pronunciase la terminación del juicio en curso y ordenase el consiguiente archivo del expediente, el juez sostuvo que la Administración Tributaria había actuado en ejercicio de su

[463] El párrafo final del artículo 255 del Código Orgánico Tributario de 2001 proscribe expresamente esta posibilidad: *"La Administración Tributaria se abstendrá de emitir resolución denegatoria del recurso jerárquico, cuando vencido el lapso establecido en el artículo 254 de este Código, no hubiere pronunciamiento por parte de ella y el contribuyente hubiere intentado el recurso contencioso tributario en virtud del silencio administrativo".*

potestad de auto-tutela administrativa, al emitir las resoluciones revocatorias y que, en consecuencia, quedó extinguido el objeto de nulidad de ese recurso, y el tribunal consideró no tener materia sobre la cual decidir.

Claro que la Administración Tributaria goza de potestades de auto-tutela administrativa. Pero tales potestades duran en la medida en que ella tenga jurisdicción sobre el caso, lo cual no ocurre cuando se pasa ya a la sede judicial.

Empero, se insiste que cuando se pierde jurisdicción sobre el caso, porque ahora le corresponde su conocimiento excluyente al Poder Judicial, ya la Administración Tributaria no puede ejercer su potestad de auto-tutela administrativa, porque ya, como parte en un juicio, no puede actuar de forma unilateral[464].

Mal podía el tribunal sostener que no tenía materia sobre la cual decidir, máxime cuando efectivamente tomó una decisión. En efecto, decidió que la Administración Tributaria había obrado en ejercicio de su potestad de auto-tutela administrativa, y que en consecuencia había dejado sin objeto el proceso y, por lo tanto, lo declaró terminado. Eso es una decisión.

Y luego, para colmo, el fallo expresa que se ordena el archivo de la presente causa, en autoridad de cosa juzgada. Pero, ¿cómo que cosa "juzgada", si la sentencia acaba de decir que no hay materia sobre la cual decidir? ¿Cosa juzgada no quiere decir que la cosa se decidió? ¿Cómo puede pasar como cosa juzgada una "decisión" que sostiene que no tiene sobre qué decidir?

Todo esto es un tremendo mal empleo, incluso del idioma.

El fallo concluye sosteniendo que como la Administración Tributaria habría actuado dentro del marco de sus atribuciones legales, se la exonera o exime del pago de las costas procesales.

En otras palabras, el recurrente tuvo que ir a la sede judicial, para interponer un recurso, lo cual conllevó honorarios profesionales de abogado. La Administración Tributaria posteriormente, en forma expresa o tácita, normalmente tácita, admite la procedencia de la pretensión del recurrente, puesto que revoca los actos administrativos impugnados, y aún así se sostiene que es eximible de costas, con clara lesión del principio general de derecho, consagrado en el artículo 1.185 del Código Civil, de que todo aquel que cause un daño a otro debe repararlo.

---

[464] Tan es esto cierto, que conviene recordar que ni siquiera otros tribunales pueden conocer de estos casos, pues a tenor del artículo 330 del Código Orgánico Tributario: *"La jurisdicción y competencia de los Tribunales Superiores de lo Contencioso Tributario se ejercerán en forma excluyente de cualquier otro fuero, por lo que no podrá atribuirse la competencia a otra jurisdicción ni a otros Tribunales de distinta naturaleza".*

De esta forma, una persona se ve afectada patrimonialmente en su esfera jurídica subjetiva por la actuación ilícita confesa de parte de quien lo agrede, y ese daño queda sin reparación.

b) La sentencia del Juzgado Superior Tercero de lo Contencioso Tributario, del 30 de enero de 2004, caso Petrolago, C.A., se dicta en un supuesto en el que se pidió al tribunal, como corresponde en derecho en casos similares, que homologara el convenimiento.

Sin embargo, el tribunal sostuvo que no había materia sobre la cual decidir, declaró terminado el procedimiento y ordenó archivar el expediente, pasando por alto pronunciamiento alguno sobre el tema de las costas.

Si el recurrente solicita del juez que homologue un pretendido convenimiento, y el juez, sin mas, se limita a declarar que no tiene materia sobre la cual decidir, y archiva el expediente, ignorando el derecho de petición del recurrente, es evidente que el pedimento de una parte ha quedado sin respuesta, es decir, sin que haya gozado de tutela judicial efectiva. Aquí podría hablarse de que el juez habría incurrido en denegación de justicia, institución que debe ser acá asumida en los términos en que la Sala Político-Administrativa del Tribunal Supremo de Justicia ha definido lo que ha de ser entendido por Estado de Justicia[465], que es el acceso pleno a la jurisdicción, unido al principio "pro-actione", como se desprende de su sentencia del 20 de marzo de 2001, caso: Marvin Enrique Sierra Velasco, con ponencia conjunta, que destaca al proceso como herramienta privilegiada de justicia:

> *"Estima esta Sala, como máximo órgano de la Jurisdicción Contencioso-Administrativa, que los valores recogidos en la nueva Carta Constitucional, según los cuales se consagra de manera específica la figura de una justicia garantista que asegure la tutela judicial efectiva de los derechos e intereses, incluso los colectivos o difusos, (artículo 26 eiusdem); la simplificación de trámites, derivado de la concepción del proceso como instrumento fundamental para la realización de la justicia (artículo 257 eiusdem)...".*

Por otro lado, ha sostenido la Administración Tributaria en casos similares, que en supuestos como estos no podría técnicamente hablarse de convenimiento. En efecto, han argüido los representantes judiciales fiscales

[465] Artículo 2 de la Constitución: *"Venezuela se constituye en un Estado democrático y social de Derecho y de Justicia, que propugna como valores superiores de su ordenamiento jurídico y de su actuación, la vida, la libertad, la justicia, la igualdad, la solidaridad, la democracia, la responsabilidad social y en general, la preeminencia de los derechos humanos, la ética y el pluralismo político".*

que el convenimiento por parte de la Administración Tributaria, si bien es legalmente posible[466], estaría regido por una serie de formalidades que conllevan la intervención previa autorizatoria de las máximas autoridades jerárquicas de la Administración Tributaria y que, de no haber acontecido ello, y en consecuencia no haber el representante judicial del fisco recibido la orden expresa de convenir, no habría convenimiento.

Yo sostengo que, sin perjuicio de que ese orden de ideas pudiese ser atacado por tenérsele como meros formalismos inútiles[467], lo cierto es que, desde el punto de vista fáctico, vale decir, en cuanto concierne a la realidad de fondo del actuar administrativo, y a la justicia del caso (darle a cada quien lo que le corresponde), hay efectivamente un incuestionable convenimiento. Puede ser que algunos no lo quieran llamar así, pero obviamente ha habido una clara aceptación, por parte del legitimado pasivo, de la pretensión del legitimado activo, y eso es lo que justamente define en un juicio, acorde con la ciencia procesal, la institución del convenimiento.

c) La sentencia del Juzgado Superior Tercero de lo Contencioso Tributario, del 12 de abril de 2004, caso Delphi Packard Electric Systems Venezuela, muestra que en estos casos el proceder judicial, en general, es igual, para convenimientos y desistimientos, no obstante el mandato legal al respecto, sobre condenatoria en costas. En este caso lo que aconteció fue que hubo un desistimiento por parte del recurrente, quien tras haber pagado la suma reclamada, pidió que se declarara terminado el juicio.

Empero, lejos de haberse procedido como correspondía en derecho, homologándose el respectivo desistimiento, el tribunal estableció que no había materia sobre la cual decidir, ordenó el archivo del expediente y, como se ha criticado, omitió total referencia acerca del tema de las costas procesales.

d) La sentencia del Juzgado Superior Quinto de lo Contencioso Tributario, del 25 de marzo de 2004, caso Otiesca II, C.A., aparece como muy interesante, pues frente a un reparo formulado por el Municipio San Cristóbal del Estado Táchira, estando en desarrollo el proceso contencioso

[466] Artículo 328 del Código Orgánico Tributario: *"En los procedimientos judiciales consagrados en este Título, el Fisco podrá desistir de cualquier acción o recurso, o convenir en ellos, previa instrucción del Poder Ejecutivo"*.

[467] Artículo 26 de la Constitución: *"Toda persona tiene derecho de acceso a los órganos de administración de justicia para hacer valer sus derechos e intereses, incluso los colectivos o difusos, a la tutela efectiva de los mismos y a obtener con prontitud la decisión correspondiente. El Estado garantizará una justicia gratuita, accesible, imparcial, idónea, transparente, autónoma, independiente, responsable, equitativa y expedita, sin dilaciones indebidas, sin formalismos o reposiciones inútiles"*.

tributario, el fisco municipal reconoció la nulidad absoluta de los actos administrativos que habían sido recurridos.

En criterio del tribunal, el no haber reconocido esa nulidad absoluta con anterioridad al ejercicio del recurso contencioso tributario, compelió al contribuyente a acudir al órgano jurisdiccional, para reclamar la nulidad de las resoluciones, lo cual le coaccionó, al igual que al propio órgano jurisdiccional, a la utilización de tiempo, dinero y demás recursos necesarios, sin ningún tipo de justificación que fundamentase de alguna manera la decisión.

Entonces, en un loable proceder en justicia, el tribunal consideró que debía ser condenada en costas la Administración Tributara del Municipio San Cristóbal, actuando en consecuencia y ordenado su condenatoria correspondiente, en el monto del cinco por ciento (5%) de la cuantía de la causa.

Esta es una actuación completamente legítima, que va dentro del orden de ideas que se viene planteando.

e) La sentencia del Juzgado Superior Quinto de lo Contencioso Tributario, del 23 de marzo de 2004, caso Constructora Dycven, C.A., aparece completamente reñida con la alabada jurisprudencia comentada en cuanto a lo meritorio de la sentencia que antecede, siendo lo tristemente curioso acá que el mismo tribunal, en esta sentencia de apenas un par de días antes, frente a un caso exactamente igual al anterior, pero en donde la Administración Tributaria implicada no era municipal, sino nacional, vale decir, se trataba del Servicio Nacional Integrado de Administración Aduanera y Tributaria (SENIAT), es lo sorprendente que contrariando sus propios motivos justificadores, terminó por eximirla del pago de costas procesales.

Cabria entonces preguntarse si se administra justicia con criterios de imparcialidad, objetividad y justicia, como lo exige la Constitución, o si por el contrario, todo depende de quien sea alguna de las partes. Ambas Administraciones Tributarias, la municipal y la nacional, en estos casos, reconocieron la nulidad absoluta de los actos administrativos que habían emitido, y los revocaron. Ambas Administraciones Tributarias, en consecuencia, compelieron al recurrente a ir al tribunal y a incurrir en gastos y en inversión de tiempo para la defensa, sin que hubiese menester de ello, vista la clara ilegalidad de esos actos, aceptada respectivamente por las Administraciones Tributarias, pero el tribunal, en un caso condena en costas y en el otro exime de costas.

Alguien que no sepa de esta materia tendría que preguntarse en cual de los dos casos se administró justicia, pues no pudo ser en ambos, ni en ninguno.

f) La sentencia del Juzgado Superior Noveno de lo Contencioso Tributario, del 25 de marzo de 2004, caso Petrolago, C.A., se presenta como extraordinaria, porque frente a todo lo acontecido en los vaivenes jurisprudenciales ya evocados, el tribunal hace un análisis acerca de la institución del convenimiento, para aceptar la tesis sin duda justiciera de que no puede hablarse de inexistencia de convenimiento, simplemente porque no se hayan llevado a cabo las formalidades legales autorizatorias previas.

No debe ignorarse, en criterio del tribunal, que a pesar de ello hubo un inequívoco pronunciamiento por parte de la Administración Tributaria, reconocedor de la procedencia de la pretensión del legitimado activo recurrente, que para el tribunal es en justicia perfectamente asimilable a un convenimiento, que si bien no se puede catalogar como tal, formalmente hablando, en el fondo equivale a ello, y por tanto el tribunal decidió homologar el pronunciamiento sobre la revocatoria de la providencia impugnada.

Así, el tribunal homologó el pronunciamiento revocatorio, que en este caso, además, emanó del Servicio Nacional Integrado de Administración Aduanera y Tributaria (SENIAT), y condenó en costas a la Administración Tributaria en el cinco por ciento (5%) de lo debatido.

C.- Otros casos

Ahora bien, dejemos atrás los asuntos del I.N.C.E. y las utilidades y de "que no hay materia sobre la cual decidir", para descollar, como dos casos realmente fuera de serie, desde todo punto de vista excepcional en cuanto a lo que se ha venido afirmando, los siguientes:

a) La sentencia del Juzgado Superior Octavo de lo Contencioso Tributario, del 10 de mayo de 2002, caso Manufacturas Jaydan, C.A., al decidir un recurso contencioso tributario dejó establecido que, al haber sido dictado el acto administrativo recurrido, prescindiendo del procedimiento de ley, y negando al contribuyente el derecho a formular descargos, se violó el debido proceso, incurriéndose en un vicio de nulidad absoluta del acto administrativo.

Habiéndose prescindido del procedimiento administrativo legalmente establecido y, en consecuencia, siendo obvia la violación del debido proceso, en contra de la justiciable, para cualquier observador, incluso para los ojos de los representantes judiciales del Fisco Nacional, el tribunal sostuvo que este caso nunca debió ser defendido en un proceso judicial.

De esta forma, como el tribunal debe procurar el resarcimiento de la contribuyente, cuando menos en el límite de ley, por los gastos en que se le ha hecho incurrir por la conducta inconstitucional de la Administración Tributaria recurrida, al haberla obligado a incoar el proceso que concluye con esta decisión, y además, habiendo sido defendida judicialmente esta causa, sin asidero de ningún tipo, por parte de la representación judicial fiscal, corresponde al tribunal condenar en costas a la Administración Tributaria, particularmente al Servicio Nacional Integrado de Administración Aduanera y Tributaria (SENIAT), en el máximo permitido por la ley, es decir en el diez por ciento (10%) del monto del recurso.

Y, por si fuera poco, se ordenó notificar al superior jerárquico de la funcionaria que suscribió el acto administrativo recurrido, a fin de abrir un procedimiento interno, para resarcir a la Republica del perjuicio causado por su conducta, dado que si la República tuvo que pagar costas, eso se debió a la mala práctica de la funcionaria que dicto el acto administrativo con violación del procedimiento.

Igualmente, se ha de incidir así en el comportamiento del abogado representante judicial del Fisco, para quien, como profesional del derecho que es, no debe ser difícil determinar cuando se ha violado el derecho por parte de la Administración Tributaria, para entender que esa no será una causa judicial defendible y, entonces, hacer la recomendación respectiva para la revocatoria del acto en la sede administrativa; o, incluso, si se está en presencia de un recurso judicial interpuesto, diligenciar un eventual convenimiento en el juicio.

c) La sentencia del Juzgado Superior Octavo de lo Contencioso Tributario del 26 de febrero de 2004, caso C.A. Cars, en la cual se condenó en costas procesales a la Administración Tributaria, en virtud de que únicamente la recurrente promovió y produjo pruebas en el juicio, y sólo ella presentó escrito de informes, de lo cual en criterio del tribunal se evidencia la falta de interés por el resultado del juicio, de parte de la Administración Tributaria, lo que pone de bulto que no tuvo motivos racionales para litigar.

3.- LA CONDENATORIA A LA INDEMNIZACIÓN DE DAÑOS Y PERJUICIOS

La regulación legal especial sobre el tema de la condenatoria a la indemnización de daños y perjuicios se encuentra también en el artículo 327 del Código Orgánico Tributario, relativo a la condenatoria en costas procesales, como puede apreciarse:

> *"Declarado totalmente sin lugar el recurso contencioso, o en los casos en que la Administración Tributaria intente el juicio ejecutivo, el Tribunal procederá en la respectiva sentencia a condenar en costas al contribuyente o responsable, en un monto que no excederá del diez por ciento (10%) de la cuantía del recurso o de la acción que de lugar al juicio ejecutivo, según corresponda. Cuando el asunto no tenga una cuantía determinada, el tribunal fijará prudencialmente las costas.*

Cuando, a su vez la Administración Tributaria resultare totalmente vencida por sentencia definitivamente firme, será condenada en costas en los términos previstos en este artículo. Asimismo, dichas sentencias indicarán la reparación por los daños que sufran los interesados, siempre que la lesión sea imputable al funcionamiento de la Administración Tributaria.
Los intereses son independientes de las costas pero ellos no correrán durante el tiempo en el que el juicio esté paralizado.
Parágrafo Único: *El Tribunal podrá eximir del pago de costas, cuando a su juicio la parte perdidosa haya tenido motivos racionales para litigar, en cuyo caso se hará declaración expresa de estos motivos en la sentencia".*

Ante todo, conviene precisar que la regulación en cuestión es por demás lamentable, no solamente por inútil y escueta, sino también por evidenciar la tremendamente mala técnica legislativa de la que el Legislador Nacional se sirvió, a un doble título, pues se incluyó por primera vez en forma expresa esta institución en el Código Orgánico Tributario (lo cual podría haber sido al menos enriquecedor), pero se lo hizo dejándola inmersa dentro del dispositivo legal que trata sobre las costas procesales, no teniendo en absoluto nada que ver una cosa con la otra; y, peor aun, ni siquiera se le dedicó un parágrafo ni tampoco un simple párrafo independiente, exclusivo o propio, sino que se la difuminó como segunda oración, a continuación del punto y seguido del segundo párrafo del dispositivo en cuestión, estando las ideas anterior y posterior vinculadas con las costas procesales.

Ahora bien, se afirma que la norma es inútil y escueta; inútil, por cuanto ya la posibilidad de que el juez de lo contencioso administrativo condene a la Administración Pública a la reparación de daños y perjuicios causados al administrado, como consecuencia de la actividad administrativa, se encuentra prevista en forma general en la Constitución; y, escueta, porque, de ser conveniente una normativa legal al respecto, debería ser para ampliar y detallar mejor la institución, mas allá de la mera declaración principista.

En este orden de ideas, tenemos que tradicionalmente se ha incluido a la "jurisdicción contencioso tributaria", o simplemente al "contencioso tributario", dentro de la denominada "jurisdicción contencioso administrativa", como uno de los supuestos de lo que nuestra doctrina procesalista administrativista califica como "contenciosos administrativos especiales". Esto nunca ha sido conceptualmente cuestionado por los procesalistas administrativistas ni tributaristas, venezolanos, y de hecho, no habría razón para hacerlo.

En este sentido, como se establece en la cátedra universitaria, es obvio que cuando la Constitución se refiere, en su artículo 259, a la "jurisdicción contencioso administrativa", atribuyéndola "al Tribunal Supremo de Justicia y a los demás tribunales que determine la ley", se reenvía entonces no sólo a la Ley Orgánica del Tribunal Supremo de Justicia, reguladora de las Cortes Primera y Segunda de lo Contencioso Administrativo y de los Tribunales Superiores Regionales de lo Contencioso Administrativo, que junto a la Sala Político-Administrativa encarnan, esencialmente, al llamado "contencioso administrativo general", sino también a otras leyes que instituyen órganos jurisdiccionales de lo "contencioso administrativo especial", como es el caso del Código Orgánico Tributario y los Juzgados Superiores de lo Contencioso Tributario, con su alzada en la misma Sala Político-Administrativa del Tribunal Supremo de Justicia.

Ahora bien, lo trascendente de esto radica en que si el juez de lo contencioso tributario es, entonces, un juez de lo contencioso administrativo, en relación de especie a género, ha de tener todos y cada uno de los poderes que el ordenamiento jurídico reconoce a éste. Y, sobre este particular, la citada norma constitucional, como ya lo hacía su antecesora en la Constitución de 1961, expresa que:

> *"Los órganos de la jurisdicción contencioso administrativa son competentes para anular los actos administrativos generales o individuales contrarios a derecho, incluso por desviación de poder; condenar al pago de sumas de dinero y a la reparación de daños y perjuicios originados en responsabilidad de la Administración; conocer de reclamos por la prestación de servicios públicos; y disponer lo necesario para el restablecimiento de las situaciones jurídicas subjetivas lesionadas por la actividad administrativa".*

Este trascendente dispositivo no debe interpretarse en desconocimiento de la norma del artículo 114 constitucional, según el cual:

> *"El Estado responderá patrimonialmente por los daños que sufran los particulares en cualquiera de sus bienes y derechos, siempre que la lesión sea imputable al funcionamiento de la Administración Pública".*

Y, su desarrollo legal general, por parte del artículo 14 de la Ley Orgánica de la Administración Pública, que dispone que:

> *"La Administración Pública será responsable ante los particulares por la gestión de sus respectivos órganos, de conformidad con la Constitución de la República Bolivariana de Venezuela y la ley, sin perjuicio de la responsabilidad que corresponda a los funcionarios o funcionarias por su actuación.*
>
> *La Administración Pública responderá patrimonialmente por los daños que sufran los particulares, siempre que la lesión sea imputable a su funcionamiento".*

Es pues, nuestro juez de lo contencioso administrativo, lo que la doctrina procesal administrativista comparada conoce como un juez de la plena jurisdicción, vale decir, un juez que no sólo puede anular el acto administrativo contrario a derecho impugnado, sino que también, y ello es lo más importante dentro de un Estado de Justicia, consagratorio del derecho a la tutela judicial efectiva, está en capacidad de ordenar el restablecimiento de la situación jurídica subjetiva afectada del recurrente, para lo que en algunos casos bastará la anulación, en otros pasará por la condena al pago de sumas de dinero o a la reparación de daños y perjuicios, y en otros lo que aconseje la razón y la proporcionalidad, según los hechos, para un pleno restablecimiento.

Claro que el ejercicio de estos poderes por parte del juez dependerá, en virtud del principio de congruencia, del extendido de la pretensión del recurrente, debidamente expresada en el respectivo libelo de recurso, para no incurrir en extra, ultra o infrapetita, quien además de la anulación, puede también pedir la consecuencial condenatoria a la indemnización, por ejemplo, probados como sean los daños y perjuicios durante el proceso.

Empero, muchas personas creen que el juez tributario, allende sus facultades cautelares liminares, sería un simple juez de la anulación, por no poder hacer más que anular el acto impugnado, total o parcialmente, de encontrarlo antijurídico, aunque debatiendo sobre si podría o no modificar directamente la determinación tributaria o el cálculo de la multa, sin reenvío a la Administración Tributaria.

Como de desprende de la lectura de la norma constitucional citada, el juez de lo contencioso administrativo y dentro de él el de lo contencioso tributario, en un silogismo simple, sin excepción, a más de anular, puede ordenar el correspondiente restablecimiento de la situación jurídica subjetiva ilegalmente lesionada.

Son muchas las referencias bibliográficas que podemos hallar en nuestra doctrina nacional, e incluso hasta jurisprudenciales, en donde por extraño que parezca se sigue hablando del recurso contencioso tributario, como de "recurso contencioso tributario de anulación", quizás por asimilación implícita, en la mente del productor doctrinario, del recurso contencioso tributario, con el clásico recurso contencioso administrativo contra actos administrativos de efectos particulares, por muchos catalogado, también equívocamente, de recurso contencioso administrativo de anulación (como si mediando la interpretación a contrario, existiese en nuestro país un recurso contencioso administrativo separado o independiente de plena jurisdicción).

La verdad es que esa nomenclatura de recurso de anulación, comúnmente atribuida a los recursos contencioso administrativos contra actos administrativos de efectos particulares (tratantes en esencia, pero no únicamente, sobre la verificación de la conformidad a derecho de los mismos), fue importada a Venezuela por aquellos juristas y doctrinarios nacionales que se fueron a formar en universidades de Francia, particularmente en las décadas de 1960 y 1970, concretamente en derecho administrativo, quienes son los causantes de que se hable en nuestro país de algo tan francés como lo es la idea de "contencioso administrativo", "contencioso fiscal" y "contencioso tributario", de lo cual igualmente se contaminaron españoles e italianos, aunque ya ellos, como muchos derechos latinoamericanos ya se expresan correctamente de derecho procesal administrativo y de derecho procesal tributario.

Pero en lo que nos atañe ahora, sucede que en el derecho francés se hace la distinción entre los recursos de anulación y los de plena jurisdicción, en el entendido de que el control jurisdiccional (que no judicial en Francia) de la legalidad de los actos administrativos de efectos particulares conlleva como regla, para el juez competente, que sus poderes se limitan a proferir la nulidad del acto impugnado (o a confirmar su conformidad a derecho), sin poder hacer restablecer las situaciones jurídicas subjetivas eventualmente lesionadas por el actuar administrativo, aunque le sea ello pedido por la parte interesada, salvo que la ley, excepcionalmente, le otorgue tal potestad, convirtiéndolo en un juez de la plena jurisdicción, pudiendo entonces conocer de recursos de plena jurisdicción.

De hecho, en Francia, con excepción de aquellos supuestos, como ocurre con el régimen procesal impugnatorio en materia de establecimientos clasificados por riesgos ambientales, en donde la ley acuerda al juez plenos poderes, el tribunal solamente puede anular o confirmar el acto administrativo impugnado, razón por lo que allá es correcto llamar al recurso respectivo, como de anulación. Y, en caso de que la ejecutoria de tal acto haya ocasionado daños y perjuicios al interesado, éste, una vez que gane la impugnación, podrá incoar una demanda indemnizatoria, con fundamento en la sentencia anulatoria pasada en autoridad de cosa juzgada, pero jamás podrá en un solo proceso acumular las pretensiones procesales anulatoria e indemnizatoria.

Por tanto, en un régimen jurídico como el venezolano, en donde tanto la Constitución de 1961, como la vigente de 1999, han reconocido universalmente al juez de lo contencioso administrativo, general o especial, y dentro del especial, al juez de lo contencioso tributario, facultades permanentes y comunes para anular o confirmar los actos administrativos impugnados, y también (cuando ello le es pedido por el interesado recurrente), para restablecer las situaciones jurídicas subjetivas lesionadas, comprensivo ello de la posibilidad de condenar a la Administración Pública (Tributaria o no) a la indemnización de daños y perjuicios, derivados de las ejecutorias del ilegal actuar administrativo, acontece entonces que todo juez de lo contencioso administrativo o de lo contencioso tributario es en Venezuela un juez de la plena jurisdicción, cuyos poderes efectivos, en cada caso concreto, dependerán solamente de la pretensión del recurrente, en consonancia con el mandato constitucional y el derecho a la tutela judicial efectiva.

En otras palabras, si el juez de lo contencioso tributario, en un caso particular, únicamente tiene poder para declarar o no la anulación del acto administrativo impugnado, ello no deriva de ser un supuesto juez de anulación, conociendo de un recurso de anulación, sino del hecho de que el recurrente se limitó a plantear una pretensión exclusivamente anulatoria, quedando a su entender si posteriormente ejerce o no una demanda indemnizatoria, pero pudiendo haber podido acumular las pretensiones (anulatoria e indemnizatoria), pues tanto el juez de lo contencioso tributario, como el recurso contencioso tributario, en Venezuela, son de plena jurisdicción y, por ende, de naturaleza jurídica subjetiva.

El hecho de que no se conozcan casos al respecto (ni de acumulación de ambas pretensiones, ni de demandas indemnizatorias posteriores), en el ámbito de lo contencioso tributario, no obstante que la situación se presenta igual desde anteriores Leyes de Impuesto sobre la Renta (que regulaban al llamado recurso contencioso fiscal), y del propio Código Orgánico Tributario de 1983, todo ello con sujeción a la Constitución de 1961, se explica por una razón, a saber: que los apoderados judiciales de los recurrentes han limitado sus petitorios a la mera anulación, sin más (salvo por lo que respecta a las costas procesales, lo cual sea dicho de paso no depende de manifestación alguna por las partes, pues el pronunciarse sobre el tema es un deber para el juez, como ha quedado antes establecido); i. unos de ellos, por desconocer esta realidad jurídico procesal de poder acumular la pretensión indemnizatoria a la anulatoria, por ignorar el verdadero alcance de los poderes del juez en la materia; ii. otros de ellos que sí conocían los plenos poderes del juez en la materia, por nunca haber tenido casos en los cuales se hubiesen causado o pudiesen causarse tales daños y perjuicios; y, iii. finalmente otros mas, que también sabiendo de esos poderes, sin embargo no lo pedían, por entender la medida cautelar "ope legis" de suspensión automática de efectos del acto recurrido, por la simple interposición del recurso, como una forma infalible de evitar lesiones o perjuicios al interesado, que de suyo hacia innecesario pretender la indemnización de daños y perjuicios que no podían producirse, por no poder ser ejecutado el acto impugnado.

Claro que esto último era falaz, pues frente a, por ejemplo, una orden de clausura notificada y comenzada a ser ejecutada un viernes, no pudiéndose recurrir hasta el lunes, para hacer suspender automáticamente los efectos de los actos administrativos impugnados, es lo cierto que muchas veces se causaron daños y perjuicios que no eran reparados, pero ello fundamentalmente por no haber sido reclamados ni, por tanto, probados, ni siquiera en un irracional (por innecesario) juicio posterior, de demanda indemnizatoria contra el ente público.

Sobre todo a los exegetas y otros que olvidan hacer uso de la interpretación sistemática y de la interpretación teleológica del derecho, e ignoran la aplicabilidad preferente de la Constitución en todo campo del ordenamiento jurídico (no obstante el principio de supremacía constitucional), la redacción común de los Códigos Orgánicos Tributarios de 1983, 1992 y 1994 en este tema, que no mencionaba en absoluto la posibilidad para el juez de condenar a la Administración Tributaria a la indemnización de daños y perjuicios, sino que se limitaba a hablar del objeto de la impugnación, los hacía incurrir en error, al confundir el objeto material del recurso contencioso tributario (el acto administrativo de efectos particulares y de contenido tributario o sancionatorio de la Administración Tributaria), con su objeto jurídico (la pretensión), concluyendo en la procedencia sólo de la pretensión anulatoria, con exclusión por tanto de la pretensión indemnizatoria, en detrimento de los derechos sustantivos efectivamente afectados de sus representados, y obviamente de la tutela judicial efectiva de los mismos.

En este orden de ideas, si algo positivo se debe extraer del contenido del Código Orgánico Tributario de 2001, en esta materia, es que, afortunadamente, la redacción actual les debería despejar las dudas al respecto, cuando su artículo 327 ordena, como ya lo vimos, que las *"sentencias indicarán la reparación por los daños que sufran los interesados, siempre que la lesión sea imputable al funcionamiento de la Administración Tributaria"*.

Lástima, se insiste, que ello haya sido con tanta falta de adecuada técnica legislativa, pues tan trascendente materia debió regularse, al menos, en un aparte explícito sobre el alcance de la pretensión en el recurso contencioso tributario, y no dejar tamaño asunto tras un punto y seguido de un segundo párrafo de una norma dedicada a las costas procesales. Pero, bienvenida sea, si ha de contribuir a disipar falsos entendimientos en este campo importante del derecho procesal tributario venezolano.

El carácter de juez de plena jurisdicción del juez de lo contencioso tributario venezolano, permite que el recurrente pueda validamente pretender la anulación del acto administrativo impugnado, como indefectible punto previo, así como la subsiguiente condenatoria a la indemnización de daños y perjuicios a cargo de la Administración Tributaria, en cualquier circunstancia, pero máxime frente a la eliminación de la suspensión automática de efectos del acto administrativo impugnado, por la mera interposición del recurso, en la sede judicial, situación susceptible de generar embargos "ejecutivos", con ocasión de juicios ejecutivos incoados con el fin de obtener el cumplimiento compulsivo de liquidaciones tributarias o sanciones pecuniarias que terminen siendo ilegales, por fundarse en actos administrativos que a la postre acaben luego anulados por contrariedad a derecho, y aunando a ello los principios de economía y celeridad procesales.

Las pretensiones anulatoria e indemnizatoria son constitucionalmente acumulables en estos casos.

Ahora bien, en caso de que aquello contra lo cual se impugna se trate de una sanción no pecuniaria, como una clausura temporal, podría ser perfectamente posible que, para el momento del ejercicio del recurso contencioso tributario, pudiera ser conocido el monto de los perjuicios sufridos, debiendo entonces ser indicados en el libelo y ser luego objeto de prueba. En cambio, si estamos en presencia de una liquidación tributaria o de una multa, que aun no ha sido pagada, y sin que el recurrente sepa si le suspenderán o no los efectos del acto administrativo impugnado, o si resultará demandado en juicio ejecutivo y luego embargado, será menester que el recurrente acumule fundada y circunstanciadamente su pretensión indemnizatoria, reclamando la respectiva indemnización, en ese supuesto, de los daños y perjuicios que la Administración Tributaria sea capaz de causarle "in limine" (durante el transcurso del proceso), de modo que, de resultar gananciosoel recurrente y efectivamente haber sufrido daños y perjuicios, por la disminución de su crédito, el deterioro o disminución de valor de los bienes embargados, etc., los mismos sean cuantificados por medio de experticia complementaria del fallo, en aplicación supletoria de las respectivas normas del Código de Procedimiento Civil.

Empero, la crítica de la normativa vigente no puede pasar por alto que, a la hora de regular la ejecución de sentencia del recurso contencioso tributario, tema que por primera vez aborda el Código Orgánico Tributario, en su versión de 2001, aquello se limita al supuesto exclusivo en el que el ganancioso total o parcial es la Administración Tributaria, por lo que el recurrente ganancioso que hubiese obtenido, por haberlo pedido y demostrado su procedencia y cuantía, una condenatoria de la Administración Tributaria a la indemnización de daños y perjuicios, asunto que escapa a la regulación de la compensación, no tendría mas remedio que poner en movimiento el "largo y tortuoso camino" del denominado procedimiento administrativo para la recuperación de acreencias no prescritas, que exige la atención concatenada de la Ley Orgánica de la Administración Financiera del Sector Público y de la Ley Orgánica de la Procuraduría General de la República.

Vemos entonces que, mientras que el pronunciamiento judicial sobre las costas procesales es obligatorio, en todo caso, sea para condenar o eximir al perdidoso total, o para indicar que no ha lugar a condenatoria alguna por falta de perdidoso total, en materia de condenatoria a la indemnización de daños y perjuicios el pronunciamiento judicial sobre su procedencia o no, no es necesario, pues ello depende de que el recurrente lo haya pedido, aunque no se le pueda asegurar el cobro compulsivo (ni efectivo) de lo que en justicia le sea debido.

Las afirmaciones que preceden nos permiten observar que, a diferencia de lo que es la larga experiencia venezolana (doctrinaria y jurisprudencial) en el dominio del régimen jurídico de la responsabilidad patrimonial de la Administración Pública en general, en el campo de la jurídicamente posible condenatoria a la indemnización de daños y perjuicios de la Administración Tributaria, por las ejecutorias de su actuar administrativo previamente declarado contrario a derecho, no existe jurisprudencia y, peor aun, ni siquiera encontramos referencias en manuales, ni trabajos monográficos, tesis de especializaciones, trabajos de grado o artículos en revistas especializadas que toquen la materia.

De hecho, salvo revisión exhaustiva que pueda hacerse, la única referencia jurisprudencial que se conoce es la contenida en la sentencia del Juzgado Superior Primero de lo Contencioso Tributario, dictada con asociados el 4 de diciembre de 2003, caso Sociedad de Fabricación y Venta de Automóviles, S.A. (SOFAVEN), en donde se aprecian las primeras apariciones de la responsabilidad patrimonial de la Administración Pública, en la materia tributaria.

En este caso, que versó sobre un recurso contencioso tributario motivado en una petición de reintegro de tributo indebidamente pagado, se pidió el dictado de una medida cautelar, sobre lo que jamás hubo pronunciamiento liminar, pero en la definitiva se estimó que era conveniente dejar sentada cierta doctrina jurisprudencial al respecto.

Así, el recurrente requirió al juez que se dictase una medida cautelar innominada de las del tipo de provisión económica, planteada en términos alternativos del modo siguiente: que se ordenara al fisco reintegrarle en forma efectiva y liminar, el cincuenta por ciento (50%) del monto reclamado; o, que se le permitiese compensar dicho cincuenta por ciento (50%).

El tribunal sostuvo en esa ocasión, del dictado de la definitiva, que es perfectamente posible dictar medidas cautelares de provisión económica como esta.

Y en cuanto al tema de la responsabilidad patrimonial de la Administración Tributaria, es muy relevante observar que en el caso de marras se condenó efectivamente a la Administración Tributaria, a la indemnización de daños y perjuicios causados a la recurrente, con base en la siguiente argumentación:

> *"Asimismo, debe pronunciarse este Tribunal sobre los mecanismos procesales para hacer efectiva tal responsabilidad patrimonial de la Administración Tributaria, más aún considerando que los representantes del Fisco Nacional han alegado en este caso una supuesta*

incompatibilidad de procedimientos y la imposibilidad de presentar conjuntamente un recurso de nulidad y una solicitud de daños y perjuicios. Sobre el particular, es evidente que el argumento del Fisco debe ser rechazado, toda vez que en el ordenamiento jurídico los particulares afectados en su patrimonio por la actividad de la Administración Pública y dentro de ésta de la Administración Tributaria disponen, a título de opción, de dos técnicas para demandar la declaración y la reparación de los daños y perjuicios, a saber: primero, de los recursos contencioso-administrativos (de anulación, de abstención); segundo, de las llamadas demandas contra los entes públicos. En el primer caso, puede tratarse, precisamente, de la presentación conjunta de un recurso de nulidad y solicitud de daños y perjuicios, posibilidad que tiene asidero constitucional y legal. En este sentido, el artículo 259 de la constitución, al referirse a los poderes de los jueces contencioso-administrativos (dentro de los cuales se encuentran los jueces contencioso-tributarios), claramente autoriza la referida posibilidad de demandar de forma conjunta o acumulada la nulidad de un acto administrativo y una condena de daños u perjuicios, lo cual se confirma en base a consideraciones de tutela judicial efectiva (artículos 26, 49 y 257 de la Constitución). Asimismo, el artículo 131 de la Ley Orgánica de la Corte Suprema de Justicia expresamente señala que en las mismas sentencia que se pronuncie sobre la nulidad de un acto administrativo, el juez también pueden condenar al pago de daños y perjuicios. En la misma dirección el propio Código Orgánico tributario en su artículo 327 permite al juez contencioso-tributario pronunciarse en la misma sentencia sobre la nulidad de un acto y la reparación de daños que le sean imputables, por todo lo cual el mencionado alegato del Fisco Nacional en este caso resulta evidentemente improcedente, debiendo concluirse que el recuso de nulidad y condena presentado por SOFAVEN no presenta incompatibilidad de procedimiento alguno, resultando más bien plenamente ajustado a derecho. ASI SE DECLARA.

...(omissis)...

La falta de servicio o funcionamiento anormal antes descrita, es susceptible de comprometer la responsabilidad patrimonial del Estado (Administración Tributaria), naciendo el derecho a reparación integral desde el momento que se demuestra que efectivamente tuvo lugar el pago del indebido tributo, lo que en el presente juicio no es un hecho controvertido y en todo caso está debidamente demostrado en autos. Del igual modo; considera este Tribunal que para garantizar el derecho a reparación integral en este tipo de casos, tal como lo solicitó SOFAVEN, resulta procedente que la Administración realice el reintegro (artículo 194 COT), los intereses de Ley (artículo 67 COT) y cualquiera otros daños (que pueden ser los intereses no cubiertos por el COT) imputables al referido funcionamiento anormal (artículo 140 de la Constitución). Asimismo, a los fines del cumplimiento efectivo de las decisiones judiciales, al igual que en sede administrativa, no sólo que, como es sabido, es posible que el contribuyente se acoja a su derecho de compensación o cesión, tal como se desprende de los artículos 49, 50 y 198 del Código Orgánico Tributario en concordancia con las normas constitucionales de tutela judicial efectiva, responsabilidad del Estado y reparación integral".

Con esta línea argumentativa el tribunal, luego de declarar con lugar el recurso contencioso tributario en la definitiva, anuló el acto administrativo impugnado y, en consecuencia, acorde con la debida pretensión libelar, condenó a la Administración Tributaria al pago de intereses moratorios conforme al Código Orgánico Tributario e igualmente la condenó a la indemnización de daños y perjuicios, no sin dejar de condenarla, por cierto, en costas procesales, en el tres por ciento (3%) de la cuantía de la causa.

4.- CONCLUSIÓN

Las instituciones procesales objeto de los presentes comentarios, vinculadas con la posibilidad del juez de lo contencioso tributario venezolano de, en sus casos, dictar la condenatoria en costas de cualquiera de las partes (Administración Tributaria o recurrente) que haya resultado totalmente vencida, salvo que motivadamente entienda que aquella tuvo motivos racionales para litigar; y/o la condenatoria a la indemnización de daños y perjuicios a cargo de la Administración Tributaria, se encuentran indisolublemente ligadas al fenómeno de la constitucionalización del proceso, concretamente en el ámbito de la garantía de derechos fundamentales esenciales, como los del acceso a la justicia, el debido proceso y la tutela judicial efectiva, dentro de la dogmática principista de un autentico Estado de Justicia, en donde siempre ha de prevalecer el dar a cada quien lo que le corresponde, como manifestación concreta de unos de los principios generales del derecho, en garantía de la convivencia pacifica, como fin del Estado, que es el de que quien cause un daño a otro debe repararlo.

Un Estado de Justicia es, entonces, aquel en donde se accede a la justicia en forma irrestricta, se disfruta de la tutela judicial del tribunal de manera efectiva, y se recibe lo que a cada quien le corresponde.

Véase la sentencia del Máximo Tribunal del 20 de marzo de 2001 (caso: Marvin Enrique Sierra Velasco, Sala Político Administrativa con ponencia conjunta), que destaca al proceso como herramienta privilegiada de justicia:

"Estima esta Sala, como máximo órgano de la Jurisdicción Contencioso-Administrativa, que los valores recogidos en la nueva Carta

> *Constitucional, según los cuales se consagra de manera específica la figura de una justicia garantista que asegure la tutela judicial efectiva de los derechos e intereses, incluso los colectivos o difusos, (artículo 26 eiusdem); la simplificación de trámites, derivado de la concepción del proceso como instrumento fundamental para la realización de la justicia (artículo 257 eiusdem)...*" (subrayado nuestro).

Concluyamos entonces, parodiando un cuento del autor Gibrán Kalil Gibrán, de su libro intitulado "El Loco", que se llama "El Perro Sabio".

Narra que un perro iba caminando por allí y de repente ve un poco de gatos conversando, y como no tenía nada que hacer se puso a escuchar que decían, y el gato con aspecto de mayor sabiduría y respeto dijo que había que orar, orar y continuar orando, porque está establecido y se sabe desde siempre que cada vez que se ora, con verdadera fe, caen ratones del cielo. El perro se río de eso y se fue pensando, esos gatos locos, cómo se les ocurre que van a caer ratones del cielo, si mis abuelos siempre supieron, como mis padres y yo, que cada vez que una persona ora lo que cae del cielo son huesos.

Entonces, en definitiva, que cada quien pida lo crea que le corresponde, y pruebe lo que a su carga competa, en la espera, de buena fe, de que los tribunales tributarios se lo conceden.

2.6
Inmotivación y/o falso supuesto, en el Proceso Tributario

I. INTRODUCCIÓN

La presente investigación no pretende ceñirse a la conceptualización, o determinación del entendimiento, de lo que debe comprenderse en doctrina por los vicios de ilegalidad o de inconformidad a derecho del acto administrativo de efectos particulares, conocidos como inmotivación y falso supuesto.

Mucho es lo que se ha escrito en nuestra doctrina nacional especializada y en el derecho comparado al respecto, sin que pretendamos innovar. Por el contrario, partimos de la idea de que el lector conoce a plenitud ambos vocablos, y sus correspondientes alcances en la ciencia jurídica, concretamente en el ámbito de la teoría general de las nulidades del acto administrativo de efectos particulares, de modo de poder hacer el planteamiento a que se contraen estas líneas, a modo de reflexión, en cuanto a lo que ha venido siendo la práctica jurisprudencial venezolana, en aquellos casos en que, de una forma u otra, el accionante en un recurso contencioso tributario (o en general contencioso administrativo contra actos administrativos de efectos particulares), invoca la presencia simultánea de los vicios de inmotivación y falso supuesto.

En efecto, en esas circunstancias, a veces de manera acertada y en otras no, como será evidenciado mas adelante, en gran número de sentencias sin mas se suele declarar que tales denuncias de ilegalidad no se pueden plantear "en forma conjunta", por excluirse mutuamente la una a la otra, con la particularidad, de mayor gravedad aun, de que muchos jueces desechan los alegatos así presentados, desestimando ambas denuncias, sin entrar a considerar siquiera la de falso supuesto, en obvio detrimento del Estado de Justicia.

En otras palabras, muchos jueces hacen caso omiso a dos circunstancias posibles:

1) Que la jurisprudencia ha identificado el vicio de inmotivación, primero, tanto en ausencia total de expresión de los motivos o razones que justificarían la actividad administrativa, que es la conocida como inmotivación absoluta, y que obviamente no puede coexistir con la denuncia de falso supuesto; y, segundo, como en los supuestos de la llamada inmotivación relativa (pero inmotivación al fin), en donde no obstante haber algo de explicación sobre el actuar administrativo, aquello resulta por ejemplo tan contradictorio, ambiguo, insuficiente, inconsistente o confuso, que la doctrina y la jurisprudencia ha venido considerando los actos administrativos de efectos particulares de esa forma dictados, como afectados por el vicio de inmotivación, siendo posible que lo poco que llegue a ser entendible de los motivos o razones expuestos en esas lamentables condiciones aparezca como erróneo. Y,
2) Que tratándose de actos administrativos de efectos particulares catalogables de complejos, es decir, que versen sobre diversos aspectos, tales como reparos impositivos por rubros distintos, como omisión de ingresos y rechazo de la deducibilidad del gasto por ausencia de normalidad y necesidad, o actos que además de contener reparos impositivos, impongan sanciones.

   En este orden de ideas, es perfectamente concebible y suele pasar: i. que un acto administrativo afirme que hubo omisión de ingresos, sin expresar las razones de semejante conclusión, y que rechace la deducibilidad de ciertos gastos argumentando suficientemente la pretendida carencia de normalidad y necesidad, y luego se demuestre, por ejemplo a través de una experticia contable, que esos gastos efectivamente fueron normales y necesarios para la producción de la renta; o, ii. que el acto administrativo de efectos particulares formule un reparo impositivo de forma absolutamente inmotivada, y además imponga sanciones por la pretendida comisión de infracciones tributarias, habiendo inmotivación en el primer aspecto, y falso supuesto, al no haber habido infracción, en el otro aspecto.

   Es pues posible, asistiendo a actos administrativos complejos, que ciertos vicios de ilegalidad (inmotivación u otro no incompatible) puedan afectar la conformidad a derecho de parte de ese acto, y que otros vicios de ilegalidad (falso supuesto u otro no incompatible) lo hagan en cuanto a otra parte del mismo acto.

En definitiva, debe tenerse presente que acorde con el artículo 2 de la Constitución de 1999, Venezuela es un Estado de Derecho, en virtud de lo cual, en el campo que nos interesa, la Administración Tributaria ha de actuar indefectiblemente apegada a las exigencias formales y de fondo del ordenamiento jurídico integralmente considerado (conforme a derecho), lo cual viene reforzado por trascendentes dispositivos también constitucionales, como los contenidos en los artículos 7, consagratorio del principio de supremacía de la Constitución (*"La Constitución es la norma suprema y el fundamento del ordenamiento jurídico. Todas las personas y los órganos que ejercen el Poder Público están sujetos a esta Constitución"*), 137, preceptor del principio de legalidad en derecho público (*"La Constitución y la ley definirán las atribuciones de los órganos que ejercen el Poder Público, a las cuales deben sujetarse las actividades que realicen"*), 141, establecedor del principio de legalidad administrativa (*"La Administración Pública está al servicio de los ciudadanos y ciudadanas..., con sometimiento pleno a la ley y al derecho"*) y 317, determinante del principio de legalidad tributaria (*"No podrá cobrarse impuesto, tasa, ni contribución alguna que no estén establecidos en la ley,..."*).

Pero igualmente importantísimas normas con rango de ley regulan esa subordinación al derecho, de parte de la Administración Tributaria, cuando por ejemplo el artículo 4 de la Ley Orgánica de la Administración Pública dispone que: *"La Administración Pública se organiza y actúa de conformidad con el principio de legalidad, por el cual la asignación, distribución y ejercicio de sus competencias se sujeta a la Constitución de la República Bolivariana de Venezuela, a las leyes y a los actos administrativos de carácter normativo, dictados formal y previamente conforme a la ley, en garantía y protección de las libertades públicas que consagra el régimen democrático a los particulares"*.

Y, en el marco de un Estado de Justicia, como el también consagrado en nuestra Constitución de 1999, en su artículo 2, y conforme lo ha definido la jurisprudencia de la Sala Político-Administrativa del Tribunal Supremo de Justicia[468], es al juez (al Poder Judicial) a quien corresponde asegurar

---

[468] Por ejemplo en la sentencia del 21 de mayo de 2002, caso: Ayari Assing y otros: *"Ello así, debe esta Sala reflexionar sobre el nuevo ordenamiento jurídico, surgido en virtud de la promulgación de la Constitución de la República Bolivariana de Venezuela, mediante la cual se transformó al Estado venezolano, de conformidad con lo dispuesto en el artículo 2 eiusdem, en "(...) un Estado democrático y social de Derecho y de Justicia, que propugna como valores superiores de su ordenamiento jurídico y de su actuación, la vida, la libertad, la justicia, la igualdad, la solidaridad, la democracia, la responsabilidad social y en general, la preeminencia de los derechos humanos, la ética y el pluralismo político".*
Igualmente, de conformidad con lo establecido en el artículo 253 de la Carta Magna, la potestad de administrar justicia emana del pueblo y se imparte en nombre de la República. Asimismo, la Justicia constituye un elemento existencial del Estado, a tenor de lo dispuesto en el artículo 2 antes citado; y un fin esencial de éste, de acuerdo a lo previsto en el artículo 3

al particular, el justiciable, en el entendido del mas amplio desarrollo de los derechos fundamentales de acceso a la justicia, tutela judicial efectiva

---

de la Constitución vigente. En efecto, se establece un Estado Social y Democrático de Derecho comprometido con el progreso integral que los venezolanos aspiran, con el desarrollo humano que permita una calidad de vida digna, aspectos que configuran el concepto de Estado de Justicia.
En consecuencia, tal como se señaló supra, el Estado se califica como de Derecho y de Justicia, y establece como valor superior de su ordenamiento jurídico a la Justicia y la preeminencia de los derechos fundamentales, en el entendimiento, entre otras cosas, de que el acceso a la Justicia es para que el ciudadano haga valer sus derechos y pueda obtener una tutela efectiva de ellos de manera expedita, sin dilaciones indebidas y sin formalismos o reposiciones inútiles (artículo 26 eiusdem), lo cual conforma un Estado justo, del justiciable como elemento protagónico de la democracia. En efecto, al cambiar el rol del Estado y de la sociedad, con la entrada en vigencia de la Constitución de la República Bolivariana de Venezuela, el Juez y el proceso pasan a ser elementos esenciales en la conformación de un Estado de Justicia, y así se desprende del contenido del artículo 257 constitucional, el cual establece:
"Artículo 257.- El proceso constituye un instrumento fundamental para la realización de la justicia. Las leyes procesales establecerán la simplificación, uniformidad y eficacia de los trámites y adoptarán un procedimiento breve, oral y público. No se sacrificará la justicia por la omisión de formalidades no esenciales".
Con relación a lo antes expuesto, se pronunció esta Sala Político-Administrativa, en sentencia de fecha 24 de marzo de 2000, (Caso: Rosario Nouel), en la cual se señaló lo siguiente:
"Existe un nuevo paradigma en cuanto a los valores y principios constitucionales que se vinculan a la justicia como hecho social, político y democrático. Esta nueva concepción de Estado de Justicia trae consigo no tan sólo una transformación orgánica del sistema judicial (artículo 253 y 254 de la Constitución de la República Bolivariana de Venezuela), sino también un cambio por la razón íntima que cada ciudadano, y especialmente el Juez (...).
En este sentido el Juez, a quien se le reclama y exige justicia, debe ser igualmente producto de un hecho democrático que establezca un vínculo de afinidad entre la sociedad que exige y el poder que interpreta los valores y principios constitucionales para alcanzar los fines del Estado. Así, es el Juez quien debe amparar – en nombre de la República y como expresión soberana del pueblo- a quien pide restablecimiento de la situación jurídica, es él quien tutela y armoniza los derechos e intereses con los fines del estado (artículos 26 y 27 de la Constitución de la República Bolivariana de Venezuela), y esta obligación la identifica la Constitución con el Juez cuando lo obliga a asegurar la integridad de la Constitución, y por ende, le da la potestad de desaplicar las normas que colidan con el texto constitucional (Artículo 334 de la Constitución de la República Bolivariana de Venezuela).
Entonces, el Poder Judicial en una distribución tripartita del Poder Público no es el tercer poder, así como en una distribución pentapartita el Poder Judicial no es el quinto poder; el Poder Judicial representa el poder integrado y estabilizador del Estado, ya que es el único que tiene competencia para controlar y aún disolver al resto de los Poderes Públicos. Eso nos hace un Estado Judicialista." (resaltado de la Sala)
De conformidad con la sentencia parcialmente transcrita, se desprende que la administración de justicia se presenta como una actividad cuyo cumplimiento es indispensable para la realización y el desenvolvimiento de la interdependencia social y que, dada la importancia para la colectividad, no puede ser interrumpido, de tal modo que los usuarios pueden en todo momento, con absoluta certeza, contar con dicho servicio. Debiendo adicionalmente añadirse que su fin por antonomasia es que el derecho o interés que el justiciable considera vulnerado sean amparado por los órganos de justicia.

y debido proceso, este último asumido como herramienta para el logro de esa anhelada justicia, el sometimiento pleno de la Administración Tributaria al derecho, de modo de darle a cada quien lo que le corresponda.

II. ALGUNAS IDEAS SOBRE LA INMOTIVACIÓN

Las leyes desde hace mucho han exigido que la actividad administrativa traducida en actos administrativos de efectos particulares, ha de ser, en cuanto a sus intenciones, razones, justificaciones y motivos, clara y abierta en sus contenidos, en provecho del conocimiento del administrado o contribuyente que pueda verse afectado por sus resultas, exigiendo entonces la motivación como un elemento indispensable para la validez en derecho del acto administrativo que se cuestione.

Es en ese sentido que el artículo 9 de la Ley Orgánica de Procedimientos Administrativos ordena que los actos administrativos de carácter particular sean motivados, debiendo hacer referencia a los hechos y a los fundamentos legales del mismo, lo cual es reforzado por el artículo 18, numeral 5 "eiusdem", al requerir que todo acto administrativo contenga la expresión sucinta de los hechos, de las razones que hubieren sido alegadas y de los fundamentos legales pertinentes, todo ello aunado al establecimiento del principio de globalidad del acto administrativo, a que se contrae al artículo 89 "eiusdem", según el cual, el órgano administrativo debe

---

En el mismo orden de ideas, se observa que el artículo 26 de la Constitución de la República Bolivariana de Venezuela, prevé el derecho de toda persona de acceso a los órganos de administración de justicia para hacer valer sus derechos e intereses, a la tutela judicial efectiva de los mismos y a obtener decisión con prontitud.
Teniendo como presupuesto ineludible que la actuación de los órganos jurisdiccionales debe forzosamente discurrir apegada a los principios, derechos y garantías supra exaltados, y fundamentalmente cumplir con el fin de la justicia, al evaluar minuciosamente esta Sala la situación a la que se contrae los autos, se observa que la problemática planteada en el presente caso, sobrepasa el simple interés individual de los ciudadanos egresados del Instituto Politécnico Universitario Santiago Mariño, traduciéndose en un problema de naturaleza pública. En este orden, debe esta Sala de conformidad con todo lo antes expuesto, haciendo uso de los amplios poderes del juez contencioso-administrativo, establecidos en la Constitución de la República Bolivariana de Venezuela en su artículo 259, los cuales persiguen como fin último hacer efectivos los derechos de los justiciables; apreciando, además, en dicho contexto que la reposición de la causa se podría constituir en una situación perniciosa en desmedro de los derechos de los ciudadanos, estima innecesario reponer la presente causa, sino que por el contrario, lo más conveniente para la satisfacción del interés general, es que este órgano jurisdiccional se pronuncie sobre el fondo de la controversia planteada en autos, para lo cual, estima que los hechos que fueron demostrados en los mismos, son suficientes para dictar una decisión apegada a la Constitución y las leyes. Así se decide".

resolver todos los asuntos que se sometan a su consideración dentro del ámbito de su competencia o que surjan con motivo del recurso aunque no hayan sido alegados por los interesados, y tal cosa de forma suficientemente justificada.

Por su parte, como otras leyes en sus respectivas materias, el artículo 183, literales c y d del Código Orgánico Tributario exige que el acta de reparo exprese, como detalle de la indispensable motivación, los elementos fiscalizados de la base imponible y los hechos u omisiones constatados, aunados a los métodos empleados en la fiscalización.

Empero, desde la entrada en vigencia de la Constitución de 1999, en Venezuela se ha establecido uno de los postulados fundamentales de una verdadera democracia, como lo es el principio de transparencia como base esencial del actuar de la Administración Pública, concretamente en su artículo 141, con subsiguiente desarrollo, entre otros dispositivos legales, en el artículo 12 de la Ley Orgánica de la Administración Pública y en el artículo 8, numeral 2 del Decreto Nro. 368 del 5 de octubre de 1999, con Rango y Fuerza de Ley de Simplificación de Trámites Administrativos.

En consecuencia, el actuar administrativo esta constitucionalmente subordinado al mandato de ley, por lo que siendo que el derecho exige que el acto administrativo de efectos particulares sea motivado, la ausencia total de expresión de los motivos correspondientes, o incluso su manifestación contradictoria, ambigua, insuficiente, inconsistente o confusa, tornaría al acto administrativo de efectos particulares en ilegal, o disconforme a derecho, por estar viciado de inmotivación, en el entendido de que tal inmotivación consiste en un vicio de forma que, al revestir la condición de garantía de la transparencia administrativa, en resguardo entre otros valores esenciales del debido proceso, de la erradicación de la arbitrariedad administrativa y del facilitamiento del control judicial sobre la actividad administrativa, su configuración acarrea la nulidad absoluta del acto administrativo cuestionado.

Desde esta perspectiva, es por demás remarcable la trascendental relevancia que ha sido reconocida a la motivación de los actos administrativos, por la jurisprudencia nacional, en especial de la Sala Político-Administrativa de la entonces Corte Suprema de Justicia y del ahora Tribunal Supremo de Justicia, pero también de la Corte Primera de lo Contencioso-Administrativo, de los Juzgados Superiores Civiles y Contencioso-Administrativos Regionales y de los Juzgados Superiores de lo Contencioso Tributario, como medio para el ejercicio del derecho constitucional a la defensa de los administrados y para el control de la legalidad de los motivos de los actos de la Administración Pública por parte de los Órganos Jurisdiccionales, declarando la nulidad de los actos administrativos que no han cumplido con tal requisito.

Con fines ilustrativos nos permitimos transcribir a continuación ciertos fragmentos de algunos de los fallos más conocidos de las entonces Corte Federal y Corte Suprema de Justicia en Sala Político-Administrativa, en esta materia.

Así, desde los comienzos del desarrollo de nuestro derecho administrativo, se sostuvo:

> *"La forma del acto en lo tocante a la motivación del mismo, ha llegado a considerarse sustancial, en razón de que la ausencia de fundamentos abre amplio campo en el arbitrio del funcionario.*
> *En efecto en tal situación jamás podrían los administrados saber por qué se les priva de su derecho o se les sanciona. De otra parte, la motivación del acto dictado por la Administración no sólo es conveniente como justificación de la acción administrativa, sino como medio de permitir el control jurisdiccional sobre la exactitud de los motivos y su correspondencia con los textos legales en que se funda el acto"* (sentencia de la entonces Corte Federal del 9 de agosto de 1957, "Gaceta Forense", Segunda Etapa, N° 17, 1957, páginas 132 y 133).

Del mismo modo, la antes Corte Suprema de Justicia, en Sala Político-Administrativa, dejó sentado que:

> *"En forma reiterada lo ha dicho este Alto Tribunal que la motivación es un elemento esencial de los actos administrativos, no sólo cuando las leyes la exijan expresamente, sino también y principalmente, cuando ellos tienen por objeto la aplicación de sanciones a los administrados o la restricción o limitación de sus derechos; pues es el único modo como los administrados pueden conocer ya sean los hechos que se les imputen como pasibles de sanción, ya sean las causas justificantes de la restricción o limitación de sus derechos; y como el órgano jurisdiccional puede establecer la corrección jurídica y la legalidad de tales medidas. Con mayor razón se hace entonces indispensable la motivación en aquellos actos que, como el que es materia del presente recurso, tiene la finalidad de restricción o limitación de un derecho como es su extinción"* (sentencia de la entonces Corte Suprema de Justicia en Sala Político-Administrativa, "Gaceta Forense", N° 61, 1969, página 34).
> *"...al considerar "comprobados" hechos que bajo ninguna circunstancia lo han sido, y menos aún como lo determina el Derecho, la Resolución original adolece de lo que se denomina falsa motivación, lo que equivale, como lo consagra la doctrina y la jurisprudencia, a falta de motivación en este sentido"* (sentencia de la entonces Corte Suprema de Justicia en Sala Político-Administrativa de fecha 28 de septiembre de 1981, consultada en original).
> *"...lo que no puede discutirse es si hizo o no falta una motivación, toda vez que éste es un requisito formal de legalidad indispensable de todo*

acto tributario, como lo ha sostenido reiteradamente la jurisprudencia contencioso-administrativa" (sentencia de la entonces Corte Suprema de Justicia en Sala Político-Administrativa de fecha 20 de julio de 1982, consultada en original).

"La expresión de los motivos que fundamentan la decisión es un requisito formal que se convierte en garantía para el administrado de la posibilidad de recurrir certeramente, lo que redunda en un adecuado control jurisdiccional de la legalidad de la actuación administrativa, provechoso también en última instancia para la propia Administración, ya que a su vez, se constituye en garantía para ésta de aciertos en sus decisiones, finalidad de interés general o colectivo que el Juez debe ayudar a que se cumpla. Se extrema el rigor en el análisis de los motivos expresados, porque debe existir la debida proporcionalidad y congruencia en las razones de hecho y de derecho explicitadas en la motivación, así como la máxima claridad en la exposición de las mismas. En consecuencia, por inmotivación ha de entenderse aún la precaria, insuficiente, incongruente o inadecuada motivación" (subrayados del autor) (sentencia de la entonces Corte Suprema de Justicia en Sala Político-Administrativa de fecha 3 de agosto de 1982, consultada en original).

"El poder discrecional alegado por el Consejo de la Judicatura no puede, por sí solo, sustituir la necesaria motivación que debe acompañar todo acto administrativo de carácter particular. La inmotivación del acto –ha determinado la Corte en forma reiterada– no puede conducir a la arbitrariedad, y por ello exige motivación con carácter obligatorio..." (sentencia de la entonces Corte Suprema de Justicia en Sala Político-Administrativa de fecha 23 de marzo de 1984, consultada en original).

En reciente jurisprudencia la entonces Corte Suprema de Justicia sostuvo:

"Al respecto, esta Sala ratifica los criterios emitidos en forma pacifica y reiterada, conforme a los cuales, las razones o motivos que tuvo la Administración Tributaria para emitir el Acta Fiscal y luego dictar la Resolución Culminatoria del Sumario, conocida oportuna y debidamente por el contribuyente o responsable destinatario del acto, a objeto de que de cumplimiento el efecto pretendido con tal actuación, y en consecuencia proceda al pago de la obligación tributaria o de la multa impuesta, constituye la motivación de ese acto administrativo de contenido tributario. El fin que se persigue con la motivación es preservar al acto administrativo de una posible arbitrariedad del funcionario, permitir que la autoridad competente, administrativa o judicial, revise o controle la legalidad de los motivos del acto, y principalmente, procurar que la persona afectada –contribuyente o responsable– conozca

> *las causas que tuvo la Administración fiscal para emitir ese acto a objeto de que pueda ejercer eficazmente su derecho a la defensa.*

Ahora bien, para tenerse por cumplido el requisito de la motivación, la jurisprudencia contenciosa administrativa ha señalado que la misma no implica la expresión de todas y cada una de las incidencias y alegatos producidos en el transcurso del sumario administrativo, por ello no tiene porque ser extensa, puede ser sucinta, pero siempre que sea informativa e ilustrativa; para lo cual es suficiente que tal motivación se derive de los antecedentes administrativos del acto en el expediente, pero siempre que el destinatario del acto haya tenido acceso al expediente, y en virtud de lo cual, pudo conocer los elementos fácticos y jurídicos expresados en el mismo; en cuanto a la fundamentación jurídica, se ha señalado que es suficiente la simple referencia a la norma aplicada, siempre que su supuesto de hecho se corresponda enteramente con el caso de autos.

> *Todos estos elementos configuran la motivación del acto, la cual permite por una parte, que la autoridad judicial pueda revisar su legalidad con posterioridad a su emisión, y por la otra, que el interesado legítimo conozca el contenido de las imputaciones fiscales que le formula la Administración, y de esa manera pueda ejercer oportunamente, los recursos pertinentes dirigidos a desvirtuar los hechos que dieron origen al reparo o a la multa impuesta"* (subrayados del autor) (sentencia de la entonces Corte Suprema de Justicia en Sala Político-Administrativa, de fecha 7 de octubre de 1999, caso Frazzani Sport, C.A., expediente N° 12.778, consultada en original).

En otros fallos la entonces Corte Suprema de Justicia fue enfática en cuanto al momento de la motivación, la cual debe ser anterior o simultánea con el acto administrativo, a tal fin la jurisprudencia ha dispuesto lo siguiente:

> *"Las Actas Fiscales deben contener todos los hechos de las actuaciones fiscalizadoras de la Administración que observen en el proceder de los contribuyentes en el cumplimiento de sus obligaciones tributarias; y con mayor razón han de ser lo suficientemente explícitas, cuando con base de ellas la Administración ha de efectuar liquidaciones del Impuesto o de las multas aplicables, ellos deben contener todos los reparos, objeciones y observaciones que la Administración considere procedente formular a los contribuyentes, pues es el modo, el procedimiento de que éstos disponen, para informarse de las pretensiones fiscales y de los puntos de vista de la Administración frente a los propios; y de allí que dichas Actas deben ser notificadas a los contribuyentes y que para la instrucción, aprobación y levantamiento estén sujetas al*

> *previo cumplimiento de los determinados requisitos y formalidades legales y reglamentarias. Como puede observarse, las Actas Fiscales, dentro de la actuación Administrativa tienen una significación análoga a la del libelo de la demanda en el proceso judicial civil, aunque, desde luego, al contribuyente no se le puede considerar como reo, sino como actor, cuando insta la vía contenciosa. Por consiguiente, aducir, por la Administración, instaurado ya el proceso, nuevos hechos, distintos de aquellos consignados en la respectiva Acta Fiscal, que pueden afectar al contribuyente, es contrario al principio de igualdad de las partes en el proceso; atribuye al Fisco una nueva prerrogativa procesal de que no goza, pues no le está atribuida por Ley alguna y las que le están atribuidas son de interpretación restrictiva, en razón de su propio carácter excepcional; lleva incertidumbre al contribuyente, pudiendo colocarlo en situación de indefensión, pues le será difícil prever qué nuevo hecho y en qué oportunidades procesales los podrá alegar la Administración, y, en fin, introduce anarquía y desorden en la conducción del proceso.*
> *De modo, pues, que, así como el Acta Fiscal debe contener exposición razonada de los motivos de los reparos (resultados de la Fiscalización), así también, si levantada el Acta, la Administración pretende formular otros reparos, o modificar los motivos de los ya formulados, debe seguir el mismo procedimiento, como que éste es de aplicación general, toda vez que del mismo depende, en todo caso, la eficacia formal de las actuaciones fiscales comentadas"* (subrayados del autor) (sentencia de la entonces Corte Suprema de Justicia en Sala Político-Administrativa de fecha 20 de julio de 1965, consultada en original).

También la Corte Primera de lo Contencioso Administrativo se ha pronunciado en el mismo orden de ideas:

> *"...el acto impugnado,... es ilegal, pues dicha acta carece de toda motivación -requisito necesario para la validez de los actos administrativos- al no contener, ni señalar en dónde están contenidos, los presupuestos o fundamentos de hecho y de derecho en que se base tal acto y por ende, procede su nulidad, y así se declara"* (sentencia de la Corte Primera de lo Contencioso-Administrativo de fecha 25 de marzo de 1980, consultada en original).

En otras decisiones el Máximo Tribunal ha señalado cuáles son los elementos que componen la motivación, así como su objeto. Veamos:

> *"Resumiendo, puede afirmarse que la motivación está constituida por (la expresión de) los fundamentos de hecho y de derecho sobre los cuales se apoya el acto administrativo; que la motivación tiene por objeto, además de preservar el acto administrativo de la arbitrariedad del funcionario, hacer del conocimiento de la persona afectada las*

causas de ese acto para que pueda ejercer su derecho de defensa, en caso que le perjudique; que la motivación -al menos con anterioridad a la vigencia de la Ley Orgánica de Procedimientos Administrativos y para los casos por ella regidos- no necesariamente debe contenerse en el acto administrativo siempre y cuando el interesado haya tenido la posibilidad evidente de conocer esas razones de hecho y de derecho en que se fundamenta dicho acto; que puede ser anterior o concomitante, pero nunca posterior al acto mismo; que puede no sólo remitirse a la norma jurídica de cuya aplicación se trate, "si su supuesto es inequívoco simple", es decir, si no puede presentarse a dudas por parte del interesado".

"De su lectura es fácil concluir que su contenido dista mucho de ser unívoco simple, como lo ha exigido la Jurisprudencia antes transcrita, en caso que la motivación esté constituida por la sola remisión a la norma respectiva, y esto hace que se genere posibilidad de confusión para el contribuyente afectado por el acto administrativo, lo cual, sin duda, niega, o cuando menos disminuye, su derecho de defensa, y de ser aceptado, propicia la arbitrariedad del funcionario, tratándose como se trata, de una facultad reglada que debe circunscribirse estrictamente a las disposiciones pertinentes" (subrayado mío) (sentencia de la entonces Corte Suprema de Justicia en Sala Político-Administrativa de fecha 13 de junio de 1985, Caso: Desarrollos Prebo contra la República, Revista de Derecho Público N° 23, página 139).

Finalmente, el actual Tribunal Supremo de Justicia, en Sala Político-Administrativa, ha conceptualizado sobre el tema así:

"Ahora bien, respecto al vicio de inmotivación, ha establecido la jurisprudencia de este Alto Tribunal, lo siguiente:

"(...) éste se produce cuando no es posible conocer cuáles fueron los motivos del acto y sus fundamentos legales, o cuando los motivos del acto se destruyen entre sí, por ser contrarios y contradictorios. En efecto, advierte la Sala que la insuficiente motivación de los actos administrativos, sólo da lugar a su nulidad cuando no permite a los interesados conocer los fundamentos legales y los supuestos de hecho que constituyeron los motivos en que se apoyó el órgano administrativo para dictar la decisión, pero no cuando, a pesar de la sucinta motivación, ciertamente, permite conocer la fuente legal, las razones y los hechos apreciados por el funcionario.

En este sentido, se ha indicado que:

'...la inmotivación como vicio de forma de los actos administrativos, consiste en la ausencia absoluta de motivación; más no aquélla que contenga los elementos principales del asunto debatido y su principal fundamentación legal, lo cual garantiza al interesado el conocimiento del juicio que sirvió de fundamento para la decisión. De manera, que cuando a pesar de ser sucinta permite conocer la

> *fuente legal, así como las razones y hechos apreciados por el funcionario, la motivación debe reputarse como suficiente.*
> *En suma a lo anterior, hay inmotivación ante un incumplimiento total de la Administración de señalar las razones que tuvo en cuenta para resolver, en cambio, no hay inmotivación cuando el interesado, los órganos administrativos o jurisdiccionales al revisar la decisión, pueden colegir cuáles son las normas y hechos que sirvieron de fundamento de la decisión. Luego, si es posible hacer estas determinaciones, no puede, ciertamente, hablarse de ausencia de fundamentación del acto'.* (Sentencia N° 318 de esta Sala del 7/3/2001)." (caso: Luisa del Valle Melchor de León, de fecha 18 de octubre de 2001) (Sentencia N° 01028 de la Sala Político-Administrativa del Tribunal Supremo de Justicia, del 6 de agosto de 2002, caso: Inversiones Sabenpe, C.A., consultada en original).

Y, en cuanto concierne a la motivación como una garantía de respeto del derecho al debido proceso, en su especificidad del derecho a la defensa, se observan las trascendentes precisiones al respecto de la jurisprudencia, como sigue:

> *"...la forma del acto en lo tocante a la motivación del mismo, ha llegado a considerarse sustancial, en razón de que la ausencia de fundamentos abre amplios campos al arbitrio del funcionario. En efecto, en tal situación jamás podrían los administrados saber por qué se les priva de su derecho... Los actos administrativos deben expresar concretamente la causa o motivo que los inspira como condición para su validez... De otra parte, la motivación del acto dictado por la Administración, no sólo es conveniente como justificativo de la acción administrativa, sino como medio de permitir el control jurisdiccional sobre la exactitud de los motivos y su correspondencia con los textos legales en que se funda el acto"* (subrayados del autor) (sentencia de la Sala Político-Administrativa de la entonces Corte Suprema de Justicia de fecha 25 de noviembre de 1982, consultada en original).
> *"... La inmotivación como requisito de forma de los actos administrativos tiene su justificación en la protección del derecho de defensa del interesado, de allí que la expresión de los fundamentos de los actos permite a los particulares defenderse y a los tribunales controlar sus presupuestos de hecho y de derecho..."* (sentencia de la Corte Primera de lo Contencioso-Administrativo de fecha 1 de noviembre de 1984, consultada en original).
> *"Todo acto administrativo debe ser motivado, es decir, en su contenido debe expresar, aunque sea de manera sucinta, las razones de hecho y de derecho en que se basa, de modo que la persona afectada pueda saber los motivos que le sirven de sustento al acto y de esta manera poder ejercer su legítimo derecho a la defensa. La falta de motivación de un acto administrativo se traduce en la indefensión de la persona*

> *contra la cual se dirige"* (sentencia de la Sala Político-Administrativa de la entonces Corte Suprema de Justicia de fecha 25 de julio de 1990, consultada en original).
> *"Al respecto, esta Sala ratifica los criterios emitidos en forma pacífica y reiterada, conforme a los cuales, las razones o motivos que tuvo la Administración Tributaria para emitir el Acta Fiscal y luego dictar la Resolución Culminatoria del Sumario, conocida oportuna y debidamente por el contribuyente o responsable destinatario del acto, a objeto de que dé cumplimiento el efecto pretendido con tal actuación, y en consecuencia proceda al pago de la obligación tributaria o de la multa impuesta, constituye la motivación de ese acto administrativo de contenido tributario. El fin que se persigue con la motivación es preservar al acto administrativo de una posible arbitrariedad del funcionario, permitir que la autoridad competente, administrativa o judicial, revise o controle la legalidad de los motivos del acto, y principalmente, procurar que la persona afectada –contribuyente o responsable–, conozca las causas que tuvo la Administración fiscal para emitir ese acto a objeto de que pueda ejercer eficazmente su derecho a la defensa.*
> *Ahora bien, para tenerse por cumplido el requisito de la motivación, la jurisprudencia contenciosa administrativa ha señalado que la misma no implica la expresión de todas y cada una de las incidencias y alegatos producidos en el transcurso del sumario administrativo, por ello no tiene porque ser extensa, puede ser sucinta, pero siempre que sea informativa e ilustrativa; para lo cual es suficiente que tal motivación se derive de los antecedentes administrativos del acto contenidos en el expediente, pero siempre que el destinatario del acto haya tenido acceso al expediente, y en virtud de lo cual, pudo conocer los elementos fácticos y jurídicos expresados en el mismo; en cuanto a la fundamentación jurídica, se ha señalado que es suficiente la simple referencia a la norma aplicada, siempre que su supuesto de hecho se corresponda enteramente con el caso de autos.*
> *Todos estos elementos configuran la motivación del acto, la cual permite por una parte, que la autoridad judicial pueda revisar su legalidad con posterioridad a su emisión, y por la otra, que el interesado legítimo conozca el contenido de las imputaciones fiscales que le formula la Administración, y de esa manera pueda ejercer oportunamente, los recursos pertinentes dirigidos a desvirtuar los hechos que dieron origen al reparo o a la multa impuesta"* (subrayados del autor) (Sentencia de la entonces Corte Suprema de Justicia, de fecha 7 de octubre de 1999, caso Frazzani Sport, C.A., expediente 12.778, consultada en original).

Ahora bien, visto que es una máxima de experiencia la enorme dificultad o la patente imposibilidad de acceder a los expedientes administrativos, cuando ellos existen y son correctamente llevados (con racionalidad y transparencia), es el caso que la motivación, para valer como tal, ha de estar plasmada en los actos administrativos preparatorios (como las actas de reparo) o definitivos, que son notificados al administrado o contribuyente, por razones de eficacia del acto respectivo.

Además, tal expresión de los motivos, para ser tenida como motivación, a los fines legales, debe ser clara o sucinta y suficiente, sin necesidad de llegar a ser exigida la exhaustividad ni un alto nivel de detalle, y obviamente sin que se incurra en inconsistencias, ambigüedades o contradicciones, ni se induzca en confusión al destinatario del acto administrativo, circunstancias esas que han sido jurisprudencialmente asimiladas a la inmotivación. En este sentido, el exmagistrado, profesor y reputado administrativista patrio Gustavo Urdaneta Troconis ha manifestado, en su estudio intitulado "Los motivos de impugnación en la jurisprudencia contencioso administrativa venezolana de las tres últimas décadas", en "Derecho Contencioso Administrativo", obra colectiva Libro Homenaje al Profesor Luís Enrique Farias Mata, Colegio de Abogados del Estado Lara, Librería J. Rincón, Barquisimeto, 2006, que:

> *"En vista de que a veces la suficiencia o insuficiencia de la motivación puede ser difícil de apreciar, en algunos fallos se observa que el tribunal apoya su apreciación en circunstancias que inequívocamente demuestran que el afectado tuvo conocimiento suficiente de los motivos en que se fundamentó el acto, como ocurre cuando el recurrente formula alegatos de fondo contra tales motivos; ello demuestra, a juicio del juzgador, que la motivación, aunque sucinta, permitió al interesado ejercer su defensa"* (página 196).
> *"...habrá inmotivación a pesar de que en el acto se pretenda dar las razones en que se funda, cuando estas sean insuficientes, es decir, que no permitan conocer el proceso lógico que ha determinado la decisión de la autoridad. Así, se ha considerado inmotivado un acto sancionatorio fundado en que el sancionado incurrió "en faltas graves a las obligaciones del trabajo", sin precisar las faltas ni las obligaciones supuestamente incumplidas...; también, con una planilla de liquidación en la que se establece que hay una diferencia de impuesto adeudada, pero no se señala la causa de la diferencia; ..."* (página 197).

Como puede verse entonces, en los casos de duda acerca de la correcta motivación o no del acto administrativo, cuando existe poca expresión de los motivos respectivos, por ser ellos entendidos por el recurrente como insuficientes, será menester que el tribunal fije su atención sobre las posibilidades defensivas reales que, en cuanto al fondo del asunto, haya tenido el recurrente, siendo un tema necesariamente casuístico, al grado que el mismo autor (en nota al pie de la página 196) da cuenta de sentencias que han declarado la inmotivación, *"a pesar de los extensos alegatos del recurrente contra los motivos del acto"*.

Lo propio cabe decir, sobre el estudio casuístico, en los supuestos en los que la pobre motivación sea asimilable a inmotivación, por la inconsistencia, confusión o contradicción en la expresión de los motivos.

Tengamos pues, como una materia no controvertida en doctrina ni en jurisprudencia nacional, y tampoco por el autor de estas líneas, que en presencia del vicio de inmotivación absoluta, vale decir, aquel que se perfecciona cuando en el acto administrativo de efectos particulares impugnado (sea simple o complejo), así como en sus antecedentes administrativos a los que haya podido haber accedido el interesado, no se encuentra expresión alguna que intente justificar o explicar los motivos y razones de la actividad administrativa, no es posible válidamente en derecho invocar también el vicio de falso supuesto.

Llegados a este punto, para entendernos mejor, veamos algunas notas sobre el vicio de falso supuesto.

III. ALGUNAS IDEAS SOBRE EL VICIO DE FALSO SUPUESTO

El acto administrativo de efectos particulares, como todo acto jurídico, está compuesto de un conjunto de elementos o requisitos de cuya regularidad depende su validez en derecho, dentro de los cuales destaca la causa o motivo, como requisito de fondo.

El motivo o causa del acto administrativo no es otra cosa que el antecedente que lo provoca, es decir, la razón justificadora (el ¿por qué?) de cada uno de ellos, o en palabras del maestro Fernando Garrido Falla:

> *"la circunstancia que justifica en cada caso que un acto administrativo se dicte"* (Garrido Falla, Fernando: "Tratado de Derecho Administrativo", Volumen 1, 3era. edición, Madrid).

Pero no se trata de cualquier antecedente o razón justificadora, pues la Administración Pública no puede actuar caprichosamente, sino que ha de hacerlo, como afirma el profesor Sayagués Laso:

> *"tomando en consideración las circunstancias de hecho y de derecho que corresponden"* (Sayagués Laso: "Tratado de Derecho Administrativo", Volumen 1, Montevideo).

En este sentido, la antigua Corte Federal, en sentencia del 3 de agosto de 1957, estableció que:

> *"Entre los elementos integrantes del acto administrativo están el motivo y la forma (...omissis...). Pues bien, el motivo del acto administrativo es, como lo enseña la Doctrina, el antecedente que lo provoca. Un acto*

administrativo se integra con tal elemento cuando existe previa y realmente una situación legal o un hecho, cuando esa situación es la que el Legislador ha previsto con miras a la actuación administrativa".

La más reciente jurisprudencia de los órganos jurisdiccionales del contencioso administrativo, ha dejado asentado sobre el entendimiento del vicio de falso supuesto, que:

> *"cuando la Administración autora del acto fundamenta su decisión en hechos o acontecimientos que nunca ocurrieron o que de haber ocurrido lo fue de manera diferente a aquella que el órgano aprecia o dice apreciar. De esta manera siendo la circunstancia de hecho que origina el acto administrativo diferente a la prevista por la norma para dar base legal a tal actuación, o no existiendo hecho alguno que justifique el ejercicio de la función administrativa, el acto dictado carece de causa legítima pues la previsión hipotética de la norma sólo cobra valor actual cuando se produce de manera efectiva y real el presupuesto contemplado como hipótesis"* (sentencia de la Sala Político-Administrativa de la entonces Corte Suprema de Justicia, del 17 de mayo de 1984, consultada en original).
>
> *"constituye ilegalidad el que los órganos administrativos apliquen las facultades que ejercen, a supuestos distintos de los previstos por las normas, o que distorsionen la real ocurrencia de los hechos o el debido alcance de las disposiciones legales, para tratar de lograr determinados efectos sobre la base de realidades distintas a las existentes o a las acreditadas en el respectivo expediente administrativo, concreción del procedimiento destinado a la correcta creación del acto. Semejante conducta afecta la validez del acto así formado, que será entonces una decisión basada en falso supuesto, con lo cual se vicia la voluntad del órgano"* (sentencia de la Sala Político-Administrativa de la entonces Corte Suprema de Justicia, del 9 de junio de 1990, caso: J. Amaro S.R,L., consultada en original).
>
> *"Al respecto, se observa que ha sido jurisprudencia constante y reiterada de esta Corte que el falso supuesto es un vicio del acto administrativo que consiste en la inexistencia de los motivos, al menos de los relevantes, que dieron lugar al mismo; igualmente ha considerado esta Corte que existe falso supuesto cuando se incurre en error en la interpretación de los motivos de hecho y de derecho que dan lugar el acto administrativo de que se trate"* (sentencia de la Corte Primera de lo Contencioso Administrativo del 31 de marzo de 1993, consultada en original).
>
> *"...el falso supuesto se produce cuando la Administración autora del acto fundamenta su decisión en hechos, acontecimientos o situaciones que nunca ocurrieron o que de haber ocurrido, lo fueron de manera diferente a aquella que el órgano administrativo aprecia o dice apreciar*

(Sent. S.P.A. del 17-05-84). Y más adelante, y en Sentencia del 22-10-92, declaró que también existe el falso supuesto "cuando los órganos administrativos apliquen las facultades que ejercen, a supuestos distintos a los expresamente previstos por las normas, o que distorsionen la real ocurrencia de los hechos o el alcance de las disposiciones legales, para tratar de lograr determinados efectos sobre realidades distintas a las existentes en el respectivo expediente administrativo, concreción del procedimiento destinado a la correcta aplicación del acto" (subrayado del autor) (sentencia Nro. 407 de la Sala Político-Administrativa de la entonces Corte Suprema de Justicia, del 27 de junio de 1996, consultada en original).

"En fallos anteriores este Alto Tribunal ha señalado que el vicio del falso supuesto ocurre cuando la Administración al dictar un acto, fundamenta su decisión en hechos inexistentes o que ocurrieron de manera diferente a como fueron apreciados por la Administración, así como cuando dicha decisión se fundamenta en una norma que no le es aplicable al caso concreto. También ha expresado esta Sala, al precisar sobre las consecuencias del falso supuesto, que la inexistencia o falseamiento de los presupuestos fácticos por parte del órgano administrativo decisor y también su errónea fundamentación jurídica, vicia su actuación de ilegalidad y nulidad absoluta, de conformidad con el ordinal 4º del artículo 19 de la Ley Orgánica de Procedimientos Administrativos, dado que estaría actuando el órgano fuera de la esfera de su competencia" (sentencia de la Sala Político-Administrativa de la entonces Corte Suprema de Justicia del 13 de marzo de 1997, caso: Antonio José Meneses Díaz, consultada en original).

Y, sin cambio al respecto en la respectiva doctrina jurisprudencial, el Tribunal Supremo de Justicia ha venido sosteniendo:

"...Al respecto, se concibe el falso supuesto como un vicio que tiene lugar cuando la Administración se fundamenta en hechos inexistentes, o que ocurrieron de manera distinta a la apreciación efectuada por el órgano administrativo, o finalmente, cuando la Administración se fundamenta en una norma que no es aplicable al caso concreto. Se trata, entonces, de un vicio que por afectar la causa del acto administrativo acarrea su nulidad absoluta; por lo cual es necesario examinar si la configuración del acto administrativo se adecuó a las circunstancias de hecho probadas en el expediente administrativo, de manera que guardaran la debida congruencia con el supuesto previsto en la norma legal..." (sentencia de la Sala Político-Administrativa del Tribunal Supremo de Justicia del 27 de marzo de 2001, caso: Luís Alberto Villasmil, consultada en original).

"...es menester indicar que se concibe el falso supuesto como un vicio que tiene lugar cuando la Administración se fundamenta en hechos inexistentes, o que ocurrieron de manera distinta a la apreciación

efectuada por el órgano administrativo, o finalmente, cuando la Administración se fundamenta en una norma que no es aplicable al caso concreto, lo cual lo hace susceptible de nulidad" (sentencia N° 02155 de la Sala Político-Administrativa del Tribunal Supremo de Justicia del 10 de octubre de 2001, consultada en original).

Los vicios en la causa de los actos administrativos, denominados por la jurisprudencia y la doctrina italianas "eccesso di potere", y circunscritos dentro de la noción mas amplia u omnicomprensiva de los vicios posibles de ilegalidad, conocidos por la doctrina y jurisprudencia francesas como "excès de pouvoir", se dan fundamentalmente en las fases de comprobación fáctica y calificación jurídica de los presupuestos de hecho, siendo que según el artículo 139 de la Constitución:

"El ejercicio del Poder Público acarrea responsabilidad individual por abuso o desviación de poder o por violación de esta Constitución o de la ley".

De donde se debe aclarar que la ilegalidad en los motivos o causa del acto administrativo va de suyo con la nomenclatura de "abuso de poder", mientras que la desviación de poder afecta el fin perseguido por la actividad administrativa, y la violación de la Constitución o de la ley acarrea la vulneración, en términos mas generales, del principio de legalidad administrativa, o sencillamente del Estado de Derecho.

Si los motivos que la Administración Pública invoca existen o no (si no existieren, el acto cae por sí mismo por falta de causa), si la realidad del supuesto de hecho del que parte la Administración Pública se ha producido o no, es algo que puede y debe ser controlado, por la Administración Pública primero, en la fase de formación o constitutiva del acto administrativo o de eventual autotutela administrativa (mediando recursos administrativos o peticiones o revisiones de oficio), y por el juez de lo contencioso administrativo o tributario después, en la fase fiscalizadora judicial.

En efecto, todo acto administrativo es el producto de una organización compleja, reguladora de distintas situaciones normativas con diversos valores jurídicos: algunos de éstos podrán destacar como determinantes, otros complementarios y otros ser sus condicionantes. Todos ellos, elementos concurrentes que establecen como consecuencia la determinación de la causa y su encuadre legal. Estos a su vez, pueden producir un consecuente que no responda a la realidad, a la verdad de los hechos, sea porque se omitan algunos importantes, o se sumen los que no existen, o se los deforme en la realidad, o se emitan juicios inexactos sobre hechos o conductas, es decir, la consecuencia expuesta no corresponde entonces al proceso de razón que justifica la causa o el principio de razón suficiente.

En este último caso, la necesaria vinculación lógica entre los distintos elementos concurrentes se realiza en forma irregular y el resultado no responde a la realidad. Si todo acto administrativo tiene su causa, también debe tener en ésta su correcta razón; ésta se expresa en lo que necesariamente debe ser y la razón no concibe que sea de otra forma.

La razón suficiente es una exigencia lógica de lo que debe ser verdad. En todos estos supuestos no es la causa como objeto la que se presenta viciada en forma independiente, sino que son los elementos y el proceso previo para obtener el consecuente determinante de la causa. Las irregularidades deberán investigarse en el proceso que precede a la causa y que producirán su ineficiencia si la deforman sustancialmente o la sustituyen por otra que no responde al principio de razón.

Para el eminente administrativista Enrique Sayaguez Lazo, según afirmó en su obra intitulada "Tratado de Derecho Administrativo" (Tomo I):

> *"Los poderes discrecionales no se ejercen caprichosamente ni para satisfacer fines personales sino por motivos de interés público, es decir, por motivos atinentes al servicio. Por lo tanto, si media un fin extraño al acto es ilícito y cabe su anulación jurisdiccional...otras limitaciones surgen cuando se analiza el papel que juega la voluntad administrativa en los actos discrecionales. Este análisis permite determinar el verdadero campo de la discrecionalidad, fuera de cuyos límites surge la ilicitud y por lo tanto la posibilidad de control jurisdiccional. Todo pronunciamiento de la administración tiene como punto de partida determinados antecedentes de hecho que son el motivo que justifica aquel. El proceso volitivo de la administración comienza apreciando la existencia de esos hechos. En esa apreciación no hay generalmente discrecionalidad, pues los hechos son o no son. Es indiferente que esa apreciación requiera de conocimientos técnicos, pues la circunstancia de que la cuestión de hecho requiere conocimientos técnicos no altera la regla. Luego de establecidos los hechos, la administración los examina en el aspecto jurídico para darle la calificación legal. En esta no puede existir tampoco discrecionalidad porque tratándose de normas jurídicas, sólo puede haber una verdad legal. Si la calificación administrativa es errónea, el acto adolece de ilegalidad en el fondo. Una vez establecidos los hechos y calificados legalmente, la administración entra a considerar si debe o no actuar y, en caso afirmativo, determinará cuáles medidas adoptará. Este es el ámbito legítimo de la discrecionalidad administrativa"* (páginas 409 y 410).

Es por ello que, previamente a la emisión de un acto administrativo, la Administración Pública debe realizar una doble operación: comprobación de los hechos y calificación y apreciación de los mismos.

En la fase de comprobación de los hechos puede suceder que se mal interprete una norma legal, o que se viole una norma legal establecida para valorar el mérito de la prueba, ya sea porque se la pretenda aplicar a un supuesto de hecho distinto; ya sea porque se haya dado por probado un hecho con pruebas que por la ley sean improcedentes para demostrarlo, ya sea porque a una prueba que no reúne los requisitos exigidos por la Ley, le haya dado los efectos que ésta le atribuye; ya sea porque se le haya quitado a una prueba el valor demostrativo que por ley le corresponde; ya sea porque basen sus apreciaciones en falso supuesto, es decir, admitan como probados hechos que no lo han sido en el expediente administrativo, dé por probados hechos que del mismo expediente resultan inexactos o atribuya la existencia de menciones en actas del expediente administrativo que no las contenga; en estos casos hay que aplicar las disposiciones que sobre pruebas están contenidas en los Códigos Civil, de Procedimiento Civil y Orgánico Procesal Penal, entre otras leyes, tal como lo disponen los artículos 58 de la Ley Orgánica de Procedimientos Administrativos y 156 del Código Orgánico Tributario, sancionando el principio de libertad probatoria (*"Los hechos que se consideren relevantes para la decisión de un procedimiento podrán ser objeto de todos los medios de prueba establecidos en los Código Civil, de Procedimiento Civil...", "Podrán invocarse todos los medios de prueba admitidos en derecho...")*.

La Administración Pública, una vez comprobados los hechos, debe calificarlos y apreciarlos, y en esta fase puede tergiversar los hechos o puede apreciarlos erróneamente, produciéndose así un error de hecho. También puede incurrir en error de derecho, por mala interpretación de las normas escogidas en su aplicación.

En todos estos supuestos, el vicio en la comprobación, calificación y apreciación de los hechos y/o en la interpretación de las normas, acarrea la ilegalidad de la actuación administrativa de la Administración Pública y su impugnabilidad.

En este mismo sentido se pronunció la sentencia N° 252 de fecha 17 de marzo de 1999, de la antes Corte Suprema de Justicia, en Sala Político-Administrativa Especial Tributaria II, caso: Empresa Nacional de Almacenes C.A. - Enaca (referida en la Revista de Derecho Tributario N° 83, del período abril, mayo y junio de 1999, páginas 202 y 203), conforme sigue:

> *"La decisión de la Administración Tributaria transcrita carece desde todo punto de vista de asidero jurídico y es incongruente con respecto a lo solicitado por la contribuyente, toda vez que tergiversa los hechos, califica erradamente el escrito interpuesto y confunde la aplicación de la norma, lo cual vicia el acto por falso supuesto".*
> *"El falso supuesto constituye un vicio de fondo, el cual se configura no sólo cuando el acto impugnado se soporta sobre falsos hechos, sino también cuando la fundamentación jurídica que sustentó la decisión es errónea o está distorsionada en cuanto a sus alcances".*

> *Omissis...*
> *"Del análisis de los autos se desprende claramente que ante la solicitud de corrección de error material en la liquidación de los intereses moratorios, formulada por la contribuyente con fundamento en el artículo 152 del Código Orgánico Tributario vigente para el caso de autos, la Administración Tributaria al responder a tal requerimiento hizo una apreciación errada de la naturaleza y, finalidad de la solicitud formulada por la contribuyente, conllevando igualmente una tramitación jurídica equivocada de la petición presentada con el sólo fin de lograr una corrección de errores materiales que la contribuyente consideraba que existían en el cálculo de los intereses moratorios liquidados".*
> *"Asimismo, la Administración Tributaria incurrió en un falso supuesto jurídico cuando al contestar la solicitud, sin entrar a conocer ni a revisar los supuestos errores en el cálculo de los intereses moratorios, motiva su pronunciamiento expresando que "los intereses no revisten carácter de pena que los haga susceptibles de recursos (sic) alguno"; cuando lo cierto es que respecto de los mismos, era y es posible, tanto la revisión prevista en el artículo 152 del Código Orgánico Tributario aplicable al caso de autos, como el ejercicio de los recursos jerárquico y contencioso tributario previstos en el citado Código, distorsionando por tanto el contenido y alcance de esta normativa, y haciendo producir a la decisión efectos diferentes a los que hubiera producido si dicha apreciación hubiese sido hecha correctamente".*
> *"Esta conducta de la Administración afecta la validez del acto así formado, siendo entonces una decisión basada en falso supuesto, con lo cual, se vicia la voluntad del órgano, en consecuencia, estima esta Sala que es procedente declarar la nulidad del acto impugnado y así se declara"* (subrayados del autor).

Este vicio de ilegalidad que afecta el fondo o contenido del acto administrativo de efectos particulares, encuentra previsión legal en el artículo 12 de la Ley Orgánica de Procedimientos Administrativos: *"Aun cuando una disposición legal o reglamentaria deje alguna medida o providencia a juicio de la autoridad competente, dicha medida o providencia deberá mantener la debida proporcionalidad y adecuación con el supuesto de hecho y con los fines de la norma, y cumplir los trámites, requisitos y formalidades necesarios para su validez y eficacia"*, y su sanción es la anulabilidad, siguiendo al artículo 20 "eiusdem": *"Los vicios de los actos administrativos que no llegaren a producir la nulidad de conformidad con el artículo anterior, los harán anulables".*

Culminemos el presente acápite con las notas diferenciales entre los vicios de inmotivación y falso supuesto, precisadas por el citado exmagistrado Gustavo Urdaneta Troconis, quien en su indicada obra indica que:

> *"Es importante, pues, utilizar apropiadamente los términos, reservando el de inmotivación para el vicio de forma consistente en omitir en el texto del acto la expresión de las circunstancias fácticas y jurídicas en que la decisión se fundamenta (con independencia de que los mismos sean o no ciertos y hayan sido o no correctamente apreciados) ...; en cambio, al hablar de una irregularidad consistente en la inexistencia, falsedad o apreciación incorrecta de tales motivos de hecho o de derecho, deberá utilizarse la expresión generalmente aceptada de falso supuesto, y no la de inmotivación"* (páginas 153 y 154).

IV. INMOTIVACIÓN Y/O FALSO SUPUESTO

Está en consecuencia claro que los vicios de ilegalidad de inmotivación y falso supuesto son distintos, correspondiendo el primero a un defecto formal, capaz de propiciar la declaratoria de nulidad absoluta del acto administrativo afectado, y el segundo a una irregularidad de fondo o contenido, que, salvo que estemos en presencia de vulneración de derechos constitucionales como por ejemplo el debido proceso, acarrea tan solamente su anulabilidad.

Cabe entonces preguntarse si es posible, frente a determinadas circunstancias concretas de cada caso, incoar un recurso contencioso tributario (como igualmente un recurso administrativo o un recurso contencioso administrativo general), en contra de un acto administrativo de efectos particulares, alegando simultáneamente, vale decir, en forma conjunta, estos dos vicios de ilegalidad, tal como seria ello posible e incuestionable tratándose, a título meramente ilustrativo, de los vicios de incompetencia funcionarial e inmotivación; vulneración de procedimiento legalmente establecido y falso supuesto; etc.

En otras palabras, ¿puede el recurrente alegar la inmotivación y el falso supuesto en el mismo recurso y en contra del mismo acto administrativo impugnado, o acaso estos vicios son incompatibles y se excluyen recíprocamente?

Los que han optado por la respuesta negativa, en opinión bastante frecuente en nuestra jurisprudencia patria, como lo refiere el aludido exmagistrado Gustavo Urdaneta Troconis, en la misma obra en comentarios, quien habla de *"reiterado criterio jurisprudencial"*, parten de la idea según la cual:

> *"...la denuncia simultánea de la inmotivación del acto y de falso supuesto es considerada contradictoria: si el recurrente alega falso supuesto demuestra con eso saber cuales son los motivos del acto"* (página 154).

> *"...la denuncia simultánea de inmotivación y de falso supuesto resulta contradictoria; al tratar de desvirtuar los motivos del acto, mediante el alegato de falso supuesto, es suficiente demostración de que el recurrente se encuentra en conocimiento de tales motivos, razón por la cual mal puede alegar inmotivación. De manera que la sola denuncia de falso supuesto es suficiente para desvirtuar la de inmotivación; en ese caso, el tribunal sólo analizará el alegato de falso supuesto"* (página 196).

Nada podría estar revestido de mayor lógica, que la conclusión citada, acerca de la incompatibilidad, contradicción y mutua exclusión patente entre un alegato de inmotivación, que presupone la ausencia de expresión de los motivos y razones de la actividad administrativa, y el de falso supuesto, que exige la presencia, por pobre que sea, de una explicación que la pretenda justificar en derecho.

Empero, no por lógica es necesariamente cierta la conclusión, cuando observamos que una de las premisas no es para nada unívoca, por cuanto la jurisprudencia ha entendido por inmotivación tanto la obvia, total o absoluta ausencia de expresión de razones, como la "motivación" insuficiente, inconsistente, contradictoria o confusa.

Por tanto, la conclusión en comentarios solamente puede ser incuestionablemente verdadera, en el único caso en que la inmotivación denunciada sea absoluta.

En cambio, si el alegato de inmotivación traído a los autos por el recurrente, en su escrito libelar, es de carácter relativo, por fundarse en la interpretación jurisprudencial que asimila, por sus efectos atentatorios contra el principio de transparencia y los derechos constitucionales a la información y al debido proceso (a la defensa), la "motivación" insuficiente, inconsistente, contradictoria o confusa a la real ocurrencia del vicio de inmotivación, en nuestro criterio nada obstaría a que se pudiesen alegar en forma conjunta o simultánea ambos vicios de ilegalidad, siempre que el argumento de falso supuesto se encuentre referido exclusivamente a la parte de la "motivación" del acto administrativo impugnado que, a pesar de su insuficiencia, contradicción, inconsistencia o confusión, mostrara una afirmación errónea, incompatible con la realidad fáctica o jurídica del caso.

Por ejemplo, supongamos que el acto administrativo impugnado afirma que el administrado o contribuyente incurrió en una infracción de ley, aplicando la sanción que estima procedente el funcionario administrativo, pero sin circunstanciar la imputación en los hechos pretendidamente presentes, mediando la indicación, por sucinta que sea, de los hechos respectivos. Mal podría sostenerse que el acto administrativo deba entenderse motivado, por tan solo limitarse a afirmar prácticamente en abstracto un supuesto comportamiento reprochable en derecho, por lo que en verdad estaría viciado de inmotivación, por insuficiencia en la argumentación, siendo que, al no haber habido infracción alguna, se perfeccionaría igualmente el vicio de falso supuesto por error de hecho.

No permitir al justiciable que destaque ambos extremos de ilegalidad, so pretexto de una imaginaria incompatibilidad o contradicción, a mas de constituirse ello en una incongruencia en cuanto a la asimilación jurisprudencial de la motivación insuficiente con la inmotivación, en una vulneración por supuesto que del Estado de Derecho (puesto que acorde con el principio de legalidad administrativa la actuación administrativa debe ser adecuadamente motivada y no ha de estar fundada en errores de hecho o de derecho), pero peor aun, del Estado de Justicia.

Lo anterior se presenta como de mayor gravedad aun, cuando se observa que en muchos casos, los tribunales que han optado por semejante criterio, en lugar de implementar el proceso como herramienta para el logro de la justicia, como lo manda la Constitución, frente a la supuesta incompatibilidad, contradicción o mutua exclusión, en lugar de hacer lo que correspondería en ese caso, que es desestimar el alegato de inmotivación y conocer exclusivamente del argumento de falso supuesto, llegan a incurrir en el exabrupto de declarar improcedente toda la impugnación, al menos en todo lo que concierna a la inmotivación y al falso supuesto, aunque se hayan alegado en relación a asuntos completamente distintos y desvinculados entre si, del acto administrativo impugnado.

En situaciones como esas, en donde en realidad exista tal incompatibilidad, contradicción o mutua exclusión entre los alegatos de inmotivación y falso supuesto, ya lo decía el profesor Urdaneta Troconis en su obra citada:

> *"... en ese caso, el tribunal sólo analizará el alegato de falso supuesto"* (página 196).

Y, en otro orden de ideas, aunque desde la misma perspectiva, si el acto administrativo impugnado resulta ser de naturaleza compleja, por tener varios contenidos no necesariamente ligados de forma interdependiente, como puede suceder frente a reparos impositivos comprensivos de distintos rubros, o con alcance sobre mas de un periodo económico, o frente a actos administrativos que fuera de la parte de reparo impositivo también acometen el tema sancionatorio, siendo perfectamente posible que uno o algunos de sus componentes se encuentre totalmente inmotivado, mientras que otro u otros no obstante presentar los motivos en forma suficiente, los mismos no se compaginen con la realidad, resulta evidente que mal podría declararse la incompatibilidad argumentativa de parte del recurrente, en caso de que alegue ambos vicios de ilegalidad, por cuanto los mismos no estarían referidos a idénticos aspectos o ítems del acto administrativo cuestionado en su conformidad a derecho.

En esta línea de pensamiento perfectamente calificable de justiciera, sin duda se sitúa el profesor Urdaneta Troconis, cuando en su indicada obra expresa:

> "...*parece conveniente en este punto matizar un poco la afirmación, por lo demás absolutamente lógica; en efecto, puede darse el caso de que un acto contenga una decisión compleja, siendo que en uno de sus aspectos haya motivación suficiente, y el interesado desee contestar los motivos, por considerarlos falsos, pero en otro aspecto haya ciertamente inmotivación, por no estar expresados los motivos que sustentan ese aspecto de la decisión, caso en el cual el tribunal debería distinguir y no limitarse a descartar la denuncia de inmotivación por entenderla incompatible con la de falso supuesto, cuando en realidad no lo son*" (página 197).

Sin embargo, llama poderosa y negativamente la atención el hecho de que hoy en día, consagrado nuestro Estado de Justicia, abundan decisiones judiciales que lejos de administrar justicia la confiscan, ya que frente al alegato conjunto o mejor simultáneo de ambos vicios de ilegalidad, en contra sea de un acto administrativo de carácter simple, o de un acto administrativo de tipo complejo, toman partido por desestimarlos en bloque sin análisis alguno, con lo cual terminan por aupar o premiar el eventualmente presente vicio de falso supuesto, sin olvidar las irregularidades en la sentencia por violación del principio de exhaustividad, silencio de prueba y (en los peores casos) hasta denegación de justicia.

En ese orden de ideas, cuando nos damos un paseo por las diferentes sentencias que se han venido dictando en los últimos tiempos, tocantes a estos temas, podemos apreciar, con muy honrosas excepciones, lo que es una práctica judicial cuestionable en derecho y en justicia, que de ningún modo ha de ser considerada como resultado de la ignorancia, ni de la mala fe, ni tampoco de la desviación de poder u otra explicación de naturaleza mezquina, por parte de algunos jueces y magistrados, sino quizás del exceso de trabajo, aunado a la total ausencia de criticidad con la que nuestras escuelas de derecho (en general y a lo largo y ancho del país) están preparando a los abogados que luego serán jueces y magistrados, mas habituados a la repetición (caletre) y al argumento de autoridad (en muchas ocasiones trasladado de los profesores a los magistrados), que a una sana vocación de estudio y reflexión (en su fuero interno, privada, autónoma, independiente y fundada en el libre pensamiento).

Empero, siendo que debe destacarse ante todo lo bueno, positivo y lo encomiable, en el decurso hacia la optimización, pongamos de relieve una muestra de fallos que evidencian ir por el camino correcto en estos aspectos justicieros, que naturalmente podrían ser mejorados en cuanto a la precisión de los conceptos y la asertividad de las afirmaciones:

El primero de ellos, no obstante partir de la idea de inicio, como si se tratara de un dogma o axioma, de la incompatibilidad en el alegato de ambos vicios de ilegalidad, al menos destaca un fallo de la antes Corte Suprema de Justicia, en el cual se aclara que la tal incompatibilidad solamente está presente cuando la inmotivación opuesta es absoluta, y mejor todavía, si bien desestimó el alegato de inmotivación, entró a conocer del referido al falso supuesto. Veamos:

> *"Seguidamente observa esta juzgadora que, los apoderados de la accionante alegan el vicio de inmotivación del acto administrativo, ante lo cual la representación del Fisco Nacional aduce que incurrieron en una contradicción, por cuanto por una parte alegan el vicio de inmotivación del acto y por otra parte, aducen el vicio de falso supuesto de derecho, vicios éstos que se enervan entre sí.*
> *Constata este Tribunal que, efectivamente los apoderados de la recurrente señalan también como argumento para desvirtuar la validez del acto administrativo, el vicio de falso supuesto de derecho (...), lo cual –tal como lo afirma la Representación Fiscal en el escrito de conclusiones– resulta ser una incongruencia habiendo alegado también el vicio de inmotivación, por cuanto argüir inmotivación supone desconocer las razones de hecho y de derecho en que la Administración Tributaria se basó para dictar el acto administrativo y de allí justamente dimana el perjuicio de la indefensión, toda vez que el destinatario del proveimiento queda impedido de sostener argumentos que desvirtúen el fundamento del mismo.*
> *Tal alegato, como fácilmente se comprende, es excluyente y enerva cualquier otro que pretenda atacar la causa de la decisión recurrida ya que ésta, se supone, no se conoce.*
> *En efecto, los apoderados de la accionante se contradicen por cuanto por un lado sustentan el alegato de inmotivación, señalando lo siguiente: "(...) la administración tributaria al enunciar 'y en virtud da (si) las circunstancias atenuantes y agravantes que se han considerado en el presente caso, de acuerdo a lo establecido en el artículo 85 del código en comento.', no realizó un análisis por lo menos suscinto, breve, lacónico, de las circunstancias atenuantes o agravantes que sirvieron de base para la graduación de la multa (...)", y por otra parte, al argüir la existencia del vicio de falso supuesto de derecho en el acto, exponen lo siguiente: "(...) al no haber sido valoradas las circunstancias atenuantes, se aplico incorrectamente el dispositivo*

establecido en el artículo 37 del Código Penal y el 74 el Código Orgánico Tributario (reformado), toda vez que se procedió a aplicar el calculo de la multa correspondiente, el término medio de los límites establecidos, cuando lo correcto era aplicar la reducción hasta el límite inferior atendiendo a las circunstancias atenuantes, por no haber tenido intención de causar el hecho imputado de tanta gravedad y no haber cometido ninguna violación de normas tributarias durante los tres (3) años anteriores al acto administrativo aquí recurrido (Art. 85 C.O.T., concatenado con el Art. 74 Ordinal 2, del Código Penal); asimismo, nuestra representada no incurrió ni en reincidencia ni en reiteración,(...)".

De la exposición de sus argumentos se deduce que, conocen perfectamente las normas aplicables a los ilícitos cometidos, así como el hecho de que las sanciones correspondientes fueron aplicadas en su término medio. De manera que el alegato de inmotivación sostenido por los apoderados de la accionante es incompatible con su propia argumentación, pues si no conocían las razones que motivaron a la Administración Tributara a determinar las sanciones aplicables en su término medio, mal podían entonces explanar ante este Órgano Jurisdiccional una serie de afirmaciones que precisamente van dirigidas a contradecir las causas o motivos que motivaron a la Administración Tributaria a aplicar las sanciones en su término medio.

Sobre este particular, la jurisprudencia ha expresado:

> *"Igualmente no escapa a esta Sala que el recurrente invoca como vicio del acto administrativo el error de apreciación. Tales argumentos se refieren en definitiva al vicio en la causa del acto administrativo. Al respecto debe significarse que invocar conjuntamente la* ***ausencia total de motivación*** *y el error de apreciación en éstos -vicio en la causa- es, en efecto, contradictorio porque ambos se enervan entre sí. Ciertamente, cuando se aducen razones para destruir o rebatir la apreciación de la Administración dentro del procedimiento administrativo formativo del acto, es porque se conocen las apreciaciones o motivos del acto; luego es incompatible que a más de calificar de errado el fundamento del acto se indique que se desconocen tales fundamentos".* (Sentencia de la Sala Político-Administrativa de la Corte Suprema de Justicia, de fecha 3-10-90. Revista de Derecho Público N° 44; p. 130).

Igualmente, sobre este aspecto la Doctrina ha sostenido:

> *"(...) ha de tenerse precaución en cuanto a la acumulación de los motivos de impugnación, ya que algunos se enervan con otros. Así el vicio de desviación de poder supone la competencia del funcionario, de allí que no pueden invocarse como motivos de impugnación en forma acumulativa la incompetencia y la desviación de poder. Igual ocurre respecto del vicio de falso supuesto y de inmotivación del acto, pues la invocación del primero presupone el conocimiento por parte del recurrente de las razones que precedieron la actuación*

> *que se impugna y por tanto cumplido el requisito de la motivación del acto".* (BADELL MADRID, R., Comentarios al Tema Motivos de Impugnación, Avances Jurisprudenciales del Contencioso Administrativo en Venezuela, Tomo III, p. 61).
>
> *En virtud de las precedentes consideraciones, este Tribunal desestima el alegato de inmotivación, por resultar contradictorio con el argumento de falso supuesto de derecho, hecho valer también por los apoderados de la recurrente. Así se decide"* (subrayados y destacado del autor) (sentencia Nro. 681 dictada por el Juzgado Superior Séptimo de lo Contencioso Tributario, el 10 de abril de 2006, caso: Inversiones Delampe, C.A., consultada en original, que en honor a la verdad, es un excelente fallo en muchos otros aspectos, como el del régimen probatorio del expediente administrativo).

El segundo fallo, contenido en la sentencia Nro. 690 dictada por el Juzgado Superior Séptimo de lo Contencioso Tributario, el 28 de abril de 2006, caso: Janssen Cilag, C.A., consultada en original, es de gran interés toda vez que habiendo sido alegado el vicio de inmotivación en contra de un acto administrativo que sin evidenciar el origen de una pretendida diferencia a pagar, en materia de aportes del medio por ciento (½) al I.N.C.E., exigía sin embargo el pago respectivo, se dejó colar (aunque sin decirlo) el vicio de falso supuesto (*"lo cual es incorrecto, ya que ella ha pagado la totalidad de los aportes del ½% para los períodos reparados"*), sin que por ello el tribunal haya desestimado sin análisis el argumento de inmotivación.

Pero, además, también alegó la recurrente en forma expresa el vicio de falso supuesto, estando en presencia de un acto administrativo de tipo complejo, en contra de la pretensión de incluir la partida de utilidades en la base imponible de los aportes del dos por ciento (2%) al I.N.C.E., lo cual fue objeto de la debida atención por parte del tribunal, sin necesidad de entrar a valorar el contenido de sus conclusiones.

La tercera decisión que se presenta está contenida en la sentencia Nro. 971 dictada por el Juzgado Superior Tercero de lo Contencioso Tributario, el 5 de marzo de 2004, caso: Inelectra Comunicaciones, C.A., consultada en original, que es remarcable pues, en presencia de la impugnación de un acto administrativo de tipo complejo, luego de afrontado el tema de la alegada inmotivación, declarada por cierto con lugar, por la insuficiencia en la expresión de los motivos por los cuales se rechazaron créditos fiscales de impuesto al consumo suntuario y a las ventas al mayor, se ocupó igualmente de la denuncia de falso supuesto manifestada como *"De la improcedencia del rechazo de créditos fiscales por falta de comprobación"* y declarada con lugar:

> *"Efectivamente,* ***si bien para que un acto sea declarado nulo por causa de inmotivación es necesario que haya existido una violación al derecho a la defensa, el derecho a la defensa no se limita a una formalidad en el acceso a los medios de impugnación, sino que implica la posibilidad de conocer de forma amplia, clara y precisa, tanto los hechos e imputaciones que se hagan en contra del administrado, como los elementos de juicio, técnicos y jurídicos, que sirvieron de soporte a las decisiones administrativas en cada caso****.*
> ...
> *Efectivamente, en este proceso se demostró que las operaciones cuyos créditos fiscales son reparadas constan bien en la documentación y facturas originales, bien con la certificación de emisión de esas facturas y los registros contables y demás asientos en los libros del ICSVM y con pruebas de informe en donde las partes en cada operación dejaron constancia de la veracidad y existencia de cada operación, así como de la generación de los créditos fiscales que se repararon por supuesta falta de comprobación.*
> *Por ello, este Tribunal considera que los créditos fiscales sí estaban comprobados y por tanto, su rechazo por este motivo es improcedente.* ***Así se declara".***

Ahora bien, de manera apesadumbrada es menester dar cuenta de decisiones que parecieran ir hacia atrás de la larga evolución jurisprudencial venezolana sobre el tema, resultando más lamentable todavía el hecho de que provengan del Máximo Tribunal de la Nación. Ciertamente, a pesar de la noción de Estado de Justicia hermosamente planteada por la Sala Político-Administrativa del Tribunal Supremo de Justicia, y ya presentada en estas líneas, y del establecimiento, por la misma Sala, del régimen jurídico de la motivación del acto administrativo de efectos particulares, con asimilación plena entre los conceptos de inmotivación y de "motivación" insuficiente, inconsistente, contradictoria o confusa, lo que ha dado lugar a la diferenciación nominal (que no de fondo) entre la inmotivación absoluta y la inmotivación relativa, ambas vulneradoras del derecho al debido proceso, es posible presenciar retrocesos. Así:

En la sentencia del 10 de mayo de 2006, caso: Mapfre La Seguridad, C.A. de Seguros, empresa que fue sancionada por la Superintendencia de Seguros habiendo alegado simultáneamente los vicios de ilegalidad de inmotivación y falso supuesto, a pesar de tratarse el acto administrativo impugnado de uno de tipo complejo, y estar ambos argumentos referidos a aspectos perfectamente escindibles entre si, toda vez que el falso supuesto se aplicó en torno a la idea de que en realidad no habría habido elusión ni retardo en el cumplimiento de la obligación de indemnizar al asegurado, mientras que la inmotivación versó sobre la ausencia de expresión de los motivos que justificarían la forma de la determinación de la multa, la Sala paradójicamente sostuvo que:

> *"Con relación al vicio de inmotivación, debe la Sala reiterar que éste ocurre cuando el acto administrativo que se impugna se encuentra desprovisto de toda clase de fundamentación de hecho y de derecho. Asimismo, la jurisprudencia ha advertido la imposibilidad de que coexistan los vicios de inmotivación y falso supuesto, pues este último supone un acto aparentemente motivado, pero que yerra en cuanto a la apreciación de los hechos o la aplicación del derecho, razón por la cual si se denuncia el vicio de falso supuesto, es porque se conocen las razones que motivaron el acto. (Vid. Sentencia 02568 de fecha 05/05/2005). En consecuencia, y al haberse alegado en el caso de autos ambos vicios, se desecha el alegato de inmotivación formulado. Así se declara".*

¿Cómo puede ser justo que se deseche el alegato de inmotivación contra la liquidación de la multa, por el hecho de que se haya argumentado el falso supuesto en contra de la pretendida ocurrencia de infracción? Si el vicio de falso supuesto se desestimara luego de ser debidamente considerado, habría aun que revisar si la multa, en su cálculo, fue efectivamente explicativa de sus motivos o razones, tomada como haya sido en cuenta la posibilidad de la presencia o no de circunstancias agravantes o atenuantes o hasta eximentes de la responsabilidad penal administrativa, en garantía del principio constitucional de presunción de inocencia y del debido proceso.

En ese sentido, traigamos a colación la sentencia del 20 de diciembre de 1991, del Juzgado Superior Primero de lo Contencioso Tributario, caso White Motor Internacional (consultada en original), en la cual se dispuso:

> *"Quedaba pues, a la autoridad administrativa competente tomar en consideración aquellos hechos o circunstancias que, a su juicio, pudiese agravar o atenuar la sanción, debiendo, en cada caso señalarlas expresamente. Al no existir disposición expresa en la normativa tributaria vigente para entonces en cuanto a la graduación de las sanciones a aplicar por violación de ley y no habiendo considerado la existencia de circunstancias ni agravantes ni atenuantes que modificaran el cuantum de la sanción a imponer, debía la oficina fiscal aplicar la norma de derecho penal común contenida en el Artículo 37 del Código Penal, por tratarse, en el caso de autos, de la aplicación de una sanción establecida entre dos límites: Un décimo y el doble del impuesto liquidado en base a los reparos formulados a cuyos efectos se procedería a sumar ambos extremos (límite mínimo y límite máximo) y a dividir entre dos el resultado de esta adición, obteniéndose, así el "término medio" previsto en la ley para ser aplicado en aquellos casos en que no hay ocurrencia de circunstancias atenuantes ni agravantes que modificaran el monto de la multa a imponer....*

> *En efecto, según jurisprudencia asentada por nuestro máximo organismo jurisdiccional, la cual es acogida nuevamente por este Tribunal en esta oportunidad, la carga de la prueba corresponde en estos casos a la administración tributaria. Textualmente nuestro máximo organismo jurisdiccional, en sentencia de fecha 27 de Enero de 1981 expuesto: "En este juicio la Corte observa que el recurrente efectivamente alegó las atenuantes correspondientes, pero dejó transcurrir el término probatorio sin probanza alguna".*
>
> *Sin embargo al alegar el contribuyente la atenuante contenida en el ordinal 2 arriba transcrito, no fue contradicho por la administración, y por lo tanto debe tenerse como cierta pues en este caso específico estaba relevado de la carga de la prueba por ser ésta una prueba negativa; más bien le correspondía a la administración demostrar su improcedencia dado lo fácil que es para ella desvirtuar el alegato y lo difícil para el contribuyente probar la no infracción de la ley o reglamento de carácter fiscal.*
>
> *En tal virtud, la Corte admite la atenuante especificada en el ordinal 2 ya transcrito...".*
>
> *"Habiendo sido impuesta las sanciones pecuniarias cuestionada en su término medio (y no en su límite máximo como erradamente señala la recurrente), ignorándose la existencia de circunstancias atenuantes de responsabilidad penal tributaria, el tribunal advierte que el órgano contralor aplicó incorrectamente la disposición sancionatoria al obviar la ocurrencia de circunstancias que modifican el cuantum de la pena pecuniaria, debiendo hacer las respectivas consideraciones al respecto y aplicar la multa en su límite mínimo al no haberse desvirtuado la certeza de la existencia de tal circunstancia atenuante.*
>
> *Resulta entonces, procedente este alegato opuesto por la recurrente en la fundamentación del recurso contencioso fiscal ejercido en contra de los reparos por omisión de pena que formuló a su cargo la Contraloría General de la República y así se declara".*

Como se desprende de lo que precede, según lo ordenado por el Código Orgánico Tributario, el artículo 37 del Código Penal es aplicable a la materia sancionatoria tributaria, en el sentido de que cuando la norma punitiva, en este caso los referidos artículos de las Ordenanzas de la materia, establecen un término mínimo y uno máximo para el cálculo de la multa, la autoridad competente para la imposición de la sanción deberá determinar la cantidad mínima y máxima, para luego promediarlas y liquidar el monto medio, disminuido o aumentado según que se hayan presentado circunstancias atenuantes y/o agravantes, o dejándolo en el término medio en caso de concurrir circunstancias de una y otra naturaleza.

La normativa comentada exige al funcionario administrativo cumplir con su obligación de motivar su decisión, máxime cuando de ello depende el control de la legalidad para verificar la oportuna consideración de las circunstancias atenuantes, eximentes o agravantes del caso.

V. CONCLUSIÓN

Como conclusión de las presentes líneas, a manera de invitación a los jueces y magistrados a la reflexión sobre tan trascendente aspecto vinculado con uno de los objetivos centrales de nuestro mandato constitucional, cual es el de la efectiva en la realidad y no solo en la normatividad consagración del Estado de Justicia, arribamos a la idea según la cual, para que no sea posible al recurrente alegar simultáneamente o en forma conjunta en su libelo y contra el mismo acto administrativo de efectos particulares, los vicios de ilegalidad y de falso supuesto, ni tenga el juez o magistrado el deber de conocer semejante impugnación, es imperativo e indefectible que la inmotivación alegada sea absoluta y que el aspecto controvertido de dicho acto, por tal inmotivación sea también el atacado por falso supuesto.

En tal caso, no habrá lugar al argumento de falso supuesto, por su inmediata exclusión, pero el tribunal deberá conocer del alegato de inmotivación, y en su caso estimarlo.

En cambio, si la inmotivación alegada simultáneamente o de forma conjunta con el vicio de falso supuesto, es aquella por asimilación jurisprudencial derivada de una "motivación" insuficiente, inconsistente, contradictoria o confusa, entonces sí podrá ser sostenida por el interesado, con obligación para el tribunal de conocer de la impugnación, con dos posibilidades, a saber: i. Si el argumento de falso supuesto pone de manifiesto que el recurrente pudo defenderse efectivamente no obstante la argüida inmotivación, y obviamente en referencia a los mismos extremos atacados por su pretendida insuficiencia explicativa, entonces el tribunal tendrá que desestimar el alegato de inmotivación, sin perjuicio de la suerte que corra el argumento de falso supuesto; y, ii. Si a pesar de la defensa desarrollada no se acaba de entender el fundamento de la decisión administrativa, el tribunal tendrá que estimar el alegato de inmotivación, sin que sea menester, por la consabida exclusión mutua (debidamente circunscrita), atender el argumento de falso supuesto.

Y, por supuesto que si no obstante la presencia en el escrito libelar de ambos alegatos de ilegalidad, inmotivación y falso supuesto, de la lectura de la impugnación puede apreciarse que no van referidos a los mismos aspectos o partes del acto administrativo de efectos particulares recurrido, por ser este de tipo complejo, pudiendo haber incluso inmotivación absoluta en cuanto a un rubro o ítem del reparo tributario (por ejemplo por no expresar para nada la razón de entender como innecesario y no normal un gasto), y falso supuesto en lo relativo a otro rubro o ítem del reparo (por ejemplo la idea de que no se habría producido la extinción del tributo en virtud de la prescripción), o en cuanto a temas distintos (como por ejemplo la pretendida ausencia de circunstancias atenuantes de la responsabilidad penal tributaria), nada puede obstar, en el ejercicio del derecho a la defensa, a que el recurrente los pueda alegar simultáneamente, y tampoco exime al tribunal de su deber de conocer de la impugnación, so pena de incurrir en violación del principio de exhaustividad, silencio de prueba y hasta, según los casos, denegación de justicia.

Por tanto, la respuesta a la pregunta acerca de si es posible alegar simultáneamente o en forma conjunta la inmotivación y el falso supuesto, no puede ser otra que la afirmativa, es decir: ¡Si! Salvo que la inmotivación alegada sea la absoluta y se refiera al mismo aspecto atacado con fundamento en el vicio de falso supuesto.

Sea pues, según las circunstancias, inmotivación o falso supuesto, o inmotivación y falso supuesto, para un sintético inmotivación y/o falso supuesto.

2.7
Privilegios y prerrogativas procesales del Estado en la Justicia Contencioso Tributaria

I. INTRODUCCIÓN

Las presentes líneas no persiguen hacer un análisis descriptivo normativo, de los dispositivos legales especiales que rigen al proceso tributario, haciendo para ello exégesis de las regulaciones pertinentes del Código Orgánico Tributario.

Muy por el contrario, lo que se busca es, a la luz de los principios que ponen de manifiesto la voluntad constituyente de hacer de Venezuela un Estado Social y Democrático de Derecho y de Justicia, denunciar la progresiva instauración de mecanismos diversos, por medio de reformas legislativas y de interpretaciones jurisprudenciales, que ponen seriamente en duda el respeto de los derechos fundamentales a la igualdad y a la tutela judicial efectiva.

Muchas son las figuras que han ido apareciendo en los últimos años en nuestro "derecho", y que han ido incorporándose al proceso tributario, en clara vulneración del principio de progresividad de los derechos humanos, así como de la idea constitucional que conceptualiza al proceso como una herramienta para lo consecución de la justicia. Empero, por razones de espacio y de logística organizativa de este evento, nos hemos visto precisados a elegir solo algunas de ellas, para ser objeto de nuestros comentarios, aunque estamos conscientes de que mucho habría que decir en temas vinculados con las pruebas; con la prohibición de ocurrencia de la prescripción extintiva del crédito tributario litigioso después de vista la causa, en espera de sentencia; con ese horrible engendro que han dado en llamar "pérdida o decaimiento del interés procesal", mientras pasan años y años de espera de la sentencia; con la neblina que se teje alrededor de los jueces, para que no vean el extendido de sus poderes, como jueces de plena jurisdicción; con la política general del SENIAT de no convenir en el nombramiento de experto único; con la errática jurisprudencia en materia de competencia territorial de los tribunales tributarios; con la interpretación judicial que fomenta la violación del derecho constitucional de petición y obtención de oportuna y adecuada respuesta y el deber de responder, al concebir que si el contribuyente cuyo recurso jerárquico entra en silencio administrativo y no acude a la sede judicial, el acto impugnado simplemente recupera sus efectos; con la indefensa situación en la cual el recurrente no puede promover pruebas en segunda instancia, por disposición de la Ley Orgánica de la Jurisdicción Contencioso Administrativa; con el hecho de que se nombran jueces a funcionarios del SENIAT, en supuesta ¨comisión de servicios en el Poder Judicial¨, y tantos otros aspectos.

En este orden de ideas, las figuras que han sido elegidas giran todas alrededor del objetivo de cuestionar la constitucionalidad de los denominados "privilegios y prerrogativas procesales del ente público".

II. ¿SON CONSTITUCIONALES LOS PRIVILEGIOS Y PRERROGATIVAS PROCESALES DE LOS ENTES PÚBLICOS?

Desde la entrada en vigencia, en el año 1983, del primer Código Orgánico Tributario, e incluso tiempo antes de eso, los glosadores del Derecho Tributario, dentro y fuera del país, se dedicaron a comentar y aplaudir merecidamente, dado el oleaje democratizador en boga, la superación de la relación de poder, caracterizada por vinculaciones de supra subordinación, dentro de la cual se subsumía la situación presente entre la Administración Tributaria y el contribuyente.

La necesaria revalorización del principio de igualdad, como pilar fundamental de la democracia, dentro de un Estado de Derecho, inspiró la construcción de la, entonces y posteriormente calificada como, relación jurídico tributaria, una auténtica relación de derecho.

En otras palabras, la situación entre la Administración Tributaria y el contribuyente dejó de ser una relación de poder, en donde el contribuyente se encontraba prácticamente sin garantías, sometido a una poderosa y muchas veces arbitraria Administración Tributaria, que actuaba escondida tras la anacrónica concepción de ser el ente público el monopolizador de la definición y defensa del interés público.

Esto fue entonces sustituido por una relación de derecho, en un plano de igualdad, incluso con la incorporación de los postulados de una administración pública concertada o consensuada, en provecho de la real vigencia del principio constitucional de eficiencia administrativa, en beneficio del colectivo.

Lo anterior se ha venido estudiando ya tradicionalmente como uno de los logros y basamentos esenciales del Derecho Tributario Sustantivo, insertado dentro de los aspectos esenciales del Derecho Constitucional Tributario; y, ha ido de la mano del principio de igualdad de las partes en el proceso, salido de la teoría general del Derecho Procesal, y llegado, con el fenómeno de constitucionalización del proceso, en todas las ramas del derecho, al Derecho Procesal Tributario.

Sin embargo, si nos vamos al derecho vivo y sondeamos lo que ocurre desde hace pocos años en los estrados judiciales, podremos observar el progresivo desmantelamiento de tal igualdad procesal (y con ella la sustantiva), que ha venido siendo suplantada por el establecimiento de una relación procesal jurídico tributaria de clara desigualdad, que además irrumpe en contra de la vigencia real del derecho humano a la tutela judicial efectiva.

Lo que antecede se ha ido concretando en la fijación de cuestionables privilegios y prerrogativas procesales del ente público, que distan mucho de evidenciar una actuación diligente de parte del representante judicial de la República en cada juicio, quien entonces para nada se encuentra, como funcionario público, al servicio del ciudadano, de la ciudadana y de la persona, en este caso el justiciable contribuyente, como lo ordena la Constitución de la República (Artículo 141) y el Decreto Nro. 6.217 del 15 de julio de 2008, con Rango, Valor y Fuerza de Ley Orgánica de la Administración Pública (Artículo 5).

Ahora bien, si abordamos la lectura de la Constitución de la República podremos observar que nuestro texto fundamental reconoce al país, como un Estado Democrático y Social de Derecho y de Justicia, con preeminencia de los derechos humanos (Artículo 2), establece como fin del Estado la garantía del cumplimiento de los derechos humanos (Artículo 3), obliga al Estado a garantizar sin discriminación y en progresividad el goce de los derechos humanos (Artículo 19), consagra el derecho a la igualdad, prohibiendo discriminaciones que menoscaben el goce de los derechos humanos (Artículo 21.1), reconoce el derecho a la tutela judicial efectiva, destacando la celeridad procesal (Artículo 26), y eleva al proceso como un instrumento fundamental para la realización de la justicia (Artículo 257).

El Constituyente Venezolano estableció, en consecuencia, una serie de principios fundamentales, enmarcados dentro del espíritu libertario propio del indefectible respeto de los derechos humanos, que coloca a las partes contendientes dentro de un proceso judicial en un plano de rigurosa igualdad, en donde ellas puedan legítimamente aspirar a la obtención de una expedita y efectiva justicia, es decir, que durante el proceso y al pronto final del mismo, se les dé a cada una de ellas lo que corresponda, sin más ni menos. Vale decir, que realmente se haga justicia sin que ninguna de las partes, por intermedio de argucias ilegítimas contrarias al respeto de los derechos humanos, resulte de cualquier forma favorecida en detrimento de la otra, sin ser ello lo que en justicia le corresponda.

Esta es la razón por la cual no existe dentro de la Constitución de la República norma alguna que prevea la posibilidad de concebir e implementar válidamente, en nuestro Estado Democrático de Derecho y de Justicia, semejantes privilegios y prerrogativas procesales del ente público, como las que son objeto de comentarios en esta ponencia.

Ya es hora de que venga un verdadero nuevo paradigma, que abandone los arcaicos conceptos de favorecimiento del poder, y eleve a la persona humana a la posición que le corresponde, de modo que pueda hacer realidad su derecho al libre desenvolvimiento.

III. REGLAS JURISPRUDENCIALES DE INTERPRETACIÓN DE LOS PRIVILEGIOS Y PRERROGATIVAS PROCESALES DEL ENTE PÚBLICO

No obstante nuestro criterio esbozado en el punto precedente, acerca de la inconstitucionalidad de los privilegios y prerrogativas procesales del ente público, y por tanto, teniendo presente la imposibilidad jurídica de su previsión por vía legal, es un hecho que nos enfrentamos a una realidad fáctica actual, aunque cual salto atrás enclavada en un pasado cuasidecimonónico, que evidencia su cuestionable instauración por vía normativa o jurisprudencial, con el aval del Tribunal Supremo de Justicia.

Por ello, se hace menester mostrar las reglas de interpretación que acerca de su aplicación ha venido esbozando la jurisprudencia de los últimos años.

Ante todo, conviene partir de la Sentencia Nro. 0947 del 24 de mayo de 2005 (http://www.tsj.gov.ve/decisiones/scon/Mayo/947-240505-04-0071.htm), dictada por la Sala Constitucional del Tribunal Supremo de Justicia, en virtud de la acción de amparo constitucional ejercida por la Gobernación del Estado Mérida y el Instituto Merideño de Desarrollo Rural (IMDERURAL), en contra de la decisión del Juzgado Superior Primero en lo Civil, Mercantil, del Tránsito, del Trabajo y de Menores de la Circunscripción Judicial del Estado Mérida, en juicio por cobro de bolívares intentado por Inversiones, Mantenimiento Agrícola Rodríguez, C.A. (IMAROCO), que declaró la prohibición de utilizar el mecanismo de ejecución forzosa, salvo como última posibilidad, en virtud de los privilegios y prerrogativas procesales del ente público demandado.

Lo trascendente de esta decisión es que la misma admite la validez de la existencia de privilegios y prerrogativas procesales del ente público, de forma condicionada, a saber: que tengan base legal o que hayan sido establecidos por medio de normas con rango de ley; y, lo que es más importante, que se asegure la efectividad y la continuidad en la prestación de los servicios públicos, sin que ello entrabe en forma alguna el ejercicio del derecho a la tutela judicial efectiva de que goza el justiciable.

Por tanto, si el privilegio o prerrogativa procesal del ente público perjudica de cualquier manera, ya sea por ejemplo, encareciendo, retardando y minando de formalidades inútiles al proceso, en menoscabo del derecho a la tutela judicial efectiva del justiciable contraparte, el mismo se hace antijurídico y no vincula al juez. Se trata, obviamente, de un llamado tácito al ejercicio del control difuso de constitucionalidad, cuando el privilegio o prerrogativa procesal atente contra ese derecho humano.

Por otro lado, la Sala Político-Administrativa del Tribunal Supremo de Justicia, en su Sentencia Nro. 05336 del 4 de agosto de 2005 (http://www.tsj.gov.ve/decisiones/spa/Agosto/05336-040805-2004-0675.htm), en una demanda por indemnización de daños morales incoada por Virgilio Torrealba López y Virgilio Augusto Torrealba Francisquez en contra del Municipio Baruta del Estado Miranda, acogió el criterio de la interpretación amplia de los privilegios y prerrogativas procesales del ente público, aludiendo la idea de que la simple mención genérica contenida en la ley, acerca de que los Municipios gozan de los mismos privilegios y prerrogativas que la ley nacional reconoce a la República, basta para concluir en su extensión a los entes municipales, cualquiera que sea la naturaleza sustantiva o procesal que presenten.

Distinta fue la opinión de la misma Sala Político-Administrativa del Tribunal Supremo de Justicia, en su Sentencia Nro. 01371 del 25 de mayo de 2006 (http://www.tsj.gov.ve/decisiones/spa/Mayo/01371-250506-2006-0375.htm), que decidió la demanda por cumplimiento de contrato ejercida por Sistemas Integrados de Transporte Maracaibo, C.A. (SITMA), contra PDVSA Petróleo y Gas, S.A., en la cual la Sala adoptó el criterio de la interpretación restrictiva, al exigir que para que un ente público goce de un tal privilegio o prerrogativa procesal, es fundamental que exista expresa previsión legal que se lo reconozca de manera específica.

Se aprecia entonces, por parte de la Sala Político-Administrativa del Tribunal Supremo de Justicia, la ausencia de una jurisprudencia reiterada, en cuanto a si los privilegios y prerrogativas procesales del ente público han de ser interpretados de forma amplia o de manera restrictiva.

Por su parte, la Sala Constitucional del Tribunal Supremo de Justicia toma partido por el criterio de la interpretación restrictiva, cuando en su Sentencia Nro. 1331 del 17 de diciembre de 2010 (http://www.tsj.gov.ve/decisiones/scon/Diciembre/1331-171210-2010-09-1448.html), al decidir la acción de amparo constitucional interpuesta por Joel Ramón Marín

Pérez contra la Sentencia del Juzgado Superior Segundo del Circuito Judicial Laboral de la Circunscripción Judicial del Estado Zulia, que declaró sin lugar la demanda por cobro de indemnizaciones por accidente laboral, incoada contra el Instituto Municipal de Aseo Urbano (IMAU), declaró la extensión inconstitucional de una prerrogativa procesal propia de la República al Municipio, concretamente la de la consulta legal establecida en la Ley Orgánica de la Procuraduría General de la República (Artículo 72), violando con ello los derechos al debido proceso y a la tutela judicial efectiva.

Como vemos, pues, la Sala Constitucional del Tribunal Supremo de Justicia, a pesar de acoger la validez de la creación legal de los privilegios y prerrogativas procesales del ente público, no sólo adopta el criterio de su interpretación restrictiva, sino que además, condiciona su vigencia al resguardo de los derechos humanos a la igualdad y a la tutela judicial efectiva.

Lo anterior podría hacernos pensar que poco importa entonces que la jurisprudencia admita la posibilidad de estos privilegios y prerrogativas, puesto que condiciona su rigor a que se respeten esos derechos humanos, lo que resguardaría la libertad en sentido amplio de las personas justiciables, porque, como veremos en los supuestos concretos, la jurisprudencia termina siendo proclive a preferir la tutela de los intereses del ente público, aunque ello no sea a los fines probados de asegurar la prestación de servicios públicos, y no obstante claramente lesionar injustificadamente el derecho a la igualdad y el derecho a la tutela judicial efectiva del justiciable contribuyente.

IV. PRIVILEGIO O PRERROGATIVA PROCESAL DEL ENTE PÚBLICO DE NOTIFICACIÓN DE SENTENCIAS

De conformidad con lo previsto en el Código Orgánico Tributario (Artículo 264, Parágrafo Único), una vez que ha sido interpuesto el Recurso Contencioso Tributario y el Juez asignado le haya dado entrada, se deberá notificar de ello a la Administración Tributaria, la cual asumirá la defensa judicial del acto administrativo impugnado. Asimismo, en aplicación de otras leyes nacionales, se notifica de la interposición del recurso judicial también, según los casos, al Procurador General de la República, al Contralor General de la República, al Fiscal General de la República, al Alcalde, al Síndico Procurador Municipal, etc.

Empero, se insiste, es la Administración Tributaria emisora del acto administrativo impugnado, el organismo llamado a ejercer la representación judicial del ente público en el juicio de que se trate, tratándose de la República, durante la primera instancia del proceso.

Así, tal como lo prevé el Código Orgánico Tributario (Artículo 267), al quinto día de despacho siguiente a que conste en autos la última de las notificaciones de ley, el Tribunal se pronunciará sobre la admisibilidad del recurso; y, continúa el referido Código (Artículo 268), admitido el recurso, quedará el juicio abierto a pruebas, sin necesidad de decreto o providencia del Juez.

Como puede apreciarse, el Código Orgánico Tributario, en su actual versión de 2001, eliminó la necesidad de que el Juez declarase la apertura a pruebas, de modo que rigiendo el principio "Dies interpellat pro homine", se dé vigencia al principio de celeridad procesal, en interés de la justicia.

Lo propio puede decirse en cuanto a la previsión del Código Orgánico Tributario (Artículo 271), que expresa que definitivamente admitidas las pruebas, se abrirá el lapso para su evacuación, obviamente sin necesidad de más trámites.

No obstante lo anterior, los Juzgados Superiores de lo Contencioso Tributario han venido implementando la práctica de ordenar la notificación del Procurador General de la República, sobre el dictado y contenido, tanto del auto de admisión del Recurso Contencioso Tributario, como del auto de admisión de pruebas, lo que en la realidad se ha venido traduciendo en un retardo injustificado de la apertura del lapso de promoción de pruebas, y del de evacuación de las mismas, en términos muchas veces indefinidos, en claro detrimento del principio de celeridad procesal, garantía de los derechos al debido proceso y a la tutela judicial efectiva, con evidente menoscabo del principio de progresividad de los derechos humanos, puesto que habiéndose logrado la apertura a pruebas inmediata, tras la definitiva admisión del recurso, y la subsiguiente evacuación sin más dilación, ahora se pretende que se retroceda en ese logro libertario, debiendo esperarse a que se tenga por notificado a un funcionario público que diligentemente debería estar a derecho, por haber sido notificado de la interposición del recurso, con el agravante de que no le corresponde la representación judicial de la República durante la primera instancia del juicio.

Permítaseme la acotación de que este tema de las notificaciones en la práctica no se transforma en otra cosa que en dilación indebida, pues si las notificaciones de la interposición de los recursos muchas veces se toman semanas o meses, ahora se suman semanas o meses adicionales para las notificaciones de la admisión del recurso, de la admisión de las pruebas o de cualquier otra decisión judicial interlocutoria o definitiva que pueda presentarse. Recuerden quienes litigan en esta materia, en defensa del contribuyente, que una vez que el Tribunal emite las boletas de notificación y las remite al alguacilazgo para su práctica, el funcionario judicial lleva la boleta a la Procuraduría General de la República, que es recibida el día de la semana que ese organismo tiene dispuesto para ello, y luego ha de dirigirse de nuevo a la dependencia, indefinidamente, cada día de la semana que la Procuraduría tiene previsto para la entrega de las boletas firmadas al alguacil respectivo, quedando la justicia a merced de que el legitimado pasivo tenga a bien elegir el momento en que desee ser notificado y pueda el juicio continuar. Esta es la verdad tras bastidores.

La explicación que han dado los Juzgados Superiores de lo Contencioso Tributario, como pretendido fundamento de su proceder, al ordenar estas notificaciones, se encuentra en la pretendida aplicabilidad al proceso tributario del dispositivo contenido en el Artículo 86 del Decreto Nro. 2.286 del 30 de julio de 2008, con Rango, Valor y Fuerza de Ley de Reforma Parcial del Decreto con Fuerza de Ley Orgánica de la Procuraduría General de la República, que dispone, como privilegio o prerrogativa de la República, que los Jueces están obligados a notificar al Procurador General de la República de toda Sentencia interlocutoria o definitiva, quedando con ello paralizado el juicio de hecho, hasta ocho días hábiles después de la consignación en el expediente judicial, de la respectiva constancia de notificación, con el agravante de considerar la ausencia de notificación, como causal de reposición del juicio, no solamente durante la primera instancia, sino también en alzada, y hasta años después, en la eventual revisión extraordinaria del fallo, por la Sala Constitucional del Tribunal Supremo de Justicia.

Con independencia de que sea cuestionable la constitucionalidad de tal dispositivo legal, en virtud de las razones que fueron previamente expuestas, acerca de la inconstitucionalidad, a varios títulos, del concepto de privilegio o prerrogativa procesal del ente público, es lo cierto que, aún cuando aceptáramos su constitucionalidad, este privilegio o prerrogativa procesal de notificar de toda sentencia interlocutoria o definitiva al Procurador General de la República, se encuentra establecido en la ley general que regula en términos amplios, las condiciones de la actuación judicial de la República, en cuanto concierne a la defensa de sus intereses patrimoniales.

En este orden de ideas, si aplicamos el principio interpretativo del derecho según el cual la norma especial prela sobre la norma general, tenemos que el Código Orgánico Tributario regula específicamente la actuación judicial de la Administración Tributaria en los procesos de contenido tributario, siendo que no solamente no consagra semejante privilegio o prerrogativa procesal, sino que claramente lo excluyó, en provecho de la celeridad procesal, como garantía del derecho a la tutela judicial efectiva, siendo que el principio constitucional de progresividad de los derechos humanos irrumpe en contra de la posibilidad de volver atrás, plagando al proceso tributario de formalidades inútiles y claramente retardantes de la justicia.

Recuérdese también que el principio de buena fe y de confianza legítima (Artículo 10 del Nro. 6.217 del 15 de julio de 2008, con Rango, Valor y Fuerza de Ley Orgánica de la Administración Pública), aunado al principio de eficiencia administrativa (Artículo 141 de la Constitución), faculta al contribuyente justiciable, al estar notificada de la interposición del Recurso Contencioso Tributario, tanto la Administración Tributaria como el Procurador General de la República, a creer en sana lid que, como él, en plano de igualdad, su contraparte se encuentra a derecho, siendo un litigante diligente.

Además, semejante privilegio o prerrogativa procesal no conlleva a asegurar la mejor satisfacción de los cometidos públicos, pero en cambio atenta gravemente contra el principio de celeridad procesal y el derecho a la tutela judicial efectiva.

No obstante lo aquí esbozado, resulta dramático para la justicia tributaria en Venezuela, que la Sala Constitucional del Tribunal Supremo de Justicia se haya apartado de su jurisprudencia previamente comentada acerca de la interpretación restrictiva y condicionada al respeto de los derechos humanos, como requisito de validez de los privilegios y prerrogativas procesales del ente público, cuando en su Sentencia Nro. 1.108 del 4 de noviembre de 2010 (http://www.tsj.gov.ve/decisiones/scon/Noviembre/1108-41110-2010-09-1311.html), en solicitud de revisión planteada por Distribuidora Rower, C.A., contra la Sentencia Nro. 778 de la Sala Político-Administrativa del Tribunal Supremo de Justicia del 3 de junio de 2009, primero que todo, niega la aplicación del principio de especialidad normativa del Código Orgánico Tributario, por sobre la Ley Orgánica de la Procuraduría General de la República, concluyendo en una pretendida aplicación conjunta de ambos textos legales, favorable a la incorporación al proceso tributario de los privilegios y prerrogativas procesales de la República; y, a continuación seguida expresa, en referencia a un precedente, que no era aplicable la reposición de la causa contencioso tributaria por falta de notificación de la decisión a la Contraloría General de República, por cuanto se partió de la idea de que dicho órgano no es parte en el proceso tributario, no siendo necesario cumplir ese deber procesal, si en el juicio ha intervenido la Administración Tributaria.

No solamente es evidente la violación del principio de progresividad de los derechos humanos, por el menoscabo que sufre el derecho a la tutela judicial efectiva por un retardo en la consecución de la justicia, que por cierto no se traduce en la mejor prestación de ningún servicio público, sino que se menosprecia el rigor de la preeminencia de la norma especial sobre la general, borrando la idea de sustancia, pretendiendo una supuesta aplicación conjunta que solo conlleva a la desaplicación de la norma especial con preeminencia de la general. Además, se olvida que la representación judicial de la República, en primera instancia, aún mediando la curiosa figura del "sustituto del Procurador General de la República", la lleva la Administración Tributaria emisora del acto impugnado.

Cabe descollar que esta Sentencia cuenta con un voto salvado del Magistrado Pedro Rondón Haaz, donde se destaca que la Sala Político-Administrativa del Tribunal Suprema de Justicia aplicó un privilegio para un supuesto distinto al descrito en la norma, violándose la tutela judicial del particular, al decidir reponer la causa al estado de notificar al SENIAT de la admisión de las pruebas, por parte del Juzgado Superior Noveno de lo Contencioso Tributario, sin que se argumentara si el auto de admisión de pruebas es o no una Sentencia Interlocutoria. El disidente afirma que es reprochable que los privilegios de la República *"se utilicen en auxilio de lo que constituye una falta de seguimiento del juicio por parte del SENIAT, pues, éste se encontraba a derecho -situación procesal que fue totalmente silenciada en la decisión de la mayoría-, y se restó valor a la evacuación de una prueba que fue válidamente promovida y admitida. Además, se resalta el hecho de que el SENIAT, si hubiera considerado que el fallo definitivo le causaba agravio, tampoco ejerció el recurso de apelación, pues fue vía consulta obligatoria como la Sala Político-Administrativa conoció de la causa... En conclusión se estima que no hubo ninguna violación de los derechos a la defensa, debido proceso y tutela judicial eficaz del SENIAT, sino de la parte demandante, razón por la cual la revisión debió declararse con lugar"*.

Cabría entonces preguntarse si todas las sentencias definitivas dictadas por los Juzgados Superiores de lo Contencioso Tributario, sin haber notificado las admisiones de los recursos y de las pruebas a la Procuraduría General de la República, y que fueron dictadas luego de la entrada en vigencia de la Ley Orgánica de la Procuraduría General de la República de 2001, se encuentran viciadas por lesión al debido proceso del ente público, siguiendo el criterio de la mayoría de la Sala Constitucional del Tribunal Supremo de Justicia en su referido fallo. Tremendo estado de inseguridad jurídica afectaría entonces a todos los contribuyentes que hayan resultado judicialmente victoriosos en esos procesos, puesto que una simple petición de revisión por parte de la Procuraduría General de la República, en cualquier tiempo, podría dar al traste con una justicia obtenida en buena lid.

Para terminar con este punto referido a las notificaciones de la Procuraduría General de la República, y como agravante de todo lo anterior, cabe citar la Sentencia Nro. 00349 del 26 de marzo de 2008 (http://www.tsj.gov.ve/decisiones/spa/Marzo/00349-26308-2008-2007-1001.html), dictada por la Sala Político-Administrativa del Tribunal Supremo de Justicia, en el caso del Recurso Contencioso Tributario ejercido por Cliff Drilling Company, Sucursal de Venezuela, contra acto administrativo del SENIAT, en la cual, tras expresar que el Artículo 26 del Código de Procedimiento Civil dispone que las partes quedan a derecho tras su citación, sin necesidad de nuevas citaciones para ningún acto del juicio, salvo que resulte lo contrario de alguna disposición especial de ley, estando tal excepción en este caso contenida en el privilegio o prerrogativa procesal sobre notificaciones a que se refiere la Ley Orgánica de la Procuraduría General de la República, por cierto sin aludir en absoluto al carácter especial del Código Orgánico Tributario, no habiéndose cumplido con tal notificación, en ese caso de la oportunidad para la constitución del Tribunal con asociados, se ordenó la reposición de la causa, supuestamente sin que ello perjudique los derechos al debido proceso y la justicia expedita sin reposiciones inútiles de la recurrente, y pretendidamente se tutelen los intereses generales y colectivos que debe la República resguardar. Esto último siendo una simple afirmación carente de sustento probatorio.

V. PRIVILEGIO O PRERROGATIVA PROCESAL DEL ENTE PÚBLICO, DE CONSULTA OBLIGATORIA DE SENTENCIA

De conformidad con lo establecido en el Artículo 72 de la Ley Orgánica de la Procuraduría General de la República, toda sentencia definitiva contraria a la pretensión, excepción o defensa de la República, debe ser consultada al Tribunal Superior competente.

Sin perjuicio de la aplicabilidad a este privilegio o prerrogativa procesal del ente público, de todos los argumentos de inconstitucionalidad y de indebido uso de las reglas de interpretación normativa que fueron expuestos previamente, en cuanto a la idea misma de privilegios y prerrogativas procesales del ente público, en general, y al tema de las notificaciones sucesivas al Procurador General de la República, en particular, resulta importante destacar el empleo universalizante que la jurisprudencia ha venido haciendo de este también cuestionable privilegio o prerrogativa procesal del ente público.

Evidentemente, lo que el Legislador de excepción (Gobierno Nacional) y la jurisprudencia han pretendido lograr con el establecimiento de la obligatoriedad de consultar las sentencias definitivas en las cuales haya la República resultado perdidosa, como ocurre cuando los Recursos Contenciosos Tributarios son declarados con lugar, es solventar los casos en los cuales, por evidente negligencia profesional, el representante judicial de la República deja precluir el correspondiente lapso de apelación.

En definitiva, se trata de un premio a quien no actúa como el buen padre de familia, a pesar de tener confiados a su cargo los intereses patrimoniales de la República. De esta forma se promueve la falta de interés en el seguimiento diligente del juicio, por parte del representante judicial de la República, quien reposa entonces en la indolencia de saber que, aunque no apele, ni esté en forma alguna pendiente de la sentencia, si esta resulta desfavorable, de todas formas subirá en consulta a la alzada.

Haciendo un análisis sistemático de estos privilegios o prerrogativas procesales del ente público, cabría cuestionarse la razón por la que se exige que se hagan notificaciones al Procurador General de la República, de la admisión del Recurso Contencioso Tributario, de la admisión de las pruebas, de otras sentencias interlocutorias y, por supuesto, de la Sentencia definitiva (ya que en la mayoría de los casos se dictan fuera de lapso), si aunque la representación judicial de la República no actúe en absoluto en la defensa de los intereses públicos que tiene confiados, de todas formas el expediente subirá a la segunda instancia.

En este orden de ideas se observa la Sentencia Nro. 01655 del 18 de noviembre de 2009 (http://www.tsj.gov.ve/decisiones/spa/Noviembre/01655-181109-2009-2009-0892.html), dictada por la Sala Político-Administrativa del Tribunal Supremo de Justicia, que decidió el Recurso Contencioso Tributario ejercido por Steel, Héctor & Davis, S.C., contra acto administrativo emanado del Instituto Nacional de Capacitación y Educación Socialista (INCES), en la cual se expresa que por mandato de la Ley de creación del referido Instituto, las sentencias en las cuales resulte perdidoso deben ser consultadas, por disfrutar de todas las prerrogativas, privilegios y exenciones fiscales tributarias de la República.

Aquí se aprecia la aplicación del criterio de interpretación amplia, abandonado por la Sala Constitucional del Tribunal Supremo de Justicia, como quedó antes expresado, pues la Sala Constitucional ha establecido que el ente público distinto de la República, para gozar de un particular privilegio o prerrogativa procesal, debe beneficiar de una específica mención en su ley regulatoria, lo cual no era el caso en ese supuesto.

Por otro lado, tenemos la Sentencia Nro. 2.157 del 16 de noviembre de 2007 (http://www.tsj.gov.ve/decisiones/scon/Noviembre/2157-161107-07-1103.htm), dictada por la Sala Constitucional del Tribunal Supremo de Justicia, que declaró inadmisible la revisión constitucional solicitada por Nestlé Venezuela, S.A., contra la Sentencia Nro. 59 emanada el 24 de mayo de 2007 de la Sala Político-Administrativa del Tribunal Supremo de Justicia, que declaró con lugar el recurso de hecho ejercido por la Procuraduría General de la República, contra la negativa de oír apelación pronunciada por el Juzgado Superior Noveno de lo Contencioso Tributario.

Es curioso que en esta sentencia se hable del derecho a la igualdad de las partes en el proceso, y que simultáneamente, se observe que transcurridos los lapsos de apelación sin que las partes hayan hecho uso de ese recurso, y habiendo perdido el ente público el Juez debe remitir el fallo en consulta, mientras que si es el particular quien resulta desfavorecido, éste tiene el deber de apelar, so pena de preclusión y definitiva firmeza de la sentencia dictada en su contra.

¿Dónde está entonces la pretendida igualdad de las partes en el proceso?

Además, ¿cómo pretender que la celeridad procesal y la seguridad jurídica sean valores trascendentes de nuestro sistema republicano, si aún cuando la representación judicial de la República no haya apelado del fallo dictado en su contra, sea por negligencia o por decisión consciente, por asumir por ejemplo que no existen válidas razones para litigar, de todas formas suba el expediente a la alzada?.

VI. PRIVILEGIO O PRERROGATIVA PROCESAL DEL ENTE PÚBLICO DE REMISIÓN A DISCRECIÓN DEL EXPEDIENTE ADMINISTRATIVO

De acuerdo a lo previsto por el Código Orgánico Tributario (Artículo 264, Parágrafo Único), una vez interpuesto el Recurso Contencioso Tributario, el Tribunal habrá de notificar de ello a la Administración Tributaria, y le solicitará el respectivo expediente administrativo.

Esto es algo que se cumple al pié de la letra. Lo que se denuncia es que la representación judicial del ente público, burlando la majestad del Poder Judicial, que obviamente está llamado a actuar en interés de la justicia, suele hacer caso omiso de tal requerimiento, consignando el expediente administrativo, cuando lo hace, en el momento en que mejor le parece, incluso después de vista la causa, violando con ello, además, el principio de probidad y de lealtad de las partes en el proceso, establecido en el Código de Ética Profesional del Abogado, al disponer que: *"El Abogado tendrá como norte de sus actos servir a la justicia, asegurar la libertad y el ministerio del Derecho"* (Artículo 2); *"Son deberes de Abogado: 1. Actuar con probidad, honradez, discreción, eficiencia, desinterés, veracidad y lealtad... 4. Defender los derechos de la sociedad y de los particulares cooperando en la conservación y perfeccionamiento del orden jurídico y en la realización de una recta y eficaz administración de justicia"* (Artículo 4); *"El abogado deberá estar siempre dispuesto a prestar su apoyo a la justicia y a mantener frente a esta una actitud respetuosa, sin que ello menoscabe su amplia independencia y autonomía en el libre ejercicio de la profesión"* (Artículo 47).

Evidentemente, este proceder encuentra caldo de cultivo en la impunidad, puesto que nuestros jueces muy rara vez hacen uso de su poder de enmendar el desacato del que suelen ser las primeras víctimas, tornando en letra muerta al Código de Procedimiento Civil, cuando expresa que: *"El Juez deberá tomar de oficio o a petición de parte, todas las medidas necesarias establecidas en la ley, tendentes a prevenir o a sancionar las faltas a la lealtad y probidad en el proceso, las contrarias a la ética profesional, la colusión y el fraude procesales, o cualquier acto contrario a la majestad de la justicia y al respeto que se deben los litigantes"* (Artículo 17).

No remitir en absoluto el expediente administrativo, o hacerlo cuando ya se vio la causa, constituye una clara afrenta al sistema de administración de justicia.

El expediente administrativo es una figura jurídica que se encuentra prevista en la Ley Orgánica de Procedimientos Administrativos (Artículo 51) y en el Código Orgánico Tributario (Artículo 138) y, partiendo de la teoría del procedimiento-garantía, acogida desde hace décadas por nuestra jurisprudencia del Máximo Tribunal, tenemos que la ausencia de expediente administrativo debe reputarse como pretermisión del procedimiento legalmente establecido, lo cual es un vicio de nulidad absoluta del acto administrativo.

En otras palabras, la prueba de la existencia del procedimiento administrativo y del respeto en su íter del derecho al debido proceso, es el expediente administrativo, y la carga de la prueba de esos extremos, de ser materia controvertida, corresponde a la representación judicial del ente público. Y, tratándose de una prueba documental que no reviste carácter público, su producción en juicio, so pena de preclusión, debería ser hecha a mas tardar durante la fase de promoción de pruebas, y de esa manera dar respeto a los principios de control de la prueba y de comunidad de la prueba.

Debe adicionarse que esta actitud reticente es contraria al interés de la justicia, y lesiona también el principio de economía y el de celeridad procesales, toda vez que, por ejemplo, si el expediente administrativo fuese remitido al Tribunal cuando éste lo solicita, que es antes de que el juez se pronuncie sobre la admisión del recurso, la acción judicial podría ser declarada "in limine" inadmisible, dada la caducidad, por cuanto la prueba de semejante hecho solo emerge del expediente administrativo, que es donde se encuentra el original del acto administrative impugnado, con señalamiento indubitable de la fecha efectiva de notificación. De lo contrario, podría desarrollarse un juicio completo, con intense y costosa actividad probatoria acerca del fondo del caso, para a la final, años después, llegado el expediente administrativo, termine dictándose una sentencia desestimatoria del recurso, en razón de la caducidad.

Ahora bien, en este actuar del Poder Judicial, de no hacer uso de las normas legales que le facultan a implementar correctivos que obliguen al ente público a apegarse al derecho, no obstante las previsiones relativas a que somos un Estado de Derecho, y a que la Administración Pública se rige por el principio de legalidad, se aprecia el aval que se da en esta materia, cuando a título ilustrativo, en la Sentencia Nro. 01257 del 12 de julio de 2007 (http://www.tsj.gov.ve/decisiones/spa/Julio/01257- 12707-2007-2006-0694.html), dictada por la Sala Político-Administrativa del Tribunal Supremo de Justicia, en el caso de la apelación ejercida por Echo Chemical 2000, C.A., en la cual si bien se hace revista de las normas que facultan al juez a sancionar el desacato, se permite la consignación del expediente administrative en todo estado y grado del proceso, debiendo ser *"valorado como prueba por el juez, aun si su consignación en autos se realiza después del acto de informes"*, y se establecen las siguientes reglas para su impugnación: *"i) si el expediente llega antes del inicio del lapso de promoción o durante el mismo, la oportunidad de impugnación será dentro de los cinco días siguientes al vencimiento del lapso de promoción; ii) si llegase con posterioridad a la oportunidad anteriormente indicada y hasta el acto de informes, será dentro de los cinco días siguientes a su consignación en el expediente, en el entendido de que las partes estén a derecho y no esté paralizada la causa por cualquier motivo y; iii) si el expediente fuese consignado después de vista la causa, el lapso de los cinco días para la impugnación comenzará a computarse desde el día inmediatamente siguiente a que conste en autos cualquier actuación del recurrente".*

Pues bien, a nuestro parecer, el hecho de que se permita al ente público la promoción de una prueba tan importante, que no reviste el carácter de documento público, en todo estado y grado del proceso, sin que suceda lo propio con el justiciable contribuyente, quien si se encuentra sujeto a las reglas de la preclusividad, irrumpe contra el principio de igualdad de las aprtes en el proceso, por lo que termina configurándose, aunque sin base legal (y hasta con burla de las normas legales que sancionan el desacato), un auténtico privilegio o prerrogativa procesal del ente público, por demás cuestionable en su legitimidad constitucional.

Yendo al sentido común, si el expediente administrativo se inicia con el auto de apertura que da comienzo al procedimiento administrativo, y de allí en adelante permanece bajo la sustanciación y custodia definitiva de la Administración Pública, entonces ¿qué es lo que explicaría tanta reticencia a cumplir con el requerimiento judicial de su remisión al Tribunal, máxime si el mismo es correctamente llevado? ¿No somos todos proclives a exhibir nuestra obra, cuando estamos orgullosos de ella?

VII. PRIVILEGIO O PRERROGATIVA PROCESAL DEL ENTE PÚBLICO DE NO CONDENATORIA EN COSTAS

Otro de los privilegios o prerrogativas procesales del ente público, particularmente en lo que concierne a la República, ha sido tradicionalmente el de la prohibición de su condenatoria en costas, en los casos en los que haya resultado totalmente perdidoso, en la sentencia definitiva del juicio en el que haya sido parte.

Así lo establecieron el Código de Procedimiento Civil (Artículo 287), la vieja Ley Orgánica de la Hacienda Pública Nacional y las diversas versiones de la Ley Orgánica de la Procuraduría General de la República.

Posteriormente, hubo un claro avance de la normativa legal hacia la configuración constitucional del proceso como una herramienta para la consecución de la justicia, con el Código Orgánico Procesal Penal (Artículo 268) y el Código Orgánico Tributario (Artículo 327). El primero previó la condenatoria en costas de la República, en caso de absolución del imputado, por ser materia penal. Y el segundo consagra que la Administración Tributaria que resultare totalmente vencida por sentencia definitivamente firme, será condenada en costas.

A nuestro parecer, la posibilidad de condenar en costas al ente público implica la materialización efectiva del principio de igualdad de las partes en el proceso, como un mecanismo de garantía del derecho a la tutela judicial efectiva.

Sin embargo, la Sala Constitucional del Tribunal Supremo de Justicia, en su Sentencia Nro. 1238 del 30 de septiembre de 2009 (http://www.tsj.gov.ve/decisiones/scom/septiembre/1238-30909-2009-07-0040.html), al resolver la solicitud de determinación de existencia de colusión normativa planteada por Julián Isaías Rodríguez Díaz, en su carácter de Fiscal General de la República, decidió la prevalencia del criterio de prohibición de condenatoria en costas a la República, desaplicando con ello la previsión del Código Orgánico Procesal Penal. La Sala Constitucional del Tribunal Supremo de Justicia se fundamentó en el pretendido privilegio procesal, fundado en que ello está *"plenamente justificado por los objetivos que constitucionalmente se le han asignado"* (a la República).

Cabe destacar que en tal sentencia no existe argumento alguno que demuestre la manera en la cual resultarían afectadas las funciones de la República, por el simple hecho de que la misma sea condenada en costas, cuando haya sido totalmente vencida en juicio.

Lo que sí es cierto, a todas luces, es que la Constitución obliga y explícitamente compromete al Estado, como sumatoria de todos los entes públicos, al resguardo y respeto preeminente de los derechos humanos, siendo el derecho a la tutela judicial efectiva uno de los más importantes dentro de un Estado de Justicia.

Debe tenerse presente que este fallo cuenta con un voto salvado, suscrito por el magistrado Pedro Rafael Rondón Haaz, según el cual se parte de la idea de que tal pretendido privilegio o prerrogativa procesal del ente público no es conforme al derecho a la tutela judicial efectiva. Según el disidente, la posibilidad de ser condenado en costas no afecta la eficaz prestación de servicios públicos, mientras que tendría un *"efecto ético o correctivo"*, que exigiría del representante judicial de la República la máxima diligencia en sus actividades como abogado, lo cual sería favorable al interés general. Por tanto, concluye el disidente, que se coloca a la contraparte en una manifiesta e ilegítima desigualdad.

Lastimosamente, la Sala Político-Administrativa del Tribunal Supremo de Justicia, actuando como tribunal de alzada en materia contencioso tributaria, apartándose de la voluntad del Legislador, contenida en el Código Orgánico Tributario, ha acogido sin más el referido criterio de la Sala Constitucional del Tribunal Supremo de Justicia, como se aprecia en la Sentencia Nro. 01200 del 5 de octubre de 2011 (http://www.tsj.gov.ve.decisiones/spa/octubre/01200-51011-2011-2010-0995.html), cuando no obstante que la representación judicial de la República perdió el recurso de apelación ejercido contra sentencia dictada por el Juzgado Superior de lo Contencioso Tributario de la Región Central, que había declarado con lugar el Recurso Contencioso Tributario ejercido por Insecticidas Internacionales, C.A. (INICA), estableció que *"en principio correspondería condenar en costas procesales al Fisco Nacional de acuerdo a lo establecido en el Artículo 274 del Código de Procedimiento Civil; sin embargo, esta Sala Político-Administrativa en atención al criterio sostenido por la Sala Constitucional del Tribunal Supremo de Justicia en la Sentencia Nro. 1238 del 30 de septiembre de 2009, caso: Julián Isaías Rodríguez Díaz, considera que no procede la aludida condenatoria en costas. Así también se declara"*.

Quizás lo más apropiado, para seguir el cuestionable criterio de la Sala Constitucional del Tribunal Supremo de Justicia, pero preservando el principio de igualdad de las partes en el proceso, sería no condenar en costas al perdidoso, trátese del ente público o del justiciable contribuyente. Esta parece ser la solución adoptada, al menos años atrás, por la Sala Político-Administrativa del Tribunal Supremo de Justicia, en su Sentencia Nro. 02280 del 18 de octubre de 2006 (http://www.tsj.gov.ve/decisiones/spa/octubre/02280-181006-2006-0524.htm), cuando al decidir el caso de un recurso contencioso administrativo intentado por Constructora Franma, C.A., contra acto administrativo dictado por el Presidente del Instituto Municipal de la Vivienda Andrés Eloy Blanco (IMVAEB) del Estado Barinas, habiendo perdido la recurrente y como una manera de reequilibrar la igualdad de las partes, determinó que: *"es de advertir que en casos como el presente donde se formulan pretensiones de condena contra entes que gozan de los mismos privilegios que la República, como los Institutos Autónomos, y la parte actora resulta totalmente vencida se ha señalado reiteradamente que no procede su condenatoria en costas (Vid. Sentencias de esta Sala Nros. 5888 del 7 de marzo de 2006, 1126 del 4 de mayo de 2006, 1221 del 11 de mayo de 2006). Por tanto, esta Alzada se abstiene de imponer el pago de costas a la parte perdidosa en este juicio. Así se declara"*.

2.8
Juicio ejecutivo o enrevesamiento jurídico. Violación sistemática de Derechos Humanos

INTRODUCCIÓN

Como es sabido, cuando un acto administrativo determina tributos, liquida intereses moratorios o impone sanciones de naturaleza pecuniaria (multas) y el mismo se encuentra definitivamente firme, por no haber sido impugnado en la sede administrativa a través del recurso jerárquico, o como resultado de la denegatoria del referido recurso, no recurrida en la sede judicial, asistimos a un reclamo tributario exigible cuyo cumplimiento, de no producirse de manera voluntaria, puede ser demandado para su logro de manera compulsiva.

A estos fines, el Código de Procedimiento Civil publicado en la Gaceta Oficial Extraordinaria Nro. 4.209 del 18 de septiembre de 1990, en sus artículos 653 a 657, regula el proceso de "ejecución de créditos fiscales", contenido en el Capítulo III del Título II "De los juicios ejecutivos", hoy en día excluido en lo referido a los créditos de contenido tributario, a los que se contrae la normativa pertinente del Código Orgánico Tributario destinada al denominado "juicio ejecutivo"[469].

Es pues, en el anunciado articulado del Código de Procedimiento Civil, en donde conseguimos los dispositivos jurídicos que sirven de origen y de fundamento esencial a los preceptos posteriormente desarrollados, sucesivamente, en los Códigos Orgánicos Tributarios de 1982, de 1992, de 1994 y de 2001, cuya evolución o involución legislativa analizaremos críticamente en la presente ponencia.

---

[469] Pero aún vigente en cuanto a los créditos fiscales, es decir, aquellos créditos en los que el fisco es acreedor, en virtud de actos administrativos con carácter de títulos ejecutivos, pero que no son de naturaleza tributaria.

Téngase presente que no haremos objeto de estudio el análisis de todos y cada uno de los aspectos procesales relativos al juicio ejecutivo, sino que nos dedicaremos a poner de manifiesto, incluso con una mirada sobre la jurisprudencia en la materia, que la normativa pertinente del Código Orgánico Tributario de 2001 desnaturaliza, dentro de un escenario particular, lo que es la esencia de un juicio ejecutivo, en detrimento de los derechos a la tutela judicial efectiva, al debido proceso, a la igualdad de las partes en el proceso, a la presunción de inocencia y a la integridad de patrimonio, presentando lo que hemos dado a llamar un verdadero enrevesamiento[470] jurídico.

I. OBLIGACIONES EXIGIBLES

Partiendo desde el origen, tenemos que el artículo 654, numeral 2, del Código de Procedimiento Civil, requiere que la demanda de ejecución de créditos fiscales sea acompañada del instrumento que justifique la liquidación correspondiente, teniendo fuerza ejecutiva[471], en el entendido de que el crédito fiscal (tributario o no) sea líquido y de plazo vencido.

De otra forma no podría ser, dada la naturaleza de juicio ejecutivo que tiene la ejecución de créditos fiscales en nuestro código adjetivo general, como se evidencia también en su institución procesal hermana, denominada "vía ejecutiva", en donde su artículo 630 apremia al demandante a probar clara y ciertamente la obligación del demandado de pagar alguna cantidad líquida con plazo vencido.

Tal condicionamiento es reproducido en el artículo 289 del Código Orgánico Tributario de 2001, cuando establece que los actos administrativos contentivos de obligaciones líquidas y exigibles por concepto de tributos, multas e intereses, así como las intimaciones efectuadas conforme al parágrafo único del artículo 213 del mismo Código, constituirán título ejecutivo, y su cobro judicial aparejará embargo de bienes. Empero, se observa una imprecisión terminológica cuando el referido dispositivo legal, incurriendo en el mismo error presente en el artículo 640 del Código de Procedimiento Civil, relativo al procedimiento por intimación, habla de obligaciones "líquidas y exigibles" (en el código adjetivo general "pago de

---

[470] De enrevesado: Difícil, intrincado, oscuro o que con dificultad se puede entender. Tomado del Diccionario de la Real Academia Española de la Lengua (http://www.rae.es/rae.html). También de enrevesado: Complicado o confuso o lleno de vueltas o rodeos. Tomado del Diccionario de la Lengua Española (http://www.wordreference.com).

[471] Es decir, que la intimación resultado de la admisión de la demanda se hace teniendo al deudor demandado apercibido de ejecución.

una suma líquida y exigible"), cuando acorde con la teoría general de las obligaciones, para que una obligación sea legalmente exigible, se necesita que la misma sea líquida y de plazo vencido. Es decir, la liquidez no es un parámetro adicional a la exigibilidad de la obligación, sino que junto al plazo vencido resulta un componente indispensable de la misma.

En otras palabras, toda obligación exigible es líquida, pero no toda obligación líquida es exigible, por cuanto podría estar transcurriendo un plazo para pagar en beneficio del deudor.

En consecuencia, se aprecia una involución normativa en cuanto al correcto uso de las palabras que identifican, por sus características, la institución de la exigibilidad de las obligaciones, desatención ésta ya visible en los Códigos Orgánicos Tributarios de 1982, de 1992 y de 1994.

En el uso apropiado de la terminología normativa, el dispositivo legal debería aludir, tan solo, a obligaciones exigibles, estando sobre entendidos los caracteres de la liquidez y del plazo vencido.

Como se verá más adelante esta confusión terminológica, cuando se revisa superficialmente, puede conducir a circunstancias graves capaces de desnaturalizar la razón de ser del juicio ejecutivo, como se mostrará en los presentes comentarios.

II. OBLIGACIONES TRIBUTARIAS EXIGIBLES

Siguiendo con la línea argumentativa que precede es menester que el acto administrativo contentivo de las obligaciones tributarias, que ha de fungir como documento fundamental de la demanda en juicio ejecutivo, se encuentre definitivamente firme por cuanto, de no ser el caso, la obligación tributaria no sería exigible por no haber sido concluyentemente determinada, vale decir, por no ser líquida, no pudiendo tampoco haber vencido plazo alguno para su cumplimiento, como veremos.

En este orden de idea, tenemos que para que la obligación tributaria sea exigible ante todo debe ser líquida, es decir, que se debe conocer con precisión su cuantía, siendo que el mecanismo por el cual se obtiene el monto correspondiente a pagar se denomina liquidación, término este que en la materia tributaria es reemplazado entonces por su sinónimo determinación, que bien puede haber sido hecha por el propio contribuyente (autodeterminación) o por la Administración Tributaria (determinación de oficio).

Es así como la jurisprudencia ha sido clara en el tema, aunque ello sólo haya ocurrido en provecho de una empresa del Estado, siguiendo ocurriendo lo denunciado en perjuicio de contribuyentes particulares y sus derechos humanos. En efecto, en la sentencia Nro. 00317 del 12 de marzo de 2008, de la Sala Político-Administrativa del Tribunal Supremo de Justicia (caso PDVSA PETRÓLEO, S.A. contra Servicio Nacional Integrado de Administración Aduanera y Tributaria (SENIAT), con ponencia del Magistrado Emiro García Rosas), se deja sentado que:

> *"...esta Sala en sentencia 01939 del 28 de noviembre de 2007, realizó "una **interpretación correctiva** de la norma prevista en el artículo 214 del Código Orgánico Tributario y, en tal sentido, se debe entender de la referida disposición legal, que ella queda circunscrita al supuesto de gestión extrajudicial de cobro de obligaciones tributarias **previamente determinadas y definitivamente firmes**; siendo en consecuencia que aquellas actuaciones que impliquen una nueva determinación de tributos, accesorios y sanciones y, en general, que modifiquen o afecten mediante una nueva manifestación de voluntad de la Administración Tributaria la esfera subjetiva del contribuyente, serán susceptibles de ser impugnadas en sede jurisdiccional". En atención al referido criterio, se hace imprescindible verificar, en el caso de autos, la firmeza de los actos administrativos utilizados como título ejecutivo"* (subrayados del autor).

Dejando de lado las consideraciones teóricas precedentes en torno a la conceptualización de la idea de exigibilidad de la obligación, existe sin duda una razón práctica que requiere conocer con exactitud su cuantía, que reposa en el hecho de que si, una vez intimado judicialmente, el demandado deudor no paga de manera voluntaria, su patrimonio, a tenor de lo establecido en el artículo 291 del Código Orgánico Tributario de 2001, será objeto de embargo ejecutivo sobre bienes que no excedan del doble del monto que se encuentra constreñido a pagar, salvo que el embargo recaiga sobre dinero en efectivo, supuesto en el cual se afectará una suma idéntica a la debida; y, en ambos casos, se adiciona una cantidad estimada prudencialmente por el tribunal para responder del pago de intereses y costas del proceso.

Obviamente, si no se conociese la cuantía de la obligación tributaria, por no estar liquidada o determinada, mal podría saberse cuál es el doble de la misma o su entidad exacta, para poder proceder al respectivo embargo ejecutivo.

Ahora bien, dado por sentado el entendimiento de la idea precedente, conviene ahora recordar el momento en el cual la obligación tributaria se torna exigible, en cuanto concierne al aspecto de su liquidación o determinación, pues ello varía acorde con situaciones distintas previstas en el Código Orgánico Tributario de 2001, que identificaremos a continuación:

a) En los supuestos de tributos sometidos por la ley a mecanismos de autodeterminación, como ocurre con el Impuesto Sobre la Renta, la liquidación deviene de la cuantificación hecha por el contribuyente en su propia declaración impositiva, por lo que sea que se trate de un pago único o de uno dividido en varias porciones, si el contribuyente no cumple con el pago ello bastaría para justificar la intimación que se materializaría eventualmente en un juicio ejecutivo, sin perjuicio, por supuesto, de las facultades de fiscalización que tenderían a objetar o no la referida autodeterminación.

b) Un primer caso de determinación de oficio lo conseguimos en el acta de reparo a que se contrae el artículo 183 del Código Orgánico Tributario de 2001, acto administrativo preparatorio que por sí solo no implica la determinación de la obligación tributaria, por no tratarse más que de una mera expectativa por parte de la Administración Tributaria, pero que en caso de que el contribuyente se allane al reclamo conforme a lo establecido en los artículos 185 y 186 del referido Código, su aceptación le daría carácter definitivo, produciéndose con ello la liquidación o determinación por concurso de voluntades, que bien podría fundamentar una demanda en juicio ejecutivo en caso de que contribuyente no cumpla, una vez vencido el plazo para ello.

c) Un segundo caso de determinación de oficio sucede cuando, habiendo habido o no descargos por parte del contribuyente durante el procedimiento de determinación y fiscalización, la Administración Tributaria emite la resolución culminatoria del sumario administrativo prevista en el artículo 191 del Código Orgánico Tributario de 2001, ratificando el reclamo contenido en el acta de reparo, y el contribuyente no ejerce en su contra el recurso jerárquico regulado en los artículos 242 y siguientes del indicado Código, dejando caducar el plazo para ello, trayendo como consecuencia el perfeccionamiento de la determinación de oficio la cual, aunada al vencimiento del término para pagar, tornaría exigible la obligación tributaria, pudiendo dicha resolución fundamentar una demanda en juicio ejecutivo en caso de que el contribuyente no cumpla voluntariamente.

d) Un tercer caso de determinación de oficio ocurre cuando en un supuesto como el anterior, en cambio, el contribuyente sí ejerce el recurso jerárquico, pero luego el mismo es denegado mediante resolución decisoria al efecto, sin que el afectado incoe en su contra el recurso contencioso tributario regido por los artículos 259 y siguientes del Código Orgánico Tributario de 2001. En este caso, también se perfeccionaría la determinación de oficio, que junto al vencimiento del término para pagar haría exigible la obligación tributaria, que de no estar voluntariamente cumplida asistiríamos a la base de una demanda en juicio ejecutivo.

e) Es de destacar que una determinación de oficio derivada de una resolución culminatoria del sumario administrativo que sea impugnada a través del recurso contencioso tributario, sin el previo ejercicio del recurso jerárquico, o cuando éste haya sido materializado y subsiguientemente denegado, no ha sido perfeccionada hasta tanto no recaiga sentencia por medio de la cual el juez tributario declare inadmisible o sin lugar el recurso judicial ejercido, con carácter de cosa juzgada, es decir, que la sentencia se encuentre definitivamente firme y ejecutoriada.

Esta afirmación la hacemos partiendo de la plena vigencia del derecho a la tutela judicial efectiva, consagrado en el artículo 26 de la Constitución de la República y pormenorizado en otra norma de carácter constitucional (por mandato del artículo 23 del Texto Fundamental), como lo es el artículo 8 de la Convención Americana sobre Derechos Humanos, suscrita en San José de Costa Rica el 22 de noviembre de 1969, cuya ley ratificatoria fue publicada en la Gaceta Oficial Nro. 31.206 del 14 de junio de 1977, en el cual, al regularse las garantías judiciales, expresa que toda persona tiene derecho a ser oída, con las debidas garantías y dentro de un plazo razonable, por un juez o tribunal competente, independiente e imparcial, establecido con anterioridad por la ley, en la sustanciación de cualquier acusación formulada contra ella, o <u>para la determinación de sus</u> derechos y <u>obligaciones de orden</u> civil, laboral, <u>fiscal</u> o de cualquier otro carácter.

En consecuencia, si se acude al tribunal para impugnar el acto administrativo ratificatorio o confirmatorio del reparo, siendo que ello pasa entonces con la idea de que se proceda o no a la determinación de la obligación de orden fiscal, o mejor de orden tributario, resulta obvio que dicho acto administrativo efectivamente contiene una determinación de oficio, pero carece de perfeccionamiento, al estar aún sujeta la expectativa de la Administración Tributaria al control judicial de su conformidad o no a derecho.

Desde esta perspectiva, si el acto administrativo judicialmente impugnado es confirmado por la sentencia definitivamente firme, ese sería el momento preciso de la correspondiente liquidación o determinación definitiva, que haría, junto al vencimiento del plazo para pagar, que la obligación tributaria se torne exigible.

Empero, en este último caso, en ausencia de cumplimiento voluntario por parte del contribuyente recurrente perdidoso, se procedería en su contra para lograr el cumplimiento compulsivo de la obligación, pero no por vía de la demanda en juicio ejecutivo, sino a través del

mecanismo de ejecución de sentencia regulado en los artículos 280 y siguientes del Código Orgánico Tributario de 2001.
Esto último debe tenerse muy presente para poder comprender la magnitud del enrevesamiento jurídico evidenciado en los dispositivos destinados al juicio ejecutivo, en el Código Orgánico Tributario de 2001.

III. EL DEUDOR EN EL JUICIO EJECUTIVO

Como se sabe, el juicio ejecutivo regulado en el Código Orgánico Tributario de 2001 es una especie de los juicios ejecutivos o procedimientos especiales ejecutivos consagrados en el Código de Procedimiento Civil, tales como el juicio de ejecución de créditos fiscales, la vía ejecutiva, la ejecución de hipoteca y otros, procesos judiciales éstos que se distinguen del proceso civil ordinario, del proceso derivado del ejercicio del recurso contencioso tributario y de otros similares, en que se invierte el orden natural de la investigación judicial que coloca primero la fase de cognición, es decir, aquella que tiende a la definición de los hechos y a la aplicación de las normas jurídicas pertinentes, para el establecimiento de la verdad, para luego terminar con la fase de ejecución, resultado del preestablecimiento judicial de las circunstancias que correspondan.

En efecto, en los juicios ejecutivos como el que ahora analizamos se invierten estos polos, procediéndose primero con la ejecución, cuando hay pruebas de la existencia de la obligación y de su exigibilidad y evidencias de su falta de cumplimiento voluntario, ello indispensablemente teniendo, como documento fundamental de la demanda, un documento, en este caso un acto administrativo de contenido tributario, al cual la ley le reconozca la condición de título ejecutivo, como ocurre con el artículo 289 del Código Orgánico Tributario de 2001, de modo que su intimación o cobro judicial apareje embargo de bienes.

Y, en segundo lugar, y únicamente en el supuesto de que el demandado haya hecho oposición a la intimación judicial, con base por ejemplo en el hecho de ya haber pagado, o en la ocurrencia de algún otro medio de extinción de la obligación tributaria (prescripción, compensación, etc.), o incluso, en la presencia de otros alegatos defensivos posibles como lo serían la falta de legitimación procesal activa o pasiva, la cosa juzgada, la nulidad por ausencia de procedimiento, la falsedad extrínseca del título, la excepción de espera, la excepción de exención o exoneración, la excepción de transacción o compromiso arbitral y la excepción de inconstitucionalidad, se abriría una fase de cognición la cual no obstante no suspender el embargo de bienes, al menos impide el subsiguiente remate, por cuanto ello pondría en tela de juicio la exigibilidad de la obligación demandada[472].

El hecho de que el fundamento de la demanda en juicio ejecutivo lo constituye un título ejecutivo contentivo de una obligación exigible, cuyo cumplimiento voluntario no se ha producido, justifica que el legislador en varios artículos del Código Orgánico Tributario de 2001 califique de deudor al demandado, como ocurre en el artículo 191 ("embargo ejecutivo de bienes propiedad del deudor"), en el artículo 294 ("se acordará la intimación del deudor" y "el deudor,..., podrá hacer oposición"), y en el artículo 295 ("resuelta la incidencia de oposición por la alzada sin que el deudor hubiera acreditado el pago").

Efectivamente, si el fundamento de la demanda es un título ejecutivo, en el supuesto que nos ocupa un acto administrativo definitivamente firme en la sede administrativa, contentivo de obligaciones exigibles, por estar liquidadas o determinadas concluyentemente y ser de plazo vencido, es perfectamente justificable que el legislador califique al demandado de deudor, tanto en el escenario de haber o no pagado lo requerido, como en el escenario de la extinción de la obligación por otra vía, o en el escenario de pormenores que deben ser objeto de prueba, de esta manera extraordinaria, pudiendo incidir hasta en el no nacimiento de la obligación tributaria.

Sin embargo, si la obligación tributaria no es exigible por la circunstancia de no encontrarse liquidada o determinada, como es el supuesto en el cual el contribuyente ejerció el recurso contencioso tributario, en el entendido ya recordado de que constitucionalmente se accede a la justicia para la determinación o no de la obligación tributaria, es patente que lo que existe no es más que una mera expectativa de cobro a ser cuantificada en manos de la Administración Tributaria, que por más que pueda ser legítima aún no se ha perfeccionado, mal pudiendo fundamentar una demanda en juicio ejecutivo.

Así, si la legislación permite que se pueda ejercer una demanda en juicio ejecutivo con base en un acto administrativo que ha sido objeto del recurso contencioso tributario, y que por lo tanto es contentivo de una obligación que no es exigible, por no estar liquidada o determinada de manera concluyente, no solamente se incurre en las arbitrariedades que se comentarán posteriormente, si no que se presencia una clara usurpación de funciones por parte del Poder Legislativo, que deja sin necesidad al juicio ejecutivo, por cuanto si ya el legislador declaró deudor al demandado, para

[472] Aunada a la liquidez y al plazo vencido, se encuentra la legalidad de la obligación, para su exigibilidad, pero ello no se suele indicar por su obviedad.

que se requeriría la intervención del juez, más allá de un mero ejecutor, sin jurisdicción sobre el establecimiento de la verdad del caso.

De este modo, si bien al momento de la interposición de la demanda en juicio ejecutivo, al demandado se le podría tener como un deudor en potencia, siendo laxos con muchos conceptos jurídicos, es lo cierto que no será, ni podría legítimamente ser, sino hasta el momento del dictado de la sentencia por parte del juez, y una vez que el fallo quede definitivamente firme, que podrá encontrarse concluyentemente tenido el demandado como deudor de la obligación tributaria objeto de la demanda.

IV. RECURSO CONTENCIOSO TRIBUTARIO Y JUICIO EJECUTIVO, EN PARALELO

La posibilidad legal, legítima y técnico-jurídicamente de que frente a un mismo acto administrativo de contenido tributario puedan cabalgar paralelamente un recurso contencioso tributario y un juicio ejecutivo, acorde con los términos precedentes, es un total exabrupto.

Como vimos, el juicio ejecutivo presupone la existencia de una obligación tributaria exigible, derivada de un acto administrativo definitivamente firme en la sede administrativa, precisamente por no haber sido impugnado en la sede judicial a través del recurso contencioso tributario.

Y, por su parte, el recurso contencioso tributario impide la procedencia del juicio ejecutivo, en razón de que el acto administrativo impugnado no sería contentivo de una obligación tributaria exigible, al no estar la misma debida y concluyentemente liquidada o determinada. Incluso, si el contribuyente ve declarar inadmisible o sin lugar su recurso contencioso tributario, de forma definitivamente firme, quedando la obligación tributaria exigible por ser líquida y de plazo vencido, en ausencia de cumplimiento voluntario no cabría el juicio ejecutivo, sino que habría de procederse a través de la fase de ejecución de sentencia.

Estas sintetizadas ideas, vinculadas con los planteamientos previos, propios de un Estado de Derecho donde se respete el derecho a la tutela judicial efectiva, han debido ser reiteradas en razón de que el Código Orgánico Tributario de 2001 (sesgadamente redactado por la Administración Tributaria Nacional y aprobado por una Asamblea Nacional marcadamente pro gobierno), en el parágrafo único del artículo 291 prevé que se puede incoar la demanda en juicio ejecutivo, habiéndose previamente ejercido el recurso contencioso tributario, sin que haya habido pronunciamiento sobre la suspensión de efectos del acto administrativo impugnado, debiendo ambos procesos quedar bajo el conocimiento del mismo juez tributario.

Ello, en concordancia con lo dispuesto en el artículo 263 del mismo Código, que tras indicar que la interposición del recurso contencioso tributario no suspende los efectos del acto impugnado (cuya inconstitucionalidad hemos denunciado antes en otros espacios académicos y profesionales), recalca en su parágrafo primero que si no se hubiere solicitado la suspensión de efectos, estuviere pendiente de decisión una tal solicitud, o la misma hubiere sido negada, la Administración Tributaria "exigirá el pago de las cantidades determinadas" por medio de la demanda en juicio ejecutivo, aunque con la particularidad de que la subasta pública o remate de los bienes embargados se suspenderá a la espera de la sentencia definitivamente firme que ponga fin al recurso contencioso tributario.

En consecuencia, el enrevesamiento jurídico de la institución bajo análisis se pone de manifiesto.

Pero lo más triste en esta materia, es que la jurisprudencia lo ha reconocido así, pero solamente a favor de empresas del Estado, continuando con la carnicería financiera de los contribuyentes particulares, lesionando su derecho humano a la igualdad. Si la siguiente interpretación jurisprudencial fuese de aplicación a todos en la práctica de estrados, estaríamos en un Estado de Derecho, respetuoso de los derechos humanos. Dice la sentencia Nro. 00317 del 12 de marzo de 2008, de la Sala Político-Administrativa del Tribunal Supremo de Justicia (caso PDVSA PETRÓLEO, S.A. contra Servicio Nacional Integrado de Administración Aduanera y Tributaria (SENIAT), con ponencia del Magistrado Emiro García Rosas), que:

> "*...cabe señalar que tal como lo afirmara el apoderado judicial de la sociedad mercantil PDVSA Petróleo, S.A., las referidas planillas, así como la determinación de multa e intereses moratorios, no son actos administrativos contentivos de obligaciones **líquidas y exigibles** a favor del Fisco Nacional y no tienen el carácter de título ejecutivo, pues como consta de autos, no están definitivamente firmes, al haber hecho uso la referida empresa de los medios de impugnación (inicialmente en sede administrativa el solicitar la revisión de oficio del acto, y posteriormente en sede jurisdiccional al interponer el recurso contencioso tributario), a objeto de ejercer su derecho constitucional a la defensa.*
> *Con fundamento en lo anterior, esta Máxima Instancia debe declarar con lugar el recurso de apelación ejercido por la representación judicial del Fisco Nacional, contra la sentencia de fecha 4 de abril de 2006 del Tribunal Superior Segundo de lo Contencioso Tributario de la Circunscripción Judicial del Área Metropolitana de Caracas.*
> *Por lo anteriormente expuesto, a juicio de esta Sala resulta inadmisible el presente juicio ejecutivo. Así se declara*" (subrayados del autor).

V. EL ENREVESAMIENTO JURÍDICO DEL JUICIO EJECUTIVO EN SU EXPRESIÓN PATOLÓGICA

Conviene destacar, antes de proseguir, que el denunciado enrevesamiento jurídico del que venimos hablando no afecta a la integralidad de la institución del juicio ejecutivo, en cuanto a su regulación jurídica vigente, sino a la parte de la normativa, que catalogamos de expresión patológica del pretendido juicio ejecutivo, cuando se lo presupone arbitrariamente posible en paralelo a un recurso contencioso tributario, en detrimento de los argumentos técnico-jurídicos ya esbozados, en la mira de un análisis que se fundamenta en la teoría general del proceso y en la teoría general de los derechos humanos, con especial atención a los derechos de acceso a la justicia, a la tutela judicial efectiva, al debido proceso, a la igualdad de las partes en el proceso, a la presunción de inocencia y a la integridad del patrimonio.

Por otro lado, debe aclararse que la idea de enrevesamiento jurídico, en cuanto concierne al presente análisis, alude a la denuncia del dictado y aplicación de dispositivos de ley que desnaturalizan la institución del juicio ejecutivo, incurriendo en fraude a la Constitución, mediando la violación de los derechos humanos referidos en el párrafo anterior, sin que, por lo general, se consiga un juez que, en ejercicio del control difuso de la constitucionalidad de la ley (y no obstante que el artículo 25 de la Constitución declara nulos todos los actos lesivos de los derechos humanos), haga gala de su deber superior de garantizar la plena vigencia del principio de supremacía de la Constitución, conforme a lo establecido en los artículos 7 y 334 del texto fundamental, desaplicando la normativa objeto de denuncia a los casos concretos, asegurando la preeminencia de los derechos humanos.

Este enrevesamiento jurídico puede ser diáfanamente apreciado cuando, a la luz de los principios procesales y humanistas que han sido asomados precedentemente, y conforme a la mejor doctrina jurídica nacional y extranjera, se toman en cuenta, entre otras aberraciones presentes, las siguientes:

a) En cuanto concierne a la imperiosa necesidad de que la demanda en juicio ejecutivo vaya indefectiblemente acompañada de un título ejecutivo, que en la materia tributaria solo puede ser un acto administrativo de efectos particulares y de contenido tributario, indispensablemente contentivo de obligaciones pecuniarias exigibles, por concepto de tributos, recargos o accesorios, intereses moratorios o multas, hemos de denunciar la arbitrariedad presente en la regulación formalmente vigente, en donde se permite que se demande en juicio ejecutivo el cumplimiento de una obligación tributaria que no es exigible por no encontrarse liquidada o determinada, lo cual desnaturaliza la cualidad de proceso ejecutivo de esta vía judicial, a más de violar el derecho a la tutela judicial efectiva, como se encuentra concebido ello en el artículo 8 de la Convención Americana sobre Derechos Humanos.

En efecto, cuando el parágrafo único del artículo 291 del Código Orgánico Tributario de 2001 asoma, por primera vez en nuestra historia legislativa, que pueda incoarse la demanda en juicio ejecutivo para requerir el pago compulsivo de una obligación tributaria no exigible, por no estar determinada, contenida en un acto administrativo que se encuentra siendo objeto de un recurso contencioso tributario en el cual no se han suspendido sus efectos, lo cual, en el parágrafo primero del artículo 263 del mismo Código, representa un deber para la Administración Tributaria, claramente se violan importantes derechos humanos del contribuyente demandado.

En primer lugar, al someterse al demandado al embargo de sus bienes para garantizar el pago de una obligación que no solamente no está determinada, sino que podría incluso jamás haberse causado, se afecta su derecho a la integridad de su patrimonio, incurriéndose en una desautorizada confiscación, aún cuando la declaratoria con lugar del recurso contencioso tributario implicase la devolución de los bienes embargados.

En segundo lugar, en semejante situación se compromete el goce real de los derechos del recurrente en el recurso contencioso tributario de acceso a la justicia y a la tutela judicial efectiva, toda vez que el objeto de la referida vía judicial es el de proceder, tras el examen de los hechos y del derecho involucrados, a la liquidación o determinación concluyente de la eventual obligación tributaria, lo cual presupone, de suyo y en virtud de lo previsto en el artículo 8 de la Convención Americana sobre Derechos Humanos, la existencia en Venezuela de un efecto suspensivo automático del acto administrativo impugnado, por la sola presentación del recurso. Obviamente, semejante situación, al excluir la razón de ser de la actuación del justiciable recurrente, conlleva a la violación de su derecho al debido proceso, al no poder defenderse correctamente dentro de una causa judicial de esa manera desnaturalizada.

En tercer lugar, el hecho de que una de las partes dentro del recurso contencioso tributario pueda obtener "in limine litis" la totalidad de su pretensión en juicio, y no así la otra, pone de bulto el menoscabo del derecho a la igualdad de las partes en el proceso.

En cuarto lugar, si la totalidad o parte del reclamo tributario objeto del recurso contencioso tributario consiste en sanciones pecuniarias o multas, siendo que la culpabilidad del recurrente tendría que quedar indudablemente establecida con el dictado de la sentencia correspondiente, definitivamente firme, es evidente que la ejecución anticipada del acto administrativo impugnado implica la violación del derecho del contribuyente a la presunción de inocencia.

En quinto lugar, no podemos dejar de denunciar la falacia presente en el Código Orgánico Tributario de 2001, cuando a pesar de idear todo este montaje arbitrario, declara que la interposición del recurso contencioso tributario no suspende los efectos del acto administrativo impugnado, por lo que es posible, en ausencia de suspensión judicial, que se incoe la demanda en juicio ejecutivo, pero que, en ese supuesto, la subasta pública o remate de los bienes embargados se suspenderá si el acto no estuviere definitivamente firme. Esto hace ver una suerte de "ejecución" anticipada, pero en donde en realidad hay una suspensión de efectos, toda vez que no se produce la recaudación hasta tanto no recaiga la sentencia, siempre que ésta quede definitivamente firme, declarando inadmisible o sin lugar el recurso contencioso tributario.

b) Acerca de la naturaleza jurídica del juicio ejecutivo que nos ocupa en esta oportunidad, ya hemos tenido ocasión de caracterizar este proceso judicial dentro de aquellos que se conocen, en general, como procesos ejecutivos especiales, los cuales tienen en común la circunstancia de invertir el orden natural de la causa, colocando primero la ejecución inmediata de la pretensión del acreedor demandante, cuya demanda se fundamenta en un título ejecutivo, y siguiendo después, dependiendo de si hay o no oposición por parte del deudor demandado, la entonces eventual fase de cognición.

Igualmente, tuvimos la ocasión de demostrar, en sana interpretación jurídica, que el juicio ejecutivo y el recurso contencioso tributario constituyen procesos judiciales distintos, plenamente autónomos el uno del otro, al grado que sus objetos y pretensiones procesales son diferentes y hasta incompatibles entre sí, siendo recíprocamente excluyentes.

En efecto, si estamos en condiciones de ejercer el recurso contencioso tributario, es ello posible porque el acto administrativo impugnado no se encuentra definitivamente firme, por lo que la obligación tributaria contenida en él no está concluyentemente liquidada o determinada, no siendo entonces exigible, lo cual de suyo demuestra la total improcedencia, cuando no inadmisibilidad, de una demanda en juicio ejecutivo.

De la misma forma, si le es dada la posibilidad a la Administración Tributaria de estar en condiciones válidas para incoar una demanda en juicio ejecutivo, es porque el acto administrativo que como título ejecutivo le sirve de fundamento se halla definitivamente firme en la sede administrativa, conteniendo una obligación tributaria concluyentemente liquidada o determinada y de plazo vencido, por tanto exigible, por lo que habría ya caducado para el contribuyente su derecho a interponer el recurso contencioso tributario.

Estas son las únicas situaciones válidas en derecho, si nos limitamos a atender la verdadera índole y naturaleza institucional de las dos figuras procesales que hemos comentado.

Empero, asistimos al enrevesamiento jurídico derivado de las previamente citadas y cuestionables disposiciones del Código Orgánico Tributario de 2001, que pretenden permitir, con violación de todos los principios mencionados y sin que, en general, ningún juez tributario haya intentado ponerle coto por la vía del control difuso de la constitucionalidad (ni de oficio ni a requerimiento del recurrente), que la Administración Tributaria pueda demandar en juicio ejecutivo el cumplimiento compulsivo de un acto administrativo cuya validez jurídica se encuentra cuestionada, y sin que constituya título ejecutivo, mediante el ejercicio del recurso contencioso tributario por parte del contribuyente afectado, quien en esta situación no puede entonces legítimamente ser tenido como deudor.

Ahora bien, como podemos apreciar, es lo cierto que, con esta locuaz normativa se sustrae la índole ejecutiva del juicio ejecutivo, para terminar empleándolo como una incidencia cautelar o preventiva dentro del proceso contencioso tributario.

Ciertamente, acorde con la normativa bajo análisis, cuando el juicio ejecutivo se ejerce estando en curso un recurso contencioso tributario, se ordena que tras el embargo de los bienes propiedad del demandado, quede suspendida la subasta pública o remate de tales bienes, hasta tanto recaiga la sentencia definitivamente firme. En otras palabras, lo que se encuentra concebido como juicio ejecutivo, termina siendo una medida cautelar o preventiva tendente a asegurar el cumplimiento de la obligación, en caso de que a eso sea condenado el contribuyente recurrente contencioso tributario en la respectiva sentencia, con el agravante de que el embargo ejecutivo puede recaer sobre bienes inmuebles y cualquier otro, mientras que el embargo cautelar, como es sabido, no puede gravar bienes inmuebles.

En consecuencia, a más de lo previamente denunciado, es obvio que éste ilegítimo proceder legislativo se concreta, por lo demás, en desmedro del poder cautelar general de que goza el juez, acorde con lo previsto en los artículos 296 y siguientes del Código Orgánico Tributario de 2001, los cuales, salvo raras y contadas excepciones, quedan prácticamente desprovistos de entidad jurídica y de eficacia práctica.

En este contexto, la incidencia normal de la medida cautelar o preventiva de embargo deja de emplearse, al ser posible, para la Administración Tributaria, y por medio de un arbitrariamente pretendido juicio ejecutivo, obtener de forma más expedita lo que en realidad sería un embargo cautelar, pero artificiosamente extensible a bienes inmuebles.

Esto se observa fácilmente del texto de la sentencia Nro. 00317 del 12 de marzo de 2008, de la Sala Político-Administrativa del Tribunal Supremo de Justicia (caso PDVSA PETRÓLEO, S.A. contra Servicio Nacional Integrado de Administración Aduanera y Tributaria (SENIAT), con ponencia del Magistrado Emiro García Rosas), en la cual se puede leer, en sus antecedentes, que:

> *"Finalmente, el Fisco Nacional interpuso demanda por juicio ejecutivo y solicitó, como medida cautelar, el embargo ejecutivo sobre bienes de la sociedad mercantil intimada hasta por la cantidad de treinta mil quinientos cincuenta y siete millones ochocientos treinta y siete mil trescientos ochenta y tres bolívares con noventa y cuatro céntimos (Bs. 30.557.837.383,94), que representa el doble de los derechos pendientes"* (subrayado del autor).

c) Finalmente, aunque sin despreciar el hecho de la existencia de otros elementos que bien podrían ser objeto de comentarios, se observa cómo, en otro escenario de enrevesamiento jurídico, se desprovee al recurso contencioso tributario, proceso tributario general reflejo del proceso civil ordinario, de su correspondiente fase de ejecución.

Desde esta perspectiva, es remarcable que el encomiable o no esfuerzo del legislador orgánico especial tributario de 2001, de incorporar una fase de ejecución de sentencia tras la finalización del proceso contencioso tributario, no presente en los Códigos Orgánicos Tributarios de 1982, de 1992 y de 1994, por lo que en esos tiempos, declarado sin lugar el recurso contencioso tributario con condena a pagar a cargo del recurrente perdidoso, en ausencia de cumplimiento voluntario se debía hacer uso supletoriamente de la fase de ejecución de sentencia del proceso civil ordinario, prevista en el Código de Procedimiento Civil, se da al lastre en los supuestos en los cuales la Administración Tributaria demanda al recurrente en juicio ejecutivo.

En esta línea argumentativa se aprecia que habiendo sido admitida la demanda en juicio ejecutivo, se procede al embargo de bienes propiedad del demandado pero que, como consecuencia de la previa interposición por parte de éste del recurso contencioso tributario, el proceso se suspende, tras el embargo y depósito de los bienes, dejando la eventual subasta pública o remate de los mismos pendiente, condicionado ello a las resultas del proceso contencioso tributario (denunciada realidad cautelar del proceder).

Así, estando depositados bienes del recurrente embargados dentro del contexto de un juicio ejecutivo en el cual ha sido demandado, es obvio que si su recurso contencioso tributario llega a ser declarado inadmisible o sin lugar, lejos de implementarse la fase de ejecución de sentencia, se procederá a la inmediata subasta pública o remate de esos bienes, terminando así el juicio ejecutivo pendiente.

De esta forma, se utiliza el juicio ejecutivo, es decir, un proceso judicial autónomo y además concebido en doble instancia, para sustituir o reemplazar ilegítima e injustificadamente la fase de ejecución de sentencia de otro proceso judicial, como lo es el recurso contencioso tributario, igualmente concebido en doble instancia.

VI. EL JUICIO EJECUTIVO EN FRAUDE A LA CONSTITUCIÓN

La Constitución consagra explícitamente los derechos humanos en los que hemos fundado la denuncia de antijuridicidad a que se contraen las presentes reflexiones. Esos derechos humanos son, esencialmente, el derecho de acceso a la justicia y el derecho a la tutela judicial efectiva[473], el derecho al debido proceso[474], el derecho a la presunción de inocencia[475], el derecho a la igualdad de las partes en el proceso[476] y el derecho a la integridad del patrimonio[477].

---

[473] Artículo 26: "Toda persona tiene derecho de acceso a los órganos de administración de justicia para hacer valer sus derechos e intereses, incluso los colectivos o difusos, a la tutela efectiva de los mismos y a obtener con prontitud la decisión correspondiente".

[474] Artículo 49: "El debido proceso se aplicará a todas las actuaciones judiciales y administrativas...".

[475] Artículo 49, numeral 2: "Toda persona se presume inocente mientras no se pruebe lo contrario".

[476] Consecuencia del derecho general a la igualdad. Artículo 21, numeral 1: "Todas las personas son iguales ante la ley, y en consecuencia: 1. No se permitirán discriminaciones fundadas en la raza, el sexo, el credo, la condición social o aquellas que, en general, tengan por objeto o por resultado anular o menoscabar el reconocimiento, goce o ejercicio en condiciones de igualdad, de los derechos y libertades de toda persona".

[477] Artículos 115: "Se garantiza el derecho de propiedad. Toda persona tiene derecho al uso, goce, disfrute y disposición de sus bienes. La propiedad estará sometida a las contribuciones, restricciones y obligaciones que establezca la ley con fines de utilidad pública o de interés general. Sólo por causa de utilidad pública o interés social, mediante sentencia firme y pago oportuno de justa indemnización, podrá ser declarada la expropiación de cualquier clase de bienes", 116: "No se decretarán ni ejecutarán confiscaciones de bienes sino en los casos permitidos por esta Constitución. Por vía de excepción podrán ser objeto de confiscación, mediante sentencia firme, los bienes de personas naturales o jurídicas, nacionales o extranjeras, responsables de

Cualquier actuación legislativa que conlleve a la negación o menoscabo de esos derechos humanos, como ocurre con el Código Orgánico Tributario de 2001 en la línea argumentativa que trazamos aquí, se configura como una actuación hecha en fraude a la Constitución, puesto que se pretende emplear la función legislativa estatal, por medio del órgano supuestamente representante legítimo de la voluntad popular, en detrimento de las libertades de la personas, como si éstas no fueran en realidad las depositarias de la soberanía.

En este sentido, es por demás evidente el mensaje y la dogmática libertaria de nuestra Constitución, que fundamenta sin lugar a dudas los derechos humanos en la dignidad humana, lo que kantianamente implica la protección integral e incondicionada de la persona humana, frente a cualquier obrar del poder público estatal.

Una rápida mirada nos repondrá conscientes de ello: en el artículo 2 se declara que Venezuela es un Estado de Derecho y de Justicia, con preeminencia de los derechos humanos; en el artículo 3 se establece que el Estado tienc como fin la garantía del cumplimiento de los principios, derechos y deberes consagrados en la Constitución; en el artículo 7 se prevé eñ principio de supremacía de la Constitución (con el sistema de control de constitucionalidad concentrado o difuso como mecanismo asegurativo); el artículo 19 se descolla mas aún la trascendencia de la materia al expresar: "El Estado garantizará a toda persona, conforme al principio de progresividad y sin discriminación alguna, el goce y ejercicio irrenunciable, indivisible e interdependiente de los derechos humanos. Su respeto y garantía son obligatorios para los órganos del Poder Público de conformidad con la Constitución, los tratados sobre derechos humanos suscritos y ratificados por la República y las leyes que los desarrollen"; en el artículo 23 se reconoce jerarquía constitucional a los tratados internacionales en materia de derechos humanos, de donde resulta trascendente recordar la relación entre la Convención Americana sobre Derechos Humanos y el momento en que se entiende concluyentemente determinada una obligación tributaria; en el artículo 25 se sanciona con la nulidad todo acto (incluso legislativo) que viole los derechos humanos, con responsabilidad civil, penal y administrativa para los funcionarios que los hayan dictado o ejecutado; y, finalmente, en los artículos 29 y 30 se fija la obligación estatal de investigar y sancionar los delitos contra los derechos humanos cometidos por sus autoridades, y

delitos cometidos contra el patrimonio público, los bienes de quienes se hayan enriquecido ilícitamente al amparo del Poder Público y los bienes provenientes de las actividades comerciales, financieras o cualesquiera otras vinculadas al tráfico ilícito de sustancias psicotrópicas y estupefacientes" y 317: "...Ningún tributo puede tener efecto confiscatorio".

la obligación estatal de indemnizar integralmente a las víctimas de violaciones a los derechos humanos.

No puede quedar duda alguna, entonces, acerca de la importancia fundante que le da la Constitución al tema de los derechos humanos.

Ahora bien, hasta aquí, y de la exposición precedente, queda claro que la circunstancia permitida en el Código Orgánico Tributario de 2001, de que la Administración Tributaria pueda demandar en juicio ejecutivo el cumplimiento compulsivo de un acto administrativo que se encuentra siendo objeto de un recurso contencioso tributario, por implicar la vulneración de los citados derechos humanos, resulta de suyo lesiva a la libertad de las personas y abiertamente arbitrario, injusto, inmoral e inconstitucional.

Empero, si se pensaba que nada peor que esto pudiera ocurrir en esta materia, estábamos equivocados, pues la práctica ha puesto de manifiesto cómo es posible actuar de manera mas retorcida, en fraude a la Constitución y en detrimento de los derechos humanos. Veamos:

Como ya fue comentado, acorde con la normativa del Código Orgánico Tributario de 2001, cuando la Administración Tributaria demanda en juicio ejecutivo el cumplimiento compulsivo de un acto administrativo que está siendo objeto de un recurso contencioso tributario, primero se intima judicialmente al demandado recurrente, y si éste no paga o demuestra haber pagado (etcétera en cuanto a los posibles motivos de oposición a la demanda), entonces se procede al embargo de bienes de su propiedad, incluso inmuebles, pero el proceso ejecutivo se suspende tras el depósito de esos bienes, antes de la subasta pública o remate, a la espera de las resultas de la sentencia definitivamente firme del recurso contencioso tributario, con lo cual se advierte la denunciada transmutación de un embargo llamado a ser ejecutivo, en un embargo preventivo o cautelar.

Quedándonos en ese punto, el falaz sistema pretende ser conforme con la idea de que no puede haber recaudación en tanto no quede el reclamo tributario concluyentemente ratificado, en una sentencia definitivamente firme y con autoridad de cosa juzgada.

Sin embargo, la verdad en estrados es otra, frente a la cual parece que estamos todos como los monos aquellos, donde uno se tapa los ojos, otro los oidos y el último la boca, con la diferencia de que en ese caso nosotros (incluidos dramáticamente los jueces) nos tapamos todo, y dejamos que la arbitrariedad y la injusticia siga su paso atilítico (de Atila, Rey de los Hunos, absolutamente destructivo).

En efecto, lo que sucede en la realidad en la mayoría de los casos en los cuales un contribuyente recurrente es demandado en juicio ejecutivo, no habiendo pronunciamiento acerca de su solicitud de suspensión de efectos del acto administrativo impugnado, o habiéndosele ello denegado (aunque esté pendiente la apelación), es que una vez intimado por el mismo juez que está conociendo del recurso contencioso tributario, se le presenta una alternativa muy simple, a saber: o paga el reclamo tributario (que bien podría ser solo por multas o estar en parte fundado en multas), o asiste impávido al embargo de sus bienes, incluso inmuebles, y por un monto equivalente al doble del reclamo tributario, adicionado de una cantidad para gastos y costas.

En semejante circunstancias en la que se han encontrado muchos contribuyentes estuvo la empresa MATERIALES DE PLOMERÍA, C.A. (MAPLOCA), que tras haber ejercido su recurso contencioso tributario y no habiendo obtenido la suspensión de efectos por orden judicial, se vio demandada en juicio ejecutivo pro el Servicio Nacional Integrado de Administración Aduanera y Tributara (SENIAT), habiendo sido objeto de la Boleta de Intimación del 11 de noviembre de 2011 emanada del Juzgado Superior Tercero de lo Contencioso Tributario de la Circunscripción Judicial del Área Metropolitana de Caracas (expediente Nro. AP41-U-2011-000484), a fin de pagar o demostrar haber pagado, apercibida de ejecución, la cantidad de Bs.F. 244.482,00 por concepto de multa, y la suma de Bs.F. 3.320,00 por concepto de intereses moratorios, frente a lo cual la empresa consideró menos perjudicial pagar de una sola vez la cantidad de Bs.F. 247.802,00 y continuar con su recurso contencioso tributario, en lugar de verse objeto de un embargo ejecutivo sobre bienes de su propiedad, por el doble de ese monto, es decir, por Bs.F. 495.604,00, más aproximadamente el 10% para cubrir gastos y cosas del proceso, sin certeza acerca de la duración total del juicio, ni sobre el debido mantenimiento y conservación que sobre dichos bienes se haría.

Por supuesto que si se opta por pagar, como lo hizo la empresa citada, allí sí se produce la recaudación inmediata, con clara lesión de los derechos humanos mencionados. Sin olvidar la tremenda dificultad en que se encontraría a la final el justiciable, de llegar a ganar el recurso contencioso tributario, para obtener no solamente el reintegro de lo indebidamente pagado, lo cual es una máxima de experiencia hoy en día, sino la indemnización de los daños y perjuicios derivados del ilícito juicio ejecutivo. Además, claramente resucita el proscrito contraprincipio solve et repete, de manera camuflada, pero igualmente violatoria del derecho de acceso a la justicia, y a una justicia gratuita e imparcial, en particular, siendo que los derechos humanos se caracterizan constitucionalmente por su irrenunciabilidad y su inviolabilidad. En este orden de ideas, es apreciable desde la perspectiva de la práctica forense, como en la actualidad muchos contribuyentes, por temor a la aplicabilidad de esta normativa y la imposibilidad de sostener un juicio contencioso tributario y un juicio ejecutivo, ambos en doble instancia, con la eventual intervención de terceros auxiliares de justicia, como expertos contables u otros, aunado ello a los honorarios de abogado, optan por no defenderse y pagar, incluso teniendo la razón, pero no por razones jurídicas sino económicas, con clara lesión del derecho de aceso a la justicia por la circunstancia real del solve te repete denunciado, tratando de negociar, en el mejor de los casos, un convenimiento de pago.

Es increible como el Poder Judicial pretende ignorar esta realidad, tal como puede apreciarse en la sentencia Nro. 00288 del 13 de abril de 2004, dictada por la Sala Político-Administrativa del Tribunal Supremo de Justicia (caso SIGIS SOLUCIONES INTEGRALES GIS, C.A. contra Servicio Nacional Integrado de Administración Aduanera y Tributaria (SENIAT), con ponencia del Magistrado Levis Ignacio Zerpa), dictada mas de un año después de la apelación ejercida en contra del auto que negó la suspención de efectos, donde se afirma, sin que se haya considerado que se trataba de una multa y su incidencia en el derecho a la presunción de inocencia, que:

> *"Por otra parte, observa la Sala que si bien la recurrida ocasiona un gravamen a la recurrente, dicho gravamen no puede ser considerado irreparable, toda vez que el monto de la multa que resulta exigible por la no suspensión de los efectos del acto administrativo impugnado, está sujeto a reintegro con el fallo que eventualmente pudiera declarar con lugar el recurso contencioso tributario, con lo cual se evidencia que el perjuicio derivado del fallo en cuestión puede ser reparado en la sentencia definitiva"* (subrayado del autor).

Pero, si se elige dejarse embargar, si bien en ese caso no habría recaudación inmediata, ni necesidad futura de pedir un reintegro, lo cierto es que pocos contribuyentes, dependiendo de la situación económico-financiera de cada quien, de la cuantía del reclamo tributario y del valor y entidad de los bienes embargados, están en condiciones de soportar el embargo del doble del reclamo tributario mas una suma adicional para gastos y costas, sin olvidar que, en caso de ganar el recurso contencioso tributario, mas complicado sería obtener la indemnización de los daños y perjuicios sufridos.

Y decimos que dos son las elecciones posibles, pagar o dejarse embargar, por cuanto ha habido una tercera opción, ampliamente empleada como escapatoria de esta maraña injusta, sin dejar de asegurar las pretensiones tributarias de resultar gananciosas, cual es la de la posibilidad de no pagar e impedir el embargo, por medio de ofrecer, a satisfacción del tribunal, una fianza financiera a favor del ente tributario. Como ejemplo de esto podemos citar, entre muchos otros casos, el de la sentencia interlocutoria Nro. 126/2009 del 23 de septiembre de 2009, dictada por el Juzgado Superior Cuarto de lo Contencioso Tributario de la Circunscripción Judicial del Área Metropolitana de Caracas, caso Municipio Chacao del Estado Miranda contra DESARROLLOS HOTELCO, C.A. (expediente judicial Nro. AP41-U- 2008-000372), en la cual, con arreglo a lo previsto en el artículo 72 del Código Orgánico Tributario de 2001, se ordenó la suspensión de la medida de embargo en juicio ejecutivo decretada por ese tribunal en sentencia interlocutoria Nro. 111/2009 del 21 de julio de 2009, en vista de haber considerado suficiente el contrato de fianza presentado por la recurrente, debidamente autenticado, y otorgado por la empresa Seguros Constitución, C.A.

De hecho esta posibilidad, que se encuentra explícitamente contenida en el artículo 657 del Código de Procedimiento Civil[478], perfectamente aplicable a lo tributario, supletoriamente, fue evocada en la sentencia del 29 de enero de 2002, dictada por la Sala Constitucional del Tribunal Supremo de Justicia (caso JOSÉ FERNANDO NÚÑEZ en recurso de inconstitucionalidad contra normas del juicio de ejecución de créditos fiscales del Código de Procedimiento Civil, con ponencia del Magistrado Antonio García García), encontrándola conforme con la Constitución.

Solo que, degraciadamente una vez más el juez tributario, representado en este caso por la Sala Político-Administrativa del Tribunal Supremo de Justicia, se pone de espaldas al justiciable y a las teorías generales del derecho procesal y de los derechos humanos, prohibiendo el uso de la fianza financiera, en una maniobra claramente estranguladora del contribuyente enfrentado a un acto administrativo no contentivo de obligaciones tributarias concluyentemente liquidadas o determinadas, y por tanto no exigibles. Ese es el caso de la sentencia Nro. 01782 del 15 de diciembre de 2011, de la Sala Político-Administrativa del Tribunal Supremo de Justicia (caso GLOBOVISIÓN TELE, C.A. contra Servicio Nacional Integrado de Administración Aduanera y Tributaria –SENIAT-, con ponencia de la Magistrada Trina Omaira Zurita), en la que, olvidando que si hay un recurso contencioso tributario no puede haber exigibilidad de la obligación demandada, se precisó que:

> *"En el caso bajo examen, ni uno ni otro de los supuestos de hecho previstos en las normas en comentario se adecuan a la situación jurídica planteada en virtud de que en el primer supuesto (i) el demandante tiene carácter de acreedor del demandado y llena los requisitos de ley para que se le acuerde la cautela; en el segundo (ii) el demandante, no obstante de presumirse acreedor del demandado, no reúne los requisitos de ley para que el tribunal le acuerde la medida cautelar, lo*

[478] "Hecha la oposición, se abrirá la causa a pruebas y se seguirá en lo adelante por los trámites del procedimiento ordinario. La oposición formulada de conformidad con el artículo 656, suspenderá la ejecución, si el demandado constituye caución o garantía de las previstas en el artículo 590 para responder de las resultas del juicio, por la cantidad que fije el Tribunal".

> *cual le obliga a presentar caución suficiente ante éste último para que se le acuerde la medida, esto en el procedimiento civil ordinario; en tanto que en el contencioso tributario, la Administración Tributaria tiene la cualidad de acreedora del contribuyente, teniendo su título carácter de ejecutivo (Artículo 289 del Código Orgánico Tributario de 2001), lo que la habilita a acudir a la vía ejecutiva o juicio ejecutivo regulado en los artículos 289 y siguientes del vigente Código Orgánico Tributario, pudiendo en todo caso el contribuyente levantar la medida que hubiere sido decretada, conforme a lo preceptuado en el artículo 299 eiusdem, según el cual: "(...) Las medidas decretadas podrán ser sustituidas a solicitud del interesado, por garantías que a juicio del Tribunal sean suficientes, y siempre que cumplan las formalidades previstas en el artículo 72 de este Código"* (subrayado del autor)

Para luego disponer la imposibilidad del empleo de la fianza financiera en lo tributario, como sigue:

> *"Vistos los términos de la solicitud planteada por la contribuyente conforme a lo previsto en el artículo 590 del Código de Procedimiento Civil, considera esta Sala que dicha medida ha sido prevista en el marco de los procesos civiles para decretar el* ***embargo de bienes muebles*** *y la* ***prohibición de enajenar y gravar bienes inmuebles*** *sin estar cumplidos los extremos de Ley -fumus boni iuris y periculum in mora- (artículo 589 del Código de Procedimiento Civil), siempre que el solicitante de la medida cautelar ofrezca caución u otras garantías suficientes para responder a la parte (demandada) contra quien obra la cautelar por los daños y perjuicios que la ejecución de la medida pudiera ocasionarle, es decir, tal como se apuntó supra el supuesto de hecho de la norma es que el demandante en lo civil solicite ante el juez de la causa el embargo o la prohibición de enajenar y gravar sin llenar los requisitos de Ley.*
> *En el caso que nos ocupa, no es la recurrente (Globovisión Tele C.A.), quien solicita ante el juez contencioso tributario una medida contra el Servicio Nacional Integrado de Administración Aduanera y Tributaria (SENIAT), sino es la Administración Tributaria, que en ejercicio de sus facultades le requiere el pago de una obligación tributaria, previo cumplimiento del procedimiento administrativo, lo que reviste al acto recurrido de una presunción de legalidad y legitimidad.*
> *De allí que la Sala deba concluir que la recurrente erró al fundamentar su solicitud cautelar en el supuesto previsto en el artículo 590 del Código de Procedimiento Civil, y el a quo al acordarle la suspensión de efectos del acto administrativo recurrido "previa constitución de fianza a favor de la República Bolivariana de Venezuela".*
> *En consecuencia, al haber errado la recurrente en el fundamento de su solicitud de suspensión de efectos del acto administrativo recurrido, por no adecuarse al supuesto de hecho contemplado en el artículo 590*

> *del Código de Procedimiento Civil al caso concreto, esto es, la suspensión de los efectos de un acto administrativo contentivo de obligaciones tributarias, debe esta Alzada declarar igualmente improcedente la medida solicitada, la cual se revisa en esta oportunidad atendiendo a su carácter subsidiario a la solicitud de suspensión de efectos planteada de acuerdo al artículo 263 del Código Orgánico Tributario de 2001 y que fuera confirmada previamente la declaratoria de improcedencia. En consecuencia, se revoca la Sentencia apelada sobre este particular. Así se decide"* (subrayado del autor).

En consecuencia, la mayoría de los contribuyentes quedan de tal forma entrampados en esta actuación cómplice por parte de las tres ramas clásicas del poder público, la ejecutiva por haber sido el proyectista de ese Código y luego convertirse en quien demanda su cumplimiento, beneficiándose injustificablemente de la percepción de proventos derivados de la lesión de derechos humanos, la legislativa por olvidarse que representa a las personas y no al poder, aprobando semejante monstruosidad, y la judicial por despreciar su rol protector del Estado de Derecho, de la supremacía constitucional y de garantía del goce efectivo de los derechos humanos, sirviendo de verdugos en el cumplimiento de normativas formalmente legales que deberían excluir, por preferente aplicación de la Constitución; y todo esto frente al silencio de la Defensoría del Pueblo y la vista gorda de la Contraloría General de la República.

Acaso el constituyente quizo que el legislador permitiera al ejecutivo recaudar compulsivamente dineros derivados de obligaciones tributarias no exigibles, con lesión del derecho a la tutela judicial efectiva de las personas, y que el juez se asegurara de ello?

Pensar así equivaldría a menospreciar no solamente el legado libertario de nuestro constituyente, sino también a colocar la dignidad de la persona humana al servicio del poder. Una esclavitud de nuevo signo.

CONCLUSIONES

1. Desde la perspectiva de los derechos humanos, no es procedente que pueda existir un juicio ejecutivo en paralelo a un recurso contencioso tributario ejercido en contra del acto administrativo cuyo cumplimiento compulsivo se demanda, por no estar dado el requisito inexcusable de la exigibilidad de la obligación tributaria, al no encontrarse liquidada o determinada concluyentemente.
2. El Legislador incurre, con la coparticipación del Poder Ejecutivo y la complicidad del poder Judicial, siendo la Defensoría del Pueblo y la Contraloría General de la República meros espectadores,

en un fraude a la Constitución, que conlleva la burla de las garantías judiciales, la violación del derecho a la presunción de inocencia y el menoscabo del derecho a la integridad del patrimonio.

RECOMENDACIONES

1. Instar a la Asamblea Nacional, mediante la presentación de un proyecto puntual de reforma del Código Orgánico Tributario de 2001, acompañado de una exposición de motivos y de un documento fundamentado explicativo de los extremos lesivos de los derechos humanos, a modificar la normativa actual, que permite el paralelismo entre recurso contencioso tributario y juicio ejecutivo. Esto debería ser elaborado por la Asociación Venezolana de Derecho Tributario, con el aval de entidades tales como la Asociación Venezolana de Derecho Constitucional, el Instituto Venezolano de Estudios de Derecho Procesal, la Facultad de Ciencias Jurídicas y Políticas de la Universidad Central de Venezuela y la Academia de Ciencias Políticas y Sociales.
2. Instar a la Administración Tributaria Nacional, por órgano del Servicio Nacional Integrado de Administración Aduanera y Tributaria (SENIAT), mediante el mismo documento fundamentado explicativo de los extremos lesivos de los derechos humanos, cuando hay paralelismo entre recurso contencioso tributario y juicio ejecutivo, a abstenerse de incoar demandas en juicio ejecutivo cuando el acto administrativo respectivo esté siendo objeto de un recurso contencioso tributario, en acatamiento de la obligación internacional del Estado Venezolano, de respetar y garantizar el goce efectivo de los derechos humanos.

2.9
No existe una tal *interpretacion correctiva*, a cargo de los jueces. Artículo 263 del COT

INTRODUCCIÓN

1. Antecedentes

Desde hace algunos años, y cada vez con mayor frecuencia, se asiste a un fenómeno dentro de la jurisprudencia venezolana, inducido desde el máximo tribunal del país, que se ha dado en llamar "*interpretación correctiva*".

En efecto, si dentro del buscador de la página web del Tribunal Supremo de Justicia[479] colocamos esa expresión de "*interpretación correctiva*", para el mes de septiembre de 2012 nos da como resultado más de 100 sentencias (103 el 28 de septiembre) que de una u otra forma han venido aplicando esa pretendida forma de "interpretar" la ley, en sentencias mayoritariamente de la Sala Político Administrativa, pero también de la Sala Constitucional y de otras como las Salas Civil y Social.

Ahora bien, sin perjuicio de los diversos artículos de distintas leyes que han sido objeto de la así denominada "*interpretación correctiva*", a título ilustrativo de lo que está ocurriendo en nuestros estrados, dedicaremos estas reflexiones al tratamiento que al respecto se ha venido dando del Artículo 263 del Código Orgánico Tributario de 2001[480], desde el fallo que puede considerarse líder u origen particular del tema específico, que no es otro que el contenido en la Sentencia Nro. 00607 del 3 de junio de 2004,

---

[479] http://www.tsj.gov.ve/search4/buscador.asp

[480] Nos referimos al que fuera publicado en la Gaceta Oficial de la República Nro. 37.305 de fecha 17 de octubre de 2001.

dictada la Sala Político Administrativa del Tribunal Supremo de Justicia[481] con ponencia del Magistrado Dr. Levis Ignacio Zerpa, en el caso Deportes El Marquez, C.A., en recurso contencioso tributario en contra del acto administrativo contenido en el Acta de Comiso S/Nro. de fecha 30 de octubre de 2002, levantada por la Gerencia de la Aduana Principal Aérea de Maiquetía, del Servicio Nacional Integrado de Administración Aduanera y Tributaria (SENIAT)[482].

La realidad jurisprudencial que hemos tomado como ámbito de estudio, referida al problema planteado, obviamente con vista de los antecedentes previamente indicados, nos convida indefectiblemente a desentrañar sus caracteres identificadores, dentro de la concreción del alcance de la idea correcta de interpretación de la ley, de modo de observar la tal "*interpretación correctiva*" como una actuación estatal no solamente reñida con los más elementales principios del derecho, sino además plenamente inconforme con los postulados indubitablemente normados por la Constitución de la República, con carácter supremo[483].

La presente investigación, con apoyo en los conceptos de hermenéutica jurídica y en los principios fundamentales que rigen la estructura y organización constitucional del Estado Venezolano, que han de imperar por sobre todo nuestro ordenamiento jurídico, persigue demostrar con argumentos de

---

[481] http://www.tsj.gov.ve/decisiones/spa/Junio/00607-030604-2003-0354.htm

[482] Sólo como una muestra aleatoria tanto del incesante proceder analizado, como del volumen de sentencias existentes en este especial dominio, en cuanto a la misma norma legal citada, identificamos los siguientes fallos, en mero orden cronológico, a razón de dos sentencias por año 2005, 2006, 2007, 2008, 2009, 2010, 2011 y 2012:
http://www.tsj.gov.ve/decisiones/spa/Mayo/03102-190505-2004-0192-1.htm
http://www.tsj.gov.ve/decisiones/spa/Diciembre/06546-141205-2005-2091.htm
http://www.tsj.gov.ve/decisiones/spa/Abril/01052-270406-2003-0863.htm
http://www.tsj.gov.ve/decisiones/spa/Diciembre/02865-131206-2006-2004-0842.html
http://www.tsj.gov.ve/decisiones/spa/mayo/00759-17507-2007-2006-1110.html
http://www.tsj.gov.ve/decisiones/spa/junio/01082-20607-2007-2006-0812.html
http://www.tsj.gov.ve/decisiones/spa/Mayo/00573-7508-2008-2007-0252.html
http://www.tsj.gov.ve/decisiones/spa/Septiembre/01078-25908-2008-2008-0167.html
http://www.tsj.gov.ve/decisiones/spa/Junio/00850-10609-2009-2009-0109.html
http://www.tsj.gov.ve/decisiones/spa/Diciembre/01758-31209-2009-2009-0267.html
http://www.tsj.gov.ve/decisiones/spa/junio/00524-9610-2010-2010-0126.html
http://www.tsj.gov.ve/decisiones/spa/junio/00578-16610-2010-2009-0598.html
http://www.tsj.gov.ve/decisiones/spa/abril/00482-13411-2011-2010-0557.html
http://www.tsj.gov.ve/decisiones/spa/octubre/01366-201011-2011-2011-0799.html
http://www.tsj.gov.ve/decisiones/spa/julio/00783-4712-2012-2012-0509.html
http://www.tsj.gov.ve/decisiones/spa/julio/00886-25712-2012-2012-0420.html

[483] Artículo 7 de la Constitución: "*La Constitución es la norma suprema y el fundamento del ordenamiento jurídico. Todas las personas y los órganos que ejercen el Poder Público están sujetos a esta Constitución*".

carácter jurídico, la inconstitucionalidad en la que incurre el Poder Judicial, y más que eso, el fraude al Poder Legislativo, al no atenerse a la letra de la ley, pretendiéndose facultado para modificar los textos legales, desconociendo con ello el rango sub legal de la función jurisdiccional.

Resulta obvio, siendo el autor de la presente investigación un abogado litigante, que aparte de su práctica profesional vinculada al tema, como defensor judicial de contribuyentes, desarrolla actividad académica al respecto, como profesor universitario, que surja interés y gran motivación en despertar alarma acerca de una de las actuaciones estatales potencial y globalmente más perjudiciales para el debido respeto del principio de legalidad y del principio de seguridad jurídica, como fundamento del Estado Constitucional y Democrático de Derecho[484].

Se trata pues, de un llamado de atención. Por tanto, se presenta un escrito, que sin menoscabo de cierto desarrollo teórico con apoyo académico, con la lectura de las fuentes bibliográficas, es una reflexión desde la óptica racional del autor.

I. DESARROLLO

1. El Artículo 263 del Código Orgánico Tributario de 2001 y su pretendida "*interpretación correctiva*"

Dispone el Artículo 263 del Código Orgánico Tributario de 2001 lo siguiente:

> *"La interposición del recurso no suspende los efectos del acto impugnado, sin embargo a instancia de parte, el Tribunal podrá suspender parcial o totalmente los efectos del acto recurrido, en el caso* ***que su ejecución pudiera causar graves perjuicios al interesado, o si la impugnación se fundamentare en la apariencia de buen derecho****. Contra la decisión que acuerde o niegue la suspensión total o parcial de los efectos del acto procederá recurso de apelación, el cual será oído en el solo efecto devolutivo.*
> *La suspensión parcial de los efectos del acto recurrido no impide a la Administración Tributaria para exigir el pago de la porción no suspendida ni objetada.*

[484] Artículo 2 de la Constitución: *"Venezuela se constituye en un Estado democrático y social de Derecho y de Justicia, que propugna como valores superiores de su ordenamiento jurídico y de su actuación, la vida, la libertad, la justicia, la igualdad, la solidaridad, la democracia, la responsabilidad social y en general, la preeminencia de los derechos humanos, la ética y el pluralismo político".*

Parágrafo Primero: En los casos en que no se hubiere solicitado la suspensión de los efectos en vía judicial, estuviere pendiente de decisión por parte del Tribunal o la misma hubiere sido negada, la Administración Tributaria exigirá el pago de las cantidades determinadas siguiendo el procedimiento previsto en el Capítulo II del Título VI de este Código, pero el remate de los bienes que se hubieren embargado se suspenderá si el acto no estuviere definitivamente firme. Si entre los bienes embargados hubieren cosas corruptibles o perecederas, se procederá conforme a lo previsto en el artículo 538 del Código de Procedimiento Civil.
No obstante, en casos excepcionales, la Administración Tributaria o el recurrente podrán solicitar al Tribunal la sustitución del embargo por otras medidas o garantías.
Parágrafo Segundo: La decisión del Tribunal que acuerde o niegue la suspensión de los efectos en vía judicial, no prejuzga el fondo de la controversia.
Parágrafo Tercero: A los efectos de lo previsto en este artículo no se aplicará lo dispuesto en el artículo 547 del Código de Procedimiento Civil." (Negrillas y subrayado del autor).

Este dispositivo legal constituye una de la más graves modificaciones sufridas por los regímenes normativos procesales respectivamente contenidos en los Códigos Orgánicos Tributarios de 1982, de 1992 y de 1994, por cuanto en los mismos se previó, como una garantía avanzada del derecho de acceso a la justicia y del derecho a la tutela judicial efectiva, la suspensión de los efectos del acto administrativo de contenido tributario impugnado, como consecuencia de la mera interposición del recurso contencioso tributario, llamada también suspensión automática o suspensión "ope legis". Ya tuvimos ocasión de pronunciarnos sobre la inconstitucionalidad de ese dispositivo legal, a varios títulos, particularmente por la reedición del contraprincipio "solve et repete", por la violación, entre otros aspectos cruciales, de la Convención Americana sobre Derechos Humanos, al pretenderse la ejecución antes de la cognición, y por el menoscabo del principio de progresividad de los derechos humanos y del principio de presunción de inocencia.[485]

Es así que, en razón de haberse suplantado el régimen de suspensión "ope legis" previsto en los Códigos Orgánicos Tributarios anteriores, por el actual régimen de suspensión de efectos por orden judicial y a petición

[485] BLANCO-URIBE QUINTERO, Alberto. "Eliminación de los Efectos Suspensivos de los Recursos Tributarios. Una Inconstitucionalidad". En Estudios sobre el Código Orgánico Tributario de 2001, obra colectiva, coordinador Jesús Sol Gil. Asociación Venezolana de Derecho Tributario. Livrosca. Caracas, 2002, pp. 659 a 718.

del recurrente, el legislador previó ciertas reglas, dentro de las cuales, y a nuestros fines, se hayan las condiciones de procedencia a ser examinadas por el juez, para poder acordar la suspensión de efectos que le haya sido solicitada, las cuales son: que la ejecución del acto impugnado pueda causar graves perjuicios al interesado, o que la impugnación se fundamente en la apariencia de buen derecho.

En este orden de ideas, cabe destacar el uso, por parte del legislador, de la palabra "o", como fórmula lingüística o idiomática que le permite unir ambos condicionantes en una sola idea. Siendo que esta palabra termina siendo el quid de toda la problemática supuestamente interpretativa que nos ocupa.

Es el caso que, desde la entrada en vigencia de este Artículo 263, ocurrida en octubre de 2002 (por efecto de la prevista "vacatio legis"), hasta el dictado de la sentencia indicada del 3 de junio de 2004, dicha palabra "o", fue entendida por la doctrina y la jurisprudencia venezolanas como establecedora de una alternativa. Es decir, que si el recurrente solicitante de la suspensión de efectos fundaba su petición bien en que la ejecución del acto impugnado pudiese causarle graves perjuicios, o bien en que la impugnación se fundamentase en la apariencia de buen derecho, una cosa o la otra, debida y suficientemente argumentada o probada, según los casos, el juez tendría que acordar lo requerido, por estar satisfecha una nada mas de las condiciones previstas en la norma, como suficiente por sí sola, a esos fines.

Empero, como resultado de una apelación ejercida a favor del Servicio Nacional Integrado de Administración Aduanera y Tributaria (SENIAT), por la Procuraduría General de la República, en contra de la sentencia interlocutoria dictada por el Juzgado Superior Quinto de lo Contencioso Tributario de la Circunscripción Judicial del Área Metropolitana de Caracas, en fecha 29 de enero de 2003, que había acordado la suspensión de efectos del acto administrativo de contenido tributario impugnado, pedida por la contribuyente Deportes El Marquez, C.A., en su recurso contencioso tributario, con base en el cumplimiento de una sola de las condiciones de procedencia citadas, entendidas satisfechas alternativamente, la Sala Político Administrativa del Tribunal Supremo de Justicia dictó la citada Sentencia Nro. 00607 del 3 de junio de 2004, cambiando el criterio jurisprudencial y despegándose de la doctrina jurídica al efecto, pero para ello viéndose forzada a modificar también el texto de la ley, en aplicación de lo que denominó "*interpretación correctiva*", de modo de que allí donde el legislador escribió "o", el destinatario de la norma, con todas las consecuencias materiales, económicas y jurídicas que ello conlleva, así como el ejecutor o aplicador de la misma, deben leer "y".

Es de esta cuestionable manera que la Sala Político Administrativa del Tribunal Supremo de Justicia, en la citada sentencia, y en todas cuantas han sido dictadas al respecto desde junio de 2004 y hasta la fecha, cambió no la idea de derecho derivada de la norma en cuestión, sino el texto mismo de la ley, so pretexto de estarlo "interpretando", volviendo con ello indispensablemente concurrentes (y no alternativas) las condiciones de procedencia de la suspensión judicial de los efectos del acto administrativo de contenido tributario impugnado, a requerimiento de la parte interesada (el recurrente).

Establece la aludida sentencia, como fundamento posteriormente sin excepción reiterado de su proceder, lo que a continuación se transcribe, donde nos permitimos destacar simultáneamente en negrillas y subrayado los argumentos centrales de esta actuación judicial (los textos destacados solamente en negrillas son de la sentencia):

> *"En virtud de la declaratoria contenida en el fallo recurrido y de los fundamentos de la apelación ejercida por la representación fiscal, la controversia en el caso sub júdice queda circunscrita a decidir sobre la procedencia o no de la medida cautelar de suspensión de efectos del acto administrativo contenido en el Acta de Comiso S/N° de fecha 30 de octubre de 2002, emitido por la Gerencia de la Aduana Principal Aérea de Maiquetía, declarada con lugar por el juzgador de instancia.*
> *Al efecto, debe la Sala pronunciarse previamente respecto a la declaratoria del sentenciador atinente a la no concurrencia de los requisitos de procedencia previstos en el artículo 263 del Código Orgánico Tributario de 2001, y en tal sentido se considera pertinente transcribir la novedosa norma del referido Código, que reza:*
> *"La interposición del recurso no suspende los efectos del acto impugnado; sin embargo a instancia de parte, el tribunal podrá suspender parcial o totalmente los efectos del acto recurrido,* ***en el caso que su ejecución pudiera causar graves perjuicios al interesado, o si la impugnación se fundamentare en la apariencia de buen derecho.****" (Omissis) (Resaltado de la Sala).*
> *"La suspensión parcial de los efectos del acto recurrido no impide a la Administración Tributaria exigir el pago de la porción no suspendida ni objetada."*
> *"Omissis..."*
> *De la norma parcialmente transcrita, la Sala observa que la suspensión de los efectos del acto recurrido en materia tributaria, no ocurre en forma automática, tal como lo fuera en los precedentes códigos orgánicos tributarios (desde el primogénito de 1982, hasta el promulgado en 1994); convirtiéndose ahora por mandato del legislador en una medida cautelar que el Juez puede decretar a instancia de parte.*
> *Asimismo, se observa de dicha norma que la referida suspensión está supeditada al cumplimiento de ciertos requisitos de procedibilidad de las medidas cautelares.*
> *En cuanto a dichos requisitos, la norma expresamente establece que "...el tribunal podrá suspender parcial o totalmente los efectos del*

acto recurrido, en el caso que su ***ejecución pudiera causar graves perjuicios al interesado, o*** *si la impugnación se fundamentare en la* ***apariencia de buen derecho."***

Así, ***la simple interpretación gramatical del texto transcrito permitiría afirmar, en principio, la posibilidad de que los requisitos para decretar la referida medida cautelar en el contencioso tributario no sean concurrentes. Sin embargo, considera esta Sala que en las interpretaciones de los textos normativos, el juez no puede limitarse a sólo apreciar el sentido literal que a primera vista el texto ofrece, sino que, además, en ella debe realizar una comprensión integral del mismo; lo cual le impone tomar en consideración los otros elementos o métodos interpretativos, elaborando así una interpretación sistemática de la disposición legal en relación a todo el ordenamiento jurídico.***

En el caso sub júdice, tenemos que el citado texto normativo que consagra la procedencia de la suspensión del acto administrativo tributario, consta de dos enunciados: a) que la ejecución del acto pudiera causar graves perjuicios al interesado; b) que la impugnación se fundamentare en la apariencia de buen derecho.

En tal sentido, ***debe analizarse si la "o" a la que hace referencia la norma es disyuntiva por interpretación literal o gramatical, para entender que los requisitos de procedencia de la medida cautelar no son concurrentes, o si, por el contrario, la "o" debe ser objeto de una interpretación más amplia de una mera comprensión gramatical.***

De seguirse la interpretación literal, podríamos decir que si la "o", que separa ambos enunciados es disyuntiva, bastaría con que uno solo de los enunciados se verificase para que se diera la consecuencia jurídica de la norma.

Aplicando lo anterior a dicha disposición legal, tendríamos que admitir que podrían decretarse medidas cautelares con la sola verificación del fumus boni iuris o con la sola verificación del periculum in damni.

En este punto del razonamiento, caben hacerse las siguientes preguntas: ¿el solo fumus boni iuris es suficiente para suspender los efectos de un acto administrativo tributario?; y por otra parte ¿la sola verificación del periculum in damni es capaz de suspender los efectos del acto administrativo tributario?

Dentro de este contexto, debe hacerse referencia a que las medidas cautelares de suspensión de efectos del acto administrativo tributario, se dictan cuando ellas sean necesarias para evitar perjuicios irreparables o de difícil reparación causado por la ejecución inmediata del acto administrativo tributario, en cuyo caso, de acordarse, debe ser con fines preventivos y no con fines ejecutivos o de reparación definitiva del daño.

Esta actividad preventiva de las medidas cautelares en el contencioso tributario, a diferencia de otros procesos, no está dirigida a asegurar las consecuencias de la sentencia futura del proceso principal, por el retardo en el mismo, sino que, por el contrario, busca suspender los efectos de un acto administrativo cuya ejecución inmediata pueda causar daños graves, razón por la cual, en este caso, debe hablarse de peligro de daño o periculum in damni según denominación de algún sector de la doctrina. Vale decir, que el peligro aquí no se identifica porque quede ilusoria la ejecución de un futuro fallo, sino por la debida comprobación por parte del juez de que la ejecución inmediata del acto administrativo tributario pueda causar un daño grave e inminente al contribuyente.

En cuanto a la exigencia del fumus boni iuris, es decir, de la probable existencia de un derecho, del cálculo o verosimilitud de que la pretensión principal será favorable al accionante, dicho requisito no puede derivar únicamente de la sola afirmación del accionante, sino que debe acreditarse en el expediente.

Por otra parte, debe aclararse que el acto administrativo tributario cuya suspensión se pide ante el órgano jurisdiccional, se presume dictado con apego a la ley, es decir, que el acto administrativo tributario goza de una presunción de legalidad, al ser dictado por órganos o entes públicos que poseen competencias y atribuciones contempladas en la ley para el ejercicio de la actividad administrativa tributaria.

Es por esta especial razón, que el decretar judicialmente la suspensión del acto administrativo, supone una excepción a los principios de ejecutividad y ejecutoriedad inmediata de los actos administrativos, ambos principios derivados de la referida presunción de legalidad.

Así, tomando en consideración dicha circunstancia, la sola apariencia del buen derecho no es suficiente para suspender el acto administrativo tributario; sino que además la ejecución del acto administrativo debe causar perjuicios al interesado, peligro éste calificado por el legislador como grave. La apariencia del derecho y el peligro inminente de daño grave en los derechos e intereses del interesado sería lo que, en todo caso, justificaría la suspensión de los efectos del acto administrativo tributario.

En cuanto a la posibilidad de acordar la suspensión de los efectos del acto administrativo tributario con la sola verificación del periculum in damni, considera la Sala que tampoco puede aisladamente solicitarse y decretarse, en razón de que carece de sentido que un contribuyente que no tenga la apariencia o credibilidad de la existencia de un buen derecho, pueda alegar que se le está causando un daño grave.

Entonces, al haber quedado evidenciado que ambos enunciados constitutivos del texto legal, a saber, ***periculum in damni y fumus boni iuris, no se dan en forma completa al analizarse por separado, conforme a lo explicado debe concluirse que ambos forman parte de una unidad, por lo cual no puede hablarse, en este caso, de disyunción en la proposición normativa sino de conjunción, ya que dichos enunciados o las partes que la***

conforman para ser válidos, esto es, verificarse en la realidad, deben verse en forma conjunta, y no sosteniendo que indistintamente la existencia de que cada uno, por separado, es capaz de lograr la consecuencia jurídica del texto legal.
Conforme a todo lo expuesto, ***esta Sala debe realizar una interpretación correctiva de la norma sobre la base de los razonamientos expresados y, en tal sentido, entender de la referida disposición legal que para que el juez contencioso tributario pueda decretar la suspensión de los efectos del acto administrativo, deben siempre satisfacerse, de forma concurrente, los dos requisitos antes señalados, vale decir, periculum in damni y fumus boni iuris; ello con la finalidad de llevar al convencimiento del juzgador la necesidad de que la medida deba decretarse, para garantizar y prevenir el eventual daño grave, el cual pudiera causarse con la ejecución inmediata del acto administrativo tributario.***
En tal sentido, el juez contencioso tributario debe tener presente que para dictar el decreto cautelar, no bastan las simples alegaciones sobre la apariencia de un derecho, o sobre la existencia de un peligro grave que lesione los intereses del impugnante; sino que dichos requisitos deben acreditarse en el expediente a través de hechos concretos que permitan verificar la certeza del derecho y que el peligro sea grave, real e inminente. Así se declara.
Considerando la precedente interpretación correctiva de la norma contenida en el artículo 263 del Código Orgánico Tributario de 2001, debe por consiguiente la Sala declarar procedente el vicio de interpretación denunciado por la representación fiscal, en cuanto a la concurrencia de los requisitos de procedibilidad de la suspensión de los efectos del acto administrativo, ya que la decisión del a quo se limitó a utilizar el método de interpretación literal de la norma en comento, a los fines de establecer su alcance, cuando necesariamente debió considerar a tales efectos una interpretación sistemática de la citada disposición legal en relación a todo el ordenamiento jurídico aplicable. Así se declara."

Vista la argumentación de la sentencia objeto de análisis, no en cuanto a la justeza o veracidad jurídica, en un plano teórico conceptual, de sus afirmaciones acerca de si en el proceso judicial tributario se justifica que las condiciones de procedencia de la tutela cautelar suspensiva de efectos del acto administrativo impugnado hayan de ser concurrentes y no alternativas, sino particularmente lo relativo a si lo que hizo fue en realidad interpretar el derecho o, por el contrario, legislar, nos corresponde ahora revisar la idea de hermenéutica jurídica[486].

---

[486] file:///E:/hermeneutica.html: *"El lenguaje es la morada del ser y la casa donde habita el hombre, el gran intérprete que responde a esa llamada y que en ella y desde*

2. La hermenéutica jurídica no es actividad legislativa

La hermenéutica jurídica, idea tras la cual se presenta el conjunto de los distintos métodos de interpretación de la integralidad de las normas que integran al ordenamiento jurídico positivo, sean vistas éstas aisladamente consideradas o en función del conglomerado sistémico que lo compone, frente al inevitable carácter ambiguo, equívoco, multívoco y rara vez unívoco de las palabras en las que se encuentran redactadas, no persigue arribar al descubrimiento de la única idea de derecho oculta, sino que, una vez expuesta la pluralidad de las soluciones posibles, permite optar por aquella idea de derecho que se perfile como la de mayor justificación, dentro del marco de los postulados axiológicos insertos en determinados parámetros espacio-temporales.

Desde semejante perspectiva conceptual, figura como incuestionablemente veraz la afirmación contenida en la sentencia objeto de estos comentarios, cuando como vimos expresa que, en la búsqueda del entendimiento del contenido y alcance preciso de la norma jurídica que se debe aplicar, el intérprete no se encuentra indefectiblemente atado a la interpretación literal, para justifica su idea concreta de derecho. Asevera la Sala Político Administrativa del Tribunal Supremo de Justicia que:

> *"en las interpretaciones de los textos normativos, el juez no puede limitarse a sólo apreciar el sentido literal que a primera vista el texto ofrece, sino que, además, en ella debe realizar una comprensión integral del mismo; lo cual le impone tomar en consideración los otros elementos o métodos interpretativos, elaborando así una interpretación sistemática de la disposición legal en relación a todo el ordenamiento jurídico."*

No obstante, es obvio que esto no fue lo que hizo la Sala Político Administrativa del Tribunal Supremo de Justicia, puesto que, lejos de aplicar un método de interpretación del derecho otro que el literal, yendo considerablemente más lejos, osada aunque solapadamente cambió la letra de

---

ella desvela la inconclusión de su propio decir. El término hermenéutica deriva del griego "hermenéuiein" que significa expresar o enunciar un pensamiento, descifrar e interpretar un mensaje o un texto.

Etimológicamente, el concepto de hermenéutica se remonta y entronca con la simbología que rodea a la figura del dios griego Hermes, el hijo de Zeus y Maya encargado de mediar entre los dioses o entre éstos y los hombres. Dios de la elocuencia, protector de los viajeros y del comercio, Hermes no sólo era el mensajero de Zeus. También se encargaba de transmitir a los hombres los mensajes y órdenes divinas para que éstas fueran tanto comprendidas, como convenientemente acatadas.

El hermeneuta es, por lo tanto, aquel que se dedica a interpretar y desvelar el sentido de los mensajes, haciendo que su comprensión sea posible y todo malentendido evitado, favoreciendo su adecuada función normativa".

la ley. El juzgador, de esa forma, en lugar de optar por una justificación compatible con la letra de la ley, buscó sustituir las palabras del texto legal para así ajustarlo a su preconcebida idea de derecho.

En efecto, siendo que el Artículo 4 del Código Civil nos exige atribuir a la ley el sentido que aparece evidente del significado propio de las palabras, según la conexión de ellas entre sí y la intención del legislador, lo primero que ha de hacer un verdadero intérprete del derecho, obviamente buen conocedor del idioma en que se encuentra escrita la norma, es determinar el entendimiento o alcance del dispositivo legal, a la luz de lo que sus sencillas o técnicamente complejas palabras denoten o connoten, primero para la aproximación coloquial del ciudadano común (soberano creador y destinatario de la norma), y segundo para el enfoque especializado del abogado y del juez.

Solamente cuando el significado de esas palabras no permita llegar a la debida comprensión del mandato legal, revelándose de ese modo insuficiente el método de interpretación literal, también llamado gramatical o lógico-gramatical, resulta necesario acudir a otros métodos que trascienden a la letra misma de la norma, aunque indispensablemente anclados en ella, como lo son el método de interpretación histórica, que indaga en los antecedentes de la creación de la norma, sirviéndose por ejemplo del diario de debates parlamentarios, en la búsqueda del querer del legislador; el método de interpretación teleológica, que pretende desentrañar los propósitos, fines u objetivos perseguidos por la norma en sí; y, lo que resulta en realidad una síntesis de todo lo anterior, aunada a la consideración del dispositivo analizado, pero no ya de manera aislada, sino como parte integrante del ordenamiento jurídico en su integralidad, que se conoce como técnica de la interpretación sistemática del derecho, de modo que no exista ningún tipo de incoherencia entre las distintas normas que lo componen.

Ahora bien, siendo tremendamente sorprendente lo que constituye el objeto de la actividad judicial que en concreto nos ocupa, que no es otra cosa que el entendimiento y alcance de la sencilla palabra "o", es lo cierto que la lectura de la jurisprudencia derivada de un sin número de sentencias como la que al respecto venimos analizando, como es lógico y de esperar, tratándose los magistrados de letrados conocedores de la lengua castellana, revela que la simple y primigenia interpretación literal bastaba en este caso, puesto que evidentemente la Sala Político Administrativa del Tribunal Supremo de Justicia entendió que el significado de la palabra "o" era el de presentar una enumeración disyuntiva o alternativa, y nunca acumulativa o concurrente, aunque ello resulta implícito para el lector del fallo. De lo contrario, no tendría que haber dedicado tanta argumentación para tratar de convencer al justiciable, acerca de su entendimiento, claramente contra legem, de que donde dice "o" debe leerse "y".

A todas luces es evidente para el buen castellano parlante el definitivo e indudable significado de la palabra "o". Siguiendo al Diccionario de la Real Academia Española de la Lengua[487], la palabra "o" es una conjunción disyuntiva que *"1. Denota diferencia, separación o alternativa entre dos o más personas, cosas o ideas. Antonio o Francisco. Blanco o negro. Herrar o quitar el banco. Vencer o morir"*, y *"2. Se usa generalmente ante cada uno de dos o más términos contrapuestos. Lo harás o de grado o por fuerza"*.

En consecuencia, mal podría haberse dedicado a encontrar la correcta comprensión de la palabra "o", por intermedio del empleo de los otros métodos de interpretación del derecho, ni el histórico, ni el teleológico, y menos aún la técnica de interpretación sistemática, ni tampoco lo que se ha dado en llamar interpretación constitucionalizante o conforme a la constitución[488], que es una variante de la vieja interpretación rectificadora[489], que obviamente no gira sobre el cambio de las palabras de la norma, sino sobre la evolutiva idea de derecho en ellas presente.

Efectivamente, ningún método o técnica de interpretación autoriza al juez a modificar la letra de la ley, puesto que corregir dicha letra o lo que podríamos catalogar de "enmendarle la plana al legislador", lejos de implicar el desentrañamiento del significado de la norma, conlleva a su reforma, vía corrección, en clara usurpación de la función legislativa[490]. Nuestra Constitución consagra el principio de separación del poder público[491], siendo

---

[487] http://lema.rae.es/drae/?val=o

[488] DUQUE CORREDOR, Román J. (2009), pág. 83; y, BIDART CAMPOS, Germán J. (2000), pág. 382, particularmente en cuanto concierne a la regla de la presunción de validez y constitucionalidad de los actos emanados de los órganos de poder, y al conjunto del sistema axiológico contenido en la Constitución.

[489] OLASO, Luís María S.J. y CASALS, Jesús María (2007), pág. 203: *"Hay dos clases de interpretación, la "declarativa", que se limita a aplicar la ley, al decir cuál es su sentido; y la "rectificadora", que no se atiene a la literalidad de la ley, sino que amplía, reduce o transforma el sentido de la ley para lograr los fines que esa norma se propone, ésta puede ser extensiva, restrictiva o modificadora"*.

[490] Artículo 4 del Código Civil: *"Las leyes no pueden derogarse sino por otras leyes..."*.
Artículo 187 de la Constitución: *"Corresponde a la Asamblea Nacional: 1. Legislar en las materias de la competencia nacional y sobre el funcionamiento de las distintas ramas del Poder Nacional"*.
Artículo 202 de la Constitución: *"La ley es el acto sancionado por la Asamblea Nacional como cuerpo legislador. Las leyes que reúnan sistemáticamente las normas relativas a determinada materia se podrán denominar códigos"*.

[491] Artículo 136 de la Constitución: *"El Poder Público se distribuye entre el Poder Municipal, el Poder Estadal y el Poder Nacional. El Poder Público Nacional se divide en Legislativo, Ejecutivo, Judicial, Ciudadano y Electoral.*
Cada una de las ramas del Poder Público tiene sus funciones propias, pero los órganos a los que incumbe su ejercicio colaborarán entre sí en la realización de los fines del Estado".

que en un Estado de Derecho el órgano público solamente puede hacer lo que explícitamente la norma constitucional o legal le confiere como atribución[492], sancionándose con la nulidad por usurpación de funciones todo acto dictado en detrimento de ese libertario y democrático principio[493].

Corregir quiere decir ir a lo correcto. Quien corrige conduce al equivocado a enmendar el error en el que ha incurrido[494]. El Poder Judicial no puede, bajo ningún pretexto, superponerse a la democráticamente formulada voluntad popular derivada de la actividad parlamentaria, salvo las excepciones previstas en la Constitución, en donde se le permite, en garantía del ya mencionado principio de supremacía de la Constitución, anular o desaplicar la ley, mediando los mecanismos de control concentrado y difuso de su constitucionalidad[495], vale decir, de su conformidad formal y sustancial con la Constitución. Pero aun allí, tengámoslo presente, pudiendo el Poder Judicial anular la ley sólo por intermedio de la Sala Constitucional del Tribunal Supremo de Justicia, o desaplicar la ley a través de cualquier tribunal de la República, dentro del ámbito de sus competencias materiales, no está esa rama del Poder Público, bajo ninguna circunstancia, facultada para cambiar la letra de la ley, y sucesivamente mantener su vigencia con otra redacción de su texto.

Y, en cuanto concierne a la técnica de la interpretación sistemática del derecho, así como a la interpretación conforme con la Constitución y las distintas variantes de la interpretación rectificadora, de lo que se trata es de elegir, dentro de varias soluciones interpretativas posibles, la que

---

[492] Artículo 137 de la Constitución: *"La Constitución y la ley definirán las atribuciones de los órganos que ejercen el Poder Público, a las cuales deben sujetarse las actividades que realicen".*
Excepcionalmente, el Artículo 236 de la Constitución confiere potestad legislativa al Poder Ejecutivo: *"Son atribuciones y obligaciones del Presidente o Presidenta de la República: ... 8. Dictar, previa autorización por una ley habilitante, decretos con fuerza de ley...".*

[493] Artículo 138 de la Constitución: *"Toda autoridad usurpada es ineficaz y sus actos son nulos".*

[494] Siguiendo al Diccionario de la Real Academia de la Lengua Española (http://lema.rae.es/drae/?val=corregir), la voz corregir significa: *"1. Enmendar lo errado. 2. Advertir, amonestar, reprender. 3. Dicho de un profesor: Señalar los errores en los exámenes o trabajos de sus alumnos, generalmente para darles una calificación".*

[495] Artículo 334 de la Constitución: *"Todos los jueces o juezas de la República, en el ámbito de sus competencias y conforme a lo previsto en esta Constitución y en la ley, están en la obligación de asegurar la integridad de esta Constitución.*
En caso de incompatibilidad entre esta Constitución y una ley u otra norma jurídica, se aplicarán las disposiciones constitucionales, correspondiendo a los tribunales en cualquier causa, aún de oficio, decidir lo conducente.
Corresponde exclusivamente a la Sala Constitucional del Tribunal Supremo de Justicia como jurisdicción constitucional, declarar la nulidad de las leyes y demás actos de los órganos que ejercen el Poder Público dictados en ejecución directa e inmediata de la Constitución o que tengan rango de ley, cuando colidan con aquella".

aparezca como más compatible con los principios generales que nutren el ordenamiento jurídico, en líneas universales, y en particular con los postulados constitucionales, por supuesto sin que el juez pueda, debemos insistir, cambiar en absoluto la letra de la Ley (norma objeto de la interpretación).

No cabe duda de que la Sala Político Administrativa del Tribunal Supremo de Justicia entiende perfectamente la diferencia de naturaleza entre lo que es la tradicional interpretación rectificadora, y lo que ella ha venido indistintamente denominando "*interpretación correctiva*", puesto que esta última e infeliz expresión se ha venido empleando en su jurisprudencia para designar una cosa u otra. En efecto, se la usa tanto cuando incurre en la usurpación de funciones derivada de la aquí denunciada desautorizada modificación de la letra de la ley, que ilustramos con lo que ha venido sucediendo con el Artículo 263 del Código Orgánico Tributario, como cuando sin alteración del texto legal, en la búsqueda de la más apropiada interpretación de la norma, de suyo conforme con los principios generales de derecho y con la Constitución, adopta lo que asume como la más adecuada idea de derecho, para el momento de la aplicación concreta de la norma, lo cual nos permitimos ejemplificar con lo que ha ocurrido con el Artículo 214 del Código Orgánico Tributario, que dispone textualmente:

> *"La intimación que se efectúe conforme a lo establecido en esta sección no estará sujeta a impugnación por los medios establecidos en este Código."*

Así, no obstante que una simple interpretación literal de ese dispositivo conduciría a entender que contra esas intimaciones impositivas el afectado no podría intentar el recurso jerárquico ni incoar el recurso contencioso tributario, es lo cierto que la Sala Político Administrativa del Tribunal Supremo de Justicia ha puesto la norma en su justa medida, al establecer, en su Sentencia Nro. 01939 del 28 de noviembre de 2007[496], con ponencia también del Magistrado Dr. Levis Ignacio Zerpa, en el caso de Sakura Motors C.A. en recurso contencioso tributario contra las Resoluciones Nros. RTD2066-2005 y RTE2048-2005 del 18 de noviembre de 2005, RTD2045-2006 del 16 de marzo de 2006 y RTA2094-2006 del 03 de julio de 2006, dictadas por la Dirección de Hacienda de la Alcaldía del Municipio San Cristóbal del Estado Táchira, lo siguiente:

[496] http://www.tsj.gov.ve/decisiones/spa/Noviembre/01939-281107-2007-2007-0841.html Criterio ratificado en http://www.tsj.gov.ve/decisiones/spa/Diciembre/01795-151211-2011-2011-0932.html

> *"Sin embargo, es de destacar que aun cuando dicha intimación constituye como se dijo un acto de gestión extrajudicial de cobro, preparatorio de la vía administrativa, debe atenderse al examen de ésta en cada caso, pues ciertamente puede suceder que a través de ella pretenda la Administración Tributaria exigir una nueva determinación tributaria o bien accesorios o sanciones desconocidos hasta ese momento por el contribuyente y sobre los cuales no ha podido hacer valer ningún tipo de control o defensa en vía administrativa, pues, como se dijo, los desconoce; así, en tales supuestos en que la intimación no se limite a compeler al pago de obligaciones previamente determinadas y firmes y contenga una nueva manifestación de voluntad de la Administración Tributaria no conocida por el contribuyente, destinada a producir efectos jurídicos y que, en todo caso, prejuzgara como definitiva, dicho acto no estará, pese a la disposición contenida en el artículo 214 del Código Orgánico Tributario, exenta del control jurisdiccional, pues en resguardo del orden constitucional y legal deben preservarse, los derechos y garantías del contribuyente a la defensa, al debido proceso y a la tutela judicial efectiva.* ***Así se declara.***
> *Conforme a lo expuesto, esta máxima instancia de la jurisdicción contencioso tributaria debe realizar una* ***interpretación correctiva*** *de la norma prevista en el artículo 214 del Código Orgánico Tributario y, en tal sentido, se debe entender de la referida disposición legal, que ella queda circunscrita al supuesto de gestión extrajudicial de cobro de obligaciones tributarias previamente determinadas y definitivamente firmes; siendo en consecuencia que aquellas actuaciones que impliquen una nueva determinación de tributos, accesorios y sanciones y, en general, que modifiquen o afecten mediante una nueva manifestación de voluntad de la Administración Tributaria la esfera subjetiva del contribuyente, serán susceptibles de ser impugnadas en sede jurisdiccional.* ***Así se decide".***

Definitivamente, la monolítica letra de la ley (mientras ésta se encuentre vigente, claro está) aparece como la jaula infranqueable para el juez prisionero, quien pudiendo analizar sus barrotes desde todas las perspectivas posibles, e incluso pudiendo ver a través de ellos, jamás podrá sustituirlos ni transformarlos. Así, el juez prisionero podrá ajustar sus barrotes a las nuevas necesidades esenciales, pero no podrá nunca desprenderse de su condición, quedando para siempre sujeto a los barrotes impuestos por su carcelero, el legislador representante del soberano.

Con la correspondiente dispensa del recurso literario metafórico que precede, resulta oportuno aclarar que no pretendemos situar nuestra línea de pensamiento en cuanto a la relación entre el juez y la ley, en los cánones existentes en las concepciones jurídicas que ya fueron superadas ampliamente durante los siglos XIX y XX. En efecto, hace ya bastante más de 100 años que la idea de derecho dejó de identificarse con la definición de ley, pasando ésta a ser, junto a otras, si bien en cierto modo privilegiado, una de las fuentes del derecho. Los jueces, a la hora de decidir las causas que les son encomendadas, debiendo siempre partir de la letra de la ley, han de encontrar el respectivo sentido de justicia como valor perseguido por el derecho.

En otras palabras, precisamente sin menoscabar uno de los postulados fundamentales del Estado democrático, cual es el de la sumisión a la ley de la administración de justicia, es lo cierto que los diversos métodos de interpretación jurídica, indispensables en sus usos para la precisión cuando sea menester del debido entendimiento de la ley, por muy diferentes que sean las conclusiones a las que se llegue en un momento dado, con respecto a lo que se pensó y aplicó en épocas anteriores, siempre bajo la vigencia de las mismas normas, por efecto de la evolución de la sociedad y de nuevos imperativos axiológicos, jamás podrían pretender los jueces cambiar la letra de la norma, aunque sí la idea de derecho derivada de ella.

Se ancla pues, el juez, al texto estático de la Ley (mientras dure su vigencia formal), aún cuando la idea de derecho que de ella emerja varíe durante el tiempo en que rija.

No debemos entonces confundir lo que la Sala Político Administrativa del Tribunal Supremo de Justicia ha venido denominando "*interpretación correctiva*", con lo que muy respetable doctrina jurídica califica de "*corrección del derecho legal defectuoso*". En efecto, bajo semejante epíteto el jurista Karl Engisch nos ilustra al respecto:

> *"... En tanto la corrección de la Ley se mueve siguiendo las huellas del mismo legislador, el pensamiento jurídico no se aparta de las vías que hemos conocido en sus diferentes manifestaciones: interpretación, comprensión, investigación de sentido, interpretación de intereses, analogía, argumentum a contrario, etc. .... Dijimos que en la emancipación del sentido literal, para buscar la verdadera voluntad del legislador. Esto incluye un desplazamiento de la llamada investigación de sentido gramatical, realizada por una penetración teleológica en la valoración de fines e intereses del legislador. Se trata de la aplicación de la antigua regla cessante rationae legis cessat lex ipsa. Igualmente se trata aquí, desde luego de una investigación subjetiva, teleológica del sentido y del fin, es decir, que se averigua -...- la voluntad y objetivo del legislador histórico, que son transformados en punto de partida para la liberación del sentido literal. Ahora nos vamos a investigar más de cerca si, desde el punto de vista de una teoría de interpretación objetiva que se atiene al sentido inmanente de la ley, sería ésta una forma adecuada de legitimar la corrección de la misma; también podría considerársela como la puesta en juego de una ratio inmanente de la ley, manifiesta o aparente por debajo del mero sentido literal, aún*

cuando, en sentido general, las palabras de la ley exijan precisamente para el objetivista mayor respeto que para el subjetivista. De una u otra manera no nos encontramos frente a nuevos problemas del razonamiento jurídico, sino, en todo caso, ante una peculiar constelación y combinación de formas de pensamiento que ya hemos conocido en particular.
Distinta es la situación, en cambio, cuando el criterio adoptado para la corrección de la ley no es la del legislador histórico ni tampoco la ley histórica misma, sino la idea de derecho. Evidentemente, a ella conduce aquella interpretación objetivista de un sentido literal equívoco en la cual se destaca el sentido actual, "racional" (es decir, que corresponde a la idea de derecho, en contra de lo realmente querido por el legislador histórico). Pues aquí la "interpretación" se transforma en oculta corrección del intento del mismo legislador. Sin embargo, no queremos detenernos mayormente en este fenómeno ambiguo, ya que el ascenso a la idea de derecho aparecerá más puramente allí donde ésta es utilizada abiertamente como criterio para la corrección de la ley"[497].

Igualmente, en palabras del jurista Karl Larenz:

"...La teoría aun dominante concede al juez, junto a la facultad de interpretar, sólo la de integrar lagunas. En los dos casos, el juez se mantiene aún dentro del marco dado por la ley, en cuanto que sólo de la misma ley puede inferir los criterios de valoración. Pero en la práctica las cosas tienen otro aspecto. Los casos en los que en base a un criterio expresado en la misma ley –como el de la "buena fe"– se desarrollan nuevos institutos jurídicos –mediante mostración de una idea jurídica más especial ahí implícita, comparación de casos, concretización y condensación en una "doctrina" –pueden considerarse como un desenvolvimiento del Derecho que se halla todavía dentro del marco de la ley. Pero, como ya hemos visto, no es raro que los tribunales hayan limitado, ampliado o transformado una regulación legal, si bien ocultándolo a menudo con una fundamentación aparente, en base a criterios extralegales como la "naturaleza de las cosas" o un principio jurídico-ético que se impone en la conciencia general independiente de la ley. Al que trata de encontrar una base jurídico-positiva de tal formulación del derecho –formulación que no sólo integra la ley, sino que la modifica–, lo único que se le ofrece es la Ley Fundamental (...) de que los tribunales están vinculados a la ley y al "Derecho". Como son los mismos tribunales los que a su vez, tienen que interpretar esta fórmula, son ellos mismos, en realidad, los que deciden sobre los límites de su facultad para desenvolver el Derecho. Para que esto no

[497] ENGISCH, Karl (2001), págs. 212 y 213.

signifique arbitrariedad, es preciso poder determinar los límites, por lo menos aproximadamente, en base a la esencia, a la misión específica de los tribunales.
La misión de los tribunales es la realización del Derecho en la decisión del caso individual. El juez está "vinculado" a la ley como una forma de manifestación del Derecho. Pero, como hemos visto, de ningún modo le viene dado siempre previamente en leyes, en otras normas (Derecho consuetudinario), ni tan siquiera en decisiones paradigmáticas el Derecho a realizar, sino que, a menudo, ha de ser formulado por el mismo juez en un proceso de conocimiento creador, es decir; ha de ser producido por consideraciones dirigidas metódicamente. Lo decisivo aquí es que el resultado esté en consonancia con el contenido de la conciencia jurídica general; dicho de otra manera; con el espíritu del orden jurídico. Este, y con él el Derecho, se desarrolla en el tiempo. La "conciencia jurídica general" es, en todo momento, más rica de contenido que la ley; contiene nuevas ideas jurídicas, criterios jurídicos éticos, ideas jurídicas concretas que no han encontrado expresión en la ley –o sólo la han encontrado muy débilmente a modo de insinuación-. En principio, el juez vinculado a la ley sólo puede tener en cuenta el desarrollo de la conciencia jurídica dentro del marco de la interpretación de la ley, y, si la ley contiene, según su propia teleología, lagunas dentro del marco de la integración de las lagunas. De este modo, pone en contacto la ley con la conciencia jurídica de la época y la desenvuelve continuamente..."[498].

Que quede entonces suficientemente establecido, que cuando en doctrina se habla de corrección de la ley por parte del juez, lejos de pretenderse que la administración de justicia pueda modificar el texto de la norma a ser aplicada, lo que se desea expresar es la facultad del juzgador, a la hora de decidir una causa, de variar o cambiar la idea de derecho extraíble de dicho texto, ajustada en su criterio a las circunstancias propias del momento en que se dicta la sentencia, dejando incólume el decurso literal de su texto.

No en balde el profesor Francisco J. Delgado afirma que:

"... no hay duda que aquello que finalmente se llega a establecer como el sentido de la norma tiene que ser compatible con el lenguaje del texto analizado; de otro modo ya no se estaría interpretando sino modificando, corrigiendo, o simplemente sustituyendo el derecho vigente..."[499].

[498] LARENZ, Karl (2001), págs. 330 y 331.
[499] DELGADO, Francisco J. (2005), pág. 120.

3. Continuando con la hermenéutica jurídica:

Sin dejar de reiterar las ideas que anteceden, y solamente en el entendido de que pudiese efectivamente haber oscuridad acerca de la exacta comprensión del vocablo "o", siendo entonces insuficiente el método de interpretación literal, sería menester acudir al método de interpretación histórica, mediando la investigación, por ejemplo, de los contenidos de lo que fue la correspondiente labor legislativa, gracias a la revisión de los diarios de debates de la Asamblea Nacional, y de la no siempre presente exposición de motivos.

Por lo que respecta a los diarios de debates de la Asamblea Nacional, los cuales paradójicamente en nuestra democracia participativa garante del derecho a la información, no resultan siempre fácilmente accesibles, o pura y simplemente no acontecen verdaderos debates parlamentarios, como cuando como ocurrió en este caso, el proyecto del Código Orgánico Tributario fue elaborado por el Servicio Nacional Integrado de Administración Aduanera y Tributaria (SENIAT), contando el gobierno con la casi totalidad de los curules en el seno del Poder Legislativo, tenemos que habiendo podido revisar el contenido del Oficio CPFIN Nro. 553 del 16 de agosto de 2001, contentivo del informe presentado a la Asamblea Nacional por la Comisión Permanente de Finanzas, con relación al Proyecto de Código Orgánico Tributario, a los efectos de su segunda discusión, se observa que se le dedica a su Artículo 263 el punto Tricentésimo Vigésimo Quinto, en el que se propuso modificar la redacción del encabezamiento que fuese aprobado en primera discusión, con la finalidad de eliminar la frase "nulidad absoluta del acto", y hacer cambios en el aparte primero, de modo de sustituir la palabra "exime", por la palabra "impide", y eliminar la palabra "para", con modificación de la redacción en el aparte único del parágrafo primero.

En este orden de ideas, se aprecia que no hubo otros cambios en cuanto al encabezamiento del artículo, por lo que la palabra "o", tal como la encontramos en el texto sancionado por la Asamblea Nacional, no sufrió cambio alguno de sentido ni de redacción, si hacemos la comparación del Proyecto de Código, tal como salió del Poder Ejecutivo, con lo que fueron los informes correspondientes a la primera y segunda discusión de la actividad legislativa.

Lo que queda sin duda claro es que el legislador nacional no encontró objeción alguna que hacer al empleo de la palabra "o", por parte del proyectista, habiendo hecho una revisión exhaustiva, palabra por palabra, como se pone de manifiesto en el comentado informe parlamentario.

Y, en cuanto concierne a la exposición de motivos del Código Orgánico Tributario de 2001, podemos encontrar afirmaciones que pretenden explicar la sustitución del anterior régimen de suspensión "ope legis", por el actual régimen de suspensión de efectos por mandato judicial y a requerimiento del recurrente, con diáfano empleo de la palabra "o", cuando se enumeran las condiciones de procedencia de tal medida cautelar. Veamos:

> *"El proyecto que se propone incluye una serie de modificaciones al procedimiento que ha de seguir la Administración Tributaria en la resolución de los recursos jerárquicos que se interpongan contra los actos administrativos por ella dictados.*
> *Tales modificaciones tienen como objetivos fundamentales, entre otros aspectos asegurar a la Administración Tributaria una recaudación más rápida y efectiva, en este sentido se propone conservar los Principios de Ejecutividad y Ejecutoriedad de los actos emanados de ella, vale decir que la interposición de los recursos no suspende los efectos ejecutivos del acto. Tal propuesta pretende asegurar la sintonía que debe existir entre la validez y legitimidad de los actos tributarios y la regla del carácter no suspensivo de los recursos, por cuanto el sistema actual constituye una derogatoria virtual del principio de ejecutividad de los mismos. El justificado abandono del solve et repete no significa que necesariamente se deben suspender los efectos del acto recurrido sin analizar siquiera, si el contribuyente tiene razones o no para utilizar la vía del recurso, considerando si se están lesionando o no sus intereses legítimos. Como consecuencia de ello, tampoco se evalúan los perjuicios que la inejecución produce al Fisco Nacional y su directa incidencia en la continuidad de los servicios públicos y el peligro potencial de paralizar la actividad administrativa en tanto disminuyen los ingresos por recaudar.*
> *No obstante, se debe significar que la fórmula propuesta no es del todo absoluta, por cuanto en una ejecución judicial forzada (agotada la gestión administrativa de cobro), solo se concluirá el proceso cuando los actos estén definitivamente firmes, es decir cuando la validez del crédito sea indiscutible.*
> *Por otra parte, la mayoría de los países tanto latinoamericanos como europeos, han fijado pauta en el campo del Derecho Tributario, al prescindir de la suspensión ope legis de los efectos del acto administrativo tributario con ocasión de la interposición de recursos.*
> *En razón de lo expuesto, en innumerables oportnidades, la suspensión ocurre en casos de recursos y acciones absolutamente temerarios, cuya única finalidad es retardar la recuperación de créditos tributarios insolutos, ocasionando un grave perjuicio a la Administración Tributaria. Igual tratamiento se tiene para la imposición de infracciones, las cuales en muchas ocasiones se traducen en ilícitos tributarios graves, los cuales según la norma actualmente vigente también resultan inejecutables.*
> *Tal principio se ve atenuado por la posibilidad que tiene el recurrente de solicitar la suspensión de los efectos a nivel administrativo o judicial,*

cuando su ejecución pudiera causar un perjuicio al interesado o si la impugnación se fundamentara en la nulidad absoluta, siempre y cuando del escrito recursorio se evidencie la apariencia de buen derecho (fumus boni iuris), es decir cuando aparezca como jurídicamente aceptable la posición material del recurrente."

Así, mientras que en la exposición de motivos se pretende explicar, en líneas generales, el por qué de la sustitución del régimen cautelar "ope legis", por el régimen cautelar por mandato judicial, a petición del interesado, es lo cierto que, en cuanto se refiere a las condiciones de procedencia de la correspondiente solicitud del recurrente, tal como ocurre en el texto que quedó publicado en la Gaceta Oficial de la República, dicha exposición de motivos se limita simplemente a mencionarlas, intercalando entre ambas la palabra "o", sin razonamiento alguno, por lo que tampoco nos resulta suficiente el método de interpretación histórica, partiendo, como se dijo previamente, de la hipótesis en la cual hubiese seriamente incertidumbre a la hora de aplicar el método de interpretación literal.

Lo anterior habría de conducirnos entonces, a la indagación de los fines u objetivos de la disposición normativa cuyo significado se investiga, al momento de ser empleado el método de interpretación teleológica.

En tal sentido, partiendo para ello del Artículo 585 del Código de Procedimiento Civil, que es la ley adjetiva general, con vigencia de mucha mayor antigüedad que la del Código Orgánico Tributario de 2001, al cual sería menester acudir, como norma supletoria, en caso de que el Código Orgánico Tributario no contuviese disposición especial al respecto, que no es lo que ocurre en la realidad.

Así, tenemos que dicho Artículo 585 preceptúa que:

"Las medidas preventivas establecidas en este Título las decretará el juez, sólo cuando exista riesgo manifiesto en que quede ilusoria la ejecución del fallo y siempre que se acompañe un medio de prueba que constituya presunción grave de esta circunstancia y del derecho que se reclama."

Rápidamente se descolla que mientras la norma del Artículo 585 del Código de Procedimiento Civil contiene las correspondientes condiciones de procedencia de las medidas cautelares unidas por medio de la palabra "y", lo cual significa, como ello ha sido pacífica y reiteradamente entendido tanto en el derecho venezolano como en el derecho comparado, como resultado de la aplicación del más elemental método de interpretación literal del derecho, que ambas condiciones de procedencia han de estar siempre presentes en forma concurrente o conjunta, tratándose de una "y" tradicionalmente copulativa[500], el legislador especial, al dictar el Código Orgánico Tributario de 2001, lejos de reproducir o superficialmente adaptar preceptos contenidos en la ley adjetiva general, como lo hizo en cuanto concierne a muchas otras instituciones jurídicas (como la prescripción, la compensación o la ejecución de sentencias), indiscutiblemente se apartó del régimen general anteriormente indicado, cambiando radicalmente la exigibilidad concurrente de ambas condiciones de procedencia, para establecer la exigibilidad alternativa de cualquiera de ellas.

Otra no puede ser la conclusión si dentro de una enumeración de requisitos, en sentido común del adecuado uso lingüístico de las palabras, sustituimos el vocablo "y", por el vocablo "o".

En este orden de ideas, si observamos que la ley especial consagró un proceso judicial adaptado a las especificidades del litigio tributario, mal puede el juez, sin despegarse de la letra de la ley (suplantándola arbitrariamente por texto distinto), pretender la preferente aplicación de las instituciones del caso, tal como ellas se encuentran concebidas para el proceso civil ordinario, por parte del legislador general. Es bien sabido el adagio por el cual la ley especial prela sobre la ley general, sin perjuicio también de que la ley posterior, salvo excepciones que no vienen a cuenta ahora, prela sobre la ley anterior (el Código Orgánico Tributario es ley especial de 2001 y el Código de Procedimiento Civil es ley general de 1986).[501]

En consecuencia, no queda más que aceptar, so pena de vulnerar los evocados principios de integración del ordenamiento jurídico, que el método de interpretación teleológica del derecho nos lleva a la idea de que la norma objeto de estudio persigue flexibilizar el régimen de las medidas cautelares del proceso judicial tributario, en cuanto a sus condiciones de procedencia, comparación hecha de lo que ocurre con tales medidas en el proceso civil ordinario.

---

[500] Siguiendo al Diccionario de la Real Academia de la Lengua Española (http://lema.rae.es/drae/?val=y), la palabra "y" es una conjunción copulativa que se usa: *"1. Para unir palabras o cláusulas en concepto afirmativo. Si se coordinan más de dos vocablos o miembros del período, solo se expresa, generalmente, antes del último. Ciudades, villas, lugares y aldeas. El mucho dormir quita el vigor al cuerpo, embota los sentidos y debilita las facultades intelectuales. 2. Para formar grupos de dos o más palabras entre los cuales no se expresa. Hombres y mujeres, niños, mozos y ancianos, ricos y pobres, todos viven sujetos a las miserias humanas. Se omite a veces por asíndeton. Acude, corre, vuela. Ufano, alegre, altivo, enamorado. Se repite otras por polisíndeton. Es muy ladino, y sabe de todo, y tiene una labia..."*.

[501] Dado que el Código Orgánico Tributario no es constitucionalmente hablando marco normativo del Código de Procedimiento Civil, asumimos como irrelevante, en esta perspectiva, aludir al carácter de ley orgánica del primero y a la condición de ley ordinaria del segundo. Artículo 203 de la Constitución: *"Son leyes orgánicas las que así denomina esta Constitución; las que se dicten para organizar los poderes públicos o para desarrollar los derechos constitucionales y las que sirvan de marco normativo a otras leyes"*.

Claro que, como lo dejamos precedentemente afirmado, en nuestra opinión y en este caso en concreto, el método de interpretación literal resulta más que suficiente, dado el entendimiento unívoco y generalizado, tanto en lo coloquial como en lo técnico, de la palabra "o". Sin embargo, reiteramos que partimos del supuesto en el cual tal vocablo contraería dudas sobre su significado, habiendo transitado la inutilidad circunstancial en este caso del método de interpretación histórica, y desembocando luego en el método de interpretación teleológica para, de todas todas, llegar a la conclusión de que la norma objeto de interpretación estatuyó una alternativa y no una concurrencia, en cuanto a la presencia de las referidas condiciones de procedencia de la medida cautelar de suspensión de efectos, del acto administrativo de contenido tributario impugnado.

Si seguimos adelante en cuanto a los métodos de interpretación del derecho se refiere, como si aún no hubiésemos encontrado un entendimiento adecuado de la palabra "o", en la perspectiva gramatical, debemos asomarnos a la técnica de interpretación sistemática del derecho, nutrida por la denominada interpretación constitucionalizante o conforme a la Constitución, como tipo de interpretación rectificadora.

Desde esta perspectiva, ratificando que la aplicación de semejante técnica consiste, por un lado, en revisar todo el ordenamiento jurídico, con especial énfasis en los dispositivos legales y constitucionales más estrechamente vinculados entre sí, en procura de la buscada coherencia entre las diversas soluciones posibles, y en el ánimo de lograr una adecuada integración del ordenamiento jurídico, bajo la inspiración de criterios axiológicos[502] sobre todo propios de la dogmática constitucional, y por el otro lado, en virtud del principio de estabilidad de la norma jurídica, en garantizar la vigencia y sobre todo la eficacia del texto de ley, evitando tener que pronunciar su anulabilidad o inaplicabilidad en la medida de lo posible, resulta indispensable reiterar que semejante técnica o método interpretativo no puede bajo ningún concepto pasar por la mutación del texto sancionado por el legislador.

Ahora bien, entrar a desentrañar el desarrollo de esta técnica y de este método de interpretación, a más de innecesario ello, dado que el significado de la palabra "o" nos resulta por demás diáfano, es algo que excedería con creces los objetivos planteados en la introducción de la presente

[502] Asunto que no es para nada desconocido para nuestra jurisprudencia, a juzgar del contenido motivacional de la Sentencia Nro. 1806 del 20 de noviembre de 2008, dictada por la Sala Constitucional del Tribunal Supremo de Justicia, con ponencia del magistrado Dr. Francisco Carrasquero López, que negó la revisión extraordinaria de un fallo dictado por la Sala Electoral del Tribunal Supremo de Justicia, a solicitud de Eduardo Cateno Lapi García y Biagio Pilieri http://www.tsj.gov.ve/decisiones/scon/Noviembre/1806-201108-2008-08-1444.html.

investigación. Bástenos con recordar una serie de postulados claves en la óptica de facilitar el acceso a la justicia y a la tutela judicial efectiva[503], muchos de ellos de jerarquía constitucional y que sin duda deben ilustrar y fundamentar el camino de la sistematización del ordenamiento jurídico, como lo son el principio de progresividad de los derechos humanos[504], el principio de preeminencia de los derechos humanos[505], el desarrollo de la persona y el respeto de su dignidad como fin del Estado[506], y también el principio "pro actione" y el principio "pro homine", o principio del "favor libertatis".

Efectivamente, la regulación legal que establece la alternatividad en sustitución de la concurrencia de las condiciones de procedencia de las medidas cautelares, resulta de suyo ser más garantista, progresivamente hablando, en provecho del pleno goce de los citados derechos de acceso a la justicia y a la tutela judicial efectiva. Ello, sin para nada afectar o poner en peligro la satisfacción del interés general invocado en la sentencia de la Sala Político Administrativa del Tribunal Supremo de Justicia, vinculado con la recaudación tributaria, por cuanto a esos fines, y de manera equilibrada, en función del principio de igualdad de las partes en el proceso, el Código Orgánico Tributario de 2001, como incluso ya lo hicieron sus predecesores de 1982, 1992 y 1994, prevé la posibilidad de que el tribunal, a petición del representante judicial de la administración tributaria, acuerde medidas cautelares tales como el embargo preventivo o la prohibición de enajenar o gravar bienes del recurrente[507].

---

[503] Artículo 26 de la Constitución: *"Toda persona tiene derecho de acceso a los órganos de administración de justicia para hacer valer sus derechos e intereses, incluso los colectivos o difusos, a la tutela efectiva de los mismos y a obtener con prontitud la decisión correspondiente."*

[504] Artículo 19 de la Constitución: *"El Estado garantizará a toda persona, conforme al principio de progresividad y sin discriminación alguna, el goce y ejercicio irrenunciable, indivisible e interdependiente de los derechos humanos. Su respeto y garantía son obligatorios para los órganos del Poder Público de conformidad con esta Constitución, con los tratados sobre derechos humanos suscritos y ratificados por la República y con las leyes que los desarrollen".*

[505] Artículo 2 de la Constitución: *"Venezuela se constituye en un Estado democrático y social de Derecho y de Justicia, que propugna como valores superiores de su ordenamiento jurídico y de su actuación, la vida, la libertad, la justicia, la igualdad, la solidaridad, la democracia, la responsabilidad social y en general, la preeminencia de los derechos humanos, la ética y el pluralismo político".*

[506] Artículo 3 de la Constitución: *"El Estado tiene como fines esenciales la defensa y el desarrollo de la persona y el respeto a su dignidad, el ejercicio democrático de la voluntad popular, la construcción de una sociedad justa y amante de la paz, la promoción de la prosperidad y bienestar del pueblo y la garantía del cumplimiento de los principios, derechos y deberes reconocidos y consagrados en esta Constitución".*

[507] Artículo 296 del Código Orgánico Tributario: *"Cuando exista riesgo para la percepción de los créditos por tributos, accesorios y multas, aun cuando se encuentren en proceso de*

Nos hemos de esta manera encaminado someramente por los diversos métodos y técnicas de interpretación del derecho, con la idea de demostrar que la denominada "*interpretación correctiva*", siempre que ella pretenda la modificación de las palabras o el cambio en la redacción de los textos legales cuyo entendimiento se pretende precisar, y no el real desentrañamiento de su significado, incluso mediando el cambio acerca de la idea de derecho en presencia evolutiva dentro de esas palabras o redacción, lejos de constituir un real método interpretativo del derecho, consiste en verdad en una cruda usurpación de funciones del Poder Legislativo, por parte de un así constitucionalmente desautorizado Poder Judicial.

4. El Poder Judicial frente a la Necesidad de Modificar o (Incluso) Eliminar un Dispositivo Legal

La Sala Político Administrativa del Tribunal Supremo de Justicia, tal como ha quedado evidenciado al momento de analizar su labor jurisdiccional como administradora de justicia, particularmente en lo que concierne a la puesta en marcha de lo que equivocadamente se ha dado en denominar "*interpretación correctiva*", ilustrado ello con la aquí comentada sentencia del año 2004, de manera tácita (y hasta casi imperceptible) se ha venido reconociendo a sí misma la facultad de modificar no el sentido de la idea de derecho emergente de las palabras presentes en el texto de la ley, sino las palabras mismas, produciendo con ello una verdadera (y obviamente constitucionalmente desautorizada) reforma legislativa.

Empero, siendo Venezuela un Estado Constitucional y Democrático de Derecho, cuyo poder político constituido se encuentra regido por el principio de separación de poderes, es lo cierto que ningún órgano público puede contar con una atribución o facultad que no sea de las que le hayan sido explícitamente reconocidas por la Constitución o, en su caso, por la Ley.

Al no existir en la Constitución una norma que faculte al Poder Judicial para modificar la letra de la ley, vale decir, en definitiva, que lo haga

determinación, o no sean exigibles por causa de plazo pendiente, la Administración Tributaria podrá pedir al Tribunal competente para conocer del Recurso Contencioso Tributario que decrete medidas cautelares suficientes, las cuales podrán ser:

1. Embargo preventivo de bienes muebles.
2. Secuestro o retención de bienes muebles.
3. Prohibición de enajenar y gravar bienes inmuebles.
4. Cualquier otra medida, conforme a las previsiones contenidas en el Parágrafo Primero de artículo 588 del Código de Procedimiento Civil".

competente para legislar, mal puede obrar la Sala Político Administrativa del Tribunal Supremo de Justicia como lo ha venido haciendo, sin incurrir en usurpación de poder, como previamente lo dejamos establecido.

En otras palabras, acorde con el adagio "*lex dura lex*", el juez no tiene más remedio que aplicar la letra de la ley, aunque se encuentre en desacuerdo con lo que ella disponga, desde la perspectiva de sus conceptos jurídicos, luego de haber aplicado los mecanismos que le pondrían de manifiesto las distintas posibles ideas de derecho presentes, apareciéndoles éstas como injustas, inapropiadas o inadecuadas. Como ya vimos, esto es así, salvo cuando el juez, en su caso, en ejercicio de control de constitucionalidad de la ley, anula o desaplica su texto, claro que únicamente para terminar, a la postre, decidiendo el caso atención hecha de la letra de otra norma, en ese supuesto de rango constitucional.

Ahora bien, no debemos olvidar que el principio de separación de poderes no se encuentra estatuido en términos absolutos por nuestra Constitución, toda vez que el mismo se halla atenuado o relativizado por el llamada principio de colaboración de los poderes. En este sentido, si bien el Poder Judicial no puede legislar, sí se encuentra constitucionalmente facultado para intervenir en el procedimiento de formación de la ley, tanto para la producción de un nuevo texto de ley, como para la modificación de uno que se encuentre vigente.

Efectivamente, la Constitución le reconoce iniciativa legislativa al Poder Judicial, precisamente en el ámbito específico de los procesos judiciales[508], de manera que, en casos en los que al momento de aplicar una norma, como ocurre con el artículo 263 del Código Orgánico Tributario (de clara naturaleza adjetiva), el juzgador se percata de lo que en su concepto sería una infeliz redacción de la norma, conducente a soluciones en su opinión injustas, inapropiadas o inadecuadas, no obstante estar en el caso concreto obligado a ejecutar esas consecuencias jurídicas, nada le impide al Poder Judicial, por órgano del Tribunal Supremo de justicia (al que haya llegado el tema como juez de segunda instancia, como juez de amparo constitucional, como juez de la revisión extraordinaria, o como gobierno de los órganos jurisdiccionales) en lo general, abstracto y socialmente trascendente, someter a la Asamblea Nacional un proyecto de ley tendente a la modificación de la norma correspondiente, quedando por

[508] Artículo 204 de la Constitución: *"La iniciativa de las leyes corresponde: ... 4. Al Tribunal Supremo de Justicia, cuando se trate de leyes relativas a la organización y procedimientos judiciales".*
De no tratarse de ese ámbito material, sin duda el Máximo tribunal podría hacer las sugerencias necesarias directamente ante la Asamblea Nacional o el Poder Ejecutivo Nacional u otro ente dotao de iniciativa legislativa, para propiciar la reforma legal correspondiente.

supuesto el tema sujeto a la libre consideración y decisión de los diputados, y permaneciendo el juez en su obligación, como sempiterno actuante sub legal, de aplicar la letra de la ley como sea que esté redactada, mientras se encuentre vigente.

De lo contrario, de aceptarse que el juez puede en el caso concreto modificar o crear la norma necesaria para la solución del caso, ajustada a su opinión circunstancial, entonces renunciaríamos a la existencia del Parlamento, como institución, con ello prescindiendo de la democracia y de la seguridad jurídica, para restablecer una suerte de cuestionable derecho pretoriano, repudiado en la doctrina europea como "gobierno de los jueces", lo que no está planteado. De hecho el principio de buena fe y de confianza legítima en el juez, radica en la justa aspiración a que el juzgador, en lo abstracto, se ceñirá al texto legal, sin perjuicio, vía hermenéutica jurídica, de su rol de establecedor de la idea concreta de derecho que mejor justifique su función como administrador de justicia.

II. CONCLUSIÓN

|La Sala Político Administrativa del Tribunal Supremo de Justicia, tal como lo ha hecho en decenas de sentencias vinculadas con la definición alternativa o concurrente de las condiciones de procedencia de la medida cautelar de suspensión de efectos del acto administrativo de contenido tributario impugnado, según el artículo 263 del Código Orgánico Tributario de 2001, desde la aquí comentada del 3 de junio de 2004, y consecuencialmente lo han casi unánimemente acatado los Juzgados Superiores de lo Contencioso Tributario del país, ha venido sistemáticamente incurriendo en usurpación de funciones del Poder Legislativo.

En efecto, so pretexto de encontrarse interpretando el derecho, en realidad lo ha suplantado, escapando de los límites de la actividad jurisdiccional, para encaminarse por la senda de la actividad legislativa.

Este proceder ha venido ocurriendo bajo la etiqueta de "*interpretación correctiva*", la cual, según ha quedado establecido, no implica la interpretación del sentido de la norma, sino la adecuación de la letra de la norma a la preconcebida idea de derecho enclavada en la mente del "intérprete" juzgador.

Debe advertirse, para terminar, que la expresión "*interpretación correctiva*" no siempre es desatinada, no obstante en todo momento ser infeliz, por confusa, puesto que su índole dependerá del análisis de lo efectivamente hecho por el juzgador a la hora de decir el derecho, de sentenciar.

Así, tenemos que cuando se usa la expresión "*interpretación correctiva*" de la manera a la que hemos hecho objeto de análisis crítico, como en lo tocante al Artículo 263 del Código Orgánico tributario de 2001, no se trata de una verdadera interpretación (no es hermenéutica jurídica), sino de una actuación en fraude a la ley. Pero, cuando esa misma expresión de "*interpretación correctiva*" es empleada para conceptualizar la actuación por la cual el juez aplica a la intocada letra de la ley una idea de derecho distinta a las precedentes o aparentes, pero igualmente justificable, acorde con nuevas ponderaciones axiológicas, como vimos en el fallo que redimensiona el efecto normativo del Artículo 214 del Código Orgánico Tributario de 2001, entonces estamos en presencia de lo que la doctrina califica como interpretación rectificadora, la cual como práctica es perfectamente aceptable, siendo incluso lo mínimo que se espera de un juez, en su rol de "creador" de derecho.

Lo primero es un proceder marcadamente anti jurídico, mientras que lo segundo es, pura y simplemente, hermenéutica jurídica.

2.10
El Recurso Contencioso Tributario

5.1. CONSIDERACIONES GENERALES

A continuación se encara el estudio analítico y descriptivo de la vía de impugnación judicial o acción en justicia denominada "Recurso Contencioso Tributario", prevista y regulada según el Código Orgánico Tributario, en cuanto a sus requisitos, características, fines y fases o etapas procesales.

Estas líneas enfocan el Recurso Contencioso Tributario como institución jurídica fundamental del Derecho Procesal Tributario, a fin de conocer una forma destinada a hacer realidad el mandato constitucional del proceso como instrumento para la realización de la justicia (art. 257 constitucional), en provecho del ejercicio real de los derechos esenciales de acceso a la justicia, al debido proceso judicial y a la tutela judicial efectiva (arts. 26 y 49 constitucionales).

En este sentido, se tomará en cuenta la interposición del Recurso Contencioso Tributario, su admisión, las medidas cautelares, la fase probatoria, la vista y sentencia y la segunda instancia, partiendo de la exégesis legal, conforme al Código Orgánico Tributario de 2001, y a los principios de la Teoría General del Proceso, con ayuda supletoria del Código de Procedimiento Civil.

5.2. PROCEDIMIENTO

En los acápites subsiguientes se describirá detalladamente el contenido de la regulación legal venezolana del proceso tributario, específicamente el que responde a la nomenclatura legal de Recurso Contencioso Tributario, y se hará su análisis.

5.2.1. Interposición y admisión del recurso

5.2.1.A. Objeto del recurso y principales aspectos conexos

a. El objeto propiamente dicho

En la perspectiva exegética, de conformidad con lo previsto en el art. 259 del Código Orgánico Tributario, el Recurso Contencioso Tributario procede contra los mismos actos de efectos particulares que pueden ser objeto de impugnación mediante el Recurso Jerárquico, sin necesidad del previo ejercicio de dicho recurso administrativo (y, habiéndolo hecho, obviamente en caso de denegatoria tácita); y, contra las resoluciones que denieguen expresamente, total o parcialmente, el intentado Recurso Jerárquico.

Como puede observarse, hay una clara remisión al art. 242 del citado Código. Así, se trata de los actos dictados por la Administración Tributaria (Nacional, Estadal, Municipal o Parafiscal), de efectos particulares, que: a) determinen tributos, b) apliquen sanciones, o c) afecten en cualquier forma los derechos de las personas, contribuyentes o no, pero cuyas esferas jurídicas subjetivas hayan sido o puedan ser lesionadas.

Por tanto, el objeto del Recurso Contencioso Tributario es, necesariamente, un acto administrativo de efectos particulares, de contenido tributario, que bien puede ser la Resolución Culminatoria del Sumario Administrativo a que se contrae el art. 191 del Código Orgánico Tributario, en cuanto a la determinación de tributos o a la imposición de sanciones, pero no exclusivamente, pues, también puede ser objeto de este Recurso cualquier decisión administrativa que afecte la esfera jurídica subjetiva de la persona, contribuyente o no, siempre que sea de efectos particulares y tenga contenido tributario, como por ejemplo la decisión que niega a una fundación benéfica el registro como ente exento del Impuesto sobre la Renta o la que rechaza declarar la solvencia en cuanto al impuesto municipal a las actividades económicas.

Esta definición general del objeto de impugnación se enmarca dentro de la superación de la doctrina del acto excluido del control judicial, pues no debe existir en democracia acto jurídico emanado de los órganos del poder público, que no esté sujeto al control judicial, como garante del Estado de Derecho.

No obstante, con el ánimo ética y jurídicamente cuestionable de restringir el acceso a la justicia, el Código Orgánico Tributario trata de reeditar esa vieja doctrina, tal como se puede apreciar de las siguientes previsiones:

1) El art. 214 consagra la inimpugnabilidad por los medios contenidos en el Código, de la intimación de pago de derechos pendientes, notificado el acto administrativo.

Se entiende que la resolución determinativa sería el acto recurrible, siendo la intimación un acto de mera ejecución, con lo cual estamos de acuerdo en su inimpugnabilidad por esta vía, pues el interesado habría dispuesto de este recurso en contra de dicha resolución determinativa, que, al no haber sido impugnada habría quedado firme, siendo la intimación un simple acto de ejecución.

Pero, si por ejemplo la intimación emana de autoridad incompetente o fue dictada violando un convenio de pago u obviando la extinción de la obligación, o incluso, con menoscabo del procedimiento legalmente establecido, por ejemplo, no habiendo existido sumario administrativo con lesión del debido proceso ¿acaso el contribuyente debe asistir impávido a su embargo ejecutivo?

Estimamos que el art. 25 constitucional, al establecer la nulidad de todo acto violatorio de los derechos humanos, como lo es el debido proceso, conlleva a la impugnabilidad por esta vía de una semejante arbitraria intimación.

2) El art. 227 del Código va más allá, cuando ordena la inimpugnabilidad por los medios contenidos en el Código *u otras disposiciones legales*, de los acuerdos anticipados sobre precios de transferencia.

Estos acuerdos, "grosso modo", no son más que contratos sujetos a la pureza del consentimiento y a la legalidad del objeto y la causa, cuyo control es la función, en caso de controversia, del contencioso de la responsabilidad, y no de esta vía.

En todo caso, es menester acotar que la doctrina del acto separable, a los efectos del régimen autónomo de impugnabilidad judicial del mismo, es perfectamente aplicable a las rescisiones unilaterales referidas en ese art. 227.

3) El art. 235 explícitamente ordena que no procederá recurso alguno contra las opiniones emitidas por la Administración Tributaria, en la interpretación de normas tributarias.

La jurisprudencia ha venido explícita o implícitamente desaplicado este dispositivo, abriendo la jurisdicción en cuestión contra las respuestas a las consultas tributarias, dado su verdadero carácter de manifestaciones de voluntad administrativa capaces de afectar los intereses personales, legítimos y directos de sus destinatarios[509].

En todo caso, desde la perspectiva del Estado de Derecho, y sobre todo de Justicia, concluimos en la imposibilidad constitucional de excluir el control judicial sobre la actividad administrativa.

[509] Sentencia de la Sala Político-Administrativa del Tribunal Supremo de Justicia, del 15 de julio de 2009, caso Proagro, C.A. vs. SENIAT.

b. La legitimación procesal activa

Sin perder de vista la exigencia de la "legitimatio ad procesum" o capacidad de obrar, específicamente de estar en juicio, consagrada en el art. 136 del Código de Procedimiento Civil, puede afirmarse que, en lo que respecta a la "legitimatio ad causam", no existe acción popular en el Derecho Procesal Tributario venezolano. Conforme al adagio "en ausencia de interés no hay acción", el Código Orgánico Tributario exige que el recurrente tenga interés legítimo en la anulación del acto impugnado, que no es otro que el interés personal, legítimo y directo previsto en el art. 22 de la ley Orgánica de Procedimientos Administrativos, para la impugnación de los actos administrativos de efectos particulares, y el interés jurídico actual consagrado en el art. 16 del Código de Procedimiento Civil.

Este interés legítimo ha sido conceptualizada en nuestra doctrina y jurisprudencia como una especial situación de hecho o fáctica, en la cual se encuentra una persona frente a la actividad administrativa, la cual se ve afectada en su esfera jurídica[510].

Así, el acto administrativo podría ser impugnado, además de por su destinatario nominativo (contribuyente o responsable), igualmente, por ejemplo, por un accionista de la compañía contribuyente objeto de reparo o sanción; por el denunciante de acciones defraudatorias de los derechos del fisco; por el sindicato de trabajadores; por quien se encuentre en idéntica situación y la ilegalidad de la doctrina administrativa sea capaz de afectarle; etc. Es decir, el acto en cuestión puede ser impugnado por *"aquél a quien pueda causarse una lesión patrimonial"*[511].

c. La no necesidad de agotar la vía administrativa

El acto administrativo impugnado puede ser aquel contra el cual cabe recurrir jerárquicamente, pero sin necesidad del agotamiento previo de la vía administrativa, o también, tanto la denegatoria tácita (por silencio administrativo negativo), como el acto denegatorio expreso, del Recurso Jerárquico intentado.

Hay, pues, para el recurrente, la opción de agotar o no la vía administrativa, a su conveniencia dentro de su estrategia procesal de impugnación, a través del ejercicio del Recurso Jerárquico. Y, en caso de utilización de la sede administrativa, se puede recurrir de la denegatoria tácita, en virtud del beneficio procesal, garantía del derecho esencial a peticionar, consagrado

[510] Sentencia de la Sala Político-Administrativa de la entonces Corte Suprema de Justicia del 15 de noviembre de 1990, Revista de Derecho Público, Nº 44, Editorial Jurídica Venezolana, 1990, páginas 158 a 160.

[511] Marco Ramírez Murzi, "Esquema del Recurso Contencioso-Tributario, Relacionado con el Código Orgánico Tributario", página 4.

en el art. 51 del Texto Fundamental, denominado "silencio administrativo negativo", previsto en el art. 4 de la Ley Orgánica de Procedimientos Administrativos, en concordancia con el art. 153 del Código Orgánico Tributario, al cabo del plazo que tiene la Administración Tributaria para decidir, así como, obviamente, de la denegatoria expresa, total o parcial. Generalmente la sede administrativa tiende a ser una suerte de instancia de "conciliación" o arreglo extrajudicial, en muchos casos verdadero medio alternativo de solución de conflictos.

d. El carácter subjetivo del recurso

El art. 259 del Texto Fundamental acuerda los poderes del Juez con competencia en lo contencioso administrativo (que abarca lo tributario) para la restitución de las situaciones jurídicas subjetivas lesionadas por la actividad o inacción de la Administración Pública, de modo que el Recurso Contencioso Tributario, si bien gira en torno a un juicio sobre la conformidad a derecho o no de un acto administrativo, es también un fuero apto para lograr la reparación y/o restitución de las esferas subjetivas afectadas, por ejemplo mediando la condena a la indemnización de daños y perjuicios.

El Juez tributario es, entonces, un juez de la plena jurisdicción, estando sus poderes limitados solamente por el extendido de la pretensión del recurrente. Por ello el art. 327 del Código Orgánico Tributario faculta al juez para condenar a la Administración Tributaria a la indemnización de daños y perjuicios derivados de la ejecución de actos administrativos declarados contrarios a derecho, previamente en la misma sentencia.

e. La intervención adhesiva

Conforme a lo estatuido en el art, 370, ordinal 3º del Código de Procedimiento Civil, los terceros podrán intervenir, en forma voluntaria, *"cuando el tercero tenga un interés jurídico actual en sostener las razones de alguna de las partes y pretenda ayudarla a vencer en el proceso"*, es decir, en estos casos, asumiendo la condición de coadyuvantes u opositores al Recurso Contencioso Tributario.

Esta intervención adhesiva voluntaria debe realizarse mediante diligencia o escrito, acompañando prueba fehaciente del interés legítimo alegado, en cualquier estado y grado del proceso, aún con ocasión de la interposición de algún recurso; además, el tercero debe aceptar la causa en el estado en que se encuentre, pero puede ampliar y mejorar la defensa de la parte principal ayudada (el recurrente o la Administración Tributaria), siempre que sus alegatos no se opongan a los de ésta (arts. 379 y 380 del Código de Procedimiento Civil).

En idéntico sentido, es obvio que también podría intervenir, aun sin ser notificado, el Fiscal General de la República y hasta el Defensor del

Pueblo, si el orden público se halla en peligro o existe afectación de derechos humanos fundamentales.

5.2.1.B. Vías

El Recurso Contencioso Tributario puede ejercerse en vía directa, inmediatamente ante el Juez Superior de lo Contencioso Tributario o ante alguna otra de las oficinas administrativas o judiciales legalmente autorizadas para recibirlo.

No obstante, acorde con lo dispuesto en el Parágrafo Único del art. 259 del Código Orgánico Tributario, el recurso, cuando el recurrente haya optado por interponer el Recurso Jerárquico, también podrá ejercerse en vía subsidiaria, en el mismo escrito del recurso administrativo, para el caso de que hubiese denegación expresa o tácita del mismo.

En cuanto a las diferencias procedimentales de una u otra vía, se remite al apartado 5.2.1.E.

5.2.1.C. Formalidades

Según lo pautado por el art. 260 del Código Orgánico Tributario el Recurso debe interponerse mediante escrito, en el cual se expresarán las razones de hecho y/o de derecho en que se funda[512].

Estas razones se refieren *"tanto a la interpretación que el interesado haya realizado de los hechos que han conformado las circunstancias que motivaron la actuación de la Administración, como a las normas dentro de las cuales tales hechos han sido subsumidos por la autoridad administrativa"*[513].

Por otro lado, el mismo art. 260 requiere que se adjunte *"el documento o documentos donde aparezca el acto recurrido, salvo en los casos en que haya operado el silencio administrativo"*, vale decir, el original del acto impugnado o una copia certificada.

Ahora bien, semejante exigencia, de ser interpretada literal y restrictivamente, sería inconstitucional, por menoscabar el libre acceso a la justicia y, con él, violentar la tutela judicial efectiva, no sólo del tercero

---

[512] Sentencia N° 7 del Juzgado Superior Sexto de lo Contencioso Tributario del 14 de noviembre de 1983, Revista de Derecho Tributario, N° 46, Asociación Venezolana de Derecho Tributario, 1985, página 25.

[513] Sentencia del Juzgado Superior Sexto de lo Contencioso Tributario del 11 de abril de 1995 (caso: Antonio Flores Cortez, Jurisprudencia de los Tribunales de Última Instancia, Tomo 4, Repertorio Mensual de Jurisprudencia del Dr. Oscar Pierre Tapia, Año VI, abril de 1995, páginas 98 a 99.

interesado, que jamás dispondría del original ni tendría que esperar la impugnación para luego poder intervenir, pues es un legitimado activo, en los términos antes expresados, sino del propio destinatario del acto, a quien podría habérsele extraviado tal original, o que en todo caso dispondría de los medios probatorios de la exhibición frente al fisco contraparte o de informes frente a terceros, para demostrar la existencia y contenido del acto administrativo impugnado. Recuérdese que asistimos no sólo a un Estado de Derecho, sino a uno de Justicia (no sería justo que el interesado no pueda impugnar el acto por carecer de su original y no haber podido obtener una copia certificada dentro del plazo para recurrir, pero que luego el fisco pueda demandarlo ejecutivamente con base en el mismo acto).

Obviamente, también es aplicable a esta materia la norma contenida en el art. 340 del Código de Procedimiento Civil, relativa a los requisitos de todo libelo, fundamentalmente en cuanto a la identificación del Tribunal ante el cual se recurre; la identificación plena (conforme a la Ley Orgánica de Identificación, el Código Civil o el Código de Comercio, según se trate de personas naturales o jurídicas) del recurrente y su carácter; la identificación del mandatario con consignación del poder (mandato judicial); la pretensión en este caso anulatoria y, como se verá más adelante, eventualmente indemnizatoria y/o reparadora o restitutiva; las razones de hecho y de derecho; el instrumento fundamental de la demanda (el acto recurrido); y, la señalización del domicilio procesal.

5.2.1.D. Lapso

Conforme con los arts. 244 y 261 del Código Orgánico Tributario, los lapsos para la interposición de los Recursos Jerárquico y Contencioso Tributario, respectivamente, son de veinticinco (25) días hábiles, contados desde la notificación del acto impugnado.

Se trata de dos lapsos que corren en paralelo, dado el reseñado carácter opcional del agotamiento de la vía administrativa, contados entonces a partir del primer día hábil siguiente a la notificación efectiva del acto administrativo impugnado, siendo que el del recurso administrativo se cuenta por días hábiles de la Administración Tributaria emisora del acto, mientras que el del recurso judicial se cuenta por días hábiles de la correspondiente Unidad Receptora y Distribuidora de Documentos (U.R.D.D.), en la Circunscripción Judicial de que se trate.

Es menester aclarar que el lapso de interposición del Recurso Contencioso Tributario es de caducidad, dado que es ininterrumpible e insuspendible, corre indefectiblemente y su culminación inútil genera la inmediata firmeza y, con ello, asegura la ejecutividad y ejecutoriedad del acto administrativo de que se trate.

5.2.1.E. Órgano receptor

El art. 262 del Código Orgánico Tributario, opcionalmente para el recurrente, prevé su interposición directamente por ante el Juzgado Superior de lo Contencioso Tributario competente, o por intermedio de cualquier Juez con competencia territorial en el lugar del domicilio fiscal del recurrente, o específicamente por ante la oficina administrativa de la cual emanó el acto.

Se establece que cuando el recurso no hubiere sido interpuesto ante el tribunal tributario competente, la oficina administrativa (tanto en caso de interposición por vía directa como por vía subsidiaria) o judicial receptora deberá remitirlo a aquél, dentro de los cinco (5) días hábiles siguientes, junto con el respectivo expediente administrativo en el primer caso. En idéntico sentido, el art. 264, Parágrafo Único del Código Orgánico Tributario exige que, cuando el recurso no haya sido interpuesto ante una oficina administrativa o judicial de las indicadas, el tribunal tributario competente notifique a la Administración Tributaria y le solicite el expediente administrativo.

En todo caso, el recurrente puede requerir del tribunal tributario competente el reclamo del Recurso judicial interpuesto, ante la correspondiente oficina administrativa o judicial, para continuar con el curso del proceso judicial tributario.

Por otro lado, el art. 264 del Código Orgánico Tributario prevé que el recurrente estará a derecho desde la interposición del recurso, si lo hizo ante el tribunal tributario competente. Caso contrario, el tribunal deberá notificar al recurrente para ponerlo a derecho, y de no ser ello posible, fijará un cartel a la puerta del Tribunal, dando un término de diez (10) días de despacho, al cabo del cual se lo entenderá a derecho.

Finalmente, es necesario reseñar que, conforme a lo dispuesto en el art. 329 del citado Código, son competentes para conocer en primera instancia de este recurso los Juzgados Superiores de lo Contencioso Tributario y, en segunda instancia, el Tribunal Supremo de Justicia.

5.2.1.F. Oportunidad para la admisión y eventual oposición

El art. 267 del Código Orgánico Tributario dispone que al quinto día de despacho siguiente a que conste en autos la última de las notificaciones de ley, el Tribunal se pronunciará sobre la admisibilidad del recurso (lo admitirá o lo declarará inadmisible).

Igualmente, se dispone que la representación judicial de la Administración Tributaria dispondrá del término de cinco (5) días de despacho siguientes a que conste en autos la última de las notificaciones de ley acerca de la interposición del recurso, para formular oposición a su admisión (este asunto confirma que el Tribunal cuenta con una oportunidad fija para pronunciarse -el quinto día-, pues de tratarse de un lapso, el dictado de la decisión antes de ese quinto día podría cercenar a la representación fiscal o parafiscal su posibilidad de oposición).

Obviamente, las razones que justificarían la oposición vendrían dadas por la ocurrencia de las causales de inadmisibilidad que se analizarán más adelante.

Por lo pronto ha de precisarse que, de ocurrir la oposición, se abrirá una articulación probatoria que no excederá de cuatro (4) días de despacho, a efecto de que las partes promuevan y evacuen cuanto estimen pertinente, debiendo el tribunal dictaminar dentro del lapso de tres (3) días de despacho subsiguientes.

En otro orden de ideas, el Código Orgánico Tributario no hacen alusión expresa alguna acerca de la motivación de la decisión que admita o declare inadmisible el recurso.

Pero ello no significa que la decisión no deba ser motivada. Muy por el contrario, los Principios Generales del Derecho Procesal, especialmente el derecho a la defensa, como deber del Juez, desarrollado en el art. 15 del Código de Procedimiento Civil, se imponen. En efecto, es esencial garantizar el disfrute real y efectivo del derecho constitucional a la defensa del recurrente, particularmente frente a una eventual decisión de inadmisibilidad del recurso, y también es fundamental facilitar el control que debe ejercer el Tribunal Supremo de Justicia, como Juez superior - de alzada- sobre la legalidad del auto judicial apelado.

Por lo tanto, en virtud de los Principios Generales del Derecho Procesal, sobre todo con base en la previsión del art. 243, numeral 4, del Código de Procedimiento Civil, que exige la expresión de los motivos de hecho y de derecho de la decisión, en toda sentencia, interlocutoria o definitiva, es evidente que debe ser motivada esta decisión, para proscribir la arbitrariedad y la injusticia. En apoyo de esta tesis se destaca que, además, el mismo texto legal (art. 266) contempla una serie de causales de inadmisibilidad, en las cuales debe fundamentarse el Juez a la hora de decidir.

En el art. 266 del Código Orgánico Tributario, el legislador enumera sistemáticamente las causales de inadmisibilidad. Pero, en nuestro criterio, esa enumeración no es taxativa, como lo veremos más adelante.

Las causales de inadmisibilidad que presenta el dispositivo legal en comento son tres, a saber:

a. Caducidad del plazo para ejercer el recurso

El vencimiento inútil del lapso de interposición del recurso, que como vimos es de veinticinco (25) días hábiles, sin que se lo haya incoado, en los términos y condiciones expuestos anteriormente, necesariamente conlleva la caducidad del mismo;

b. Falta de cualidad o interés del recurrente

Esto implica una remisión tácita al contenido del art. 242 del Código Orgánico Tributario, en donde se exige que el recurrente tenga un interés legítimo, personal y directo para lograr la nulidad del acto recurrido, acorde con el principio general contenido en el art. 16 del Código de Procedimiento Civil, según el cual *"a falta de interés no hay acción"*; y,

c. Ilegitimidad de la persona que se presente como apoderado o representante del recurrente

- Por no tener la capacidad necesaria para comparecer en juicio: Aquí tenemos una remisión clara al art. 166 del Código de Procedimiento Civil y a los arts. 3 y 4 de la Ley de Abogados, según los cuales, para ejercer representaciones en juicio la persona debe ser profesional del Derecho, debe ser abogado;

- Por no tener la representación que se atribuye, es decir que el supuesto apoderado cumple con el requisito de ser abogado, pero no cuenta con tal poder, o porque el poder no esté otorgado en forma legal: Aquí hay una remisión directa al contenido de los arts. 151 y 152 del Código de Procedimiento Civil, que son los que norman los requisitos para el otorgamiento de los poderes judiciales, auténtico o "apud acta", respectivamente; o,

- Porque el poder sea insuficiente: Nuevamente hay una remisión indiscutible al art. 164 del Código de Procedimiento Civil que señala que, en cuanto a las facultades del apoderado, deberá cumplirse con lo previsto en el Código Civil sobre el mandato, fundamentalmente en su art. 1.689, según el cual el mandatario no puede exceder los límites fijados en el mandato.

Por último, en relación a esta causal de ilegitimidad, cabe decir que es una reproducción textual del contenido del numeral 3 del art. 346 del Código de Procedimiento Civil, ubicado entre las cuestiones previas que pueden ser alegadas en contra de la demanda.

d. Otras causales

En otro orden de ideas, en cuanto a la referencia hecha anteriormente sobre el hecho de que esta enumeración de causales de inadmisibilidad no es taxativa, sino meramente enunciativa, cabe advertir que dentro del texto mismo del Código Orgánico Tributario se observan otras causales tácitas de inadmisibilidad que también pueden justificar válidamente en Derecho que el Juez declare inadmisible el recurso.

A título simplemente ilustrativo, pueden tomarse en cuenta, aparte de la cosa juzgada y otros supuestos, las siguientes tres (3) causales de inadmisibilidad:

- El defecto formal del recurso: Como vimos, el art. 260 del Código Orgánico Tributario exige que el recurso se presente por escrito y fundamentado y que, además, se acompañe o se identifique suficientemente el acto recurrido. Si no se cumplen estos requisitos por supuesto que el recurso sería inadmisible. Además, este dispositivo, como ya se indicó, debe completarse con el contenido del art. 340 del Código de Procedimiento Civil, que establece los requisitos formales de todo libelo de demanda. Obviamente, sería inadmisible un recurso en donde el contribuyente persona jurídica no se identifique como lo exige el Código de Procedimiento Civil, no mencione los fundamentos de la impugnación, no identifique el acto recurrido, no identifique la autoría de la cual emana el mismo, no fundamente y determine su pretensión, etc.

- La acumulación prohibida, prevista en el art. 78 del Código de Procedimiento Civil, según el cual: *"No podrán acumularse en el mismo libelo pretensiones que se excluyan mutuamente o que sean contrarias entre sí; ni las que por razón de la materia no correspondan al conocimiento del mismo Tribunal; ni aquellas cuyos procedimientos sean incompatibles entre sí".*

- Como tercer y último ejemplo de causal tácita de inadmisibilidad del recurso, encontramos lo que hemos llamado la anticipación prohibida, para calificarla de alguna forma, y emerge de la interpretación del art. 255 del Código Orgánico Tributario, en el sentido siguiente: si el contribuyente opta por acudir a la sede administrativa, para interponer el Recurso Jerárquico, según este dispositivo legal no podría intentar el Recurso Contencioso Tributario hasta tanto no haya vencido el lapso con que cuenta la Administración Tributaria para decidir el Recurso Jerárquico. Si este lapso no ha concluido, no puede el contribuyente acudir a la sede judicial, eso es lo que hemos llamado una anticipación prohibida.

5.2.1.G. Apelabilidad

¿Qué decisión es la apelable: la que declara inadmisible el recurso, la que lo admite, o las dos?

El Parágrafo Único del art. 267 del Código Orgánico Tributario de 2001 precisa que: *"La admisión del Recurso será apelable dentro de los cinco (5) días de despacho siguientes, siempre que la Administración Tributaria hubiere formulado oposición, y será oída en el solo efecto devolutivo. Si el Tribunal resuelve inadmitir el Recurso se oirá apelación en ambos efectos, la cual deberá ser decidida por la alzada en el término de treinta (30) días continuos".* Además, se fija el plazo de diez (10) días de despacho siguientes al recibo de los autos por la alzada, para que las partes presenten sus informes.

Por tanto, se observa lo siguiente:

- En primer lugar, en cuanto al lapso para apelar, vemos que es de cinco (5) días de despacho.
- En segundo lugar, acerca de ¿en cuántos efectos se oye la apelación? Ello depende del contenido de la decisión: si admite, la apelación se oirá sólo en el efecto devolutivo; pero, si declara la inadmisibilidad del recurso, será en ambos efectos (aunque resulte extraño, pues en ese caso nada habría que suspender, pues no habría proceso en curso).
- En tercer lugar, en cuanto al lapso de decisión de la apelación, se aprecia que es de treinta (30) días continuos.
- Finalmente, tenemos el tema del objeto de la apelación. ¿Qué es lo que puede ser apelado?

El dispositivo en comentarios es claro al establecer la apelabilidad de ambas decisiones, por la respectiva parte perjudicada por su contenido, según los casos, aunque, tratándose del representante judicial de la Administración Tributaria y de la decisión declaratoria de la admisibilidad del recurso, la norma condiciona la posibilidad de apelar, a que haya habido oportuna oposición previa a la admisión, lo cual ha de ser visto como un sano estímulo a la diligencia procesal de dicho representante, y como un filtro para asegurar su seriedad argumentativa, en provecho de la celeridad procesal.

5.2.2... No suspensión de los efectos del acto impugnado

En resguardo y garantía del disfrute pleno, real y efectivo del derecho de acceso a la justicia, del derecho al debido proceso y del derecho a la tutela judicial efectiva, así como, mediatamente, del derecho al patrimonio y a la propiedad privada, sin menoscabo de los derechos o potestades recaudatorias de las Administraciones Tributarias Nacional, Estadal o Municipal o parafiscales, los Códigos Orgánicos Tributarios de 1983, de 1992 y de 1994, declararon que la interposición del recurso suspendía la ejecución del acto recurrido.

De este modo, se asistió a la consagración de lo que la doctrina especializada ha calificado de *"suspensión automática o inmediata"* de los efectos del acto administrativo impugnado, consecuencia de la mera o simple interposición del recurso, sin necesidad de probar los extremos de la apariencia de buen derecho y de evitar perjuicios irreparables o de difícil reparación por la definitiva, ni de caucionar las resultas del juicio, ni siquiera de mantener un impulso procesal adecuado.

Se trataba de un régimen jurídico cónsono, por lo demás, con la consagración del derecho de acceso a la justicia en el art. 8.1 de la Convención Americana sobre Derechos Humanos o Pacto de San José de Costa Rica, de rango constitucional, según el art. 23 de la Constitución, en donde se ve claramente que el acceso a la justicia es para la determinación de la posible obligación fiscal. Entonces, cómo no entender suspendida una obligación que no deja de ser una mera presunción o pretensión de parte, pudiendo incluso tratarse de una multa supeditada a la necesaria previa plena prueba de la culpabilidad?

Por supuesto, la regulación legal, a fin de asegurar la vigencia del Principio de Igualdad de las Partes en el Proceso y la debida actuación imparcial y proporcional del órgano jurisdiccional, según lo ordena el art. 15 del Código de Procedimiento Civil, dejó a salvo la utilización de medidas cautelares para garantizar los eventuales derechos de las administraciones tributarias, decretables incluso por todo el tiempo que dure el proceso y hasta sustituibles, en los términos que serán analizados mas adelante.

No obstante, con un claro retroceso en referencia a los logros alcanzados desde 1983, en materia de acceso a la justicia tributaria, en nuestro país, y con clara violación del Principio de Progresividad de los Derechos Humanos (art. 19 de la Constitución), despegándonos así también de la más avanzada corriente comparada, el art. 263 del Código Orgánico Tributario de 2001 eliminó la cautelar *"ope legis"* en comento, al disponer que la interposición del recurso no suspende los efectos del acto recurrido, resucitando con ello el superado y retrógrado condicionado régimen de solicitud de suspensión de efectos a iniciativa del interesado, con el siguiente dispositivo: *"La interposición del recurso no suspende los efectos del acto impugnado, sin embargo a instancia de parte, el Tribunal podrá suspender parcial o totalmente los efectos del acto recurrido, en el caso que su ejecución pudiera causar graves perjuicios al interesado, o si la impugnación se fundamentare en la apariencia de buen derecho".*

Empero, el método de suspensión "automática" o inmediata (por la mera interposición) es la única garantía cierta de exclusión del contra principio *"solve et repete"*. En efecto, la aprobación e implementación de esta normativa implica, en realidad, la obligación de pagar o garantizar la suma reparada, si bien no para recurrir (como requisito de admisibilidad), sí para poder sostener el proceso, so pena de embargo ejecutivo del doble, en juicio ejecutivo.

Tanto la doctrina como la vieja jurisprudencia libertaria están acordes en que el contra principio *"solve et repete"* representa una limitación grave e injustificada al ejercicio efectivo del derecho constitucional a la defensa, toda vez que lesiona los derechos constitucionales al debido proceso (art. 49) y a la tutela judicial efectiva (art. 26), particularmente en su perspectiva de acceso a la justicia o a la jurisdicción y acorde con el principio de economía procesal.

En cambio, la actual jurisprudencia abiertamente desacata su obligación de cumplir con los mandatos constitucionales, derivada de los arts. 7 (supremacía de la Constitución) y 25 (nulidad de los actos violatorios de los derechos humanos), y a pesar de que el Texto Fundamental consagra el mencionado Principio de Progresividad de los Derechos Humanos (art. 19) y el derecho a la presunción de inocencia (art. 49), entre otros aspectos, no tiene escrúpulo alguno en tratar al justiciable (es decir, a quien clama justicia), a esa parte del soberano que se ve precisada a acudir a estrados a abogar por sus derechos, y a cuyo servicio se supone se encuentra el aparataje público, como un reo de las peores culpas, haciéndole cuesta arriba su tarea defensiva frente al arbitrario. Tanto es así, que sentencias del Tribunal Supremo de Justicia han establecido que los requisitos del art. 263 mencionado son concurrentes y no alternativos, diciendo que donde la norma dice "o", debe leerse "y", so pretexto de una tal "interpretación correctiva de la letra de la ley"[514].

Ha sido, pues, dócil la jurisprudencia posterior al año 2002, sobre este tema.

Ahora bien, en realidad nada justificaba semejante alteración normativa, siendo que el Principio de Igualdad de las Partes en el Proceso estaba garantizado con el sistema de medidas cautelares a favor del ente público, que muy poco varió en la nueva regulación. Veamos:

> *El art. 296 del Código Orgánico Tributario expresa que: "Cuando exista riesgo para la percepción de los créditos por tributos, accesorios y multas, aún cuando se encuentren en proceso de determinación, o no sean exigibles por causa de plazo pendiente, la Administración Tributaria podrá pedir al Tribunal competente para conocer del Recurso Contencioso Tributario que decrete medidas cautelares suficientes, las cuales podrán ser:*

---

[514] Sentencia de la Sala Político-Administrativa del Tribunal Supremo de Justicia del 3 de junio de 2004, caso: Deportes El Marquéz, C.A, vs SENIAT.

9. *Embargo preventivo de bienes muebles;*
10. *Secuestro o retención de bienes muebles;*
11. *Prohibición de enajenar o gravar bienes inmuebles, y*
12. *Cualquier otra medida, conforme a las previsiones contenidas en el Parágrafo Primero del artículo 588 del Código de Procedimiento Civil".*

Desde esta perspectiva, para el mejor análisis y comprensión de esta norma, siguiendo su redacción, dividimos el asunto, para fines didácticos, en dos supuestos: cuando los créditos tributarios están determinados y cuando tales créditos no están determinados.

a. Los créditos tributarios están determinados

La interpretación de la normativa nos permite concluir en la previsión de que los créditos tributarios estén determinados, y que no sean exigibles por causa de plazo pendiente o en virtud de un pronunciamiento judicial de suspensión de efectos. En nuestro criterio, estos requisitos no son excluyentes sino concurrentes, es decir el crédito debe estar, por un lado, determinado y, por el otro, ser no exigible. Tal no exigibilidad ha de provenir solamente por dos razones posibles: por causa de un plazo pendiente o por la interposición de un Recurso Jerárquico (simple) o de un Recurso Contencioso Tributario (con pronunciamiento judicial de suspensión de efectos).

En este orden de ideas, siendo coherentes con nuestro sistema de determinación y liquidación tributaria, tenemos que sólo un crédito determinado puede ser no exigible por causa de un plazo pendiente, porque únicamente la Resolución Culminatoria del Sumario Administrativo, prevista en el art. 191 del Código Orgánico Tributario, acto de determinación de la obligación tributaria, puede indicar un plazo, en beneficio del contribuyente, para que pague el crédito tributario.

Así mismo, sólo la Resolución Culminatoria del Sumario Administrativo, acto de determinación de la obligación tributaria, es el acto recurrible, suspendible en sus efectos por la mera interposición del recurso administrativo o por efecto de un pronunciamiento al respecto del Juez, si se trata de un recurso judicial.

Por tanto, si observamos que en los dos casos opera necesariamente la Resolución Culminatoria del Sumario Administrativo, donde se determina el crédito tributario, es obvio que los requisitos legales son concurrentes: que el crédito esté determinado, por un lado, y que no sea exigible, por el otro lado, sea por causa de plazo pendiente, a favor por supuesto del contribuyente, para el pago del crédito tributario, o porque el contribuyente haya interpuesto un recurso administrativo, u obtenido una decisión liminar de suspensión, en el ámbito de un recurso judicial.

En este supuesto, es de destacar que la solicitud puede ser planteada ante la "jurisdicción voluntaria" o ante la "jurisdicción contenciosa".

Cuando se ha dictado la Resolución Culminatoria del Sumario Administrativo, determinando un crédito tributario, disfrute o no el contribuyente de un plazo para el pago, si éste no ha recurrido judicialmente, no ha interpuesto Recurso Contencioso Tributario alguno (y aunque lo haya hecho administrativamente, mediante el Recurso Jerárquico), la Administración Tributaria temerosa de que se burlen sus derechos, puede perfectamente acudir ante el Juez de lo Contencioso Tributario (remarcamos que fuera del ámbito de un Recurso Contencioso Tributario, es decir, en sede de "jurisdicción graciosa o voluntaria", para utilizar propiamente la terminología procesal), para pedirle que decrete estas medidas cautelares. Así, el art. 247 del Código Orgánico Tributario establece que la interposición del Recurso Jerárquico suspende la ejecución del acto recurrido, dejando a salvo la utilización de las medidas cautelares.

Por supuesto, evidentemente el Juez también puede decretar tales medidas en sede contenciosa, es decir ante la "jurisdicción contenciosa", cuando el contribuyente haya interpuesto el Recurso Contencioso Tributario y la Administración Tributaria tema que se burlen sus derechos. Obviamente, esta posibilidad es dable únicamente en los casos en que un auto del tribunal haya suspendido los efectos del acto impugnado, pues de lo contrario, la Administración Tributaria impulsaría el embargo ejecutivo, aunque deteniéndose antes del remate, en los términos del art. 263 del Código Orgánico Tributario. De resto, el art. 301 "eiusdem" se limita a prever la acumulación de autos, cuando haya habido proceso cautelar autónomo (gracioso), y luego se haya interpuesto el Recurso Contencioso Tributario. Evidentemente, si el asunto ocurre a la inversa, el tema cautelar, aunque en cuaderno separado, habrá de hacerse en el mismo expediente contentivo del recurso judicial. En estos casos, las medidas cautelares pueden decretarse por todo el tiempo que dure el proceso.

Estas medidas cautelares siempre serán, de conformidad con el art. 296 del Código Orgánico Tributario, a favor de la Administración Tributaria. Quien las puede solicitar es la Administración Tributaria, en su propio beneficio, para asegurar el cobro del crédito tributario. En efecto, el tribunal habrá de acordar la medida solicitada con vista al documento del que conste la existencia del crédito tributario, dentro de los dos (2) días de despacho siguientes, sin conocimiento del deudor, según lo pautan los arts. 297 y 298 del mismo Código.

Pero estas providencias preventivas enumeradas en el indicado Código no son las únicas medidas cautelares que puede dictar el Juez, si estamos en sede contenciosa, pues, no debemos olvidar la aplicabilidad supletoria del art. 588, Parágrafo Primero del Código de Procedimiento

Civil, en donde se consagra el "Poder Cautelar General", de tal manera que el Juez de lo Contencioso Tributario puede acordar, en beneficio de la Administración Tributaria y previa su solicitud, las tres medidas nominadas tradicionales que enumera el Código Orgánico Tributario y también cualquier otra medida cautelar innominada, siguiendo además al numeral 4 del comentado art. 296.

Desde esta perspectiva, partiendo de la idea cierta de que el Recurso Contencioso Tributario dejó de ser tan sólo un juicio al acto, para devenir un juicio también subjetivo, acorde además con el Principio de Igualdad de las Partes en el Proceso, y toda vez que el citado art. 588, Parágrafo Primero del Código de Procedimiento Civil señala que fuera de *"las medidas preventivas anteriormente numeradas,..., el Tribunal podrá acordar las providencias cautelares que considere adecuadas, cuando hubiere fundado temor de que una de las partes* (no dice cuál, el supuesto es válido para las dos: la Administración Tributaria y el recurrente) *pueda causar lesiones graves o de difícil reparación al derecho de la otra* (la otra tampoco está identificada)", es obvio que en sede contenciosa, en nuestro criterio, el "Poder cautelar General" es aplicable en beneficio tanto del recurrente como de la Administración Tributaria, debiendo la parte solicitante (sin perjuicio de la actuación judicial de oficio) demostrar la existencia del riesgo manifiesto de que quede ilusoria la ejecución del fallo y acompañar un medio de prueba que constituya presunción grave de esta circunstancia y del derecho que se reclama (art. 585 del Código Procesal).

En estos casos, el Juez, para evitar el daño, podrá autorizar o prohibir la ejecución de determinados actos y adoptar las providencias que tengan por objeto hacer cesar la continuidad de la lesión, con la única limitación del alcance de su propia creatividad y la aplicación del Principio de Proporcionalidad. Según el art. 297 del Código Orgánico Tributario las medidas deberán estar graduadas en proporción al riesgo, cuantía y demás circunstancias del caso.

En otro orden de ideas, en virtud de lo ordenado en el art. 299 del Código Orgánico Tributario, el Fisco no tiene que caucionar el decreto de las medidas cautelares, pero será responsable de sus resultados, sin perjuicio de la posibilidad que tiene el interesado de solicitar la sustitución de las medidas decretadas, por garantías suficientes a criterio del tribunal.

b. Los créditos tributarios no están determinados ("cuando se encuentren en proceso de determinación")

Se comprende que la voluntad del legislador fue la de permitir que la Administración Tributaria pudiese lograr que el Juez decretase medidas cautelares, aún cuando fuese para asegurar el cobro de un crédito tributario no determinado. Esto lo entendemos porque expresamente lo establece así la disposición legal: *"cuando se encuentren en proceso de determinación".*

¿Cuáles podrían ser, hipotéticamente, los ejemplos que condujeron al legislador a consagrar este escenario? Entre otros posibles casos, veamos los dos siguientes:

- El caso de un contribuyente que es objeto de una fiscalización, se le notifica un Acta de Reparo donde se le formula un reclamo; posteriormente, sin que se haya dictado la Resolución Culminatoria del Sumario Administrativo, es decir, sin que se haya determinado el crédito tributario, el contribuyente inicia una serie de actividades que voluntaria o involuntariamente son susceptibles de conducirlo a la insolvencia, en perjuicio de los derechos tributarios. La Administración Tributaria podría entonces pedirle al Juez competente para conocer del Recurso Contencioso Tributario, que decrete medidas cautelares.
- El otro caso sería, por ejemplo, el siguiente: La Administración Tributaria se entera, por vía de la declaración anticipada por enajenación de inmuebles, de una venta inmobiliaria que genera un enriquecimiento, por ejemplo de Cuatro Millones de Bolívares y, en este caso, sin que se haya determinado el crédito tributario, al menos el definitivo correspondiente al ejercicio fiscal de que se trate, la Administración Tributaria también podría pedir al indicado Juez, si teme que se dilapide el patrimonio del contribuyente, medidas cautelares para asegurar el cobro de sus derechos fiscales.

No obstante, el legislador parece no haber considerado mecanismos para evitar la arbitrariedad y asegurar la debida proporcionalidad.

¿Cómo garantizar que no se viole el principio de proporcionalidad al decretarse un embargo preventivo, un secuestro o una prohibición de enajenar y gravar, por ejemplo, si no se conoce la cuantía del eventual crédito tributario, precisamente por no estar determinado?

Esto es algo que resta a reflexionar. Claro que lo vienen haciendo. Estableciendo por ejemplo el embargo del doble de una mera expectativa de cobro, sobre un monto que, dado el caso, por efecto de las pérdidas fiscales, podría implicar que no haya surgido obligación tributaria de fondo alguna para el ejercicio fiscal concreto. Nosotros seguimos pensando en su imposibilidad jurídica.

5.2.3. Lapso probatorio

5.2.3.A. Posible no apertura

Aparece regulado en el art. 268 del Código Orgánico Tributario, el supuesto de la no apertura del lapso probatorio, porque así lo solicitaren las partes, por tratarse de una causa de mero derecho o por ser la causa decidible con los elementos probatorios que obren en el expediente. Estos son, por cierto, los supuestos de la decisión de la causa sin pruebas, sin apertura del lapso probatorio, enumerados en los art. 388 y 389, numerales 1 y 3 del Código de Procedimiento Civil.

5.2.3.B. Apertura: lapsos, procedimiento y apelación

¿Cuándo se inicia la fase probatoria? Conforme al art. 268 del Código Orgánico Tributario, el juicio queda abierto a pruebas, sin necesidad de decreto o providencia del Juez, vencido el lapso para apelar de las decisiones sobre la admisibilidad del recurso, o desde que conste en autos la devolución del expediente del Tribunal de alzada que admitió el recurso. Como vemos, el Código Orgánico Tributario provoca la apertura "automática" de la causa a pruebas, salvo que se solicite lo contrario por las partes.

En cuanto a los lapsos de promoción y evacuación, los mismos son de diez (10) y veinte (20) días de despacho, respectivamente, conforme con los arts. 269 y 271 del Código Orgánico Tributario.

Por lo que respecta a los lapsos para decidir sobre la procedencia de los medios probatorios, tenemos que el art. 270 del Código Orgánico Tributario previó expresamente los lapsos de tres (3) días de despacho para oponerse a las pruebas promovidas por la contraparte, y de tres (3) días de despacho para el pronunciamiento judicial sobre su admisibilidad o no. Y, en su Parágrafo Único, consagró el lapso de apelación del auto sobre la admisibilidad o no, haya habido o no oposición, en cinco (5) días de despacho, a ser oída sólo en el efecto devolutivo (conforme por lo demás con el art. 291 del Código de Procedimiento Civil).

En cuanto a los demás detalles relacionados con la apelación de las pruebas, sí deben aplicarse las disposiciones del Código de Procedimiento Civil, por cuanto no hay señalamiento específico alguno en nuestro Código Orgánico Tributario. Así, pues, debe ser apelable tanto el auto que admite las pruebas como el auto que las niega.

Por último, en cuanto a estos aspectos, conviene resaltar que la representación judicial de las administraciones tributarias, a pesar de tener derecho a ello, como parte en juicio, rara vez promueve y hace evacuar pruebas en el proceso tributario. En general, salvo supuestos de oposición a la admisión de recursos, y su participación en la designación de los peritos en las experticias contables promovidas por el recurrente, estos representantes judiciales se apersonan en los procesos, por primera vez, a la altura de la presentación de los informes. Esto se debe, según pensamos, a una errada y hasta irracional conceptualización de, así como a una ingenua confianza en, la presunción "iuris tantum" de legalidad y veracidad de la que gozan los actos administrativos dictados con las formalidades de ley, que adjudica la carga de la prueba en contrario al recurrente (art. 184 del Código Orgánico Tributario: *"El Acta de Reparo hará plena fe mientras no se pruebe lo contrario"*).

En nuestra opinión estos representantes judiciales, como todo abogado que debe procurar la mejor defensa de los derechos de su patrocinado, haciendo gala de gran diligencia procesal, deberían, en virtud de los dispositivos pertinentes del Código de Procedimiento Civil, del Código Orgánico Tributario, de la Ley de Abogados y del Código de Ética del Abogado, intervenir en todo estado y grado del proceso y, en consecuencia, según corresponda: oponerse a la admisión del recurso y apelarla, promover pruebas (obviamente, sin que ello pueda consistir en la ocurrencia del vicio de motivación sobrevenida, sancionado por la jurisprudencia), oponerse a la admisión de las pruebas promovidas por el recurrente y apelarla, etc., siempre, obviamente, que ello sea procedente, dentro del espíritu de lealtad y probidad exigido por el art. 170 del Código de Procedimiento Civil.

Con arreglo a lo dispuesto por el primer aparte del art. 269 del Código Orgánico Tributario: *"Serán admisibles todos los medios de prueba, con excepción del juramento y de la confesión de funcionarios públicos cuando ella implique la prueba confesional de la Administración"*.

Así, el Juez, de oficio o a instancia de parte, en este último caso como efecto de la respectiva promoción probatoria, en su búsqueda de la verdad real, para volverla verdad procesal, puede servirse, como fundamento de su sentencia, no sólo de todos los medios probatorios tradicionales regulados en el Código Civil y desarrollados y ampliados en el Código de Procedimiento Civil, como las testimoniales, las documentales, las presunciones, la experticia, la inspección judicial y, únicamente en cuanto al recurrente, el juramento y la confesión, salvo que aplicadas a funcionarios públicos ésto no acarreen prueba confesional de la Administración Tributaria, sino también, de los novedosos medios probatorios previstos en los arts. 502 al 505 del Código Procesal, como las reproducciones, copias y experimentos, e incluso de todo medio de prueba no prohibido expresamente por la ley, según lo establece el art. 395 del Código Procesal, todo en virtud del principio de libertad probatoria, con base legal.

Además, por supuesto, de la aplicación directa de otros dispositivos del Código Procesal, relativos a los hechos notorios (art. 506); a la valoración conforme a las reglas de la sana crítica (art. 507); a los indicios (art. 510); y a las máximas de experiencia (art. 12).

No obstante, es el caso que el quehacer litigioso nos ha mostrado que los medios probatorios más empleados por los recurrentes, en esta materia tributaria, suelen ser la experticia contable y las documentales, dentro de estas últimas se destacan el documento fundamental de la demanda (el acto administrativo impugnado), el acta de reparo, el expediente administrativo y, también, la exhibición (art. 436 del Código Procesal) y la prueba de informes de terceros (art. 433 del Código Procesal).

Cabe recordar y destacar la importancia del expediente administrativo, que obligatoriamente debe ser abierto por la Administración Tributaria, contentivo de un cuerpo único comprensivo de toda la tramitación correspondiente, incluso de toda comunicación interorgánica, en orden cronológico, por mandato del art. 51 de la Ley Orgánica de Procedimientos Administrativos, asunto que, hoy por hoy, tiene consagración constitucional en el art. 143 del Texto Fundamental. Este conjunto documental es de trascendental importancia, pues ha de contener la prueba de los presupuestos de hecho tomados en cuenta por parte de la Administración Tributaria, ser demostrativo del cumplimiento del procedimiento legalmente establecido.

Ahora bien, volviendo al tema de la libertad probatoria, explícitamente consagrada así en el Código Orgánico Tributario, conviene advertir sobre dispositivos legales contenidos en leyes tributarias especiales, que son claramente violatorios del derecho constitucional al debido proceso, del cual es garantía la libertad probatoria.

Así, la representación judicial de la Administración Tributaria suele defender los reparos formulados, fundamentada en el hecho de que las recurrentes, visto el volumen de papel de difícil traslado y manejo, en lugar de promover como prueba documental de los gastos las facturas que los respaldan, se valen de otros medios probatorios, como por ejemplo la experticia contable, los informes de terceros, etc. Esto, pues, en su opinión, las facturas serían el único medio que serviría para probar la realización de un gasto, por lo que los recurrentes habrían de aportar, en la oportunidad procesal correspondiente, las facturas que soportan los gastos cuya deducción se pretenda.

Como puede observarse, algunos de estos abogados, como antes de ellos muchos fiscales, y lamentablemente inducidos a ellos para infelices letras de algunas leyes, confunden el medio probatorio (prueba documental), con el objeto de la prueba (los gastos).

De acuerdo al art. 395 del Código de Procedimiento Civil, son medios de prueba admisibles aquellos que determina el Código Civil, el mismo Código de Procedimiento Civil y otras leyes de la República. Luego, en su único aparte, el citado art. señala que "*...las partes pueden valerse de cualquier otro medio de prueba no prohibido expresamente por la ley y que consideren conducente a la demostración de sus pretensiones...*", consagrando de esta manera el principio de libertad probatoria, que se encuentra a su vez expresamente previsto en el Código Orgánico Tributario.

En tal sentido, las partes en el proceso tributario pueden hacer uso de cualquier medio de prueba que consideren idóneo para ilustrar el conocimiento del Juez sobre los hechos que se quieren demostrar, con excepción del juramento y de la confesión de empleados públicos cuando ello implique prueba confesional de la Administración. Son medios probatorios, por ejemplo, la prueba documental, la experticia, la inspección judicial, las testimoniales, etc.

Otra cosa muy diferente es el objeto de la prueba, que ha sido definido en la doctrina como aquello sobre lo cual recae la prueba y que, en este caso, está representado por los gastos, siendo que las facturas o soportes contables que evidencian la realización de ciertos gastos ilegalmente objetados serían, simplemente, entre diversos otros, medios probatorios.

La confusión de la representación judicial de la Administración Tributaria, con relación a la diferencia entre medios de prueba y objeto de prueba, se evidencia, cuando suele citar la Ley de Impuesto sobre la Renta, según la cual *"El costo de los bienes será el que conste en las facturas emanadas directamente del vendedor..."*, y *"...Las anotaciones o asientos que se hagan en dichos libros y registros deberán estar apoyados en los comprobantes correspondientes y sólo de la fe que ellos merezcan surtirá el valor probatorio de aquellos..."*.

Con base a lo anterior, estos abogados acostumbran sostener que, dado que la ley exige la prueba del gasto mediante las facturas (prueba documental), no se podría sustituir el medio probatorio documental por ningún otro, para demostrar la erogación.

En primer lugar, las normas parcialmente transcritas no establecen **el** medio de prueba de los gastos realizados por los recurrentes. Lo que se exige es que tales facturas existan y, sólo en ese caso, los registros contables apoyados en ellas tendrán valor probatorio, siendo que tal existencia puede probarse con los distintos medios puestos a la disposición por la Ley.

Una cosa es la prueba misma (el objeto) y otra el medio. El medio de la prueba para verificar la realización de un gasto y su cuantía puede ser una inspección judicial, unas testimoniales, una prueba documental (directa, como las facturas, o de informes de terceros), una experticia contable o cualquier otro legalmente posible. El objeto de esta prueba, cualquiera sea el medio, tiene que ser el gasto mismo.

Y, en segundo lugar, si fuera cierto que las normas citadas establecieran el único medio de prueba de los gastos realizados por los contribuyentes, serían inconstitucionales por obstaculizar el goce del derecho a la tutela judicial efectiva, impidiendo el ejercicio del debido proceso y el derecho a la defensa de las personas quienes, con base al principio de libertad probatoria, pueden hacer uso de cualquier medio que no se encuentre expresamente prohibido por la ley, conforme además con los principios de capacidad contributiva y realidad económica, que ilustran al derecho tributario sustantivo.

Cabe observar lo mismo, por ejemplo, también en relación con la normativa de la Ley de Impuesto al Valor Agregado, que pretendería hacer de la factura, regularmente emitida, la única prueba del crédito fiscal. Esto, afortunadamente, ha sido puesto en su justo y apropiado lugar, por la jurisprudencia[515].

Por lo que respecta a la facultad que se otorga expresamente a los Jueces de lo Contencioso Tributario, en materia de comisión, el art. 272 del Código Orgánico Tributario de 2001 establece que: *"El Tribunal podrá dar comisión para la práctica de cualesquiera diligencias de sustanciación o de ejecución a los que le sean inferiores, aunque residan en el mismo lugar..."*.

Los Tribunales Superiores de lo Contencioso Tributario tienen esta facultad, pero con exclusión expresa de las limitaciones establecidas en el aparte único del art. 234 del Código de Procedimiento Civil, relativas a las comisiones que otorgan los tribunales a aquellos que les sean inferiores, referidas a algunos supuestos como es el caso por ejemplo de las inspecciones judiciales. En virtud del Principio Procesal de la Inmediación, se requiere que ciertas pruebas sean directamente apreciadas por el Juez de la causa, por eso en este caso no es aconsejable, como regla, que el Juez comisione a otro para los efectos de la práctica de estas diligencias. Sin embargo, hay algo interesante y es que el art. 234 del Código de Procedimiento Civil ha recibido un tratamiento jurisprudencial y doctrinario que parece no haber sido muy difundido. Así, de acuerdo con nuestra jurisprudencia (hay sentencias de la Sala de Casación Civil de la entonces Corte Suprema de Justicia donde se interpreta esta norma) estas limitaciones solamente operan para aquellos tribunales que residen en la misma localidad del Juzgado de la causa. De acuerdo con la doctrina jurisprudencial, un tribunal puede comisionar perfectamente a otro, siempre y cuando resida en una localidad distinta pero, si reside en la misma localidad operan las limitaciones.

Pensamos que la inclusión de esta norma en el Código Orgánico Tributario, donde se excluyen esas limitaciones, obedece a la falsa creencia de que los tribunales de lo contencioso tributario no tenían la posibilidad de comisionar a otros tribunales del interior de la República, para la práctica de esas diligencias, en razón de lo cual se consideraron erróneamente obligados, dichos tribunales, a evacuar inspecciones judiciales en Maracay,

[515] Ver las sentencias de la Sala Político-Administrativa del Tribunal Supremo de Justicia, del 10 de noviembre de 2001 y del 29 de enero de 2002, casos Hilados Flexilón, C.A. y Aquamarina de La Costa, C.A., respectivamente

Valencia, Puerto Cabello, Maracaibo, Puerto Ordaz, etc. No obstante, entendemos que esa creencia es infundada a la luz de la interpretación que esta norma ha recibido por la jurisprudencia y por la propia doctrina, según la cual tales limitaciones sólo operan en el caso que la comisión se vaya a otorgar a un tribunal de la misma localidad. De manera que bajo la interpretación que había recibido la norma en cuestión un tribunal de lo contencioso tributario, de los que tienen su sede en Caracas y antes detentaban competencia nacional, sólo estaba limitado para comisionar a otros tribunales de Caracas, pero podía perfectamente comisionar a un tribunal de otra localidad para practicar estas inspecciones.

El resultado es que se excluyó expresamente tal limitación, de manera que los tribunales de lo contencioso tributario, a diferencia de los demás juzgados, están libremente facultados para comisionar a sus inferiores, aunque residan en la misma localidad, lo cual, de acuerdo con algunos procesalistas, sí constituye una violación injustificada del recordado Principio de Inmediación. Lo que es algo que puedo ratificar desde mi práctica profesional, pues si una inspección judicial persigue influir en la formación de la voluntad del Juez, a la hora de decidir una causa, resulta obvio que no es lo mismo para el Juez limitarse a leer unas actas levantadas por el tribunal comisionado, que enfrentar directamente los hechos.

Los Jueces tributarios son pocos y las causas tributarias son muchas, por lo que algunos justifican en ello esta situación. Es decir, se sacrifica la justicia a través de la eliminación de la indispensable inmediación procesal, por un problema de organización y manejo presupuestario. Eso no debe ocurrir en un Estado de Justicia. Creen mas tribunales tributarios y dótenlos mejor, que para eso hay recursos.

5.2.4. Informes y auto para mejor proveer

5.2.4.A. Informes

Concluida la fase probatoria, la etapa procesal subsiguiente es aquella de la vista de la causa.

El art. 274 del Código Orgánico Tributario prevé la presentación de informes, al décimo quinto (15°) día de despacho siguiente al vencimiento del lapso probatorio, sin necesidad de providencia al respecto (salvo que haya habido decisión de no apertura a pruebas), siendo que no existe un acto para esos fines, sino que todo el tiempo de duración del despacho es hábil para la respectiva consignación de sus escritos de informes, por cada parte.

Y, conforme a lo dispuesto por el art. 512 del Código de Procedimiento Civil, las partes presentarán sus informes por escrito, los cuales se agregarán a los autos pudiendo también ser leídos a petición de parte, cuando lo fije el tribunal.

A partir de la oportunidad para la presentación de los informes comienzan a transcurrir en paralelo tres lapsos:

El primero de ellos es para formular por escrito las observaciones a los informes presentados por la contraparte, según lo previsto en el art. 275 del Código Orgánico Tributario, dentro de los ocho (8) días de despacho siguientes, pero estando condicionado el ejercicio de tal derecho a que a su vez se hubiesen consignado los respectivos informes, en garantía de vigencia real, al menos en ese ámbito, del Principio de Igualdad de las Partes en el Proceso.

El segundo lapso que corre a partir de la oportunidad para la presentación de los informes es el relativo al dictado del eventual auto para mejor proveer, al cual nos referimos en el punto que sigue.

Y, finalmente, a partir de la oportunidad para la presentación de los informes corre el lapso para dictar sentencia, que comentaremos mas adelante.

5.2.4.B. Auto para mejor proveer

En el primer Código Orgánico Tributario, que fue el de 1983, existía una norma, contenida en su art. 185, que lamentablemente fue eliminada en las reformas de los Códigos de 1992, de 1994 y de 2001, sin que se haya podido encontrar explicación racional alguna para ello. Este importantísimo dispositivo establecía un auto para mejor proveer distinto al consagrado en el Código de Procedimiento Civil, justificado ese tratamiento en la especificidad de la materia procesal tributaria.

El auto para mejor proveer, propio de la materia tributaria, otrora vigente, era de un contenido sumamente amplio, en cuanto a las facultades legalmente previstas y en cuanto a la oportunidad que tenía el Juez para hacer uso de las mismas. En ese sentido, establecía la norma que el Juez podía dictar este auto para mejor proveer en cualquier momento después de terminada la luego eliminada relación y antes de dictar sentencia. De manera que había un lapso bastante considerable dentro del cual el Juez tributario podía hacer uso de sus facultades escudriñadoras de la verdad. En cuanto a la entidad *"per se"* de dichas facultades, se observa que el Juez podía ordenar la evacuación de las pruebas promovidas que no hubieren sido evacuadas oportunamente y de otras pruebas que considerare necesarias para el esclarecimiento de los hechos.

Como puede apreciarse, el contenido de esta norma era bastante amplio ya que *"las pruebas necesarias para el esclarecimiento de los hechos"* pueden ser muchísimas, todas las que la ley no prohíba expresamente. De modo que el Juez tenía un enorme poder de actuación de oficio en materia de auto para mejor proveer.

Ahora bien, es el caso que en el art. 276 del Código Orgánico Tributario, que sigue en su fin al art. 514 del Código de Procedimiento Civil, el dispositivo fue modificado en sentido restrictivo, reduciéndose los poderes del Juez tributario. Así, el Juez dispone de un lapso perentorio de quince (15) días de despacho, vencido el plazo para presentar los informes y antes de dictar sentencia, para emitir el auto para mejor proveer. Esta es una restricción de reducción de la oportunidad procesal para su emisión.

Pero, además, también se restringe la institución, en cuanto al contenido de las diligencias probatorias evacuables de oficio por esta vía: mientras que antes el Juez podía hacer uso de cualquier medio probatorio que estimare necesario para el mejor esclarecimiento de los hechos, en cambio, ahora el auto para mejor proveer se traduce en unas facultades muy limitadas, incluso de carácter taxativo, a saber: el interrogatorio de los litigantes para esclarecer algún hecho importante que aparezca dudoso u obscuro; la presentación de algún documento de cuya existencia haya algún dato en el proceso y que se juzgue necesario; la inspección judicial para la formación de un croquis, o para que se tenga a la vista un proceso que exista en algún archivo público y se ponga certificación de algunas actas, siempre que en el pleito haya alguna circunstancia de tal proceso y tenga relación el uno con el otro; y, la práctica de una experticia o la ampliación o aclaratoria de la existente en autos.

En su momento, cuando se asomó por primera vez semejante restricción de poder, hubo cierta inquietud y tenemos conocimiento de que algunos Jueces de la época efectivamente se llegaron a considerar limitados en este sentido. Se asumió que se produjo una derogatoria tácita del principio de los poderes inquisitivos propios de los Jueces tributarios, como Jueces de lo Contencioso-Administrativo, en su rol de contralores de la legalidad.

Realmente estas limitaciones pudiesen ser justificables, hasta cierto punto, en los procesos ordinarios, en materia *"ius privatista"*, pero no en un proceso tributario, de eminente interés público.

Nosotros creemos que sí ha habido, en efecto, una reducción de las facultades del Juez tributario. Sin embargo, la conclusión no debe ser radical, porque si analizamos con detenimiento algunos medios probatorios que se encuentran repartidos en la normativa de nuestro Código de Procedimiento Civil, observaremos que, al menos dos de ellos, que son muy importantes, pueden ser utilizados por el Juez de oficio y en cualquier momento, cuando lo juzgue oportuno.

De manera que si se revisan con detenimiento todas estas normas en conjunto, que regulan los distintos medios de prueba, se debe concluir que si bien ha habido una restricción, la misma no es tan absoluta como aparenta. A título de ejemplo tenemos que en materia de experticia, concretamente en el art. 451 del Código de Procedimiento Civil, expresamente se permite que el Juez haga uso de dicho medio de prueba sin limitaciones y, en materia de inspección judicial, establecida en el art. 472 *"ejusdem"*, se permite hacer uso al Juez de este tipo de inspecciones, de oficio, cuando lo juzgue oportuno, por lo que no habría una limitación en el tiempo, ni en el contenido o alcance, para el uso de esta facultad.

Además, conforme con el art. 401 del Código de Procedimiento Civil el Juez, de oficio, concluido el lapso probatorio y antes del acto de informes, podrá ordenar la práctica de diligencias como el interrogatorio libre de los litigantes, la presentación de instrumentos, la comparecencia de algún testigo promovido o no por las partes, la inspección judicial y la experticia o aclaratoria.

Queda pues en la consciencia del Juez, en su sentido de responsabilidad y en su personal sensación del deber cumplido a cabalidad, el desarrollar o no una actividad probatoria de oficio, cuando lo juzgue pertinente, a lo largo del proceso, pues para ello está suficientemente autorizado por la ley procesal. Si el Juez tributario, en general, se transmuta en el tradicionalmente criticado *"Juez de palo"* del proceso civil ordinario, que quede claro, en cuanto a su responsabilidad histórica, que ello se debe a su voluntad y no a la normativa legal que lo rige.

Claro que el Juez tributario, al momento de decidir, debe sujetarse a lo alegado y probado en autos. Empero, lo que suele olvidarse o dejarse de lado, es que el Juez y las partes, y no solamente estas últimas, tienen la obligación de escudriñar la verdad y, en consecuencia, el deber de desplegar actividad probatoria, en resguardo del Principio In Dubio Pro Libertas.

5.2.5. Sentencia

En cuanto a la oportunidad para el pronunciamiento de la sentencia definitiva, la ley exige que ésta debe ser dictada dentro de los sesenta (60) días de despacho siguientes a la fecha de la presentación de los informes o, en su caso, luego del cumplimiento del auto para mejor proveer, plazo que podrá diferirse por una sola vez, por causa grave sobre la cual el Juez hará declaración expresa, por un término que no excederá de treinta (30) días, con arreglo al art. 277 del Código Orgánico Tributario, en concordancia con el art. 251 del Código de Procedimiento Civil.

Sobre la oportunidad para el dictado de la sentencia, sólo resulta de especial interés mencionar que, aunque el fallo pueda pronunciarse fuera del lapso de ley, conforme al art. 265 del Código Orgánico Tributario jamás podrá ocurrir la perención después de vista la causa.

Por lo que respecta al contenido de la sentencia definitiva, además de lo relativo a sus elementos generales, expresados en el art. 243 del Código de Procedimiento Civil (indicación del tribunal que la pronuncia y de las partes y sus apoderados; síntesis clara, precisa y lacónica de los términos de la controversia; motivos de hecho y de derecho de la decisión; la decisión y la determinación del objeto sobre el que ésta recaiga), conviene recordar que, en principio, el Juez debe atenerse a la pretensión deducida, sin estatuir "infra petita", ni "ultra petita", ni "extra petita", en el sentido de que puede anular el acto impugnado, confirmarlo o modificarlo. El Juez tributario tiene plena jurisdicción sobre el caso, por lo que está facultado para, en su caso, determinar de manera distinta la obligación tributaria.

Además, como ya se señaló, dado su carácter de Juez de lo Contencioso-Administrativo, puede también, según le haya sido solicitado, condenar a la Administración Tributaria a indemnizar daños y perjuicios y a realizar conductas tendentes al restablecimiento de las situaciones jurídicas subjetivas lesionadas por la actividad administrativa, al pago de costas y, también, establecer los efectos de su decisión en el tiempo.

Hemos dicho anteriormente "en principio" porque, siendo el Juez tributario un contralor de la legalidad de los actos administrativos, entendemos que podría anular el acto impugnado, por razones de orden público, incluso por adolecer de vicios de ilegalidad no alegados por el recurrente o el tercero coadyuvante interviniente. Debemos indicar en este punto, que dado el fin de control de legalidad de este proceso, al recurrente y al tercero coadyuvante interviniente no les precluye su derecho a alegar vicios de ilegalidad con la presentación del libelo de recurso o del escrito de adhesión, respectivamente, pues ellos podrán siempre y en todo momento, antes de la sentencia definitiva, argumentar para demostrar la ilegalidad por vicios de orden público del acto impugnado.

En este orden de ideas, la jurisprudencia patria ha establecido que: "*... una vez definida la litis en cuanto a los hechos que configuran la controversia por medio del reparo formulado por la fiscalización y del Recurso contencioso fiscal interpuesto por el contribuyente, aquélla o éste pueden invocar el derecho aplicable o alegar la ilegalidad o violación de la ley en cualquier estado y grado de la causa, inclusive en alzada. Tales razones de derecho no pueden ser ignoradas en ningún caso por el Juez de lo Contencioso-Administrativo al llegar a su conocimiento, aun cuando no haya sido invocado por la Administración ni por el administrado...*» (sentencia de la Sala Político-Administrativa de la entonces Corte Suprema de Justicia del 4 de diciembre de 1979, ratificada por la sentencia N° 342 del

Juzgado Superior Segundo de lo Contencioso-Tributario del 6 de abril de 1995 (caso: C.A. Ron Santa Teresa, expediente Nº 347)[516].

En referencia ahora a la apelación de la sentencia definitiva, cabe señalar que ésta debe ser oída en ambos efectos, precisamente por su carácter definitivo, principio que aparece recogido en el art. 290 del Código de Procedimiento Civil. El lapso para apelar es de ocho (8) días de despacho, previsto en el art. 278 del Código Orgánico Tributario. Y para la apelación se seguirá el procedimiento establecido en el Código de Procedimiento Civil (arts. 292 y siguientes).

No obstante, no toda sentencia definitiva es apelable. En efecto, cuando se trata de determinación de tributos o de imposición de sanciones pecuniarias y, obviamente, sólo en esos casos (siendo libre la apelación en los demás), la cuantía del problema en juego constituye una limitación para la apelación. En este sentido, se observa que, acorde con el art. 278 del Código Orgánico Tributario, la cuantía mínima para apelar es de Cien (100) unidades tributarias para las personas naturales y Quinientas (500) unidades tributarias para las personas jurídicas.

Respecto a este límite cuantitativo para apelar, se debe recordar una polémica que ya ha sido resuelta por nuestro Máximo Tribunal, suscitada por aquella posición según la cual dicha cuantía funcionaba solamente respecto a las sentencias definitivas, pero no respecto a las interlocutorias. De acuerdo con dicho criterio, si la cuantía era menor al límite se podía tener acceso a la alzada, es decir a la segunda instancia, si se trataba de una interlocutoria, pues, solamente operaría la limitación para la sentencia definitiva. Tal criterio nos resulta en desapego tanto a la lógica como a la propia redacción de la norma del Código Orgánico Tributario, en efecto, el Código no distingue: nos habla tanto de las definitivas como de las interlocutorias y establece una cuantía que debe ser aplicada a ambas. Así se pronunció la entonces Corte Suprema de Justicia y pensamos que el asunto ha quedado resuelto.

Ahora bien, lo que no resulta conforme a derecho, según nuestra apreciación, es que no obstante que la consagración del sistema de doble instancia obligatoria tiene su reconocimiento en el art. 8.2.h de la Convención Americana sobre Derechos Humanos o Pacto de San José de Costa Rica, vale decir, que se encuentra consagrado en un tratado de derechos humanos ratificado por la República, gozando de jerarquía constitucional (art. 23 de la Constitución), pueda venir luego el legislador interno a cercenar la posibilidad de la segunda instancia a los litigantes de pequeñas

[516] Jurisprudencia de los Tribunales de Última Instancia, Tomo 4, Repertorio Mensual de Jurisprudencia del Dr. Oscar Pierre Tapia, Año VI, abril de 1995, páginas 93 a 96.

causas, como si el acceso a la justicia fuese cuestión de acaudalados económicos solamente, aspecto que sin lugar a dudas plantea una clara discriminación por razones socioeconómicas.

El que el tribunal de alzada sea el Tribunal Supremo de Justicia, que es la razón esgrimida por la jurisprudencia para negar el acceso a la doble instancia de las pequeñas causas, no le es imputable al justiciable, sino a la mala organización que el Estado venezolano ha hecho de la competencia judicial tributaria, al no haber instituido cortes de apelaciones de lo tributario, dejando al Máximo Tribunal, en esta materia, como juez de casación y no de instancia.

Finalmente, en torno al lapso para apelar que tiene la Procuraduría General de la República, tenemos que la inclusión del dispositivo de especialidad en el Código Orgánico Tributario de 1994 constituyó un aporte jurisprudencial importante, pues quedó establecido en la norma lo que tenía muchos años diciendo la entonces Corte Suprema de Justicia y que estaba relacionado con la forma en que debía computarse el lapso de apelación, para los efectos de la Procuraduría. Allí se hizo referencia específicamente al lapso previsto en la Ley Orgánica de la Procuraduría General de la República, de modo que el lapso de apelación debía contarse a partir del vencimiento del lapso general de apelación de ocho (8) días hábiles. Empero, esta normativa fue eliminada del Código Orgánico Tributario de 2001, sin referencia alguna al tema, por lo que, sin perjuicio de que se han producido nuevamente las pasadas discrepancias al respecto, se debe remitir el intérprete a la regulación legal propia de ese organismo público.

5.2.6. Procedimiento de segunda instancia:

En cuanto al procedimiento en segunda instancia, se observa que acorde con lo dispuesto en el art. 279 del Código Orgánico Tributario, habrá de seguirse el procedimiento previsto a tal efecto en la ley que rige al Tribunal Supremo de Justicia.

Por otro lado, siendo el Tribunal Supremo de Justicia, concretamente en su Sala Político-Administrativa, el Juez de lo Contencioso Tributario de alzada, según lo establecido en el primer aparte del art. 329 del Código Orgánico Tributario, además de ser el órgano jurisdiccional cabeza del sistema judicial denominado Jurisdicción Contencioso-Administrativa (General y Especial), por mandato constitucional y desarrollo legal, como hemos visto, consideramos acertado que el legislador, en el Código Orgánico Tributario, haya optado por uniformar o unificar el proceso judicial de segunda instancia.

Ahora bien, no teniendo particularidades específicas esta instancia, en cuanto concierne a eventuales (que sabemos inexistentes) regulaciones propias del Recurso Contencioso Tributario, nos limitaremos a recordar, por la trascendencia de sus posibles consecuencias procesales, dos aspectos de importancia, a saber:

En primer lugar, la necesidad imperiosa, en que se encuentra el apelante (Administración Tributaria o recurrente), por mandato del art. 92 de la Ley Orgánica de la Jurisdicción Contencioso Administrativa, de formalizar su apelación, mediante la presentación, dentro del plazo de ley (diez -10- días de despacho desde la recepción del expediente), de un escrito de fundamentación que precise las razones de hecho y de derecho que justifiquen su actuación procesal, so pena de entender, como presunción *"iuris et de iure"*, que ha desistido de la apelación.

Y, en segundo lugar, las graves limitaciones impuestas al principio de libertad probatoria, y con ello al derecho al debido proceso, por parte del art. 91 de la Ley Orgánica de la Jurisdicción Contencioso Administrativa, según el cual en esta segunda instancia solamente resultan admisibles las pruebas documentales.

5.2.7. Ejecución de sentencia

Sobre la ejecución de la sentencia, tenemos que conforme al art. 280 del Código Orgánico Tributario *"La ejecución de la sentencia corresponderá al Tribunal Contencioso Tributario que haya conocido de la causa en primera instancia, una vez que la sentencia haya quedado definitivamente firme, pasada con autoridad de cosa juzgada"*. Por tanto, se ratifica la plena vigencia del principio general del proceso, según el cual el Juez de la ejecución de la sentencia debe ser el Juez que tuvo conocimiento de la causa en primera instancia: *"El Juez de la Ejecución es el Juez de la Cognición"*. Armonía pues con el art. 523 del Código de Procedimiento Civil que estatuye que: *"La ejecución de la sentencia o de cualquier otro acto que tenga fuerza de tal, corresponderá al Tribunal que haya conocido de la causa en primera instancia"*.

Y, para complementar ese mandato, toda una sección del Código Orgánico Tributario, de los arts. 280 al 288, está dedicada al tema de la ejecución de la sentencia en el Recurso Contencioso Tributario, aspecto que queda de ese modo meramente complementado, supletoriamente, por la normativa pertinente del Código de Procedimiento Civil, en cuanto sea aplicable.

Sólo resta observar, en sentido crítico, que la regulación de la ejecución de la sentencia ha sido meramente parcial y, por ende, insuficiente, puesto que, acorde con el citado art. 280 y a pesar de que indica que el Juez decretará la ejecución *"a petición de la parte interesada"*, vale decir la que resulte gananciosa cualquiera que sea, paradójicamente el mecanismo está previsto únicamente para los casos de declaratoria sin lugar, total o parcial del recurso, es decir, para los supuestos en que resulta total o parcialmente perdidoso el recurrente, habiendo sido condenado a pagar sumas dinerarias (se olvidaron también los supuestos distintos a las recaudaciones pecuniarias, como lo son ciertas sanciones y otros casos donde pueda discutirse por ejemplo la mera situación conceptual de si se es contribuyente o no, etc.).

Claro que, tratándose de un control de la legalidad del actuar administrativo, la pretensión principal del accionante habrá de ser anulatoria, por lo que de obtenerse su reconocimiento, su ejecución es "automática". Empero, siendo posible acumular pretensiones de otro tipo, como las indemnizatorias, las resarcitorias y las restablecedoras, derivado ello no sólo de los poderes reconocidos al Juez de lo contencioso administrativo por la Constitución, sino también incluso de la pobre y asistemática regulación actual (absolutamente ausente de los Códigos previos), como la del art. 327 del Código Orgánico Tributario, que exige como contenido de la sentencia la reparación de los daños y perjuicios sufridos por los interesados, por causas imputables al funcionamiento de la Administración Tributaria, es obvio que se dejó un gran vacío normativo en aspectos trascendentes de la ejecución de los fallos, poniendo en entredicho el respeto del derecho constitucional a la tutela judicial efectiva, máxime cuando no queda más que remitirse a mecanismos tradicionales de ya comprobada ineficacia.

5.3. CONCLUSIÓN

Para concluir podemos afirmar, siguiendo al maestro Héctor Villegas[517], en un sentido muy amplio, que *"el Derecho Procesal Tributario es Derecho Procesal"*, por lo que el Recurso Contencioso Tributario, institución adjetiva que desarrolla el derecho a accionar en esta materia, es un instrumento judicial de impugnación de los actos administrativos emanados de contenido tributario y de efectos particulares, que siendo ilegales hayan afectado la situación jurídica subjetiva de las personas (sujetos pasivos de la obligación tributaria o no), apto para el restablecimiento de las esferas particulares lesionadas, regido necesariamente por los principios

[517] Obra citada en la bibliografía, página 428.

fundamentales de la Teoría General del Proceso, como garantía de la libertad, por medio del disfrute real del derecho a la tutela judicial efectiva.

Así, en nuestro Ordenamiento Jurídico vigente existe el Sistema General de Derecho Procesal, como rama jurídico-pública que regula el cumplimiento y ejercicio de la función jurisdiccional del Estado, confiada preponderante y preferentemente al Poder Judicial, para resolver los conflictos jurídicos en el marco del Estado de Derecho, y más aún del Estado de Justicia, asegurando la paz y la tranquilidad social. Este Sistema General de Derecho Procesal está compuesto por los Subsistemas Procesales Especiales, Derecho Procesal Constitucional, Derecho Procesal Civil, Derecho Procesal Mercantil, Derecho Procesal Penal y, entre otros, por el Subsistema Derecho Procesal Administrativo o Contencioso-Administrativo (constitucionalmente llamado Jurisdicción Contencioso-Administrativa), dentro del cual, a nuestros efectos, se destaca, en una relación de género a especie, el Derecho Procesal Tributario o Contencioso Tributario, una de cuyas herramientas judiciales principales es precisamente el Recurso Contencioso Tributario.

Frente a esta realidad de nuestro Derecho, nutrida por el Derecho Comparado y los trabajos del Instituto Iberoamericano de Derecho Procesal, tenemos que la aplicación del Código de Procedimiento Civil al Proceso Tributario es sumamente amplia, aumentándose o reduciéndose en sus distintas fases, conforme a las necesidades de las especificidades propias del Proceso Tributario, donde el Juez asume la dirección del juicio, gozando, además de libertad de apreciación, aún apartándose de lo alegado por las partes, pues, el órgano jurisdiccional no sólo tutela las situaciones jurídicas subjetivas infringidas, sino que también controla la legalidad de la actividad administrativa.

A pesar de lo anterior, es cierto que la aplicación del Código de Procedimiento Civil siempre será supletoria, lo que implica que sólo se materializará en la medida en que el Código Orgánico Tributario no establezca norma especial en contrario. No obstante, es el caso que lo relevante, más incluso que la aplicación o no del Código Procesal, es que el Recurso Contencioso Tributario está limitado por los principios fundamentales, algunos de los que fueron anteriormente analizados de la Teoría General del Proceso, como garantía de los derechos esenciales de acceso a la justicia, al debido proceso judicial y a la tutela judicial efectiva y, en definitiva, de la libertad frente a la arbitrariedad perjudicial de la Administración Pública Tributaria.

2.11
El Recurso Contencioso Tributario, en las líneas del Prof. Gabriel Ruan Santos

La Asociación Venezolana de Derecho Tributario (AVDT), a través de los distinguidos colegas Carlos E. Weffe H. y Gilberto Atencio Valladares, quienes fungen como Coordinadores Generales de esta obra colectiva, ha tenido la gentileza de invitarme a participar en este Liber Amicorum Homenaje a Gabriel Ruan Santos, tarea que honrado acepté y cuyas resultas presento en las siguientes líneas.

Pocas son las ocasiones en las cuales se tiene la oportunidad de brindar homenaje merecido a alguien que aun nos acompaña en esta vida y que seguramente leerá lo que podamos escribir en comentarios a su obra.

Para mí resulta particularmente comprometedora esta labor, pues Gabriel fue mi Profesor de Derecho Administrativo I, en las aulas de mi querida Universidad Central de Venezuela, por lo que lo primero que de mí leyó fue un examen evaluador de mi función estudiantil. Fue en ese año académico 1979 que Gabriel me inculcó, para siempre y sin saberlo, el interés por el estudio del Derecho Público en general, y del Derecho Administrativo en particular. Fue un excelente profesor y un gran motivador de inquietudes vocacionales. Lo más resaltante que destaco de sus aportes académicos a mi persona, en aquellos tiempos, fue su enseñanza acerca del carácter eminentemente libertario del Derecho Administrativo, aunado a su rol como elemento limitante del poder y garante del Estado de Derecho.

Años después, ya habiendo concluido mis estudios de especialización en Derecho Administrativo y en Derecho Público (léase Derecho Constitucional, Derecho Administrativo, Derecho Tributario, Derecho Internacional Público y Derecho Ambiental), y habiendo tenido la dicha de haber trabajado en los inicios de mi servicio profesional con el Profesor Jaime Parra Pérez, caí de nuevo en las manos del Profesor Gabriel Ruan Santos, en donde cual esponja, pero con la criticidad que estos juristas me sembraron, tuve la invaluable ocasión de prestar mis servicios profesionales en su firma Mathison, Lupini, Ruan & Asociados, de fines de 1990 a mediados de 1994. Durante ese tiempo de continua y provechosa formación para mí, nuestra relación se caracterizó por la discusión constructiva y el recíproco aporte jurídico respetuoso. En ese contexto, Gabriel abogó por mí, a los efectos de lograr la publicación de trabajos de investigación, y propició mi incorporación como Miembro de la Asociación Venezolana de Derecho Tributario (AVDT).

Son muchas las razones por los cuales me resulta un motivo de felicidad poder participar en un homenaje a Gabriel, por cuanto además de sus evidentes méritos académicos y profesionales, existen entre su familia y la mía entrañables y afectuosas vinculaciones generacionales, a más de tener la dicha de considerarlo y poderlo llamar mi amigo.

Ahora bien, al hacerme la referida invitación, los Coordinadores Generales me han asignado comentar el pensar de Gabriel, en cuanto se refiere al Recurso Contencioso Tributario, dado precisamente que se trata de un tema al cual le he dedicado mi vida académica, tanto en la investigación-publicación, como en la docencia de postgrado, y mi desempeño profesional. Particularmente, se espera de mí que dialogue con Gabriel a partir del contenido de sus artículos intitulados "El Contencioso Tributario" y "El Recurso Contencioso Tributario: Ensayo de su Perfil", publicados respectivamente en la Revista de Derecho Público Nro. 21, de 1985, y en la Revista de Derecho Tributario Nro. 56, de 1992.

En este sentido, seguiré en lo pertinente el esquema de Gabriel en sus publicaciones correspondientes, y haré los comentarios de rigor. Empero, resulta preciso advertir que Gabriel no tuvo la intención de ser exhaustivo en cuanto al análisis de todas las facetas, incidencias y circunstancias posibles dentro de un juicio tributario de esta naturaleza, sino la de tocar los puntos que a su parecer se veían como los más resaltantes didácticamente hablando, para las épocas en las que escribió al respecto. Por tanto, es mucho lo que nuestro homenajeado tiene todavía por decir, particularmente vistas las últimas versiones del Código Orgánico Tributario, de 2001 y de 2014, para lo cual lo invitamos vivamente a tomar de nuevo la pluma y el tintero.

Entremos entonces en materia.

1. NATURALEZA DEL CONTENCIOSO TRIBUTARIO[518]:

Desde sus primeras líneas al respecto, el Prof. Ruan ubica al Contencioso Tributario dentro de lo que el artículo 206 de la Constitución de 1961

[518] Por "Contencioso Tributario" el Prof. Ruan se refiere al recurso en concreto que lleva ese nombre, como acción judicial específica, y no a la otra idea presente en doctrina, que asimila la expresión a Derecho Procesal Tributario.

calificaba de "Jurisdicción Contencioso Administrativa", en una relación de género a especie, dentro del ámbito jurisdiccional de tribunales por la materia competentes para efectuar el control de legalidad, o de conformidad a derecho, de los actos administrativos de efectos particulares, en resguardo del Estado de Derecho, de la libertad y de los derechos humanos de los particulares administrados.

Sin embargo, ya el Prof. Ruan advertía que bien había hecho el legislador, en el Código Orgánico Tributario de 1983 (asunto que así ha permanecido en el tiempo), al remitir como normativa complementaria supletoria al Código de Procedimiento Civil, y no a las leyes reguladoras del Recurso Contencioso Administrativo de Anulación (particularmente a la vieja Ley Orgánica de la Corte Suprema de Justicia), toda vez que éstas se anclaban aún en el concepto de relación de poder, de suprasubordinación, mientras que la ley adjetiva general resultaba, en su protección a los justiciables, sobre todo en lo tocante a la igualdad procesal, más cónsona con la idea de relación de derecho, en plano de igualdad, que inspira a la relación jurídico tributaria[519].

Este era un pensamiento de avanzada para 1985, el cual podría en la actualidad ser reformulado de manera complementaria, en el sentido de advertir que, si bien el Recurso Contencioso Tributario seguiría siendo una especie de Recurso Contencioso Administrativo, ambas cosas dejan de ser parte respectivamente del Derecho Tributario y del Derecho Administrativo (es decir de lo sustantivo), para conformar lo que desde hace unos lustros en la doctrina comparada hispana, lusa, ítala, francesa y latinoamericana, entre otras, se ha denominado en sus casos Derecho Procesal Tributario y Derecho Procesal Administrativo, como ramas especializadas del Derecho Procesal, regidas por la teoría general del proceso, por los principios de la constitucionalización del proceso y por la necesidad de resguardar el disfrute del derecho a la tutela judicial efectiva, con fundamento en el principio pro actione, y en el principio pro homine[520].

En definitiva, el Recurso Contencioso Tributario pasa a ser una de las figuras, quizás la más importante, del contenido u objeto de estudio del Derecho Procesal Tributario, como rama del Derecho Procesal, en Venezuela.

---

[519] Aunque se debe advertir que ese concepto de igualdad y hasta la idea misma de relación de derecho se encuentran notablemente cuestionados por la versión de 2014, del Código Orgánico Tributario.

[520] Ideas libertarias todas estas que quedan cuestionadas en su vigencia, en vista de la desjudicialización inconstitucional en materia de medidas cautelares y de ejecución de sentencias, derivada del Código Orgánico Tributario de 2014.

2. UNIFICACIÓN DEL CONTENCIOSO TRIBUTARIO[521]

El Prof. Ruan resalta como una valiosa contribución del Código Orgánico Tributario de 1983, lo que él calificó como "Unificación del Contencioso Tributario", frente al desorden con el que se trataba la temática con anterioridad. A su parecer, tal unificación se logró al quedar establecido un solo Recurso Contencioso Tributario, para la impugnación de los actos administrativos de efectos particulares y de contenido tributario emanados del Poder Ejecutivo Nacional, con excepción solamente de los impuestos aduaneros. Empero, hubo que esperar la reforma, en 1992, del Código Orgánico Tributario comentado por el Dr. Ruan en 1985, para que operase una real y global unificación, no solamente en cuanto se refería a la tributación aduanera, sino también en lo concerniente a los tributos estadales y municipales, estos últimos para y hasta entonces sujetos a impugnación sólo a través del Recurso Contencioso Administrativo de Anulación, bajo el conocimiento de los Juzgados Superiores en lo Civil, Mercantil y Contencioso Administrativo y con alzada ante la Corte Primera de lo Contencioso Administrativo, según las normas al respect "temporales" de la vieja Ley Orgánica de la Corte Suprema de Justicia.

Hoy por hoy y desde hace ya varios años, puede efectivamente hablarse de esa unificación del Contencioso Tributario, no solamente en cuanto al Recurso Contencioso Tributario, sino abarcando otras figuras de la contensión tributaria, como el Juicio Ejecutivo[522] y la Acción de Amparo Tributario, pero no bajo la idea errada de una pretendida "Jurisdicción Contencioso Tributaria", cosa inexistente en un país judicialista, es decir, de jurisdicción única bajo el monopolio del Poder Judicial[523], sino más correctamente, del conjunto de tribunales especializados con competencia en materia tributaria.

Se hace el siguiente voto: Que el error conceptual incurrido por el Constituyente, tanto en 1961 como en 1999, al referirse a una tal "Jurisdicción Contencioso Administrativa", cuando en realidad estaba previendo la existencia de tribunales especializados con competencia en materia

[521] Insistimos en que, por "Contencioso Tributario" el Prof. Ruan se refiere al recurso en concreto que lleva ese nombre, como acción judicial específica, y no a la otra idea presente en doctrina, que asimila la expresión a Derecho Procesal Tributario.

[522] Inconstitucionalmente eliminado por el Código Orgánico Tributario de 2014.

[523] Pero sin perder de vista que el Código Orgánico Tributario, en usurpación de poderes e inconstitucionalidad, desjudicializó las medidas cautelares y la ejecución de las sentencias, en abierta violación del artículo 253 constitucional: "*Corresponde a los órganos del Poder Judicial conocer de las causas y asuntos de su competencia mediante los procedimientos que determinen las leyes, y ejecutar o hacer ejecutar sus sentencias*".

administrativa, confundiendo las nociones procesales elementales de jurisdicción y de competencia, no salpique (o no lo siga haciendo) sobre la academia y la doctrina en general.

3. ÓRGANOS DEL CONTENCIOSO TRIBUTARIO[524]

El Prof. Ruan hace referencia a la función jurisdiccional que corresponde desempeñar a los órganos encargados de conocer del Recurso Contencioso Tributario, es decir, de efectuar el control de legalidad o de conformidad a derecho sobre los actos administrativos de efectos particulares y de contenido tributario, con fundamento esencial en que, si como jurisdicción han de actuar, bien se encuentren ubicados estos órganos en el seno del Poder Ejecutivo o en el seno del Poder Judicial, lo característico de su proceder debe ser la "*absoluta independencia funcional de la Administración Tributaria*". Según el Prof. Ruan, en consecuencia, no se puede hablar de órganos jurisdiccionales, sean ejecutivos o judiciales, si los mismos no gozan de total independencia e imparcialidad frente a la Administración Pública Activa.

Igualmente, el Prof. Ruan sostiene que mal puede hablarse de órganos jurisdiccionales, si en el actuar de los mismos no rige el principio adjetivo de igualdad de las partes.

Tiene razón el autor comentado, pues la función jurisdiccional, es decir, la función estatal de administrar justicia o de decir el derecho en lo concreto en caso de conflictos jurídicos, ha de ser prestada por órganos imparciales, independientes de los entes administrativos cuya actuación se juzga en cuanto a su legalidad o conformidad a derecho, y en garantía del derecho a la igualdad de las partes (la Administración Pública Activa, por un lado, y el particular recurrente –o demandado-, por el otro lado).

En el mundo comparado, estos objetivos se han logrado de dos maneras, a saber: a través del sistema de doble jurisdicción, una administrativa y una judicial, implantado en Francia tras su globalmente trascendente revolución de 1789; o, por medio del sistema de única jurisdicción, de naturaleza judicial, que ha sido desde su independencia el modelo norteamericano, acogido por Venezuela, desde nuestra independencia, y conocido como sistema judicialista, hoy en día atropellado por el inconstitucional Código Orgánico Tributario de 2014.

[524] Insistimos nuevamente en que, por "Contencioso Tributario" el Prof. Ruan se refiere al recurso en concreto que lleva ese nombre, como acción judicial específica, y no a la otra idea presente en doctrina, que asimila la expresión a Derecho Procesal Tributario.

Así, el Prof. Ruan refiere la tendencia judicialista del Código Orgánico Tributario de 1983, presente hasta el Código Orgánico Tributario de 2001, al haber confiado la función jurisdiccional en la materia tributaria al Poder Judicial, concretamente a los Tribunales con competencia especial en la materia Contencioso Tributaria, ello conforme además con lo que preveía el artículo 206[525] de la Constitución de 1961, y lo sigue haciendo el artículo 259[526] de la Constitución de 1999 (en el título destinado al Poder Judicial), y mediando el carácter unipersonal de tales Juzgados, denominados Tribunales Superiores de lo Contencioso Tributario, que conocían y conocen en primera instancia, con alzada en la Sala Político Administrativa de la entonces Corte Suprema de Justicia, y ahora del actual Tribunal Supremo de Justicia, sujeto todo además a las previsiones de la Ley Orgánica del Poder Judicial y de la normativa que regula la carrera judicial.

Sólo se agrega que no se trataba de una opción para el legislador del Código Orgánico Tributario de 1983 y de los sucesivos Códigos Orgánicos Tributarios de 1992, de 1994 y de 2001, pues, como se destacó, el tema del desarrollo legal del sistema judicialista previsto en la Constitución (en ambas en solución de continuidad), es de carácter obligatorio para el legislador, por encontrar ese preciso basamento y mandato constitucional. No obstante, como se debe denunciar, en palmaria violación del artículo 253 de la Constitución, el Código Orgánico Tributario de 2014, propiciando una usurpación de poder, desjudicializa el poder cautelar general y la fase de ejecución de sentencias, y también lo desjurisdiccionaliza, pues esas instituciones se pasan a la misma Administración Tributaria Activa y contraparte, con la que se encuentre trabado el litigio, o incluso antes del juicio, al margen del juicio o luego del mismo. El Administrador de la Hacienda Pública Nacional, jefe supremo de la Administración Tributaria Nacional,

---

[525] *"La jurisdicción contencioso-administrativa corresponde a la Corte Suprema de Justicia y a los demás Tribunales que determine la ley.*
Los órganos de la jurisdicción contencioso-administrativa son competentes para anular los actos administrativos generales o individuales contrarios a derecho, incluso por desviación de poder; condenar al pago de sumas de dinero y a la reparación de daños y perjuicios originados en responsabilidad de la administración, y disponer lo necesario para el restablecimiento de las situaciones jurídicas subjetivas lesionadas por la actividad administrativa".

[526] *La jurisdicción contencioso administrativa corresponde al Tribunal Supremo de Justicia y a los demás tribunales que determine la ley. Los órganos de la jurisdicción contencioso administrativa son competentes para anular los actos administrativos generales o individuales contrarios a derecho, incluso por desviación de poder; condenar al pago de sumas de dinero y a la reparación de daños y perjuicios originados en responsabilidad de la Administración; conocer de reclamos por la prestación de servicios públicos; y disponer lo necesario para el restablecimiento de las situaciones jurídicas subjetivas lesionadas por la actividad administrativa".*

actuando como legislador de excepción, confisca (usurpa) la función jurisdiccional confiada al Poder Judicial en el Texto Fundamental. Reza el artículo 253 de la Constitución de 1999 (desacatado, desobedecido, ignorado, burlado):

> *"Corresponde a los órganos del Poder Judicial conocer de las causas y asuntos de su competencia mediante los procedimientos que determinen las leyes, y ejecutar o hacer ejecutar sus sentencias".*

4. EL RECURSO CONTENCIOSO TRIBUTARIO, COMO ACCIÓN JUDICIAL PREVISTA EN EL CÓDIGO ORGÁNICO TRIBUTARIO

a) Naturaleza de la Acción Judicial

Comenta el Prof. Ruan que la acción judicial conocida como Recurso Contencioso Tributario, tal como lo precisa el Código Orgánico Tributario de 1983, es un medio judicial de impugnación de actos de efectos particulares de la Administración Tributaria, que determinen tributos, apliquen sanciones o afecten en cualquier forma los derechos de los administrados. Se trata de un recurso, en sus palabras, por suponer la existencia de un acto administrativo, que como acto del Poder Público se somete al control judicial de su legalidad o de su conformidad a derecho, sopena de anulación, en resguardo de los derechos e intereses legítimos del ciudadano o persona justiciables. Esta es una realidad jurídica idéntica tras las sucesivas reformas o versiones del Código Orgánico Tributario, con excepción de la versión de 2014.

En efecto, el Código Orgánico Tributario de 2014 no solamente incauta la fase de ejecución de sentencia y su eventual preliminar cautelar, violando el ya citado y transcrito artículo 253 constitucional, sino que hace nugatorios los derechos de acceso a la justicia y a la tutela judicial efectiva, reconocidos en el artículo 26 constitucional, pues elemento central del contenido esencial o núcleo duro de tales derechos, radica en que el aseguramiento de las resultas del juicio y la ejecución forzosa de lo decidido en el fallo sea conducido y controlado por el órgano jurisdiccional judicial, en garantía del resguardo del desarrollo y de la dignidad de la persona del justiciable. La Constitución, en sus artículos 25 y 138, anciona con la nulidad los actos emanados del Poder Público que violen los derechos humanos o incurran en usurpación de poder, y aquí ocurren las dos cosas.

Ahora bien, profundizando más el asunto (fuera o al margen de la denuncia del párrafo anterior), el Prof. Ruan, tras analizar autores destacados de la doctrina francesa, como es el caso del profesor Louis Trotabas y del jurista Philippe Bern, se decanta por la idea de que esa vía de acción judicial no tiene naturaleza objetiva absoluta, puesto que los poderes del juez lo acercan a la idea francesa de la plena jurisdicción, alejándolo de aquel juicio al acto, o recurso objetivo de anulación o por exceso de poder, estando facultado para, además de pura y simplemente anular el acto impugnado, también para cambiarlo pronunciándose sobre el fondo del asunto y, de ese modo, modificar la determinación tributaria, en resguardo siempre de derechos e intereses subjetivos, amparados por la Constitución. Volveremos sobre estos aspectos más adelante, al hablar de los efectos de la sentencia.

Desde otra perspectiva, se destaca que el Prof. Ruan aprovecha este comentario para incluir, en escasas líneas, la evocación de lo que es una exigencia de derecho, en resguardo del debido proceso, como lo es la sustanciación de un expediente administrativo, que junto al acto administrativo decisorio que causa estado, se somete al examen de su legalidad o de su conformidad a derecho, por parte del Tribunal competente. Este sometimiento, claro, en la actualidad es solamente un deber ser, que es una de las grandes deudas que tiene el Poder Judicial, frente a su olvidado rol de salvaguarda del Derecho en protección de la libertad ciudadana, y de los derechos humanos en general, a los cuales el Constituyente les inviste con carácter preeminente y valor superior del ordenamiento jurídico y de la actuación estatal[527].

Más adelante, luego de dedicar un acápite al expediente administrativo, su importancia, la forma correcta de ser llevado[528], el Prof. Ruan destaca el deber del tribunal tanto de exigir el envío del expediente administrativo, como de requerir de la Administración Pública completar o ampliar la información contenida en él.

Cuál será el pensar del Prof. Ruan, cuando se puede apreciar en la actualidad cómo los tribunales tributarios, si bien requieren la remisión del expediente administrativo, al momento de notificar a las administraciones tributarias de la interposición de los recursos judiciales, tal exigencia suele ser desacatada por las autoridades de esas administraciones tributarias, impunemente, frente a la no imposición de sanciones por parte de los jueces (no obstante el obvio desacato a la majestad del Poder Judicial),

[527] Artículo 2: "*Venezuela se constituye en un Estado democrático y social de Derecho y de Justicia, que propugna como valores superiores de su ordenamiento jurídico y de su actuación, la vida, la libertad, la justicia, la igualdad, la solidaridad, la democracia, la responsabilidad social y en general, la preeminencia de los derechos humanos, la ética y el pluralismo político*".

[528] Principio de unidad y prohibición de desmembramiento, principio de racionalidad, orden cronológico, libre acceso, etc.

y el hecho de no asumir, como corresponde en derecho y en el pasado la jurisprudencia así lo hizo, que la carga de la prueba del cumplimiento del procedimiento administrativo, como soporte garantía del debido proceso, corresponde a la Administración Tributaria, siendo el medio idoneo para ello el expediente administrativo, y que su ausencia en autos debe hacer presumir la ilegalidad del acto administrativo impugnado[529].

Y, para colmo de males, por un lado, la jurisprudencia de la Sala Político Administrativa del Tribunal Supremo de Justicia hace declarar inadmisible un medio probatorio legal y pertinente[530], como lo es la prueba de exhibición de documentos en poder de la contraparte, consagrada en el artículo 436 del Código de Procedimiento Civil[531], cuando la promoción de pruebas hecha por el recurrente versa sobre la exhibición del expediente administrativo, so pretexto de ya haber sido requerido de oficio por el tribunal, aunque silenciando comentario alguno sobre el desacato

---

529 Por ejemplo: Sentencia Nro. 00692 de la Sala Político Administrativa del Tribunal Supremo de Justicia del 21 de mayo de 2002, caso Aserca Airlines, C.A. (http://www.tsj.gov.ve/decisiones/spa/mayo/00692-210502-0929.HTM): "*En este sentido, se insiste en que la remisión de los antecedentes administrativos es una carga procesal de la Administración, cuya omisión puede acarrear consecuencias negativas para ésta como parte que es en el proceso, pues no puede el juzgador apreciar en todo su valor el procedimiento administrativo, así como tampoco las razones de hecho y de derecho que fundamentaron la decisión. De allí que en el caso bajo análisis, la falta de expediente administrativo impide el debido examen de la adecuación de las circunstancias fácticas que dieron lugar al acto administrativo impugnado con el supuesto de hecho contenido en el dispositivo legal ya referido; de esta manera, ha de establecerse una presunción favorable a la pretensión de la actora, y en consecuencia, debe declararse forzosamente la procedencia de la denuncia planteada. Así se declara*".

530 Pertinente, por cuanto es el medio para probar, por ejemplo, la inmotivación, el incumplimiento del procedimiento legalmente establecido, la violación del debido proceso, la burla al derecho de petición, etc.

531 "*La parte que deba servirse de un documento que según su manifestación, se halle en poder de su adversario podrá pedir su exhibición.*
A la solicitud de exhibición deberá acompañar una copia del documento, o en su defecto, la afirmación de los datos que conozca el solicitante acerca del contenido del mismo y un medio de prueba que constituya por lo menos presunción grave de que el instrumento se halla o se ha hallado en poder de su adversario.
El Tribunal intimará al adversario la exhibición o entrega del documento dentro de un plazo que le señalará bajo apercibimiento.
Si el instrumento no fuere exhibido en el plazo indicado, y no apareciere de autos prueba alguna de no hallarse en poder del adversario, se tendrá como exacto el texto del documento, tal como aparece de la copia presentada por el solicitante y en defecto de ésta, se tendrán como ciertos los datos afirmados por el solicitante acerca del contenido del documento.
Si la prueba acerca de la existencia del documento en poder del adversario resultare contradictoria, el Juez resolverá en la sentencia definitiva, pudiendo sacar de las manifestaciones de las partes y de las pruebas suministradas las presunciones que su prudente arbitro le aconsejen".

sistemático mencionado[532]; y, por el otro lado, la jurisprudencia de la Sala Constitucional del Tribunal Supremo de Justicia, no obstante no tratarse el expediente administrativo de un documento público[533], expresa que el

---

[532] Por ejemplo: sentencia Nro. 00914 de la Sala Político Administrativa del Tribunal Supremo de Justicia del 5 de agosto de 2008, caso Metanol de Oriente, METOR, S.A. (http://www.tsj.gov.ve/decisiones/spa/agosto/00914-6808-2008-2007-0650.HTML): "*De la norma antes citada se desprende que corresponde al Sentenciador, intimar a quién deba hacer la exhibición o entrega del documento dentro de un plazo que le señalará bajo apercibimiento y, en caso de que el instrumento no sea exhibido en el plazo indicado, se tendrá como exacto el texto del documento tal como aparece en la copia presentada por el solicitante; y, en defecto de ésta, se tendrán como ciertos los datos afirmados por el solicitante acerca del contenido del documento.*
Por su parte, la doctrina patria ha considerado la exhibición de documentos como un mecanismo probatorio que permite a la parte que no dispone del instrumento, solicitarlo a su tenedor para que lo aporte al proceso y facilitar su valoración por el Juez. Tal previsión, encuentra su razón de ser en el derecho constitucional que asiste a los sujetos procesales en la búsqueda de la verdad, concatenado a los deberes de lealtad y probidad que ambos se deben en el proceso con el fin de obtener una adecuada administración de justicia a través de los órganos jurisdiccionales.
Circunscribiendo el análisis al caso concreto, observa la Sala que la solicitud de la empresa contribuyente consiste en que a través del medio probatorio de la exhibición de documentos, el Juzgador oficie al Servicio Nacional Integrado de Administración Aduanera y Tributaria (SENIAT) para traer a juicio el expediente administrativo, relativo al caso que está ventilando el mencionado Tribunal.
En este sentido, cabe destacar el criterio que ha venido sosteniendo esta Máxima Instancia respecto a la obligación de presentar el referido expediente administrativo, en el juicio donde se estén conociendo objeciones a los actos administrativos, la cual recae en la propia Administración que emitió el acto objeto del recurso, pues es a ella a la que le interesa demostrar las actuaciones y motivos que le sirvieron para fundamentar sus actos. Así, tratándose el caso de autos de una materia tributaria, específicamente, de un tributo nacional (impuesto al valor agregado), dicha obligación recae en la Administración Tributaria. (Vid. Sentencias N°-: 00692 de fecha 21 de mayo de 2002; 1.257 *del 12 de julio de 2007 y recientemente la 00116 de fecha 23 de enero de 2008).*
En consonancia con el citado criterio, se advierte que el mismo Código Orgánico Tributario vigente, norma rectora del sistema tributario en nuestro país dispone en el Parágrafo Único del artículo 164, que el Juez deberá solicitar el respectivo expediente administrativo cuando el recurso contencioso tributario no haya sido interpuesto en forma subsidiaria Parágrafo Primero del artículo 259 eiusdem. En tal virtud, resulta evidente que el legislador previó una forma específica para incorporar las actas administrativas al juicio, correspondiéndole al Juez hacer uso de los mecanismos que le otorga la Ley para hacer cumplir tal requerimiento. Por tanto, siendo ese mecanismo el apropiado para traer a los autos el referido expediente administrativo, debe esta Sala confirmar el pronunciamiento proferido por el Tribunal a quo, y declarar inadmisible la prueba de exhibición promovida por la sociedad mercantil apelante. Así se decide".

[533] El expediente administrativo, conjunto de documentos administrativos, fue sometido siempre al régimen probatorio de los documentos privados, por no emanar de funcionarios facultados por la ley para dar fe pública, por lo que debían promoverse, a más tardar, durante el lapso de promoción de pruebas, so pena de preclusión, y como estímulo a la diligencia litigiosa del representante judicial del ente público, como manifestación concreta del principio de igualdad de las partes en el proceso.

mismo puede ser remitido al tribunal en cualquier estado y grado del proceso, incluso en estado de sentencia de segunda instancia, con lesión del principio de preclusividad, dado el formalismo característico del proceso judicial, y afectación efectiva, por la complejización de su materialización, de los principios de comunidad y control de la prueba judicial[534].

b) Abolición del Solve et Repete

El Prof. Ruan pone de manifiesto una de las mayores contribuciones contenidas en el Código Orgánico Tributario de 1983, como garantía del goce efectivo de los derechos de acceso a la justicia y a la tutela judicial efectiva, al haber sido eliminado como requisito de admisibilidad del Recurso Contencioso Tributario, la exigencia de la caución o pago previo del reclamo tributario, dentro de un sistema de equilibrio e igualdad en las partes, en el cual la Administración Tributaria podría pedir al Tribunal la adopción de medidas cautelares para el aseguramiento de las resultas del juicio, de ser necesario.

No sin razón el Prof. Ruan agrega que esta eliminación es también beneficiosa al evitar odiosas diferencias entre los contribuyentes pudientes y los no pudientes, siendo además que los pagos hechos tampoco ingresaban al erario público, pues los dineros quedaban en depósito y sujetos a confirmación, mientras que para el recurrente el pago sí representaba un perjuicio económico, agravado por el retardo judicial en sentenciar.

Ahora, desde 2001, y peor aún desde 2014, como sabemos, con los Códigos Orgánicos Tributarios de esos años, si bien no se restableció ese

---

[534] Por ejemplo, en la Sentencia Nro. 01257 del 12 de julio de 2007, caso Echo Chemical 2000, C.A., la Sala Constitucional del Tribunal Supemo de Justicia sostiene que: *"Dada la importancia del expediente administrativo dentro del proceso contencioso administrativo de anulación, esta Sala ratifica su criterio en el sentido que su producción en juicio no está sometida a las reglas previstas en el Código de Procedimiento Civil, por lo que podrá ser valorado como prueba por el juez, aun si su consignación en autos se realiza después del acto de informes...*

Las oportunidades de impugnación serán las siguientes: i) si el expediente llega antes del inicio del lapso de promoción o durante el mismo, la oportunidad de impugnación será dentro de los cinco días siguientes al vencimiento del lapso de promoción; ii) si llegase con posterioridad a la oportunidad anteriormente indicada y hasta el acto de informes, será dentro de los cinco días siguientes a su consignación en el expediente, en el entendido de que las partes estén a derecho y no esté paralizada la causa por cualquier motivo y; iii) si el expediente fuese consignado después de vista la causa, el lapso de los cinco días para la impugnación comenzará a computarse desde el día inmediatamente siguiente a que conste en autos cualquier actuación del recurrente. En los dos últimos casos, de ser necesario, se abrirá la articulación probatoria prevista en el artículo 607 del Código de Procedimiento Civil".

requisito de admisibilidad desde el punto de vista técnicamente procesal, es lo cierto que en los hechos se materializa en sus más aberrantes consecuencias de afectación negativa a los derechos de acceso a la justicia y a la tutela judicial efectiva, con la eliminación de la medida cautelar de pleno derecho, de suspensión de los efectos del acto administrativo impugnado, por la mera interposición del Recurso Contencioso Tributario (y también del Recurso Jerárquico en la versión de 2014). El Prof. Ruan no ha escrito al respecto de este recurso judicial, luego de 2001, por lo que no puedo generar comentarios sobre su parecer en cuanto a esa situación. Debo entonces limitarme a remitir al lector a mi investigación intitulada "*Eliminación de los Efectos Suspensivos de los Recursos Tributarios. Una Inconstitucionalidad*", citada en la bibliografía.

Por otro lado, debe tenerse presente que la posibilidad, prevista en el referido Código Orgánico Tributario de 2001, de que la Administración Tributaria demande en juicio ejecutivo al contribuyente recurrente, cuando no ha habido suspensión judicial de los efectos del acto administrativo impugnado, a petición de parte (lo cual hoy en día es estadísticamente poco menos que imposible por las trabas impuestas por la Sala Político Administrativa del Tribunal Supremo de Justicia, como se refiere por ejemplo en mi investigación intitulada "*No existe una tal "Interpretación Correctiva", a cargo de los Jueces. Artículo 263 del COT*", citada en la bibliografía), estando cursando el juicio contencioso tributario, se ha vuelto un verdadero desempolvamiento del Solve et Repete, en donde solamente los contribuyentes pudientes pueden atender semejante justicia elitesca, mientras los demás, los contribuyentes no pudientes, deben desistir y llegar a convenimientos de pago, siendo contratos cuyo elemento esencial del libre consentimiento se ve notoriamente excluido, si a la sinceridad y principio constitucional de honestidad debemos acudir. Al respecto, me queda remitir al lector a mi investigación intitulada "*Juicio Ejecutivo o Enrevesamiento Jurídico*", citada en la bibliografía.

Y, peor aún, con el Código Orgánico Tributario de 2014, que avanza en ese ámbito de la confiscación de la jurisdicción al Poder Judicial, al eliminar el Juicio Ejecutivo y establecer lo que denomina Cobro Ejecutivo, a cargo de la propia Administración Tributaria Activa, titular de la pretensión ratificada o no, definitiva o no, y contraparte, no solamente para la ejecución de las sentencias, sino también para impulsar y concretar por sus mismos medios, el cumplimiento forzoso del reclamo tributario.

c) Efectos Suspensivos del Recurso

Bien dice el Prof. Ruan que el Código Orgánico Tributario de 1983, además de haber abolido el Solve et Repete, estableció el carácter suspensivo inmediato del acto administrativo impugnado con la mera interposición del recurso, incorporando una importante excepción al principio de ejecutoriedad del acto administrativo, situación que se mantuvo en los Códigos Orgánicos Tributarios de 1992 y de 1994, habiendo sido inconstitucionalmente eliminada en los Códigos de 2001 y 2014, con nefastas consecuencias sobre el derecho de acceso a la justicia y el derecho a la tutela judicial efectiva, sin olvidar el menoscabo al principio de presunción de inocencia, por lo que respecta a las multas o sanciones pecuniarias. Al respecto, se remite al lector a mi investigación intitulada "*Eliminación de los Efectos Suspensivos de los Recursos Tributarios. Una Inconstitucionalidad*", referida en el acápite anterior, y a los comentarios hechos allí, en cuanto a la nefasta e inconstitucional versión del Código de 2014.

d) Caducidad del Recurso

El Prof. Ruan refiere la naturaleza de caducidad del lapso previsto para la interposición del recurso judicial, el cual, para el Código Orgánico Tributario de 1983, era de veinte (20) días hábiles contados a partir del primer día habil siguiente a la notificación del acto administrativo impugnado, sin perjuicio del silencio administrativo en caso de ejercicio previo del Recurso Jerárquico, habiendo sido luego fijado en las reformas o versiones siguientes del Código Orgánico Tributario, en veinticinco (25) días hábiles.

En su trabajo de 1992, el Prof. Ruan expuso las discusiones de la época acerca de si estos días debían calcularse como días hábiles de la Administración Tributaria o como días de despacho de los tribunales competentes, mostrando la jurisprudencia que resolvió el problema, al establecer que se habían de contar como días de despacho del Juzgado Superior Primero de lo Contencioso Tributario, que para la época fungía como tribunal distribuidor único, a nivel nacional.

Y así fue, hasta que la creación y funcionamiento de las Unidades de Recepción y Distribución de Documentos (URDD) implicó que el lapso para la interposición del Recurso Contencioso Tributario comenzara a contarse, como es ahora, como de veinticinco (25) días hábiles de tales unidades, según sea la que corresponda, acorde con la competencia territorial del tribunal tributario respectivo.

e) Objeto del Recurso

Alude el Prof. Ruan al objeto del Recurso Contencioso Tributario en su sentido material, y no en su sentido jurídico. Es decir, que se refiere a la naturaleza del acto de poder (como acto administrativo de efectos particulares y de contenido tributario) que puede ser materia de esta impugnación judicial, y no a la pretensión deducible de la acción, que en este caso es indefectiblemente la anulación de dicho acto, y en ciertos casos también la reparación o restablecimiento de la situación jurídica lesionada, incluso por la vía de la condena a la indemnización de daños y perjuicios.

En este orden de ideas, destaca que el objeto del recurso son los actos de efectos particulares emanados de la Administración Tributaria o de la Contraloría General de la República, siempre que sean actos determinativos o liquidatorios de tributos y accesorios, o que impongan sanciones, o que en definitiva afecten de cualquier otra forma a los administrados, citando como ejemplo de estos últimos, la negativa expresa de una declaración de la Administración Tributaria, el rechazo de alguna petición, una decisión por revisión de oficio, etc.

Empero, el Prof. Ruan sondea el criterio jurídico de la idea de objeto del recurso, cuando yendo más allá del tipo de acto impugnable, afirma que la finalidad primordial de este recurso, siguiendo al jurista italiano A.D. Giannini, sería la "determinación negativa" por parte del Tribunal, pudiendo el Juez, a petición de la parte recurrente, establecer que la determinación tributaria no procede en absoluto o que se debe menos de lo reclamado, o que no procede la multa o que debió ser establecida en menor cuantía (etc.).

En orden de ideas distinto, el Prof. Ruan aprovecha este acápite para aludir a un tema muy diferente al del objeto del recurso, como lo es la legitimación procesal activa, indicando que el recurrente, además del contribuyente, podría ser también un tercero afectado en su interés legítimo por el acto recurrido, siguiente la noción de interés legítimo, personal y directo contenida en la vieja Ley Orgánica de la Corte Suprema de Justicia, en cuanto al Recurso Contencioso Administrativo de Anulación.

f) Carácter Alternativo frente al Recurso Jerárquico. No hay que agotar la vía administrativa

En cuanto a este aspecto, el Prof. Ruan se limita a observar que el afectado por la actuación administrativa, a diferencia con lo que ocurría para la época en la que escribió los artículos comentados, en el ámbito de la impugnación judicial de los actos administrativos de efectos particulares, en el llamado contencioso administrativo general y también en su rama especial tributaria (con el otrora recurso contencioso fiscal), tenía ahora la posibilidad de acudir directamente a la sede judicial, no siendo entonces obligatorio el previo agotamiento de la vía administrativa.

De manera elegante el Prof. Ruan, haciéndose eco de los proyectistas del Modelo de Código Tributario para América Latina, subraya que, de todas formas, allí donde se ha contado con esa alternativa, los justiciables suelen irse sin pensarlo a la sede judicial, "*por una mal entendida solidaridad de cuerpo*", que induce la "*propensión a la confirmación de los actos que emanen de un funcionario de la propia Administración*".

Sin duda se trata, a mi modo de ver, de una falta de compromiso funcionarial con el principio de legalidad, con el Estado de Derecho y con el deber de protección de los derechos humanos. Sencillamente se asiste al fracaso de la idea libertaria del gobierno de leyes, pilar de la Revolución Francesa, para anclarse cual esclavo mental al gobierno de hombres (subjetivos y arbitrarios). No hemos salido mentalmente del "Ancien Régime".

g) Silencio Administrativo

Al momento de hacer referencia al objeto material del Recurso Contencioso Tributario, es decir, al tipo de acto impugnable por medio de esta vía judicial, el Código Orgánico Tributario ha incluido a la resolución explícitamente denegatoria del Recurso Jerárquico. No existe obligatoriedad de agotar la vía administrativa, como se dejó establecido, pero si el afectado opta por incoar su recurso administrativo, es posible que se enfrente a dos situaciones alternativas, a saber: que se produzca una decisión expresa, que de ser denegatoria sería entonces recurrible judicialmente, o que haya silencio administrativo.

En el segundo supuesto, desde hace décadas nuestro derecho procesal constitucionalizado ha previsto, no siendo excepción a ello el derecho procesal tributario, que en caso de silencio administrativo, con clara violación del derecho de petición y obtención de oportuna y adecuada respuesta y del derecho al debido proceso, el interesado podría, a su sola elección, esperar indefinidamente la respuesta, a su riesgo, o ejercer la vía impugnatoria siguiente.

En este sentido, en materia procesal tributaria, ejercido el Recurso Jerárquico y estando éste sin decisión vencido el lapso para ello, el afectado podría incoar el Recurso Contencioso Tributario en contra del mismo acto administrativo que fuera atacado inútilmente en la sede administrativa.

En consecuencia, la figura del silencio administrativo, tomada en este caso siguiendo su régimen de derecho común, vale decir, con efecto negativo, resulta ser una garantía (principio del silencio-garantía) para el afectado por la actividad administrativa, de aseguramiento del pleno ejercicio de sus derechos fundamentales a la defensa y de acceso a la justicia, frente a una Administración Pública, que además de haber podido vulnerar el ordenamiento jurídico con su actuación cuestionada, con certeza está ahora menoscabando los mencionados derechos fundamentales de petición y obtención de oportuna y adecuada respuesta y al debido proceso.

Esta situación es calificada por el Prof. Ruan como un "*beneficio procesal*", frente a la indefensión en la que se encontraban los ciudadanos que recurrían en sede administrativa.

Y, semejante consideración del Prof. Ruan lo conduce a concluir en la imposibilidad, para la Administración Pública, de decidir tardíamente o de manera extemporánea el Recurso Jerárquico, una vez que el afectado acudió por silencio administrativo negativo al tribunal competente, con la interposición del Recurso Contencioso Tributario. Este proceder, según el Prof. Ruan, priva a la Administración Pública de su poder de decisión, en virtud de que la solución del conflicto ha sido solicitada al juez.

Más de acuerdo no puedo encontrarme al respecto con el Prof. Ruan. Sólo me permito añadir que, una vez que el afectado incoa el recurso judicial y, con la notificación de la interposición al ente público, se pone a derecho al legitimado pasivo, la Administración Pública pierde jurisdicción sobre el asunto, la cual pasa en pleno al Poder Judicial, por lo que toda decisión tardía en ese estado de cosas podría ser vista como una usurpación de funciones.

Ahora bien, comoquiera que tales decisiones tardías se suelen producir, se deben distinguir dos posibilidades: o bien la decisión es denegatoria del Recurso Jerárquico, siendo ilícita y antijurídica no solamente por extemporánea, no teniendo, según el Prof. Ruan, aptitud para abrir un nuevo litigio ni para modificar el litigio instaurado, y agregando nosotros que habría de ser incorporada al juicio en curso, cualquiera sea el estado y grado de la causa, para que se declare su nulidad por usurpación de funciones, con ocasión de la sentencia definitiva y sin posibilidad de producir efecto jurídico alguno. Asistiríamos a una concreción más del principio de accesoriedad.

O bien la decisión tardía es favorable al recurrente, caso en el cual el tratamiento procesal que debe darse a semejante actuación es el de un convenimiento, sujeto a homologación por el tribunal, para de ese modo ponerle fin al juicio, con las consecuencias procesales que correspondan.

h) Formas de Interposición del Recurso

El Prof. Ruan nos recuerda que el recurso puede ser interpuesto de forma directa o indirecta, es decir, por ante el tribunal competente para conocer del recurso, o bien por ante la Administración Tributaria o cualquier juez con competencia territorial en donde se encuentre el domicilio fiscal del recurrente. En el caso de la forma indirecta, el órgano administrativo o el tribunal receptor del recurso, tendrá cinco (5) días hábiles para remitir el recurso al juez competente para su conocimiento.

Hace ya décadas que esta alternativa de ejercer el recurso de forma indirecta, a pesar de la buena intención del legislador, mantenida en las reformas y versiones de 1992, 1994, 2001 y 2014, de acercar la justicia al afectado del interior del país, no deja de ser, para los que aún se aventuran con ella, una ocasión para la burla sistemática del derecho al debido proceso, pues jamás se remiten los recursos dentro de aquellos cinco (5) días hábiles, lo cual antes no era importante, por el efecto suspensivo automático de los recursos, pero que desde 2001 se vuelve un gran peligro, que raya ya incluso en la ausencia de ética funcionarial, pues la Administración Tributaria, en lugar de remitir el recurso al tribunal competente, para que éste lo admita y evalúe la respectiva y eventual petición de suspensión de efectos, se dirige al tribunal, sí, pero para incoar la demanda en juicio ejecutivo, sin que haya aplicación de sanción alguna, frente a tan repudiable actuar.

Idéntica observación cabe cuando se trata de la tampoco recomendable forma subsidiaria de interposición del recurso contencioso tributario, junto al recurso jerárquico, para el caso de que éste resulte denegado tácita o explícitamente.

i) Efectos de la Sentencia

Con ocasión de esta fase del juicio tributario, el Prof. Ruan alude al objeto del recurso contencioso tributario, pero esta vez desde el punto de vista del objeto jurídico, es decir, de lo que se persigue con su interposición, que no es otra cosa que la anulación del acto administrativo impugnado, tras su control de legalidad o de conformidad a derecho, en atención de la respectiva pretensión anulatoria.

En consecuencia, el efecto digamos normal de la sentencia, de ser estimatoria de la pretensión procesal anulatoria, será la anulación o eliminación total o parcial del acto administrativo impugnado. Y, si esa anulación o eliminación es sólo parcial, por accesoriedad se produciría también lo que el Prof. Ruan denominó un efecto inherente a la decisión, cual sería la determinación judicial. Mientras que si esa sentencia resulta desestimatoria de tal pretensión, se producirá la confirmación[535] del acto administrativo impugnado.

[535] En sus dos artículos comentados, en este aspecto el Prof. Ruan califica esta confirmación de "virtual". No sabemos lo que quizo decir con ello, pues de acuerdo con el Diccionario de la Real Academia de la Lengua Española, virtual es lo no real, y en estos casos las sentencias

Por otro lado, el Prof. Ruan refiere la condenatoria en costas como un efecto derivado de la sentencia totalmente estimatoria o desestimatoria, sea al recurrente o a la Administración Tributaria, según sea el caso, hasta un máximo del diez por ciento (10%) de la cuantía de la causa, en caso de vencimiento total, salvo que el juez exima de costas al perdidoso, cuando en su criterio éste haya tenido motivos racionales para litigar.

Sobre esto de las costas, el Prof. Ruan aplaude la excepción al principio hacendario que prohíbe la condenatoria en costas a la República y al Fisco Nacional, al perseguir inhibir la producción de reclamos temerarios por parte de los funcionarios fiscales y estimular el ejercicio eficiente de la facultad de revisión de los actos de la Administración. Obviamente estos nobles fines del legislador del Código Orgánico Tributario de 1983, y también de sus reformas y versiones sucesivas de 1992, 1994, 2001[536] y 2014[537], han sido, como sabemos, menospreciados y hasta excluidos por un Tribunal Supremo de Justicia, cuyos fallos no son de justicia sino herramientas autoritarias de poder, decidiendo contra legem y vulnerando el principio pro homine, así como el principio simiente de igualdad de las partes en el proceso, siendo la relación jurídico tributaria una relación de derecho y no de poder, al decidir la imposibilidad de condenar en costas al ente público, desempolvando de ese modo una de las instituciones decimonónicas más autoritarias e injustas.

En efecto, la Sala Político Administrativa del Tribunal Supremo de Justicia, actuando como tribunal de alzada en materia contencioso tributaria, apartándose de la voluntad del Legislador, contenida en el Código Orgánico Tributario, ha acogido sin más el criterio de la Sala Constitucional del Tribunal Supremo de Justicia, como se aprecia en la Sentencia Nro. 01200 del 5 de octubre de 2011 (http://www.tsj.gov.ve.decisiones/spa/

---

desestimatorias confirman efectivamente la legalidad y eficacia de los actos administrativos impugnados. Expresa ese importante diccionario (http://lema.rae.es/drae/?val=virtual): Virtual. (Del lat. *virtus*, fuerza, virtud).

1. adj. Que tiene virtud para producir un efecto, aunque no lo produce de presente, frecuentemente en oposición a *efectivo* o *real.*

2. adj. Implícito, tácito.

3. adj. *Fís.* Que tiene existencia aparente y no real.

[536] Artículo 327: "*...Cuando, a su vez la Administración Tributaria resultare totalmente vencida por sentencia definitivamente firme, será condenada en costas en los términos previstos en este artículo*".

[537] Artículo 334: "*...Cuando, a su vez la Administración Tributaria resultare totalmente vencida por sentencia definitivamente firme, será condenada en costas en los términos previstos en este artículo*". Entenderá la Sala Constitucional del Tribunal Supremo de Justicia, que esta normativa, posterior a sus fallos sobre el tema, y al Decreto con Rango, Valor y Fuerza de Ley Orgánica de la Procuraduría General de la República, conlleva a que ya no existe la tal prerrogativa procesal del ente público??????

octubre/01200-51011-2011-2010-0995.html), cuando no obstante que la representación judicial de la República perdió el recurso de apelación ejercido contra sentencia dictada por el Juzgado Superior de lo Contencioso Tributario de la Región Central, que había declarado con lugar el Recurso Contencioso Tributario ejercido por Insecticidas Internacionales, C.A. (INICA), estableció que *"en principio correspondería condenar en costas procesales al Fisco Nacional de acuerdo a lo establecido en el Artículo 274 del Código de Procedimiento Civil; sin embargo, esta Sala Político-Administrativa en atención al criterio sostenido por la Sala Constitucional del Tribunal Supremo de Justicia en la Sentencia Nro. 1238 del 30 de septiembre de 2009, caso: Julián Isaías Rodríguez Díaz, considera que no procede la aludida condenatoria en costas. Así también se declara".* Sigue entonces la inconstitucional, por desigualitaria, sentencia Nro. 1238 del 30 de septiembre de 2009 (http://www.tsj.gov.ve/decisiones/scom/septiembre/1238-30909-2009-07-0040.html), de la Sala Constitucional del Tribunal Supremo de Justicia, al resolver la solicitud de determinación de existencia de colusión normativa planteada por Julián Isaías Rodríguez Díaz, en su carácter de Fiscal General de la República, que decidió la prevalencia del criterio de prohibición de condenatoria en costas a la República, desaplicando con ello la previsión del Código Orgánico Procesal Penal, con fundamento en el pretendido privilegio procesal, y arguyendo sin alegato justificador alguno, que ello está *"plenamente justificado por los objetivos que constitucionalmente se le han asignado"* (a la República).

Como que si uno de esos objetivos, por demás explícito, no es la preeminencia de los derechos humanos.

Por último, no resulta tan curioso que el Prof. Ruan, al hablar de los efectos de la sentencia, no haga mención de la pretensión condenatoria, en su artículo de 1985. Esto es así, asumo, puesto que para la época en que él escribió, habiendo suspensión automática de los efectos de los actos administrativos impugnados, por la mera interposición de los recursos de este tipo, muy raramente se llegaban a producir daños y perjuicios indemnizables.

Sin embargo, al retomar el asunto en su artículo de 1992, el Prof. Ruan hace afirmaciones que me parecen inquietantes, para decir lo menos. En efecto, el Prof. Ruan aseveró que no creía que pudiera ser aplicable al contencioso tributario la norma del artículo 131 de la vieja Ley Orgánica de la Corte Suprema de Justicia, que preveía la acumulación al recurso contencioso administrativo de anulación de pretensiones de condena y de restitución, ni tampoco las demás normas de dicha ley que permitían la "*subjetivización*" del recurso objetivo de anulación. En apoyo a su consideración, hizo referencia a la experiencia judicial de nuestro país, que mostraba que los jueces se limitaban al control de legalidad, a la eventual modificación de la determinación tributaria y a la condena en costas, lo que no permitiría encasillar esta vía judicial dentro de un típico recurso objetivo o juicio al acto, pero tampoco facultaría para hablar de la posibilidad de restablecimiento o restitución de la situación jurídica subjetiva vulnerada por el acto administrativo impugnado, a petición de parte.

La posición al respecto del Prof. Ruan es tímida, pues concluye entonces que el Recurso Contencioso Tributario tiene naturaleza objetiva, pero contando el juez con algunos poderes de la plena jurisdicción.

Esta conclusión del Prof. Ruan la encuentro, insisto, inquietante, al menos en un plano conceptual, desde la perspectiva de los poderes del juez, toda vez que él partió en su análisis del contenido del artículo 206 de la Constitución de 1961, que faculta al juez contencioso administrativo, del cual en sus palabras el juez contencioso tributario es una especie, para condenar a la Administración Pública a la indemnización de daños y perjuicios y al restablecimiento de las situaciones jurídicas subjetivas lesionadas por el actuar administrativo. Para mi, era esperable que el Prof. Ruan considerase a plenitud este dispositivo constitucional, en su integral ámbito de aplicación, siendo que como administrativista de formación, conoce bien que la responsabilidad administrativa es uno de los pilares democráticos del Derecho Administrativo y, con él, del Estado Constitucional y Democrático de Derecho. Además, es claro que lo que está en juego en la materia tributaria, si bien la legitimación activa procesal normada habla de intereses legítimos (personales y directos), es esencialmente el derecho subjetivo por antonomasia, como lo es el derecho de propiedad, y su garantía en el derecho a la integridad del patrimonio y a la prohibición de la confiscación, sin perjuicio de otros derechos humanos, por la interdependencia prevista en el artículo 19 constitucional, como la libertad económica.

No había pues que aguardar a que el Código Orgánico Tributario lo llevara por primera vez a su letra, en 2001[538] y en 2014[539], y menos para tristemente ver después (de 2001, no sabemos lo que ocurrirá bajo la vigencia del Código de 2014) cómo las decisiones autoritarias de las Salas

[538] Artículo 327 del Código Orgánico Tributario de 2001: "*...sentencias indicarán la reparación por los daños que sufran los interesados, siempre que la lesión sea imputable al funcionamiento de la Administración Tributaria*", conforme a las previsiones de los artículos 140 y 259 de la Constitución de 1999: "*El Estado responderá patrimonialmente por los daños que sufran los particulares en cualquiera de sus bienes y derechos, siempre que la lesión sea imputable al funcionamiento de la Administración Pública*"; y, : "*... Los órganos de la jurisdicción contencioso administrativa son competentes para ... condenar al pago de sumas de dinero y a la reparación de daños y perjuicios originados en responsabilidad de la Administración...*".

[539] Artículo 334: "*...sentencias indicarán la reparación por los daños que sufran los interesados, siempre que la lesión sea imputable al funcionamiento de la Administración Tributaria*".

Constitucional y Político Administrativa del Tribunal Supremo de Justicia dan al traste con esa posibilidad, en el ámbito de una justicia efectiva y expedita, a cargo de un juez idóneo y sometido sólo al Imperio del Derecho, al obligar al justiciable a acudir previamente a la lamentablemente ineficiente e inoperante institución del planteamiento del antejuicio administrativo ante la Procuraduría General de la República, pasando por una totalmente amañada idea de "congelar" (puesto que no podría válidamente ser interrumpido ni suspendido) lo que en realidad es un lapso indetenible de caducidad para el ejercicio del recurso[540], y sin perjuicio de que en el ínterin se ejerza en contra del contribuyente afectado, todavía no recurrente, el Juicio Ejecutivo, bajo el Código de 2001, o peor aún, el Cobro Ejecutivo, bajo el Código de 2014, al no haber aún pronunciamiento judicial acerca de suspensión de efectos alguna.

El Prof. Ruan, al final de su artículo de 1992, aboga por una reforma en la que el legislador debía establecer con claridad los poderes de la "jurisdicción tributaria", lo que en nuestro criterio no es necesario, pues ello

---

[540] Por ejemplo, la sentencia Nro. 1.355 de la Sala Constitucional del Tribunal Supremo de Justicia del 5 de agosto de 2011, caso: Agropecuaria Carenero, C.A. (http://www.tsj.gov.ve/decisiones/scon/agosto/1355-5811-2011-10-0345.HTML): "*En ese sentido, no le asiste la razón a la referida abogada en virtud de que si bien el lapso de caducidad en los procedimientos contenciosos tributarios es de veinticinco (25) días hábiles, contados a partir de la notificación del acto que se impugna o del vencimiento del lapso previsto para decidir el recurso jerárquico, en caso de denegación tácita de éste, resulta obvio que la aplicación de tal lapso se refiere únicamente a los casos en que se ejerce el referido procedimiento (recurso contencioso tributario), pretendiendo únicamente la nulidad del acto administrativo tributario que le afecta; caso distinto es cuando el interesado pretende, además de la nulidad del acto ilícito, la condena patrimonial por parte de la Administración, lo que constituye lo que la doctrina y la jurisprudencia ha calificado como un recurso de plena jurisdicción, que en el Código Orgánico Tributario se encuentra plasmado en su artículo 327, supuesto este en el que el requerimiento del cumplimiento del antejuicio administrativo previo determina un cambio en el inicio del cómputo del lapso de veinticinco (25) días hábiles para la interposición del recurso, el cual se iniciaría a partir de la notificación del interesado de la respuesta de la Administración o a partir de la finalización del lapso establecido, sin que la Administración se hubiese pronunciado*".

...

"*Así pues, esta Sala estima que la Sala Político Administrativa, en su decisión del 9 de febrero de 2010, no negó la existencia de los recursos de plena jurisdicción como lo señala la solicitante, simplemente sostuvo que "(...) esta disposición novedosa, incorporada en el Código Orgánico Tributario de 2001, en la cual se reconoce expresamente la responsabilidad de la Administración Tributaria, no implica necesariamente una visión opuesta al antejuicio, ni tampoco deroga la norma general que lo contempla (artículo 54 ya citado). La Sala considera que la disposición incorporada en el artículo 327 del Código Orgánico Tributario de 2001 implica forzosamente que el recurrente haya agotado el antejuicio, luego de cuya condición necesaria podrá pedir indemnización de daños y perjuicios contra la República y sus entes tributarios que gocen de privilegios, cuando la lesión sea imputable a su funcionamiento*".

derivaba ya con notable transparencia del artículo 206 de la Constitución de 1961, con mejorada redacción en el artículo 259 de la Constitución de 1999.

Es pues un hecho normado no obstante la cuestionable constitucionalidad de la jurisprudencia al respecto, que el juez de lo contencioso tributario, con su sentencia estimatoria, y dependiendo ello de las pretensiones contenidas en el libelo de recurso, es competente para generar los siguientes efectos jurídicos: anular el acto impugnado o modificarlo en sus alcances, y condenar a las administraciones tributarias perdidosas no solamente en costas, sino a la indemnización de los daños y perjuicios derivados de su mal actuar.

Con todo cuanto precede, hemos hecho los comentarios que nos ha motivado la relectura de los dos artículos mencionados del Prof. Ruan, que tocan específicamente el régimen jurídico del Recurso Contencioso Tributario en Venezuela, para los años 1985 y 1992, analizados desde la actual óptica del año 2015, ciñéndonos a los aspectos que fueron tratados por el autor comentado.

Sabemos que la pluma del Prof. Ruan no ha parado en los veintitrés años que nos separan desde la última vez que tocó especialmente esta modalidad de la acción judicial, pero lo ha hecho para abordar muchos otros temas de derecho tributario sustantivo y del derecho procesal tributario. Por ello, a sabiendas de que el Prof. Ruan ahora es que tiene mucho por reflexionar y para hacernos partícipes de sus ideas y conclusiones, a partir del estudio doctrinario y de su práctica en estrados, amistosamente le invito a escribir sobre el Recurso Contencioso Tributario, a objeto de tocar ámbitos muy importantes que completarían la exposición de su pensar y enriquecerían la doctrina nacional, como, a título meramente ilustrativo, podríamos citar: la eficiencia de las medidas cautelares judiciales incidentales y autónomas; el régimen de las pruebas en todo su espectro formal y sustancial, con énfasis en lo electrónico-informático; la arbitrariedad manifiesta en la proliferación de inconstitucionales prerrogativas o privilegios procesales; la realidad de la transacción y del arbitraje y la experiencia de la conciliación, como medios alternativos de solución de conflictos; los límites en cuanto a la segunda instancia, tanto si se llega formalmente a ella, como si no; el tratamiento que corresponde dar al convenimiento y otros modos anormales de terminación del proceso; la fase de ejecución de sentencias, destacando los casos de sentencias estimatorias y condenatorias; el análisis acerca de si el proceso tributario, hoy por hoy, se ajusta al principio pro homine y demás extremos de la constitucionalización del proceso; la inconstitucionalidad del régimen de medidas cautelares y del Cobro Ejecutivo en el Código Orgánico Tributario de 2014, ... y, tantos otros temas de interés

3

BLOQUE PROCESAL TRIBUTARIO

3.1
La Libertad Probatoria en el Proceso Tributario

I. INTRODUCCIÓN

El presente estudio tiene por objeto definir el alcance del principio de libertad probatoria dentro del proceso tributario. Para ello, se partirá de la revisión de trascendentes fundamentos constitucionales y procesales, para luego desembocar en el análisis de casos concretos de la jurisprudencia nacional, a la luz de tales aportes conceptuales.

Así, ante todo debe tenerse presente que lo adjetivo o procesal tributario cuenta con dos fases distintas, muy bien diferenciadas la una de la otra. Una primera en la sede administrativa, y otra posterior en la vía judicial.

La sede administrativa se concreta, como es obvio, a través de procedimientos administrativos especiales constitutivos o de primer grado, de los que se encuentran regulados en el Capítulo III "De los Procedimientos", del Título IV "De la Administración Tributaria", del vigente Código Orgánico Tributario (2001), donde vale la pena destacar a los fines de este trabajo la Sección Sexta "Del Procedimiento de Fiscalización y Determinación"[541].

[541] Sobre una sistematización judicial, ver sentencia Nro. 00528 de la Sala Político Administrativa del Tribunal Supremo de Justicia del 3 de abril de 2001, con ponencia del Magistrado Levis Ignacio Zerpa, caso: Cargill de Venezuela, C.A., http://www.tsj.gov.ve/decisiones/spa/Abril/00528-030401-13890.htm, donde se observa:
"...la facultad de determinación, entendida como el procedimiento mediante el cual se precisa la existencia de la obligación tributaria en el caso concreto, quien es el obligado y el monto a pagar; es decir, verifica la realización del hecho generador, señala la base imponible y la cuantía del tributo. Sensu contrario, también puede declarar la inexistencia de la obligación tributaria de que se trate."
"...existen para la Administración distintos procedimientos, establecidos en orden prelativo, a los efectos de determinar la obligación tributaria, cuales son: la verificación de la declaración jurada o autoliquidación (revisión de la exactitud de la declaración del hecho imponible

Y, también, por medio de procedimientos administrativos especiales de revisión o de segundo grado, a los que se contrae el Título V "De la Revisión de los Actos de la Administración Tributaria y de los Recursos Administrativos", descollando el reconocimiento de la nulidad absoluta en el Capítulo I "De la Revisión de Oficio" y la impugnación jerárquica en el Capítulo II "Del Recurso Jerárquico" (cuyo agotamiento no es obligatorio[542], a diferencia del contencioso administrativo general), entre otros.

Por su parte, la sede judicial viene siendo técnicamente un juicio, regulado en el Título VI "De los Procedimientos Judiciales", dentro de los que nos consagraremos al proceso previsto en el Capítulo I "Del Recurso Contencioso Tributario".

Ambas fases están regidas dogmáticamente por la Constitución y los convenios internacionales en materia de derechos humanos (como la Convención Americana sobre Derechos Humanos o Pacto de San José de Costa Rica y el Pacto Internacional de los Derechos Civiles y Políticos, ambos con jerarquía constitucional[543]), sin olvidar el aporte principista fundamental derivado de la Declaración Universal de los Derechos Humanos, de la Declaración Americana de los Derechos y Deberes del Hombre y de la Carta Andina de los Derechos Humanos; y, según los casos, tratándose de la sede administrativa, por los postulados generales de la Ley Orgánica de la Administración Pública y de la Ley Orgánica de Procedimientos Administrativos y, en particular, por el Código Orgánico Tributario[544], pero también,

---

presentada por el contribuyente) y la llamada determinación de oficio, bien sobre base cierta o sobre base presuntiva, que surge con carácter supletorio a la declaración y procede cuando el ordenamiento jurídico estipula la necesaria determinación de la autoridad administrativa, ante el incumplimiento total o parcial de los contribuyentes o responsables, así también por cumplimiento erróneo por parte de éstos. Tal y como ha sido reconocido por la jurisprudencia de esta alzada (Sentencia N° 5 de fecha 17 de enero de 1996. Caso: Banco Hipotecario Unido y Sentencia N° 6 de la misma fecha. Caso: Lagoven), frente a los supuestos de ley objeto de determinación oficiosa, no media duda alguna de que la Administración Tributaria habrá de acatar y cumplir con el procedimiento sumario previsto en los artículos 142 y 144 del vigente Código Orgánico Tributario, pero distinta es la situación cuando ésta requiere sólo verificar y constatar la correspondencia de una declaración con la situación tributaria real del contribuyente que la presenta, caso que resulta legalmente procedente según lo pauta el precitado artículo 118 eiusdem."

[542] Artículo 259, numeral 1 del Código Orgánico Tributario.

[543] Artículo 23 de la Constitución: "Los tratados, pactos y convenciones relativos a derechos humanos, suscritos y ratificados por Venezuela, tienen jerarquía constitucional y prevalecen en el orden interno, en la medida en que contengan normas sobre su goce y ejercicio más favorables a las establecidas por esta Constitución y la ley de la República, y son de aplicación inmediata y directa por los tribunales y demás órganos del Poder Público".

[544] Artículo 148 del Código Orgánico Tributario: "Las normas contenidas en esta sección serán aplicables a los procedimientos de carácter tributario en sede administrativa, sin perjuicio de las establecidas en las leyes y demás normas tributarias. En caso de situaciones que no

como igualmente en la sede judicial, por el mismo Código Orgánico Tributario y por el Código de Procedimiento Civil[545].

Toda esta normativa se ve esencialmente enriquecida por la jurisprudencia de los tribunales de primera instancia competentes, vale decir los Juzgados Superiores de lo Contencioso Tributario, y también por la de su alzada natural, la Sala Político Administrativa del Tribunal Supremo de Justicia y, en consecuencia, por la de la Sala Constitucional (en asuntos vinculados a los derechos humanos, como lo es el debido proceso y dentro de él la libertad probatoria) y por la de la Sala de Casación Civil (a la hora de que existan por ella interpretaciones sobre la normativa procesal civil aplicable, aquí específicamente probatoria[546]).

Además, no debe dejarse de lado el invaluable aporte de la jurisprudencia existente en materia de debido proceso, de las instancias internacionales, específicamente de la Corte Interamericana de Derechos Humanos.

En otro orden de ideas, conviene precisar que el proceso tributario, de esta forma delineado, puede tener un contenido variado, pues puede versar tanto sobre lo propiamente tributario, desde la perspectiva sustantiva, vale decir, sobre la determinación de la existencia del hecho imponible y de la cuantía de la carga tributaria y sus accesorios, como sobre lo sancionatorio administrativo, a objeto de imponer sanciones por infracciones tributarias, sean de carácter pecuniario (multas) o de otra naturaleza (clausuras, comisos, etc.).

Finalmente, el marco principista dogmático que envuelve a todo el proceso tributario, desde la perspectiva constitucional que se ha asumido y a la que se dedicará el aporte doctrinario de este estudio, comprende necesariamente:

- El derecho constitucional de petición y obtención de oportuna y adecuada respuesta.

---

puedan resolverse conforme a las disposiciones de esta sección, se aplicarán supletoriamente las normas que rigen los procedimientos administrativos y judiciales que más se avengan a su naturaleza y fines".

[545] Artículo 332 del Código Orgánico Tributario: "En todo lo no previsto en este Título, y en cuanto sea aplicable, regirán supletoriamente las disposiciones del Código de Procedimiento Civil".

[546] Tómese en cuenta por ejemplo la sentencia Nro. 363 del 16 de noviembre de 2001, de la Sala de Casación Civil del Tribunal Supremo de Justicia, con ponencia del Magistrado Franklin Arrieche, caso: sociedad mercantil Cedel Mercado de Capitales, C.A. contra sociedad mercantil Microsoft Corporation, http://www.tsj.gov.ve/decisiones/scc/noviembre/rc-0363-161101-00132-00223.htm, que requiere la indicación del objeto de la prueba, en la oportunidad de la promoción, so pena de declaratoria de inadmisibilidad, como medio para evaluar la pertinencia.

- El derecho constitucional al debido proceso, que presupone el rigor pleno de los derechos constitucionales instrumentales a la información y a la participación. Y,
- El derecho constitucional a una tutela judicial efectiva, accesible, idónea y transparente.

II. EL DERECHO DE PETICIÓN

El punto de partida esencial viene dado por el ineluctable respeto al derecho de petición y de obtención de oportuna y adecuada respuesta, expresamente reconocido en el artículo 51 de la Constitución:

> *"Toda persona tiene el derecho de representar o dirigir peticiones ante cualquier autoridad, funcionario público o funcionaria pública sobre los asuntos que sean de la competencia de éstos, y a obtener oportuna y adecuada respuesta. Quienes violen este derecho serán sancionados conforme a la ley, pudiendo ser destituidos del cargo respectivo".*

Este derecho fundamental debe ser interpretado teleológicamente y en conjunto, dentro del elenco de todos los derechos constitucionales fundamentales. Es decir, que su preeminencia se la debe tener como uno de los valores superiores del ordenamiento jurídico y fundamento de la actuación del Estado de Justicia[547]; que la garantía de su cumplimiento viene siendo uno de los fines esenciales del Estado[548]; y, que conforme a los principios de progresividad e igualdad, su goce y ejercicio es irrenunciable, indivisible e interdependiente con los demás derechos humanos, siendo su respeto obligatorio para los órganos del Poder Público[549].

Resulta prudente hacer un alto, para descollar la conceptualización de ese Estado de Justicia al que ahora nos adscribimos, en el ámbito judicial, sobre lo que la jurisprudencia, a la luz de la sentencia Nro. 00697 de la Sala Político Administrativa del Tribunal Supremo de Justicia del 21 de mayo de 2002, con ponencia del Magistrado Hadel Mostafá Paolini, caso: varios contra el Colegio de Ingenieros de Venezuela[550], ha dicho:

> *"... debe esta Sala reflexionar sobre el nuevo ordenamiento jurídico, surgido en virtud de la promulgación de la Constitución de la República*

[547] Artículo 2 de la Constitución.
[548] Artículo 3 de la Constitución.
[549] Artículo 19 de la Constitución.
[550] http://www.tsj.gov.ve/decisiones/spa/Mayo/00697-210502-1057.htm

Bolivariana de Venezuela, mediante la cual se transformó al Estado venezolano, de conformidad con lo dispuesto en el artículo 2 eiusdem, en "(...) un Estado democrático y social de Derecho y de Justicia, que propugna como valores superiores de su ordenamiento jurídico y de su actuación, la vida, la libertad, la justicia, la igualdad, la solidaridad, la democracia, la responsabilidad social y en general, la preeminencia de los derechos humanos, la ética y el pluralismo político".

Igualmente, de conformidad con lo establecido en el artículo 253 de la Carta Magna, la potestad de administrar justicia emana del pueblo y se imparte en nombre de la República. Asimismo, la Justicia constituye un elemento existencial del Estado, a tenor de lo dispuesto en el artículo 2 antes citado; y un fin esencial de éste, de acuerdo a lo previsto en el artículo 3 de la Constitución vigente. En efecto, se establece un Estado Social y Democrático de Derecho comprometido con el progreso integral que los venezolanos aspiran, con el desarrollo humano que permita una calidad de vida digna, aspectos que configuran el concepto de Estado de Justicia.

En consecuencia, tal como se señaló *supra*, el Estado se califica como de Derecho y de Justicia, y establece como valor superior de su ordenamiento jurídico a la Justicia y la preeminencia de los derechos fundamentales, en el entendimiento, entre otras cosas, de que el acceso a la Justicia es para que el ciudadano haga valer sus derechos y pueda obtener una tutela efectiva de ellos de manera expedita, sin dilaciones indebidas y sin formalismos o reposiciones inútiles (artículo 26 *eiusdem*), lo cual conforma un Estado justo, *del justiciable como elemento protagónico de la democracia*. En efecto, al cambiar el rol del Estado y de la sociedad, con la entrada en vigencia de la Constitución de la República Bolivariana de Venezuela, el Juez y el proceso pasan a ser elementos esenciales en la conformación de un Estado de Justicia, y así se desprende del contenido del artículo 257 constitucional, el cual establece:

"Artículo 257.- El proceso constituye un instrumento fundamental para la realización de la justicia. Las leyes procesales establecerán la simplificación, uniformidad y eficacia de los trámites y adoptarán un procedimiento breve, oral y público. No se sacrificará la justicia por la omisión de formalidades no esenciales".

Con relación a lo antes expuesto, se pronunció esta Sala Político-Administrativa, en sentencia de fecha 24 de marzo de 2000, (Caso: Rosario Nouel), en la cual se señaló lo siguiente:

"Existe un nuevo paradigma en cuanto a los valores y principios constitucionales que se vinculan a la justicia como hecho social, político y democrático. Esta nueva concepción de Estado de Justicia trae consigo

> *no tan sólo una transformación orgánica del sistema judicial (artículo 253 y 254 de la Constitución de la República Bolivariana de Venezuela), sino también un cambio por la razón íntima que cada ciudadano, y especialmente el Juez (...).*
> *En este sentido el Juez, a quien se le reclama y exige justicia, debe ser igualmente producto de un hecho democrático que establezca un vínculo de afinidad entre la sociedad que exige y el poder que interpreta los valores y principios constitucionales para alcanzar los fines del Estado. Así, es el Juez quien debe amparar –en nombre de la República y como expresión soberana del pueblo- a quien pide restablecimiento de la situación jurídica,* **es él quien tutela y armoniza los derechos e intereses con los fines del estado (artículos 26 y 27 de la Constitución de la República Bolivariana de Venezuela),** *y esta obligación la identifica la Constitución con el Juez cuando lo obliga a asegurar la integridad de la Constitución, y por ende, le da la potestad de desaplicar las normas que colidan con el texto constitucional (Artículo 334 de la Constitución de la República Bolivariana de Venezuela).*
> *Entonces, el Poder Judicial en una distribución tripartita del Poder Público no es el tercer poder, así como en una distribución pentapartita el Poder Judicial no es el quinto poder*; **el Poder Judicial representa el poder integrado y estabilizador del Estado, ya que es el único que tiene competencia para controlar y aún disolver al resto de los Poderes Públicos. Eso nos hace un Estado Judicialista."** (resaltado de la Sala)".

Ahora bien, continuando con el análisis específico del derecho de petición, claro que el mismo se encuentra desarrollado particularmente por normas reguladoras de la sede administrativa, como lo son los artículos 9 de la Ley Orgánica de la Administración Pública[551], 153 del Código Orgánico Tributario[552] y 3 de la Ley Orgánica de Procedimientos Admi-

[551] "Los funcionarios y funcionarias de la Administración Pública tienen la obligación de recibir y atender, sin excepción, las representaciones, peticiones o solicitudes que les formulen los particulares en las materias de su competencia ya sea vía fax, telefónica, electrónica, escrita u oral; así como de responder oportuna y adecuadamente tales solicitudes, independientemente del derecho que tienen los particulares de ejercer los recursos administrativos o judiciales correspondientes, de conformidad con la ley.
En caso de que un funcionario público o funcionaria pública se abstenga de recibir las representaciones o peticiones de los particulares o no den adecuada y oportuna respuesta a las mismas, serán sancionados de conformidad con la ley".

[552] "La Administración Tributaria está obligada a dictar resolución a toda petición planteada por los interesados dentro del plazo de treinta (30) días hábiles contados a partir de la fecha de su presentación, salvo disposición de este Código o de leyes o normas en materia tributaria. Vencido el plazo sin que se dicte resolución, los interesados podrán a su solo arbitrio optar por conceptuar que ha habido decisión denegatoria, en cuyo caso quedan facultados para interponer las acciones y recursos que correspondan.

nistrativos[553], e incluso no ha faltado quien pretenda darle una interpretación por demás restringida, como limitado precisamente a las peticiones que se hagan a la Administración Pública. Sin embargo, otro y mucho mayor es su alcance, pues acorde a la letra de su consagración constitucional y al espíritu que animó su previsión, la carga de satisfacer el requerimiento del particular, oportuna y adecuadamente, grava el quehacer de todo funcionario público, administrativo claro está, pero también, entre otros, el funcionario judicial, el juez. Tal animosidad se patentiza al ver el contenido del artículo XXIV "Derecho de petición", de la Declaración Americana de los Derechos y Deberes del Hombre[554], aprobada en la Novena Conferencia Internacional Americana, realizada en Bogotá, Colombia, en 1948:

> *"Toda persona tiene derecho de presentar peticiones respetuosas a cualquiera autoridad competente, ya sea por motivo de interés general, ya de interés particular, y el de obtener pronta resolución".*

Así, el funcionario administrativo y el juez, en sus casos, para poder satisfacer el debido proceso y administrar una justicia accesible, idónea, transparente y efectiva, han de recibir, revisar la admisibilidad y sustanciar toda petición que se les formule, en los términos de ley, donde se destacan los escritos de promoción de pruebas, en el contexto del principio de libertad probatoria, como veremos, y con las exigencias de la legalidad y de la pertinencia.

III. EL DERECHO AL DEBIDO PROCESO. LA INFORMACIÓN Y LA PARTICIPACIÓN

De conformidad con lo dispuesto por el artículo 49, numeral 1 de la Constitución:

> *"El debido proceso se aplicará a todas las actuaciones judiciales y administrativas y, en consecuencia:*
> 1. *La defensa y la asistencia jurídica son derechos inviolables en todo estado y grado de la investigación y del proceso. Toda persona*

Parágrafo Único: El retardo, omisión, distorsión o incumplimiento de cualquier disposición normativa por parte de los funcionarios o empleados de la Administración Tributaria, dará lugar a la imposición de las sanciones disciplinarias, administrativas y penales que correspondan conforme a las leyes respectivas".

553 "Los funcionarios y demás personas que presten servicios en la Administración Pública, están en la obligación de tramitar los asuntos cuyo conocimiento les corresponda y son responsables por las faltas en que incurran".

554 http://www.oas.org/SP/PROG/pg19-23.htm

> *tiene derecho a ser notificada de los cargos por los cuales se le investiga, de acceder a las pruebas y de disponer del tiempo y de los medios adecuados para ejercer su defensa. Serán nulas las pruebas obtenidas mediante violación del debido proceso. Toda persona declarada culpable tiene derecho a recurrir del fallo, con las excepciones establecidas en esta Constitución y la ley".*

Esta es pues la novedosa consagración venezolana del derecho constitucional al debido proceso, válido tanto para la sede administrativa como para la judicial.

Como puede observarse, se trata de un reconocimiento conforme a los postulados de la Convención Americana sobre Derechos Humanos[555], suscrita en San José de Costa Rica el 22 de noviembre de 1969, en la Conferencia Especializada Interamericana sobre Derechos Humanos, en cuyo artículo 8 "Garantías judiciales", se establece:

> *"1. Toda persona tiene derecho a ser oída, con las debidas garantías y dentro de un plazo razonable, por un juez o tribunal competente, independiente e imparcial, establecido con anterioridad por la ley, en la sustanciación de cualquier acusación penal formulada contra ella, o para la determinación de sus derechos y obligaciones de orden civil, laboral, fiscal o de cualquier otro carácter.*
> *2. ... Durante el proceso, toda persona tiene derecho, en plena igualdad, a las siguientes garantías mínimas: ...*
> *b. comunicación previa y detallada al inculpado de la acusación formulada;*
> *c. concesión al inculpado del tiempo y de los medios adecuados para la preparación de su defensa; ...*
> *f. derecho de la defensa de interrogar a los testigos presentes en el tribunal y de obtener la comparecencia, como testigos o peritos, de otras personas que puedan arrojar luz sobre los hechos; ...".*

Así, más de veinte años después se amplió entre otros temas a lo "fiscal", la limitada redacción contenida en la ya citada Declaración Americana de los Derechos y Deberes del Hombre, pues su artículo XXVI "Derecho a proceso regular", se refería sólo a lo penal:

> *"... Toda persona acusada de delito tiene derecho a ser oída en forma imparcial y pública, a ser juzgada por tribunales anteriormente establecidos de acuerdo con leyes preexistentes y a que no se le imponga penas crueles, infamantes o inusitadas".*

---

[555] http://www.oas.org/SP/PROG/pg29-58.htm
Gaceta Oficial Nro. 31.256 del 14 de junio de 1977.

Es incomprensible que la Declaración Americana haya tenido esa redacción limitante, cuando la Declaración Universal de Derechos Humanos[556], adoptada y proclamada por la Asamblea General de las Naciones Unidas, en su Resolución 217 A (III), casualmente también de ese año de 1948, presenta unos términos más omnicomprensivos, en su artículo 10:

> *"Toda persona tiene derecho, en condiciones de plena igualdad, a ser oída públicamente y con justicia por un tribunal independiente e imparcial, para la determinación de sus derechos y obligaciones o para el examen de cualquier acusación contra ella en materia penal".*

No obstante, la Declaración Universal no contiene referencia alguna al debido proceso, aunque en su artículo 8 habla del derecho al amparo.

Ello no quiere decir que en el sistema universal o "unosiano" de protección de los derechos humanos no exista consagración del debido proceso, pues esta omisión de la Declaración Universal (aunque no con la precisión y amplitud terminológica de la Convención Americana), fue salvada por el Pacto Internacional de los Derechos Civiles y Políticos[557], adoptado por la Asamblea General de las Naciones Unidas, en su Resolución 2200 A (XXI), del 16 de diciembre de 1966 y entrado en vigor el 23 de marzo de 1976, donde el artículo 14 dispone que:

> *"1. Todas las personas son iguales ante los tribunales y cortes de justicia. Toda persona tendrá derecho a ser oída públicamente y con las debidas garantías por un tribunal competente, independiente e imparcial, establecido por la ley, en la substanciación de cualquier acusación de carácter penal formulada contra ella o para la determinación de sus derechos u obligaciones de carácter civil.*
> *3. Durante el proceso, toda persona acusada de un delito tendrá derecho, en plena igualdad, a las siguientes garantías mínimas:*
> *a) A ser informada sin demora, en un idioma que comprenda y en forma detallada, de la naturaleza y causas de la acusación formulada contra ella;*
> *b) A disponer del tiempo y de los medios adecuados para la preparación de su defensa y a comunicarse con un defensor de su elección; ...*
> *e) A interrogar o hacer interrogar a los testigos de cargo y a obtener la comparecencia de los testigos de descargo y que éstos sean interrogados en las mismas condiciones que los testigos de cargo; ...".*

[556] http://www.unhchr.ch/udhr/lang/spn.htm
[557] http://www.unhchr.ch/spanish/html/menu3/b/a_ccpr_sp.htm
Gaceta Oficial Extraordinaria Nro. 2.146 del 28 de enero de 1978.

Por su parte, en la muy reciente Carta Andina para la Promoción y Protección de los Derechos Humanos[558], dada y firmada en Guayaquil, el 26 de julio de 2002, en Consejo Presidencial Andino, se destaca la importancia del derecho al debido proceso, como mecanismo asegurador del respeto del elenco de los derechos humanos y, particularmente, su artículo 64 expresa que los Estados de la Comunidad Andina:

> *"Para la promoción y protección de los derechos humanos en general, y del derecho al debido proceso en particular, promoverán que los Países Miembros de la Comunidad Andina cuenten con administraciones de justicia eficientes, independientes, imparciales y autónomas".*

Este derecho al debido proceso ha sido conceptualizado por nuestra jurisprudencia, en los términos que se desprenden de la sentencia Nro. 01159 de la Sala Político Administrativa del Tribunal Supremo de Justicia, del 18 de mayo de 2000, con ponencia del Magistrado Carlos Escarrá Malavé, caso: Dacrea Apure C.A.[559]:

> *"De tal forma que debe ser entendido el debido proceso, como un conjunto de garantías que tienen las partes procesales, no sólo de obtener una decisión justa, sino que además constituye el derecho a ser oídos previamente, a promover y evacuar pruebas, a controlar y hacer oposición a los medios probatorios de la otra parte, a que el proceso sea llevado sin dilaciones indebidas, a tener una doble instancia y, en fin, todos aquellos derechos que conlleven dentro del iter procedimental a una perfecta adecuación de la legalidad formal con la legalidad material.*
> *Siendo ello así, estima esta Sala que el control y la recurribilidad de los pronunciamientos judiciales en materia probatoria, también forma parte del constitucional derecho del debido proceso consagrado en el artículo 49 de la novísima Constitución de la República Bolivariana de Venezuela.*
> *Así pues, en vista de que el derecho de control y contradicción de las pruebas forma parte de esa lista no taxativa que integran el derecho al debido proceso y de defensa, y siendo que esta Suprema Instancia encuentra su razón primaria en el respeto y cumplimiento del mandato constitucional al que se ha hecho referencia precedentemente..." (subrayado por la Sala).*

Además, concretamente en cuanto concierne a la sede judicial, el artículo 257 de la Constitución vincula sabiamente al proceso con la justicia, insistiendo en la necesidad de garantizar el cumplimiento del

[558] http://www.comunidadandina.org/documentos/actas/cart_DDHH.htm
[559] http://www.tsj.gov.ve/decisiones/spa/Mayo/01159-180500-15875.htm

principio de eficacia, como objetivo de la justicia efectiva, accesible, idónea y transparente, a que alude el artículo 26 "eiusdem". Dispone pues el referido artículo 257 que:

> *"El proceso constituye un instrumento fundamental para la realización de la justicia. Las leyes procesales establecerán la simplificación, uniformidad y eficacia de los trámites y adoptarán un procedimiento breve, oral y público. No se sacrificará la justicia por la omisión de formalidades no esenciales".*

Este derecho al debido proceso, como sabemos, presupone el rigor inobjetable del principio "audire alteram partem" o principio del contradictorio, que abarca el derecho a ser oído, lo que requiere, por una parte, el previo y suficiente goce del derecho a la información y de acceso a los documentos administrativos; y, por la otra parte, el derecho a promover y hacer evacuar pruebas, en un sistema adversarial, con su adicional derecho instrumental a que la Administración Pública y el juez, en sus casos, aprecien las pruebas promovidas y evacuadas, de lo que es garantía el respectivo deber de motivación, tanto del acto administrativo como de la sentencia.

Son pues los derechos fundamentales a la información y a la participación, en su sobre entendido goce pleno, herramientas condicionantes de la existencia real del debido proceso.

El derecho a la información, ante todo, exige indefectiblemente que impere la transparencia en el actuar del órgano público, sea administrativo o jurisdiccional, para que todo interesado[560] pueda conocer previa, oportuna y suficientemente la apertura o inicio y la naturaleza del proceso (procedimiento o juicio), la identidad del funcionario sustanciador, el lugar donde se encuentra el expediente (administrativo o judicial), los requerimientos de accesibilidad al mismo, la índole de los eventuales reclamos o imputaciones (o posibles consecuencias que puedan generarse sobre su esfera jurídico subjetiva), los lapsos procesales, así sean éstos sólo indicativos (como suele ocurrir en la sede administrativa por el informalismo que la caracteriza) o preclusivos, etc.

[560] Debe resaltarse la superación de la antigua concepción de "juicio al acto", por la índole de proceso subjetivo que se re reconoce al proceso tributario, máxime cuando el artículo 242 del Código Orgánico Tributario exige la cualidad de interesado legítimo, personal y directo al recurrente, donde por supuesto se entienden presupuestos los titulares de derechos subjetivos lesionados, sean partes principales, partes litisconsorciales o terceros. Para los exegetas, tal superación se desprende claramente del artículo 327 "eiusdem", al expresar que las "sentencias indicarán la reparación por los daños que sufran los interesados, siempre que la lesión sea imputable al funcionamiento de la Administración Tributaria".

De este modo, en cuanto al principio de transparencia en el actuar del órgano público, la sede administrativa está subordinada a él, por mandato del artículo 141 de la Constitución: "La Administración Pública está al servicio de los ciudadanos y ciudadanas y se fundamenta en los principios de ... transparencia, ... en el ejercicio de la función pública", debidamente desarrollado por el artículo 12 de la Ley Orgánica de la Administración Pública: "La actividad de la Administración Pública se desarrollará con base en los principios de ... transparencia...".

Desde idéntica perspectiva, la citada Carta Andina para la Promoción y Protección de los Derechos Humanos, en su artículo 20, señala que los Estados de la Comunidad Andina:

> *"Promoverán y protegerán ... el acceso del individuo a la información que, sobre su persona, obre en poder de la administración pública y las corporaciones privadas, conforme a lo establecido en la ley".*

Y, sobre la sede judicial, el artículo 26 de la Constitución prevé que: *"El Estado garantizará una justicia ...transparente...".*

Es así como la transparencia aludida asegura, cuando es real, el derecho esencial a la información, cuyo contenido ya ejemplificado reviste consagración constitucional, para la sede administrativa, en los artículos 28: "Toda persona tiene derecho de acceder a la información y a los datos que sobre sí misma o sobre sus bienes consten en registros oficiales ..., con las excepciones que establezca la ley, así como de conocer el uso que se haga de los mismos y su finalidad, y a solicitar ante el tribunal competente ... la rectificación o la destrucción de aquellos, si ... afectasen ilegítimamente sus derechos ..."; y, 143: "Los ciudadanos y ciudadanas tienen derecho a ser informados oportuna y verazmente por la Administración Pública, sobre el estado de las actuaciones en que estén directamente interesados, y a conocer las resoluciones definitivas que se adopten sobre el particular. Asimismo, tienen acceso a los archivos y registros administrativos, sin perjuicio de los límites aceptables dentro de una sociedad democrática en materias relativas a seguridad interior y exterior, a investigación criminal y a la intimidad de la vida privada, de conformidad con la ley que regule la materia de clasificación de documentos de contenido confidencial o secreto ...".

Estos dispositivos constitucionales, en la comentada sede administrativa, se encuentran ampliados por la Ley Orgánica de la Administración Pública, en sus artículos 6: "La Administración Pública desarrollará su actividad y se organizará de manera que los particulares: 1. Puedan ... recibir información de interés general por medios telefónicos, informáticos y telemáticos ... 3. Puedan acceder fácilmente a información actualizada sobre el esquema de organización de los órganos y entes de la Administración

Pública, así como a guías informativas sobre los procedimientos administrativos, servicios y prestaciones que ellos ofrecen"; y, 139: "Todos los órganos y entes de la Administración Pública mantendrán permanentemente actualizadas y a disposición de las personas, en las unidades de información correspondientes, el esquema de su organización y la de los órganos adscritos, así como guías informativas sobre los procedimientos administrativos, servicios y prestaciones aplicables en el ámbito de su competencia y de sus órganos adscritos".

Lo propio se infiere, para la sede judicial, del artículo 26 de la Constitución, al exigir una justicia transparente, idóneo, accesible y efectivo, lo cual resultaría menoscabado frente a la indefensión evidente del justiciable desinformado.

Ahora bien, volviendo sobre la sede administrativa, se observa que la actualmente constitucionalizada (citado artículo 143) figura del expediente administrativo ya ha tenido regulación legal, como garantía del derecho a la información, tal como se deriva de las previsiones concatenadas de los artículos 31, 51 y 59[561] de la Ley Orgánica de Procedimientos Administrativos, que preceptúan que iniciado el procedimiento administrativo la autoridad administrativa debe proceder, obligatoriamente (aunque en la realidad de este tercer milenio venezolano siga esto siendo casi del dominio de la fantasía), a abrir y mantener en un cuerpo único (principio de unidad) el expediente administrativo en el cual se recogerá toda la tramitación a que dé lugar el asunto, al cual tendrán libre acceso los interesados.

Por su parte, los artículo 157 y 168 de la Ley Orgánica de la Administración Pública disponen que:

> *"El derecho de acceso a los archivos y registros conllevará el de obtener copias simples o certificadas de los mismos, previo pago o cumplimiento de las formalidades que se hallen legalmente establecidas".*
> *"Todo aquel que presentare petición o solicitud ante la Administración Pública tendrá derecho a que se le expida, de conformidad con la Constitución de la República Bolivariana de Venezuela y la ley respectiva, copia certificada del expediente o de sus documentos".*

Igualmente, el propio Código Orgánico Tributario desarrolla este derecho a la apertura de expediente administrativo y subsiguiente derecho de acceso al mismo y a obtener copia, cuando sus artículos 151 y 179 expresan:

---

561 "Los interesados y sus representantes tienen el derecho de examinar en cualquier estado o grado del procedimiento, leer y copiar cualquier documento contenido en el expediente, así como de pedir certificación del mismo".

"Los interesados, representantes y los abogados asistentes tendrán acceso a los expedientes y podrán consultarlos sin más exigencia que la comprobación de su identidad y legitimación...".
"En toda fiscalización, se abrirá expediente en el que se incorporará la documentación que soporte la actuación de la Administración Tributaria. En dicho expediente se harán constar los hechos u omisiones que se hubieren apreciado, y los informes sobre cumplimientos o incumplimientos de normas tributarias o situación patrimonial del fiscalizado".

No obstante, de forma por demás antijurídica o ilícita, el mencionado artículo 151 del Código Orgánico Tributario pretende restringir el alcance del derecho constitucional a la información, prohibiendo el acceso al expediente administrativo en una etapa concreta del proceso tributario en sede administrativa, cuando su parte "in fine" dispone:

"..., salvo que se trate de las actuaciones fiscales las cuales tendrán carácter confidencial hasta que se notifique el Acta de Reparo".

En efecto, mal puede el legislador, sin incurrir en inconstitucionalidad, limitar un derecho esencial que se encuentra reconocido en el Texto Fundamental de manera por demás amplia y generalizada, como ha quedado evidenciado.

Pero, además de violar la Constitución, es el caso que el legislador también cometió una palmaria inconsistencia normativa, toda vez que en la misma Gaceta Oficial (la número 37.305 del 17 de octubre de 2001), aparecieron publicados la Ley Orgánica de la Administración Pública y el Código Orgánico Tributario, siendo que, mientras el segundo texto legal contiene la cuestionable limitación, en cambio el primer texto legal, en términos claramente con vocación universal, constitucionalmente coincidentes, en su artículo 7, numerales 1 y 7 dispone:

"Los particulares en sus relaciones con la Administración Pública tendrán los siguientes derechos:
1. *Conocer, en cualquier momento, el estado de la tramitación de los procedimientos en los que tengan interés, y obtener copias de documentos contenidos en ellos.*
7. *Acceder a los archivos y registros de la Administración Pública en los términos previstos en la Constitución de la República Bolivariana de Venezuela y la ley".*

Mal podría accederse "en cualquier momento" al expediente administrativo, si se prohíbe al interesado informarse sobre el estado de la tramitación mientras no se le haya notificado el Acta de Reparo, es decir, cuando ya se haya formado, al menos preliminarmente (aunque con la fuerza definitiva que la experiencia muestra), una voluntad administrativa gozando de presunción de legitimidad. De allí la denunciada inconstitucionalidad.

Empero, no seríamos justos de no reconocer que el sistema jurídico venezolano ha puesto remedio a este desatino del legislador, cuando por vía jurisprudencial (tanto de primera instancia como de alzada) se ha establecido que ese no acceso al expediente en la indicada fase, es sólo para los terceros, pero jamás para el particular objeto de la fiscalización. En efecto, en la sentencia Nro. 02339 de la Sala Político Administrativa del Tribunal Supremo de Justicia, del 18 de octubre de 2001, con ponencia de la Magistrada Yolanda Jaimes Guerrero, caso: Galletera Tejerías, S.A.[562], se dejó sentado:

> *"La representación judicial de la contribuyente sostiene que el carácter de reserva de las informaciones y documentos a que hace referencia el artículo 115 del Código Orgánico Tributario fue interpretado erróneamente por la Administración, toda vez que en el citado artículo el legislador lo que ha querido proteger es aquella información y documentos que la Administración Tributaria ha obtenido de los propios contribuyentes, responsables o terceros ante* ***personas ajenas*** *al proceso de determinación fiscal que se ventila, pero –aducen– "...* ***que jamás puede estar referida tal reserva al sujeto pasivo al cual se le están imputando situaciones tributarias que inciden en la base imponible****, y por consiguiente en la determinación de sus obligaciones tributarias...". (Negrillas de la Sala).*

Sobre el particular la sentencia recurrida, luego de elaborar toda una distinción entre los términos confidencialidad y reserva, dispone que: "...el secreto de actuaciones no constituye una ilimitada discrecionalidad de la Administración Tributaria por cuanto dicha facultad está regulada por el artículo 148 del Código Orgánico Tributario, el cual expresa textualmente:

> *"Al ordenarse el Sumario Administrativo, podrá disponerse el secreto de las actuaciones durante un plazo que no podrá exceder de quince (15) días hábiles, transcurrido el cual regirá lo dispuesto en el artículo 138 de este Código y comenzará a correr el plazo del veinticinco (25) días hábiles para formular descargos, previstos en el artículo 146".*

En síntesis, -concluye el juez a quo, que: "...la institución del "SECRETO O CONFIDENCIALIDAD" de actuaciones no puede en ningún caso cercenar o limitar la garantía del administrado como sería el derecho

[562] http://www.tsj.gov.ve/decisiones/spa/Octubre/02339-231001-0223.htm

a la defensa, al libre acceso de información contenida en el expediente, de publicidad, del ejercicio pleno de la defensa a través del conocimiento de pruebas en su contra, y por supuesto del debido proceso...". Todo lo cual aplicado al caso de autos, condujo al fallo recurrido a sostener que: "...la actuación de Gerencia de Tributos Internos de la Región Central del Servicio Nacional Integrado de Administración Tributaria (S E N I A T), mediante la Resolución Nº GRTI – RCE – DSA – 540 – 03 de fecha 23 de septiembre de 1996, en donde resuelve archivar en cuaderno separado gran parte de los folios que conforman el expediente administrativo Nº 36/96, por considerar que tales documentos resultan confidenciales y de carácter reservado, constituye una flagrante violación al derecho a la defensa de la recurrente GALLETERA TEJERIAS, S.A, habida cuenta de que vulnera principios constitucionales y legales tales como el derecho a la defensa, consagrado en el artículo 68 de la Constitución Nacional; a la Unidad, Publicidad y libre acceso al expediente administrativo, consagrados en los artículos 31 y 59 de la Ley Orgánica de Procedimientos Administrativos en concordancia con los artículos 138 y 148 del Código Orgánico Tributario...".

Como puede apreciarse de los extractos de la sentencia transcrita supra, el juez a quo no incurrió en la contradicción alegada por la representante fiscal, pues si bien reconoce la facultad que le confiere el ordenamiento jurídico a la Administración Tributaria, a los fines de declarar la reserva de informaciones y documentos, dicha potestad, señala la sentencia recurrida, queda limitada a la garantía del derecho a la defensa y los principios reconocidos en los mencionados artículos 31 y 59 de la Ley Orgánica de Procedimientos Administrativos, recogidos también en el artículo 138 del Código Orgánico Tributario, aunado a la condicionante temporal a que se refiere el artículo 148 del mismo cuerpo normativo, esto es, que podrá disponerse el secreto de las actuaciones durante un plazo que no excederá de 15 días hábiles, transcurrido el cual regirá lo dispuesto en el citado artículo 138 (acceso y consulta al expediente) y comenzará a correr el plazo de 25 días, igualmente, hábiles para formular los descargos respectivos.

Tal interpretación se compagina con los postulados del marco constitucional, dentro del cual se consagran garantías tales como la del mencionado derecho a la defensa, el debido proceso, el control de la prueba y la igualdad de las partes, pues como bien lo indica el apoderado judicial de la recurrente, tal reserva **jamás puede estar referida al sujeto pasivo al cual se le están imputando situaciones tributarias que inciden en la base imponible**, y por consiguiente en la determinación de sus obligaciones tributarias. Admitir lo contrario sería vulnerar los principios antes enunciados, principalmente el tantas veces citado derecho a la defensa, pues a diferencia del criterio expresado por la recurrente, esta Sala ha admitido en reiteradas oportunidades que éste es un derecho de contenido complejo y que por tanto no se agota por el hecho de que la parte ejerza los recursos que la ley le brinda ante una determinada actuación administrativa. (Ver sentencia Nº 1157 del 18 de mayo de 2000).

De manera que aplicadas las nociones precedentes al caso de autos, la Resolución Nº GRTI – RCE – DSA – 540 – 03 de fecha 23 de septiembre de 1996, emanada de la Gerencia de Tributos Internos de la Región Central del Servicio Nacional Integrado de Administración Tributaria, mediante la cual se ordenó archivar en cuaderno separado gran parte de los folios que conforman el expediente administrativo Nº 36/96, por considerar que tales documentos resultaban confidenciales, vulneró el derecho a la defensa de la contribuyente Galletera Tejerías, S.A, toda vez que dicho organismo en uso de una interpretación errónea de la facultad contenida en el artículo 59 de la Ley Orgánica de Procedimientos Administrativos y 55 de la Ley Orgánica de la Administración Central, extendió la figura de la reserva y confidencialidad, a que hacen referencias dichas normas, al administrado que forma parte de la relación procedimental en cuestión, violando en forma expresa lo ordenado por el artículo 148 del Código Orgánico Tributario, de que ordenado el secreto de las actuaciones, no podrá exceder de 15 días hábiles, transcurrido dicho plazo **regirá** lo dispuesto en el artículo 138 eiusdem, que garantiza el acceso al expediente. En tal virtud, resulta concluyente para esta Sala señalar que dicha actuación se encuentra viciada de ilegalidad. Así se decide".

Así, dada la tremenda importancia que reviste la apertura del expediente administrativo, como garantía de la información, en pro del debido proceso, la jurisprudencia, de manera reiterada y uniforme ha hecho equivaler su ausencia o irregularidad a la prescindencia total y absoluta del procedimiento legalmente establecido, sancionada con la nulidad absoluta tanto por la Ley Orgánica de Procedimientos Administrativos[563] como por el Código Orgánico Tributario[564] (por ejemplo: Sentencia del 13 de abril de 1994, de la Corte Primera de lo Contencioso Administrativo, con ponencia de la Magistrada Alexis Pinto D'Ascoli, caso: Eugenio Barrios vs. Concejo Municipal Guaranito del Estado Portuguesa, Revista de Derecho Público, Nro. 57-58, Editorial Jurídica Venezolana, Caracas, enero-junio 1994, p. 230).

Ahora bien, en referencia a la materia probatoria, la jurisprudencia ha puesto de relieve su enorme trascendencia, al precisar que el:

> *"expediente administrativo ... como ha sido pacíficamente sostenido en jurisprudencia de esta Corte, constituye instrumento probatorio de*

[563] Artículo 19, numeral 4.
[564] Artículo 240, numeral 4.

gran importancia ... este expediente está incluido dentro del elenco de los medios de prueba de que pueden valerse las partes para la demostración de los hechos alegados..." (Sentencia Nro. 96-861 de la Corte Primera de lo Contencioso Administrativo del 9 de julio de 1996, con ponencia de la Magistrada Belén Ramírez Landaeta, caso: Francisco Adolfo Sequera Peña, Expediente Nro. 96-17.560, Jurisprudencia de los Tribunales de Última Instancia, Repertorio Mensual de Jurisprudencia del Dr. Oscar Pierre Tapia, Año VII, Nro. 7, Caracas, julio de 1996, pp. 71 a 73).

El expediente administrativo es, entonces, un medio de prueba especial, que contiene o debe contener todas y cada una de las pruebas que han de coadyuvar a formar criterio al funcionario encargado de la decisión, pruebas éstas que serán, a su vez, el instrumento que permitirá evaluar si se ha incurrido en inmotivación o falso supuesto o no, a la hora de controlar la legalidad del acto administrativo. De allí la necesidad de ejercer, en sede administrativa, el derecho a promover y hacer evacuar pruebas.

Además, desde la perspectiva pragmática del litigante, es interesante recordar el consejo del maestro Agustín Gordillo quien, en sus comentarios orales dentro del marco del Segundo Seminario Internacional de Derecho Administrativo "Allan Randolph Brewer Carías", sobre las "Formas de la Actividad Administrativa", celebrado en Caracas en 1996, habló de la conveniencia de "prefabricar favorablemente el expediente administrativo, anexando pruebas que luego no son refutadas, pero llegan al Tribunal, por remisión de la propia Administración". En concreto aludió a experticias y declaraciones de testigos que, de esta forma, según él, adquirirían la condición y ventaja de la prueba documental.

Pero, obviamente, la idea de gozar de este derecho constitucional a la información no radica en que se sepa o se tenga conocimiento, sin más, sobre los diversos extremos del proceso tributario. No. Lo que realmente interesa es que el justiciable esté al tanto de todos los pormenores del proceso, para que pueda incidir en sus resultas, es decir, para que pueda intervenir en él, en ejercicio de su derecho constitucional a la participación en los procesos de toma de decisiones administrativas o judiciales, capaces de afectar su esfera jurídico subjetiva.

Para que pueda, entonces, hacerse oír, contradecir, cuestionar, argumentar, demostrar, probar, defenderse...

En este orden de ideas, no solamente está consagrado el derecho al debido proceso en la forma ya comentada, válida tanto para lo administrativo como para lo judicial, sino que explícitamente el artículo 6 del texto constitucional indica que el Gobierno de la República es y será siempre participativo, y el artículo 141 "eiusdem" prevé que:

"La Administración Pública está al servicio de los ciudadanos y ciudadanas y se fundamenta en los principios de ... participación, ...eficacia, eficiencia...".

En consecuencia, no puede válidamente en derecho el funcionario administrativo o judicial coartar la participación del justiciable bajo ningún concepto, máxime cuando se destaca la necesidad de ser eficaces y eficientes en las resultas de los procesos, lo cual se hace difícil cuando no imposible, sin la indispensable intervención activa del interesado.

Un aspecto muy particular sobre el derecho a la participación en la sede administrativa, viene dado por la consagración expresa del denominado derecho a la recepción del escrito (donde destacan a los fines de este trabajo los destinados a promover y evacuar pruebas), tal como lo disponen los artículos 9 de la Ley Orgánica de la Administración Pública (ya comentado al momento de tratar sobre el derecho de petición) y 154 del Código Orgánico Tributario (incidencia en caso de haber omisiones subsanables en el escrito respectivo).

Por lo que respecta a la sede judicial, el artículo 26 del Texto Fundamental, al reconocer el derecho esencial a acceder a una justicia efectiva e idónea, necesariamente presupone la indispensable participación del justiciable.

De este modo, el derecho a la tutela judicial efectiva, comprensiva del debido proceso y por ende del acceso más amplio a las pruebas, ha sido entendido por la jurisprudencia, por ejemplo en la sentencia Nro. 2029 de la Sala Constitucional del Tribunal Supremo de Justicia, del 19 de agosto de 2002, con ponencia del Magistrado Iván Rincón Urdaneta, caso: Industria Metalúrgicas Ofanto S.R.L.[565], como sigue:

"El derecho a la tutela judicial efectiva, de amplísimo contenido, comprende el derecho a ser oído por los órganos de administración de justicia establecidos por el Estado, es decir, no sólo el derecho de acceso sino también el derecho a que, cumplidos los requisitos establecidos en las leyes adjetivas, los órganos judiciales conozcan el fondo de las pretensiones de los particulares y, mediante una decisión dictada en derecho, determinen el contenido y la extensión del derecho deducido".

Este es el espíritu de la ya comentada Declaración Americana de los Derechos y Deberes del Hombre, en cuyo artículo XVIII "Derecho de justicia", se lee:

[565] http://www.tsj.gov.ve/decisiones/scon/Agosto/2029-190802-2840.htm

> *"Toda persona puede ocurrir a los tribunales para hacer valer sus derechos. Asimismo debe disponer de un procedimiento sencillo y breve por el cual la justicia lo ampare contra actos de la autoridad que violen, en perjuicio suyo, alguno de los derechos fundamentales consagrados constitucionalmente"*

Por último, es de descollar que la fundamentación ético filosófica del derecho al debido proceso, como herramienta de logro de los derechos a la información y a la participación, reposa en un norte mayor y mucho más ambicioso, en la senda de la optimización de la calidad de la vida del individuo, cuando se los vincula con el derecho al desarrollo sustentable, como puede apreciarse en la comentada Carta Andina para la Promoción y Protección de los Derechos Humanos, cuyos artículos 29 y 72, entre otros tantos, establecen que los Estados de la Comunidad Andina:

> *"Con miras a promover el derecho al desarrollo en el ámbito andino, prestarán atención prioritaria a los siguientes temas:*
> *1. La creación de condiciones favorables y diseño de políticas de desarrollo nacional y regional con el fin de mejorar progresivamente el bienestar social de la población andina, sobre la base de su participación activa, libre y significativa en el desarrollo y con miras a la equitativa distribución de los beneficios de éste.*
> *...*
> *5. La promoción de la participación de la población en el proceso de adopción de decisiones tendientes a su desarrollo humano sustentable.*
> *...".*
> *"Hacen un llamado a las Defensorías del Pueblo a promover mecanismos que hagan efectivo el derecho de información de la ciudadanía sobre las actividades de las instituciones públicas, con ajuste a las disposiciones legales y con la participación de la sociedad civil organizada".*

IV. LA LIBERTAD PROBATORIA

Uno de los elementos centrales de un eficaz ejercicio del derecho a la participación, como garantía del debido proceso, viene dado por el rigor real del principio de libertad probatoria, tema que se tratará por separado por ser el tema del presente estudio.

Empero, la libertad probatoria no es absoluta, pues se encuentra restringida, por razones de seguridad jurídica y consideraciones de carácter metodológico procesal, por el principio de prueba legal, tanto en la sede administrativa como en la judicial, según los artículos 159 ("No se valorarán las pruebas manifiestamente... ilegales") y 269 ("... las pruebas promovidas no podrán admitirse cuando sean manifiestamente ilegales...”), respectivamente, del Código Orgánico Tributario.

Y, a su vez, en la búsqueda del equilibrio, para escapar a los muchas veces injustos rigores de los extremos de un régimen legal de la prueba, que incluya mecanismos de tasación en su valoración, nuestro sistema procesal en general y el tributario en particular acoge como regla la evaluación por la sana crítica[566].

Así, acorde con el principio de flexibilidad probatoria o principio de libertad probatoria, la prueba es libre. Esto quiere decir que, en cuanto a la sede administrativa, tal como lo prevén los artículos 58 de la Ley Orgánica de Procedimientos Administrativos y 156 del Código Orgánico Tributario:

> *“Los hechos que se consideren relevantes para la decisión de un procedimiento podrán ser objeto de todos los medios de prueba establecidos en los Códigos Civil, de Procedimiento Civil y de Enjuiciamiento Criminal o en otras leyes”.*
> *“Podrán invocarse todos los medios de prueba admitidos en derecho, con excepción del juramento y de la confesión de empleados públicos, cuando ella implique prueba confesional de la administración”.*

A esta misma libertad probatoria, con el único límite de la necesaria previsión legal del medio probatorio del caso, remiten, igualmente en la sede administrativa, los artículos 189 (pruebas durante el sumario administrativo de la fiscalización), 197 (pruebas en el procedimiento de repetición de pago) y 243 (pruebas durante el recurso jerárquico), entre otros.

Y, en lo que respecta a la sede judicial, el artículo 269 del Código Orgánico Tributario dispone que:

> *“... serán admisibles todos los medios de prueba, con excepción del juramento y de la confesión de funcionarios públicos cuando ella implique la prueba confesional de la Administración. En todo caso, las pruebas promovidas no podrán admitirse cuando sean manifiestamente ilegales o impertinentes”.*

Así, estamos bajo un sistema de prueba legal, donde sólo son admisibles los medios de prueba fijados o no expresamente prohibidos por la

[566] Artículo 273 del Código Orgánico Tributario: “A los efectos de la ... valoración de las pruebas, los jueces tendrán por regla las disposiciones que al efecto establezca el Código de Procedimiento Civil, el Código Civil y otras leyes de la República”.
Artículo 507 del Código de Procedimiento Civil: “A menos que exista una regla legal expresa para valorar el mérito de la prueba, el Juez deberá apreciarla según las reglas de la sana crítica”.

ley, cualquiera sea el texto de ley. De este modo, tenemos que son admisibles los medios de prueba previstos en el Código Civil (documentos –donde destacan los asientos contables, los soportes y comprobantes, las facturas[567], las declaraciones impositivas y los anteriormente comentados expedientes administrativos–, testigos, indicios y presunciones, confesión y juramento –salvo de la Administración–, experticia –particularmente la contable– e inspección judicial) y ampliados por el Código de Procedimiento Civil (con las reproducciones, copias, experimentos y variantes de la prueba documental, como la exhibición y los informes de terceros), además de los consagrados en otras leyes de la República, tales como la Ley Orgánica de Salvaguarda del Patrimonio Público, el Código Orgánico Procesal Penal y la Ley Orgánica Procesal del Trabajo, entre muchas otras, y todos los no expresamente prohibidos por ley[568].

No obstante, puede sostenerse que dicho sistema es libre, por cuanto es posible usar, dentro del proceso tributario, en ambas sedes administrativa y judicial, cualquier medio probatorio idóneo para la demostración del hecho de que se trate, con el solo límite de que el mismo esté consagrado como tal en alguna ley de la República.

En otro orden de ideas, aunque resulte obvio, debe recordarse que las comentadas normas sobre la admisibilidad de los medios probatorios empleables en un caso concreto, en las sedes administrativa y judicial (artículos 159 y 269 del Código Orgánico Tributario), además de su previsión legal también exigen su correspondiente pertinencia.

Es pues un sistema de prueba libre, tal como lo ha destacado la jurisprudencia, por ejemplo en la sentencia Nro. 00693 de la Sala Político Administrativa del Tribunal Supremo de Justicia, del 21 de mayo de 2002, con ponencia del Magistrado Levis Ignacio Zerpa, caso: Proyectos e Inversiones Softech, S.A.[569], al afirmar:

---

[567] Sobre la libertad probatoria y particularmente el uso de las facturas como medio probatorio, véase la Sentencia Nro. 501 del 18 de julio de 1996 de la Sala Político Administrativa de la entonces Corte Suprema de Justicia, con ponencia de la Magistrada Hildegard Rondón de Sansó, caso: Ramírez Salaverría, C.A. (Ramisala), Jurisprudencia de la Corte Suprema de Justicia, Repertorio Mensual de Jurisprudencia del Dr. Oscar Pierre Tapia, Año XXIII, Tomo Nro. 7, Caracas, julio de 1996, pp. 131 a 134.

[568] Artículo 395 del Código de Procedimiento Civil: "Son medios de prueba admisibles en juicio aquellos que determina el Código Civil, el presente Código y otras leyes de la República. Pueden también las partes valerse de cualquier otro medio de prueba no prohibido expresamente por la ley, y que consideren conducente a la demostración de sus pretensiones. Estos medios se promoverán y evacuarán aplicando por analogía las disposiciones relativas a los medios de pruebas semejantes contemplados en el Código Civil, y en su defecto, en la forma que señale el Juez".

[569] http://www.tsj.gov.ve/decisiones/spa/Mayo/00693-210502-1210.htm

"Conforme al pacífico criterio sostenido por la doctrina nacional, el llamado principio o sistema de libertad de los medios de prueba es absolutamente incompatible con cualquier intención o tendencia restrictiva de admisibilidad del medio probatorio seleccionado por las partes, con excepción de aquellos legalmente prohibidos o que resulten inconducentes para la demostración de sus pretensiones, principio que se deduce del texto expresamente consagrado en el artículo 395 del Código de Procedimiento Civil, que dice:
"Son medios de prueba admisibles en cualquier juicio aquellos que determina el Código Civil, el presente Código y otras leyes de la República. Pueden también las partes valerse de cualquier otro medio no prohibido expresamente por la ley, y que consideren conducente a la demostración de sus pretensiones. Estos medios se promoverán y evacuarán aplicando por analogía las disposiciones relativas a los medios de pruebas semejantes contemplados en el Código Civil, y en su defecto, en la forma que señale el Juez."

Vinculado directamente a lo anterior, destaca la previsión contenida en el artículo 398 eiusdem, alusiva al principio de la libertad de admisión, conforme al cual el Juez, dentro del término señalado, "... providenciará los escritos de pruebas, admitiendo las que sean legales y procedentes y desechando las que aparezcan manifiestamente ilegales e impertinentes" (destacado de la Sala); principio este recogido en el Código Orgánico Tributario de 1994 en el primer aparte de su artículo 193, pero atenuado por las excepciones del juramento y de la confesión de empleados públicos, el cual reza:

"(...) Serán admisibles todos los medios de pruebas, con excepción del juramento y de la confesión de empleados públicos, cuando ella implique prueba confesional de la Administración.(...)"

En el contexto de la materia debatida, dicho principio fue también reconocido por la jurisprudencia de la extinta Corte Suprema de Justicia en Sala Político Administrativa - Especial Tributaria, al afirmar que:

"... resulta contrario a toda lógica jurídica, pretender limitar las pruebas del cumplimiento de una obligación a un único instrumento, como serían las facturas comerciales, más aun, cuando el propio Código Orgánico Tributario permite, con las excepciones ya mencionadas, la admisión en los procedimientos tributarios de cualquier medio probatorio, ello en concordancia con el citado principio de libertad de medios probatorios consagrado en el artículo 395 del Código de Procedimiento Civil". (Sentencia del 18/07/96, Caso: Ramírez Salaverría, C.A).

Así, entiende la Sala que la providencia o auto interlocutorio a través del cual el Juez se pronuncia sobre la admisión de las pruebas promovidas, es el resultado del juicio analítico efectuado por él respecto de las condiciones de admisibilidad que han de reunir las pruebas que fueran promovidas, es decir, de las reglas de admisión de los medios de pruebas contemplados en el Código de Procedimiento Civil, atinentes a su legalidad y a su pertinencia; ello porque sólo será en la sentencia definitiva cuando el Juez de la causa pueda apreciar, al valorar la prueba y establecer los hechos, si su resultado incide o no en la decisión que ha de dictar respecto de la legalidad del acto impugnado.

Sobre la base del referido principio de libertad de los medios de prueba, una vez analizada la prueba promovida, el Juez habrá de declarar la legalidad y pertinencia de la misma, y en consecuencia habrá de admitirla, pues sólo cuando se trate de una prueba que aparezca manifiestamente contraria al ordenamiento jurídico, o cuando el hecho que se pretende probar con el medio respectivo no guarda relación alguna con el hecho debatido, podrá ser declarada como ilegal o impertinente, y por tanto inadmisible.

En virtud de lo expuesto, estima la Sala, como anteriormente lo dejara sentado, que " (...) esta limitación la estableció el legislador, para proteger el ejercicio del derecho a la defensa de la parte promovente y evitar en lo posible que una decisión judicial denegatoria, cause o pueda causarle un daño grave que en ocasiones resulta irreparable; pues, la admisión de una prueba ajustada a derecho y relacionada con el hecho u objeto debatido, no lesionaría a ninguna de las partes, ya que el Juez al momento de valorar el mérito probatorio de los medios traídos en el proceso, puede desestimarla." (Sentencia dictada por la Sala Político Administrativa, Especial Tributaria II en fecha 19/05/99, Caso: Banco Exterior ,C.A.).

Luego, surge evidente que la regla es la admisión y que la negativa sólo puede acordarse en casos excepcionales y muy claros de manifiesta ilegalidad e impertinencia, premisa que resulta aplicable a los procesos contencioso tributarios. (Sentencia N° 2189 de fecha 14/11/00, dictada por la Sala Político Administrativa de este Tribunal Supremo de Justicia / Caso: PETROZUATA, C.A.)[570]".

Así, es tan importante y abierto nuestro sistema de libertad probatoria, que incluso en cuanto a la admisibilidad de las pruebas, cuando su promoción ha sido cuestionada, la jurisprudencia ha aplicado interpretaciones lo más amplias posibles, como la derivada de la sentencia Nro. 02007 de la Sala Político Administrativa del Tribunal Supremo de Justicia, del 25 de

[570] http://www.tsj.gov.ve/decisiones/spa/Noviembre/02189-141100-16332.htm

septiembre de 2001, con ponencia del Magistrado Hadel Mostafá Paolini, caso: Proyectos Cervantes, C.A. (Restaurant Bravamar, C.A.)[571]:

> *"...si bien es cierto que conforme a la letra de la norma contenida en el artículo 402 supra citado, la apelación debe ser oída en el solo efecto devolutivo, lo cual implica que el juicio no debe ser suspendido a la espera de la correspondiente decisión del Superior, se observa, no obstante, que en los casos en los cuales la decisión apelada es la relativa a la inadmisión de alguna prueba, una interpretación literal de dicha norma, en virtud de la cual se entienda que el juicio debe continuar su curso normal, fijándose, inclusive, oportunidad para la realización del acto de informes y que sólo deberá suspenderse la causa al momento de dictar sentencia, conduce al absurdo y, por tanto, a una solución poco plausible del punto controvertido.*

Sobre este particular, observa la Sala que en los casos en los cuales la decisión apelada es la que admite alguna prueba, ningún perjuicio deriva para las partes que el recurso se tramite en el sólo efecto devolutivo, toda vez que de declararse con lugar el mismo, la prueba en cuestión sencillamente es excluida de toda consideración por parte del juez, así como de las partes.

Ahora bien, cuando la decisión apelada es la referida a la inadmisión de algún medio probatorio, la tramitación del recurso en un solo efecto, conduciría a situaciones de incertidumbre y desequilibrio para las partes que obligan a encontrar una solución diferente al problema planteado.

En efecto, interpretar en estos casos que la suspensión de la causa sólo debe producirse al momento de dictar sentencia, implica entender que luego de concluido el lapso de evacuación, las partes tengan que consignar sus respectivos informes sin conocer el resultado de la decisión de la alzada, respecto de la apelación ejercida en virtud de la negativa del a quo de admitir la prueba promovida. Esta circunstancia, indudablemente, sometería a las partes a una absurda e indeseable situación de inseguridad al tener que preparar y presentar sus conclusiones, sin saber si la prueba en cuestión será evacuada e ignoradas las implicaciones que de ello puedan derivarse.

Tal interpretación, supone desconocer la función de los escritos de informes, cuya finalidad es llevar a consideración del sentenciador las respectivas conclusiones de las partes vistos, examinados y valorados los hechos constatados o desvirtuados mediante las pruebas aportadas, así como las implicaciones jurídico-normativas que de ellos derivan.

[571] http://www.tsj.gov.ve/decisiones/spa/Septiembre/02007-250901-0230.htm

Por otra parte, el criterio bajo análisis conduce igualmente a una solución ilógica del problema planteado, por cuanto el mismo supondría que el derecho, legalmente reconocido a las partes, a controlar todas y cada una de las pruebas promovidas y evacuadas en el proceso, se ejerza luego de presentados los informes o, peor aún, que simplemente no se materialice.

No comparte, por tanto, esta Sala el criterio sustentado por el a quo al negar la suspensión de la causa solicitada por la contribuyente, señalando que la misma sólo se produce al momento de dictar la sentencia de fondo correspondiente.

Así pues, en atención a las consideraciones precedentemente expuestas, resulta forzoso concluir que en resguardo de la seguridad jurídica y del principio de igualdad de las partes, es necesario realizar una interpretación lógica y sistemática del artículo 402 del Código de Procedimiento Civil que permita la armonía con el resto de las disposiciones pertinentes, entre las cuales destacan el artículo 511 eiusdem y 193 del Código Orgánico Tributario, los cuales aluden a la oportunidad para la realización del acto de informes.

Así las cosas, en los casos en los cuales se niegue la admisión de alguna prueba, debe entenderse que una vez propuesta la apelación respectiva necesariamente se producirá la suspensión del proceso antes del acto de informes, ante la eventualidad de que el tribunal de alzada la admita y entonces pueda ésta evacuarse y ser debidamente controlada, tanto por el tribunal de la causa como por las partes, luego de lo cual, fijará el tribunal la oportunidad para la celebración del acto de informes. Así se decide.

Dilucidado lo anterior, y luego de observar que en el presente asunto se originó por la negativa del a quo de suspender el juicio principal hasta tanto se decidiera en esta Alzada la apelación propuesta contra la inadmisión de la prueba de inspección judicial promovida por la contribuyente, la cual aún se tramita ante esta instancia, la Sala estima, en virtud de los razonamientos precedentemente expuestos, que el a quo erró al no suspender la causa antes del acto de informes, a fin de esperar la sentencia que habrá de recaer sobre ese particular. Así se decide".

Finalmente, por su categórica redacción, cabe tomar en consideración el contenido de la sentencia Nro. 01819 de la Sala Político Administrativa del Tribunal Supremo de Justicia, del 8 de agosto de 2001, con ponencia del Magistrado Levis Ignacio Zerpa, caso: C.A. Seagram de Venezuela[572]:

> *"... esta Alzada considera necesario recordar que conforme al pacífico criterio sostenido por la doctrina nacional y la jurisprudencia*

[572] http://www.tsj.gov.ve/decisiones/spa/Agosto/01819-080801-0179.htm

de este Máximo Tribunal de Justicia el llamado principio o sistema de libertad de los medios de prueba es absolutamente incompatible con cualquier intención o tendencia restrictiva de admisibilidad del medio probatorio seleccionado por las partes, con excepción de aquellos legalmente prohibidos o que resulten inconducentes para la demostración de sus pretensiones.

...

En virtud de todo lo anteriormente expuesto, estima la Sala que cualquier rechazo o negativa a admitir una prueba que no fuese calificada como manifiestamente ilegal o impertinente, violenta la normativa reguladora del procedimiento probatorio que debe acatarse en el curso de un proceso e impide la efectividad del contradictorio, pudiendo lesionar en definitiva el derecho a la defensa de la parte promovente. Resulta incontestable para esta Sala el hecho de que tratándose del auto de admisión de pruebas, la labor del a quo debía circunscribirse, como en efecto lo hizo, a analizar la pertinencia y legalidad de las pruebas promovidas y en tal sentido estaba obligado únicamente a apreciar y resolver los alegatos de las partes conducentes a tal fin. En ese sentido se observa en el caso sub judice que el juez a quo, actuó correctamente al limitar su decisión a la consideración y resolución de los alegatos expuestos por el Fisco Nacional dirigidos a cuestionar la legalidad o pertinencia de la prueba de exhibición que resultaren conducentes a tal fin.".

Por su parte, vale la pena insistir, el principio de libre apreciación de las pruebas o principio de valoración por la sana crítica implica que, por regla, no se contemplan regulaciones especiales de valoración o evaluación de los medios probatorios empleados, de modo que, siempre que la prueba sea pertinente y legal, el órgano administrativo o el juez competentes para el dictado de la providencia o de la sentencia habrán de valorarla, evaluarla o ponderarla teniendo por norte, exclusivamente, dentro del marco de la debida proporcionalidad y justicia, su leal saber y entender, tanto en la comprobación de los hechos como en la calificación y apreciación de las pruebas, y sin perder de vista las máximas de experiencia.

V. ANÁLISIS DE ALGUNAS INSTITUCIONES Y CASOS SOBRE LIBERTAD PROBATORIA

A) El acto impugnado como "documento fundamental de la demanda"

Dispone el artículo 260 del Código Orgánico Tributario que:

> *"... el recurso*[573] *deberá estar acompañado del documento o documentos donde aparezca el acto recurrido, salvo en los casos en que haya operado el silencio administrativo".*

Ahora bien, ese "acto recurrido", acorde con la jurisprudencia y según la sentencia Nro. 00403 de la Sala Político Administrativa del Tribunal Supremo de Justicia, con ponencia del Magistrado Levis Ignacio Zerpa, caso: Consolidada de Ferrys, C.A.[574], son:

> *"los actos definitivos que: comprueben el acaecimiento del hecho generador del tributo y cuantifiquen la deuda tributaria; impongan las sanciones en caso de incumplimiento de las obligaciones y los deberes tributarios; afecten en cualquier forma los derechos de los administrados; o, nieguen o limiten el derecho al reintegro o repetición de pago del tributo, intereses, sanciones y otros recargos."*

Como puede observarse, la regulación normativa en comento pretende atribuir la condición de "documento fundamental de la demanda", al acto administrativo impugnado, en los términos del numeral 6 del artículo 340 del Código de Procedimiento Civil, de lo cual podría derivarse la posibilidad (cuando no el deber) para el juez, de declarar "in limine" inadmisible el recurso, en caso de que sólo se lo identifique o se lo refiera en copia.

Esta exigencia legal, en nuestro concepto, es inconstitucional por antijurídicamente limitante del derecho de acceso a la justicia, en condiciones por lo demás claramente injustificadas.

Técnicamente, el acto administrativo impugnado, fuera de sus consecuencias propias en el ámbito sustantivo, desde la perspectiva procesal es un medio probatorio de carácter documental, idóneo para demostrar, en conjunto o no con otros medios probatorios y según los casos, la incompetencia del funcionario, la inmotivación, la ausencia de procedimiento, el falso supuesto, etc.

Asimismo, el acto administrativo impugnado, en caso de que el recurrente sea el destinatario nominativo del mismo, sirve para comprobar la titularidad de la legitimación activa suficiente para cuestionar judicialmente su juridicidad.

Pero, atendiendo a que la ley sólo requiere de un interés personal, legítimo y directo para recurrir en esta materia, lo cual se ha definido doc-

[573] Se refiere al recurso contencioso tributario, pues el artículo 243 "eiusdem", relativo al recurso jerárquico, como era antes la regulación total en la materia, permite que tan sólo se lo identifique suficientemente en el libelo.

[574] http://www.tsj.gov.ve/decisiones/spa/Marzo/00403-200301-0083.htm

trinal y jurisprudencialmente como una especial situación meramente de hecho en la que se pueda encontrar una persona frente al actuar administrativo, capaz de afectar su esfera jurídico subjetiva, es el caso que no únicamente el destinatario nominativo del acto en cuestión, sino todo tercero a la relación jurídico tributaria, que se halle en esa condición, está legitimado para recurrir, como podría serlo un acreedor, un accionista, un trabajador, un competidor, etc. Al respecto, la sentencia Nro. 01453 de la Sala Político Administrativa del Tribunal Supremo de Justicia, con ponencia del Magistrado Levis Ignacio Zerpa, caso: Seguros Altamira, C.A.[575], ha avanzado que:

> *"...el recurso contencioso tributario procede para impugnar los actos de naturaleza tributaria o vinculados con estos, que bien de manera inmediata o al menos de forma indirecta constituyan alguna obligación de carácter tributario o pecuniario, es decir, aquellos que tengan relación con algún tributo, o relaciones derivadas de ellos (artículo 1º Código Orgánico Tributario). (...) no es requisito básico para la interposición del recurso contencioso tributario el tener el carácter de contribuyente, pues basta con que se tenga un interés legítimo."*

Entonces, cómo exigir del tercer interesado, no simplemente adhesivo sino verdadera parte activa litisconsorcial, que acompañe el original del acto administrativo impugnado, del cual nada más hay uno que se notifica al destinatario nominativo, pudiendo éste no querer recurrir o no informar del mismo al tercer interesado, sin mermar su derecho de acceso a la justicia?

Y, todo esto sin tampoco dejar de considerar la posibilidad, tantas veces acontecida, del extravío o destrucción accidental del acto referido, que vulneraría igualmente el derecho de acceso a la justicia del propio destinatario nominativo.

En nuestro concepto, bajo un esquema real de libertad probatoria lo que importa es que el interesado pueda demostrar dos extremos, a saber: la existencia del acto administrativo impugnado y con ella su legitimación activa; y, su inconformidad a derecho.

Los medios probatorios de los que se valga para ello son todos aquellos que, siendo pertinentes, encuentren previsión legal. Así, esos extremos, particularmente el primero por estar directamente vinculado a lo ahora tratado, pueden probarse con el acompañamiento del original respectivo en autos; o, a través de la petición de exhibición del ejemplar en manos de la Administración Tributaria, como parte del expediente administrativo

[575] http://www.tsj.gov.ve/decisiones/spa/Julio/01453-120701-0060.htm

del caso; de la inspección judicial sobre el citado expediente administrativo; de informes referidos por terceros, que podrían ser el destinatario nominativo, el juez que esté conociendo del juicio ejecutivo, etc.

El interés público está en salvaguardar la preeminencia de los derechos humanos y el estado de justicia, lo cual no se compagina con la posibilidad de que actos administrativos contrarios a derecho se ejecuten, no obstante haber interesados legítimos en impugnarlos, sólo porque no dispongan del original al momento de consignar el recurso, como si esa fuera la única forma de demostrar la existencia del acto administrativo y su contenido, y ojo, no obstante preverse la libertad probatoria.

B) El carácter no perentorio del plazo para descargos:

Según lo establecido por el artículo 188 del Código Orgánico Tributario vigente (tal como lo preveía el de 1994), iniciada la instrucción del Sumario Administrativo el afectado dispondrá de un plazo de veinticinco (25) días hábiles para formular los descargos y promover la "totalidad" de las pruebas para su defensa.

Por su parte, el Código de 1992 fijaba un lapso similar para formular descargos, pero no calificaba de "totalidad" las pruebas que podían o debían promoverse es esa etapa del procedimiento. Y, el de 1983, sin duda el mejor en su redacción justiciera al respecto, disponía un término menor, de quince (15) días hábiles, para presentar descargos, pero indicaba expresamente que ese lapso era "no perentorio".

Esto de la no perentoriedad del lapso para descargos y promoción de pruebas siempre fue correctamente interpretado en la idea de no preclusividad, por lo que, en virtud del principio de informalismo (que ilustra al procedimiento administrativo, para poder cumplir el principio de investigación de la verdad real, por parte de la Administración Pública y su contrapartida, el deber del contribuyente de coadyuvar para que tal verdad real se ponga de manifiesto), se entendía que el interesado podía hacer alegatos en su descargo y promover pruebas en su defensa, mientras no se le hubiese notificado la decisión, acto o providencia administrativa definitiva; vale decir, en cuanto concierne al procedimiento de fiscalización, la resolución culminatoria del sumario administrativo.

En nuestro criterio, la eliminación en el Código Orgánico Tributario de la referencia a la no perentoriedad del lapso de marras (desde el Código de 1992 y no obstante el pesar de los exegetas), no tiene relevancia alguna, pues en todo procedimiento administrativo rige, indefectiblemente, el principio de informalismo, como principio general de derecho administrativo, garantía de la promoción de la verdad real.

No obstante, desde la entrada en vigor del Código de 1992 hemos presenciado el surgimiento de la interpretación "literalista" y exegética, netamente fiscal o fiscalista, según la cual se habría instalado una preclusión para la promoción de pruebas por parte del afectado, interpretación ésta que se vio lastimeramente fortalecida desde el Código de 1994 y ahora con el de 2001, al señalarse que deberá producirse, dentro del lapso respectivo, la "totalidad" de las pruebas.

Acaso se olvida que no se trata de un pleito intersubjetivo de intereses particulares o privados, dentro de un juicio civil o mercantil, en el que cada parte está deseosa de que su contraria pierda un lapso para que se desmejore su defensa y así se logre una victoria, con base en una verdad "procesal"?

El norte aquí es la obtención de la verdad real, para poder tutelar el bien común o interés público, general o colectivo, de modo que rige el informalismo como principio general de derecho administrativo, no pudiendo ahorrarse esfuerzos o coartarse iniciativas tendentes al logro de este fin. Qué aberrante resulta imaginar un acto administrativo dictado con fundamento en un Acta Fiscal que no pudo ser suficiente o eficazmente impugnada, en razón de que las pruebas en contra las consiguió y consignó el interesado luego de transcurrido este plazo!

Ciertamente, este acto administrativo podría no estar justificado en la verdad real.

Cómo entender que sea posible (y razonable) intentar un Recurso Jerárquico[576] o incluso un Recurso de Revisión[577] y aún una solicitud de reconocimiento de nulidad absoluta (esta última en cualquier tiempo)[578], contra un acto administrativo, en base al descubrimiento de pruebas cuya existencia se desconocía durante la fiscalización y el sumario administrativo, pero esté prohibido producirlas en ese sumario administrativo si transcurrió aquel plazo??? No sería éste un supuesto de dispendio de actividad administrativa, que eventualmente podría serlo también de actividad judicial, contrario por lo demás a los principios de celeridad y economía procesal?

Así, acorde con los principios de informalismo y de investigación de la verdad real, entendemos que este plazo, aunque no lo diga la ley, y a pesar del empleo del adverbio de cantidad "totalidad", no es perentorio, por no poder jurídicamente ser preclusivo, por razones de constitucionalidad. Asumimos que el afectado debe aportar todas ("totalidad") las pruebas de

---

[576] Artículo 242 del Código Orgánico Tributario.
[577] Artículo 256, numeral 1 del Código Orgánico Tributario.
[578] Artículo 239 del Código Orgánico Tributario.

que disponga en esa oportunidad, pero, en caso de encontrar o descubrir posteriormente otras, sin que se haya notificado aún la resolución culminatoria del sumario administrativo, nada en derecho le impide promoverlas ni al funcionario considerarlas, en honor a la verdad real. Obviamente que quedaría a salvo la eventual aplicación de la doctrina del abuso de derecho, así como el respectivo control de la prueba.

Traemos, en apoyo a nuestra opinión, la previsión del artículo 28 de la Ley Orgánica de Procedimientos Administrativos, según la cual "los administrados están obligados a facilitar a la Administración Pública la información de que dispongan sobre el asunto de que se trate, cuando ello sea necesario para tomar la decisión correspondiente", sin límite temporal preclusivo alguno.

Y también, la doctrina jurisprudencial según la cual:

> *"...el procedimiento administrativo goza de la característica de ser flexible e informal, en contraposición a la rigidez y a la formalidad del proceso judicial ordinario, y ello le permite a la Administración practicar ciertas actuaciones en el momento que así lo considere conveniente, siempre y cuando se garanticen los derechos de ambas partes y se cumpla con todas las fases del procedimiento de que se trate, porque en definitiva lo que debe buscar es la verdad material. En el procedimiento administrativo, según señala la constante jurisprudencia en esta materia, los lapsos no tienen el carácter preclusivo propio del proceso judicial..."*[579].

Por último, parece chocar al ánimo, tomando en cuenta el principio constitucional general de igualdad y el especial de igualdad de las partes en el proceso, que el justiciable disponga de sólo veinticinco (25) días y hasta de cinco (5) meses (en materia de precios de transferencia[580]), además supuestamente preclusivos, para defenderse, mientras que la Administración

[579] Sentencia Nro. 95-700 de la Corte Primera de lo Contencioso Administrativo del 18 de mayo de 1995, con ponencia del Magistrado Gustavo Urdaneta Troconis, caso: Juan Damiani R., Expediente Nro. 93-14.091, Jurisprudencia de los Tribunales de Última Instancia, Repertorio Mensual de Jurisprudencia del Dr. Oscar Pierre Tapia, Año VI, Tomo Nro. 5, Caracas, mayo de 1995, pp. 93 y 94.
En sentido contrario, incluso sobre la supuesta perentoriedad del lapso de descargos, véase Sentencia Nro. 10 del 17 de enero de 1995 de la Sala Político Administrativa de la entonces Corte Suprema de Justicia, con ponencia de la Magistrada Conjuez Ilse van der Velde Hedderich, caso: Industria Venezolana de Aluminio, C.A., Jurisprudencia de la Corte Suprema de Justicia, Repertorio Mensual de Jurisprudencia del Dr. Oscar Pierre Tapia, Año XXII, Tomo Nro. 1, Caracas, enero de 1996, pp. 150 a 154.

[580] Artículo 188 del Código Orgánico Tributario.

Tributaria cuenta con un (1) año[581], y hasta con dos (2) años (en materia de precios de transferencia[582]), para analizar las pruebas promovidas. Claro que se pueden promover pruebas en todo ese tiempo, ello es un derecho, y, como todo derecho, se encuentra limitado en su disfrute por su ejercicio abusivo, por lo que rige la debida proporcionalidad.

El hecho de que la norma establezca el citado lapso de veinticinco (25) días hábiles, ha de ser interpretado a la luz de la preeminencia de los derechos humanos, particularmente de los derechos tratados previamente de petición, al debido proceso, a la información y a la participación, con la garantía de la libertad probatoria, en el sentido de ser, entonces, de mero carácter referencial, indicativo y ordenador del proceso tributario en sede administrativa, donde los únicos plazos obligatorios o vinculantes son los de decisión, implicando una carga para el funcionario administrativo competente, quien en esta materia ha de notificar la decisión antes del año calendario (o dos –2– en materia de precios de transferencia) siguiente a la fecha de vencimiento del lapso para presentar descargos, so pena de invalidación "ope legis" del acta de reparo[583].

En realidad, lo que se busca con la fijación de ese plazo de tantos días hábiles (o meses en materia de precios de transferencia) para descargos y pruebas, es que la Administración Tributaria no emita ni notifique la decisión antes del transcurso de un término mínimo, para que el justiciable pueda ejercer su defensa. Si no lo hace, la Administración podrá providenciar de inmediato, pero, si lo hace y mientras lo haga (no abusivamente), la autoridad habrá de considerar las pruebas promovidas, a favor de la consecución de la verdad real.

Existe pues el derecho a formular descargos y promover pruebas ¡mientras no se haya notificado la resolución culminatoria del sumario administrativo!

Son ilícitas las pretensiones de formalizar el proceso tributario en sede administrativa, de establecer la preclusión y de restringir la búsqueda de la verdad real, por la infeliz redacción ("totalidad") del comentado artículo 188, por la regulación limitante (quince –15– días hábiles para evacuar pruebas durante el sumario administrativo) del artículo 189 y por la clara inconsistencia normativa con los artículos 158 (fijación de los lapsos probatorios "de acuerdo con la importancia y complejidad de cada caso"), 160 (impulso de oficio pudiendo acordar "en cualquier momento, la práctica de las pruebas que estime necesarias") y 251 ("admitido

[581] Artículo 192 del Código Orgánico Tributario.
[582] Parágrafo Tercero del Artículo 192 del Código Orgánico Tributario.
[583] Artículo 192 del Código Orgánico Tributario.

el recurso jerárquico, se abrirá un lapso probatorio, el cual será fijado de acuerdo con la importancia y complejidad de cada caso") del mismo Código Orgánico Tributario.

C) Confusión entre el medio probatorio y el objeto de la prueba, notablemente en materia de gastos y créditos fiscales

La representación judicial del Fisco Nacional suele ratificar los reparos formulados por la Administración Tributaria, a la hora de producir sus escritos de informes, fundamentada en el hecho de que los recurrentes, visto el volumen de papel de difícil traslado, en lugar de promover como prueba documental de los gastos y de los créditos fiscales las facturas que los respaldan, se suelen valer de otros medios probatorios.

Desde la restrictiva opinión de la representación fiscal, las facturas serían el único medio que serviría para probar la realización de un gasto, en materia de impuesto sobre la renta, o el nacimiento de un crédito fiscal, en el campo del impuesto al valor agregado, por lo que las recurrentes habrían de aportar, en la oportunidad procesal correspondiente, las facturas que soportan los gastos y/o los créditos fiscales cuya deducción se pretenda.

Como puede observarse, se confunde el medio probatorio (la factura y, en algunos casos, los soportes contables, como mero medio de prueba documental o instrumental), con el objeto de la prueba o finalidad de la actividad probatoria (la realización del gasto y/o el nacimiento del crédito fiscal, según los casos), definido en la doctrina como aquello sobre lo cual recae la prueba. La factura no es la prueba, sino un medio probatorio más para demostrar (su objeto) la ocurrencia del hecho controvertido: la realización de la erogación fuente del gasto o del crédito fiscal deducido.

Este error conceptual se evidencia cuando en la sede judicial se pretende que queda demostrada la procedencia del rechazo de la deducibilidad del gasto y/o del crédito fiscal, por no constar en autos las facturas respectivas, en virtud de la interpretación "literalista", exegeta y enrevesada de dispositivos legales y reglamentarios que tradicionalmente se han referido al costo de los bienes, a los gastos y a los créditos fiscales, como aquellos que consten en las facturas, en coincidencia con los asientos contables y siempre que se cumplan los requisitos de forma de tales facturas, como que si la ley prohibiese el empleo de medios probatorios distintos a la factura en cuestión, para demostrar los hechos controvertidos, en desconocimiento entonces del principio de libertad o flexibilidad probatoria, que como vimos nos rige.

Nada más alejado de la verdad, por cuanto, teniendo por norte la libertad probatoria y la realidad económica, esta última además como garantía de respeto del principio constitucional de capacidad contributiva, nada obsta a que, según los casos, se pueda sustituir el medio probatorio documental factura, por algún otro, como el medio probatorio documental de informes del tercero beneficiario del pago, el medio probatorio de inspección judicial sobre soportes contables, el medio probatorio de la experticia contable, etc., para demostrar el objeto de la actividad probatoria, vale decir la erogación fuente del gasto y/o del crédito fiscal.

Dejemos establecido que el hecho controvertido es, según el caso, la verdadera realización del pago cuestionado, toda vez que su carácter de gasto no suele ser lo rechazado, ni mucho menos su naturaleza de normal y necesario para la producción de la renta, siendo que del pago mismo, concretamente de su integración de partidas constitutivas, se revela igualmente si comprendió impuesto al valor agregado, para que el importe respectivo se tenga como crédito fiscal.

Ahora bien, rigiendo legalmente, como lo hemos visto, el principio de libertad probatoria, el cual dicho sea de paso, en el ámbito tributario debe ir de la mano con el principio sustantivo de realidad económica, es lo cierto que el interesado puede valerse de todo medio probatorio previsto o no expresamente prohibido por la ley y que sea pertinente, para demostrar su alegato en cuanto a algún hecho controvertido: la ocurrencia del pago, en este caso.

La ley no establece un único medio de prueba del pago realizado por el justiciable. Lo que la regulación acostumbra exigir es que las facturas existan y, sólo en ese caso, los registros contables apoyados en ellas tendrán valor probatorio, siendo que tal existencia puede probarse con los distintos medios puestos a la disposición del justiciable por la Ley. Lo contrario implicaría una grave lesión al derecho a la tutela judicial efectiva, al impedirse el acceso a una justicia idónea, en condiciones de debido proceso.

Desde otra perspectiva, no debe mezclarse cuanto el legislador y el reglamentador han previsto por razones sustantivas de necesario pero simple control fiscal, perfectamente explicables en una sociedad democrática, con las regulaciones completamente libertarias en el tema probatorio y de acceso a la justicia.

En este sentido, algunos han sostenido que el hacer depender el nacimiento de los créditos fiscales no sólo de la existencia, sino particularmente del cumplimiento de los requisitos formales reglamentarios de las facturas, sería demostrativo de la voluntad del legislador, de no permitir probar dichos créditos por medios distintos a una factura contentiva de todos y cada uno de los requisitos formales. Se enreda lo sustantivo con lo adjetivo sin justificación, pudiendo darse el caso monstruoso de que alguien haya pagado impuesto al valor agregado por medio de una factura carente de requisitos formales, de modo de rechazársele la deducción del crédito fiscal correspondiente, no obstante haber efectivamente incurrido en esa precisa erogación, con lesión de su capacidad contributiva y confiscación de su patrimonio, por un lado, mientras que por el otro lado, el beneficiario del pago deba enterar la cantidad así recibida como parte de su débito fiscal.

¿Cómo es que algo que no sea crédito fiscal para el pagador, pueda ser tenido como débito fiscal para el beneficiario del pago, y sigamos hablando de justicia?

La razón por la cual se exige normativamente hablando el cumplimiento de requisitos formales en las facturas estriba en la necesidad de control fiscal, de que la Administración Tributaria pueda perseguir la debida recaudación, de manos del beneficiario del pago.

Por tanto, si en un juicio el contribuyente justiciable se vale de medios probatorios distintos a la factura o equivalentes (porque no exista o no cumpla con las formas reglamentarias), pero previstos y no prohibidos expresamente por la ley y pertinentes, de modo que el pago por concepto de impuesto al valor agregado y la identidad del beneficiario queden suficientemente precisados, nada debe obstar a que se les reconozca el valor probatorio del caso, en lo adjetivo y sobre la base de la sana crítica, pudiendo el fisco controlar adecuadamente la recaudación, en lo sustantivo.

En este sentido bien vale la pena dar noticia de la sentencia Nro. 635 del 30 de julio de 1999, dictada por el Juzgado Superior Cuarto de lo Contencioso Tributario, caso Fiesta, C.A.[584], en la cual, en cuanto a la comprobación de los créditos fiscales, más allá de la simple exhibición de las facturas, el tribunal admitió la procedencia del medio probatorio de la experticia contable e hizo suya la tesis de la comisión de expertos, en el sentido de que "la empresa promovente utiliza un sistema proveniente del procesamiento de datos automatizado de registros directos, y produce los resúmenes de dicho procesamiento detalladamente, para registrar las operaciones de los libros oficiales, los cuales se encuentran ajustados a las normas establecidas en el Código de Comercio, la Ley y su Reglamento del Impuesto al Consumo Suntuario y a las Ventas al Mayor y del Impuesto al Valor Agregado por lo que los expertos consideran, en vista de la evaluación y del análisis efectuado a los registros de compras y mayores analíticos, que el sistema en vigencia, reúne los requisitos informativos de una contabilidad razonablemente ajustada a los principios de contabilidad generalmente aceptados".

[584] Consultada en original.

Más recientemente, la propia Sala Político Administrativa del Tribunal Supremo de Justicia sin duda alguna ha acogido la plena aplicación del principio de libertad probatoria en el proceso tributario, como se desprende de la sentencia Nro. 02991 del 18 de diciembre de 2001, con ponencia del Magistrado Levis Ignacio Zerpa, caso: C.A. Tenería Primero de Octubre[585]:

> "...*este Alto Tribunal reitera que nuestro sistema procesal civil se rige por el principio de la libertad de pruebas contemplado en el artículo 395 del Código de Procedimiento Civil, aplicable al caso de autos por disposición del artículo 223 del Código Orgánico Tributario...*
> *Así, la regla en esta materia de promoción de pruebas, es la admisión y sólo puede declararse su negativa en casos excepcionales y cuando sea evidente su ilegalidad o impertinencia*.
> ...
> *Se evidencia de la normativa parcialmente transcrita, el derecho que tiene la contribuyente para valerse de los instrumentos privados, tales como: facturas o documentos equivalentes, libros de compras, libros de ventas, registros contables y archivos adicionales, a objeto de demostrar la veracidad de sus pretensiones; correspondiendo al juzgador de la causa, en la oportunidad del examen del fondo de la controversia, dar valor probatorio a tales instrumentos de acuerdo con los otros elementos y pruebas producidos por la Administración Tributaria*.
> ...
> *Por esa razón, estima la Sala que cualquier rechazo o negativa a admitir una prueba que no fuese calificada como manifiestamente ilegal o impertinente, tal y como fue pretendido por la representación fiscal y declarado por el a quo, en el caso de autos, violenta la normativa regulatoria del procedimiento probatorio que debe privar en el curso de un juicio e impide la efectividad del contradictorio, pudiendo lesionar en definitiva el derecho a la defensa de la parte promovente*" (subrayados del fallo).

Y, particularmente en la temática que ahora se aborda, vinculada con la circunstancia de que sólo los requisitos tildables de esenciales, por impedir el debido control fiscal sobre la recaudación (lo cual atenúa el alcance restrictivo cuestionable de la normativa correspondiente), restarían valor probatorio a las facturas, aunque sin perjuicio de la posible demostración de estos extremos por otros medios probatorios, se citan estos fallos de la Sala Político Administrativa del Tribunal Supremo de Justicia:

> "*... se somete la validez de las facturas, para dar derecho a deducir el crédito fiscal, al cumplimiento de algunos requisitos legales y*

[585] http://www.tsj.gov.ve/decisiones/spa/Diciembre/02991-181201-01-0425.htm

reglamentarios. Sin embargo, la ley en general y, en particular, la ley tributaria, no puede aplicarse sin atender al propósito y razón del legislador, que en este caso no puede ser otro que asegurarle al Fisco Nacional el necesario control sobre las operaciones realizadas por los contribuyentes, de manera que no tenga que reconocer créditos fiscales y reintegrarlos cuando al mismo tiempo no pueda perseguir al vendedor de los bienes y servicios que retuvo la misma cantidad por impuesto al consumo, con lo que en definitiva no se merma el ingreso fiscal a que el Estado tiene derecho.

Por tal motivo estima la Sala que al interpretarse el dispositivo bajo análisis, debe atenderse a si los requisitos reglamentarios son esenciales o simplemente formales, si son indispensables para la persecución del débito fiscal correspondiente por parte del Estado o si son solo exigencias de forma.

De manera que debe dispensarse la omisión del requisito, a los solos fines del reintegro, cuando la factura adolece de uno de los requisitos formales, de otro modo el contribuyente debe sufrir las consecuencias de la pérdida de su derecho al reintegro de sus créditos fiscales porque le dificultó o impidió al Fisco Nacional la persecución del débito fiscal correspondiente.

En conclusión, debe analizarse en cada caso concreto, si la falta del o los requisitos cuestionados desnaturalizan el contenido de las facturas y si por esa razón se impide al Fisco Nacional asegurar la normal y oportuna recaudación de este impuesto, por parte de los proveedores, perturbándose así la función de control que está obligado realizar. Ya que si no fuere así, es decir, si la facultad de la Administración Tributaria no se ve impedida de recuperar los impuestos retenidos por débitos fiscales, entonces tiene la Sala forzosamente que declarar cumplido el fin de la factura para dar derecho al crédito fiscal en este caso y, en consecuencia, reconocer la procedencia del crédito fiscal con basamento en dicho instrumento.

Dentro de esta interpretación de justicia tributaria, las negativas de reconocimientos de los créditos fiscales en el proceso de determinación del impuesto al consumo suntuario y a las ventas, deben ser examinadas equitativamente, tanto por la Administración Tributaria como por los Jueces Tributarios, a fin de precisar, en cada caso concreto, cuándo el incumplimiento de los requisitos previstos en el mencionado artículo 63 del Reglamento lesiona la necesaria función de control que el Fisco Nacional está en el deber de realizar, impidiéndole ejercicio de su derecho a perseguir el débito fiscal correspondiente. Y si este es el caso, debe establecerse para la contribuyente la pérdida de los créditos fiscales. Así se declara.

Si por el contrario el requisito que se exige en la factura es simplemente formal, su incumplimiento da derecho a la Administración Tributaria de imponer sanciones pecuniarias a los administrados, por no haber cuidado el contenido de las facturas recibidas, y las cuales quedarían tipificadas como incumplimiento de deberes formales, conforme al artículo 108 del Código Orgánico Tributario. Así también se declara"[586].

"Para decidir sobre esta controversia, la Sala debe analizar la naturaleza y el alcance de cada uno de estos requisitos, para así determinar cuándo la falta de alguno de ellos ocasiona el rechazo del crédito fiscal y cuándo solamente ocasiona sanciones pecuniarias por incumplimiento de deberes formales, conforme a reciente criterio jurisprudencial de esta misma Sala; conforme al cual se ha establecido que la pérdida del crédito fiscal ocurre cuando la omisión del requisito le impide o dificulta al Fisco Nacional perseguir el débito fiscal, correspondiente a dicho crédito fiscal, que está reconociendo al solicitante del reintegro.

...

... no se considera justo, que por dichas omisiones le niegue el derecho al reintegro de créditos fiscales por impuestos que realmente ha pagado la exportadora a sus proveedores" (Subrayado del fallo)[587].

También los tribunales de primera instancia se han sumado a esta línea de pensamiento, como se desprende de la sentencia Nro. 623 del 10 de agosto de 2001, del Juzgado Superior Sexto de lo Contencioso Tributario, con asociados, caso: Federal Express Holdings, S.A.[588]:

"El rechazo de la deducción de los créditos fiscales, fundamentado exclusivamente en el incumplimiento por parte de los proveedores de bienes y prestadores de servicios de la contribuyente, de los requisitos para la emisión de sus facturas, sin considerar otros elementos y soportes documentales que permitan demostrar que aquella efectivamente soportó el tributo, dada la naturaleza del mismo implica para este Tribunal una distorsión en su funcionamiento, sin que con ello desconosca la configuración del incumplimiento de un deber formal y así lo declara.

...

En este mismo sentido, negar de manera absoluta la deducción de créditos fiscales por estar soportados por facturas respecto de las cuales la única objeción existente sea que en su texto no se encuentra reflejada la totalidad de la información exigida por el ordenamiento jurídico,

---

[586] Sentencia Nro. 02158 del 10 de octubre de 2001, con ponencia del Magistrado Levis Ignacio Zerpa, caso: Hilados Flexilón, C.A., http://www.tsj.gov.ve/decisiones/spa/Octubre/02158-101001-1254.htm

[587] Sentencia Nro. 00083 del 29 de enero de 2002, con ponencia del Magistrado Levis Ignacio Zerpa, caso: Aquamarina de la Costa, C.A., http://www.tsj.gov.ve/decisiones/spa/Enero/00083-290102-0502.htm

[588] Consultada en original.

luce contrario a los principios que rigen al Derecho Tributario y en especial al Impuesto al Consumo Suntuario y a las Ventas al Mayor, si el contribuyente que efectivamente ha soportado el tributo está en posibilidad de probar el pago que de aquel ha hecho, por otros medios de prueba. Así lo establece este Tribunal.
Si bien es cierto que la factura emitida en los términos a que se refiere el artículo 28 de la Ley de Impuesto al Consumo Suntuario y a las Ventas al Mayor y el artículo 63 de su Reglamento es la prueba por excelencia para soportar la existencia de un crédito fiscal y proceder a su deducción de los débitos a los efectos de determinar la cuota líquida del tributo a pagar, en tanto esos términos de emisión producen en la Administración Tributaria una confianza suficiente para el reconocimiento de su veracidad, no es menos cierto que ella no es el único medio para alcanzar ese resultado.
El artículo 28 de la Ley de Impuesto al Consumo Suntuario y a las Ventas al Mayor a los efectos de no ser objeto de una interpretación inconstitucional debe instrumentarse de manera conteste con principios de Derecho plenamente aplicables en el ámbito tributario, como es el caso del de la "Libertad de Prueba", cuyo desarrollo en el caso específico a ser decidido por este Tribunal deviene de lo dispuesto en los artículos 137 y 193 del Código Orgánico Tributario y en el 395 del Código de Procedimiento Civil y así lo reconoce este Tribunal".

D) Exhibición e informes

Las variantes del medio probatorio documental, específicamente las referidas a la exhibición y a los informes, tal como están consagradas en los artículos 436 y 433 del Código de Procedimiento Civil, son plenamente utilizables, en virtud del principio de libertad probatoria, en el proceso tributario.

Empero, se precisa hacer algunas consideraciones al respecto, con vista de la sentencia Nro. 01566 del 25 de julio de 2001, dictada por la Sala Político Administrativa del Tribunal Supremo de Justicia, con ponencia de la Magistrada Yolanda Jaimes Guerrero, caso: Colomural de Venezuela, C.A.[589].

En efecto, es el caso que habiendo la justiciable promovido las pruebas de exhibición e informes, la representación judicial del fisco se opuso a su admisibilidad, respectivamente, en el primer punto, por no haberse indicado el lugar exacto en que la contraparte tenía el documento de requerida exhibición; y, en el segundo punto, por ser una persona natural el tercero solicitado de informes.

[589] http://www.tsj.gov.ve/decisiones/spa/Julio/01566-250701-0431.htm

El auto del Juzgado Superior Segundo de lo Contencioso Tributario, que fuera apelado por la justiciable, aceptó la argumentación fiscal y declaró inadmisible la exhibición, por cuanto "no especificó qué Dirección, Oficina Administrativa, Gerencia o Departamento del Sistema Nacional Integrado de Administración Aduanera y Tributaria tiene en su poder el documento objeto de la referida prueba, lo cual imposibilita el requerimiento del mismo".

Y, en cuanto a la prueba de informes, la rechazó en base a la interpretación literal del artículo 433 del Código de Procedimiento Civil ("Cuando se trate de hechos que consten en documentos, libros, archivos u otros papeles que se hallen en Oficinas Públicas, Bancos, Asociaciones gremiales, Sociedades Civiles o mercantiles e instituciones similares, aunque éstas no sean parte en el juicio, el Tribunal a solicitud de parte, requerirá de éllas informes sobre los hechos litigiosos que aparezcan en dichos instrumentos o copia de los mismos"), por entender "que su texto es taxativo y no meramente enunciativo, por lo tanto la prueba *in comento*, se puede evacuar únicamente a personas jurídicas y no a personas naturales como lo solicita el promovente y, en consecuencia, se desestima la prueba de Informes ..., siendo INADMISIBLE por ilegal".

Ahora bien, el fallo comentado del Tribunal Supremo de Justicia se apega a derecho, haciendo gala de la libertad probatoria dentro del espíritu del "favor libertatis", en lo que concierne al tema de la exhibición, al expresar que:

> *"De la norma transcrita puede apreciarse que los requisitos de procedencia de la prueba de exhibición se limitan a que el promovente acompañe una copia del documento, o en su defecto, la afirmación de los datos que conozca el solicitante acerca del contenido del mismo, mas un medio probatorio que constituya presunción grave de que el instrumento se halla o se ha hallado en poder de su adversario. De manera que nada se menciona con relación al lugar o sitio donde reposan tales instrumentos, pues pudiera ocurrir que éstos hayan sido ocultados por el adversario, a los fines de evitar que sean promovidos en juicio. De ahí que el legislador, en aras de proteger el legítimo derecho a la defensa, previó a través del referido medio probatorio, la posibilidad de que la parte que quisiera hacer valer un instrumento que se halle en poder de su adversario o incluso de un tercero solicite su exhibición, sin que para ello sea necesario conocer el lugar exacto de su ubicación física, sino que basta con producir una prueba indiciaria de que éste se encuentra en manos de la persona a quien se le requiere, lo cual puede ser desvirtuado a posteriori dada la naturaleza iuris tantum que dimana de dicha presunción".*

Pero, muy por el contrario, por lo relativo a la prueba de informes, el mismo fallo se torna gravemente lesivo del debido proceso, por atentatorio contra el derecho a la defensa y su especificidad del derecho a probar y contra argumentar, pues lejos de acoger la correcta interpretación progresiva de la justiciable, en el sentido de que la "motivación por parte del juez *a – quo,* viola la normativa procesal en la materia, pues, se estaría desconociendo el principio de libertad de medios probatorios consagrado en el artículo 395 del Código de Procedimiento Civil, según el cual las partes "... pueden valerse de cualquier otro medio de pruebas no prohibido expresamente por la ley y que consideren conducente a la demostración de sus pretensiones...", asume un derrotero de cuestionable constitucionalidad, estimando que la disposición concreta del Código Adjetivo excluiría a las personas naturales de la posibilidad de informar como terceros en juicio, al indicar que:

> *"Al respecto conviene señalar que si bien impera en nuestro ordenamiento jurídico el principio de libertad de los medios probatorios, los mismos pueden ser clasificados en dos grandes grupos, éstos son, el de las pruebas libres y el de las pruebas legales, teniendo el segundo grupo de ellos que cumplir necesariamente con las exigencias establecidas en la legislación pertinente. Ahora bien, el principio precedentemente enunciado no puede traducirse en una derogatoria o relajamiento de los requisitos previstos en la ley para la admisión y posterior evacuación de los medios legales, pues tal conclusión nos coloca en una flagrante violación de las normas que gobiernan la materia, al mismo tiempo que permitiría la admisión de medios probatorios que han sido producidos en juicio ilegalmente.*
> *De modo que la promoción de un medio probatorio tipificado en la ley, pero sin que éste cumpla con las exigencias contenidas en la normativa que lo regula, no puede ser calificado como una prueba libre y en consecuencia, ser admitido por el Tribunal ante quien se presente.*
> *Por tales motivos estima esta Sala que el recurso de apelación que en tal sentido interpusiere la parte recurrente debe necesariamente declararse sin lugar, con lo cual queda firme, en lo que respecta a este particular, la decisión recurrida".*

Claro está que, en este dominio, este fallo viola la libertad probatoria, desprecia la interpretación histórico teleológica que debió darse a la norma del artículo 433 del Código de Procedimiento Civil, desacata la norma del artículo 395 "eiusdem" que autoriza la aplicación analógica de medios probatorios, cuando no haya prohibición expresa de ley, e ignora, por lo demás, que gran parte del mercado de transferencia de bienes y de prestación de servicios se encuentra en manos de proveedores personas naturales, las cuales, en virtud de este fallo, quedarían imposibilitadas de informar en juicio como terceros, desproveyendo al justiciable de una herramienta probatoria legal y pertinente, por ejemplo para demostrar o coadyuvar a la comprobación de hechos como, por ejemplo, la realización de gastos normales y necesarios para la producción de la renta, la retención, el nacimiento de créditos fiscales por pago de impuesto al valor agregado, etc.

Otro caso vinculado con la prueba de exhibición viene dado por la ya citada sentencia Nro. 01819 de la Sala Político Administrativa del Tribunal Supremo de Justicia, del 8 de agosto de 2001, con ponencia del Magistrado Levis Ignacio Zerpa, caso: C.A. Seagram de Venezuela[590], donde se reprende la actitud desleal del Fisco apelante, al oponerse a la admisión de la prueba, por supuestamente no haberse comprobado la tenencia del documento por la contraparte, no obstante tratarse de declaraciones de rentas:

> *"En segundo lugar, más grave aún resulta la afirmación hecha en el mismo escrito de fundamentación según la cual, entre los requisitos necesarios para la procedencia de la prueba de exhibición "se encuentra un medio de prueba que constituya una presunción grave de que el instrumento se halla o se ha hallado en poder de su adversario, lo cual a todas luces no aplica al caso que nos ocupa, toda vez que una copia simple expedida por una institución bancaria (Banco de Venezuela, SACA, Banco Universal), no es motivo suficiente como para afirmar que el documento de que se quiere servir la recurrente, esté en poder de la administración."(Escrito de fundamentación, pág. 15. Subrayado de la Sala).*
>
> *El abogado fiscal que presentó el escrito del cual se ha tomado el extracto supra transcrito, omitió señalar en su argumentación que los documentos cuya exhibición fue solicitada por el promovente, son las declaraciones del impuesto sobre la renta de cuatro entidades bancarias del país. En tal virtud, la Sala considera insostenible afirmar que no existe prueba de que los originales de las declaraciones del impuesto sobre la renta, se hallan en poder de la Administración Tributaria. La existencia de los archivos y expedientes de la Administración Tributaria, resulta un hecho incuestionable producto de una obligación legal a cargo de ésta y que no requiere prueba. Desconcierta profundamente que se pretenda desconocer el hecho, de que la Administración Tributaria esté en posesión de las declaraciones de Impuesto Sobre la Renta de los contribuyentes, máxime cuando se trata de contribuyentes especiales de tal entidad".*

Empero, en otro caso, y no obstante tratarse también de declaraciones de rentas, entre otros documentos que obligatoriamente han de reposar en los expedientes administrativos, al no haber sido acompañados al

[590] http://www.tsj.gov.ve/decisiones/spa/Agosto/01819-080801-0179.htm

escrito de promoción de pruebas y no haberse promovido su exhibición, en un exceso de formalismo y quizás olvidando la posibilidad y hasta el deber del auto para mejor proveer, se declaró inadmisible su promoción y, en consecuencia, improcedente la disposición del tribunal de la causa de autorizar su consignación en el lapso de evacuación. Este es el resultado de la sentencia Nro. 02987 de la Sala Político Administrativa del Tribunal Supremo de Justicia, del 18 de diciembre de 2001, con ponencia de la Magistrado Yolanda Jaimes Guerrero, caso: 3 Com International, Inc.[591]:

> *"... habiendo sido promovidas las respectivas documentales por la contribuyente, y visto que las declaraciones definitivas de rentas, los comprobantes de las retenciones efectuadas por la contribuyente y las planillas de retención de impuesto sobre la renta correspondientes todas a los ejercicios fiscales del 01/06/95 al 01/05/96 y del 01/06/96 al 31/05/97, no son documentos públicos, ni se evidencia manifestación alguna por parte de la recurrente en que se hallen (documentales) en poder del Fisco Nacional o un Tercero, tenía el recurrente la carga de producirlos en dicha oportunidad, es decir dentro del lapso de promoción de pruebas, a efectos de que, tanto el juez como la contraparte pudiesen, disponer del tiempo necesario para tener control de ellas y así darle efectividad al artículo 49 de la Constitución de 1999".*

E) La experticia y la inspección judicial

En materia procesal tributaria, como en todo ámbito procesal en Venezuela, la prueba de experticia es un medio de comprobación legalmente empleable, y cabe en un juicio siempre que sea pertinente, aunque siempre ha de versar sobre aspectos de hecho y nunca de derecho, pues no se trata de sustituir al juez, sino de ilustrar técnicamente su juicio, cuando no le sean suficientes las máximas de experiencia.

Así, conviene tener presente la sentencia Nro. 02132 de la Sala Político Administrativa del Tribunal Supremo de Justicia, del 9 de octubre de 2001, con ponencia del Magistrado Hadel Mostafá Paolini, caso: Taller Friuli, C.A.[592]:

> *"... la experticia sólo podrá realizarse sobre puntos de hecho, quedando en tal sentido, prohibida la posibilidad de convocar expertos para* ***apreciar los hechos a la luz de la norma jurídica****, actividad que*

[591] http://www.tsj.gov.ve/decisiones/spa/Diciembre/02987-181201-210.htm
[592] http://www.tsj.gov.ve/decisiones/spa/Octubre/02132-091001-0239.htm

debe realizar el juez, incluso al margen de las alegaciones de las partes, en virtud del principio iura novit curia, conforme al cual el juez conoce y aplica el derecho, por lo tanto, en ese proceso cognoscitivo e interpretativo que supone la subsunción y valoración de los hechos a través de la aplicación de la norma jurídica, no cabe la intervención de persona ajena al juzgador.

...

En el caso sub júdice, la contribuyente al promover la prueba de experticia señaló, como objeto de la misma, tres circunstancias que abiertamente se refieren e implican una valoración jurídico-legal de cuestiones que constituyen, además, el thema decidendum del juicio.

*En efecto, al señalar en su escrito de promoción de pruebas que la experticia se verificará para establecer que "el mecanismo de determinación ...(omissis)... **no se encuentra acorde con lo dispuesto en la Ley de Impuesto Sobre la Renta**..."; que, "existe una diferencia de más de un 200%...(omissis)... **entre el cálculo realizado en LA RESOLUCIÓN** y en el **realizado conforme a la Ley de Impuesto Sobre la Renta** y que "**dicha diferencia es confiscatoria**", (destacados de la Sala) la promovente pretende, en definitiva, que el experto se pronuncie acerca de la ilegalidad de la determinación tributaria hecha por la Administración, lo cual constituye, a no dudar el asunto debatido en este juicio.*

*Así las cosas, resulta evidente que al haber el legislador circunscrito y limitado la práctica de la prueba de expertos, únicamente sobre puntos de hecho, por interpretación en contrario, deben considerarse prohibidas todas aquellas otras circunstancias distintas a éstas, y en tal sentido, serán **ilegales** las experticias con las cuales se pretenda la demostración de situaciones que no constituyan meras cuestiones fácticas.*

Por otra parte, resulta totalmente inapropiado utilizar un medio probatorio, no para aportar elementos de convicción al juez de la causa, sino, para pretender adelantar y sustituir el análisis y valoración que deberá realizar el sentenciador en la decisión de fondo que habrá de dictar en torno a los hechos controvertidos".

Por otro lado, tratándose de la necesidad de ilustrar técnicamente al juez de la causa, en una aplicación tácita e irrestricta del principio de inmediación procesal, en algunos casos la jurisprudencia se ha negado a admitir la promoción de informes periciales en juicio, provenientes de otro (incluso con identidad de partes y objeto), bajo el régimen de la prueba documental. En este orden de ideas, la sentencia Nro. 00756 de la Sala Político Administrativa del Tribunal Supremo de Justicia, del 30 de mayo de 2002, con ponencia del Magistrado Levis Ignacio Zerpa, caso: Preparados Alimenticios Internacionales (Paica), C.A.[593], no obstante haber reconocido que:

[593] http://www.tsj.gov.ve/decisiones/spa/Mayo/00756-300502-0886.htm

> *"... la promovente no está haciendo uso de otro medio de prueba prohibido por la ley, sino por el contrario, quiere valerse de los resultados de una experticia de otro proceso, siendo que ese medio probatorio está expresamente previsto en nuestro ordenamiento procesal. En razón de ello, precisa la Sala acotar que en materia de prueba judicial, existen principios generales rectores que se deben considerar al momento de promover el medio probatorio conducente, de tal manera que sea el más directo, idóneo y eficaz para probar los hechos afirmados; a los efectos de observar su constitución, validez y eficacia, y hacer posible el derecho de probar, como garantía de las partes intervinientes en el proceso de que se trate".*

Más adelante dejó sentado:

> *"... que el objeto del informe pericial traído a los autos, recae en el hecho afirmado por la contribuyente, contenido en el capítulo II del escrito de promoción de pruebas supra transcrito, de donde se desprende que la comprobación de tal hecho, por su complejidad, amerita conocimientos especiales por parte del sentenciador para su solución, por escapar de las máximas de experiencia del juez, ya que la misma versa sobre aspectos que no están al alcance del normal conocimiento del juez. De lo cual se infiere, conforme al principio de la originalidad de la prueba, que el medio probatorio específico y directo para lograr el convencimiento del juzgador del hecho controvertido, en el caso sub júdice, es la experticia, constituida y practicada según las previsiones establecidas en el Código Civil y en el Código de Procedimiento Civil. En razón de esto, y en virtud de que la prueba de experticia, tanto en su constitución como en su desarrollo posterior, amerita el cumplimiento de ciertos requisitos legales relativos a su existencia, y a otros de validez y eficacia del informe que de ella se produzca, era necesario que dicha prueba se promoviera y evacuara en este mismo juicio, para que con ello pudiera la contribuyente demostrar los hechos que se afirmaban en contra de las pretensiones del Fisco Nacional; el haber obrado contrariamente a lo expuesto, ciertamente produjo la imposibilidad de aquél de velar por la plena observancia de los principios de control, contradicción, publicidad e inmediatez del juzgador en el desarrollo de la mencionada prueba, por lo cual no puede esta Sala darle valor probatorio pleno al tantas veces referido informe pericial trasladado como documental a este proceso, sino considerarlo como un simple indicio, el cual valorará de acuerdo a las otras probanzas que se verifiquen de las actas procesales. Así se declara".*

Y, sobre la inspección judicial, que no se había promovido más que para demostrar la existencia real del otro juicio, del auto para mejor proveer que ordenó la experticia y del informe pericial mismo, se determinó en el fallo lo siguiente:

"En cuanto a la inspección judicial complementaria, ..., esta Sala advierte que, de conformidad con el artículo 1.428 del Código Civil, dicha prueba es procedente para hacer constar las circunstancias o el estado de los lugares o de las cosas que no se pueda o no sea fácil acreditar de otra manera; de lo cual se deduce en atención a lo antes decidido, que la Sala tampoco puede darle valor probatorio pleno a dicha prueba, sino como un indicio, que relacionado con las otras probanzas que se analicen en este proceso, podrán ser apreciadas".

Así, acerca de la procedencia de la prueba de inspección judicial, además de delimitartla también de la prueba documental, la jurisprudencia ha sido cauta en el entendimiento de su alcance, al precisar, por ejemplo en la sentencia Nro. 00968 de la Sala Político Administrativa del Tribunal Supremo de Justicia, del 16 de julio de 2002, con ponencia del Magistrado Levis Ignacio Zerpa, caso: Inteplanconsult, S.A.[594]:

"... aprecia la Sala que bien podría la contribuyente identificada supra valerse de determinados hechos, situaciones o documentos, cuya constatación a través de la mencionada prueba, si así lo fuere, pudiera demostrar la veracidad de sus pretensiones. No obstante, de acuerdo a las actas procesales y a pesar del amplio alcance del principio de libertad de pruebas, es otra situación la que se plantea cuando se pretende, como la contribuyente, promover la prueba de inspección judicial prevista en el artículo 472 del Código de Procedimiento Civil, pero obviando delimitar su objeto procesal al anunciar la misma, ya que sólo dijo promoverla a los fines de que el tribunal de la causa se trasladara y constituyera en la Sede de la sociedad mercantil contribuyente, y dejara constancia de la existencia y contenido de los siguientes documentos: 1. Los voucher de los pagos que la contribuyente efectuó a los profesionales contratados por concepto de honorarios profesionales, 2. Las hojas de tiempo que los profesionales contratados entregaban a la empresa, donde relacionaban el tiempo invertido en el trabajo originado, 3. Los recibos firmados por dichos profesionales por las cantidades que recibían de la contribuyente como pago de sus honorarios profesionales, y 4. Los estados de cuenta (enviados a INTEPLANCONSULT por las instituciones bancarias en las cuales ésta mantiene cuentas corrientes) en los cuales se refleja que los cheques que se corresponden a los montos pagados por concepto de honorarios profesionales fueron efectivamente pagados.
De acuerdo a los términos que anteceden, observa esta Sala evidente que los mismos, como apreció el a quo, resultaban imprecisos a los fines probatorios pretendidos por la contribuyente, y asimismo a los efectos por él requeridos conforme la normativa procesal aplicable

[594] http://www.tsj.gov.ve/decisiones/spa/Julio/00968-160702-01-0299.htm

para determinar el alcance y objeto de la prueba de inspección promovida al momento de proveer sobre su admisión, aunque circunscribiera el correspondiente examen a verificar sobre su legalidad, conducencia y pertinencia.

De allí, juzga esta alzada que bien pudo el a quo sustentar suficientemente su negativa de admisión respecto a dicha prueba, cuando estimó que los términos de su promoción fueron absolutamente imprecisos, debido a lo genérico e indeterminado de la misma, visto que, entre otras circunstancias, no se indicaron los ejercicios fiscales objeto de la inspección, ni tampoco se identificaron a los beneficiarios de los honorarios profesionales que refieren, ante cuyas omisiones estaba condicionada para el juzgador la posibilidad de establecer los hechos objeto de la prueba en cuestión, Incluso, cabe destacar que bajo dichas circunstancias le era imposible al Fisco Nacional, como parte no promovente, hacer uso del derecho que le daba el artículo 397 del Código de Procedimiento Civil para oponerse o no a la admisión de las pruebas de su contraparte, impidiendo así la efectividad del contradictorio. Por tanto, se aprecia ajustada a derecho la decisión del juzgador de instancia que consideró improcedente la prueba de inspección judicial promovida por la contribuyente, sin que la misma represente violación al principio de libertad de los medios de prueba, ni tampoco a la garantía del derecho a la defensa consagrada en el artículo 49 de la Constitución de la República Bolivariana de Venezuela de 1999. ***Así se declara.***

En apoyo a la declaratoria que antecede, debe esta alzada destacar otro hecho irregular que se infiere de los autos, cual es que los documentos sobre los cuales se pretendía la inspección judicial en cuestión pertenecían todos a la sociedad mercantil contribuyente, de donde es lógico deducir que bien pudo ésta, tanto más debió, promoverlos como pruebas instrumentales, conjuntamente con aquellos documentos descritos en el Capítulo II del respectivo escrito de promoción de pruebas de fecha 16 de febrero de 2001, y que como tales fueran admitidas por el a quo, para ser luego apreciadas en la definitiva; conforme a lo cual se advierte que la aludida inspección judicial, fue promovida en el presente caso para fines que desnaturalizaban la esencia de tal medio de prueba, en abierta contradicción con la previsión en tal sentido dispuesta en el artículo 472 del Código de Procedimiento Civil. ***Así se decide****".*

En otro orden de ideas, la jurisprudencia ha delimitado la prueba de experticia, de la de inspección judicial, como en la citada sentencia Nro. 00693 de la Sala Político Administrativa del Tribunal Supremo de Justicia, del 21 de mayo de 2002, con ponencia del Magistrado Levis Ignacio Zerpa, caso: Proyectos e Inversiones Softech, S.A.[595], al haber definido la

[595] http://www.tsj.gov.ve/decisiones/spa/Mayo/00693-210502-1210.htm

admisibilidad de la inspección judicial y, con ello, la no necesidad de una experticia contable, cuando de lo que se trata es de dejar constancia de la mera existencia de asientos contables, y no de su análisis.

F) De la procedencia de las testimoniales en el proceso tributario

A fin de tener presente, dentro de la más amplia apertura probatoria, aunque no se acostumbre su uso sistemático en el foro tributario, la total legalidad y eventual pertinencia, caso por caso, de la prueba testimonial, conviene observar la sentencia Nro. 02177 de la Sala Político Administrativa del Tribunal Supremo de Justicia, del 10 de octubre de 2001, con ponencia del Magistrado Hadel Mostafá Paolini, caso: Automecánica Superautos, C.A.[596], que expresa:

> *"En primer lugar, la evacuación de la prueba testimonial, entendida ésta como aquélla declaración que rinde una persona que no es parte en el proceso frente a un juez, sobre lo que sabe respecto a un hecho de cualquier naturaleza, se encuentra consagrada en la norma prevista en el artículo 483 del Código de Procedimiento Civil, en los términos que a continuación se transcribe:*
>
> > *"Artículo 483.- Admitida la prueba, el Juez fijará una hora del tercer día siguiente para el examen de los testigos, sin necesidad de citación a menos que la parte lo solicite expresamente.*
> > *Cada parte tendrá la carga de presentar al Tribunal los testigos que no necesiten citación en la oportunidad señalada. Puede, con todo, el Tribunal, fijar oportunidades diferentes para el examen de los testigos de una y otra parte.*
> > *...*
> > *<u>Si en la oportunidad señalada no compareciere algún testigo, podrá la parte solicitar la fijación de nuevo día y hora para su declaración, siempre que el lapso no se haya agotado</u>.*
> > *...". (resaltado de esta Sala).*
>
> *Del análisis de la norma transcrita supra, esta Sala observa, que la evacuación de la prueba testifical, debe tener lugar el tercer día siguiente a aquel en que la misma fue admitida.*
> *Asimismo, se observa que cada una de las partes, tiene la carga de presentar al Tribunal aquellos testigos que no necesiten citación en la oportunidad que corresponda.*
> *Igualmente, se desprende de la previsión contenida en el tercer aparte de la norma in commento, que cuando algún testigo no compareciere*

[596] http://www.tsj.gov.ve/decisiones/spa/Octubre/02177-101001-15980.htm

en la oportunidad fijada, la parte promovente puede solicitar la fijación de una nueva oportunidad, para que aquel testigo que no compareció, rinda su declaración, siempre y cuando el lapso de evacuación no se haya consumado.
Con base en lo anterior, esta Sala observa que en el caso de autos, el Tribunal Superior Segundo de lo Contencioso Tributario fijó la deposición de los testigos promovidos por los apoderados judiciales de la contribuyente, por medio del auto de admisión ....
Asimismo, ..., se dejó constancia de la no comparecencia de los testigos ni de la representación de la contribuyente.
No obstante lo anterior, ... apoderada judicial de la parte actora, solicitó al Tribunal de la causa que fijara una nueva oportunidad para que tuviera lugar la deposición de los testigos promovidos. El pedimento anterior, fue concedido por el a quo, por medio del auto ..., con fundamento en que "...el promovente está facultado legalmente para esgrimir el anterior pedimento, siempre y cuando el lapso de evacuación no haya expirado; por lo que, de acuerdo al cómputo efectuado por este Tribunal, desde la admisión de las pruebas promovidas, el 23-03-99 a la diligencia consignada por la Representación Judicial de la recurrente, el 14-04-99, han transcurrido sólo diez (10) días de Despacho, de los veinte (20), previstos en el artículo 193 del Código Orgánico Tributario para la evacuación de dichas probanzas".
Planteadas las consideraciones anteriores, esta Sala observa que la actuación del a quo no se encuentra ajustada a derecho, ya que del contenido de la norma que prevé la evacuación de la prueba de testigos, se desprende que la solicitud de una nueva oportunidad para que tenga lugar el acto testimonial, debe ser presentada por el promovente en el momento en que fue fijada la primera para la evacuación del testigo.
En efecto, esta Sala considera que la nueva oportunidad para la evacuación del testigo puede ser fijada en cualquier momento, siempre que el lapso de evacuación no haya culminado, no obstante, es deber del promovente solicitar la fijación de una nueva fecha y hora para la deposición de un testigo, en la primera oportunidad fijada, ya que lo contrario traería como consecuencia el desistimiento tácito de la prueba promovida, efecto que se produce no como consecuencia de la inasistencia del testigo, sino de la falta de comparecencia del promovente, lo cual se traduce en una falta de interés en evacuar la prueba promovida y un incumplimiento de su carga procesal. Así se decide".

VI. CONCLUSIÓN:

La libertad o flexibilidad probatoria plena, como regla, ilustra a nuestro proceso tributario, tanto en sede administrativa como en sede judicial, resultando verificable por medio del ejercicio del derecho de petición, sirviendo como garantía del debido proceso, facilitando el acceso a la información, concretando el derecho a la participación y, a la postre, prodigando una verdadera tutela judicial efectiva.

Se trata, pues, de una perspectiva libertaria, propia del ideario del constitucionalismo moderno, bajo el cobijo de la llamada constitución normativa y cónsona con los principios de interdependencia y progresividad de los derechos humanos, en el ámbito del Estado de Justicia, animado todo por el principio de supremacía de la Constitución[597] y de los tratados internacionales en materia de derechos humanos[598], que obliga a todos los jueces a asegurar la integridad de la Constitución[599].

No se debe pues dudar en impugnar, por violación de la Constitución, las normas legales o reglamentarias que menoscaben la libertad probatoria, sea por medio de acciones de inconstitucionalidad, acciones de amparo contra normas o cuestiones de control difuso de la constitucionalidad. Igualmente, han de apelarse los fallos restrictivos de ella, por las mismas razones. Y, de ser necesario, acudir a las instancias internacionales de derechos humanos, cuando el agravio provenga de un fallo de última instancia nacional.

[597] Artículo 7 de la Constitución.
[598] Artículo 23 de la Constitución.
[599] Artículo 334 de la Constitución.

3.2
El valor probatorio del expediente administrativo, en el proceso tributario

I. INTRODUCCIÓN

De conformidad con los artículos 156, 159 y 269 del Código Orgánico Tributario, respectivamente referidos a la sede administrativa (tanto constitutiva –descargos, de revisión, de autotutela u otra–, como impugnatoria –recurso jerárquico–) y a la vía judicial, en materia tributaria, sin lugar a dudas, rige el principio de libertad probatoria, limitado solamente por la legalidad, particularmente desde la perspectiva del artículo 395 del Código de Procedimiento Civil[600], y la pertinencia del medio probatorio empleado (promovido, admitido y debidamente evacuado).

Estos dispositivos rezan:

> *"Podrán invocarse todos los medios de prueba admitidos en derecho, con excepción del juramento y de la confesión de empleados públicos cuando ella implique prueba confesional de la Administración".*
>
> *"No se valorarán las pruebas manifiestamente impertinentes o ilegales, las que deberán rechazarse al decidirse el acto o recurso que corresponda".*
>
> *"Dentro de los primeros diez (10) días de despacho siguientes de la apertura del lapso probatorio las partes podrán promover las pruebas de que quieran valerse.*

---

[600] *"Son medios de prueba admisibles en juicio aquellos que determina el Código Civil, el presente Código y otras leyes de la República.*
Pueden también las partes valerse de cualquier otro medio de prueba no prohibido expresamente por la ley, y que consideren conducente a la demostración de sus pretensiones. Estos medios se promoverán y evacuarán aplicando por analogía las disposiciones relativas a los medios de pruebas semejantes contemplados en el Código Civil, y en su defecto, en la forma que señale el Juez".

A tal efecto serán admisibles todos los medios de prueba, con excepción del juramento y de la confesión de funcionarios públicos, cuando ella implique la prueba confesional de la Administración. En todo caso, las pruebas promovidas no podrán admitirse cuando sean manifiestamente ilegales o impertinentes".

Como sabemos, vista esa remisión del Código Orgánico Tributario, con arreglo a lo establecido en el Capítulo V "De la prueba por escrito", del Título II "De la instrucción de la causa", del Libro Segundo "Del procedimiento ordinario", del Código de Procedimiento Civil, artículos 429 al 450, la prueba documental es uno de los medios probatorios a la disposición del justiciable, sea que se trate del accionante en el Recurso Contencioso Tributario, para la demostración de sus pretensiones anulatorias, o del representante judicial fiscal, con el objeto de demostrar, por ejemplo, el cumplimiento del procedimiento legalmente establecido, en respeto del debido proceso.

Dentro de los medios probatorios válidos en esta materia, destaca el denominado "expediente administrativo" (tanto integralmente considerado, como en cuanto concierne al peso específico adjudicable por separado a cada uno o algunos de los documentos que lo integran), reseñado en algunos textos normativos como "antecedentes administrativos", al cual corresponde un determinado valor probatorio, para la demostración de ciertos hechos, como por ejemplo la motivación del acto administrativo, el cumplimiento del procedimiento legalmente establecido, el acceso al mismo como forma del derecho a la información y del principio de transparencia, etc., pero siempre que se cumplan unos extremos legales, en cuanto a su forma de ser correctamente llevado, su accesibilidad por el interesado y su promoción y evacuación en juicio, como medio probatorio.

La identidad y características de dichos extremos es precisamente lo que nos proponemos desarrollar en esta investigación.

II. TRASCENDENCIA DE LA PRUEBA DOCUMENTAL

La prueba documental descolla en su trascendencia aun mas, si nos percatamos de que el procedimiento administrativo, tanto el general (presentando tradicionalmente en la Ley Orgánica de Procedimientos Administrativos), como los especiales y dentro de éstos el tributario (regulado por el Código Orgánico Tributario), aunque carezca de una norma positiva de principio, como la consagrada por el artículo 25 del Código de Procedimiento Civil[601], es indiscutiblemente de naturaleza escrita, a juzgar del

[601] *"Los actos del Tribunal y de las partes, se realizarán por escrito".*

contenido de una serie de dispositivos legales que hacen expresa alusión al carácter escrito de diversas comunicaciones interorgánicas o entre Administración Pública y administrado o contribuyente, o lo dejan tácitamente entender, al referirse a documentos, escritos, actas, informes, providencias, comunicaciones, oficios, resoluciones o expedientes, tales como los siguientes:

En la Ley Orgánica de Procedimientos Administrativos:

Artículo 5: "A falta de disposición expresa toda petición, representación o solicitud de naturaleza administrativa dirigida por los particulares a los órganos de la administración pública y que no requiera substanciación, deberá ser resuelta dentro de los veinte (20) días siguientes a su presentación o a la fecha posterior en la que el interesado hubiere cumplido los requisitos legales exigidos. La administración informará al interesado por escrito, y dentro de los cinco (5) días siguientes a la fecha de la presentación de la solicitud, la omisión o incumplimiento por este de algún requisito".

> *Artículo 28: "Los administrados están obligados a facilitar a la Administración Pública la información de que dispongan sobre el asunto de que se trate, cuando ello sea necesario para tomar la decisión correspondiente y les sea solicitada por escrito".*
> *Artículo 31: "De cada asunto se formará expediente y se mantendrá la unidad de éste y de la decisión respectiva, aunque deban intervenir en el procedimiento oficinas de distintos ministerios o institutos autónomos".*
> *Artículo 32: "Los documentos y expedientes administrativos deberán ser uniformes de modo que cada serie o tipo de ellos obedezca a iguales características. El administrado podrá adjuntar, en todo caso, al expediente, los escritos que estime necesarios para la aclaración del asunto".*
> *Artículo 34: "En el despacho de todos los asuntos se respetará rigurosamente el orden en que estos fueron presentados. Sólo por razones de interés público y mediante providencia motivada, el jefe de la oficina podrá modificar dicho orden, dejando constancia en el expediente".*
> *Artículo 37: "El funcionario, dentro de los dos (2) días hábiles siguientes a aquel en que comenzó a conocer del asunto o en que sobrevino la causal, deberá plantear su inhibición en escrito razonado, y remitir, sin retardo, el expediente a su superior jerárquico".*
> *Artículo 38: "El funcionario superior, dentro de los diez (10) días hábiles contados a partir de la fecha de recepción del expediente, deberá decidir, sin mas trámites, si es procedente o no la inhibición.*
> *En el primer caso, el superior designará, en la misma decisión, un funcionario de igual jerarquía que conozca del asunto y, al efecto, le remitirá el expediente sin retardo alguno.*

En caso de que no existiere funcionario de igual jerarquía al que se hubiere inhibido, designará un funcionario ad-hoc.
En caso de que no aceptara la inhibición, devolverá el expediente al funcionario inhibido, quien continuara conociendo del asunto".
Artículo 39: "El funcionario de mayor jerarquía en la entidad donde curse un asunto podrá ordenar de oficio o a instancia de los interesados, a los funcionarios incursos en las causales señaladas en el artículo 36 que se abstengan de toda intervención en el procedimiento, designando en el mismo acto al funcionario que deba continuar conociendo del expediente".
Artículo 43: "Se entenderá que los administrados han actuado en tiempo hábil cuando los documentos correspondientes fueren remitidos por correo al órgano competente de la Administración con anterioridad al vencimiento de los términos y plazos y siempre que haya constancia de la fecha en que se hizo la remisión".
Artículo 44: "En los Ministerios, organismos y demás dependencias públicas se llevará un registro de presentación de documentos en el cual se dejará constancia de todos los escritos, peticiones y recursos que se presenten por los administrados, así como de las comunicaciones que puedan dirigir otras autoridades".
Artículo 46: "Se dará recibo de todo documento presentado y de sus anexos, con indicación del número de registro que corresponda, lugar, fecha y hora de presentación. Podrá servir de recibo la copia mecanografiada o fotostática del documento que se presente, una vez diligenciada y numerada por los funcionarios del registro".
Artículo 49: "Cuando el procedimiento se inicie por solicitud de persona interesada, en el escrito se deberá hacer constar: ...".
Artículo 50: "Cuando en el escrito o solicitud dirigida a la Administración Pública faltare cualquiera de los requisitos exigidos en el artículo anterior, la autoridad que hubiere de iniciar las actuaciones lo notificará al presentante, comunicándole las omisiones o faltas observadas a fin de que en el plazo de quince (15) días proceda a subsanarlos. Si el interesado presentare oportunamente el escrito o solicitud con las correcciones exigidas, y ésta fuere objetada por la Administración debido a nuevos errores u omisiones, el solicitante podrá ejercer el recurso jerárquico contra la segunda decisión o bien corregir nuevamente sus documentos conforme a las indicaciones del funcionario".
Artículo 51: "Iniciado el procedimiento se procederá a abrir expediente en el cual se recogerá toda la tramitación a que de lugar el asunto. De las comunicaciones entre las distintas autoridades, así como de las publicaciones y notificaciones que se realicen, se anexara copia al expediente".
Artículo 52: "Cuando el asunto sometido a la consideración de una oficina administrativa tenga relación íntima o conexión con cualquier otro asunto que se tramite en dicha oficina, podrá el jefe de la dependencia, de oficio o a solicitud de parte, ordenar la acumulación de ambos expedientes, a fin de evitar decisiones contradictorias".

Artículo 54: "La autoridad administrativa a la que corresponda la tramitación del expediente, solicitará de las otras autoridades u organismos los documentos, informes o antecedentes que estime convenientes para la mejor resolución del asunto".
Artículo 59: "Los interesados y sus representantes tienen el derecho de examinar en cualquier estado o grado del procedimiento, leer y copiar cualquier documento contenido en el expediente, así como de pedir certificación del mismo. Se exceptúan los documentos calificados como confidenciales por el superior jerárquico, los cuales serán archivados en cuerpos separados del expediente...".
Artículo 60: "La tramitación y resolución de los expedientes no podrá exceder de cuatro (4) meses, salvo que medien causas excepcionales, de cuya existencia se dejará constancia, con indicación de la prórroga que se acuerde".
Artículo 63: "El procedimiento se entenderá terminado por el desistimiento que el interesado haga de su solicitud, petición o instancia. El desistimiento deberá formularse por escrito. En caso de pluralidad de interesados, el desistimiento de uno de ellos no afectará a los restantes.
El funcionario que conozca del asunto formalizará el desistimiento por auto escrito y ordenará el archivo del expediente".
Artículo 86: "Todo recurso administrativo deberá intentarse por escrito y en el se observarán los extremos exigidos por el artículo 49.
El recurso que no llenare los requisitos exigidos, no será admitido. Esta decisión deberá ser motivada y notificada al interesado.
El error en la calificación del recurso por parte del recurrente no será obstáculo para su tramitación, siempre que del escrito se deduzca su verdadero carácter.".

En el Código Orgánico Tributario:

Artículo 123: "Los hechos que conozca la Administración Tributaria con motivo del ejercicio de las facultades previstas en este Código o en otras leyes y disposiciones de carácter tributario, o bien consten en los expedientes, documentos o registros que lleven o tengan en su poder, podrán ser utilizados para fundamentar sus actos y los de cualquier otra autoridad u organismo competente en materia tributaria.
Igualmente para fundamentar sus actos, la Administración Tributaria podrá utilizar documentos, registros y en general cualquier información suministrada por administraciones tributarias extranjeras".
Artículo 127: "La Administración Tributaria dispondrá de amplias facultades de fiscalización y determinación para comprobar y exigir el cumplimiento de las obligaciones tributarias, pudiendo especialmente:
1. Practicar fiscalizaciones las cuales se autorizarán a través de providencia administrativa...

7. Retener y asegurar los documentos revisados durante la fiscalización, incluidos los registrados en medios magnéticos o similares y tomar las medidas necesarias para su conservación. A tales fines se levantará un acta en la cual se especificarán los documentos retenidos...
14. Tomar posesión de los bienes con los que se suponga fundadamente que se ha cometido ilícito tributario, previo el levantamiento del acta en la cual se especifiquen dichos bienes...".
Artículo 128: "Para la conservación de la documentación exigida con base en las disposiciones de este Código y de cualquier otro elemento de prueba relevante para la determinación de la obligación tributaria, se podrán adoptar las medidas administrativas que estime necesarias la Administración Tributaria a objeto de impedir su desaparición, destrucción o alteración. Las medidas habrán de ser proporcionales al fin que se persiga.
Parágrafo Único: ... En todo caso, se levantará acta en la que se especificará lo retenido, continuándose el ejercicio de las facultades de fiscalización en las oficinas de la Administración Tributaria..."
Artículo 150: "La fecha de comparecencia se anotará en el escrito si lo hubiere, y, en todo caso, se le otorgará en el acto constancia oficial al interesado".
Artículo 151: "Los interesados, representantes y los abogados asistentes tendrán acceso a los expedientes y podrán consultarlos sin más exigencia que la comprobación de su identidad y legitimación, salvo que se trate de las actuaciones fiscales las cuales tendrán carácter confidencial hasta que se notifique el Acta de Reparo".
Artículo 154: "Cuando en el escrito recibido por la Administración Tributaria faltare cualquiera de los requisitos exigidos en las leyes y demás disposiciones, el procedimiento tributario se paralizará y la autoridad que hubiere de iniciar las actuaciones lo notificará al interesado, comunicándole las omisiones o faltas observadas, a fin de que en plazo de diez (10) días hábiles proceda a subsanarlos.
Si el interesado presentare oportunamente el escrito o solicitud con las correcciones exigidas, y éste fuere objetado por la Administración Tributaria, debido a nuevos errores u omisiones, el solicitante podrá ejercer las acciones y recursos respectivos o bien corregir nuevamente sus documentos conforme a las indicaciones de la autoridad.
El procedimiento tributario se reanudará cuando el interesado hubiere cumplido la totalidad de los requisitos exigidos para la tramitación de su petición o solicitud".
Artículo 155: "Si el procedimiento tributario iniciado a instancia de un particular se paraliza por el lapso de treinta (30) días continuos por causa imputable al interesado, la Administración Tributaria ordenará inmediatamente el archivo del expediente, mediante auto motivado firmado por el funcionario encargado de la tramitación del asunto.
Ordenado el archivo del expediente, el interesado podrá comenzar de nuevo la tramitación de su asunto conforme a las normas establecidas en este Capítulo".

Artículo 157: "...El dictamen del experto o de los expertos, según el caso, deberá extenderse por escrito, expresando el contenido, motivos y resultados de la experticia".
Artículo 162: "Las notificaciones se practicarán, sin orden de prelación, en alguna de estas formas: ...
2. Por constancia escrita entregada por cualquier funcionario de la Administración Tributaria en el domicilio del contribuyente o responsable. Esta notificación se hará a persona adulta que habite o trabaje en dicho domicilio, quien deberá firmar el correspondiente recibo, del cual se dejará copia para el contribuyente o responsable en la que conste la fecha de entrega.
3. Por correspondencia postal efectuada mediante correo público o privado, por sistemas de comunicación telegráficos, facsimilares, electrónicos y similares siempre que se deje constancia en el expediente de su recepción. Cuando la notificación se practique mediante sistemas facsimilares o electrónicos, la Administración Tributaria convendrá con el contribuyente o responsable la definición de un domicilio facsimilar o electrónico.
Parágrafo Único: En caso de negativa a firmar al practicarse la notificación conforme a lo previsto en los numerales 1 y 2 de este artículo, el funcionario en presencia de un fiscal del Ministerio Público, levantará Acta en la cual se dejará constancia de esta negativa. La notificación se entenderá practicada una vez que se incorpore el Acta en el expediente respectivo".
Artículo 166: "...Dicha publicación deberá efectuarse por una sola vez en uno de los diarios de mayor circulación de la capital de la República o de la ciudad sede de la Administración Tributaria que haya emitido el acto. Dicho aviso una vez publicado, deberá incorporarse en el expediente respectivo".
Artículo 178: "Toda fiscalización, a excepción de lo previsto en el artículo 180 de este Código, se iniciará con una providencia de la Administración Tributaria del domicilio del sujeto pasivo, en la que se indicará con toda precisión el contribuyente o responsable, tributos, períodos y, en su caso, los elementos constitutivos de la base imponible a fiscalizar, identificación de los funcionarios actuantes, así como cualquier otra información que permita individualizar las actuaciones fiscales.
La providencia a la que se refiere el encabezamiento de este artículo, deberá notificarse al contribuyente o responsable, y autorizará a los funcionarios de la Administración Tributaria en ella señalados al ejercicio de las facultades de fiscalización previstas en este Código y demás disposiciones de carácter tributario, sin que pueda exigirse el cumplimiento de requisitos adicionales para la validez de su actuación".
Artículo 179: "En toda fiscalización, se abrirá expediente en el que se incorporará la documentación que soporte la actuación de la Administración Tributaria. En dicho expediente se harán constar los hechos u omisiones que se hubieren apreciado, y los informes sobre

cumplimientos o incumplimientos de normas tributarias o situación patrimonial del fiscalizado".
Artículo 180: "La Administración Tributaria podrá practicar fiscalizaciones a las declaraciones presentadas por los contribuyentes o responsables, en sus propias oficinas y con su propia base de datos, mediante el cruce o comparación de los datos en ellas contenidos, con la información suministrada por proveedores o compradores, prestadores o receptores de servicios, y en general por cualquier tercero cuya actividad se relacione con la del contribuyente o responsable sujeto a fiscalización. En tales casos, se levantará acta que cumpla con los requisitos previstos en el artículo 183 de este Código".
Artículo 182: "En el caso que el contribuyente o responsable fiscalizado requiriese para el cumplimiento de sus actividades algún documento que se encuentre en los archivos u oficinas sellados o precintados por la Administración Tributaria, deberá otorgársele copia del mismo de lo cual se dejará constancia en el expediente".
Artículo 183: "Finalizada la fiscalización se levantará un Acta *de Reparo la cual contendrá, entre otros, los siguientes requisitos: ...".*
Artículo 184: "El Acta *de Reparo que se levante conforme a lo dispuesto en el artículo anterior, se notificará al contribuyente o responsable por alguno de los medios contemplados en este Código. El* Acta *de Reparo hará plena fe mientras no se pruebe lo contrario".*
Artículo 188: "Vencido el plazo establecido en el artículo 185 de este Código, sin que el contribuyente o responsable procediera de acuerdo con lo previsto en dicho artículo, se dará por iniciada la instrucción del Sumario teniendo el afectado un plazo de veinticinco (25) días hábiles para formular los descargos y promover la totalidad de las pruebas para su defensa. En caso que las objeciones contra el Acta *de Reparo versaren sobre aspectos de mero derecho, no se abrirá el Sumario correspondiente, quedando abierta la vía jerárquica o judicial".*
Artículo 189: "Vencido el plazo dispuesto en el artículo anterior, siempre que el contribuyente o responsable hubiere formulado los descargos, y no se trate de un asunto de mero derecho, se abrirá un lapso para que el interesado evacue las pruebas promovidas, pudiendo la Administración Tributaria evacuar las que considere pertinentes. Dicho lapso será de quince (15) días hábiles, pudiéndose prorrogar por un período igual, cuando el anterior no fuere suficiente y siempre que medien razones que lo justifiquen, los cuales se harán constar en el expediente".
Artículo 192: "La Administración Tributaria dispondrá de un plazo máximo de un (1) año contado a partir del vencimiento del lapso para presentar el escrito de descargos, para dictar la resolución culminatoria de sumario...
Parágrafo Primero: En los casos que existieran elementos que presupongan la comisión de algún ilícito tributario sancionado con pena restrictiva de la libertad, la Administración Tributaria, una vez verificada la notificación de la resolución culminatoria del sumario,

enviará copia certificada del expediente al Ministerio Público, a fin de iniciar el respectivo juicio penal conforme a lo dispuesto en la Ley Procesal Penal".
Artículo 203: "Iniciado el procedimiento se abrirá expediente en el cual se recogerán los recaudos y documentos necesarios para su tramitación".
Artículo 204: "La Administración Tributaria comprobará los supuestos de procedencia de la recuperación solicitada, con fundamento en los datos contenidos en el expediente...".
Artículo 208: "A los efectos de proceder a la declaratoria de incobrabilidad prevista en este Código, el funcionario competente, formará expediente...".
Artículo 219: "En la destrucción de la mercancía establecida en el artículo precedente, deberá estar presente un funcionario de la Administración Tributaria, quien levantará un acta dejando constancia de dicha actuación. La referida acta se emitirá en dos ejemplares de los cuales, una se le entregará al interesado, si estuviera presente, y la otra, será anexada al expediente respectivo".
Artículo 243: "El recurso jerárquico deberá interponerse mediante escrito razonado en el cual se expresarán las razones de hecho y de derecho en que se funda, con asistencia o representación de abogado o de cualquier otro profesional afín al área tributaria. Asimismo deberá acompañarse el documento donde aparezca el acto recurrido o, en su defecto, el acto recurrido, deberá identificarse suficientemente en el texto de dicho escrito. De igual modo el contribuyente o responsable podrá anunciar, aportar o promover las pruebas que serán evacuadas en el lapso probatorio.
El error en la calificación del recurso por parte del recurrente no será obstáculo para su tramitación, siempre que del escrito se deduzca su verdadero carácter".
Artículo 251: "La Administración Tributaria podrá practicar todas las diligencias de investigación que considere necesarias para el esclarecimiento de los hechos y llevará los resultados al expediente. Dicha Administración está obligada también a incorporar al expediente los elementos de juicio de que disponga".
Artículo 254: "La Administración Tributaria dispondrá de un lapso de sesenta (60) días continuos para decidir el recurso, contados a partir de la fecha de culminación del lapso probatorio. Si la causa no se hubiere abierto a prueba, el lapso previsto en este artículo se contará a partir del día siguiente de aquel en que se hubiere incorporado al expediente el auto que declare no abrir la causa a pruebas".

De toda esta larga, aunque no exhaustiva, trascripción de normas legales positivas que precede, dos aspectos resaltan a nuestro interés: por un lado, que el procedimiento administrativo, tanto el general como el especial tributario (en cualquiera de sus tipos), es escrito; y, por el otro lado, que todos los documentos escritos que den vida a un procedimiento administrativo, provengan del administrado o contribuyente (peticiones, solicitudes, representaciones, propuestas de prórrogas, arreglos de pago, relaciones o inventarios de entrega de recaudos, descargos, recursos, promociones de pruebas, declaraciones impositivas, facturas, contratos, soportes contables, etc.), de terceros (prueba de informes, etc.), del órgano administrativo sustanciador del mismo (providencias de inicio, actas de requerimiento, actas de recepción, actas de conformidad, actas de reparo, actas diversas, constancias, certificaciones, registros, meros actos ordenadores, oficios, decisiones, resoluciones, etc.) o de fuentes interorgánicas (prueba de informes, estadísticas, registros varios, memos internos, pedidos de colaboración y sus respuestas, etc.), nacionales o extranjeras, han de cursar en un expediente[602], calificado de administrativo, por corresponder al soporte de un procedimiento administrativo, sustanciado por la autoridad administrativa, siendo a la vez depositaria y custodia de su integralidad, cumpliendo con una serie de exigencias de forma, regidas por el principio de racionalidad[603], que son de naturaleza esencial, por constituir garantía del derecho fundamental al debido proceso.

Terminemos este acápite poniendo de relieve que, en todo caso, el proceso tributario, al tener el Recurso Contencioso Tributario como finalidad infaltable una pretensión anulatoria (sin perjuicio de la eventual pretensión indemnizatoria), de un acto administrativo de efectos particulares y de contenido tributario cuya conformidad a derecho se controla judicialmente, encuentra en la decisión administrativa impugnada no solamente

---

[602] Acorde con la tercera acepción de la definición de la palabra "expediente", contenida en el Diccionario de la Real Academia de la Lengua Española (http://buscon.rae.es/draeI/), se entiende muy acertadamente como: *"Conjunto de todos los papeles correspondientes a un asunto o negocio. Se usa señaladamente hablando de la serie ordenada de actuaciones administrativas..."*. Y, en la séptima acepción, se lo identifica con el procedimiento administrativo mismo, al decir: *"Procedimiento administrativo en que se enjuicia la actuación de alguien"*.

[603] Previsto en los artículos 34 de la Ley Orgánica de Procedimientos Administrativos y 20 (además del título que encabeza al artículo 21) del Decreto N° 6.217, con Rango, Valor y Fuerza de Ley Orgánica de la Administración Pública:

"En el despacho de todos los asuntos se respetará rigurosamente el orden en que estos fueron presentados. Sólo por razones de interés público y mediante providencia motivada, el jefe de la oficina podrá modificar dicho orden, dejando constancia en el expediente.

La administración racionalizara sus sistemas y métodos de trabajo y vigilara su cumplimiento. A tales fines, adoptará las medidas y procedimientos más idóneos".

"La asignación de recursos a los órganos, entes de la Administración Pública y demás formas de organización que utilicen recursos públicos, se ajustará estrictamente a los requerimientos de su organización y funcionamiento para el logro de sus metas y objetivos, con uso racional de los recursos humanos, materiales y financieros".

el objeto material del juicio, sino también un documento de trascendente fuerza probatoria en ese menester, junto a sus antecedentes respectivos.

Claro que ello no significa que se conceptualice este proceso como un juicio al acto, puesto que son evidentes sus caracteres como proceso subjetivo, al no tratarse de una acción popular, por lo que se requiere de un grado especial de legitimación activa, que puede ser un derecho subjetivo o un interés personal, legítimo y directo, ya que a la larga lo que se busca es la tutela judicial efectiva de una esfera jurídica subjetiva, para prevenir perjuicios en su contra o restablecerla en caso de afectación ilegal, comprendiendo en ello la posibilidad de ordenar la indemnización de daños y perjuicios[604].

En definitiva, el acto administrativo recurrido y sus antecedentes administrativos, representan documentos de importante valor probatorio, reunidos en el denominado "expediente administrativo", que como integralidad también posee valor probatorio.

III. EL EXPEDIENTE ADMINISTRATIVO. EXTREMOS A SER CUMPLIDOS PARA QUE PUEDA GOZAR DE VALOR PROBATORIO

Dos son las notas esenciales necesariamente concurrentes que jamás pueden estar ausentes, si se quiere dotar de valor probatorio al expediente administrativo. A saber:

1.- El expediente administrativo, para ser tal cosa y no tan solo un mero conjunto documental, desprovisto de valor probatorio como tal (y con independencia de la fuerza probatoria intrínseca a uno cualquiera de los documentos que lo integren, sean públicos o privados), ha de ser llevado de manera racional, en respeto de los extremos formales de ley (y de lógica y hasta de sentido común); y,

2.- El expediente administrativo, como regla, ha de ser de libre acceso[605] por parte del administrado o contribuyente interesado, como

[604] El segundo párrafo del artículo 327 del Código Orgánico Tributario dispone: "*... Asimismo, dichas sentencias indicarán la reparación por los daños que sufran los interesados, siempre que la lesión sea imputable al funcionamiento de la Administración Tributaria*".

[605] Urdaneta Troconis, Gustavo, "Los motivos de impugnación en la jurisprudencia contencioso administrativa venezolana de las tres últimas décadas", en "Derecho Contencioso Administrativo", obra colectiva Libro Homenaje al Profesor Luís Enrique Farias Mata, Colegio de Abogados del Estado Lara, Librería J. Rincón, Barquisimeto, 2006, página 199: "*... pero los motivos del mismo se encuentran en el expediente administrativo, siempre y cuando el interesado haya tenido adecuado acceso al mismo...*".

consecuencia de los principios constitucionales rectores de la actividad administrativa, de transparencia, información y participación, que además tienen la envergadura de derechos humanos.

1.- La forma correcta de llevar un expediente administrativo, para que tenga valor probatorio

Por lo que respecta a la forma racional de llevar el expediente administrativo, tenemos que el artículo 12 "in fine" de la Ley Orgánica de la Administración Pública, publicada en la Gaceta Oficial Nº 37.305 del 17 de octubre de de 2001, había elevado la idea de "racionalidad" al valor de principio rector de la actividad administrativa, al prever que:

> *"La actividad de la Administración Pública se desarrollará con base en los principios de economía, celeridad, simplicidad administrativa, eficacia, objetividad, imparcialidad, honestidad, transparencia, buena fe y confianza. Asimismo, se efectuará dentro de parámetros de racionalidad técnica y jurídica".*

Luego, en un claro retroceso para nuestra tradicional exégesis colectiva, acostumbrada a perderse en sus análisis jurídicos cuando la letra de las normas positivas no les facilitan el camino del pensamiento, sucedió que el Decreto Nº 6.217, con Rango, Valor y Fuerza de Ley Orgánica de la Administración Pública, derogatorio de la anterior y publicado en la Gaceta Oficial Extraordinaria Nº 5.890 del 31 de julio de 2008, sin justificación alguna y sin explicación en la exposición de motivos (por cierto vulnerando entonces el principio constitucional de transparencia y el derecho humano a la información), al momento de establecer los "Principios que rigen la actividad de la Administración Pública", en su artículo 10 (sustitutivo del anterior artículo 12), si bien incluyó importantes aspectos, es lo cierto que eliminó toda referencia a la racionalidad, al disponer en su encabezamiento que:

> *"La actividad de la Administración Pública se desarrollará con base en los principios de economía, celeridad, simplicidad, rendición de cuentas, eficacia, eficiencia, proporcionalidad, oportunidad, objetividad, imparcialidad, participación, honestidad, accesibilidad, uniformidad, modernidad, transparencia, buena fe, paralelismo de la forma y responsabilidad en el ejercicio de la misma, con sometimiento pleno a la ley y al derecho, y con supresión de las formalidades no esenciales".*

De hecho, la única mención explícita que se contiene en el nuevo texto de ley, acerca de la racionalidad, no se encuentra desarrollada dentro de ninguno de sus artículos, sino tan solo mencionada en el título al que corresponde su artículo 21, denominado "Principio de suficiencia, racionalidad y adecuación de los medios a los fines institucionales", que se refiere a "la utilización racional de los recursos públicos", sin mas. Debiendo de todas formas atenderse a que, dentro de la misma línea, el artículo 20 *"eiusdem"* dispone que:

> *"La asignación de recursos a los órganos, entes de la Administración Pública y demás formas de organización que utilicen recursos públicos, se ajustará estrictamente a los requerimientos de su organización y funcionamiento para el logro de sus metas y objetivos, con uso racional de los recursos humanos, materiales y financieros".*

Claro que el principio de racionalidad administrativa, aun sin expresión positiva adecuada en esta normativa, sigue igualmente rigiendo, pues es absolutamente imposible, sin racionalidad, lograr la economía, la celeridad, la simplicidad, la eficacia, la eficiencia, la proporcionalidad, la oportunidad, la objetividad, la imparcialidad, la participación, la honestidad, la accesibilidad, la uniformidad, la modernidad, la transparencia, la buena fe, el paralelismo de las formas, la responsabilidad y rendición de cuentas y la legalidad.

Todo esto, sin perjuicio de la vieja pero aun vigente norma del artículo 34 de la Ley Orgánica de Procedimientos Administrativos, en la cual se prevé que:

> *"La administración racionalizará sus sistemas y métodos de trabajo y vigilará su cumplimiento. A tales fines, adoptará las medidas y procedimientos más idóneos".*

Ahora bien, no obstante que la figura del expediente administrativo es nombrada hasta la saciedad, en la trascripción a que se contrajo el acápite anterior, es lo cierto que no encontramos una norma, dentro de las leyes que regulan al procedimiento administrativo y/o a la actividad administrativa, tan clara y detallada como la referida al expediente judicial, en el ámbito del juicio o proceso judicial, contenida en el artículo 25 del Código de Procedimiento Civil, que disponga que:

> *"De todo asunto se formará expediente separado con un número de orden, la fecha de su iniciación, el nombre de las partes y su objeto. Las actuaciones deben observar el orden cronológico, según la fecha de su realización y la foliatura del expediente se llevará al día y con letras, pudiéndose formar piezas distintas para el más fácil manejo, cuando sea necesario".*

Es posible hacer la afirmación que precede, por cuanto las normas que al respecto se consiguen en la Ley Orgánica de Procedimientos Administrativos y en el Código Orgánico Tributario, a pesar de la trascendencia del tema, no son tan específicas y mucho menos descriptivas.

Así, estos dispositivos legales, a mas de exigir mandatoriamente que *"De cada asunto se formará expediente y se mantendrá la unidad de éste"* (artículo 31 de la Ley Orgánica de Procedimientos Administrativos), lo cual es innecesariamente reiterado al prever nuevamente que*"Iniciado el procedimiento se procederá a abrir expediente en el cual se recogerá toda la tramitación a que de lugar el asunto"* (artículo 51 *"eiusdem"*), y específicamente ratificado en lo tributario, al establecer, en materia de procedimientos de determinación y fiscalización, que *"En toda fiscalización, se abrirá expediente en el que se incorporará la documentación que soporte la actuación de la Administración Tributaria"* (artículo 179 del Código Orgánico Tributario), y en el dominio de los procedimientos de recuperación de tributos, que *"Iniciado el procedimiento se abrirá expediente en el cual se recogerán los recaudos y documentos necesarios para su tramitación"* (artículo 203 *"eiusdem"*), debiendo los expedientes *"ser uniformes de modo que cada serie o tipo de ellos obedezca a iguales características"* (artículo 32 de la Ley Orgánica de Procedimientos Administrativos), es lo cierto que no consagran en el detalle que sería apropiado, las reglas mínimas que habrían de ser cumplidas, para asumir que el expediente administrativo ha sido llevado correctamente, en garantía del debido proceso y de los mencionados principios constitucionales de transparencia, información y participación (que también son derechos humanos), revistiendo de ese modo valor probatorio.

En consecuencia, es menester traer de la regulación general de los procesos judiciales, de manera supletoria, por no ser contrarios a las reglas y fines del procedimiento administrativo y ser ello indispensable para el aseguramiento del respeto del debido proceso[606], los principios de ordenación que demandan, primero, que los expedientes tengan una identificación que los deslinde sin confusión unos de otros, cosa que en el procedimiento administrativo suele estar dado por el nombre o denominación social del administrado o contribuyente, aunado a su número de identificación tributaria, que bien puede venir cumplido, según los casos, por el Registro de

[606] Comunes a los procesos judiciales y a los procedimientos administrativos; a tenor del artículo 49 Constitucional: *"El debido proceso se aplicará a todas las actuaciones judiciales y administrativas y, en consecuencia: 1. La defensa y la asistencia jurídica son derechos inviolables en todo estado y grado de la investigación y del proceso. Toda persona tiene derecho a ser notificada de los cargos por los cuales se le investiga, de acceder a las pruebas y de disponer del tiempo y de los medios adecuados para ejercer su defensa..."*.

Información Fiscal (R.I.F.), en la tributación nacional, la Licencia de Actividades Económicas o el número de catastro, en la tributación municipal, el número de aportante al Instituto Nacional de Cooperación Educativa Socialista (I.N.C.E.S.) o de cotizante del Instituto Venezolano de los Seguros Sociales (I.V.S.S.), en esos tipos de tributación parafiscal, etc.

En segundo lugar, es común que se indique con precisión la fecha de inicio del procedimiento administrativo, como resultado de una petición del interesado o de una orden de apertura de oficio, como primera actuación del expediente administrativo, de lo cual también debe emerger el objeto del procedimiento administrativo (solicitud del interesado –tal como una petición de emisión de certificado de solvencia–, verificación de compensación opuesta o de cumplimiento de deberes formales, fiscalización, etc.).

Y, en tercer lugar, el carácter ineluctable, por el sentido común, la lógica mas elemental y por razones de seguridad jurídica, pulcritud, honestidad, responsabilidad, racionalidad técnica y jurídica, etc., del respeto del mas sencillo y estricto orden cronológico, según la fecha de consignación, presentación o incorporación de cada documento, sumado ello a la indispensable foliatura del expediente, mecanismo de aseguramiento del acatamiento al principio de unidad e integralidad y consecuencial proscripción o interdicción de todo desmembramiento del expediente administrativo, sin perjuicio de que sea posible formar piezas distintas para el más fácil manejo, cuando sea necesario, y se deje constancia de ello en cada pieza, para que se mantenga la debida cronología y unidad.

Cabe tener presente, sobre estos extremos de racionalidad, el contenido pertinente de la sentencia Nro. 765 del 10 de noviembre de 2000, dictada por el Juzgado Superior Cuarto de Contencioso Tributario, caso: Compañía Venezolana de Inspección, C.A. (COVEIN), que muy claramente expresa:

> *"..., el Tribunal para decidir observa que debe pronunciarse en primer lugar sobre el alegato de vicio de procedimiento y de no existencia del expediente, y al respecto, vistos los alegatos expuestos por los representantes de las partes y apreciadas las pruebas promovidas y admitidas, el Tribunal advierte que Administración Tributaria Municipal envió anexos a oficios Nros. DS/134 y DS/139 de fechas 6 de marzo de 1997 y 10 de marzo de 1997 respectivamente, las cuales cursan a los folios 396 y 431 de los autos, los expedientes solicitados por este Órgano Jurisdiccional antes de la acumulación de expedientes solicitada: y al respecto interpreta que ese hecho de remisión de lo que el apoderado de la recurrente califica como "conjuntos documentales" no equivale per se al ausencia de expediente administrativo, pero si <u>evidencia que no existe una foliatura y un orden cronológico en los</u>*

documentos enviados. El expediente administrativo puede no existir, pero no porque se haya remitido en forma separada y no ordenada, y correspondía a la Administración Tributaria demostrar que esos eran los antecedentes administrativos, si era el caso, y que los mismos se habían llevado conforme a las disposiciones legales pertinentes, o si había omitido el envío de algunos documentos, hacer las diligencias pertinentes, y traer a los autos los elementos que en su opinión desvirtuaban las afirmaciones del apoderado de la recurrente, quien consignó marcada "G" en rojo, copia debidamente sellada y fechada en original del escrito presentado ante el Despacho de la ciudadana Alcaldesa del Municipio Autónomo Chacao del Estado Miranda, en le cual solicitó la emisión de un oficio expresando el día, fecha y hora en que su representada podría revisar el expediente administrativo, así como la Dependencia administrativa en que reposa dicho expediente. No desvirtuó el representante del Fisco Municipal que los antecedentes administrativos estuvieran incompletos ni justificó el aparente desorden de los "expedientes administrativos enviados", en los términos expuestos en los recursos, y como son que la Resolución Nº 002545, conformada por la Resolución impugnada Nº 00000243, aparece repetida tres (03) veces, inserta a los folios 410 a 416, 591 a 597 y 602 a 608 respectivamente, y, por si fuera poco, sin ninguna relación con los documentos anteriores o posteriores, que justifique su multiplicación. Lo mismo ocurre con la solicitud de reintegro de su representada, la hoy recurrente, inserta dos (02) veces a los folios 417 a 430 y 611 a 629 respectivamente; con la resolución impugnada Nº 00000243, inserta dos (02) veces a los folios 399 a 409 y 449 a 459, respectivamente; con el Acta Fiscal Nº DGRM-DIF-1136-92, inserta dos (02) veces a los folios 552 a 559 y 609 a 615, respectivamente; y, con el escrito de descargos del 22 de Octubre de 1992, contra dicha Acta Fiscal, inserto dos (02) veces a los folios 531 a 548 y 630 a 656, respectivamente. Destacando que si no tenía el expediente administrativo, en virtud de la unidad legal, no podía tener dicho recurso Jerárquico, así como al oficio Nº CDRJ/00113/06-95 del 14 de junio de 1996, conforme al cual la Asesora del Despacho de la Alcaldesa solicita al Síndico Procurador Municipal el recurso jerárquico contra la Resolución Nº 002. Tampoco hay referencia por parte del representante del Fisco Municipal a la observación al Memorando Nº CJ-093.6.95 del 15 de junio de 1996 al cual el apoderado de la recurrente se refiere con la frase "curiosamente posterior al anterior Oficio" y que según el cual la Consultoría Jurídica informa a la Asesora del Despacho de la Alcaldesa, que todos los documentos del "expediente administrativo" de la empresa fueron remitidos a esa Comisión, 14 de diciembre de 1994. El apoderado de la recurrente también observa que mediante oficio Nº CGRJ/00115/06-95 del 14 de junio de 1996, inserto al folio 464 de los autos, la Asesora del Despacho de la Alcaldesa vuelve a solicitar a la Consultoría Jurídica el citado Recurso Jerárquico contra la Resolución Nº 002,

> *lo cual según él, evidencia del extravío reiterado y sistemático como se "sustanció" el "expediente administrativo"; que según Planilla N° 132 del 14 de diciembre de 1994, inserta al folio 465 de los autos, la Consultoría Jurídica remitió el "expediente administrativo" al Despacho de la Alcaldesa. En los documentos enviados se evidencia no hay orden cronológico, y que es cierto que según el Memorandum N° DA 2298.08.95 del 15 de agosto de 1995 y otro Memorandum idéntico N° DA 2290.08.95 del 10 de Agosto de 1995, insertos a los folios 496 y 500, respectivamente, el Asistente de la Alcaldesa remitió el recurso jerárquico a la Asesora del Despacho de la Alcaldesa.*
> *El Tribunal observa respecto a las afirmaciones anteriores, que no hay en autos elementos o documentos que permitan responder las interrogantes que se hace el apoderado de la recurrente respecto al memorandum conforme al cual se efectuó la remisión del expediente, ya que mediante Memorandum N° DA 1637.6.95 del 13 de junio de 1995, inserto al folio 600 de los autos, el Asistente de la Alcaldesa aparentemente remitió el "expediente administrativo" a la Asesora del Despacho de la Alcaldesa, y que conforme Oficio N° 209/95del 08 de junio de 1995, inserto al folio 601 de los autos, la Directora de Recaudación de Rentas Municipales envió el "expediente administrativo" a la Alcaldesa, por lo que tampoco puede determinar el Tribunal quién tenía para esa fecha el "expediente administrativo", y de ello se concluye que la sociedad hoy recurrente no pudo acceder al expediente administrativo, y con ello se genera la violación de las reglas procedimentales denunciadas y la imperfección del "procedimiento administrativo" seguido por la Administración Tributaria Municipal, y se está en presencia del supuesto de nulidad absoluta contenido en el ordinal 4° del Artículo 19 de la Ley Orgánica de Procedimientos Administrativos. Así de declara" (Consultada en original) (Subrayados del autor).*

Desde la misma perspectiva, es de descollarse que la aplicabilidad supletoria del comentado artículo 25 del Código de Procedimiento Civil, al procedimiento administrativo, ha sido ya reiteradamente aceptada por nuestra jurisprudencia, en forma explícita, como se puede observar, por ejemplo, en la sentencia N° 1257 del 12 de julio de 2007, dictada por la Sala Político-Administrativa del Tribunal Supremo de Justicia, caso: Echo Chemical 2000, C.A., que indica:

> *"En atención a que el expediente conforma la materialización del procedimiento administrativo, es preciso que a fin de garantizar el derecho al debido proceso en sede administrativa, como lo preceptúa el artículo 49 de la Constitución de la República Bolivariana de Venezuela y de conformidad con lo dispuesto en el artículo 141 eiusdem, el cual establece que "La Administración Pública está al servicio de los ciudadanos y ciudadanas y se fundamenta en los principios de honestidad, participación, celeridad, eficacia, eficiencia, transparencia, rendición*

de cuentas y responsabilidad en el ejercicio de la función pública, con sometimiento pleno a la ley y al derecho" (subrayado de la Sala), los órganos administrativos al sustanciar los expedientes deben observar las normas previstas en la Ley Orgánica de Procedimientos Administrativos, que disponen la unidad, orden y secuencia en la cual se deben llevar dichos expedientes.

Sin embargo, a su vista se constata que el precitado instrumento normativo no indica la manera pormenorizada en la cual deben llevarse los expedientes en sede administrativa, por lo que a fin de adminicular los derechos de los particulares con las obligaciones de la Administración dentro del procedimiento administrativo, asegurando la integridad y unidad del expediente, y en atención a lo dispuesto en el único aparte del artículo 32 de la Ley Orgánica de Procedimientos Administrativos que establece que "La administración racionalizara sus sistemas y métodos de trabajo y vigilara su cumplimiento. A tales fines, adoptará las medidas y procedimientos más idóneos", considera esta Sala como procedimiento idóneo aplicable para asegurar la regularidad y coherencia de los expedientes administrativos, lo dispuesto en el artículo 25 del Código de Procedimiento Civil, el cual es del tenor siguiente:

> *"Artículo 25: De todo asunto se formará expediente separado con un número de orden, la fecha de su iniciación, el nombre de las partes y su objeto. Las actuaciones deben observar el orden cronológico, según la fecha de su realización y la foliatura del expediente se llevará al día y con letras, pudiéndose formar piezas distintas para el más fácil manejo, cuando sea necesario".*

Lo anterior es particularmente relevante, puesto que ***del orden, exactitud, coherencia y secuencia de los expedientes, dependerá la fuerza probatoria que se desprende del conjunto de actas que integran el mismo****"* (resaltado del autor).

Es pues una práctica totalmente contraria a derecho aquella que se ve generalizada en el actuar de nuestras administraciones públicas (nacionales, estadales, metropolitanas, distritales, municipales o parafiscales), cuando de hecho avanzan en la pretendida sustanciación de un "procedimiento administrativo" sin haber abierto el correspondiente expediente administrativo; incorporan recaudos documentales a carpetas sin identificaciones uniformes; colocan los documentos sin orden racional u objetivo alguno, ni siquiera de carácter cronológico[607]; no someten los documentos

[607] Y sin que se pueda verificar el orden correcto, pues en mas casos de lo que sería deseable, las administraciones públicas desacatan lo que equivaldría al libro diario de un tribunal, que no es otra cosa que el desgraciadamente muy desconocido "Registro de Presentación de Documentos", a que se contrae el artículo 44 de la Ley Orgánica de Procedimientos Administrativos: *"En los Ministerios, organismos y demás dependencias públicas se llevará un registro*

a rigurosa foliatura, de modo de impedir que de manera ilegítima (por dolo o negligencia o imprudencia) se incorporen recaudos donde no corresponda o se sustraigan otros, ni los mantienen íntegramente en custodia de una única dependencia administrativa, en detrimento de la prohibición de desmembramiento y del principio de unidad del expediente administrativo, así como del principio constitucional de transparencia y del derecho humano a la información, concretado en el derecho de acceso a los documentos administrativos; y demás irregularidades, que a la postre, en muchos casos, acaban por hacerlas "correr", cuando se ven precisadas por orden judicial a remitir el expediente administrativo, para "postfabricar" un pretendido y cuestionable "expediente administrativo", de dudoso valor probatorio, que aunque resultare aparentemente a satisfacción de los requerimientos legales, mal podría ser tenido como tal, por no haber cumplido el otro extremo, es decir, su libre y oportuna accesibilidad por parte del interesado, desde el mismo momento del inicio del procedimiento administrativo, en resguardo del derecho constitucional al debido proceso y del derecho humano a la participación.

2.- La libre y oportuna accesibilidad al expediente administrativo, para que tenga valor probatorio

En este orden de ideas, dada la tremenda relevancia del tema de la accesibilidad libre y oportuna del expediente administrativo, para poder reconocerle valor probatorio, se considera interesante mostrar la evolución de este asunto, en cuanto concierne a la democratización de la sociedad, que de la antigua y absolutista regla del secreto administrativo, pasó al principio constitucional y legal de transparencia, con un vistazo previo de derecho comparado, sobre la experiencia normativa francesa. Veamos:

A) En Francia

En forma muy tardía, paradójicamente en la tierra de la Revolución Francesa de 1789, y su famosa Declaración de los Derechos del Hombre y del Ciudadano, es lo cierto que hasta 1978 se encontraba en plena vigencia

de presentación de documentos en el cual se dejará constancia de todos los escritos, peticiones y recursos que se presenten por los administrados, así como de las comunicaciones que puedan dirigir otras autoridades.
La organización y funcionamiento del registro se establecerán en el Reglamento de esta Ley".

el llamado secreto administrativo, es decir, la obligación de discreción profesional a cargo de los funcionarios públicos.

Así, según el principio en vigor en la época, no existía ningún derecho a la comunicación de los documentos administrativos, por parte de los administrados, salvo dos excepciones: que hubiese disposición legal expresa en contrario; o, que el secreto perjudicase el derecho a la defensa; siendo que en ambos supuestos era menester la intervención del juez administrativo.

Posteriormente el Legislador francés, con el objetivo democrático de asegurar al máximo la transparencia de la actividad administrativa, facilitando así su control tanto social como jurisdiccional, dictó la Ley Nº 78-753 del 17 de julio de 1978, conocida como ley *"para el mejoramiento de las relaciones entre la Administración y el público"*, que fuera luego modificada por la Ley Nº 79-587 del 11 de julio de 1979, dicha *"sobre la motivación de los actos administrativos"*.

De acuerdo al nuevo texto legal de 1978, desde entonces toda persona tiene libre y oportuno acceso a los documentos administrativos que no revistan carácter nominativo, vale decir, que no estén dirigidos o que no se refieran a uno o varios administrados en concreto, individualmente considerados. Para conocer el contenido de los documentos administrativos nominativos se requiere un interés personal, legítimo y directo, el cual ha sido legislativa y jurisprudencialmente reconocido a los terceros que actúan, por ejemplo, en el ámbito de la tutela de intereses difusos o colectivos, en los campos de la defensa del ambiente y de la calidad de la vida, en materia de estudios o evaluaciones de impacto ambiental, de ordenación del territorio y de planificación y ejecución urbana.

Se consagró de esta forma, un derecho general de acceso, una nueva libertad pública (mentada por la doctrina administrativista gala de la tercera generación), que persigue la transparencia y la democratización de la actividad administrativa. Al contrario de lo que ocurría antes, el secreto administrativo ahora y desde entonces es la excepción.

Veamos el régimen jurídico de ese nuevo derecho humano:

1) Los titulares o beneficiarios de ese derecho humano son los administrados, es decir, los ciudadanos, los extranjeros (incluso los no residentes, en los casos de cooperación transfronteriza), las personas en general y las otras administraciones públicas (nacional, regionales, departamentales, comunales, establecimientos públicos, etc., según los casos).
2) Comoquiera que no se trata de un derecho a la concertación previa y mucho menos a la codecisión, sino de un derecho a la información, no todos los documentos administrativos son comunicables. En efecto, para poder conocer el contenido de un documento en particular, que

como sabemos forma parte necesariamente de un expediente administrativo, soporte de un procedimiento administrativo, es indispensable que éste haya concluido, dando origen a una decisión definitiva. Llegados a este punto, todo simple interesado puede pedir una comunicación de todo expediente, incluyendo estadísticas, estudios, reportes, informes, experticias, testimonios, consultas, deliberaciones, instrucciones, etc., y obviamente la decisión en cuestión, cuya motivación es una fuente de información relativa a los demás documentos en que se fundamenta. Por supuesto, esto implica una limitación no presente en la legislación venezolana, como veremos, donde está previsto el acceso permanente en forma concomitante al procedimiento administrativo, desde su inicio y hasta la decisión final.

3) Modalidades de acceso a los documentos:
   a. Solicitud de comunicación: la solicitud no puede ser abstracta ni general, ella debe identificar o precisar, el o los documentos de interés, e indicar si se hará la consulta directamente en los registros o archivos de la Administración Pública, lo cual será gratuito; o, si se desea obtener copia del expediente, debiendo pagarse la tasa legal.
   b. La notificación, por razones de eficacia jurídica, de los actos administrativos de efectos particulares.
   c. La publicación de ciertos documentos administrativos: por razones de eficacia jurídica o de política pública, algunos documentos administrativos, en especial los actos administrativos de efectos generales o de contenido normativo, son publicados en diarios, boletines o carteleras oficiales: reglamentos, decretos, resoluciones, directivas, circulares, instrucciones internas, etc. Incluso, por disposición expresa de leyes especiales, hay documentos administrativos meramente preparatorios, que aún no han dado lugar a una decisión definitiva, que deben ser publicados, como los proyectos de planes de urbanismo y los estudios de impacto ambiental.

4) Las excepciones a este derecho son de dos órdenes:
   a. Los secretos protegidos en interés de terceros: aseguran la discreción sobre los documentos administrativos de carácter nominativo, a fin de salvaguardar la vida privada, los datos familiares y médicos, todo lo relativo a los informes comerciales, a la propiedad industrial y a la propiedad intelectual.
   b. Los secretos protegidos en beneficio del interés público, que se presentan en materias de orden público, seguridad del Estado y salud pública.

5) Garantías al nuevo derecho de acceso:

Si la Administración Pública se rehúsa, expresa o tácticamente, a comunicar el contenido de un documento administrativo dado, el administrado puede intentar el recurso contencioso administrativo, en estos casos y por razones propias de la estructuración del sistema administrativo jurisdiccional francés, de mera anulación. Pero, como el juez, en derecho francés y en caso de anular la decisión impugnada, no cuenta con el poder de dar órdenes a la Administración Pública, ha de limitarse a formular una simple invitación a comunicar el contenido requerido. Es cierto que el juez podría multar al funcionario en caso de desacato, pero el documento continuaría siendo desconocido.

En virtud de lo anterior, fue menester instituir un recuso administrativo previo y opcional, que se ejerce por ante una "autoridad administrativa independiente" (denominada de esa forma por sólo estar sujeta a control jurisdiccional, sin ingerencias de otros órganos administrativos, por alta que sea su jerarquía), que en este campo concreto de la actividad administrativa es la Comisión de Acceso a los Documentos Administrativos (C.A.D.A.).

Este recurso administrativo debe ser intentado dentro del lapso legal de dos (2) meses, con el que el administrado cuenta para incoar el recuso contencioso administrativo.

La ventaja de este proceder, en comparación con el ejercicio directo del recurso contencioso administrativo, reside en que el órgano administrativo implicado en la negación del acceso del interesado al documento administrativo, queda jurídicamente obligado a comunicar el contenido del documento administrativo en cuestión a la citada Comisión, la cual, de comprobar la ausencia de las excepciones legales indicadas, pondrá al administrado solicitante en inmediato conocimiento de su contenido.

Y, en caso contrario, siempre queda la posibilidad de recurrir al juez competente.

B) En Venezuela

La situación legal venezolana en la materia sufrió una evolución un tanto parecida a la francesa, pero profundizando muchísimo, aunque ello sea en el plano simplemente teórico, en un acceso libre casi ilimitado, en calidad (contenido) y cantidad (oportunidades), de parte del administrado o contribuyente.

En efecto, según el artículo 54 de la derogada ya hace mucho tiempo Ley Orgánica de la Administración Central, de 1976:

> *"Los archivos de la Administración Pública Nacional son por su naturaleza reservados para el servicio oficial. Para La consulta de los*

mismos por otros funcionarios o particulares, deberá recaer autorización especial y concreta del órgano superior respectivo".

Lo anterior era reforzado por el encabezamiento del artículo 55 *"eiusdem"*, al disponer que:

"No se podrá ordenar la exhibición o inspección generales de los archivos de ninguna de las Dependencias de la Administración Pública Nacional sino por los organismos a los cuales la Ley atribuye específicamente tal función".

Asimismo, el artículo 17 *"eiusdem"* establecía que:

"Las deliberaciones del Concejo de Ministros son secretas. El Presidente de la República podrá declarar reservada alguna de las decisiones tomadas en el Concejo de Ministros".

Mientras que su artículo 56 prohibía:

"a los funcionarios y empleados públicos conservar para sí papel algunos de los archivos y tomar o publicar copia de ellos sin autorización del órgano superior respectivo. Les está prohibido asimismo, revelar el secreto sobre los asuntos que se tramiten o se hayan tramitado en sus respectivas oficinas".

Por lo demás, si bien es cierto que de acuerdo con el artículo 58 *"eiusdem"*, todo aquel que hubiere presentado petición o solicitud ante la Administración Pública, tenía derecho a que se le expidiese copia certificada de dicha solicitud, de los documentos acompañados y de la providencia que hubiere recaído, tal derecho no existía en relación a los informes, exposiciones y opiniones de los funcionarios u organismos que hubieren intervenido en la tramitación del asunto, ni a los recaudos que la dependencia oficial hubiere agregado, lo cual de suyo limitaba las posibilidades de acceso pleno a la información, en perjuicio del derecho a la defensa.

En el mismo orden de ideas, el artículo 60 *"eiusdem"* prohibía:

"la expedición de certificaciones de mera relación, es decir, aquellas que sólo tengan por objeto hacer constar el testimonio u opinión del funcionario declarante sobre algún hecho o dato de su conocimiento de los contenidos en los expedientes archivados o en curso o de aquellos asuntos que hubiere presenciado con motivo de sus funciones. Sin embargo, podrá expedirse certificados sobre datos de carácter estadístico, no reservados, que consten en expedientes o registros oficiales que no hayan sido publicados y siempre que no exista prohibición expresa al respecto".

Cabe destacar, sin embargo, que la Ley Orgánica de Procedimientos Administrativos, vigente desde 1981, contiene (o contuvo) lo que podemos llamar, bajo el imperio de la Constitución de 1961 y su desarrollo interpretativo por la vieja Ley Orgánica de la Administración Central, una importante excepción al principio del secreto de los documentos administrativos, toda vez que su artículo 59 expresa que:

> *"Los interesados y sus representantes tienen el derecho de examinar en cualquier estado o grado del procedimiento, leer y copiar cualquier documento contenido en el expediente, así como de pedir certificación del mismo. Se exceptúan los documentos calificados como confidenciales por el superior jerárquico, los cuales serán archivados en cuerpos separados del expediente. La calificación de confidencial deberá hacerse mediante acto motivado".*

De esta forma, como podemos apreciar, desde los tempranos momentos de 1981, y precisamente por no prohibirlo la Constitución de 1961, la Ley Orgánica de Procedimientos Administrativos crea una excepción al principio del secreto de los documentos administrativos, en el campo de los procedimientos administrativos, de modo que al menos en ese dominio, en aquel entonces, el principio pasó a ser el de la libertad de acceso y la excepción el secreto administrativo.

Claro que, en su justa medida, este incipiente principio de publicidad se refiere solamente a los documentos de carácter nominativo, por lo que se exige un interés personal, legítimo y directo. Empero, fue un comienzo trascendental hacia la transparencia.

Lo propio se puede comentar en cuanto al artículo 169 de la derogada Ley Orgánica del Régimen Municipal, de 1989:

> *"Todos los ciudadanos tienen derecho a consultar los archivos y registros de los municipios, así como a obtener copias o certificaciones de las decisiones que adopten los órganos de las entidades locales, salvo el caso de documentos clasificados como reservados".*

Y al artículo 254 de la actual Ley Orgánica del Poder Publico Municipal, derogatoria de la anterior, publicada en la Gaceta Oficial N° 38.204 del 8 de junio de 2005:

> *"Los ciudadanos y ciudadanas tienen derecho a obtener información general y específica sobre las políticas, planes, decisiones, actuaciones, presupuesto, proyectos y cualesquiera otras del ámbito de la actividad pública municipal. Asimismo, podrán acceder a archivos y registros administrativos, en los términos de la legislación nacional aplicable...".*

Tratándose entonces de las primeras experiencias legislativas de apertura hacia la consagración y garantía del derecho humano a la información, es perfectamente explicable que se hayan establecido dispositivos como el contenido en el artículo 54 de la Ley Orgánica de Procedimientos Administrativos, en el que se señala que el interesado podrá pedir a la autoridad administrativa, que solicite a otros organismos administrativos los documentos, informes o antecedentes que estime convenientes, indicando la oficina donde curse la documentación. Hoy, como veremos, al menos en la concepción normativa (sin medir la eficacia real del precepto legal) no tendría eso nada de particular, pero en 1981 fue al menos curioso, ya que recordemos que la regla era el secreto administrativo. De modo que, ¿cómo podía el administrado o contribuyente estar informado acerca del contenido de documentos administrativos y de la identidad de las autoridades administrativas depositarias de los mismos?

Evidentemente, siendo el secreto el principio, resulta obvio que esta disposición solamente podía aludir a las excepciones legales que abrían un acceso restringido. Como un ejemplo de tales excepciones, podemos indicar la que emergía de las disposiciones citadas, en concordancia con las de los artículos 54 y 60 de la vieja Ley Orgánica de la Administración Central y 14, numeral 8, y 79 de la Ley Orgánica de Ordenación Urbanística, toda vez que se preveía que el interesado podía acudir al Registro Nacional de Información Urbanística, llevado por el entonces Ministerio del Desarrollo Urbano, para entrar en conocimiento de la información y documentación que los empresarios, propietarios o promotores y los profesionales responsables de la ejecución de las obras, estaban obligados a suministrar a las autoridades administrativas, para el ejercicio de sus facultades de control; y, de los resultados de las inspecciones respectivas.

Por otro lado, de acuerdo con el aparte único del artículo 55 de la vieja Ley Orgánica de la Administración Central, podía:

> *"acordarse judicialmente la copia, exhibición o inspección de determinado documento, expediente, libro o registro y se ejecutará la providencia a menos que, por razones de seguridad u oportunidad para el Estado, el órgano superior respectivo resuelva que dicho documento, libro, expediente o registro es, de carácter reservado o confidencial".*

Igual previsión encontramos en el artículo 91 de la derogada Ley Orgánica de la Corte Suprema de Justicia de 1977, según la cual podía:

> *"solicitarse y acordarse la exhibición de documentos pertinentes al caso, sin menoscabo de lo dispuesto en leyes especiales. Si el documento cuya exhibición se solicite no fuere por su naturaleza de carácter reservado, el Jefe de la Oficina donde estuviere archivado cumplirá*

la orden judicial por órgano de la Procuraduría General de la República. Del acto de exhibición se levantará un acta en la cual se dejará constancia, a solicitud de la parte a quien interese, de cualquier circunstancia relacionada con el estado o contenido del documento de cuya exhibición se trate. También podrá dejarse copia certificada o fotostática debidamente autenticada del documento íntegro. Cumplidas estas diligencias, se devolverá el documento al archivo a que corresponda, por órgano de representante de la República que lo haya exhibido".

Cabría aquí preguntarse ¿cuál era el alcance del poder del juez, para controlar la legalidad y la oportunidad de un acto declaratorio de la confidencialidad de un documento?

También en el ámbito del proceso contencioso administrativo, el artículo 123 de la citada derogada Ley consagraba la posibilidad de solicitar los antecedentes administrativos del caso, pero, si la Administración Pública no daba curso a tal pedimento judicial, no existía sanción alguna en su contra, capaz de asegurar al administrado recurrente el conocimiento efectivo del documento requerido.

Esa norma esta hoy en día reproducida en el párrafo 11 del artículo 21 de la Ley Orgánica del Tribunal Supremo de Justicia:

"El Tribunal Supremo de Justicia, en las causas de nulidad de actos administrativos de efectos particulares, podrá solicitar los antecedentes administrativos del caso, fijando un plazo prudencial a la autoridad administrativa correspondiente para la remisión de los mismos...".

Pero, ahora sí se consagra una específica sanción en caso de desacato de las órdenes judiciales, aunque la eficacia real de la norma pueda ser seriamente cuestionada, por falta de aplicación generalizada o sistemática (tanto por parte de los jueces con competencia contencioso administrativa y contencioso tributaria, como del propio Tribunal Supremo de Justicia), como la contenida en el artículo 23, numeral 2, *"eiusdem"*:

"El Tribunal Supremo de Justicia sancionará con multa que oscilará entre el equivalente de mil unidades tributarias (1.000 U.T.) a tres mil unidades tributarias (3.000 U.T.), a los funcionarios de los órganos del Poder Público que, estando obligados a hacerlo, no acataren sus órdenes ni le suministraren oportunamente las informaciones, datos o expedientes que solicitare de ellos, sin perjuicio de las sanciones penales a que haya lugar...".

No obstante, al menos tímidamente nuestros tribunales comienzan a asomar la posibilidad, cuando por ejemplo en la sentencia Nro. 169 del 18 de mayo de 2005, dictada por el Juzgado Superior Noveno de lo Contencioso Tributario, caso: Helados Arco Iris, C.A., se advierte:

> *"... no se debe dejar de señalar que este Tribunal solicitó a la Administración Tributaria que enviara el expediente administrativo (folios 61 y 62 del expediente judicial), incurriendo incluso en desacato al no hacerlo... ".*

Se estima que los Juzgados Superiores de lo Contencioso Tributario deberían, en el marco del Estado de Justicia, hacer valer el necesario respeto a la investidura y majestad del Poder Judicial, sancionando a los administradores públicos que irrespetuosamente desacatan sus requerimientos de envío del expediente administrativo, siguiendo la doctrina jurisprudencial del Máximo Tribunal, sentada en fallos como el contenido en la sentencia Nro. 1257 del 12 de julio de 2007, dictada por la Sala Político-Administrativa del Tribunal Supremo de Justicia, caso: Echo Chemical 2000, C.A., en la cual se les deja la vía franca a esos fines:

> *"En esta línea de pensamiento, el aparte 2 del artículo 23 de la Ley Orgánica del Tribunal Supremo de Justicia de la República Bolivariana de Venezuela, incorporó específicamente una sanción para el desacato por el no cumplimiento de una orden emanada de este Alto Tribunal cuando solicita información –como la remisión del expediente administrativo–, en los términos siguientes:*
>
> > *"El Tribunal Supremo de Justicia sancionará con multa que oscilará entre el equivalente de mil unidades tributarias (1.000 U.T.) a tres mil unidades tributarias (3.000 U.T.), a los funcionarios de los órganos del Poder Público que, estando obligados a hacerlo,* ***no acataren sus órdenes ni le suministraren oportunamente las informaciones, datos o expedientes que solicitare de ellos****, sin perjuicio de las sanciones penales a que haya lugar...". (Negrillas de la Sala)*
>
> *Esta norma que se inserta dentro del marco de la autoridad judicial que posee <u>todo órgano jurisdiccional, refuerza la potestad genérica contenida en el artículo 21 del Código de Procedimiento Civil sobre la coercibilidad de las actuaciones judiciales para el logro de sus efectos vinculantes</u>, al consagrar una sanción específica cuando los órganos del Poder Público no cumplan con su deber de remitir los expedientes que se le solicitaren para la resolución de una controversia"* (subrayado del autor).

Cabe destacar, por lo demás, que la norma comentada del artículo 59 de la Ley Orgánica de Procedimientos Administrativos, fue retomada en cuanto se refiere a los procedimientos administrativos especiales tributarios, pues el artículo 151 del Código Orgánico Tributario dispone que:

> *"Los interesados, representantes y los abogados asistentes tendrán acceso a los expedientes y podrán consultarlos sin más exigencia que la comprobación de su identidad y legitimación, salvo que se trate de las actuaciones fiscales las cuales tendrán carácter confidencial hasta que se notifique el Acta de Reparo".*

Empero, este dispositivo legal, en su parte final, al pretender la consagración de un aspecto de confidencialidad, en cuanto a las actuaciones fiscales, no obstante que ello sea de manera temporal (*"hasta que se notifique el Acta de Reparo"*), se encuentra en nuestro concepto viciado de inconstitucionalidad, pues la Constitución de 1999 es completamente promotora de la transparencia y del derecho humano a la información, previendo unas excepciones de interpretación obviamente restrictiva, que no contemplan esa posibilidad.

Efectivamente, acorde con los artículos 28, 141, 143, 311 y 337 de la Constitución de 1999:

> *"Toda persona tiene derecho de acceder a la información y a los datos que sobre sí misma o sobre sus bienes consten en registros oficiales o privados, con las excepciones que establezca la ley, así como de conocer el uso que se haga de los mismos y su finalidad, y a solicitar ante el tribunal competente la actualización, la rectificación o la destrucción de aquellos, si fuesen erróneos o afectasen ilegítimamente sus derechos. Igualmente, podrá acceder a documentos de cualquier naturaleza que contengan información cuyo conocimiento sea de interés para comunidades o grupos de personas. Queda a salvo el secreto de las fuentes de información periodística y de otras profesiones que determine la ley".*
>
> *"La Administración Pública está al servicio de los ciudadanos y ciudadanas y se fundamenta en los principios de honestidad, participación, celeridad, eficacia, eficiencia, transparencia, rendición de cuentas y responsabilidad en el ejercicio de la función pública, con sometimiento pleno a la ley y al derecho".*
>
> *"Los ciudadanos y ciudadanas tienen derecho a ser informados oportuna y verazmente por la Administración Pública, sobre el estado de las actuaciones en que estén directamente interesados, y a conocer las resoluciones definitivas que se adopten sobre el particular. Asimismo, tienen acceso a los archivos y registros administrativos, sin perjuicio de los límites aceptables dentro de una sociedad democrática en materias relativas a seguridad interior y exterior, a investigación criminal y a la intimidad de la vida privada, de conformidad con la ley que regule la materia de clasificación de documentos de contenido confidencial o secreto. No se permitirá censura alguna a los funcionarios públicos o funcionarias públicas que informen sobre asuntos bajo su responsabilidad".*

> *"La gestión fiscal estará regida y será ejecutada con base en principios de eficiencia, solvencia, transparencia, responsabilidad y equilibrio fiscal. Esta debe equilibrarse en el marco plurianual del presupuesto, de manera que los ingresos ordinarios deben ser suficientes para cubrir los gastos ordinarios".*
> *"El Presidente o Presidenta de la República, en Consejo de Ministros, podrá decretar los estados de excepción... En tal caso, podrán ser restringidas temporalmente las garantías consagradas en esta Constitución, salvo las referidas a los derechos a la vida, prohibición de incomunicación o tortura, el derecho al debido proceso, el derecho a la información y los demás derechos humanos intangibles".*

Desde esta perspectiva de apertura constitucional del acceso a los documentos administrativos, lamentablemente se puede observar un claro retroceso normativo de cuestionable constitucionalidad, tota vez que el artículo 7 de la Ley Orgánica de la Administración Pública, publicada en la Gaceta Oficial N° 37.305 del 17 de octubre de de 2001, había consagrado que:

> *"Los particulares en sus relaciones con la Administración Pública tendrán los siguientes derechos:*
> *1. Conocer, en cualquier momento, el estado de la tramitación de los procedimientos en los que tengan interés, y obtener copias de documentos contenidos en ellos.*
> *...*
> *7. Acceder a los archivos y registros de la Administración Pública en los términos previstos en la Constitución de la República Bolivariana de Venezuela y la ley".*

En cambio, en el artículo 7 del Decreto N° 6.217, con Rango, Valor y Fuerza de Ley Orgánica de la Administración Pública, derogatorio de la anterior y publicado en la Gaceta Oficial Extraordinaria N° 5.890 del 31 de julio de 2008, sin justificación alguna y sin explicación en la exposición de motivos, ahora se dispone que:

> *"Las personas en sus relaciones con la Administración Pública tendrán los siguientes derechos:*
> *1. Conocer, en cualquier momento, el estado de los procedimientos en los que tengan interés, y obtener copias de documentos contenidos en los archivos que se lleven a tales efectos, siempre y cuando no estén calificados como reservados o confidenciales de conformidad con la normativa aplicable, a excepción de los jueces y las partes interesadas.*
> *...*
> *8. Acceder a los archivos y registros de la Administración Pública en los términos previstos en la Constitución de la República Bolivariana de Venezuela y demás normativa aplicable".*

Se vuelve entonces, subrepticiamente y claramente en contra de la Constitución, al secreto administrativo como regla, en incoherencia normativa con la transparencia y accesibilidad que el propio Decreto cínicamente pregona.

En efecto, ya vimos que el citado Decreto, en su artículo 10, establece que:

> *"La actividad de la Administración Pública se desarrollará con base en los principios de economía, celeridad, simplicidad, rendición de cuentas, eficacia, eficiencia, proporcionalidad, oportunidad, objetividad, imparcialidad, participación, honestidad, accesibilidad, uniformidad, modernidad, transparencia, buena fe, paralelismo de la forma y responsabilidad en el ejercicio de la misma, con sometimiento pleno a la ley y al derecho, y con supresión de las formalidades no esenciales".*

Y, en cuanto a sus artículos 22, 141, 158, 159, 160, 162 y 168, entre muchos otros, donde no obstante hablarse de acceso, transparencia e información, paradójica y lamentablemente se pretende colar la idea de excepciones (donde la Constitución no las permite), y peor aun, la noción claramente inconstitucional de "documentos de contenido confidencial o secreto":

> *"La organización de la Administración Pública procurará la simplicidad institucional y la transparencia en su estructura organizativa, asignación de competencias, adscripciones administrativas y relaciones interorgánicas.*
> *La estructura organizativa preverá la comprensión, acceso, cercanía y participación de las personas de manera que les permitan resolver sus asuntos, ser auxiliados y recibir la información que requieran por cualquier medio".*
> *"La Administración Pública deberá establecer sistemas que suministren a la población la más amplia, oportuna y veraz información sobre sus actividades, con el fin de ejercer el control social sobre la gestión pública. Cualquier persona puede solicitar de los órganos y entes de la Administración Pública la información que considere necesaria para el ejercicio del control social sobre la actividad de éstos de conformidad y con las excepciones establecidas en la legislación vigente" (Excepciones???).*
> *"Toda persona tiene el derecho de acceder a los archivos y registros administrativos, cualquiera que sea la forma de expresión o el tipo de soporte material en que figuren, salvo las excepciones establecidas en la Constitución de la República Bolivariana de Venezuela y en la ley que regule la materia de clasificación de documentos de contenido confidencial o secreto" (Excepciones??? Documentos de contenido confidencial o secreto???).*

> *"El derecho de acceso a los archivos y registros de la Administración Pública será ejercido por las personas de forma que no se vea afectada la eficacia del funcionamiento de los servicios públicos, debiéndose a tal fin, formular petición individualizada de los documentos que se desee consultar, sin que quepa, salvo para su consideración con carácter potestativo, formular solicitud genérica sobre una materia o conjunto de materias. No obstante, cuando los solicitantes sean investigadores que acrediten un interés histórico, científico o cultural relevante, se podrá autorizar el acceso directo de aquellos a la consulta de los expedientes".*
> *"El derecho de acceso a los archivos y registros conllevará el de obtener copias simples o certificadas de los mismos, previo pago o cumplimiento de las formalidades que se hallen legalmente establecidas".*
> *"Los órganos o entes administrativos llevarán un registro general en el que se hará el correspondiente asiento de todo escrito o comunicación que sea presentado o que se reciba en cualquier unidad administrativa propia. También se anotará la salida de los escritos y comunicaciones oficiales dirigidas a otros órganos o personas.*
> *El archivo de los escritos y comunicaciones deberá efectuarse de manera tal que se mantengan todos los documentos relacionados con determinado asunto en un mismo expediente, pudiendo auxiliarse de medios electrónicos".*
> *"La autoridad judicial podrá acordar la copia, exhibición o inspección de determinado documento, expediente, libro o registro administrativo y se ejecutará la providencia, a menos que la autoridad competente hubiera resuelto con anterioridad otorgarle al documento, libro, expediente o registro la clasificación como secreto o confidencial por afectar la estabilidad del Estado y de las instituciones democráticas, el orden constitucional o en general el interés nacional, de conformidad con la Constitución de la República Bolivariana de Venezuela y las leyes que regulen la materia de clasificación de contenido confidencial o secreto".*

Y, por su parte, sin necesidad de pasar detallada revista al Decreto N° 368 del 5 de octubre de 1999, con Rango y Fuerza de Ley de Simplificación de Trámites Administrativos, tenemos que su normativa derogatoria, contenida en el Decreto N° 6.265, con Rango, Valor y Fuerza de Ley Orgánica de Simplificación de Trámites Administrativos, publicado en la Gaceta Oficial Extraordinaria N° 5.891 del 22 de julio de 2008, también es prolijo en la consagración de la transparencia administrativa y la facilitación del goce del derecho humano a la información, al prever, en sus artículos 5, 37 y 38, entre otros, que:

> *"La simplificación de trámites administrativos se fundamenta en los principios de simplicidad, transparencia, celeridad, eficacia, eficiencia, rendición de cuentas, solidaridad, presunción de buena fe del*

> *interesado o interesada, responsabilidad en el ejercicio de la función pública, desconcentración en la toma de decisiones por parte de los órganos de dirección y su actuación debe estar dirigida al servicio de las personas".*
> *"Los órganos y entes de la Administración Pública, tienen el deber de ofrecer a las personas información completa, oportuna y veraz en relación con los trámites que se realicen ante los mismos.*
> *A tales fines, deberán fijar en sitio visible al público los requisitos exigidos para cada trámite, las oficinas que intervienen y su ubicación, la identificación del funcionario responsable del trámite, su duración aproximada, los derechos de las personas en relación con el trámite o servicio en cuestión y la forma en que se pueden dirigir sus quejas, reclamos y sugerencias. Esta información se publicará mediante guías simples de consulta pública, suministradas en forma gratuita, y deberá dárseles la publicidad necesaria a través de cualquier medio de comunicación, entre otros, visual, oral, escrito, informático o telemático".*
> *"Toda persona que haya presentado una petición, reclamación, consulta, queja o que haya efectuado una diligencia, actuación o gestión ante los órganos y entes de la Administración Pública, tiene derecho a conocer el estado en que se encuentra su tramitación y a que se le informe el plazo dentro del cual se atenderá y dará respuesta oportuna a la misma".*

Es pues, y no puede ser de otra manera, so pena de incurrir en violación de la Constitución, la transparencia, la regla fundamental cónsona con el espíritu democrático presente en el Texto Fundamental, instituida como garantía de los derechos humanos constitucionales a la información y a la participación, poniéndose el tilde sobre el carácter participativo y protagónico que se le desea adjudicar al rol del administrado o contribuyente (quien no es otro que la persona humana que se pretende reivindicar en las mas recientes reformas legislativas y, en definitiva, el soberano), en nuestra democracia de signo pretendidamente participativo, que paradójicamente sigue encontrando, a casi diez años de la entrada en vigencia de la Carta Magna de 1999, en el funcionario administrativo, y peor aun, en textos legales como la norma observada del Código Orgánico Tributario, la tradicional y decimonónica vocación al hermetismo y al secreto, en la actividad administrativa, mucho mas allá de las taxativas excepciones restrictivas previstas constitucionalmente.

En otro orden de ideas, al igual que en Francia, el ordenamiento jurídico venezolano contempla otras modalidades de acceso a los documentos administrativos, como lo son, por razones de eficacia jurídica, la notificación de los actos administrativos de efectos particulares, a que alude el artículo 73 de la Ley Orgánica de Procedimientos Administrativos y los artículos 161 y siguientes del Código Orgánico Tributario; y, la publicación, a la que están sujetos algunos de estos documentos, en especial los actos administrativos de efectos generales o de contenido normativo, en la Gaceta Oficial, de conformidad con los artículo 72 y 9 de los citados Ley y Código, respectivamente, en consonancia con el artículo 12 del Decreto N° 6.217, con Rango, Valor y Fuerza de Ley Orgánica de la Administración Pública, publicado en la Gaceta Oficial Extraordinaria N° 5.890 del 31 de julio de 2008:

> *"Los reglamentos, resoluciones y demás actos administrativos de carácter general dictados por los órganos y entes de la Administración Pública deberán ser publicados sin excepción en la Gaceta Oficial de la República Bolivariana de Venezuela o, según el caso, en el medio de publicación oficial correspondiente".*

Por último, en cuanto a las garantías para el ejercicio de estos principio y derecho constitucional (otrora excepcional y ahora esencial) a la transparencia administrativa y a la información (como presupuesto indispensable del derecho constitucional a la participación), podemos citar: la acción de amparo constitucional prevista en la Ley Orgánica de Amparo sobre Derechos y Garantías Constitucionales y modificatorios desarrollos jurisprudenciales de la Sala Constitucional del Tribunal Supremo de Justicia, para el caso en que la negativa explícita o tácita (mora administrativa) de conceder acceso a los documentos administrativos, por parte de la Administración Pública, se traduzca en la violación de un derecho fundamental, como los derechos al debido proceso, a la defensa, a peticionar y obtener oportuna y adecuada respuesta, a la información, a la participación, etc.; la queja o "recurso" de reclamo establecido en el artículo 3 de la Ley Orgánica de Procedimientos Administrativos; las responsabilidades administrativa, civil y penal del funcionario público, a que aluden los artículos 4, 6, 100 y 101 *"eiusdem"*, en conformidad con el Estatuto de la Función Pública; la responsabilidad patrimonial de la Administración Pública; ambas responsabilidades con presupuesto supremo en los artículos 25, 141 y 259 de la Constitución; los recursos administrativos (de reconsideración y jerárquico –en lo tributario solamente este último–, salvo previsiones municipales); y, los recursos judiciales, sea el recurso contencioso administrativo por abstención o carencia (por ejemplo por falta de dictado o publicación de un acto administrativo de efectos generales), o el recurso contencioso administrativo de nulidad, regulados todos ellos en la Ley Orgánica de Procedimientos Administrativos y en la Ley Orgánica del Tribunal Supremo de Justicia, o, en la materia propiamente tributaria, la acción de amparo constitucional, de existir vulneración de derechos esenciales como los antes citados, y, específicamente, la acción de amparo tributario, de haberse hecho una solicitud de acceso al expediente administrativo y esta no es atendida, y el recurso contencioso tributario, establecidos estos dos en el Código Orgánico Tributario.

IV. HECHOS A SER PROBADOS Y VALOR PROBATORIO, PROPIAMENTE DICHO, DEL EXPEDIENTE ADMINISTRATIVO

Hemos ya establecido, en el acápite anterior, que dos son las circunstancias concomitantes o necesariamente concurrentes, para que el expediente administrativo tenga valor probatorio.

A saber: que el mismo haya sido, por un lado, llevado correctamente, es decir, en acatamiento estricto al principio de racionalidad administrativa, jurídica y técnica; y, por el otro lado, sustanciado adecuadamente, lo cual se traduce en que haya sido posible, desde su apertura, el acceso de todo interesado a los documentos administrativos contenidos en el expediente, en cumplimiento del principio constitucional de transparencia administrativa y del goce efectivo del derecho humano a la información.

Corresponde ahora hacer referencia, aunque breve y no exhaustiva, y con fines meramente ilustrativos, a los hechos que han de ser probados mediando la exhibición del expediente administrativo, diferenciando cuando dicho expediente debe ser evaluado en conjunto con otros medios probatorios, y cuando no solamente se basta a si mismo, sino que es el único medio probatorio para la demostración de un hecho controvertido en el juicio contencioso tributario.

En este orden de ideas, cabe destacar que, siempre que el expediente administrativo sea agregado oportunamente al expediente judicial (momento que será precisado más adelante), podría ser empleado por el recurrente a los fines de la demostración de una serie de hechos controvertidos, representativos de denunciados vicios de inconformidad a derecho, como podrían serlo: (i) la inmotivación, en caso que la resolución culminatoria del sumario administrativo y el acta de reparo no expresen los fundamentos de la actuación administrativa y tampoco se desprendan de los documentos presentes en el expediente administrativo; (ii) la inexistencia o irregular emisión de la providencia de inicio de la fiscalización, o la ausencia de notificación; (iii) el vicio de falso supuesto, por error de derecho, si del mismo se desprende la equivocada elección de las normas jurídicas aplicadas al caso o la incorrecta interpretación de las normas aplicables; (iv) el vicio de falso supuesto, por error de hecho, por ser incierto que se hayan requerido algunos recaudos o informaciones o que si de verdad lo fueron, no se hayan entregado o suministrado, de lo cual podría evidenciarse la improcedencia de una sanción por supuesto desacato de deberes formales o hasta de una determinación sobre base presuntiva; o por no ser cierto que el cumplimiento se haya hecho fuera de plazo; o que son equivocadas las circunstancias fácticas pretendidas por el funcionario actuante, incompatibles con las acontecidas en la realidad, no habiéndose dado los supuestos de hecho presentes en las normas, por ejemplo no hubo omisión de ingresos; etc.; (v) la errónea determinación de la sanción aplicada, sea por la ausencia de demostración de la presencia de circunstancias agravantes de la responsabilidad penal tributaria, o por no haber considerado la realidad de circunstancias atenuantes o hasta eximentes de dicha responsabilidad; (vi) la pretermisión de una fase esencial del procedimiento legalmente establecido, como por ejemplo haber obviado la ocasión para allanamiento eventual, previa a los descargos, haber omitido emitir o notificar el auto liminar de admisión del recurso jerárquico, o haber ignorado –como lamentablemente se observa que ocurre casi sistemáticamente– la institución del despacho saneador o subsanador (artículos 5 de la Ley Orgánica de Procedimientos Administrativos y 154 del Código Orgánico Tributario); (vii) la violación del principio de globalidad del acto administrativo y la ocurrencia del silencio de prueba; (viii) la legitimación activa del recurrente; (ix) la acreditación de la representación legal suficiente, por ejemplo, al haberse incoado en forma subsidiaria el recurso contencioso tributario; y (x) tantos otros derivados de la argumentación posiblemente contenida en un libelo de recurso contencioso tributario.

Obviamente, según los casos, todos estos hechos podrían o no exigir su demostración complementaria o concatenada, mediando la promoción, producción y evacuación de otros medios probatorios distintos del expediente administrativo propiamente dicho, de tipo igualmente documental, como los siguientes: ejemplares triplicados de actos administrativos preparatorios o definitivos notificados al administrado o contribuyente recurrente, como la providencia de inicio de la fiscalización, el acta de requerimiento, el acta de recepción, el acta de reparo, la resolución culminatoria del sumario administrativo, la resolución imposición de sanción, etc., las copias debidamente selladas en original de escritos presentados por el administrado o contribuyente, como las respuestas detalladas de los requerimientos, las explicaciones sobre la no entrega de recaudos o de informaciones (sea porque ello implicase desacato a lo establecido en el Decreto con Rango y Fuerza de Ley de Simplificación de Trámites Administrativos, o porque los mismos se entiendan inadmisibles por impertinentes), las peticiones de prórrogas, los allanamientos parciales o totales, los descargos, los escritos de pruebas, los escritos de recurso y sus alcances, complementos y modificaciones, sus anexos, las declaraciones impositivas, las planillas de liquidación o de pago, estados de cuenta, registros, certificaciones, constancias e informes, contratos, facturas y demás soportes contables.

O, de otra índole, como la inspección judicial, el testigo experto o, entre otros medios probatorios, la prueba de experticia contable.

Efectivamente, el expediente administrativo y los recaudos que lo componen no representan el único medio probatorio empleable en estos casos, ni es dado al juzgador obviar la búsqueda de la verdad en su ausencia. Así, la jurisprudencia de la Sala Político-Administrativa del Tribunal Supremo de Justicia, en fallos como los contenidos en la sentencia N° 01257 del 12 de julio de 2007, caso: Echo Chemical 2000, C.A., y en la sentencia N° 878 del 17 de junio de 2009, caso: Metanol de Oriente Metor, S.A., ha esclarecido que:

> *"la falta del expediente administrativo no es un impedimento para que el juzgador pueda decidir "puesto que éste constituye la prueba natural –mas no la única– dentro del proceso contencioso administrativo de anulación, por lo que la no remisión del expediente administrativo acarrea una presunción favorable sobre la procedencia de la pretensión de la parte accionante", que deberá complementarse con base en la documentación acreditada en autos por la parte actora...".*

Todo lo anterior, sin perjuicio de que el expediente administrativo dotado de valor probatorio, vale decir, llevado conforme al principio de racionalidad jurídica y técnica, y sustanciado con apego al principio constitucional de transparencia, es el medio probatorio único e indispensable para demostrar que hubo un procedimiento administrativo apegado al debido proceso.

No en balde, como es sabido, la jurisprudencia ha sostenido, en términos sencillos y sintéticos, que el expediente administrativo es la prueba del procedimiento administrativo, por lo que su ausencia total y absoluta, o su irregular existencia, por irracional e inaccesible, conlleva a la configuración del vicio de pretermisión del procedimiento legalmente establecido, que acorde con los artículos 19, numeral 4 de la Ley Orgánica de Procedimientos Administrativos y 240, numeral 4 del Código Orgánico Tributario, se sanciona con la nulidad absoluta del acto administrativo definitivo (que causa estado), que le haya puesto fin al pretendido procedimiento administrativo. En términos similares, el Juzgado Superior Noveno de lo Contencioso Tributario, entre otras en su mencionada sentencia N° 169 del 18 de mayo de 2005, caso: Helados Arco Iris, C.A., ha establecido:

> *"Del análisis de los autos se puede verificar, en primer lugar, que la Administración Tributaria no presentó el Expediente Administrativo referente al caso sub examine, lo cual hace presumir a este sentenciador que no existe tal expediente administrativo o la Administración Tributaria prefirió no presentarlo, desacatando la normativa aplicable y la orden dada por este Tribunal en cumplimiento de lo dispuesto*

en el Parágrafo Único del Artículo 264 del Código Orgánico Tributario, siendo opinión de este sentenciador que la falta de presentación del expediente administrativo, que es una prueba importante en los procedimientos de nulidad cualquiera que sea la materia, debe valorarse de acuerdo a las disposiciones que en materia de pruebas sean afines con el asunto que se debate".

En consecuencia, en virtud del principio de facilidad de la prueba (por cercanía y posesión de la misma), visto que la Administración Tributaria es la depositaria o custodia del expediente administrativo, por corresponderle la sustanciación debida del procedimiento administrativo, y también por la conjugación de los principios rectores de economía y celeridad procesales, es ella quien tiene la carga[608] de probar la existencia y corrección del procedimiento administrativo, debiendo, para satisfacer ese deber legal, consignar en autos el expediente administrativo, a objeto de que el juez examine los extremos de racionalidad y transparencia que del mismo deben desprenderse, para, según los casos, admitirlo como tal expediente administrativo, con el valor probatorio que le corresponde, y de ese modo concluir en la ocurrencia de un procedimiento administrativo caracterizado por el debido proceso; o, por el contrario, desestimarlo, debiendo declarar la nulidad absoluta del acto administrativo impugnado, por inexistencia del procedimiento administrativo.

Acorde con estas ideas, el Juzgado Superior Séptimo de lo Contencioso Tributario, en su muy clara sentencia N° 681 del 10 de abril de 2006, caso: Inversiones Delampe, C.A., expresó:

---

608 Kiriakidis L., Jorge C., "Las pruebas en el procesal administrativo", en "Derecho Contencioso Administrativo", obra colectiva Libro Homenaje al Profesor Luís Enrique Farias Mata, Colegio de Abogados del Estado Lara, Librería J. Rincón, Barquisimeto, 2006, páginas 279 y 280: "*...la Ley Orgánica del Tribunal Supremo de Justicia, faculta al juez para requerir a la Administración la remisión del expediente administrativo, como elemento indispensable del juicio contencioso, y colocar así en cabeza de la Administración la "carga" de aportarlo a juicio, como elemento fundamental y sustentador de la presunción o apariencia de legalidad que reviste el acto impugnado...*
... es menester insistir en que esta remisión del expediente administrativo, se ha transformado en la práctica y por obra de la jurisprudencia, en una verdadera carga de la Administración y no en una simple facultad del juez (entre otras, Sentencia de la Sala Político Administrativa de la Corte Suprema de Justicia del 27/10/87, caso Marco Antonio Aranguren), cuyo incumplimiento genera indefectiblemente la anulación del acto por no quedar acreditado en autos el cumplimiento del proceso constitutivo del mismo.
Esta carga del "demandado" –la de probar, cuando menos preliminarmente, que su actuación se fundamenta en un procedimiento administrativo aparentemente cumplido, y que se concreta con la remisión del Expediente Administrativo- es una particularidad, ..., del proceso Contencioso Administrativo...".

"Ciertamente para realizar el cómputo a que hacen referencia las señaladas normas y constatar si efectivamente, el recurso contencioso tributario interpuesto el 1° de octubre de 2004, fue ejercido tempestivamente, se hace necesario la existencia en el expediente judicial, del auto que admitió el recurso jerárquico ejercido en fecha 14 de junio de 2004, el auto que fijó la apertura del lapso probatorio o bien, el auto que declaró no abrir el procedimiento administrativo a pruebas, sin embargo, tales documentos no cursan en el expediente. Al respecto se debe indicar que, contrario a lo que afirma la Representación Fiscal, el onus probandi de este tipo de hechos corresponde indudablemente a la Administración Tributaria.

...

Así, la carga de la prueba recae sobre la Administración Tributaria, cuando se alega el vicio de incompetencia del funcionario, debiendo consignar el respectivo documento que demuestre su aptitud legal para obrar, ante el argumento de omisión o irregularidades en el procedimiento administrativo la Administración Tributaria debe consignar el respectivo expediente administrativo , habida cuenta de que en él se recoge un cúmulo de documentos y recaudos de diversa índole que ponen en evidencia la instrucción y sustanciación de un procedimiento administrativo y, en el supuesto que se alegue la ineficacia del acto, debe la Administración Tributaria presentar la constancia que demuestre que se practicó debidamente la notificación del acto.

Conforme a lo anterior en el caso sub examine, la carga probatoria pesaba indudablemente sobre la Administración Tributaria, ya que, por un lado, la consignación del expediente administrativo le corresponde a ella exclusivamente y por otra parte, la demostración de que los referidos actos administrativos, como lo son el auto de apertura del lapso probatorio o bien el auto de no apertura del referido lapso, fueron debidamente notificados, también le incumbía a la Administración Tributaria esta carga probatoria.

En efecto, con la consignación del expediente administrativo, el Tribunal podía constatar la existencia o no de los referidos autos (auto de admisión del recurso jerárquico, auto de apertura del lapso probatorio o bien auto de no apertura del lapso probatorio) y proceder así a realizar el cómputo correspondiente que permitiría determinar si el recurso contencioso tributario fue ejercido dentro del lapso legal.

Por otra parte, estima importante este Tribunal recordar en este análisis de la distribución de la carga probatoria, el principio de la facilidad de la prueba, en cuya virtud corresponde probar a quien se le haga más fácil y cómoda la aportación de medios al proceso según las reglas de la experiencia.

Sobre este principio de la facilidad probatoria la doctrina foránea más calificada ha sostenido:

> *"El favor probaciones no es una fórmula que podamos precisar con la misma arquitectura que el legislador traza sus normas y además, posee una motivación mayormente psicológica que jurídica;*

> *de ahí que todo intento de abstracción y normativación se halle de antemano al fracaso. Si hiciéramos del FP una ley probatoria, ello representaría una regresión a la época de las tasas y ficciones, ahora que tan empeñados estamos en la doctrina del libre convenimiento. El FP es pues, sencillamente, una necesidad que siente el juzgador, a veces intuitivamente, de salirse de su estática y fría posición de espectador para coadyuvar en pro de la parte que más dificultades objetivas encuentre en la producción y estimación de su prueba°. (MUÑOZ SABATÉ, L., Técnica probatoria. Estudios sobre las dificultades de prueba en el proceso, Editorial Praxis, S.A., Barcelona, 2da. Ed., 1983, p. 167).*

Por su parte FRAGA PITTALUGA con relación a este principio que rige la promoción de las pruebas, sostiene lo siguiente:

> *"En principio, tal como señalan las reglas sobre la distribución de la carga de la prueba, es un imperativo del propio interés de las partes probar sus respectivas afirmaciones de hecho, de tal suerte que quien pida la ejecución de una obligación debe probarla y quien pretenda que ha sido libertado de ella, debe por su parte probar el pago o le hecho extintivo de la obligación (art. 506 CPC). Sin embargo, como acertadamente ha señalado el Tribunal Supremo Español, tal regla puede verse matizada e incluso alterada aplicando el criterio de la facilidad, pues en ocasiones la prueba de un dato de hecho puede resultar fácil para una de las partes y difícil para la otra y ello tiene trascendencia en un u otro sentido, para las reglas que reparten la carga de la prueba en virtud de las exigencias del principio de la buena fe en su vertiente procesal.*
>
> *El derecho de conseguir la prueba, dice MORELLO, implica muchas veces que la otra parte tenga la carga de suministrarla porque le resulte más fácil, de acuerdo con las reglas de la experiencia. PARRA QUIJANO, por su parte, dice que la verdadera igualdad, en el marco de un proceso y con relación a la carga de la prueba, es la que tiene en cuenta en determinados casos, a quién le queda más fácil probar un hecho determinado, para que ella la desahogue.*

Nuestra jurisprudencia, por su parte, ha volcado sobre la Administración la carga de aportar al proceso aquellos documentos que reposen en sus archivos, en el entendido de que es más fácil para ésta hacerlo que para el administrado".(FRAGA PITTALUGA, L. "Algunas notas sobre la prueba en el proceso administrativo", Revista de Derecho Administrativo N° 3, (mayo-agosto 1998), Editorial Sherwood, pp. 73 y 74).

Conforme a lo expuesto, se puede afirmar que en el presente caso quien tenía la posibilidad de demostrar el hecho controvertido (intempestividad del recurso contencioso tributario interpuesto) era la Administración Tributaria. En efecto, la experiencia en el ámbito del procedimiento administrativo tributario como aquél que se inicia y culmina ante la Administración Tributaria con ocasión de la interposición del recurso jerárquico, conforme lo dispuesto en los artículos 242 al 255

del Código Orgánico Tributario, permite afirmar que quien tiene mayor facilidad en disponer de los medios probatorios que demuestren que el recurso contencioso tributario fue ejercido extemporáneamente por anticipado, es indudablemente la Administración Tributaria.
En razón de lo expuesto, este Tribunal desestima el argumento hecho valer por la representación de la República según el cual "(...) para aseverar que se ha producido el silencio, quien lo alega debe aportar al proceso las pruebas conducentes a demostrarlo, como lo es el auto dictado por la Administración Tributaria a través del cual se abre el lapso probatorio, (...) o en su defecto, no habiéndose abierto el lapso probatorio, la constancia de la fecha en que se incorporó al expediente administrativo el auto que declare la no apertura del referido lapso", por cuanto quien tenía la carga de probar que no se había producido el silencio administrativo negativo y por tanto no tenía la recurrente todavía acceso a la jurisdicción contenciosa tributaria, era la Administración Tributaria, mas aún si tomamos en consideración que era la parte que más facilidad tenía para disponer de los medios probatorios conducentes para demostrar el hecho controvertido. ***Así se decide****".*

Consecuente con su línea interpretativa al respecto, de evidente carácter justiciero, el Juzgado Superior Séptimo de lo Contencioso Tributario, en su sentencia N° 690 del 28 de abril de 2006, caso: Janssen Cilag, C.A., sostuvo:

"Por otra parte se debe señalar que, no consta en autos los otros documentos aducidos por la Administración Tributaria en el acto administrativo recurrido, es decir, las Cédulas de Trabajo y el Informe Fiscal, que permitan demostrar que efectivamente la motivación de la actuación de la Administración Tributaria se encontraba en sus antecedentes, a pesar de recaer sobre aquella la carga probatoria de la consignación del respectivo expediente administrativo.
En efecto, el onus probandi de este tipo de hechos corresponde indudablemente a la Administración Tributaria, por cuanto resulta perfectamente aplicable al proceso tributario, la regla general sobre la distribución de la carga de la prueba estatuido en el artículo 1354 del Código Civil, cuyo texto fue casi en su totalidad trasladado al artículo 506 del Código de Procedimiento Civil de 1986, dispositivo este último que se encuentra redactado en los términos que siguen:

> *"****Artículo 506.*** *Las partes tienen la carga de probar sus respectivas afirmaciones de hecho. Quien pida la ejecución de una obligación debe probarla, y quien pretenda que ha sido libertado de ella debe, por su parte, probar el pago o el hecho extintivo de la obligación.*
> *Los hechos notorios no son objeto de prueba." (Subrayado del Tribunal).*

Nuestro Máximo Tribunal de Justicia se ha pronunciado a favor de la aplicabilidad supletoria en los procesos tributarios del artículo 506 del Código de Procedimiento Civil, al exponer lo siguiente:

"El Código de Procedimiento Civil, al regular la carga y apreciación de la prueba, en su artículo 506, dispone: 'las partes tienen la carga de probar sus respectivas afirmaciones de hecho. Quien pida la ejecución de una obligación debe probarla y quien pretenda que ha sido liberado de ella debe por su parte probar el pago o el hecho extintivo de la obligación...'.

Del análisis de esta norma que supletoriamente se aplica a la materia tributaria se concluye que la carga de la prueba reposa en el contribuyente de autos:

1° Por haber pedido a la Administración la aplicación de la rebaja de inversión: debe probar que se encuentra dentro de los extremos legales para ser beneficiario de tal sacrificio fiscal.

2° Por pretender estar liberado de la obligación de registrarse en la Dirección General Sectorial de Rentas por cuanto dicha Oficina estaba cerrada, según su afirmación: debió, también, probar su acierto o producir alguna prueba tendente a suplir la finalidad para la cual se hizo tal exigencia en la norma reglamentaria.

Del análisis exhaustivo del expediente y, contrariamente a lo manifestado por el contribuyente; se pudo evidenciar que éste no trajo a los autos prueba alguna que le favoreciera y que, por tanto, desvirtuara la presunción de veracidad y legalidad que rodea las actuaciones fiscales; por tales circunstancias la Sala tiene que atribuir el valor probatorio que merecen las actuaciones fiscales cuando son producido por funcionarios competentes, en ejercicio de sus atribuciones legales, y no han sido desvirtuadas con pruebas suficientes, tal como sucede en el caso de autos". (Sentencia N° 874 de fecha 19 de diciembre de 1996, de la Sala Político-Administrativa Especial Tributaria de la Corte Suprema de Justicia, con ponencia de la magistrada Ilse van der Velde Hedderich, caso: Marcos Pisan Guzmán) (Tomado de la Revista de Derecho Tributario N° 75 (abril-junio 1997), Órgano Divulgativo de la Asociación Venezolana de Derecho Tributario, Legis Editores, C.A., Caracas, pp. 98-99).

En el marco del proceso tributario –dada la vigencia de la presunción de veracidad y legitimidad de los actos administrativos– el onus probandi en principio, recae sobre el accionante (actori incumbit probatio), no obstante, esta regla no reviste carácter absoluto ya que en virtud de la naturaleza del hecho alegado se admiten ciertas excepciones, en las cuales es a la Administración Tributaria a quien corresponde probar. Así, la carga de la prueba recae sobre la Administración Tributaria, cuando se alega el vicio de incompetencia del funcionario, debiendo consignar el respectivo documento que demuestre su aptitud legal para obrar, ante el argumento de omisión o irregularidades en el procedimiento administrativo la Administración Tributaria debe consignar el respectivo expediente

administrativo, habida cuenta de que en él se recoge un cúmulo de documentos y recaudos de diversa índole que ponen en evidencia la instrucción y sustanciación de un procedimiento administrativo y, en el supuesto que se alegue la ineficacia del acto, debe la Administración Tributaria presentar la constancia que demuestre que se practicó debidamente la notificación del acto.
Dado que la consignación del expediente administrativo le corresponde exclusivamente a la Administración Tributaria, y no desprenderse de las actas procesales que conforman el expediente judicial, el cumplimiento de la Administración Tributaria, en lo que atañe al reparo formulado por la cantidad de Bs. 5.355.991,00, del requisito de validez del acto, como lo es su motivación, tal omisión violó –a juicio de quien decide– el derecho a la defensa del administrado, consagrado en el artículo 49 de la Carta Magna, por cuanto impidió a éste conocer las razones de hecho y de derecho que tuvo la Administración Tributaria para formular el reparo y poder así ejercer adecuadamente su derecho a la defensa, con los argumentos y medios probatorios conducentes. En consecuencia, este Tribunal declara, con fundamento en el artículo 259 de nuestro Texto Fundamental y numeral 31 del artículo 5 de la Ley Orgánica del Tribunal Supremo de Justicia, perfectamente aplicables al proceso tributario, la nulidad del reparo formulado por la suma de Bs. 5.355.991,00. ***Así se decide".***

En otras palabras, si el recurrente alega que el expediente administrativo no existe, o que lo que hay es un conjunto documental que no fue llevado conforme a la racionalidad jurídica o técnica, garante de la verdadera transparencia, o que haya lo que haya se desconoce su contenido por haber sido inaccesible, o que definitivamente no hubo procedimiento administrativo o el mismo carece de una de sus fases esenciales garantía del debido proceso, es la Administración Tributaria, por órgano del representante judicial de la misma, sobre quien recae la carga de probar el hecho positivo, es decir, que sí hay expediente administrativo, que el mismo fue llevado con la requerida racionalidad y plena transparencia, por lo que efectivamente se asiste a un procedimiento administrativo integral, y eso solamente lo puede hacer a través del medio probatorio idóneo e insustituible, a esos fines, que es el expediente administrativo.

Llegados a este punto, resulta fundamental advertir que la moderna doctrina procesalista, nacional y comparada, tal como lo descolló la destacada profesora y litigante Mariolga Quintero Tirado, con ocasión de su interesantísima intervención en el VII Congreso Venezolano de Derecho Procesal, de noviembre de 2006, en Caracas, cuya ponencia, dedicada a un enfoque eminentemente innovador y justiciero, se denominó "Valor Probatorio de la Conducta de las Partes", ha venido dejando atrás el vocablo "carga", para sustituirlo por el "deber", desde la perspectiva ética.

Dentro de este marco dogmático se inscribe la sentencia Nº 878 del 17 de junio de 2009, dictada por la Sala Político-Administrativa del Tribunal Supremo de Justicia, caso: Metanol de Oriente Metor, S.A., al establecer que:

> *"...corresponde al Tribunal intimar al adversario para la exhibición o entrega del documento dentro de un plazo que le señalará bajo apercibimiento y, en caso de que el instrumento no sea exhibido en el plazo indicado, se tendrá como exacto el texto del documento tal como aparece en la copia presentada por el solicitante, y en defecto de ésta, se tendrán como ciertos los datos afirmados por el solicitante acerca del contenido del documento.*
> *De otra parte, la reciente doctrina sobre el tema ha considerado a la exhibición de documentos como un mecanismo probatorio que permite a la parte que no dispone del instrumento, lo solicite a su tenedor y lo aporte al proceso para facilitar su valoración por el Juez. Tal previsión encuentra su razón de ser en el derecho constitucional que asiste a las partes en la búsqueda de la verdad, concatenado a los deberes de lealtad y probidad que ambas partes se deben en el proceso con el fin de obtener una adecuada administración de justicia a través de los órganos jurisdiccionales. (vid. Sentencia de esta Sala Nº 00408 del 14 de marzo de 2007, caso: Municipio Caroní del Estado Bolívar (ALMACARONÍ)" (subrayado del autor).*

De esta forma, en la búsqueda de la verdad real, y abandonando en el superable pasado las cuestionables limitantes de la verdad procesal, incompatibles con el consagrado Estado de Justicia, y la correspondiente concepción del artículo 257 constitucional del proceso como un instrumento para el logro de la justicia, las partes deben renunciar a toda práctica obstruccionista y desarrollar un espíritu de colaboración, notablemente en el campo probatorio, y acorde con la exigida lealtad procesal, todo bajo el control y la correcta e inspiradora motivación del juez.

En definitiva, las partes procesales y sus abogados, siendo estos últimos miembros del sistema de justicia por expresa designación constitucional, deben excluirse de todo indebido comportamiento procesal, para no incurrir en violación del Principio de Probidad y Lealtad entre las partes en el proceso, torciendo los fines del mismo, hacia derroteros distintos de la justicia, del darle a cada quien lo que en verdad en derecho le corresponde.

Dicho Principio está establecido en el artículo 17 del Código de Procedimiento Civil, cuyo contenido es el siguiente:

> *"El Juez deberá tomar de oficio o a petición de parte, todas las medidas necesarias establecidas en la ley, tendentes a prevenir o a sancionar las faltas a la lealtad y probidad en el proceso, las contrarias*

a la ética profesional, la colusión y el fraude procesales, o cualquier acto contrario a la majestad de la justicia y al respeto que se deben los litigantes".

Norma legal esta que no puede divorciarse en su interpretación, del obligatorio Código de Ética Profesional del Abogado, en varias de sus disposiciones, tales como:

Artículo 2: "El Abogado tendrá como norte de sus actos servir a la justicia, asegurar la libertad y el ministerio del Derecho".
Artículo 4. Son deberes de Abogado:
1-.Actuar con probidad, honradez, discreción, eficiencia, desinterés, veracidad y lealtad.
4-.Defender los derechos de la sociedad y de los particulares cooperando en la conservación y perfeccionamiento del orden jurídico y en la realización de una recta y eficaz administración de justicia.
5-.Fortalecer la fraternidad de sus colegas, mediante el respeto mutuo con trato cordial y racional tolerancia.
Artículo 5: "El honor de la Abogacía es indivisible; la dignidad y el decoro han de caracterizar siempre la actuación del Abogado. Lesiona el patrimonio moral de todo gremio, el Abogado que incurra en una acción indigna".
Artículo 14: "El abogado como servidor de la justicia y colaborador en su administración, no deberá olvidar que la esencia de su poder profesional consiste en defender los derechos de su representado o asistido con diligencia y estricta sujeción a loa normas jurídicas y la ley moral".
Artículo 47: "El abogado deberá estar siempre dispuesto a prestar su apoyo a la justicia y a mantener frente a esta una actitud respetuosa, sin que ello menoscabe su amplia independencia y autonomía en el libre ejercicio de la profesión".
Artículo 53: "El abogado no deberá apartarse, ni aun por apremio de su patrocinado, de los dictados de la decencia y del honor".
Artículo 58: "El abogado observará la cortesía y la consideración que imponen los deberes de respeto mutuo entre los profesionales del derecho".

Es pues evidente que, en la actualidad, el representante judicial tributario, mas que tan solamente una tradicional carga, tiene el deber jurídico (de fundamento ético o moral) de colaborar en la realización de la justicia, siendo leal y no obstruccionista, mediante la oportuna consignación del expediente administrativo.

Por supuesto, lo anterior no quiere decir que el recurrente no pueda coadyuvar a la demostración de sus alegatos, por ejemplo, consignando documentos, tales como copias debidamente selladas y fechadas en original, de escritos o recaudos presentados ante los respectivos funcionarios fiscales actuantes o directamente ante las taquillas de recepción de documentos de la Administración Tributaria, cuyos originales curiosa e ilícitamente no se encuentran en lo que esa Administración Tributaria pueda casuísticamente llegar a calificar de "expediente administrativo"; o haciendo evacuar una inspección judicial (previa o concomitante al juicio contencioso tributario), en la cual se haga constar el contenido o estado del supuesto "expediente administrativo", o incluso la dificultad para o la imposibilidad de acceder a los documentos e informaciones presentes en el pretendido "expediente administrativo".

Claro que en nuestra realidad, cuantiosas oportunidades de intento de acceder al expediente administrativo han debido concluir en una acción de amparo constitucional, lo cual es un grave problema a varios títulos, por ejemplo por requerirse del acceso al expediente dentro del muy breve lapso de caducidad de veinticinco días hábiles para ejercer los recursos contencioso tributarios, cuando los juicios de amparo son mucho mas tardíos, y por necesitar entonces el justiciable de mas recursos económicos, no siempre disponibles, para preparar su defensa, entre otras variadas problemáticas.

Llegados a este punto, conviene tener muy en claro que la presencia en el cuestionable expediente administrativo, de escritos oriundos del administrado o contribuyente, no constituye prueba de su acceso a los documentos administrativos y mucho menos de la transparencia de la actividad administrativa concreta, pues es una máxima de experiencia que para consignar recaudos no es necesario (y las mas de las veces ni siquiera es posible) tener a la vista el expediente administrativo, ya que para ello son entregados directamente en manos del funcionario fiscal actuante o por intermedio de las taquillas de recepción de documentos, sin que luego se tenga noticia cierta acerca del momento (si es que efectivamente ocurre) de su real y efectiva incorporación al tal expediente administrativo, y de su constatación en el olvidado registro de presentación de documentos al que hemos hecho referencia previa, ahora retomado en la idea por el artículo 162 del Decreto N° 6.217, con Rango, Valor y Fuerza de Ley Orgánica de la Administración Pública, publicado en la Gaceta Oficial Extraordinaria N° 5.890 del 31 de julio de 2008:

> *"Los órganos o entes administrativos llevarán un registro general en el que se hará el correspondiente asiento de todo escrito o comunicación que sea presentado o que se reciba en cualquier unidad administrativa propia. También se anotará la salida de los escritos y comunicaciones oficiales dirigidas a otros órganos o personas.*
> *El archivo de los escritos y comunicaciones deberá efectuarse de manera tal que se mantengan todos los documentos relacionados con determinado asunto en un mismo expediente, pudiendo auxiliarse de medios electrónicos".*

En esta perspectiva, la transparencia, para ser efectiva, implica, literalmente, que el administrado o contribuyente, o su representante legal, literalmente ponga sus manos en el expediente administrativo, lo toque, lo hojee, lo lea, lo examine, lo coteje con sus constancias y duplicados o triplicados, lo haga copiar, total o parcialmente, de manera simple o certificada, todo ello cuantas veces sea menester, para el mas completo goce de los derechos constitucionales a la información, a la participación y al debido proceso, con garantía en el principio constitucional de transparencia y en el principio legal de accesibilidad, en una oficina administrativa cierta y previamente conocida, y durante días y horas hábiles de la Administración Tributaria[609].

Por tanto, sabiendo que es suya la carga de probar la transparencia de la actividad administrativa y subsiguiente accesibilidad al expediente administrativo, para actuar con la debida diligencia la Administración Tributaria debería, por ejemplo, como se hace en los archivos de los tribunales, pero mediando la identificación del peticionante, como interesado personal, legítimo y directo (lo cual es inmensamente facilitado con la ayuda de la informática), hacer firmar un registro de entrega y devolución del expediente administrativo, cada vez que el acceso se produzca.

Obviamente, acceder al expediente administrativo no es un deber, sino un derecho, por lo que no es obligatorio. Lo único indispensable y vinculante es que el acceso sea posible, en condiciones de transparencia. Por tanto, frente al alegato por parte del recurrente, de secreto o hermetismo, es a la Administración Tributaria a quien corresponde probar que el acceso fue posible, lo que se podría satisfacer exhibiendo dicho registro, sin que aparezca en él la firma del interesado, en señal de no haber pedido jamás el acceso.

Empero, sabemos que la realidad es otra. Los administrados o contribuyentes se ven en la necesidad de pedir el acceso por escrito, sea que los funcionarios públicos se lo exijan de ese modo (muchas veces requiriendo incluso que se diga a cuál parte se desea acceder y con qué motivos, lo cual es de suyo ilegal e inconstitucional), o no, debiendo en repetidas ocasiones incoar acciones de amparo tributario o de amparo constitucional simplemente para lograr ver el contenido, o para hacer costar la inexistencia o irregularidad del expediente administrativo, o su carácter verdaderamente secreto, asunto que en variadas situaciones se torna inútil, dado que el

[609] Cárdenas Perdomo, Orlando, "El derecho de acceso a los archivos y registros administrativos y el régimen de los secretos de Estado. Situación en España y Venezuela", Colección Estudios Jurídicos Nro. 81, Editorial Jurídica Venezolana y Fundación Estudios de Derecho Administrativo, Caracas, 2006, página 287: "*...El derecho de acceso conlleva la consulta directa de los documentos requeridos, así como su consulta indirecta a través de su reproducción...*".

plazo para recurrir, así como el de preparación de descargos, es de escasos veinticinco (25) días hábiles.

En la verdad de las cosas, en la gran mayoría de las administraciones públicas a nivel de todo el territorio nacional, y particularmente en las de carácter municipal, es un hecho notorio, que por tanto exime de carga probatoria, la tremenda dificultad o la más cruda imposibilidad de acceder a los expedientes administrativos, que dejando de lado la vetusta vocación de hermetismo que hemos denunciado antes, es la respuesta a la necesidad de esconder o tapar la inexistencia o la palmaria irregularidad del expediente administrativo, o su llevada totalmente a espaldas del principio de racionalidad jurídica y técnica.

Todo cuanto precede es lo que ha venido tácitamente a explicar (aunque nunca a justificar) que la Administración Tributaria, sea nacional, estadal, metropolitana, distrital, municipal o parafiscal, desacate sistemáticamente las órdenes judiciales de remisión del expediente administrativo, que son impartidas al momento en que se les notifica de la interposición de un recurso contencioso tributario, lamentablemente sin que los jueces hagan uso de sus facultades disciplinarias (dentro de la mas cuestionable impunidad), para ponerle coto a semejante abuso, contrario a los mas elementales valores de una sociedad verdaderamente democrática. Recordemos que el Poder Judicial (los jueces y magistrados) es el garante de la democracia, en la necesidad ciudadana de justicia, a la hora en que ello dependa del control de la conformidad a derecho, de la actividad de las otras ramas del poder público, y particularmente de la Administración Pública.

En efecto, el real o imaginario expediente administrativo, si es que es consignado en autos del expediente judicial, rara vez lo es en forma oportuna, vale decir, dentro del plazo otorgado por el tribunal (generalmente de diez –10– días de despacho), de modo que pueda el juez entrar en conocimiento del mismo antes de tener que pronunciarse liminarmente sobre la admisibilidad o no del recurso contencioso tributario, o a mas tardar durante la fase procesal de promoción de pruebas, de forma que pueda ser objeto del debate probatorio, mediando su control por la contraparte (el recurrente), en aplicación de los principios de comunidad[610] y concentración de la prueba.

[610] Kiriakidis L., Jorge C., "Las pruebas en el procesal administrativo", en "Derecho Contencioso Administrativo", obra colectiva Libro Homenaje al Profesor Luís Enrique Farias Mata, Colegio de Abogados del Estado Lara, Librería J. Rincón, Barquisimeto, 2006, páginas 280 y 281: "*... debe observarse que la presentación del expediente administrativo, y por ello el cumplimiento por la Administración de su carga, genera un efecto provisorio, el mantenimiento de la presunción de legalidad del acto, la cual, en todo caso podrá ser desvirtuada (esto ahora por virtud del principio de comunidad o adquisición de la prueba), o por las probanzas adicionales que traiga a juicio quien pretende la nulidad del acto*".

Muy por el contrario, burlando igualmente el principio de igualdad de las partes en el proceso, la representación judicial tributaria suele consignar, no el expediente administrativo que le es judicialmente pedido, sino una pretendida y nunca verificada (en su autenticidad y sinceridad) copia certificada[611], acompañando su escrito de informes, siendo que los informes (salvo la excepción de que hayan no obligatorias observaciones a los informes de la contraparte, o un extremadamente extraño auto para mejor proveer), constituyen la última actuación procesal de las partes en el juicio, o peor aun, pero no por ello menos frecuente, estando la causa ya en estado de sentencia, incluso meses y hasta años después de encontrarse en ese estado el juicio). Y, para colmo de males, hay que destacar que todo esto es así, no obstante que el recurrente haya promovido el expediente administrativo, por medio de la denominada prueba de su exhibición por la Administración Tributaria. De hecho, se aprecia que los casos excepcionales en los que el expediente administrativo es consignado antes del pronunciamiento judicial sobre la admisibilidad o no del recurso contencioso tributario, son aquellos en los cuales el representante judicial tributario excepcionalmente hace uso de su derecho procesal a oponerse a la admisión de dicho recurso, por ejemplo, en razón de la caducidad del lapso para recurrir u otra causal que se derive de la rápida vista del expediente administrativo.

En este punto conviene destacar jurisprudencia desarrollada especial pero no aisladamente por el Juzgado Superior Noveno de lo Contencioso Tributario, en sentencias como la trascendente (por lo que nos permitimos trascribirla *"in extenso"*) y ya citada N° 169 del 18 de mayo de 2005, caso: Helados Arco Iris, C.A., donde dentro del espíritu de la doctrina de la Sala Político-Administrativa del Tribunal Supremo de Justicia, se pone de manifiesto la aplicabilidad directa del régimen de la prueba de exhibición, en la valoración del expediente administrativo y su contenido:

> *"... la falta de presentación del expediente administrativo, aunado al hecho de que se acompañaron las Planillas de Pago en copia, tienen el mismo efecto de la prueba de exhibición en los casos en que la contraparte no los ha presentado....*
>
> ...

[611] Aunque se debe salvar el hecho de que la jurisprudencia admite que se trate de tales copias certificadas, como se aprecia en la sentencia N° 1257 del 12 de julio de 2007, dictada por la Sala Politico-Administrativa del Tribunal Supremo de Justicia, caso: Echo Chemical 2000, C.A.: *"No está de más apuntar, que la obligación de remisión del expediente administrativo por parte de la Administración, se refiere al deber de enviar una copia certificada de todo el expediente administrativo, puesto que el original siempre deberá quedar en poder del órgano remitente"*.

Sobre este particular la Sala Político Administrativa mediante decisión 0692 de fecha 21-05-02 señaló que:

> *"El expediente administrativo está constituido por el conjunto de actuaciones previas que están dirigidas a formar la voluntad administrativa, y deviene en la prueba documental que sustenta la decisión de la Administración. Por tanto, sólo a ésta le corresponde la carga de incorporar al proceso los antecedentes administrativos; su no remisión constituye una grave omisión que pudiera obrar en contra de la Administración y crear una presunción favorable a la pretensión de la parte accionante.*
>
> *Es así que en el caso bajo análisis, fue la demandante quien consignó con el escrito libelar y las Resoluciones números 159, 162, 163, 165, 166, 167, 168, 181, 183 y 185 del 01 de junio de 1999 y sus respectivas notificaciones, así como la Resolución No. 032 de fecha 26 de julio de 1999, el recurso jerárquico interpuesto contra ésta y la Resolución No. 005 del 28 de febrero de 2000 junto con su notificación.*
>
> *Pues bien, tanto los actos dictados el 01 de junio de 1999 como el de fecha 26 de julio del mismo año, fueron traídos al proceso en copias fotostáticas y para valorarlos, será preciso analizar la naturaleza jurídica del expediente administrativo, por ser éste el documento original del cual proceden los fotostatos, cuestión que pasa seguidamente a ser analizada.*
>
> *En este orden de ideas, ya la Sala ha establecido en anteriores fallos (sentencia No. 300 del 28 de mayo de 1998) que la especialidad del documento administrativo lo configura como una tercera categoría de prueba instrumental. En efecto, esta especial clase de documento escrito no puede asimilarse al documento público definido en el artículo 1.357 del Código Civil, pues no participa del carácter negocial que caracteriza a este último. Sin embargo, su carácter auténtico deviene del hecho de ser una declaración emanada de un funcionario público, con las formalidades exigidas en el artículo 18 de la Ley Orgánica de Procedimientos Administrativos.*
>
> *Así, conforme al criterio sostenido por la doctrina nacional mayoritaria, con el cual coincide esta Sala, el expediente administrativo se asemeja a los documentos privados reconocidos o tenidos por reconocidos (artículo 1.363 eiusdem), pero sólo en lo que concierne a su valor probatorio, dado que en ambos casos, se tiene por cierto su contenido, en tanto que las declaraciones efectuadas en dichos instrumentos no sean objeto de impugnación a través de cualquier género de prueba capaz de desvirtuar su veracidad.*
>
> *En razón de las anteriores consideraciones, a fin de valorar las pruebas traídas al proceso, consistentes en copias fotostáticas de actuaciones que forman parte del expediente administrativo, la Sala debe observar la regulación que en esta materia prevé el Código de Procedimiento Civil, texto de aplicación supletoria de acuerdo a lo dispuesto*

en el artículo 88 de la Ley Orgánica de la Corte Suprema de Justicia. En particular, el artículo 429 de dicho Código señala lo siguiente: "Los instrumentos públicos y los privados reconocidos o tenidos legalmente por reconocidos, podrán producirse en juicio originales o en copia certificada expedida por funcionarios competentes con arreglo a las leyes.
Las copias o reproducciones fotográficas, fotostáticas o por cualquier otro medio mecánico claramente inteligible, de estos instrumentos, se tendrán como fidedignas si no fueren impugnadas por el adversario, ya en la contestación de la demanda, si han sido producidas con el libelo, ya dentro de los cinco días siguientes, si han sido producidas con la contestación o en el lapso de promoción de pruebas. Las copias de esta especie producidas en cualquier otra oportunidad no tendrán ningún valor probatorio si no son aceptadas expresamente por la otra parte... (omissis)"
De la norma parcialmente transcrita, resulta entonces que el legislador ha establecido la regla de valoración en cuya aplicación el juez deberá apreciar las copias simples de documentos privados reconocidos o tenidos legalmente por reconocidos, los cuales, como ya se dijo, presentan semejanza con los documentos administrativos en lo que respecta a su eficacia probatoria.
Así, atendiendo al referido dispositivo, se observa que las copias fotostáticas de las resoluciones supra mencionadas, fueron producidas junto con la demanda; y visto que no fueron impugnadas por la representante de la República en la oportunidad de dar contestación a la demanda, las mismas deben ser tenidas como fidedignas. Así se decide.
...
Al igual que el Juez debe valorar los documentos del Expediente Administrativo, conforme a regla legal expresa en caso de que estos sean enviados por la Administración Tributaria, del mismo modo en el caso de la actitud contumaz de la Administración Tributaria para enviarlos debe valorarse por la regla legal afín al caso específico, puesto que se otorgaría a las partes una apreciación objetiva al no verse obligado el Juez en la necesidad de aplicar las reglas de la sana crítica, así el Artículo 509 del Código de Procedimiento Civil, viene a complementar el asunto de la apreciación de la prueba al obligar a los jueces a "...analizar y juzgar todas cuantas pruebas se hayan producido, aun aquellas que a su juicio no fueren idóneas para ofrecer algún elemento de convicción, expresándose siempre cuál sea el criterio del Juez respecto de ellas."
De esta forma a los jueces contencioso tributarios se les presentan dos situaciones con respecto al expediente administrativo, una de ellas es el análisis conforme a las disposiciones contenidas en los artículos 429 y siguientes y dentro de estas disposiciones las relativas a la falta de presentación del expediente administrativo, que a criterio de este sentenciador deben apreciarse especialmente conforme al Artículo 436 del Código de Procedimiento Civil, toda vez que tal situación se asemeja a

aquellos casos en los cuales un documento solicitado por el Juez a la parte contraria y que no es presentado en su oportunidad.
En efecto, el Artículo 436 señala que para la prueba de exhibición proceda, la parte que deba servirse de un documento que se encuentra en poder del adversario, de solicitar al Juez de la causa dicha exhibición en segundo lugar debe acompañar copia del documento o la afirmación de los datos y la presunción grave de que el instrumento se haya en poder del sujeto a ser intimado por el Tribunal, con la consecuencia, de que si no fuese exhibido en el plazo indicado se tendrá como exacto el documento presentado en copia fotostática o como ciertos los datos afirmados por el solicitante, esto aunado a que además las Panillas de Pago presentadas en copias fotostáticas, están acompañadas de la renovación de la autorización (también en copias sin certificar), tal como se puede apreciar de los folios 40, 42 y 44 del presente expediente, y esto indica que la Administración Tributaria emitió la renovación y que en sus archivos y en el expediente administrativo deben reposar los originales, lo cual le da a esas fotocopias el carácter de fidedignas.
De esta forma se debe recalcar que la aplicación de los efectos de la exhibición en el procedimiento contencioso tributario, sufre una pequeña variación con respecto al Código de Procedimiento Civil, toda vez que el legislador consideró fundamental que la Administración Tributaria presentase el expediente administrativo durante el proceso, ya no es una parte la que solicita, aunque no está limitada a solicitarlo en su oportunidad, sino la ley que ordena al Juez solicitarlo y a la Administración Tributaria a presentarlo. Como existe la presunción de la existencia del expediente toda vez que es fundamental para que la Administración motive el acto (Artículo 9 Ley Orgánica de Procedimientos Administrativos) y que además es la garantía del administrado de que se le observó el debido proceso y que se le otorgó derecho a defenderse, entre otros aspectos, por mandato legal (Artículo 31 Ley Orgánica de Procedimientos Administrativos), es evidente que si existe expediente administrativo debe la Administración Tributaria, en todo caso, traerlo al proceso para que el Juez Contencioso examine los hechos y el derecho aplicable al caso concreto.
De esta forma no existe justificación válida de la falta de presentación del expediente, y por supuesto al esgrimirse como ciertos hechos durante el trámite del Recurso Contencioso Tributario, el Juez tiene de alguna forma adaptar la norma idónea para valorar esta situación, de esta forma es que este Sentenciador considera que en aplicación de la normativa probatoria y ante la obligación de tasar o apreciar bajo el régimen de la sana crítica, debe en primer lugar agotarse las normas afines idóneas y luego sacar elementos de convicción sobre la base de "...presunciones que su prudente arbitrio le aconsejen..." (Artículo 436 parte in fine).
Así en los casos en que la Administración Tributaria no presente el expediente administrativo, la falta del mismo en el proceso debe tener las consecuencias del Artículo 436 del Código de Procedimiento Civil,

> *puesto que la Administración Tributaria no se puede escudar en la presunción de legitimidad y veracidad de las Actas, si no somete a consideración del Juez, las actuaciones que sirven de motiva para el acto cuya nulidad se pretende en sede jurisdiccional. Pensar lo contrario sería cercenar el derecho a la prueba y limitar al Juez al conocimiento de la verdad al cual está obligado conforme al Artículo 12 del Código de Procedimiento Civil, ...*
>
> ...
>
> *Del presente asunto se puede observar en los folios 61 y 62 que se le solicitó a la Administración Tributaria el expediente administrativo de conformidad con el Artículo 264 del Código Orgánico Tributario, y que además no lo presentó, así como la aseveración de la Administración Tributaria de haberlos recibido en ocasión al Recurso Jerárquico, tal y como consta en el original presentado conjuntamente con el escrito recursorio, hacen que este Tribunal considere y declare por ciertos los documentos presentados en copias conjuntamente con el escrito recursorio en los cuales constan la Constancia de Registro de Expendios de Alcohol y Especies Alcohólicas, sus renovaciones y sus pagos. Así se declara".*

Sigue pues el tribunal de primera instancia la jurisprudencia sentada en la sentencia N° 692 del 21 de mayo de 2002, de la Sala Político-Administrativa del Tribunal Supremo de Justicia, caso: Aserca Airlines, C.A.:

> *"Ahora bien, en el caso de autos se observa que el Ministerio de Infraestructura no remitió el expediente administrativo, no obstante que el mismo fue requerido por este Tribunal en dos oportunidades mediante oficios de fechas 21 de septiembre y 24 de octubre de 2000. De otra parte, no escapa a la Sala la circunstancia de que la Procuraduría General de la República no hizo alusión a tal conducta omisiva, a pesar de que abundó en detalles al exponer sus argumentos en torno a los hechos que llevaron a la Administración a dictar el acto que es objeto del presente recurso. Igualmente, se deja constancia de que el Ministerio Público tampoco desplegó actuación alguna en el presente juicio, para llamar la atención de la Sala en cuanto a la falta de remisión del expediente administrativo; lo antes dicho reviste especial importancia, pues encontrándose facultado por disposición constitucional para actuar como parte de buena fe, pudo en todo caso advertir la tantas veces referida omisión.*
>
> *En este sentido, se insiste en que la remisión de los antecedentes administrativos es una carga procesal de la Administración, cuya omisión puede acarrear consecuencias negativas para ésta como parte que es en el proceso, pues no puede el juzgador apreciar en todo su valor el procedimiento administrativo, así como tampoco las razones de hecho y de derecho que fundamentaron la decisión.*

De allí que en el caso bajo análisis, la falta de expediente administrativo impide el debido examen de la adecuación de las circunstancias fácticas que dieron lugar al acto administrativo impugnado con el supuesto de hecho contenido en el dispositivo legal ya referido; de esta manera, ha de establecerse una presunción favorable a la pretensión de la actora, y en consecuencia, debe declararse forzosamente la procedencia de la denuncia planteada. Así se declara".

De la misma forma, el citado criterio jurisprudencial de primera instancia, acerca del valor probatorio del expediente administrativo y de los documentos que lo componen, ha sido acogido pacíficamente por el Máximo Tribunal, como se desprende de fallos como el contenido en la sentencia N° 503 del 30 de abril de 2008, dictada por la Sala Político-Administrativa del Tribunal Supremo de Justicia, caso: Sarinomar, Asesores Administrativos, S.R.L. vs C.A. Hidrológica de la Región Capital (HIDROCAPITAL):

"En efecto, conforme al criterio jurisprudencial imperante sobre la materia, el documento administrativo es el que emana de un funcionario competente con arreglo a las formalidades de ley, que contiene una declaración de voluntad destinada a producir efectos jurídicos; asimilándose, en lo que atañe a su valor probatorio, a los instrumentos privados reconocidos o tenidos legalmente por reconocidos, en los términos establecidos en el artículo 1.363 del Código Civil, toda vez que hacen fe del hecho material de las declaraciones en ellos contenidas, hasta prueba en contrario. (Vid. Sentencias de esta Sala números 01257 y 00117 del 12 de julio de 2007 y 29 de enero de 2008, respectivamente).
De conformidad con lo expuesto, la comunicación dirigida por la compañía anónima Hidrológica de la Región Capital (HIDROCAPITAL) a la sociedad mercantil Sarinomar, Asesores Administrativos, S.R.L. en fecha 29 de abril de 1999, debe tenerse como cierta, toda vez que no consta en autos prueba alguna que desvirtúe su contenido, otorgándole la Sala valor probatorio. Así se declara".

En consecuencia, ha admitido la jurisprudencia en general la posibilidad, al margen de la petición que obligatoriamente ha de hacer el tribunal a la Administración Pública, de remisión del expediente administrativo, de que el recurrente lo promueva por vía de prueba de exhibición, siempre que se acompañen copias simples de, o se identifiquen suficientemente, los documentos en concreto que se supone están contenidos en el expediente administrativo y sobre los cuales exista controversia, como se aprecia de la sentencia N° 878 del 17 de junio de 2009, dictada por la Sala Político-Administrativa del Tribunal Supremo de Justicia, caso: Metanol de Oriente Metor, C.A.:

"Del texto arriba citado, se aprecia que la parte promovente no precisó el objeto de la prueba, en virtud de que el expediente administrativo está conformado por un conjunto de actuaciones previas debidamente documentadas, dirigidas a formar la voluntad administrativa y no debe confundirse el valor probatorio de las copias certificadas del expediente administrativo como una unidad íntegra, con las actas que lo conforman individualmente consideradas, puesto que dichas actas poseen su valor probatorio propio según el tipo de documento que se trate. (vid. sentencia de esta Sala N° 01257 de fecha 12 de julio de 2007, caso: ECHO CHEMICAL 2000 C.A.).

De manera, que tal como lo declaró el a quo la contribuyente incumplió con el requisito previsto por el legislador en el artículo 436 del Código de Procedimiento Civil, en primer lugar al no consignar copia del documento y en segundo término, al no señalar los datos acerca del contenido del instrumento cuya exhibición pretendía. De ahí que no pueda darse la consecuencia jurídica según la cual deben tenerse "como ciertos los datos afirmados por la solicitante".

En efecto, en el escrito de promoción de pruebas no se indicó de manera concreta el objeto de la prueba de exhibición y no se precisó el contenido de los instrumentos que reposaban en el expediente administrativo que demostrasen el crédito fiscal que pretendía recuperar la contribuyente. Asimismo, en los hechos alegados en el escrito del recurso contencioso tributario, tampoco se hizo mención alguna al contenido de documentos que desvirtuara la actuación de la Administración Tributaria".

Incluso, claramente por lo que respecta a las reglas de valoración de la prueba de exhibición, y su aplicabilidad al proceso contencioso tributario tratándose del expediente administrativo, el Juzgado Superior Noveno de lo Contencioso Tributario ha continuado con su desarrollo (como se dijo con el aval del Máximo Tribunal), como se aprecia en su sentencia N° 028/2008 del 29 de febrero de 2008, caso: Banco Canarias de Venezuela, Banco Universal C.A.:

"De esta forma a los jueces contencioso tributarios se les presentan dos situaciones con respecto al expediente administrativo, una de ellas es el análisis conforme a las disposiciones contenidas en los artículos 429 y siguientes y dentro de estas disposiciones las relativas a la falta de presentación del expediente administrativo, que a criterio de este sentenciador deben apreciarse especialmente conforme al Artículo 436 del Código de Procedimiento Civil, toda vez que tal situación se asemeja a aquellos casos en los cuales un documento solicitado por el Juez a la parte contraria y que no es presentado en su oportunidad.

En efecto, el Artículo 436 del Código de Procedimiento Civil, señala que para la prueba de exhibición proceda, la parte que deba servirse de un documento que se encuentra en poder del adversario, de solicitar al

Juez de la causa dicha exhibición en segundo lugar debe acompañar copia del documento o la afirmación de los datos y la presunción grave de que el instrumento se halla en poder del sujeto a ser intimado por el Tribunal, con la consecuencia, de que si no fuese exhibido en el plazo indicado se tendrá como exacto el documento presentado en copia fotostática o como ciertos los datos afirmados por el solicitante. En el procedimiento contencioso tributario, la situación sufre una pequeña variación con respecto al Código de Procedimiento Civil, toda vez que el legislador consideró fundamental que la Administración Tributaria presentase el expediente administrativo durante el proceso, ya no es una parte la que solicita, aunque no está limitada a solicitarlo en su oportunidad, sino la ley que ordena al Juez solicitarlo y a la Administración Tributaria a presentarlo. Como existe la presunción de la existencia del expediente toda vez que es fundamental para que la Administración motive el acto (Artículo 9 Ley Orgánica de Procedimientos Administrativos y 191 numeral 6 del Código Orgánico Tributario) y que además es la garantía del administrado de que se le observó el debido proceso y que se le otorgó derecho a defenderse, entre otros aspectos, por mandato legal (Artículo 31 Ley Orgánica de Procedimientos Administrativos), es evidente que si existe expediente administrativo debe la Administración Tributaria, en todo caso, traerlo al proceso para que el Juez Contencioso examine los hechos y el derecho aplicable al caso concreto.

De esta forma no existe justificación válida de la falta de presentación del expediente de forma parcial, y por supuesto al esgrimirse como ciertos hechos durante el trámite del Recurso Contencioso Tributario, el Juez tiene de alguna forma adaptar la norma idónea para valorar esta situación, de esta forma es que este Sentenciador considera que en aplicación de la normativa probatoria y ante la obligación de tasar o apreciar bajo el régimen de la sana crítica, debe en primer lugar agostarse las normas afines idóneas y luego sacar elementos de convicción sobre la base de "...presunciones que su prudente arbitrio le aconsejen..." (Artículo 436 del Código de Procedimiento Civil parte in fine).

Así en los casos en que la Administración Tributaria no presente la totalidad del expediente administrativo, la falta del mismo en el proceso debe tener las consecuencias del Artículo 436 del Código de Procedimiento Civil, puesto que la Administración Tributaria no se puede escudar en la presunción de legitimidad y veracidad de las Actas, si no somete a consideración del Juez, las actuaciones que sirven de motiva para el acto cuya nulidad se pretende en sede jurisdiccional. Pensar lo contrario sería cercenar el derecho a la prueba y limitar al Juez al conocimiento de la verdad al cual está obligado conforme al Artículo 12 del Código de Procedimiento Civil.

Del presente asunto se puede observar en el folio 103 del presente expediente, que se le solicitó a la Administración Tributaria el expediente administrativo de conformidad con la parte final del Parágrafo Único del Artículo 264 del Código Orgánico Tributario, igualmente se

> *le intimó en virtud del auto de admisión de pruebas de fecha 14 de julio de 2006, y que además no lo presentó en su totalidad, en consecuencia, este Tribunal declara por cierto que se haya presentado ante la Administración Tributaria el contrato suscrito por la recurrente, ...".*

Pues bien, dejemos de lado la vulneración del derecho al debido proceso, al impedirse el control de la prueba del expediente administrativo por parte del recurrente, el silencio de prueba, de no haberse evacuado la debidamente promovida exhibición total o parcial del contenido del expediente administrativo, la violación de los principios de comunidad y de concentración de la prueba y de igualdad de las partes en el proceso, y tantos otros temas vinculados y relevantes, y concentrémonos en el valor probatorio del expediente administrativo, dado que, frente a tan nefasta práctica administrativa, la jurisprudencia ha venido añadiendo (aunque con va-y-venes) un tercer elemento indispensable para que el expediente administrativo tenga valor probatorio en la sede judicial, o mejor aun, para que sea obligatorio para el juez reconocerle valor probatorio, debiendo considerarlo, que tiene que ver con la oportunidad de su consignación en autos del expediente judicial.

Desde esta perspectiva, a título meramente ilustrativo, conviene tener presente el contenido de la muy importante sentencia del Juzgado Superior Octavo de lo Contencioso Tributario, del 31 de marzo de 2004, caso Ramón Eduardo Tello Arráiz, en su parte dedicada precisamente a determinar las circunstancias temporales que permiten reconocer valor probatorio al expediente administrativo, siguiendo jurisprudencia en ese sentido emanada ya de la Sala Político-Administrativa de la otrora Corte Suprema de Justicia, para aquel entonces.

Así, el fallo en cuestión afirma que los documentos que están dentro del expediente administrativo conforman una categoría distinta y autónoma de los documentos públicos y de los documentos privados, particularmente expresando que:

> *"... los documentos administrativos constituyen una tercera categoría de documentos que por contener una declaración administrativa emanada de un funcionario de la Administración Pública en el ejercicio de sus funciones poseen una presunción de veracidad, legitimidad y autenticidad que es consecuencia del principio de ejecutoriedad y ejecutividad de los actos administrativos.*
> *Por consiguiente, <u>los expedientes o documentos administrativos</u>, al no ser documentos públicos ni privados, ..., constituyen una categoría aparte respecto de la cual resultan aplicables las disposiciones generales del Código de Procedimiento Civil en materia probatoria, esto es, que los mismos <u>deben anunciarse en la fase de promoción y producirse en la fase de evacuación</u>.*

> *Se insiste en el hecho de que el momento en que la Administración recurrida puede promover y consignar en juicio el expediente administrativo, según lo determinó la decisión, ..., de la Sala Político-Administrativa de la extinta Corte Suprema de Justicia, debe ser en la fase de promoción de pruebas y en la de evacuación, respectivamente; esto es, dentro del lapso probatorio.*
>
> *Ello se justifica, además, por el principio de la contradicción de la prueba, el cual implica que la parte contra quien se opone una prueba debe gozar de la oportunidad procesal para conocerla y discutirla; y la oportunidad procesal idónea para ello no es otra que la etapa probatoria. Aunado a ello, se encuentra también el principio de la concentración de la prueba, conforme al cual debe procurarse practicar las pruebas en una misma etapa del proceso, lo que implica el respeto de un necesario equilibrio procesal entre los participantes de un litigio.*
>
> *Por consiguiente, y conforme a los principios expuestos, resultará ineficaz por extemporáneo un documento o expediente administrativo que no sea presentado en la etapa probatoria del proceso.*
>
> *Finalmente es digno mencionar que en juicios como el presente, en el que se persigue la nulidad de un reparo fiscal, al tratarse de la revisión de actuaciones administrativas, es la Administración Tributaria la que tiene en su poder la documentación relativa al caso que se juzga. En materia contencioso tributaria se ha admitido la carga efectiva de probar a quienes tienen en sus manos los medios probatorios, aun cuando tenga efecto contra ella misma, así la regla "actori incumbi probatio" tiene limites en su aplicación dentro de los juicios contencioso tributarios, ya que la ausencia de la documentación administrativa la soporta quien pudo procurarla, es decir, la administración recurrida...*" (Subrayados del autor).

Como puede apreciarse, el fallo establece que el expediente administrativo es un conjunto de documentos administrativos que, al no tratarse de documentos públicos, no pueden ser traídos al proceso en cualquier estado y grado de la causa, sino que deben ser promovidos y evacuados en juicio, en las condiciones de los documentos privados, siguiendo las pautas legales correspondientes, es decir dentro de los lapsos respectivos de promoción y evacuación de pruebas[612].

[612] Artículo 269 del Código Orgánico Tributario: *"Dentro de los primeros diez (10) días de despacho siguientes de la apertura del lapso probatorio las partes podrán promover las pruebas de que quieran valerse...".*
Artículo 271 del Código Orgánico Tributario: *"Admitidas las pruebas o dadas por admitidas, conforme a los artículos precedentes, se abrirá un lapso de veinte (20) días de despacho para la evacuación de las pruebas, pero si hubieren de practicarse algunas mediante comisión dada a otro Tribunal, se hará el cómputo conforme lo prevé el artículo 400 del Código de Procedimiento Civil".*

En este orden de ideas, estando el expediente administrativo en poder de la Administración Tributaria, es ella quien tiene la carga de llevarlo a los autos, pero dentro del lapso probatorio respectivo, so pena de ser desestimado por preclusión. En otras palabras, de ser consignado en autos del expediente judicial concluida la etapa probatoria, sea en la oportunidad de informes o vista la causa, el expediente administrativo, aunque en los hechos haya sido llevado dentro de los extremos de la racionalidad y la transparencia, no tendrá valor probatorio alguno, por haber precluido la oportunidad para su eficaz consignación.

Por tanto, en esas circunstancias, un eventual alegato de inexistencia o irregularidad del expediente administrativo o de ausencia total o de una fase esencial del procedimiento administrativo, debía prosperar, conduciendo indefectiblemente a la declaratoria con lugar del recurso contencioso tributario, en castigo a la negligencia profesional del litigante representante judicial tributario (aunque la falta sea en realidad imputable a la Administración activa que no le suministra a tiempo el expediente administrativo).

Desde esta perspectiva, tras un análisis bastante riguroso del tema, en definitiva el fallo condena la práctica forense de los representantes judiciales tributarios, de consignar el expediente administrativo (cuando lo hacen), con ocasión de la presentación del escrito de informes, o incluso con posterioridad a ello, estando ya en estado de sentencia, violentando el derecho de la otra parte a ejercer el control de la prueba que ha sido promovida en su contra.

Finalmente, en su sentencia citada, el Juzgado Superior Octavo de lo Contencioso Tributario, en actuación pedagógica, conmina al abogado representante judicial del Fisco Nacional:

> *"a ser más diligente en el ejercicio de sus funciones, ya que la presentación extemporánea por retrasada del expediente administrativo pudiera lesionar los intereses y derechos de su representado en juicio; advirtiéndosele que, de presentarse nuevamente esa situación en cualesquiera de los juicios que cursan ante este Tribunal en los que sea parte el Fisco Nacional y que estén bajo su responsabilidad, se procederá a oficiar al Tribunal Disciplinario del Colegio de Abogados en el cual se encuentre inscrito, a los fines de que se determine la procedencia de las respectivas sanciones disciplinarias".*

Siguió pues el Juzgado Superior Octavo de lo Contencioso Tributario, en ese caso como en otros, al igual que otros tribunales competentes en la materia, lo que había sido entendido como la doctrina jurisprudencial tradicional del Máximo Tribunal, desde antes del cambio constitucional, pero con mayor razón luego del mismo, en cuanto a la preclusiva oportunidad para la consignación del expediente administrativo, tratándose sus copias certificadas de documentos privados reconocidos, tal como puede observarse de la citada sentencia N° 692, dictada por la Sala Político-Administrativa del Tribunal Supremo de Justicia, en fecha 21 de mayo de 2002, caso Aserca Airlines, C.A.:

> *"2.- Asimismo, pudo apreciarse que el Ministerio de Infraestructura no remitió el expediente administrativo que le fuera solicitado por este Tribunal mediante oficios números 2.329 y 1.780 de fechas 21 de septiembre y 24 de octubre de 2000, respectivamente.*
> *El expediente administrativo está constituido por el conjunto de actuaciones previas que están dirigidas a formar la voluntad administrativa, y deviene en la prueba documental que sustenta la decisión de la Administración. Por tanto, sólo a ésta le corresponde la carga de incorporar al proceso los antecedentes administrativos; su no remisión constituye una grave omisión que pudiera obrar en contra de la Administración y crear una presunción favorable a la pretensión de la parte accionante.*
> *Es así que en el caso bajo análisis, fue la demandante quien consignó con el escrito libelar y las Resoluciones números 159, 162, 163, 165, 166, 167, 168, 181, 183 y 185 del 01 de junio de 1999 y sus respectivas notificaciones, así como la Resolución No. 032 de fecha 26 de julio de 1999, el recurso jerárquico interpuesto contra ésta y la Resolución No. 005 del 28 de febrero de 2000 junto con su notificación.*
> *Pues bien, tanto los actos dictados el 01 de junio de 1999 como el de fecha 26 de julio del mismo año, fueron traídos al proceso en copias fotostáticas y para valorarlos, será preciso analizar la naturaleza jurídica del expediente administrativo, por ser éste el documento original del cual proceden los fotostatos, cuestión que pasa seguidamente a ser analizada.*
> *En este orden de ideas, ya la Sala ha establecido en anteriores fallos (sentencia No. 300 del 28 de mayo de 1998) que la especialidad del documento administrativo lo configura como una tercera categoría de prueba instrumental. En efecto, esta especial clase de documento escrito no puede asimilarse al documento público definido en el artículo 1.357 del Código Civil, pues no participa del carácter negocial que caracteriza a este último. Sin embargo, su carácter auténtico deviene del hecho de ser una declaración emanada de un funcionario público, con las formalidades exigidas en el artículo 18 de la Ley Orgánica de Procedimientos Administrativos.*
> *Así, conforme al criterio sostenido por la doctrina nacional mayoritaria, con el cual coincide esta Sala, el expediente administrativo se asemeja a los documentos privados reconocidos o tenidos por reconocidos (artículo 1.363 eiusdem), pero sólo en lo que concierne a su valor probatorio, dado que en ambos casos, se tiene por cierto su contenido, en tanto que las declaraciones efectuadas en dichos instrumentos no*

> *sean objeto de impugnación a través de cualquier género de prueba capaz de desvirtuar su veracidad.*
> *En razón de las anteriores consideraciones, a fin de valorar las pruebas traídas al proceso, consistentes en copias fotostáticas de actuaciones que forman parte del expediente administrativo, la Sala debe observar la regulación que en esta materia prevé el Código de Procedimiento Civil, texto de aplicación supletoria de acuerdo a lo dispuesto en el artículo 88 de la Ley Orgánica de la Corte Suprema de Justicia.*
> *En particular, el artículo 429 de dicho Código señala lo siguiente:*
>
> > *"Los instrumentos públicos y los privados reconocidos o tenidos legalmente por reconocidos, podrán producirse en juicio originales o en copia certificada expedida por funcionarios competentes con arreglo a las leyes.*
> > *Las copias o reproducciones fotográficas, fotostáticas o por cualquier otro medio mecánico claramente inteligible, de estos instrumentos, se tendrán como fidedignas si no fueren impugnadas por el adversario, ya en la contestación de la demanda, si han sido producidas con el libelo, ya dentro de los cinco días siguientes, si han sido producidas con la contestación o en el lapso de promoción de pruebas. Las copias de esta especie producidas en cualquier otra oportunidad no tendrán ningún valor probatorio si no son aceptadas expresamente por la otra parte... (omissis)".*
>
> *De la norma parcialmente transcrita, resulta entonces que el legislador ha establecido la regla de valoración en cuya aplicación el juez deberá apreciar las copias simples de documentos privados reconocidos o tenidos legalmente por reconocidos, los cuales, como ya se dijo, presentan semejanza con los documentos administrativos en lo que respecta a su eficacia probatoria.*
> *Así, atendiendo al referido dispositivo, se observa que las copias fotostáticas de las resoluciones supra mencionadas, fueron producidas junto con la demanda; y visto que no fueron impugnadas por la representante de la República en la oportunidad de dar contestación a la demanda, las mismas deben ser tenidas como fidedignas. Así se decide".*

Y, a mucho mayor abundamiento, conviene descollar muy en alto que la doctrina nacional especializada en el tema probatorio en el ámbito del derecho procesal administrativo, reconoce efectos probatorios trascendentes, no solamente a la oportuna consignación del expediente administrativo, en los términos vistos, sino que los admite, y no menos importantes, cuando no se consigna del todo el expediente administrativo, sea que haya mediado requerimiento judicial o promoción de la prueba de exhibición por el recurrente, en el sentido de que no solamente quedaría sin demostración la existencia del procedimiento administrativo y la racionalidad y accesibilidad del expediente administrativo, sino que se liberaría de carga probatoria al recurrente, de desvirtuar la presunción de veracidad y legitimidad del acto administrativo impugnado.

En tal sentido, de manera ilustrativa citamos al administrativista profesor Jorge C. Kiriakidis L., quien en su investigación "Las pruebas en el procesal administrativo", en "Derecho Contencioso Administrativo", obra colectiva Libro Homenaje al Profesor Luís Enrique Farias Mata, Colegio de Abogados del Estado Lara, Librería J. Rincón, Barquisimeto, 2006, páginas 282 y 283, y consideramos con apego a un moderno y eficiente Estado de Derecho y de Justicia, que:

> *"...para que esta carga de probar surja en el recurrente se requiere la existencia y la consignación en juicio del expediente administrativo, que es un elemento fundamental para que la apariencia de legalidad del acto se mantenga en el juicio. De lo contrario, es decir, de no existir el expediente o de no ser enviado este al Tribunal, la presentación de legalidad que acompaña al acto desaparece, y se hace innecesaria cualquier prueba sobre la ilegalidad del acto, pues en ausencia de expediente administrativo el acto ni siquiera puede ser calificado de tal, pues al no mediar evidencia del procedimiento para su constitución esa actuación sólo puede ser reconocida como una vía de hecho de la Administración. Tal y como lo señala RUAN SANTOS[613], abundante jurisprudencia, citada antes, y la correcta interpretación del principio de la presunción de legalidad de los actos, abona a favor de este criterio".*

Empero, por razones que escapan a nuestra comprensión, por asumir que su fundamento sería contrario a los principios constitucionales de transparencia, de información y de participación, y a los derechos humanos al debido proceso y a la tutela judicial efectiva, así como vulnerador de los principios de celeridad y economía procesal, y de control y concentración de la prueba, aunado todo ello a la burla a la obligación de acatar las órdenes judiciales, y al deber de probidad y lealtad frente al juez y al adversario litigioso, para solo citar algunos de los inconvenientes presentes ya evocados, es lo cierto que la mas reciente jurisprudencia del Máximo Tribunal, sobre el tema, termina propiciando en buena medida la arbitrariedad administrativa, cuando ahora permite a la Administración Pública remitir el expediente administrativo al órgano jurisdiccional, con vocación probatoria, estando ya en estado de sentencia el juicio, vale decir, sin preclusividad alguna, como si se tratase de un documento público, carácter que paradójicamente le ha sido negado por la jurisprudencia.

En efecto, en la mencionada sentencia Nº 1257 del 12 de julio de 2007, dictada por la Sala Político-Administrativa del Tribunal Supremo de Justicia, caso: Echo Chemical 2000, C.A., se observa:

---

[613] Ruan Santos, Gabriel, "El mito de la presunción de legitimidad del acto administrativo: Límites de su alcance. Especial referencia a los actos de determinación tributaria y las actas fiscales", Revista de Derecho Probatorio Nro. 12, Editorial Jurídica Ávila, Caracas, 2000.

"...el expediente administrativo dentro del proceso contencioso administrativo de anulación se erige como requisito fundamental para la búsqueda de la verdad material, por lo que constituye una prueba de importancia medular para que el juez contencioso administrativo pueda formarse una acertada convicción sobre los hechos y garantice que el proceso sirva como un instrumento para la realización de la justicia, como lo dispone el artículo 257 del Texto Fundamental.

...

De esta manera, ¿cuál es el régimen aplicable para enervar el valor probatorio de un instrumento privado reconocido o tenido legalmente reconocido que emana de las copias certificadas de un expediente administrativo?

Si el expediente administrativo se asemeja en su valor probatorio al instrumento privado reconocido o tenido legalmente por reconocido, su impugnación no puede hacerse por la vía de tacha de falsedad, por prohibición expresa del último aparte del artículo 1.381 del Código Civil.

Al no ser dicho expediente un documento público o auténtico, tampoco puede aplicarse la tacha de falsedad prevista para este tipo de instrumentos.

Como puede observarse, la ley no prevé un procedimiento específico para la impugnación de las copias certificadas de este tipo de instrumento, concretamente, del expediente administrativo, toda vez que la impugnación se dirige a la verificación de la falta de adecuación entre el expediente administrativo que consta en autos y las actuaciones que conformaron ese expediente administrativo, por inexactitud, error o adulteración de la verdad.

En estos casos, siendo como es que esa impugnación debe estar dirigida a discutir la exactitud o veracidad de las actas que fueron remitidas por la Administración al Tribunal, bien porque algún acta haya sido mutilada, falseada, cambiada en su contenido, no conste en el expediente remitido o por cualquier otro motivo, considera esta Sala aplicable analógicamente a este tipo de instrumento, el régimen previsto en el artículo 429 del Código de Procedimiento Civil para las copias simples, el cual es del tenor siguiente:

> *"Artículo 429.* ***Los instrumentos públicos y los privados reconocidos o tenidos legalmente por reconocidos, podrán producirse en juicio en originales o en copia certificada expedida por funcionarios competentes con arreglo a las leyes.***
>
> *Las copias o reproducciones fotográficas, fotostáticas o por cualquier otro medio mecánico claramente inteligible, de estos instrumentos, se tendrán como fidedignas si no fueren impugnadas por el adversario, ya en la contestación de la demanda, si han sido producidas con el libelo, ya dentro de los cinco días siguientes, si han sido producidas con la contestación o en el lapso de promoción de*

pruebas. Las copias de esta especie producidas en cualquier otra oportunidad, no tendrán ningún valor probatorio si no son aceptadas expresamente por la otra parte.
La parte que quiera servirse de la copia impugnada, podrá solicitar su cotejo con el original, o a falta de éste con una copia certificada expedida con anterioridad a aquella. *El cotejo se efectuará mediante inspección ocular o mediante uno o más peritos que designe el Juez, a costa de la parte solicitante. Nada de esto obstará para que la parte produzca y haga valer el original del instrumento o copia certificada del mismo si lo prefiere." (Negrillas de la Sala).*

Como se advirtiera, la impugnación de todo o parte del expediente administrativo dentro del proceso contencioso administrativo de anulación, busca contradecir que el expediente consignado en autos es el mismo al cual tuvo acceso el particular interesado, y que todos los antecedentes para la formación de la voluntad de la Administración se encuentran agregados al expediente respectivo. Por ello, en estos casos, resulta aplicable lo dispuesto en el artículo anteriormente transcrito en lo referente a las copias simples, puesto que, en principio, el cotejo con el expediente original bastará para demostrar la exactitud de las copias consignadas en autos.

Lo anterior es diferente a la mal denominada impugnación de los documentos administrativos, ya que en estos casos no existe un procedimiento especial, sino que el recurrente simplemente tendrá que aportar la contraprueba necesaria para enervar la eficacia probatoria de éstos en el lapso de promoción y evacuación de pruebas correspondiente.

Volviendo sobre lo expuesto, las oportunidades procesales para la impugnación del expediente administrativo serán las previstas en el artículo 429 del Código de Procedimiento Civil, con las particularidades expuestas en este fallo, por cuanto en contraposición con el proceso civil, en el proceso contencioso administrativo de anulación no existe oportunidad procesal para la contestación de la demanda, por lo que si el expediente administrativo es consignado en autos antes del inicio del lapso de promoción de pruebas o durante dicho lapso, la oportunidad para impugnar será dentro de los cinco (5) días siguientes al vencimiento del lapso de promoción de pruebas, sin menoscabo de que en un ejercicio diligente del derecho a la defensa el recurrente realice la impugnación en el propio escrito de promoción.

Ahora bien, ¿si el expediente administrativo es producido después del lapso de promoción de pruebas, debe esta Sala valorarlo y puede la parte recurrente impugnarlo?

Considera la Sala que la respuesta a ambas interrogantes es afirmativa, puesto que no comparte el criterio asumido por la Sala Político-Administrativa de la extinta Corte Suprema de Justicia en la sentencia No. 300 de fecha 28 de mayo de 1998, en donde se estableció lo siguiente:

> *"Comparte esta Sala el criterio de la recurrida, en el sentido de que los* ***documentos administrativos*** *(rectius: expediente administrativo) promovidos por el apelante no tienen el carácter de instrumentos públicos conforme lo establecido en el artículo 1.357 del Código Civil y, por ende, no pueden producirse 'en todo tiempo, hasta los últimos informes'. En efecto, como se explicó con anterioridad, la posibilidad consagrada en el artículo 435 del Código de Procedimiento Civil, de llevar pruebas al expediente (instrumentos públicos en este caso) luego de fenecida la etapa de evacuación, constituye una excepción al principio general de que las pruebas deben anunciarse en la etapa de promoción y producirse en la etapa de evacuación, y como toda excepción, debe ser interpretada de manera restringida, sin que tengan cabida interpretaciones o aplicaciones extensivas o analógicas de dicho precepto.*
> *(...)*
> *Observa la Sala finalmente, que no existiendo una disposición procesal especial que regule la oportunidad en que deben producirse en juicio los* ***documentos administrativos****, (rectius: expediente administrativo) razón por la cual resulta plenamente aplicable, en esta materia, el principio general consagrado en los artículos 396 y 400 del Código de Procedimiento Civil. En tal virtud, las partes que quieran servirse de esta especie de documento pueden anunciarlo o promoverlo en el lapso de promoción y producirlos o evacuarlos en la etapa de evacuación de pruebas. (Negrillas del original).*

El criterio contenido en el fallo parcialmente transcrito, implica que el expediente administrativo sólo puede ser producido por la Administración hasta el lapso de evacuación de pruebas, siempre y cuando lo haya anunciado en el lapso de promoción, ya que después de esa oportunidad no tendría que ser valorado por el juez contencioso administrativo.

No puede compartir esta Sala tal interpretación, puesto que tal y como se advirtiera, el expediente administrativo por el carácter central y fundamental que tiene dentro del proceso para el juez en la búsqueda de la verdad material, no puede concebirse dentro del binomio clásico del proceso civil como una prueba que sustenta el ataque o defensa de las partes en conflicto, ya que, precisamente, al tratarse la labor del juez contencioso administrativo de la determinación de la conformidad a derecho o no del acto administrativo que se pretende anular, dicho expediente puede consignarse en cualquier tiempo –antes de la sentencia claro está–, no aplicándosele las restricciones para su producción en juicio relativas a los instrumentos públicos y privados, previstas en el Código de Procedimiento Civil para este tipo de instrumentos. Así se declara.

No obstante lo expuesto, observa esta Sala que el hecho de que el expediente administrativo pueda ser consignado en cualquier tiempo, no implica una autorización para que la Administración pueda retardar

> *el cumplimiento de su obligación de consignar el referido expediente en autos, en la primera oportunidad en la que se le solicita, esto es, antes de la admisión del recurso contencioso administrativo y dentro del plazo previsto para ello.*
>
> *En atención a que el expediente administrativo puede ser consignado en cualquier tiempo, lo que implica una matización del principio de concentración procesal, esta Sala a los fines de resguardar el derecho a la defensa y al debido proceso de los particulares interesados, considera necesario crear una oportunidad mediante la cual el recurrente pueda ejercer su derecho al control y contradicción de la prueba.*
>
> *En este sentido, siempre y cuando el expediente llegue en una etapa posterior a la promoción de pruebas y hasta el acto de informes, por encontrarse las partes a derecho, quien desee impugnar el expediente administrativo lo deberá realizar dentro de los cinco (5) días siguientes a que conste en autos la remisión del expediente administrativo, para lo cual podrá abrirse, si a juicio de la Sala la situación así lo amerita, una articulación probatoria de la prevista en el artículo 607 del Código de Procedimiento Civil.*
>
> *En caso que el expediente administrativo fuese remitido después del acto de informes, el cual constituye el último acto procesal de las partes, como no puede ponerse en cabeza del particular la carga de revisar el expediente todos los días por una falta imputable al órgano administrativo, cuando la ley no dispone ninguna otra actuación, el lapso de cinco (5) días para la impugnación del expediente comenzará a computarse en el día inmediatamente siguiente a aquél en que conste en autos que el recurrente realizó alguna actuación, como por ejemplo, una diligencia solicitando sentencia".*

Lo cierto es que, con todo y esas tales condición de *"requisito fundamental para la búsqueda de la verdad material"*, y naturaleza de *"prueba de importancia medular para que el juez contencioso administrativo pueda formarse una acertada convicción sobre los hechos y garantice que el proceso sirva como un instrumento para la realización de la justicia"*, y preestablecido *"carácter central y fundamental"* que se le reconoce en esta sentencia al expediente administrativo, los funcionarios administrativos incurren sistemática e impunemente en desacato judicial, al no remitir los expedientes administrativos, siendo que los juicios se deciden en esos casos sin vista de los mismos, lo cual resulta al menos curioso.

Igualmente, en caso de que la sentencia se dicte sin que haya habido consignación alguna de diligencia, por parte del recurrente, es lo propio que si el expediente administrativo hubiese sido consignado luego de informes, no se le reconozca valor probatorio, por no haber habido ocasión para el control de la prueba, pues de lo contrario habría menoscabo del debido proceso. Igualmente, aunque haya habido oportunidad para tal control, en virtud de oposición efectuada dentro de los cinco (5) días siguientes a la consignación de una diligencia pidiendo sentencia o alguna otra cosa, cabría cuestionarse acerca de la necesidad de presentar nuevos informes, pues podría ser menester que se haga síntesis con los demás aspectos del proceso, dado que los informes son precisamente, por su naturaleza conclusiva, "la última actuación posible de las partes en el juicio".

Por otro lado, es de ser advertido que mientras las sentencias que han sido aquí citadas (y muchas otras), y que versan acerca del derecho del recurrente a hacer oposición al contenido de todas o alguna de las actas que hayan podido haber sido remitidas como certificación del expediente administrativo, por parte de la autoridad administrativa, expresan que la referida oposición debería tener como fundamento, por ejemplo, la no autenticidad (por inexistencia o falsedad) de la copia con respecto de su original en el expediente administrativo, lo cual obviamente presupone el libre acceso del interesado al expediente administrativo, el Poder Judicial parece desatender o no dar la importancia que corresponde al hecho cierto, y ya previamente denunciado y catalogado hasta de hecho notorio por quienes litigan en estas materias, en nuestro país (claro que generalizando en cuanto a las diversas administraciones públicas), de que es patente la dificultad o total imposibilidad de acceder a los expedientes administrativos. Cómo entonces basar la impugnación en la comparación con extremos a los cuales no se ha tenido acceso, y siendo además que lo que se remite no es el expediente como tal, sino una copia pretendidamente certificada, y emitida por la propia contraparte?

Obviamente, se trata de anomalías presentes en nuestro sistema, que no podemos obviar y que mas bien reclaman toda nuestra atención, dentro del marco constitucional de una Administración Pública al servicio de las ciudadanas y de los ciudadanos, vale decir, de las administradas y de los administrados y de las y los contribuyentes.

En consecuencia, el valor probatorio del expediente administrativo en la sede judicial, depende de su llevada conforme al principio de racionalidad jurídica y técnica, de su sustanciación acorde con el principio constitucional de transparencia y de su oportuna consignación en los autos del expediente judicial, por quien tiene la carga o el deber de hacerlo, que es la Administración Tributaria.

V. CONCLUSIONES

El medio probatorio documental es esencial e infaltable dentro de un proceso contencioso tributario, donde el objeto jurídico o pretensión por antonomasia es el control de conformidad a derecho de la actividad administrativa, actividad esta que, en la materia, como axioma, es escrita.

Comprendido en la idea de medio probatorio documental, encontramos la figura (hoy institución constitucionalizada) del denominado expediente administrativo, del cual fue necesario determinar su valor probatorio, en función de los hechos que posiblemente pueden ser demostrados a través suyo; y, lo que resulta de mayor trascendencia desde los objetivos de esta investigación, de las características esenciales que deben indefectiblemente estar presentes, para que podamos admitir que se asiste a un verdadero expediente administrativo, del cual poder entonces esperar o extraer valor probatorio.

Esas características esenciales, necesariamente concurrentes, que jamás pueden estar ausentes, si se quiere dotar de valor probatorio al expediente administrativo, son dos:

1.- El expediente administrativo, para ser tal cosa y no tan solo un mero conjunto documental, desprovisto de valor probatorio como tal (y con independencia de la fuerza probatoria intrínseca a uno cualquiera de los documentos que lo integren, sean públicos o privados o eminentemente administrativos), ha de ser llevado de manera respetuosa del principio de racionalidad, jurídica y técnica, en cumplimiento de los extremos formales de ley (y de lógica), donde destacan, entre otros, la unidad, la no desmembración, la integralidad, el orden cronológico y la foliatura, todo en coincidencia con el registro de presentación de documentos que pauta la ley; y,

2.- El expediente administrativo, como regla, ha de ser de libre acceso por parte del administrado o contribuyente interesado personal, legítimo y directo, como consecuencia de los principios constitucionales rectores de la actividad administrativa, de transparencia, información y participación, siendo que estos dos últimos están investidos de la condición de ser además derechos humanos constitucionales fundamentales, herramientas configuradoras de una sociedad verdaderamente democrática, beneficiaria real de un Estado de Derecho y de Justicia.

Sin la presencia de estas dos características (o de una cualquiera de ellas), no estaríamos frente a un expediente administrativo, por lo que sería inoficioso preguntarse acerca de su valor probatorio, el cual, al menos como tal institución constitucional, tendría que ser nulo. Obviamente que el conjunto documental, que no expediente administrativo, podría ser suficiente para probar, por ejemplo, la ausencia real de expediente administrativo y, con ello, la inexistencia del procedimiento administrativo, constitutiva de un vicio de nulidad absoluta del acto administrativo de efectos particulares impugnado.

Incluso, dado que un pretendido expediente administrativo concebido fuera de los parámetros de racionalidad en su formación, y/o sin respeto a la requerida transparencia y accesibilidad, violaría derechos fundamentales, particularmente el debido proceso y el derecho a la información, es posible perfectamente entender que su utilización en juicio habría de ser desestimada, por tratarse en consecuencia de una prueba ilícita o prohibida.

Sin embargo, la conjunción de ambas características, al menos en el ámbito del proceso judicial contencioso tributario, no basta por si sola para reconocerle valor probatorio al expediente administrativo, sin duda existente, por cuanto para adquirir semejante valor, resulta indispensable que haya sido consignado por quien tiene la carga (ahora deber) de ello, que es la Administración Tributaria, en cualquier momento anterior a la terminación de la etapa de promoción de pruebas (que es el criterio del autor, puesto que legalmente nada obsta y mas bien todo obliga a que ello sea cumplible), so pena de pérdida de todo valor probatorio por razones de preclusión, en resguardo de los principios de comunidad y concentración de la prueba y de igualdad de las partes en el proceso, y del derecho al control de la prueba, parte del derecho al debido proceso, para la tutela judicial efectiva del justiciable recurrente. Claro que dejamos expuesta la cuestionable doctrina jurisprudencial que fomenta la posibilidad de consignar el expediente administrativo hasta después de vista la causa.

Terminemos manifestando el interés que podría tener una investigación de campo, a fin de determinar estadísticamente, y con el ánimo de generar sugerencias correctivas en provecho de todos, y en salvaguarda de un sincero Estado de Derecho y de Justicia, dos aspectos importantes:

a) La forma en que nuestras administraciones tributarias (o públicas en general) vienen realmente sustanciando los "expedientes administrativos", tanto en cuanto a los extremos racionales de ley, como en lo que concierne al acceso libre y oportuno a los mismos por parte de los interesados, y las razones de ello; y,

b) La manera en que todos los Juzgados Superiores de lo Contencioso Tributario (o de lo contencioso administrativo en general incluido el Máximo Tribunal) del país vienen tratando el tema de que las administraciones públicas, como regla, desacatan las órdenes judiciales de remisión del expediente administrativo y luego, si acaso, pretenden que se les confiera valor probatorio y se les tenga como tales, aunque los consignen finalizada la etapa probatoria, con los informes o en estado de sentencia, para saber si es unísona o no la comentada jurisprudencia sobre los efectos de la no consignación oportuna del expediente administrativo, si los jueces aplican o no sus poderes disciplinarios en contra de los funcionarios administrativos remisos, o si algunos jueces se comportan con demasiada "tolerancia" al respecto, o se hacen de "la vista gorda" frente a las consignaciones ausentes o extemporáneas, reconociendo un pretendido valor probatorio, donde por Constitución, ley y jurisprudencia no debe haberlo, y las razones de ello.

Lo importante en todo caso, es lograr un sano equilibrio entre el derecho a la información, y la protección de los intereses de terceros y del Estado, para lo cual, creemos que el juez es el mejor llamado, dado el rol creativo, democratizador y justiciero que debe desempeñar.

3.3
Las Pruebas en el Procedimiento Administrativo Tributario

I. INTRODUCCIÓN

La presente ponencia tiene por objeto el desarrollo del tema "Las Pruebas en el Procedimiento Administrativo Tributario", dentro del marco del Seminario sobre "Los Poderes de la Administración Tributaria y los Derechos de los Contribuyentes", organizado por la Fundación Estudios de Derecho Administrativo (Funeda), a cuyos directivos manifiesto mi agradecimiento.

Así, como puede apreciarse del enunciado nominativo del Seminario, cabría pensar que el desarrollo de cada tema habría de abarcar dos grandes partes, a saber: los poderes de la Administración y los derechos de los contribuyentes, en nuestro caso, referidas ellas al ámbito probatorio en sede administrativa.

No obstante, considerando que la materia vinculada a los poderes de la Administración Tributaria, en cuanto a las potestades de las cuales ésta está investida para escudriñar la verdad y así descubrir la ocurrencia del hecho imponible y la cuantía de la carga tributaria, se encuentra suficientemente regulada en el Código Orgánico Tributario (particularmente en su Artículo 112, numerales 1, 4 y 5, en concordancia con el Artículo 126, numerales 3, 4, 5, 7 y 8 "Ejusdem") y, en general, no provoca dudas interpretativas sobre su alcance, además de razones de tiempo sobre el extendido de la ponencia que aconsejan su brevedad, se ha estimado prudente consagrar las líneas que siguen al campo de los derechos de los contribuyentes en este dominio.

De este modo, obligados como estamos, lógicamente, a encontrar fundamentación jurídica en el procedimiento administrativo general, se dedicará una primera parte de la ponencia al estudio descriptivo dogmático principista del Régimen Jurídico de las Pruebas en el Procedimiento Administrativo General, con énfasis en la determinación de los más importantes derechos de los administrados y principios que lo orientan; y, se destinará una segunda parte de la ponencia al análisis, más detallado y de idéntica naturaleza, del Régimen Jurídico de las Pruebas en el Procedimiento Administrativo Tributario, con referencia a tales derechos y principios, y a la revisión crítica de algunas figuras de interés, en la materia probatoria en sede administrativa tributaria.

Finalmente, se esboza la conclusión general y se inventariará la bibliografía empleada.

II. PRIMERA PARTE: RÉGIMEN JURÍDICO DE LAS PRUEBAS EN EL PROCEDIMIENTO ADMINISTRATIVO GENERAL

Por procedimiento administrativo general, a los efectos de esta ponencia, habremos de entender el denominado procedimiento ordinario regulado por la Ley Orgánica de Procedimientos Administrativos (en lo adelante LOPA), del cual, en el ámbito del régimen jurídico de las pruebas, haremos objeto de estudio las Secciones Primera: "De la Iniciación del Procedimiento" (Artículos 48 y 49) y Segunda: "De la Sustanciación del Expediente" (Artículos 53, 54, 58 y 59), del Capítulo I ("Del Procedimiento Ordinario"), del Título III ("Del Procedimiento Administrativo"), además de algunos otros dispositivos aislados. Ello, con el fin de precisar sus fuentes principistas.

Desde esta óptica, el procedimiento administrativo tributario no es otra cosa que un procedimiento administrativo especial, que, por tanto, a más de sus dispositivos legales específicos, encuentra regulación concreta, sobre todo desde la perspectiva dogmática o principista, en los dispositivos generales de la LOPA, de inspiración constitucional. En consecuencia, analizaremos la normativa general, en un primer momento, para pasar revista a los más importantes derechos de los administrados en el aspecto probatorio (A), y, en un segundo momento, para enunciar los principios rectores del procedimiento, garantía de ejercicio de dichos derechos (B).

A. Los Derechos de los Administrados en el Procedimiento Administrativo General, en Materia de Pruebas

En este orden de ideas, tenemos que, acorde con el Artículo 48 de la LOPA, el procedimiento administrativo puede iniciarse a instancia de parte interesada, mediante solicitud escrita, o de oficio, siendo el caso que, en este último supuesto, que casualmente resulta ser el generalizado en el campo del procedimiento administrativo tributario, la autoridad administrativa debe ordenar la apertura del procedimiento y notificar a los particulares cuyos derechos subjetivos o intereses legítimos, personales y directos pudieren resultar afectados, concediéndoles un plazo de diez (10) días, para que expongan sus pruebas y aleguen sus razones.

Así, a los efectos de esta ponencia, como lo ha reconocido la jurisprudencia nacional y la doctrina patria y comparada, este dispositivo legal reconoce, por un lado, el **Principio "Audire Alteram Partem"** o **Principio del Contradictorio**, que abarca o presupone un primer derecho de los administrados, a ejercer en sede administrativa: el **derecho a ser oído**, que requiere el previo y suficiente goce del **Derecho a la Información y de Acceso a los Documentos Administrativos** (con previsión especial en el Artículo 59 de la LOPA), y, consecuencia necesaria de aquel principio, un segundo derecho de los administrados: el **Derecho de Promover y Hacer Evacuar Pruebas** para la mejor tutela de sus derechos e intereses.

Claro que también, la norma en comento consagra, aunque implícitamente, el **Derecho a la Participación en la Fase Constitutiva del Acto Administrativo**, sin el que no sería posible ni obtener información ni ejecutar actividad probatoria y del cual el Derecho de Promover y Hacer Evacuar Pruebas es manifestación evidente[614], y, en concordancia con el Artículo 85 "Ejusdem", el **Derecho a la Impugnación** o **Derecho a la Participación en la Fase de Revisión del Acto Administrativo**.

[614] Para Antonio Moles Caubet, "Introducción al Procedimiento Administrativo", dentro de los derechos procedimentales está el derecho a la defensa, garantizado por el principio Audire Alteram Partem o derecho a ser oido, el derecho a un procedimiento y el derecho a un expediente administrativo (pp. 22 y 23), el derecho a la información (p. 24) y el derecho a la actuación (p. 27); para Manuel Rachadell, "Las Garantías de los Administrados en la Ley Orgánica de Procedimientos Administrativos", se trata del derecho de alegar razones y a presentar pruebas, como atributo del derecho a la defensa (pp. 101 y 102); para Hildegard Rondón de Sansó, "Procedimiento Administrativo", en la fase de sustanciación, el carácter contradictorio del procedimiento, implica la posibilidad de hacer alegatos y aportar elementos probatorios (p. 54), siendo ello ejercicio del derecho a la defensa (p. 278); para José Roberto Dromi, "Procedimiento Administrativo", la defensa, como principio sustancial del procedimiento administrativo, implica el derecho a la participación y especialmente el derecho a "ofrecer y producir prueba" (p. 331); y, para Agustín Gordillo, "La Vista de las Actuaciones en el Procedimiento Administrativo", citando a Juan Francisco Linares, "Garantía de Defensa ante Órganos Administrativos y la Corte Suprema", en "La Ley", Tomo 87, p. 875, y a Jesús González Pérez, "El Procedimiento Administrativo", Madrid, 1964, p. 649, "Los interesados deben tener ocasión de ser oidos y de producir prueba antes de que se dicte una resolución" (p. 383) y no pueden declararse reservados los informes, pericias o dictámenes (p. 397).

Por supuesto, todos estos derechos, entre otros, cuentan con regulaciones propias de extensa jerarquía dogmática y suprema jerarquía en las fuentes del Derecho, dadas las previsiones pertinentes de la Convención Americana de los Derechos Humanos y del Pacto Internacional de los Derechos Civiles y Políticos, ambos leyes de la República.

Además, ese Derecho de Promover y Hacer Evacuar Pruebas, en realidad y a su vez, constituye, esencialmente, un atributo y una garantía y reglamentación legal del **Derecho a la Defensa**, consagrado en el Artículo 68 de la Constitución de la República, dentro del espíritu de disfrute pleno del **Derecho al Debido Proceso**, en su más amplio alcance. Y, desde igual perspectiva, ocurre que el **Deber de Motivación** (Artículos 9 y 18, numeral 5, de la LOPA) y el **Principio de Globalidad de la Decisión Administrativa** (Artículo 62 de la LOPA), constituyen garantías especialísimas del Derecho a la Defensa, por obligar a la Administración Pública a considerar todas y cada una de las pruebas producidas, por lo que podemos indicar la existencia de un **Derecho Instrumental a que la Administración Aprecie las Pruebas Promovidas y Evacuadas**.

Obviamente, la generalidad de tal Derecho de Promover y Hacer Evacuar Pruebas nos permite afirmar que también se halla presente en los procedimientos administrativos iniciados a instancia de parte interesada, razón por la cual el Artículo 49, numerales 4 y 5, de la LOPA, exige que el escrito de solicitud se acompañe de anexos, vale decir, de las pruebas documentales que sostengan los hechos, razones y pedimentos correspondientes.

En todo caso, se inicie el procedimiento administrativo de oficio o a instancia de parte interesada, conforme a las previsiones de los Artículos 28 y 32 de la LOPA, sea que lo exija la Administración Pública o que voluntariamente proceda el interesado, como expresión del Derecho de Promover y Hacer Evacuar Pruebas, "los administrados están obligados a facilitar a la Administración Pública la información de que dispongan sobre el asunto de que se trate, cuando ello sea necesario para tomar la decisión correspondiente" y "El administrado podrá adjuntar, en todo caso, al expediente, los escritos que estime necesarios para la aclaración del asunto".

Por lo que respecta a la jurisprudencia nacional, son dignas de mención las siguientes sentencias de la Corte Suprema de Justicia, en Sala Político-Administrativa, y de la Corte Primera de lo Contencioso Administrativo, ilustrativas de su doctrina pacífica y reiterada en la materia:

> *"La Sala quiere expresar que **la violación del derecho a la defensa**, consagrado constitucionalmente en el Artículo 68, **existe cuando** los interesados no conocen el procedimiento que puede afectarlos, se les impide su participación en él o el ejercicio de sus derechos, o **se les***

prohibe realizar actividades probatorias*, o no se les notifica los actos que los afecten. Es decir, cuando en verdad el derecho de defensa ha sido severamente lesionado o limitado.* ***En aquellos casos en que los órganos administrativos desconocen las pruebas de los interesados, o no las aprecian, o lo hacen erróneamente, el vicio no es de indefensión sino de falso supuesto, o en su causa o justificación****..." (Sentencia de la Sala Político-Administrativa de la Corte Suprema de Justicia del 04 de Febrero de 1993, con ponencia de la Magistrado Cecilia Sosa Gómez, caso: Iván Hernández vs. Consejo de la Judicatura, Revista de Derecho Público, Nº 53-54, Editorial Jurídica Venezolana, Caracas, Enero-Junio 1993, p. 183).*

"...la Administración en su actuar, debe garantizar a todo ciudadano que pudiere resultar perjudicado en su situación subjetiva, el ejercicio del derecho a la defensa, permitiéndole la ***oportunidad para que alegue y pruebe lo conducente en beneficio de sus derechos e intereses****" (Sentencia de la Sala Político-Administrativa de la Corte Suprema de Justicia del 10 de Febrero de 1994, con ponencia del Magistrado Luís H. Farías Mata, caso: Imadelca vs. República, Revista de Derecho Público, Nº 57-58, Editorial Jurídica Venezolana, Caracas, Enero-Junio 1994, p. 188).*

"...ha sido postura reiterada de esta Sala reconocer y garantizar a todo ciudadano que pudiere resultar perjudicado en su situación subjetiva frente al actuar de la Administración, el derecho a la defensa y al debido proceso, permitiéndole la ***oportunidad para alegar y probar lo conducente en beneficio de sus derechos e intereses****" (Sentencia de la Sala Político-Administrativa de la Corte Suprema de Justicia del 26 de Mayo de 1994, con ponencia del Magistrado Humberto J. La Roche, caso: Lucía Hernández vs. Consejo de la Judicatura, Revista de Derecho Público, Nº 57-58, Editorial Jurídica Venezolana, Caracas, Enero-Junio 1994, p. 187).*

"...ha sido criterio reiterado por esta Sala Político-Administrativa, el garantizar a todo ciudadano, frente al actuar de la Administración, el debido derecho a la defensa, permitiéndole ***alegar y probar, tanto en el procedimiento constitutivo del acto administrativo como a los recursos internos consagrados por la ley para depurar aquel, todo lo conducente en beneficio de sus derechos e intereses****" (Sentencia de la Sala Político-Administrativa de la Corte Suprema de Justicia del 26 de Mayo de 1994, con ponencia de la Magistrado Cecilia Sosa Gómez, caso: Arnaldo J. Echegaray vs. Consejo de la Judicatura, Revista de Derecho Público, Nº 57-58, Editorial Jurídica Venezolana, Caracas, Enero-Junio 1994, p. 188).*

"...los atributos del derecho de defensa en sede administrativa (notificación del procedimiento, acceso a los actos del mismo, lapsos, formulación de alegatos, ***pruebas*** *e informes)..." (Sentencia de la Corte Primera de lo Contencioso Administrativo del 03 de Septiembre de 1993, con ponencia del Conjuez José Peña Solis, caso: Rafael A. Jaimes A.*

vs. Gobernación del Distrito Federal, Revista de Derecho Público, Nº 55-56, Editorial Jurídica Venezolana, Caracas, Julio-Diciembre 1993, p. 203).

"...la Administración debe otorgarle a los particulares que por su actuación resultarán lesionados en sus derechos subjetivos o intereses legítimos un momento procesal para que expongan los alegatos y presenten las pruebas que consideren pertinentes, este deber de los órganos administrativos tiene por objeto garantizar el derecho a la defensa..." (Sentencia de la Corte Primera de lo Contencioso Administrativo del 16 de Mayo de 1996, con ponencia de la Magistrado Belén Ramírez Landaeta, caso: Foción Antonio Ojeda, Jurisprudencia de los Tribunales de Última Instancia, Repertorio Mensual de Jurisprudencia del Dr. Oscar Pierre Tapia, Año VII, Tomo Nº 5, Caracas, Mayo de 1996, pp. 58 a 60).

B. Los Principios Rectores del Procedimiento Administrativo General, en Materia de Pruebas

Gracias a la indudable vigencia del ya mencionado **Principio "Audire Alteram Partem"** o **Principio del Contradictorio**, exigencia obligada del rigor del Derecho al Debido Proceso, se ha sostenido, con aceptación universal, la conceptualización del procedimiento administrativo como una garantía jurídica de los administrados[615]. Este es, pues, uno de los principios rectores del procedimiento administrativo general, quizás el más trascendente, que a la postre y filosóficamente resultan ser garantías de ejercicio de los citados derechos de los administrados, por lo que se hace indispensable su consideración.

De esta forma, recordando y ratificando lo ya dicho sobre el **Deber de Motivación** y el **Principio de Globalidad de la Decisión Administrativa**, tenemos que otra de tales fuentes dogmáticas, ilustrativas del procedimiento administrativo, es, ciertamente, el **Principio de Actuación de Oficio** o **Principio Inquisitivo**, previsto en los Artículos 53 y 54 de la LOPA, dispositivos que atribuyen la carga del impulso procesal a la Administración Pública[616]. De tal manera, a ella corresponde, de oficio (pero pudiendo obviamente siempre haber instancia del interesado), cumplir "todas las actuaciones necesarias para el mejor conocimiento del asunto que deba decidir, siendo de su responsabilidad impulsar el procedimiento en todos sus trámites", y solicitar "de las otras autoridades u

[615] Hildegard Rondón de Sansó, op. cit. (p. 87).

[616] Hildegard Rondón de Sansó, op. cit. (pp. 115 y 244), lo define como un llamado a una actividad probatoria propia.

organismos los documentos, informes o antecedentes que estime convenientes para la mejor resolución del asunto".

El autor José Roberto Dromi expresa al respecto que la Oficialidad es un principio formal del procedimiento administrativo, que conlleva el deber de ordenar la práctica de cuanto sea conveniente para el esclarecimiento y resolución de la cuestión planteada. Incluso, llega a plantear su ausencia como un verdadero vicio de procedimiento[617].

La importancia de este principio radica en que, al contrario de lo que ocurre en el procedimiento ordinario, de corte judicial, previsto en el Código de Procedimiento Civil, donde reina el Principio Dispositivo, la Administración Pública, garante del interés público, general o colectivo, a diferencia del Juez Ordinario o de Derecho Común, tutor de intereses privados, tiene el deber de escudriñar la realidad de los hechos, para encontrar la verdad material y decidir en consecuencia, no pudiendo, como aquel, simplemente atenerse a lo alegado y probado en autos. Este principio tiene su manifestación específica, en el dominio probatorio, en otro gran postulado, el denominado **Principio de Investigación de la Verdad Real**.

Puede decirse, entonces, que la Administración Pública, en la fase de formación del acto administrativo (pues en la fase de revisión la comparte con el administrado), sin perjuicio de la actividad probatoria a la cual tiene derecho el administrado, tiene la **Carga de la Prueba** u **"Onus Probandi"**.

Tan es cierta esta afirmación, que el tratadista Rafael Entrena Cuesta, en una forma por demás categórica e imperativa, señala que "si el órgano instructor no ordena la práctica de la prueba o pruebas que juzgue pertinente, deberán tenerse por ciertos los hechos alegados"[618] por los administrados. Y, para garantizar el Principio "Audire Alteram Partem" o Principio del Contradictorio y el control de la prueba, el maestro Agustín Gordillo estima que "es de rigor el traslado y vista a la parte después de haberse producido la prueba pertinente, bajo pena de nulidad"[619].

Hay, pues, una presunción de veracidad en favor del administrado, antes del dictado del acto administrativo, que debe ser desvirtuada por el órgano administrativo, para poder afectar la esfera jurídica subjetiva de aquel. Por tanto, si bien es cierto que, como regla, la Carga de la Prueba u "Onus Probandi" corresponde a quien afirma o alega, debe admitirse que ello, acorde con las circunstancias, compete a la Administración Pública y/o al administrado, atenuado esto con la previamente aludida presunción de veracidad en favor del administrado, anterior al dictado del acto

[617] José Roberto Dromi, op. cit. (p. 331).
[618] Rafael Entrena Cuesta, "Curso de Derecho Administrativo" (p. 293).
[619] Agustín Gordillo, op. cit. (p. 410).

administrativo, es decir, durante la fase constitutiva del acto administrativo o procedimiento administrativo de primer grado, y con la presunción de veracidad o legitimidad en beneficio de la Administración Pública, posterior a la emisión de la providencia administrativa, durante la fase de revisión o procedimiento administrativo de segundo grado, consecuencia de la revisión oficiosa o del ejercicio de los recursos administrativos (de reconsideración, jerárquico, de revisión).

En esta presentación de cosas, dado el rigor del Principio de Oficialidad, dentro de la fase de formación del acto administrativo debe haber una etapa de instrucción, donde se ejecuten actos tendentes a proporcionar elementos de juicio, tales como las alegaciones de los interesados, los informes de otros órganos públicos, las alegaciones derivadas de consultas públicas, las pruebas y las alegaciones de los interesados con vista del expediente administrativo[620].

La decisión administrativa debe responder a la auténtica verdad, no pudiendo encontrar justificación en la llamada verdad procesal, es decir, aquella que emerge del expediente pudiendo no tener relación alguna con la realidad.

Cabe, entonces, dejar establecido que en esta materia del procedimiento administrativo general imperan el **Principio de Certeza**, el **Principio de Objetividad**, el **Principio de Imparcialidad** y el **Principio de Inmediación**, reforzados por el **Principio "in dubio pro administrado"**[621]: Si hay dudas, si no existe plena prueba de los hechos, la Administración Pública no puede afectar los derechos e intereses de los administrados, con una decisión, providencia o acto administrativo.

Pero, en nuestra opinión, el administrado se enfrenta a un verdadero derecho-deber, pues, no sólo tiene la facultad de ejercer actividad probatoria en su beneficio, sino que está gravado con la obligación de permitir la labor administrativa y coadyuvar con ella, en la búsqueda de la verdad real, so pena de sanciones, si se comprueba el dolo.

Otra institución general de interés para nuestro estudio es el **Principio de Informalismo**[622], según el cual, como garantía del interés público, general o colectivo, el procedimiento administrativo es, esencialmente, informal, vale decir, carente de la figura de la preclusión, propia de la actividad procesal judicial. Así, de imperar la preclusión en sede administrativa, ésta podría hacer caer a la Administración Pública, vencido un

---

[620] Rafael Entrena Cuesta, op. cit. (p. 289).

[621] José Roberto Dromi, op. cit. (p. 344).

[622] Para José Roberto Dromi, op. cit., se trata de un principio formal del procedimiento administrativo (p. 332), para la consecución de la verdad material y la defensa del interés público (pp. 344 y 345).

supuesto lapso probatorio preclusivo, en la verdad procesal, ajena y hasta perjudicial a la mejor tutela del bien común. No exageramos si sostenemos que la informalidad es una garantía de arribo a la verdad material.

En palabras del tratadista Rafael Entrena Cuesta, quien califica el principio en cuestión como "Antiformalismo de Ley", los interesados pueden hacer alegatos en cualquier momento del procedimiento, que deben siempre ser tenidos en cuenta por la autoridad administrativa[623].

Por otro lado, específicamente en referencia a la materia probatoria, se observa el **Principio de Flexibilidad Probatoria** o **Principio de Libertad Probatoria**, que "alude a la posibilidad, por una parte, de los interesados de introducir cualquier elemento que pueda servir a la comprobación de sus intereses y, por la otra, a la sujeción de la Administración de determinar en todo caso la llamada verdad material"[624].

Acorde con este Principio de Flexibilidad Probatoria, la prueba es libre. Esto quiere decir que, tal como lo prevé el Artículo 58 de la LOPA, "Los hechos que se consideren relevantes para la decisión de un procedimiento podrán ser objeto de todos los medios de prueba establecidos en los Códigos Civil, de Procedimiento Civil y de Enjuiciamiento Criminal o en otras leyes".

Como puede apreciarse, estamos bajo un sistema de prueba legal, donde sólo son admisibles los medios de prueba fijados o no expresamente prohibidos por la ley (Artículo 395 del Código de Procedimiento Civil), cualquiera sea el texto de ley. No obstante, puede sostenerse que dicho sistema es libre, por cuanto es posible usar, dentro del procedimiento administrativo, cualquier medio probatorio[625], idóneo para la demostración del hecho de que se trate, siempre que el mismo esté consagrado como tal en alguna ley de la República, como, además de las nombradas, la Ley Orgánica de Salvaguarda del Patrimonio Público y el Código Orgánico Tributario, entre otras.

Otra fuente dogmática que nos proponemos comentar es el **Principio de Libre Apreciación de las Pruebas**[626] o **Principio de Valoración por la Sana Crítica**, según el cual la ley, por regla, no contempla regulaciones especiales de valoración o evaluación de los medios probatorios empleados por la propia Administración Pública o por los administrados, de modo que, siempre que la prueba sea pertinente y legal, el órgano

---

[623] Rafael Entrena Cuesta, op. cit. (p. 290).

[624] Hildegard Rondón de Sansó, op. cit. (pp. 113, 244 y 279).

[625] Para Antonio Moles Caubet, op. cit., en la fase de instrucción puede usarse cualquier medio de prueba (p. 36); y, para Rafael Entrena Cuesta, op. cit., es válido cualquier medio de prueba (p. 294)..

[626] Hildegard Rondón de Sansó, op. cit. (p. 114).

administrativo competente para el dictado de la providencia habrá de valorarla, evaluarla o ponderarla teniendo por norte, exclusivamente, dentro del marco de la debida proporcionalidad y justicia, su leal saber y entender, tanto en la comprobación de los hechos como en la calificación y apreciación de las pruebas[627], y sin perder de vista las máximas de experiencia.

Sobre este particular la jurisprudencia nacional ha establecido que:

> "*...la Administración goza de* **libertad en la apreciación de las pruebas**..." (Sentencia de la Corte Primera de lo Contencioso Administrativo del 13 de Abril de 1994, con ponencia de la Magistrado Alexis Pinto D'Ascoli, caso: Felipe Figueroa vs. La Electricidad de Caracas, Revista de Derecho Público, Nº 57-58, Editorial Jurídica Venezolana, Caracas, Enero-Junio 1994, p. 246).
> "*...lo referente a la validez de los documentos, contemplados en el Código de Procedimiento Civil, sí son de obligatorio cumplimiento en la valoración de las pruebas en sede administrativa...*" (Sentencia de la Sala Político-Administrativa de la Corte Suprema de Justicia del 12 de Diciembre de 1993, con ponencia de la Magistrado Hildegard Rondón de Sansó, caso: Dominicana de Aviación vs. República, Revista de Derecho Público, Nº 55-56, Editorial Jurídica Venezolana, Caracas, Julio-Diciembre 1993, p. 204).

Evidentemente, en principio, no serán objeto de prueba los hechos admitidos por las partes, salvo demostración de su falsedad, los hechos presumidos por la ley, salvo que asistamos a postulados que menoscaben la presunción constitucional de inocencia, y los hechos notorios o públicamente conocidos. Sin embargo, independientemente de la facultad de interpretación y creación del Derecho (de fuente sub-legal), que el Ordenamiento Jurídico reconoce a la Administración Pública, como quiera que el funcionario administrativo no necesariamente debe ser abogado, estimamos que en el procedimiento administrativo no rige el **Principio "Iura Novit Curia"**, por lo que el derecho debe ser objeto de prueba.

III. SEGUNDA PARTE: RÉGIMEN JURÍDICO DE LAS PRUEBAS EN EL PROCEDIMIENTO ADMINISTRATIVO TRIBUTARIO

El procedimiento administrativo tributario (de inspección o fiscalización), debe ser entendido como aquel que lleva a cabo la Administración Tributaria, con el fin de precisar la existencia del hecho imponible y la

[627] Artículo 507 del Código de Procedimiento Civil: "A menos que exista una regla legal expresa para valorar el mérito de la prueba, el Juez deberá apreciarla según las reglas de la sana crítica".

cuantía de la carga tributaria. Establece el Artículo 116 del Código Orgánico Tributario (en lo sucesivo COT), que "La determinación o liquidación es el acto o conjunto de actos que declara la existencia y cuantía de un crédito tributario o su inexistencia". Se habla de que la determinación es un acto, cuando la realiza el contribuyente en su declaración. En cambio, cuando se trata de un conjunto de actos, en realidad asistimos a un procedimiento administrativo de oficio, que se nutre dogmáticamente de los principios derivados de la LOPA, previamente analizados, y adaptados por el COT.

Este procedimiento administrativo tributario se encuentra regulado en dispositivos contenidos en el Título IV "Administración Tributaria", del COT, dentro de los cuales, a los efectos de esta ponencia, nos interesa destacar los ubicados en la Sección Tercera "Prueba" del Capítulo IV "Tramitación" y algunos de los presentes en la Sección Cuarta "Determinación por la Administración Tributaria y Aplicación de Sanciones" del mismo Capítulo.

Es de indicar, antes de proseguir, que cierta doctrina suele clasificar dos tipos de procedimientos administrativos tributarios: el de determinación y el de verificación, sobre la base de que la Administración Tributaria esté actuando en ausencia de autodeterminación previa del contribuyente (por ser el régimen de la ley tributaria especial de que se trate o por incumplimiento del contribuyente), en el primer caso, o, se limite a revisar la exactitud de las declaraciones autodeterminativas del contribuyente, en el segundo caso. Pero, hoy por hoy la jurisprudencia es clara sobre la existencia de una sola fase constitutiva del acto administrativo de efectos particulares y contenido tributario, es decir, de un único procedimiento administrativo tributario.

Además, nos limitaremos al COT, no sin reconocer que, en virtud de la autonomía administrativa y organizativa municipal, de raigambre constitucional, los Municipios, en sus ordenanzas, pueden regular procedimientos administrativos tributarios de primer grado que, sin embargo, la práctica evolutiva ha ido llevándolos hacia la uniformización con los postulados del COT.

A. Los Derechos de los Administrados y Los Principios Rectores del Procedimiento Administrativo Tributario, en Materia de Pruebas

Ahora bien, en cuanto a los derechos de los administrados dentro del procedimiento administrativo tributario, es menester poner de relieve que son los mismos y con idéntico alcance, ni uno menos ni uno más, que aquellos de que disfrutan los administrados en la órbita del procedimiento administrativo general y que, según vimos, giran en torno del **Principio "Audire Alteram Partem"** o **Principio del Contradictorio** y del **Derecho Constitucional a la Defensa**[628].

Haciendo un recuento, podemos enumerar el **Derecho al Debido Proceso**, el **derecho a ser oído**, el **Derecho a la Información y de Acceso a los Documentos Administrativos** (con previsión especial en el Artículo 138 del COT y sólo para los interesados legítimos, pues el Artículo 115 "Ejusdem" garantiza la privacidad de las informaciones y documentos), el **Derecho a la Participación en la Fase Constitutiva del Acto Administrativo** (garantizado con la notificación exigida por el Artículo 144 del COT), el **Derecho a la Impugnación** o **Derecho a la Participación en la Fase de Revisión del Acto Administrativo** (regulado por el Artículo 164 del COT) y, privilegiadamente, el **Derecho de Promover y Hacer Evacuar Pruebas** para la mejor tutela de sus derechos e intereses, con su adicional **Derecho Instrumental a que la Administración Aprecie las Pruebas Promovidas y Evacuadas**.

Hemos hablado aquí de "administrados" y no de "contribuyentes", porque entendemos que no sólo los contribuyentes pueden verse implicados en un procedimiento administrativo tributario. Puede ser que el objeto de la contención sea justamente la calificación errónea de contribuyente. En efecto, este procedimiento tiende a la determinación de la existencia del hecho imponible o su inexistencia, caso este último en el que no habrá contribuyente. Este es el caso típico de las firmas dedicadas al ejercicio profesional de la ingeniería, que han debido demostrar su condición de no contribuyentes del Impuesto Municipal de Patente de Industria y Comercio, generando mucha actividad litigiosa, en sedes administrativa y judicial, y abundante jurisprudencia favorable. Además, técnicamente el agente de retención o percepción, aunque responsable del pago del tributo, no es contribuyente.

Y, por lo que se refiere a los principios sustanciales y formales que rigen el procedimiento administrativo tributario, igualmente no hay diferencia con los ya estudiados, en el campo del procedimiento administrativo general, que con idéntica fuerza rigen aquí. Veamos.

En primer lugar, se remarca la incuestionable vigencia del principio rector de todo procedimiento administrativo: el **Principio "Audire Alteram Partem"** o **Principio del Contradictorio**. Y, asimismo, se presenta aquí también la aplicación ineluctable del **Deber de Motivación**

---

[628] Para Héctor B. Villegas, "Curso de Finanzas, Derecho Financiero y Tributario" (p. 344): "Así como es necesario que el determinado sea escuchado durante el proceso de formación del acto determinativo, también lo es que se le proporcione la oportunidad de demostrar lo que afirma, en los casos de que esas afirmaciones sean discrepantes con las apreciaciones del Fisco".

(Artículos 144 y 149, numeral 4, del COT) y del **Principio de Globalidad de la Decisión Administrativa**.

En segundo lugar, de capital importancia aparece, con mayor énfasis en la actividad administrativa tributaria, el **Principio de Actuación de Oficio** o **Principio Inquisitivo**, previsto, en cuanto a la fase constitutiva del acto administrativo o procedimiento administrativo de primer grado, en el Artículo 141 del COT, norma que impone el deber del impulso procesal a la Administración Tributaria, en estos términos: "La autoridad administrativa impulsará de oficio el procedimiento y podrá acordar la práctica de las pruebas que estime necesarias".

Este mismo principio, en relación a la fase de revisión del acto administrativo o procedimiento administrativo de segundo grado, está consagrado en los Artículos 168 y 169 del COT, así: "La Administración Tributaria podrá practicar todas las diligencias de investigación que considere necesarias para el esclarecimiento de los hechos y llevará los resultados al expediente. Dicha Administración está obligada también a llevar al expediente los elementos de juicio de que disponga" y "La Administración podrá solicitar del propio contribuyente o de su representante, así como de entidades y de particulares, dentro del lapso que tiene para decidir, las informaciones adicionales que juzgue necesarias, requerir la exhibición de libros y registros y demás documentos relacionados con la materia objeto del Recurso y exigir la ampliación o complementación de las pruebas presentadas, si así lo estimare necesario".

De similar forma a lo que acontece con el procedimiento administrativo general, en el procedimiento administrativo especial tributario, estos dispositivos se complementan con la aplicación del **Principio de Investigación de la Verdad Real**: La decisión administrativa debe responder a la auténtica verdad, aún en contra de la posición del Fisco, no pudiendo encontrar justificación en la llamada verdad procesal, es decir, aquella que emerge del expediente pudiendo no tener relación alguna con la realidad.

En provecho de la vigencia efectiva de este principio, también rigen al procedimiento administrativo tributario el **Principio de Certeza**[629],

[629] Como principio rector de la actividad fiscalizadora, los funcionarios deben agotar los recursos a su alcance para determinar con precisión, sobre datos ciertos y veraces, la renta imponible de los contribuyentes, teniendo siempre presente que su misión es la de fijar en sus justos límites, la capacidad contributiva de aquellos. Véase Sentencia del 24 de Enero de 1.996 de la Sala Político Administrativa de la Corte Suprema de Justicia, con ponencia de la Magistrado Conjuez Ilse van der Velde Hedderich, caso: Banco Unión, C.A., Jurisprudencia de la Corte Suprema de Justicia, Repertorio Mensual de Jurisprudencia del Dr. Oscar Pierre Tapia, Año XXII, Tomo Nº 1, Caracas, Enero de 1995, pp. 135 ó 136.

el **Principio de Objetividad**, el **Principio de Imparcialidad**[630] y el **Principio de Inmediación**, reforzados también por el **Principio "in dubio pro administrado"**, que en el dominio del Derecho Tributario se denomina **Principio "in dubio contra fiscum"**[631]: Si hay dudas, si no existe plena prueba de la ocurrencia del hecho imponible y sobre el quantum de la obligación tributaria (salvo los supuestos excepcionales de determinación presuntiva de oficio, acorde con los Artículos 118 y siguientes del COT), la Administración Tributaria no puede afectar los derechos e intereses de los contribuyentes, con una decisión, providencia o acto administrativo que, según el Artículo 164 del COT, determine tributos, aplique sanciones o atente de otra forma contra tales derechos e intereses .

Así, también aquí, y consideramos que con superior justificación teleológica que en la actividad administrativa general, la Administración Tributaria, en la fase de formación del acto administrativo de contenido tributario, sin perjuicio de la actividad probatoria del administrado, tiene la **Carga de la Prueba** u **"Onus Probandi"**[632], pues, "la posición del contribuyente en el proceso tributario en relación con la prueba, es negativa: su tendencia es la de demostrar que no está obligado fiscalmente o que lo está en forma distinta o en cuantía inferior. El Estado se coloca en situación positiva, y por lo tanto contraria: demostrar que el contribuyente sí está obligado a pagar el impuesto, que lo está en forma diferente o en cuantía superior".

No obstante, ciertamente, por regla, "tanto la negación de un hecho como su afirmación, debe probarse por quien alega...(por lo que se) atribuye la carga de la prueba al contribuyente, respecto de los errores que alegue haber cometido en su declaración de renta o adiciones oportunas, y los hechos en que funde los recursos intentados contra las liquidaciones y providencias"[633]. Claro que hay supuestos de traslado de la Carga de la

---

630 Para Luís Perezagua Clamagirand, "La Prueba en el Derecho Tributario" (p. 112): "...la Administración en general dará un valor equitativo y justo a las pruebas que ante ella se hacen valer, pues no existe ningún interés personal contrapuesto entre la Administración y administrado...".

631 Para Alejandro Ramírez Cardona, "El Proceso Tributario" (p. 208): "...consecuente con el principio general del derecho tributario del in dubium contra fiscum: la duda debe resolverse en contra del fisco, o, en otros términos, en favor del contribuyente".

632 Para Luís Perezagua Clamagirand, op. cit. (p. 105): "...el funcionario encargado...no puede arbitrariamente concretar la medida de la obligación tributaria, y ni siquiera la existencia del hecho imponible sin antes probar la existencia de la misma y sus límites, en primer lugar al propio contribuyente visitado, y en segundo lugar, en caso de disconformidad, al órgano administrativo encargado de la resolución de la situación conflictiva en la fase de gestión tributaria o netamente administrativa...".

633 Alejandro Ramírez Cardona, op. cit. (p. 201).

Prueba, ya aceptados por la jurisprudencia, como ocurre con las denuncias de incompetencia, ausencia de notificación, carencia o irregularidad del expediente administrativo, etc., formuladas por el administrado, donde el "Onus Probandi" incumbe a la Administración.

Lo anterior, en el Derecho Tributario concretamente, se encuentra particularmente expresado por el **Principio de Realidad Económica**, que exige que, lejos de las formas jurídicas diversas que puedan revestir las operaciones efectuadas por el contribuyente, lo que interesa, y la Administración debe probarlo, es la correcta precisión de su verdadera naturaleza y consecuencias económicas.

Así, nuevamente ratificamos, como lo hicimos en cuanto al procedimiento administrativo general, la existencia, como derecho del administrado, de una presunción de veracidad en su favor, antes del dictado del acto administrativo (nos referimos al Acta Fiscal a que se contrae el Artículo 144 del COT), que debe ser desvirtuada por el órgano administrativo, para poder afectar su esfera jurídica subjetiva.

En tercer lugar, el **Principio de Informalismo**, garantía de obtención de la verdad material, nos llama la atención para tener presente la completa aplicación de sus postulados, tal como expresados en cuanto al procedimiento administrativo general. Así, según el Artículo 139 del COT, salvo que se trate de asuntos de mero derecho, habrá un término de prueba que será fijado por la Administración Tributaria, de acuerdo con la importancia y complejidad de cada caso, no pudiendo ser inferior a quince (15) días hábiles.

El Informalismo (o mejor aún, el Antiformalismo, como vimos lo califica Rafael Entrena Cuesta), como característica propia de todo procedimiento administrativo, distintivas del proceso judicial, es trascendental en la materia probatoria pues, de existir el mecanismo preclusivo, el administrado y, por qué no, también la Administración Pública se verían imposibilitados de promover y hacer evacuar pruebas o de traer elementos de juicio al expediente administrativo fuera de los lapsos, en ese caso rigurosos, de ley, con grave perjuicio a la vigencia del Principio de Investigación de la Verdad Real.

Es menester admitir que, dado el informalismo, la finalidad del establecimiento de lapsos probatorios en las leyes que regulan los procedimientos administrativos, es meramente indicativa y recordatoria de la necesidad de demostrar los alegatos y afirmaciones, antes de que se produzca el acto administrativo del caso. Consiste en una iniciativa ordenadora u organizadora del procedimiento, como garantía del Derecho al Debido Proceso, que no puede llegar a tenerse como tendencia formalizadora o formalizante del procedimiento administrativo.

Así, Alejandro Ramírez Cardona, refiriéndose al período de pruebas consagrado en la ley que regulaba los procedimientos administrativos por reclamaciones contra la liquidación del Impuesto Sobre La Renta, precisó que "dicho término no es perentorio para el contribuyente, ya que puede pedir, sustentar y presentar pruebas y alegatos hasta el día anterior a aquel en que se reparta el expediente para proyectar el fallo de fondo"[634]. Y, esta idea del informalismo en palabras de Luís Perezagua Clamagirand, queda expresada categóricamente, en términos más graves, así: "...realmente no existe en el procedimiento administrativo una "fase técnica" de prueba... porque, sencillamente, no hay proceso "técnicamente" y la situación conflictiva que se resuelve se hace utilizando el camino administrativo que no es procesal. Técnicamente –...– habrá que hablar de fase probatoria en un momento ulterior, que es cuando se monta un proceso y este proceso existe cuando hay una Jurisdicción..."[635].

Acorde con las ideas doctrinarias que preceden, nuestra jurisprudencia ha establecido que cuando una ley administrativa consagra un plazo para pruebas, el mismo constituye una garantía para el administrado y no un límite formal al ejercicio de su Derecho a Promover y Hacer Evacuar Pruebas. Decimos que es una garantía para el administrado, por cuanto la Administración no puede decidir antes de que ese plazo de pruebas haya concluido. En efecto, del siguiente fallo se desprende que:

> *"...constituye indefensión la situación en que se coloca al administrado cuando la Ley otorga un plazo de un determinado número de días para presentar alegatos o pruebas, y la Administración los reduce unilateralmente a la mitad o a menos de la mitad..."* (Sentencia de la Corte Primera de lo Contencioso Administrativo del 03 de Septiembre de 1.993, con ponencia del Conjuez José Peña Solis, caso: Rafael A. Jaimes A. vs. Gobernación del Distrito Federal, Revista de Derecho Público, Nº 55-56, Editorial Jurídica Venezolana, Caracas, Julio-Diciembre 1.993, p. 202).

En cuarto lugar, el **Principio de Flexibilidad Probatoria** o **Principio de Libertad Probatoria**, consagrado en el Artículo 137 del COT, bajo un esquema de prueba libre y un sistema de prueba legal, supone que "Podrán invocarse todos los medios de prueba admitidos en derecho, con excepción del juramento y de la confesión de empleados públicos cuando ella implique prueba confesional de la Administración". De este modo,

[634] Alejandro Ramírez Cardona, op. cit. (p. 136).
[635] Luís Perezagua Clamagirand, op. cit. (p. 110).

tenemos que son admisibles los medios de prueba previstos en el Código Civil (documentos –donde destacan los asientos contables, los comprobantes y las facturas[636]–, testigos, presunciones, confesión y juramento –salvo de la Administración–, experticia e inspección ocular) y ampliados por el Código de Procedimiento Civil (con las reproducciones, copias, experimentos y variantes de la prueba documental, como la exhibición y los informes, además de los consagrados en otras leyes de la República y todos los no expresamente prohibidos por ley[637].

A pesar de este convencimiento generalizado, es el caso que José Rafael Márquez[638] opina que "la prueba de experticia no tiene cabida en el procedimiento administrativo tal como está concebida en el derecho común y presentaría evidentes contradicciones en su aplicación práctica". No estamos de acuerdo con esta posición. En nuestro criterio, dejando de lado las consideraciones formales sobre la supuesta imposibilidad de nombrar tres (03) expertos, entendemos que nunca puede asimilarse teleológicamente la prueba de experticia a los resultados de las inspecciones realizadas por funcionarios fiscales, que representan a una de las partes, sin que haya existido la posibilidad, para la otra parte, de intervenir y controlar el desarrollo de la prueba. A lo sumo, tales resultados podrían equivaler a una inspección ocular oficiosa. En suma, la experticia, con las adaptaciones que se juzguen necesarias dentro del procedimiento administrativo, es un medio válido y procedente en sede administrativa[639].

Al contrario de la opinión comentada, gran desarrollo de la prueba de experticia en el procedimiento administrativo tributario hace Alejandro

[636] Sobre la libertad probatoria y particularmente el uso de las facturas, véase Sentencia Nº 501 del 18 de Julio de 1.996 de la Sala Político Administrativa de la Corte Suprema de Justicia, con ponencia de la Magistrado Hildegard Rondón de Sansó, caso: Ramírez Salaverría, C.A. (Ramisala), Jurisprudencia de la Corte Suprema de Justicia, Repertorio Mensual de Jurisprudencia del Dr. Oscar Pierre Tapia, Año XXIII, Tomo Nº 7, Caracas, Julio de 1996, pp. 131 a 134.

[637] Para Héctor B. Villegas, op. cit. (p. 344): "Esta prueba, en cuanto a sus medios, debe ser semejante a la procesal..."; para Alejandro Ramírez Cardona, op. cit. (p. 203): "Los medios de prueba tributarios son los generales de la ley de procedimiento civil..."; y, para Luís Perezagua Clamagirand, op. cit. (pp. 135 y 148), todos los medios probatorios de la legislación común son utilizables tanto en fase de gestión, como en fase de revisión.

[638] José Rafael Márquez, "Comentarios al Código Orgánico Tributario", Asociación Venezolana de Derecho Tributario, Caracas, 1983 (p. 128), citado en "Código Orgánico Tributario. Reforma 1994", Legislación Económica, C.A. (Lec), Caracas, 1994 (p. 212).

[639] Así lo ha establecido la jurisprudencia, por ejemplo en materia de reclasificación arancelaria Véase Sentencia Nº 369 del 18 de Junio de 1.996 de la Sala Político Administrativa de la Corte Suprema de Justicia, con ponencia de la Magistrado Josefina Calcaño de Temeltas, caso: Banco Mercantil, C.A., Expediente Nº 7.374, Jurisprudencia de la Corte Suprema de Justicia, Repertorio Mensual de Jurisprudencia del Dr. Oscar Pierre Tapia, Año XXIII, Tomo Nº 6, Caracas, Junio de 1996, pp. 149 y 150.

Ramírez Cardona, para quien este medio probatorio se hace particularmente necesario cuando se requieren "conocimientos determinados que escapan al testigo y al funcionario"[640], debiendo el dictamen pericial someterse a los principios generales de la sana crítica, aunque "al ser rendido por contadores públicos, es excepcional que pueda desconocerse o desmerecer su valor probatorio, por tratarse de cuestiones técnicas que garantizan su precisión y certidumbre"[641], y ser presentado dentro del término que señale el funcionario, con posibilidad de prórroga oficiosa o a petición del administrado o del perito[642].

Las únicas pruebas que son inadmisibles, acorde con lo establecido por el Artículo 140 del COT, son las pruebas manifiestamente (vale decir burda o groseramente) impertinentes o ilegales, que deberán rechazarse mediante resolución fundada, pudiendo el administrado afectado dejar constancia de su disconformidad, para que sea considerada en la fase de revisión o procedimiento administrativo de segundo grado.

En quinto lugar, se observa la plena vigencia del **Principio de Libre Apreciación de las Pruebas** o **Principio de Valoración por la Sana Crítica**[643], según el cual, reiteramos, la ley no contempla reglas especiales de valoración o evaluación de los medios probatorios empleados por la propia Administración Pública o por los administrados, de modo que, siempre que la prueba sea pertinente y legal, el órgano administrativo competente para el dictado de la providencia habrá de valorarla, evaluarla o ponderarla teniendo por norte, exclusivamente, dentro del marco de la debida proporcionalidad y justicia, su leal saber y entender, tanto en la comprobación de los hechos como en la calificación y apreciación de las pruebas, y sin perder de vista las máximas de experiencia.

Finalmente, en sexto lugar, y por las mismas razones ya expresadas sobre el procedimiento administrativo general, estimamos que no rige el **Principio "Iura Novit Curia"**, por lo que el derecho debe ser objeto de prueba.

---

[640] Alejandro Ramírez Cardona, op. cit. (p. 253).

[641] Alejandro Ramírez Cardona, op. cit. (p. 255).

[642] Alejandro Ramírez Cardona, op. cit. (p. 256).

[643] Para Alejandro Ramírez Cardona, op. cit. (pp. 204, 205 y 202): "...se debe calificar la idoneidad de las pruebas de acuerdo con las reglas de la sana crítica", "que depende en definitiva de los principios generales de interpretación y del criterio de los funcionarios, formado a través de las doctrinas y conceptos de la División de Impuestos Nacionales", "quedando a juicio del funcionario su calificación de completa y plena"; y, para Luíz Perezagua Clamagirang, op. cit. (p. 112): "...no existe ningún precepto que tase la prueba y que la valore, luego libremente la Administración podrá apreciarla como mejor le convenga...".

B. Análisis Crítico de Algunas Figuras Legales en Materia de Pruebas, dentro del Procedimiento Administrativo Tributario

En esta sección de la segunda parte de la ponencia, nos proponemos efectuar un análisis crítico sobre ciertas figuras o instituciones de nuestro Derecho Tributario, con incidencias en la materia probatoria. Algunos de estos comentarios se reducirán a la descripción de situaciones conocidas, pero otros harán gala de ideas que se nos han presentado con ocasión de nuestro ejercicio profesional, donde se aprecia la indefensión del contribuyente o administrado, incluso con apoyo en el Legislador. Veamos.

1.- Valor probatorio de las declaraciones impositivas

Con arreglo a lo previsto en el Artículo 128 del COT, **las declaraciones** o manifestaciones que se formulen **"se presumen fiel reflejo de la verdad"**. De esto se deriva la información según la cual, las declaraciones impositivas gozan de una presunción de veracidad, de carácter "juris tantum", en tanto la Administración o el contribuyente (por efecto de proceder a su modificación o sustitución), no demuestren su disconformidad con la realidad fáctica.

Por otra parte, en cuanto al contribuyente mismo, la jurisprudencia le ha atribuido a la declaración impositiva, el **valor de la prueba confesional**. Así:

> *"...En este sentido conviene recordar que la jurisprudencia de esta Sala atribuye a las declaraciones de rentas, valor equiparable al de la confesión y que si el declarante incurre en error de derecho, éste puede ser corregido por la Administración a solicitud del interesado, y aún de oficio...pero si el error es de hecho, el contribuyente que pretende destruir la fuerza probatoria de su declaración jurada, tendrá que demostrar, por los medios adecuados, no sólo la existencia de su error, sino también que incurrió en el mismo de buena fe, es decir, porque los elementos de juicio de que disponía le hacían pensar que lo declarado fuera cierto, pues de lo contrario, no se trataría de un error, sino de una falsedad conscientemente cometida, que ni el legislador ni los jueces pueden amparar"* (Sentencias de la Sala Político-Administrativa de la Corte Suprema de Justicia del 05 de Junio de 1974, 04 de Mayo de 1981, 30 de Junio de 1987 y del 02 de Agosto de 1989, "Código Orgánico Tributario. Reforma 1994", Legislación Económica, C.A. Lec, Caracas, 1994, p. 195).

En idéntico sentido, en la doctrina comparada se afirma que: "... las declaraciones tributarias...tienen jurídicamente el carácter de confesión extrajudicial, y en este sentido son de libre apreciación por parte de la Administración". Igualmente, se sostiene que: "La declaración...hace prueba contra su autor, salvo en el caso en que con ella pueda eludirse el cumplimiento de las leyes; por otra parte, no puede dividirse contra el que la hace, salvo cuando se refiera a hechos diferentes, o cuando una parte de ella esté probada por otros medios, o cuando en algún extremo sea contraria a la naturaleza o a las leyes y, finalmente, sólo pierde su eficacia probando que al hacerla se incurrió en error de hecho"[644].

Sin embargo, por lo que respecta a la presunción legal de veracidad de la declaración de renta, conviene precisar que la misma "ampara tanto al contribuyente como al Estado, de manera que corresponde la carga de la prueba contra lo allí consignado bien a aquel, bien a éste"[645].

2.- Valor probatorio del expediente administrativo:

Como sabemos, por disposición del Artículo 51 de la LOPA, en concordancia con los Artículos 31 y 59 "Ejusdem" y 138 del COT, iniciado el procedimiento administrativo la autoridad administrativa debe proceder, obligatoriamente, a abrir y mantener en un cuerpo único (Principio de Unidad del Expediente Administrativo) el expediente administrativo en el cual se recogerá toda la tramitación a que dé lugar el asunto, al cual tendrán libre acceso los interesados. Estas normas son una garantía para el ejercicio efectivo del Derecho a la Información y de Acceso a los Documentos Administrativos, presupuesto del Derecho a la Participación en el Procedimiento Administrativo y atributo del Derecho Constitucional a la Defensa[646].

Así, dada la tremenda importancia que reviste la apertura del expediente administrativo, la jurisprudencia, de manera reiterada y uniforme ha hecho equivaler su ausencia o irregularidad a la prescindencia total y absoluta del procedimiento legalmente establecido, sancionada con la nulidad absoluta por la LOPA (por ejemplo: Sentencia del 13 de Abril de 1994, caso: Eugenio Barrios vs. Concejo Municipal Guaranito del Estado Portuguesa, Revista de Derecho Público, Nº 57-58, Editorial Jurídica Venezolana, Caracas, Enero-Junio 1.994, p. 230).

Ahora bien, en referencia a la materia probatoria, la jurisprudencia ha puesto de relieve su enorme trascendencia, al precisar que el:

---

644 Luís Perezagua Clamagirand, op. cit. (pp. 118 y 119).

645 Alejandro Ramírez Cardona, op. cit. (p. 200).

646 Allan R. Brewer-Carías y Otros, "Ley Orgánica de Procedimientos Administrativos", 7º Edición, Editorial Jurídica Venezolana, Caracas 1993 (p. 46).

"expediente administrativo...como ha sido pacíficamente sostenido en jurisprudencia de esta Corte, constituye instrumento probatorio de gran importancia...este expediente está incluido dentro del elenco de los medios de prueba de que pueden valerse las partes para la demostración de los hechos alegados..." (Sentencia Nº 96-861 de la Corte Primera de lo Contencioso Administrativo del 09 de Julio de 1.996, con ponencia de la Magistrado Belén Ramírez Landaeta, caso: Francisco Adolfo Sequera Peña, Expediente N, 96-17.560, Jurisprudencia de los Tribunales de Última Instancia, Repertorio Mensual de Jurisprudencia del Dr. Oscar Pierre Tapia, Año VII, Nº 7, Caracas, Julio de 1996, pp. 71 a 73).

Igualmente, en doctrina se ha establecido que: "Es indispensable, para estimar las pruebas y luego calificarlas, que se encuentren en el respectivo expediente; si no obran en él deben considerarse inexistentes, salvo que el interesado demuestre plenamente que las presentó en tiempo oportuno"[647].

El expediente administrativo es, entonces, un medio de prueba especial, que contiene o debe contener todas y cada una de las pruebas que han de coadyuvar a formar criterio al funcionario encargado de la decisión, pruebas éstas que serán, a su vez, el instrumento que permitirá evaluar si se ha incurrido en inmotivación o falso supuesto o no, a la hora de controlar la legalidad del acto administrativo. De allí la necesidad de ejercer, en sede administrativa, el Derecho a Promover y Hacer Evacuar Pruebas.

Además, desde la perspectiva pragmática del litigante, es interesante recordar el consejo del maestro Agustín Gordillo quien, en sus comentarios orales dentro del marco del Segundo Seminario Internacional de Derecho Administrativo "Allan Randolph Brewer Carías", sobre las "Formas de la Actividad Administrativa", celebrado en Caracas en 1.996, habló de la conveniencia de "prefabricar favorablemente el expediente administrativo, anexando pruebas que luego no son refutadas, pero llegan al Tribunal, por remisión de la propia Administración". En concreto aludió a experticias y declaraciones de testigos que, de esta forma, según él, adquirirían la condición y ventaja de la prueba documental.

3.- La presunción de veracidad o legitimidad del acto administrativo

La presunción de veracidad en beneficio de la Administración Pública, posterior a la emisión de una providencia administrativa, rige,

[647] Alejandro Ramírez Cardona, op. cit. (p. 205).

bien durante la fase constitutiva del acto administrativo o procedimiento administrativo de primer grado, llamada aquí "Sumario Administrativo", notificada como haya sido el Acta Fiscal, bien durante la fase de revisión o procedimiento administrativo de segundo grado, consecuencia de la revisión oficiosa o del ejercicio de los recursos administrativos, en contra de la denominada Resolución Culminatoria del Sumario Administrativo. Específicamente, en el campo del Derecho Tributario, esta presunción de veracidad o legitimidad está prevista en el Artículo 144 del COT: "El Acta hará plena fe mientras no se pruebe lo contrario".

En nuestro criterio, la presunción de veracidad o legitimidad del acto administrativo, que, por mandato legal, obliga a tener como apegados a la realidad y al Derecho los actos administrativos que se dicten, salvo que se demuestre lo contrario, está rodeada de una gran confusión y de su empleo abusivo.

De esta manera, muchos funcionarios públicos, quizás por ignorancia más que por mala fe, desconocen el verdadero alcance de esta presunción, así como los condicionantes que determinan su procedencia. Claro que se trata de aspectos que escapan a los fines de esta ponencia, pero que juzgamos necesario revisar, dada su vinculación con la temática probatoria: se supone que el administrado tiene la Carga de la Prueba para desvirtuar la presunción.

Ante todo, debe tenerse presente que **esta presunción sólo favorece y puede favorecer a aquellos actos administrativos que hayan sido dictados por la autoridad competente y cumpliendo todos los requisitos de forma y procedimiento**[648]. Además, como

[648] Para Luís Perezagua Clamagirand, op. cit. (p. 109): "La presunción de legitimidad de los actos administrativos financieros reposa particularmente, sobre la circunstancia de que la Administración Financiera por su misma calidad de órgano del Poder Público, llevado a observar la ley y privado de un interés propio, diverso del interés público, no puede normalmente emitir actos de liquidación arbitrarios, basados sobre circunstancias de hecho no verdaderas, y de ahí que cuando el contribuyente plantea una litis administrativa, entra teóricamente un poco capitisdisminuido en la misma, porque la Administración no ha buscado unos hechos por el mero afán dialéctico de liquidar, sino que se ha basado en hechos propios del contribuyente de diversa índole, patrimoniales, personales, etc. Todo ello produce una consecuencia evidente, y es que, en gran medida, la carga de la prueba se está desplazando insensiblemente hacia el contribuyente" "...para poderse acoger al principio de legitimidad, tiene que ser consecuente con esta privilegiada facultad que se le concede y corresponder legítimamente a ella actuando honradamente. De ahí que al plantearse el problema probatorio, lo primero que tiene que demostrar y probar la Administración es que el acto en virtud del cual se ha concretado la obligación tributaria, es un acto legítimamente emanado de conformidad con los elementos que de forma legal, ha ido recogiendo ella misma. Igualmente, la segunda obligación del Fisco en este sentido, es notificar al administrado-contribuyente los datos de hecho que han servido de base para la liquidación...".

lo ha dejado establecido la jurisprudencia, por ejemplo en la Sentencia Nº 96-180 del 22 de Febrero de 1996, de la Corte Primera de lo Contencioso Administrativo, con ponencia de la Magistrado Teresa García de Cornet, caso: Luisa Norelly Morales Guerra vs. Ministerio de la Defensa (Jurisprudencia de los Tribunales de Última Instancia, Repertorio Mensual de Jurisprudencia del Dr. Oscar Pierre Tapia, Año VII, Tomo Nº 2, Caracas, Febrero de 1996, pp. 67 y 68), "**...cuando los hechos en los cuales fundamentan la ilegalidad se basan en hechos negativos, a pesar de la referida presunción, la carga de la prueba ya no la soportan los interesados impugnantes, sino la Administración**".

Y, una vez dictado el acto administrativo, que en nuestro caso tributario se trata, en primer término del Acta Fiscal, dentro de la fase constitutiva de la Resolución Culminatoria del Sumario Administrativo, **la Administración no ha quedado ni puede quedar liberada o dispensada de actividad probatoria**. En la práctica, hemos observado que el llamado Sumario Administrativo y también la fase de sustanciación del Recurso Jerárquico, se convierten en una especie de cruzada del administrado contra la "verdad" contenida en las providencias administrativas, sin que la autoridad muestre interés en verificar la veracidad y legalidad de las mismas, con la convicción de que si el administrado no logra demostrar la irregularidad del acto, éste, indefectiblemente, quedará "santificado" (si se nos permite el sarcasmo).

Tan es esto cierto, que incluso en sede judicial, sin que la representación fiscal haya desarrollado actividad probatoria alguna, llegada la etapa de informes, se limita a ratificar el contenido del Acta Fiscal, sin más, aún cuando el recurrente haya desplegado suficientes pruebas en contra, o salte a la vista, por ejemplo, la notificación de la Resolución antes del vencimiento del plazo para presentar descargos contra el Acta Fiscal.

Nada más lejos de la juridicidad. La representación fiscal (y antes de ella los funcionarios administrativos) olvida la vigencia del Principio de Investigación de la Verdad Real, consecuencia de la Oficialidad. Esto sólo puede implicar abuso del funcionario administrativo y negligencia del representante fiscal.

Por tanto, **el administrado tiene la Carga de la Prueba, en contra de tal presunción de veracidad y legitimidad, siempre que el acto administrativo cumpla con las formalidades de ley y la impugnación verse sobre hechos positivos. El "Onus Probandi" sobre tal cumplimiento (por ejemplo, sobre la competencia del funcionario) y si la impugnación se refiere a hechos negativos, corresponde a la Administración**, tanto en sede administrativa como judicial.

4.- La inconstitucional presunción de dolo y culpa grave

El Artículo 73 del COT, luego de indicar que las infracciones tributarias pueden ser dolosas o culposas, curiosamente prevé que el Código contendrá dispositivos con presunciones sobre la intención y la culpa, referidas al conocimiento, por parte del infractor, de los fines y resultados de su acción u omisión y, aclara, menos mal, que tales presunciones admiten prueba en contrario (son "juris tantum").

Uno de estos dispositivos, quizás el más grave, es el contemplado en el Artículo 94 del COT, que hace presumir la intención de defraudar, salvo prueba en contrario, cuando ocurra alguna de las circunstancias que él enumera.

A propósito de las presunciones, como medio de prueba, el Artículo 1.394, del Código Civil explica que ellas son las consecuencias que la Ley o el Juez sacan de un hecho conocido, para establecer otro desconocido. Es decir, en el caso que nos ocupa, que el intérprete, por disposición de la ley, topándose con alguna de las circunstancias previstas en el Artículo 94 del COT (hecho conocido), está autorizado legalmente para considerar la existencia de la defraudación, en particular, y del dolo o culpa grave, en general (hecho desconocido.

El asunto se agrava cuando tal ejercicio deductivo consta en un acto administrativo, sobre todo en actas fiscales, pues, entonces, la presunción de dolo o culpa grave se refuerza con la presunción de veracidad o legitimidad sobre la cual ya hablamos, máxime cuando, como sabemos, los funcionarios públicos no suelen desarrollar a plenitud el Principio de Investigación de la Verdad Real.

Claro que ambas presunciones son "juris tantum", por lo que el contribuyente puede demostrar en contrario, teniendo la carga de ello. Pero, cómo es que, en nuestro Sistema Jurídico, pueda alguien estar colocado en la situación de tener que probar su inocencia teniéndolo la "sociedad" como culpable, por voluntad del Legislador?

Nuestra sorpresa al respecto tiene que ver con el análisis riguroso de nuestro legado dogmático constitucional, de donde emerge, como uno de los derechos inherentes a la persona humana, garantía del libre ejercicio de su personalidad, es el **Derecho a la Presunción de Inocencia**, de consagración, también, en los tratados internacionales sobre derechos humanos ratificados por la República.

Este es un derecho inherente a la persona humana, sobre el cual la jurisprudencia ha dicho:

> *"...en lo referente al derecho a la presunción de inocencia, que la apoderada del accionante considera como un derecho inherente a la persona*

humana, observa la Corte que, efectivamente, tal derecho es inherente a la persona humana...en el procedimiento...no se vulneró el derecho a la presunción de inocencia puesto que durante el mismo se llevó a cabo una actividad probatoria y la sanción impuesta...fue el resultado de una decisión que, al menos desde el punto de vista formal, determinó la culpabilidad del accionante...luego del análisis de las pruebas que cursaban en el expediente..." (Sentencia de la Corte Primera de lo Contencioso Administrativo del 04 de Mayo de 1994, caso: Omar Salazar vs. Universidad de Carabobo, con ponencia de la Magistrado Belén Ramírez Landaeta, Revista de Derecho Público Nº 57-58, Editorial Jurídica Venezolana, Caracas, Enero-Junio de 1994, pp. 190 y 191).

De este modo, se observa que el Constituyente, como garantía de lo más preciado que tiene el hombre luego de su vida, que es la libertad, obliga que se tenga a todos como inocentes, hasta que, después y como consecuencia de una intensa actividad probatoria, en cumplimiento del Principio de Investigación de la Verdad Real, se establezca la plena prueba de culpa grave o dolo, en nuestro caso de la defraudación.

Cómo entonces, insistimos, puede tenerse a alguien como defraudador, hasta que pruebe lo contrario, como cuando, durante el oscurantismo, la Inquisición tenía a una mujer como bruja o a un hombre como hereje, hasta que probasen que no lo eran???

Hay pues, una clara contrariedad entre el dogma constitucional y la letra de la ley que, en virtud del **Principio de Supremacía de la Constitución**, sólo nos permite concluir en la **inconstitucionalidad de los Artículos 73 (segundo párrafo) y 94 del COT** que, sea por anulación de la Corte Suprema de Justicia o por desaplicación, vía control difuso de la constitucionalidad (Artículo 20 del Código de Procedimiento Civil), por la Jurisdiccción Contencioso Tributaria, deben excluidos de nuestro Ordenamiento Jurídico.

5.- La inconstitucional omisión del levantamiento del Acta Fiscal

Acorde con el Parágrafo Primero del Artículo 149 del COT, el levantamiento previo del Acta Fiscal podrá omitirse en los casos de imposición de sanciones por incumplimiento de deberes formales, infracciones por parte de los agentes de retención y percepción, que no constituya presunción de delito, determinación de oficio sobre base cierta, cuando tal determinación se haga exclusivamente con fundamento en los datos de las declaraciones aportadas por los contribuyentes o cuando se trate de simples errores de cálculo que den lugar a una diferencia de tributo.

Así, se trata de casos en los cuales la fase constitutiva del acto administrativo transcurre sin que se permita (o al menos facilite) ni se valore el ejercicio del Derecho a la Información y de Acceso a los Documentos Administrativos y de su corolario, el Derecho a la Participación, en la formación de la voluntad administrativa.

Ahora bien, limitándonos, por razones de tiempo y espacio, a la problemática sancionatoria y concretamente a la materia probatoria, cabría preguntarse para qué el Legislador consagró la procedencia de circunstancias atenuantes de la responsabilidad penal tributaria, en el Artículo 85 del COT (como el no haber tenido la intención de causar el daño imputado de tanta gravedad, la presentación o declaración espontánea para regularizar el crédito tributario o el no haber cometido el indiciado ninguna violación de normas tributarias durante los tres –03– años anteriores), y hasta eximentes de la misma, en el Artículo 79 del COT (como el error de hecho y de derecho excusable), si, por otro lado, elimina el Sumario Administrativo durante el cual podría alegar, descargar y probar en su defensa, para demostrar la ocurrencia de alguna o algunas de tales circunstancias?

Acaso estas circunstancias sólo operan en caso de que la infracción no sea por violación de deberes formales o cometida por los responsables de la obligación tributaria? En ninguna parte se plantea tal diferencia atentatoria contra el Principio Constitucional de Igualdad.

O es que en estos casos sólo pueden ser alegadas ante el Jerarca o el Juez? En el primer caso, ello no tendría sentido alguno y en el segundo caso provocaría un grave dispendio de actividad judicial, por asuntos que serían solucionables en sede administrativa.

Por tanto, la lógica, así como una sana interpretación del sistema procedimental administrativo, claman por la **posibilidad jurídica de contar con una oportunidad para alegar y probar, dentro del procedimiento administrativo, en particular en la fase de formación de la voluntad administrativa**, las defensas y circunstancias que tiendan a atenuar o excluir la responsabilidad penal tributaria.

Y, **tal oportunidad no puede ser otra que la de descargos**, posterior al levantamiento y notificación del Acta Fiscal, donde deben constar circunstanciadamente los hechos. Pero, casualmente, esta es la secuela procedimental que paladinamente pretende eliminar el Parágrafo Primero del Artículo 149 del COT.

En nuestra opinión, la etapa de descargos, consecuencia de la notificación del Acta Fiscal, en conjunto ambas instituciones, no fueron establecidas por el Legislador, por un simple capricho que pueda ser borrado en cualquier momento. Entendemos, por el contrario, que se trata de una parte esencial del procedimiento administrativo tributario, sobre todo en su variante especial sancionatoria, cuya pretermisión, acorde con el Artículo 19, numeral 4, de la LOPA, acarrea la nulidad absoluta del acto administrativo.

La razón de nuestro parecer comulga con el entendimiento de que el motivo por el cual el Legislador consagró en los Artículos 144 y 146 del COT, las instituciones comentadas de descargos y acta, como antes lo había hecho en la Ley Orgánica de la Hacienda Pública Nacional (en materia de sanciones) y en la Ley Orgánica de la Contraloría General de la República (en el campo de las averiguaciones administrativas), entre otras (incluidas las Ordenanzas Municipales de Hacienda Pública), y así lo ha dejado claramente sentado la jurisprudencia, fue para reglamentar y así garantizar el ejercicio del **Derecho Constitucional a la Defensa**.

En este orden de ideas, **la omisión del acta, dando como resultado la emisión y notificación de la resolución contentiva de la multa, aún cuando la misma sea recurrible, es violatoria del Derecho Constitucional a la Defensa y de sus derechos-garantía**: el Derecho a la Información y de Acceso a los Documentos Administrativos y el Derecho a la Participación en la Fase de Formación del Acto Administrativo, imposibilitante además del cumplimiento del deber del administrado de coadyuvar al descubrimiento de la Verdad Real, de todo lo cual se deriva la inconstitucionalidad del precepto indicado.

Si hubo la intención de ganar tiempo, lo cierto es que ello es una falsa ilusión: la impugnación administrativa y judicial necesariamente tomarán hasta años, para resolver algo que podría haber sido arreglado en días.

6.- El carácter no perentorio del plazo para descargos

Según lo establecido por el Artículo 146 del COT, iniciada la instrucción del Sumario Administrativo, mediatamente posterior a la notificación del Acta Fiscal, el afectado dispondrá de un plazo de veinticinco (25) días hábiles para formular los descargos y aportar la "totalidad" de las pruebas para su defensa.

El COT de 1.992 fijó un lapso similar para formular descargos, pero no entró a calificar de "totalidad" las pruebas que podían promoverse. Por su parte, el COT de 1.983 dispuso un término menor, de quince (15) días hábiles para presentar descargos, pero indicó expresamente que ese lapso no era perentorio.

Esta idea de no perentoriedad del lapso para descargos, siempre fue correctamente interpretada en la idea de no preclusividad, por lo que, en virtud del **Principio de Informalismo** (que, como vimos, ilustra al procedimiento administrativo, para poder cumplir el Principio de Investigación de la Verdad Real, por parte de la Administración Pública y su contrapartida, el deber del contribuyente de coadyuvar para que tal verdad real se ponga en manifiesto), se entendía que el interesado podía hacer alegatos y promover pruebas en su defensa, mientras no se hubiese notificado la decisión, acto o providencia administrativa.

Ahora bien, tanto el COT de 1.992, como el de 1.994 (vigente), eliminaron la referencia a la no perentoriedad del lapso, lo cual, en nuestro criterio, no tiene relevancia alguna, pues en todo procedimiento administrativo rige, indefectiblemente, el Principio de Informalismo, como principio general de Derecho Administrativo. No obstante, desde la entrada en vigor del COT de 1.992, hemos presenciado el surgimiento de la interpretación, netamente fiscal o fiscalista, según la cual se habría instalado una preclusión para la promoción de pruebas por parte del afectado, interpretación ésta que adquirió fuerza con el COT de 1.994, al señalar que deberá producirse, dentro del lapso respectivo, la "totalidad" de las pruebas.

En nuestra labor docente, donde hemos contado con alumnos funcionarios de la Administración Tributaria, y hemos podido presenciar la vehemencia con que difienden esta interpretación, que nosotros asumimos como contraria a Derecho.

Acaso los funcionarios administrativos olvidan que no se encuentran en un pleito intersubjetivo de intereses particulares o privados, dentro de un juicio civil o mercantil, en el que cada parte está deseosa de que su contraria pierda un lapso para que se desmejore su defensa y así se logre una victoria, con base en una verdad "procesal"?

El norte aquí es la obtención de la verdad real, para poder tutelar el bien común o interés público, general o colectivo, de modo que rige el Informalismo como Principio General de Derecho Administrativo, no pudiendo ahorrarse esfuerzos o coartarse iniciativas tendentes al logro de este fin. Que aberrante resulta imaginar un acto administrativo dictado con fundamento en un Acta Fiscal que no pudo ser suficiente o eficazmente impugnada, en razón de que las pruebas las consiguió el interesado luego de transcurrido este plazo!

Ciertamente, este acto administrativo podría no estar justificado en la verdad real.

Cómo entender que sea posible (y razonable) intentar un Recurso Jerárquico o incluso un Recurso de Revisión y aún una solicitud de reconocimiento de nulidad absoluta (esta última en cualquier tiempo), contra un acto administrativo, en base al descubrimiento de pruebas cuya existencia se desconocía durante la fiscalización y el Sumario Administrativo, pero esté prohibido producirlas en ese Sumario Administrativo si transcurrió aquel plazo??? No sería éste un supuesto de dispendio de actividad administrativa, que eventualmente podría serlo también de actividad judicial?

Así, acorde con los Principios de Informalismo e Investigación de la Verdad Real, entendemos que **este plazo, aunque no lo diga la ley, y a pesar del empleo del adverbio de cantidad "totalidad", no es perentorio, por no poder jurídicamente ser preclusivo**. Asumimos que el afectado debe aportar todas las pruebas de que disponga en esa oportunidad, pero, en caso de encontrar o descubrir posteriormente otras, sin que se haya notificado aún la Resolución Culminatoria del Sumario Administrativo, nada en Derecho le impide promoverlas ni al funcionario considerarlas.

Traemos, en apoyo a nuestra opinión, la previsión del Artículo 28 de la LOPA, según la cual "los administrados están obligados a facilitar a la Administración Pública la información de que dispongan sobre el asunto de que se trate, cuando ello sea necesario para tomar la decisión correspondiente", sin límite temporal preclusivo alguno.

Y, la doctrina jurisprudencial según la cual: "...el procedimiento administrativo goza de la característica de ser flexible e informal, en contraposición a la rigidez y a la formalidad del proceso judicial ordinario, y ello le permite a la Administración practicar ciertas actuaciones en el momento que así lo considere conveniente, siempre y cuando se garanticen los derechos de ambas partes y se cumpla con todas las fases del procedimiento de que se trate, porque en definitiva lo que debe buscar es la verdad material. En el procedimiento administrativo, según señala la constante jurisprudencia en esta materia, los lapsos no tienen el carácter preclusivo propio del proceso judicial..." (Sentencia Nº 95-700 de la Corte Primera de lo Contencioso Administrativo del 18 de Mayo de 1995, con ponencia del Magistrado Gustavo Urdaneta Troconis, caso: Juan Damiani R., Expediente Nº 93-14.091, Jurisprudencia de los Tribunales de Última Instancia, Repertorio Mensual de Jurisprudencia del Dr. Oscar Pierre Tapia, Año VI, Tomo Nº 5, Caracas, Mayo de 1995, pp. 93 y 94).

Por último, parece chocar al ánimo, tomando en cuenta el **Principio Constitucional de Igualdad**, que el Administrado disponga de veinticinco (25) días preclusivos para defenderse y la Administración Tributaria cuente con un (01) año para analizar las pruebas promovidas[649]. Claro que

[649] En sentido contrario, incluso sobre la supuesta perentoriedad del lapso de descargos, véase Sentencia Nº 10 del 17 de Enero de 1.995 de la Sala Político Administrativa de la Corte

se pueden promover pruebas en todo ese tiempo, ello es un derecho, y, como todo derecho, se encuentra limitado en su disfrute por su ejercicio abusivo, por lo que rige la debida proporcionalidad.

IV. CONCLUSIÓN GENERAL

El procedimiento administrativo general, del cual el procedimiento administrativo tributario es una especie, está caracterizado por encontrarse regido bajo el imperio de una serie de principios fundamentales, unos con expreso reconocimiento legal y otros de fuente dogmática del Derecho Administrativo, con adaptaciones propias del Derecho Tributario.

La importancia esencial de estos principios, deriva de la circunstancia de que ellos se encuentran en una estrecha relación de interdependencia con los derechos de los administrados (contribuyentes o no), de modo que constituyen una garantía de ejercicio de tales derechos. Podemos ejercer estos derechos gracias a la vigencia de estos principios rectores; y, estos principios cuentan, como única razón de ser, con la necesidad de hacer efectivo el imperio de estos derechos.

Por ejemplo: el Principio "Audire Alteram Partem" es una garantía de ejercicio del Derecho a la Defensa o, si se quiere, para poder disfrutar del Derecho a la Defensa, es menester consagrar y respetar el Principio "Audire Alteram Partem".

De este modo, hemos estudiado los más relevantes principios rectores del procedimiento administrativo, en función de su relación directa con el ejercicio efectivo de los derechos de los administrados, particularmente en materia de pruebas, llegando a la idea de que también esos derechos son causa y efecto o presupuesto y corolario, unos de otros.

Así, insistimos, gracias a la vigencia del Principio "Audire Alteram Partem" o Principio del Contradictorio, podemos ejercer el Derecho a la Defensa.

Y, de estos dos esenciales Principio y Derecho, en esa mencionada interdependencia, emergen respectivamente el Deber de Motivación, el Principio de Globalidad de la Decisión Administrativa, el Principio de Actuación de Oficio, el Principio de Investigación de la Verdad Real, el Principio de Certeza, el Principio de Realidad Económica, el Principio

Suprema de Justicia, con ponencia de la Magistrado Conjuez Ilse van der Velde Hedderich, caso: Industria Venezolana de Aluminio, C.A., Jurisprudencia de la Corte Suprema de Justicia, Repertorio Mensual de Jurisprudencia del Dr. Oscar Pierre Tapia, Año XXII, Tomo Nº 1, Caracas, Enero de 1996, pp. 150 a 154.

de Objetividad, el Principio de Imparcialidad, el Principio de Inmediación, el Principio "In Dubio Pro Administrado" o Principio "In Dubio Contra Fiscum", el Principio de Informalismo, el Principio de Libertad Probatoria y el Principio de Libre Apreciación de la Prueba, todos ellos como garantía de ejercicio del Derecho al Debido Proceso, del Derecho a Ser Oído, del Derecho a la Información y de Acceso a los Documentos Administrativos, del Derecho a la Participación en la Formación de la Decisión Administrativa, del Derecho a la Impugnación de los Actos Administrativos y, especialmente, del Derecho a Promover y Hacer Evacuar Pruebas, en todo estado y grado del procedimiento administrativo, y del Derecho a que la Administración Aprecie las Pruebas Promovidas y Evacuadas.

4

BLOQUE DE RESOLUCIÓN ALTERNATIVA DE CONFLICTOS EN EL DERECHO TRIBUTARIO

4.1
La Conciliación, el Arbitraje y la Transacción como Métodos de Resolución de Conflictos Administrativos

I. GENERALIDADES

La justicia o, mejor, el sistema judicial, está en crisis[650]. El retardo manifiesto, injustificado y desproporcionado en la respuesta al clamor del justiciable, así como otros factores de orden procesal inciden en la pérdida de legitimidad y de confianza en la jurisdicción estatal y constituyen un grave menoscabo al derecho constitucional a la tutela judicial efectiva[651]. Hoy asistimos a una «tendencia global hacia la desjudicialización de los conflictos»[652].

El fenómeno aquí evocado se presenta en todas las ramas del ordenamiento jurídico, incluso en aquellas que se caracterizan por tratar la temática del interés público. El derecho procesal administrativo no es la excepción.

---

[650] Emilio Aragonés Beltrán, "Resolución de Recursos en el Ámbito Tributario Local; Autocontrol Jurídico y Vía Administrativa Previa", página 251: "...el sistema judicial que sigue recibiendo el nombre esperpéntico de "Contencioso-Administrativo" se encuentra en un estado rayano en la postración".

[651] Jesús González Pérez, "El Derecho a la Tutela Jurisdiccional", página 118: "Es un hecho incuestionable que... existe una resistencia acudir a la fórmula procesal. Ante las dificultades de obtener satisfacción de una pretensión, en lugar de acudir al Juez se acude al arbitraje, o al arreglo, "más vale un mal arreglo que un buen pleito", o sencillamente se adopta una actitud de pasividad.

[652] Juan Zornoza Pérez, "¿Qué podemos aprender de las experiencias comparadas? Admisibilidad de los convenios, acuerdos y otras técnicas transaccionales en el Derecho Tributario español", página 176.

Así, el Consejo de Estado francés, en un reporte ilustrativamente intitulado "Solucionar de otra manera los conflictos: conciliación, transacción, arbitraje en materia administrativa"[653], reconoció el estado de saturación en que se encuentran los tribunales con competencia en lo contencioso administrativo, lo que estimula la reflexión sobre los medios para solucionar de otra manera los conflictos de derecho, evitando su colapso.

Por su parte, en España, los artículos 88.1[654] y 107.2[655] de la Ley 30/1992 de régimen jurídico de las administraciones públicas y procedimiento administrativo común, privilegian el empleo de mecanismos convencionales (acuerdos, pactos, convenios, contratos) que facilitan el diálogo entre la Administración Pública y los administrados y fomentan la participación de los administrados en los procedimientos administrativos (constitutivos o de primer grado y de revisión o de segundo grado), para finalizarlos o, de alguna manera, determinarlos; y, prevén la posibilidad de usar la transacción, la conciliación, la mediación o el arbitraje como medios alternativos[656] de solución de conflictos, incluso en la fase impugnatoria de los actos administrativos, si ello es lo que más conviene a la mejor defensa del interés público.

Igualmente, esto que podríamos llamar la forma consensuada o concertada de la actividad administrativa[657], en general, la encontramos

---

653 "Régler autrement les conflits: conciliation, transaction, arbitraje en matiére administrave", la Documentation française, París 1993.

654 Las Administraciones Públicas podrán celebrar acuerdos, pactos, convenios o contratos con personas tanto de derecho público como privado, siempre que no sean contrarios al Ordenamiento Jurídico ni versen sobre materias no susceptibles de transacción y tengan por objeto satisfacer el interés público que tiene encomendado, con el alcance, efectos y régimen jurídico específico que en cada caso prevea la disposición que lo regule, pudiendo tales actos tener la consideración de finalizadores de los procedimientos administrativos o insertarse en los mismos con carácter previos, vinculante o no, a la resolución que les ponga fin".

655 Las Leyes podrán sustituir el recurso ordinario, en supuesto o ámbitos sectoriales determinados, y cuando la especificidad de la materia así lo justifique, por otros procedimiento de impugnación o reclamación, incluidos los de conciliación, mediación y arbitraje, ante órganos colegiados y comisiones específicas no sometidas a instrucciones jerárquicas, con respeto a los principios, garantías y plazos que la presente Ley reconoce a los ciudadanos y a los interesados en todo el procedimiento administrativo...".

656 Juan Rosa Moreno, "El arbitraje administrativo", páginas 100 y 103: se los califica de alternativos porque son una opción frente al recurso contencioso administrativo, estando sometido el convenio o el laudo arbitral, según los casos, a un control judicial "ad hoc".

657 Algunos (entre ellos Rafael Badell Madrid, en "Primer Seminario de Encuentro y Análisis UCV-UCAB: Realidad y Perspectiva del Derecho Público frente al Siglo XXI", Corte Suprema de Justicia, Fundación Estudios de Derecho Administrativo, Instituto de Derecho Público del Ministerio de Justicia, Universidad Católica Andrés Bello, Caracas, D.F., junio, 1998) han considerado que existe una "administración concertada", con fundamento principista en el artículo 109 de la Constitución de la República, de cuya actuación surgirían "actos administrativos bilaterales", tales como lo podrían ser los acuerdos transaccionales y arbitrales.

prevista también, a título meramente ejemplificativo, en Alemania, en la Ley federal de procedimiento administrativo de 1976; en Italia, en la Ley 241/1990 sobre nuevas formas en materia de procedimiento administrativo; y, en los Estados Unidos de América, en la Ley federal sobre sistema alternativos de resolución de conflictos administrativos («Administrative Dispute Resolution Act») de 1990.

Como puede observarse, al lado de los actos administrativos tradicional o realmente unilaterales, así como de los contratos administrativos y de los contratos de derecho privado suscritos por la Administración Pública, para el intercambio de bienes y servicios, de empleo ya común e incuestionable, universalmente comienza a abrirse paso una nueva técnica de administrar, representada por la categoría convencional llamada de los contratos de derecho público, que se diferencian de las anteriores figuras convencionales por estar siempre precedidos de una relación de sumisión jurídico-pública y el administrado, su cocontratante. Estos contratos de derecho público persiguen una mayor eficacia en la gestión pública, gracias a la estrecha colaboración de los administrados, que garantiza la legitimidad democrática directa y la eficacia real del actuar administrativo[658].

Por ejemplo, en materia tributaria, en virtud de la suscripción de un contrato de derecho público, la Administración Pública "renunciaría" al ejercicio de sus potestades de actuación unilateral, por la imposibilidad de determinar el crédito tributario en condiciones de costo y tiempo razonables o proporcionadas, para alcanzar el interés público tutelado (la recaudación impositiva), mediando una mayor eficacia administrativa, gracias a la negociación de una solución consensuada, que podría conducir a una transacción o a un arbitraje. Indudablemente, siendo la obligación tributaria "ex lege", estos contratos de derecho público sólo tendrán naturaleza declarativa o de fijación, y no constitutiva de la obligación tributaria, perfeccionada por la ocurrencia del hecho imponible, descrito en la norma legal.

Desde la perspectiva, el alcance del derecho a la tutela judicial efectiva, la constitucionalización del principio de eficacia administrativa[659] y el objetivo de prevenir o evitar la actividad contenciosa (por ejemplo, para obtener soluciones más rápidas y eficaces y hacer economías en el presupuesto del

[658] Juan Rosa Moreno, op. cit., página 17: "estos mecanismos se acomodan a la constitucional necesidad de conciliar la garantía y la participación de los interesados con la eficacia administrativa como fines del procedimiento administrativo".

[659] Su previsión en el artículo 30 de la Ley Orgánica de Público es en el texto fundamental que se consagran los fines del Estado, a los que se debe responder con racionalidad, oportunidad y bajo costo.

Poder Judicial), se suman para incidir en una nueva lectura de los principio generales del derecho, y así concebir e implementar medios convencionales de prevención o terminación de conflictos, alternativos a los recursos tradicionales, que hallan su razón de ser en el derecho esencial a la participación ciudadana en los procedimientos públicos de toma de decisiones susceptibles de afectar la esfera jurídico subjetiva de los administrados, institución emblemática de todo Estado de Derecho Constitucional y, sobre todo, Democrático.

Los medios consensuales alternativos de solución de conflictos más importantes son la conciliación, la transacción y el arbitraje, de carácter auto-compositivo los dos primeros y hetero-compositivo el tercero.

En lo que respecta a la conciliación, ambas partes en conflicto se ponen de acuerdo para someter el problema a la consideración de un tercero, pero sin que éste tenga potestad de decisión, puesto que debe limitarse simplemente a formular recomendaciones o sugerencias para ayudar a las partes a llegar a un arreglo amistoso de solución, que bien puede consistir en un pacto vinculante o en el dictado de un acto administrativo "unilateral" que se fundamente en el contenido de lo convenido. El tercero bien puede ser un órgano público administrativo especialmente concebido para jugar ese papel, como acontece con el "médiateur" en Francia o el defensor del pueblo en España; el propio órgano jurisdiccional; o, un particular.

Además, la conciliación puede suceder con fines de prevenir o evitar un pleito judicial o ya dentro de un proceso en curso, de forma facultativa u obligatoria, según el régimen legal que se aplique. En todo caso, el análisis comparado suele revelar la generalizada inoperatividad de este medio alternativo y la tendencia a regular su procedencia meramente facultativa, de modo de convocar al libre intercambio de voluntades recíprocamente conflictuadas a buscar el acuerdo resolutorio.

Ahora bien, tanto la conciliación como la transacción requieren que el ente público goce de la disponibilidad de los intereses en juego, lo cual ha hecho a muchos asumir el criterio de su improcedencia, partiendo de la idea de la indisponibilidad del interés público. Por su parte, el arbitraje sólo es posible cuando se trata de solucionar causas transables.

Por tanto, entendemos que la más exigente de estas figuras alternativas es el arbitraje, pues por encima de otros requisitos que le son propios, demanda también lo que es menester para la procedencia de la conciliación y de la transacción.

En virtud de esta constatación, las presentes líneas se dedicarán a demostrar la constitucionalidad del arbitraje administrativo, de modo que en aplicación del principio "quien puede lo más, puede lo menos", quede también probada la conformidad a derecho de la conciliación y de la transacción administrativas.

En otro orden de ideas, a efecto de mejor arribar a las conclusiones de estas líneas e ilustrar el proceso de raciocinio empleado en su concepción, el análisis se hará particularmente enfocado al ámbito tributario, sobre la base de que el principio de indisponibilidad del crédito tributario (vinculado con el interés público comprometido con la recaudación impositiva) no es absoluto, por lo que el arbitraje tributario, especie del arbitraje administrativo, como su género, no contraría el principio de legalidad.

Así, estos mecanismos alternativos y convencionales de solución de conflictos, pueden ser válidamente empleados en el ámbito del derecho público, mediando ciertas adaptaciones conceptuales y reinterpretaciones de las normas dogmáticas fundamentales que rigen la actividad administrativa.

II. LA JUSTICIA SIN JUEZ EN DERECHO PÚBLICO

De allí que las normas positivas, con rango de ley, como los ejemplos mencionados del derecho comparado, hayan comenzado a regular la posibilidad de que los conflictos o litigios jurídicos sean válidamente solucionados, sea por las mismas partes, a través de mecanismos auto-compositivos, como la conciliación y la transacción, sea por personas, dotadas o no de autoridad, que no revisten la condición de jueces[660], por medio de mecanismos hetero-compositivos, como el arbitraje.

Se trata de la justicia sin juez, fundamentada en el consentimiento de las partes en conflicto, pues debe ser indefectiblemente voluntaria, y en la igualdad entre ellas, para quienes la decisión será, en principio, recíprocamente inimpugnable.

Concretándonos a la última de las figuras mencionadas, tenemos que se trata de una de las formas alternativas de solución de conflictos, la denominada arbitraje, que es una institución jurídica de naturaleza jurisdiccional, puesto que en esencia las funciones del árbitro y las del juez son idénticas[661], decidiendo ambos con fuerza de cosa juzgada. El autor francés

[660] Jean Robert, "Arbitrage Civil et Commercial en Droit interne et International Privé", página 9: "L'institution d'une justice privée grâce à laquelle les litiges sont soustraits aux juridictions de droit commun, pour être résolus par des individus revêtus, pour la circonstance, de la mission de les juger".

[661] Artículo 615 del Código de Procedimiento Civil: "El cargo de árbitro, una vez aceptado, es irrenunciable. El árbitro que sin causa legítima se separe de su cargo será responsable

Charles Jarrosson[662] define al arbitraje como la institución por la cual un tercero soluciona un litigio entre dos o más personas, ejerciendo la función jurisdiccional que le ha sido confiada por ellas. Igualmente, la jurisprudencia contencioso-administrativa francesa, de forma pacífica y reiterada, ha admitido el carácter jurisdiccional del poder de decisión del árbitro, como se observa de las sentencias del Consejo de Estado del 21 de abril de 1943, caso Société des ateliers de construction du Nord de la France, y del 4 de enero de 1957, caso Lamborot.

De esta manera, está claro que el arbitraje es una institución procesal de naturaleza jurisdiccional, constitutiva de un modo alternativo de solución de conflictos, incluso en el ámbito del derecho público y, por ende, del derecho administrativo y del derecho tributario.

Ahora bien, dentro de la doctrina francesa, en el pasado, algunos llegaron a sostener que tratándose de derecho administrativo, por incidencia de supuestas exigencias del derecho público, no todo modo alternativo de solución de conflictos podría ser empleado en casos de derecho administrativo, donde por ejemplo sólo procedería el arbitraje cuando existiese expresa previsión legislativa al respecto. Así, el reporte citado del Consejo de Estado francés expresa que, visto el estado actual de su derecho positivo, en el ámbito del control de legalidad de los actos administrativos se puede utilizar la conciliación, pero no la transacción sobre cuestiones de derecho ni el arbitraje.

La evocada negativa de la doctrina francesa en la materia, se basó en la supuesta y ya cuestionada existencia de un pretendido principio general de derecho, destacado en el dictamen "Eurodisneyland" del Consejo de Estado del 6 de marzo de 1986, y por el autor clásico francés Edouard Laferrière[663], según el cual "el Estado no puede someter sus procesos a arbitraje"[664]. Además, se ha tratado de encontrar fundamento legal a este discutido principio en los artículos 2.060 y 2.061 del Código Civil francés vigente, herederos de los artículos 83 y 1.004 del antiguo Código de Procedimiento Civil francés, que lo establecían expresamente.

---

penalmente por el delito de denegación de justicia, sin perjuicio de que se haga efectiva su responsabilidad civil a través del recurso de queja que consagra este Código".
Artículo 619 "eiusdem": "No pueden ser árbitros de Derecho quienes no sean abogados en ejercicio".

[662] "La notion d'arbitrage", Libreirie Général de Droit et de Jurisprudence (LGDJ), Paris, 1987, página 372.

[663] "Traité de la juridiction administrative", Tomo Il, Paris, 1888, página 145.

[664] Jean Robert, op. cit., página 39: "principe général de l'interdiction faite aux personnes morales publiques de passer les conventions d'arbitrage".

Pero, modernamente, autores y connotados administrativistas de la talla del profesor francés Jean Rivero[665], sostienen que la prohibición contenida en los artículos mencionados del antiguo Código de Procedimiento Civil francés, de someter a arbitraje los conflictos que involucrasen al Estado, desapareció con la entrada en vigencia de los citados nuevos dispositivos del Código Civil francés.

Así, siguiendo al ya citado autor francés Charles Jarrosson[666], tenemos que no existe incompatibilidad racional entre arbitraje y derecho público y que es falso que a través del arbitraje las autoridades administrativas descuiden su deber de defender los intereses públicos[667], conforme al principio de legalidad y que cualquier desviación en este sentido sólo pudiera ser corregida por el juez, obligado como está a estatuir en derecho.

En efecto, los árbitros no solamente están obligados, en principio, a estatuir en derecho, en derecho comparado, sino que en cualquier caso, tratándose incluso de árbitros arbitradores o amigables componedores (por supuesto en materia de derecho privado), siempre deben respetar los principios procesales y las reglas de fondo[668], todo ello sin olvidar que la sentencia o laudo arbitral puede ser objeto de un control posterior, vía recurso de anulación, ante el juez[669].

[665] "Personnes morales de droit public et arbitrage", Revue arbitrage, Paris, 1973, página 268.

[666] "L'arbitrage en droit public", página 17.

[667] Francisco Delgado Piqueras, "La Terminación Convencional del Procedimiento Administrativo", página 36: "con el fin de salvaguardar los intereses públicos en juego, admite la aplicación de la cláusula "rebus sic stantibus".

[668] Artículo 618 del Código de Procedimiento Civil: "Los árbitros son de derecho, o arbitradores. Los primeros deben observar el procedimiento legal, y en las sentencias, las disposiciones del Derecho...".
Artículo 8 de la Ley de Arbitraje Comercial: "Los árbitros pueden ser de derecho o de equidad. Los primeros deberán observar las disposiciones de derecho en la fundamentación de los laudos...Si no hubiere indicación de las partes sobre el carácter de los árbitros se entenderá que decidirán como árbitros de derecho".

[669] Artículo 624 del Código de Procedimiento Civil "Si los árbitros son arbitradores, sus fallos serán inapelables. Si fueren de derecho, serán igualmente inapelables, salvo pacto en contrario que conste en el compromiso, para ante el Tribunal Superior natural o para ante otro Tribunal de arbitramento que hayan constituido las partes con ese fin".
Artículo 627 "eiusdem", "La nulidad de que trata el artículo precedente se hará valer por vía de recurso ante el Tribunal que haya publicado el Laudo Arbitral ejecutoriado, dentro de los diez días posteriores a la publicación. El Tribunal procederá a ver el recurso con todas las formalidades legales, dentro de tres días; y, una vez sentenciado, seguirá su curso ante los Tribunales Superiores, caso de interponerse apelación".
Obviamente, el análisis concordado del artículo 628 "eiusdem" ("Para todos los efectos de este Título, es juez competente en Primera Instancia el que lo fuere para conocer del asunto sometido a arbitramento") y del artículo 220 del Código Orgánico Tributario ("Son competentes para conocer en Primera Instancia de los procedimientos establecidos en este Código,

Por otro lado, también es falso que el juez tenga un mayor respeto por los dineros públicos que el que podría asumir el árbitro, pues el árbitro, al igual que el juez, sujeto a derecho como está, al administrar justicia, determina las responsabilidades y Condena a quien corresponda, sea a pagar las sumas debidas, sea a reparar adecuadamente los daños y perjuicios ocasionados, Según los casos.

No existe, pues, fundamento de derecho alguno que justifique la supuesta presencia, en el derecho francés u otro, de un pretendido principio general de derecho de exclusión del arbitraje en todo conflicto jurídico en el que esté involucrado el Estado. Se trata tan sólo de la asunción, por parte del Legislador, de una política de ejercicio del poder, que tradicionalmente exige que los órganos públicos sólo sean juzgados por órganos públicos. No obstante, se observa que, paradójicamente, los Estados, en general y parcialmente, sólo han ejercido semejante prerrogativa frente al arbitraje interno, ya que no han tenido inconvenientes a la hora de someterse al arbitraje en derecho internacional público, incluso en materias propias del interés u orden público y la soberanía nacional, como lo son los conflictos limítrofes.

Así, vemos que en derecho francés, por una decisión simplemente de derecho positivo y sin basamento dogmático, existe una prohibición general de someter a arbitraje los conflictos internos en los que esté involucrado el Estado, salvo que haya previsión legal en contrario que lo permita. Por tanto, hoy por hoy, en Francia, el contencioso-administrativo de anulación o de la legalidad no puede ser sometido a arbitraje, como en algunos casos lo puede ser el contencioso-administrativo de la responsabilidad o de condena, el contencioso-administrativo de los contratos administrativos y el contencioso-administrativo de las obras públicas[670].

Sin embargo, a la luz de lo que acontece en otros ordenamientos jurídicos, como el español, el italiano, el alemán y el americano, en general hoy debe aceptarse que la regla o principio radica, en realidad, en el derecho de los sujetos de toda relación jurídica (incluida la eminentemente pública relación tributaria[671]) conflictuada, a utilizar algún modo alternativo de solución

---

los Tribunales Superiores de lo Contencioso Tributario..."), nos permite admitir que nos referimos al Juez Superior de lo Contencioso Tributario.
Artículo 43 de la Ley de Arbitraje Comercial: "Contra el laudo arbitral únicamente procede el recurso de nulidad".

[670] Jean Robert, op. cit., página 39

[671] José Andrés Octavio, "La Transacción en el Código Orgánico Tributario", p. 29: "... Conceptuamos, con el maestro Dino Jarach, que la potestad tributaria se agota con la promulgación de la norma legal creadora del tributo pero que de allí en adelante las dos partes de la relación jurídica tributaria, o sea el Estado y el sujeto pasivo de la obligación, están en pie de igualdad, sometidas ambas a las pertinentes normas legales. Dicho en los términos utilizados por el

de conflictos, siendo la excepción la imposibilidad de hacerlo, cuando haya norma explícita en contrario.

En este orden de ideas, el profesor español Luciano Parejo Alfonso[672] enfáticamente nos dice que «no existe prohibición general y absoluta expresa o implícita al ejercicio pactado o acordado de las potestades administrativas» y, siguiendo con él al autor español J. Tornos Mas[673], afirma que «lo cierto es lo contrario, es decir, la admisión general de la transacción y el arbitraje, como resulta de los arts. 39 de la Ley General Presupuestaria, Texto Refundido de 23 de septiembre de 1988 –para la materia hacendística– y 40 y 41 de la Ley de Patrimonio del Estado, Texto Articulado de 15 de abril de 1964».

De esta manera, en el caso español, que nos sirve aquí de modelo (y del cual, como veremos, Venezuela no se aleja mucho), el artículo 39 de la Ley General Presupuestaria, dentro de requisitos formales evidentes que deben ser cumplidos rigurosamente, consagra la procedencia tanto de la transacción judicial o extrajudicial, como del arbitraje, sobre materias vinculadas con los derechos de la hacienda pública.

Pero, en todo caso, siendo de la competencia del Poder Legislativo normar el funcionamiento de las otras ramas del Poder Público y regular la prestación de las funciones estatales en sus ámbitos o manifestaciones infra o sub-legales[674] y de los servicios públicos, como la administración de justicia, es evidente que el Legislador debe reglar la jurisdicción, actividad de rango infra o sub-legal, pudiendo determinar que la misma sea ejercida por los órganos jurisdiccionales integrantes del Poder Judicial (tribunales), por órganos administrativos en fase de revisión de la legalidad de los actos administrativos (recursos administrativos de reconsideración, jerárquico, de queja, de revisión, etc., que concretan el principio de auto-tutela administrativa) o, alternativamente, por personas que no revistan la condición de jueces, sino que sean simples particulares[675], en este último caso,

---

citado maestro, la relación jurídica tributaria es de derecho y no de poder, en tanto que éste es característico de la potestad tributaria".

672 "El Artículo 88 de la Ley 30/1992, de 26 de noviembre: el Pacto, Acuerdo, Convenio o Contrato en el Procedimiento Administrativo", páginas 22 y 23.

673 "El Arbitraje en el Derecho Administrativo; posibilidad de esta figura jurídica", Tribunal Arbitral de Barcelona, Butleti, número 6, Barcelona, 1995, páginas 13 y siguientes.

674 En nuestro caso, véanse los Artículos 136, ordinales 230 (administración de justicia) y 240 (procedimientos) y 139 (funcionamiento de las distintas ramas del poder nacional) de la Constitución de la República.

675 Juan Rosa Moreno, op cit, página 61: "el convenio de las partes es sólo un presupuesto, el poder jurisdiccional del árbitro es independiente de la voluntad de las partes y se produce porque así lo quiere el Estado a través de la ley".

si esa es la voluntad de las partes involucradas en el conflicto jurídico, la Administración Pública y el administrado[676] (arbitraje).

Los autores argentinos Susana Camila Navarrine y Rubén O. Asorey[677], citados por el autor español Ramón Falcón y Tella[678], expresan que:

> *"El papel excluyente de la justicia ordinaria, como única competente para dirimir cuestiones en que el Estado era parte, dejó de tener exclusividad y relevancia. Por eso también los tribunales arbitrales serán la única respuesta frente a esa evolución. Y en este contexto aparece la materia impositiva como la de mayor riqueza para ser arbitrable".*

III. EL MITO DEL PRINCIPIO DE INDISPONIBILIDAD DEL CRÉDITO TRIBUTARIO Y EL RESPETO CIERTO DEL PRINCIPIO DE LEGALIDAD

Establecido como ha quedado que no hay traba conceptual alguna para admitir el arbitraje en derecho público y, particularmente en derecho administrativo y en derecho tributario, en derecho comparado, como se le recibe pacíficamente en otras ramas del derecho interno, conviene ahora constatar que el arbitraje, como institución jurídica, suele estar supeditado en su procedencia a que verse sobre materias susceptibles de transacción, las cuales por naturaleza deben ser controversias disponibles por las partes[679], lo que ha hecho equivocadamente[680] en nuestro concepto concluir a algunos que, como el crédito tributario (como se supone ocurre con los demás intereses públicos) no sería disponible, los conflictos sobre el mismo no podrían ser transables y, en consecuencia, tampoco arbitrables.

Afortunadamente, este razonamiento de una lógica impecable pero ideológicamente comprometido con una posición jurídico-política que asume al poder de imperio y sus manifestaciones concretas, como expresión exclusivamente unilateral, cuestionable sólo judicialmente y a posteriori, y

---

[676] Emilio Aragonés Beltrán, op. cit., página 149: "El control de la legalidad de la actuación administrativa corresponde a los Tribunales de Justicia, ... Pero tal control no tiene por qué ser el único y exclusivo, ni por exigencias constitucionales y legales ni por imperativos de la realidad práctica".

[677] Arbitraje. Jurisdicción Arbitral en Controversias con el Estado. Proceso Arbitral en Cuestiones Tributarias", La Ley, Buenos Aires, 1992.

[678] "El Arbitraje Tributario", página 257.

[679] Artículo 1.714 del Código Civil: "Para transigir se necesita tener capacidad para disponer de las cosas comprendidas en la transacción".

[680] Aunque de manera explicable por razones históricas, propias de los conceptos iuspublicistas imperantes en las épocas en que escribieron.

subsumido dentro de la perspectiva autoritaria[681] de un régimen de democracia meramente representativa, en mucho, ya ha sido superado. Veamos.

Los exponentes de la tesis clásica, en Venezuela, escribieron sus ideas al respecto bastante tiempo atrás, en las décadas de 1960 y 1970, cuando imperaban aquellos conceptos, antes de la promulgación y entrada en vigencia del Código Orgánico Tributario (1983). Así, por ejemplo, el tributarista Florencio Contreras Quintero[682], de gran autoridad para la época, enfatizó en que:

> *"...en una controversia tributaría...o usted, contribuyente, debe o no debe! Si debe, pagar y pagará lo que deba, no más, pero tampoco menos! Y si no debe, pues no paga nada! Y si surge algún contradictorio, pues lo que resuelva la Justicia! Esa es la solución de Derecho, en un régimen de Derecho, en un Estado de Derecho! Esta es la expresión más simple del principio de la legalidad!...".*

Por su parte, el profesor Gabriel Ruán Santos[683] afirmó lo siguiente:

> *"...el poder de disposición de los órganos de la Administración Pública sobre las materias regidas por el derecho público es sumamente restringido, porque, el ejercicio del Poder Público se encuentra encauzado rigurosamente por el principio de legalidad y condicionado por el interés público... sólo podrían admitirse escasas excepciones a este principio de indisponibilidad del ejercicio del Poder Público, en algunas actuaciones particulares comprendidas dentro de las materias de derecho público. Esto conduce lógicamente a sostener que el instituto de la transacción, así como todos aquellos que presuponen la existencia de/poder de disposición en la materia, es por principio inaplicable en ese campo de la actividad pública».*

Y, el profesor Allan Randolph Brewer Carías[684], si bien admitió la transacción, en principio, en materia administrativa[685], sostuvo que:

---

681 Francisco Delgado Piqueras, op. cit., página 37: "la infravaloración del papel de la declaración del privado en la constitución de una relación administrativa no sería sino un prejuicio impuesto por la concepción mayeriana del derecho administrativo como derecho de supremacía especial y su sobreestimación del principio de autoridad".

682 "Disquisiciones Tributarias", páginas 125 y 126.

683 "Comentarios sobre la Aplicabilidad del Instituto de la Transacción a la Actividad de la Administración Pública", páginas 90 y 91.

684 "Las Transacciones Fiscales y la Indisponibilidad de la Potestad y Competencia Tributarias", páginas 26 y 34.

685 Op. cit., página 3.

"... no podría válidamente celebrarse una transacción que implique una renuncia a/ ejercicio de la competencia tributaría y sancionadora, que es obligatoria para la Administración y de orden público"[686].

Ese es, entonces, el resumen del postulado clásico, frente al cual, ante todo, debe advertirse que la tal indisponibilidad del crédito tributario, tomada aquí como manifestación concreta de la tradicional indisponibilidad de las potestades de derecho público, si bien existe, debe ser ubicada en su justo sitio, pues ella, al contrario de lo que los autores clásicos definitiva o aparentemente sostuvieron, no es absoluta.

En efecto, el ordenamiento jurídico legal contempla figuras de dispensa, condonación o reducción de la deuda tributaria, representativas de indudables actos de disposición patrimonial, como la remisión legal, la exención, la exoneración, la rebaja de tributos y la declaratoria de incobrabilidad de créditos tributarios (artículos 4, ordinales 2° y 3°, 5, 6, aparte único, 38, ordinales 4° y 5°, 49, 50, 64 y 69 del Código Orgánico Tributario[687]

---

[686] José Andrés Octavio, op. cit., p. 30 "No compartimos esta interpretación restrictiva del doctor Brewer Carías respecto al artículo 7 de la Ley Orgánica de la Hacienda Pública Nacional, pues en nuestro criterio la norma autoriza las transacciones en materia tributaria, y establece sus propias pautas procesales, por lo que su alcance no debe entenderse limitado a aquellos casos previstos en el artículo 49 de dicha Ley. Sin embargo, lo que nos interesa destacar de la opinión de Brewer Carías, porque tiene relevancia frente a la norma del Código Orgánico Tributario, es que admite, con entera razón, que una norma legal puede autorizar la transacción en este campo, tal como él lo acepta con respecto a los casos previstos en el ya citado artículo 49. Por lo tanto, es obvio que esta opinión implica que esa norma, y consecuentemente las disposiciones del Código Tributario que autorizan la transacción, no son violatorias de la Constitución ni del Código Civil".

[687] Artículo 4 del Código Orgánico Tributario: "Sólo a la ley corresponde regular con sujeción a las normas generales de este Código, las siguientes materias: ...; 2° Otorgar exenciones y rebajas de impuesto; 3° Autorizar al Ejecutivo Nacional para conceder exoneraciones y otros beneficios o incentivos fiscales;...".

Artículo 5 "eiusdem": "En materia de exoneraciones, desgravámenes, rebajas y demás beneficios fiscales, la ley determinará los requisitos o condiciones esenciales para su procedencia, a los fines de evitar en lo posible la discrecionalidad del funcionario cuando fueren otorgadas".

Aparte único del artículo 6 "eiusdem": "La disposición precedente es también aplicable a las exenciones, exoneraciones y otros beneficios".

Artículo 38 "eiusdem", "La obligación tributaria se extingue por los siguientes medios comunes: ... 4° Remisión. 5° Declaratoria de Incobrabilidad...".

Artículo 49 "eiusdem": "La obligación de pago de los tributos sólo puede ser condonada o remitida por ley especial. Las demás obligaciones, así como los intereses y las multas, sólo pueden ser condonadas por dicha ley o por resolución administrativa en la forma y condiciones que esa ley establezca".

Esta disposición fue ejecutada por la Ley de Remisión Tributaria, promulgada el 24 de abril de 1996.

Artículo 50 "eiusdem", "La Administración Tributaria podrá de oficio declarar incobrables las obligaciones tributarias y sus accesorios y multas conexas...".

y 115[688] de la Ley Orgánica de Régimen Municipal), explicadas en virtud de la necesaria implementación de políticas fiscales de diverso orden, pero que, en líneas generales, son demostrativas del carácter relativo del principio de indisponibilidad del crédito tributario.

Además, está claro que la Constitución de la República no establece, en dispositivo alguno, este principio de indisponibilidad, sino que ello responde, se insiste, a una interpretación propia de una perspectiva autoritaria del ejercicio del Poder Público.

Por tanto, el Legislador está debidamente facultado, para prever y regular, mediante ley, entre otros, supuestos como los señalados anteriormente, de manera únicamente enunciativa, de acuerdo a lo que mejor convenga al interés público, en virtud del principio de eficacia administrativa, y con respeto al deber constitucional de todos de contribuir con las cargas públicas, atenuado por derechos esenciales también constitucionales, tales como los derechos a la vida, a la salud y a la protección de la familia (que por razones de sobrevivencia justifican, por ejemplo, las exenciones dc base y de venta del hogar doméstico, en materia de Impuesto Sobre La Renta), a la propiedad, con la garantía de la no confiscatoriedad, a la libertad económica, a la seguridad jurídica, a la igualdad, a la participación en los procesos públicos de toma de decisiones, etc., y por principios como el de la capacidad económica. De hecho, el parágrafo único del artículo 38 del Código Orgánico Tributario, faculta al Legislador a establecer otros medios de extinción del crédito tributario, distintos del simple pago y los tradicionales de la compensación, la confusión y la prescripción.

Incluso, ahora en el ámbito de la potestad sancionatoria de la Administración Pública, el artículo 150 del Código Orgánico Tributario, aún en presencia evidente de infracción tributaria, permite que el funcionario competente, por razones de política fiscal, disponga de dicha potestad, al establecer, sencillamente y sin posibilidad alguna de control judicial sobre los motivos, una presunción "juris et de iure" según la cual: "Si la resolución a que se refiere el artículo precedente no aplica la sanción y se limita sólo a determinar la obligación tributaria, se entenderá que la Administración Tributaria la consideró improcedente".

Artículo 64 "eiusdem", "Exención es la dispensa total o parcial del cumplimiento de la obligación tributaria, otorgada por la ley.
Exoneración es la dispensa total o parcial de la obligación tributaria, concedida por el Ejecutivo Nacional en los casos autorizados por la ley".
Artículo 69 "eiusdem", "Las rebajas de tributos se regirán por las normas de este Capítulo en cuanto les sean aplicables".

[688] Artículo 115 de la Ley Orgánica de Régimen Municipal: "El Municipio no podrá acordar exenciones, exoneraciones o rebajas de impuestos o contribuciones municipales especiales, sino en los casos y con las formalidades previstas en las Ordenanzas".

Por ende, los medios alternativos de solución de conflictos, esté o no involucrado el Estado en ellos, y sean o no de naturaleza tributaria, no son contrarios al Texto Fundamental[689]. Muy por el contrario, pueden consistir en la única vía posible de acometer y lograr la satisfacción del interés público.

Si efectivamente existiese con carácter absoluto ese principio de indisponibilidad, y el mismo tuviese el pretendido rango constitucional, el Legislador no habría podido válidamente consagrar la transacción del crédito tributario (forma de disposición del mismo), como lo hizo en los artículos 7 y 49 de la Ley Orgánica de la Hacienda Pública Nacional[690] (hoy derogados en

[689] "En Dictamen de la Procuraduría General de la República del 6 de julio de 1965 (publicado en la Doctrina de la Procuraduría General de la República 1965), se admitió la procedencia del llamado "arbitraje administrativo", así: "La Administración puede someter al criterio de árbitros –arbitradores o de derecho– la resolución de conflictos surgidos entre ella y los particulares, con las limitaciones derivadas de la licitud del objeto y la capacidad de los compromisarios". Y, para ser consecuente con la tesis clásica de la época, le estableció límites así: "No pueden ser objeto de arbitraje materias como las señaladas en el artículo 502 del Código de Procedimiento Civil, y todas aquellas sobre las cuales no cabe transacción, en las que quedan incluidas, entre otras, las especies administrativas concernientes al ejercicio de poderes, dominio público y régimen impositivo en algunos de sus aspectos fundamentales".
Por tanto, está claro que el arbitraje procedía, en criterio de la Procuraduría General de la República (interpretado indirectamente), ya desde 1965, en aspectos no fundamentales del régimen impositivo.
Además, resulta útil resaltar que, en otro Dictamen del 15 de octubre de 1965 (publicado en la misma Doctrina), la Procuraduría General de la República admitió la arbitrabilidad de la materia, al aceptar su transaccionabilidad, así: "La intervención del Procurador General de la República que ordena el artículo 7 de la Ley Orgánica de la Hacienda Pública Nacional como uno de los requisitos necesarios para poder convenir, transigir o desistir de cualquier acción o recurso en una causa fiscal puede ser, según el caso, su actuación –personal o por medio de substituto– o su opinión sobre el mismo".
Consecuente con lo anterior, en otro Dictamen del 22 de agosto de 1967 (publicado en la Doctrina de la Procuraduría General de la República 1967), la Procuraduría General de la República, en materia de "arbitraje administrativo", sostuvo que: "La capacidad de la República para comprometer en árbitros no se contradice en ningún precepto legal y antes bien queda afirmada en el artículo 19 del Código Civil".

[690] Artículo 7 de la Ley Orgánica de la Hacienda Pública Nacional: "En ninguna causa fiscal se podrá convenir en la demanda, celebrar transacciones, ni desistir de la acción ni de ningún recurso, sin autorización previa del Ejecutivo Nacional dada por escrito y con intervención del Procurador de la Nación".
Artículo 49 "eiusdem": "Pueden sacarse a remate público o contratarse con particulares, a juicio del Ejecutivo Nacional, las deudas atrasadas provenientes de cualquier renta que hayan pasado a figurar como saldos de años anteriores...
Respecto a dichas deudas, podrá también el Ejecutivo Nacional celebrar arreglos o transacciones con los deudores, así como conceder remisión, rebaja o bonificación de las mismas o de sus intereses, o plazos para su pago, cuando a su juicio fueren conducentes tales concesiones. No podrán llevarse a efecto cesiones, remisiones, rebajas o transacciones de cualquier género

el ámbito tributario), en el artículo 44 de la Ley Orgánica de la Procuraduría General de la República (que se transcribirá y comentará más adelante), en el artículo 41 de la Ley Orgánica de la Contraloría General de la República[691] y en el artículo 58 del Código Orgánico Tributario (cuyo texto se reproducirá en los párrafos siguientes), dispositivos legales que, por lo demás, aunque no con la frecuencia esperada, ya han sido efectivamente empleados en convenios entre la Administración Tributaria y los contribuyentes[692].

A la sazón, el artículo 58 del Código Orgánico Tributario, consagrado dentro del Capítulo VI «Transacción», del Título II «Obligación Tributaria», dispone que:

> *"El Ejecutivo Nacional, por intermedio del Ministerio de Hacienda, podrá autorizar la transacción, previo pronunciamiento favorable del Consejo de Ministros y oída la opinión del Contralor General de la República.*
> *La transacción podrá celebrarse sin la opinión del mencionado funcionario, cuando hayan transcurrido tres (3) meses sin haberse recibido su respuesta. No será necesario el pronunciamiento del Consejo de Ministros, cuando el asunto sometido a transacción no exceda de un mil unidades tributarias (1.000 U.T.). El Consejo de Ministros podrá elevar este límite hasta cinco mil unidades tributarias (5.000 U.T.). El contrato de transacción será otorgado en nombre de la República por el Procurador General de la República"*[693].

Por tanto, la Administración Tributaria sí goza de facultades dispositivas de la deuda tributaria y de la potestad sancionatoria, aunque ello sea, obviamente, en virtud del principio de legalidad, en los términos en que el Legislador lo establezca[694].

---

en lo concerniente a este artículo, sino cuando después de consultados el Contralor de la Nación y el Procurador de la Nación, estos funcionarios hayan informado por escrito, indicando la circunstancia de lo que se pretende".

[691] Artículo 41 de la Ley Orgánica de la Contraloría General de la República: "Cuando el Ejecutivo Nacional resuelva declarar la prescripción de los créditos atrasados a favor de la República, será necesario el dictamen previo de la Contraloría. Igual requisito deberá cumplirse en los casos de remisión total o parcial de dichos créditos, cesiones, concesión de prórrogas para su pago o celebración de cualquier transacción relacionada con los mismos y con los intereses que hayan devengado".

[692] Se recuerdan las transacciones de los viejos reparos petroleros y los más recientes convenios de transacción entre la Procuraduría General de la República y las embotelladoras.

[693] Similar régimen legal está previsto en el artículo 76, ordinal 120 de la Ley Orgánica de Régimen Municipal, para la tributación local.

[694] El mismo profesor Gabriel Ruán Santos, op. cit., página 95, admite que "es menester reconocer la transigibilidad de ciertas materias, incluso de derecho público, por expresa autorización de la Ley".

Igualmente, resulta útil al razonamiento admitir que, si bien la Constitución de la República no prohíbe el uso de mecanismos convencionales y alternativos de solución de conflictos, es lo cierto que más bien sugiere implícitamente su empleo, a través de la consagración de principios generales de derecho tales como los de seguridad jurídica, de participación ciudadana en los procesos de toma de decisiones y de eficacia administrativa[695], aunados al derecho a la tutela judicial efectiva y al fin estatal de consecución de la paz social, el bienestar colectivo y la convivencia pacífica.

Además, lo que sí expresamente exige el Constituyente es que la Administración Pública actúe conforme al principio de legalidad (o mejor, principio de juridicidad o de conformidad a derecho)[696]. Es decir, que la actividad administrativa puede desarrollarse sólo con arreglo a los procedimientos fijados por la ley[697], lo cual nos conduce a aceptar que la ley puede determinar medios concordados alternativos, como, entre otros, los conciliatorios, los transaccionales y los arbitrales.

Aquí resulta interesante resaltar que los autores clásicos contrapusieron el principio de legalidad, a la posibilidad de establecer convenios entre la Administración Pública y los administrados, para concluir en su improcedencia. Pero, si lo que persigue ese principio es que el Poder Público actúe conforme a derecho, apegado a la ley, y acontece que un texto de rango legal faculta a la Administración Pública para actuar consensuada o concertadamente, incluso en el campo del derecho público[698], como es el caso de las materias administrativa y tributaria, es evidente que las vías conciliatorias, transaccionales o arbitrales, previstas en la ley, no significarían violación alguna, sino todo lo contrario, la más irrestricta sumisión al principio de legalidad[699].

De ese modo, el acuerdo sobre un arbitraje para la determinación definitiva de un tributo y hasta, llegado el momento de desarrollar ese

---

[695] María Luisa González-Cuéllar Serrano, op. cit., páginas 97 y 98 y 176 y 177.

[696] Artículo 117 de la Constitución de la República: "La Constitución y las leyes definen las atribuciones del Poder Público, y a ellas debe sujetarse su ejercicio".

Artículo 193 "eiusdem" "...La ley orgánica determinará el número y organización de los Ministros y su respectiva competencia...".

[697] Es competencia del Poder Nacional legislar sobre los procedimientos. Artículo 136, ordinal 24o de la Constitución de la República.

[698] José María Roca Martínez, "Arbitraje e Instituciones Arbitrales", página 84: el arbitraje es de Derecho Público cuando una de las partes es una persona de Derecho Público, encontrándose en una situación de supremacía, siendo las cuestiones litigiosas sometidas a la decisión de los árbitros de Derecho Público, porque afecten intereses públicos.

[699] José María Roca Martínez, op. cit., página 165: "Por lo que se refiere al arbitraje de derecho, se ha dicho, con acierto, que fallar con arreglo a derecho significa fallar con arreglo al sistema de fuentes del ordenamiento jurídico, y como la Constitución es la norma suprema de éste, los árbitros deben fallar en conformidad a la Constitución".

concepto jurídico filosófico, para el control de la legalidad de la actividad administrativa tributaria, sería conforme a derecho, y se respetaría el principio de legalidad tratándose de árbitros de derecho[700] (únicos que en nuestro Concepto podrían actuar en esta materia tributaria). Es más, la recaudación no sería menor a la que generaría un acto realmente unilateral, sometido exclusivamente al control del juez, pero sí podría ser más rápida y menos costosa. ¿Dónde se aseguraría más la tutela del interés público... del orden público? Evidentemente, a través de la jurisdicción arbitral.

Ahora bien, hablando de interés público, debe recordarse que los autores clásicos tomaron el artículo 6 del Código Civil, que consagra la imposibilidad de celebrar convenios contrarios al orden público, como justificación explicativa del argumento de supuesta ilicitud de las transacciones tributarias, por violación del principio de indisponibilidad del crédito tributario, ya analizado. No obstante, nos parece que siendo el Legislador quien define, por antonomasia, el interés público y el orden público nacional, en ausencia de norma constitucional restrictiva al respecto, nada le impide que regule procedimientos contentivos de medios alternativos para la solución de conflictos administrativos, frente a los cuales no podría alegarse la aplicación en contrario de dicho artículo 6 del Código Civil.

Por tanto, el verdadero alcance de este principio de indisponibilidad del crédito tributario[701] se circunscribiría únicamente a la prohibición de disponer de dicho crédito tributario, en cabeza de la Administración Tributaria, salvo previsión legal en contrario.

El autor español Ramón Falcón y Tella[702] señala que «la indisponibilidad del crédito tributario no impide a la Administración someterse a arbitraje, sino que únicamente exige que sea el legislador el que defina con

[700] Los autores clásicos emplearon argumentos que no tienen real asidero jurídico, sino meramente ideológico, en nuestro concepto, como el de que "es absolutamente inadmisible la posibilidad de transacción por lo que respecta a la validez o invalidez de un acto administrativo, porque sólo corresponde a los órganos competentes del Poder Público la revisión de la legalidad de los actos emanados de la autoridad" (Gabriel Ruán Santos, op. cit., página 93). Opinamos que, éticamente (con independencia de los alegatos jurídicos que ya han sido expresados en este trabajo), tal argumentación sólo podría sostenerse frente a un Poder Judicial eficiente y expedito, que hiciese una realidad el derecho a la tutela judicial efectiva.

[701] José Andrés Octavio, op. cit., p. 29. En una variante de nuestro discurso, pero conclusiva en los términos fundamentales, el doctor Octavio afirma que: "Estamos enteramente de acuerdo con la tesis según la cual la obligación tributaria es indisponible, pero tal como lo hemos indicado en los párrafos inmediatamente anteriores, la transacción prevista en el Código no implica un acto de disposición del crédito tributario, sino que es una especie de procedimiento determinativo extraordinario, que frente a la discrepancia sobre elementos de hecho que ha dado lugar a la controversia, autoriza a fijar esos elementos por acuerdo transaccional, a fin de determinar sobre ellos la obligación tributaria...".

[702] Op. cit., páginas 259 y 260.

suficiente precisión los supuestos y el alcance de este mecanismo de solución de conflictos».

IV. LA REALIDAD DE LA ACTUACIÓN CONVENCIONAL DE LA ADMINISTRACIÓN Y SU JUSTIFICACIÓN

Es de poner de relieve que la Administración Pública y particularmente la Ambiental[703] y la Tributaria, en todos los países y Venezuela no es la excepción, goza de una amplia y cierta potestad negociadora «informal»[704], pero no por ello menos efectiva o carente de contenido real.

De este modo, concretándonos al aspecto tributario, se observa que «...en el actual proceso de gestión de los tributos la Inspección goza, de hecho y de derecho, ya que a la propuesta de la inspección puede responder la conformidad del contribuyente, de un amplio margen para hacer propuestas de liquidación a los contribuyentes que si son aceptadas por éstos, en ocasiones, pueden variar en sus términos y no ir acompañadas de sanción y que, si no son aceptadas por éstos, sí pueden ir acompañadas de sanción»[705].

Estos pactos, acuerdos o convenios, de contenido compositivo o auto-Compositivo, transaccional o arbitral, en cualquier circunstancia, tratándose de contratos donde el consentimiento no está viciado[706], ni son ilícitos sus objetos[707] ni sus causas[708], están amparados por el conocido

---

[703] Como ocurre con los procedimientos de adecuación, constitutivos de verdaderos procesos convencionales de oferta-aceptación (actividad convencional particularmente dirigida a excluir la represión penal y la administrativa) y los convenios de internalización del costo ambiental, previstos en el Decreto N° 638 del 26 de abril de 1995 ("Normas sobre calidad del aire y control de la contaminación atmosférica"), en el Decreto N° 883 del 11 de octubre de 1995 ("Normas para la clasificación y el control de la calidad de los cuerpos de agua y vertidos o efluentes líquidos") y en el Decreto N° 2.635 del 22 de julio de 1998 ("Normas para el control de la recuperación de materiales peligrosos y el manejo de desechos peligrosos").

[704] Antonia Agulló Agüero, "La Introducción en el Derecho Tributario Español de las Fórmulas Convencionales Previstas en la Ley 30/1992", página 187: "Partiendo de que el procedimiento es una garantía, se trata de incluir en el procedimiento las negociaciones que hoy día se producen al margen del mismo".

Francisco Delgado Piqueras, op. cit., página 156: "parece a todas luces conveniente hacer emerger la contractualidad administrativa oficiosa a la superficie de la realidad jurídica, hacerla transparente y legítima"; páginas 165 y 166: la procedimentalización de la contractualidad administrativa y ... la contractualización del procedimiento administrativo".

[705] José Juan Ferreiro Lapatza, *"Arbitraje sobre Relaciones Tributarias"*, página 264.

[706] *Artículos 1.146 al 1.154 del Código Civil.*

[707] Artículo 1.155 del Código Civil "El objeto del contrato debe ser posible, lícito, determinado o determinable".

[708] Artículo 1.157 del Código Civil: "La obligación sin causa, o fundada en una causa falsa o ilícita, no tiene ningún efecto.

La causa es ilícita cuando es contraria a la Ley, a las buenas costumbres o al orden público".

principio «pacta sunt servanda», como lo ha admitido el Tribunal Financiero Federal de Alemania, por lo que gozan de eficacia vinculante en función del principio general de derecho de buena fe[709] o de confianza legítima, que por lo demás exige que las obligaciones sean cumplidas tal cual como hayan sido contraídas[710], por supuesto, sin desmedro del interés o del orden público[711].

Indudablemente, resulta un doble discurso contradictorio, incoherente e incongruente que, por un lado, se hable del pretendido imperio absoluto del principio de indisponibilidad del crédito tributario, por la Administración Tributaria, como impedimento de la transacción y del arbitraje, y que, por el otro lado, se permita que los funcionarios fiscales actuantes puedan hacer propuestas sobre los términos de las liquidaciones tributarias, entrando abiertamente en negociaciones sobre los contenidos y montos de la deuda tributaria y sus accesorios, con los contribuyentes[712], incluso con apoyo legal, como ocurre indirecta o implícitamente (y a la práctica administrativa nos remitimos) con el artículo 145[713] del Código

[709] Francisco Delgado Piqueras, op. cit., página 36: "el valor vinculante de este acuerdo vendría del principio "pacta sunt servanda" y no requeriría de una norma habilitante".
Roman Seer, *"Contratos, Transacciones y otros Acuerdos en Derecho Tributario Alemán"*, página 148.
Artículo 1.160 del Código Civil: "Los contratos deben ejecutarse de buena fe y obligan no solamente a cumplir lo expresado en ellos, sino a todas las consecuencias que se derivan de los mismos contratos, según la equidad, el uso o la Ley".

[710] Artículo 1.264 del Código Civil: "Las obligaciones deben cumplirse exactamente como han sido contraídas. El deudor es responsable de daños y perjuicios, en caso de contravención".

[711] Jesús González Pérez, "El Principio General de la Buena Fe en el Derecho Administrativo", página 69; "La aplicación del principio de la buena fe permitirá al administrado recobrar la confianza en que la Administración no va a exigirle más de lo que estrictamente sea necesario para la realización de los fines públicos que en cada caso concreto persiga. Y en que no le va a ser exigido en el lugar, en el momento ni en la forma más inadecuados, en atención a sus circunstancias personales y sociales, y a las propias necesidades públicas. Confianza, legítima confianza de que no se le va a imponer una prestación cuando sólo superando dificultades extraordinarias podrá ser cumplida. Ni en un lugar en que, razonablemente, no cabía esperar. Ni antes de que lo exijan los intereses públicos ni cuando ya no era concebible el ejercicio de la potestad administrativa...".

[712] Juan Zornoza Pérez, op. cit., página 166: "Se trata pues, únicamente, de abrir una línea de reflexión...que permita explicar en términos jurídicos el funcionamiento de nuestro sistema tributario real, que en absoluto es ajeno a los pactos, convenios o acuerdos de voluntades; rompiendo así con esa especie de "hipocresía tributaria" en que nos hemos instalado frente a un fenómeno que el derecho positivo no reconoce, la doctrina critica y la realidad muestra como práctica cotidiana".
Giuliani Fonrouge, "Derecho Financiero", página 501: califica como "determinación mixta" la "acción coordinada del fisco y del contribuyente", para la fijación del crédito tributario.

[713] Artículo 145 del Código Orgánico Tributario: "En el Acta que se levante se deberá emplazar al contribuyente o responsable para que proceda a presentar la declaración omitida o rectificar

Orgánico Tributario, en concordancia con el parágrafo segundo del artículo 149[714] «eiusdem», y el levantamiento y eventual allanamiento, por parte del contribuyente, al contenido de las Actas Fiscales.

Se sostiene que el arbitraje, como idénticamente otras figuras alternativas de solución de conflictos, como la transacción, no debe versar sobre hechos suficientemente descubiertos, comprobados y establecidos por la Administración Tributaria o sobre cuestiones jurídicas donde haya certeza, por razones obvias, ligadas al hecho de que no habría allí debate o contestación alguna.

Pero, también se afirma, y esa es la justificación de la conceptualización de la denominada administración concertada o consensuada en la materia, que el contribuyente, así como debe poder negociar una transacción, debe siempre tener derecho a una solución arbitral cuando exista incertidumbre sobre los hechos, y no sea posible, en ejecución del principio de investigación de la verdad real y del principio de oficialidad que ilustran nuestro procedimiento administrativo[715], precisarlos o resulte desproporcionadamente costoso o largo hacerlo; cuando se aplique una presunción; cuando se emplee un concepto jurídico indeterminado; y, cuando se utilice la estimación indirecta[716] o determinación sobre base presuntiva.

Ahora bien, estando dispuesto que la transacción es posible sólo sobre los hechos, como lo indica el artículo 57 del Código Orgánico Tributario («La transacción judicial[717] es admisible en cuanto a la determinación de los hechos y no en cuanto al significado de la norma aplicable»), veamos qué ocurre si la incertidumbre recae sobre el derecho, caso en el cual, aunque

---

la presentada, y pagar el impuesto resultante, con actualización monetaria e intereses compensatorios, y la multa correspondiente al diez por ciento (10%) del tributo omitido, dentro del plazo de quince (15) días hábiles de notificada dicha Acta".

[714] Parágrafo segundo del artículo 149 del Código Orgánico Tributario: "En los casos que el contribuyente o responsable admite en forma expresa el contenido del Acta, no se abrirá el sumario. En este caso la Administración emitirá inmediatamente la resolución correspondiente".

[715] Artículo 53 de la Ley Orgánica de Procedimientos Administrativos: "La Administración, de oficio o instancia del interesado, cumplirá todas las actuaciones necesarias para el mejor conocimiento del asunto que deba decidir, siendo de su responsabilidad impulsar el procedimiento en todos sus trámites".

Artículo 112 del Código Orgánico Tributario: "La Administración Tributaria dispondrá de amplias facultades de fiscalización e investigación de todo lo relativo a la aplicación de las leyes tributarias...".

[716] José Juan Ferreiro Lapatza, op. cit., página 265.

[717] Siendo judicial el único supuesto de transacción que regula el Código Orgánico Tributario, es evidente que sólo puede servir para terminar un litigio pendiente, en los términos del Artículo 256 del Código de Procedimiento Civil, y no para precaver, al menos formalmente, un litigio eventual, por lo que la transacción tributaria tiene un radio de acción más reducido al contemplado en el Artículo 1.713 del Código Civil.

mediando un razonamiento complementario, tendría que proceder la transacción y, por ello, el arbitraje.

Así, es verdad que el referido artículo 57 del Código Orgánico Tributario limita la posibilidad de transigir a las cuestiones fácticas, dejando de lado, al menos en apariencia, a las cuestiones jurídicas, pues las cuestiones de hecho y las de derecho presentan una interdependencia que «se manifiesta claramente en e/ problema de la valoración de los hechos tributarios, donde la fijación de los hechos y la aplicación del derecho se entremezclan y transforman el uno en el otro de forma incontingente»[718]. Además, «*todo acuerdo sobre hechos relevantes para la imposición influye en la cuantía de la obligación tributaría, por lo que la negociación sobre el tratamiento de un hecho representa necesariamente un acuerdo parcial sobre el crédito tributario*»[719].

Efectivamente, la incertidumbre que puede legítimamente derivarse tanto del ejercicio de potestades discrecionales, como del avalúo de bienes y de la interpretación de los conceptos jurídicos indeterminados[720] (como los de «normalidad» y «necesidad» del gasto, «artículos menudos de uso doméstico», «consumidor final», «valor de mercado», etc.), comunes en nuestras normas legales tributarias, es susceptible de poner en peligro la integridad de principios esenciales, de raigambre constitucional, como el de la seguridad jurídica, el de la certeza tributaria y el de igualdad, «que

[718] Roman Seer, op. cit., página 143.
María Luisa González-Cuéllar Serrano, op. cit., páginas 78 y 79: "...La mayoría de ejemplos a este respecto se encuentran en los problemas de calificación de los hechos en orden a su inserción en el presupuesto de hecho del tributo y en las valoraciones de los bienes objeto de la obligación fiscal. Desde el primer punto de vista, la elaboración legislativa del hecho imponible manifiesta en muchas ocasiones una gran vaguedad en los términos, que requiere un proceso de calificación de los concretos hechos...Por lo que se refiere a la valoración de los elementos configuradores de la base imponible, es, sin duda, el ámbito donde se plantean más incertidumbres, como consecuencia del grado de indeterminación con que son definidas...".
María Luisa González-Cuéllar Serrano, op. cit., página 123 "...la dificultad de diferenciar entre las cuestiones de hecho y las de derecho es todavía mayor en el ámbito tributario, dentro del cual se muestra claramente en la valoración de los hechos imponibles donde la fijación de los hechos y la aplicación del Derecho se entremezclan. Este es el caso de los gastos deducibles, respecto a los cuales constituye una cuestión fáctica su existencia o su cotización y una cuestión jurídica su consideración como partida deducible".

[719] Roman Seer, op. cit., página 152.

[720] Carmen Botella García-Lastra, "La Finalización Convencional de los Procedimientos Tributarios y otras Técnicas Transaccionales para la Resolución de Conflictos", página 202: "... tanto en el procedimiento de determinación de la base imponible, como en el de comprobación de valores por la Administración, se utilizan, con frecuencia, conceptos jurídicos indeterminados, no definidos con absoluta precisión en las leyes y que encierran un cierto grado de relatividad, puesto que no pueden ser definidos con absoluta certeza y, en muchos casos, pueden ser objeto de criterios diversos".

afectan por igual al acreedor y al deudor del tributo, no habiendo, a estos efectos, razón suficiente para que sea el acreedor el que despeje unilateralmente dicha incertidumbre en lugar de hacerlo conjuntamente con el deudor a través de un negocio de fijación»[721] o en ejecución de un laudo arbitral.

Lo anterior se refuerza cuando se toma en cuenta que los artículos 6 y 7 del Código Orgánico Tributario admiten que las normas tributarias sean interpretadas con arreglo a todos los métodos admitidos en derecho, pudiéndose llegar a resultados restrictivos o extensivos, y emplearse la analogía.

Claro que podría someterse el asunto al juez, pero, en ese caso, se comprometería gravemente el disfrute del derecho a la tutela judicial efectiva, así como el principio de eficacia administrativa, ambos de raigambre constitucional.

V. REGULACIÓN LEGAL DEL ARBITRAJE ADMINISTRATIVO EN VENEZUELA

De todo cuanto precede, hemos concluido en la posibilidad conceptual del arbitraje en derecho público, siempre que exista previsión legal al efecto.

Lo anterior no es de extrañar, ni significa una especificidad del derecho administrativo y con él del derecho tributario, puesto que, en cualquier materia o rama jurídica, para privar al juez de su jurisdicción, es decir, para excluir la jurisdicción estatal, debe haber norma legal que lo establezca. El arbitraje debe ser una institución de fuente legal (aunque se concrete en un acuerdo de voluntades entre las partes en conflicto).

Además, en nuestra materia y para salvaguardar el principio de legalidad, no debe existir norma legal alguna que prohíba el uso del arbitraje.

Con estas premisas, analicemos la legislación venezolana en este particular.

Ante todo, debemos poner de relieve que la ley adjetiva general es supletoriamente aplicable al ámbito público, por disposición expresa y concordante del artículo 88 de la Ley Orgánica de la Corte Suprema de Justicia, que señala que: «Las reglas del Código de Procedimiento Civil regirán como normas supletorias en los procedimientos que cursen ante la Corte», y del artículo 223 del Código Orgánico Tributario, que establece que: «En lo no previsto en este Título (se alude al Título V, «Procedimientos

[721] Juan Ramallo Massanet, "La Eficacia de la Voluntad de las Partes en las Obligaciones Tributarias", página 245.

Contenciosos»), y en cuanto sea aplicable, regirán supletoriamente las disposiciones del Código de Procedimiento Civil»[722].

Ahora bien, siendo conceptualmente aplicable el arbitraje en la materia de estudio, tenemos que la regulación genérica sobre la institución arbitral, contenida en el artículo 608 del Código de Procedimiento Civil, permite que se sometan a arbitraje todas las controversias, con excepción sólo de aquellas sobre estado, divorcio o separación de los cónyuges o en las que no quepa transacción. Veamos:

> *«Las controversias pueden comprometerse en uno o más árbitros en número impar, antes o durante el juicio, con tal de que no sean cuestiones sobre estado, sobre divorcio o separación de los cónyuges, ni sobre los demás asuntos en los cuales no cabe transacción.*
> *Si estuvieren ya en juicio, el compromiso se formalizará en el expediente de la causa, y en él deberán expresar las partes las cuestiones que cada uno someta al arbitramento, si no constaren ya en el juicio; el número y nombre de los árbitros, el carácter de éstos, las facultades que les confieran y lo demás que acordaren respecto del procedimiento.*
> *Si no estuvieren en juicio, las partes establecerán el compromiso arbitral por instrumento auténtico, en el cual conste todo cuanto expresa este Artículo.*
> *En todo caso de compromiso, la aceptación de los árbitros y la constitución del Tribunal arbitral se hará ante el Juez que se menciona en el Artículo 628».*

Concretándonos a la materia tributaria, obviamente ésta no se encuentra exceptuada de la aplicación de esta institución procesal, toda vez que, como ha quedado aquí previamente demostrado, el crédito tributario puede someterse a transacción, precisamente por ser disponible, en los términos de ley (nos referimos en concreto a los ya comentados artículos 57 y 58 del Código Orgánico Tributario).

Por otro lado, y si aún pudiese quedar alguna duda al respecto, es el caso que nuestro derecho positivo es explícito en el punto, al prever que quienes están llamados a ejercer la representación legal del Fisco Nacional,

[722] Allan Brewer Carías, "Los Principios de Legalidad y Eficacia en las Leyes de Procedimientos Administrativos en América Latina", página 44, destaca que el principio de informalismo y el principio de flexibilización de la acción administrativa se opondrían a la aplicación supletoria del Código de Procedimiento Civil. No obstante, pensamos que, precisamente por ese carácter informal y flexible del procedimiento administrativo, es que se justificaría la aplicabilidad de los medios alternativos de solución de conflictos que prevé dicho Código. De lo contrario, donde encontramos un espíritu realmente formalista y rígido, es en la idea de la exclusión de la ley general adjetiva, para insistir en procedimientos ineficaces sin posibilidades de vías alternativas.

están legalmente autorizados para comprometer en árbitros, en las condiciones determinadas por la ley y sin exclusión de la materia tributaria. En efecto, el artículo 44 de la Ley Orgánica de la Procuraduría General de la República dispone que: «Los funcionarios a que se refiere el artículo 41 de esta Ley (se alude al Procurador General de la República, los Directores, Adjuntos y Auxiliares) no podrán convenir, desistir, transigir ni comprometer en árbitros, sin la previa autorización por escrito del órgano competente del Ejecutivo Nacional». Obviamente, cumplidas tales formalidades, se puede comprometer en árbitros los conflictos vinculados con la relación jurídica tributaria.

Ahora bien, a la luz de las nociones anteriormente analizadas y si la regulación en este campo se limitara a la citada norma del artículo 41 de la Ley Orgánica de la Procuraduría General de la República, en concordancia con los dispositivos de los artículos 608 y siguientes del Código de Procedimiento Civil, tendríamos que admitir dos premisas en derecho tributario, a saber: que la institución arbitral sería siempre procedente; y, que habría de ser siempre de derecho.

No obstante, al menos con tal amplitud, desgraciadamente esta no es la situación actual. Pero ello no debe imputarse a razones conceptuales jurídicas, sino a posturas de orientación política o filosófica ya revisadas, que determinaron que el Legislador asumiera, aunque afortunadamente de manera parcial, las comentadas ideas de los autores clásicos.

Así, los mencionados dispositivos de los artículos 7 y 49 de la Ley Orgánica de la Hacienda Pública Nacional, en su tiempo, y ahora del artículo 57 del Código Orgánico Tributario, al consagrar limitaciones al empleo de la figura de la transacción impositiva (sólo en fase judicial y únicamente sobre los hechos), redujeron significativamente el radio de acción del arbitraje en derecho tributario, dada la dependencia vista en su regulación legal, entre ambas instituciones.

En este orden de ideas, y por razones que estimamos evidentes, consideramos que podría válidamente sostenerse la inconstitucionalidad parcial del artículo 57 del Código Orgánico Tributario, por entrabar y menoscabar el derecho a la tutela judicial efectiva, pues, al no poderse emplear la transacción para cuestiones jurídicas, no sería procedente un arbitraje sobre el control de legalidad de los actos administrativos liquidatorios, lo cual no está prohibido por la Constitución.

Así, el contribuyente o responsable (administrado) podría verse preso de la necesidad de esperar, indefinidamente, por un pronunciamiento judicial sobre la impugnación del acto administrativo cuya legalidad haya sido por él cuestionada, viendo gravemente afectado su derecho constitucional a la tutela judicial efectiva, agravado ello por no poder acudir, en esa fase y por ese motivo (cuestión de derecho: control de legalidad), a un medio alternativo de solución de conflictos.

Por supuesto, todo esto es sin perjuicio de la posibilidad de arbitrar las cuestiones fácticas, aunque con sus estrechas vinculaciones con los aspectos jurídicos, por poderse someter a transacción, sobre lo cual no puede haber dudas.

Llegados a este punto, refirámonos ahora a la nueva Ley de Arbitraje Comercial. El encabezamiento del artículo 3 de esta Ley expresa que: «Podrán someterse a arbitraje las controversias susceptibles de transacción que surjan entre personas capaces de transigir».

Con este dispositivo, aisladamente considerado, podría válidamente sostenerse que el razonamiento anterior, sobre la procedencia parcial del arbitraje en materia tributaria, no sufriría modificación alguna, a raíz de la entrada en vigencia de este texto legal, por razones obvias.

No obstante, debe tenerse presente que este conjunto normativo no está llamado a regular el arbitraje en controversias vinculadas con el derecho público. Ello se desprende de dos factores. El primero es el nombre de la Ley («de Arbitraje Comercial»), y el segundo es el contenido mandatorio de su artículo 1: «Esta Ley se aplicará al arbitraje comercial».

En este sentido, en nuestro concepto resulta totalmente superfluo que el artículo 3, literal b, «eiusdem» disponga que:

> *«Quedan exceptuadas las controversias: ...*
> *b) Directamente concernientes a las atribuciones o funciones de imperio del Estado o de personas o entes de derecho público; ...».*

Efectivamente, esta previsión no añade nada distinto al texto legal que, estando destinado al arbitraje exclusivamente comercial, según su nombre y artículo 1, no puede ser aplicable a asuntos de derecho público, desprovistos de todo aspecto comercial. Tanto es así, que la eliminación de esta excepción no traería como consecuencia la sumisión de tales asuntos al imperio de esta Ley.

VI. CONCLUSIÓN

Procedencia de los medios alternativos de solución de conflictos, en el futuro, en el derecho público

En primer lugar, es menester proceder a una aplicación normal, sistemática, cotidiana y eficaz del artículo 44 de la Ley Orgánica de la Procuraduría General de la República, que consagra expresamente la procedencia de la conciliación, de la transacción y del arbitraje en todo el ámbito del derecho administrativo general, pudiendo pensarse en una reforma legal que atenúe lo gravoso de los requisitos formales que allí se exigen.

En segundo lugar, en cuanto concierne específicamente al campo tributario, se requiere una intervención legislativa que elimine el carácter restringido de la transacción en su actual regulación legal, extendiéndola al ámbito extrajudicial[723] y a los aspectos o cuestiones de derecho, para que, con la supletoria aplicación de los dispositivos pertinentes del Código de Procedimiento Civil, sea realidad un arbitraje (y con ello también una transacción) pleno en derecho tributario. Evidentemente, podría encararse una reforma legal más amplia, que previese un arbitraje especial en este campo, ajustado a sus requerimientos prácticos y especificidades teóricas. Pero, por lo pronto, consideramos que bastaría ese sencillo, pero trascendente y oportuno, retoque del artículo 57 del Código Orgánico Tributario.

Dichas aplicaciones o intervenciones legislativas se cimentarían sobre las siguientes bases.

La institución arbitral es conceptualmente posible en derecho público y especialmente administrativo y tributario, como ha quedado aquí demostrado. No existe, en nuestro régimen constitucional, una prohibición absoluta para transigir.

Además, su presupuesto fáctico, como medio alternativo de solución de conflictos, está presente. Un Poder Judicial, encarnado en algunos pocos Juzgados Superiores de lo Contencioso Administrativo o de lo Contencioso Tributario, la Corte Primera de lo Contencioso Administrativo y la Sala Político-Administrativa de la Corte Suprema de Justicia, que, según los casos, conocen en primera o única instancia o como tribunales de alzada, completamente saturado, en donde las decisiones definitivas suelen medirse en años.

Por otro lado, específicamente en la materia tributaria, ciertamente, la interposición de recurso contencioso tributario, como la del recurso jerárquico, aparejan la suspensión automática de efectos del acto administrativo liquidatario impugnado[724]. Pero, muchas veces, ello no basta como garantía de la tutela judicial efectiva. No se obtienen las solvencias ni otras constancias; deben ejercerse amparos tributarios y hasta amparos constitucionales; se reproducen y multiplican los mismos motivos de reparo,

---

[723] Cabe destacar que el Código Tributario Modelo para América Latina de O.E.A..-B.I.D., no establece esa limitación al ámbito judicial.

[724] *Artículo 173 del Código Orgánico Tributario: "La interposición del Recurso suspende la* ejecución del acto recurrido". (Jerárquico).

Artículo 189 "eiusdem", "La interposición del Recurso suspende la ejecución del acto recurrido". (Contencioso tributario).

ejercicio fiscal tras ejercicio fiscal, atiborrándose a los tribunales y produciéndose el dispendio de la actividad judicial, etc. Esta situación no hace más que agravarse en el campo administrativo general, donde ni siquiera hay suspensión automática de efectos de los actos administrativos impugnados, por efecto del ejercicio del recurso contencioso administrativo de nulidad o de los recursos administrativos (de reconsideración o jerárquico).

Además, se hace peligrar o se afecta efectivamente el interés público, puesto que, en la materia tributaria, la recaudación impositiva se difiere indefinidamente en el tiempo, sin que la actualización monetaria, vigente apenas desde 1994, sea un aliciente serio y siempre satisfactorio. Por su parte en el campo administrativo general, si bien es cierto que los actos administrativos, en principio, se ejecutan a pesar de haber sido impugnados, ello no quiere decir que se haya satisfecho el interés público, puesto que ocurre que llegada la toma de la decisión, judicial o administrativa, si es anulatoria o revocatoria, precisamente por encontrar al acto objetado como contrario a derecho, se comprometerá la responsabilidad patrimonial de la persona pública, dando cabida a nuevos procedimientos y procesos, causando un mayor dispendio de actividad administrativa y judicial, indefectiblemente reñido con el interés público.

En este escenario presente y que, si no hay cambios normativos como los aquí sugeridos, se agravará en el futuro, la jurisdicción arbitral podría asegurar el clamor de justicia (tanto del administrado como de la Administración Pública) con rapidez y eficacia, controlando la legalidad de los actos administrativos en general y particularmente de los liquidatorios, a través únicamente de árbitros de derecho, y propendiendo a una satisfacción más apropiada del interés público y, en concreto, a una actividad administrativa (por ejemplo, la recaudatoria) más ajustada a la ley, oportuna y consentida, legal y legítima. Asimismo, los árbitros dispondrían de un poder cautelar general e innominado que, entre otras cosas, les permitiría suspender los efectos de los actos administrativos impugnados.

En definitiva, se satisfaría el disfrute cierto del derecho constitucional a la tutela judicial efectiva y se privilegiaría el principio, también constitucional, de eficacia administrativa[725].

Concluyamos, con el autor español Ramón Falcón y Tella[726]*, en que «Nada se opone a que este tipo de soluciones, más ágiles que las judiciales, se vaya extendiendo progresivamente, lo que contribuiría a reducir la*

[725] Juan Antonio Garde Roca, presentación del libro "Convención y Arbitraje en el Derecho Tributario", Instituto de Estudios Fiscales, Marcial Pons, Madrid, 1996, página 14; "Las técnicas convencionales y arbitrales pueden contribuir a potenciar el equilibrio entre las facultades de la Administración Tributaria y los derechos-garantía del ciudadano".

[726] Op. cit., página 260.

litigiosidad y a descargar a los Tribunales, con el consiguiente beneficio para todos; incluso para el interés recaudatorio al que nada favorece un largo proceso durante el cual la ejecución se encuentra suspendida. El Derecho público no tiene por qué ir a la zaga del privado en estas cuestiones, pues la potenciación de soluciones transaccionales y arbitrales tampoco vulnera las exigencias de la reserva de ley, en la medida en que los árbitros resuelvan en Derecho. Se trata simplemente de un procedimiento distinto al judicial, de una alternativa digna de tenerse en cuenta, que no conduce necesariamente a bases o hechos imponibles "alternativos" a los definidos legalmente, siempre que la decisión se adopte en Derecho y no sólo sobre un fundamento de equidad».

4.2
Las posibilidades arbitrales en el ámbito tributario

I. GENERALIDADES

La justicia o, mejor, el sistema judicial, está en crisis[727]. El retardo manifiesto, injustificado y desproporcionado en la respuesta al clamor del justiciable, así como otros factores de orden procesal y de dificultades en la ejecución de lo decidido, como también de carácter socio-económico y socio-político, inciden en la pérdida de legitimidad y de confianza en la jurisdicción estatal y constituyen un grave menoscabo al derecho constitucional a la tutela judicial efectiva. Hoy asistimos a una *"tendencia global hacia la desjudicialización de los conflictos"*[728].

El fenómeno aquí evocado es común en derecho comparado y se presenta en todas las ramas del ordenamiento jurídico, incluso en aquellas que se caracterizan por tratar la temática del orden público. El Contencioso Administrativo, del cual es una especie el Contencioso Tributario, no es la excepción.

Así, el Consejo de Estado francés, en un reporte ilustrativamente intitulado "Solucionar de otra manera los conflictos: conciliación, transacción, arbitraje en materia administrativa"[729], reconoció lo que ya en ese entonces,

[727] Emilio Aragonés Beltrán, "Resolución de Recursos en el Ámbito Tributario Local: Autocontrol Jurídico y Vía Administrativa Previa", página 251: "...el sistema judicial que sigue recibiendo el nombre esperpéntico de "contencioso-administrativo" se encuentra en un estado rayano en la postración".

[728] Juan Zornoza Pérez, "¿Qué podemos aprender de las experiencias comparadas? Admisibilidad de los convenios, acuerdos y otras técnicas transaccionales en el Derecho Tributario español", página 176.

[729] "Régler autrement les conflits: conciliation, transaction, arbitrage en matière administrative", la Documentation française, Paris, 1993.

desde mucho tiempo atrás y sobre todo ahora es una realidad, en todo el mundo: El estado de saturación en que se encuentran los tribunales con competencia en lo Contencioso Administrativo estimula la reflexión sobre los medios para solucionar de otra manera los conflictos de derecho, evitando su colapso.

Por su parte, en España, los Artículos 88.1[730] y 107.2[731] de la Ley 30/1992 de Régimen Jurídico de las Administraciones Públicas y Procedimiento Administrativo Común[732], privilegian el empleo de mecanismos convencionales (acuerdos, pactos, convenios, contratos) que facilitan el diálogo entre la Administración Pública y los administrados y fomentan la participación de los administrados en los procedimientos administrativos (constitutivos o de primer grado y de revisión o de segundo grado), para finalizarlos o, de alguna manera, determinarlos; y, prevén la posibilidad de usar la transacción, la conciliación, la mediación o el arbitraje como medios alternativos de solución de conflictos, incluso en la fase impugnatoria de los actos administrativos, si ello es lo que más conviene a la mejor defensa del interés público.

Igualmente, esto que podríamos llamar la forma consensuada o concertada de la actividad administrativa[733], en general, la encontramos prevista también, a título meramente ejemplificativo, en Alemania, en la Ley Federal de Procedimiento Administrativo de 1976; en Italia, en la Ley

---

[730] "Las Administraciones Públicas podrán celebrar acuerdos, pactos, convenios o contratos con personas tanto de derecho público como privado, siempre que no sean contrarios al Ordenamiento Jurídico ni versen sobre materias no susceptibles de transacción y tengan por objeto satisfacer el interés público que tienen encomendado, con el alcance, efectos y régimen jurídico específico que en cada caso prevea la disposición que lo regule, pudiendo tales actos tener la consideración de finalizadores de los procedimientos administrativos o insertarse en los mismos con carácter previo, vinculante o no, a la resolución que les ponga fin".

[731] "Las Leyes podrán sustituir el recurso ordinario, en supuestos o ámbitos sectoriales determinados, y cuando la especificidad de la materia así lo justifique, por otros procedimientos de impugnación o reclamación, incluidos los de conciliación, mediación y arbitraje, ante órganos colegiados y comisiones específicas no sometidas a instrucciones jerárquicas, con respeto a los principios, garantías y plazos que la presente Ley reconoce a los ciudadanos y a los interesados en todo el procedimiento administrativo...".

[732] María Luisa González-Cuéllar Serrano, "Los Procedimientos Tributarios: Su Terminación Transaccional", página 113: dispositivos plenamente aplicables a la materia tributaria.

[733] Algunos (entre ellos Rafael Badell Madrid, en "Primer Seminario de Encuentro y Análisis UCV-UCAB: Realidad y Perspectiva del Derecho Público frente al Siglo XXI", Corte Suprema de Justicia, Fundación Estudios de Derecho Administrativo, Instituto de Derecho Público del Ministerio de Justicia, Universidad Católica Andrés Bello, Caracas, D.F., junio, 1998) han considerado que existe una "administración concertada", con fundamento principista en el Artículo 109 de la Constitución de la República, de cuya actuación surgirían "actos administrativos bilatetales", tales como lo podrían ser los acuerdos transaccionales y arbitrales.

241/1990 sobre nuevas formas en materia de procedimiento administrativo; y, en los Estados Unidos de América, en la Ley Federal sobre Sistemas Alternativos de Resolución de Conflictos Administrativos ("Administrative Dispute Resolution Act") de 1990.

Como puede observarse, al lado de los actos administrativos tradicional o realmente unilaterales, así como de los contratos administrativos y de los contratos de Derecho Privado suscritos por la Administración Pública, para el intercambio de bienes y servicios, de empleo ya común e incuestionable, universalmente comienza a abrirse paso una nueva técnica de administrar, representada por la categoría convencional llamada de los contratos de Derecho Público, que se diferencian de las anteriores figuras convencionales por estar siempre precedidos de una relación de sumisión jurídico-pública previamente establecida entre la Administración Pública y el administrado, su cocontratante. Estos contratos de Derecho Público persiguen una mayor eficacia en la gestión pública, gracias a la estrecha colaboración de los administrados, que garantiza la legitimidad democrática directa y la eficacia real del actuar administrativo.

En materia tributaria, en virtud de la suscripción de un contrato de Derecho Público, la Administración Pública "renunciaría" al ejercicio de sus potestades de actuación unilateral, por la imposibilidad de determinar el crédito tributario en condiciones de costo y tiempo razonables o proporcionadas, para alcanzar el interés público tutelado (la recaudación impositiva), mediando una mayor eficacia administrativa, gracias a la negociación de una solución consensuada, que podría conducir a una transacción o a un arbitraje. Indudablemente, siendo la obligación tributaria "ex lege", estos contratos de Derecho Público sólo tendrán naturaleza declarativa o de fijación, y no constitutiva de la obligación tributaria, perfeccionada por la ocurrencia del hecho imponible, descrito en la norma legal.

Desde esta perspectiva, el alcance del derecho a la tutela judicial efectiva, la constitucionalización del principio de eficacia administrativa y el objetivo de prevenir o evitar la actividad contenciosa (por ejemplo, para obtener soluciones más rápidas y eficaces y hacer economías en el presupuesto del Poder Judicial), se suman para incidir en una nueva lectura de los Principios Generales del Derecho, y así concebir e implementar medios convencionales de prevención o terminación de procedimientos (administrativos o judiciales) y solución de conflictos, alternativos a los recursos tradicionales, que hallan su razón de ser en el derecho esencial a la participación ciudadana en los procedimientos públicos de toma de decisiones susceptibles de afectar la esfera jurídico subjetiva de los administrados, institución emblemática de todo Estado de Derecho Constitucional y, sobre todo, Democrático.

II. LA JUSTICIA SIN JUEZ EN DERECHO TRIBUTARIO.

De allí que las normas positivas, con rango de ley, como los ejemplos mencionados del derecho comparado, hayan comenzado a regular la posibilidad de que los conflictos o litigios jurídicos sean válidamente solucionados por personas, dotadas o no de autoridad, que no revisten la condición de jueces[734]. Se trata de la justicia sin juez, fundamentada en el consentimiento de las partes en conflicto, pues debe ser indefectiblemente voluntaria, y en la igualdad entre ellas, para quienes la decisión será, en principio, recíprocamente inimpugnable.

Esta es una de las formas alternativas de solución de conflictos, denominada arbitraje, institución jurídica de naturaleza jurisdiccional, puesto que en esencia las funciones del árbitro y las del juez son idénticas[735], decidiendo ambos con fuerza de cosa juzgada. El autor francés Charles Jarrosson[736] define al arbitraje como la institución por la cual un tercero soluciona un litigio entre dos o más personas, ejerciendo la función jurisdiccional que le ha sido confiada por ellas. Igualmente, la jurisprudencia contencioso-administrativa francesa, de forma pacífica y reiterada, ha admitido el carácter jurisdiccional del poder de decisión del árbitro, como se observa de las sentencias del Consejo de Estado del 21 de abril de 1943, caso Société des ateliers de construction du Nord de la France, y del 4 de enero de 1957, caso Lamborot.

De esta manera, esta claro que el arbitraje es una institución procesal de naturaleza jurisdiccional, constitutiva de un modo alternativo de solución de conflictos, incluso en el ámbito del Derecho Administrativo y, por ende, del Derecho Tributario.

Ahora bien, dentro de la doctrina francesa, en el pasado, algunos llegaron a sostener que tratándose de Derecho Administrativo, por incidencia de supuestas exigencias del Derecho Público, no todo modo alternativo de solución de conflictos podría ser empleado en casos de Derecho

---

[734] Jean Robert, "Arbitrage Civil et Commercial en Droit Interne et International Privé", página 9: "L'institution d'une justice privée grâce à laquelle les litiges sont soustraits aux juridictions de droit commun, pour être résolus par des individus revêtus, pour la circonstance, de la mission de les juger".

[735] Artículo 615 del Código de Procedimiento Civil: "El cargo de árbitro, una vez aceptado, es irrenunciable. El árbitro que sin causa legítima se separe de su cargo será responsable penalmente por el delito de denegación de justicia, sin perjuicio de que se haga efectiva su responsabilidad civil a través del recurso de queja que consagra este Código".
Artículo 619 "Ejusdem": "No pueden ser árbitros de Derecho quienes no sean abogados en ejercicio".

[736] "La notion d'arbitrage", Librerie Général de Droit et de Jurisprudence (LGDJ), Paris, 1987, página 372.

Administrativo, donde por ejemplo sólo procedería el arbitraje cuando existiese expresa previsión legislativa al respecto. Así, el reporte citado del Consejo de Estado francés expresa que, visto el estado actual de su derecho positivo, en el ámbito del control de legalidad de los actos administrativos se puede utilizar la conciliación, pero no la transacción sobre cuestiones de derecho ni el arbitraje.

La evocada negativa de la doctrina francesa en la materia, se basó en la supuesta y ya cuestionada existencia de un pretendido Principio General de Derecho, destacado en el dictamen "Eurodisneyland" del Consejo de Estado del 6 de marzo de 1986, y por el autor clásico francés Edouard Laferrière[737], según el cual "el Estado no puede someter sus procesos a arbitraje"[738]. Además, se ha tratado de encontrar fundamento legal a este discutido principio en los Artículos 2.060 y 2.061 del Código Civil francés vigente, herederos de los Artículos 83 y 1.004 del antiguo Código de Procedimiento Civil francés, que lo establecían expresamente.

Pero, modernamente, autores y connotados administrativistas de la talla del profesor francés Jean Rivero[739], sostienen que la prohibición contenida en los Artículos mencionados del antiguo Código de Procedimiento Civil francés, de someter a arbitraje los conflictos que involucrasen al Estado, desapareció con la entrada en vigencia de los citados nuevos dispositivos del Código Civil francés.

Así, siguiendo al ya citado autor francés Charles Jarrosson[740], tenemos que no existe incompatibilidad racional entre arbitraje y Derecho Público y que es falso que a través del arbitraje las autoridades administrativas descuiden su deber de defender los intereses públicos, conforme al Principio de Legalidad y que cualquier desviación en este sentido sólo pudiera ser corregida por el juez, obligado como está a estatuir en Derecho.

En efecto, los árbitros no solamente están obligados, en principio, a estatuir en Derecho, en derecho comparado, sino que en cualquier caso, tratándose incluso de árbitros arbitradores o amigables componedores (por supuesto en materia de Derecho Privado), siempre deben respetar los principios procesales y las reglas de fondo[741], todo ello sin olvidar que la

---

[737] "Traité de la juridiction administrative", Tomo II, Paris, 1888, página 145.

[738] Jean Robert, op. cit., página 39: "principe général de l'interdiction faite aux personnes morales publiques de passer les conventions d'arbitrage".

[739] "Personnes morales de droit public et arbitrage", Revue arbitrage, Paris, 1973, página 268.

[740] "L'arbitrage en droit public", página 17.

[741] Artículo 618 del Código de Procedimiento Civil: "Los árbitros son de derecho, o arbitradores. Los primeros deben observar el procedimiento legal, y en las sentencias, las disposiciones del Derecho...".

Artículo 8 de la Ley de Arbitraje Comercial: "Los árbitros pueden ser de derecho o de equidad. Los primeros deberán observar las disposiciones de derecho en la fundamentación de los

sentencia o laudo arbitral puede ser objeto de un control posterior, vía recurso de anulación, ante el juez[742].

Por otro lado, también es falso que el juez tenga un mayor respeto por los dineros públicos que el que podría asumir el árbitro, pues el árbitro, al igual que el juez, sujeto a Derecho como está, al administrar justicia, determina las responsabilidades y condena a quien corresponda, sea a pagar las sumas debidas, sea a reparar adecuadamente los daños y perjuicios ocasionados, según los casos.

No existe, pues, fundamento de Derecho alguno que justifique la supuesta presencia, en el Derecho Francés u otro, de un pretendido Principio General de Derecho de exclusión del arbitraje en todo conflicto jurídico en el que esté involucrado el Estado. Se trata tan sólo de la asunción, por parte del Legislador, de una política de ejercicio del poder, que tradicionalmente exige que los órganos públicos sólo sean juzgados por órganos públicos. No obstante, se observa que, paradójicamente, los Estados, en general y parcialmente, sólo han ejercido semejante prerrogativa frente al arbitraje interno, ya que no han tenido inconvenientes a la hora de someterse al arbitraje en Derecho Internacional Público, incluso en materias propias del interés u orden público y la soberanía nacional, como lo son los conflictos limítrofes.

Así, vemos que en Derecho Francés, por una decisión simplemente de derecho positivo y sin basamento dogmático, existe una prohibición general de someter a arbitraje los conflictos internos en los que esté involucrado el Estado, salvo que haya previsión legal en contrario que lo permita. Por

---

laudos... Si no hubiere indicación de las partes sobre el carácter de los árbitros se entenderá que decidirán como árbitros de derecho".

[742] Artículo 624 del Código de Procedimiento Civil: "Si los árbitros son arbitradores, sus fallos serán inapelables. Si fueren de derecho, serán igualmente inapelables, salvo pacto en contrario que conste en el compromiso, para ante el Tribunal Superior natural o para ante otro Tribunal de arbitramento que hayan constituido las partes con ese fin".
Artículo 627 "Ejusdem": "La nulidad de que trata el artículo precedente se hará valer por vía de recurso ante el Tribunal que haya publicado el Laudo Arbitral ejecutoriado, dentro de los diez días posteriores a la publicación. El Tribunal procederá a ver el recurso con todas las formalidades legales, dentro de tres días; y, una vez sentenciado, seguirá su curso ante los Tribunales Superiores, caso de interponerse apelación".
Obviamente, el análisis concordado del Artículo 628 "Ejusdem" ("Para todos los efectos de este Título, es juez competente en Primera Instancia el que lo fuere para conocer del asunto sometido a arbitramento") y del Artículo 220 del Código Orgánico Tributario ("Son competentes para conocer en Primera Instancia de los procedimientos establecidos en este Código, los Tribunales Superiores de lo Contencioso Tributario..."), nos permite admitir que nos referimos al Juez Superior de lo Contencioso Tributario.
Artículo 43 de la Ley de Arbitraje Comercial: "Contra el laudo arbitral únicamente procede el recurso de nulidad".

tanto, hoy por hoy, en Francia, el contencioso-administrativo de anulación o de la legalidad no puede ser sometido a arbitraje, como en algunos casos lo puede ser el contencioso-administrativo de la responsabilidad o de condena, el contencioso-administrativo de los contratos administrativos y el contencioso-administrativo de las obras públicas[743].

Sin embargo, a la luz de lo que acontece en otros ordenamientos jurídicos, como el español, el italiano y el americano, en general hoy debe aceptarse que la regla o principio radica, en realidad, en el derecho de los sujetos de toda relación jurídica (incluida la tributaria[744]) conflictuada, a utilizar algún modo alternativo de solución de conflictos, siendo la excepción la imposibilidad de hacerlo, cuando haya norma explícita en contrario.

En este orden de ideas, el profesor español Luciano Parejo Alfonso[745] enfáticamente nos dice que "no existe prohibición general y absoluta expresa o implícita al ejercicio pactado o acordado de las potestades administrativas" y, siguiendo con él al autor español J. Tornos Mas[746], afirma que "lo cierto es lo contrario, es decir, la admisión general de la transacción y el arbitraje, como resulta de los arts. 39 de la Ley General Presupuestaria, Texto Refundido de 23 de septiembre de 1988 –para la materia hacendística–, y 40 y 41 de la Ley de Patrimonio del Estado, Texto Articulado de 15 de abril de 1964".

De esta manera, en el caso español, que nos sirve aquí de modelo (y del cual, como veremos, Venezuela no se aleja mucho), el Artículo 39 de la Ley General Presupuestaria, dentro de requisitos formales evidentes que deben ser cumplidos rigurosamente, consagra la procedencia tanto de la transacción judicial o extrajudicial, como del arbitraje, sobre materias vinculadas con los derechos de la Hacienda Pública.

Pero, en todo caso, siendo de la competencia del Poder Legislativo normar el funcionamiento de las otras ramas del Poder Público y regular

---

743 Jean Robert, op. cit., página 39.

744 José Andrés Octavio, "La Transacción en el Código Orgánico Tributario", p. 29: "...Conceptuamos, con el maestro Dino Jarach, que la potestad tributaria se agota con la promulgación de la norma legal creadora del tributo pero que de allí en adelante las dos partes de la relación jurídica tributaria, o sea el Estado y el sujeto pasivo de la obligación, están en pie de igualdad, sometidas ambas a las pertinentes normas legales. Dicho en los términos utilizados por el citado maestro, la relación jurídica tributaria es de deecho y no de poder, en tanto que éste es característico de la potestad tributaria".

745 "El Artículo 88 de la Ley 30/1992, de 26 de noviembre: el Pacto, Acuerdo, Convenio o Contrato en el Procedimiento Administrativo", páginas 22 y 23.

746 "El Arbitraje en el Derecho Administrativo: posibilidad de esta figura jurídica", Tribunal Arbitral de Barcelona, Butlleti, número 6, Barcelona, 1995, páginas 13 y siguientes.

la prestación de las funciones estatales en sus ámbitos o manifestaciones infra o sub-legales[747] y de los servicios públicos, como la administración de justicia, es evidente que el Legislador debe reglar la jurisdicción, actividad de rango infra o sub-legal, pudiendo determinar que la misma sea ejercida por los órganos jurisdiccionales integrantes del Poder Judicial (tribunales), por órganos administrativos en fase de revisión de la legalidad de los actos administrativos (recursos administrativos de reconsideración, jerárquico, de queja, de revisión, etc., que concretan el Principio de Auto-Tutela Administrativa) o, alternativamente, por personas que no revistan la condición de jueces, sino que sean simples particulares, en este último caso, si esa es la voluntad de las partes involucradas en el conflicto jurídico, la Administración Pública y el administrado[748] (arbitraje).

Los autores argentinos Susana Camila Navarrine y Rubén O. Asorey[749], citados por el autor español Ramón Falcón y Tella[750], expresan que *"El papel excluyente de la justicia ordinaria, como única competente para dirimir cuestiones en que el Estado era parte, dejó de tener exclusividad y relevancia. Por eso también los tribunales arbitrales serán la única respuesta frente a esa evolución. Y en este contexto aparece la materia impositiva como la de mayor riqueza para ser arbitrable"*.

III. EL MITO DEL PRINCIPIO DE INDISPONIBILIDAD DEL CRÉDITO TRIBUTARIO Y EL RESPETO CIERTO DEL PRINCIPIO DE LEGALIDAD

Establecido como ha quedado que no hay traba conceptual alguna para admitir el arbitraje en Derecho Tributario, en derecho comparado, como se le recibe pacíficamente en otras ramas del Derecho Interno, conviene ahora constatar que el arbitraje, como institución jurídica, suele estar supeditado en su procedencia a que verse sobre materias susceptibles de transacción, las cuales por naturaleza deben ser controversias disponibles

[747] En nuestro caso, véanse los Artículos 136, ordinales 23º (administración de justicia) y 24º (procedimientos) y 139 (funcionamiento de las distintas ramas del Poder Nacional) de la Constitución de la República.

[748] Emilio Aragonés Beltrán, op. cit., página 149: "El control de la legalidad de la actuación administrativa corresponde a los Tribunales de Justicia, ... Pero tal control no tiene por qué ser el único y exclusivo, ni por exigencias constitucionales y legales ni por imperativos de la realidad práctica".

[749] "Arbitraje. Jurisdicción Arbitral en Controversias con el Estado. Proceso Arbitral en Cuestiones Tributarias", La Ley, Buenos Aires, 1992.

[750] "El Arbitraje Tributario", página 257.

por las partes[751], lo que ha hecho equivocadamente[752] en nuestro concepto concluir a algunos que, como el crédito tributario no sería disponible, los conflictos sobre el mismo no podrían ser transables y, en consecuencia, tampoco arbitrables.

Afortunadamente, este razonamiento de una lógica impecable pero ideológicamente comprometido con una posición jurídico-política que asume al poder de imperio y sus manifestaciones concretas, como expresión exclusivamente unilateral, cuestionable sólo judicialmente y a posteriori, y subsumido dentro de la perspectiva autoritaria de un régimen de democracia meramente representativa, en mucho, ya ha sido superado. Veamos.

Como fieles exponentes de esta tesis clásica, citaremos a los profesores venezolanos Florencio Contreras Quintero[753], Gabriel Ruán Santos y Allan Randolph Brewer Carías, quienes escribieron al respecto en las décadas de 1960 y 1970, antes de la promulgación y entrada en vigencia del Código Orgánico Tributario (1983). El primero de estos profesores enfatizó en que:

> *"...en una controversia tributaria...o usted, contribuyente, debe o no debe! Si debe, paga; y pagará lo que deba, no más, pero tampoco menos! Y si no debe, pues no paga nada! Y si surge algún contradictorio, pues lo que resuelva la Justicia! Esa es la solución de Derecho, en un régimen de Derecho, en un Estado de Derecho! Esta es la expresión más simple del principio de la legalidad!...".*

Por su parte, el profesor Gabriel Ruán Santos[754] llegó a establecer lo siguiente:

> *"Por derecho público entiendo el conjunto normativo aplicable al ejercicio del Poder Público, considerado este último como situación jurídica exclusiva del Estado que le permite la obtención de sus fines constitucionales y legales. Es el derecho aplicable al ejercicio de la autoridad, es decir, al de aquellas facultades destinadas a imponerse unilateralmente al ciudadano o particular, en atención a un fin público y aún contra su voluntad. Este ejercicio de la autoridad por parte de la Administración Pública se concreta normalmente en actos administrativos".*

---

751 Artículo 1.714 del Código Civil: "Para transigir se necesita tener capacidad para disponer de las cosas comprendidas en la transacción".

752 Aunque de manera explicable por razones históricas, propias de los conceptos iuspublicistas imperantes en las épocas en que escribieron.

753 "Disquisiciones Tributarias", páginas 125 y 126.

754 "Comentarios sobre la Aplicabilidad del Instituto de la Transacción a la Actividad de la Administración Pública", páginas 90 y 91.

> *"...el poder de disposición (continúa su razonamiento el profesor Ruán) de los órganos de la Administración Pública sobre las materias regidas por el derecho público es sumamente restringido, porque el ejercicio del Poder Público se encuentra encauzado rigurosamente por el principio de legalidad y condicionado por el interés público...sólo podrían admitirse escasas excepciones a este principio de indisponibilidad del ejercicio del Poder Público, el algunas actuaciones particulares comprendidas dentro de las materias de derecho público. Esto conduce lógicamente a sostener que el instituto de la transacción, así como todos aquellos que presuponen la existencia del poder de disposición en la materia, es por principio inaplicable en ese campo de la actividad pública".*

Y, el profesor Allan Randolph Brewer Carías[755], si bien admitió la transacción, en principio, en materia administrativa[756], sostuvo que:

> *"...no podría válidamente celebrarse una transacción que implique una renuncia al ejercicio de la competencia tributaria y sancionadora, que es obligatoria para la Administración y de orden público"*[757].

Y añade el profesor Brewer: "... *no podría llevarse a efecto válidamente una transacción en materia fiscal en la cual la Administración, como "concesión recíproca", se comprometiera a "anular" o revocar actos administrativos de liquidación para dar por terminados determinados procedimientos administrativos o judiciales...".*

Ese es, entonces, el resumen del postulado clásico, frente al cual, ante todo, debe advertirse que la tal indisponibilidad del crédito tributario (manifestación concreta de la tradicional indisponibilidad de las potestades de Derecho Público), si bien existe, debe ser ubicada en su justo sitio, pues

---

755 "Las Transacciones Fiscales y la Indisponibilidad de la Potestad y Competencia Tributarias", páginas 26 y 34.

756 Op. cit., página 3.

757 José Andrés Octavio, op. cit., p. 30: "No compartimos esta interpretación restrictiva del doctor Brewer Carías respecto al artículo 7 de la Ley Orgánica de la Hacienda Pública Nacional, pues en nuestro criterio la norma autoriza las transacciones en materia tributaria, y establece sus propias pautas procesales, por lo que su alcance no debe entenderse limitado a aquellos casos previstos en el artículo 49 de dicha Ley. Sin embargo, lo que nos interesa destacar de la opinión de Brewer Carías, porque tiene relevancia frente a la norma del Código Orgánico Tributario, es que admite, con entera razón, que una norma legal puede autorizar la transacción en este campo, tal como él lo acepta con respecto a los casos previstos en el ya citado artículo 49. Por lo tanto, es obvio que esta opinión implica que esa norma, y consecuentemente las disposiciones del Código Tributario que autorizan la transacción, no son violatorias de la Constitución ni del Código Civil".

ella, al contrario de lo que los autores clásicos definitiva o aparentemente sostuvieron, no es absoluta.

En efecto, el ordenamiento jurídico legal contempla figuras de dispensa, condonación o reducción de la deuda tributaria, representativas de indudables actos de disposición patrimonial, como la remisión legal, la exención, la exoneración, la rebaja de tributos y la declaratoria de incobrabilidad de créditos tributarios (Artículos 4, ordinales 2° y 3°, 5, 6, aparte único, 38, ordinales 4° y 5°, 49, 50, 64 y 69 del Código Orgánico Tributario[758] y 115[759] de la Ley Orgánica de Régimen Municipal), explicadas en virtud de la necesaria implementación de políticas fiscales de diverso orden, pero que, en líneas generales, son demostrativas del carácter relativo del Principio de Indisponibilidad del Crédito Tributario.

Además, esta claro que la Constitución de la República no establece, en dispositivo alguno, este Principio de Indisponibilidad.

Por tanto, el Legislador esta debidamente facultado, para prever y regular, mediante ley, entre otros, supuestos como los señalados anteriormente, de manera únicamente enunciativa, dc acuerdo a lo que mejor

---

[758] Artículo 4 del Código Orgánico Tributario: "Sólo a la ley corresponde regular con sujeción a las normas generales de este Código, las siguientes materias: ...; 2° Otorgar exenciones y rebajas de impuesto; 3° Autorizar al Ejecutivo Nacional para conceder exoneraciones y otros beneficios o incentivos fiscales; ...".
Artículo 5 "Ejusdem": "En materia de exoneraciones, desgravámenes, rebajas y demás beneficios fiscales, la ley determinará los requisitos o condiciones esenciales para su procedencia, a los fines de evitar en lo posible la discrecionalidad del funcionario cuando fueren otorgadas".
Aparte único del Artículo 6 "Ejusdem": "La disposición precedente es también aplicable a las exenciones, exoneraciones y otros beneficios".
Artículo 38 "Ejusdem": "La obligación tributaria se extingue por los siguientes medios comunes: ... 4° Remisión. 5° Declaratoria de Incobrabilidad...".
Artículo 49 "Ejusdem": "La obligación de pago de los tributos sólo puede ser condonada o remitida por ley especial. Las demás obligaciones, así como los intereses y las multas, sólo pueden ser condonadas por dicha ley o por resolución administrativa en la forma y condiciones que esa ley establezca".
Esta disposición fue ejecutada por la Ley de Remisión Tributaria, promulgada el 24 de abril de 1996.
Artículo 50 "Ejusdem": "La Administración Tributaria podrá de oficio declarar incobrables las obligaciones tributarias y sus accesorios y multas conexas...".
Artículo 64 "Ejusdem": "Exención es la dispensa total o parcial del cumplimiento de la obligación tributaria, otorgada por la ley.
Exoneración es la dispensa total o parcial de la obligación tributaria, concedida por el Ejecutivo Nacional en los casos autorizados por la ley".
Artículo 69 "Ejusdem": "Las rebajas de tributos se regirán por las normas de este Capítulo en cuanto les sean aplicables".

[759] Artículo 115 de la Ley Orgánica de Régimen Municipal: "El Municipio no podrá acordar exenciones, exoneraciones o rebajas de impuestos o contribuciones municipales especiales, sino en los casos y con las formalidades previstas en las Ordenanzas".

convenga al interés público, en virtud del Principio de Eficacia Administrativa, y con respeto al deber constitucional de todos de contribuir con las cargas públicas, atenuado por derechos esenciales también constitucionales, tales como los derechos a la vida, a la salud y a la protección de la familia (que por razones de sobrevivencia justifican, por ejemplo, las exenciones de base y de venta del hogar doméstico, en materia de Impuesto Sobre La Renta), a la propiedad, con la garantía de la no confiscatoriedad, a la libertad económica, a la seguridad jurídica, a la igualdad, a la participación en los procesos públicos de toma de decisiones, etc., y por principios como el de la capacidad económica. De hecho, el Parágrafo Único del Artículo 38 del Código Orgánico Tributario, faculta al Legislador a establecer otros medios de extinción del crédito tributario, distintos del simple pago y los tradicionales de la compensación, la confusión y la prescripción.

Por ende, los medios alternativos de solución de conflictos, esté o no involucrado el Estado en ellos, y sean o no de naturaleza tributaria, no son contrarios al Texto Fundamental[760].

Si efectivamente existiese con carácter absoluto ese Principio de Indisponibilidad, y el mismo tuviese rango constitucional, el Legislador no habría podido válidamente consagrar la transacción del crédito tributario

---

[760] En Dictamen de la Procuraduría General de la República del 6 de julio de 1965 (publicado en la Doctrina de la Procuraduría General de la República 1965), se admitió la procedencia del llamado "arbitraje administrativo", así: "La Administración puede someter al criterio de árbitros –arbitradores o de derecho– la resolución de conflictos surgidos entre ella y los particulares, con las limitaciones derivadas de la licitud del objeto y la capacidad de los compromisarios". Y, para ser consecuente con la tesis clásica de la época, le estableció límites así: "No pueden ser objeto de arbitraje materias como las señaladas en el artículo 502 del Código de Procedimiento Civil, y todas aquellas sobre las cuales no cabe transacción, en las que quedan incluidas, entre otras, las especies administrativas concernientes al ejercicio de poderes, dominio público y régimen impositivo en algunos de sus aspectos fundamentales".
Por tanto, está claro que el arbitraje procedía, en criterio de la Procuraduría General de la República (interpretado indirectamente), ya desde 1965, en aspectos no fundamentales del régimen impositivo.
Además, resulta útil resaltar que, en otro Dictamen del 15 de octubre de 1965 (publicado en la misma Doctrina), la Procuraduría General de la República admitió la arbitrabilidad de la materia, al aceptar su transaccionabilidad, así: "La intervención del Procurador General de la República que ordena el artículo 7 de la Ley Orgánica de la Hacienda Pública Nacional como uno de los requisitos necesarios para poder convenir, transigir o desistir de cualquier acción o recurso en una causa fiscal puede ser, según el caso, su actuación –personal o por medio de substituto– o su opinión sobre el mismo".
Consecuente con lo anterior, en otro Dictamen del 22 de agosto de 1967 (publicado en la Doctrina de la Procuraduría General de la República 1967), la Procuraduría General de la República, en materia de "arbitraje administrativo", sostuvo que: "La capacidad de la República para comprometer en árbitros no se contradice en ningún precepto legal y antes bien queda afirmada en el artículo 19 del Código Civil".

(forma de disposición del mismo), como lo hizo en los Artículos 7 y 49 de la Ley Orgánica de la Hacienda Pública Nacional[761] (hoy derogados en el ámbito tributario), en el Artículo 44 de la Ley Orgánica de la Procuraduría General de la República (que se transcribirá y comentará más adelante), en el Artículo 41 de la Ley Orgánica de la Contraloría General de la República[762] y en el Artículo 58 del Código Orgánico Tributario (cuyo texto se reproducirá en los párrafos siguientes), dispositivos legales que, por lo demás, aunque no con la frecuencia esperada, ya han sido efectivamente empleados en convenios entre la Administración Tributaria y los contribuyentes[763].

A la sazón, el Artículo 58 del Código Orgánico Tributario, consagrado dentro del Capítulo VI "Transacción", del Título II "Obligación Tributaria", dispone que:

> *"El Ejecutivo Nacional, por intermedio del Ministerio de Hacienda, podrá autorizar la transacción, previo pronunciamiento favorable del Consejo de Ministros y oída la opinión del Contralor General de la República.*
> *La transacción podrá celebrarse sin la opinión del mencionado funcionario, cuando hayan transcurrido tres (3) meses sin haberse recibido su respuesta. No será necesario el pronunciamiento del Consejo de Ministros, cuando el asunto sometido a transacción no exceda de un mil unidades tributarias (1.000 U.T.). El Consejo de Ministros podrá elevar este límite hasta cinco mil unidades tributarias (5.000 U.T.). El*

[761] Artículo 7 de la Ley Orgánica de la Hacienda Pública Nacional: "En ninguna causa fiscal se podrá convenir en la demanda, celebrar transacciones, ni desistir de la acción ni de ningún recurso, sin autorización previa del Ejecutivo Nacional dada por escrito y con intervención del Procurador de la Nación".
Artículo 49 "Ejusdem": "Pueden sacarse a remate público o contratarse con particulares, a juicio del Ejecutivo Nacional, las deudas atrasadas provenientes de cualquier renta que hayan pasado a figurar como saldos de años anteriores...
Respecto a dichas deudas, podrá también el Ejecutivo Nacional celebrar arreglos o transacciones con los deudores, así como conceder remisión, rebaja o bonificación de las mismas o de sus intereses, o plazos para su pago, cuando a su juicio fueren conducentes tales concesiones. No podrán llevarse a efecto cesiones, remisiones, rebajas o transacciones de cualquier género en lo concerniente a este artículo, sino cuando después de consultados el Contralor de la Nación y el Procurador de la Nación, estos funcionarios hayan informado por escrito, indicando la circunstancia de lo que se pretende".

[762] Artículo 41 de la Ley Orgánica de la Contraloría General de la República: "Cuando el Ejecutivo Nacional resuelva declarar la prescripción de los créditos atrasados a favor de la República, será necesario el dictamen previo de la Contraloría. Igual requisito deberá cumplirse en los casos de remisión total o parcial de dichos créditos, cesiones, concesión de prórrogas para su pago o celebración de cualquier transacción relacionada con los mismos y con los intereses que hayan devengado".

[763] Se recuerdan las transacciones de los viejos reparos petroleros y los más recientes convenios de transacción entre la Procuraduría General de la República y las embotelladoras.

contrato de transacción será otorgado en nombre de la República por el Procurador General de la República".

Por tanto, la Administración Tributaria sí goza de facultades dispositivas de la deuda tributaria, aunque ello sea, obviamente, en virtud del Principio de Legalidad, en los términos en que el Legislador lo establezca[764].

Igualmente, resulta útil al razonamiento admitir que, si bien la Constitución de la República no prohibe el uso de mecanismos convencionales y alternativos de solución de conflictos, es lo cierto que más bien sugiere implícitamente su empleo, a través de la consagración de Principios Generales de Derecho tales como los de seguridad jurídica, de participación ciudadana en los procesos de toma de decisiones y de eficacia administrativa[765], aunados al derecho a la tutela judicial efectiva y al fin estatal de consecución de la paz social y la convivencia pacífica.

Además, lo que sí expresamente exige el Constituyente es que la Administración Pública actúe conforme al Principio de Legalidad (o mejor, Principio de Juridicidad o de Conformidad a Derecho)[766]. Es decir, que la actividad administrativa puede desarrollarse sólo con arreglo a los procedimientos fijados por la ley[767], lo cual nos conduce a aceptar que la ley puede determinar medios concordados alternativos, como, entre otros, los transaccionales y los arbitrales.

Aquí resulta interesante resaltar que los autores clásicos contrapusieron el Principio de Legalidad, a la posibilidad de establecer convenios entre la Administración Pública y los administrados, para concluir en su improcedencia. Pero, si lo que persigue ese principio es que el Poder Público actúe conforme a Derecho, apegado a la ley, y acontece que un texto de rango legal faculta a la Administración Pública para actuar consensuada o concertadamente, incluso en el campo del Derecho Público[768], como es

[764] El mismo profesor Gabriel Ruán Santos, op. cit., página 95, admite que "es menester reconocer la transigibilidad de ciertas materias, incluso de derecho público, por expresa autorización de la Ley".

[765] María Luisa González-Cuéllar Serrano, op. cit., páginas 97 y 98 y 176 y 177.

[766] Artículo 117 de la Constitución de la República: "La Constitución y las leyes definen las atribuciones del Poder Público, y a ellas debe sujetarse su ejercicio".

Artículo 193 "Ejusdem": "...La ley orgánica determinará el número y organización de los Ministros y su respectiva competencia...".

[767] Es competencia del Poder Nacional legislar sobre los procedimientos. Artículo 136, ordinal 24º de la Constitución de la República.

[768] José María Roca Martínez, "Arbitraje e Instituciones Arbitrales", página 84: el arbitraje es de Derecho Público cuando una de las partes es una persona de Derecho Público, encontrándose en una situación de supremacía, siendo las cuestiones litigiosas sometidas a la decisión de los árbitros de Derecho Público, porque afecten intereses públicos.

el caso de la materia tributaria, es evidente que las vías transaccionales o arbitrales, previstas en la ley, no significarían violación alguna, sino todo lo contrario, la más irrestricta sumisión al Principio de Legalidad[769].

De ese modo, el acuerdo sobre un arbitraje para la determinación definitiva de un tributo y el control de la legalidad de la actividad administrativa tributaria, sería conforme a Derecho, y se respetaría el Principio de Legalidad tratándose de árbitros de Derecho[770] (únicos que en nuestro concepto podrían actuar en esta materia tributaria). Es más, la recaudación no sería menor a la que generaría un acto realmente unilateral, sometido exclusivamente al control del juez, pero sí podría ser más rápida y menos costosa. ¿Dónde se aseguraría más la tutela del interés público...del orden público? Evidentemente, a través de la jurisdicción arbitral.

Ahora bien, hablando de interés público, debe recordarse que los autores clásicos tomaron el Artículo 6 del Código Civil, que consagra la imposibilidad de celebrar convenios contrarios al orden público, como justificación explicativa del argumento de supuesta ilicitud de las transacciones tributarias, por violación del Principio de Indisponibilidad del Crédito Tributario, ya analizado. No obstante, nos parece que siendo el Legislador el definidor, por antonomasia, del interés público y del orden público nacional, en ausencia de norma constitucional restrictiva al respecto, nada le impide que regule procedimientos contentivos de medios alternativos para la solución de conflictos, frente a los cuales no podría alegarse la aplicación en contrario de dicho Artículo 6 del Código Civil.

Por tanto, el verdadero alcance de este Principio de Indisponibilidad del Crédito Tributario[771] se circunscribiría únicamente a la prohibición de

---

[769] José María Roca Martínez, op. cit., página 165: "Por lo que se refiere al arbitraje de derecho, se ha dicho, con acierto, que fallar con arreglo a derecho significa fallar con arreglo al sistema de fuentes del ordenamiento jurídico, y como la Constitución es la norma suprema de éste, los árbitros deben fallar en conformidad a la Constitución".

[770] Los autores clásicos emplearon argumentos que no tienen real asidero jurídico, sino meramente ideológico, en nuestro concepto, como el de que "es absolutamente inadmisible la posibilidad de transacción por lo que respecta a la validez o invalidez de un acto administrativo, porque sólo corresponde a los órganos competentes del Poder Público la revisión de la legalidad de los actos emanados de la autoridad" (Gabriel Ruán Santos, op. cit., página 93). Opinamos que, éticamente (con independencia de los alegatos jurídicos que ya han sido expresados en este trabajo), tal argumentación sólo podría sostenerse frente a un Poder Judicial eficiente y expedito, que hiciese una realidad el derecho a la tutela judicial efectiva.

[771] José Andrés Octavio, op. cit., p. 29: En una variante de nuestro discurso, pero conclusiva en los términos fundamentales, el doctor Octavio afirma que: "Estamos enteramente de acuerdo con la tesis según la cual la obligación tributaria es indisponible, pero tal como lo hemos indicado en los párrafos inmediatamente anteriores, la transacción prevista en el Código no implica un acto de disposición del crédito tributario, sino que es una especie de procedimiento determinativo extraordinario, que frente a la discrepancia sobre elementos de hecho que

disponer de dicho crédito tributario, en cabeza de la Administración Tributaria, salvo previsión legal en contrario.

El autor español Ramón Falcón y Tella[772] señala que "la indisponibilidad del crédito tributario no impide a la Administración someterse a arbitraje, sino que únicamente exige que sea el legislador el que defina con suficiente precisión los supuestos y el alcance de este mecanismo de solución de conflictos".

IV. LA REALIDAD DE LA ACTUACIÓN CONVENCIONAL DE LA ADMINISTRACIÓN TRIBUTARIA Y SU JUSTIFICACIÓN

Es de poner de relieve que la Administración Tributaria, en todos los países y Venezuela no es la excepción, goza de una amplia y cierta potestad negociadora "informal"[773], pero no por ello menos efectiva o carente de contenido real. De este modo, se observa que *"...en el actual proceso de gestión de los tributos la Inspección goza, de hecho y de derecho, ya que a la propuesta de la inspección puede responder la conformidad del contribuyente, de un amplio margen para hacer propuestas de liquidación a los contribuyentes que si son aceptadas por éstos, en ocasiones, pueden variar en sus términos y no ir acompañadas de sanción y que, si no son aceptadas por éstos, sí pueden ir acompañadas de sanción"*[774].

Estos pactos, acuerdos o convenios, de contenido compositivo o auto-compositivo, transaccional o arbitral, en cualquier circunstancia, tratándose de contratos donde el consentimiento no está viciado[775] ni son ilícitos sus objetos[776] ni sus causas[777], están amparados por el conocido principio "pacta sum servanda", como lo ha admitido el Tribunal Financiero Federal de Alemania, por lo que gozan de eficacia vinculante en función

ha dado lugar a la controversia, autoriza a fijar esos elementos por acuerdo transaccional, a fin de determinar sobre ellos la obligación tributaria...".

[772] Op. cit., páginas 259 y 260.

[773] Antonia Agulló Agüero, "La Introducción en el Derecho Tributario Español de las Fórmulas Convencionales Previstas en la Ley 30/1992", página 187: "Partiendo de que el procedimiento es una garantía, se trata de incluir en el procedimiento las negociaciones que hoy día se producen al margen del mismo".

[774] José Juan Ferreiro Lapatza, "Arbitraje sobre Relaciones Tributarias", página 264.

[775] Artículos 1.146 al 1.154 del Código Civil.

[776] Artículo 1.155 del Código Civil: "El objeto del contrato debe ser posible, lícito, determinado o determinable".

[777] Artículo 1.157 del Código Civil: "La obligación sin causa, o fundada en una causa falsa o ilícita, no tiene ningún efecto.

La causa es ilícita cuando es contraria a la Ley, a las buenas costumbres o al orden público".

del Principio General de Derecho de Buena Fe[778] o de confianza legítima, que por lo demás exige que las obligaciones sean cumplidas tal cual como hayan sido contraídas[779], por supuesto, sin desmedro del interés o del orden público[780].

Indudablemente, resulta un doble discurso contradictorio, incoherente e incongruente que, por un lado, se hable del pretendido imperio absoluto del Principio de Indisponibilidad del Crédito Tributario, por la Administración Tributaria, como impedimento de la transacción y del arbitraje, y que, por el otro lado, se permita que los funcionarios fiscales actuantes puedan hacer propuestas sobre los términos de las liquidaciones tributarias, entrando abiertamente en negociaciones sobre los contenidos y montos de la deuda tributaria y sus accesorios, con los contribuyentes[781], incluso con apoyo legal, como ocurre indirecta o implícitamente (y a la práctica administrativa nos remitimos) con el Artículo 145[782] del Código Orgánico Tributario, en concordancia con el Parágrafo Segundo

---

[778] Roman Seer, "Contratos, Transacciones y otros Acuerdos en Derecho Tributario Alemán", página 148.
Artículo 1.160 del Código Civil: "Los contratos deben ejecutarse de buena fe y obligan no solamente a cumplir lo expresado en ellos, sino a todas las consecuencias que se derivan de los mismos contratos, según la equidad, el uso o la Ley".

[779] Artículo 1.264 del Código Civil: "Las obligaciones deben cumplirse exactamente como han sido contraídas. El deudor es responsable de daños y perjuicios, en caso de contravención".

[780] Jesús González Pérez, "El Principio General de la Buena Fe en el Derecho Administrativo", página 69: "La aplicación del principio de la buena fe permitirá al administrado recobrar la confianza en que la Administración no va a exigirle más de lo que estrictamente sea necesario para la realización de los fines públicos que en cada caso concreto persiga. Y en que no le va a ser exigido en el lugar, en el momento ni en la forma más inadecuados, en atención a sus circunstancias personales y sociales, y a las propias necesidades públicas. Confianza, legítima confianza de que no se le va a imponer una prestación cuando sólo superando dificultades extraordinarias podrá ser cumplida. Ni en un lugar en que, razonablemente, no cabía esperar. Ni antes de que lo exijan los intereses públicos ni cuando ya no era concebible el ejercicio de la potestad administrativa...".

[781] Juan Zornoza Pérez, op. cit., página 166: "Se trata pues, únicamente, de abrir una línea de reflexión...que permita explicar en términos jurídicos el funcionamiento de nuestro sistema tributario real, que en absoluto es ajeno a los pactos, convenios o acuerdos de voluntades; rompiendo así con esa especie de "hipocresía tributaria" en que nos hemos instalado frente a un fenómeno que el derecho positivo no reconoce, la doctrina critica y la realidad muestra como práctica cotidiana".
Giuliani Fonrouge, "Derecho Financiero", página 501: califica como "determinación mixta" la "acción coordinada del fisco y del contribuyente", para la fijación del crédito tributario.

[782] Artículo 145 del Código Orgánico Tributario: "En el Acta que se levante se deberá emplazar al contribuyente o responsable para que proceda a presentar la declaración omitida o rectificar la presentada, y pagar el impuesto resultante, con actualización monetaria e intereses compensatorios, y la multa correspondiente al diez por ciento (10%) del tributo omitido, dentro del plazo de quince (15) días hábiles de notificada dicha Acta".

del Artículo 149[783] "Ejusdem", y el levantamiento y eventual allanamiento, por parte del contribuyente, al contenido de las Actas Fiscales.

Se sostiene que el arbitraje, como idénticamente otras figuras alternativas de solución de conflictos, como la transacción, no debe versar sobre hechos suficientemente descubiertos, comprobados y establecidos por la Administración Tributaria o sobre cuestiones jurídicas donde haya certeza, por razones obvias, ligadas al hecho de que no habría allí debate o contestación alguna.

Pero, también se afirma, y esa es la justificación de la conceptualización de la denominada administración concertada o consensuada en la materia, que el contribuyente, así como debe poder negociar una transacción, debe siempre tener derecho a una solución arbitral cuando exista incertidumbre sobre los hechos, y no sea posible, en ejecución del Principio de Investigación de la Verdad Real y del Principio de Oficialidad que ilustran nuestro procedimiento administrativo[784], precisarlos o resulte desproporcionadamente costoso o largo hacerlo; cuando se aplique una presunción; cuando se emplee un concepto jurídico indeterminado; y, cuando se utilice la estimación indirecta[785] o determinación sobre base presuntiva.

Ahora bien, estando dispuesto que la transacción es posible sólo sobre los hechos, como lo indica el Artículo 57 del Código Orgánico Tributario ("La transacción judicial[786] es admisible en cuanto a la determinación de los hechos y no en cuanto al significado de la norma aplicable"), veamos qué ocurre si la incertidumbre recae sobre el Derecho, caso en el cual, aunque mediando un razonamiento complementario, tendría que proceder la transacción y, por ello, el arbitraje.

Así, es verdad que el referido Artículo 57 del Código Orgánico Tributario limita la posibilidad de transigir a las cuestiones fácticas, dejando

[783] Parágrafo Segundo del Artículo 149 del Código Orgánico Tributario: "En los casos que el contribuyente o responsable admite en forma expresa el contenido del Acta, no se abrirá el sumario. En este caso la Administración emitirá inmediatamente la resolución correspondiente".

[784] Artículo 53 de la Ley Orgánica de Procedimientos Administrativos: "La Administración, de oficio o a instancia del interesado, cumplirá todas las actuaciones necesarias para el mejor conocimiento del asunto que deba decidir, siendo de su responsabilidad impulsar el procedimiento en todos sus trámites".
Artículo 112 del Código Orgánico Tributario: "La Administración Tributaria dispondrá de amplias facultades de fiscalización e investigación de todo lo relativo a la aplicación de las leyes tributarias...".

[785] José Juan Ferreiro Lapatza, op. cit., página 265.

[786] Siendo judicial el único supuesto de transacción que regula el Código Orgánico Tributario, es evidente que sólo puede servir para terminar un litigio pendiente, en los términos del Artículo 256 del Código de Procedimiento Civil, y no para precaver, al menos formalmente, un litigio eventual, por lo que la transacción tributaria tiene un radio de acción más reducido al contemplado en el Artículo 1.713 del Código Civil.

de lado, al menos en apariencia, a las cuestiones jurídicas, pues las cuestiones de hecho y las de derecho presentan una interdependencia que *"se manifiesta claramente en el problema de la valoración de los hechos tributarios, donde la fijación de los hechos y la aplicación del Derecho se entremezclan y transforman el uno en el otro de forma incontingente"*[787]. Además, *"todo acuerdo sobre hechos relevantes para la imposición influye en la cuantía de la obligación tributaria, por lo que la negociación sobre el tratamiento de un hecho representa necesariamente un acuerdo parcial sobre el crédito tributario"*[788].

Efectivamente, la incertidumbre que puede legítimamente derivarse de la interpretación de los conceptos jurídicos indeterminados[789] (como los de "normalidad" y "necesidad" del gasto, "artículos menudos de uso doméstico", "consumidor final", "valor de mercado", etc.), comunes en nuestras normas legales tributarias, es susceptible de poner en peligro la integridad de principios esenciales, de raigambre constitucional, como el de la seguridad jurídica, el de la certeza tributaria y el de igualdad, *"que afectan por igual al acreedor y al deudor del tributo, no habiendo, a estos efectos, razón suficiente para que sea el acreedor el que despeje unilateralmente dicha incertidumbre en lugar de hacerlo conjuntamente con el deudor a través de un negocio de fijación"*[790] o en ejecución de un laudo arbitral.

---

[787] Roman Seer, op. cit., página 143.
María Luisa González-Cuéllar Serrano, op. cit., páginas 78 y 79: "...La mayoría de ejemplos a este respecto se encuentran en los problemas de calificación de los hechos en orden a su inserción en el presupuesto de hecho del tributo y en las valoraciones de los bienes objeto de la obligación fiscal. Desde el primer punto de vista, la elaboración legislativa del hecho imponible manifiesta en muchas ocasiones una gran vaguedad en los términos, que requiere un proceso de calificación de los concretos hechos...Por lo que se refiere a la valoración de los elementos configuradores de la base imponible, es, sin duda, el ámbito donde se plantean más incertidumbres, como consecuencia del grado de indeterminación con que son definidas...".
María Luisa González-Cuéllar Serrano, op. cit., página 123: "...la dificultad de diferenciar entre las cuestiones de hecho y las de derecho es todavía mayor en el ámbito tributario, dentro del cual se muestra claramente en la valoración de los hechos imponibles donde la fijación de los hechos y la aplicación del Derecho se entremezclan. Este es el caso de los gastos deducibles, respecto a los cuales constituye una cuestión fáctica su existencia o su cotización y una cuestión jurídica su consideración como partida deducible".

[788] Roman Seer, op. cit., página 152.

[789] Carmen Botella García-Lastra, "La Finalización Convencional de los Procedimientos Tributarios y otras Técnicas Transaccionales para la Resolución de Conflictos", página 202: "... tanto en el procedimiento de determinación de la base imponible, como en el de comprobación de valores por la Administración, se utilizan, con frecuencia, conceptos jurídicos indeterminados, no definidos con absoluta precisión en las leyes y que encierran un cierto grado de relatividad, puesto que no pueden ser definidos con absoluta certeza y, en muchos casos, pueden ser objeto de criterios diversos".

[790] Juan Ramallo Massanet, "La Eficacia de la Voluntad de las Partes en las Obligaciones Tributarias", página 245.

Lo anterior se refuerza cuando se toma en cuenta que los Artículos 6 y 7 del Código Orgánico Tributario admiten que las normas tributarias sean interpretadas con arreglo a todos los métodos admitidos en Derecho, pudiéndose llegar a resultados restrictivos o extensivos, y emplearse la analogía.

Claro que podría someterse el asunto al juez, pero, en ese caso, se comprometería gravemente el disfrute del derecho a la tutela judicial efectiva, así como el principio de eficacia administrativa, ambos de raigambre constitucional.

V. LAS POSIBILIDADES ARBITRALES ACTUALES EN EL ÁMBITO TRIBUTARIO. REGULACIÓN LEGAL DEL ARBITRAJE TRIBUTARIO EN VENEZUELA

De todo cuanto precede, hemos concluido en la posibilidad conceptual del arbitraje en Derecho Tributario, siempre que exista previsión legal al efecto.

Lo anterior no es de extrañar, ni significa una especificidad del Derecho Administrativo y con él del Derecho Tributario, puesto que, en cualquier materia o rama jurídica, para privar al juez de su jurisdicción, es decir, para excluir la jurisdicción estatal, debe haber norma legal que lo establezca. El arbitraje debe ser una institución de fuente legal (aunque se concrete en un acuerdo de voluntades entre las partes en conflicto).

Además, en nuestra materia y para salvaguardar el Principio de Legalidad, no debe existir norma legal alguna que prohiba el uso del arbitraje

Con estas premisas, analicemos la legislación venezolana en este particular.

Ante todo, debemos poner de relieve que la ley adjetiva general es supletoriamente aplicable al ámbito tributario, por disposición expresa del Artículo 223 del Código Orgánico Tributario, que establece que: "En lo no previsto en este Título (se alude al Título V, "Procedimientos Contenciosos"), y en cuanto sea aplicable, regirán supletoriamente las disposiciones del Código de Procedimiento Civil".

Ahora bien, siendo conceptualmente aplicable el arbitraje en la materia de estudio, tenemos que la regulación genérica sobre la institución arbitral, contenida en el Artículo 608 del Código de Procedimiento Civil, permite que se sometan a arbitraje todas las controversias, con excepción sólo de aquellas sobre estado, divorcio o separación de los cónyuges o en las que no quepa transacción. Veamos:

> *"Las controversias pueden comprometerse en uno o más árbitros en número impar, antes o durante el juicio, con tal de que no sean cuestiones*

> *sobre estado, sobre divorcio o separación de los cónyuges, ni sobre los demás asuntos en los cuales no cabe transacción.*
> *Si estuvieren ya en juicio, el compromiso se formalizará en el expediente de la causa, y en él deberán expresar las partes las cuestiones que cada uno someta al arbitramento, si no constaren ya en el juicio; el número y nombre de los árbitros, el carácter de éstos, las facultades que les confieran y lo demás que acordaren respecto del procedimiento.*
> *Si no estuvieren en juicio, las partes establecerán el compromiso arbitral por instrumento auténtico, en el cual conste todo cuanto expresa este Artículo.*
> *En todo caso de compromiso, la aceptación de los árbitros y la constitución del Tribunal arbitral se hará ante el Juez que se menciona en el Artículo 628".*

Obviamente, la materia tributaria no se encuentra exceptuada de la aplicación de esta institución procesal, toda vez que, como ha quedado aquí previamente demostrado, el crédito tributario puede someterse a transacción, precisamente por ser disponible, en los términos de ley (nos referimos en concreto a los ya comentados Artículos 57 y 58 del Código Orgánico Tributario).

Por otro lado, y si aún pudiese quedar alguna duda al respecto, es el caso que nuestro derecho positivo es explícito en el punto, al prever que quienes están llamados a ejercer la representación legal del Fisco Nacional, están legalmente autorizados para comprometer en árbitros, en las condiciones determinadas por la ley y sin exclusión de la materia tributaria. En efecto, el Artículo 44 de la Ley Orgánica de la Procuraduría General de la República dispone que: "Los funcionarios a que se refiere el Artículo 41 de esta Ley (se alude al Procurador General de la República, los Directores, Adjuntos y Auxiliares) no podrán convenir, desistir, transigir ni comprometer en árbitros, sin la previa autorización por escrito del órgano competente del Ejecutivo Nacional". Obviamente, cumplidas tales formalidades, se puede comprometer en árbitros los conflictos vinculados con la relación jurídica tributaria.

Ahora bien, a la luz de las nociones anteriormente analizadas y si la regulación en este campo se limitara a la citada norma del Artículo 41 de la Ley Orgánica de la Procuraduría General de la República, en concordancia con los dispositivos de los Artículos 608 y siguientes del Código de Procedimiento Civil, tendríamos que admitir dos premisas en Derecho Tributario, a saber: que la institución arbitral sería siempre procedente; y, que habría de ser siempre de derecho.

No obstante, al menos con tal amplitud, desgraciadamente esta no es la situación actual. Pero ello no debe imputarse a razones conceptuales jurídicas, sino a posturas de orientación política o filosófica ya revisadas, que determinaron que el Legislador asumiera, aunque afortunadamente de manera parcial, las comentadas ideas de los autores clásicos.

Así, los mencionados dispositivos de los Artículos 7 y 49 de la Ley Orgánica de la Hacienda Pública Nacional, en su tiempo, y ahora del Artículo 57 del Código Orgánico Tributario, al consagrar limitaciones al empleo de la figura de la transacción impositiva (sólo en fase judicial y únicamente sobre los hechos), redujeron significativamente el radio de acción del arbitraje en Derecho Tributario, dada la dependencia vista en su regulación legal, entre ambas instituciones.

En este orden de ideas, y por razones que estimamos evidentes, consideramos que podría válidamente sostenerse la inconstitucionalidad parcial del Artículo 57 del Código Orgánico Tributario, por entrabar y menoscabar el derecho a la tutela judicial efectiva, pues, al no poderse emplear la transacción para cuestiones jurídicas, no sería procedente un arbitraje sobre el control de legalidad de los actos administrativos liquidatorios.

Así, el contribuyente o responsable (administrado) podría verse preso de la necesidad de esperar, indefinidamente, por un pronunciamiento judicial sobre la impugnación del acto administrativo cuya legalidad haya sido por él cuestionada, viendo gravemente afectado su derecho constitucional a la tutela judicial efectiva, agravado ello por no poder acudir, en esa fase y por ese motivo (cuestión de derecho: control de legalidad), a un medio alternativo de solución de conflictos.

Por supuesto, todo esto es sin perjuicio de la posibilidad de arbitrar las cuestiones fácticas, aunque con sus estrechas vinculaciones con los aspectos jurídicos, por poderse someter a transacción, sobre lo cual no puede haber dudas.

Llegados a este punto, refirámonos ahora a la nueva Ley de Arbitraje Comercial. El encabezamiento del Artículo 3 de esta Ley expresa que: "Podrán someterse a arbitraje las controversias susceptibles de transacción que surjan entre personas capaces de transigir".

Con este dispositivo, aisladamente considerado, podría válidamente sostenerse que el razonamiento anterior, sobre la procedencia parcial del arbitraje en materia tributaria, no sufriría modificación alguna, a raíz de la entrada en vigencia de este texto legal, por razones obvias.

No obstante, debe tenerse presente que este conjunto normativo no está llamado a regular el arbitraje en controversias vinculadas con el Derecho Público. Ello se desprende de dos factores. El primero es el nombre de la Ley ("de Arbitraje Comercial"), y el segundo es el contenido mandatorio de su Artículo 1: "Esta Ley se aplicará al arbitraje comercial".

En este sentido, en nuestro concepto resulta totalmente superfluo que el Artículo 3, literal b, "Ejusdem" disponga que:

"Quedan exceptuadas las controversias: ...
b) Directamente concernientes a las atribuciones o funciones de imperio del Estado o de personas o entes de derecho público; ...".

Efectivamente, esta previsión no añade nada distinto al texto legal que, estando destinado al arbitraje exclusivamente comercial, según su nombre y Artículo 1, no puede ser aplicable a asuntos de Derecho Público, desprovistos de todo aspecto comercial. Tanto es así, que la eliminación de esta excepción no traería como consecuencia la sumisión de tales asuntos al imperio de esta Ley.

Idéntico razonamiento, para excluir su aplicación al arbitraje de Derecho Público, cabe en cuanto a la Ley Aprobatoria de la Convención Interamericana sobre Arbitraje Comercial Internacional[791].

VI. CONCLUSIÓN: LAS POSIBILIDADES ARBITRALES FUTURAS EN EL ÁMBITO TRIBUTARIO

Se requiere una intervención legislativa que elimine el carácter restringido de la transacción en el ámbito tributario, extendiéndola al ámbito extrajudicial[792] y a los aspectos o cuestiones de derecho, para que, con la supletoria aplicación de los dispositivos pertinentes del Código de Procedimiento Civil, sea realidad un arbitraje pleno en Derecho Tributario. Evidentemente, podría encararse una reforma legal más amplia, que previese un arbitraje especial en este campo, ajustado a sus requerimientos prácticos y especificidades teóricas. Pero, por lo pronto, consideramos que bastaría ese sencillo, pero trascendente y oportuno, retoque del Artículo 57 del Código Orgánico Tributario.

Dicha intervención legislativa se cimentaría sobre las siguientes bases.

La institución arbitral es conceptualmente posible en Derecho Tributario, como ha quedado aquí demostrado.

Además, su presupuesto fáctico, como medio alternativo de solución de conflictos, está presente. Un Poder Judicial, encarnado en nueve (9) Juzgados Superiores de lo Contencioso Tributario, que conocen en primera instancia, y en la Sala Político-Administrativa de la Corte Suprema de Justicia, tribunal de alzada, completamente saturado, en donde las decisiones definitivas suelen medirse en años.

---

[791] Gaceta Oficial Nº 33.170 del 22 de febrero de 1985.

[792] Cabe destacar que el Código Tributario Modelo para América Latina de O.E.A.-B.I.D., no establece esa limitación al ámbito judicial.

Por otro lado, ciertamente, la interposición de Recurso Contencioso Tributario, como la del Recurso Jerárquico, aparejan la suspensión automática de efectos del acto administrativo liquidatorio impugnado[793]. Pero, muchas veces, ello no basta como garantía de la tutela judicial efectiva. No se obtienen las solvencias ni otras constancias; deben ejercerse amparos tributarios y hasta amparos constitucionales; se reproducen y multiplican los mismos motivos de reparo, ejercicio fiscal tras ejercicio fiscal, atiborrándose a los tribunales y produciéndose el dispendio de la actividad judicial, etc.

Además, se hace peligrar o se afecta efectivamente el interés público, puesto que la recaudación impositiva se difiere indefinidamente en el tiempo, sin que la actualización monetaria, vigente apenas desde 1994, sea un aliciente serio y siempre satisfactorio.

En este escenario presente y que, si no hay cambios normativos como el aquí sugerido, se agravará en el futuro, la jurisdicción arbitral podría asegurar el clamor de justicia (tanto del administrado como de la Administración Pública) con rapidez y eficacia, controlando la legalidad de los actos administrativos liquidatorios, a través únicamente de árbitros de derecho, y propendiendo a una recaudación ajustada a la ley, oportuna y consentida, legal y legítima. Asimismo, los árbitros dispondrían de un poder cautelar general e innominado que, entre otras cosas, les permitiría suspender los efectos de los actos administrativos impugnados.

En definitiva, se satisfaría el disfrute cierto del derecho constitucional a la tutela judicial efectiva y se privilegiaría el principio, también constitucional, de eficacia administrativa[794].

Concluyamos, con el autor español Ramón Falcón y Tella[795], en que *"Nada se opone a que este tipo de soluciones, más ágiles que las judiciales, se vaya extendiendo progresivamente, lo que contribuiría a reducir la litigiosidad y a descargar a los Tribunales, con el consiguiente beneficio para todos; incluso para el interés recaudatorio al que nada favorece un largo proceso durante el cual la ejecución se encuentra suspendida. El Derecho público no tiene por qué ir a la zaga del privado en estas cuestiones,*

---

[793] Artículo 173 del Código Orgánico Tributario: "La interposición del Recurso suspende la ejecución del acto recurrido". (Jerárquico).
Artículo 189 "Ejusdem": "La interposición del Recurso suspende la ejecución del acto recurrido". (Contencioso Tributario).

[794] Juan Antonio Garde Roca, presentación del libro "Convención y Arbitraje en el Derecho Tributario", Instituto de Estudios Fiscales, Marcial Pons, Madrid, 1996, página 14: "Las técnicas convencionales y arbitrales pueden contribuir a potenciar el equilibrio entre las facultades de la Administración Tributaria y los derechos-garantía del ciudadano".

[795] Op. cit., página 260.

pues la potenciación de soluciones transaccionales y arbitrales tampoco vulnera las exigencias de la reserva de ley, en la medida en que los árbitros resuelvan en Derecho. Se trata simplemente de un procedimiento distinto al judicial, de una alternativa digna de tenerse en cuenta, que no conduce necesariamente a bases o hechos imponibles "alternativos" a los definidos legalmente, siempre que la decisión se adopte en Derecho y no sólo sobre un fundamento de equidad".

4.3
La muerte prenatal de la transacción judicial y la existencia inmaterial de la transacción extrajudicial, en el Código Orgánico Tributario

I. INTRODUCCIÓN

Hace ya más de diez años, observando la ineficiencia general del Poder Judicial, traducida en procesos costosos y sobre todo muy largos, siendo por cierto la etapa más dilatada la conocida como "fase" o "estado" de sentencia, comenzaron a hacerse cada vez más necesarios, además de los medios de autocomposición procesal, los conocidos mecanismos o medios alternativos de solución de conflictos jurídicos, donde destacan la transacción y el arbitraje.

En ese orden de ideas, hubo decenas de eventos académicos de todo tipo al respecto, y hasta se implementaron diplomados y cursos de postgrado y especializaciones, todo lo cual hacía sentir "capitis disminuido" al litigante que no tuviera al menos una pequeña noción sobre los medios alternativos de solución de conflictos jurídicos.

Igualmente hubo varias propuestas de "lege ferenda", enfrentadas a quienes opinaban que lo que se debía hacer era desempolvar las normas del Código de Procedimiento Civil y de la vieja Ley Orgánica de la Procuraduría General de la República, y hasta se dictó la Ley de Arbitraje Comercial, con la subsiguiente proliferación de centros de arbitraje, sin olvidar a los numerosos anuncios de pretendidos o reales entendidos en mediación, conciliación, transacción y arbitraje.

Obviamente, el litigo tributario no escapa a este fenómeno, pues lo que se requería para ello estaba dado: procesos costosos y tardíos.

Sencillamente la jurisdicción como función del Estado, la administración de justicia o el servicio de justicia era extremadamente ineficiente, con vista de las variables costo y duración, y sin detenernos a pensar en las causas o razones de ello (poco presupuesto, insuficientes tribunales, eliminación de la figura del "juez de veinte causas", disminución de la mística de trabajo, etc.). Recordemos el adagio según el cual una justicia tardía es una injusticia.

Nada de esto escapó a la observación de la Asamblea Constituyente de 1999, la cual, tras adecuarse a los conceptos más destacados del momento, en la materia del fenómeno de constitucionalización del proceso, no solamente concibió a Venezuela como un Estado de Justicia (artículo 2 constitucional[796]), consagró los derechos de acceso a la justicia y a la tutela judicial efectiva (artículo 26 constitucional[797]) y declaró al proceso como una herramienta de la justicia (artículo 257 constitucional[798]), sino que privilegió a doble título a los medios alternativos de solución de conflictos jurídicos, por primera vez presentes en rango constitucional, a saber:

Ante todo, al hacerlos parte del sistema de justicia (artículo 253 constitucional):

> *"El sistema de justicia está constituido por el Tribunal Supremo de Justicia, los demás tribunales que determine la ley, el Ministerio Público, la Defensoría Pública, los órganos de investigación penal, los o las auxiliares y funcionarios o funcionarias de justicia, el sistema penitenciario, los medios alternativos de justicia, los ciudadanos que participan en la administración de justicia conforme a la ley y los abogados autorizados para el ejercicio".*

Y luego, al mandatoriamente ordenar al legislador promoverlos (artículo 258 constitucional):

> *"La ley promoverá el arbitraje, la conciliación, la mediación y cualesquiera otros medios alternativos para la solución de conflictos".*

Ahora bien, muy lejos de que en el campo tributario se haya evidenciado lo acontecido en otras materias como la civil, la mercantil, la laboral y entre otras, incluso la penal, donde la justicia se ha hecho más realidad en el día a día, gracias a la vigencia real de los medios alternativos de

[796] *"Venezuela se constituye en un Estado democrático y social de Derecho y de Justicia, que propugna como valores superiores de su ordenamiento jurídico y de su actuación, ..., la justicia, ... y en general, la preeminencia de los derechos humanos".*

[797] *"Toda persona tiene derecho de acceso a los órganos de administración de justicia para hacer valer sus derechos e intereses, incluso los colectivos o difusos, a la tutela efectiva de los mismos y a obtener con prontitud la decisión correspondiente".*

[798] *"El proceso constituye un instrumento fundamental para la realización de la justicia".*

solución de conflictos jurídicos, la situación en lo tributario no deja de ser similar y hasta peor a la que reinaba antes de la actual Constitución (1999), no obstante contar en el Código Orgánico Tributario (2001) con normas reguladoras de la transacción.

En nuestro criterio, la falacia y la inconstitucionalidad presentes en la regulación en vigor conducen a su palmaria inoperatividad, y en consecuencia a su carencia de vigencia real.

II. GENERALIDADES

Como sabemos, en líneas generales, de acuerdo a las tradicionales y seculares instituciones del Código Civil (específicamente su artículo 1713):

> *"La transacción es un contrato por el cual las partes, mediante recíprocas concesiones, terminan un litigio pendiente o precaven un litigio eventual".*

Así, tenemos que la transacción es un contrato, un contrato muy particular porque está vinculado a un problema jurídico. Una transacción es un contrato por el que ambas partes se hacen recíprocas concesiones, con dos ideas posibles: solucionar concluir o terminar un litigio presente, que está en curso, que es actual; o bien, precaver, vale decir evitar, un conflicto litigioso posible o probable.

Este tema, que es del diario acontecer en ámbitos civiles, mercantiles, labores etc., está regulado en el Código Orgánico Tributario, de una forma que pudiéramos calificar, al menos de insuficiente, inconstitucional e inoperante.

Empero, volviendo a las líneas generales, es menester recordar que la idea de que exista la institución de la transacción, descansa básicamente en aquello de que *"más vale un mal arreglo que un buen pleito"*. Se trata de una frase muy conocida en Venezuela, en donde, como en otros lugares, la gente prefiere llegar a un arreglo que implique sacrificar un poco lo que cada quien pretende, a cambio de encontrar la solución del problema de una vez.

Es pues la transacción un medio alternativo de la forma normal de solucionar los conflictos jurídicos, que es a través del Poder Judicial, en donde la justicia no llega en cuestión de semanas o de meses, sino que puede ser de años o de décadas, cuando la "justicia" ya no es Justicia.

En nuestra materia podríamos imaginar que la Administración Tributaria pretende eventualmente que se le deben Bs. 100,00, por concepto de impuesto, siendo que el contribuyente afectado considera que él no debe nada, y que podría ejercer un recurso contra el reclamo fiscal, y pasarse unos años discutiéndolo.

En el ínterin el contribuyente tendrá que tener una contingencia fiscal en su contabilidad, susceptible de sacrificarle un poco (o de manera relevante) el crédito, o de afectarle de alguna otra manera, causándole otro tipo de inconvenientes adicionales; y, por otro lado, la Administración Tributaria, insistente en su pretensión de cobrar la totalidad de esos Bs. 100,00, que ella considera se le deben, también se ve perjudicada por la espera indeterminada del clamor de justicia, puesto que no recauda nada. Recordemos que en razón de la inconstitucional[799] eliminación de la medida cautelar "ope legis" de suspensión de efectos del acto administrativo impugnado, por el mero ejercicio del recurso contencioso tributario, lo cierto es que, aún cuando la Administración Tributaria podría incoar una demanda en juicio ejecutivo en contra del contribuyente recurrente, y pretender el cobro compulsivo del reclamo fiscal, incluso mediando embargo ejecutivo, lo cierto es que mientras no haya una sentencia definitivamente firme y ejecutoriada que declare sin lugar el recurso contencioso tributario y ratifique el reclamo fiscal, condenando al contribuyente al pago, los bienes que se hayan depositado judicialmente vía embargo, para eventualmente rematarlos y de allí generar la suma de dinero necesaria para pagar el reclamo fiscal discutido, estarían "congelados", sin posibilidad de rematarlos, a la espera de que haya la tal sentencia[800]. Es obvio que el proceso del recurso contencioso tributario, en su extraordinariamente larga duración, no solamente no beneficia a nadie, sino que puede efectivamente perjudicar a ambas partes.

En este estado de cosas es que los conocedores o los sufrientes del tema se han preguntado si no sería posible traer a lo tributario la institución de la transacción, tan útil en otras esferas del derecho, de modo que las partes jurídicamente conflictuadas, la Administración Tributaria y el contribuyente, cuenten, como alternativa eficiente al colapsado Poder Judicial, con la posibilidad de resolver el problema vía transacción, ofreciéndose para ello recíprocas concesiones. Desde tal perspectiva, la Administración

---

[799] Blanco-Uribe Quintero, Alberto, *"Eliminación de los Efectos Suspensivos de los Recursos Tributarios. Una Inconstitucionalidad"*, en Estudios sobre el Código Orgánico Tributario de 2001, obra colectiva, coordinador Jesús Sol Gil, Asociación Venezolana de Derecho Tributario, Livrosca, Caracas, 2002, pp. 659 a 718.

[800] Parágrafo Primero del Artículo 263 del Código Orgánico Tributario: *"En los casos en que no se hubiere solicitado la suspensión de los efectos en vía judicial, estuviere pendiente de decisión por parte del Tribunal o la misma hubiere sido negada, la Administración Tributaria exigirá el pago de las cantidades determinadas siguiendo el procedimiento previsto en el Capítulo II del Título VI de este Código, pero el remate de los bienes que se hubieren embargado se suspenderá si el acto no estuviere definitivamente firme..."*.

Tributaria al entenderse acreedora de aquella suma de Bs. 100,00, exige su pago al contribuyente, pero éste, no estando de acuerdo con ello, incluso considerando que nada debe, pero con el ánimo de resolver eficientemente el problema, ofrece pagarle Bs. 50,00, a lo que la Administración Tributaria pudiera responder, contraproponiendo que le pague Bs. 60,00, hasta llegar ambos a una cifra y/o a unas condiciones de pago que de una u otra forma convengan a ambas partes, para con ello, sea evitar el juicio del recurso contencioso tributario, o sea ponerle fin al juicio del recurso contencioso tributario que estuviera ya en curso.

Ese es el extendido habitual y secular de la transacción como medio alternativo de solución de conflictos jurídicos, ponerle fin a un litigio en curso (transacción judicial) o precaver o evitar un litigio eventual (transacción extrajudicial). Es la regulación general tradicional y completa de la transacción, en su doble finalidad, según sean las circunstancias del caso, tal como previamente lo recordamos con nuestra mirada al Código Civil.

III. LA "CAPITIS DISMINUIDA" REGULACIÓN DEL CÓDIGO ORGÁNICO TRIBUTARIO Y SU INCONSTITUCIONALIDAD

No obstante lo anterior, cuando el Código Orgánico Tributario regula el tema de la transacción, como medio de resolución de los conflictos jurídicos tributarios, lo hace en el Título VI "De los Procedimientos Judiciales", Capítulo V "De la Transacción Judicial", donde de manera absolutamente inmotivada, y no obstante el legislador suponerse representante del soberano, vale decir, del universo de contribuyentes, estando además obligado a velar con preeminencia sobre el respeto de sus derechos humanos, excluye de su letra expresa la normativa que habría bien reglado el supuesto de la transacción extrajudicial, normando solamente el caso de la transacción judicial.

Olvidó el legislador que la transacción, como medio alternativo de solución de conflictos jurídicos, puede ser de dos maneras: extrajudicial o judicial; la extrajudicial es la que tiene por finalidad precaver el litigio, es decir, evitar ir al tribunal; y, la judicial es la que le pone fin al juicio, por una forma distinta a la sentencia, y esa es la que tiene como idea ponerle fin a un litigio en curso.

Indudablemente, cuando el Código Orgánico Tributario habla solamente de transacción judicial, está dejando por fuera (o aparentemente pretende hacerlo) a la transacción extrajudicial. Es como si el legislador estuviera diciéndonos básicamente que no procede la transacción extrajudicial en materia tributaria, y eso es lo que mucha gente concluye de esta regulación (no olvidemos la exégesis literalista que caracteriza a la "formación" de los abogados en la mayoría de nuestras Facultades y Escuelas de Derecho), lo cual no es necesariamente así, como pretende demostrarse en estas líneas subsiguientes.

Partiendo en el análisis de lo general a lo particular, lo primero que cabe preguntarse es si el legislador acató o no el mandato del artículo 258 constitucional de promover los medios alternativos de solución de conflictos jurídicos, cuando al tener el régimen jurídico de la transacción dos posibilidades, solamente regula o prevé una de ellas. Una promoción parcial no es una verdadera o sincera promoción.

En este orden de ideas, si el Código Orgánico Tributario estuviese, realmente, consagrando solamente la transacción judicial, estaría reduciendo drásticamente el ámbito de aplicación de la transacción, como una forma distinta del tribunal, vale decir alternativa, de resolver los problemas jurídicos tributarios.

Entonces, la Constitución de 1999 ordena al legislador promover lo que se llaman medios alternativos de solución de conflictos jurídicos (cualesquiera sean), siendo aquellos mecanismos que permiten a las partes que están involucradas en un problema jurídico, ponerle fin, solucionarlo, incluso sin tener que acudir al tribunal, o saliendo del órgano jurisdiccional pero por vías diferentes de la sentencia, donde entran los medios de autocomposición procesal[801], la conciliación[802] (ya usada, por ejemplo, en asuntos ante el Juzgado Superior Noveno de lo Contencioso Tributario de la Circunscripción Judicial del Área Metropolitana de Caracas), la mediación, la

---

801 Blanco-Uribe Quintero, Alberto, *"Proceso Tributario, Convenimiento y Costas"*, Ámbito Jurídico Nro. 52, Legis, enero 2002, p. 3.

802 Artículo 257 del Código de Procedimiento Civil: *"En cualquier estado y grado de la causa, antes de la sentencia, el Juez podrá excitar a las partes a la conciliación, tanto sobre lo principal como sobre alguna incidencia, aunque ésta sea de procedimiento, exponiéndoles las razones de conveniencia".*

Artículo 258 del Código de Procedimiento Civil: *"El Juez no podrá excitar a las partes a la conciliación cuando se trate de materias en las cuales estén prohibidas las transacciones".*

Artículo 259 del Código de Procedimiento Civil: *"La conciliación hecha por un tutor u otro administrador, o por quien no pueda disponer libremente del objeto sobre que verse la controversia, tendrá efecto solamente cuando se le apruebe de la manera establecida para las transacciones en el Código Civil".*

Artículo 260 del Código de Procedimiento Civil: *"La propuesta de conciliaciones no suspenderá en ningún caso el curso de la causa".*

Artículo 261 del Código de Procedimiento Civil: *"Cuando las partes se hayan conciliado, se levantará un acta que contenga la convención, acta que firmarán el Juez, el Secretario y las partes".*

Artículo 262 del Código de Procedimiento Civil: *"La conciliación pone fin al proceso y tiene entre las partes los mismos efectos que la sentencia definitivamente firme".*

transacción, el arbitraje[803] y otras figuras, dentro de los cuales en la materia tributaria se han establecido en forma expresa dos: que son la transacción (aunque solo judicial) y el arbitraje.

En este orden de ideas, si la transacción, como medio alternativo de solución de conflictos jurídicos, tiene ese doble ámbito de aplicación, uno de índole pudiéramos decir curativa, tendente a resolver un asunto (juicio) ya en conocimiento del órgano jurisdiccional, conocido como transacción judicial, y otro de naturaleza si se quiere preventiva, para aquel asunto que no ha llegado aún al tribunal, tildado de transacción extrajudicial, y resulta que el Código Orgánico Tributario solamente prevé, al menos de forma explícita, la transacción judicial, es de suyo patente que el legislador no se halla realmente fomentando o promoviendo[804] ese medio alternativo de solución de conflictos jurídicos, pues más bien le estaría reduciendo palmariamente su mencionado ámbito de aplicación, limitándolo, restringiéndolo, con lo que en nuestro criterio el legislador estaría vulnerando la norma constitucional.

IV. LA INOCULTABLE REALIDAD DE LA TRANSACCIÓN EXTRAJUDICIAL EN LO TRIBUTARIO

Antes de entrar a analizar en detalle la regulación de este medio alternativo de solución de conflictos jurídicos, concebido solamente como "transacción judicial", en el Código Orgánico Tributario, conviene descollar que la transacción extrajudicial, en lo tributario, es del diario acontecer, es de la cotidianeidad de las relaciones entre la Administración Tributaria y el contribuyente.

En este punto resulta prudente advertir, que cuando afirmamos que la transacción extrajudicial es común en lo tributario, y no obstante que la

[803] Blanco-Uribe Quintero, Alberto, *"Posibilidades arbitrales en el ámbito tributario"*, Revista Venezolana de Estudios de Derecho Procesal, Nro. 1, Instituto Venezolano de Estudios de Derecho Procesal (INVEDEPRO), Editorial Livrosca, enero-junio 1999, pp. 217 a 252.
Blanco-Uribe Quintero, Alberto, *"El Arbitraje en el Derecho Administrativo y Tributario"*, en la obra colectiva El Arbitraje en la Práctica II, Centro de Arbitraje de la Cámara de Comercio de Caracas, Caracas, abril, 1999.
Blanco-Uribe Quintero, Alberto, *"La Conciliación, el Arbitraje y la Transacción como Métodos de Resolución de Conflictos Administrativos"*, Revista de la Facultad de Derecho de la Universidad Católica Andrés Bello, Nro. 57, U.C.A.B., 2002, Caracas, pp. 15-51.

[804] Diccionario de la Real Academia Española. Promover: "Iniciar o impulsar una cosa o un proceso, procurando su logro". http://buscon.rae.es/draeI/SrvltConsulta?TIPO_BUS=3&LEMA=promover

definición de la institución la cataloga como un contrato[805], vale decir, que asistimos a un medio catalogable de "negocio" o de "negociación", con toda la carga negativa que, por motivos prejuiciosos, se le suele atribuir a esas últimas dos palabras, es lo cierto que, cuando hablamos de "negociaciones" entre la Administración Tributaria y el contribuyente, no nos estamos (bajo ningún concepto) refiriendo a acuerdos entre funcionarios públicos y particulares que pudiesen ser tenidos como éticamente cuestionables, y mucho menos como ilícitos, ilegales o ilegítimos, infraccional o delictivamente tipificables, tales como lo son los hechos de corrupción administrativa u otros por el estilo.

En definitiva, y con la idea de que no quede nada falto de claridad al respecto, no estamos hablando de pagarle (o de alguna otra forma favorecer) a un funcionario fiscal, para que afirme lo que no es, ni para que deje establecido lo que es.

Se alude, pues, a situaciones en las cuales el funcionario fiscal actúa en su rol de órgano de la Administración Tributaria, quien debe velar por la mejor satisfacción de sus cometidos públicos, en este caso la recaudación tributaria, con irrestricto apego a su obligación de lograr ese objetivo en el menor tiempo y al más bajo costo posible, en virtud del principio de eficiencia[806] administrativa, consagrado en el artículo 141 de la Constitución[807] y reiterado por los artículos 10 del Decreto Nº 6.217 15 de julio de 2008, con Rango, Valor y Fuerza de Ley Orgánica de la Administración Pública[808] y 5 del Decreto Nº 6.265 22 de julio de 2008, con Rango, Valor y Fuerza de Ley de Simplificación de Trámites Administrativos[809].

---

[805] Artículo 1.713 del Código Civil: *"La transacción es un contrato..."*. Concretamente es un contrato bilateral, sinalagmático perfecto, que solamente se concreta mediando el libre consentimiento de ambas partes, con independencia de que algunas de ellas esté económica, política o de otra forma mejor posicionado que la otra.

[806] Diccionario de la Real Academia Española. Eficiencia: "Capacidad de disponer de alguien o de algo para conseguir un efecto determinado". http://buscon.rae.es/draeI/SrvltConsulta?TIPO_BUS=3&LEMA=eficiencia

[807] *"La Administración Pública está al servicio de los ciudadanos y ciudadanas y se fundamenta en los principios de honestidad, participación, celeridad, eficacia, <u>eficiencia</u>, transparencia, rendición de cuentas y responsabilidad en el ejercicio de la función pública, con sometimiento pleno a la ley y al derecho".*

[808] *"La actividad de la Administración Pública se desarrollará con base en los principios de economía, celeridad, simplicidad, rendición de cuentas, eficacia, <u>eficiencia</u>, proporcionalidad, oportunidad, objetividad, imparcialidad, participación, honestidad, accesibilidad, uniformidad, modernidad, transparencia, buena fe, paralelismo de la forma y responsabilidad en el ejercicio de la misma, con sometimiento pleno a la ley y al derecho, y con supresión de las formalidades no esenciales".*

[809] *"La simplificación de trámites administrativos se fundamenta en los principios de simplicidad, transparencia, celeridad, eficacia, <u>eficiencia</u>, rendición de cuentas, solidaridad, presunción de buena fe del interesado o interesada, responsabilidad en el ejercicio de la función*

Nos concentramos, entonces, en las negociaciones lícitas, como lo es la transacción extrajudicial, con base en los artículos 141 de la Constitución, 10 del Decreto Nº 6.217 15 de julio de 2008, con Rango, Valor y Fuerza de Ley Orgánica de la Administración Pública, 5 del Decreto Nº 6.265 22 de julio de 2008, con Rango, Valor y Fuerza de Ley de Simplificación de Trámites Administrativos, 6 y 7 del Código Orgánico Tributario[810] y 1.713 del Código Civil, por medio de las cuales ambas partes de la relación jurídica tributaria, la Administración Tributaria y el contribuyente, involucradas en un conflicto jurídico y desinteresadas en trabar una relación jurídica procesal, que a ninguna de las dos favorecería, por tardía y costosa (vale decir ineficiente), exploran y muchas veces logran resolver el problema, comúnmente derivado de diferencias de mera interpretación normativa, de modo que ambas partes se sientan satisfechas en lo que son sus respectivas pretensiones, no obstante que cada una de ellas deba sacrificarlas parcialmente, haciéndose recíprocas concesiones, en provecho de obtener esa anhelada solución.

Desde esta perspectiva, se observa que el citado artículo 6 del Código Orgánico Tributario permite la aplicación de la analogía a la materia tributaria, siendo un conflicto jurídico tributario análogo o similar a cualquier otro conflicto jurídico, es decir, solucionable por intermedio de la negociación de una transacción extrajudicial, por cuanto con ella no se estaría persiguiendo crear tributos, exenciones, exoneraciones ni otros beneficios, ni tipificar ilícitos o establecer sanciones, que son los límites taxativos legalmente establecidos, mientras que, conforme al dispositivo del artículo 7 del mismo Código, no estando de forma general ni nominal prevista la transacción extrajudicial en ese cuerpo normativo, dicha institución puede regir supletoriamente por responder a principios generales de otras ramas jurídicas (aquí las ramas civil y procesal), que se avienen perfectamente al fin de eficiente recaudación, sin que exista disposición legal especial en contrario de su aplicación a lo tributario, en el mencionado Código. Hay pues que hacer uso de la interpretación sistemática del derecho, con remisión a todo el ordenamiento jurídico.

---

pública, desconcentración en la toma de decisiones por parte de los órganos de dirección y su actuación debe estar dirigida al servicio de las personas".

[810] Artículo 6: *"La analogía es admisible para colmar los vacíos legales, pero en virtud de ella no pueden crearse tributos, exenciones, exoneraciones ni otros beneficios, tampoco tipificar ilícitos ni establecer sanciones".*

Artículo 7: *"En las situaciones que no puedan resolverse por las disposiciones de este Código o de las leyes se aplicarán supletoriamente y en orden de prelación, las normas tributarias análogas, los principios generales del derecho tributario y los de otras ramas jurídicas que más se avengan a su naturaleza y fines, salvo disposición especial de este Código".*

Decimos que no hay regulación general ni nominal sobre la transacción extrajudicial en el Código Orgánico Tributario, primero, porque efectivamente ese cuerpo normativo no contiene reglas al respecto, por ejemplo para su empleo dentro y durante todo el procedimiento administrativo de fiscalización y determinación, o dentro y durante el procedimiento administrativo del recurso jerárquico, por solamente citar dos ámbitos generales de trascendencia; y, segundo, porque dentro del procedimiento administrativo de fiscalización y determinación, aunque no lo llamen como corresponde, encontramos una regulación especial en los artículos 185, 186 y 111 de este Código, a saber:

Dentro del procedimiento administrativo de fiscalización y determinación, el acta de reparo emplaza al contribuyente a pagar el tributo reclamado dentro de los quince (15) días hábiles siguientes a la notificación. En este estado de cosas, y tenga razón jurídica o no la Administración Tributaria en su reclamo fiscal (en criterio del contribuyente), lo cierto es que el contribuyente, entendiéndolo más conveniente a la defensa de sus intereses y sin tener que motivar su actuación, puede aceptar el reparo (allanarse) y pagar el tributo asumido como omitido, caso en el cual la Administración Tributaria mediante resolución procede a dejar constancia de ello, liquida los intereses moratorios e impone la multa, pero solamente en un diez por ciento (10%) de ese tributo.

Esta es una obvia transacción extrajudicial, aunque no se la llame de ese modo, por cuanto hay las típicas recíprocas concesiones, con el fin de precaver un litigio. El contribuyente renuncia a su derecho a impugnar el reclamo fiscal (pudiendo o no ganar en la definitiva), y la Administración Tributaria (aunque siguiendo el innecesario límite legal), renuncia a su posibilidad de sancionar al máximo la infracción de que se trate.

Recalquemos que la ausencia de regulación de otros supuestos específicos, o en líneas generales, acerca de la transacción extrajudicial tributaria, mal podría interpretarse como prohibición de su empleo, sin perjuicio de violar el dispositivo constitucional y los de carácter legal anteriormente comentados.

Sencillamente, las transacciones extrajudiciales en lo tributario no son legalmente objetables y, en contrapartida, habrían de encontrarse, en provecho del principio de transparencia administrativa, sujetas al control sobre la actividad administrativa, de modo de hacer valer, cuando ello se justificase, la responsabilidad del funcionario, y en la medida solamente de que hubiese habido una actuación ilícita de su parte, porque la transacción extrajudicial, se insiste, es un mecanismo que está previsto en la ley, y mal podría pretenderse que usar un mecanismo legal, por sí solo, implique algún tipo de responsabilidad para el funcionario.

Desde esta perspectiva, conviene tener presente el dispositivo contenido en el artículo 5 del Decreto Nro. 6.286 del 30 de julio de 2008, con Rango, Valor y Fuerza de Ley de Reforma Parcial del Decreto con Fuerza de Ley Orgánica de la Procuraduría General de la República, el cual expresa que:

> *"Los funcionarios públicos o funcionarias públicas que, en el ejercicio de sus atribuciones realicen en sede administrativa actos de convenimiento, desistimiento, de compromiso en árbitros, de conciliación, transacción, o cualquier otro acto de disposición relacionados directamente con los derechos, bienes e intereses patrimoniales de la República, deben solicitar la opinión previa y expresa de la Procuraduría General de la República.*
> *El incumplimiento de la obligación prevista en este artículo acarreará al funcionario que realice el acto las responsabilidades administrativas, civiles y penales que le sean imputables, por los daños causados a los derechos, bienes e intereses patrimoniales de la República".*

Dos comentarios merece esta previsión normativa, en lo pertinente al tema que nos ocupa, es decir, el de la procedencia de la transacción extrajudicial, vale decir, en sede administrativa, en asuntos como lo tributario, en donde se ven presentes los intereses patrimoniales de la República. A saber:

Primero, se evidencia claramente, en una previsión del ordenamiento jurídico positivo, y de manera por demás explícita, la posibilidad de la transacción extrajudicial (la que tiende a precaver un litigio), como medio alternativo de solución de conflictos jurídicos, en todo asunto que involucre la defensa de intereses patrimoniales de la República, dentro de los cuales se circunscriben los de naturaleza tributaria. Esto, para tranquilidad de los exégetas y literalistas.

Y, segundo, se consagra una limitación a la funcionalidad de la institución, cuya constitucionalidad habría de ser revisada, precisamente por poder significar no la promoción del medio alternativo de solución de conflictos jurídicos, ordenada al legislador por el constituyente, sino su entrabamiento. Nos referimos a la obligación de requerir la opinión previa y expresa de la Procuraduría General de la República.

Al respecto, no solamente el Código Orgánico Tributario, como se destacará más adelante, al tratar de la transacción judicial, establece el efecto positivo del silencio administrativo frente a la ausencia de respuesta del organismo indicado, dentro de un plazo razonablemente breve (treinta días continuos), eliminando la vetusta necesidad de la respuesta expresa sin plazo para ello, sino que no prevé la intervención de ese organismo al regular el único supuesto expreso de transacción extrajudicial regulado, que es el del allanamiento al acta de reparo.

De igual forma, tampoco participa ese organismo cada vez que la Administración Tributaria acuerda un convenimiento de pago con el contribuyente, ni menos aun en todos los supuestos cotidianos de transacciones extrajudiciales en lo tributario.

Definitivamente se trata de una norma, en este aspecto, desfasada de la nueva realidad constitucional, donde se elevan al máximo nivel del ordenamiento jurídico, tanto el principio de eficiencia administrativa, como los medios alternativos de solución de conflictos jurídicos.

Debería reformarse esa norma, en ese respecto, de manera de actualizarla a los requerimientos de la Constitución que pretende fallidamente desarrollar, de modo de prever la intervención del organismo, pero sin tener carácter vinculante su opinión, y estando sujeta su respuesta a un plazo breve y cierto, con efecto positivo en caso de silencio administrativo, como lo regula el Código Orgánico Tributario, para la transacción judicial.

Por otro lado, resulta curioso que la Ley Orgánica de la Contraloría General de la República y del Sistema Nacional de Control Fiscal nada contenga sobre este tema.

Volvamos ahora sobre nuestra línea argumentativa y busquemos un ejemplo de la cotidianeidad, en donde el funcionario fiscal actuante, avanzada la inspección fiscal, dentro del procedimiento administrativo de fiscalización y determinación, pero antes de levantar y notificar el acta de reparo, comenta al contribuyente que ha encontrado objeciones a ciertas partidas de gastos, sea por falta de soporte, sea porque las asume como no normales ni necesarias para la producción de la renta, y que en total suman Bs. 200,00. Esta observación la hace el funcionario fiscal al contribuyente, en el ámbito de los principios constitucionales y legales, rectores de la actividad administrativa, de participación, economía, celeridad, presunción de buena fe y sometimiento a la ley, previstos en los previamente transcritos artículos 141 de la Constitución, 10 del Decreto Nº 6.217 15 de julio de 2008, con Rango, Valor y Fuerza de Ley Orgánica de la Administración Pública, y 5 del Decreto Nº 6.265 22 de julio de 2008, con Rango, Valor y Fuerza de Ley de Simplificación de Trámites Administrativos, a manera de generar un intercambio de ideas, o una fluida comunicación, tendente todo ello a precisar si existen o no estos soportes, o algún otro tipo de medio probatorio demostrativo del gasto, o en su caso, aclarar de qué forma se pudiera considerar que tales gastos son normales y necesarios para la producción de la renta, o no, en todo o en parte[811].

[811] La libertad probatoria, como el principio de oficialidad, se encuentran consagrados en los artículos 156 y 160 del Código Orgánico Tributario, en toda la sede administrativa (incluso en fase de formación del acto administrativo): *"Podrán invocarse todos los medios de prueba*

La idea, entonces, es generar una conversación muy documentada y sobre todo bien argumentada y fundamentada, que podría conducir al contribuyente a plantear su capacidad real de soportar o no, o de demostrar o no la normalidad y necesidad, de parte o de la totalidad de tales partidas de gastos potencialmente reparables, de modo que, siendo como decíamos de Bs. 200,00 la suma involucrada, tanto el contribuyente como el funcionario fiscal saben que si este último simplemente se contentase con levantar y notificar el acta de reparo por esa cantidad, el primero podría ejercer su derecho a impugnar tanto el acta de reparo, como la subsiguiente resolución culminatoria del sumario administrativo, tanto en la vía jerárquica como en la contenciosa, en doble instancia.

En todo caso, lo cierto es que pierda o gane la impugnación el contribuyente, durante todo ese tiempo tendrá que resistir las respectivas contingencias contables y fiscales que comprometen su crédito, sufrir dificultades para obtener solvencias necesarias para tramitar licitaciones, obtención de divisas, etc., y experimentar otro tipo de inconvenientes, como los costos defensivos de abogados y otros auxiliares de justicia y de eventuales fianzas financieras, y, de su lado, la Administración Tributaria, a pesar de que pudiese obtener medidas cautelares a su favor, y hasta embargos en juicio ejecutivo, pierda o gane el juicio, no recaudaría ni un céntimo.

Todo ese tiempo al que aludimos en el párrafo anterior, bien podría ser de 10 años, entre la primera y la segunda instancia, digamos promedio, pues si bien ha habido juicios tributarios más cortos, también los ha habido considerablemente más largos.

La vía judicial no es beneficiosa para nadie, y es por eso precisamente que la Constitución ordena se promuevan los medios alternativos (al Poder Judicial) de solución de conflictos jurídicos.

Una Administración Tributaria empecinada irreflexivamente en reparar aquellos Bs. 200,00, no evidenciaría eficiencia alguna. Si, es posible que gane el juicio, e incluso que, acorde a las corrientes jurisprudenciales del momento respectivo, cobre o no mayores cantidades por intereses moratorios, aunque todo ello dentro de un esquema económico inflacionario y devaluatorio; pero, también es posible que lo pierda, e incluso que comprometa su responsabilidad frente al contribuyente, por daños y perjuicios, por mal funcionamiento, pudiendo también ser condenada en costas.

---

admitidos en derecho, con excepción del juramento y de la confesión de empleados públicos cuando ella implique prueba confesional de la Administración", y *"La Administración Tributaria impulsará de oficio el procedimiento y podrá acordar, en cualquier momento, la práctica de las pruebas que estime necesarias".*

En consecuencia, si en aquel momento de la evocada conversación, sea de un lado o del otro surgiera la propuesta de dejar el reparo en una cantidad menor, mutuamente acordada, digamos de Bs. 80,00, o de Bs. 100,00, o de Bs. 120,00, por ejemplo, pero pagadera ya, contra el levantamiento y notificación del acta de reparo por esa cantidad, y subsiguiente allanamiento pleno al reparo, por el contribuyente, la Administración Tributaria recaudaría la suma del caso en cuestión de semanas o meses (de iniciada la fiscalización), es decir, en corto tiempo y a bajo costo, descollándose la eficiencia lograda en la recaudación cierta.

Casos como este son del diario acontecer, y abundan en los supuestos de normas aplicables llenas de conceptos jurídicos indeterminados.

Obviamente, en semejante situación, no porque ello sea ilegal, sino porque la ausencia de normas especiales en el Código Orgánico Tributario, no obstante los demás dispositivos constitucionales y legales ya comentados, donde cabe destacar la normativa al respecto del Código Civil, hace que muchos exégetas y acomodaticiamente literalistas del derecho crean, por cierto inocente o ingenuamente, que la transacción extrajudicial es imposible en lo tributario, por lo que estos acuerdos no son vertidos en el acta de reparo, como debería ser.

Las cosas se presentan como si el reparo hubiere sido plenamente establecido por el funcionario fiscal, sin más, en esa cantidad, y el contribuyente simplemente se allanó.

Por las mismas injustificadas en derecho, pero explicables, razones, tampoco se refleja en el acta de reparo el compromiso del contribuyente de allanarse, el cual entonces permanece en su intangible naturaleza verbal. El contribuyente, de palabra, se obliga a allanarse, a no ejercer descargos contra el acta de reparo, ni recurso alguno contra la resolución respectiva. Y la "garantía" de cumplimiento la tiene el funcionario fiscal, reposando en la característica continua y permanente de la relación jurídica tributaria, de modo que el irrespeto de ese deber, por parte del contribuyente, no solamente implicaría excluir toda posibilidad de futuras transacciones extrajudiciales, por no ser una persona confiable, sino que le ganaría la merecida animadversión de los funcionarios fiscales, con lo que ello pudiere conllevar.

Volviendo al ejemplo, tenemos que eso es una transacción extrajudicial, y punto, pues no tiene posibilidad de ser honestamente llamado de otra manera: se llegó a que se formulara el reparo por cantidad menor a Bs. 200,00, a cambio de que el contribuyente se allanara y pagara el reparo, en su totalidad. Patentes recíprocas concesiones que precaven un litigio.

Semejante índole se perfecciona también, por ejemplo, cuando siendo el contribuyente notificado del acta de reparo, haya o no presentado escrito de descargos, entra en comunicación con el funcionario sumariador (también se da en sentido opuesto) y le propone que dicte la resolución culminatoria del sumario administrativo ratificando el reparo, pero sin imponer multas, a cambio de que el contribuyente pague el reparo sin ejercer recurso alguno contra la decisión.

Igualmente, cuando el contribuyente, habiendo ejercido el recurso jerárquico, propone al jerarca (también se da en sentido opuesto) que revoque las multas, a cambio de que el contribuyente pague el reparo y no ejerza el recurso contencioso tributario.

Y también, cuando en el mismo supuesto de ejercido el recurso jerárquico, el contribuyente (también se da en sentido opuesto) propone al jerarca un "convenimiento de pago", y éste, renuncia a su derecho a cobrar completo y de contado el reclamo fiscal, a cambio de que el contribuyente pague en cuotas, renunciando a la suspensión de efectos en la sede administrativa y a acudir a la vía judicial.

Estos son, sin duda, otros supuestos posibles de transacción extrajudicial en lo tributario, siéndoles valederos los comentarios hechos previamente, en cuanto al primer supuesto planteado, en el sentido de no tratarse de un tema ilícito, pero donde la ausencia de regulación especial en el Código Orgánico Tributario, y el mal manejo que se hace de la interpretación sistemática del derecho, hace inocentemente a la gente creer que se está en el ámbito de lo medio oscuro, sin amparo normativo alguno, con lo cual lo que se logra es que los acuerdos (excepción hecha de las transacciones extrajudiciales que acomodaticiamente han dado en llamar "convenimientos de pago"), no trasciendan al expediente administrativo, quedando todo basado exclusivamente en la buena fe y en la palabra de las personas (funcionarios y particulares).

Esta es la realidad cotidiana y palmaria de la transacción extrajudicial en lo tributario. Está ocurriendo en este mismo momento, en mil lugares distintos del país. No estamos proyectando una supuesta posibilidad hacia el futuro, no estamos definiendo la probabilidad de que esto ocurra. Estamos verificando, con honestidad, un hecho cierto, que no deja de ser una transacción extrajudicial, porque, quién sabe por cual razón, no lo quieran o no lo sepan llamar así.

Terminemos estos comentarios sobre la transacción extrajudicial en lo tributario, aludiendo a otro beneficio que conlleva su uso para el contribuyente, puesto que el mismo no se ve precisado a conseguir a un abogado para estos fines, pues puede resolverlo él directamente, por ejemplo a través de su Gerencia de Administración y Finanzas o su Gerencia de Contabilidad, al menor costo posible, lo que no puede ocurrir con la transacción judicial, pues estando un juicio de por medio, necesariamente está el abogado presente.

Y, a que superado el tema de la posibilidad, la materialidad, la realidad cotidiana y la licitud conceptual de la transacción extrajudicial en lo tributario, más sano sería que existiese una normativa especial que la regulase, no de forma de restringirla (lo cual seria de suyo inconstitucional), sino de transparentarla, de hacerla estar expuesta a los ojos de quien quiera cerciorarse de cualquier cosa, en los correspondientes expedientes administrativos.

V. LA IMPOSIBLE O TREMENDAMENTE DIFICULTOSA E INCONSTITUCIONAL TRANSACCIÓN JUDICIAL, EN LO TRIBUTARIO

Otra cosa completamente distinta pasa con la transacción judicial en lo tributario.

Esta es la paradoja (o la ironía): mientras que la transacción extrajudicial no tiene regulación especial en el Código Orgánico Tributario, pero opera a diario sin dificultad, la transacción judicial, que sí es objeto de normativa específica, resulta absolutamente disfuncional, inoperante, ineficiente, prácticamente inexistente, cuando no inconstitucional. Por lo que cuando se ha logrado, en poquísimos casos, es en cómplice desapego a la letra expresa. No siempre cuando existen las reglas las cosas están mejores, incluso como en este ámbito, pueden estar peores.

Veamos, pues, la regulación de la transacción judicial en lo tributario, tal como establecida en los artículos 305 al 311 del Código Orgánico Tributario, y hagámoslo de forma crítica, pero siguiendo el orden del articulado.

Acorde con el artículo 305:

> *"Las partes podrán terminar el proceso judicial pendiente mediante transacción celebrada conforme a las disposiciones de este Capítulo. La transacción deberá ser homologada por el juez competente a los fines de su ejecución".*

Estamos, entonces, sin lugar a dudas, en el campo de la transacción judicial. Obviamente, el término *"partes"* alude a los extremos subjetivos de una relación jurídica procesal, y no necesariamente a quienes lo sean en la relación jurídica tributaria, que bien podría incluso no existir (por ser el motivo de la controversia o ser la materia controvertida), quienes negociarían a fin de terminar el proceso judicial pendiente[812]. Es decir, se habla de

[812] Artículo 1.713 del Código Civil: *"La transacción es un contrato por el cual las partes, mediante recíprocas concesiones, terminan un litigio pendiente o precaven un litigio eventual".*

las partes de un juicio, en este caso, asumiendo las palabras propias de la subjetivación del proceso contencioso tributario, evocamos al recurrente y a la recurrida.

Y claro, en semejante circunstancia, resulta menester que el juez en conocimiento de la causa homologue el proceder de las partes, para proveer a la factibilidad su ejecución[813].

Expresa el artículo 306, que:

> *"La transacción tiene entre las partes la misma fuerza que la cosa juzgada y será admisible en cuanto a la determinación de los hechos y no en cuanto al significado de la norma aplicable"*[814].

Esta norma, que en cuanto a su segunda parte pareciera fijar una limitación, similar a la de regulaciones anteriores, en las cuales se indicaba que la transacción sería posible sobre los hechos, pero no sobre el derecho, termina siendo de una relatividad extraordinaria, toda vez que en la materia tributaria, una vez que se han bien precisado los hechos, por ejemplo, que los gastos sin soporte son de Bs. 120,00, en lugar de Bs. 200,00, la consecuencia jurídica de su no deducibilidad viene de por sí, sin necesidad de elucubrar al respeto, lográndose para ambas partes el fin perseguido.

Empero, no queda de más cuestionar la constitucionalidad de una norma legal que pretende injustificadamente restringir el radio de acción de un dispositivo constitucional que ordena al legislador promover los medios alternativos de solución de conflictos jurídicos. Si la institución de la transacción, como medio alternativo de solución de conflictos jurídicos, es posible tanto sobre los hechos, como sobre las interpretaciones jurídicas, y no olvidemos tampoco que la Administración Tributaria tiene facultades legales para la fijación de interpretaciones de las normas tributarias[815],

---

Artículo 256 del Código de Procedimiento Civil: *"Las partes pueden terminar el proceso pendiente, mediante la transacción celebrada conforme a las disposiciones del Código Civil..."*.

[813] Artículo 256 del Código de Procedimiento Civil: *"...Celebrada la transacción en el juicio, el Juez la homologará si versare sobre materias en las cuales no estén prohibidas las transacciones, sin lo cual no podrá procederse a su ejecución"*.

[814] Artículo 1.718 del Código Civil: *"La transacción tiene entre las partes la misma fuerza que la cosa juzgada"*.

Artículo 255 del Código de Procedimiento Civil: *"La transacción tiene entre las partes la misma fuerza que la cosa juzgada"*.

[815] Artículo 121 del Código Orgánico Tributario: *"La Administración Tributaria tendrá las facultades, atribuciones y funciones que establezcan la Ley de la Administración Tributaria y demás leyes y reglamentos, y en especial: ... numeral 13: Dictar, por órgano de la más alta autoridad jerárquica, instrucciones de carácter general a sus subalternos, para la interpretación*

y el constituyente ordena promover tales medios alternativos, entonces mal puede el legislador, so pena de contrariar el mandato constitucional, limitar o restringir la figura en cuestión[816]. No olvidemos, además, que es imposible abstraerse del derecho, para entablar en esta materia la solución alternativa transaccional, puesto que, a fin de cuentas, el recurso contencioso tributario, que pretende sustituirse por la transacción judicial, es, por naturaleza, un control de legalidad o de conformidad a derecho de la actuación administrativa, un tema está fundado en la interpretación jurídica.

A continuación, el artículo 307 claramente profundiza la inconstitucionalidad denunciada, al contener los siguientes preceptos:

> *"La transacción deberá ser solicitada por la parte recurrente, antes del acto de informes y mediante escrito que consignará al Tribunal de la causa, exponiendo los fundamentos de su solicitud.*
> *Al recibir el escrito el Tribunal le dará curso mediante auto en el cual ordene dar aviso a la Administración Tributaria. Una vez notificada ésta, se suspenderá la causa por un lapso de noventa (90) días continuos, con la finalidad que las partes discutan los términos de la transacción.*
> *Las partes de mutuo acuerdo podrán solicitar una prórroga, la cual no podrá exceder de treinta (30) días continuos".*

---

y aplicación de las leyes, reglamentos y demás disposiciones relativas a la materia tributaria, las cuales deberán publicarse en la Gaceta Oficial...".

Artículo 234 del Código Orgánico Tributario: *"No podrá imponerse sanción a los contribuyentes que en la aplicación de la legislación tributaria hubieren adoptado el criterio o la interpretación expresada por la Administración Tributaria en consulta evacuada sobre el asunto".*

Artículo 235 del Código Orgánico Tributario: *"No procederá recurso alguno contra las opiniones emitidas por la Administración Tributaria en la interpretación de normas tributarias".*

[816] El régimen general de la transacción nos muestra su plena contemplación de los temas de derecho. Veamos:

Artículo 1.719 del Código Civil: *"La transacción no es anulable por error de derecho conforme al artículo 1.147 ("El error de derecho produce la nulidad del contrato sólo cuando ha sido la causa única o principal"), sino cuando sobre el punto de derecho no ha habido controversia entre las partes".*

Artículo 1.720 del Código Civil: *"Se puede también atacar la transacción hecha en ejecución de un título nulo, a menos que las partes hayan tratado expresamente sobre la nulidad".*

Artículo 1.721 del Código Civil: *"La transacción fundada en documentos que después se reconocen como falsos, es enteramente nula".*

Artículo 1.722 del Código Civil: *"Es igualmente nula la transacción sobre un litigio que ya estaba decidido por sentencia ejecutoriada, si las partes o alguna de ellas no tenían conocimiento de esta sentencia".*

Artículo 1.723 del Código Civil: *"...La transacción será nula cuando no se refiera más que a un objeto, y se demuestre por documentos nuevamente descubiertos, que una de las partes no tenía ningún derecho sobre dicho objeto".*

Ante todo, cuál es la razón que pudiera explicar que la transacción, siendo un contrato bilateral, sinalagmático perfecto (y aunque no lo fuera), no pueda plantearse a iniciativa de la Administración Tributaria, vale decir, de la recurrida?

Olvida el legislador que quien está constitucionalmente obligada en su actuar por el principio de eficiencia es la Administración Tributaria? Cómo es posible que si la Administración Tributaria se encontrara interesada en recaudar, aunque fuera en cantidad menor a la pretendida, a un costo y en un tiempo más reducidos que si se espera las resultas del juicio, ella deba quedar inútilmente dependiendo de la ocurrencia del recurrente? Dónde está la lógica de esta regulación? Acaso estableciendo que solamente una de las partes pueda proponer la transacción se promueve este medio alternativo de solución de conflictos jurídicos?

Obviamente, la Administración Tributaria podría citar al recurrente a sus oficinas, para hablar del asunto, y plantearle la posibilidad de que sea él quien proponga la transacción ante el tribunal, salvando así, en apariencia, esta irracional formalidad (como ha ocurrido). Pero, entonces se pone de bulto lo absurdo de la regulación, y de nuevo se logra que las negociaciones, al menos en su totalidad, no figuren como se debe en el expediente administrativo, ni en este caso en el expediente judicial, en todos sus detalles, pues cuando se va al tribunal para plantear el asunto, en la realidad eso ya está hecho, incluso por quien, según el Código de marras, no puede hacerlo.

Por si fuera poca cosa semejante restricción, la norma en cuestión presenta otra injustificada limitación, en consecuencia lejana de la idea constitucional de promover la transacción como medio alternativo de solución de conflictos jurídicos, cuando exige que el planteamiento lo haga el recurrente, *"antes del acto de informes"*.

Lo cierto es que ni en el Código Civil, ni en el Código de Procedimiento Civil dice, de manera expresa, que la transacción judicial deba hacerse antes de los informes, o que pueda hacerse en todo estado y grado de la causa, pero esta última posibilidad surge de suyo de la normativa, cuando en ambos Códigos, en forma expresa, en sus artículos 1.713 y 256, respectivamente, se indica que la finalidad de la transacción judicial es de terminar un litigio o proceso pendiente.

Acaso un litigio o proceso no se encuentra pendiente después de los informes, estando en estado de sentencia? No en balde el artículos 256 del Código de Procedimiento Civil, al hablar de la institución hermana de la conciliación, a iniciativa del juez, que bien podría desencadenar una transacción, prevé que *"<u>En cualquier estado y grado de la causa, antes de la sentencia</u>, el Juez podrá excitar a las partes a la conciliación, tanto sobre* *lo principal como sobre alguna incidencia, aunque ésta sea de procedimiento, exponiéndoles las razones de conveniencia".*

Sencillamente, mientras no se haya dictado la sentencia, existe el proceso, está pendiente el litigio, y por eso puede haber una transacción judicial para terminarlo alternativamente por medio de ese medio de solución de conflictos jurídicos. De allí que el artículo 1.722 del Código Civil sancione con la nulidad la transacción hecha tras la sentencia: *"Es igualmente nula la transacción sobre un litigio que ya estaba decidido por sentencia ejecutoriada, si las partes o alguna de ellas no tenían conocimiento de esta sentencia".*

De nuevo, pues, se asiste a una inconstitucionalidad, por restricción y no promoción, del medio alternativo de solución de conflictos jurídicos. Y esto, sin dejar de lado el absurdo presente en la idea de que, como muchos piensan que la transacción extrajudicial en lo tributario no es posible, la solicitud de transacción judicial puede (y en muchos casos deberá) ser planteada en el propio libelo del recurso contencioso tributario[817].

Desde otra perspectiva, ahora en lo tocante a la ilógica limitación, conviene recordar que una vez incoado el recurso contencioso tributario, la ley ordena que se notifique de ello a la Administración Tributaria emisora del acto administrativo impugnado, a la Procuraduría General de la República (o a la Sindicatura Municipal según los casos) y a la Contraloría General de la República, después de lo cual y tras la correspondiente admisión del recurso, viene el lapso probatorio, seguido de la oportunidad para los informes, y finalmente la etapa de sentencia.

Ahora bien, olvidemos en este momento que la fase de notificaciones en algunos casos se toma meses, cuando no supera los dos años, entre otras cosas porque los jueces no ejercen sus facultades legales sancionatorias frete al desacato, dejando irrespetar la majestad del Poder Judicial, y dejando al justiciable a la deriva, mientras el alguacilazgo "explica" que las autoridades tributarias, las contraloras y las de representación legal del patrimonio público, tienen días en los que solo reciben boletas de notificación, y días en los que solo las entregan, pero quédese esperando hasta que se dignen entregar las del juicio de su interés, y sin perjuicio de poder demandarlo en juicio ejecutivo, dejando esa idea constitucional del Estado de Justicia en el olvido, y supongamos que las notificaciones, como debería ser, se produjeran en un término aceptable de alrededor de un mes.

En semejante circunstancia, lo cierto es que el juicio del recurso contencioso tributario se encuentra legalmente concebido para durar, en

[817] Se va a la vía judicial para decir que no se la desea!!! Como si los tribunales no estuviesen lo suficientemente congestionados.

promedio y fuera de situaciones especiales, desde que se incoa el recurso, hasta que opera "vistos" (para usar una expresión conocida por todos), un máximo de seis meses, dependiendo de que se despache a diario, alcance el lapso de evacuación de pruebas para ese fin, etc.

Pero luego, llegado el estado de sentencia, y vencidos los lapsos extremadamente raramente cumplidos, de sesenta días continuos para dictar sentencia, mas una única prórroga a esos fines de treinta días continuos, viene el largo y tortuoso camino de la espera indefinida en el clamor de justicia, como de cuatro años (cuando no sobradamente excedidos) más o menos para que se dicte la sentencia de primera instancia.

De esta forma, si el juicio contencioso tributario dura en promedio en realidad cinco años en la primera instancia, y el recurrente solamente puede plantear la transacción judicial dentro del primer quinto de duración del proceso (antes de informes), mientras transcurre ese espacio de tiempo durante el cual nadie está estudiando el expediente, pero el litigio se encuentra pendiente, y que denominan "estado de sentencia", incluso encontrándose paralizada la causa como resultado del vencimiento inútil de la única prórroga para sentenciar, de aproximadamente cuatro años, entonces es obvio que el legislador no está promoviendo el medio alternativo de solución de conflictos jurídicos llamado transacción judicial, sino que se halla condenando a ambas partes a permanecer en la vía judicial tradicional, incluso estando ellas acordes con una solución transaccional. Parece entonces que también se olvida que el acceso a la justicia es por mandato constitucional, sin formalismos inútiles.

Evidentemente la regulación al respecto carece de toda lógica constructiva, a más de ser a varios títulos inconstitucional.

Dónde está la lógica de que se pueda pedir la transacción judicial solamente durante el primer quinto de la duración del juicio? Si la idea es acabar con el juicio, solucionar el problema por la vía de la negociación, lo lógico es que lo pueda pedir cualquier de las partes y que lo puedan hacer mientras el juicio exista, mientras no se haya dictado sentencia. A quién le importa si pasaron los informes ya? Eso no tiene nada que ver, no afecta en absoluto al caso que sea antes o después de los informes.

Para continuar con los comentarios sobre la norma que estamos analizando, sorprende que exija del recurrente que, al plantear la transacción judicial, el recurrente exponga "los fundamentos" de su solicitud.

Esto es muy curioso, pues, como luego se evidenciará de la regulación, no es el recurrente quien ha de expresar los términos de la transacción judicial, ni tampoco quien ha de elaborar el contrato respectivo. Entonces, qué otro puede ser el fundamento del planteamiento transaccional sino el enunciado de las normas del dispositivo constitucional y de los preceptos legales que hemos venido revisando, a mas de manifestar la intención de querer, como concepto, suscribir un acuerdo recíprocamente conveniente para acabar con el litigio o proceso pendiente?

Fuera de lo anterior, la norma bajo análisis establece que "*Al recibir el escrito el Tribunal le dará curso mediante auto en el cual ordene dar aviso a la Administración Tributaria. Una vez notificada ésta, se suspenderá la causa por un lapso de noventa (90) días continuos, con la finalidad que las partes discutan los términos de la transacción*". "*Las partes de mutuo acuerdo podrán solicitar una prórroga, la cual no podrá exceder de treinta (30) días continuos*".

Lo natural dentro de un mecanismo de negociación, es que ambas partes se sienten para estudiar la posibilidad de transar, siendo que llegadas a un acuerdo mutuamente satisfactorio, contentivo de las recíprocas concesiones, lo suscriban y lo presenten al juez en conocimiento del proceso judicial pendiente, a los fines de la homologación de ley.

Sin embargo, esta normativa pretende que el recurrente, sin comunicarse con una Administración Pública que se entiende constitucionalmente al servicio de los ciudadanos y de las ciudadanas, y legalmente al servicio de las personas, y que se halla regida por los principios de celeridad, eficiencia, transparencia y buena fe, entre otros, no intente comunicarse directamente con ella, sino que consigne un escrito al respecto ante el tribunal, y que éste, del mismo modo sujeto a los principios constitucionales de una justicia con celeridad, económica y sin formalismos inútiles, no obstante estar a derecho[818] la Administración Tributaria, pues antes de los informes no se ha paralizado la causa, proceda a notificar de ello a dicha Administración.

E inmediatamente después de la notificación, aunque no se precisa si la Administración Tributaria se entenderá notificada al dejar ante sus dependencias la boleta respectiva, o al ser la misma consignada en el expediente judicial por el alguacilazgo, luego de su devolución firmada (y recordamos aquí lo antes denunciado acerca de la dificultad de notificar a las autoridades en nuestro país), la norma ordena la suspensión de la causa por noventa días continuos (prorrogables por treinta días continuos mas), supuestamente para que las partes discutan los términos de la transacción, pero uniformando artificialmente el asunto, pues en cada caso concreto el plazo de suspensión realmente necesario bien podría ser mayor o menor a ese[819]. Total, la suspensión no podría tener efecto sin el consentimiento de

[818] Estar a derecho implica que ambas partes saben todo lo que está pasando en el expediente, y lo que ocurra en el expediente se presume "iuris et de iure" que las dos partes lo saben, sin necesidad de notificarles nada.

[819] Por qué no dar plena aplicación al artículo 202, parágrafo segundo, del Código de Procedimiento Civil?: *"Pueden las partes, de común acuerdo, suspender el curso de la causa por un tiempo que determinarán en acta ante el Juez"*.

ambas partes, quienes más que en sostener un juicio caro y largo, y por ello perjudicial, se encuentran realmente interesadas en lograr una solución alternativa mutuamente satisfactoria.

No hay pues certeza acerca del momento en que, al entenderse notificada la recurrida, se encuentre suspendida la causa, por lo que se da el absurdo, por este formalismo injustificado, de que mientras se notifica a la recurrida, deba el recurrente acometer la dificultad y muchas veces onerosidad de la promoción y evacuación de las pruebas, sin que a la postre fuese eso necesario.

Continuemos ahora con la siguiente norma objeto de comentarios, que es el artículo 308:

> *"La Administración Tributaria, dentro de los treinta (30) días continuos siguientes a aquel en que haya recibido la notificación del Tribunal, procederá a formar expediente del caso, el cual enviará dentro del mismo plazo a la Procuraduría General de la República, junto con su opinión sobre los términos en que considere procedente la transacción. Sin mayores dilaciones, cuando la Administración Tributaria considerase totalmente improcedente la transacción propuesta, lo notificará al Tribunal dentro del referido plazo, y le solicitará la continuación del juicio en el estado en que se encuentre".*

Varias observaciones produce esta norma.

Primero, que la Administración Tributaria tiene treinta días continuos, desde que haya recibido la notificación. Recordemos que la norma anterior establece que una vez notificada la Administración Tributaria, la causa se suspenderá por noventa días continuos. Aquí de nuevo se pone de manifiesto la incertidumbre y la inseguridad, puesto que no se sabe si las expresiones *"haya recibido la notificación"* y *"una vez notificada"* sean equivalentes. Lo lógico sería, pero la normativa como ya se indicó no da para eso (sin esfuerzos interpretativos innecesarios), que esta letra regulatoria se refiriera al momento en que conste en autos la notificación. De esa manera, esos treinta días continuos serían los primeros treinta de aquellos noventa, de modo de ordenar debidamente esta tramitación, que no procedimiento.

Segundo, llama la atención que esos treinta días continuos sean para que la Administración Tributaria proceda a *"formar expediente del caso"*. Empero, la Administración Tributaria se encuentra legalmente obligada[820]

---

[820] Solamente a modo ilustrativo:

En la Ley Orgánica de Procedimientos Administrativos:

Artículo 51: *"Iniciado el procedimiento se procederá a abrir expediente en el cual se recogerá toda la tramitación a que dé lugar el asunto".*

En el Código Orgánico Tributario:

a abrir expediente de cada asunto, por lo que no es entendible a qué se refiere aquí el legislador. Lo lógico sería que se abriera un cuaderno separado acerca de la posible transacción judicial, como accesorio del expediente administrativo de ley del caso, y que copia certificada de todo ello se remitiera a la Procuraduría General de la República. Por cierto, si la Administración Tributaria realmente se sometiera al principio constitucional de sujeción plena a la ley, o principio de legalidad administrativa, para ese entonces haría ya tiempo que el expediente administrativo cursara a los autos del tribunal, pero como sabemos, el desacato a la majestad del Poder Judicial, por la impunidad, es lo que abunda en ese ámbito.

Tercero, la norma establece que la remisión hecha por la Administración Tributaria a la Procuraduría General de la República se acompañará de "*su opinión sobre los términos en que considere procedente la transacción*", salvo que no envié nada por considerar "*totalmente improcedente la transacción propuesta*". Ante todo se descolla el incorrecto empleo de las palabras "*procedente*" e "*improcedente*", puesto que la transacción judicial como medio alternativo de solución de conflictos jurídicos, cuya promoción ha sido ordenada al legislador por el constituyente, es siempre procedente, incluso frente a las inconstitucionales limitaciones procesales ya denunciadas previamente. Lo que pudiera ser la transacción judicial propuesta es inconveniente, insatisfactoria o inaceptable. No olvidemos la naturaleza contractual de la figura. Por tanto, la norma debió decir algo como "*su opinión sobre los términos en que considere conveniente, satisfactoria o aceptable la transacción*" y "*cuando la Administración Tributaria considerase totalmente inconveniente, insatisfactoria o inaceptable la transacción propuesta*".

Ahora bien, si es la Administración Tributaria la que fija los términos de realización de la transacción judicial, y no así el recurrente, quien

---

Artículo 179: "*En toda fiscalización, se abrirá expediente en el que se incorporará la documentación que soporte la actuación de la Administración Tributaria. En dicho expediente se harán constar los hechos u omisiones que se hubieren apreciado, y los informes sobre cumplimientos o incumplimientos de normas tributarias o situación patrimonial del fiscalizado*".
Artículo 203: "*Iniciado el procedimiento se abrirá expediente en el cual se recogerán los recaudos y documentos necesarios para su tramitación*".
Artículo 251: "*La Administración Tributaria podrá practicar todas las diligencias de investigación que considere necesarias para el esclarecimiento de los hechos y llevará los resultados al expediente. Dicha Administración está obligada también a incorporar al expediente los elementos de juicio de que disponga*".
Artículo 264, Parágrafo Único: "*Cuando el recurso contencioso tributario no haya sido interpuesto en la forma prevista en el parágrafo primero del artículo 259 de este Código, el Tribunal deberá notificar mediante oficio a la Administración Tributaria, con indicación del nombre del recurrente, el acto o los actos cuya nulidad sea solicitada, órgano del cual emana y la materia de que se trate, y solicitará el respectivo expediente administrativo*".

como vimos de esta locuaz normativa, se limita a solicitarla y plantear su fundamento conceptual, entonces dónde está la lógica aquí? El recurrente solicita la transacción y plantea el fundamento, la Administración Tributaria, sin decir nada al contribuyente, sino viendo solamente la notificación que le envió el tribunal, fija los términos de la transacción, sin haberlos negociado con la contraparte, y los remite a la Procuraduría General de la República.

El sentido común, tratándose de un tema consensual, exige que las partes interesadas se sienten a negociar las condiciones o términos de la eventual transacción, de modo que una vez que se haya llegado a algo, se remita el borrador a la Procuraduría General de la República, de modo de recabar su opinión. Y, de no llegar a nada, se informa al tribunal para continuar el curso de la causa.

Y, cuarto, la norma expresa que si la Administración Tributaria estima *"improcedente"* la transacción propuesta, "*Sin mayores dilaciones... lo notificará al Tribunal dentro del referido plazo, y le solicitará la continuación del juicio en el estado en que se encuentre*". Sin embargo, cómo va a considerar la Administración Tributaria *"improcedente"*, vale decir, "*inconveniente, insatisfactoria o inaceptable*" la transacción propuesta, si de la normativa se desprende que es ella la que ha de fijar los términos de la misma? Asimismo, si se supone que el legislador debe por mandato constitucional promover el medio alternativo de solución de conflictos jurídicos, y el artículo 307, ya comentado, dispone que "*se suspenderá la causa por un lapso de noventa (90) días continuos, con la finalidad que las partes discutan los términos de la transacción*", entonces cómo es posible que ahora, por no ser aceptado el digamos primer borrador, y no obstante contar las partes con sesenta días continuos o más para seguir discutiendo los términos de la transacción, se privilegie la vía judicial, ordenándose la continuación del juicio sin más? La incoherencia normativa presente es brutal. Es mentira que se cuente con noventa días, prorrogables por treinta días más, para negociar.

Ahora, suponiendo que se haga la remisión a la Procuraduría General de la República, por haber la Administración Tributaria considerado *"procedente"*, es decir *"conveniente, satisfactoria o aceptable"* la transacción judicial sobre la cual paradójicamente ella misma elaboró los términos, entonces cómo es posible que se diga que las partes tienen sesenta días continuos o más para sentarse a discutir las condiciones de la transacción? Lo lógico sería que se presentara a la Procuraduría General de la República el borrador recíprocamente acordado por las partes, o es que acaso la participación de ese organismo es meramente conceptual y nada interesada en el detalle?

Continuemos con la norma siguiente, que es la del artículo 309:

> *"La Procuraduría General de la República, dentro de los treinta (30) días continuos siguientes al recibo del expediente, emitirá opinión no vinculante sobre la transacción propuesta. La falta de opinión de la Procuraduría General de la República dentro del referido lapso, se considerará como aceptación de llevar a cabo la transacción.*
> *Parágrafo Único: No se requerirá la opinión de la Procuraduría General de la República cuando el asunto sometido a ella no exceda de un mil unidades tributarias (1.000 U.T.) si se trata de personas naturales y de cinco mil unidades tributarias (5.000 U.T.) si se trata de personas jurídicas".*

En cuanto a esta norma, fuera de destacar lo positivo que resulta implícito, por un lado, en la consagración del carácter no vinculante de la opinión de la Procuraduría General de la República, y del silencio administrativo positivo en caso de ausencia de respuesta de ese organismo, y, por el otro lado, en la exclusión de esa tramitación para las causas de poca cuantía, todo ello en provecho de la celeridad y destrabamiento de la tramitación, es menester resaltar que como se acuerda al organismo un plazo de treinta días continuos para responder, contado a partir del recibo del expediente, lo cual no suele ser inmediato ni rápido, aparece de suyo muy probable que esos treinta días no coincidan con los segundos treinta días de aquellos noventa días de suspensión de la causa, y que incluso los superen, evidenciándose la inutilidad de este formalismo.

Seguimos con los comentarios, ahora a la norma del artículo 310:

> *"Si la Administración Tributaria considera procedente la transacción propuesta, redactará el acuerdo correspondiente y lo comunicará al interesado dentro de los cinco (5) días hábiles siguientes al recibimiento de la opinión de la Procuraduría General de la República o al vencimiento del lapso previsto en el artículo anterior.*
> *El interesado responderá por escrito a la Administración Tributaria, dentro de los cinco (5) días hábiles siguientes, si se acoge al acuerdo comunicado o lo rechaza.*
> *En caso que el acuerdo no fuese aceptado por el interesado, el Tribunal ordenará la continuación del juicio en el estado en que se encuentre".*

Este dispositivo patentiza aun más la incoherencia normativa denunciada. Veamos:

Ante todo se expresa que si la Administración Tributaria considera *"procedente"*, es decir, *"conveniente, satisfactoria o aceptable"* la transacción judicial propuesta, redactará el acuerdo o contrato respectivo. Pero, como no la entendería de esa forma, adecuada a la mejor defensa de sus intereses recaudatorios, si es ella misma, paradójicamente, quien elaboró los términos. Recordemos que el recurrente se limita, por la regulación, a solicitar y fundamentar conceptualmente la transacción judicial.

Empero, no obstante ser no vinculante la opinión de la Procuraduría General de la República, o estar sujeta su ausencia a aceptación tácita de lo que se le sometió a conocimiento, se debe esperar por la formalidad[821], para luego de ello, notificar del contenido del acuerdo o contrato al recurrente, dentro de los cinco días hábiles siguientes. Obviamente estos cinco días hábiles nada tienen que ver con aquellos noventa días continuos, prorrogables por treinta días continuos mas, con los que se supone cuentan ambas partes para *"discutir"* (negociar) los términos de la transacción judicial. Se pone de nuevo de bulto la mentira presente en el supuesto lapso de negociación entre las partes.

En otro orden de ideas, se aprecia entonces que, a pesar de que la normativa en análisis pareciera requerir que las comunicaciones entre el recurrente y la Administración Tributaria, en cuanto a la transacción judicial solicitada, se ventilen a través del tribunal, por lo que exige que la petición la haga el recurrente por medio de escrito consignado ante el tribunal, y que luego éste notifique de ello a la recurrida, ahora dispone que el acuerdo o contrato sea notificado directamente al recurrente y que luego éste, dentro de los cinco días hábiles siguientes (que tampoco tienen nada que ver con aquellos noventa días continuos prorrogables para discutir las condiciones respectivas), exponga por escrito directamente remitido a la Administración Tributaria, si lo acoge o no.

Sin embargo, lo realmente sorprendente de esta norma bajo comentarios, es que olvidando el legislador que la transacción es un contrato, es decir, que es un tema vinculado a la libre manifestación de la voluntad de las partes, consensual, bilateral y sinalagmático perfecto, en razón de lo cual concibió un lapso de noventa días continuos, prorrogable por treinta días más, para *"que las partes discutan los términos de la transacción"*, lapso que ya lo hemos visto burlado varias veces y sistemáticamente por la propia normativa viciada de incoherencia, eliminando la posibilidad cierta de espacio para la discusión de tales términos y cercenándolo a cada rato, ahora pretende darle el carácter de contrato de adhesión al acuerdo preparado por la Administración Tributaria, y no obstante ello que aun no haya vencido el plazo para la discusión (negociación), o se pudiera pedir su prórroga. En efecto, cuando la norma dice *"En caso que el acuerdo no*

[821] Resulta curioso que el legislador use la palabra "recibimiento", que si bien aparece en el Diccionario de la Real Academia de la Lengua Española, no se compadece con el uso habitual en nuestras tierras, de sus sinónimos "recibo" o "recepción", de más fácil comprensión.

fuese aceptado por el interesado[822]*, el Tribunal ordenará la continuación del juicio en el estado en que se encuentre"*, no solamente elimina toda posibilidad de discutir contrapropuestas, sino que acaba por privilegiar la vía judicial tradicional, y sin promover el medio alternativo de solución de conflictos jurídicos, con desacato de la Constitución. La transacción es, por naturaleza, una negociación de los términos que la hagan posible (coloquialmente es un "regateo"; el contrato de adhesión es la negación de toda negociación, y por tanto, la antítesis de la transacción).

Finalmente, tenemos la norma del artículo 311:

> *"La Administración Tributaria conjuntamente con el interesado*[823] *suscribirán el acuerdo de transacción, el cual una vez homologado por el Tribunal pondrá fin al juicio".*

Esta norma no es más que una aplicación obvia del artículo 256 del Código de Procedimiento Civil:

> *"...Celebrada la transacción en el juicio, el Juez la homologará si versare sobre materias en las cuales no estén prohibidas las transacciones, sin lo cual no podrá procederse a su ejecución".*

Ahora bien, culminado el análisis de esta enrevesada, incoherente e inconstitucional normativa, consagrada en el Código Orgánico Tributario de 2001, no nos queda más que constatar lo acontecido en estos ya casi diez años de su vigencia (¿?).

Lo cierto es que, contrario a lo sanamente experimentado con la transacción judicial, por ejemplo en lo civil, en lo mercantil, en lo laboral y hasta en lo penal, con los acuerdos reparatorios, los juicios por incoación de recursos contencioso tributarios no han dejado de aumentar exponencialmente, y las sentencias definitivas, proporcional y comparativamente no han dejado de disminuir, de hacerse su aparición más dilatada en el tiempo.

Prácticamente no existen casos resueltos vía transacción judicial, que permitan medir la efectividad de esta figura en lo tributario. En los pocos tribunales tributarios en los que se ha dado la transacción judicial, no se han podido encontrar (al decir de los jueces y secretarios), mas de dos casos por tribunal.

[822] Por cierto, la norma debió aludir al recurrente (y no al *"interesado"*), puesto que tratándose de *"recíprocas concesiones"* dentro de un contrato bilateral, es obvio que la recurrida también es interesada.

[823] Ver nota 28.

No obstante la realidad presente por la cual se justifica la implementación del medio alternativo de solución de conflictos jurídicos, ya que el medio normal a esos fines, que es el Poder judicial, aparece ineficiente, por lento y costoso, dado lo atiborrado que se encuentra y lo mal dotados presupuestariamente y en toda suerte de recursos, que se encuentran los tribunales, acontece que la alternativa transaccional que se ha planteado resulta absolutamente impracticable y seguimos con la enfermedad aumentando, siendo el remedio completamente inútil.

VI. CONCLUSIONES

La transacción judicial en lo tributario, en Venezuela, se encuentra extremadamente regulada en detalle en el Código Orgánico Tributario. Empero, la institución resulta absolutamente inoperante o al menos, tremendamente dificultosa en su realización, por ser la normativa que la contiene incoherente y, peor aún, inconstitucional. Sería apropiado modificar integralmente esta normativa, para tornarla compatible con la Constitución, que preferiblemente bien habría podido quedar regulada por las previsiones al respecto de los Códigos Civil y de Procedimiento Civil, y de la Ley que rija a la Procuraduría General de la República.

En cambio, la transacción extrajudicial en lo tributario, carente de normativa que la regule en líneas generales, lo cual es cuestionable en lo que toca a dificultar el rigor del principio de transparencia, conlleva a una cotidiana y efectiva solución alternativa de conflictos jurídicos, basada en la buena voluntad de las partes, dirigida a llegar a un arreglo mutuamente conveniente para los intereses particulares del contribuyente y los intereses públicos de una recaudación eficiente. No dejaría de agradecerse una reforma legal que la prevea nominalmente y para cualquier caso, arrebatando las dudas de los exégetas, y favoreciendo la plena realización constitucional de este medio alternativo de solución de conflictos jurídicos.

5
BLOQUE PENAL TRIBUTARIO

5.1
Alcance del Principio de Presunción de Inocencia. Reflexión

I.- CONSAGRACIÓN DEL PRINCIPIO DE PRESUNCIÓN DE INOCENCIA

De conformidad con lo previsto en el artículo 49, numeral 2 de la Constitución:

> *"El debido proceso se aplicará a todas las actuaciones judiciales y administrativas y, en consecuencia:*
> *Toda persona se presume inocente mientras no se pruebe lo contrario".*

Esta es la consagración expresa, en Venezuela, al más alto rango de la jerarquía del sistema jurídico, del principio de presunción de inocencia, visto acá como parte sustancial del derecho fundamental al debido proceso.

Empero, dicho dispositivo no marca la entrada en vigencia en Venezuela de este importante principio, pues ya se encontraba integrando nuestra dogmática trascendental, por medio de su establecimiento en dos tratados internacionales[824], uno regional y otro universal, ratificados por sendas leyes de la República, como lo son la Convención Americana sobre Derechos Humanos o Pacto de San José de Costa Rica, y el Pacto Internacional de los Derechos Civiles y Políticos, el último de los cuales confiere

[824] Hoy con rango constitucional, a tenor del artículo 23 de la Constitución: *"Los tratados, pactos y convenciones relativos a derechos humanos, suscritos y ratificados por Venezuela, tienen jerarquía constitucional y prevalecen en el orden interno, en la medida en que contengan normas sobre su goce y ejercicio más favorables a las establecidas por esta Constitución y la ley de la República, y son de aplicación inmediata y directa por los tribunales y demás órganos del Poder Público".*

fuerza vinculante indiscutible a la Declaración Universal de los Derechos Humanos, de 1948, que respectivamente indican:

> *"Toda persona inculpada de delito tiene derecho a que se presuma su inocencia mientras no se establezca legalmente su culpabilidad"*[825].
> *"Toda persona acusada de un delito tiene derecho a que se presuma su inocencia mientras no se pruebe su culpabilidad conforme a la ley"*[826].
> *"Toda persona acusada de delito tiene derecho a que se presuma su inocencia mientras no se pruebe su culpabilidad, conforme a la ley y en juicio público en el que se le hayan asegurado las garantías necesarias para su defensa"*[827].

Este principio es de vital importancia en todo cuanto se refiere al derecho sancionatorio, tanto penal como administrativo y tributario, pero, en si mismo, incluso tratándose de un derecho humano indiscutible, a la presunción de la inocencia hasta que sea comprobado lo contrario, vale decir, la culpabilidad plena ("in dubio pro reo", "in dubio pro administrado" e "in dubio pro contribuyente"), no es mas que una aplicación específica del principio general básico rector en derecho, relativo a la presunción de la buena fe y la confianza legítima, que en la actualidad también recibe reconocimiento expreso, como fuente de derecho, de obligatorio cumplimiento para toda la Administración Pública[828], en el artículo 12 de la Ley Orgánica de la Administración Pública:

> *"La actividad de la Administración Pública se desarrollará con base en los principios de economía, celeridad, simplicidad administrativa, eficacia, objetividad, imparcialidad, honestidad, transparencia, buena fe y confianza. Asimismo, se efectuará dentro de parámetros de racionalidad técnica y jurídica".*

La razón lógica por la cual hemos de presumir la inocencia, es decir, el buen comportamiento del ciudadano medio, radica en la síntesis del

[825] Artículo 8, numeral 2 de la Convención.
[826] Artículo 14, numeral 2 del Pacto.
[827] Artículo 11, numeral 1 de la Declaración.
[828] Jesús González Pérez, "El principio general de la buena fe en el derecho administrativo", Editorial Civitas, Madrid, 1989, página 69: *"La aplicación del principio de la buena fe permitirá al administrado recobrar la confianza en que la Administración no va a exigirle más de lo que estrictamente sea necesario para la realización de los fines públicos que en cada caso concreto persiga. Y en que no le va a ser exigido en el lugar, en el momento ni en la forma más inadecuada, en atención a sus circunstancias personales y sociales, y a las propias necesidades públicas. Confianza, legítima confianza de que no se le va a imponer una prestación cuando sólo superando dificultades extraordinarias podrá ser cumplida...".*

pensamiento ético del vivir honestamente ("honeste vivere")[829], no causar daños a otros ("alterum non laedere") y dar a cada uno lo suyo ("suum cuique tribuere"), preceptos del derecho que constituyen las reglas prácticas de convivencia que sirven de fundamento a los deberes jurídicos, propios del "bonus pater familiae" (buen ciudadano diríamos hoy) que todos deberíamos ser[830].

De este modo, el ordenamiento jurídico dogmático constitucional exige que se presuma la inocencia de todos, hasta tanto no haya sido plenamente probada su culpabilidad, previa demostración indubitable de la ocurrencia de una infracción de la que se sea responsable, y sin presencia de circunstancias eximentes de la responsabilidad penal, penal administrativa o penal tributaria, y, en su caso, habiendo indefectiblemente excluido o considerado la emergencia de circunstancias atenuantes de dichas responsabilidades.

II.- IMPOSIBILIDAD JURÍDICA DE CONDENAR (EJECUTAR) AL PRESUMIDO INOCENTE

En este orden de ideas, es evidente que, siendo la penalización una consecuencia de la previa determinación de la culpabilidad, lo cual debe constar en una decisión de carácter público, trátese de un acto administrativo o de una sentencia, que se encuentre definitivamente firme, sin lugar por lo demás a duda razonable alguna, mal podría ejecutarse sanción de ninguna índole en contra de quien no haya sido en tales términos encontrado culpable.

Evidentemente, mientras el acto administrativo sancionatorio pueda ser objeto de un recurso, o habiendo sido impugnado aún no haya decisión final del órgano administrativo o judicial, existe la duda razonable de si la culpabilidad quedará o no probada, pues estamos constitucionalmente obligados a presumir la inocencia.

---

829 Jesús González Pérez, op. cit., página 75: *"La Administración Pública que utiliza una medida de ejecución forzosa que no es la que cabe esperar de la conducta normal, recta y honesta, por su contenido, lugar, tiempo o forma de exigirse, contraviene la buena fe".*
Página 110: *"Es cierto que todo acto administrativo es "inmediatamente" ejecutivo. Pero esta ejecutividad inherente al mismo no comporta la necesidad ineludible de que sea así, sino que, dadas las circunstancias, puede esperarse de una conducta leal, honesta, que no tendría lugar durante un plazo más o menos largo, en función de circunstancias diversas".*

830 Chibly Abouhamad, "Anotaciones y comentarios de derecho romano I", Tomo I, Cuarta Edición, Editorial Jurídica Venezolana, Caracas, 1983, página 21.

Esto es así, sin perjuicio de que se consagre la presunción de legitimidad o veracidad del acto administrativo[831], pues esa presunción, de apenas rango legal, encontrándonos en un sistema constitucional racional normativo rígido, debe ceder en preferencia frente a la presunción de inocencia, de suprema jerarquía constitucional[832].

Así las cosas, refiriéndonos ahora, exclusivamente, a los actos administrativos emanados de la Administración Tributaria, que impongan sanciones (pecuniarias o de otra naturaleza: órdenes de clausura, comiso, etc.)[833], es decir, que pretendan hacer valer la responsabilidad penal tributaria de un administrado contribuyente o responsable, es patente que, mientras tales actos administrativos no estén definitivamente firmes, por ausencia de impugnación o por falta de la ratificación resultante del control judicial final de legalidad, no sería conforme con la Constitución la ejecución de la pena.

Conviene poner de relieve que esto es de esta forma, por imperativo constitucional, aunque en el fondo la Administración Tributaria esté en lo cierto y haya emitido un acto administrativo sancionatorio totalmente demostrativo de la culpabilidad (pues meras afirmaciones lo harían estar viciado de nulidad absoluta), toda vez que tal culpabilidad derivará, a la final, no del contenido del acto en si, sino de su incuestionable firmeza.

En otras palabras, en el dominio sancionatorio es imperativo el efecto suspensivo "automático" por la mera interposición de los recursos, aún en ausencia de previsión legal especial al respecto, ya que, siendo discutible

---

[831] Artículo 184 del Código Orgánico Tributario: "...El acta de reparo hará plena fe mientras no se pruebe lo contrario".
Al respecto, ver: Alberto Blanco-Uribe Quintero, "Las pruebas en el procedimiento administrativo tributario", Fundación de Estudios de Derecho Administrativo (Funeda), Caracas, 1997.

[832] Artículos 7 y 137 de la Constitución: *"La Constitución es la norma suprema y el fundamento del ordenamiento jurídico. Todas las personas y los órganos que ejercen el Poder Público están sujetos a esta Constitución"*, y *"La Constitución y la ley definirán las atribuciones de los órganos que ejercen el Poder Público, a las cuales deben sujetarse las actividades que realicen"*, y 8 de la Ley Organica de la Administracion Pública: *"Todos los funcionarios y funcionarias de la Administración Pública están en la obligación de cumplir y hacer cumplir la Constitución de la República Bolivariana de Venezuela"*.

[833] Artículo 94 del Código Orgánico Tributario: "Las sanciones aplicables son:
7. Prisión.
8. Multa.
9. Comiso y destrucción de los efectos materiales objeto del ilícito o utilizados para cometerlo.
10. Clausura temporal del establecimiento.
11. Inhabilitación para el ejercicio de oficios y profesiones.
12. Suspensión o revocación del registro y autorización de industrias y expendios de especies gravadas y fiscales".

o estando cuestionada la legalidad de la imposición de pena, mal podría sostenerse la plena prueba de la culpabilidad, estando constitucionalmente obligada la Administración Tributaria a presumir la inocencia.

De allí la evidente inconstitucionalidad del Artículo 93 y del segundo párrafo del Artículo 247 del Código Orgánico Tributario:

> *"**Las sanciones**, salvo las penas privativas de libertad, **serán aplicadas por la Administración Tributaria, sin perjuicio de los recursos que contra ellas puedan ejercer los contribuyentes o responsables.** Las penas restrictivas de libertad y la inhabilitación para el ejercicio de oficios y profesiones, sólo podrán ser aplicadas por los órganos judiciales competentes, de acuerdo al procedimiento establecido en la ley procesal penal".*
> *"La interposición del recurso suspende los efectos del acto recurrido. Queda a salvo la utilización de las medidas cautelares previstas en este Código:*
> ***La suspensión prevista en este Artículo no tendrá efecto respecto de la sanciones previstas en este Código o en leyes tributarias, relativas a la clausura de establecimientos, comisos o retención de mercaderías, aparatos, recipientes, vehículos, útiles, instrumentos de producción o materias primeras, y suspensión de expendios de especies fiscales y gravados".***

Y, lo propio puede decirse con ocasión del análisis del Artículo 263 "eiusdem", particularmente en cuanto concierne a la potestad sancionatoria, incluso tratándose de penas pecuniarias[834].

III.- INELUCTABLE MOTIVACIÓN DE LOS ACTOS ADMINISTRATIVOS SANCIONATORIOS

La motivación es un requisito de validez formal de todo acto administrativo, tal como se desprende de los dispositivos contenidos en los Artículos 9[835] y 18, numeral 5[836] de la Ley Orgánica de Procedimientos

---

[834] Al respecto, ver: Alberto Blanco-Uribe Quintero, "Eliminación de los efectos suspensivos de los recursos tributarios. Una inconstitucionalidad", en Estudios sobre el Código Orgánico Tributario de 2001, obra colectiva, coordinador Jesús Sol Gil, Asociación Venezolana de Derecho Tributario, Livrosca, Caracas, 2002, pp. 659 a 718.

[835] *"Los actos administrativos de carácter particular deberán ser motivados, excepto los de simple trámite o salvo disposición expresa de la ley. A tal efecto, deberán hacer referencia a los hechos y a los fundamentos legales del acto".*

[836] *"Todo acto administrativo deberá contener:*
5. Expresión sucinta de los hechos, de las razones que hubieren sido alegadas y de los fundamentos legales pertinentes".

Administrativos, los cuales, en la actualidad, representan garantías del principio de transparencia previsto en el Artículo 141[837] de la Constitución, debidamente desarrollado por el Artículo 12[838] de la Ley Orgánica de la Administración Pública, que instituye dicho principio de transparencia en el actuar administrativo, a nivel legal.

Por otro lado, no debe olvidarse que tal transparencia no es más que una consecuencia lógica de la consagración, por el Artículo 143[839] de la Constitución, del derecho fundamental a la información sobre el actuar administrativo, siendo que los Artículos 25[840] de la Constitución y 3[841], 5[842] y 8[843] de la Ley Orgánica de la Administración Pública obligan a los funcionarios públicos, so pena de responsabilidad penal, civil, administrativa y disciplinaria, a respetar sobre todo la vigencia del goce efectivo de los derechos humanos (como lo son el derecho a la información y el derecho a la presunción de inocencia).

Debe pues estar expresada la motivación de los actos administrativos, y en ello insiste el Código Orgánico Tributario, cuando en su Artículo 191 establece que:

---

837 *"La Administración Pública está al servicio de los ciudadanos y ciudadanas y se fundamenta en los principios de honestidad, participación, celeridad, eficacia, eficiencia, transparencia, rendición de cuentas y responsabilidad en el ejercicio de la función pública, con sometimiento pleno a la ley y al derecho".*

838 *"La actividad de la Administración Pública se desarrollará con base en los principios de economía, celeridad, simplicidad administrativa, eficacia, objetividad, imparcialidad, honestidad, transparencia, buena fe y confianza. Asimismo, se efectuará dentro de parámetros de racionalidad técnica y jurídica".*

839 *"Los ciudadanos y ciudadanas tienen derecho a ser informados oportuna y verazmente por la Administración Pública, sobre el estado de las actuaciones en que estén directamente interesados, y a conocer las resoluciones definitivas que se adopten sobre el particular".*

840 *"Todo acto dictado en ejercicio del Poder Público que viole o menoscabe los derechos garantizados por esta Constitución y la ley es nulo, y los funcionarios públicos y funcionarias públicas que lo ordenen o ejecuten incurren en responsabilidad penal, civil y administrativa, según los casos, sin que les sirvan de excusa órdenes superiores".*

841 *"La Administración Pública tendrá como principal objetivo de su organización y funcionamiento dar eficacia a los principios, valores y normas consagrados en la Constitución de la República Bolivariana de Venezuela y, en especial, garantizar a todas las personas, conforme al principio de progresividad y sin discriminación alguna, el goce y ejercicio irrenunciable, indivisible e interdependiente de los derechos humanos".*

842 *"La Administración Pública debe asegurar a los particulares la efectividad de sus derechos cuando se relacionen con ella".*

843 *"Los funcionarios y funcionarias de la Administración Pública incurren en responsabilidad civil, penal o administrativa, según el caso, por los actos de Poder Público que ordenen o ejecuten y que violen o menoscaben los derechos garantizados por la Constitución de la República Bolivariana de Venezuela y la ley, sin que les sirva de excusa órdenes superiores".*

"El Sumario culminará con una resolución en la que se determinará si procediere o no la obligación tributaria, se señalará en forma circunstanciada el ilícito que se imputa, se aplicará la sanción pecuniaria que corresponda y se intimarán los pagos que fueren procedentes.
La resolución deberá contener los siguientes requisitos:
1. Lugar y fecha de emisión.
2. Identificación del contribuyente o responsable y su domicilio.
3. Indicación del tributo, período fiscal correspondiente y, en su caso, los elementos fiscalizados de la base imponible.
4. Hechos u omisiones constatados y métodos aplicados a la fiscalización.
5. Apreciación de las pruebas y de las defensas alegadas.
6. Fundamentos de la decisión.
7. Elementos que presupongan la existencia de ilícitos sancionados con pena privativa de libertad, si los hubiere.
8. Discriminación de los montos exigibles por tributos, intereses y sanciones que correspondan, según los casos.
9. Recursos que correspondan contra la resolución.
10 Firma autógrafa, firma electrónica u otro medio de autenticación del funcionario autorizado" (subrayados del autor).

Ello, luego de que el Artículo 183 "eiusdem", en cuanto al Acta de Reparo se refiere, acto preparatorio también del ejercicio de la potestad sancionatoria tributaria, dispusiere que:

"Finalizada la fiscalización se levantará un Acta de Reparo la cual contendrá, entre otros, los siguientes requisitos:
a) Lugar y fecha de emisión.
b) Identificación del contribuyente o responsable.
c) Indicación del tributo, períodos fiscales correspondientes y, en su caso, los elementos fiscalizados de la base imponible.
d) Hechos u omisiones constatados y métodos aplicados en la fiscalización.
e) Discriminación de los montos por concepto de tributos a los únicos efectos del cumplimiento de lo previsto en el artículo 185 de este Código.
f) Elementos que presupongan la existencia de ilícitos sancionados con pena restrictiva de libertad, si los hubiere.
g) Firma autógrafa, firma electrónica u otro medio de autenticación del funcionario autorizado" (subrayados del autor).

Obviamente, pues, siempre que se este persiguiendo la represión de conductas comprensivas de ilícitos tributarios[844], necesariamente los actos

[844] Artículo 177 del Código Orgánico Tributario: *"Cuando la Administración Tributaria fiscalice el cumplimiento de las obligaciones tributarias y o a la procedencia de las devoluciones o recuperaciones otorgadas conforme a lo previsto en la sección octava de este capítulo, o en las leyes y demás normas de carácter tributario, así como cuando proceda a la determinación a*

administrativos, tanto preparatorios como definitivos (que causen estado), han de expresar, so pena de nulidad absoluta, las razones que indujeron al funcionario administrativo a suponer la ocurrencia de infracciones, debiendo identificarlas y justificarlas, pero igualmente habiendo de explicar pormenorizadamente, al momento de imponer la pena escogida y de graduarla, el régimen de la culpabilidad aplicado, es decir, el por qué de la exclusión de circunstancias eximentes de la responsabilidad penal tributaria, de la inobservancia de circunstancias atenuantes de la responsabilidad penal tributaria y, en su caso, de la presencia o concurrencia de circunstancias agravantes de la responsabilidad penal tributaria, sin todo lo cual no solamente se vulneraría el deber de motivar, lesionando el principio de transparencia y los derechos a la información y a la defensa del afectado, sino que se irrespetaría el derecho a la presunción de inocencia.

En este orden de ideas, el vicio en la motivación atenta contra el derecho a la defensa consagrado en nuestra Constitución (Artículo 49, numeral 1) y, por tal razón, los actos administrativos inmotivados son nulos.

En base a los fundamentos legales antes expuestos, se encuentra reiterada jurisprudencia de los Tribunales de Instancia y de la propia entonces Corte Suprema de Justicia. Veamos:

> *"...Además, se tiene por inmotivada la Resolución que indica los motivos, pero estos son falsos, erróneos o contradictorios entre sí, por manera que errar o contradecirse en la motivación equivale a inmotivación..."* (sentencia de la entonces Corte Suprema de Justicia en Sala Político-Administrativa, de fecha 30 de enero de 1987, consultada en original).
> *"Ha sido pacífica y constante la doctrina de esta Sala en el sentido de que la inmotivación del acto administrativo constituye un elemento que abre campo al arbitrio del funcionario. En efecto, en tal situación, jamás podrán los administradores saber por qué se les priva de su derecho o se les sanciona, además, la motivación del acto administrativo permite el control jurisdiccional sobre la exactitud de los motivos..."* (sentencia de la entonces Corte Suprema de Justicia en Sala Político-Administrativa, de fecha 21 de marzo de 1988, consultada en original).

Y, mas concluyente aun resulta la doctrina jurisprudencial derivada de la sentencia de la entonces Corte Suprema de Justicia en Sala Político-Administrativa, de fecha 11 de julio de 1991 (caso Consorcio Kanavaye, C.A., expediente N° 5594, publicada en Jurisprudencia de la Corte Supre-

que se refieren los artículos 131, 132 y 133 de este Código, y, en su caso, aplique las sanciones correspondientes, se sujetará al procedimiento previsto en esta Sección" (subrayados del autor).

ma de Justicia, Repertorio Mensual de Jurisprudencia del Dr. Oscar Pierre Tapia, Año XVIII, Tomo 7, Julio de 1991, páginas 88 a 90), que diáfanamente expresa que:

> *"la Multa impuesta debe estar motivada en su monto y fórmula de cálculo, sin lo cual es ilegal".*

IV.- LA NECESARIA MOTIVACIÓN DERIVADA ADEMÁS DE UN RÉGIMEN CULPOSO DE RESPONSABILIDAD PENAL TRIBUTARIA

Los Códigos Orgánicos Tributarios de 1982, 1992 y 1994 contenían normas sobre la responsabilidad penal tributaria, que desaparecieron de la versión de 2001, sin que por ello pueda concluirse que haya sido sustancialmente modificado el régimen legal respectivo. Veamos:

Las versiones de 1982, 1992 y 1994, poco más o menos expresaban que:

> *"En todo caso, cuando la sanción a aplicar, esté comprendida dentro de dos límites, se entiende que la base de la imposición de la sanción, es el término medio que se obtiene sumando los dos números y tomando la mitad. Esta sanción será reducida a su límite inferior o se le aumentará hasta su límite superior, según el mérito de las respectivas circunstancias atenuantes o agravantes que concurran en el caso concreto, debiendo compensárselas cuando las haya de una u otra especie".*

Esto no aparece en la versión de 2001, donde en cambio puede leerse, en su Artículo 79, que:

> *"A falta de disposiciones especiales de este Título, se aplicarán supletoriamente los principios y normas de Derecho Penal, compatibles con la naturaleza y fines del Derecho Tributario".*

Con ello, se hace remisión tácita a un dispositivo legal que ya venia expresamente siendo aplicado a esta materia, y que no es de letra diversa a la sustituida de ese modo, y que se encuentra en el Artículo 37 del Código Penal:

> *"Cuando un delito o falta deba ser castigado con una pena comprendida entre dos límites, se entiende que la normalmente aplicable es el término medio que se obtiene sumando los dos números y tomando la mitad. Dicha pena se reducirá o se aumentará según el mérito de las respectivas circunstancias atenuantes o agravantes que concurran al caso concreto".*

Tanto la doctrina administrativa especializada, como la jurisprudencia emanada de los tribunales de la jurisdicción contencioso tributaria, han tenido ocasión de pronunciarse afirmativa y categóricamente sobre la aplicabilidad de esta norma penal general, que regula la forma de calcular la pena pecuniaria en caso de establecimiento de un límite mínimo y de uno máximo, como se puede observar de las transcripciones que siguen:

> *"En este orden de ideas, es oportuno destacar, que el Artículo 12 de la Ley Orgánica de Procedimientos Administrativos establece los límites al poder discrecional de la administración, al expresar, que cuando una disposición legal o reglamentaria deje alguna medida o providencia a juicio de la autoridad competente, dicha medida o providencia deberá mantener la debida proporcionalidad o adecuación con el supuesto de hecho y con los fines de la norma, es decir, que el poder discrecional está dado a la autoridad administrativa para que ésta actúe según su prudente arbitrio, en forma equitativa o racional, en obsequio de la justicia y la imparcialidad. Por su parte, el Artículo 37 del Código Penal dispone: Que cuando un delito o falta deba ser castigado con una pena comprendida entre dos límites, se entiende que la normalmente aplicable es el término medio que se obtiene sumando los dos números y tomando la mitad. Dicha pena se reducirá o se aumentará según el mérito de las respectivas circunstancias atenuantes o agravantes que concurran al caso concreto" (Dictamen Nro. HGI-209 de la Consultoría Jurídica del Ministerio de Hacienda, de fecha 7 de abril de 1992).*
>
> *"Quedaba pues, a la autoridad administrativa competente tomar en consideración aquellos hechos o circunstancias que, a su juicio, pudiese agravar o atenuar la sanción, debiendo, en cada caso señalarlas expresamente. Al no existir disposición expresa en la normativa tributaria vigente para entonces en cuanto a la graduación de las sanciones a aplicar por violación de ley y no habiendo considerado la existencia de circunstancias ni agravantes ni atenuantes que modificaran el cuantum de la sanción a imponer, debía la oficina fiscal aplicar la norma de derecho penal común contenida en el Artículo 37 del Código Penal, por tratarse, en el caso de autos, de la aplicación de una sanción establecida entre dos límites: Un décimo y el doble del impuesto liquidado en base a los reparos formulados a cuyos efectos se procedería a sumar ambos extremos (límite mínimo y límite máximo) y a dividir entre dos el resultado de esta adición, obteniéndose, así el "término medio" previsto en la ley para ser aplicado en aquellos casos en que no hay ocurrencia de circunstancias atenuantes ni agravantes que modificaran el monto de la multa a imponer...".*
>
> *"En efecto, según jurisprudencia asentada por nuestro máximo organismo jurisdiccional, la cual es acogida nuevamente por este Tribunal en esta oportunidad, la carga de la prueba corresponde en estos casos*

a la administración tributaria. Textualmente nuestro máximo organismo jurisdiccional, en sentencia de fecha 27 de Enero de 1981 ha expuesto: "En este juicio la Corte observa que el recurrente efectivamente alegó las atenuantes correspondientes, pero dejó transcurrir el término probatorio sin probanza alguna".

"Sin embargo al alegar el contribuyente la atenuante contenida en el ordinal 2 arriba transcrito, no fue contradicho por la administración, y por lo tanto debe tenerse como cierta pues en este caso específico estaba relevado de la carga de la prueba por ser ésta una prueba negativa; más bien le correspondía a la administración demostrar su improcedencia dado lo fácil que es para ella desvirtuar el alegato y lo difícil para el contribuyente probar la no infracción de la ley o reglamento de carácter fiscal".

"En tal virtud, la Corte admite la atenuante especificada en el ordinal 2 ya transcrito...".

"Habiendo sido impuesta las sanciones pecuniarias cuestionada en su término medio (y no en su límite máximo como erradamente señala la recurrente), ignorándose la existencia de circunstancias atenuantes de responsabilidad penal tributaria, el tribunal advierte que el órgano contralor aplicó incorrectamente la disposición sancionatoria al obviar la ocurrencia de circunstancias que modifican el cuantum de la pena pecuniaria, debiendo hacer las respectivas consideraciones al respecto y aplicar la multa en su límite mínimo al no haberse desvirtuado la certeza de la existencia de tal circunstancia atenuante.

Resulta entonces, procedente este alegato opuesto por la recurrente en la fundamentación del recurso contencioso fiscal ejercido en contra de los reparos por omisión de pena que formuló a su cargo la Contraloría General de la República y así se declara" (Sentencia del 20 de diciembre de 1991 del Juzgado Superior Primero de lo Contencioso Tributario, caso White Motor International, expediente N° 077, consultada en original).

Como se desprende de las transcripciones que preceden, según lo implícitamente ordenado por el Código Orgánico Tributario, el artículo 37 del Código Penal es aplicable a la materia sancionatoria tributaria, en el sentido de que cuando la norma punitiva establece un límite mínimo y uno máximo para el cálculo de la multa, la autoridad competente para la imposición de la sanción deberá determinar las cantidades mínima y máxima, para luego promediarlas y liquidar el monto medio, disminuido o aumentado según que se hayan presentado circunstancias atenuantes y/o agravantes.

De lo anterior se ha de concluir, necesariamente, que el régimen legal general de la responsabilidad penal tributara, no obstante lo que algunos mientan como "infracciones objetivas", es de naturaleza culposa o subjetiva, y ello aunque la versión de 2001 haya hecho desaparecer las normas de las versiones de 1982, 1992 y 1994 que expresaban algo como que:

"Las infracciones tributarias pueden ser dolosas o culposas", o,
"En el proceso se apreciara el grado de la culpa, para agravar o atenuar la pena".

A esto se ha de arribar cuando se aprecia que prácticamente todas las multas previstas en la versión de 2001, a pesar de la clasificación de las infracciones que contiene, están concebidas entre dos limites, lo cual no tiene otra finalidad que la de sancionar en proporción a la índole del comportamiento del infractor, según se hayan presentado circunstancias que lo acerquen o alejen de la inocencia presumida, por exigida, que se espera de él.

En este sentido, se tiene que el dolo se refiere a acciones u omisiones hechas con intención de engañar; a sabiendas de las consecuencias contrarias a derecho de la acción u omisión; mientras que la culpa se configura por la infracción de la ley por negligencia, impericia o inobservancia de reglamentos, órdenes o instrucciones, vale decir sin la determinación voluntaria de infringir la ley.

Desde esta perspectiva, los Artículos 95 y 96 del Código Orgánico Tributario consagran respectivamente las circunstancias agravantes y las circunstancias atenuantes de la responsabilidad penal tributaria, de este modo:

"Son circunstancias agravantes:
1. La reincidencia,
2. La condición de funcionario o empleado público que tengan sus coautores o partícipes, y
3. La magnitud monetaria del perjuicio fiscal y la gravedad del ilícito" (subrayado del autor).
"Son circunstancias atenuantes:
1. El grado de instrucción del infractor.
2. La conducta que el autor asuma en el esclarecimiento de los hechos.
3. La presentación de la declaración y pago de la deuda para regularizar el crédito tributario.
4. El cumplimiento de los requisitos omitidos que puedan dar lugar a la imposición de la sanción.
5. El cumplimiento de la normativa relativa a la determinación de los precios de transferencia entre partes vinculadas.
6. Las demás circunstancias atenuantes que resulten de los procedimientos administrativos o judiciales, aunque no estén previstas expresamente por la Ley"[845] (subrayados del autor).

[845] Se observa la eliminación de circunstancias atenuantes previstas en las versiones de 1982, 1992 y 1994, tales como: *"No haber tenido la intención de causar el hecho imputado de tanta gravedad"* y *" No haber cometido el indiciado ninguna violación de normas tributarias*

E incluso, el funcionario administrativo esta obligado a ponderar circunstancias excluyentes de toda responsabilidad penal tributaria, aunque haya acontecido la infracción, sencillamente por haber ausencia total de culpa en el comportamiento del afectado, al apreciarse las circunstancias eximentes contenidas en el Artículo 85 "eiusdem":

> *"Son circunstancias que eximen de responsabilidad por ilícitos tributarios:*
> *1. El hecho de no haber cumplido dieciocho (18) años.*
> *2. La incapacidad mental debidamente comprobada.*
> *3. El caso fortuito y la fuerza mayor.*
> *4. El error de hecho y de derecho excusable.*
> *5. La obediencia legítima y debida.*
> *6. Cualquier otra circunstancia prevista en las leyes y aplicables a los ilícitos tributarios"* (subrayados del autor).

El comportamiento y situación concreta del infractor debe ser pormenorizadamente analizado por el funcionario administrativo, al ejercer la potestad sancionatoria, en la motivación, obligado a ello por el principio de presunción de inocencia, para precisar, primero, la presencia o no de circunstancias eximentes; segundo, la ocurrencia o no de circunstancias atenuantes; y, tercero, la existencia o no de circunstancias agravantes. Y luego, y únicamente después de todo eso, podrá eximir de penalidad, o bien desarrollar el cálculo de la multa para su imposición, con toda la transparencia que el derecho exige, máxime cuando de ello depende el control de la legalidad para verificar la oportuna consideración de la circunstancias eximentes, atenuantes o agravantes del caso.

Ahora bien, de tales dispositivos legales, vigentes tantos años en nuestro país (al menos de 1983 a 2005), se desprenden circunstancias eximentes y atenuantes que concurren con mucha frecuencia en estos casos y que, ilícitamente, no suelen ser estimadas por la Administración Tributaria al momento de imponer las multas.

Se observa que en gran parte de los casos reales en los cuales las Administraciones Tributarias imponen sanciones pecuniarias, las multas se calculan en sus límites máximos, por debajo de ellos pero por encima del término medio y hasta en exceso de esos límites, sin motivar de modo alguno la improcedencia de circunstancias eximentes o atenuantes o la

durante los tres (3) años anteriores a aquel en que se cometió la infracción". Cabe preguntarse, si acaso se esta viviendo realmente en un régimen de presunción de la bondad, de la inocencia, como la Constitución manda, si resulta que ahora el buen comportamiento previo no debe tenerse en cuenta para la graduación de la pena hacia su límite inferior, como tampoco el haber obrado por simple negligencia o imprudencia (sin intención).

procedencia de circunstancias agravantes pretendidamente aplicables al caso, que excluyen la penalidad o modifican la cuantía de las multas hacia sus límites inferiores o superiores, respectivamente.

En la mayor parte de los casos, los contribuyentes y responsables no actúan de mala fe, o en forma dolosa, siendo que lo contrario tendría que ser probado por la Administración Tributaria, a quien corresponde el "onus probandi" o carga probatoria, para poder excluir la aplicación principista de la presunción de inocencia, por mandato constitucional. Igual carga probatoria existiría de pretenderse que la actuación se haya configurado por negligencia o falta del debido cuidado. Normalmente no esta presente el fin último de engañar al Fisco, o de incumplir obligaciones o de violentar conscientemente norma tributaria alguna, si acaso culpa al respecto, cuando no hay justificación legal.

Es fácil comprobar si el contribuyente o responsable incurrió en violación de alguna norma tributaria, durante los tres años anteriores a la fecha en la que presuntamente se cometió la infracción que se impute. Sin embargo, las multas se imponen, sea en el término medio o por encima del mismo, hasta el límite máximo, sin motivación alguna, a pesar de que la conducta del afectado se haya ajustado en todo momento anterior a los parámetros legalmente establecidos.

Lo mismo puede decirse de los casos dolosos o culposos, pues de no poderse probar la intención o la negligencia o imprudencia, no queda mas remedio a la Administración Tributaria que presumir la inocencia, por mandato constitucional.

V.- CONCLUSIÓN:

Siguiendo el derecho constitucional a la presunción de inocencia, las Administraciones Tributarias están obligadas en primer término a presumir la buena fe o inocencia del contribuyente o responsable, y sólo en el supuesto de que sea fehacientemente probada por ellas la comisión de la infracción, y en ausencia de circunstancias eximentes de la responsabilidad penal tributaria, mediando la respectiva graduación progresiva de la culpabilidad, la sanción correspondiente deberá ser fijada en su término mínimo, en consideración a las circunstancias atenuantes concurrentes, producto de la aplicación del principio de investigación de la verdad real, que rige la actividad oficiosa dentro de todo procedimiento administrativo sancionatorio.

Así, únicamente en el caso de que no procedan circunstancias atenuantes, impera para las Administraciones Tributarias la fijación de la pena en su término medio, excepto cuando esté fehacientemente comprobada la concurrencia de circunstancias agravantes, escenario en el cual sería procedente la sanción en una cuantía superior a ese término medio y hasta su término máximo; y, si están presentes simultáneamente circunstancias atenuantes y agravantes, entonces, la pena debe ser compensada.

Bajo todo respecto, cualquiera que sea la graduación de la pena, en sus límites inferiores o superiores, o en su término medio, o en cuantía situada entre los límites mínimo y máximo, según las políticas de "criminalización" que se desarrollen y en el marco legal, su fijación deberá hacerse previa motivación clara y suficiente de la misma, para evitar la vulneración del derecho constitucional a la presunción de inocencia y del principio general de derecho de la buena fe, como valor republicano trascendente de nuestro ordenamiento jurídico mayor. La multa tiene un carácter sancionador, toda vez que se trata de castigar a quienes de una manera u otra quebranten las disposiciones tributarias, pero ello, no puede justificar la imposición de penas sin el debido acatamiento de las disposiciones legales.

Bibliografía

ABACHE CARVAJAL, Serviliano, "Determinación, exigibilidad y derechos humanos. Hacia una reforma tributaria desde el derecho de los derechos", Memorias de las X Jornadas Venezolanas de Derecho Tributario, Tomo I, Asociación Venezolana de Derechos Tributario, Caracas, 2011.

ACEDO PAYARES, Germán. "Breves Apuntaciones acerca del Principio de Legalidad Tributaria". Revista de Derecho Tributario. Nro. 73. Asociación Venezolana de Derecho Tributario (AVDT). Caracas, octubre, noviembre y diciembre 1996.

AGULLÓ AGÜERO, Antonia, «La Introducción en el Derecho Tributario Español de las Fórmulas Convencionales Previstas en la Ley 30/7992», en «Convención y Arbitraje en el Derecho Tributario», Instituto de Estudios Fiscales, Marcial Pons, Madrid, 1996, pp. 181 a 189.

ALEXY, Robert, "Teoría de los Derechos Fundamentales", Centro de Estudios Constitucionales, Madrid 1993.

ALEXY, Robert, "El Concepto y la Validez del Derecho", Gedisa, Barcelona 1997.

APONTE NÚÑEZ, Emercio José, "Importancia e Influencia del Régimen Constitucional Venezolano de los Derechos Humanos", Editorial Jurídica Venezolana, Caracas 2012.

ANDRADE RODRÍGUEZ, Betty, "Evolución de la medida cautelar de suspensión de efectos en el contencioso tributario bajo la vigencia de la Constitución de 1999", Revista Derecho Tributario, N° 111, Caracas, 2006.

ANDRADE RODRÍGUEZ, Betty, "Competencias por el territorio de los Tribunales Superiores de lo Contencioso Tributario", Revista Derecho Tributario, N° 102, Caracas, 2004.

ARAGONÉS BELTRÁN, Emilio, «Resolución de Recursos en el Ámbito Tributario Local: Autocontrol Jurídico y Vía Administrativa Previa», en «Convención y Arbitraje en el Derecho Tributario», Instituto de Estudios Fiscales, Marcial Pons, Madrid, 1996, pp. 249 a 255.

ARAUJO JUÁREZ, José. "Principios Generales del Derecho Procesal Administrativo", Vadell Hermanos Editores, Valencia, 1996.

ARAUJO JUÁREZ, José, "Los derechos fundamentales y los medios de protección procesal", Fundación Estudios de Derecho Administrativo (Funeda) y Editorial Jurídica Venezolana, Caracas, 1997.

ARRIETA MARTÍNEZ De Pisón, Juan, «Las Actas de la Inspección de los Tributos», Estudios de Derecho Financiero y Tributario, Editorial Civitas, Madrid, 1994, 469 p.

ARRIETA MARTÍNEZ DE PISÓN, Juan, «Finalización Convencional del Procedimiento Tributario», en «Convención y Arbitraje en el Derecho Tributario», Instituto de Estudios Fiscales, Marcial Pons, Madrid, 1996, pp. 191 a 198.

ARRIETA ZINGUER, Miguel, "La suspensión de los efectos del acto en el Recurso Contencioso Tributario venezolano", Tributum, Revista Venezolana de Ciencias Tributarias, Nro. 13, Universidad Católica del Táchira, San Cristóbal, Estado Táchira, enero – junio, 2004.

ASSOCIAÇAO BRASILEIRA DE DIREITO FINANCIERO, Anais das XX Jornadas do Instituto Latinoamericano de Derecho Tributario, "Direitos humanos e tributaçao", Salvador, Bahia, Brasil, 2000.

ASOCIACIÓN VENEZOLANA DE DERECHO TRIBUTARIO, "In Memoriam Ilse van der Velde Hedderich", Compilador Alejandro Ramírez van der Velde, A.V.D.T., Caracas 2001.

ÁVILA, Humberto. "Estatuto do Contribuinte: Conteúdo e Alcance". En "Anais das XX Jornadas do ILADT. Salvador. Bahia". Tema 1: "Derechos Humanos y Tributación". Associaçao Brasileira de Direito Financeiro (ABDF). Brasil, 2000.

BADELL MADRID, Rafael, "El Contencioso Tributario", disponible en http://www.badellgrau.com/?pag=46&ct=1052 . Acceso: 6 de febrero de 2015.

BARILARI, André, "Le Contentieux Fiscal", Revue Francaise de Finances Publiques, N° 17, 1987.

BARILARI, André, «Les Droits du Citoyen face aux Administrations Fiscales ou Douanières», Revue Fra nçaise de Finances Publiques, N° 17, 1987.

BARNOLA, José Pedro (h), "La caducidad del recurso contencioso tributario y la protección de la confianza legítima", Revista Venezolana de Estudios de Derecho Procesal, Nro. 2, Instituto Venezolano de Estudios de Derecho Procesal (Invedepro), Editorial Livrosca, julio-diciembre 1999.

BARROS CARVALHO, Paulo de, "Aspectos da prova no procedimento administrativo trubutário", en Estudios en memoria de Ramón Valdés Costa, Tomo I, Fundación de Cultura Universitaria, Montevideo, 1999.

BAUMEISTER TOLEDO, Alberto, "Algunas Consideraciones sobre las Modificaciones del Texto Constitucional en Temas relacionados con el Poder Judicial, Justicia y Procedimiento. Sus Efectos dentro del Procedimiento Administrativo y Judicial Tributario", ponencia presentada en las V Jornadas Venezolanas de Derecho Tributario "Aspectos Tributarios en la Constitución de 1999", Asociación Venezolana de Derecho Tributario, Livrosca, Caracas, 2000.

BELTRÁN, Jorge, "El Principio Constitucional de Adecuada Tutela Jurisdiccional en Materia Tributaria", en Estudios de Derecho Constitucional Tributario, Ediciones Depalma, Buenos Aires, 1994.

BERTAZZA, Humberto J. "Derechos Humanos y Tributación". En "Anais das XX Jornadas do ILADT. Salvador. Bahia". Tema 1: "Derechos Humanos y Tributación". Associacao Brasileira de Direito Financeiro (ABDF). Brasil, 2000.

BID ART CAMPOS, Germán. "Tratado Elemental de Derecho Constitucional Argentino". Tomo I-A. Ediar. Buenos Aires, 2000.

BOBBIO, Norberto. "Teoría General del Derecho". Temis. Bogotá, 1987.

BORJAS, Armiño, "Comentarios al Código de Procedimiento Civil Venezolano", Editorial Bolívar, Caracas,1924.

BOTELLA GARCÍA-LASTRA, Carmen, «La Finalización Convencional de los Procedimientos Tributarios y Otras Técnicas Transaccionales para la Resolución de Conflictos», en «Convención y Arbitraje en el Derecho Tributario», Instituto de Estudios Fiscales, Marcial Pons, Madrid, 1996, pp. 199 a 209.

BRAVO, Iroshima, Defensora del Contribuyente. "Estatuto del Contribuyente y Usuario del Comercio Internacional en Venezuela". Centro de Estudios Fiscales. Ediciones SENIAT. Caracas, 2006.

BREWER-CARÍAS, Allan R., "Consideraciones sobre el contencioso administrativo como un derecho constitucional a la tutela judicial frente a la Administración", Revista Derecho Público, N° 49, 1992.

BREWER-CARÍAS, Allan-Randolph, «Las Transacciones Fiscales y la indisponibilidad de la Potestady Competencia Tributarías», Revista de Derecho Tributario, No 18, Caracas, 1967, pp. 1 a 36.

BREWER-CARÍAS, Allan-Randolph, «Los Príncipios de Legalidad y Eficacia en las Leyes de Procedimientos Administrativos en América Latina», Compilación de ponencias de las IV Jornadas Internacionales de Derecho Administrativo «Allan Randolph Brewer Carías»: «La relación jurídicoadministrativa y el procedimiento administrativo», Fundación de Estudios de Derecho Administrativo (FUNEDA), Caracas, noviembre 1998, pp. 19 a 90.

BRICEÑO SIERRA, Humberto, "Derecho Procesal Fiscal", Cárdenas, Editor, México 1975.

BULIT GOÑI, Enrique G., "Disquisiciones en torno del "Estatuto de derechos y garantías del contribuyente" en Europa y en América", en Estudios en memoria de Ramón Valdés Costa, Tomo I, Fundación de Cultura Universitaria, Montevideo, 1999.

CAAMAÑO ANIDO, Miguel Angel, "Los procedimientos de Nulidad y Anulabilidad contra Actos Tributarios", Tecnos, Madrid 1997.

CAJARVILLE PELUFFO, Juan Pablo, "Suspensión jurisdiccional de los efectos del acto administrativo", en Estudios en memoria de Ramón Valdés Costa, Tomo II, Fundación de Cultura Universitaria, Montevideo, 1999.

CALAMANDREI, Piero, "Providencias Cautelares", Editorial Bibliográfica Argentina, Buenos Aires, 1984.

CANOVA GONZÁLEZ, Antonio, "Criterios de Procedencia de las Medidas Cautelares en el Contencioso Administrativo", Revista de la Facultad de Derecho, Nº 50, UCAB,1996.

CASADO BALBÁS, Lilia y Suárez Alcalde, Freddy, "Sobre el proceso tributario", Senpress, C.A., Caracas, 2006.

CASADO BALBÁS, Lilia, "Principios Procesales atinentes al Procedimiento del Recurso Contencioso Tributario", en *Revista de Derecho Tributario*, Nro. 107, Asociación Venezolana de Derecho Tributario (A.V.D.T.), Caracas 2005, pp. 103 a 140.

CASAL H., Jesús María, "Condiciones para la Limitación o Restricción de Derechos Fundamentales", en *El Derecho Público a Comienzos del Siglo XXI (Estudios en Homenaje al Profesor Allan R. Brewer Carías)*, Tomo III, Civitas, Madrid 2003.

CASAL H. Jesús María, "Los Derechos Humanos y Su Protección. (Estudios sobre Derechos Humanos y Derechos Fundamentales)", Universidad Católica Andrés Bello (UCAB), Caracas 2012.

CASÁS, José Osvaldo, "Familia, Constitución, tratados internacionales sobre derechos humanos y tributos", en Estudios en memoria de Ramón Valdés Costa, Tomo I, Fundación de Cultura Universitaria, Montevideo, 1999.

Casás, José Osvaldo, **"El Marco Constitucional del Procedimiento y del Proceso Tributario"**, en El Procedimiento Tributario, coordinador Alejandro C. Altamirano, Editorial Ábaco de Rodolfo Depalma, Buenos Aires, 2003.

CASSAGNE, Juan, "Los principios generales del derecho en el derecho administrativo", Abeledo-Perrot, Buenos Aires, 1988.

CARNELUTTI, Francesco, "La Prueba Civil", Depalma, Bueos Aires, 1982.

CARNELUTTI, Francesco, "Introduzione allo Studio del Diritto Procesale Tributario", Revista de Diritto Procesale, Nº 2, 1.932.

CHARRY, Juan Manuel, "La acción de tutela", Editorial Themis, Bogotá, 1992.

CHAVERO GAZDIK, Rafael, "El nuevo régimen del amparo constitucional en Venezuela", Editorial Sherwood, Caracas, 2001.

CHECA GONZÁLEZ, Clemente. "Principios Generales de la Ley de Derechos y Garantías de los Contribuyentes (artículos 1, 2 y 4)". En "Derechos y Garantías del Contribuyente (Estudio de la Nueva Ley)". Editorial Lex Nova. Valladolid, 1998.

CHINCHILLA, C. "La Tutela Cautelar en la nueva justicia administrativa", Civitas, Madrid, 1991.

CONTRERAS QUINTERO, Florencio, «Disquisiones Tributarias», Colección Justitia et Jus, No 19, Universidad de Los Andes, Facultad de Derecho, Mérida, 1969, 341 p.

COSSIO, Carlos, "La teoría egológica del derecho y el concepto jurídico de libertad", Abeledo-Perrot, Buenos Aires, 1964.

COUTURE, Eduardo, "Estudios de Derecho Procesal Civil", Editorial Edigraf, Buenos Aires 1979.

COUTURE, Eduardo, "Fundamentos del Derecho Procesal Civil", Ediciones Depalma, Buenos Aires 1997.

CREO BAY, Horacio, "Amparo por mora de la Administración Pública", segunda edición, Editorial Astrea, Buenos Aires, 1995.

CHAMORRO BERNAL, Francisco, **"La Tutela Judicial Efectiva"**, Editorial Bosch, Barcelona, 1999.

DE ASIS ROI, Agustín. "La Ley como Fuente del Derecho en la Constitución de 1998". En el libro "Estudios de la Constitución Española. Homenaje al Prof. Eduardo García de Enterría". Tomo I. Civitas. Madrid, 1991

DE LA NUEZ SÁNCHEZ-CASCADO, Elisa, FERNÁNDEZ CUEVAS, Antonio y OGEA

DELGADO, Francisco J., "La Idea de Derecho en la Constitución de 1999", Serie Trabajos de Grado Nro. 16. Escuela de Derecho, Facultad de Ciencias Jurídicas y Políticas, Universidad Central de Venezuela. Caracas 2008.

DELGADO, Francisco J., "La Reconstrucción del Derecho Venezolano", Editorial Galipán, Caracas 2012.

DELGADO, Francisco J. "Introducción al Análisis Jurídico". Escuela de Derecho, Facultad de Ciencias Jurídicas y Políticas, Universidad Central de Venezuela. Caracas, 2005.

DELGADO, Francisco J. "La Idea de Derecho en la Constitución de 1999". Serie Trabajos de Grado Nro. 16. Escuela de Derecho, Facultad de Ciencias Jurídicas y Políticas, Universidad Central de Venezuela. Caracas, 2008.

DELGADO PIQUERAS, Francisco, «La Terminación Convencional del Procedimiento Administrativo», Editorial Aranzadi, Pamplona, 1995, 226 p.

DELGADO, Francisco J., "Textos Clásicos sobre la Naturaleza de la Función Judicial", Editorial Galipán, Caracas 2014.

DÍAZ IBARRA, Valmy, "La Garantía Constitucional de la Tutela Judicial Efectiva y las Prerrogativas Fiscales de Índole Procesal en el Contencioso Tributario Venezolano", en VII Jornadas Venezolanas de Derecho Tributario, Asociación Venezolana de Derecho Tributario, Caracas, 2004.

DÍAZ IBARRA, Valmy y Jraige Roa, Jorge, "Costas procesales y revocatoria de los actos por la Administración en el contencioso tributario", Temas de Derecho Procesal, Colección Estudios Jurídicos Nro. 15, Tribunal Supremo de Justicia, Caracas, 2005.

DIEZ, Picazo, Luis. "Experiencias Jurídicas y Teoría del Derecho". Ariel. Barcelona, 1973.

DÍEZ-PICAZO, Luis y FERNÁNDEZ FARRERES, Germán, "El Derecho a la Tutela Judicial y el Recurso de Amparo", Editorial Cívitas, Madrid 1989.

DROMI, José Roberto, "Procedimiento Administrativo", en "La Protección Jurídica de los Administrados", Colegio Mayor de Nuestra Señora del Rosario, Ediciones Rosaristas, Bogotá, 1.980.

DUPOUY MENDOZA, Elvira, "Convenimiento, Perención y Desistimiento en el Proceso Contencioso Tributario", in "Contencioso Tributario Hoy", Tomo I, Ediciones FUNEDA, Caracas, 2004.

DUPUY, Elvira; *Recurso Jerárquico y Contencioso Tributario*. En: Asociación Venezolana de Derecho Tributario; Estudios sobre el Código Orgánico Tributario de 2001. Caracas, Asociación Venezolana de Derecho Tributario (A.V.D.T.), 2002. Pp. 613-658.

DUQUE CORREDOR, Román J. "Temario de Derecho Constitucional y Derecho Público". Legis. Caracas, 2009.

DURÁN RAMÍREZ, Maryan Karinna. "La Clausura de Establecimiento por Ilícitos Formales Tributarios en Venezuela y el Derecho Constitucional a la Defensa". Tributum, Revista Venezolana de Ciencias Tributarias. Nro. XIII. Universidad Católica del Táchira. San Cristóbal, enero a junio 2004.

ENGISCH, Karl. "Introducción al Pensamiento Jurídico". Editorial Comares, S.L. Granada, 2001.

ENTRENA CUESTA, Rafael, "Curso de Derecho Administrativo", Volumen I, Novena Edición, Editorial Tecnos, S.A., Madrid, 1.989

ESCOVAR LEÓN, Ramón. "La Motivación de la Sentencia y su Relación con la Argumentación Jurídica (un enfoque procesal)". Serie Estudios.

Biblioteca de la Academia de Ciencias Políticas y Sociales. Caracas, 2001.

ESPARZA LEIBAR, Iñaki, **"El Principio del Proceso Debido"**, J.M. Bosch Editor, Barcelona, 1995.

FAIRÉN GUILLÉN, Víctor, "Teoría General del Derecho Procesal", UNAM, México 1992.

FALCÓN Y TELLA, Ramón, « E/ Arbitraje Tributario», en «Convención y Arbitraje en el Derecho Tributario», Instituto de Estudios Fiscales, Marcial Pons, Madrid, 1996, pp. 257 a 261.

FAÚNDEZ LEDESMA, Héctor, "El derecho a un juicio justo", Revista de la Facultad de Ciencias Jurídicas y Políticas, Nro. 80, U.C.V., Caracas, 1991.

FERNÁNDEZ JUNQUERA, Manuela. "Derechos Generales de los Contribuyentes (artículos 3, 13, 14, 15, 16, 17, 19, 20, 21, 22 y 23)". En "Derechos y Garantías del Contribuyente (Estudio de la Nueva ley)". Editorial Lex Nova. Valladolid, 1998.

FERRAJOLI, Luigi, "Derechos y Garantías. La ley del más débil", Tercera Edición, Editorial Trotta, Madrid 1999.

FERRAJOLI, Luigi, "Sobre los Derechos Fundamentales", Cuestiones Constitucionales, en *Revista Mexicana de Derecho Constitucional*, Nro. 15, Biblioteca Jurídica Virtual, Universidad Nacional Autónoma de México, México Julio-Diciembre 2006, disponible en: http://www.juridicas.unam.mx/publica/rev/cconst/cont/15/ard/ard5.htm. Acceso: 6 de febrero de 2015.

FERREIRO LAPATZA, José. "El Estatuto del Contribuyente". Revista de Derecho Tributario. Nro. 26. Instituto Peruano de Derecho Tributario (IPDT). Lima, junio 1994.
(http://www.ipdt.org/editor/docs/07_Rev26_JJFL.pdf).

FERREIRO LAPATZA, José Juan, «Arbitraje sobre Relaciones Tributarias», en «Convención y Arbitraje en el Derecho Tributario», Instituto de Estudios Fiscales, Marcial Pons, Madrid, 1996, pp. 263 a 265.

FIGUERUELO BURRIEZA, Ángela, "El derecho a la tutela judicial efectiva", Editorial Tecnos, Madrid, 1990.

FODERADO, Salvatore. "Il concetto li legge". Bulzoni Editore. Roma, 1971

FONROUGE, Giuliani, «Derecho Financiero», Volumen I, 20 Edición, Editorial Depalma, Buenos Aires, 1964, 611 p.

FONROUGE, Giuliani, "Derecho Financiero", Volumen II, Segunda Edición, Ediciones Depalma, Buenos Aires, 1970.

FORTE RODINO, Javier, PÉREZ NOVARO, César y CÁCERES, Gabriel. "Estatuto del Contribuyente. Pilares para su formulación: Transparencia, Seguridad Jurídica y Debido Proceso". Trabajo para las Primeras

Jornadas Tributarias de la DGI. Universidad de la Empresa. diciembre 2008.

FRAGA PITTALUGA, Luís, "Los recursos tributarios. El efecto suspensivo y las medidas cautelares", en "La Administración Tributaria y los derechos de los contribuyentes", Homenaje a la memoria de Ilse Van der Velde, Funeda, Caracas, 1998.

FRAGA PITTALUGA, Luís, "Los recursos tributarios. El efecto suspensivo y las medidas cautelares". FUNEDA, Caracas, 1997.

FRAGA PITTALUGA, Luís, "La defensa del contribuyente frente a la Administración Tributaria", FUNEDA, Caracas, 1998.

FRAGA PITTALUGA, Luís, "Algunas notas sobre el amparo tributario en Venezuela", II Jornadas de Derecho para Oriente: El amparo constitucional, Fundación Estudios de Derecho Administrativo (Funeda), Caracas, 1999.

FRAGA PITTALUGA, Luis, "Consideraciones Generales sobre el Proceso Ejecutivo Fiscal", Serie Ensayos "3er Aniversario", SENIAT, Caracas.

FRAGA PITTALUGA, Luis, "La Actividad Consultiva de la Administración Tributaria y la Impugnabilidad de sus Actos", Revista Fundación Procuraduría, N° 16, Caracas, 1996.

FRAGA PITTALUGA, Luis, "El Proceso Cautelar Autónomo en el Ámbito Jurídico-Tributario", Revista Tachirense de Derecho, N° 8, San Cristóbal, 1996.

FRAGA PITTALUGA, Luís, « E/ Arbitraje y la Transacción como Métodos Alternativos de Resolución de Conflictos Administrativos», Compilación de ponencias de las IV Jornadas Internacionales de Derecho Administrativo «Allan Randolph Brewer Carías»: «La relación jurídico-administrativa y el procedimiento administrativo», Fundación de Estudios de Derecho Administrativo (FUNEDA), Caracas, noviembre 1998, pp.135 a 182.

FROMONT, Michel, « Les Modes Alternatifs de Règlement de Litiges. L'Exemple A/lemandø, AJDA, L'Actualité Juridique Droit Administratif «Modes Alternatifs de Règlement de Litiges», No 1/1997, Paris, Janvier 1997, pp. 59 a 63.

GALAPERO FLORES, Rosa, "Suspensión de la ejecución de los actos tributarios", en "Derechos y garantías del contribuyente", Editorial Lex Nova, Valladolid, 1998.

GARCÍA BELSUNCE, Horacio, "El derecho tributario en la obra de Ramón Valdés Costa", en Estudios en memoria de Ramón Valdés Costa, Tomo I, Fundación de Cultura Universitaria, Montevideo, 1999.

GARCÍA DE ENTERRÍA, Eduardo; *Hacia una Reconstrucción de la Justicia Administrativa. El Problema de los Derechos Reaccionales* *y la Subjetivización de los Recursos llamados Objetivos.* Revista Derecho Público, Nro. 27, Caracas, Editorial Jurídica Venezolana,1986.

GARCÍA DE ENTERRÍA, Eduardo, "Hacia una nueva justicia administrativa", Editorial Civitas, Madrid, 1989.

GARNICA, Onéximo; *Pluralidad de Partes en el Proceso Contencioso Tributario.* En: Asociación Venezolana de Derecho Tributario; Contencioso Tributario Hoy. Tomo II. Caracas, Asociación Venezolana de Derecho Tributario (A.V.D.T.), 2004. Pp. 32-44.

GALAPERO FLORES, Rosa, "Suspensión de la ejecución de los actos tributarios", en "Derechos y garantías del contribuyente", Editorial Lex Nova, Valladolid, 1998.

GELSI BIDART, Adolfo, "Algunos conceptos procesales relacionados con el Fisco", en Estudios en memoria de Ramón Valdés Costa, Tomo II, Fundación de Cultura Universitaria, Montevideo, 1999.

GIMENO SENDRA, Vicente et alii, "Derecho Procesal Administrativo", Tirant lo Blanch, Valencia, 1996.

GNAZZO, Edison, "La Participación de Valdés Costa en el Nacimiento de Dos Figuras Importantes del Derecho Tributario: Las Medidas Cautelares y la Omisión de Pago como Infracción", en: Estudios en Memoria de Ramón Valdés Costa, Tomo II, Fundación de Cultura Universitaria, Montevideo, 1999.

GONZÁLEZ-CUÉLLAR SERRANO, María Luisa, «Los Procedimientos Tributarios: Su Terminación Transacciona/», Editorial Colex, Madrid, 1998, 456 p.

GONZÁLEZ, Fortunato. "Valores y Principios de la Constitución". Universidad de Los Andes (ULA). Mérida, 2006.

GONZÁLEZ PÉREZ, Jesús "El derecho a la tutela jurisdiccional", Editorial Civitas, Madrid, 1984.

GONZÁLEZ PÉREZ, Jesús, «El Derecho a la Tutela Jurisdiccional», Editorial Civitas, S.A., Segunda Edición, Madrid, 1989, 284 p.

GONZÁLEZ PÉREZ, Jesús, «La Transacción en el Proyecto de Ley de la Jurisdicción Contencioso-Administrativa», Revista de Administración Pública No 145, Madrid, Enero-Abril 1998, pp. 7 a 28.

GONZÁLEZ PÉREZ, Jesús, "El Derecho a la Tutela Jurisdiccional", Tercera Edición, Civitas Ediciones, Madrid 2014.

GONZÁLEZ PÉREZ, Jesús, Hernández G. José I. y otros, "Manual de Práctica Forense Contencioso Administrativo", Editorial Jurídica Venezolana, Caracas, 2009.

GONZÁLEZ PÉREZ, Jesús, «E/Principio Genera/ de la Buena Fe en el Derecho Administrativo», 20 Edición, Editorial Civitas, S.A., Madrid, 1989, 199 p.

GONZÁLEZ PÉREZ, Jesús, "El principio general de la buena fe en el derecho administrativo", segunda edición, Editorial Civitas, S.A., Madrid, 1983.

GONZÁLEZ DE RECA, Florencia, "Amparo por mora", en Diez, Manuel y otros, "Acto y procedimiento administrativo", Plus Ultra, Buenos Aires, 1975.

GORDILLO, Agustín, "La Vista de las Actuaciones en el Procedimiento Administrativo", Archivo de Derecho Público y Ciencias de la Administración, Volumen 2, 1.970-1.971, Instituto de Derecho Público, Facultad de Derecho, Universidad Central de Venezuela, Caracas, 1.972.

GUASTINI, Ricardo. "Estudios sobre la Interpretación Jurídica". Editorial Porrúa y Universidad Nacional Autónoma de México. México, 2000.

GUTIERREZ PRIETO, Gianni y VARELA RELLAN, Alberto. "El Contribuyente frente a la Inspección Fiscal". Editorial AMF. Montevideo, 2007.

GUTIERREZ PRIETO, Gianni y VARELA RELLAN, Alberto. "La Carta de Derechos del Contribuyente". Editorial AMF. Montevideo, 2008

HÄBERLE, Peter, "La Libertad Fundamental en el Estado Constitucional", Pontificia Universidad Católica del Perú, Maestría en Derecho Constitucional, Fondo Editorial, Lima 1997.

HENRÍQUEZ LARRAZÁBAL, Ricardo, "El problema de la procedencia del amparo constitucional en el derecho venezolano", Revista de Derecho Constitucional, Nro. 4, Editorial Sherwood, Caracas, enero-julio 2001.

HERNÁNDEZ RICHARDS, Félix, "Presupuestos Procesales de la Acción en el Proceso Contencioso Tributario", en *Jornadas Internacionales de la Asociación Venezolana de Derecho Tributario; Contencioso Tributario Hoy*, Tomo I, Asociación Venezolana de Derecho Tributario (A.V.D.T.), Caracas 2004, pp. 58 y ss.

HERNÁNDEZ VALLE, Rubén, "La tutela de los derechos fundamentales", Editorial Juricentro, San José de Costa Rica, 1990.

HERNÁNDEZ MENDIBLE, Víctor, "Tendencias de la tutela cautelar en el derecho procesal administrativo", Revista Venezolana de Estudios de Derecho Procesal, Nro. 2, Instituto Venezolano de Estudios de Derecho Procesal (Invedepro), Editorial Livrosca, julio-diciembre 1999.

HERRENDORF, Daniel E., "El Poder de los Jueces, Como piensan los Jueces que piensan", 3ª edición actualizada, Editorial Abeledo Perrot, Buenos Aires, Argentina, 1998.

HOMES JIMÉNEZ, Luís, **"La Representación y Defensa de la República en los Juicios Contenciosos Tributarios"**, VI Congreso Venezolano de Derecho Procesal, Instituto Venezolano de Estudios de

Derecho Procesal (INVEDEPRO) e Instituto Zuliano de Derecho Procesal (INZUDEPRO), Caracas, 2005.

HOYOS JIMÉNEZ, Catalina, "La Protección Jurídica de los Contribuyentes". En "30 Años de Codificación del Derecho Tributario en Venezuela. XI Jornadas Venezolanas de Derecho Tributario". Tomo IV. Asociación Venezolana de Derecho Tributario (AVDT). Caracas, 2012.

HUTCHINSON, Tomás, "La morosidad administrativa y la solución legal del amparo por mora", Revista de Administración Pública, Nro. 21, Buenos Aires, 1980.

IMELLA SORLI, Juan. "Sistema de Fuentes y Bloques de la Constitucionalidad". Bosch. Barcelona, 1994.

JARACH, Dino, "Finanzas Públicas y Derecho Tributario", Editorial Cangalio, Buenos Aires, 1993.

JARROSSON, Charles, « L'Arbitrage en Droit Public», AJDA, L'Actualité Juridique Droit Administratif «Modes Alternatifs de Règlement de Litiges», N° 1/1.997, Paris, Janvier 1997, pp. 16 a 24.

JARROSSON, Charles, "L'Arbitrage en Droit Public", AJDA, L'Actualité Juridique Droit Administratif "Modes Alternatifs de Règlement de Litiges", Nº 1/1.997, Paris, Janvier 1997, pp. 16 a 24.

JIMÉNEZ MEZA, Manrique, "La Legitimación Administrativa para la Defensa de los Intereses Legítimos y los Derechos Subjetivos", Litografía e imprenta LIL, San José de Costa Rica, 1990.

KAUFMANN, Arthur, "El derecho, moral e historicidad", Ediciones Jurídicas y Sociales, Marcial Pons, Madrid, 2000.

LANDA, César, "Teorías de los Derechos Fundamentales", Cuestiones Constitucionales, en *Revista Mexicana de Derecho Constitucional*, Nro. 6, Biblioteca Jurídica Virtual, Universidad Nacional Autónoma de México, México enero-junio 2002, disponible en: http://www.juridicas.unam.mx/publica/rev/cconst/cont/6/ard/ard3.htm. Acceso: 6 de febrero de 2015.

LARENZ, Karl. "Metodología de la Ciencia del Derecho". Ediciones Ariel. Barcelona, 2001.

LEGISLACIÓN ECONÓMICA, «Código Orgánico Tributario. Reforma 1994», Comentarios, Legislación Económica, C.A. (Lec), Caracas, 1992, 404 p.

LEITE DE CAMPOS, Diogo, "El Estatuto Jurídico de la Persona (Derechos de la Personalidad) y los Impuestos". En "Estudios de Derecho Tributario Constitucional e Internacional. Homenaje Latinoamericano a Víctor Uckmar". Editorial Ábaco de Rodolfo Depalma. Buenos Aires, 2005.

LINARES BENZO, Gustavo, "El Proceso de Amparo en Venezuela", Editorial Jurídica Venezolana, Caracas, 1993.

LONOCE, Antonino, "Provvedimenti cautelari a tutela del credito tributario", en: Revista "Tributi", Nº 9, Ministerio delle Finanze, Roma, 1996.

LÓPEZ FONSECA, Rolando, "El solve et repete y la reforma del COT", Ámbito Jurídico Nro. 40, Legis, enero 2001.

LÓPEZ MOLINO, Antonio María, "Régimen jurídico de la prueba en la aplicación de los tributos", Editorial Aranzadi, Pamplona, 1997.

LOVERA, Alberto; *Descentralización de la Justicia Tributaria. El Problema de la Competencia Territorial.* En: Asociación Venezolana de Derecho Tributario; Contencioso Tributario Hoy. Tomo II. Caracas, Asociación Venezolana de Derecho Tributario (A.V.D.T.), 2004. Pp. 5-11.

LOZADA CARABALLO, Eva, "Persistencia de Principios en la Constitución Venezolana", en *Libro Homenaje a Enrique Tejera París. Temas sobre la Constitución de 1999*, Caracas 2001.

LYON-CAEN, Arnaud, «Sur la Transaction en Droit Administratifs, AJDA, L'Actualité Juridique Droit Administratif «Modes Alternatifs de Règlement de Litiges», No 1/1997, Paris, Janvier 1997, pp. 48 a 53.

MARÍN GARCÍA, Gustavo, "Breve referencia a las medidas cautelares innominadas en el contencioso administrativo especial tributario como consecuencia de la reforma del Código Orgánico Tributario de 2001", Revista Derecho Tributario, Nº 96, Caracas, 2002.

MARONGIU, Gianni. "Contributo alla Realizzazione dello "Statuto dei Diritti de Contribuente"". En "Estudios en Memoria de Ramón Valdés Costa". Tomo II. Editorial Fundación de Cultura Universitaria. Montevideo, 1999.

MARTÍNEZ HORNERO, Javier, «La Terminación Convencional en el Procedimiento de Inspección de los Tributos», en «Convención y Arbitraje en el Derecho Tributario», Instituto de Estudios Fiscales, Marcial Pons, Madrid, 1996, pp. 211 a 218.

MARTÍNEZ-OROZCO, Modesto. "El Estatuto del Contribuyente. Comentarios a la Ley 1/1998, de Derechos y Garantías de los Contribuyentes". Editorial Aranzadi. Pamplona, 1998.

MÁRQUEZ BARROSO, Raúl, "Tendencias del contencioso tributario", Tomo I, Ediciones Tributarias Latinoamericanas, Caracas, 2006.

MASSIANI CORDIDO, Andreína, "Valoración de la prueba de experticia en el contencioso tributario", Revista Venezolana de Estudios de Derecho Procesal, Nro. 2, Instituto Venezolano de Estudios de Derecho Procesal (Invedepro), Editorial Livrosca, julio-diciembre 1999.

MEDINA CALVO, Lorna. "El Derecho a No Autoinculparse y a No Declarar contra Sí Mismo: Análisis de la Jurisprudencia del Tribunal Europeo de Derechos Humanos y la Jurisprudencia Norteamericana". Revista de Derecho Tributario. Nro. 95. Asociación Venezolana de Derecho Tributario AVDT). Caracas, abril, mayo y junio 2002.

MOLES CAUBET, Antonio, "Introducción al Procedimiento Administrativo", en "El Procedimiento Administrativo", Instituto de Derecho Público, Facultad de Ciencias Jurídicas y Políticas, Universidad Central de Venezuela, Caracas, 1.983.

MONTAÑO GALARZA, César. "La Obligación de Contribuir y los Principios de la Tributación en las Constituciones de los Estados Miembros de la Comunidad Andina". Tributum, Revista Venezolana de Ciencias Tributarias. Nro. XIII. Universidad Católica del Táchira. San Cristóbal, enero a junio 2004.

MORELLO, Augusto M., "Constitución y Proceso, La Nueva Edad de las Garantías Jurisdiccionales", Editorial Abeledo Perrot, Buenos Aires, Argentina, 1998.

MOSCHETTI, Francesco, «Las Posibilidades de Acuerdo entre la Administración Financiera y el Contribuyente en el Ordenamiento Italiano», en «Convención y Arbitraje en el Derecho Tributario», Instituto de Estudios Fiscales, Marcial Pons, Madrid, 1996, pp. 117 a 131.

MUCI BORJAS, José Antonio, "La Ejecución, según el Derecho Venezolano, de los Fallos dictados por los Jueces Contencioso-Administrativos", dispoinible en: http://www.muciabraham.com/uploads/publicaciones/f9d2e62547ffcbba110baf9c5a92a880df35dd93.pdf. Acceso: 6 de febrero de 2015.

MUÑOZ SABATÉ, Luís, "Técnica Probatoria. Estudios sobre las dificultades de la prueba en el proceso", Editorial Themis, S.A., Bogotá, 1997.

NATHANSON, Nathaniel L., "The suspensory or non-suspensory effect of judicial remedies, against acts of administrative authorities", Ponencia General (mimeografiada), Tema IV.D.1, XI Congreso Internacional de Derecho Comparado, Academia Internacional de Derecho Comparado, Caracas, 29 de agosto al 5 de septiembre de 1982.

NIÑO VILLAMAR, Carlos, «La Finalización Convencional de los Procedimientos Administrativos desde la Perspectiva del Ciudadano», en «Convención y Arbitraje en el Derecho Tributario», Instituto de Estudios Fiscales, Marcial Pons, Madrid, 1996, pp. 87 a 95.

OCTAVIO, José Andrés, "Las garantías constitucionales ante la presión del conjunto de tributos que recaen sobre el sujeto contribuyente", Revista de Derecho Tributario N° 50, en Temas Tributarios, XXX Aniversario de la Asociación Venezolana de Derecho tributario, Caracas, 1999.

OCTAVIO, José Andrés. "Principios del Derecho Tributario Venezolano". Revista de Derecho Tributario. Nro. 97. Asociación Venezolana de Derecho Tributario AVDT). Caracas, octubre, noviembre y diciembre 2002.

OCTAVIO, José Andrés, «La Transacción en el Código Orgánico Tributario», Revista de Control Fiscal No.1 11, Contraloría General de la República, Caracas, 1983, pp. 21 a 31.

OLASO, Luís María S.J. y CASAL, Jesús María. "Curso de Introducción al Derecho. Introducción a la Teoría General del Derecho". Tomo II. Universidad Católica Andrés Bello. Caracas, 2007.

ORTIZ-ORTÍZ, Rafael, "La dignidad humana y el desarrollo de la personalidad como premisa axiológica del constitucionalismo venezolano", Revista de la Fundación Procuraduría, Nro. 14, Caracas, 1996.

ORTIZ-ORTIZ, Rafael, "El Poder Cautelar General y las Medidas Innominadas. En el Ordenamiento Jurídico Venezolano", Paredes Editores, Caracas 1997.

ORTIZ-ORTIZ, Rafael, "Teoría General del Proceso", Editorial Frónesis, Caracas 2003.

OVIEDO ARBELÁEZ, Amparo Alicia, "Proceso, Justicia y Libertad", Publicación de la Pontificia Universidad Javeriana, Colección Profesores, Nro. 23, Editorial Javegraf, Bogotá, Colombia, 1997.

PAREJO ALFONSO, Luciano, «El Artículo 88 de la Ley 30/1992, de 26 de Noviembre: el Pacto, Acuerdo, Convenio o Contrato en el Procedimiento Administrativo», en «Convención y Arbitraje en el Derecho Tributario», Instituto de Estudios Fiscales, Marcial Pons, Madrid, 1996, pp. 21 a 76.

PARRA QUIJANO, Jairo, "Las medidas cautelares en el contexto procesal del nuevo milenio", en: Revista Venezolana de Estudios de Derecho Procesal, Nº 3, Livrosca, Caracas, enero-junio 2000.

PEÑA SOLIS, José. "Las Fuentes del Derecho en el Marco de la Constitución de 1999". Fundación Estudios de Derecho Administrativo (FUNEDA). Caraca, 2009.

PÉREZ DE AYALA, José Luís y González, Eusebio, "Curso de Derecho Tributario", Tomo II, Sexta Edición, Editorial de Derecho Financiero, Editoriales de Derecho Reunidas, Madrid, 1991.

PÉREZ CAMPOS, Carmen Magaly, "Los derechos humanos. Su definición y vinculación con los planos de la moralidad y de la legalidad", Revista de la Facultad de Ciencias Jurídicas y Políticas, Nro. 83, U.C.V., Caracas, 1992.

PÉREZ SALAZAR, Gonzalo, **"Formalismo vs Proceso"**, en Nuevos Estudios de Derecho Procesal, Volúmen II, Libro Homenaje a José Andrés Fuenmayor, Tribunal Supremo de Justicia, Caracas, 2002.

PEREZAGUA CLAMAGIRAND, Luís, "La Prueba en el Derecho Tributario", Estudios de Hacienda Pública, Instituto de Estudios Fiscales, Ministerio de Hacienda, Madrid. 1975.

PERIS GARCÍA, Pedro, "La Prueba en la Reclamación Económica Administrativa y en el Recurso Contenciso", Aranzadi, Pamplona, 1997.

PESCI FELTRI MARTÍNEZ, Mario, "Estudios de Derecho Procesal Civil", Segunda Edición corregida y aumentada, Editorial Jurídica Venezolana, Caracas 2000.

PICARDI, Incola, "Il mutamenti del ruolo del giudice nei nostri tempi", en Derecho Procesal en vísperas del Siglo XXI, Temas Actuales en memoria de los Profesores Isidoro Eisner y Joaquín A. Salgado, Editorial Ediar, Buenos Aires, Argentina, 1997.

PICÓ I JUNOY, Joan. "La Buena Fe Procesal". Pontificia Universidad Javeriana, Grupo Editorial Ibañez, Depalma. Bogotá, 2011.

PUGLIESE, Mario, "La Prueba en el Proceso Tributario", Universidad de Pavia, México, 1.949

PUPPIO, Vicente J., "Teoría General del Proceso", Universidad Católica Andrés Bello (UCAB), Caracas 1998.

QUINTERO TIRADO, Mariolga, **"El Derecho Constitucional de Paso en el Proceso"**, IV Congreso Venezolano de Derecho Procesal, Editorial Jurídica Santana, San Cristóbal, 2003.

QUINTERO TIRADO, Mariolga, "El Poder Cautelar General en Venezuela", Editorial La Torre, Caracas, sin fecha.

QUINTERO TIRADO, Mariolga, "Las medidas cautelares en el nuevo Código de Procedimiento Civil", en: Revista de Derecho Privado, Nº 3-1, Año 3, Caracas, enero-marzo, 1986.

RACHADELL, Manuel, "Las Garantías de los Administrados en la Ley Orgánica de Procedimientos Administrativos", en "El Procedimiento Administrativo", Instituto de Derecho Público, Facultad de Ciencias Jurídicas y Políticas, Universidad Central de Venezuela, Caracas, 1983.

RAMALLO MASSANET, Juan, «La Eficacia de la Voluntad de las Partes en las Obligaciones Tributarías», en «Convención y Arbitraje en el Derecho Tributario», Instituto de Estudios Fiscales, Marcial Pons, Madrid, 1996, pp. 219 a 245.

RAMÍREZ CARDONA, Alejandro, "El Proceso Tributario", Editorial Temis, Bogotá, 1967.

RAMÍREZ CARDONA, Alejandro, "Derecho Tributario Sustancial y Procedimental", Temis, Bogotá, 1985.

RAMÍREZ MURZI, Marcos, "Esquema del Recurso Contencioso Tributario, relacionado con el Código Orgánico Tributario", en Revista de Derecho Tributario, Nro. 44, Asociación Venezolana de Derecho Tributario (A.V.D.T.), Caracas 1985, pp. 3 a 10.

RAMÍREZ MURZI, Marco, "Contencioso-fiscal. Notas comparativas", en Temas Tributarios. Compilación de estudios y sentencias publicadas en las Revistas de Derecho Tributario, Livrosca, Caracas 1999, pp. 211 y ss.

RAMÍREZ VAN DER VELDE, Alejandro, "Aplicabilidad de la Perención Breve al Proceso Contencioso Tributario", Revista de Derecho Tributario, Nº 70, 1995.

RAMÍREZ VAN DER VELDE, Alejandro, "Las Medidas Cautelares en el Proceso Contencioso Tributario", Revista de Derecho Tributario, Nº 78, 1998.

RAMÍREZ VAN DER VELDE, Alejandro; *El Proceso Contencioso Tributario Venezolano, su Objeto y Naturaleza Jurídica.* En: Asociación Venezolana de Derecho Tributario; Libro Homenaje a José Andrés Octavio. Caracas, Asociación Venezolana de Derecho Tributario (A. V.D.T.), 1999. Pp. 207-230.

RICHER, Laurent, « Les Modes Alternatifs de Règlement de Litiges et le Droit Administratifs, AJDA, L'Actualité Juridique Droit Administratif «Modes Alternatifs de Règlement de Litiges», No 1/1997, Paris, Janvier 1997, pp. 3 a 9.

RICOEUR, Paul. "Du texte à l'action: essais d'herméneutique II", Points, Seuil, Paris, 1998.

RISSO FERRAND, Martín. "La Interpretación del Ordenamiento Jurídico "desde" la Constitución". Revista de Derecho de la Universidad Católica del Uruguay. Montevideo, 2004.

RIVAS, Adolfo, "El amparo", La Rocca, Buenos Aires, 1990.

RIVAS MILEO, Yliana, "Apelación de la decisión de la admisión o inadmisión del recurso contencioso tributario", Revista Venezolana de Estudios de Derecho Procesal, Nro. 2, Instituto Venezolano de Estudios de Derecho Procesal (Invedepro), Editorial Livrosca, julio-diciembre 1999.

ROBERT, Jean, «Arbitrage Civil et Commercial en Droit Interne et International Privé», Quatrième Edition, Librairie Dalloz, Paris, 1967, 660 p.

ROCA MARTÍNEZ, José María, «Arbitraje e Instituciones Arbitrales», J.M. Bosch Editor, S.A., Barcelona, 1992, 257 p.

RODRÍGUEZ CIRIMELE, Alejandro, "El poder cautelar general en el Código de Procedimiento Civil Venezolano", en: Revista de la Facultad de Derecho, UCV, Nº 40, Caracas, 1968.

ROJAS, Ruth Noemí. "Las Funciones, Facultades y Deberes de la Administración Tributaria en el Código Orgánico Tributario". En "La Administración Tributaria y los Derechos de los Contribuyentes. Homenaje a la Memoria de Ilse van der Velde". Fundación Estudios de Derecho Administrativo (FUNEDA). Caracas, 1998.

ROMERO MUCI, Humberto, "Contribución al Estudio de la Acción de Carencia en el Contencioso Administrativo Venezolano", Revista de la Fundación Procuraduría General de la República, Nº 4, Caracas, 1991.

RONDÓN DE SANSÓ, Hildegard, "La suspensión de los actos administrativos en el derecho comparado", en El derecho venezolano en 1982, XI Congreso Internacional de Derecho Comparado, Academia Internacional de Derecho Comparado, U.C.V., Caracas, 1982.

RONDÓN DE SANSÓ, Hildegard, "La acción de amparo contra los poderes públicos", Editorial Arte, Caracas, 1994.

RONDÓN DE SANSÓ, Hildegard, "Procedimiento Administrativo", Segunda Edición, Colección Estudios Jurídicos N° 1, Editorial Jurídica Venezolana, Caracas, 1.983.**ROSA MORENO**, Juan, «El Arbitraje Administrativo», McGraw Hill, Madrid, 1998, 138 p.

ROSS, Alf. "Teoría de las Fuentes del Derecho". Centro de Estudios Políticos y Constitucionales. Madrid, 2007.

ROYO, Javier. "Las Fuentes del Derecho". Tecnos. Madrid, 2007.

ROZAS VALDES, José, HERRERA MOLINA, Pedro y MAURICIO SUBIRINA, Sonia. "Estatuto del Contribuyente. Una visión comparada". Revista Crónica Tributaria. Nro. 94. Madrid, 2000.

RUÁN SANTOS, Gabriel, "El Amparo Tributario en Venezuela", Revista de la Fundación Procuraduría General de la República, Nro. 1, Caracas, 1986

RUÁN SANTOS, Gabriel, "Nueva dimensión del derecho tributario por aplicación directa de la Constitución. Aspectos sustantivos y adjetivos", en "La Administración Tributaria y los derechos de los contribuyentes", Libro Homenaje a la Memoria de Ilse van der Velde, FUNEDA, Caracas, 1998.

RUÁN SANTOS, Gabriel, "El Contencioso Tributario", en Revista de Derecho Público, Nro. 21, Editorial Jurídica Venezolana, Caracas enero, febrero, marzo 1985.

RUÁN SANTOS, Gabriel, "El Recurso Contencioso Tributario: ensayo de su perfil", en Revista de Derecho Tributario, Nro. 56, Asociación Venezolana de Derecho Tributario (A.V.D.T.), Caracas julio, agosto, septiembre 1992.

RUÁN SANTOS, Gabriel, "Las Medidas Administrativas. Aproximación a su Concepto", en Anuario ARCA, Editorial Jurídica ALVA, Caracas, 1994, pp. 69 a 136.

RUÁN SANTOS, Gabriel, "El Principio de Legalidad, la Discrecionalidad y las Medidas Administrativas", Fundación Estudios de Derecho Administrativo (FUNEDA), Caracas 1998.

RUÁN SANTOS, Gabriel, "Comentarios sobre la Aplicabilidad del Instituto de la Transacción a la Actividad de la Administración Pública", Revista de Derecho Público N° 7, Editorial Jurídica Venezolana, Caracas, pp. 89 a 98.

RUÁN SANTOS, Gabriel, "Visión crítica sobre la transacción y el arbitraje en el derecho tributario. Hacia acuerdos procedimentales", Revista Derecho Tributario, N° 105, Caracas, 2005.

RUBIO LLORENTE, Francisco, "Derechos Fundamentales y Libertades Constitucionales", Editorial Ariel, Madrid 1995.

RUBIO LLORENTE, Francisco. "Fuentes del Derecho". En "Temas Básicos de la Constitución". Tomo I. Civitas. Madrid, 2001.

SAGUÉS, Nestor, "Derecho procesal constitucional. Acción de amparo", cuarta edición, Astrea, Buenos Aires, 1995.

SANTIAGO NINO, Carlos, "Ética y derechos humanos", Editorial Astrea, Buenos Aires, 1989.

SÁNCHEZ MORÓN, Miguel, «La Terminación Convencional de los Procedimientos Administrativos», en «Convención y Arbitraje en el Derecho Tributario», Instituto de Estudios Fiscales, Marcial Pons, Madrid, 1996, pp. 77 a 85.

SÁNCHEZ, Remedio, "El Estado Constitucional y su Sistema de Fuentes", Tirant Lo Blanc. Valencia 2005.

SEER, Roman, «Contratos, Transacciones y Otros Acuerdos en Derecho Tributario Alemán», en «Convención y Arbitraje en el Derecho Tributario», Instituto de Estudios Fiscales, Marcial Pons, Madrid, 1996, pp. 133 a 159.

SHAW, José Luís, "Tutela Jurisdiccional Efectiva en Materia Tributaria", en *Estudios en Memoria de Ramón Valdés Costa*, Tomo II, Fundación de Cultura Universitaria, Montevideo 1999, pp. 1.195-1.238.

SILVA, Eivany A., "A norma jurídica tributária – Aspectos axiológicos", en Estudios en memoria de Ramón Valdés Costa, Tomo I, Fundación de Cultura Universitaria, Montevideo, 1999.

SOBREVILLA, David (compilador), "El derecho, la política y la ética", Instituto de Investigaciones Filosóficas de la Universidad Nacional Autónoma de México, Siglo Veintiuno Editores, México, 1991.

SOL GIL, Jesús. "La Codificación del Derecho Tributario y el Debido Equilibrio entre los Derechos del Fisco y los de los Contribuyentes". En "Estudios sobre el Código Orgánico Tributario de 2001". Asociación Venezolana de Derecho Tributario AVDT). Caracas, 2002.

SOLER, Osvaldo. "Derechos y Defensas del Contribuyente frente al Fico". La Ley. Buenos Aires, 2001.

SOPENA GIL, J., "El embargo de dinero por deudas tributarias", Marcial Pons, Madrid, 1993.

SPISSO, Rodolfo; "Tutela Judicial Efectiva en materia Tributaria", en *Jornadas Internacionales de la Asociación Venezolana de Derecho Tributario; Contencioso Tributario Hoy*, Tomo I, Asociación Venezolana de Derecho Tributario (A.V.D.T.), Caracas 2004, pp. 1-49.

SPISSO, Roberto, "La Tutela Judicial Efectiva en Materia Tributaria. Protección del Contribuyente ante el Estado de Sitio Fiscal", Depalma, Buenos Aires, 1996.

TAWIL, Guido, "Administración y justicia", Astrea, Buenos Aires, 1992.

TEMAS DE DERECHO PROCESAL, Volumen I, Libro Homenaje a Félix Angulo Ariza, Colección libros homenaje Nº 10, Fernando Parra Aranguren Editor, Tribunal Supremo de Justicia, Caracas, 2003, pp. 191 a 261.

UCKMAR, Víctor, "El Estatuto del Contribuyente". Revista Tributaria. Nro. 130. Instituto Uruguayo de Estudios Tributarios. Montevideo, enero-febrero 1996.

URDANETA PÉREZ, J., "La acción de amparo en materia tributaria", Revista de Derecho Público, Nº 5, Editorial Jurídica Venezolana, Caracas, 1986.

VALDÉS COSTA, Ramón. "Protección de los Derechos del Contribuyente a Nivel Internacional". Revista Tributaria. Nro. 84. Instituto Uruguayo de Estudios Tributarios. Montevideo, mayo-junio 1988.

VALDÉS COSTA, Ramón, **"Instituciones de Derecho Tributario"**, Ediciones Depalma, Buenos Aires, 1992.

VALENCIA VILLA, Hernando, "Los derechos humanos", Acento Editorial, Madrid, 1997.

VALIÑAS GARCÍA, Soraya. "Derecho a No Autoinculparse en el Procedimiento de Determinación Tributaria". Revista de Derecho Tributario. Nro. 103. Asociación Venezolana de Derecho Tributario AVDT). Caracas, abril, mayo y junio 2004.

VAN DER VELDE, Ilse; *El Proceso Contencioso Tributario*. En: XXI Jornadas J.M. Domínguez Escovar del Colegio de Abogados del Estado Lara; *El Sistema Tributario Venezolano*. Barquisimeto, Colegio de Abogados del Estado Lara, 1995.

VEGAS ROLANDO, Nicolás, "El amparo constitucional y jurisprudencias", Ediciones Librería Destino, Caracas, 1991.

VÉSCOVI, Enrique, "Teoría General del Proceso", Editorial Temis, Bogotá 1984.

VILLEGAS, Héctor, "Curso de finanzas, derecho financiero y tributario", Editorial Depalma, Buenos Aires, 1992.

ZITTO, Carolina y GÓMEZ LEIZA, José. "Algunas Cuestiones sobre el Estatuto del Contribuyente". Dirección General Impositiva (DGI). Montevideo, diciembre 2008

ZORNOZA PÉREZ, Juan, «¿Qué Podemos Aprender de las Experiencias Comparadas? Admisibilidad de los Convenios, Acuerdos y Otras Técnicas Transaccionales en el Derecho Tributario Español», en «Convención y Arbitraje en el Derecho Tributario», Instituto de Estudios Fiscales, Marcial Pons, Madrid, 1996, pp. 161 a 178.

Índice

PROLOGO V

INTRODUCCIÓN 1

1. BLOQUE CONSTITUCIONAL TRIBUTARIO 13

1.1 Los Derechos del Contribuyente en la Constitución de 1999 15
1.2 Eliminación de los Efectos Suspensivos de los Recursos Tributarios. Una Inconstitucionalidad 31
1.3 El Amparo Constitucional Tributario. Nueva reflexión, a la luz de la Constitución 1999, del COT 2001 y la Jurisprudencia del Tribunal Supremo de Justicia 73
1.4 Amparización y Colectivización del Proceso Tributario 119
1.5 Las Acciones Colectivas en el Proceso Tributario 175
1.6 Hacia un Estatuto del Contribuyente Durante la Fiscalización 207
1.7 Los Jueces Tributarios y el Control de la Constitucionalidad 241
1.8 La inconstitucional promulgación del Código Orgánico Tributario de 2001. Del control de constitucionalidad en Venezuela 273
1.9 De la obligación constitucional de recibir, de la Administración Pública 303
1.10 La Necesidad de un Estatuto del Contribuyente frente al Ejercicio de la Potestad Tributaria 327
1.11 El Autobús Equivocado... El Destino Final Arbitrario. El Código Orgánico Tributario de 2014 341
1.12 La Desjudicialización del Proceso Tributario 357

2. BLOQUE PROCESAL TRIBUTARIO 391

2.1 Los Créditos Fiscales y el Nuevo Código de Procedimiento Civil .. 393
2.2 El Recurso Contencioso Tributario en el Derecho Procesal. Actualizado al COT 2001 399

2.3 Análisis Crítico de Jurisprudencia Tributaria 455
2.4 Medidas cautelares para el cobro de los tributos 503
2.5 Costas y Daños y Perjuicios en el Proceso Tributario 519
2.6 Inmotivación y/o Falso Supuesto, en el Proceso Tributario 545
2.7 Privilegios y Prerrogativas Procesales del Estado en la Justicia Contencioso Tributaria 579
2.8 Juicio ejecutivo o enrevesamiento jurídico. Violación sistemática de Derechos Humanos 597
2.9 No existe una tal 'Interpretación Correctiva', a cargo de los Jueces. Artículo 263 del COT 621
2.10 El Recurso Contencioso Tributario 649
2.11 El Recurso Contencioso Tributario, en las líneas del Prof. Gabriel Ruan Santos 683

3. BLOQUE DE PRUEBAS EN EL DERECHO TRIBUTARIO 705

3.1 La Libertad Probatoria en el Proceso Tributario 707
3.2 Valor Probatorio del Expediente Administrativo, en el Proceso Tributario 759
3.3 Las Pruebas en el Procedimiento Administrativo Tributario 829

4. BLOQUE DE RESOLUCIÓN ALTERNATIVA DE CONFLICTOS EN EL DERECHO TRIBUTARIO 861

4.1 La Conciliación, el Arbitraje y la Transacción como Métodos de Resolución de Conflictos Administrativos 863
4.2 Posibilidades arbitrales en el ámbito tributario 891
4.3 La Muerte Prenatal de la Transacción Judicial y la Existencia Inmaterial de la Transacción Extrajudicial, en el Código Orgánico Tributario 917

5. BLOQUE DE PENAL TRIBUTARIO 947

5.1 Alcance del Principio de Presunción de Inocencia. Reflexión 949

www.ingramcontent.com/pod-product-compliance
Lightning Source LLC
LaVergne TN
LVHW080101011026
849160LV00013B/1007
* 9 7 8 9 8 0 3 6 5 3 6 5 1 *